परशुराम चतुर्वेदी

उत्तरी भारत की संत परम्परा

साहित्य भवन प्रा. लिमिटेड
की ओर से

लोकभारती पेपरबैक्स

लोकभारती पेपरबैक्स में
इस रूप में प्रथम संस्करण : 2019
पुनर्मुद्रण : 2020

लोकभारती पेपरबैक्स : उत्कृष्ट साहित्य के लोकप्रिय संस्करण

साहित्य भवन प्रा. लिमिटेड
की ओर से
लोकभारती प्रकाशन
पहली मंजिल, दरबारी बिल्डिंग, महात्मा गाँधी मार्ग
प्रयागराज-211 001

वेबसाइट : www.lokbhartiprakashan.com
ईमेल : info@lokbhartiprakashan.com

शाखाएँ : 1-बी, नेताजी सुभाष मार्ग, दरियागंज नई दिल्ली-110 002
अशोक राजपथ, साइंस कॉलेज के सामने पटना-800 006 (बिहार)
36-ए, शेक्सपियर सरणी, कोलकाता-700 017 (प. बंगाल)

जे.के. आर्ट प्रेस
प्रयागराज द्वारा मुद्रित

मूल्य : ₹ 395

UTTARI BHARAT KI SANT PARAMPARA
by Parshuram Chaturvedi

ISBN : 978-93-89243-22-2

वक्तव्य

आज से २० वर्ष पूर्व मैंने कबीर-साहित्य का अध्ययन स्वतंत्र रुप से आरम्भ किया था और प्रसंगवश अन्य संतों की भी रचनाएँ पढ़ी थी। उन दिनों 'संत-साहित्य' शीर्षक मेरा एक निबंध भी प्रयाग की 'हिंदुस्तानी' पत्रिका (अक्टूबर, सन् १९३१ ई.) में प्रकाशित हुआ था। तब से मैंने अपना अध्ययन और अनुशीलन अपने ढंग से ही कायम रखा और उसके परिणामों को भिन्न-भिन्न लेखों के रूप में प्रकाशित भी करता गया। इधर के उपलब्ध साहित्य ने मेरी धारणाओं को जहाँ तक पुष्ट और परिमार्जित किया है, उसे सबके समस्त रखने के ही प्रयत्न में यह पुस्तक लिखी गई है जो मेरे अनुसार किये गए विषय-विभाजन की दृष्टि से इस ग्रन्थ का केवल प्रथम खंड ही कही जा सकती है। इसमें केवल संत-परम्परा का परिचय देने की चेष्टा की गई है, इसके अन्य दो खण्डों का संबंध क्रमशः 'संत-साहित्य' एवं 'संत-मत' से रहेगा।

प्रस्तुत पुस्तक का मुख्य विषय इस प्रकार उस संत-परम्परा से परिचित करा देना मात्र है जो कबीर साहब के साथ उत्तरी भारत में आरंभ हुई थी और जिसकी रचनाएँ हिंदी में उपलब्ध हैं। कबीर साहब के कतिपय पूर्ववर्ती व्यक्तियों में भी संतो के अनेक लक्षण पाये जाते हैं, किंतु वे सभी बातें उसमें पूर्णतः विकसित हुई नहीं दिखाई पड़ती। कबीर साहब के समय से ऐसे लोगों का एक ताँता-सा जग जाता है, जो उनसे प्रत्यक्ष रूप में प्रभावित न रहते हुए भी, लगभग उसी प्रकार का जीवन व्यतीत करते हैं। ये लोग भी पहले स्वतंत्र साधक ही रहा करते हैं, किंतु आगे चलकर इनके पंथ व सम्प्रदाय भी बनने लग जाते हैं। तब से इनका ध्यान अपनी व्यक्तिगत साधना की ओर से अधिक सामूहिक संगठन एवं प्रचार की ओर भी बँटने लग जाता है और इनका प्रधान लक्ष्य क्रमशः छटता चला जाता है। किन्तु जिस परिस्थित ने इस परम्परा को सर्वप्रथम जन्म दिया था, उसके प्रायः उसी रूप में वर्त्तमान रहने के कारण अंत में महात्मा गाँधी के नेतृत्व में एक नई लहर एक बार फिर जागृत हो उठती है।

संत-परम्परा के अंतर्गत सम्मिलित किये जाने वाले संतों का चुनाव करते समय सबसे अधिक ध्यान स्वभावतः उन लोगों की ओर ही दिया गया है जिन्होंने प्रत्यक्ष या अप्रत्यक्ष ढंग से कबीर साहब अथवा उनके किसी अनुयायी को अपना पथ-प्रदर्शक माना था अथवा जिन्होंने उनके द्वारा स्वीकृत सिद्धांतों और साधनाओं को किसी न किसी प्रकार अपनाया था। फिर भी यहाँ कुछ ऐसे लोगों को भी स्थान देना पड़ गया है जो सूफियों, सगुणोंपासकों, नाथ-पंथियों व अन्य ऐसे सम्प्रदायों के साथ सम्बद्ध रहते हुए भी संत-परम्परा में गिने जाते आए हैं और जो अपने संतमतानुकूल सिद्धांतों वाली रचनाओं के आधार पर भी उक्त संतों के अत्यंत निकटवर्ती समझे जा सकते हैं। संतों की 'रहनी' में रचित होने वाला 'सहजभाव'

एक ऐसी विशेषता है जो किसी भी असाधारण व्यक्ति के जीवन-स्तर को बहुत ऊँचा कर देती है। महात्मा गाँधी ने कबीर साहब आदि संतों की भाँति पदों या साखियों की रचना नहीं की और न उनकी भाँति उपदेश देते फिरने का ही कोई कार्यक्रम रखा। परन्तु जिस प्रकार उन्होंने अपने निजी अनुभवों के आधार पर अपने सिद्धांत स्थिर किये और उन्हें अपने जीवन के प्रत्येक पल में व्यवहार कर दिखलाया, वह ठीक उन संतों के ही अनुसार था।

पुस्तक के लिखते समय मुझे संतों की रचनाओं के अतिरिक्त उन अनेक लेखकों की कृतियों से भी सहायता मिली है जिन्होंने इस विषय पर किसी न किसी रूप में विचार किया है और जिन सभी से पूर्णतः सहमत न होते हुए भी मैंने बहुत लाभ उठाया है। इसके सिवाय मैं उन लेखकों का भी ऋणी हूँ जिनकी रचनाओं में पायी जाने वाली कतिपय सामग्रियों के आधार पर मैंने इस पुस्तक में दिया गया ऐतिहासिक ढाँचा खड़ा किया है और जिनकी कृतियों के उल्लेख मैंने यथास्थल कर देने का भी प्रयत्न किया है। ऐसे साहित्य की प्रकाशित रचनाओं के लिए मैं 'काशी विद्यापीठ' तथा हिंदू विश्वविद्यालय के पुस्तकालयों के अधिकारियों का अनुगृहीत हूँ जिनके सौजन्य से मुझे कई महत्त्वपूर्ण ग्रंथ देखने को मिल गए। अप्रकाशित रचनाओं में से कुछ को देखने और अध्ययन करने का अवसर मुझे जयपुर के स्व. हरिनारायण शर्मा तथा बलिया के श्री जानकीनाथ जी त्रिपाठी और बा. श्रीराम की सहायता से मिला है और इसके लिए मैं इन सज्जनों का आभारी हूँ। परन्तु इस संबंध में मैं अपने प्रिय अनुज श्री नर्मदेश्वर चतुर्वेदी को भी नहीं भूल सकता जिन्होंने मुझे सभी प्रकार से एक सच्चे सहोदर का सहयोग प्रदान किया है।

इस पुस्तक में प्रमुख संतों के उपलब्ध चित्रों को भी यथास्थल दे देने का विचार था और इसके लिए कुछ चित्र एकत्र भी कर लिए गए थे, किंतु इस कार्य को व्ययसाध्य समझकर इस बार स्थगित कर देना पड़ा। इसमें अभी केवल कबीर साहब के ही कुछ चित्र दिये जा रहे हैं जिनमें से पहला श्री कृपाल सिंह जी (प्राध्यापक, कला-विभाग, शांतिनिकेतन) की कृति है। इस भावपूर्ण चित्र को आपने विशेषकर इस पुस्तक के लिए ही प्रस्तुत किया है जिसके लिए मैं आपका परम कृतज्ञ हूँ।

परशुराम चतुर्वेदी

बलिया
महाशिवरात्रि
सं. २००७

विषय-सूची

पंचम अध्याय : प्रारंभिक प्रयास

परिशिष्ट

प्रथम अध्याय

भूमिका

१. विषय-प्रवेश

'संत'शब्द– 'संत' शब्द का प्रयोग प्रायः बुद्धिमान[१], पवित्रात्मा[२], सज्जन[३], परोपकारी[४], सदाचारी[५] व्यक्ति के लिए किया गया मिलता है, और कभी-कभी साधारण बोलचाल में इसे भक्त, साधु व महात्मा-जैसे शब्दों का भी पर्य्याय समझ लिया जाता है। किंतु कुछ लोग इसे 'शांत' शब्द का रूपांतर होना ठहराते हैं और कहते हैं कि उस विचार से इसका अभिप्राय 'शं सुखं ब्रह्मानन्दात्मकं विद्यते अस्य' के अनुसार 'ब्रह्मानन्द-सम्पन्न व्यक्ति' होना चाहिए। बौद्धों के पालिभाषा में लिखित प्रसिद्ध धर्म-ग्रंथ 'धम्मपदं' में भी यह शब्द कई स्थलों पर शांत के अर्थ में ही प्रयुक्त दीख पड़ता है।[६] इसी प्रकार कुछ विद्वान् 'संत' शब्द को 'सनोति प्रार्थितं फलं प्रयच्छति' के आधार पर बने हुए 'सन्ति' व 'सन्त्य' शब्द का विकृत रूप समझते हैं और इसका अर्थ 'फलदाताओं में श्रेष्ठ' बतलाते हैं। इसके सिवाय, एक अन्य मत के अनुसार, कुछ दूसरे लोग इसे 'सनति सम्भवति लोकाननुगृह्णति' का आश्रय ग्रहण कर, इसका अर्थ 'लोकानुग्रहकारी' भी सिद्ध करना चाहते हैं। परन्तु उक्त सभी अनुमान प्रधानतः 'संत' शब्द-द्वारा सूचित व्यक्तियों क़ी प्रशंसा के ही द्योतक जान पड़ते हैं। इस प्रकार की कल्पनाएँ प्रायः वैसी ही हैं, जैसी इस शब्द को अंग्रेजी शब्द 'सेंट'[७] का समानार्थक समझ, उसका हिंदी रूपान्तर मान लेने पर भी, की जा सकती है। अतएव, 'संत' शब्द की व्युत्पत्ति तथा उसके प्रयोगों द्वारा व्यक्त होने वाले आशय का क्रमिक विकास जानने के लिए अन्यत्र खोज की जानी चाहिए।

---

१. 'सन्तः परीक्ष्यान्यतरद्भजन्ते मूढः परप्रत्ययनैय बुद्धिः।' तथा, 'तं सन्तः श्रोतुमर्हन्ति सदसद्व्यक्तिहेतवः।'–कालिदास।

२. 'प्रायेण तीर्थाभिगमापदेशैः स्वयंहि तीर्थानि पुनन्ति सन्तः।'–'भागवत', स्कं. १, अ. १९, श्लोक ८।

३. 'बंदो संत असज्जन चरणा। दुखप्रद उभय बीच कुछ बरणा॥'–'रामचरित मानस'।

४. 'सन्तः स्वयं परहिते विहिताभियोगाः।'–भर्तृहरि।

५. 'आचरणलक्षणां धर्मः, सन्तश्चाचारलक्षणाः।'–'महाभारत'।

६. 'अधिगच्छे पदे सन्तं सङ्खारूपसमं सुखं।'–भिक्खुवग्ग, गाथा ९।
'सन्तं अस्स मनंहोति।'–अर्हन्तवग्ग, गाथा ७।

७. Saint (सेंट) शब्द, वस्तुतः लैटिन Sancio (सैंशियों = पवित्र कर देना) के आधार पर निर्मित, Sanctus (सैंक्टस) शब्द से बनता है जिसका अभिप्राय, इसी कारण, 'पवित्र' होता है और वह ईसाई धर्म के कतिपय प्राचीन महात्माओं के लिए 'पवित्रात्मा' के अर्थ में प्रयुक्त होता है।

व्युत्पत्ति– 'संत' शब्द हिंदी भाषा के अंतर्गत एकवचन में प्रयुक्त होता है, किंतु यह मूलतः संस्कृत शब्द 'सन्' का बहुवचन है। 'सन्' शब्द भी (अस् = होना) धातु से बने हुए, 'सत्' का पुल्लिग रूप है जो 'शतृ' प्रत्यय लगाकर, प्रस्तुत किया जाता है और जिसका अर्थ केवल 'होनेवाला' वा 'रहनेवाला' हो सकता है इस प्रकार 'संत' शब्द का मौलिक अर्थ 'शुद्ध अस्तित्त्व' मात्र का ही बोधक है और इसका प्रयोग भी, इसी कारण, उस नित्य वस्तु वा परमतत्त्व के लिए अपेक्षित होगा जिसका नाश कभी नहीं होता, जो 'सदा एकरस व अविकृत रूप में विद्यमान' रहा करता है और जिसे 'सत्य' के नाम से भी अभिहित किया जा सकता है। इस शब्द के 'सत्' रूप का, ब्रह्म वा परमात्मा के लिए किया गया प्रयोग बहुधा वैदिक साहित्य में भी पाया जाता है। जैसे, 'छान्दोग्य उपनिषद'[१] में कहा गया है कि "आरंभ में एक अद्वितीय 'सत्' ही वर्तमान था" और, इसी प्रकार 'ऋग्वेद'[२] में भी एक स्थल पर आया है कि 'क्रान्तदर्शी विप्र लोग उस एक व अद्वितीय 'सत्' का ही वर्णन अनेक प्रकार से किया करते हैं।" 'संत्' शब्द का उक्त अर्थ अपभ्रंश की पुस्तक 'पाहुड़दोहा'[३] में भी किया गया जान पड़ता है, क्योंकि वहाँ भी यह परमतत्त्व के लिए ही प्रयुक्त हुआ है। इस कारण 'तैत्तिरीय उपनिषद्'[४] में भी संभवतः इसी आधार पर कहा गया है कि "यदि पुरुष 'ब्रह्म असत् है' जानता है, तो वह स्वयं भी 'असत्' हो जाता है और यदि ऐसा जानता है कि 'ब्रह्म है', तो ब्रह्मवेत्ता लोग उसे भी 'सत्' समझा करते हैं।" इसके सिवाय कुछ प्रसिद्ध महात्माओं ने भी संत एवं परमात्मा में कोई मौलिक भेद नहीं माना है। उदाहरण के लिए गोस्वामी तुलसीदास ने कहा है कि "संत को अनंत के ही समान जानो"[५], गरीबदास ने बतलाया है कि "संत एवं साँई दोनों ही एक समान हैं, इस बात में किसी प्रकार के मीन-मेष करने की आवश्यकता नहीं[६], और इसी प्रकार पलटू साहब ने भी कहा है कि "संत तथा राम में कोई भी भेद नहीं मानना चाहिए।"[७] अतएव 'संत' शब्द, इस विचार से उस व्यक्ति की ओर संकेत करता है जिसने सत् रूपी परमतत्त्व का अनुभव कर लिया हो और जो, इस प्रकार, अपने व्यक्तित्व से ऊपर उठकर, उसके साथ तद्रूप हो गया हो। जो सत्य स्वरूप सिद्ध वस्तु का साक्षात्कार कर चुका है अथवा अपरोक्ष की उपलब्धि के फलस्वरूप अखंड सत्य में प्रतिष्ठित हो गया है, वही संत है।

परन्तु 'श्रीमद्भगवद्गीता' में 'सत्' शब्द के कुछ अन्य अर्थ भी बतलायें गए हैं। उसमें कहा गया है कि 'सत्' शब्द, ऊँ तत्सत्', वाक्य में, ब्रह्म का निर्देश करता है[८] किन्तु फिर भी, इसका उपयोग 'अस्तित्व' एवं 'साधुता' के अर्थ में किया जाता है। इसी प्रकार, प्रशस्त तथा

---

१. 'सदेव सोभ्येदमग्न आसीदेवकमेवा द्वितीयम्।' (द्वितीय खंड, १)

२. 'सुपर्णं' विप्राः कवयो वचनोभिरेकं सन्तं बहुधा कल्पयन्ति' ऋग्वेद (१०११४-५)

३. 'संतु णिरंजणु सोजि सिउ, तहिं किज्जउअणुराउ।' 'पाहुड़ दोहा' (कारंजा जैन) सिरीज, ३८) तथा, 'संतु णिरंजणु तहिं वसई, णिम्मल होइ गवेसु' वही, ९४।

४. 'असन्नेव सभवति असद्ब्रहाति वेद चेत्। अस्ति ब्रहातिचेद्वेद संतमेन विदुर्वधाः ।' वही ६-१

५. 'जानेसु संत अनंत समाना'–'रामचरित मानस' (उत्तरकांड)।

६. 'साँई सरीखे संत है यामे मीन न मेख'–'गरीबदास जी की बानी' (वे. प्रे. प्रयाग) पृष्ठ ८७।

७. 'संत औ रामकौ एक कै जानियै, दूसरा भेद ना तनिक आनै'–'पलटू साहब की बानी' (वे. प्रे. प्रयाग, भाग २) पृष्ठ ८।

८. ऊँ 'तत्सदिति निर्देशो, ब्रह्मणस्त्रिविधः स्मृतयः।'–गीता, १७, २३।

अच्छे कर्मों के लिए, भी 'सत्' शब्द प्रयुक्त होता है; यज्ञ, तप व दान में स्थिति अर्थात् स्थिर भावना रखने को भी सत् कहते हैं तथा इसके निमित्त जो काम करना हो, उस कर्म का नाम भी 'सत्' ही है।[१] इस कारण स्पष्ट है कि सत्पदवाची वा संत होने के लिए केवल ब्रह्मनिष्ठ हो जाना ही पर्याप्त नहीं। इसके लिए स्वभावतः कतिपय अन्य गुण भी विवक्षित हैं जिन्हें उक्त प्रकार से, क्रमशः, 'साधुभाव' अर्थात् सर्वभूतहित सुहृद्भाव, 'प्रशस्ति कर्म' वा सत्कार्य करने की क्षमता, 'यज्ञ, तप व दान' आदि कर्म करते रहने की ओर प्रवृत्ति एवं 'तदर्थ' अर्थात् सब कुछ परमेश्वर के लिए वा निष्काम भाव से करने का अभ्यास कहकर गिनाया जा सकता है। इनमें से भी यदि, यज्ञ, तप व दान आदि कर्म करते रहने की पवृत्ति को किसी प्रकार प्रशस्त कर्म करने की क्षमता में ही सम्मिलित कर लिया जा सके, तो चार गुण ही शेष रह जाते हैं जिन्हें उसी ग्रंथ के एक दूसरे प्रसंग[२] में, "हे पांडव, जो इस बुद्धि से काम करता है कि सब कर्म परमेश्वर के हैं, जो सत्परायण वा संगवर्जित है और सभी प्राणियों के विषय में निर्बैर रहा करता है, वही मेरा भक्त मुझमें मिल जाता है" कह कर, बतलाया गया है और जिनके साथ उपर्युक्त गुणों से पूरा मेल भी बैठ जाता है।

संतों के लक्षण—कबीर साहब ने अपनी एक साखी में कहा है[३] कि "संतों का लक्षण उनका निर्बैरी, निष्काम, प्रभु का प्रेमी और विषयों से विरक्त होना है" और, इसी प्रकार गो. तुलसीदास ने भी, श्रीरामचन्द्र द्वारा संतों की महिमा कहलाते हुए, "सभी सांसारिक संबंधों के प्रति प्रदर्शित ममता के धागों के बटोर लेने, उन्हें सुदृढ़ रस्सी में बँटकर उसे प्रभों के चरणों में बाँध देने, समदर्शी बने रहने तथा किसी प्रकार की कामना न रखने को"[४] ही उनके प्रधान लक्षण ठहराए हैं। संत की परिभाषा के अंतर्गत, इस प्रकार, विषयों के प्रति निरपेक्ष रहते हुए, केवल सत्कर्म करना, सद्रूप परमतत्त्व में एकांतनिष्ठ रहा करना, सभी प्राणियों के प्रति सुहृदयभाव रखते हुए, किसी के प्रति बैरभाव न प्रदर्शित करना तथा जो कुछ भी करना उसे, निःसँग होकर, निष्काम भाव के साथ, करना समझे जा सकते हैं।[५] सारांश यह कि संत लोग आदर्श महापुरुष हुआ करते हैं और इसके लिए उनका, पूर्णतः आत्मनिष्ठ होने के अतिरिक्त, समाज में रहते हुए निःस्वार्थ भाव से विश्व कल्याण में प्रवृत्त रहा करना भी आवश्यक है। 'संत्' शब्द का यह अर्थ वस्तुतः बहुत व्यापक है और इसमें वैसे व्यक्ति-विशेष की 'रहनी' एवं 'करनी' के

---

१. 'सद्भावे साधुभावे च सदित्यैतत्प्रयुज्ये। प्रशस्ते कर्मणि तथा सच्छब्दः पार्थ 'युज्यते' ॥२६॥ यज्ञे तपसि दाने च स्थितिः सदिति चोच्यते। कर्म चैत्र तदथीयं सदित्येवाभिधीयते ॥'२७॥

२. 'सत्कर्मकृन्मत्परमो, मदक्तः संगवर्जितः। निर्वैरः सर्वभूतेषु यः स मामेति, पांडव।' गीता अ. ११-५५।

३. 'निरबैरी निहकामता, साँई सेंती नेह। विषिया सूं न्यारा रहे संतनि को अंग एह ॥'—'कबीर ग्रंथावली' (२९, १ पृष्ठ ५०)।

४. 'सबकै ममता ताग बटोरी। मम पद मनहि बाँध बरि डोरी॥' समदर्शी इच्छा कछु नाहीं' इत्यादि—'रामचरित मानस' (सुन्दरकांड)।

५. बौद्ध-धर्मानुसार, बोधिसत्व का आदर्श बतलाते हुए, जिन गुणों की ओर विशेष ध्यान दिया गया है, उनमें भी उक्त लक्षणों को ही कदाचित् क्रमशः 'उपेक्खा' (उपेक्षा), 'पञ्ञा'(प्रश), 'मेत्ता' (मैत्री) तथा 'नेक्खम्म' (निष्काम) कह कर गिनाया गया है, दे. भिक्खु नारद वैरो रचित 'दि वोधिसत्त आइडियल (अय्यार, मद्रास)।

बीच एक सुन्दर सामंजस्य भी लक्षित होता है।

रूढ़िगत 'संत्'–फिर भी पता चलता है कि 'संत्' शब्द का प्रयोग किसी समय विशेष रूप से, केवल उन भक्तों के लिए ही होने लगा था जो विट्ठल वा वारकरी सम्प्रदाय के प्रधान **प्रचारक** थे और जिनकी साधना निर्गुण-भक्ति के आधार पर चलती थी। इन लोगों में ज्ञानदेव, नामदेव, एकनाथ व तुकाराम जैसे भक्तों के नाम लिये जाते हैं जो सभी महाराष्ट्र प्रान्त से संबंध रखते थे। 'संत्' शब्द उनके लिए, क्रमशः रूढ़ि-सा हो गया था[१] और कदाचित् अनेक बातों में उन्हीं के समान होने के कारण, उत्तरी भारत के कबीर साहब तथा अन्य ऐसे लोगों का भी पीछे वही नामकरण हो गया।[२] इन संतों में से प्रायः सभी ने 'संत्' शब्द की व्याख्या की है और संतों की रहनी एवं करनी के उक्त सामंजस्य की ओर ध्यान देने की भी चेष्टा की है। किंतु साधना-भेद के कारण उनके वर्णनों में बहुधा ज्ञान, भक्ति एवं आचरण की प्रधानता के अनुसार सूक्ष्म अंतर भी दीख पड़ता है। उदाहरण के लिए, स्वभावतः सद्सद्विवेक के प्रयोग में दक्ष होना सबसे आवश्यक माना है, भक्ति-भाव द्वारा अधिक प्रभावित संतों ने उसका परम रहस्य से पूर्ण परिचित होना तथा उसके साथ तद्रूपता का अनुभव करना अन्तिम लक्ष्य बतलाया है और, उसी प्रकार, आचरणवाद के समर्थकों ने उसकी अलौकिक रहनी पर भी अधिक बल दिया है। परन्तु इन सभी संतों का लक्ष्य, मानव जीवन को समुचित महत्त्व प्रदान करने, उसको आध्यात्मिक आधार पर पुनर्निर्माण करने, उसे इसी भूतल पर जीवन्मुक्त बनकर सानन्द यापन करने, तथा साथ ही विश्व-कल्याण में सहयोग देने का भी जान पड़ता है। इन्होंने अपने सिद्धांत को भी बहुधा 'संत-मत' ही नाम दिया है, आदर्श संत की स्थिति को 'संत-देश' में रूप में निरंतर निवास द्वारा व्यक्त किया है, और प्रायः सबने, किसी न किसी रूप में, अपने को एक विशेष वा विलक्षण परम्परा का व्यक्ति होना भी स्वीकार किया है।

दक्षिण व उत्तर के संत–उत्तरी भारत के इन संतों ने अधिकतर फुटकर पदों की रचना की है, जो इनकी 'वानियों' के नाम से प्रसिद्ध हैं और बहुतों ने साखी, रमैनी अथवा कवित्त,

---

१. 'Now 'Santa' is almost a technical word in the Vitthal Sampradaya and means any man who is a follower of that Sampradaya. Not that the followers of other Sampradayas are not 'Santas, but the followers of the, Varakari Sampradayas are santas par excellence–''Mysticism in Maharastra by Prof. R. D. Ranade (Poona, 1933)p.42

२. डा. बर्थ्वाल ने इन संतों को 'निर्गुण-पंथी' वा 'निरगुनिया' कहना अधिक उचित माना है और, तदनुसार उन्होंने इनके मार्ग को भी Nirgun School वा निर्गुणपंथ नाम से अभिहित किया है। किन्तु 'निर्गुण-पंथ' शब्द से व्यक्त होता है कि इसके अनुयायी परमतत्त्व को केवल 'निर्गुण' ही मानते थे, जो इस प्रसंग में, वास्तविकता के विरूद्ध जाता है। कबीर साहब आदि सभी संतों ने निर्गुण एवं सगुण से परे किसी अनिर्वचनीय व अज्ञेय, किन्तु अंशतः अनुभवगम्य, वस्तु को परमतत्त्व माना है और निर्गुण व सगुण का वहाँ पर कोई प्रश्न ही नहीं रह जाता। जान पड़ता है कि 'निर्गुण-पंथ' शब्द का प्रयोग पहले सगुणोपासक भक्तों के सम्प्रदायों से इसकी विभिन्नता दिखलाने के लिए, होने लगा था। किन्तु पीछे, सत-परम्परा के कुछ दिन चल निकलने पर, 'संत-मत' शब्द का ही प्रयोग, संभवतः विक्रम संवत् की १७वीं शताब्दी के किसी चरण में, विशेष रूप से होन लगा।

सवैया-जैसे विविध छंदों में भी अपने उपदेशों को व्यक्त किया है। इनके एक आध-प्रबंध-ग्रंथ भी मिलते हैं, किंतु उनकी रचना शिथिल जान पड़ती है। दक्षिण भारत के संतों में ज्ञानदेव व एकनाथ ने प्राचीन संस्कृत-ग्रंथों पर अपनी टीकाएँ भी रची हैं और उन्हें अपने विचारों को प्रकट करने का माध्यम बनाया है, किन्तु उत्तरी भारत के संतों में यह प्रवृत्ति बहुत कम दीख पड़ती है। ये लोग, कुछ को छोड़कर, केवल साधारण श्रेणी के पढ़े-लिखे व्यक्ति थे जिन्होंने अपने भाव का प्रकाशन किसी प्रकार टूटे-फूटे शब्दों में ही किया और जिनकी रचनाएँ बहुत कुछ स्वतंत्र हैं। दक्षिण भारत के संतों में से कई एक भजनानंदी भी थे जो एकांत में वा कभी-कभी मूर्तियों के समक्ष करताल बजाकर गाया व नाचा तक करते थे, किन्तु उत्तरी भारत के संतों में इस प्रकार के उदाहरण कम देखने को मिलते हैं और ये लोग यदि गाजे-बजाते हुए भी सुने जाते हैं, तो इनकी चेष्टाएं संत-मंडलियों तक ही सीमित रहती हैं। फिर भी उक्त दोनों प्रकार के संत, अधिकतर गार्हस्थ्य-जीवन में ही रहकर अपनी साधना करते रहे, साम्प्रदायिक वेशभूषा वा विडंबनाओं से सदा तटस्थ रहे, सामाजिक भेदभावों को हटाने के लिए उपदेश देते रहे और सबके प्रति प्रेम व उपकरण के भाव प्रदर्शित करते रहे। इनके सरल व सात्विक जीवन में अहिंसा व अपरिग्रह को बराबर महत्त्व दिया गया और इन्होंने स्तुति, निंदा व मानापमान की कभी परवाह न करते हुए, अपने छलछद्म रहित शुद्ध व्यवहार द्वारा सब किसी को सुख व शान्ति पहुँचाकर ही स्वयं आनंदित होने की चेष्टा की।

पारस्परिक संबंध— दक्षिण भारत के संतों की परम्परा में जिस प्रकार उक्त ज्ञानदेव आदि के नाम आते हैं, उसी प्रकार उत्तरी भारत की संत-परम्परा के अंतर्गत कबीर साहब, रविदास, गुरुनानक, दादूदयाल आदि के नाम लिये जा हैं। किन्तु दक्षिण भारत के संतों में ज्ञानदेव का जीवन-काल जहाँ विक्रम की १४वीं शताब्दी के द्वितीय चरण के कुछ ही आगे तक पड़ता है, वहाँ उत्तरी भारत के संत कबीर साहब का जीवन-काल, संभवतः उसकी १५वीं शताब्दी के अंतिम तीन चरणों से लेकर १६वीं के प्रथम चरण तक चला जाता है। इस प्रकार पहले क्रम के संत दूसरे वालों के पूर्ववर्त्ती सिद्ध होते हैं। फिर भी दोनों परम्पराओं के बीच किसी प्रत्यक्ष संबंध का कुछ भी पता नहीं चलता और न ही यही ज्ञात होता है कि पहले वाले दूसरे को कहाँ तक अपना ऋणी ठहरा सकते हैं। यह बात मानी जाती है कि दक्षिण भारत के संत नामदेव ने पंजाब प्रान्त में कुछ दिनों तक भ्रमण कर अपने उपदेश दिये थे और यह भी अनुमान किया जाता है कि उत्तरी भारत के कबीर साहब ने भी दक्षिण की ओर, संभवतः महाराष्ट्र प्रांत तक, अपनी यात्रा की थी। इसके सिवाय कबीर साहब ने अपनी रचनाओं में संत नामदेव का नाम बड़ी श्रद्धा के साथ लिया है और उन्हें एक आदर्श भक्त माना है। कबीर साहब ने अपनी अनेक रचनाओं के अंतर्गत उक्त वारकरी संतों के प्रिय शब्द 'श्रीरंग' व 'बीठुला' (विट्ठल) आदि के प्रयोग भी किये हैं। परंतु केवल इतनी ही बातों के आधार पर उक्त दोनों परम्पराओं के बीच किसी प्रकार का प्रत्यक्ष संबंध प्रमाणित नहीं होता। नामदेव का नाम, उनके उक्त पंजाब-भ्रमण के कारण तथा उनकी कतिपय उपलब्ध हिंदी-रचनाओं के आधार पर, उत्तरी भारत के संतों में भी लिया जाता है और वे कबीर साहब के पथ-प्रदर्शक एवं पूर्वकालीन संतों में सबसे प्रसिद्ध हैं। फिर भी उनमें उत्तरी भारत के संत-मत की सारी विशेषताएँ लक्षित नहीं होतीं और वे प्रधानतः अपने क्षेत्र तक ही रह जाते हैं।

पथ-प्रदर्शक संत–कबीर साहब के लिए पथ-प्रदर्शन करने वाले संतों में सर्वप्रथम नाम जयदेव का आता है, जो बंग-प्रांतीय होने के कारण उत्तरी भारत के ही निवासी कहे जा सकते हैं, और जो नामदेव तथा ज्ञानदेव से भी लगभग १०० वर्ष पहले, राजा लक्ष्मणसेन के यहाँ वर्तमान थे। इन जयदेव का भी नाम कबीर साहब ने, नामदेव की भाँति बड़े आदर के साथ लिया है और उन्हें श्रेष्ठ भक्तों में स्थान भी दिया है। जयदेव से नामदेव तक का समय उन संतों का आविर्भाव-काल है, जो विक्रम की ९वीं शताब्दी के सरहपा एवं शंकराचार्य से लेकर, १०वीं वा ११वीं शताब्दी के गुरु गोरखनाथ के समय तक तैयार किये गए, तथा उनसे भी प्राचीन व अर्वाचीन विविध भक्तों के भक्त-भाव द्वारा सिंचित क्षेत्र में उत्पन्न हुए थे, किंतु जिनमें संत-मत को अंतिम रूप प्रदान करने की पूरी क्षमता न थी। इन्होंने अपने पहले से आती हुई नवीन धारा के प्रवाह में सहयोग प्रदान किया और उसकी एक प्रारंभिक रूपरेखा भी प्रस्तुत कर दी। उस विशेष साधना से समन्वित विचार-धारा के रहस्य को सर्वप्रथम पहचानने तथा उसे स्पष्ट व व्यापक रूप देने का श्रेय कबीर साहब को ही दिया जा सकता है, जिन्होंने अपनी विलक्षण प्रतिभा के आलोक में इसके वास्तविक रूप का निरीक्षण किया, तथा इसके महत्त्व द्वारा पूर्ण प्रभावित होकर अपनी अपूर्व शैली की सहायता से सर्व-साधारण की धारणा में कायापलट उपस्थित कर दिया। कबीर साहब की इस देन को उनके उत्तरवर्ती प्रायः सभी संतों ने स्वीकार किया है, और इसी कारण उन्हें बहुत-से लोग 'आदि-संत' कहते हुए भी पाये जाते हैं।

उत्तरी भारत की संत-परम्परा–इस प्रकार कबीर साहब के उक्त पूर्ववर्ती एवं परवर्ती सभी संतों की परम्परा बहुत लंबी है जिसके अंतर्गत आने वालों की संख्या भी अधिक है। इस परम्परा का आरंभ यदि, विक्रम की १३वीं शताब्दी के जयदेव से मान कर, उसे २१वीं शताब्दी के महात्मा गाँधी तक वर्तमान समझा जाय, तो यह दीर्घ काल प्रायः ८००-९०० वर्षों का होता है, जिसे छोटी-मोटी विशेषताओं के अनुसार भिन्न-भिन्न भागों में विभाजित कर सकते हैं। उनमें सम्मिलित किये जाने वाले संतों के जन्मस्थान का क्षेत्र पूर्व की ओर जयदेव के बंग-प्रदेश से लेकर पश्चिम की ओर प्राणनाथ के काठियावाड़ तक एवं उत्तर की लालदेद के कश्मीर से लेकर दक्षिण की ओर सिंगाजी के मध्य प्रदेश तक विस्तृत समझा जा सकता है, किन्तु दक्षिण भारत के संतों से इन्हें पृथक करने के लिए इनकी परम्परा को 'उत्तरी भारत की संत-परम्पर' ही कहना उचित होगा। उक्त विशाल भूखंड के निवासी स्वभावतः भिन्न-भिन्न बोलियों के बोलनेवाले थे, किंतु संत-मत की अपनी रचनाएं उन्होंने अधिकतर हिंदी-भाषा के माध्यम द्वारा कीं। इसके सिवाय जिन-जिन जातियों में उन संतों का जन्म हुआ था, वे ब्राह्मण, क्षत्रिय, वैश्य व शूद्र से लेकर, अहीर, नाई, चमार, मोची, धुनियाँ व जुलाहे तक की कही जाती हैं, किंतु संत-मत के अनुयायी होने के नाते उन्होंने जातिगत विभिन्नता की सदा उपेक्षा की, और शुद्ध मानव के रूप में वे सबको एक समान समझते थे। उन्होंने स्वानुभूति व सदाचरण के उच्च आदर्शों की कसौटी पर ही कसकर पंडित एवं मूर्ख अथवा राजा व रंक का महत्त्व परखना चाहा। संतों के इस वृहत् समुदाय का स्तर इनके सीधे-साधे व साधारण होने पर भी अत्यन्त ऊँचा है और इनका विशाल साहित्य अनाकर्षक होता हुआ भी महत्त्वपूर्ण है।

विशेषता–उत्तरी भारत के इन संतों ने जिस मत का प्रचार किया और जिसे उन्होंने विश्वकल्याण के लिए अत्यन्त आवश्यक समझा, वह कोई नितांत नवीन संदेश न था और न

भारतीयों के लिए उसका कोई अंश अपरिचित ही था। उसके प्राय: प्रत्येक अंग का मूल रूप हमारे प्राचीन साहित्य के किसी न किसी भाग में विद्यमान है, और हमारे कई महान् पुरुष उनके आधार पर लगभग इन संतों के ही समान अपने सुझाव रखने के प्रयत्न किये हैं। परंतु, जैसा कि आगे के कुछ पृष्ठों से जान पड़ेगा, वे बातें काल पाकर सदा उपेक्षित बनती गई थीं और उनका प्रभाव कभी स्थायी न हो सका था। उन प्राचीन सूत्रों को लेकर अग्रसर होने की चेष्टा अपने-अपने ढंग से अनेक नवीन सम्प्रदायों ने भी की, किंतु वे भी अधिक दिनों तक एक भाव से स्थिर नहीं रह सके। बीच-बीच में कुछ ऐसे व्यक्ति हुए, जिन्होंने समय-समय पर प्रतिगामिता की धारा को किसी प्रकार मोड़ने का साहस किया, किंतु उनके किये भी अधिक न हो सका। अंत में, कबीर साहब के समय से ऐसे महापुरुषों की एक परम्परा ही चल निकली जिसने इतने दिनों तक स्थिति की चौकसी की है। प्रारंभिक काल के संत आध्यात्मिक बातों को अधिक महत्त्व देते थे, जिस कारण उन्हें सुधारने के प्रयत्न भी केवल धार्मिक दृष्टिकोण से किये जाते थे। किंतु, ज्यो-ज्यों समय ब्यतीत होता गया है, उक्त धार्मिक वातावरण में परिवर्तन व संशोधन भी होते गए हैं, और तदनुसार अनेक नवीन समस्याएँ खड़ी होती गई हैं। आधुनिक संतों को इसी कारण अपने कार्यक्रम में कतिपय ऐसी बातों का भी समावेश करना पड़ा है, जो कदाचित् पहले संतों के अनुभव की न थीं।

संत-मत: स्वानुभूति– फिर भी संत-मत के मौलिक सिद्धांतों में किसी प्रकार का हेर-फेर नहीं आ सका है और वे ज्यों के त्यों अटल व अविच्छिन्न हैं। इन संतों का सबसे पहले यह कहना है कि प्रत्यक्ष अनुभव की सभी सांसारिक बातें क्षणिक व भाम्रक हैं, और उनके आधार पर सत्य का पता लगाना असंभव-सा है। अतएव नित्य वस्तु के सच्चे-खोजी के लिए आवश्यक है कि वह इस आवरण के भीतर विद्यमान मूल आधार का अन्वेषण करे। अनेक व्यक्तियों ने इस ओर चेष्टा की और वे अपनी-अपनी योग्यता के अनुसार सफल भी हुए हैं। उनके प्रयत्नों के परिणाम उनकी रचनाओं में संग्रहीत हैं जिनके आधार पर अन्य लोग भी उनके अनुयायी बनकर उसका प्रचार करते फिरते हैं। किंतु सत्य का स्वरूप अत्यन्त गूढ़ रहस्यमय है, और उसके अनादि एवं अनंत होने के कारण भी उसे पूर्णत: अनुभवगम्य कर लेना अत्यन्त दुष्कर जान पड़ता है, इस कारण संभव है कि एक के अनुभव की बात किसी अन्य के पक्ष में उसी प्रकार तथ्य न बन सके। फलत: प्रत्येक व्यक्ति के लिए आवश्यक है कि उस नित्य वस्तु का अनुभव, अपने निजी ढंग से, यथाशक्ति उपलब्ध करने का अभ्यास करे। इस प्रकार जो कुछ भी अंश उस तत्त्व का उसे प्राप्त होगा, वह 'अपना' होकर प्रकट हो सकेगा, और उसके साथ तद्रूप की स्थिति में आकर हम अपने को उस नित्य वस्तु में मग्न भी कर सकेंगे। इस प्रकार की स्वानुभूति ही हमारे दृष्टिकोण को अधिक से अधिक व्यापक व विशाल करने में समर्थ होगी।

सद्‌गुरु– उक्त स्वानुभूतिपरक अभ्यास के लिए किसी प्रकार का पंडित वा गुणज्ञ होना अपेक्षित नहीं। किंतु, कार्य अत्यन्त दु:साध्य होने के कारण आवश्यक है कि इसके लिए पहले किसी अनुभवलब्ध व श्रद्धेय सद्‌गुरु की सहायता भी प्राप्त कर ली जाय। स्पष्ट है कि ऐसा सद्‌गुरु भी एक सच्चा पथ-प्रदर्शक व्यक्ति होना चाहिए, जो अपने निजी अनुभव की बातें ठीक ढंग से प्रत्यक्ष न करा सकने पर भी उसकी साधना के लिए पर्याप्त संकेत दे सके। ऐसे गुरु की योग्यता पर ही उसके शिष्य की सफलता निर्भर है, क्योंकि उचित मार्ग न पाकर

साधक पथ भ्रष्ट भी हो सकता है। शिष्य अपने गुरु में पूर्ण आस्था रखता है, उसके प्रति अपने को पूर्णतः समर्पित कर देता है और तब कहीं उसके द्वारा कार्यक्षेत्र में लाया जा सकता है। फिर भी उस निर्दिष्ट मार्ग में साधक को अपने ही बल पर चलना पड़ता है और तद्नुसार जो कुछ भी वह प्राप्त करता है, वह अपने ढंग की ही वस्तु होती है। परंतु नित्य वस्तु केवल एक व अद्वितीय ही हो सकती है और उसके निर्मल, शुद्ध एवं एकरस होने के कारण उसका अंशतः अनुभूत स्वरूप भी, स्वभावतः, अपने मूल रूप से किसी प्रकार भिन्न व विजातीय नहीं कहा जा सकता। इस प्रकार सभी सच्चे साधकों की अपनी-अपनी वस्तु भी मूलतः सबकी कहला सकती है। तात्पर्य यह कि पृथक-पृथक भी किये गए अनुभवों का आधार एक ही होने से, भेद-भाव के सभी कारण आप से आप नष्ट हो जायेंगे, पारस्परिक साम्य का बोध होने लगेगा, तथा क्षणिक व अनित्य वस्तुओं के बीच रहते हुए भी हम अपने को शांत, सुखी व सानंद पा सकेंगे।

कायापलट– संतों का कहना है कि उक्त प्रकार का अनुभव प्राप्त कर लेने पर किसी भी व्यक्ति के जीवन में कायापलट आ जाता है, जिस कारण जिन-जिन बातों को वह अपनी पहली स्थिति में जटिल व समस्याओं से परिपूर्ण समझा करता था, वे उसके समक्ष स्पष्ट व सुधरी प्रतीत होने लगती हैं। उसके निकट किसी वाद व वितंडा को आश्रय नहीं मिलता और न किन्हीं काल्पनिक भेद-प्रभेदों के कारण उनसे उलझना ही पड़ता है। उनके दृष्टिकोण का लक्ष्य सत्य रहता है, जिससे वह भी सदा स्थिर व निश्चल रहा करता है। जिस प्रकार घनाच्छन्न ध्रुवतारा के न दीख पड़ने पर भी, झंझावत के थपेड़ों से विचलित जहाज का नाविक दिशासूचक यंन्त्र (Mariners Compass) के कारण कभी पथभ्रष्ट नहीं होने पाता, उसी प्रकार सांसारिक प्रपंचों के द्वारा सदा परिवर्तित होती हुई स्थिति में भी वैसे दृष्टिकोण वाला महापुरुष कभी सन्मार्ग नहीं छोड़ता। फिर भी उत्तरी ध्रुव व दिशासूचक यंत्र केवल बाह्य वस्तुएँ हैं और उनके प्रयोगों में कभी भूल भी हो सकती है, किंतु अपने भीतर सधे हुए अन्तःकरण में इस प्रकार की बाधाओं का उपस्थित होना असंभव-सा है। सधी व सुस्थिर उपस्थिति सभी कार्यों को सहज रूप देकर हमें विपन्न होने से बचा लिया करती है। संतों ने उक्त दृष्टिकोण की एकतानता को सदा स्थिर रखने के लिए ही सुमिरन वा नामस्मरण की सहायता को इतना महत्त्व दिया है। जीवन में उक्त प्रकार से कायापलट हो जाने पर ही कोई वास्तविक संत की श्रेणी तक पहुँच जाता है, और वैसी स्थिति के उपलब्ध हो जाने पर ही उन बातों के प्रचार करने का अधिकारी बन सकता है जो संत-मत के अंतर्गत आती हैं।

परम लक्ष्य व साधना– संत-मत के अनुसार सत्य वा परमतत्त्व एक अनिर्वचनीय वस्तु है, जो प्रत्यक्ष अनुभव में आकर भी अज्ञेय-सी है, जो निर्गुण व सगुण दोनों से परे वा परस्पर है और जिसे संकेत रूप में हम पूर्ण, सर्वव्यापी, नित्य, एकरस, केवल व सहज जैसे शब्दों द्वारा बहुधा प्रकट किया करते हैं। वही सत्य, परमतत्त्व के नाम से भी अभिहित होता है, और उसी के साथ तद्रूपता वा तदाकारता का अनुभव कर आत्मतत्त्व फिर अपने को अमर की स्थिति में ला देता है। सृष्टि का प्रत्येक अंग क्षणभंगुर व भ्रांतिमूलक है। फिर भी मानव-शरीर उसका सर्वोत्कृष्ट अंश है जिसके सहारे मनुष्य अपनी आभ्यंतरिक शक्ति के समुचित विकास द्वारा पूर्णता प्राप्त कर सकता है। यही पूर्ण व्यक्ति जीवन्मुक्त संत कहलाता है, जो प्राणी-मात्र के प्रति प्रेम व सद्भाव प्रदर्शित करता है और उन्हें एक समान मानता है। संत के लिए सभी

प्रकार के भेद-भाव कृत्रिम तथा अस्वाभाविक हैं, क्योंकि सभी कुछ उस भेदशून्य परमात्मा, परमगुरु, परमसहायक वा प्रियतम के रूप में अपनाये रहना भी चाहता है। संतों की साधना में, इसी प्रकार, ज्ञानयोग, भक्तियोग एवं कर्मयोग का भी पूर्ण सामंजस्य है और वे आवश्यकतानुसार राजयोग, हठयोग, मंत्रयोग व कुंडलिनीयोग जैसी साधनाओं का भी उपयोग करने से नहीं चूकते। फिर भी इनकी प्रधान साधना अपने अंतःकरण को शुद्ध व निर्मल रखते हुए अपने सिद्धांत व व्यवहार में पूर्णता एकता लाने के प्रयत्न में ही केन्द्रित है। हृदय की सच्चाई के सामने सभी प्रकार के वाह्याडंबर तुच्छ हैं और सादगी तथा सदाचरण ही सच्चे मानव की कसौटी हैं। इसी प्रकार संतों ने प्रवृत्ति एवं निवृत्ति मार्गों के मध्यवर्ती सहजमार्ग को ही अपनाया है, और विश्वकल्याण में सदा निरत रहते हुए भूतल पर स्वर्ग लाने का स्वप्न देखा है।

साधना-भेद– उत्तरी भारत के इन संतों का लक्ष्य इस प्रकार बहुत उच्च है और वह 'संत' शब्द के पूर्वकथित मुख्य अभिप्राय का बोधक भी जान पड़ता है। इसमें आध्यात्मिक जीवन का निर्माण कर, उसे सांसारिक जीवन में प्रतिफलित करने का कार्यक्रम निहित है, जो यदि भली-भाँति पूर्ण किया जा सके, तो सचमुच स्थायी सुख व शांति ला सकता है। संतों ने उक्त आदर्श को सबके समक्ष रखते समय अभीष्ट स्थिति को उपलब्ध करने के अनेक उपाय भी बतलाये हैं, जो अवस्थाभेद के अनुसार भिन्न-भिन्न प्रकार से प्रयोग में लाये जा सकते हैं। साधनाओं की यह विभिन्नता अत्यंत प्राचीनकाल से चली आती है और उन्हें, अपने संस्कार व सुभीते के अनुसार, भिन्न-भिन्न प्रकार के साधक व्यवहार में लाते आए हैं। संतों को उनमें से किसी एक, वा उससे अधिक के लिए कोई विशेष आग्रह नहीं। वे सभी को महत्त्वपूर्ण समझ उनमें सामंजस्य लाना चाहते हैं और किसी भी प्रकार उस दशा को प्राप्त कर लेने की चेष्टा करते हैं जो उनका परम लक्ष्य है। आदि संत कबीर साहब ने सर्वप्रथम यही आदर्श अपने सामने रखा था और इसी धारणा के साथ वे अपने कार्य में अग्रसर भी हुए थे। परंतु, आगे चलकर उनके परवर्ती संतों ने कभी-कभी किसी विशेष प्रकार की साधना पर ही अधिक ध्यान दे दिया जिस कारण उनके आदर्शों पर उनके अनुयायियों के पृथक-पृथक सम्प्रदाय बन गए।

वर्ण्य विषय– भारतीय साधना की एक विशेष धारा बहुत पहले से चली आ रही थी जिसमें कई भिन्न-भिन्न प्रवाह सम्मिलित थे। ये प्रवाह भिन्न-भिन्न काल में पृथक-पृथक न्यूनाधिक बल ग्रहण करते आए, और इनके एकांगी विकास के कारण, समाज में कभी-कभी विशृंखला का भय भी उपस्थित होता आया।

तदनुसार, इनके समन्वय की चेष्टा भी यदाकदा होती आई थी। संतों की परम्परा भी वस्तुतः ऐसे ही प्रयत्नों में संलग्न व्यक्तियों के एक समुदाय को लक्षित करती है। भारतीय साधना के क्रमिक विकास का एक महत्त्वपूर्ण युग सं. ८०० के लगभग समाप्त होता है जबकि देश के अंतर्गत भिन्न-भिन्न विचारधाराओं का संघर्ष उग्र रूप धारण कर रहा था और तत्कालीन विचारशील पुरुष उन्हें व्यवस्थित करने में दत्तचित्त हो रहे थे। उनके प्रयत्नों ने भिन्न-भिन्न सम्प्रदायों को जन्म दिया जिनकी शृंखला बहुत दिनों तक चलती आई। कबीर साहब आदि संतों ने इन सम्प्रदायों में भी सामंजस्य स्थापित करने की चेष्टा की और इस प्रकार एक नवीन परम्परा की नींव डाल दी, जो तब से आज तक चलती आ रही है।

अतएव, भारतीय साधना के उक्त क्रमिक विकास के सम्पूर्ण इतिहास में सुभीते के अनुसार हम निम्नलिखित काल-विभाग कर सकते हैं:–

१. भारतीय साधना का प्रारंभिक विकास, सं. ८०० तक;

२. साम्प्रदायिक रूप व सुधार, सं. ८०० से १४०० तक;

३. कबीर साहब व उनके समसामयिक संत, सं. १४०० से १५५० तक;

४. पंथ-निर्माण का सूत्रपात, सं. १५५० से १६०० तक;

५. प्रारंभिक प्रयास, सं. १६०० से १७०० तक;

६. समन्वय व साम्प्रदायिकता, सं. १७०० से १८५० तक; तथा,

७. समीक्षा व पुनरावर्तन, सं. १८५० से;

काल-विभाग– परन्तु इसके पहले कि हम कबीर साहब के प्रयत्नों तथा उनके उत्तर-कालीन संतों द्वारा संत-परम्परा निर्माण करने की चेष्टाओं पर विचार करें, यह आवश्यक प्रतीत होता है कि हम उनकी पूर्व परिस्थिति से भी कुछ परिचय प्राप्त कर लें और यह जान लें कि भारतीय साधना-धारा के मूल स्रोत क्या थे, उनका प्रारंभिक विकास किस प्रकार हुआ, उनमें से प्रत्येक प्रधान स्रोत को सबल बनाने में किन-किन शक्तियों ने किस-किस प्रकार योग प्रदान किया, तथा उन सबके बीच सामंजस्य स्थापित करने की चेष्टा पहले किस प्रकार की गई। आगे के कतिपय पृष्ठ कुछ ऐसी ही धारणा के साथ लिखे जा रहे हैं, और यथाउपलब्ध सामग्रियों के आधार पर उनमें कुछ न कुछ क्रम लाने की भी चेष्टा की जा रही है।

२. भारतीय साधना का प्रारंभिक विकास

साधना– किसी प्रधान उद्देश्य को ध्यान में लाकर उसके निमित्त कार्य संपन्न करने की क्रिया को बहुधा 'साधना' की संज्ञा दी जाती है। उसका मुख्य लक्ष्य वा साध्य वस्तु या तो कोई ऐहिक सुख होता है अथवा पारलौकिक आनन्द हुआ करता है, जिसकी सिद्धि के अस्तित्त्व में विश्वास रखकर साधक उसके लिए प्रवृत्त होता है और उसकी उपलब्धि की अवधि तक सदा सोत्साह प्रयत्नशील रहना चाहता है। उक्त ऐहिक सुख का तात्पर्य भी सामान्यतः उस सुखमय जीवन से होता है जो एक सांसारिक व्यक्ति के लिए सदा अभीष्ट है और जिसे वह अतुल संपत्ति, मनोवांछित ऐश्वर्य, स्वस्थ शरीर एवं सुखी परिवार से संयुक्त रहकर उपयोग करने की अभिलाषा रखता है। पारलौकिक आनन्द भी, उसी प्रकार, वह आदर्श स्थिति होती है जिसे प्रत्येक श्रद्धालु व्यक्ति अपने जीवन का अंत हो जाने पर प्राप्त करना चाहता है और जिसके स्वरूप का अनुमान वह अपनी कल्पना व संस्कार के बल पर कर लिया करता है। इन दोनों उद्देश्यों की पूर्ति वा सिद्धि के लिए कोई वाह्य शक्ति अपेक्षित रहती है जिसकी पूर्ण सहायता पर निर्भर होकर साधक अपनी साधना में प्रवृत्त होता है और उसे इस बात में विश्वास भी रहता है कि नियमित रूप से उसे पूर्ण कर लेने पर मैं अवश्य सफल हो जाऊँगा। हमारे दैनिक जीवन के प्रत्येक कार्य में उक्त सारी बातें प्रस्तुत नहीं रहा करतीं और इसीलिए उन सभी को 'साधना' का नाम नहीं दिया जाता। साधना कहलाने योग्य अधिकतर वे ही कार्य होते हैं, जो दूसरे शब्दों में धार्मिक कृत्य वा कर्म भी कहलाते हैं और जो एक आध्यात्मिक जीवन में आवश्यक हैं।

साधना के भेद– साधना, प्रधानतः, या तो ज्ञान का आधार लेकर चलती है, अथवा भक्ति का आश्रय लेकर की जाती है वा उसे संपन्न करने के लिए हमें विविध कर्मों का उपक्रम करना तथा उन्हें निश्चित नियमों के साथ अनुष्ठित करना पड़ता है। ज्ञानमयी साधना बहुधा तर्क का अवलंबन ग्रहण करती है और उसके साथ व्यवस्थित ढंग से अग्रसर होती हुई किसी अंतिम ध्येय तक पहुँचने के लिए सचेष्ट होती है। परन्तु भक्ति की साधना में तर्क-वितर्क की जगह श्रद्धा व विश्वास के भाव काम करते हैं और साधक को अपने उद्देश्य के प्रति दृढ़ आस्था रखने के लिए प्रेरित किया करते हैं। भक्ति एक प्रकार का अनुराग है जिसे साधक अपने से बड़े के प्रति श्रद्धा भाव के साथ प्रदर्शित करता है, किन्तु वही यदि अपने से बराबरी वाले के प्रति प्रकट किया जाय, तो उसे बहुधा प्रेम का नाम दिया जाता है, और यदि अपने से छोटे के प्रति दिखलाया जाय, तो यह स्नेह का रूप ग्रहण कर लेता है। उक्त अनुराग को व्यक्त करने के साधन कभी अनवरत स्मरण तथा कभी गुणगान वा कीर्तन हुआ करते हैं, किन्तु कभी-कभी इसका प्रदर्शन उस अनुभव के रूप में भी हुआ करता है जिसे एक योगी अपने ध्यान द्वारा उपलब्ध किया करता है। इसी प्रकार क्रियात्मक साधना के लिए भी यदि कभी किन्हीं शास्त्रविहित उपचारों की आवश्यकता पड़ती है साधक उनके साधारण से साधारण नियमों के भी निर्वाह में दत्तचित्त होना अपना कर्तव्य समझता है, तो बहुधा यह भी देखने में आता है कि कुछ कर्मोपासक अपने कार्य की सिद्धि के निमित्त अपने जीवन को ही संयत व सुन्दर बना लेना चाहते हैं।[१] अतएव उक्त तीनों प्रकर की साधनाओं के आधार क्रमशः ज्ञान-संवेदन व संकल्प हैं, जो मनुष्य की तीन मौलिक प्रवृत्तियों से संबंध रखते हैं और जिनके अनुसार साधना के लिए क्रमशः ज्ञानकांड, भक्तिकांड एवं कर्मकांड शब्दों के प्रयोग किये जाते हैं।

वैदिक साधनाएँ– प्राचीन वैदिक वाङ्मय के अध्ययन से पता चलता है कि हमारे पूर्वजों का जीवन अत्यन्त सरल था और उनके कृत्य भी बहुधा सीधे-सादे होते थे। उनके धार्मिक अनुष्ठानों के प्रधान अंग देव-पूजन, पितृ-पूजन व यज्ञ थे, तथा प्रार्थना के द्वारा वे अपने अभीष्ट ऐहिक सुख के लिए कभी-कभी याचना भी किया करते थे। उन्हें प्रकृति के भीतर निहित शक्तियों में पूरी आस्था थी और वे उन्हें भिन्न-भिन्न प्रकार के कल्पनात्मक देवरूप दिया करते थे। उनके देवता सामर्थ्य एवं शक्ति-विशेष के प्रतीक माने जाते थे और उनके प्रति की गई स्तुति भी तदनुसार उनके भय से ही प्रेरित हुआ करती थी। उनकी कृपा, सहानुभूति अथवा अन्य ऐसी कोमल वृत्तियों में उन्हें वैसा विश्वास नहीं था। उनके प्रति किये गए गान वा उनके लिए प्रदर्शित विनय के भाव, इसी कारण, उन्हें रिझाने के उद्देश्य से ही प्रस्तुत किए जाते थे तथा अन्य जीवों का बलिदान भी प्रायः इसीलिए हुआ करता था। पितृपूजन की व्यवस्था भी

---

१. इस प्रकार की साधना को क्रमशः 'सदाचार' व 'सदाचरण' नाम दिये जाते हैं। सदाचरण का अर्थ सात्विक रहनी वा जीवन-यापक का सुव्यवस्थित ढंग है, किंतु सदाचार का व्यवहार शास्त्रविहित धर्म के लिए किया जाता है, जैसे, 'मनुस्मृति' में सदाचार को 'श्रुत्युक्त स्मार्त्त' कहा गया है (अ. १ श्लो. १०८, व अ. ४ श्लो. ५५) और उसी को परम धर्म भी ठहराया गया है। तदनुसार "सदाचार वहीहै जिसका पालन परम्परा-क्रम से ब्रह्मवर्त देश के अंतर्गत किया जाता है और जिसके द्वारा हम सुखपूर्वक १०० वर्षों तक जीवित रह सकते हैं।"(अ. २ श्लो. १८,व अध्याय ४ श्लो. ५८)

उस समय केवल इसीलिए की जाती थी कि हमारे पूर्व पुरुष हमारे प्रतिदिन के कार्यों में कभी कोई विघ्न बाधा न उपस्थित करें। उनके पूजन-विधान द्वारा यह आशा की जाती थी कि वे उससे प्रसन्न होकर अपने हानिप्रद कार्यों से विरत हो जायँगे। उस समय की साधारण जनता को एक प्रकार के जादू-टोने में भी विश्वास था और वे लोग मंत्रों के प्रयोग द्वारा विषादि के दूर किये जाने को भी निश्चित मानते थे। सारांश यह कि हमारे पूर्वजों के प्रायः सभी धार्मिक कृत्य केवल इसी उद्देश्य से होते थे कि हमारा दैनिक जीवन पूर्णतः अबाधित रूप में प्रगतिशील रहे और हमारे ऐहिक सुख में वृद्धि भी होती रहे।

यज्ञ– परंतु समय पाकर उक्त प्रार्थना व पूजनादि से कहीं अधिक महत्त्व याज्ञिक अनुष्ठानों को दिया जाने लगा और यज्ञ से संबंध रखने वाले प्रत्येक नियम का पालन उस समय के लोग अपने लिए अनिवार्य तक समझने लगे। यहाँ तक कि अग्नि आदि प्राकृतिक वस्तुओं का देवोपम भाव भी धीरे-धीरे विधानों के ईश्वरोपम भाव में परिणित हो चला और यज्ञ को ही सर्वस्व मानकर चलने वालों का ध्यान, क्रमशः विशुद्ध 'आचार प्रधान' जीवन की ओर से हटता हुआ किसी अदृश्य सत्ता अथवा कतिपय व्यापक नियमों की नित्यता की ओर अधिकाधिक आकृष्ट होने लगा। जिन मुख्य देवताओं की कल्पना आर्य लोग पहले पृथक्-पृथक् करते थे, उन्हें वे अब एक के ही विविध रूपों में देखने लगे। उदाहरण के लिए अब वे इस प्रकार कहने लगे कि 'हे अग्निदेव ! तुम्हीं वरुण हो, तुम्हीं मित्र हो, तुम्हीं इन्द्र हो, तथा तुम्हीं अर्यमा होकर स्वामिवत् भी कार्य किया करते हो।'[१] और कभी-कभी यहाँ तक भी समझा जाने लगा "कि विद्वान लोग उसी सत् को इंद्र, वरुण, मित्र अथवा अग्नि के नाम से पुकारते हैं और यही विशाल पंखोवाला दिव्य गरुड़ भी है, उसी एक पदार्थ का वे अनेक प्रकार से वर्णन करते हैं, अतएव वही एक सत् (सृष्टि को आविर्भाव प्रदान करने के कारण) अग्नि, संसृति एवं (परिवर्तन का मूल तत्त्व होने से) यम, तथा (अखिल विश्व का आधार-भूत होने से) मातरिश्वान् भी कहलाता है।[२] तदनुसार, तत्कालीन आर्यों के समाज में कर्म की प्रधानता हो चली, बहुदेववाद एकदेववाद में परिणत हो गया और जन्मांतर के प्रति विश्वास दृढ़तर होने लगा।

तप व ज्ञान– फिर भी उत्तर वाङ्मय के कुछ उल्लेखों से स्पष्ट है कि उस समय के बहुत से लोग वायु के आधार पर जीवन यापन करने वाने मननशील प्राणाभ्यासी भी हुआ करते थे।[३] और अन्य लोग तत्पश्चर्या एवं श्रम के साथ साधना करके मृत्यु पर भी विजय पा लेते थे।[४] इसके सिवाय उन दिनों कदाचित् ऐसे व्यक्तियों की भी कमी न थी, जो ब्रात्य कहलाते थे। ये लोग उक्त यज्ञादि से दूर रहते हुए किसी अरूप वस्तु के ध्यान व चिंतन में निरत रहते थे और अपने व्यक्तिगत उच्चादर्शों की प्राप्ति के लिए एकाग्रता की साधना किया करते थे। उपनिषदों की रचना के समय तो उक्त यज्ञ-कर्म की अनुपयोगिता तक सिद्ध की जाने लगी,

---

१. त्वमग्ने वरुणो जायसे यत् त्वं मित्रो भवसि यत् समिद्धः। त्वे विश्वे सहसस्पुत्र देवास्त्वमिन्द्रो दाशुषे मर्त्याय ॥ १ ॥ त्वमर्यमा भवसि यत् कनीनां नाम स्वधावन् गुह्यं विभर्षि। अञ्जन्ति मित्रं सु धितं न गोभिर्यद् दम्पती समनसा कृणोषि ॥ २ ॥–ऋग्वेद, (मंडल ५, सूक्त ३)

२. 'इन्द्रं मित्र' वरुणमग्निमाहुरथो दिव्यः स सुपर्णो गरुत्मान्। एकं सद् विप्राः बहुधा वदन्त्यग्नि यमं मातरिश्वानमाहुः ॥'(ऋ. १-१६४-४६)

३. 'मुनयो वातरसनाः पिशङ्गा वसते मला।'(ऋ. १०-१३६-२)

४. 'येनातरन्भूतकृतोति मृत्युं यमन्वविन्दान्तपसा श्रमेण।' (अथर्व. ४-३५-२)

और तत्त्व-चिंतन उससे कहीं बढ़कर समझा जाने लगा। यज्ञ के समालोचकों का कहना था कि "ये यज्ञ वास्तव में छोटे-छोटे डोंगो की भाँति निर्बल साधन हैं, जिनके द्वारा कल्याण् का होना कभी निश्चित नहीं माना जा सकता, और इनपर भरोसा रखने वाले मूर्खों को कर्म-फल के क्षीण होते ही फिर एक बार जरा-मरण का शिकार बनना पड़ता है।[१] यज्ञ के इन विपक्षियों में कुछ लोग ऐसे भी थे, जो ईश्वर अथवा मोक्ष के बदले केवल सांसारिक दुखों की निवृत्ति मात्र चाहते थे और जिनसे आगे चलकर सांख्य के ज्ञानवाद की प्रतिष्ठा हुई। इस प्रकार की ज्ञाननिष्ठा में एक ओर कोरे ज्ञान व चिंतन का आधिक्य था, जो नितांत निष्काम एवं सुखभावनाहीन था। किंतु दूसरी ओर उसमें ज्ञान की श्रेष्ठता के साथ-साथ स्वर्ग वा आनंद का सर्वथा त्याग नहीं था और वह आस्तिक भावना से भी संयुक्त था।

योग व सदाचरण– ज्ञानवाद के साथ तपोविद्या का मेल हो जाने से इसी प्रकार योगमार्ग का भी आरंभ हुआ जिसके आदि-प्रवर्तक जैगीषव्य कहलाते हैं। इस प्रकार की साधना सांख्य के ज्ञानवाद द्वारा प्रभावित थी और उसी के सेश्वरवादी रूप में चली थी। इसकी शारीरिक प्रक्रिया एवं ध्यान-संबंधी अंश का आधार प्राचीन तपश्चर्या थी, जिसके मूल-रूप में इसके द्वारा बहुत कुछ परिवर्तन होता गया था। इसके सिवाय उपनिषदों ने एक प्रकार के सदाचरण के मार्ग का भी उपदेश देना आरंभ किया, जिसका मुख्य अभिप्राय यह था कि मनुष्य को अपने किये का ही अच्छा वा बुरा फल मिला करता है, इसमें देवों का कुछ भी हाथ नहीं, प्रत्युत सत्य, धर्म व सदाचरण द्वारा, यदि हम चाहें तो उन्हें उनकी गद्दी से हिला भी सकते हैं। यह सदाचरण गृहास्थाश्रम में भी पूर्णतः संभव था और कहा जाता था कि "जो इसमें रहते हुए संतानोत्पत्ति करते हैं, तथा तप एवं संयम के साथ जीवन यापन करते हैं और जो सत्य को अपना नैतिक आधार जानकर चलते हैं, वे ही वास्तव में ब्रह्मलोक के अधिकारी हुआ करते हैं।"[२] सत्य, सुकृत व सदाचरण ही परम धर्म हैं।

भक्ति साधना– परंतु, उक्त यज्ञ-विरोधी आंदोलनों में सबसे अधिक प्रचार भक्ति-साधना का था, जो राजा वसुचैद्योपरिचर के समय से प्रारंभ हुआ था। उपनिषदों में कहा गया मिलता है कि "आत्मा की उपलब्धि किसी बलहीन को नहीं होती और न वह उपदेशों से, अध्ययन से अथवा मेधा से ही संभव है। वह जिस किसी को स्वयं वरण कर लेता है, वही उसे पाने में समर्थ हो जाता है और उसी के समक्ष वह अपने स्वरूप को प्रकट वा प्रदर्शित भी करता है।"[३] अतएव, आत्मा द्वारा वरण किये जाने के पूर्व उसे प्रार्थना व सेवा से प्रसन्न कर लेना परमावश्यक समझा गया, और इस प्रकार एक मात्र 'हरि' में एकाग्र भाव के साथ भक्ति करने वाली साधना का भी 'एकान्तिक धर्म' के रूप में उदय हुआ। इसकी पूजन-पद्धति 'सात्वत विधि' कहलाने लगी जिसके प्रधान अंग भक्ति, आत्म-समर्पण एवं अहिंसा के भाव थे, और जिसे अपनाकर प्रचार करने वालों में वासुदेव कृष्ण-जैसे महान व्यक्ति की भी गणना की जाती

१. 'प्लवा ह्ये अदृढ़ा यशरूपा अष्टादशोक्तमवरं येषु कर्म। एतच्छ्रेयो ये भिनन्दन्ति मूढा जरामृत्युं ते पुनरेवापियन्ति ॥'(मुंडकोपनिषद, १-२-७)।

२. 'तद्येह वै तत्प्रजापतिव्रतं चरन्ति ये मिथुनमुत्पादयन्ते। तेषामेवैष ब्रह्मलोको येषां तपो ब्रहमचर्य येषु सत्यं प्रतिष्ठितम् ॥' प्रश्नोपनिषत् (१-१५)।

३. 'नायमात्मा प्रवचनेन लभ्यो नमेधया बहुनाश्रुतेन। यमेवैष बृणुते तेन लभ्यस्तस्यैष आत्मा विबृणुते तनुं स्वाम् ॥' (कठ.,१-२-२२) व (मुंडक, ३-२-३)।

थी। इस कारण आगे चलकर इसका नाम भी 'वासुदेव-धर्म' पड़ गया और हरि का स्थान क्रमशः वासुदेव कृष्ण ने ही ग्रहण कर लिया। अंत में विक्रम संवत् के पूर्व तीसरी शताब्दी तक इसकी विधि 'पांचरात्र-पद्धति' में परिणत हो गई और इसका नाम 'भागवत धर्म' के रूप में परिवर्तित हो गया।

विषम परिस्थिति—इस प्रकार हम देखते हैं कि आर्यों के इतिहास के प्रारंभिक युग में जो साधना पहले सीधे-साधे स्तुति-गान व पशु-बलि से आरंभ हुई थी, वह क्रमशः यज्ञ, कर्म, तपश्चर्या, तत्त्वज्ञान, सदाचरण एवं भक्ति के पृथक्-पृथक् रूप धारण करने लगी, और इस विविधता के कारण मतभेद का भी अवसर आ उपस्थित हुआ। साधना की विभिन्नता के आधार पर समाज में भिन्न-भिन्न वर्गों की सृष्टि होने लगी जिनमें से एक दूसरे को स्वभावतः पराया समझने लगा। इसके सिवाय तर्क-वितर्क करने वाले व्यक्तियों के हृदय में इस बहुमार्गिता ने एक अन्य प्रकार के भाव का भी संचार किया। उस समय के लोग अधिकतर धार्मिक भावनाओं से ही प्रभावित हुआ करते थे और उनके दैनिक-जीवन का प्रत्येक कार्य प्रायः उन्हीं द्वारा अनुप्राणित हुआ करता था। फलतः अपने कर्तव्य वा अकर्तव्य का निश्चय करते समय वे कभी-कभी असमंजस में पड़ जाते थे और उनका मार्ग अवरुद्ध-सा हो जाया करता था। कार्यारंभ के समय की विषम परिस्थिति उन्हें उसके अंतिम परिणाम तक सोचने की ओर प्रवृत्त करती थी और वे 'किस प्रकार करने से क्या होगा' के फेर में पड़कर किंकर्तव्यविमूढ़ भी हो जाते थे।

अर्जुन व श्रीकृष्ण—प्रसिद्ध महाभारत-युद्ध के समय कुरुक्षेत्र के मैदान में वीरवर अर्जुन के सामने भी इस प्रकार की एक समस्या आ उपस्थित हो गई। उनके विरूद्ध लड़ने वालों में उनके गुरुजन व संबंधी दिखलायी पड़ते थे जिन्हें मारकर विजय प्राप्त करने की भावना उनके लिए असह्य प्रतीत हुई और न लड़ने पर भी होने वाले अनर्थों की आशंका ने उनके हृदय को संशयग्रस्त बना दिया। अर्जुन इस प्रश्न को सरलतापूर्वक सुलझता न देखकर इतने कातर हो गए कि उन्होंने अपने शस्त्र रथ पर डाल दिये और सहायता के लिए श्रीकृष्ण से प्रार्थना की। श्रीकृष्ण ने भी उक्त प्रश्न का पहले सीधा-साधा सा उत्तर देना चाहा और उन्हें कहा कि "अन्तःक्करण की क्षुद्र दुर्बलता को छोड़कर युद्ध में प्रवृत्त हो जाओ।"[१] परंतु काम इतने से ही नही चल सका और समस्या का रूप इस प्रकार हो गया कि क्या युद्ध में जय प्राप्त कर लेना वास्तव में श्रेयस्कर होगा। अर्जुन साधारण प्रश्नकर्त्ता नहीं थे और न उनका प्रश्न एक साधारण उलझन को दूर कर देने से ही संबंध रखता था। श्रीकृष्ण को इसी कारण उसका उत्तर देते समय अनेक दार्शनिक युक्तियों का भी आश्रय ग्रहण करना पड़ा और अंत में भिन्न-भिन्न प्रचलित साधनाओं के एक सुन्दर गीतोक्त समन्वय द्वारा उनकी कठिनाई दूर करनी पड़ी।

गीतोक्त समाधान—श्रीमद्‌भगवद्गीता की रचना के समय दो प्रकार की साधनाएँ प्रधानरूप से प्रचलित थीं, जिनमें एक 'ज्ञानयोग' और दूसरा 'कर्मयोग' था। इनमें से प्रथम का रूप मुख्यतः आत्मोपसना का था जिसके अनुसार मनुष्य का कर्तव्य अपने चित्त को सभी सांसारिक बंधनों से हटाकर तथा उसे नित्य, शुद्ध एवं ज्ञानमय आत्मा की ओर उन्मुख कर पूर्ण आत्मज्ञान की उपलब्धि करना था, और दूसरे का रूप इसी प्रकार कर्मोपासना का था जिसके अनुसार

१. 'क्षुत्रं हृदयदौर्बल्यं त्यक्तवोत्तिष्ठ परतप'॥ (गी. अ. २ श्लो. ३)

सब किसी को चाहिए कि अपने कर्म-संबंधी व्यापारों का निर्वाह उन्हें यज्ञ व कर्तव्य मानकर करें जिससे आत्यन्तिक सुख की प्राप्ति हो। ये दोनों मार्ग क्रमशः 'निवृत्ति मार्ग' व 'प्रवृत्ति मार्ग' भी कहलाते थे और श्रीकृष्ण ने इन दोनों को मर्यादित कर इनका 'ज्ञानकर्मयोगसमुच्चय' के रूप में समन्वय कर दिया। इसके साथ ही उन्होंने दोनों के इस सुधरे हुए रूप में भक्तियोग का भी पुट दे दिया जिससे निष्काम भावना के साथ सदा आचरण करने का एक सरल मार्ग निकल आया और उसकी मनोवृत्ति से संपन्न रहने वाले के लिए कर्तव्य वा अकर्तव्य का प्रश्न एक प्रकार से हल भी हो गया।

समन्वय की प्रवृत्ति–'श्रीमद्‌भगवद्गीता' के उक्त समन्वयात्मक उपदेश द्वारा वैदिक युग से पृथक्-पृथक् रूपों में प्रचलित सभी साधनाओं का समाधान हो जाता था। यज्ञ, कर्म, पशुबलि प्रधान न होकर शास्त्र-विहित कर्तव्यों का बोधक समझा जाने लगा, तपश्चर्या आत्मशुद्ध का साधन बन गई, तत्त्वज्ञान की उपादेयता चित्त के संतुलन व अन्तःकरण की शांति में दीख पड़ने लगी, सदाचरण का निर्वाह निष्काम-कर्म के आदर्शों द्वारा प्रेरित होने लगा और भक्ति की भावना ईश्वरार्पण की प्रक्रिया के कारण सुखमयी बनकर सभी कार्यों को सरल व सुगम बनाने में समर्थ हो गई। गीतोक्त साधना का मुख्य अभिप्राय संक्षेप में यह था कि "यदि कर्म के किये बिना हम एक क्षण भी नहीं रह सकते और यह किसी न किसी रूप में हमारे लिए पूर्णतः अनिवार्य है, तथा यदि उसके परिणाम के भला व बुरा होने पर ही क्रमशः सुख वा दुःख का अनुभव हुआ करता है, तो क्यों न हम उसे यज्ञार्थ अथवा विहित कर्तव्य मान लें, उसकी फलाशा को ईश्वरार्पित कर दें तथा उसे शुद्ध भाव के साथ अनासक्त होकर संपन्न करने में प्रवृत्त हो जायँ।"[१] ऐसी दशा में वस्तुस्थिति का ज्ञान रहने के कारण हमें न तो किसी बात की आशंका होगी और न उसके ईश्वरार्पित होने के कारण हमारे ऊपर उसका कोई बोझ रहेगा। हमारा शांत व निर्बल चित्त अविकृत रहने के कारण कभी क्षुब्ध नहीं होगा और इस प्रकार हमारा ऐहिक जीवन सदा सुखमय बना रहेगा। अकर्तव्य का प्रश्न हमारे सामने तभी गंभीर रूप धारण करता है, जब हम किसी कार्य के परिणाम में अपनी आसक्ति रखा करते हैं। यदि उक्त साधना के अनुसार हम उसे निष्काम भाव के साथ करने लग जायँ, तो हमें किसी ऐसी विकट समस्या का सामना नहीं करना पड़े।

प्रतिक्रिया–परंतु भारतीय साधना का उक्त समन्वयात्मक रूप भी आगे चलकर कुछ परिवर्तित होने लगा। यज्ञ-संबंधी पशुबलि एवं वाह्याचार के विरूद्ध इन्हीं दिनों दो अन्य प्रकार के आंदोलन भी क्रमशः 'जैन धर्म व बौद्ध धर्म' के नाम से उठ खड़े हुए जिनमें न तो किसी देवोपासना को स्थान था और न जिनमें कोई ईश्वरार्पण की भावना ही आवश्यक थी। उन दोनों का प्रधान लक्ष्य शुद्ध सात्विक जीवन था और उनके सामने मानव की महत्ता व उसके पूर्ण विकास का प्रश्न कहीं अधिक मूल्य रखता था। दोनों निरीश्वरवादी थे जिससे मूल वैदिक धर्म वा उसके सुधरे हुए रूपों पर भी उनकी प्रतिक्रिया का होना स्वाभाविक था। अतएव, उन दोनों का सामना करने अथवा उनकी प्रतियोगिता में आगे बढ़ने की ओर सभी प्रवृत्ति हो गए, और विचार-संघर्ष के फलस्वरूप उनमें आवश्यक परिवर्तन भी होने लगे। उस

---

१. 'यज्ञार्थात्कर्मणोऽन्यत्र लोकोऽयं कर्मबंधनः। तदर्थं कर्म कौन्तेय मुक्तसंगः समाचर ॥९ ॥' (गी., अ. ३)।

समय के प्रचलित प्रत्येक आर्य-धर्म को प्राचीन वैदिक जीवन के पुनरुद्धार की आवश्यकता प्रतीत होने लगी और वह उसे समयानुसार अधिकाधिक अपनाने में लग गया। फलतः, प्राचीन व्यवस्थाओं के संरक्षणार्थ पुराणों की सृष्टि की गई, उपासना के भीतर तंत्रोपचार का समावेश किया गया, वैदिक देवताओं के नररूपोपम भाव की पुनरावृत्ति होने लगी और पुराने 'एकांतिक धर्म' का भागवत धर्मवाला रूप क्रमशः 'वैष्णव धर्म' में परिणत हो गया। उपनिषदों के 'ज्ञान-योग' को लेकर इसी प्रकार कई भिन्न-भिन्न दर्शनों की सृष्टि होने लगी और सभी अपनी-अपनी तर्क-प्रणाली के अनुसार सुव्यवस्थित रूप ग्रहण करने लगे। इन प्रवृत्तियों का बहुत कुछ प्रभाव बौद्ध व जैन धर्मों के विचारों पर भी पड़ा, और तत्कालीन वातावरण के अनुसार उन्होंने भी अपने रूप मर्यादित किए।

पौराणिक भक्ति— भारतीय साधन के इस युग अर्थात् सं. १५५ विक्रम पूर्व से विक्रम ५९० तक के समय को साधारणतः 'पौराणिक युग" का नाम दिया जाता है। यह प्राचीन वैदिक युग के पुनरुद्धार का युग था, अतएव इसके आरंभ के कुछ सम्राटों ने अश्वमेघ जैसे बड़े पुराने यज्ञों को एकाध बार कर दिखलाने के लिए भी प्रयत्न किये। प्राकृतिक वस्तुओं के प्रतीक देवताओं की एक बार फिर से सृष्टि हुई और अब की बार उन्हें और भी स्पष्ट, साकार तथा सजीव रूप प्रदान किये गए, तथा उनके संबंध में अनेक उपाख्यानों की भी रचना कर दी गई। इसी प्रकार, तीर्थंकरों तथा बोधिसत्वों के अनुकरण में भगवान् के भिन्न-भिन्न अवतारों की भी कल्पना की जाने लगी और उनकी लीलाओं के वर्णन का साहित्य भी बन गया। भक्ति का रूप, इसी कारण, अब कोरी प्रार्थना वा ईश्वरार्पण के भाव तक ही सीमित नहीं रह गया, प्रत्युत उसमें तंत्रोपचार का भी पूरा समावेश कर दिया गया। देवताओं की भिन्न-भिन्न मूर्तियों की स्थापना की जाने लगी और उनके लिए भव्य व विशाल मंदिरों का भी निर्माण होने लगा। देवता भी अब पहले की भाँति केवल शक्ति व सामर्थ्य के बोधक नहीं रह गए थे, और न उनसे हमें वैसे भय की आशंका थी। अब उनमें मानवोचित कोमल वृत्तियों की भी कल्पना की जाने लगी और यह मान लिया जाने लगा कि वे महापुरुषों की भाँति हम पर दया, दाक्षिण्य व अनुग्रह भी दरसा सकते हैं। उनमें सात्विक गुणों का इतना विस्तृत आरोप कर दिया गया कि वे अब हमारे किसी भी संकट की परिस्थिति में हमारी भक्ति से प्रेरित होकर हमें उबार ले सकते थे। देवताओं के स्वभावों तथा कार्यों की भिन्न-भिन्न प्रकार से कल्पना करके उनका वर्गीकरण भी कर दिया गया और सारे विश्व के सृजन, पालन व संहार की उन्हें क्षमता प्रदान कर उनके हाथों में इसकी पूर्ण व्यवस्था का समूचा भार सौंप दिया गया।

योग-साधना व ज्ञानवाद— प्राचीन समय के ध्यानयोग व तत्पश्चर्या को सम्मिलित कर इसी प्रकार योग-साधना प्रचलित की गई जिसके हठयोग नामक अंग के अंतर्गत अनेक प्रकार के यम, नियम, आसन एवं प्राणायाम को अधिक महत्त्व दिया जाने लगा, और उसके राजयोग नामक अंग में प्रत्याहार, धारणा, ध्यान एवं समाधि के विस्तृत विवेचन की व्यवस्था की गई। यह साधना भी एक प्रकार से उक्त भक्ति-योग के ही पार्श्वविशेष का निर्देश करती थी और समझा जाता था कि इसके द्वारा हमें अपने इष्टदेव का साक्षात् कर लेना भी संभव है। परन्तु योग-साधना का सबसे महत्त्वपूर्ण परिणाम चित्तवृत्तियों का सम्यक् निरोध है, जिसका उपयोग अन्य साधनाओं में भी भली भाँति किया जा सकता है। इसलिए यह साधना कुछ आगे

चलकर और भी अधिक लोकप्रिय होती गई और इसे अन्य धर्मों ने भी स्वीकार किया। इधर ज्ञान की साधना में तर्क-वितर्क एवं ऊहापोह के ही क्रमशः अधिक प्रयोग होते रहने के कारण उसका भी एक शास्त्र पृथक् बन गया। इस साधना का उपयोग अब केवल प्राचीन श्रवण, मनन व निदिध्यासन मात्र तक ही सीमित न रहकर, कार्य-कारण-संबंध की प्रतिष्ठा, परिस्थिति के सम्यगालोचन तथा व्यापक सिद्धान्तों के निरूपण व निर्धारण तक में भी होने लगा और इसके कारण खंडन-मंडन की भी प्रथा परिपुष्ट की गई।

सदाचारवाद– इसी प्रकार सदाचरण का स्वरूप भी, जो पहले केवल कर्मवाद को ध्यान में रखकर सत्कर्म करना मात्र समझा जाता था, और भी विस्तार के साथ प्रतिपादित किया जाने लगा। सदाचरण अब 'सदाचार'कहलाकर धर्म का समानार्थक शब्द माना जाने लगा और उसे 'दशकं धर्म लक्षणम्' के द्वारा स्पष्ट करने की चेष्टा भी होने लगी। जैन धर्म एवं बौद्ध धर्म ने सदाचरण को सबसे अधिक महत्त्व दे रखा था और उसे अपने-अपने ढंग से निरूपित भी किया था। अहिंसा, निष्कामता, मनोविजय, आत्मसंयम जैसी सदाचरण-संबंधी बातों की ओर उन्होंने विशेष ध्यान दिया था। 'खंति (क्षमा), 'सील' (शील), 'पञ्ञा'(प्रज्ञा), 'मेत्ता' (मैत्री), 'सच्च' (सत्य), 'विरीय' (वीर्य) बोधिसत्व के आदर्श गुण माने जाते थे और चित्त की शुद्धि को भी उनके यहाँ एक महत्त्वपूर्ण स्थान प्राप्त था। पौराणिक युग की सदाचार-साधना ने धृति, क्षमा, दम, अस्तेय, शौच, इन्द्रियनिग्रह, धी, विद्या, सत्य व अक्रोध को धर्म के दस लक्षण बतलाकर उनको अपने में समावेश कर लिया, और थोड़े-से मतभेद के साथ प्रायः इन्हीं को अहिंसा, सत्य, अस्तेय, शौच, ब्रह्मचर्य, अपरिग्रह, संतोष, तप, स्वाध्याय तथा ईश्वरप्रणिधान के नाम देकर योग-साधना ने भी अपने यहाँ यम-नियमों के रूप में स्थान दे दिया। 'ऋग्वेद' में 'धर्म' शब्द का अर्थ, वास्तव में, "किसी वस्तु या व्यक्ति की स्थायी वृत्ति, प्रकृति वा स्वभाव मात्र"[१] ही किया गया था, किन्तु मीमांसाशास्त्र ने उसकी परिभाषा वेद-विहित यज्ञादि कर्मों का विधिपूर्वक अनुष्ठान के रूप में कर दी और स्मृतियों द्वारा वही फिर "आचारः परमोधर्मः" कहलाकर सदाचार प्रधान कर्म समझा जाने लगा। फिर तो सदाचार को समाज की स्थिति के लिए भी परमावश्यक व श्रेयस्कर मानकर उसे प्रत्येक वर्ण एवं आश्रम के लिए भिन्न-भिन्न प्रकार से निरूपित कर दिया गया।

पद्धति तांत्रिक– परन्तु इस पौराणिक युग की विशेष साधना तंत्रोपचार की पद्धति थी, जिसका उल्लेख ऊपर किया जा चुका है। यह तंत्रमूलक साधना बहुत प्राचीन समझी जाती है, और कुछ लोगों के अनुसार तंत्र की चर्चा वेदों के उपनिषदों में भी की गई मिलती है।[२] फिर भी इतना निश्चित है कि तांत्रिक साधना को जितना पौराणिक युग ने अपनाया, तथा इसके अंगों का जितना विस्तार इस काल में किया गया उतना पहिले कभी नहीं हुआ था। इस समय तंत्र वा आगम के बौद्धिक, शक्तितंत्र, शैव आगम, वैष्णव आगम आदि अनेक विभाग हो गये और सबने अपने-अपने मूल सम्प्रदायों के अनुसार भिन्न-भिन्न साधनाएँ प्रचलित कर दीं। इनके मंत्र पृथक्-पृथक् बनाए गए, इनके लिए विविध प्रकार के यंत्रों का आयोजन किया गया तथा इनके भिन्न-भिन्न देवताओं के ध्यान एवं उपासना के प्रधान पाँच अंगों अर्थात् पटल, पद्धति, कवच, सहस्रनाम और स्तोत्र को भी स्पष्ट व सुव्यबस्थित रूप दे

१. 'त्रीणि पदा वि चक्रमे विष्णुर्गोपा अदाम्यः। अतो धर्माणि धारयन्।' (ऋ. १-२२-१८)
२. पं. बलदेव उपाध्याय : 'बौद्ध दर्शन', (शारदा मन्दिर, बनारस, १९४६ ई.) पृ. २१९-२२०।

दिया गया। इस कारण तंत्रोपचार की प्रणाली में जहाँ एक ओर मूर्तिपूजा के लिए षोडश वा इससे भी अधिक प्रकार के उपचारों का विधान बना, वहाँ दूसरी ओर एक नवीन गुप्त साधना की भी पद्धति चल निकली, तथा साधकों की योग्यता व प्रवृत्ति के अनुसार वेदाचार, वैष्णवाचार, शैवाचार, दक्षिणाचार, बामाचार, सिद्धांताचार व कौलाचार बनकर प्रसिद्ध हो गए। बौद्ध धर्म के महायान सम्प्रदाय में भी इसी प्रकार बौद्धतंत्रों से प्रभावित अवधूतीमार्ग, रागमार्ग, डोंबीमार्ग, चांडालीमार्ग आदि की पद्धतियाँ प्रवर्तित हो गईं, और इनकी रहस्मय साधनाओं की आड़ में कभी-कभी महान् अनर्थ भी होने लगा।

ग्रंथ-रचना– उक्त साधनाओं का प्रतिपादन व प्रचार संस्कृत भाषा के माध्यम द्वारा होता था और बौद्ध तथा जैन धर्म वालों ने भी बहुत कुछ इसी का अनुसरण किया था, जिस कारण उनके गुप्त सिद्धांतों का पता अधिकतर शिक्षित समाज को ही चल पाता था, सर्वसाधारण को इनकी गूढ़ बातों का प्रायः कुछ भी परिचय नहीं रहता था। उनको यह सब कुछ आश्चर्यजनक प्रतीत होता था और वे साधकों के सामने मूक व मुग्ध हो जाते थे। जैन एवं बौद्ध धर्मों के प्रवर्तकों ने अपने सिद्धांतों का प्रचार सर्वसाधारण के लिए मूलतः प्राकृत व पालिभाषा में किया और उनके सर्वमान्य व महत्त्वपूर्ण ग्रंथ आज भी उन्हीं भाषाओं में पाये जाते हैं। परन्तु तांत्रिक साधनाओं के गोपनीय होने के कारण उनका विषय संस्कृत में निरूपित किया गया और इन धर्मों के भी ऐसे ग्रंथों की रचना संस्कृत भाषा में ही हुई। इस प्रकार कर्मकांड, योगशास्त्र, आचार व धर्मशास्त्र, भक्ति-संबंधी सूत्रों व तंत्रोपचार-विषयक पद्धतियों के ग्रंथों की एक बृहद् राशि प्रस्तुत हो गई। विषयों की गूढ़ता तथा उनकी पद्धतियों की जटिलता की सीमा यहाँ तक पहुँची कि उनकी व्याख्या के लिए विविध भाष्यों की आवश्यकता पड़ गई और भिन्न-भिन्न मतवालों ने अपने काल्पनिक सिद्धान्तों के अनुसार उन पर टीकाओं की रचना कर उनमें निहित भ्रांतियों को और भी अस्पष्ट कर दिया। ऐसी दशा में वस्तुस्थिति का जानना तथा सच्चे मार्ग का अनुसरण करना अत्यन्त कठिन हो गया और सब कहीं अस्तव्यस्तता दीख पड़ने लगी।

शास्त्रविधि व सुधार–इतना ही नहीं, हम पहले देख चुके हैं कि वैदिक युग का क्रमशः बढ़ती आई साधनाओं की विभिन्नता को दूर करने का प्रयास एक बार 'श्रीमद्‌भगवद्गीता' में किया गया था। उस समय की वर्तमान प्रमुख साधनाओं के समन्वय द्वारा एक सर्वोपयोगी मार्ग निकालने की चेष्टा की गई थी और ऐसा समझा गया था कि सभी प्रकार के विचार वाले व्यक्ति उसका अनुसरण करेंगे। परंतु बौद्धों, जैनियों तथा अन्य नवीन मतों के प्रचार के कारण उसमें भी विशृंखला आने लगी और पुरानी समस्या ने एक बार और भी अपना सिर उठाया। बौद्ध एवं जैन धर्म वस्तुतः सुधारपरक सिद्धांत लेकर चले और उन्होंने बिना किसी प्राचीन ग्रंथ की सहायता लिये, केवल स्वतंत्र विचारों व अनुभूतियों के आधार पर ही अपने आदर्शों की स्थापना आरंभ कर दी। उधर 'गीता' ने किसी भी प्राचीन पद्धति का परित्याग करना उचित नहीं समझा था, प्रत्युत "शास्त्र-विधि को छोड़कर स्वतंत्र रूप से कर्तव्य करने वाले" के लिए बतलाया था कि "उसे न तो सिद्धि मिलती है, न सुख मिलता है और न उत्तम गति ही प्राप्त होती है।"[१] उसमें प्रचलित समाज के रूप को प्रायः ज्यों का त्यों रहने देने का उपदेश दिया गया था और प्राचीन प्रमाणों की भी महत्ता पूर्ववत् ही स्वीकार कर ली गई थी। उसमें सारी

१. 'यः शास्त्रविधिमुत्सृज्य वर्तते कामकारतः। न स सिद्धिमवाप्नोति न सुखं न परां गतिम्॥२३॥ (श्रीमद्‌भगवद्गीता, अ. १६)।

बातों को एक नये सिरे से देखने और तदनुसार नवीन परिणाम निकालने मात्र की ओर ही विशेष ध्यान दिलाया गया था। किंतु बौद्ध एवं जैन धर्म के प्रवर्तकों व प्रचारकों ने वेदादि की प्रामाणिकता तथा सामाजिक रूढ़ियों की रक्षा के प्रति अपनी उदासीनता प्रदर्शित की, और प्रधान-प्रधान प्रचलित सिद्धांतों के समन्वय की अपेक्षा क्रमागत परम्परा के समुचित सुधार वा कायापलट तक का आयोजन उपस्थित कर दिया।

मतभेदों का जाल–पौराणिक युग ने उक्त नवीन प्रवृत्ति के प्रतिकार स्वरूप अपने सिद्धांतों को नये प्रकाश के आलोक में संभालने की चेष्टा की। किंतु 'गीता' के उपर्युक्त सुझावों की ओर पूरा ध्यान न देकर उसने समन्वय व सामंजस्य की जगह वैदिक युग की ओर पुनरावर्तन का कार्यक्रम स्वीकार कर लिया, जो परिस्थिति से अधिक परिवर्तित हो जाने के कारण कभी पूरा न हो सका। उक्त विरोधी मतों के साथ निरंतर संघर्ष चलते रहने के कारण पौराणिक हिंदू-समाज का ध्यान जितना सामयिक प्रश्नों की ओर जाता रहा, उतना उक्त चिरस्थायी समस्या को हल करने के प्रति आकृष्ट न हो सका। परिणामस्वरूप वह प्रायः ज्यों की त्यों बनी रह गई और नवीन व्यवस्थाओं की उलझनों ने उसके निराकरण की आवश्यकता को और भी बल दे दिया। उस समय न केवल बौद्ध एवं जैन धर्म ही, अपितु स्वयं वैष्णव, शाक्त, शैव-जैसे हिंदू सम्प्रदायों ने भी अपने-अपने भीतर अनेक मतभेदों को जन्म दे रखा था। इनमें से सबने वेदों को ही अपना अंतिम प्रमाण बना रखा था और उनसे कतिपय उद्धरण लेकर तथा उन्हें वास्तविक प्रसंगों से पृथक् करके वे अपने-अपने मतानुसार उन पर मनमाने अर्थों का आरोप करने लगे थे। इसके सिवाय कुछ मतों ने वेदों की ही भाँति पुराणों व स्मृतियों को भी प्रधानता दे रखी थी। अतएव, इनके पारस्परिक मतभेदों के कारण एक को दूसरे के प्रति द्वेष, कलह या प्रतियोगिता के प्रदर्शन के लिए पर्याप्त प्रोत्साहन मिला करता था और बहुधा अनेक प्रकार के झगड़े भी उठ खड़े जो जाते थे।

गौतम बुद्ध का मार्ग–इधर बौद्ध धर्म के मौलिक सिद्धांतों में भी महान अंतर आ गया था। महात्मा गौतम बुद्ध (सं. ५०९-४२९ वि. पू.) ने अपनी घोर तपस्या के अनंतर चार बातें निश्चित की थीं, जो क्रमशः १. 'दुःख', २. 'दुःखसमुदय', ३. 'दुःखनिरोध', व ४. 'दुःखनिरोधमार्ग' के नामों से विख्यात हैं और जिनका मुख्य तात्पर्य इस प्रकार बतलाया जा सकता है–

'हमारा जीवन दुःखमय है, उसमें आनन्द की इच्छा करना ही दुःख का कारण है, अतएव उस इच्छा वा तृष्णा के क्षय द्वारा दुःख की निवृत्ति हो सकती है और तृष्णा का क्षय, पवित्र व निर्दोष जीवन से प्राप्त किया जा सकता है।' ये चारों बातें 'चत्वारि आर्यसत्यानि' कहलाती हैं। इसके तीसरे सिद्धांत के अनुसार उपलब्ध अवस्था को 'निर्वाण' कहते हैं और निर्वाण की उपलब्धि के लिए जिस मार्ग का अनुसरण करना उन्होंने आवश्यक माना था, उसे 'अट्ठांगिकी' अथवा 'आर्य अष्ट्रांगिक मार्ग' कहा जाता है, जो एक ओर, यदि भोग-विलासमय जीवन के विरुद्ध है, तो दूसरी ओर शरीर को व्यर्थ कष्ट पहुँचाने वाली तपश्चर्यादि से भी नितांत भिन्न है। इस अष्टागिंक मार्ग के अंतर्गत १. सम्यक् वा उचित विचार, २. सम्यक् वा उचित संकल्प, ३. सम्यक् वा उचित वाणी, ४. सम्यक् वा शुद्ध कर्म, ५. सम्यक् वा शुद्ध आजीविका, ६. सम्यक् वा उचित व्यायाम अर्थात् उद्योग, ७. सम्यक् वा ठीक स्मृति अर्थात् चित्तवृत्ति, एवं ८. सम्यक् वा पूर्ण समाधि की गणना की गई थी और यही सभी साधकों के लिए एक आदर्श मार्ग समझा गया था।

स्वावलंबन व नैतिक मार्ग–गौतम बुद्ध के हृदय में वैराग्य, सर्वप्रथम, क्रमशः किन्हीं वृद्ध, रोगी, मृतक व प्रसन्नमुख संन्यासी की विविध अवस्थाओं पर पूर्वापर विचार करने के कारण, उनकी २८ वर्ष की युवा अवस्था में हुआ था और वे केवल एक सप्ताह के दुधमुँहे बच्चे के साथ सोती हुई पत्नी व समृद्ध राजसी जीवन को त्याग कर घर से निकले थे। उनके जीवन का मुख्य ध्येय सारे प्राणियों का दुःख निवारण था और इसके लिए उन्होंने सबके सामने एक नैतिक जीवन का ही आदर्श रखा। वे मोक्ष वा निर्वाण को ईश्वरीय ज्ञान वा भगवत्-कृपा पर निर्भर नहीं मानते थे, प्रत्युत उनके लिए नियमों की नित्यता ही सब कुछ थी और सदाचार का अनुशीलन ही उनके विचार में सबसे बढ़कर श्रेयस्कर मार्ग था, तथा उसी के द्वारा वे अमरत्व का होना भी निश्चित मानते थे। उनके उपदेश इसीलिए एक शुद्ध व्यावहारिक जीवन को लक्ष्य करके दिये गए और उनका ढंग भी बहुत कुछ प्रत्यक्षवाद की पद्धति से ही मिलता-जुलता रहा। उनके सिद्धांत किसी शास्त्रीय पद्धति का सहारा लेकर निश्चित नहीं किये गए थे, अपितु उनका आधार निजी अनुभव था और वे पूर्ण स्वावलंबी भी थे। उनका स्पष्ट कहना था कि 'किसी बात में केवल इसलिए विश्वास करो कि वह तुम्हारे किसी धर्म-ग्रंथ में लिखी मिलती है, प्रत्युत् प्रत्येक बात को अपने व्यक्तिगत अनुभव की कसौटी पर जाँचो। यदि तुम्हें वह अपने तथा औरों के लिए हितकर जान पड़े, तो उसे मान लो, न जान पड़े, तो मत मानो' और इस नियम का पालन करना वे सबके लिए परमावश्यक समझते रहे।

व्यावहारिक जीवन–इसके सिवाय गौतम बुद्ध ने अपने मंतव्यानुसार गूढ़ दार्शनिक रहस्यों की खोज की अपेक्षा व्यावहारिक जीवन के प्रश्नों की ओर ही अधिक ध्यान दिया था। उनका कहना था कि "यदि किसी के शरीर में कोई तीर चुभ गया हो अथवा यदि कोई आग में पड़कर चल रहा हो, उस अवसर पर यह सोचने लगना कि उक्त तीर की बनावट कैसी होगी, वह किस लोहे का बना होगा, अथवा उसे किसने बनाया होगा, तथा उसी प्रकार, उक्त आग का लगाने वाला कौन हो सकता है, उसकी जाति क्या होगी, अथवा उसने क्यों आग लगायी होगी, निरी मूर्खता कहलायेगा, वैसे ही अपनी आँखों के सामने दुःख के गर्त में पड़े हुए मनुष्यों के लिए किसी प्रंतिम सत्य को ढूँढ़ निकालने की चेष्टा करने लगना व्यर्थ कहा जा सकता है। तीर चुभने के कारण मर्मान्तक वेदना सहने वाले के शरीर से जिस प्रकार आग की लपटों से तत्क्षण बचा लेना ही आवश्यक होता है, उसी प्रकार दुःखपूर्ण संसार के भवचक्र से मनुष्य को उन्मुक्त कर देना ही परम श्रेयस्कर है, इसके मूल स्वरूप परम सत्य के दार्शनिक विवेचन में समय का सदुपयोग करना कभी उचित नहीं कहा जा सकता।"

महायान व हीनयान–फिर भी गौतम बुद्ध के परिनिर्वाण के अंनतर, लगभग कनिष्क के समय, उनके अनुयायियों का एक दल सबसे अधिक ध्यान दार्शनिक गुत्थियों के सुलझाने की ओर ही देने लगा और आगे चलकर उसके भीतर भी मतभेद के कारण कई भिन्न-भिन्न वादों के उठ खड़े होने का अवसर आ गया। उक्त दल वा 'महायान सम्प्रदाय' अपने मूल बौद्ध धर्म का एक विकसित रूप था और वह अपने प्रतिद्वन्द्वी दल वा संन्यास-मार्ग-प्रधान हीनयान से कई बातों में भिन्न था। 'हीनयान' का साधक जहाँ पर केवल अपने व्यक्तिगत निर्वाण के लिए प्रयत्नशील होता था, वहाँ 'महायान' अपने को सभी प्राणियों के उद्धार के हेतु उद्योगशील होने वाला प्रदर्शित करता था और उसका परम आदर्श इसी कारण 'अर्हूत' की जगह 'बोधिसत्त्व' बन गया था। बोधिसत्त्व हो जाने का तात्पर्य ऐसे व्यक्ति को बोधिसत्त्व की उपलब्धि हो जाना

था, जिसमें शून्यता व करुणा का सामंजस्य रहा करता था। इसी कारण 'हीनयान' के अनुयायी जहाँ अधिकतर नैतिक प्रवृत्ति वाले व्यक्ति ही हो पाते थे, वहाँ 'महायान' में सभी वर्ग, विचार एवं मत के लोगों का प्रवेश होने लगा। महायान की सबसे बड़ी विशेषता यह थी कि इसने अपनी मूल धर्म-भाषा पालि को छोड़कर हिंदुओं की संस्कृत भाषा को अपना लिया, तथा पौराणिक युग के हिंदुओं के प्रभाव में आकर वह उनके भक्तिवाद एवं तंत्रोपचार की पद्धतियों का भी पूर्ण समर्थक हो गया। इसने अपने धर्म के मूल प्रवर्तक गौतम बुद्ध को देवत्व प्रदान कर दिया और उनकी विविध 'जातक' कथाओं के काल्पनिक आधार पर बोधिसत्वों की उपासना में भी प्रवृत्त हो गया। इस कार्य में इसके दर्शन-प्रेम ने किसी प्रकार की बाधा नहीं पहुँचायी, अपितु इसके सूक्ष्मातिसूक्ष्म दार्शनिक विवेचन के कारण उसके ग्रंथों में कुछ ऐसी रहस्यमयी परिभाषाओं की सृष्टि भी हो चली, जिनके कारण इसकी सारी बातें भेदभरी व गूढ़ातिगूढ़ प्रतीत होने लगीं। इसके अतिरिक्त उस समय के प्रचलित तंत्रवाद ने भी इसे भिन्न-भिन्न गुप्त साधनाओं की ओर संकेत करके उनके प्रपंचों में उलझने के लिए विवश किया और गुह्य समाजों की एक परम्परा चल निकली। इन समाजों की मुख्य साधनाएँ परम गुप्त हुआ करती थीं, और उनकी विविध क्रियाओं के निर्वाह के लिए अनेक प्रतीकों की आवश्यकता पड़ती थी। तद्नुसार साधना-भेद के आधार पर इसके अंतर्गत विविध उपयानों की भी सृष्टि होन लगी और एक दूसरे में बहुत कुछ अंतर दीख पड़ने लगा। मूल बौद्ध धर्म अथवा महायान सम्प्रदाय से ये उपयान इतने भिन्न हो गए कि उन्हें उनका विकसित रूप सिद्ध करना भी अत्यन्त कठिन हो गया।

मंत्रयान— महायान-द्वारा गौतम बुद्ध के देवत्व प्राप्त करते ही उनके उपदेशों को भी अलौकिक महत्त्व मिल गया। इसलिए उनके अनुयायियों में उनके उपलब्ध वचनों के प्रति अपार श्रद्धा बढ़ चली, और वे उनका पाठ करना अपना कर्तव्य समझने लगे। परंतु ये पाठ साधारणतः लम्बे हो जाया करते थे, इस कारण उनके आधार पर छोटे-छोटे सूत्रों की रचना होने लगी, और अंत में इन सूत्रों को भी और संक्षिप्त रूप देने की चेष्टा में क्रमशः मंत्रों की सृष्टि हो गई। इन मंत्रों का अर्थरहित होना ही सार्थक माना जाने लगा और इनका प्रभाव इसी कारण उक्त लम्बे उपदेशों से किसी प्रकार भी कम नहीं समझा जाता था। ये मंत्र केवल दो-एक अक्षरों की भिन्न-भिन्न स्थिति व संयोग द्वारा बना लिये जाते थे और इनके उच्चारण की विशेष शैली पर ध्यान दिया जाता था। इसके सिवाय इन्हें जब लिखित रूप में प्रकट किया जाता था, तब इनके भिन्न-भिन्न अक्षरों की विशेष अवस्थिति के अनुसार इनके मंत्र भी बना लिये जाते थे और ऐसे मंत्रों के भिन्न-भिन्न प्रयोगों द्वारा भी उन्हीं परिणामों की कल्पना की जाती थी, जो मूल उपदेशों से हुआ करते थे। मंत्रों को इस प्रकार महत्त्व प्रदान करने वाला महायान का उप-सम्प्रदाय 'मंत्रयान' के नाम से प्रसिद्ध हुआ और इसके अनुयायियों की दृढ़ धारणा हो गई कि उक्त प्रकार से रचे गये मंत्रों की साधना यदि नियमित रूप से कर दी जाय, तो अपने अभीष्ट को प्राप्त कर लेना कठिन नहीं होगा। ऐसे मंत्रयान का उदय विक्रम की पाँचवी शताब्दी के संभवतः कुछ पहले ही हो चुका था, किंतु उसका अधिक प्रचार उसी समय से होने लगा।

बज्रयान— मंत्रयान के अधिक प्रचार ने श्रद्धालुओं की संख्या में भी पर्याप्त अभिवृद्धि की और इसी कारण मंत्रयानी साधकों में से अनेक व्यक्ति अपने विविधि प्रयत्नों द्वारा ऐसे

लोगों की उदाररता से लाभ उठाकर धन-संग्रह की ओर भी प्रवृत्त हुए। इस धन-संग्रह ने काल पाकर विलासिता को जन्म दिया और उक्त साधकों में अब ऐसे व्यक्ति भी दीख पड़ने लगे जिन्हें मंत्रों के अतिरिक्त हठयोग व मैथुन क्रियाओं में भी अधिक विश्वास रहा करता था। ऐसे ही साधकों ने आगे चलकर अपने विचारों को एक सुव्यवस्थित रूप दिया और इस प्रकार मंत्रयान के आगे 'वज्रयान' नाम के एक अन्य उपयान का आरंभ हो गया। बज्रयानियों ने महायान की 'शून्यता' एवं 'करुणा' को क्रमशः 'प्रज्ञा' एवं 'उपाय' के नाम दे दिये और इन दोनों के मिलन को 'युगनद्ध' की दशा बतलाकर उसे ही प्रत्येक साधक का अंतिम लक्ष्य ठहराया। बोधिचित्त भी, जो पहले विशुद्ध चित्त एवं व्यापक कारुण्य-भाव का द्योतक रहा, इस प्रकार, 'बज्र सत्त्व' बन गय्रा। प्रज्ञा का स्वरूप एक निर्विशिष्ट, किंतु निष्क्रियज्ञान मात्र है, जिसे स्त्री रूप देते हैं और उपाय उसके विपरीत एक सक्रिय तत्त्व है, जिसे पुरुषवत् मानते हैं, और इन दोनों का अंतिम मिलन शक्ति एवं शिव के मिलन के समान परमावश्यक समझा जाता है।[१] इन दोनों के पारस्परिक मिलन की ही अंतिम दशा 'समरस' व 'महासुख' के नाम से भी अभिहित होती है, जो बज्रयानियों का परम लक्ष्य है। इस मत का दार्शनिक आधार इस प्रकार स्पष्ट किया जाता था-"जगत् की सृष्टि परम तत्त्व में वैषम्य आने के कारण आविर्भूत होती है, इसलिए इसकी साम्यावस्था उसके प्रलय को सूचित करती है। उक्त विषमता का भी मूल कारण उन दो विरुद्ध शक्तियों में निहित है, जो अन्तःशक्ति एवं वाह्य शक्ति के रूपों में सदा एक दूसरे को अभिभूत करने पर उद्यत रहा करती है और जिनकी क्रियाशीलता का प्रत्यक्ष उदाहरण हमें अपने शरीर के भीतर प्राण एवं अपान की पारस्परिक खींचातानी द्वारा लक्षित होता है। यही बात इडा एवं पिंगला नामक दो नाड़ियों की विषमता से भी प्रकट होती है, जिस कारण उनमें समता लाकर सुषुम्ना में लीन कराने की चेष्टा योगी लोग भी किया करते हैं।"

महामुद्रा की साधना-बज्रयानियों के उक्त कथन में हठयोगियों के सिद्धांतों का कुछ प्रभाव स्पष्ट लक्षित होता है, और वहाँ तक उसमें किसी आपत्ति का प्रवेश नहीं है। परंतु, इसी प्रकार के विविध संकेतों के आधार पर, जो उन्होंने अपनी साधना को एक विशेष रूप दे डाला, वह अंत में अत्यन्त हेय समझा जाने लगा। प्रत्येक साधक के लिए इसके अनुसार एक महामुद्रा के संपर्क में भी रहना परमावश्यक समझा जाने लगा। बज्रयान का अनुयायी साधक, सर्वप्रथम किसी नीच जाति की सुंदरी स्त्री को अपने लिए चुन लिया करता था और अपने गुरु के निकट जाकर उसके आदेशानुसार उसे अपनी महामुद्रा बना लेता था। तब से उसकी प्रत्येक साधना, उस महामुद्रा के सहवास में रहकर ही चला करती थी और दोनों की मनोवृत्तियों में पूरी साम्यावस्था लाने के प्रयत्न भी होते रहते थे। तदनुसार "अनेक तीव्र एवं कठिन नियमों के पालन से जितनी शीघ्रता से सिद्धि नहीं होती, उससे कहीं शीघ्र सभी प्रकार के कामोपभोगों से हो जाया करती है"[२], जैसे सिद्धांतों के आधार पर वे बहुधा भिन्न-भिन्न प्रकार के दुर्व्यसनों में भी प्रवृत्त हो जाते थे और उसका परिणाम समाज के लिए बुरा हो जाता था। बज्रयानी आचार्यों ने महामुद्रा एवं उसके सहयोग में की जाने वाली साधना के संबंध में जो संकेत

१. डा. एस. दास गुप्त 'आब्सक्योर रेलिजस कल्ट्स' कलकता युनिवर्सिटी १९४६, पृ. ३०।

२. 'दुष्करैर्नियमैस्तीबैः सेव्यमानो न सिध्यति। सर्वकामोपभोगास्तु सेवयश्चांशु सिध्यति ॥'गुहय समाज-तंत्र' (पृष्ट २७)।

किये थे कि "उसे चांडाल-कुल की वा विशेषकर डोमिन होना चाहिए, और वह जितनी ही घृणित जाति की होगी उतनी ही सफलता मिल सकती है" तथा "स्त्रीन्द्रिय वास्तव में पद्मस्वरूप है और पुंसेन्द्रिय, उसी प्रकार बज्र का प्रतीक है"[१], वे सब अनधिकारी साधकों के लिए व्यभिचारपरक आदेश बन गए और उक्त बातों का वास्तविक रहस्य क्रमशः विस्मृत हो गया।

इस प्रकार हिंदू धर्म एवं बौद्ध धर्म के इतिहास में यह समय अव्यवस्थिति के कारण बहुत विषम हो गया था, और इस समस्यामूलक दशा को संभाल कर किसी सर्वजनानुमोदित श्रेयस्कर मार्ग का निकालना अत्यन्त दुष्कर कार्य हो गया था। फिर भी कई सुधारक सम्प्रदायों ने इस दिशा में सफल होने की चेष्टा की।

३. साम्प्रदायिक रूप व सुधार

(१) स्मार्त्त सम्प्रदाय

शंकराचार्य के सिद्धांत—स्वामी शंकराचार्य (सं. ८४५ : ८७७) ने सर्व प्रथम इस कार्य को अपने हाथ में लेकर वैदिक धर्म की ओर से एक मार्ग निकालने का प्रयत्न किया। ये केरल प्रांत के किसी नामुद्री ब्राह्मण-वंश में उत्पन्न हुए थे और अपने अल्प वयस में ही संस्कृत भाषा में उपलब्ध प्रधान ग्रंथों के पारंगत विद्वान हो गए थे। इन्होनें अपने मुख्य ध्येय, बौद्ध व जैन जैसे अवैदिक धर्मों का इस देश से बहिष्कार कर अपने धार्मिक समाज में एकता स्थापित करना बना रखा था। इन्होंने अपने मत का मूल आधार श्रुति अर्थात् वैदिक साहित्य को ही स्वीकार किया और उसके प्रतिकूल जान पड़ने वाले मतों का खंडन व घोर विरोध किया। उक्त दोंनो धर्मों के अनुयायियों को नास्तिक ठहराकर इन्होंने हिंदू धर्म के भिन्न-भिन्न प्रचलित सम्प्रदायों की भी कटु आलोचना की और उनके मतों के अधिकांश को वेद-वाक्य बतलाया, उनके आधार-स्वरूप माने गए वेद-वाक्यों के इन्होंने भिन्न प्रकार से अर्थ किये, और उन्हीं अर्थों को वेद-सम्मत सिद्ध कर उनकी संगति अन्य स्थलों के साथ भी दिखला दी। इस प्रकार वेदों की एकवाक्यता प्रतिपादित करते हुए इन्होंने एक नवीन मत का प्रवर्तन किया जिसके दार्शनिक अंश को 'वेदांत' व साधना को 'स्मार्त्त मार्ग' कहते हैं। इनका कहना है कि श्रुति के मूल सिद्धांतों द्वारा एक नित्य, शुद्ध, बुद्ध, सत् एवं आनन्द स्वरूप मुक्त स्वभाव ब्रह्म का प्रतिपादन होता है, जिसके सिवाय अन्य कुछ भी सत्य नहीं, और जिसका यथार्थ ज्ञान प्राप्त कर लेना ही वास्तविक मोक्ष है। किंतु इस ज्ञान-साधना के पहले यह परमावश्यक है कि वेद-विहित नियमानुसार अपने वर्णाश्रम धर्म का भली भाँति पालन कर अपने अन्तःकरण को शुद्ध कर लिया जाय, चाहे वह शुद्धि एक वा अनेक जन्मों के ही अभ्यास द्वारा क्यों न प्राप्त होती हो।

प्रचार-कार्य—स्वामी शंकराचार्य ने अपने मत के प्रचारार्थ प्रायः सारे भारतवर्ष में भ्रमण किया, भिन्न-भिन्न प्रचलित मतों के प्रधान आचार्यों से शास्त्रार्थ किये, अनेक स्थलों पर अपने प्रवचनों द्वारा सर्वसाधारण को प्रभावित करने की चेष्टा की तथा देश की चारों दिशाओं में अपने चार मठ भी स्थापित किए। इनका प्रधान उद्देश्य वैदिक आर्य-धर्म का पुनरुद्धार था, किंतु अपना दृष्टिकोण मूलतः दार्शनिक होने के कारण इन्होंने अपनी शक्ति का प्रयोग उक्त मत के अधिकतर सिद्धांत-निरूपण व प्रतिपादन में ही किया और इसके लिए इन्होंने स्वभावतः

---

१. 'चांडालकुल सम्भूतां डोम्बिकांवा विशेषतः। जुगुप्सित कुलोत्पन्नां सेवयन् सिद्धिमाप्नुयात्॥ स्त्रीन्द्रियंच यथाः पद्मंबज्र पुंसेन्द्रियं तथा॥'—ज्ञानसिद्धि

खंडन-मंडन की तर्क-प्रणाली का ही अनुसरण किया जिसका अधिक प्रभाव केवल शिक्षित वर्ग पर ही पड़ सका। इस श्रेणी के लोगों के लिए इन्होंने 'भगवद्गीता', 'वेदांत सूत्रों' व कुछ 'उपनिषदों' पर अपने भाष्यों की भी रचना की जिनमें इनके पांडित्य का पूर्ण परिचय मिलता है। फिर भी सर्वसाधारण हिंदुओं के लिए इन्होंने अपना एक स्मार्त्त सम्प्रदाय भी संगठित किया जिसके द्वारा सभी अन्य हिंदू सम्प्रदायों के भी व्यक्ति प्रभावित हो सकते थे, और जिसके सिद्धांतों को न्यूनाधिक स्वीकार करते हुए वे अपने को एक वृहत् आर्य-धर्म का अनुयायी भी मान सकते थे। इन्होंने मठों और मंदिरों की स्थापना तथा सन्यासियों के संगठन द्वारा भी उक्त प्रचार को बड़ी सहायता पहुँचायी।

सम्प्रदाय का रूप– स्वामी शंकराचार्य ने जिस मत का उपदेश दिया, उसके सिद्धांत पक्ष में ब्रह्म का स्वरूप बौद्धों के शून्यवत् प्रतीत होता था और इनके द्वारा किया गया सन्यासियों का संगठन भी बौद्ध धर्म के भिक्षुओं के आदर्श पर निर्मित जान पड़ता था। इनकी चित्त-शुद्धि भी प्रायः वही थी जो बौद्धों को अभिप्रेत थी। परंतु इनके स्मार्त्त सम्प्रदाय के लिए पंचदेव अर्थात शिव, विष्णु, शक्ति, सूर्य व गणेश की एक समान आराधना आवश्यक थी और स्मृतियों द्वारा विहित जप, तप, व्रत, उपवास, यज्ञ, दान, संस्कार, उत्सव, प्रायश्चितादि का करना भी प्रत्येक मनुष्य के लिए परमकर्तव्य समझा गया था। इसी प्रकार इनके मत का मूल आधार वेदों व उपनिषद की वह व्याख्या थी, जो इन्होंने स्वयं अपने तर्क व बुद्धि के अनुसार की थी। उस व्याख्या में इन्होंने बौद्ध व जैन-जैसे धर्मों के सिद्धांतों की आलोचना के साथ-साथ उन शाक्त, सौर, वैष्णव, जैसे हिंदू सम्प्रदायों के मतों को भी अमान्य ठहराया, जो अपने को वेद सम्मत माना करते थे। इनके अपने कथन की प्रामाणिकता वैदिक शब्दों व वाक्यों के सूक्ष्म व पांडित्यपूर्ण विवेचन पर आश्रित थी, उसमें स्वानुभूतिपूर्ण स्वतंत्र विचार को उतना स्थान न था। इस कारण वेदादि को आधार मानकर चलने वालों के लिए उसकी मान्यता आवश्यक न थी और वह इस दृष्टि से एकांगी व अपूर्ण भी समझी जा सकती थी। केवल धर्म-ग्रंथों पर ही आश्रित न रहकर निजी साम्प्रदायिक ढंग से काम करने वाले व्यक्ति बौद्ध एवं जैन धर्मों के कतिपय अनुयायी थे, जिन्होंने लगभग इसी समय अपने-अपने क्षेत्रों में उक्त समन्वय व सुधार का प्रचार आरंभ किया।

(२) सहजयान सम्प्रदाय

सहजयान– पूर्वोक्त सभी बज्रयानियों की स्थिति एक ही प्रकार की नहीं थी और न सभी को हम समान रूप से व्यभिचार के गर्त में पड़ा हुआ कह सकते हैं। इनके सफल साधक सिद्ध कहलाते थे, जिनमें ८४ अधिक प्रसिद्ध थे। इन लोगों में से बहुत-से ऐसे भी थे, जिन्हें उक्त साधना के वास्तविक रहस्य का परिचय प्राप्त था और वे उसे निर्लिप्त भाव के साथ किया करते थे। उक्त साधना के सच्चे स्वरूप का नाम वे 'सहज' बतलाते थे और उसके द्वारा 'सहज सिद्धि' अथवा सभी प्रकार की सिद्धिओं को सरलतापूर्वक प्राप्त कर लेना संभव समझते थे। उनका कहना था कि "हमारी साधना ऐसी होनी चाहिए जिससे हमारा चित्त क्षुब्ध न हो सके, क्योंकि चित्तरत्न के क्षुब्ध हो जाने पर सिद्धि का होना किसी प्रकार भी संभव नहीं।"[१] तदनुसार सहज-सिद्धि की एक विशेषता यह थी कि इसके साधक बज्रयान व

१. 'तथातथा प्रवर्तेत यथा न क्षुभ्यते मनः। संक्षुब्धे चित्तरत्ने तु नैव सिद्धिः कदाचन ॥'–'प्रज्ञोपाय-विनिश्चय-सिद्धिः' (श्लो. ४०, पृ. २४)।

मंत्रयान-संबंधी मंत्र व मंडल आदि वाह्य साधनाओं की उपेक्षा कर योग एवं मानसिक शक्तियों के विकास की ही ओर अधिक ध्यान देते थे और उनके मूल पारिभाषिक शब्दों को स्वीकार करते हुए भी उनकी भिन्न-भिन्न व्याख्या करते थे। उदाहरण के लिए, 'बज्र' शब्द से अभिप्राय अब उस 'प्रजा' का माना जाने लगा जो बोधिचित्त का सार स्वरूप है और जो हिंदू तंत्र की 'शक्ति' का बोधक कहा जा सकता है। सहजयानियों की योग-साधना के लिए किसी योग्य गुरु की सहायता भी अनिवार्य थी। वह गुरु अपने शिष्य की आंतरिक वृत्तियों की पहले परीक्षा कर लेता और तदनंतर उसे किसी तदनुकूल साधना-विशेष में नियुक्त करता। उस साधना के ही अनुसार शिष्य एक विशेष 'कुल' वा वर्ग का सदस्य समझा जाता था। ये कुल पाँच प्रकार के थे जिन्हें डोंबी, नटी, रजकी, चांडाली व ब्राह्मणी कहा जाता था और जिनका नामकरण बौद्धों के पंचस्कन्धों वा मूल तत्त्वों के स्वभावानुसार किया गया था। गुरु पहले इस बात की जाँच कर लेता कि किस व्यक्ति में कौन-सा तत्त्व अधिक प्रभावशील है, और उसी के आधार पर वह उसकी साधना निश्चित करता। फिर भी बज्रयान एवं सहजयान दोनों का लक्ष्य एक ही अर्थात् 'महासुख' वा पूर्ण आनंद था और समरस की दशा का ही अन्य नाम 'सहज' था, जिस कारण सहजयान नाम पड़ा था।[१]

सरहपा–ऐसे ही सहजयानियों में सरहपाद वा सरहपा की गणना की जाती है, जो संभवतः स्वामी शंकराचार्य के कुछ पूर्ववर्ती थे। जिन्होंने कई रचनाएँ संस्कृत में तथा अन्य अपभ्रंश वा प्राचीन हिंदी भाषा में की है जिनसे इनकी साधना के स्वरूप का कुछ पता चलता है। इन्होंने अपने समय की प्रचलित प्रायः सभी साधनाओं की आलोचना की है। इनका कहना है कि "ब्राह्मणों को रहस्य का ज्ञान नहीं। वे व्यर्थ ही वेदपाठ किया करते हैं, मिट्टी, जल व कुश लेकर मंत्र पढ़ा करते हैं और घर के भीतर बैठ होम के कडुए धुँए से अपनी आँखों को कष्ट दिया करते हैं। ये परमहंस बनकर भगवा वेश में उपदेश देते फिरते हैं और उचित-अनुचित का भेद न समझते हुए भी ज्ञानी होने का ढोंग रचा करते हैं। शैव लोग आर्यों के रूप में शरीर पर भस्म लपेटते हैं, सिर पर जटा बाँधते हैं और दीपक जलाकर घंटा बजाया करते हैं। बहुत-से जैन लोग बड़े-बड़े नख रखाकर मलिन वेश में नंगे रहा करते हैं और शरीर के बाल उखाड़ा करते हैं। क्षपणक लोग इसी प्रकार 'पुच्छ' के बाल ग्रहण किये फिरते हैं और उच्छ वृत्ति से रहकर जीवन व्यतीत करते हैं। श्रमणेर व भिक्खु लोग प्रव्रजित की वंदना करते हैं, 'सूत्रोत' की व्याख्या किया करते हैं और केवल चिंता-द्वारा चित्त-शोषण का प्रयास करते हैं। कितने लोग महायानी बनकर तर्क-वितर्क में प्रवृत्त होते हैं, मंडल-चक्र की भावना करते हैं और चतुर्थ तत्त्व के उपदेश देते हैं तथा अन्य लोग अपने को 'शून्य' में मिला देने की आशा में असिद्ध बातों के पीछे पड़े रहते हैं।"[२]

उनकी आलोचना–सरहपा ने इस प्रकार प्रचलित हिंदू, शैव, जैन व बौद्ध साधना-पद्धतियों के प्रति कटु शब्दों के प्रयोग किये और उनकी जगह सहज-साधना का प्रचार किया, जो कई बातों में बज्रयानी सिद्धांतों के अनुकूल होती हुई भी उनकी तत्कालीन धारणाओं से नितांत भिन्न भावों को व्यक्त करती थी। सरहपा ने बज्रयानियों की कमल एवं कुलिशवाली प्रचलित साधना को 'सुरत विलास का साधन' नहीं माना। इनका कहना था कि "कमल (स्त्रीन्द्रिय) तथा

१. डा. रमेश चन्द्र मजुमदार, 'हिस्ट्री आफ बंगाल' (भाग १, पृ ४२०-१)।
२. सरहपाद का 'दोहा कोष' पृ. १४ : १७।

कुलिश (पुंसेन्द्रिय) के संयोग द्वारा जो साधना की जाती है, वह तो निरा 'सुरत विलास' है और उसे संसार में कौन प्रयोग में नहीं लाता और कौन उससे अपनी वासना की तृप्ति नहीं कर लेता।"[१] हमें उसके द्वारा वास्तव में निर्मल परम महासुख के आनंद का अंशमात्र क्षणानंद के रूप में प्राप्त होता है, वास्तविक रहस्य तो सभी लक्ष्य व लक्षणों से रहित है।"[२] इन्होंने योगिनी के मार्ग अर्थात् उक्त वज्रयानी साधना के शुद्ध रूप को 'विसंरिअ' (विसदृश) अर्थात् अनोखा वा अपूर्व बतलाया है और कहा है कि जो उसे भली भाँति समझता हुआ अपना समय व्यतीत करता है, वहीं तीनों भुवनों की रचना करने वाले चित्त की शुद्धि उपलब्ध कर पाता है जो योगिनी का सहजसंवरवा स्वाभाविक सिद्धि है।"[३] योगिनी-मार्ग, जिसे बज्रयान के साधकों ने औधूती मार्ग, चांडाली मार्ग और डोंबी मार्ग (अथवा बंगाली मार्ग) नामों से भी अभिहित किया है, वस्तुतः एक राग-मार्ग है जो वैराग्य-मार्ग से नितांत विपरीत है और जिसे अपनाने पर ही सच्चे मोक्ष की संभावना हो सकती है। सरहपा ने इसीलिए कहा है कि "यदि साधक ध्यानहीन और प्रब्रज्या से रहित भी होकर अपने घर पर भार्या के साथ निवास करता हुआ तथा भली भाँति विषय-भोग में लीन रहते समय अपने बंधन का परित्याग नहीं कर सका, तो उसका मोक्ष होना किसी प्रकार सिद्ध नहीं किया जा सकता है।"[४]

चित्त शुद्धि— अतएव, उक्त प्रकार के विविध राग-मार्ग, निवृत्ति-मार्ग के विपरीत प्रवृत्ति-मार्ग के द्योतक हैं और उनका अभिप्राय भी वहीं तक समझना चाहिए। उन्हें अंतिम कोटि की साधना मान बैठना अथवा उनके मुख्य उद्देश्य को न जानते हुए उनका दुरुपयोग करने लगना उचित नहीं कहा जा सकता। सहजयान बतलाता है कि सभी साधनाओं का अंतिम लक्ष्य चित्त की शुद्धि है जिसके द्वारा हमें सहजावस्था की उपलब्धि होती है और 'सहज' ही हमारे परमार्थ का आदर्श रूप है। "सहज का परित्याग करके जो निर्वाण प्राप्त करने का स्वप्न देखता है, उसकी कोई भी परमार्थ की साधना सफल नहीं हो सकती"[५], क्योंकि वही निज स्वभाव का प्रतीक है और उससे बढ़कर ऊँचा और कोई भी ध्येय नहीं। इस सहज को ही बौद्ध सिद्धों की शब्दावली के अनुसार 'बोहि' (बोधि), 'जिणरअण' (जिनरत्न), 'महासुह' (महासुख), 'अणुत्तर' (अनुत्तर), 'जिनउर' (जिनपुर), अथवा 'धाम' जैसे नामों द्वारा भी अभिहित किया गया है और इसी को प्राप्त कर लेना परम पुरुषार्थ समझा जाता है। 'निर्वाण' शब्द भी वास्तव में निषेधार्थक नहीं है और न 'शून्य' शब्द ही निषेधवाची है। इन दोनों का तात्पर्य एक ही वस्तुस्थिति के पारमार्थिक रूप से है, जो न तो सत् है न असत् है, परन्तु जो सत् एवं असत् के परे की वस्तु के रूप में सभी के लिए परम लक्ष्य है। "इस सहज को जान लेने पर अन्य किसी का भी

---

१. 'कमल कुलिस वेविभज्झठिउजोसो सुरअ विलास। कोनरमई णहतिहुअणेहि कस्सणपूरइआस ॥'९४ ॥ वही, पृ. ३६।

२. 'कुलिस सरोरुह जोएं जोइउ, णिम्मल परम महासुह बोहिउ। खणें आणंद भेउ तहिं जाणह, लक्ख लक्खण हीण परिआणह ॥"—सरहपाद का 'दोहा कोष, पृ. ४९।

३. 'इआ दिवसणिसहिअहिमणइ, तिहुअणजासु णिमाण। सोचित्तसिद्धि जोइणिसहज, सग्बरुजाण ॥"८७ ॥'दोहा कोष', पृ. ३४।

४. 'झाणहीण पव्वज्जें रहिअउ। घरहिवसंत भज्जें सहिअउ ॥ जइभिड़ि बिसअ रमंत ण मुच्चइ। सरहमणइ परिआलकि मुच्चइ ॥, १९ ॥ वही, पृ. १८।

५. 'सहजछड्डिजे णिब्बाण भाविउ, णउ परमत्थ एक्क तेसाहिउ ॥'१३ ॥—(दो. को., पृ. १७)।

जानना शेष नहीं रह जाता और अन्य जो कुछ भी जानने योग्य है, वह सभी कुछ इसी के अंतर्गत आ जाता है।"[१]

तो फिर सहजोपलब्धि के लिए की जाने वाली चित्त-शुद्धि का रहस्य क्या है ? सरहपा का कहना है कि,

'चितेकेसअलबीअं भवणिब्बाणोवि जस्सविफुरंति।

तंचिंतामणिरूअं पणमह इच्छा फलंदेंति ॥ ४१ ॥

चित्ते बज्झे बज्झइ मुक्के मुक्कइ णत्थिसंदेहा।

बज्झति जेणबिजडा लहु परिमुच्चंति तेणबि बुहा ॥ ४२ ॥

(दो. को., पृ. २४)

उसका रहस्य– अर्थात् एक चित्त ही सबका बीज रूप है और भव अथवा निर्वाण भी उसी से उत्पन्न होते हैं। उसी चिंतामणि स्वरूप चित्त को प्रणाम करो अर्थात् उसी का आश्रय लो, वही तुम्हें अभीष्ट फल की प्राप्ति करा देगा। बद्ध-चित्त द्वारा बंधन मिलता है और मुक्त-चित्त द्वारा मुक्ति प्राप्त होती है, इसमें कोई भी संदेह नहीं। जिस चित्त से जड़ जीव बंधन-ग्रस्त होते हैं, उसी की सहायता से पंडित लोग शीघ्र मुक्त हो जाते हैं। वह चित्त स्वभावतः शुद्ध है, "किन्तु बंधन पाकर दौड़ता है और मुक्त होकर स्थिर हो जाता है।"[२] सिद्ध अनंग बज्र ने भी कहा है कि,

'अनल्प संकल्प तमोभिभूतम्, प्रभंजनोन्मत्त तडिंच्चञ्च।

रागादि दुर्बार मलावलिप्तम् चित्तंहि ससांरमुवाच बज्री ॥

प्रभास्वंर कल्पनया विमुक्तं, प्रहीणा रागादि मलप्रलेपं।

तथा, **ग्राह्यं न चपाहकमग्रसत्वं तदैव निर्वाण वरं जगाद ॥,**

अर्थात् बज्रयानाचार्या के अनुसार जब चित्त में अनेकानेक संकल्पों का अंधकार भरा रहता है और जब वह ऑधी के समान उन्मत्त, बिजली के समान चंचल व रागादि मलों द्वारा अवंलिप्त रहता है, तब उसी को 'संसार' का नाम दिया जाता है। परंतु वही जब प्रकाशमय होने के कारण सारी कल्पनाओं से रहित होता है, जब उसमें रागादि के मल नहीं पाये जाते और जब उसके विषय में ज्ञाता, ज्ञेये व ज्ञान का प्रश्न भी नहीं उठता, तब उसी श्रेष्ठ वस्तु को 'निर्वाण' की संज्ञा दी जाती है। चित्त ही सब कुछ है उसके अतिरिक्त अन्य कुछ भी नहीं।

साधना– अतएव, "इस सर्व रूप को खसम (ख = आकाश, सम = समान) अर्थात् शून्य बना देना चाहिए और मन को शून्य स्वभाव का रूप दे देना चाहिए जिससे वह वस्तुतः 'अमन' अर्थात् अपना चंचल स्वभाव छोड़कर 'मन के विपरीत स्वभाव का' हो जाय और तब सहज-रूप का अनुभव होने लगता है।"[३] सिद्ध तेलोंपा ने भी इसीलिए कहा है कि "चित्त जिस समय खसम (शून्य) का रूप धारण कर समसुख अर्थात् संतुलित अवस्था में प्रवेश कर

---

१. 'तसुषरिआणे अण्ण ण कोइ, अब र गण्णे सब्बविसोइ ॥ १६ ॥ (दो. को., पृ. १७) ।

२. 'वृद्धो धावइ दहदिहंहि, मुक्को णिच्चल ठाइ।' वही, ५० २४।

३. 'सब्बरूअ तहि खसम करिज्जइ, खसम सहावे मणवि धरिज्जइ। सोबिमणु तहि अमणु करिज्जइ सहज सहावै सोपरु रज्जइ ॥' ७७ ॥ (दो. को., पृ. ३२)।

जाता है, उस समय किसी भी इन्द्रिय के विषयों का अनुभव नहीं होता। यह समसुख आदि व अंत दोनों से रहित होता है और आचार्य लोग इसे ही 'अद्वय' भी कहा करते हैं[१]। मन को इस प्रकार अमन करने वाली क्रिया को ही सिद्धों ने मन का निःस्वभावीकरण वा मन का मार डालना कहा है, और इसके अभ्यास को स्पष्ट करने के लिए सिद्ध शांतिपा ने रुई धुनने का रूपक भी दिया है। वे कहते हैं कि,

'तुला धुणि धुणि आँसुरेआँसु आँसु' धुणि धुणि निरवरसेसु।

... ... तुला धुणि धुणि सुणे अहारिउ।"

अर्थात् रुई को धुनते-धुनते उसके सूक्ष्मातिसूक्ष्म अंश निकालते चलो, फिर देखोगे कि उसे अंश-अंश विलेषण करते-करते अंत में कुछ भी शेष नहीं रह जाता, अपितु अनुभव होने लगता है कि रुई को धुनते-धुनते उसे शून्य तक पहुँचा दिया। 'बोधिचर्यावतार' में इसी क्रिया को हिरण के शिकार के भी रूपक द्वारा बतलाया है। जैसे,

'इमं चर्मपुटं तावत् स्वबुद्ध्यैय पृथक् कुरु।

अस्थिपजरतोमांसं प्रज्ञाशस्त्रेण मोचय॥

अस्थीन्यपिपृथक् कृत्वा पश्य ज्ञानमनन्ततः।

किमत्र सारमस्तीति स्वयमेव विचारय॥'

अर्थात् इस चमड़े के ऊपरी अंश को अपनी बुद्धि की सहायता से पृथक् कर दो और तब अपनी प्रज्ञा द्वारा अस्थि-पंजर को मांस से भी निकाल दो। फिर हड्डियों को भी दूर कर अपने विवेक के बल से सोचोगे, तो स्वयं समझ लोगे कि अंत में कुछ भी तत्त्व शेष नहीं रह जाता। सब कुछ, वास्तव में निस्सार मात्र है। मन का आकार-प्रकार पूर्ण करने वाले संकल्प, विकल्प आदि को दूर कर देने पर भी इसी प्रकार शून्य मात्र रह जाता है और वही अवस्था हमारे लिए परमपद की स्थिति है।

यौगिक प्रक्रिया— इस प्रकार उक्त दृष्टि से विचार करने पर बज्रयान की उपर्युक्त महामुद्रा साधना का तात्पर्य कुछ और ही हो जाता है। सिद्ध काणहपा ने शरीर के भीतर सहज वा महासुख के उत्पत्ति स्थान की कल्पना इडा एवं पिंगला नाम की दो प्रसिद्ध नाड़ियों के संयोग के निकट में ही की है और उसे पवन के नियमन द्वारा भी प्राप्त करना आवश्यक बतलाया है।[२] उनके अनुसार बाँयी नासिका की 'ललना' नामक (प्रज्ञा स्वरूप) चंद्र नाड़ी एवं दाहिनी नासिका की 'रसना' नामक (उपाय स्वरूप) सूर्य नाड़ी उस महासुख कमल के दो खंड हैं, उसका पौधा गगन के जल में, जहाँ अमिताभ वा परम आनन्दमय प्रकाश पंक-रूप में वर्तमान है, उत्पन्न होता है। उसका मुख्य नाल अवधूती अथवा मूल-शक्ति होती है और उसका रूपहंकार अथवा अनाहत ज्ञान का होता है। इस महासुख कमल के मकरंद का पान योगी वा साधक लोग शरीर के भीतर ही कर लेते हैं और उनका आनन्द 'सुरतवीर' के आनन्द के समान होता है। वे अन्यत्र कहते हैं कि,

---

१. 'चित्त खसम जहि समसुह पइठ्टइ' इन्द्रीअ विसअ तहि भत्तण दीसइ॥ ५॥ आइ रहिअ एहु अन्त रहिअ, बरगुरूपाअ अद्दअ कहि॥' ६॥—तेलोंपा का 'दोहा कोष' पृष्ट ३।

२. काण्हपा का 'दोहा कोष' ४, ५ व ६ पृ. ४१।

'जइ पवण गमण दुवारे दिढ़ तालाबि दिज्जइ।

जइ तसु घोरान्धारै मण दिवहो किज्जइ।

जिणरअणउअरे जइसो बरु अम्बरु छण्पइ।

भणइ काण्ह भव भुंजन्ते णिब्बाणोवि सिज्झइ॥'२२॥

अर्थात् यदि पवन के निर्गमन-द्वार पर दृढ़ ताला लग जाय, और तज्जनित घोर अंधकार में शुद्ध वा निश्चल मन का दीपक जला दिया जाय और यदि वह जिन-रत्न की ओर उच्च गगन से स्पर्श कर जाय, तो संसार का उपभोग करते समय भी हमें निर्वाण की सिद्धि प्राप्त हो जाय। वायु-निरोध होने पर मन आप से आप निश्चल हो जाता है, और मन के निश्चल हो जाने पर वायु-निरोध भी सिद्ध है अर्थात् इन दोनों का पारस्परिक कार्य-कारण संबंध है।

पिंड-रहस्य– पवन एवं मन को जहाँ एक साथ निश्चल वा निस्तब्ध किया जाता है, उस स्थान की कल्पना सिद्धों ने 'उद्धमेरु' अथवा मेरुदंड वा सुषुम्ना के सिरे के रूप में की है और काण्हपा ने कहा है कि "वह पर्वत के समान समविषम है और उसकी कंदरा में सारा जगत् विनष्ट होकर शून्य में लीन हो जाता है।"[१] उसी उच्च पर्वत के शिखर को सिद्धों ने महामुद्रा वा मूल शक्ति नैरात्मा का निवास-स्थान भी बतलाया है।[२] सिद्ध शबरपा का कहना है कि उक्त "ऊँचे शिखर पर अनेक बड़े-बड़े वृक्ष पुष्पित हैं और उनकी शाखाएँ गगन का चुम्बन करती हुई प्रतीत होती हैं। वहाँ पर अकेली शबरी (नैरात्मा) बन का एकान्त बिहार करती है, वहीं त्रिधातु की बनी सुन्दर सेज भी बिछी हुई है और साधक योगी वहाँ पहुँचकर उक्त दारिका के साथ प्रेमपूर्वक विलास किया करता है।[३] सिद्ध काण्हपा ने उस डोंगी (नैरात्मा) को "चौंसठ पँखुड़ीवाले कमल पुष्प के ऊपर चढ़कर सदा नृत्य करती रहने वाली भी कहा है और उसके साथ अपना विवाह-संबंध स्थापित करने का रूपक बाँधा हैं।"[४] सिद्ध डोंबीपा ने उसके विषय में बतलाया है कि "वह मातंगी (डोमिन वा नैरात्मा) गंगा-यमुना अर्थात् इडा एवं पिंगला के मध्य नाव खेकर बिना कोई कौड़ी वसूल किये बड़े सुभीते के साथ हमें पार कराकर जिनपुर पहुँचा देती है।"[५] इसी प्रकार सिद्ध बिरूपा ने कहा है कि "वह अकेली शुंडिनी (कलाली) इधर इडा और पिंगला नाड़ियों को सुषुम्ना नाड़ी में लाकर एकत्र करती है और उधर बोधिचित्त को ले जाकर प्रेमास्वर शून्य में भी ला जोड़ती है। उसके निकट चौसठ यंत्रों में भरा मद (महासुख) संभाल कर रखा हुआ रहता है और वहाँ पर एक बार भी पहुँचकर मदपी फिर लौटने का नाम तक नहीं लेता।"[६] अतएव उक्त शबरी, डोंबी, मातंगी अथवा शुंडिनी की प्रतीक महामुद्रा का महत्त्व स्वयं सिद्ध है।

युगनद्ध– सहजयानियों की साधना के अन्तर्गत प्रज्ञा एवं उपाय को युगनद्ध में परिणतकर

---

१. काण्हपा का 'दोहा कोष' (दोहा २२, पृष्ठ ४४)

२. वही, दोहा १४ व १५, पृष्ठ ४२।

३. चर्यापद (भा. १, डा. बागची संपादित) चर्या २८, पृ. १३३।

४. वही, (चर्या १० व १९) पृ. ११६ व १२६।

५. वही, (चर्या १४) पृ. १२१।

६. 'एकसे शुंडिनि दुइ घर सान्धअ। चीअण बाकलअ वारुणी बान्धअ॥ ... चौसवी घड़ीये देल पसारा। पइठेल गराहक नाहि निसारा॥' (चर्या ३) पृ. १०९।

बोधिचित्त को उसकी संवृत अवस्था से विवृत दशा में ले जाना भी आवश्यक समझा जाता था और उसकी विवृत दशा ही पारमार्थिक सत्य की स्थिति समझी जाती थी। इसके लिए सहजयानी साधक बोधिचित्त को पहले निर्माण-चक्र (वा मणिपूर चक्र) में हठयोग के द्वारा उपलब्ध करता था और वहाँ से उसे फिर क्रमशः धर्म-चक्र (वा अनाहत चक्र) व संभोग चक्र (वा विशुद्धि चक्र) ले जाता हुआ उसे शीर्षस्थ उष्णशी'[१], कमल अर्थात् सहज चक्र बज्रकाय तक पहुँचाकर पूर्णतः शांत व निश्चल सहज रूप प्रदान कर देता था। क्योंकि बोधिचित्त उसके अनुसार जब तक निर्माण-चक्र में रहेगा, तब तक अंतिम सुख संभव नहीं। स्मरण रहे कि बोधिचित्त का उक्त मार्ग इडा (बाम नाड़ी) वा पिंगला (दक्षिण नाड़ी) से न होकर, मध्य नाड़ी अर्थात् सुषुम्ना से जाता है जो इसी कारण मध्य मार्ग भी कहलाता है। यह मार्ग अत्यन्त विकट व बाधापूर्ण है, और इसके दोनों ओर बराबर खतरा बना रहता है। काण्हपा ने इन दोनों पार्श्वों को 'आली' व 'काली' लाल-रसना अथवा रवि-शशि भी कहा है और बतलाया है कि उन 'ए' तथा 'बं' को मैं तोड़कर ही सहज तक पहुँच पाया हूँ। इस योग-साधना द्वारा एक ही प्रकार की आभ्यन्तरिक शक्ति जागृत होती है जिसे योगिनी वा चांडाली नाम दिया जाता है, जिसे डोंबी वा सहज सुन्दरी भी कहा गया है और जिसके कारण ही महासुख संभव हो पाता है।

सहजमार्ग—सिद्धों ने सहजयान की इस साधना का नाम 'सहजमार्ग' भी दिया है और उसका उजूबाट (ऋजुबाट) अर्थात् सरल रास्ते के रूप में वर्णन किया है। सरहपा ने कहा है "जब कि नाद, विंदु अथवा चंद्र और सूर्य के मंडलों का अस्तित्त्व नहीं और चितराज भी स्वभावतः मुक्त है, तब फिर सरल मार्ग का परित्याग कर बंग मार्ग ग्रहण करना कहाँ तक उचित कहा जा सकता है। बोधि सदैव अपने निकट वर्तमान हैं, उसके लिए लंका (कहीं दूर) जाने की आवश्यकता नहीं। जब हाथ में कंकण है ही, फिर दर्पण ढूँढ़ते फिरने से क्या लाभ हो सकता है। सहजमार्ग ग्रहण करने वाले के लिए ऊँचा-नीचा, बाँया-दाहिना सभी एक भाव हो जाते हैं। इस मार्ग की प्रक्रिया चाहे सीधे चित्त-शुद्धि के ढंग से की जाय अथवा बोधिचित्त एवं नैरात्मा के पारस्परिक मिलन वा समरस के रूप में हो, दोनों दशाओं में वह स्वयं वेदन अथवा एक प्रकार की स्वानुभूति ही कही जा सकती है। इसका यथातथ्य वर्णन इसी कारण संभव नहीं है। परंतु इतना निश्चय है कि यह बीच का मार्ग वा मध्य मार्ग है जिसमें किसी प्रकार की गंभीर बाधाओं को स्थान नहीं है।"[२] सिद्ध शांतिपा ने इसीलिए कहा है कि "इस मार्ग में बाम व दक्षिण नामक दोनों पार्श्वों का परित्याग कर आँखों देखी हुई राह से (वा ऑख मूँदकर) सीधे चलना है, क्योंकि इस प्रकार अग्रसर होने में तृण-कंटकादि वा ऊखड़-खाबड़ स्थलों की अड़चने किसी प्रकार की बाध नहीं डाल सकती।"[३] ऐसा सहजमार्ग अन्त में एक विशुद्ध सात्विक जीवन का मार्ग बन सकता है और उसके द्वारा, इस प्रकार, विश्वकल्याण तक

१. डा. एस. दास गुप्त-आब्स्क्योर रेलिजस कल्ट्स (कलकत्ता, १९६) पृ. १०९।

२. 'नादन विन्दुन रबिससि मंडल। चिअ राअ सहाबे मुकल॥ ऊजुरे ऊजु छाड़ि भालेहुरे बंक। निअडि बोहि भा जाहुरे लांक॥ हाथेर कांकण मालेउ दापण। अपणे अपा बुझतु निअमण॥ बाम दाहिन जो खाल बिखला। सरह भणइ वापा ऊजु बाट भइला॥ (चर्या ३२) पृष्ट १३८।

३. 'बाम दाहिण दो बाटा च्छाडी, शांति बुलथेउ संकलिऊ॥ घाट नगुमा खडतडि ण होइ, आखि बुजिअ बाट जाइऊ॥ (चर्या १५) पृ. १२२।

की आशा की जा सकती है।

सारांश–बौद्धों की साधना अपने मूल प्रवर्तक के समय सदाचरण की साधना के रूप में आरम्भ हुई थी। किंतु जैसा हम ऊपर देख चुके हैं, उसमें समयानुसार भक्ति, ज्ञान एवं तंत्रोपचार की पद्धतियों का क्रमशः प्रवेश होता गया, और अन्त में उसने बज्रयानियों के हाथ में विकृत व वीभत्स रूप तक धारण कर लिया। फिर भी विक्रम की ८वीं शताब्दी के लगभग उसे कतिपय सहजयानियों ने अनेक प्रचलित बातों का समन्वय कर उसका पुनरुद्धार करना चाहा और इस प्रकार की चेष्टा विक्रम की १२वीं शताब्दी के प्रायः आरंभ काल तक किसी न किसी रूप में निरंतर होती चली आई। पता चलता है कि उस समय तक महायान के अन्तर्गत एक अन्य उपयान भी 'कालचक्रयान' के नाम से प्रचलित हो चुका था जिसने 'जो कुछ ब्रह्मांड में है वह सभी पिंड में भी है' के आधार पर काया को विशेष महत्त्व प्रदान कर उसकी शुद्धि तथा प्राणशुद्धि को चित्त से भी अधिक आवश्यक ठहराया।[१] इसके अनुयायियों के अनुसार 'काल' शब्द का अक्षर 'का' उस कारण का प्रतीक है जो सर्व कारण-रहित तत्त्व में अन्तर्निहित रहता है। अतएव, बज्रयोग द्वारा कारण की भावना तक को दबा देना आवश्यक है और 'ल' अक्षर का अभिप्राय उस लय से है जो नित्य संसृति में सदा के लिए सबके अन्तर्मुक्त हो जाने की ओर संकेत करता है। इसी प्रकार 'चक्र' शब्द का 'च' भी चल-चित्त का द्योतक है और 'क्र' उसके क्रम वा विकास का पूर्ण विरोध करने की ओर प्रवृत्त करता है[२]। इन चारों अक्षरों के आधार पर ही उन्होंने बज्रयोग साधना को चार प्रकार से विभक्त किया था और वे उसका उपदेश देते थे। इस उपयान ने योग-साधना के संबंध में मुहुर्त, तिथि, नक्षत्र-मंडल आदि काल-संबंधी बातों को भी अधिक महत्त्व दे रखा था जिसके कारण इस पर ज्योतिष का भी प्रभाव पड़ने लगा। फिर क्रमशः निम्न श्रेणी के लोगों के सम्मिलित होते जाने के कारण अन्त में इस काल को (Demon) (राक्षस) समझनेवालों का एक समुदाय मात्र बन गया। परंतु बौद्ध धर्म भारत से निर्वासित कर उसे श्रीहत करने के लिए तब तक अन्य अनेक भिन्न-भिन्न शक्तियाँ भी काम करती आ रही थीं, जिन्हें आगे चलकर पूरी सफलता मिल गई और उसका कोई भी आंदोलन संभवतः १४वीं शताब्दी के अनन्तर चल न सका। उसके विविध अवशेष चिन्हों तक ने विवश होकर नवीन हिंदू-रूप धारण कर लिए और १७वीं वा १८वीं शताब्दी के उसके शुद्ध रूप का यहाँ एक प्रकार से नितांत लोप हो गया।

३. जैन मुनियों का सुधारक सम्प्रदाय

महावीर व उनका उपदेश–जैन धर्मावलंबी अपने धर्म को बहुत प्राचीन बतलाते हैं और कम से कम ऋषभदेव नामक एक पौराणिक महापुरुष को उसका प्रथम प्रवर्तक मानते हैं। ऋषभदेव के अनंतर इस धर्म के २३ अन्य भी प्रचारक हुए जिन्हें वे तीर्थंकर कहते हैं और

१. टिप्पणी—पिंड वा देह को सहजयानियों ने भी पूर्ण महत्त्व दिया था और सरहपा ने उसके भीतर गंगा, यमुना, जैसी पवित्र नदियों तथा गंगासागर, प्रयाग, काशी आदि तीर्थ-स्थानों, पीठों व उपपीठों का भी अस्तित्व बतलाकर उसे सबसे सुखदायक माना था और उसी के भीतर उसका होना भी सिद्ध किया था। देखिये सरहपाद का 'दोहाकोष' दोहा, ४७ व ४८।

२. 'काकरात् कारणे शान्ते लकाराल्लयोत्रवै। चकाराच्चलचित्तस्य क्रकारात् क्रम बन्धनैः॥" नाङपाद की 'सेकोद्देदश टीका' पृ. ८।

जिनमें से अंतिम अर्थात् महावीर (सं. ५२१-४६९ वि. पू.) के समय से इसका श्रृंखलाबद्ध इतिहास मिलता है और पता चलता है कि इसकी मुख्य साधना का प्रारंभ व विकास क्रमशः किस प्रकार होता गया। महावीर स्वामी का पूर्व नाम वर्धमान था और उन्होंने अपनी आयु के ३० वें वर्ष में अपनी नवजात कन्या प्रियदर्शना के आविर्भाव के अनन्तर अपने भाई को कौटुम्बिक भार देकर संन्यास ग्रहण किया था। उन्होंने १२ वर्षों तक घोर तपस्या की और ७२ वर्ष की अवस्था में मर गये। उनके अहिंसात्मक उपदेशों के प्रचार से वैदिक कर्मकांड का पर्याप्त विरोध हुआ और एक संयमशील कठोर जीवन का आदर्श अधिक लोकप्रिय होने लगा। इस धर्म के सिद्धांतों के अनुसार जीव का मूल स्वभाव शुद्ध, बुद्ध एवं सच्चिदानन्दमय है, किंतु केवल पुद्गल वा कर्म के आवरण से वह अच्छादित हो जाता है। अतएव जीव का प्रधान लक्ष्य अपने उक्त पौद्गलिक भार को पूर्णतः हटाकर अपने को उच्चातिउच्च स्थिति तक पहुँचा देना है। जैसा कर्म किया जाता है वैसा ही फल भी मिला करता है, इसलिए, मनसा, वाचा, व कर्मणा किसी प्राणी को दुःख न देना, संयमशील जीवन व्यतीत करना, सदाचार का पालन करना, किसी प्रकार का दान न लेना। तथा मन को विषय-वासना से मोड़ने के लिए व्रत-उपवास करना प्रत्येक व्यक्ति का धर्म होना चाहिए। आवरण का पूर्णतः क्षय होने के लिए सम्यग् दर्शन, सम्यग् ज्ञान एवं सम्यग् चारित्र की आवश्यकता होती है जिनमें से प्रथम से अभिप्राय जिनोक्त तत्त्वों में पूरी रुचि का होना, द्वितीय के अनुसार संपूर्ण वस्तुस्थिति का असंदिग्ध ज्ञान होना तथा तृतीय के द्वारा निन्दनीय भोगों का सर्वथा परित्याग एवं अहिंसा, सत्य, अस्तेय, ब्रह्मचर्य और अपरिग्रह वा असन्तोष नामक पाँच महाव्रतों का पालन समझा जाता है।

श्वेताम्बर व दिगम्बर—जैनियों ने सृष्टि को अनादि माना है और कर्मफल के किसी प्रदाता में भी उन्हें विश्वास नहीं, अतएव उनका धर्म निरीश्वरवाद का प्रचार करता है। फिर भी अपने तीर्थंकरों को वे देवतुल्य अलौकिक व्यक्ति मानते हैं, जिस कारण समय पाकर उनके यहाँ उनकी मूर्तियों के पूजनार्चन की प्रथा चल पड़ी। पौराणिक युग में उनके भव्य व सुंदर मंदिरों का निर्माण होने लगा और उनकी भक्ति तंत्रोपचारों के प्रभाव में भी आ गई। प्रसिद्ध है कि ऐसी मूर्तियों के शृंगारादि के संबंध में ही मतभेद होने के कारण सर्वप्रथम इस धर्म के अनुयायी 'श्वेताम्बर' व 'दिगम्बर' नामक दो दलों में विभक्त हो गए। इनमें से श्वेताम्बर सम्प्रदाय वाले जैन धर्म के प्राचीन ग्रंथ 'अंगों' के प्रति विशेष श्रद्धा रखते हैं, किंतु दिगम्बर सम्प्रदाय के अनुयायी अपने २४ पुराणों में कथित धर्म को ही अधिक महत्त्व देते हैं। इसके अतिरिक्त श्वेताम्बर सम्प्रदाय के लोग तीर्थंकरों की मूर्तियों को कच्छ वा लँगोट पहनाकर पूजते हैं, किंतु दिगम्बरों के यहाँ वे प्रायः नंगी ही रखी जाती हैं। दिगम्बर स्त्री का मोक्ष होना नहीं मानते, किंतु श्वेताम्बर मानते हैं। दिगम्बर साधु नग्न रहा करते हैं और श्वेताम्बर वाले श्वेत वस्त्र पहनते हैं। फिर भी इस धर्म की विशेषता मानव-जीवन के अन्तर्गत आत्मसंयम, सदाचार व अहिंसा के नियमों को महत्त्वपूर्ण स्थान देना है। किंतु, पौराणिक युग के प्रभाव में आकर इसके अनुयायी भी पुराणों की रचना, तीर्थों की स्थापना, कठोर व्रतों के अनुष्ठान, तीर्थंकरों की भक्ति एवं विविध तर्क वितर्कों के फेर में पड़ गये। उनका प्राचीन मुख्य ध्येय पूर्ववत स्थिर न रह सका और विक्रम की ९ वीं १० वीं शताब्दियों तक आकर उनकी साधना के अन्तर्गत विविध वाह्याचारों का समावेश हो गया। समकालीन हिंदू एवं बौद्ध पद्धतियों

से वे बहुत कुछ प्रभावित हो गए और इन धर्मों के साधारण अनुयायियों में बहुत कम अन्तर दीख पड़ने लगा।

सुधार की प्रवृत्ति—ऐसे ही समय जैन धर्मावलंम्बियों में कुछ व्यक्ति अपने समय के पाखंड व दुर्नीति की आलोचना करने की ओर प्रवृत्त हुए और उन्होंने अपनी रचनाओं तथा सदुपदेशों द्वारा सच्चे आदर्शों को सच्चे हृदय के साथ अपनाने की शिक्षा देना आरंभ किया। उनका प्रधान उद्देश्य धार्मिक समाज में क्रमशः घुस पड़ी हुई अनेक बुराइयों की ओर सर्वसाधारण का ध्यान आकृष्ट कर, उन्हें दूर करने के लिए उद्यत करना था। अतएव, उन्होंने उस समय की लोकभाषा को ही अपनी उक्तियों का माध्यम बनाया तथा सबकी समझ में आने योग्य कथनशैली का प्रयोग भी किया। देवसेन (लगभग सं. ९९०) जैसे जैन साधुओं ने अपने सहधर्मियों को सदाचार के उपदेश देकर उसके विविध अंगों के महत्त्व एवं उपयोगिता पर भी पूर्ण प्रकाश डाला था, और इस प्रकार वे एक बार फिर अपने धर्म का प्रचार पूर्ववत् करने की ओर अग्रसर हुए थे। किंतु, समय के अनुसार केवल उतनी ही बातें अपेक्षित नहीं थीं। हिंदू और बौद्ध धर्मों के अनुयायी अपने समक्ष वर्तमान स्थिति की परीक्षा तथा उसके संशोधन की ओर भी प्रवृत्त हो चुके थे और सभी, किसी न किसी प्रकार के समन्वय के आधार पर, बिगड़ती हुई दशा को संभाल लेना चाहते थे। फिर भी उनका अभिप्राय यह नहीं था कि हम दूसरे धर्मों द्वारा स्वीकृत मुख्य-मुख्य सिद्धांतों को भी अपना लें और इस प्रकार एक नवीन मत का प्रचार करें तथा उसे सर्वमान्य ठहरावें। वे लोग अन्य धर्मों की बुराइयों की ओर ही विशेष ध्यान देते रहे और उनके खंडन व समीक्षा द्वारा अपने-अपने मतों के मुख्य सिद्धांतों को सुधारकों की भाँति प्रतिपादित करते रहे।

मुनिराम सिंह—जैन साधु मुनिराम (लगभग विक्रम की ११वीं शताब्दी) एक ऐसे ही सुधारक थे, जिन्होंने प्रचलित पांखडादि का घोर खंडन किया। सिद्धांतों की व्याख्या मात्र करते फिरने वाले तर्कपटु पंडितों के विषय में उन्होंने कहा है कि "ऐसे लोग बुद्धिमान कहलाते हुए भी मानों अन्न के कणों से रहित पुआल का संग्रह किया करते हैं"[१] और "कण का परित्याग कर उसकी भूसी मात्र कूटा करते हैं"[२] "बहुत-पढ़ने लिखने से क्या लाभ है। पंडितों को चाहिए कि वे ज्ञान के उस एक अग्नि-कण को ही अपना लें, जो प्रज्वलित होने पर पुण्य व पाप दोनों को क्षण-मात्र में ही जला देता है।"[३]। षड्दर्शनों के झमेलों में पड़कर मन की भ्रांति नहीं मिट सकती, एक देव के ६ भेद कर दिये, किंतु उससे मोक्ष के निकट नहीं पहुँच सके। जैसे,

'छह दंसण धंधइ पडिय, मणहण फिट्टिय भंति।
एक्कु देउ छहमेउ किउ, तेणण मोक्खहं जन्ति ॥१६६[३]॥

इसी प्रकार सिर मुड़ाये हुए संन्यासियों को लक्ष्य करके उन्होंने कहा है कि "हे मुंडी! तूने सिर तो मुड़ाया, पर चित्त को नहीं मूँड सके। जिसने अपने चित्त का मुंडन कर डाला, उसने संसार का ही खंडन कर दिया"। जैसे,

१. 'पाहुड दोहा', (कारंजा जैन सरीज ३) दोहा ८४, पृष्ठ २७।
२. वही, दोहा ८५, पृष्ठ, २७।
३. 'पाहुड दोहा', (कांरजा जैन सिरीज ३) दोहा ८७, पृष्ठ २७।

'मुंडिय मुंडिय मुंडिया, सिरु मुंडिउ चित्तुण मुंडिया।
चितहं मुंडणु जि कियउ, संसारहं खंडणु तिं कियउ ॥ १३५ ॥[३]

स्वयं जैन साधु भी एक तीर्थ से दूसरे तीर्थ तक स्नान करते फिरते थे, तथा पुराणादि का पाठ करना पुणयप्रद कार्य समझते थे। मुनिराम सिंह ने उन्हें भी समझाते हुए कहा है कि "देवालयों में पाषाण है, तीर्थों में जल और सब पोथियों में काव्य भरा है। जो कुछ भी फूली-फली वस्तु दीखती है, वह सब ईन्धन हो जायगी। एक तीर्थ से दूसरे तीर्थ तक भ्रमण करने वालों को कुछ भी फल नहीं होता। वे बाहर से शुद्ध हो गए, पर आभ्यन्तरिक दशा जैसी की तैसी ही रह गई"[१]

'मंतुण तंतुण धेउणु धारणु, णवि उच्छासह किज्जइ कारणु।
एमइ परमसुक्खु मुणि सुब्बइ, एहि गलगल कासु ण रुच्चइ ॥२०६ ॥[४]

अर्थात् न मंत्र, न तंत्र, न ध्येय, न धारण, न उच्छवास को कारण किया जाता है, तभी मुनि परम सुख से सोता है। यह गड़बड़ किसी को भी नहीं रुचता। मुनिराम सिंह को ये सारी बातें विडम्बना मात्र ही जान पड़ती हैं।

सिद्धांत व साधना— उनका फिर कहना है कि "विषय कषायं में जाते हुए मन को जिसने रोककर निरंजन में लगा रखा, उसी ने मोक्ष के कारण का अनुभव किया, क्योंकि मोक्ष का स्वरूप इतना ही मात्र है"[२], तथा उनके पूर्ववर्ती जोगी इन्दु ने भी कहा है कि देवता देवालयों वा पाषाणों में अथवा चित्रादि में भी नहीं रहा करते, ज्ञानमय निरंजन तो अपने चित्त के सम व शांत होने पर आप ही आप अनुभव में आ जाता है।"[३] इन्द्रियों को विषयादि से निवृत्त करने के संबंध में इसी कारण मुनिराम सिंह ने भी कहा है कि दो रास्तों से एक साथ जाना नहीं होता और न दोमुहीं सुई से कभी कंथा ही सिला जा सकता है। दोनों बातें एक साथ संभव नहीं, इन्द्रियसुख और मोक्ष भी।"[४] उन्होंने ज्ञानमयी आत्मा को ही सब कुछ माना हे और उसके अतिरिक्त अन्य बातों को 'परायउ भाउ' वा पराये भाव का नाम दिया है। उनका बार-बार यही कहना है कि "शुद्ध स्वभाव का ध्यान करो।"[५] इन मुनिजनों के अनुसार वही परमात्मा है। जोगी इन्दु ने इसीलिए कहा भी है कि "जिसके भीतर सारा संसार है और जो संसार के भीतर भी वर्तमान रहने पर संसार नहीं कहा जा सकता, वहीं परमात्मा है"[६] तथा "जो परमात्मा है, वही 'अहं' है और जो 'अहं' का रूप है वही परमात्मा भी है, और योगी को बिना तर्क वितर्ग के केवल इतना ही जान लेने की आवश्यकता है।"[७] निर्मल आत्मस्वभाव ही, वास्तव में, अंतिम लक्ष्य है। निर्मल एवं शुद्ध स्वरूप ज्ञानमय आत्मा जिसके हृदय में अनुभूत हो गया, वह त्रिभुवन में स्वतंत्र विचरण करता है और उसे किसी प्रकार के पापादि

१. 'पाहुड दोहा' दोहा १६१-२, पृष्ठ ४९।
२. 'पाहुड दोहा', (कारंजा जैन सिरीज ३) नो. २०६, पृष्ठ ६३।
३. 'परमात्म प्रकाश', पद्य १२३, पृ. १२४ (रामचन्द्र जैनशास्त्रमाला, बंबई)।
४. 'पाहुड दोहा', दोहा २१३, पृष्ठ ६४।
५. 'पाहुड दोहा', दोहा २१३, पृष्ठ ६४।
६. 'परमात्म प्रकाश' पद्य ४१, पृ. ४५ (रामचन्द्र जैनशास्त्रमाला, बंबई)।
७. वही, 'योगसार' पद्य २२, पृ. ३७५।

का भय नहीं है। उसे न तो किसी प्रकार के विधि-निशेष की आवश्यकता रहती है और न उसे किसी प्रकार की उपासना ही करनी पड़ती है। जैसा मुनिराम सिंह ने कहा है–

मणु मिलियउ परमेसर हो परमेसरु जिमणस्स।

विण्णिवि समरसि हुइ रहिय, पुज्ज चडावउ कस्स॥ ४९॥[१]

अतएव, इन लोगों की साधना का अंतिम स्वरूप यही जान पड़ता है कि "विषय-सुखों का पूरा उपभोग करते हुए भी उनकी धारणा नहीं बननी चाहिए, और इसी प्रकार शाश्वत सुख का लाभ शीघ्र से शीघ्र उठाया जा सकता है।"[२] इन मुनियों ने इसी प्रकार अपने मूल सदाचार-प्रधान धर्म का ही उपदेश दिया है।

उपसंहार– बौद्ध सिद्धों व जैन मुनियों के साधना-परक सिद्धान्त इस प्रकार अपने-अपने मूल धर्मों के पुनरुद्धार की दृष्टि से ही निश्चित किये गये थे और वे क्रमशः सद्‌व्यवहार व सदाचार के परिपोषक थे। पहले का अंतिम ध्येय यदि चित्त-शुद्धि द्वारा सहजावस्था की उपलब्धि कर अपने को विश्व-कल्याण के भावों में मग्न कर देना था, तो दूसरे का उसी प्रकार ज्ञान-द्वारा शुद्ध स्वभाव की पूर्ण अनुभूति प्राप्त कर उसके आधार पर अपने को परमात्मा की कोटि तक पहुँचा देना था। दोनों की प्रगति विविध परिस्थितियों के प्रभाव के कारण बहुधा वक्र मार्गों से होती हुई गई और तदनुसार उनमें समय-समय पर भिन्न-भिन्न बातों का समावेश भी होता गया। किंतु, विक्रम की ८वीं से ११वीं शताब्दी तक उनके प्रमुख सुधारकों ने उनके प्राचीन भावों को पुनरुज्जीवित करने के प्रयत्न किये। यह युग ऐसी चेष्टाओं के लिए प्रसिद्ध था और जैसा ऊपर कहा जा चुका है, वैदिक-धर्म के स्वामी शंकराचार्य जैसे सुधारक भी अपने-अपने ढंग से इस प्रकार के ही कार्यों में व्यस्त रह चुके थे। परन्तु वे अपने प्राचीन धर्म-ग्रंथों का प्रधान आश्रय लेकर चलते थे और ईश्वरवादी होने के कारण उनकी साधना में भक्ति का भी अंश पर्याप्त मात्रा में रहता था। इसके विपरीत बौद्ध व जैन सुधारक निरीश्वरवादी थे और उन्हें किसी प्राचीन धर्म-ग्रंथ का आधार भी स्वीकार नहीं करना था। ये ज्ञान व योग को महत्त्व अवश्य देते थे। इन दिनों इन तीनों का प्रायः समकालीन एक चौथा आन्दोलन भी चल रहा था जो बहुत कुछ बौद्धों का अनुसरण करता हुआ भी ईश्वरवादी था और उसका नाम 'नाथयोगी-सम्प्रदाय' था।

(४) नाथयोगी-सम्प्रदाय

योगी-परम्परा–योगियों की परम्परा बहुत प्राचीन काल से चली आती है और योग-साधना का अस्तित्त्व किसी न किसी रूप में लगभग वैदिक युग से ही मान लिया जा सकता है। उस काल के व्रात्य लोगों के विषय में कहा गया है कि उनमें से एक रूद्र की उपासना करते थे तथा प्राणायाम को भी बहुत महत्त्व देते थे। उनके ध्यान की साधना वर्तमान योगाभ्यास से बहुत कुछ मिलती-जुलती थे।[३] उसमें राजयोग के प्रारंभिक रूप का भी आभास मिलता है।

१. 'पाहुड दोहा', दोहा ४९, पृष्ठ १६।

२. वही, दोहा ४. पृष्ठ २।

३. श्री. डब्ल्यू. ब्रिग्सः 'गोरखनाथ ऐंड दि कनफटा योगीज़' (रेलिजस लाइफ आफ इंडिया सिरीज १९३८, पृ.२१२-३)

अपने शरीर के विभिन्न अंगों पर प्रभुत्व जमाकर उन पर प्राप्त विजय द्वारा प्राकृतिक शक्तियों को भी वश में लाना उस समय संभव समझा जाता था। तदनुसार हम उस काल के साधकों में से बहुतों को भिन्न-भिन्न प्रकार की तपश्चर्या में निरत पाते हैं। तप के द्वारा उस समय एक अलौकिक शक्ति का प्रादुर्भाव होना समझा जाता था और उसकी क्रियाओं में निहित सृजन-शक्ति तक की कल्पना हमें ऋग्वेद के एक मंत्र[१] में लक्षित होती है। उपनिषदों में से तो कई एक ऐसे हैं जिनमें योगाभ्यास के महत्त्व के अतिरिक्त उसका सांगोपांग किया गया विवरण तक पाया जाता है[२]। गौतम बुद्ध के समय तक हमें इस प्रकार की साधनाओं के प्रेमी बहुत बड़ी संख्या में मिलने लगते हैं और पहले पहल वस्तुतः योग-मार्ग का ही अनुसरण करने की ओर वे तथा तीर्थंकर महावीर स्वामी भी प्रवृत्त होते हुए पाये जाते हैं। महावीर स्वामी की प्रवृत्ति तो व्रत एवं तपश्चर्या की ओर कदाचित् उनके अंतिम समय तक दीख पड़ती है। इसके सिवाय प्रसिद्ध है कि विख्यात यूनानी वीर सिकंदर ने सं. २६९ वि. पू. के लगभग पश्चिमोत्तर भारत के किसी योगी से भेंट की थी और वैसे ही किसी एक को वह अपने साथ भी ले गया था। इसी प्रकार महर्षि पतंजलि के समय (वि. पू. दूसरी शताब्दी के लगभग) योग-विद्या की प्रधानता पायी जाती है और इस विषय को लेकर वे प्रसिद्ध 'योगसूत्रों' की रचना कर डालते हैं जिनमें इसकी साधना एवं दार्शनिक रहस्यों का भी विवेचन सुव्यवस्थित ढंग से किया गया दिखलायी पड़ता है तथा जो योग-दर्शन वा योग-शास्त्र का एक प्रामाणिक ग्रंथ बन जाता है।

शैव एवं योगी—'ऋग्वेद' के उल्लिखित मंत्र से कुछ और आगे[३] हमें केशी वा मुनि लोगों के जो वर्णन मिलते हैं, उनसे तपस्वियों वा व्रतशील साधकों के आचरण एवं वेशभूषा के संबंध में हमें बहुत कुछ पता चलता है और उनके आधार पर अनुमान होने लगता है कि ऐसे लोग कदाचित् शिवोपासक भी रहे होगें तथा उनमें और आधुनिक काल के योगियों में कोई बहुत बड़ा अंतर न रहा होगा। वे लोग उस काल में लम्बे-लम्बे बाल वा जटा धारण करते थे, धुनी रमाते थे, किसी विष तुल्य वस्तु को खाया करते थे, मटमैले पीले वस्त्र लपेटते थे। अपनी साधना द्वारा हवा में ऊपर उठ जाते थे व रुद्रवत रहा करते थे। सिंध-प्रदेश की उपत्यका में उपलब्ध कतिपय ध्वंसावशेषों से तो कुछ विद्वानों ने यहाँ तक निष्कर्ष निकाला है कि योग-विद्या एवं शैव सम्प्रदाय का अस्तित्त्व वैदिक युग के पहले भी रहा होगा और इन दोनों के बीच कुछ न कुछ संबंध भी अवश्य रहा होगा। योग-शास्त्र के विद्वान उसका प्रवर्त्तक भगवान् शिव को ही माना करते हैं और इसी कारण उन्हें एक नाम 'योगीश्वर' का भी दिया जाता है तथा शिव की अनेक मूर्तियों में उन्हें योगासन पर बैठे हुए वा समाधिस्थ के रूप में भी दिखलाया जाता है। शैवों में पाशुपत सम्प्रदाय के अनुयायी भस्म-स्नान के साथ-साथ योगाभ्यास को भी अत्यन्त आवश्यक समझते हैं और यह बात उनके कुछ अन्य सम्प्रदायों में भी प्रायः उसी प्रकार देखी जाती है। इसके सिवाय योग शास्त्र के अनेक उपलब्ध ग्रंथों की रचना शिव-पार्वती के संवादों के रूप में की गयी मिलती है।

१. 'तम आसीत्तमसा गूढमग्रे प्रकेतं सलिलं सर्वमा इदम्। तुच्छचेनाम्वपिहितं यदासीत्तपसस्तन्महिमा जायतैकम्॥ ३॥ (ऋ. मं. १०, सू. १२९)

२. 'योगोपनिषद्' (संग्रह) ए, महादेव शास्त्री सम्पादित, (अडवार लाइब्रेरी), मद्रास।

३. 'ऋग्वेद' मं. १०, सूक्त १३६।

शैव-प्रभाव–नाथयोगी-सम्प्रदाय के भी आदि प्रवर्त्तक 'आदिनाथ' शिव ही कहे जाते हैं। प्रसिद्ध मराठी कवि श्री ज्ञानेश्वर ने अपनी गीता की टीका में कहा है कि "क्षीर-समुद्र के तीर पर देवी पार्वतीजी के कानों में जिस ज्ञान का उपदेश श्री शंकरजी ने किया, वह उस समय क्षीर-समुद्र में रहने वाले एक मत्स्य के पेट में गुप्त रूप से बास करने वाले मत्स्येन्द्र नाथ को प्राप्त हुआ। इन्हीं के संचार में सप्तश्रृंग पर्वत पर हाथ-पैर टूटे हुए चौरंगी नाथ, मत्स्येन्द्र नाथ के दर्शनों से चंगे हो गए। विषयोपभोग की जहाँ गंध भी नहीं पहुँच सकती, ऐसी अविचल समाधि लगाने की योग-विद्या मत्स्येन्द्र नाथ ने गुरु गोरखनाथ को दी। इस प्रकार गुरु गोरखनाथ, योग कमलिनी सर तथा विषय विध्वंसक एक वीर बनकर योगीश्वर पद पर अभिषिक्त हुए"[१] उन्होंने इसी प्रकार आगे चलकर गोरखनाथ का शिष्य गैनी नाथ को, गैनी नाथ का शिष्य अपने भाई निवृत्ति नाथ को, तथा निवृत्ति नाथ का शिष्य अपने को बतलाया, और ज्ञानेश्वर के अनन्तर उनके वारकरी सम्प्रदाय की परम्परा चलती है। परंतु नाथयोगी-सम्प्रदाय के आदि प्रवर्त्तक आदिनाथ को कुछ लोग प्रसिद्ध जालन्धर नाथ मानते हैं, और उसी के अनुसार सिद्धों की गुरु-परम्परा भी ठहराते हुए दीख पड़ते हैं[२]। उधर महाराष्ट्र में प्रचलित परम्परा के आधार पर जालन्धर नाथ मत्स्येन्द्र नाथ के गुरु-भाई सिद्ध होते हैं, क्योंकि उनके विषय में कहा गया है कि "महादेव और पार्वती विमान पर बैठे क्षीर सागर की ओर विहार कर रहे थे। नीचे एक बालक को तैरते हुए देखा। पार्वती ने उसे उठाकर विमान में बैठा लिया और शंकर ने उस पर अनुग्रह किया। यही महेशानुगृहीत सिद्ध पुरुष आगे जालन्धर नाथ के नाम से प्रसिद्ध हुए"[३]। जो हो, सिद्धों एवं नाथों की परम्पराओं का विवेचन ऐतिहासिक प्रमाणों के आधार पर अभी तक नहीं हो पाया, जिस कारण इस विषय में कोई अंतिम निर्णय नहीं दिया जा सकता। फिर भी, इतना मान लेना सत्य से अधिक दूर नहीं कहा जा सकता कि नाथयोगी-सम्प्रदाय योगमार्गी साधकों का एक समुदाय है जिस पर बौद्ध धर्म एवं शैव सम्प्रदाय का प्रभाव स्पष्ट रूप में लक्षित होता है।

इतिहास–नाथयोगी-सम्प्रदाय के प्रारंभिक इतिहास का कुछ पता नहीं चलता। बहुतों की धारणा है कि इसके मूल-प्रवर्तक गुरु गोरखनाथ थे, जिन्होंने सर्वप्रथम कनफटा योगियों की परम्परा चलाई थी और हठयोग की साधना को प्रचलित किया था। परंतु विक्रम की ८वीं शताब्दी में रची गई वाण भट्ट की पुस्तक 'कादम्बरी' तथा उसके भी पहले की रचना 'मैत्रेयी उपनिषद्' में कनफटा जैसे योगियों के उल्लेख नहीं मिलते हैं[४] और हठयोग के संबंध में भी एक जनश्रुति है कि उसका सर्वप्रथम प्रचार करने वाले मार्कण्डेय ऋषि थे जिनका हमें पौराणिक परिचय मात्र मिलता है तथा गुरु गोरखनाथ से संभवतः कहीं प्राचीन कुछ ग्रंथों मे भी हठयोग की कतिपय क्रियाओं की चर्चा की गई मिलती है। इसके अतिरिक्त हठयोग से अभिप्राय यदि हठपूर्वक, वा बलप्रयोग द्वारा की गई किसी योग-साधना से है, तो वह वस्तुतः गुरु गोरखनाथ की नहीं हो सकती। गुरु गोरखनाथ का अधिक ध्यान काया-शोधन की ओर ही था, जो कतिपय आसनों व एक संयत जीवन का भी परिणाम हो सकता है और इनकी

१. 'श्री ज्ञानेश्वरी', अध्याय ८, ओंबी १७५०-४।
२. 'गंगा' (पुरातत्त्वांक) सं. १९८९, पृष्ठ २२०।
३. ल. रा. पांगारकर 'श्री ज्ञानेश्वर चरित्र' (हिन्दी अनुवाद) गीता प्रेस, गोरखपुर, पृ. ६७।
४. डा. मोहनसिंह :'गोरखनाथ ऐंड मिडीवल मिस्टिसिज्म', पृ. १५।

योग-साधना की प्रणाली में भी अधिकतर उन्हीं बातों का समावेश था जो सहजयोग में पायी जाती हैं और तथा जिनके कारण उसे शुद्ध हठयोग कहना वास्तविकता के नितान्त विरुद्ध जाना कहा जा सकता है। गुरु गोरखनाथ द्वारा निर्दिष्ट योग-साधना के अन्तर्गत बीज-रूप में प्रायः वे ही बातें प्रधानतः दीख पड़ती हैं जिनका प्रचार आगे चलकर कबीर साहब आदि संतों ने भी किया था।

गोरखनाथ व नाथ-परम्परा–गुरु गोरखनाथ योगी-सम्प्रदाय के सर्वप्रधान नेता थे और वास्तव में इसे संगठित करने एवं सुव्यवस्थित रूप देने में सबसे अधिक हाथ इन्हीं का था। इसके लिए इन्होंने आसाम से लेकर पेशावर से भी आगे तक पूर्व-पश्चिम तथा कश्मीर व नेपाल से लेकर महाराष्ट्र तक उत्तर-दक्षिण की लम्बी यात्रायें कीं, कई स्थानों पर इसके केन्द्र स्थापित किये और वहाँ अपने योग्य शिष्यों को प्रचार के लिए नियुक्त किया। तदनुसार प्रसिद्ध है कि इनके प्रयत्नों वा प्रभावों के कारण इसकी अनेक भिन्न-भिन्न शाखाएं चल निकलीं, जिनमें से कम से कम १२ आज भी अधिक प्रसिद्ध हैं। इन प्रधान १२ शाखाओं में से (१) 'सत्यनाथ-पंथ' का मुख्य स्थान उड़ीसा प्रदेश का पाताल भुवनेश्वर है और इसके प्रवर्तक सत्यनाथ माने जाते हैं, (२) 'धर्मनाथ-पंथ' धर्मनाथ का चलाया हुआ कहा जाता है और इसका प्रधान केन्द्र कच्छ प्रदेश का थिनोधर स्थान माना जाता है, (३) 'कपिलानी पंथ' का मुख्य स्थान गंगासागर के निकट दमदमा वा गोरखवंशी है, (४) 'रामनाथ-पंथ' के प्रवर्त्तक संतोषनाथ माने जाते हैं और इसका मुख्य स्थान गोरखपुर समझा जाता है तथा इसका संबंध दिल्ली से भी बतलाया जाता है, (५) 'लक्ष्मणनाथ-पंथ वा नाटेश्वर' का मुख्य स्थान झेलम जिले के अन्तर्गत गोरक्षटिला नामक स्थान है और इसके मूल प्रवर्त्तक कोई लक्ष्मणनाथ माने जाते हैं, (६) 'बैराग-पंथ' के प्रथम प्रचारक भर्तृहरि समझे जाते हैं और इसका केन्द्र राताडुंगा स्थान है, जो पुष्कर क्षेत्र से ६ मील पश्चिम की ओर अवस्थित है, (७) 'माननाथी-पंथ' संभवतः 'पावनाथ-पंथ' भी कहा जाता है और इसका मुख्य स्थान जोधपुर का महा मंदिर है, (८) 'आई पंथ' की मुख्य प्रचारिका विमला देवी मानी जाती हैं तथा इसका केन्द्र दिनाजपुर जिले का गोरक्षकुंई स्थान है। इस पंथ का संबंध घोड़ाबोली से भी समझा जाता है, (९) 'गंगानाथ-पंथ' के प्रवर्त्तक गंगानाथ माने जाते हैं और इसका प्रधान केन्द्र गुरुदासपुर जिले का जथवार स्थान है, (१०) 'ध्वजनाथ-पंथ' का प्रधान केन्द्र संभवतः अम्बाला में वर्तमान है और इसके मुख्य प्रवर्त्तक ध्वजाधारी हनुमान बतलाये जाते हैं, (११) 'पागल-पंथ' के प्रवर्त्तक चौरंगी नाथ माने जाते हें और इसका मुख्य केन्द्र बोहर स्थान है, जो इन्द्रप्रस्थ–प्राचीन दिल्ली–से ३५ मील पश्चिम की ओर वर्तमान है, (१२) 'रावल' वा 'नागनाथ-पंथ' में अधिकतर मुसलमान योगी ही पाये जाते हैं और इसका प्रधान केन्द्र रावलपिंडी है। इनके सिवाय दरियानाथ, कन्थडनाथ आदि के नामों से भी कई शाखाएं प्रचलित हैं।

मुख्य नाथ-पंथी–उपर्युक्त १२ शाखाओं के अतिरिक्त नवनाथों की भी चर्चा की जाती है, जो ८४ सिद्धों की भाँति अधिक प्रसिद्ध हैं तथा प्रतिष्ठा के अधिकारी माने जा सकते हैं। किंतु भिन्न-भिन्न तालिकाओं में इनके वही नाम नहीं दीख पड़ते और न यही जान पड़ता है कि उक्त नाम चुने जाने का आधार कौन-सी बात हो सकती है। 'नाथों की परम्परा' में अनेक नाम ऐसे मिलते हैं जो प्रसिद्ध नाथ-पंथियों के हैं, किंतु जो किसी कारणवस विशेषणों की भाँति प्रयुक्त हुए हैं। ऐसे नामों में उदाहरणस्वरूप 'चौरंगीनाथ', 'विचारनाथ', 'वैरागनाथ'

आदि हैं जो क्रमशः पूरन भगत, भर्तृहरि, गोपीचन्द आदि के लिए प्रयुक्त होते हैं। ऐसे नाथों के संबंध में अनेक रहस्यमयी कथाएँ भी प्रचलित हैं जिनमें उनके चरित्रों के विवरण अलौकिक शक्ति व चमत्कारों के प्रदर्शन मात्र से जान पड़ते हैं। इस सम्प्रदाय के कई नाथों की रचनाएं भी उपलब्ध हैं जो भिन्न-भिन्न संग्रहों के अंतर्गत अभी तक अप्रकाशित रूप में पड़ी हुई हैं। केवल गुरु गोरखनाथ की कुछ बानियों का प्रकाशन अब तक हुआ है[१] और शेष नाथों में से चर्पटी नाथ के कतिपय 'सलोक' व 'सषाया' तथा गोपीचंद वा वैरागनाथ की एक 'गाथा' अभी तक प्रकाशित रूप में देखने को मिली है।[२] इसके सिवाय जालन्धरनाथ, घोड़ाचोली, चौरंगीनाथ, चुणकर नाथ, बाला नाथ, देवल नाथ, धूँधली मल, गरीब नाथ, पृथ्वी नाथ व हाजी रतन नाथ आदि की भी एक-आध फुटकर रचनाएं कहीं न कहीं छपी हुई मिलती हैं, जिनसे इसके सिद्धांत एवं साधना-विषयक बातों पर कुछ प्रकाश पड़ता है। गोरखनाथ, मत्स्येन्द्र नाथ जैसे नाथों की कुछ संस्कृत रचनाएं भी प्रकाशित हो चुकी हैं।

गोरखनाथ का समय–गुरु गोरखनाथ के आविर्भाव का समय भिन्न-भिन्न विद्वानों के अनुसार ईसा की ७वीं शताब्दी से लेकर उसकी १२वीं शताब्दी तक अनुमान किया गया है। इसी काल में बौद्ध धर्म का ह्रास एवं शैव-सम्प्रदाय का पुनरुद्धार भारतवर्ष में हुआ था और ऐसा ही समय उनके विविध कार्यों के लिए उपयुक्त भी हो सकता था। फिर भी इतना लम्बा समय उनके जीवन-काल के लिए कभी संभव नहीं कहला सकता। उनके पूर्व वर्तमान रहने वाले सरहपा आदि कतिपय सिद्धों का जीवन-काल ईसा की ८वीं तथा ९वीं शताब्दियों तक जाता हुआ प्रतीत होता है तथा ११वीं व १२ वीं शताब्दी का समय गुरु गोरखनाथ के भिन्न-भिन्न शिष्यों व अनुयायियों का आविर्भाव काल समझा जाता है। अतएव, इनके जीवन-काल के लिए ईसा की १०वीं शताब्दी, अथवा अधिक से अधिक ११वीं के प्रारंभिक भाग में अर्थात् विक्रम की ११वीं शताब्दी में ही कोई समय निश्चित करना उचित कहा जा सकता है।[३]

जीवन-वृत्त–गुरु गोरखनाथ के जन्म स्थान के विषय में भी बड़ा मतभेद है और भिन्न-भिन्न परम्परानुसार इन्हें पश्चिम की ओर पेशावर अथवा जालन्धर से लेकर पूर्व की ओर बंगाल के बाकरगंज जिले तथा दक्षिण की ओर गोदावरी नदी के निकटवर्ती चन्द्रगिरि नगर तक में उत्पन्न हुआ समझा जाता है। फिर भी, इस समय उपलब्ध प्रमाणों के आधार पर केवल इतना ही मान लेना अधिक समीचीन जान पड़ता है कि इनका जन्म संभवतः पश्चिमी भारत वा पंजाब प्रांत के ही किसी स्थान में हुआ था और इनका कार्य-क्षेत्र नैपाल, उत्तरी भारत, आसाम तथा महाराष्ट्र एवं सिंध तक फैला हुआ था। उक्त सामग्रियों के ही आधार पर इनके विषय में यह भी अनुमान किया जाता है कि इनका जीवन पूर्ण ब्रह्मचर्यमय था। इनका शरीर सुंदर, सुंगठित व बाल रूप रहा और ये अपनी युवा अवस्था से ही वैराग्य की भावना से

---

१. 'गोरखबानी' (हिन्दी साहित्य-सम्मेलन, प्रयाग)।

२. डा. मोहन सिंह, 'गोरखनाथ ऐंड मिडीवल हिन्दी मिस्टिसिज्म' पृ. २०-३१।

३. हाँ यदि इनके समकालीन मत्स्येन्द्र नाथ की, 'मच्छन्द विभुः' (तंत्रालोक, भा. १ पृ. २५) के रूप में, स्तुत करने वाले अभिवन गुप्त (११वीं शताब्दी) का भी विचार किया जाय, तो ये इससे कुछ पहले के भी समझे जा सकते हैं।

प्रभावित थे। इन्होंने दूर-दूर तक देशाटन करके सत्संग व साधना की थी तथा अपने सम्प्रदाय के मंतव्यानुसार आध्यात्मिक साधना का प्रचार करते हुए गुरु-भक्ति, अनुशासन, सेवा-भाव एवं सरल सात्विक तथा संयमशील जीवन के उपदेश दिये थे। फलतः इनके उपदिष्ट मत का प्रभाव भारत के बाहर अफगानिस्तान, बलूचिस्तान, सीलोन तथा पेनांग तक क्रमशः फैलता गया और इनके अनुयायियों में विभिन्न जाति व धर्म के अनेक व्यक्ति सम्मिलित होते रहे और समय पाकर इनके नाम पौराणिक गाथाओं में प्राचीन अवतारों व महापुरुषों की भाँति स्थान पाने लगे। फिर तो इनके विषय में यहाँ तक कहा जाने लगा कि ये अमर हैं तथा सतयुग में पेशावर, त्रेतायुग में गोरखपुर, द्वापर में हुरमुज एवं कलियुग में गोरखमंडी में इन्होंने अवतार धारण किया था।[१]

वेदान्त व योगशास्त्र–नाथयोगी-सम्प्रदाय के संगठन का कोई प्रारंभिक इतिहास उपलब्ध न होने से पता नहीं चलता कि उक्त नाथों की शाखाओं में किसी प्रकार का सिद्धांतगत वा साधना-संबंधी मतभेद भी था या नहीं, अथवा कौन-सी शाखा किस काल वा परिस्थिति में स्थापित की गई थी। गुरु गोरखनाथ के प्रभावों द्वारा उनका स्थापित किया जाना भी संभवतः अनुमान पर ही आश्रित है। गुरु गोरखनाथ के दार्शनिक सिद्धांत वेदान्त-परक जान पड़ते हैं और इनकी योग-संबंधी रचनाओं के अन्तर्गत भी अद्वैत सिद्धांत का ही प्रतिपादन लक्षित होता है। परंतु मोक्ष-प्राप्ति के साधन-भेद द्वारा वेदान्त निर्दिष्ट साधना एवं नाथ-पंथ की साधना में महान अंतर है। वेदान्त का ज्ञान मार्ग तत्त्व विचार को सर्वोच्च स्थान देता है तथा नित्यानित्य विवेक, वैराग्य एवं ब्रह्म-स्वरूप में समाहित होने की एकान्तिक चेष्टा को ही सब कुछ समझता है, किंतु योग-दर्शन को केवल विचार वा आत्म-चिन्तन पर ही आश्रित रहना पर्याप्त नहीं जान पड़ता। उसका यह भी कहना है कि जब तक शरीर तथा उसकी इन्द्रियाँ अपने वश में नहीं लायी जातीं, प्राणों के नियमन पर पूर्णाधिकार नहीं प्राप्त होता तथा अपनी चित्त-वृत्तियाँ निरुद्ध नहीं हो जातीं, तब तक वह निर्मल व निस्तरंग आत्मतत्त्व हमारे अन्तः करण में स्पष्टतः प्रतिबिम्बित नहीं हो सकता। ज्ञानियों की धारणा है कि इन्द्रिय वा मन की चंचलता के मूल में अज्ञान-जनित वासना रहा करती है जिसे हम श्रवण, मनन व निदिध्यासन द्वारा दूर कर सकते हैं, परंतु योगियों के अनुसार इस बात को बिना पूर्ण समाधि की स्थिति प्राप्त किये, असम्भव नहीं तो अत्यन्त दुष्कर अवश्य मानना पड़ेगा। योग-साधना का मुख्य ध्येय किसी प्रकार चित्त-वृत्तियों की बहिमुर्खता व बहुमुखता व एकमुखता में परिणत करना है जिसके द्वारा साधक के सभी भाव, ज्ञान एवं कर्म एक आत्मतत्त्व की ओर ही केन्द्रीभूत हो जायँ, तथा उसके जीवन में साम्य एवं शान्ति आ जाय और वह पूर्ण आत्मनिष्ठ भी हो जाय। इस प्रकार "योग की प्रत्येक क्रिया प्रत्यक्ष प्रमाणों पर आश्रित है, किंतु ज्ञानी-गण वस्तुतः शास्त्रीय वाक्यों के विनिश्चय में ही आस्था रखा करते हैं।"[२]

हठयोग–गुरु गोरखनाथ का कहना है कि "शरीर के नवों द्वारों को बंद करके वायु के आने-जाने का मार्ग यदि अवरुद्ध कर लिया जाय, तो उसका व्यापार ६४ सन्धियों में होने

---

१. जी. डब्ल्यू. ब्रिग्स : 'गोरखनाथ ऐंड दि कनफटा योगीज' (रेलिजस लाइफ आफ इंडिया सिरीज), पृ. २२८।

२. प्रत्यक्षहेतवो योगाः, सांख्याःशास्त्र विनिश्चयाः। 'महाभारत'।

लगेगा। इससे निश्चय ही कायाकल्प होगा और साधक एक ऐसे सिद्ध में परिणत हो जायगा जिसकी छाया नहीं पड़ती।"[१] इसके सिवाय, "साधना के द्वारा ब्रह्मरंध्र तक पहुँच जाने पर अनाहत नाद सुनाई पड़ता है जो समस्त सार तत्त्वों का भी सार है और गंभीर से गंभीर है। इससे ब्रह्मानुभूति की स्थिति उपलब्ध होती है जिसे स्वसंवेद्य होने के कारण कोई शब्दों द्वारा व्यक्त नहीं कर सकता। तभी प्रतीत होने लगता है कि उसके अतिरिक्त सारा वाद-विवाद झूठा है।"[२] अतएव, वे बतलाते हैं कि "यदि तुम्हें मेरे वचनों में पूरी आस्था हो जाय और तुम उसके अनुसार कर देखो, तो पता चलेगा कि बिना खंभे के आधार पर स्थित आकाश में तेल व बत्ती के बिना ज्ञान का प्रकाश हो गया और तुम सदा उसके उजाले में विचरण कर रहे हो।"[३] इसी कारण ये प्राणायम की साधना को पूरा महत्त्व देते हैं और बतलाते हैं कि उनमनी जोग इस प्रकार श्वासोच्छ्वास के इस 'भक्षण' द्वारा ही सिद्ध होता है। इसलिए पंडितों को चाहिए कि कोरे अध्ययन में ही लीन न रहकर उक्त सारी बातों को अपनी करणी द्वारा प्रत्यक्ष भी कर लें। इसी प्रकार ये यह भी कहते हैं कि उक्त युक्तियों द्वारा शब्द को प्राप्त कर लेने पर परमात्मा आत्मा में वैसे ही दीखने लगती है, जैसे जल में चन्द्रमा प्रतिबिम्बित होता है और शरीर की शुद्ध होकर अमरत्व भी मिल जाता है। इन्होंने काया-शोधन, मनोमारण, संयत जीवन-यापन आदि पर विशेष रूप से जोर दिया है और कहा है कि इन साधनाओं की ओर ध्यान देना परमावश्यक है।

मनोमारण–गुरु गोरखनाथ ने अपने एक पद में मृगया के रूपक द्वारा मनोमारण क्रिया को बड़े सुन्दर ढंग से समझाया है। ये कहते हैं कि "इस साढ़े तीन हाथ के पर्वत वा शरीर में माया-रूपी बेल भली प्रकार से फूली-फली हुई है, इसमें (मुक्ति रूपी) मुक्ताफल भी लगते हैं और इसी के विस्तार में सारी सृष्टि का भी अस्तित्त्व है। फिर भी इस बेल की कोई जड़ नहीं है (अर्थात् माया निर्मूल वा मिथ्या है) और वह ऊपर तक फैलकर गोस्थान वा ब्रह्मानुभूति के स्थल पर आवरण डाले हुए है। इस बेल का लोभी मृग (अर्थात् मन) इसमें सदा विचरण किया करता है और उसे मारने के लिए ऐसा भील (अर्थात् आत्मा) प्रवृत्त होता है जिसके न तो हाथ हैं, न पैर हैं और न दाँत हैं तथा जिसके पास मृगों को मोहित करने के लिए कोई सुरीले सुर के बाजे वा मारने के लिए हाथ में तीर-धनुष भी नहीं हैं। ऐसी स्थिति में रहता हुआ भी वह शिकारी अचूक निशाना मार देता है और बिना किसी वाह्य साधन के यह उसे बेधकर अपने हाथ कर लेता है। अपने स्थान पर लाये गये उक्त मृग को जब शिकारी देखने लगता है, तब पता चलता है कि वास्तव में उसके चरण, सींग अथवा पुच्छ आदि कुछ भी नहीं है। गुरु गोरखनाथ का कहना है कि यही मृत मृग वह अवधूत वा योगी है जिसके रहस्य को हृदयंगम कर लेने वाले को पूर्ण ज्ञान हो जाता है।"[४] इसी प्रकार इन्होंने अजपा जाप द्वारा

---

१. 'अवधू नवघाटी रोकिलै बाट, बाई वणिजै चौसठि हाट। काया पलटे अविचल विध, छाया विवरजित निपजै सिध ॥' ५० ॥'गोरखबानी' (हिन्दी साहित्य सम्मेलन, प्रयाग) पृष्ठ १९।

२. 'सारमसारं' गहर गंभीरं गगन उछलिया नादं। मानिक पाया फेरि लुकाया झूठा वाद विवादं ॥'१२ ॥'गोरखबानी' पृ. ५।

३. 'थंभ विहूणी गगन रचीलै तेल विहूणी बाती। गुरु गोरख के वचन पतिआया तब द्यौस नहीं तहाँ राती ॥'२०४ ॥ 'गोरखबानी', पृ.६८।

४. 'गोरख बानी' (हिन्दी साहित्य सम्मेलन, प्रयाग) पृष्ट ११८:१२०, पद २६।

चंचल मन को स्थिर कर ब्रह्मरंध्र महारस वा योगामृत उपलब्ध करने की विधि को भी सुनारी का रूपक दिया है और बतलाया है कि इस प्रकार अपनी श्वास क्रिया की धौंकनी के सहारे ही रस जमा कर उक्त कार्य संपन्न किया जा सकता है।[१]

आत्म-चिंतन–मनोमारण की ओर बौद्ध सिद्धों ने भी पूरा ध्यान दिया था और मुसुकुपा ने तो उक्त रूपक द्वारा प्रायः उन्हीं शब्दों में उसका वर्णन भी किया है।[२] किन्तु गुरु गोरखनाथ की साधना की विशेषता उनके उक्त अजपा जाप तथा उसके साथ ब्रह्मज्ञान को भी महत्त्व देने में है। ये अन्यत्र कहते हैं कि " इस प्रकार मन लगाकर जाप जपो कि 'सोहं-सोहं' का उपयोग वाणी के बिना भी होने लगे। दृढ़ आसन पर बैठकर ध्यान करो और रात-दिन ब्रह्मज्ञान का चिन्तन किया करो।"[३] यह ब्रह्मज्ञान आत्म-विचार है जिसे उक्त साधना के साथ निरंतर चलना चाहिए। आत्मा को ये सर्वत्र व्यापक समझते हैं और उसके अतिरिक्त इन्हें अन्य कोई भी वस्तु लक्षित नहीं होती, जिसकी ओर इनका ध्यान आकृष्ट हो सके। इनके अनुसार "आत्मा ही मछली है, वही जाल है, वही धीवर है और वही काल भी है। वह स्वयं मारता और और स्वयं खाता है। वही माया के रूप में अनेक बन्धन डालता है और वही जीवन बनकर उसमें पड़ भी जाता है। उसके बाहर कोई तीर्थ नहीं, जहाँ स्नान किया जाय और न कोई देवता है, जिसका पूजन किया जाय। वह अलक्ष व अभेद है, किंतु जो कुछ भी है, वही है।"[४] इनके सारे उपदेशों का सारांश यही जान पड़ता है कि "दशम् द्वार अथवा ब्रह्मरंध में सदा ध्यान केन्द्रित रखो, निराकार पद का सेवन करो, अजपा जाप जपो और आत्मतत्व पर विचार करो। इससे सभी प्रकार की व्याधियाँ दूर हो जायँगी तथा पुण्य वा पाप किसी से संसर्ग नहीं रह जायगा। निरंतर एक समान व सच्चे हृदय के साथ 'राम' में रमना ही केवल एक मात्र उद्देश्य है और इसी के द्वारा मुझे भी परमनिधान वा ब्रह्मपद उपलब्ध हुआ है।"[५]

रसायन–गुरु गोरखनाथ के नाथयोगी-सम्प्रदाय पर प्राचीन रसायन-सम्प्रदाय का भी कुछ न कुछ प्रभाव बतलाया जाता है। रसायन-विद्या एक प्राचीन विद्या है और पूर्व काल में इसका प्रचार अन्य कई देशों में भी सुना जाता था। रसायन-सम्प्रदाय के दार्शनिक सिद्धांतों के उल्लेख सायणा माधव के प्रसिद्ध ग्रंथ 'सर्वदर्शनसंग्रह' में 'रसेश्वर दर्शन' वाले प्रकरण में मिलते हैं, जहाँ पर यह एक शैव सम्प्रदाय-सा ही जान पड़ता है। पतंजलि ऋषि ने भी अपने योग-दर्शन के 'कैवल्य पाद' वाले प्रकरण में सिद्धि की उपलब्धि का मंत्र, समाधि आदि के अतिरिक्त औषधि-द्वारा भी संभव होना बतलाया है।[६] रसायन-सम्प्रदाय का ध्येय मानव-शरीर को कायाकल्प के सहारे अमरत्व प्रदान कर जीवन-मुक्ति के योग्य बना देता था। रसायन-क्रिया का प्रधान रस पारद संसार-सागर के दूसरे पार पहुँचाने वाला समझा जाता था[७] जिसकी

---

१. 'गोरख बानी', पृष्ट ९१:९२, पद ६।
२. चर्या, पृष्ट ५-६ (डा. सुकुमार सेन-संपादित 'ओल्ड बंगाल टेक्स्ट्स' कलकत्ता, १९४८)।
३. 'गोरख बानी' (हिन्दी साहित्य सम्मेलन, प्रयाग) पद ३०, पृष्ट १२४।
४. वही, पद ४१, पृष्ट १३५:१३६।
५. 'गोरख बानी' (हिन्दी-साहित्य-सम्मेलन, प्रयाग) पद ३३, पृष्ट १२७।
६. 'जन्मौषधि मंत्र तपः समाधिजाः सिद्धयः' ॥ १ ॥ 'पातंजल योग दर्शन' (कैवल्य पाद)।
७. 'संसारस्य पारंपारं दत्तेऽसौ पारदः स्मृतः'।

सहायता से अमर होकर जीवन-मुक्त सिद्ध विश्व में सर्वत्र विचरण कर सकते थे। फिर भी नाथयोगियों की रचनाओं में रस के प्रयोगों का उल्लेख बहुत कम मिलता है। गुरु गोरखनाथ ने "छठे-छमासे काया पलटि वा"[१] प्रधान लक्ष्य रसप्रयोग की अपेक्षा सहस्रारस्थित चन्द्र से चूने वाले अमृत का पान ही जान पड़ता है। अतएव, संभव है कि रसायन-क्रिया का वाह्य उपचार ही क्रमशः परिवर्तित होता हुआ उक्त योग-संबंधी अभ्यास में परिणत हो गया और वही नाथ-योगियों द्वारा अमरत्व का आधार माना जाने लगा हो।[२]

प्रभाव–गुरु गोरखनाथ के कायाकल्प वा काया-शोधन का अंतिम उद्देश्य ब्रह्मपदोपलब्धि में सहायक होना है और उनकी लोक-सेवा का भाव भी उसी में सिद्ध होने का परिणाम है। नाथयोगी-सम्प्रदाय के अन्य प्रचारकों की पर्याप्त रचनाएं नहीं मिलती और जो कुछ सामग्री उपलब्ध है उससे उक्त बातों का ही समर्थन होता है। इस सम्प्रदाय ने निरीश्वरवादी बौद्ध सिद्धों एवं जैन मुनियों की प्रचलित साधनाओं तथा योग की परम्परागत क्रियाओं के साथ शांकराद्वैतवाद व शैव सम्प्रदाय की अन्य कतिपय बातों का मेल बिठाकर एक नवीन पद्धति चलाने के प्रयत्न किये जिसके परिणाम का प्रभाव चिरकालीन सिद्ध हुआ और आगे आने वाले अनेक धार्मिक आन्दोलनों ने इसके किसी न किसी अंश को अपना लेना आवश्यक समझा। स्वयं बौद्ध सिद्धों के भी काल-चक्रयान नामक उप-सम्प्रदाय ने इसकी बहुत-सी बातें ग्रहण कर लीं जिससे उसके धार्मिक हिन्दू-समाज में खप जाते देर न लगी। गुरु गोरख द्वारा निर्दिष्ट निर्गुण व निराकार की उपासना भक्ति व प्रेम का आधार पाकर आगे और भी लोकप्रिय बन गई और उनके द्वारा निर्मित तत्त्व-विचार एवं योग-साधना का ग्रंथि-बंधन आज तक भी प्रायः उसी रूप में वर्तमान समझा जा सकता है। इस सम्प्रदाथ के अनेक अनुयायी बड़े विद्वान, चरित्रवान् तथा लोकसंग्रही बनकर मानव-समाज के समक्ष अपना आदर्श रखते गए हैं और उनके स्वस्थ शरीर, शुद्ध अन्तःकरण एवं सात्विक जीवन की स्मृति किसी को भी अनुप्राणित कर जीवन में सानन्द अग्रसर कर सकती है।

(५) सूफ़ी सम्प्रदाय

स्वामी शंकराचार्य का अद्वैतवाद अधिकतर तर्क पर ही प्रतिष्ठित था और उनके स्मार्त्त धर्म के अन्तर्गत भक्ति-भाव द्वारा हृदय-पक्ष को प्रश्रय देता हुआ भी वह स्वभावतः मस्तिष्क-पक्ष

१. 'गोरख बानी', पद ३३, पृष्ठ १३ व पद ५२, पृष्ठ १९।

२. टिप्पणी–नाथयोगियों में से बहुत-से लोग 'औघड़' वा 'औघड़पंथी' भी कहलाये। ये लोग संभवतः पाशुपत-शैवों तथा कापालिकों द्वारा अधिक प्रभावित हुए और इसी कारण इनकी साधना व रहन-सहन की अनेक बातें कुछ विचित्र-सी दीख पड़ती थीं। 'औघड़पंथ के प्रमुख प्रवर्त्तकों व प्रचारकों में मोती नाथ, दत्तात्रेय एवं कालू राम के नाम लिए जाते हैं, किन्तु इनके जीवन-काल व जीवन-वृत्त का पौराणिक परिचय ही मिलता है। इनके खोपड़ी तथा कोई न कोई हड्डी लिए रहने तथा चमत्कारिक दृश्य दिखलाकर लोगों पर अपना प्रभाव डालते फिरने की प्रवृत्ति ने इन्हें निम्न श्रेणी के साधकों में ला दिया है और इनमें से अधिकांश अब केवल घृणा व भय की ही दृष्टि से देखे जाते हैं। परंतु बहुत-से औघड़ अभी ऐसे मिलते हैं, जो संत-मत द्वारा प्रभावित हो चुके हैं और जिनकी साधना नाथपंथ के अनुसार बहुत कुछ पूर्ववत् चलती है और इनका अघोर मंत्र पृथक् समझा जाता है और इनकी सिद्धि के प्रति लोगों की श्रद्धा भी दीख पड़ती है। (बाबा किनाराम अघोरी, अ. ६)

का ही अधिक समर्थक रहा। इसी प्रकार सहजयानी बौद्धों का सिद्धांत भी विशेषतः किसी अपूर्व मानसिक स्थिति की ओर ही संकेत करता था और उनकी मुद्रासाधना, युगनद्ध का उद्देश्य रखती हुई भी भाव-प्रवणता से पूर्णतः युक्त न थी। नाथयोगी-सम्प्रदाय ने उक्त दोनों की केवल मौलिक बातों को ही स्वीकार किया तथा अपने मत के भीतर आ उसने योग-साधना व सदाचारण पर ही विशेष ध्यान दिया। उसने न तो शंकराचार्य के भक्ति-भाव को अपनाया और न सहजयानियों की विचित्र पद्धतियों को ही कोई महत्त्व प्रदान किया। स्वामी शंकराचार्य की तर्क-प्रणाली को उपयोग में लाते हुए भी भक्ति-भाव को प्रधानता देनेवाले आचार्यों का आविर्भाव कुछ आगे चलकर हुआ, जब कि देश के अन्तर्गत् बाहर से आई हुई एक नवीन साधना की धारा प्रवाहित होने लगी थी, और उसने भारतीय दार्शनिक आधार को कुछ दूर तक स्वीकार करते हुए भी उसमें प्रेम-भाव का पुट देकर हृदय-पक्ष को प्रधानता देना आरंभ कर दिया। इस्लाम के साथ भारत का सम्पर्क कदाचित् स्वामी शंकराचार्य के ही समय से किसी न किसी रूप में होने लगा था, किंतु इसके ऊपर उसके प्रभाव का पड़ना कुछ आगे चलकर सूफी-प्रचारकों के प्रयत्नों से आरंभ हुआ। अतएव, साधना के साम्प्रदायिक रूप व सुधारवाले युग, अर्थात् सं. ८०० से लेकर सं. १४०० तक के समय को यदि हम चाहें, तो सुभीते के लिए दो भागों में विभाजित कर सकते हैं जिनमें से पूर्वाद्‌र्ध में मस्तिष्क-पक्ष की प्रधानता थी और हृदय-पक्ष गौण था और जिसके उत्तराद्‌र्ध में इसके विपरीत हृदय-पक्ष को ही अधिक महत्त्व दिया जाने लगा था, और मस्तिष्क-पक्ष उसके सामने कुछ उपेक्षित-सा हो गया था।

सूफ़ी शब्द– 'सूफ़ी' शब्द की व्युत्पत्ति के संबंध में सभी विद्वान् सहमत नहीं दीख पड़ते। कोई इसे ग्रीक शब्द 'सोफिया'(ज्ञान) का रूपान्तर मानता है, तो कोई इसे 'सफ' (पंक्ति) के आधार पर निर्मित बतलाकर सूफियों को उन चुने हुए व्यक्तियों में गिनता है जो अपने चरित्रबल के कारण निर्णय के दिन सबसे अलग खड़े किये जायँगे। कुछ अन्य लोग इसी प्रकार यदि उक्त शब्द को 'सफा' (स्वच्छ) से बना हुआ अनुमान कर सूफियों के पवित्र जीवन की ओर संकेत करते हैं, तो दूसरे इसका संबंध 'सुफ्फा' अर्थात् मदीना की मस्जिद के सामने बने हुए 'चबूतरे' से जोड़ते हैं और बतलाते हैं कि किसी समय उस पर बैठने वाले फकीरों को ही सर्वप्रथम सूफी कहा गया था। परंतु सूफी सम्प्रदाय के इतिहास व मत के विषय में लिखने वाले लोगों में से अधिकांश इस बात को मानते आये हैं कि उक्त शब्द 'सूफ' (ऊन) शब्द से बना है और सूफी सर्वप्रथम वे ही लोग कहलाये थे जो ऊनी कम्बल ओढ़कर घूमा करते थे और अपने मत का प्रचार किया करते थे। सूफी मत को बहुत से सूफियों ने सबसे प्राचीन धर्म माना है और बतलाया है कि इसके मूल प्रवर्तक स्वयं आदम वा आदिपुरुष थे। परंतु दूसरे सूफियों को यह बात जँचती-सी नहीं जान पड़ती, तदनुसार उनमें से कुछ लोग इसका प्रथम प्रचारक हजरत मुहम्मद साहब को बतलाते हैं और दूसरे इसके मौलिक सिद्धांतों का 'कुरान शरीफ' में अभाव पाकर इसके प्रचार का श्रेय अली वा अन्य ऐसे किसी महान् पुरुष को देना चाहते हैं जो पैगम्बर का साथी रह चुका हो।'कुरान शरीफ' के साथ इसका पूरा सामंजस्य स्थापित न करा सकने के कारण बहुत-से कट्टर मुसलमानों ने इसे विधर्मियों का मत ठहराया है और इसकी निन्दा भी की है।

हज़रत मुहम्मद–इस्लाम धर्म के प्रवर्तक हजरत मुहम्मद साहब (सं.६२८-६८८) ने प्राचीन

धर्मावलंबी अरब-निवासियों के पारस्परिक मतभेदों को दूर कर उन्हें अपने सिद्धांतों के अनुसार एक सूत्र में बाँधने का प्रयत्न किया था और उनके लिए ईश्वरोपासना की एक प्रणाली भी निश्चित कर दी थी। वे पूरे एकेश्वरवादी थे और ईश्वर वा खुदा के विश्व-नियंतृत्व एवं न्यायशीलता में पूर्ण विश्वास रखते थे। उनके समक्ष जब कोई कठिन समस्या आ जाती, वे खुदा की इबादत के लिए बैठ जाते, उससे दुआएं माँगते और उससे उपलब्ध आश्वासन की कल्पना कर बहुधा गद्‌गद होकर लेट जाते। जब उठते तब उनके मुख से अनेक वाक्य आप से आप निकलने लगते जिन्हें ईश्वर प्रेरित मानकर महत्त्व दिया जाने लगता और जिनका संग्रह 'कुरान शरीफ' का अंश बनता जाता। इन्होनें अपने चिन्तन द्वारा अनुभवों के आधार पर निर्धारित किया था कि विविध धर्म के मौलिक सिद्धांतों में मतभेद का आ जाना अनिवार्य नहीं है, किंतु प्रत्येक धर्मों की साधना का देशकालानुसार भिन्न-भिन्न हो जाना प्रायः निश्चित सा है। इसीलिए 'कुरान शरीफ' में भी कहा गया है, "हे पैगम्बर, हमने प्रत्येक धर्म के अनुयायियों के लिए पृथक्-पृथक् विधियाँ नियत कर दी हैं। यदि चाहते, तो उन विधानों में कोई अन्तर न आने देते और सबका एक ही सम्प्रदाय बना देते, परंतु यह विभिन्नता इसलिए लाई गयी है कि समय और अवस्था भेद के अनुसार जो-जो आदेश दिए गये हैं, उन्हीं में प्रत्येक की परीक्षा ली जाय। अतएव इन मतभेदों के पीछे न पड़कर नेकी की राहों में एक दूसरे से आगे निकल जाने का प्रयत्न करो।"[१]

इस्लाम धर्म–'कुरान शरीफ' में उसके अन्तर्गत बतलाये गये धर्म के लिए 'अल् इस्लाम' शब्द का प्रयोग किया गया है[२] जिसका अर्थ "किसी बात को मान लेना और आज्ञा पालन करना" है। 'कुरान' कहता है कि "धर्म की असलियत यही है कि ईश्वर ने जो कल्याण का मार्ग मनुष्य के लिए निश्चित कर दिया है, उसका ठीक-ठीक अनुसरण किया जाय"[३] इस कारण उसमें यह भी कहा गया मिलता है कि प्रत्येक जाति को पथप्रदर्शन कराने के लिए पैगम्बर भी अलग-अलग भेजे जाते हैं जो ईश्वर की सच्ची आज्ञाओं का रहस्य बतलाते हैं। अतएव ऐसे पैगम्बरों के ही वचनों के अनुसार चलना अपने कर्तव्य का पालन करना तथा ईश्वरीय आज्ञाओं का अनुसरण करना कहा जा सकता है। तदनुसार हजरत मुहम्मद ने इसलाम धर्म के पैगम्बर की हैसियत से उनके अनुयायियों के लिए ईश्वरोपासना के सम्बन्ध में कुछ साधनाएं निर्धारित की थीं जिनकी चर्चा 'कुरान शरीफ' में कई स्थलों पर की गयी दीख पड़ती हैं और जो किसी न किसी रूप में आज भी सभी मुस्लिमों को मान्य हैं। ये साधनाएं 'हकीकत' (ज्ञान मार्ग), 'तरीकत' (भक्ति-मार्ग) एवं 'शरीअत' (कर्म-मार्ग) से संबंध रखती हैं। इनमें अधिकतर प्राचीन परम्परा का ही अनुसरण है, कोई मौलिकता लक्षित नहीं होती और न कतिपय नवीन विवरणों के अतिरिक्त इनमें कोई उल्लेखनीय बातें ही पायी जाती हैं। यदि कोई विशेषता है, तो यही कि इस्लाम अपने अनुयायियों को अपने धर्म के प्रति घोर आस्तिक बना रहना सिखला देता है।

---

१. 'कुरान शरीफ' (सूरा ५, आयत ४८)।

२. वही (सूरा ३, आयत १८)।

३. सय्यद जहूरुल हुसैन हाशिमी :'कुरान और धार्मिक मतभेद' (मौलाना अबुल कलाम के 'तर्जुमानुल अजाद कुरआन' के एक अध्याय का हिन्दी अनुवाद, दिल्ली, १९३३ ई.) पृष्ट ९४।

उसका प्रचार–सूफी लोग मुसलमान होते हुए भी कुछ अंशों तक उक्त नियम के अपवाद स्वरूप थे और उनकी साधना 'मार्फत' कहलाती थी। उन पर इस्लाम-विहित बातों के अतिरिक्त उस 'मादन-भाव' का भी रंग चढ़ा था, जो शामी जाति की एक विशेषता थी और जिसे उन्होंने अन्य जातियों के तदनुकूल सिद्धांतों की सहायता से क्रमशः शुद्ध आध्यात्मिक प्रेम का रूप दे रक्खा था। कट्टर मुसलमानों व कर्मकांडी नबियों की ओर से उनका किसी न किसी प्रकार सदा विरोध होता आया, किंतु उसकी प्रतिक्रिया में ही उन्हें अपने भावों को परिष्कृत करते जाने का अधिकाधिक अवसर भी मिलता गया और इस प्रकार समय पाकर उनका एक पृथक् सम्प्रदाय संगठित हो गया। कहा जाता है कि हजरत मुहम्मद के अनन्तर मुसलमानों का नेतृत्व करने वाले चारों खलीफा अर्थात् अबू बकर (मृत्यु सं. ६९१), उमर (मृ. सं. ७००), उसमान (मृ. सं. ७१२) तथा अली (मृ. सं. ७१७) भी उक्त सम्प्रदाय की बातों से न्यूनाधिक प्रभावित थे और उन्होंने इसे कभी निरुत्साहित नहीं किया। फलतः इस्लाम धर्म के अन्य देशों में फैलते जाने के साथ-साथ इसका क्षेत्र भी क्रमशः विस्तृत होता गया और इसके अन्तर्गत अन्य जातियों का भी समावेश हुआ। खलीफा अली के अनन्तर उमय्या-वंश के शासन-काल (सं. ७१८-८०६) से लेकर उसके उत्तरवर्ती अब्बासी-वंश के शासन-काल (सं. ८०७-१३३१) तक इसका विस्तार बसरा व बगदाद जैसे प्रधान केन्द्रों से लेकर सीरिया, मिस्र एवं स्पेन तक हो गया, इसके अनुयायियों में वहाँ के निवासियों की भी गणना होने लगी तथा उनमें अनेक उच्च कोटि के धर्मशील व्यक्ति भी उत्पन्न हुए।

भारत में सूफ़ी-सम्प्रदाय–कहते हैं कि भारत में सूफी-सम्प्रदाय मुसलमानों के प्रथम आक्रमण (सं. ७६९) से पहले भी प्रवेश पा चुका था। उमय्या-वंश के उक्त शासन-काल में ही अरब-निवासी व्यापारियों के साथ कभी-कभी कुछ सूफी फकीर भी आ जाते थे और दक्षिण भारत एवं सिंध में अपने मत का प्रचार करते थे। फिर भी सूफी-मत का वास्तविक प्रचार यहाँ कदाचित् उस समय के लगभग आरंभ हुआ जब कि अबुल हसन हुज हुज्विरी (मृ. सं. ११२९) ने अपनी प्रसिद्ध पुस्तक 'कश्फुल महजूब' (निरावृत्त रहस्य) की रचना की और अपने प्रचार कार्य-द्वारा 'हजरत दाता गंज' के नाम से विख्यात हुए। ये अफगानिस्तान देश के गजनी नगर के निवासी थे और लाहौर में संभवतः एक बन्दी की दशा में लाये गये थे। सूफी-मत की दीक्षा इन्हें बगदाद केन्द्र के किसी व्यक्ति से मिली थी और अध्ययन व सत्संग के लिए इन्होंने पूरा देशाटन भी किया था। ये अविवाहित जीवन के समर्थक थे और इन्होंने स्वयं भी विवाह नहीं किया था। इनकी प्रतिष्ठा इतनी बड़ी समझी जाती थी कि इनके अनन्तर जितने भी प्रसिद्ध सूफी बाहर से आये, उनमें से सभी इनकी समाधि पर सर्व प्रथम उपस्थित हुए।[१]। उक्त ग्रंथ को इन्होंने अपने जीवन-काल के अन्तिम दिनों में लिखा था और उसके द्वारा अपने मत का उपदेश देकर ये लाहौर में मरे थे, जहाँ पर इनकी कब्र बनी हुई है। इनकी रचना से पता चलता है कि सूफी-मत को इन्होंने इस्लाम-धर्म के सच्चे रूप का प्रतीक माना था और इसी दृष्टि से इन्होंने इसका प्रचार भी किया था। हुज्विरी के अनन्तर प्रसिद्ध सूफियों में बाबा फखरुद्दीन (मृ. सं. १२२५) का नाम आता है, जो दक्षिण भारत के पेन्नु कोंडा स्थान में रहते थे और उनके सिवाय एक अन्य प्रभावशाली सूफी सय्यद मुहम्मद बन्दा निवास गेसू दराज (सं. १३७५-१४७८) थे जिनकी रचना 'मेराजुल आशकीन' को हिन्दवी भाषा का आदि रूप

१. जान ए. सुभान : सूफिज्म, इट्स सेंट्स ऐंड आइंस (लखनऊ, ३८ ई.) पृष्ट १२६।

उपस्थित करने वाली किताब कहा जाता है। इन लोगों के अतिरिक्त भारत में अन्य कई सूफियों ने भी उस समय प्रचार किया, किंतु उनका प्रभाव चिरस्थायी न हो सका।

सुहर्वर्दिया–भारत में सूफी-नत का चिरस्थायी प्रभाव डालने वाले व्यक्तियों में कदाचित् वे लोग थे, जो इसके भिन्न-भिन्न चार प्रसिद्ध उप-सम्प्रदायों से संबंध रखते थे। इन उप-सम्प्रदायों के नाम क्रमशः चिश्तिया, सुहर्वर्दिया, कादिरिया तथा नक्शबंदिया थे, और ये सभी बाहर से ही संगठित होकर आए थे। इनमें से चिश्तिया व सुहर्वर्दिया हबीबिया से था, कादिरिया तर्तवसिया का ही एक विकसित रूप है और नक्शबंदिया जुन्नैदिया से निकली हुई शाखा कहीं जा सकती है।[१] ख्वाजा हसन निजामी के अनुसार सुहर्वर्दी सूफी ही सर्वप्रथम भारतवर्ष में आए थे और उन्होंने अपना प्रधान केन्द्र सिंध प्रदेश को बनाया था। सुहर्वर्दिया के सर्वप्रथम प्रचारक जियाउद्दीन अबुल नजीब, अब्दुल काहिर, इब्न अब्दुल्ला माने जाते हैं, जिनका जन्म सुहर्वर्द नगर में सं. ११५४ में हुआ था और जिनकी मृत्यु सं. १२२५ में बगदाद नगर में हुई थी। इन्होंने तथा इनके भतीजे शिहाबुद्दीन (सं. १२०२-१२९१) ने मिलकर इस सम्प्रदाय की नींव डाली थी और इसका प्रचार भी किया था। बहाउद्दीन जकारिया (सं. १२२२७-१३२४), जो मुल्तान के निवासी थे, शिहाबुद्दीन के ही शिष्य थे और भारत में इस सम्प्रदाय का सबसे अधिक प्रचार करने का श्रेय इन्हीं को दिया जाता है। मक्का-मदीने से तीर्थ-यात्रा करके लौटते समय इन्होंने उनसे बगदाद में भेंट की और उनसे दीक्षा ग्रहण करके उनके प्रसिद्ध शिष्य बन गये। उनके पीछे प्रसिद्ध भारतीय सुहर्दर्वियों में सय्यद जलालुद्दीन सुर्ख पोस (सं. १२५६-१३४८) का नाम लिया जाता है, जो उक्त जकारिया के ही शिष्य थे और जिन्होंने अपने मत का प्रचार सिंध, गुजरात एवं पंजाब में भ्रमण करके किया था। इनके पौत्र जलाल इब्न अहमद कबीर (मृ. सं. १४४१) थे, जिन्हें 'मखदूमे जहानियाँ' कहा जाता है और जिन्होंने ३६ बार मक्के की तीर्थ-यात्रा की थी। इनके अनेक चमत्कारों की कहानियाँ कही जाती हैं और ये एक अत्यन्त लोकप्रिय सूफी कहलाकर भी प्रसिद्ध हैं। सूफी शिहाबुद्दीन के एक अन्य शिष्य जलालुद्दीन तबरीजी (मृ. सं. १३०१) तथा उनके अनुयायियों ने सुहर्वर्दिया उप-सम्प्रदाय का प्रचार बिहार व बंगाल प्रांतों में किया था और वहाँ के बड़े-बड़े राजा लोगों तक को अपने धर्म की दीक्षा दी थी। हैदराबाद के निजाम का आसफजाही वंश भी इसी उप-सम्प्रदाय का अनुयायी कहा जाता है। शेख तकी (सं. १३७७-१४४१), जिनका पूरा नाम सैयद सदरुल हक तकीउद्दीन मुहम्मद अब्दुल अकबर था, इसी उप-सम्प्रदाय के मुरीद थे। इनकी समाधि झूँसी में आज तक वर्तमान है। इसी प्रकार उर्दू भाषा के प्रथम कवि वलीउल्ला (सं. १७२५-१८०१) भी सुहर्वर्दी ही बतलाए जाते हैं। इनका जन्म अहमदाबाद में हुआ था, किंतु ये अन्त में दिल्ली के बादशाह मुहम्मद शाह के दरबारी कवि हो गए थे।

चिश्तिया–परंतु फिर भी भारत में सुहर्वर्दिया के अनुयायी उतने नहीं हैं, जितने चिश्तिया के समझे जाते हैं। इस उप-सम्प्रदाय के मूल प्रवर्तक ख्वाज अब्बू अब्दुल्ला चिश्ती (मृ. सं. १०२३) थे, किंतु भारत में इसका सर्वप्रथम प्रचार करने प्रसिद्ध मुइनुद्दीन चिश्ती (सं. ११९९-१२९३) हुए, जो मूलतः सीस्तान (ईरान प्रदेश) के निवासी थे और अनेक सूफी आचार्यों के साथ सत्संग करते हुए यहाँ सं. १२४९ में पहुँचे थे। इन्होंने शहाबुद्दीन गोरी की सेना के

१. जान ए. सुभान 'सूफिज्म, इट्स सेंट्स ऐंड आइंस' (लखनऊ, ३८ ई.) पृष्ट १२६।

साथ ही भारत में प्रवेश किया, और कुछ दिनों तक पंजाब व दिल्ली में रहकर अजमेर के निकट पुष्कर क्षेत्र चले गये, जहाँ पर ये अपने अंतिम समय तक निवास करते रहे तथा मृत्यु को प्राप्त हुए। ये सूफी फकीरों में सर्वप्रसिद्ध हुए और इन्हें श्रद्धा के साथ भारत के सूफियों ने 'आफताबे हिन्द' की पदवी प्रदान की। इनकी दरगाह अजमेर में बनी हुई है, जहाँ प्रतिवर्ष ६ दिनों तक मेला लगता है, और मुसलमानों की भाँति उसमें अनेक हिन्दू भी सम्मिलित होते हैं। ख्वाजा मुइनुद्दीन का प्रभाव हिन्दुओं पर भी बुहत रहा और कुछ ब्राह्मण इनके कारण 'हुसेनी ब्राह्मण' कहलाकर भी प्रसिद्ध हो गए। इनकी दरगाह के निकट प्रति दिन प्रत्येक तीन घंटे पर संगीत हुआ करता है और अच्छे से अच्छे गवैये आकर उसमें भाग लेते हैं। बनिया लोग नित्य प्रति अपनी कुंजियाँ दूकान खोलने के पहले दरगाह की सीढ़ियों पर रख लेते हैं और उसके निकट हंडे से भात भी लुटाया जाता है। कहा जाता है कि उक्त दरगाह तक सम्राट् अकबर भी नंगे पैर गये थे। ख्वाजा मुइनुद्दीन के सबसे प्रसिद्ध शिष्य ख्वाजा कुतुबुद्दीन 'काकी' थे जिनके शिष्य फरीदुद्दीन 'शकर गंज' (सं. १२३०-१३२२) ने मांटगुमरी जिले के अजुधन नगर में साधना की थी, जो इसी कारण 'पाक पत्तन' कहलाकर प्रसिद्ध हो गया। पाक पत्तन में भी प्रति वर्ष मुहर्रम के समय मेला लगता है, जहाँ दूर-दूर तक लोग एकत्र होते हैं। वहाँ पर एक स्थान 'स्वर्ग का संकीर्ण द्वार' नाम से भी प्रसिद्ध है जिसमें श्रद्धालू यात्री मुहर्रम की रात्रि के समय प्रवेश किया करते हैं। फरीदुद्दीन अपनी मधुर उपासना-शैली के कारण 'शकर गंज' कहलाये थे और इनके कारण ही सूफी-मत का प्रचार दक्षिणी पंजाब में बड़ी सफलता के साथ हुआ था।

वही–उक्त शकर गंज के प्रधान शिष्य निजामुद्दीन औलिया (सं. १२९५-१३८१) हुए। इनका जन्म-स्थान बदायूँ था और ये केवल २० वर्ष की ही अवस्था में अपने गुरु द्वारा प्रतिनिधि निर्वाचित हुए थे। इनके शिष्यों में अमीर खुसरु (सं. १३१२-१३८१) व अमीर हसन देहलवी कवि, तथा जियाउद्दीन बर्नी इतिहासज्ञ प्रसिद्ध हैं। ख्वाजा हसन निजामी उक्त औलिया के अनुयायी निजामी सम्प्रदाय के ही पुरुष हैं। सम्प्रदाय के अन्य प्रसिद्ध चिश्ती फकीरों में एक शेख सलीम चिश्ती (मृ. सं. १६२९) भी थे, जो फतेहपुर सिकरी की एक गुफा में रहा करते थे और कहा जाता है कि इन्हीं के आशीर्वाद से सम्राट् अकबर के पुत्र शाहजादा सलीम का जन्म हुआ था जिसके उपलक्ष्य में इनकी दरगाह बनायी गई थी। हिंदी के प्रसिद्ध कवि मलिक मुहम्मद जायसी (सं. १४८३-१५९९) भी चिश्ती-वंश के ही अनुयायी थे और इसके अनुयायी एक अन्य प्रसिद्ध फकीर अहमद साबिर (मृ. सं. १३४८) थे जो उक्त फकीर के ही शिष्य थे और उनका देहावसान रुड़की के निकट हुआ था। इनके नाम पर 'साबिर' चिश्तियों की एक शाखा पृथक् चली थी। चिश्तियों का सबसे अधिक प्रचार उत्तरी, पश्चिमी, और कुछ दूर तक दक्षिणी भारत में भी हुआ था।

कादिरिया–कादिरिया शाखा के सर्व-प्रथम प्रचारक शेख अब्दुल कादिर जीलानी (सं. ११३५-१२२३) कहे जाते हैं जो बगदाद के निवासी थे। यह शाखा भारत में सिंध से होकर सं. १५३९ में पहुँची थी और इसके यहाँ प्रथम प्रचारक सैयद बन्दगी मुहम्मद गौस थे जो उच्छ नगर में सं. १५७४ में मरे थे। ये एक बड़े योग्य व्यक्ति व वक्ता थे और कश्मीर प्रदेश में आज तक एक प्रधान संत के रूप में पूजे जाते हैं। इनके शिष्य मियाँ मीर (मृ. सं. १६९२) भी एक विख्यात साधक थे जिनके शिष्य मुल्ला शाह ने इस मत का प्रचार कश्मीर प्रदेश में

किया। शाहजादा दारा शिकोह (मृ. सं. १७१६) भी इसी शाखा का अनुयायी था और उसने 'रिसाल ए हकनुमा' तथा 'सूफीनात औलिया' की रचना फारसी में की थी। प्रसिद्ध संत बुल्ले शाह (सं. १७३७-१८१०) भी पहले इसी कादिरिया शाखा के अनुयायी थे और शाह जलाल तथा मखदूम शाह ने इसका प्रचार क्रमशः बंगाल व बिहार में किया था, जिस कारण सूफी-मत के मानने वाले इन प्रांतों में आज भी पाये जाते हैं।

नक्शबंदिया व अन्य सम्प्रदाय–सूफी-सम्प्रदाय की चौथी शाखा, जिसका प्रभाव भारत में पड़ा, 'नक्शबंदिया' थी जिसके मूल प्रवर्त्तक ख्वाजा वहाउद्दीन नक्शबंद थे जो तुर्किस्तान के निवासी थे और और जिनका देहान्त सं. १४४६ में बुखारा नगर के निकट हुआ था। ये तथा इनके पिता जरी (ब्राकेड) का काम करते थे और उसका नक्शा बनाने के कारण ये 'नक्शबंद' कहलाये। इस शाखा का भारत में प्रवेश कदाचित ख्वाज मुहम्मद बाकी विल्लाह 'बेरंग' के द्वारा हुआ जिनकी मृत्यु सं. १६६० में दिल्ली में हुई थी, किंतु कुछ विद्वान इस बात का श्रेय शेख अहमद फारूखी 'सरहिन्दी' को देते हैं जिनका देहान्त सं. १६८२ में हुआ था। ये हजरत मुहम्मद के अनन्तर दूसरी सहस्राब्दी के आरंभ काल के प्रधान धर्म-सुधारकों में गिने जाते थे। फिर भी इनके द्वारा प्रतिपादित बातों का प्रचार यहाँ सफलतापूर्वक नहीं हो सका। नक्शबंदिया शाखा वस्तुतः सर्वसाधारण के लिए उपयुक्त नहीं थी और इसका प्रभाव अधिकतर शिक्षितों पर ही पड़ सका। फिर भी इधर कुछ दिनों से इसका पुनरुद्धार पंजाब प्रांत एवं कश्मीर में होता हुआ दीख पड़ रहा है और संभव है इसे आगे और भी सफलता मिल सके। इन चार सूफी सम्प्रदायों के अतिरिक्त शाह मदार (मृ. सं. १४९१) द्वारा १५वीं शताब्दी में प्रचलित की गयी 'मदारिया' शाखा तथा एक अन्य 'अधमिया' शाखा भी प्रसिद्ध है, किंतु उनका उतना प्रभाव नहीं है।

पारस्परिक संबंध–सूफी सम्प्रदाय की उक्त शाखाएं भिन्न-भिन्न आचार्यों को अपना पथ-प्रदर्शक मानती हुई भी कोई पारस्परिक विरोध नहीं रखतीं। इनका आपस का भेद अधिकतर इनके प्रमुख गुरुओं की विशेषता तथा उनकी साधना से संबन्ध रखने वाली कतिपय गौण बातों की विभिन्नता पर ही आश्रित माना जा सकता है जिससे उनके मौलिक सिद्धांतों में कोई अन्तर नहीं आ पाता। उदाहरण के लिए 'जिक्र' वा नाम-स्मरण के समय शब्दों का उच्चारण पहले उच्च स्वर के साथ किया जाता है जिससे ध्यान में श्रवणेन्द्रिय भी सहायक हो सके। फिर साधक उन शब्दों को कुछ धीमे स्वर में कहता है जिसे केवल वही सुन पाता है। अंत में वही शब्द भक्ति के साथ अपने मन में कहे जाते हैं, आँखें बंद कर ली जाती हैं और साधक का पूरा ध्यान अपनी ध्येय वस्तु या खुदा की ओर लगा रहता है। एक उप-सम्प्रदाय या शाखा का सदस्य इसी प्रकार किसी अन्य शाखा का भी सदस्य बन सकता है और उसके कारण उसकी निंदा नहीं की जाती। उदाहरण के लिए, कुतुबमीनार के निकट वर्तमान मठ के मूल पुरुष ख्वाजा कुतुबुद्दीन बख्तियार काकी (मृ. सं. १२९३) पहले सुहर्वदर्ही शाखा के अनुयायी थे, फिर शेख अब्दुल कादिर से उपदेश लिये और अंत में ख्वाजा मुइनुद्दीन चिश्ती के एक मशहूर मुरीद हो गए। वास्तव में इन शाखाओं की विशेषताओं का परिचय केवल उन आदेशों में ही मिलता है जिन्हें इनके मूल प्रवर्तक वा मुख्य प्रचारक विशेष रूप से दिया करते हैं। उदाहरण के लिए सुहर्वर्दी-शाखा की प्रधान साधना 'कुरान शरीफ' के पाठ एवं 'हदीश' की व्याख्या तक सीमित समझी जाती है किंतु चिश्तिया एवं कादिरिया शाखा वाले संगीत व नृत्य को भी बहुत महत्त्व देते हैं।

भिन्नता–चिशितया-शाखा के अनुयायी 'चिल्ल' का अभ्यास करते हैं जिसके अनुसार वे ४० दिनों तक किसी मसजिद वा किसी कमरे में एकांतवास किया करते हैं। वे 'जिक्र' के समय 'कलमा' के शब्दों पर अधिक जोर देते हैं और अपना सिर व शरीर का ऊपरी भाग हिलाते हैं। धार्मिक ग्रंथों के पढ़ने के अवसर पर ये संगीत को बहुत महत्त्व देते हैं और गीतों से प्रभावित होकर बहुधा आवेश में आ जाया करते हैं। ये अधिकतर रंगीन वस्त्र पहनते हैं और इनके मुख्य तीर्थ-स्थान दिल्ली, अम्बाला, पाक पत्तन, डेरा गाजी खाँ व अजमेर में हैं[1] नक्शबंदिया की साधना के इसके विपरीत 'जिक्रे खफी' कहलाती है, क्योंकि ये लोग कलमें का उच्चारण अत्यंत धीमे स्वर में करते हैं। ये बहुधा ध्यान-मग्न हो चुपचाप बैठ जाते हैं, सिर झुका लेते हैं और आँखें भी नीची कर लेते हैं। ये लोग संगीत की बड़ी उपेक्षा करते हैं और इस प्रकार मूल कट्टर इस्लाम-धर्म का अनुसरण करते हैं। इनके पीर अपने मुरीदों की मंडली में एक साथ मिलकर बैठते हैं और उनके चित्त पर रहस्मयी बातों का प्रभाव डालने की चेष्टा भी करते रहते हैं। नक्शबंदी लोग श्वास-प्रश्वास के अनुसार स्मरण करते हैं, अपने कदमों पर दृष्टि रखा करते हैं और समूह में रहते हुए भी एकांत-सेवन का अनुभव किया करते हैं। वे कभी-कभी एक चिराग लेकर भीख माँगते हुए भी दीख पड़ते हैं जिससे "चिराग रोशन मुराद हासिल" की कहावत चल पड़ी है।[2] कादिरिया के अनुयायी जिक्र की साधना उच्च स्वर से और धीमे-धीमे स्वर से (जिक्र खफी व जिक्र जल्ली) भी करते हैं। युवा अवस्था में तो 'इल्लाह' व 'इल्ला हू' का उच्चारण एक विशेष स्वर में करते हैं, किंतु पीछे इसे बहुत धीमा कर देते हैं। नक्शबंदियों की भाँति ये भी संगीत नहीं चाहते। इनका साफा हरे रंग का होता है और इनके अन्य वस्त्र भी रंगीन होते हैं। इनके मुख्य तीर्थ-स्थान लाहौर, बटाला व मांटगुमरी जिले में शाह कमाल की दरगाह है। पंजाब प्रान्त के अधिकांश सुन्नी मुसलमान व स्वात के कुछ लोग इस शाखा में हैं[3]

प्रचार-कार्य–सूफी-सम्प्रदाय की उक्त शाखाओं ने अपने प्रचार द्वारा प्रायः सारे भारत को प्रभावित किया और यहाँ के धार्मिक सिद्धांतों से मिलती-जुलती हुई कुछ अपनी बातों की ओर विशेष ध्यान दिलाने का प्रयत्न कर अपने मूल धर्म इस्लाम की जड़ जमाने मे बहुत कुछ कृतकार्य हो गए। मुसलमानी शासन-काल में इनका प्रचार-कार्य, हिंदुओं को बलात्कार के साथ धर्मांतरित करते समय उसका पूरक बनकर सहायता देता गया। सूफी लोगों में इस्लामी कट्टरपन अधिक नहीं था। हिंदू समाज व हिंदू-परम्परा की अनेक बातों को शीघ्र अपना लेते थे और उनके कारण यहाँ के सर्वसाधारण में हिल-मिल कर उन्हें अपनी भी बातें सरलतापूर्वक समझा देते थे। हृदय की शुद्धता, वाह्याचरण की पवित्रता, ईश्वर के प्रति अपार श्रद्धा, पारस्परिक सहानुभूति, विश्वभ्रातृत्व व विश्व-प्रेम की ओर ये सबका ध्यान विशेष रूप से आकर्षित करते थे और उन्हें अपने मत की मुख्य देन बतलाते हुए उसके स्वीकार कर लेने का आग्रह भी करते थे। इनके प्रधान-प्रधान प्रचारक भी बड़े योग्य व कुशल व्यक्ति थे जिन्होंने अपने

१. विलियम क्रुक : 'दी ट्राइब्स ऐन्ड कास्ट्स आफ दी नार्थ वेस्टर्न प्राविन्सेज ऐन्ड औध' (भाग २) कलकत्ता १८९६, पृ. २२९।

२. वही, भाग ४१ पृ. ५५-५७।

३. विलियम क्रुक : 'दी ट्राइब्स ऐन्ड कास्ट्स आफ दी नार्थ वेस्टर्न प्राविन्सेज ऐन्ड औध' (भाग ४) पृ. १८३:१८४।

उपदेशों व विशेषकर मनोमोहक व्यवहारों द्वारा अपने लिए लोकप्रियता प्राप्त कर ली थी। उनके लिए बहुधा प्रयोग में आने वाले 'दाता गंज', 'शकर गंज', 'बाबा', 'पीरे पारां', 'बड़े पीर' आदि जैसे शब्द इसी बात के साक्षी हैं। परिणामस्वरूप हमें आज पता चलता है कि भारतीय मुसलमानों के कम से दो तिहाई भाग में वे ही लोग हैं जो किसी न किसी सूफी शाखा के भीतर भी आ जाते हैं।[१]

प्रेम-साधना–जो हो, भारतीय साधना को उक्त सूफी-शाखाओं की मुख्य देन 'प्रेमसाधना' है जो उन्हें शामी जाति की ओर से कभी उत्तराधिकार के रूप में मिली थी। इसका पूर्व रूप केवल 'मादन-भाव' था जिसका उल्लेख ऊपर किया जा चुका है और जिसका प्रदर्शन पहले धार्मिक अवसरों पर किये गए नृत्यगीतादि की सहायता से हुआ करता था तथा जो कभी अधिकतर देवदासियों के संपर्क का गुह्य-मंडलियों तक ही सीमित था। बसरा निवासिनी राविया (मृ. सं. ८०९) भी एक दासी थी जो ईश्वर के प्रति प्रणय की भावना से भावित थी जिस कारण वह हजरत मुहम्मद साहब तक को उपेक्षा की दृष्टि से देखती थी। उसका स्पष्ट शब्दों में कहना था कि "हे रसूल ! भला ऐसा कौन होगा जिसे आप प्रिय न हो। पर मेरी तो दशा ही कुछ और है। मेरे हृदय में परमेश्वर का इतना प्रसार हो गया है कि उसमें उसके अतिरिक्त किसी अन्य के लिए स्थान ही नहीं है।[२] वह अपने को परमेश्वर की पत्नी मानती थी और उसका हृदय सदा माधुर्य-भाव से भरा रहा करता था अपने उक्त काल्पनिक पति के विरह को वह क्षण भर के लिए भी नहीं सह सकती थी। इसी कारण उसका प्रेम वासनात्मक जान पड़ता था। परंतु प्रेम-तत्त्व के पारखी सूफी जूल नून मिसरी (मृ. सं. ९१६) ने प्रेम को कुछ और कहकर समझाने का प्रयत्न किये। वे विरह-वेदना को एक साधक के हृदय की सच्चाई का चिन्ह समझते थे और कहा करते थे कि यह "सिदक वा शुद्धहृदयता इस भू पर परमेश्वर की तलवार है, और जिसे यह स्पर्श कर देती है वह टुकड़े-टुकड़े हो जाता है"[३]। जूल नून ने प्रेम की दार्शनिक व्याख्या भी की और इस प्रकार उसे प्राचीन मादन-भाव अथवा प्रणय की भावना से भी उच्च पद तक पहुँचा दिया। जूल नून के अनन्तर मंसूरअल् हल्लाज (मृ. सं. ९७८) ने प्रेम-भाव का आदर्श रखा और उन्होंने इसे परमेश्वर का सार वा स्वरूप तक मान लिया। उनका कहना था कि "मैं वहीं हूँ जिसको प्यार करता हूँ, जिसे प्यार करता हूँ, वह मैं ही हूँ। हम एक शरीर में दो प्राणवत् हैं। यदि तू मुझे देखता है, तो उसे देखता है और यदि उसे देखता है तो हम दोनों को देखता है"[४] और उनकी इस अद्वैत-भावना ने उन्हें सूली पर चढ़ा दिया।

सूफ़ी-प्रभाव–कहते हैं कि सूफी 'हल्लाज' किसी समय भारत भी आये थे और यहाँ के शंकराद्वैत से कदाचित् प्रभावित भी हुए थे। परन्तु उनके किसी प्रत्यक्ष अनुयायी अथवा उनके द्वारा स्थापित किसी शाखा का भी यहाँ पता नहीं चलता। यहाँ उनके द्वारा प्रचारित मत के कुछ प्रभाव का लक्षित होना भर कहा जा सकता है। शुद्ध व गंभीर प्रेम-साधना की सहायता

१. डा. ए जे. आरवेरी : 'एन इन्ट्रोडक्शन टू दी हिस्ट्री आफ सूफीज्म' (लांगमैन्स, १९४२) इन्ट्रोडकशन, पृ. ७ : ८।

२. पं. चंद्रबली पांडे :' तसव्वुफ अथवा सूफी मत', (बनारस १९४५, पृ. ४४ पर उद्धृत)।

३. 'कश्फुल महजूब' में उद्धृत।

४. पं. चंद्रबली पांडे:'तसव्वुफ अथवा सूफी मत' पृ. ५४ पर उद्धृत।

से परमेश्वर का प्रत्यक्ष अनुभव कर अपने को उसकी स्थिति में वर्तमान समझना यहाँ के लिए कोई नई बात नहीं, फिर भी भारत के अधिकांश सूफियों ने केवल 'सरमद' जैसे एकाध को छोड़कर हल्लाज का अनुसरण नहीं किया। उनका दार्शनिक मत विशिष्टाद्वैत की ही श्रेणी तक पहुँच सका और वे प्रेमानुगा भक्ति की सीमा से भी आगे नहीं बढ़ सके और न उन्हें मंसूर के उन्माद का कभी शिकार ही बनना पड़ा। भारतीय सूफी अपने मजहबे इस्लाम की बातों में पूरी आस्था रखते आए और उसकी मर्यादा का उल्लंघन करना कुफ्र समझते रहे। इन्होंने ईरान के सूफियों का कदाचित् अधिक अनुसरण किया और उन्हीं की भाँति अपना प्रेममय जीवन बिताते रहे। उन्हीं के अनुकरण में ये बहुधा फारसी, हिंदी अथवा उर्दू में प्रेम-गाथा साहित्य की रचना करते, प्रेम की मस्ती के आवेश में अपना कार्य किया करते और कभी-कभी सुरा-सेवन या अन्य भ्रष्टाचारों तक में लीन हो जाते। इनके कारण यहाँ के साहित्य पर फारसी-साहित्य का बहुत कुछ प्रभाव पड़ गया और बहुत-से इस्लामेतर धर्मों के अनुयायियों तक ने ईरानी संस्कृति की अनेक बातें अपना लीं।

योग का प्रभाव—भारतीय सूफी अपनी प्रेम-साधना के अन्तर्गत नाथयोगी-सम्प्रदाय की अनेक यौगिक क्रियाओं का भी समावेश करते थे और अपनी प्रेमगाथाओं में उनके द्वारा शरीर के भीतर कल्पित किए गये विविध महत्त्वपूर्ण स्थलों के वर्णन रूपकों की सहायता से किया करते थे। तदनुसार उन्होंने प्रत्येक साधक के लिए क्रमशः नीचे से ऊपर की ओर बढ़ते समय की विभिन्न आध्यात्मिक स्थितियों वा 'मुकामात' को भी निर्दिष्ट किया था। उन्होंने इसी दृष्टि से चार ऐसे पदों की कल्पना की थी जिन्हें वे क्रमशः 'आलमे नासूत'(भौतिक जगत्), 'आलमे मलकूत' (चित्त जगत्), 'आलमे जबरूत' (आनन्दमय जगत्) तथा 'आलमे लाहूत' (सत्य जगत्) कहा करते थे, और कभी-कभी एक 'आलमे हाहूत' नामक रहस्यपूर्ण जगत् का भी नाम लेते थे। अपने अंतिम ध्येय तक पहुँचना उसकी सिद्धावस्था कहलाती थी जिसे वे कभी 'बका' (परमात्मा में स्थिति) और कभी 'फना' (अपनी पृथक् सत्ता की प्रतीति से पूर्णतः रहित हो जाना) कहते थे और जिनके निश्चित स्वरूप के सम्बन्ध में बहुत मतभेद भी दीख पड़ता था।

प्रेम-गाथा-परम्परा—इन सूफियों की रचना प्रेमगाथा की परम्परा यहाँ पहले पहल कब आरंभ हुई, इसका ठीक-ठीक पता नहीं चलता, किंतु मलिक मुहम्मद जायसी ने जो पद्मावत' लिखी है, उसमें किए गये कतिपय उल्लेखों से जान पड़ता है कि यह उक्त रचना के समय (सं. १५९७) से पहले से अवश्य ही चली आ रही थी और तब तक संभवतः बहुत-से सूफी कवि इस प्रकार के साहित्य का निर्माण कर चुके थे। फिर भी प्रेम-गाथा की परम्परा के प्रारंभ होने का समय संतमत के आविर्भाव काल से पहले जाता हुआ नहीं दीख पड़ता। कम से कम हिंदी अथवा उर्दू में इस प्रकार की रचना करने वाले सूफी कवि विक्रम की १५वीं वा १६वीं शताब्दी से पुराने नहीं मिलते और संत-परम्परा में अब तक गिने जाने वाले प्रथम व्यक्ति जयदेव का जीवन-काल विक्रम की १३वीं शताब्दी में पड़ जाता है। इसके सिवाय संत-परम्परा के इस काल में आरंभ होने के समय सूफी मत का प्रचार अधिकतर फारसी रचनाओं के आधार पर हो रहा था और उसके उपदेशक अपने भावों को व्यक्त करते समय केवल फुटकर पद्यों का ही सहारा ले रहे थे। अतएव पहले संतों का जितना ध्यान इनकी प्रेम-साधना के मूल उपदेशों व साधारण शब्दावली की ओर गया, उतना प्रेम-कहानियों की ओर आकृष्ट नहीं हुआ। वे परमेश्वर को कर्ता कहते, गुरु को 'पीर' 'जिन्द' व 'सिंकलीगर'

तक कह देते व अपनी साधना को 'प्रेमधियान' का नाम देते थे, और कर्म व जन्मान्तरवाद के विषय में भी सूफियों द्वारा प्रभावित लक्षित होते थे, किंतु उन्होंने किसी प्रेमी वा प्रेमिका की कथा का प्रसंग नहीं छेड़ा और न उनके प्रेम वा विरह को स्वर्गीय प्रेम का कभी आदर्श ही ठहराया। ऐसी बातों के उदाहरण उनमें कदाचित् १७वीं शताब्दी से पहले के नहीं मिलते। फिर भी जहाँ तक प्रेम-साधना की विविध पद्धतियों का संबंध है और वे इसे महत्त्व देते दीख पड़ते हैं, वहाँ तक संत लोग सूफियों के ऋणी अवश्य कहे जा सकते हैं।

(६) भक्तों के विविध सम्प्रदाय

क. आडवार भक्त

आडवार भक्त–पौराणिक युग में जिस तंत्रोपचार-विशिष्ट भक्ति का अधिक प्रचार था वह गुप्त-काल के समाप्त होते-होते उत्तरी भारत में कम दीख पड़ने लगी। वह क्रमशः दक्षिण भारत की ओर अग्रसर हुई और उसको अपनाने वाले सर्वप्रथम ऐसे लोग निकले, जो संभवतः बहुत शिक्षित नहीं थे। इन भक्तों में से अधिकांश व्यक्ति तामिल प्रांत के निवासी थे जिनका जीवन बहुत सरल था और जिनकी मुख्य साधना गीतों और भजनों के गान तक सीमित थी। ये लोग 'आडवार' कहलाते थे जिनका अभिप्राय कदाचित् ऐसे महात्मा से समझा जाता था जिसने ईश्वरीय ज्ञान व भक्ति के समुद्र में भली भाँति अवगाहन कर लिया हो और जो निरंतर परमात्मा के ही ध्यान में लीन रहा करता हो। फिर, 'संत' शब्द की भाँति 'आडवार' शब्द भी कालान्तर में केवल उन भक्तों के लिए रूढ़ि-सा हो गया। इन लोगों की संख्या १२ थी और ये उक्त दक्षिण प्रदेश के विभिन्न स्थानों के निवासी थे। इनका कोई साम्प्रदायिक क्रम न था, किंतु इन सबकी आध्यात्मिक मनोवृत्ति प्रायः एक-सी थी और एक ही भक्ति-भावना से प्रेरित होकर इन्होंने एक अपूर्व ढंग के भगवदाराधन एवं विश्व-प्रेम का प्रचार किया था। इन्होंने अपने आध्यात्मिक अनुभवों के आधार पर जिन पदों की रचना की, उनका एक संग्रह तामिल में 'प्रबन्धम्' नाम से प्रसिद्ध है जिसकी प्रतिष्ठा वेदों की भाँति तामिल वेद के रूप में की जाती है और जिसमें संग्रहीत रचनाओं का पाठ विशेष धार्मिक उत्सवों के अवसर पर उनसे भी पहले ही किया जाता है। दक्षिण भारत के अनेक मंदिरों में आडवारों की मूर्तियाँ भी देव-मूर्तियों के साथ-साथ स्थापित की गई हैं और उनका विधिवत् पूजन भी होता है।

संक्षिप्त परिचय–उक्त १२ आडवार भक्त समकालीन नहीं थे, अपितु उनके आविर्भाव का काल लगभग आठ-नौ सौ वर्षों (अर्थात् विक्रम की दूसरी शताब्दी से लेकर उसकी १०वीं) तक व्याप्त रहा। इस कारण उनमें से प्रथम चार को प्राचीन, उनके पीछे वाले क्रमशः पाँच को मध्यकालीन, एवं शेष को अंतिम कहने की परिपाटी चली आती है। इन आडवारों में से दो-एक को छोड़कर प्रायः सभी साधारण श्रेणी के मनुष्य थे और कुछ भिन्न कोटि की जाति के भी थे। इन्हें सांसारिक विभवों से बहुत कम सहायता मिल सकती थी, किंतु अपने उपास्य देव की ओर इनकी लगन सदा एक-सी बनी रही। आडवारों में सर्वप्रसिद्ध नम्म वा शठकोप एक शूद्र परिवार में उत्पन्न हुए थे। उनके जन्म के समय उनके माता-पिता ने उनका भयावना रूप देखकर उन्हें 'मरण' नाम देकर उनका परित्याग भी कर दिया था और वे लगभग १६ वर्षों तक एक इमली के वृक्ष के नीचे किसी प्रकार जीते रहे थे। अन्त में किसी ब्राह्मण तीर्थ-यात्री ने उनके निकट जाकर उनसे बातचीत की और उनकी आध्यात्मिक पहुँच का परिचय

प्राप्त कर उनकी शिष्यता स्वीकार की, जब से वे दोनों गुरु-शिष्य क्रमशः 'शठकोप' एवं 'मधुर कवि' के नाम से प्रसिद्ध हो चले। इन दोनों के अतिरिक्त प्रसिद्ध आडवारों में कुल शेखर तथा आंडाल के नाम आते हैं जिनमें से प्रथम प्रसिद्ध त्रावंकोर राज्य के अधिपति थे और द्वितीय एक महिला थी, जो अपनी माधुर्य-भाव-भरी भक्ति के कारण आगे चलकर 'गोदा' नाम से मीराबाई के समान प्रसिद्ध हो गई।

साधना–आडवार भक्तों की रचनाओं का उक्त संग्रह 'प्रबन्धम्' विक्रम की १२वीं शताब्दी में वैष्णव सम्प्रदाय के आचार्यों द्वारा सम्पादित हुआ। पहले उसके मूल रूप का पाठ हुआ करता था, किंतु पीछे उस पर लिखे गए मुख्य-मुख्य भाष्य भी उसके साथ पढ़ने जाने लगे। 'प्रबन्धम्' का पाठ करने वाले को 'अडैयार' कहते हैं, जो मंडप के समक्ष खड़ा होकर इसका उच्चारण एक निश्चित ढंग से करता है, और वह किसी भी वर्ण या जाति का मनुष्य हो सकता है। 'प्रबन्धम्' में संगृहीत पदों द्वारा उक्त आडवारों की भक्ति के स्वरूप का कुछ परिचय मिलता है। उसमें तिरुमल सई वा भक्तिसार नामक चौथे आडवार ने कहा है कि "हे नारायण, मेरे ऊपर आज दया करो, कल भी करो और सदा कृपा बनाये रहो। मुझे विश्वास है कि न मैं तुम्हारे बिना हूँ और न तू ही मेरे बिना हो"[१] इसी प्रकार नम्न आडवार वा शठकोप ने भी कहा है कि "हे भगवन्, चाहे जो कुछ भी कष्ट मुझे झेलने पड़े, मैं तुम्हारे चरणों के अतिरिक्त शरण के लिए अन्य कोई भी स्थान नहीं जानता। यदि बालक को उत्पन्न करने वाली माता क्षणिक रोष में आकर उसे फेंक भी दें, फिर भी उसके ही प्रेम का भूखा बच्चा किसी और को ध्यान में नहीं ला सकता, और मेरी भी दशा ठीक वैसी ही है"[२] आडवारों ने अपनी भक्ति के लिए सख्य, वात्सल्य एवं माधुर्य नामक तीनों भावों को साधन बनाया और नम्न तथा आंडाल ने अपने पदों में विशेषकर माधुर्य को अपनाया था। उसकी रचनाओं द्वारा प्रदर्शित भक्ति के अन्तर्गत जीवात्मा वा परमात्मा के मध्यवर्ती एक अलौकिक प्रेम का अंश भी विद्यमान है, जिसे आलंकारिक भाषा में हम 'सहवास का प्रेम का' कह सकते हैं।

ख. वैष्णव आचार्य भक्त

आचार्य भक्त–आडवारों के अनंतर दक्षिण भारत में वैष्णव-धर्म का प्रचार करने वाले भक्त 'आचार्यों' के नाम से प्रसिद्ध हुए जो बहुत कुछ 'प्रबन्धम्' द्वारा ही प्रभावित थे और जिनकी अनेक रचनाएं संस्कृत भाषा में मिलती हैं। इन आचार्यों में सर्वप्रथम नाम रघुनाथाचार्य वा नाथमुनि का लिया जाता है जो विक्रम की १०वीं शताब्दी में श्रीरंगम् में वर्तमान थे और जिन्होंने आडवारों के चार सहस्र पदों को चार भागों में सम्पादित किया था। नाथमुनि के अनंतर चौथे आचार्य प्रसिद्ध यामुनाचार्य (सं. ९७३:१०९७) हुए, जिन्होंने आगे प्रचलित होने वाले श्री सम्प्रदाय के सिद्धांतों का सर्वप्रथम प्रचार किया। इन्होंने 'सिद्धित्रय' जैसे ग्रंथों की रचना कर शंकराचार्य के मायावाद का खंडन किया था, और 'आगम प्रामाण्य द्वारा' अपने सिद्धांतों का प्रतिपादन भी किया। यामुनाचार्य अपने कार्यों के कारण अपने पीछे आने वाले रामानुजाचार्य (१०८४:११९४) के लिए प्रधान प्रदर्शक बन गए। रामानुजाचार्य ने भी आडवारों की रचना 'प्रबन्धम्' का अध्ययन बड़े मनोयोग के साथ किया था, और उत्तरी भारत के तीर्थ-स्थानों की यात्रा कर संस्कृत में अनेक ग्रंथों की रचना की थी। इनके विशिष्टाद्वैत के

१. जे. एस. कूपर :'हिम्स आफ दि आडवार्स' पृ. १२।
२. 'नम्म आडवार' (जी. ए. नटेसन, मद्रास) पृ. ९।

मतानुसार जीवात्मा और जगत् वस्तुतः परमात्मा के गुण विशेष हैं और उसे एक विशिष्ट रूप प्रदान करते हैं। वह विशिष्ट ब्रह्म अद्वितीय है और उसकी प्राप्ति केवल ज्ञान मात्र के आधार पर न होकर, वेदविहित कर्मानुष्ठान एवं विविध भक्ति-साधनाओं के आभ्यास द्वारा ही संभव हो सकती है। रामानुजाचार्य के अनंतर और भी कई आचार्य भक्त हुए जिन्होंने इस विशिष्टाद्वैत के सिद्धांतों का स्पष्टीकरण व प्रचार किया।

प्रपत्ति मार्ग–आडवारों का 'प्रबन्धम्' अशिक्षित वा अर्द्धशिक्षित व्यक्तियों की रचनाओं का संग्रह था जिसमें केवल हृदयपक्ष की ही प्रधानता थी। किंतु इन आचार्यों के विविध ग्रंथों में मस्तिष्क-पक्ष की प्रौढ़ता दीख पड़ी। इन्होंने मीमांसकों के कोरे कर्मकांड एवं शांकराद्वैतवादियों के ज्ञानकांड का अनेक युक्तियों के साथ खंडन किया, और अपने भक्तिकांड के अनुसार प्रसिद्ध वेदान्त-ग्रंथों का तात्पर्य भी निर्धारित किया। तदनुसार इन्होंने स्मात्तों द्वारा प्रचलित किये गए एक से अधिक देवताओं की पूजन-प्रणाली को अस्वीकार कर एकमात्र विष्णु भगवान् की आराधना का प्रचार किया और उसके लिए तीन उच्च वर्णों के अतिरिक्त शूद्रों को भी योग्य ठहराया। शूद्रों जैसे निम्न श्रेणीवालों के लिए विशेषकर 'प्रपत्ति' की व्यवस्था दे दी, जिसका मुख्य अभिप्राय अपने को भगवान् की शरण में समर्पित कर उन्हीं की दयामात्र पर पूर्ण भरोसा करना रहा। परंतु इस प्रपत्ति का भी अर्थ कालान्तर में दो भिन्न-भिन्न दृष्टियों से लगाया जाने लगा। वेदान्त दैसिक (सं. १३२५-१४२६) के अनुसार प्रपत्ति भी अन्य साधनों की भाँति केवल एक मार्ग है जिसका अवलंबन ज्ञान, कर्म आदि के न हो सकने के पर कर लेना चाहिए, परंतु मनवल महामुनि (सं. १४२७:१५००) तथा उनके पक्षवालों का कहना है कि प्रपत्ति को एक निरा मार्ग मात्र ही न मानकर, उसे सब कुछ समझ लेना चाहिए और उसी की भावना के अनुसार अपनी मनोवृत्ति तक निर्मित कर लेनी चाहिए। पहले मतवाले इसी कारण 'वाड कडाई' कहलाए जिनके अनुसार भक्त व भगवान् का संबंध किसी बंदरी की छाती से चिपके हुए बच्चे तथा उस बंदरी का सा होना चाहिए और दूसरे मतवाले 'टेन कडाई' कहलाकर प्रसिद्ध हुए जिन्होंने उसी भावना का अर्थ, बिल्ली के अबोध बच्चे की भाँति अपनी माँ द्वारा जहाँ कहीं भी उठाकर रखे जाने तथा अपनी ओर से कुछ भी प्रयास न करने का दृष्टान्त देकर समझाया।

अन्य आचार्य–भक्ति साधना का प्रचार उक्त आडवारों के समय से लेकर इन आचार्यों के समय तक भारत के अन्य प्रदेशों में भी किसी प्रकार होता जा रहा था। यह वस्तुतः भक्ति का ही युग था और श्री रामानुजाचार्य की भाँति उनके पीछे आने वाले उनसे भिन्न मत वाले अन्य आचार्यों ने भी अपने पक्ष के समर्थन में विविध दार्शनिक ग्रंथों की रचना करते हुए भक्ति-मार्ग की भिन्न-भिन्न शाखाओं का प्रवर्तन किया। तदनुसार निम्बार्काचार्य (सं. ११७१:१२१९) ने अपने द्वैताद्वैत सिद्धांतों के आधार पर राधाकृष्ण भक्ति प्रतिपादित की, मध्वाचार्य (सं. १२५४:१३३३) ने अपने द्वैत सम्प्रदाय के अनुकूल भक्ति को अंतिम निष्ठा का पद प्रदान किया तथा बल्लभाचार्य (सं. १५३६:१५८७) ने अपने शुद्धाद्वैत मतानुसार 'पुष्टि मार्ग' का प्रतिपादन कर भक्ति की प्रबल धारा बहा दी। इसी प्रकार चैतन्य देव (सं. १५४२-१५९०) ने भी 'अचिन्त्य भेदोभेद' सिद्धांत के आधार पर अपनी रागानुगा भक्ति का प्रचार किया। श्री रामानुजाचार्य के 'श्री सम्प्रदाय' के समान ही इन महापुरुषों ने भी अपने-अपने सम्प्रदाय प्रचलित किये जिस कारण भक्ति-साधना के महत्त्व की धाक क्रमशः सारे देश में

व्याप्त हो गई और दक्षिण भारत से लेकर पूर्व की ओर बंग देश, पश्चिम की ओर गुजरात, एवं उत्तर की ओर वृन्दावन तक का भूखंड विशेषतः भक्ति से प्रभावित हो गया। वैष्णव सम्प्रदायों के इन प्रवर्त्तकों के अनुसार 'जीवन्मुक्ति' मान्य न होने के कारण उसके स्थान पर 'विदेह मुक्ति' स्वीकार की गई थी। श्री सम्प्रदाय के अनुयायी भक्ति का भगवान के समान होकर उसके समक्ष किंकरवत् बना रहना परम मुक्ति का ध्येय मानते थे, तो माध्व सम्प्रदाय वाले भगवान में प्रवेश कर व उसके साथ युक्त होकर समग्र आनन्द का उपभोग करना मोक्ष का अंतिम उद्देश्य बतलाते थे। इसी प्रकार निम्बार्क सम्प्रदाय का अनुसरण करने वाले भक्त का पूर्णतः भगवद्‌भावापन्न होकर सभी दुःखों से रहित हो जाना मुक्ति का लक्ष्य मानते थे, तो बल्लभ-सम्प्रदाय वाले उक्त अंतिम स्थिति का स्वरूप विशेषतः भगवान् के अनुग्रह द्वारा उसके साथ एक प्रकार का अभेद-बोधन बतलाते थे। चैतन्य सम्प्रदाय के अनुयायी भी इसी प्रकार भक्ति को वैधी की जगह रामानुगा कहकर आर्त-भाव द्वारा भगवान् के धाम में प्रवेश पा लेना सर्वोत्तम समझते थे।

साधना-भेद–इन वैष्णव सम्प्रदायों की साधना-प्रणालियों में भी इसी कारण कुछ न कुछ अंतर दीख पड़ता था। श्री सम्प्रदाय के अनुयायी वर्णाश्रम-विहित कर्मों के विधान का पालन करना चित्त-शुद्धि के लिए अत्यन्त आवश्यक मानते थे और उसके अनंतर ही ब्रह्म की जिज्ञासा को संभव समझते थे। परंतु ब्रह्म के ज्ञान एवं उक्त कर्मों के होते हुए भी बिना भक्ति के मुक्ति का होना वे असंभव समझते थे और यह भक्ति भी उनके अनुसार वह परापत्ति थी जिसे पूर्ण वा अनन्य शरणागति भी कह सकते हैं। बिना भगवान् के शरणापन्न हुए जीव का कल्याण नहीं हो सकता, अतएव उसके ध्यान में सदा मग्न रहकर उसकी कृपा के लिए निरंतर प्रार्थना में निरत रहना ही उनकी मुख्य साधना थी। निम्बार्काचार्य के सनक सम्प्रदाय को भी शरणागति का उक्त भाव-स्वीकृत था, किंतु वह श्री सम्प्रदाय के उक्त ध्यानयोग पर अधिक अवलम्बित रहना आवश्यक नहीं मानता था। इसके सिवाय, इन दोनों के उपास्य देवों में भी अंतर था। 'श्री सम्प्रदाय' वाले जहाँ लक्ष्मी व नारायण को इष्टदेव मानते थे, वहाँ सनक सम्प्रदाय के सर्वस्व राधा व कृष्ण थे। इसी प्रकार मध्वाचार्य के सत् सम्प्रदाय वाले हरि वा भगवान् की प्राप्ति को अपने प्रत्यक्ष अनुभव की बात समझते हुए उसके लिए वैराग्य, शम, दम, शरणागति आदि अष्टादश साधनाओं को उपयोग में लाकर उनके आधार पर उपासना करना अपना कर्तव्य समझते थे और बल्लभ-सम्प्रदाय के पुष्टिमार्गी अपने आराध्य देव श्रीनाथ का विधिवत् पूजन करते थे तथा उन्हें भजनादि गा कर पूर्णतः रिझाने के प्रयत्न भी करते थे। परंतु चैतन्य सम्प्रदाय वाले पूजन-अर्चन-प्रणाली को प्रायः उपेक्षा की ही दृष्टि से देखते थे और उनका एक मात्र साधन हरि-नाम का स्मरण तथा कीर्तन था जिसके द्वारा उन्हें 'महाभाव' की प्राप्ति होती थी।

ग. कश्मीरी शैव सम्प्रदाय

कश्मीरी शैव सम्प्रदाय–दक्षिण भारत के अंतिम वैष्णव आडवार भक्तों के समय में उत्तर की ओर कश्मीर प्रदेश में कतिपय शैव भक्तों का भी आविर्भाव होने लगा था जिनकी परम्परा में अनेक महापुरुष उत्पन्न हुए जिन्होंने 'कश्मीर शैव सम्प्रदाय' का प्रचार किया। यह सम्प्रदाय भी उक्त वैष्णव-सम्प्रदायों की भाँति कतिपय दार्शनिक सिद्धांतों पर आश्रित था और इसके आचार्यों ने भी अपने मत का बड़ी योग्यता के साथ प्रतिपादन किया। इसके मूल

प्रवर्तक वसुगुप्त माने जाते हैं जो विक्रम की ९वीं शताब्दी के उत्तरार्द्ध में वर्तमान थे और जिनके 'शिवसूत्र' प्रसिद्ध हैं। इनके दो प्रसिद्ध शिष्यों में से कल्लट ने स्पन्द शास्त्र के ग्रंथों की रचना की और सोमानन्द ने प्रत्यभिज्ञा मत को प्रवर्तित किया। इन दोनों आचार्यों के दार्शनिक विचार मूलतः प्रायः एक ही प्रकार के थे, किंतु उनके प्रतिपादन की शैली तथा कतिपय अन्य बातों में बहुत कुछ अंतर दीख पड़ता था। इनका दार्शनिक मत 'ईश्वराद्वयवाद' के नाम से प्रसिद्ध हुआ जो शंकराचार्य के 'ब्रह्माद्वैतवाद' से कई बातों में भिन्न था। ईश्वराद्वयवाद के समर्थकों का कहना था कि ईश्वर ब्रह्म की भाँति निष्क्रिय नहीं, किंतु स्वतन्त्र कर्ता-स्वरूप है और माया उसकी स्वातन्त्र्यशक्ति वा स्वेच्छापरिगृहीत रूप मात्र है। वह अपनी इच्छा के अनुसार नटवत् लीला करने के लिए इसे प्रयोग में लाया करता है और इसके द्वारा स्वस्फुरण किया करता है। 'विमर्श' आत्मा का स्वभाव है और ज्ञान व क्रिया में वहाँ कोई भी अन्तर नहीं है। इन दोनों की उन्मुखता को ही उसकी 'इच्छा' कहते हैं।

प्रत्यभिज्ञा–अतएव मोक्ष न तो केवल ज्ञान से संभव है और न कोरी भक्ति से ही। किंतु दोनों का सामंजस्य होना परमावश्यक है। शुद्ध भक्ति की साधना में द्वैत-भाव अपेक्षित होता है जो अज्ञान का परिचायक है और जिसके कारण मोह का भी उत्पन्न हो जाना संभव बना रहता है। परंतु ज्ञान के अनन्तर जान-बूझकर कल्पित की गई भक्ति की द्वैत मूलक भावना में इस बात की आशंका नहीं रहती और यही भक्ति वस्तुतः, नित्य कहलाने योग्य है। इस सम्प्रदाय द्वारा प्रयुक्त 'प्रत्यभिज्ञा' शब्द से भी अभिप्राय यही है कि साधक अपनी ज्ञात वस्तु को ही फिर से जानकर आनंदित होता है। जिस अद्वय ईश्वर का ज्ञान उसे कदाचित् अस्पष्ट रूप में प्राप्त रहता है, उसे ही वह अपने गुरु की सहायता से पूर्णतः पहचानकर अपना लिया करता है और इस प्रकार की स्वानुभूति उसके भीतर एक अनिर्वचनीय आनंद व उल्लास का कारण बन जाती है। इस प्रकार अद्वैत भाव में द्वैत भाव की कल्पना और निर्गुण भाव में भी सगुण भाव का काल्पनिक आरोप इस मत की विशेषता थी, जिसे आगे चलकर सतों ने भी किसी न किसी रूप में स्वीकार किया।

ज्ञानमूलक भक्ति–इस प्रत्यभिज्ञा-विशिष्ट सम्प्रदाय का विकास वस्तुतः अपने दार्शनिक सिद्धांतों के अनुसार ही हुआ था, किंतु इसके साधकों द्वारा स्वीकृत साधना प्रणाली का भी महत्त्व कुछ कम न रहा। ये अपनी शारीरिक, मानसिक, नैतिक एवं आध्यात्मिक अभिवृद्धि के लिए विशेषतः योग-साधना का आश्रय ग्रहण करते थे। इनका कहना था कि वास्तविक रहस्य का पता योग क्रिया द्वारा ही संभव है, क्योंकि उसी की सहायता से सारी बातें हमारे प्रत्यक्ष अनुभव में आ सकती हैं और उनको तत्त्वतः जानने में हम पूर्ण समर्थ भी हो सकते हैं। योग-साधना के बल पर ही हमें अपने मायाजनित आवरणों को दूर कर पूर्णतः निरावृत हो जाने का अवसर मिलता है[१] और हम उस मोक्ष की स्थिति के अधिकारी बन जाते हैं जो नित्यसिद्ध ज्ञान-भक्ति का उन्मेष रूप है। ज्ञानमूलक अद्वैत भक्ति सदा अहेतुकी, किन्तु सर्वथा आनन्द-विधायिनी हुआ करती है, क्योंकि उसमें द्वैत-भाव-जनित पराश्रयता की आशंका किंचित मात्र भी नहीं रहा करती, प्रत्युत स्वानुभूति की पूर्ण तृप्ति, आत्मप्रत्यय की दृढ़ शक्ति एवं तत्त्वोपलब्धि की अलौकिक शान्ति का उसमें आ जाना अनिवार्य सा हो जाता है। जिस प्रकार सृष्टि के आदि में परम तत्त्व सदाशिव पूर्ण अकृत्रिम 'अहं' की स्फूर्ति द्वारा अनेक प्रकार की

१. जगदीश चन्द्र चटर्जी : 'कश्मीर शैविज्म' (भा. १) श्रीनगर, १९१४, पृ. १६३-१६४।

लीलाओं में प्रवृत्त होकर स्वयं आनंदित हुआ करते हैं, उसी प्रकार 'अहं परमेश्वरः' का अनुभव करने वाला साधक भी भक्ति के लिए द्वैत की कल्पना कर उसके सौन्दर्य से प्रभावित हुआ करता है। द्वैत की यह भावना अद्वैत से भी कहीं सुन्दर होती है और दो अभिन्न-हृदय मित्र वा पति-पत्नी की भाँति जीवात्मा व उस परमात्मा के सम-रसानंद में यह द्वैत अमृत-तुल्य बन जाता है[1]।

घ. वारकरी सम्प्रदाय

वारकरी सम्प्रदाय–ईश्वराद्वयवाद की इस अपूर्व अद्वैत-परक भक्ति का ही प्रभाव कदाचित उस वैष्णव सम्प्रदाय पर भी किसी न किसी प्रकार पड़ा था जो दक्षिण भारत के पंढरपुर नामक स्थान के आस-पास विक्रम की १३वीं शताब्दी के उत्तरार्द्ध में किसी समय प्रचलित हुआ था जिसके प्रवर्तकों में सर्वश्रेष्ठ ज्ञानेदव वा ज्ञानेश्वर (सं. १३३२:१३५३) माने जाते हैं और जो आज तक 'वारकरी सम्प्रदाय' कहकर प्रसिद्ध है। ज्ञानेश्वर आलन्दी ग्राम के निवासी एक प्रतिभाशाली व्यक्ति थे, जिन्होंने अपनी 'ज्ञानेश्वरी' तथा 'अमृतानुभव' जैसी महत्त्वपूर्ण रचनाओं द्वारा उक्त सम्प्रदाय के दार्शनिक सिद्धांतों को स्पष्ट व सुव्यवस्थित कर उसकी भक्ति-साधना का सर्व साधारण में प्रचार किया था। 'अमृतानुभव' में पाये जाने वाले उनके एक पद[2] से जान पड़ता है कि उक्त कश्मीरी शैव राम्प्रदाय के मूलाधार 'शिव सूत्रों' का उन पर प्रत्यक्ष प्रभाव पड़ा था और कदाचित् इसी कारण उन्होंने शांकराद्वैत के मायावाद का खंडन भी किया था। इसी प्रकार यह भी कहा जाता है कि पंढरपुर में स्थापित विट्ठल नामक विष्णु वा कृष्ण की मूर्ति के सिर पर शिव की मूर्ति बनी हुई है और वारकरी सम्प्रदाय के अनुयायी शिव एवं विष्णु अथवा हर वा हरि में कभी कोई भेद भी नहीं माना करते, बल्कि एकादशी तिथि के व्रत के साथ-साथ सोमवार के दिन भी उपवास करते हैं[3]। इस सम्प्रदाय की साधना में योग-साधना को भी एक महत्त्वपूर्ण स्थान प्राप्त है जो उक्त कश्मीरी शैव सम्प्रदाय की एक विशेषता है।

ज्ञानेश्वर व अन्य वारकरी–ज्ञानेश्वर की सर्व प्रसिद्ध रचना 'ज्ञानेश्वरी श्रीमद्‌भगवद्गीता' पर एक सुंदर भाष्य है, जो सम्प्रदाय के सिद्धांतों के अनुसार मराठी भाषा में निर्मित हुआ है। यह निर्गुण व निराकार परमात्मा की भक्ति का अद्वैतवाद की भावना के अनुसार प्रतिपादन करता है और इसकी शैली अत्यन्त आकर्षक है। ज्ञानेश्वर ने अपने केवल २१ वर्षों के अल्प जीवन-काल में ग्रंथ-रचना के अतिरिक्त तीर्थ-यात्रा भी की थी जिसका रोचक वर्णन इनके सहयोगी मित्र व कदाचित् शिष्य, नामदेव (सं.१३२७-१४०७) ने अपनी रचना 'तीर्थावली' में किया है। ये नामदेव, संभवतः वे ही हैं जिनका नाम कबीर साहब आदि संतों ने बड़ी श्रद्धा के साथ लिया है और जिनकी बहुत-सी हिंदी-रचनाएं भी आज तक उपलब्ध हैं। ज्ञानेश्वर व नामदेव के अतिरिक्त उक्त सम्प्रदाय में आगे चलकर एक नाथ (सं. १५९०:१६५६) व तुकाराम

---

१. "भत्तयर्थे कल्पितं द्वैतमद्वैतादपिसुन्दरम्॥ जातं समरसानन्दं द्वैतमप्यमृतोपमम्। मित्रयोरिव दम्पत्योर्जीवात्मपरमात्मनोः॥"(बोधिसार) पृ. २००:२०१।

२. 'आणि ज्ञानबन्धु ऐसे शिव सूत्राचे निमिषे। हाणितलै असे। सदा शिवे। ३, १६ (डा. रानाडे कृत 'मिस्टिसिज्म इन महाराष्ट्र के पृ. १७९ पर उद्धृत)।

३. पं. बलदेव उपाध्यायः 'बारकरीज, दी फोरमोस्ट वैष्णव सेक्ट आफ महाराष्ट्र' (दी इंडियन हिस्टारिकल क्वार्टर्ली' भा. १५, १९३९, पृ.२७४।

(१६६६:१७०७) जैसे अन्य संत भी हुए, जिन्होंने इसके संदेशों का प्रचार किया। समय पाकर इसके अन्तर्गत चार शाखाएं भी चलीं जिनके नाम १. चैतन्य सम्प्रदाय, २. स्वरूप सम्प्रदाय, ३. आनन्द सम्प्रदाय व ४. प्रकाश सम्प्रदाय बतलाये जाते हैं और जिनके अनुयायी इस समय महाराष्ट्र के बाहर बरार, गुजरात, कर्नाटक एवं आन्ध्र तक में भी पाये जाते हैं। इसके प्रधान प्रचारकों ने अपने मत का प्रचार अधिकतर मराठी भाषा में रचे गए अभंगों द्वारा किया है तथा इसके कुछ बड़े-बड़े संतों की अनेक रचनाएँ हिंदी भाषा में भी मिलती हैं और ऐसे लोगों में नामदेव सबसे अधिक विख्यात हैं।

निर्गुणोपासना–वारकरी सम्प्रदाय एक प्रकार का स्मार्त्त सम्प्रदाय है जिसमें पंच-देवों की पूजा का विधान है, किंतु इसके सर्व प्रधान इष्टदेव विट्ठल भगवान् हैं जिनकी मूर्ति पंढरपुर में भीमा नदी के किनारे बनी हुई है और जो रुक्मिणी के साथ वर्तमान वस्तुतः श्रीकृष्ण के ही प्रतीक हैं। परमात्मा को निर्गुण ब्रह्म बतलाते हुए तथा अद्वैतवाद के समर्थक होते हुए भी इसके अनुयायी भक्ति-साधना को सर्वोत्तम ठहराते हैं। इनकी यह भक्ति अद्वैत भक्ति वा अभेद भक्ति है जिसका केवल अनुभव मात्र किया जा सकता है, वर्णन नहीं हो सकता। अपने 'अमृतानुभव' में एक स्थल पर ज्ञानेश्वर ने कहा है कि "जिस प्रकार एक ही पहाड़ के भीतर देवता, देवालय एवं भक्त-परिवार का निर्माण खोदकर किया जा सकता है, उसी प्रकार भक्ति का व्यवहार भी एकत्र के रहते हुए सर्वथा संभव है, इसमें संदेह नहीं"[१]। तभी तो अन्त में जाकर देव देवत्व में घनीभूत हो जाता है, भक्त भक्तिपन में विलीन हो जाता है, और दोनों का ही अंत हो जाने पर अभेद का स्वरूप अनंत होकर प्रकट होता है। जिस प्रकार गंगा समुद्र से भिन्न रूप होने से कभी मिल नहीं सकती, वैसे ही परमात्मा के साथ तद्रूप हुए बिना भक्ति का होना कभी संभव नहीं[२]। निर्गुण की इस अद्वैत भक्ति के लिए ये लोग सगुण रूप को भी एक साधन मानते हैं और उसके साथ तादात्म्य का भाव प्राप्त करने के लिए उसके नाम का निरंतर स्मरण तथा उसके अलौकिक गुणों का सदा कीर्तन किया करते हैं। इनके यहाँ इस प्रकार भक्ति व ज्ञान का एक सुन्दर सामंजस्य लक्षित होता है जिसे साधना के रूप में स्वीकार कर किसी भी जाति वा श्रेणी का मनुष्य कल्याण का भागी बन सकता है।

कीर्तन-पद्धति–वारकरी सम्प्रदाय का नाम दो शब्दों अर्थात् 'वारी' एवं 'करी' के संयोग से बना था, जिसका अर्थ 'परिक्रमा करने वाला' था। किंतु यह परिक्रमा, विशेषकर, पंढरपुर के मंदिर में स्थापित विट्ठल भगवान की ही, प्रति मास की दोनों एकादशियों को की जाने वाली तीर्थ-यात्रा तक सीमित समझी जाती रही और सम्प्रदाय के प्रत्येक अनुयायी का यह कर्त्तव्य था कि वह कम से कम आषाढ़ वा कार्तिक में इसे अवश्य कर ले। इन अवसरों पर उक्त यात्री बहुधा संयत जीवन बिताते थे और अपने इष्टदेव के भजन व कीर्तन में लीन रहा करते थे। इस भजन व कीर्तन की पद्धति भी प्रायः उसी प्रकार की थी, जैसे आगे चलकर नरसी मेहता (सं. १४७२:१५३८) एवं मीराबाई (सं. १५५५:१६०३) ने क्रमशः गुजरात

---

१. 'देव देऊल परिवारु। कीजे कोरूनि डोंगरु। तैसा भक्तिचा वेव्हारू। कांन हवावा ४१ ॥, अमृतानुभव, प्रकरण ९।

२. लक्ष्मण रामचन्द्र पांगारकर : 'श्री ज्ञानेश्वर चरित्र' (हिन्दी अनुवाद, गीता, प्रेस गोरखपुर सं. १९९०), पृ. २३१।

व राजस्थान की ओर तथा चैतन्यदेव (सं. १५४२:१५९०) ने बंगाल व उड़ीसा प्रांत में अपनायी। ये लोग अपने इष्टदेव के भजन में लीन होकर नृत्य व गान करते-करते बहुधा भावावेश में आ जाते थे और इनकी भक्ति का मूल अद्वैती स्वरूप द्वैतभाव से पूर्णतः प्रभावित जान पड़ने लगता था तथा इनमें एवं सगुणोपासक भक्तों में कोई विशेष अंतर नहीं लक्षित होता था। फिर भी इनका, वर्णाश्रम के नियमों से मुक्त रहकर एक अकृत्रिम जीवन व्यतीत करना, सामाजिक विशेषताओं की उपेक्षा करना, प्रवृत्ति मार्ग को स्वीकार करना तथा साम्प्रदायिक रूढ़ियों को अधिक महत्त्व न देना आदि इन्हें साधारण भक्तों की श्रेणि से पृथक् कर देते थे। वारकरी समप्रदाय के इन भक्तों को इसी कारण संत कहने की भी परिपाटी चल निकली और यह शब्द इनके लिए रूढ़ि-सा हो गया[१]

ङ: वैष्णव सहजिया

वैष्णव सहजिया–चैतन्य देव के पहले से ही[२] बंगाल प्रांत में वैष्णव सम्प्रदाय की एक शाखा 'सहजिया' के नाम से प्रसिद्ध रहती चली आ रही थी। इस शाखा के विख्यात पूर्वकालीन भक्तों में चंडीदास का नाम विशेष रूप से लिया जाता है जिनका आविर्भाव विक्रम की पंद्रहवीं शताब्दी के पूर्वाद्र्ध में हुआ था। इनका जन्म वीरभूमि जिले के अंतर्गत हुआ था और ये नान्नूर नामक गाँव के किसी वाँशुली देवी के मन्दिर में पुजारी का काम किया करते थे। अपने प्रेमभाव की उग्रता के कारण ये 'पागला चंडी' कहलाकर विख्यात हो गए थे और इनका प्रेम-संबंध 'रामी' नाम की रजकी वा धोबिन के साथ भी हो गया था। किंतु ब्राह्मण होते हुए भी इन्होंने इस बात की कुछ भी परवा नहीं की और अपनी प्रेमपात्री को 'वेदमाता गायत्री' तक कहकर संबोधित करते रहे। इन्होंने श्रीकृष्ण एवं राधा से संबंध रखने वाले अनेक पदों की रचना की तथा उनकी नित्य-लीला का वर्णन किया। उनके अलौकिक प्रेम की व्याख्या करते हुए इन्होंने कहा है–"वैसी प्रीति कभी न तो देखी गई और न सुनी ही गई। उन दोनों के प्राण वा हृदय स्वभावतः एक दूसरे से बँधे हुए हैं और एक दूसरे के समक्ष सदा रहते हुए भी वे भावी वियोग की काल्पनिक आशंका से रो पड़ते हैं[३]। इस प्रेम की तुलना में अनेकानेक उदाहरण उपस्थित कर वे उन सभी को इससे हीन भी दर्शाते हैं। इनके उस प्रेम का स्वरूप उस स्वच्छंद, किंतु स्वाभाविक अनुराग की ओर संकेत करता है, जो एक परकीया नायिका का अपने प्रेम-पात्र वा प्रेमी के प्रति हुआ करता है। प्रेम की इस स्वाभाविकता के ही कारण उसे 'सहजभाव' का नाम दिया गया था और सहज शब्द के ही महत्त्व से इसका नाम 'सहजिया सम्प्रदाय' पड़ा था।

राधा व कृष्ण–उक्त 'सहज' वस्तुतः वही सहज तत्व था जो कभी बौद्ध दर्शन के अनुसार परमतत्त्व समझे जाने वाले शून्य के स्थान पर क्रमशः महासुख के रूप में प्रविष्ट हुआ था और जो बौद्ध सहजिया लोगों की साधना में परमध्येय बना हुआ था। अतएव जिस प्रकार बौद्ध

---

१. आर. डी. रानाडेः 'मिस्टिसिज़्म इन महाराष्ट्र' (पूना, १९३३) पृ. ४२।

२. डा. मजुमदार :'हिस्ट्री आफ बंगाल' पृ. ४२४।

३. 'एखन पीरिति कभु देखिनार सुनि। पराणे पराणबाँधा अपना आपनि॥ दुंहुँ कोरे दुंहुँ कांदे विच्छेद भाविया। इत्यादि (डा. दिनेशचंद्र सेन की पुस्तक 'बंगाली लैंग्वेज ऐंड लिटरेचर', पृ. १३०:१ पर उद्धत।)

सहजिया लोगों ने इसे 'प्रज्ञा' एवं 'उपाय' का युगनद्ध रूप मान रखा था, उसी प्रकार इन वैष्णव सहजिया लोगों ने भी इसे 'राधा' एवं 'कृष्ण' के नित्य प्रेम का रूप दे डाला और इसी को सारे विश्व का मूलाधार मानकर इन्होंने सृष्टि-क्रम की भी कल्पना की। प्रत्येक मनुष्य के भीतर भी इसी कारण कृष्णतत्त्व की कल्पना की गई जिसे उसका 'स्वरूप' समझा गया और उसी प्रकार प्रत्येक स्त्री के भीतर राधातत्त्व का भी अस्तित्त्व माना गया तथा मानव शरीर में इसके अतिरिक्त पाये जाने वाले निम्नतर तत्त्व को उसका केवल 'रूप' नाम दिया गया। इसके सिवाय इन 'रूप' एवं 'स्वरूप' के मौलिक एकत्व को कार्यान्वित करने के लिए ही वैष्णव कवियों ने राधा एवं कृष्ण की नित्य-लीला का प्रत्यक्ष अनुभव करना अपने लिए परम ध्येय मान लिया था, और उसका वर्णन करते हुए वे आनन्द के मारे फूले नहीं समाते थे। वे उस 'लीला' वा 'केलि' को अत्यंत ऊंचा महत्त्व प्रदान करते थे और इस प्रकार की भावना तब से बराबर लक्षित होती चली आई है। जयदेव कवि ने अपनी रचना 'गीत गोविंद' के प्रथम श्लोक वा पद में ही राधा और कृष्ण की यमुना-तट पर होने वाली रहस्यमयी 'केलि' वा लीला की जय मनाकर मंगलाचरण किया था[१] और उनके पीछे आने वाले चंडीदास एवं विद्यापति ने भी उक्त लीला का प्रायः उसी प्रकार वर्णन व गुणगान किया था। सहजिया वैष्णवों ने उसी के आधार पर आगे चल कर 'रूप' के ऊपर 'स्वरूप' का क्रमशः आरोप करते हुए मानवीय प्रेम को भी स्वर्गीयता प्रदान कर दी, और कालांतर में उनका वैष्णव धर्म ही वस्तुतः मानव-धर्म में परिणत हो गया। "मानव-प्रेम अपनी सर्वोत्कृष्ट व शुद्ध दशा में ईश्वरीय प्रेम बन जाता है" की भावना ने ही वैष्णव सहजिया एवं सूफी सम्प्रदायों के सहयोग से बंगाल प्रदेश में 'बाउल सम्प्रदाय' को भी जन्म दिया जिसने सहज की उक्त कल्पना को 'मनेर मानुष' वा हृदयस्थित प्रियतम के रूप में परिवर्तित कर एक नवीन मार्ग निकाला।

उपसंहार–भक्तों के उपर्युक्त विभिन्न सम्प्रदायों की विविध साधनाओं में इस प्रकार कभी श्रद्धा व प्रेम, कभी तंत्रोपचारमयी भक्ति, कभी ज्ञानमूलक भक्ति व कभी शुद्ध रागात्मिका भक्ति के अंश क्रमशः प्रविष्ट होते गए और साधकों की एक प्रवृत्ति किसी समय मानव-प्रेम तक की ओर हो गई। विक्रम की प्रायः दूसरी शताब्दी से लेकर उसकी चौदहवीं शताब्दी तक के इस लम्बे युग में भक्ति ने अनेक रूप ग्रहण किये जिनका इसके आगे भी बहुत प्रचार हुआ और उन्हें अपनाने वाले अनेक महान् व्यक्तियों ने बड़ी ख्याति भी प्राप्त की। परन्तु इन साधकों में अधिकतर ऐसे भक्त ही हुए, जिन्होंने अपने सम्प्रदाय के सिद्धान्तों का भर सक अक्षरशः पालन करना अपना परम कर्तव्य समझा। सम्प्रदायिक रूढ़ियों से बहुत कुछ अलग रहते हुए उक्त साधनाओं द्वारा स्वतंत्र रूप से प्रभावित होने वाले केवल थोड़े से ही व्यक्ति हुए जिनकी गणना बहुधा पूर्वकालीन वा पथप्रदर्शक संतों में की जाती है और जिनके जीवन की कुछ थोड़ी-सी ही झलक उनकी उपलब्ध रचनाओं में मिलती है। इनमें से कुछ के नाम कबीर साहब आदि संतों ने बड़े आदर के साथ लिया है, कुछ की रचनाएं 'आदिग्रंथ' में संगृहीत हैं तथा कुछ ऐसे भी हैं जिनके एकाध अन्यत्र प्राप्त फुटकर पदों के आधार पर उन्हें ऐसे संतों की श्रेणी में सम्मिलित कर लेने की प्रवृत्ति होती है। उदाहरण के लिए इन संतों में जयदेव, सधना, लालदेद, वेणी, नामदेव तथा त्रिलोचन की गणना की जा सकती है और इनका संक्षिप्त परिचय आगे दिया जा रहा है।

---

१. 'राधमाधवयोर्जयन्ति यमुनाकूले रहःकेलयः' ॥'गीत गोविंद'।

४. पूर्वकालीन संत

(१) संत जयदेव

जीवन-काल–जयदेव का नाम संत कबीर साहब ने अपनी अनेक रचनाओं में बड़े आदर के साथ लिया है और इन्हें 'भक्ति के रहस्यों से परिचित' भी बतलाया है। ये संभवतः वे ही प्रसिद्ध जयदेव हैं जो 'गीत गोविंद' के रचयिता समझे जाते हैं और कदाचित् वे भी जिनके दो हिंदी पद 'आदिग्रंथ' में भी संगृहीत हैं। संस्कृत साहित्य के इतिहास में नाटक-कार, चम्पूकार, छन्दः शास्त्र में प्रवीण तथा प्रबन्ध-रचयिता जयदेव भी एक से अधिक हो चुके हैं, परन्तु उनकी प्रसिद्धि उतनी नहीं, जितनी इन गीतकार जयदेव की है और इन्हीं के संबंध में नाभादास ने भी 'भक्तमाल' में लिखा है। इनके समय का अनुमान बंगाल के सेन-वंशी राजा लक्ष्मण सेन के राज्य-काल के विचार से किया जाता है, जो सं. १२३६:१२६२ (सन् ११७९:१२०५ ई.) रहा था[१]। ये उक्त राजा के दरबारी कवि कहे जाते हैं, और यह भी प्रसिद्ध है कि वहीं रहकर इन्होंने विशेष ख्याति भी प्राप्त की थी। श्रीमद्भगवत (दशम स्कंध के ३२वें अध्याय के ८वें श्लोक) की 'भावार्थदीपिका' पर की गई 'वैष्णवतोषिणी' टीका से भी प्रकट होता है कि ये उमापितधर के साथ राजा लक्ष्मण सेन के दरबार में रहते थे (दे. 'श्री जयदेव सहचरेण महाराज लक्ष्मण सेन मंत्रिवरेणोमापति धरेण' इत्यादि) और राजा लक्ष्मण सेन के सभा-मंडप के द्वार पर पत्थर की पट्टियों में खुदा हुआ एक लेख भी पाया गया है जिससे पता चलता है कि ये उक्त राजा के सभासदों में से थे। (दे. 'गोवर्धनश्चशरणो, जयदेव उमापतिः। कविराजश्च रत्नानि समितौ लक्ष्मणस्यत्र)[२] इसी प्रकार इन्होंने अपनी रचना 'गीत गोविंद' में कविधोयी, व आचार्य गोवर्धन, उमापतिधर व शरणदेव के नाम लिये हैं जिससे सेनों के राज्यकाल की भी सूचना मिलती है[३] फिर भी इनके जन्म व मरण-काल के संवत् अभी तक अविदित व अनिश्चित हैं और यह भी पता नहीं कि ये उक्त राजा के यहाँ कब से कब तक रहे थे। बा. रजनीकान्त गुप्त ने राजा लक्ष्मणसेन का बारहवीं ई. शताब्दी के प्रारम्भ में होना अनुमान करते हुए भी इनका समय नहीं बतलाया है[४] वे यह भी कहते हैं कि चंदबरदाई की पंक्ति "जयदेव अहं कवी कव्विरायं, जिनै केल कित्ती गोविन्द गायं" से प्रकट है कि ये उसके पूर्ववर्ती वा समसामयिक थे[५]। अतएव इन संकेतों के आधार पर हम इनका जीवन काल तब तक विक्रमीय संवत् की १३वीं शताब्दी में रख सकते हैं[६]

---

१. डा. मजुमदारः 'दि हिंस्ट्री आफ बंगाल' (भा. १) ढाका युनिवर्सिटी, १९४३, पृ. २३१।

२. रजनीकांत गुप्तः 'जयदेव चरित' (हिन्दी अनुवाद) 'खड्ग विलास प्रेस, बांकीपुर सन् १८१०, पृ. १२।

३. 'वाचः पल्लवत्युमापतिधरः सन्दर्भ शुद्धि गिरां, जानीते जयदेव एक शरणः श्लोध्यो दुरूहद्रतः। श्रृंगारोत्तर सत्प्रमेय रचनैराचार्य गोवर्धनः स्पर्द्धी कोऽपि न विश्रतः श्रतिधरो धोयी कविः क्षमापतिः॥' सर्ग १, श्लो. ४।

४. रजनीकांत गुप्तः 'जयदेव चरित' पृ. १२।

५. वही, पृ. १५।

६. टि.-इनके 'गीत गोविन्द के एक श्लोक 'वेदानुद्धरते' आदि का उल्लेख सं. १३४८ (सन् १२९२) के एक शिलालेख में भी मिलता है जो गुजरात के शार्ङ्गधर बघेल के समय का है (दे. डा. मजुमदार संपादित 'दि हिस्ट्री आफ बंगाल (भा. १) पृ. ३६९ नोट।

जन्म-स्थान–इनकी जन्मभूमि प्राय: अधिकांश जानकारों की सम्मति में किंदुविल्व नाम का ग्राम था जिसका उल्लेख 'गीत गोविंद' में भी आया है[1] और जो अजय नदी तटवर्ती केंदुली नाम से बंगाल के वीरभूमि जिले में आज भी प्रसिद्ध है। वहाँ पर प्रति वर्ष मकर संक्राति के अवसर पर एक बड़ा भारी मेला लगता है जहाँ सहस्रों वैष्णव एकत्र होकर इनकी समाधि के चारों ओर संकीर्तन करते हैं और इनके 'गीत गोविंद' के अतिरिक्त अन्य प्रसिद्ध कवियों के पदों का भी गान किया करते हैं। कुछ लेखकों के मतानुसार इनका जनम-स्थान वास्तव में केन्दुली-सासन गाँव है जो उड़ीसा प्रान्त में पुरी के निकट किसी प्राची नदी पर अवस्थित है। इनके उड़िया होने का प्रमाण इस बात में भी दिखलाया जाता है कि वहाँ के लोग इस कवि से बहुत अधिक परिचित जान पड़ते हैं। इस मत के अनुसार कवि जयदेव राजा कामार्णव (सं. ११९९-१२१३ ई.) तथा राजा पुरुषोत्तम देव (सं. १२२७-१२३७) के समकालीन थे और इस प्रकार इन दोनों मतों के ही आधार पर हम इस कवि का जीवन-काल विक्रम की १३वीं शताब्दी में ठहरा सकते हैं। उड़ीसा का प्रान्त वैष्णव सम्प्रदाय की ही भाँति बौद्धों के बज्रयान एवं सहजयान सम्प्रदायों का भी एक प्रसिद्ध केन्द्र रह चुका है और जयदेव को सहजयान सम्प्रदाय द्वारा प्रभावित भी कहते हैं। अतएव सम्भव है कि कवि जयदेव उड़ीसा प्रान्त के मूल निवासी हों, किंतु पीछे उनका कोई न कोई सम्बन्ध बंगाल प्रान्त के साथ भी हो गया हो।

जीवन-वृत्त–'गीत गोविन्द' के रचयिता जयदेव ने अपनी रचना के अन्त में अपने पिता का नाम भोजदेव तथा माता का नाम राधा देवी दिया है[2] इनके जीवन-वृत्त की बहुत-सी घटनाओं का वर्णन नाभादास की 'भक्तमाल' के टीकाकार प्रियादास ने किया है, परंतु उनकी अनेक बातें अलौकिक और चमत्कारपूर्ण समझ पड़ती हैं और अनुमान होता है कि उनका अधिकांश जयदेव का महत्त्व बढ़ाने के लिए रचा गया है। कहा जाता है कि ये गाँव के बाहर पर्ण कुटी में रहा करते थे जहाँ पर जगन्नाथजी की प्रेरणा से एक ब्राह्मण इन्हें अपनी कन्या देने के लिए लाया और इनका संकोच देखकर उसे वहीं छोड़ अपने घर चला गया। उस कन्या को पीछे जयदेव ने स्वीकार कर लिया और उसके साथ विवाह कर अपना जीवन सुखपूर्वक व्यतीत करने लगे तथा उसी समय इन्होंने उन पदों की रचना भी की जो 'गीत गोविन्द' में संगृहीत हैं। इन पदों का बहुत प्रचार हुआ और इनके कारण इन्हें कभी कभी वस्त्र व अलंकारादि भी मिलने लगे। किन्तु ऐश्वर्य-वृद्धि का परिणाम अंत में अच्छा नहीं हुआ और एक बार, जब ये धनोपार्जन के लिए की गई अपनी वृंदावन एवं जयपुर की यात्रा से लौट रहे थे[3] इन्हें ठगों और डाकुओं ने लूटकर इनके हाथ और पैर तक काट डाले। फिर भी ये अपने कष्टकाल में भी सदा प्रसन्न रहे। इनकी स्त्री पद्मावती का इनके लिए मर जाना तथा उसका इनके द्वारा जिलाया जाना आदि जैसी अनेक अन्य घटनाएं भी इनके जीवन-चरितों में लिखी मिलती हैं जिनसे इनका एक परमभक्त होना सिद्ध होता है। किंबदंती के अनुसार ये

---

१. दे.'वर्णितं जयदेवकेन हरेरिदं प्रणतेन। किन्दुविल्व समुद्र सम्भव रोहिणीरमणेन' तृतीय सर्ग, श्लो. ८।

२. दे.'भोजदेव प्रभवस्य, राधादेवी सुत श्री जयदेवकस्य। पराशरादि प्रियवर्ग कंठे, श्री गीतगोविन्द कवित्वमस्तु,। द्वादश सर्ग, श्लो. ५।

३. रजनीकांत गुप्त :'जयदेव चरित', पृ. ३६।

वृद्धावस्था तक जीवित रहे, और अंत समय तक किसी न किसी प्रकार गंगा-स्नान पैदल जाकर करते रहे। गंगाजी की जो धारा इनके केंदुली गाँव से अति निकट थी, आजकल 'जयदेई गंगा' के नाम से प्रसिद्ध है।

'गीत गोविंद'–इनका 'गीत गोविंद' काव्यग्रंथ अपने शब्द-सौन्दर्य, पद-लालित्य एवं संगीत माधुर्य के लिए संस्कृत-साहित्य में अद्वितीय समझा जाता है और उसकी प्रशंसा इन्होंने उक्त रचना के ही द्वारा निज मुख से भी की है[१] फिर भी कुछ विद्वानों की राय में उसकी मूल रचना प्राचीन बँगला वा पश्चिमी अपभ्रश में हुई होगी और उसका अनुवाद-मात्र संस्कृत भाषा में कर दिया गया होगा। इसका कारण बतलाते हुए कहा गया है कि संपूर्ण काव्य की रचना-पद्धति संस्कृत से अधिक प्राकृत वा लोकभाषाओं का ही अनुसरण करती है और डा. पिशल इस बात में सबसे अधिक विश्वास करते हुए प्रतीत होते हैं। परंतु गीतों की आलंकारिक भाषा, ग्रंथ की वर्णन-शैली अथवा अन्त्यानुप्रासों के प्रयोगादि उस समय संस्कृत-काव्य के लिए भी कोई नवीन बातें नहीं थीं और न अनुवाद में कोई वैसा सौंदर्य लाना ही संभव था। यह कहना बल्कि अधिक उचित होगा कि जयदेव कवि के ऊपर उस समय की अनेक अपभ्रंश रचनाओं का कुछ न कुछ प्रभाव पड़ा होगा और ये उनकी विशेषताओं की ओर सहसा आकृष्ट हो गए होंगे[२]। 'गीत गोविंद' में शृंगार के साथ-साथ भक्ति का भी पुट प्रचुर मात्रा में पाया जाता है और गौड़ीय सम्प्रदाय के अनुयायी उसे अपनी भक्ति का एक प्रबल स्रोत मानते हैं। उसकी कदाचित् इस विशेषता ने ही लोगों को सदा अधिक आकृष्ट किया है। उड़ीसा के राजा प्रतापरुद्र (सं. १४६४:१५९८) के समय के एक शिलालेख से (जो जगन्नाथ जी के मंदिर के जगमोहन की बाँयी ओर वर्तमान है) प्रकट होता है कि सं. १५५६ की १७वीं जुलाई बुधवार को आदेश निकाले गये थे कि उक्त मंदिर में प्रति दिवस संध्या समय से लेकर भगवान के शयन-काल तक नृत्य आवश्यक समझा जायगा तथा प्रत्येक नर्तकी एवं वैष्णव गायक को केवल 'गीत गोविन्द' के पदों का गान करना अनिवार्य होगा। दूसरे गीतों का गाना नियम भंग करने का अपराध समझा जायगा[३]। फिर भी शृंगार रस के बाहुल्य तथा कलाप्रदर्शन की विशेषता के कारण उक्त रचना में भक्ति-भाव का उद्रेक स्पष्ट नहीं हो पाया है। उसके कुछ टीकाकारों ने उसके शब्दों के भीतर आध्यात्मिक रहस्य की खोज करने की अवश्य चेष्टा की है, परंतु कदाचित् वे उतने सफल नहीं कहे जा सकते और न शुद्ध भक्ति की दृष्टि से भी उक्त काव्य को हम भक्ति-साहित्य में कोई प्रमुख स्थान दे सकते हैं। कबीर साहब जिस जयदेव के लिए "भगति कै प्रेम इनही है जाना" कहते हैं[४] उसमें ऐसी काव्य-शक्ति के अतिरिक्त कुछ अन्य बातें भी अवश्य अपेक्षित होंगी।

आदि ग्रंथ वाले पद–'आदिग्रंथ' में संगृहीत जयदेव की रचनाओं में केवल दो पद[५] ही मिलते हैं जिनमें से एक उपदेश के रूप में हैं और दूसरे का विषय योग-साधना से संबंध

---

१. गीत गोविन्द, दे प्रथग सर्ग, श्लो. ३, अष्टम सर्ग श्लो. ८ व द्वादश सर्ग श्लो. ८ आदि।

२. डा. मजुमदार :हिस्ट्री आफ बंगाल (भा. १) पृ. ३७२:३।

३. डा. बनर्जी :'हिस्ट्री आफ ओडीसा' (भा. १) रा. चटर्जी, कलकत्ता १९३०, पृ. ३३४।

४. 'गुरु ग्रंथसाहब' रागु गौड़ी, पद ३६, पृ. ३३०।

५. रागु गूजरी पद १, पृ. ५२६ व रागु मारू पद १ (पृ. ११०४)।

रखता हुआ समझ पड़ता है। पहले पद के अंतर्गत 'राम नाम' व सदाचरण के साथ-साथ 'मनसा, वाचा व कर्मणा से की जाने वाली 'हरि भगत निज निहकेवला' अर्थात् अनन्य भक्ति का महत्त्व दर्शाते हुए उसे योग, जप एवं दानादि से श्रेष्ठ बतलाया गया है। इसकी भाषा संस्कृत से बहुत प्रभावित है और गो. तुलसीदास की अनेक ऐसी रचनाओं की भाँति यह भी 'पंडिताऊ पद' कहलाने योग्य है। इसी प्रकार दूसरे पद की शब्दावली पर नाथ पंथ अथवा सिद्धों के बौद्ध मत का प्रभाव स्पष्ट है और इसकी वर्णन-शैली आगे आने वाले संतों के बहुत-से 'सबदों' का स्मरण दिलाती है। मेकालिफ ने तो इस पद को 'एक अत्यंत कठिन माननीय रचना' कहा है[१] उक्त दोनों पदों में से किसी का भी पाठ 'आदिग्रंथ' वाले संग्रह में पूर्णतः शुद्ध नहीं जान पड़ता। उनके कई शब्द विकृत व अस्पष्ट हो गए हैं।

महत्त्व–'गीत गोविंद' के रचयिता जयदेव के लिए कहा जाता है कि वे निम्बार्क-सम्प्रदाय के अनुयायी थे और कुछ लोग उन्हें विष्णु स्वामी के सम्प्रदाय का बतलाते हैं, जैसा कि एक संस्कृत[२] श्लोक से भी सूचित होता है। परंतु ये बातें उक्त दो में से किसी भी पद के आधार पर प्रमाणित नहीं की जा सकतीं और इस कारण इन दोनों जयदेवों के एक ही होने में संदेह भी किया जा सकता है। फिर भी इतना प्रायः निश्चित-सा है कि उक्त दो पदों का रचयिता एक ऐसे समय में वर्तमान था जब कि पाल वंशी राजाओं के समकालीन बौद्ध सिद्धों का समय अभी-अभी व्यतीत हुआ था, नाथ-पंथ एवं भक्तिमार्ग की धाराएं प्रायः समान रूप से एक ही साथ प्रवाहित हो रही थीं और इन दोनों द्वारा सिंचित क्षेत्र एक विशेष रूप धारण करता जा रहा था। सूक्ष्म रूप से विचार करने पर विदित होगा कि जयदेव-जैसे कुछ वैष्णवों की रचनाओं में सहजयानियों के 'प्रज्ञा' एवं 'उपाय' नामक तत्त्व ही राधा एवं कृष्ण के रूप धारण कर अद्वय की दशा में अपने ढंग से मिल जाते हैं और उनकी 'महासुख' वाली अंतिम स्थिति यहाँ पर 'अलौकिक प्रेम' में रूपांतरित हो जाती है। फिर भी आगे चलकर इसी का परिणाम वारकरी सम्प्रदाय के अभंगों में कहीं अधिक स्पष्ट होकर लक्षित हुआ। जयदेव वास्तव में एक बड़े महत्त्वपूर्ण संधिकाल में उत्पन्न हुए थे और अपनी कृतियों द्वारा उन्होंने एक ऐसे मार्ग का प्रदर्शन किया, जो संतमत के लिए आदर्श बन गया।

(२) संत सधना

संक्षिप्त परिचय– संत सधना के विषय में कहा जाता है कि ये एक बहुत प्राचीन भक्त थे और इनका उल्लेख नामदेव (सं. १३२७:१४०७) ने भी अपनी रचनाओं में किया है। किंतु मुझे संत नामदेव की ऐसी कोई प्रामाणिक रचना नहीं मिली जिसमें इनकी चर्चा की गयी हो। संभव है ये नामदेव के समकालीन रहे हों अथवा उनके कुछ ही आगे पीछे उत्पन्न हुए हों। इनके जन्म-स्थान का भी ठीक-ठीक पता नहीं चलता। एक सधना वा सदन सेहवान (सिंध प्रांत) के निवासी कहे जाते हैं और कुछ लोगों का अनुमान है कि वे प्रसिद्ध संत सधना से भिन्न थे। उनका भी समय विक्रम की चौदहवीं शताब्दी का अंतिम भाग समझा जाता है जो नामदेव का भी जीवन-काल है। मेकालिफ के अनुसार नामदेव तथा ज्ञानदेव की तीर्थ-यात्रा के समय सधना की उनके साथ एलोरा की कंदरा के निकट भेंट भी हुई थी और इन्होंने उन

१. मेकालिफ :'दि सिख रेलिजन' (भा. ६) पृ. १६।

२. 'विष्णुस्वामी समारम्भां, जयदेवादि मध्यगाम्। श्रीमद्वल्लभ-पर्यन्तां, स्तुमो गुरु-परम्पराम्।'

दोंनो संतों का आतिथ्य-सत्कार करके तीर्थ-यात्रा में उनका साथ भी दिया था।[१] सधना जाति के कसाई कहे जाते हैं और यह भी प्रसिद्ध है कि ये पशुओं को स्वयं मारते नहीं थे, अपितु मांस अन्य कसाईयों से लेकर बेंचा करते थे। इन्हें जीव-हिंसा से घृणा थी, परंतु अपने पैतृक व्यवसाय का ये परित्याग भी नहीं करना चाहते थे। इनके तौल के बटखरों में अनजानवश शालग्राम की कोई शिला भी सम्मिलित हो गई थी जिसे किसी दिन इनके तराजु पर एक साधु ने देख लिया। उसने इन्हें इस बात के लिए बहुत कुछ फटकारा और उक्त शिला को इनसे माँग कर अपनी पूजा के घर ले गया। परंतु रात को उसे स्वप्न हुआ कि शालग्राम को उसके पूजनगृह की अपेक्षा इनकी दूकान में ही रहना पसंद है। अतएव उसे विवश होकर उक्त शिला इन्हें लौटा देनी पड़ी और इस घटना का प्रभाव इन पर इतना पड़ा कि इन्होंने विरक्त होकर अपना घर-बार भी त्याग दिया। इनकी जगन्नाथ पुरी की यात्रा तथा उसमें होने वाली इनके विविध कष्टों की कथाएं भी प्रसिद्ध हैं और उनमें चमत्कार भरे पड़े हैं।

रचनाएं–इनका एक पद गुरु अर्जुनदेव द्वारा संपादित सिखों के 'आदिग्रंथ' में आया है जिसमें इनके आर्त्तभाव तथा आत्मनिवेदन बड़े सुंदर ढंग से प्रदर्शित किये गए हैं और इनके दैन्य-भरे शब्दों में एकांतनिष्ठा भी वर्तमान है। इनकी पंक्तियों में हृदय के सच्चे उद्‌गार दीख पड़ते हैं और इनके उक्त एक पद के भी द्वारा इनके सरल एवं निष्कपट जीवन की एक झाँकी मिल जाती है। इस पद के प्रारंभ में जिस कथा का प्रसंग आया है, वह इस प्रकार कही जा सकती है–"किसी बढ़ई के लड़के को जब यह पता चला कि एक राजा की लड़की विष्णु भगवान के साथ विवाह करने को उत्सुक है, तब उसने उसी समय विष्णु के रूप में अपने को सुसज्जित करना चाहा। उसने अपने शरीर में चार भुजाएं लगा लीं जो क्रमशः शंख, चक्र, गदा व पद्‌म धारण किये हुए थीं और वह गरुड़ पर सवार भी हो गया। परंतु जब उक्त लड़की के पिता पर किसी शत्रु ने आक्रमण किया और लड़की ने उसकी रक्षा के लिए अपने उस कृत्रिम विष्णु-रूपी पति से सहायता चाही, तब वह भयभीत हो गया और अधीर होकर उसने वास्तविक विष्णु भगवान की शरण ली। विष्णु भगवान ने उसकी प्रार्थना सुन ली, राजा के उक्त शत्रु को पराजित कर दिया और इस प्रकार उस बनावटी विष्णु-रूपी बढ़ई को भी बचा लिया।' सधना के छः पदों का एक संग्रह 'संतगाथा' में भी मिलता है जिसमें इनकी भक्ति कृष्णावतार के प्रति लक्षित होती है। इनके पदों की भाषा में फारसी-अरबी के भी कुछ शब्द आये हैं जिनसे इनके रचयिता का संभवतः किसी पश्चिमी प्रांत का निवासी होना सिद्ध होता है। परंतु इन पदों की पंक्तियों में वह भाव-गंभीर्य नहीं और न वे संतमत निर्दिष्ट विचार ही दीख पड़ते हैं जो सधना की विशेषता होनी चाहिए। संभव है कि सधना नाम के दो भिन्न-भिन्न व्यक्ति हों और उन दोनों की रचनाएं पृथक्-पृथक् उपलब्ध हो रही हों।

सधना पंथ–डा. ग्रियर्सन ने संत सधना के नाम पर प्रचलित किसी सधना-पंथ की चर्चा की है और उसके अनुयायियों का बनारस में वर्तमान होना भी बतलाया है। किंतु ऐसे लोगों का इस समय काशी में कुछ पता नहीं चलता। इसके सिवाय डा. ग्रियर्सन ने सधना का समय भी ईसा की सत्रहवीं शताब्दी बतलाया है। किन्तु संत कबीर साहब के समसामयिक संत

---

१. मेकालिफ : 'दि सिख रेलिजन' (भा. ६) पृ. ३२।

रविदास ने इनका उल्लेख अपनी रचना[१] में किया है जिससे उक्त डाक्टर साहब का यह अनुमान भी ठीक नहीं जान पड़ता।

(३) संत लालदेद व लल्ला

संक्षिप्त परिचय–लल्ला वा लाल कश्मीर की रहने वाली एक ढेढ़वा मेहर जाति की स्त्री थी जो सामाजिक दृष्टि से निम्न स्तर वाले परिवार की होकर भी बहुत उच्च विचार रखती थी। इसके विषय में प्रसिद्ध है कि यह शैव-सम्प्रदाय का अनुसरण करने वाली एक भ्रमणशील भंगिन थी, किंतु धार्मिक मतभेदों से बहुत दूर रहा करती थी और इसके सिद्धान्त अत्यन्त सरल व समन्वयात्मक थे। इसका समय ईसा की चौदहवीं शताब्दी अथवा प्रायः वही था जो संत सधना वा नामदेव का था और इसके कुछ अनुयायी अभी तक पश्चिमोत्तर भारत में जहाँ-तहाँ पाये जाते हैं। कहा जाता है कि यह पूर्ण वृद्धावस्था तक जीवित रहीं और इसने अपने धार्मिक विचार प्रकट करने के लिए कई पदों की रचना भी की। ऐसे पदों का एक संग्रह 'लल्ला वाक्यानि'[२] के नाम से डा. ग्रियर्सन व डा. बर्नेट ने प्रकाशित किया है। यह अपने विचारों का प्रचार बहुधा गाकर एवं नृत्य करके किया करती थी और अपने शरीर पर अधिक वस्त्र भी नहीं रखती थीं। इसकी रचनाओं के विषय में कभी-कभी शैवों की योग-साधना से संबंध रखते थे। लालदेद के विषय में यह भी अनुमान किया जाता है कि इसे सैयद अली हमदानी (सन् १३८०:८६ ई.= सं. १४३७:४४ में वर्तमान) नामक मुस्लिम फकीर से मैत्री थी[३] और इसके शुद्ध आचरण एवं व्यवहार तथा व्यापक विचारों का प्रभाव इसकी जन्मभूमि से दूर-दूर तक फैल गया था। इसे लोग बहुधा 'लल्ला योगिनी' भी कहा करते थे।

लालदेद व कबीर साहब–डा. ग्रियर्सन का कहना है कि आगे चलकर लालदेद की अनेक महत्त्वपूर्ण बातों से कबीर साहब भी प्रभावित हुए थे।[४] उनके अनुसार लालदेद को मूर्ति-पूजा से विरोध नहीं था, वह एक सच्ची धार्मिक हिंदू थीं। किंतु इसके अनेक विचार कबीर साहब के विचारों से मिलते-जुलते थे। इसमें संदेह नहीं कि जिस प्रकार कबीर साहब ने राम-रहीम व केशव-करीम को एक बतलाकर हिंदू व मुसलमान जनता को एक सूत्र में बाँधने के प्रयत्न किये, उसी प्रकार इस लालदेद ने भी कहा था कि "शिव, केशव, जिन वा नाथ में कोई भी वास्तविक अन्तर नहीं, किसी एक के प्रति हार्दिक विश्वास रखने वाला सांसारिक दुःखों से मुक्त हो सकता है[५] और इसकी कविताओं में कबीर साहब की भाँति जुलाहों में प्रचलित पारिभाषित शब्दों के प्रयोग भी प्रचुर परिमाण में मिलते हैं। कबीर साहब की पंक्ति "उलटी गंग समुद्रहि सोखे, ससि औ सूर गरासे" भी लालदेद की एक पंक्ति का

१. 'नामदेव कबीर त्रिलोचनु, सधना सैणु तरै'-संत रविदास।

२. 'लल्ला वाक्यानि' आर दि वाइज सेइंग्स आफ़ लालदेद, ए मिस्टिक पोएटेस आफ़ ऐंशेंट कश्मीर' (एशियाटिक सोसायटी मोनोग्राफ्स, लन्दन, १९२०) पृ. ६ व २२५। इनके ६० पदों का एक संग्रह 'लल्लेश्वरी वाक्यानि' नाम से, मूल रचनाओं के संस्कृत रूपांतर के साथ भी श्रीनगर से प्रकाशित है और दोनों संग्रहों में कदाचित् वे ही पद हैं।

३. 'दि इंडियन ऐंटिक्वेरी' अक्टूबर १९२०, पृ.१९४:६।

४. 'जर्नल आफ दि रायल एशियाटिक सोसायटी आफ ग्रेट ब्रिटेन ऐंड आयरलैंड', सन् १९१८, पृ. १५७:९।

५. 'लल्लेश्वरी वाक्यानि' (श्रीनगर) पद २२, पृ. १०।

स्मरण दिलाती है जिसमें इसने द्वितीय के चंद का राहू को ग्रस लेना बतलाया है। किन्तु इन दोनों के बीच के किसी सीधे संबंध के लिए अभी तक कोई प्रमाण उपलब्ध नही है।

अलखधारी–भारत के पश्चिमोत्तर प्रदेशों में, और विशेषकर इधर अम्बाला जिले की ओर आजकल एक पंथ अलखधारियों का प्रचलित दीख पड़ता है, जो अपने को किसी लालबेग के अनुयायी कहा करते हैं। ये लोग अधिकतर ढेढ़ अर्थात् चमार जाति के होते हैं और लालबेग को ये लोग शिव का अवतार मानते हैं। ये मूर्तिपूजा में विश्वास नहीं करते, बल्कि किसी अलख व अगोचर तत्त्व का ध्यान किया करते हैं। इनके अनुसार दृश्यमान संसार के अतिरिक्त कोई परलोक-जैसा स्थान नहीं है, जहाँ पर कोई धार्मिक जीवन व्यतीत करने वाला मनुष्य मरणोपरांत जा सकता है। इनके लिए यहीं पर सब कुछ है और यहीं पर अहिंसा, परोपकार आदि के साथ सात्विक जीवन यापन करना सबका उद्देश्य होना चाहिए। स्वर्ग या नरक का ध्यान छोड़कर आध्यात्मिक जीवन व्यतीत करने वाला यहीं परमानन्द वा मोक्ष प्राप्त कर सकता है। इनके सादे आडंबरहीन जीवन में ऊँच-नीच का सामाजिक भेद नहीं है और न कोई पूजा की ही विस्तृत विधि निर्धारित की गई। लालबेग को उक्त प्रकार शिव का अवतर वा रूप मानने से शैव-सम्प्रदाय प्रधान कश्मीर की लालदेद का स्मरण हठात् हो आता है और दोनों एक ही से जान पड़ने लगते हैं अथवा कम से कम एक का प्रभाव दूसरे पर लक्षित होने लगता है। किन्तु इसके लिए अभी तक कोई निश्चित आधार उपलब्ध नहीं है।

(४) संत वेणी

संक्षिप्त परिचय–संत वेणी जी के समय अथवा जीवन की घटनाओं के विषय में कुछ भी पता नहीं चलता। सिक्खों के पाँचवे गुरु अर्जुनदेव (सं. १६२०:१६६३) ने अपने एक पद में इनका नाम लिया है[१] और कहा है कि इन्हें सद्‌गुरु द्वारा ज्ञान का प्रकाश उपलब्ध हुआ था। उक्त गुरु ने अपने संपादित 'आदिग्रंथ' में इनके तीन पदों का संग्रह भी किया है जिनसे इनके विचारों की कुछ बानगी मिलती है। इनकी उपलब्ध रचनाओं की भाषा पुरानी जान पड़ती है और ये अनुमान से कबीर साहब से प्राचीन ही ठहरते हैं। इनकी जन्मभूमि वा कर्मभूमि क्षेत्र का कोई संकेत नहीं मिलता, फिर भी इनके पदों के पंजाब की ओर प्रचलित होने से इन्हें हम किसी पश्चिमी प्रांत का ही निवासी कह सकते हैं। इनके पदों पर नाथयोगी-सम्प्रदाय व संतमत की गहरी छाप है और उनमें व्यक्त किये गए इनके विचारों से स्पष्ट प्रतीत होता है कि इनके समय तक उसका प्रचार इनके प्रदेश में बहुत कुछ होने लगा था। इन्हें नामदेव के समकालीन संतों में हम गिन सकते हैं। सेन, पीपा वा कबीर के समय में इन्हें लाना उचित नहीं जान पड़ता। इनके द्वारा, अथवा इनके नाम पर चलाये गए किसी पंथ का भी अभी तक पता नहीं चला और न उपर्युक्त पदों के अतिरिक्त कोई अन्य रचनाएं ही इनकी मिल सकी हैं, तो भी इससे इनका महत्त्व कम नहीं होता और संतमत के प्रथम प्रवर्तकों में इनका नाम आदर के साथ लिया जा सकता है।

रचनाएँ–इनके 'आदिग्रंथ' में संगृहीत तीन[२] पदों में से एक में योग-साधना की चर्चा

---

१. 'वेणी कउ गुरि कीउ प्रगासु, रेमन तभो होहि दासु' रागु बसंतु महला ५, 'गुरु ग्रंथसाहब' पृ. ११९२।

२. सिरी राग, पद १, पृ. ९२, राग रामकली, पद ७, पृ. ९७४, और रागु प्रभाती, पद १, पृ. १३५०।

है जिसमें ये कहते हैं कि 'इड़ा, पिंगला व सुषुम्ना नाम की तीनों नाड़ियाँ जहाँ पर मिलती हैं, वह स्थान प्रयाग की त्रिवेणी का महत्त्व रखता है और वहीं पर निरंजन वा राम का निवास है जिसे गुरु द्वारा निर्दिष्ट संकेत से ही कोई विरला जान पाता है। वहाँ पर सदा अमृतस्राव हुआ करता है और मन के स्थिर हो जाने पर अनाहत शब्द भी सुन पड़ता है।" इसी प्रकार 'अगम्य दसम द्वारा में परमपुरुष रहा करता है जहाँ प्रबुद्ध होकर स्थित रहने वाला शून्य में प्रवेश कर जाता है, पाँचों ज्ञानेन्दियाँ उसके वश में आ जाती हैं और वह कृष्ण के रंग में तन्मय हो जाता है। उसके मनःसूत्र में नाम के माणिक सदा पिरोये रहा करते हैं और वह सर्वोच्च दशा को प्राप्त कर लेता है।" यह भी इन्होंने कहा है। संत वेणी मरणोपरांत मुक्त होने में विश्वास नहीं करते, उनका आदर्श 'जीवनमुक्त' का है जिसके लिए चेष्टा करना वे प्रत्येक मनुष्य का कर्तव्य समझते हें। उन्होंने गर्भावस्था से लेकर मरण-समय तक किसी न किसी क्षण इस बात को स्मरण करने की चेतावनी दी है। उनके मत का मुख्य उद्देश्य 'आतम तनु' की अनुभूति है जिस कारण उन्होंने केवल शरीर पर चंदनादि का प्रयोग करने वाले मूर्तिपूजकों को उनका हृदय शुद्ध न होने से बहुत कुछ फटकारा है और उनके धर्म को फोकट धरम बतलाकर उन्हें ठग, वंचक तथा लंपट तक कह डाला है।

(५) संत नामदेव

कई नामदेव–नामदेव नाम के लगभग आधे दर्जन भक्तों वा कवियों का होना केवल दक्षिण भारत में ही बतलाया जाता है और उत्तरी भारत में भी कदाचित् दो से अधिक ही नामदेव-नामधारी संतों का किसी न किसी समय वर्तमान रहना कहा गया है। अतएव उक्त प्रमुख संत नामदेव के विषय में भी निश्चित रूप से जीवन वा रचना-संबंधी तथ्यों को संगृहीत कर प्रामाणिक परिचय देना संदेह से रहित नहीं कहा जा सकता जिनके पद हमें 'आदिग्रंथ' में मिलते हैं। दक्षिण भारत व महाराष्ट्र के नामदेव, जो प्रसिद्ध ज्ञानदेव के समकालीन थे, एक बहुत बड़े संत हो गए हैं और उनके विषय में आज तक बहुत कुछ लिखा भी गया है। उनकी अनेक रचनाएं भी मराठी अभंगों के बड़े-बड़े संग्रहों में अच्छी संख्या में मिलती हैं और कहा जाता है कि 'आदिग्रंथ' की रचनाएं भी उन्हीं की कृतियाँ हैं किंतु पंजाब की कतिपय किंबदंतियों के कारण इस बात में संदेह भी होने लगता है। पता चलता है कि उन्हें कभी-कभी विष्णुदास नाभा भी कहते हैं। किंतु इस नामवाले भक्त की रचनाओं के अंतर्गत मीरा, कबीर व कमाल जैसे लोगों के प्रसंग भी पाये जाते हैं, इसलिए उक्त कथन में विश्वास नहीं होता। कारण यह है कि महाराष्ट्र के सर्वप्रसिद्ध नामदेव का ज्ञानदेव का समकालीन होना ऐतिहासिक तथ्य है और ज्ञानदेव या ज्ञानेश्वर का आविर्भाव-काल उनकी रचनाओं में दिये गए संकेतों के ही अनुसार ईस्वी सन् की तेरहवीं शताब्दी के उत्तरार्द्ध में अवश्य पड़ जाता है, जब कि कबीर, कमाल व मीरा को हम उस काल के अनंतर सौ वर्षों के भीतर भी किसी प्रमाण के आधार पर नहीं ला सकते और न उन्हें नामदेव का समसामयिक ही ठहरा सकते हैं। इसके विपरीत कबीर, कमाल तथा मीरा बाई ने भी अपनी कई रचनाओं में नामदेव का नाम बड़े आदर के साथ लिया है और श्री रजवाड़े द्वारा संपादित एक संग्रह के अनुसार स्वयं विष्णुदास नाभा ने भी अपनी रचना 'बावन अक्षरी' में नामदेवराय की वंदना की है, जो संभवतः उक्त संत नामदेव का ही नाम हो सकता है तथा जिससे इनका उनसे भिन्न एवं पूर्व-काल का होना भी सिद्ध है[१]

१. 'विश्व भारती पत्रिका' खंड ६, अंक २, पृ. ८८।

महाराष्ट्र संत नामदेव–उक्त बातों के अतिरिक्त 'आदिग्रंथ' में संगृहीत नामदेव की रचनाओं के साथ प्रसिद्ध महाराष्ट्र संत-रचित अभंगों की तुलना करने पर हमारी इस प्रकार की धारणा अधिक शक्ति ग्रहण करने लगती है कि उन दोनों प्रकार की रचनाएं एक ही व्यक्ति की कृतियाँ हो सकती हैं। सबसे पहली समानता उक्त दोनों संग्रहों में उनके रचयिता की जाति के छीपी होने वाले उल्लेखों के विषय में है। मराठी रचनाओं में कहीं-कहीं "आम्हीं दीन शिपीये जातिहीन" जैसे वाक्य मिलते हैं वैसे ही 'आदिग्रंथ' के अतंर्गत "हीनड़ी जाति मेरी, आदम राइया, छीपे के जनम काहे कउ आइया" जैसे उद्गार दीख पड़ते हैं। इसी प्रकार उक्त दोनों प्रकार की रचनाओं के रचयिता ने अपना इष्टदेव 'विट्ठल' को ही माना है और उसके प्रति अपने भक्तिभाव का प्रदर्शन अनेक स्थलों पर बड़ी श्रद्धा के साथ किया है। इसके सिवाय नामदेव के मूर्ति को दूध पिलाने, अपनी छान छवाने, मंदिर का द्वार पच्छिम की ओर करा देने, आदि के प्रसंग दोनों में प्रायः एक ही प्रकार से आये हैं और दोनों में आये हुए अनेक पदों के भावों पर नाथपंथानुमोदित योगधारा की छाप भी बहुत स्पष्ट रूप में लक्षित होती है। अतएव दोनों संतों का एक होना असंभव नहीं है।

महत्त्व–महाराष्ट्र प्रांत में उत्पन्न हुए तथा ज्ञानदेव के समकालीन संत नामदेव एक परम प्रसिद्ध महापुरुष हो चुके हैं। उनका नाम वहाँ के विख्यात 'संत पंचायतन' अर्थात् 'पाँच प्रमुख संतों के समुदाय' में लिया जाता है। उनके अतिरिक्त चार अन्य संतों में ज्ञानदेव, एकनाथ, समर्थ रामदास तथा तुकाराम की गणना की जाती है और तुकाराम ने उन्हें अपना आध्यात्मिक आदर्श माना है। महाराष्ट्र की ओर प्रसिद्ध भी है कि ज्ञानेदव ने आगे चलकर एकनाथ के रूप में अवतार लिया था और नामदेव तुकाराम बनकर फिर प्रकट हुए थे। इसी प्रकार नामदेव से किसी न किसी प्रकार प्रभावित होने वाले संतों में उत्तरी भारत के कई महात्माओं के भी नाम लिये जाते हैं। इधर के सबसे प्रसिद्ध संत कबीर साहब ने उनके प्रति प्रगाढ़ श्रद्धा के भाव प्रदर्शित किये हैं और कहा है कि "जिस प्रकार पहले युगों में भक्त उद्धव, अक्रूर, हनुमान, शुकदेव तथा शंकर हुए थे, उसी प्रकार कलिकाल में नामदेव तथा जयदेव का आविर्भाव हुआ था।" एक लेखक ने यहाँ तक बतलाया है कि यदि ध्यानपूर्वक एवं सूक्ष्म रूप से नामदेव की रचनाओं का अध्ययन किया जाय, तो जान पड़ेगा कि कबीर साहब ने अपनी भावना-सृष्टि एवं वर्णन-शैली दोनों में ही गोरखनाथ तथा नामदेव का स्पष्ट अनुसरण किया है[१] यहाँ तक कह देना तो कदाचित् अक्षरशः सत्य नहीं समझा जा सकता, किंतु इतना हम निः संकोच भाव के साथ कह सकते हैं कि उत्तरी भारत के संत भी नामदेव के बहुत ऋणी हैं और उनके लिए (तथा महाराष्ट्र के अनेक संतों के लिए भी) संत नामदेव ने एक पथ-प्रदर्शक का काम किया है।

जीवनी–फिर भी संत नामदेव की प्रामाणिक ऐतिहासिक जीवनी लिखने तथा बहुत-सी रचनाओं को उनकी ही कृति समझने के लिए सामग्री की कमी है। भिन्न-भिन्न भक्तमालों के रचयिताओं ने इनके संबंध में बहुत कुछ लिखा है और इनकी कई स्वतंत्र जीवनियाँ भी प्रकाशित हो चुकी हैं। परंतु इन जैसी पुस्तकों में धार्मिक आवेश वा साम्प्रदायिकता के प्रभाव में आकर बहुत-सी अतिरंजित बातें कह दी गई हैं। उनमें अधिकतर एक प्रकार की पौराणिकता की गंध आती है और उनमें उल्लखित चमत्कारपूर्ण प्रसंगों में सर्वसाधारण को सहसा विश्वास नहीं होता। ऐतिहासिक तथ्यों के आधार पर लिखी गई पूर्णतः विश्वसनीय समझी जाने वाली

---

१. डा. मोहन सिंहः 'कबीर ऐंड दि भक्ति मूवमेंट', भाग १, पृ. ४८:९।

जीवनियों का अभी तक नितांत अभाव है और जब तक नामदेव की समझी जाने वाली सारी रचनाओं की पूरी छानबीन नहीं हो जाती, तब तक उनमें दी गई बहुत-सी बातों को भी हम असंदिग्ध नहीं कह सकते। ऐसी स्थिति में संत नामदेव का यहाँ जो कुछ परिचय हम देने जा रहे हैं, उसमें यदि आगे चलकर किंचित परिवर्तन भी करना पड़े, तो कोई आश्चर्य न होगा।

प्रसंग–संत नामदेव के समकालीन समझे जाने वाले एक दूसरे संत सामंता माली ने अपने एक पद में इनके तथा ज्ञानदेव के अपने यहाँ साथ ही आने की चर्चा की है और उसकी कुछ अन्य पंक्तियों से विदित होता है कि उसने इन दोनों के साथ तीर्थ-यात्रा भी की थी[१] इसी प्रकार संत चोखामेला की भी एक पंक्ति[२] से प्रकट होता है कि उक्त महात्मा का इनके प्रति बड़ा अनुराग था। उत्तरी भारत के संतों में से कबीर साहब के अतिरिक्त अन्य लोगों ने भी नामदेव के संबंध में अनेक स्थलों पर चर्चा की है और इन्हें आदर की दृष्टि से देखा है। उदाहरण के लिए संत रैदास ने इन्हें नीच कुल में उत्पन्न होकर भी गोविंद की कृपा द्वारा ऊंची पदवी तक पहुँचने वाला बतलाया है और एक दूसरे पद में उनके भगवान् को दूध पिलाने वाली कथा की ओर भी संकेत किया है[३] इसी प्रकार संत धन्ना ने भी कहा है 'गोविंद-गोविंद' कहकर ये साधारण छीपीं से बढ़कर बड़े हो गये।[४] स्वयं संत नामदेव ने भी अपने विषय में अधिक नहीं लिखा है और उनकी कई रचनाओं द्वारा भी इतना ही पता चलता है कि अपनी जाति के छीपी होने के कारण इन्हें अपनी हीनता का अनुभव होता था, परंतु तो भी इन्हें इस बात पर पूरा संतोष था कि गुरूपदेश एवं सत्संग के बल पर इन्हें अंत में भगवान् के दर्शन हो गए और इन्होंने अपना जीवन सुधार लिया।[५]

जाति–परन्तु इतना होने पर भी कुछ लोगों ने संत नामदेव की जीवनी लिखते समय उन्हें क्षत्रिय-कुल में उत्पन्न हुआ सिद्ध करना चाहा है। उनका कथन है कि "महाराज नामदेवजी के पूर्वज कुशक वंशी गाधि-गोत्रीय देशस्थ क्षत्रिय थे। कन्नौज इनके आदि-पुरुषों की जन्मभूमि थी"[६] इनका अनुमान है कि परशुराम द्वारा क्षत्रिय-वंश के विध्वंश किये जाने की प्रतिज्ञा होने पर क्षत्रियों में से बहुतों ने अपनी जाति छिपाने के लिए अनेक प्रकार की शिल्पकलाओं का आश्रय ले लिया और तदनुसार इनके आदिपुरुष शूर व शूरसेन ने धनुषवाण को तोड़ उसकी जगह गज, कैंची व सुई बना ली। उनका कहना है कि उक्त दोनों व्यक्ति प्रसिद्ध सहस्रार्जुन के पाँच पुत्रों में से थे और आगे चलकर इन्हीं के वंशज 'छीपी' कहलाये। वास्तव में अपना वर्ण व जाति छिपाने के ही कारण ये 'छीपी' कहे जाने लगे थे। इनके पूर्व पुरुष यदु शेट थे, जो रेडेकर कहे जाते थे और जो कपड़े बेचा करते थे[७] परन्तु आश्चर्य की बात है कि स्वयं संत नामदेव ने इन बातों में से किसी एक की ओर भी ध्यान न देकर अपने को केवल 'छीपी' ही कहा है। इतना ही नहीं, उन्होंने तथा उनके समसामयिक वा उत्तरकालीन संतों ने भी उन्हें

१. 'श्री संतगाथा' (इंदिरा प्रेस, पुणे) पृ. १४६।
२. वही, पृ. १४८ 'चोखा ह्यणौं लोटागणी जाऊ, नामदेव पाऊ' केशवाचा'।
३. गुरु ग्रंथ साहब, (भाई गुरदियाल सिंह ऐंड सन् अमृतसर) पृ. ११०४।
४. वही, पृ. ४८७।
५. वही, पृ. ४८७।
६. नन्द लाल वर्मा: 'श्री नामदेव वंशावली' भूमिका पृ. २।
७. वही, भूमिका पृ. ४:६।

छीपी कहने के साथ ही नीच जाति का होना भी बतलाया है। अपने गुरु अथवा धर्मप्रचारकों की जाति को ऊंची से ऊंची ठहराने की ऐसी परम्परा वर्ण-व्यवस्था को अधिक महत्त्व देने वाले अंधभक्त व्यक्तियों की चलायी हुई जान पड़ती है और बिना ऐतिहासिक प्रमाणों का आधार पाये आगे चलकर स्थायी रूप नहीं ग्रहण कर सकती।

जीवन-वृत्त–इधन जिन विद्वानों ने संत नामदेव के विषय में सभी बातों पर यथा-संभव विचार करते हुए कुछ लिखा है। उनके अनुसार ये दामा शेट नामक एक दर्जी के पुत्र थे और इनका जन्म सतारा जिले के अन्तर्गत कन्हाड़ के निकटवर्ती किसी नरसी बमनी गाँव में हुआ था। इनकी माता का नाम गोना बाई था जो उसी जिले के किसी कल्यान नामक गाँव के एक दर्जी की पुत्री थीं। छीपी जाति का काम कुछ लोगों ने केवल कपड़े छापना ही समझा है, किंतु जान पड़ता है कि महाराष्ट्र प्रांत की ओर छीपी कहलाने वाले लोग कदाचित् दोनों प्रकार के व्यवसाय किया करते थे। जो हो, उनके पूर्व-पुरुषों का भगवद्‌भक्त भी होना सभी लोग बतलाते हैं और कहते हैं कि इनके हृदय में भी इस प्रकार के भाव मूलतः इसी कारण जागृत हुए थे। इनके पिता दामा शेट अपने गाँव के बाहर निर्मित शिव-मंदिर में 'केशीराज' शिव की पूजा करने बराबर जाया करते थे और इनके सी पूर्व-पुरुष का सदा 'जय विट्ठल, जय विट्ठल' की धुन में लगा रहना भी बतलाया जाता है। किसी-किसी के अनुसार दामा शेट ही प्रति वर्ष पंढरपुर की यात्रा भी किया करते थे और वहाँ के इष्टदेव विट्ठल के प्रति पूर्णरूप से आकृष्ट हो जाने के कारण अंत में वहाँ जाकर बस गये थे। संत नामदेव के जन्म का समय कार्तिक सुदी ११ शाके ११९२ (तदनुसार सन् १२७० ई. अथवा सं. १३२६) कहा जाता है और इस विषय में अधिक मतभेद नहीं दिखलायी पड़ता। यों तो डा. जे. एन. फर्कुहर जैसे लेखकों के अनुसार इनका जीवन-काल बहुत दिन पीछे लाकर ही निश्चित करना चाहिए[१]

बाल्यकाल–कहते हैं कि लगभग पाँच वर्ष की अवस्था में इन्हें पढ़ने के लिए बैठाया गया, किंतु उसमें इनका जी नहीं लगा। इनका विवाह केवल आठ वर्ष की अवस्था में किसी गोविंद शेठ की पुत्री राजबाई के साथ हुआ था और उससे इन्हें पाँच संताने हुई थीं। इन सन्तानों में से भी चार पुत्र थे जिनके नाम क्रमशः नारायण, महादेव, गोविंद और विट्ठल कहे जाते हैं और इनकी एक मात्र पुत्री का नाम लिंबाबाई बतलाया जाता है। इनके पिता ने पहले अपने पैतृक व्यवसाय में लगाने की बड़ी चेष्टा की, किंतु उन्हें इस बात में असफलता रही। उन्होंने इन्हें फिर इसी कारण वाणिज्य के लिए भी तैयार करना चाहा, किंतु इस बार उन्हें पता चला कि ये उनके दिये हुए मूलधन को भी किसी और कार्य में लगा देते हैं। इनका अधिकतर समय साधुओं के निकट बैठने वा उनके सत्संग की बातें ध्यानपूर्वक सुनने मे ही लग जाया करता था। इनके बचपन काल की कथाओं में प्रसिद्ध है कि एक बार जब इनके पिता जी किसी कार्यवश कहीं बाहर गये थे, तब इन्हें उनकी जगह अपने घर में रखी हुई भगवान् की मूर्ति को भोग लगाने की आवश्यकता पड़ी और इसके लिए इन्होंने कटोरे में गाय का दूध लाकर उसके सामने रख दिया, परंतु जब बालक नामदेव ने देखा कि मूर्ति ज्यों की त्यों पड़ी हुई है और वह दूध पीने का कोई प्रयास नहीं करती, तब इन्हें समझ पड़ा की वह इनके छोटे होने के कारण कुछ रुष्ट हो गई है और अपनी विवशता के कारण ये रो उठे। परंतु, जैसा

---

१. जे. ए. फर्कुहरम् 'जर्नल आफ दि एशियाटिक सोसायटी' अप्रैल १९२०, पृ. १८६।

इनके एक पद में[१] भी बतलाया गया है, उस मूर्ति ने अंत में इनके हाथ से कटोर के दूध को पी लिया और उसकी सजीवता मे पूर्ण प्रतीति हो जाने के कारण ये उसी समय से भगवद्‌भक्त हो गए। इसमें संदेह नहीं कि इस प्रकार की बातें चमत्कारपूर्ण ही मानी जा सकती हैं, किंतु इनसे बालक नामदेव के भोले हृदय की एक झाँकी हमें अवश्य मिल जाती है और क्रमशः हम उनके जीवन की अन्य बातों को उसी के प्रकाश में समझने के लिए तैयार होने लगते हैं।

युवावस्था–संत नामदेव के विषय में कुछ लोगों का यह भी कहना है कि अपनी युवावस्था तक पहुँचने पर कुछ दिनों के लिए ये डकैती भी करने लग गये थे। मेकालिफ कहते हैं कि "नामदेव ने अपने को स्वयं भी दुर्भाग्यवश डकैतों का साथी बन जाना बतलाया है और कहा है कि किस प्रकार उन्होंने तथा उनके साथ लुटेरों ने अनेक ब्राह्मणों व निर्दोष व्यक्तियों का बध किया था और अंत में उन्हें तितर-बितर करने के लिए बादशाह को अपने घुड़सवार भेजने पड़े थे। नामदेव के पास एक बड़ी अच्छी घोड़ी थी जिस पर सवार होकर वे लूटपाट मचाने जाया करते थे और जब उन्होंने अपनी डकैती का परित्याग कर दिया, तब उसी पर चढ़कर वे पंढरपुर से १६ मील की दूरी पर स्थित औंदी के शिव-मंदिर तक नागनाथ का दर्शन करने जाने लगे थे"[२] उक्त लेखक का यह भी कहना है कि "एक बार जब वे किसी मंदिर के निकट वर्तमान थे, तब वहाँ पर भोग लगाने के लिए कोई धनी व्यक्ति कई प्रकार के पकवान बनवाकर लाया जिनकी ओर दृष्टि पड़ते ही किसी क्षुधार्त बच्चे ने रोना आरंभ कर दिया और उसकी माँ उसे डाँटने व झिड़कने लगी। नामदेव ने जब उसे ऐसा करने से मना करना चाहा, तब उस स्त्री ने उन्हें बतलाया कि उसके पति को, जो बच्चे के लिए भोजनादि का प्रबंध किया करता था, अन्य ८२ व्यक्तियों के साथ डाकुओं ने मार डाला है और अब उसके पास कुछ भी खिलाने के लिए शेष नहीं है। इस पर संत नामदेव का कठोर हृदय भी द्रवित हो उठा और उन्होंने शीघ्र अपनी घोड़ी के साथ-साथ अन्य वस्तुओं को भी वहाँ के ब्राह्मणों को दे डाला। वे वहीं पर कटारी मारकर अपने प्राण भी देने को उद्यत हो गये थे, किंतु लोगों के कहने-सुनने पर वे पंढरपुर की ओर चले गए[३]

गुरु–इनके गुरु विसोवा खेचर नामक एक संत थे जो किसी गाँव में रहा करते थे। कहा जाता है कि "गुरु न करने के कारण पहले इन्हें बड़ी ग्लानि थी। प्रसिद्ध है एक बार जब ये अपने अन्य संत-साथियों के साथ गोरोवा नामक एक कुम्हार महात्मा के यहाँ बैठे हुए थे, जब ज्ञानदेव की बहन मुक्ताबाई के पूछने पर गोरोवा ने कहा कह मैं मिट्टी के बर्तन ठोंकने वाली थापी की सहायता से जाँचकर यह निश्चित रूप से बतला सकता हूँ कि उक्त मंडली में से कौन पक्का और कौन कच्चा मनुष्य समझा जा सकता है। इतना ही नहीं, उन्होंने सचमुच अपनी थापी उठायी और वे क्रमशः सबके शिर को उससे ठोकं-ठोंकर कर अपनी सम्मति देने लगे। वे जब नामदेव के निकट पहुँचे और उनके भी शिर को ठोंका, तब उनके विषय में तिरस्करपूर्वक सबसे कच्चा घड़ा कह दिया और ऐसे कथन का कारण उन्होंने इतना निगुरा होना बतलाया। संत नामदेव को यह बात उस दिन ऐसी लगी कि ये बहुत चिंतित हो गए

१. 'गुरु ग्रंथ साहब' (भाई गुरुदियाल) पृ. ११६४:५।
२. एम. ए. मेकालिफ : 'दि सिख रेलिजन' (भा. ६) पृ. २०।
३. वही, पृ. ११:१।

और फिर कदाचित् स्वप्न-द्वारा परिचय पाकर विसोवा को अपना गुरु बना लिया।[१] विसोवा खेचर तथा नामदेव के प्रथम मिलन की कथा भी बहुत विचित्र है। कहते हैं कि जब संत नामदेव उन्हें ढूँढते हुए किसी शिव मंदिर में पहुँचे, तब वहाँ पर उन्हें शिवलिंग के ऊपर अपने दोनों पैर डालकर लेटा हुआ पाया। इन्हें यह देखकर बड़ा आश्चर्य हुआ। परंतु जब उक्त विसोवा के ही कहने पर इन्होंने उनकी टाँगों को पकड़कर दूसरी ओर करना चाहा, तब इन्हें और भी अधिक आश्चर्य होने लगा। इन्हें पता चला कि विसोवा की टाँगों के अनुसार शिवलिंग भी एक ओर से दूसरी ओर घूमता जा रहा है। फिर तो सारी बातों का कारण उक्त विसोवा की मुस्कराती हुई मूर्ति को ही मानकर ये उनके पैरों पर गिर पड़े और उन्हें गुरु के रूप में स्वीकार कर लिया"[२]। इस चमत्कारपूर्ण घटना के उल्लेख का महत्त्व भी कदाचित् संत नामदेव के हृदय में मूर्ति-पूजा के विषय में उनकी धारणा निश्चित कराने में ही निहित जान पड़ता है। इसी प्रकार की एक दूसरी कथा गुरु नानकदेव के पैरों के साथ-साथ मक्के में काबा के घूमने के संबंध में भी प्रसिद्ध है।

मंदिर का द्वार फिरना–मूर्ति-पूजा की भावना के महत्त्व को कम करने वाली एक अन्य घटना का भी उल्लेख मिलता है जो स्वयं संत नामदेव के ही संबंध में है। कहा जाता है कि "एक समय नामदेव आलावंती स्थान पर गये और वहाँ के मंदिर के द्वार के सामने कीर्तन करने लगे। इन्हें शूद्र जानकर वहाँ के पंडितों ने इन्हें वहाँ से उठा दिया जिससे दुखी होकर अपनी जाति की नीचता पर झुँझलाते हुए ये मंदिर के पिछवाड़े चले गये और वहीं पर बैठकर गाने लगे। परंतु ज्यों ही इन्होंने अपना कीर्तन आरंभ किया, मंदिर का द्वार झट पूर्व की ओर से फिरकर पश्चिम की ओर हो गया और इस प्रकार वहाँ के पंडे ही, द्वार पर बैठने की जगह पिछवाड़े पड़ गए, और उन पर इस बात का बहुत बड़ा प्रभाव पड़ा।" इस घटना का उल्लेख कबीर साहब ने एक अपने पद में[३] किया है, किंतु इसका उससे कहीं अधिक विवरण स्वयं संत नामदेव के ही एक पद में मिलता है।[४]

यात्रा–संत ज्ञानेश्वर वा संत ज्ञानदेव को भी कोई-कोई संत नामदेव का गुरु होना बतलाते हैं और वास्तव में संत नामदेव ने उनका नाम बड़े आदर से लिया है। परंतु महाराष्ट्र की प्रचलित परम्पराओं द्वारा अधिक पुष्टि विसोवा खेचर के संबंध में ही होती है। संत ज्ञानेश्वर वा ज्ञानदेव के साथ नामदेव की बड़ी घनिष्ठ मित्रता थी और इन दोनों ने कुछ अन्य संतों के भी साथ अनेक पुण्य-स्थानों की यात्रा की थी। कहते हैं कि उक्त दोनों संतों में सर्वप्रथम भेंट पंढरपुर में ही हुई थी जहाँ पर ज्ञानदेव अपने अन्य साथी तीर्थयात्रियों के साथ घूमते हुए इनके यहाँ पहुँच गए थे। ज्ञानदेव इनसे स्वयं मिलने गये, और इनसे भेंट हो चुकने पर इनसे अपने साथ चलने का भी अनुरोध किया। जब ये सभी लोग वहाँ से आगे बढ़े, तब मंगलवेढ़ा में संत चोखामेला तथा आरणमेड़ी में संत सामंता माली भी इनसे मिल गए। तेरगाँव नामक स्थान तक पहुँचते-पहुँचते गोरोवा भी इनमें सम्मिलित हो गए और इन सभी लोगों की उन्होंने

१. लक्ष्मण रामचंद्र पांगारकर : 'श्री ज्ञानेश्वर चरित्र' (गीता प्रेस, गोरखपुर), पृ. १३१:४।
२. डा. निकल मैकनिकल : 'इंडियन थीज्म' पृ. ११४।
३. 'कबीर ग्रंथावली' (काशी नागरी प्रचारिणी सभा), पृ. ११७।
४. 'गुरु ग्रंथ साहब,' पृष्ठ ११९१।

बड़ी श्रद्धा के साथ सेवा-सुश्रुषा की। इसी अवसर पर संत गोरोवा ने संत नामदेव के शिर पर थापी से ठोंका था। संत नामदेव ने इस पूरी यात्रा का बड़ा विशद वर्णन अपने ५९ अभंगों द्वारा मराठी भाषा में किया है और उस रचना को 'तीर्थावलि'[१] कहा जाता है।

वही–अन्त में सबके सब देहली, जगन्नाथपुरी आदि स्थानों से घूमते-धूमते पंढरपुर लौट आये। कहा जाता है, देहली वा हस्तिनापुर में उन्हें मुहम्मद बिन तुगलक से भी भेंट हुई थी और बादशाह ने उन्हें दंड देने का प्रयत्न् किया था, किन्तु सफलता नहीं मिली। इसी घटना का वर्णन कदाचित् इनके उस पद[२] में मिलता है जिसमें एक मरी गाय के जीवित कर डालने के संबंध में इनका चमत्कार दिखलाया गया है। उसमें किसी सुलतान का नाम नहीं दिया गया है और संत ज्ञानदेव के जीवन-काल अर्थात् सं. १३२९:१३५० के अंतर्गत मुहम्मद बिन तुगलक का शासन-काल भी इतिहास से सिद्ध नहीं होता। उसका शासन-काल १३८२ से लेकर संवत् १४०८ तक निश्चित है, अतएव यदि इस प्रकार की घटना घटी भी हो, तो उसका किसी अन्य मुस्लिम शासक के शासनकाल में ही संभव होना समझा जा सकता है। यह भी प्रसिद्ध है कि उक्त सुलतान वास्तव में बीदर प्रदेश का कोई शासक वा गवर्नर था और बीदर के ही किसी ब्राहाण द्वारा निमंत्रित होकर संत नामदेव वहाँ उसके उत्सव में सम्मिलित होने के लिए अपने सभी साथियों के साथ पहुँचे थे। राजधानी में प्रवेश करते समय संकीर्तन में लीन मंडली ने वहाँ के कर्मचारियों का ध्यान अपनी ओर स्वभावतः आकृष्ट कर लिया और वे सभी वहाँ के शासक के सामने परीक्षार्थ लाये गए।[३]

अंतिम काल–तीर्थ यात्रा से लौट आने के कुछ दिनों के अनंतर संत ज्ञानेश्वर का देहांत हो गया और उस काल से संत नामदेव का जी दक्षिण में रहने से उचटने लगा। इस कारण कुछ काल तक और वहाँ रहकर ये दूसरी देश-यात्रा में पंजाब प्रांत की ओर चले आये, और इधर बहुत दिनों तक भ्रमण करते रहे। कहा जाता है कि उस समय तक इनकी अवस्था लगभग ५० वर्षों की हो चली थी और इन्हें अपने पुत्र-कलत्रादि की ओर से भी विरक्ति हो चुकी थी। उत्तरी भारत में आकर ये कुछ दिनों तक हरद्वार में रहे और वहाँ से फिर पंजाब प्रांत में गुरुदासपुर जिले के घूमन वा घोमन गाँव में चले आए।[४] मेकालिफ ने संत नामदेव की उस समय की अवस्था ५५ वर्षों की बतलायी है और कहा है कि वहाँ पर ये पहले भटवल होकर गये थे। भटवल में ये किसी तालाब के निकट ठहरे थे जो आज तक भी नामियाना नाम से प्रसिद्ध है और उस समय इनके साथ दो शिष्य थे जिनमें से एक का नाम लाधा और दूसरे का जल्ला था और जो दोनों पीछे अपने अनुयायियों के साथ क्रमशः सुखबल और धारीवाल में बस गए। संत नामदेव ने भटवल से हट कर उक्त तालाब के निकट अपने ठहरने के लिए एक दूसरी जगह खोज निकाली और वहीं पर एकांत में रहकर भजन करने का विचार किया। किंतु इनके वहाँ ठहर जाने के कारण बहुत से लोग धीरे-धीरे एकत्र होने लगे और अंत में उक्त घूमन गाँव की सृष्टि हो गई। आगे चलकर उस स्थान पर सिखों की रामगढ़िया मिसिल

---

१. 'श्री ज्ञानेश्वर चरित्र', पृ. १२५ व १२७।

२. 'गुरु ग्रंथ साहब' पृ. ११६६:७।

३. 'नामदेव' (जी. ए. नटैसन, मद्रास) पृ. १९:२०।

४. 'क्षितिमोहन सेन : 'मिडीवल मिस्टिसिज्म आफ इंडिया' पृ. ५६।

के भाई जस्सा सिंह ने एक सुंदर मकान बनवा दिया और उक्त तालाब का भी महारजा रणजीत सिंह की सास माई सदाकौर ने फिर से जीर्णोद्धार कराया। तब से वहाँ पर प्रति वर्ष एक धार्मिक मेला दो दिन माघ में व्यतीत होने पर संभवतः संक्रान्ति के लगभग नियमपूर्वक लगा करता है। यहाँ के निवासी अधिकतर संत नामदेव की ही जाति के हैं, इन्हीं की जैसी जीविका का पालन करते हैं और उनका रहन-सहन अधिकतर सिखों का सा है। मेकालिफ का कहना है कि यहीं रह कर इन्होंने उन पदों की रचना की थी जो 'आदिग्रंथ' में संगृहीत हैं।[१]

वही–आचार्य क्षितिमोहन सेन ने बतलाया है कि उक्त घोमन गाँव में ही रहकर संत नामदेव की मृत्यु संवत् १५२१ (सन् १४६४) में हुई थी। उन्होंने यह भी कहा है कि संत नामदेव की भेंट फिरोज शाह तुगलक के साथ हुई थी और सैय्यद वंश के अंतिम शासक शाह आलम ने वहाँ सन् १४४६ (सं. १५०३) में एक मठ बनाने के लिए कुछ जमीन भी इन्हें दान में दी थी। इनकी मृत्यु उसी मठ में हुई थी[२] किंतु इस कथन का मेल ऐतिहासिक घटनाओं के साथ लगता हुआ नहीं दीखता। फिरोजशाह तुगलक का शासन-काल संवत् १४०८ से लेकर संवत् १४४५ तक रहा और उक्त शाह आलम भी अपनी गद्दी पर संवत् १५०० से १५०८ तक कायम रहा और संत नामदेव की मृत्यु का समय अधिक विद्वानों ने संवत् १५०७ में ही ठहराया है। अतएव, उक्त बातें यदि किसी नामदेव से ही संबंध रखती हैं, तो वे अवश्य किसी नामदेव के विषय में होंगी। आचार्य सेन ने यह भी बतलाया है कि संत नामदेव के किसी शिष्य बोहरदास के वंशधर आजकल भी उक्त मठ के अधिकारी हैं, और इनके प्रवर्तित सम्प्रदाय के आचार्यों के रूप में उसके प्रबंधादि का निरीक्षण किया करते हैं। सम्प्रदाय का नाम 'बाबा नामदेव का सम्प्रदाय' है और गुरुदासपुर के रहने वाले इसके सभी अनुयायी अपने को बोहरदास का ही वंशज बतलाया करते हैं। घोमन के उक्त मठ में आचार्य क्षितिमोहन सेन ने किसी दो सौ वर्ष के पुराने हस्तलिखित ग्रंथ का होना भी बतलाया है और कहा है कि उक्त पुस्तक में हिंदी व मराठी के पद हैं और वह सिखों के 'ग्रंथ साहिब' की ही भाँति पवित्र व पूजनीय समझा जाता है। वे यह भी कहते हैं कि संत नामदेव की ही भाँति एक छीपी नामदेव बुलंदशहर का रहने वाला था और एक दूसरा मारवाड़ का निवासी नामदेव जाति का धुनियाँ था।[३]

नामदेव-पंथी व नामदेव-वंशी–छीपी जाति के संबंध में लिखते समय विलियम क्रुक साहब ने उनकी एक शाखा को नामदेव-पंथी बतलाया है और कहा है कि "ये लोग एकेश्वरवादी तथा कर्मकांड-विरोधी होते हैं। ये अपने को अन्य छीपी जाति वालों से अपने शुद्ध धार्मिक विचारों के कारण पृथक् समझते हैं और अपने को नामदेव-वंशी भी कहते हैं।[४] फिर आगे चलकर विलियम क्रुक साहब ने धुनियाँ वा धुना जाति के संबंध में भी लिखा है और कहा है कि ये लोग नामदेव भगत को बड़ी श्रद्धा के साथ देखते हैं। ये नामदेव मारवाड़ के अंतर्गत सन् १४४३ ई. (सं. १५००) में उत्पन्न हुए थे और सिकंदर लोदी (सन् १४८८:१५१२=सं.

---

१. एम. ए. मेकालिफ : 'सिख रेलिजन' (भाग ६) पृ. ३०-४०।
२. क्षितिमोहन सेन : 'मिडीवल मिस्टिसिज्म आफ इंडिया', पृ. ५६।
३. वही, पृ. ५६:७।
४. विलियम क्रुक, 'ट्राइब्स ऐंड कास्ट्स' पृ. २२५।

१५४५:१५६९) के समकालीन थे, तथा किसी-किसी के अनुसार दक्षिण भारत के पंढरपुर के निवासी थे। उन्होंने मुसलमानों से सताये जाकर उत्तरी भारत की शरण ली और गुरुदासपुर जिले की बटाला तहसील में घुमान गाँव में आकर बस गए। वहीं पर उनकी मृत्यु भी हो गई जहाँ प्रत्येक माघ की संक्रांति को मेला लगा करता है। उनके अनुयायी वहाँ पर छिवाँ (अर्थात् धुनियाँ व धोबी) कहलाते हैं। उनका मत सिख धर्म के सिद्धांतों से मिलता-जुलता है और उनकी कई रचनाएं 'आदिग्रंथ' में संगृहीत हैं। बाबा नामदेव के अनुयायी वास्तव में सिख ही कहे जा सकते हैं," आदि।[१] इसी प्रकार रोज साहब ने लिखा है कि नामदेव-पंथी हिंदू और सिख दोनों हुआ करते हैं और दोंनो ही 'आदिग्रंथ' के प्रति श्रद्धा रखते एवं अनेक सिख-परम्पराओं का अनुसरण करते हैं। उनकी पूजन-पद्धति में कोई विशेषता नहीं। हिंदू अनुयायी विशेषकर जालंधर, गुरुदासपुर और हिसार में पाये जाते हैं और सिख अधिकतर गुरुदासपुर में ही मिलते हैं। नामदेव को कभी-कभी 'नामदे' भी कहते हैं और इस पंथ के लोग इसी कारण 'बाबा नामदे के सेवक' भी कहलाते हैं। इनके मठों के महंतों को भी 'बाबा' कहने की प्रथा है।[२] अतएव जान पड़ता है कि आचार्य सेन द्वारा बतलाये गये उपर्युक्त मठ का संबंध संभवतः किसी अन्य नामदेव से होगा, और इस नाम के एक से अधिक व्यक्तियों के हो जाने के कारण उक्त सभी विद्वानों को कुछ न कुछ भ्रम अवश्य हो गया है।

जीविका–संत नामदेव के पारिवारिक जीवन के विषय में प्रायः कुछ भी पता नहीं चलता। सदा संकीर्तन में लगे रहने के कारण इन्हें विठ्ठलदेव के मंदिर से बाहर जाने का अवकाश बहुत कम मिला करता था जिससे ये अपने जीवन-निर्वाह के लिए कुछ भी कार्य करने में अशक्त थे। इसका परिणाम यह हुआ कि अंत में ये अपने कुटुंब के लोगों को दरिद्रता के अभिशाप से किसी प्रकार बचा न सके।[३] तो भी कबीर साहब के सलोकों के अंतर्गत संगृहीत 'आदिग्रंथ' की कुछ पंक्तियों से प्रकट होता है कि संत नामदेव के सिद्धांतानुसार चुपचाप बेकार बैठकर भगवान का नाम लेने की अपेक्षा नाम-स्मरण के साथ-साथ अपना आवश्यक काम-काज भी करते रहना अधिक श्रेयस्कर होता है। उक्त दो सलोकों में कहा गया है कि संत नामदेव ने, अपने मित्र त्रिलोचन के पूछने पर कि 'माया में फँसे हुए तुम छाजन-छीपन में क्यों लगे रहते हो, भगवान् की ओर पूरा ध्यान क्यों नहीं देते,' बतलाया था कि "उचित है कि मुँह से हम रामनाम का स्मरण करें तथा मन भी भगवान् की ओर लगाये रहें, किंतु हाथ-पाँव से सदा अपने कुछ धंधे भी करते रहें"[४] और इसकी पहली पंक्ति में आये हुए 'माइआ मोहिया' शब्दों से यह भी ध्वनि निकलती है कि संत नामदेव को अपने गार्हस्थ्य जीवन के प्रति कदाचित् पूर्ण विरक्ति कभी भी नहीं रही।

रचनाएँ–संत नामदेव की ख्याति अपने अंतिम समय तक बड़ी दूर तक फैल गई थी और उनके विचारों का प्रभाव महाराष्ट्र से पंजाब तक पड़ चुका था। इसलिए इनके संबंध में अतिशयोक्तिपूर्ण अनेक कथाओं का क्रमशः निर्मित होता जाना कोई असंगत बात नहीं थी।

---

१. विलियम क्रुकः 'ट्राइब्स ऐंड कास्ट्स' इ. पृ. २९९।
२. रोजः 'ए ग्लासरी' (भा. ३) पृ. १५२।
३. 'नामदेव' (जी. ए. नटेसन, मद्रास) पृ. १०:११।
४. 'गुरु ग्रंथसाहब' पृ. १३७५-६।

इनकी रचनाओं का भी अधिक प्रचार होने के कारण इसी प्रकार उनका कुछ न कुछ परिवर्तित होता जाना तथा उसमें अनेक दूसरों की कृतियों का भी स्थान पा जाना कठिन नहीं था। कई नामदेव-नामधारी भिन्न-भिन्न व्यक्तियों का पश्चिमी भारतवर्ष में किसी न किसी समय के अंतर्गत उत्पन्न होना उक्त कठिनाई को और भी बढ़ा देता है। परिणामस्वरूप संत नामदेव की जीवनी घटनाओं की ही भाँति उनके वास्तविक विचारों को भी निश्चित रूप से बतलाना दुःसाध्य कार्य हो गया है। फिर भी जब तक उनकी सारी रचनाओं की पूरी खोज नहीं हो जाती और उनका वास्तविक रूप निर्धारित नहीं हो पाता, तब तक हमें उनके 'आदिग्रंथ' संगृहीत पदों तथा कुछ इधर-उधर पाये जाने वाली मराठी संग्रहों में सन्निविष्ट कतिपय रचनाओं पर ही संतोष करना पड़ेगा। 'आदिग्रंथ' के अंतर्गत आये हुए उनके पदों की संख्या ६२ है, किंतु एक मराठी-संग्रह में संगृहीत हिंदुस्तानी पद १०२ तक पहुँच जाते हैं। कहते हैं कि अपनी बाल्यावस्था में संत नामदेव कट्टर मूर्तिपूजक थे, युवावस्था में उनके विचारों में उदारता आने लगी और वृद्धावस्था में ये एक सुधारक हो गए। इनकी मराठी-रचनाएं अधिकतर इनकी युवावस्था तक की ही बतलायी जाती हैं और इनके हिंदी पद इनकी वृद्धावस्था के समझे जाते हैं।[१] इनकी हिंदी रचनाओं के अंतर्गत इसी कारण कुछ ऐसे उद्गार भी दीख पड़ते हैं जो इनके प्रथम विचारों से नितांत भिन्न समझ पड़ते हैं। कभी-कभी तो उक्त दोनों प्रकार की रचनाओं के रचयिता के एक ही होने में संदेह भी होने लगता है। उक्त हिंदुस्तानी पदों में से ४३ ऐसे हैं जो किसी न किसी रूप में 'आदिग्रंथ' में भी संगृहीत हैं, अतएव दोनों संग्रहों का मिलान कर लेने पर इनकी हिंदी रचनाओं की संख्या सवा सौ से भी कम पायी जाती है।

वारकरी नामदेव–संत नामदेव ने महाराष्ट्र के प्रसिद्ध वारकरी-सम्प्रदाय के अनुयायियों में ही अपने जीवन के अधिक दिन व्यतीत किये थे और इनके विचार भी अधिकतर उन्हीं के द्वारा प्रभावित थे। ये वारकरी-सम्प्रदाय के अनुयायियों में भी गिने जाते हैं। इस कारण वारकरी-सम्प्रदाय की ही बातों का इनकी रचनाओं में अधिकतर पाया जाना स्वाभाविक है और उत्तरी भारत की संत-परम्परा को जहाँ तक इन्होंने प्रभावित किया, वहाँ तक इनकी वही देन भी कही जा सकती है। वारकरी-सम्प्रदाय के संतों में निर्गुण सर्वात्मस्वरूप, अद्वैत ब्रह्म के प्रति पूरी निष्ठा पायी जाती है, किंतु सगुण की मूर्ति के समक्ष कीर्तन भी वे किया करते हैं। उनके लिए कोई ऊंच-नीच नहीं, और न धनी-दरिद्र अथवा पुरुष एवं स्त्री में ही उनकी दृष्टि में कोई मौलिक अंतर समझा जा सकता है। सबका कर्तव्य भगवान् के स्मरण व संकीर्तन में सदा निरत रहते हुए, अपने आवश्यक दैनिक कार्यों का संपादन करना है। धन-वैभव के प्रति उदासीनता उनकी अवश्य देखी जाती है और वे कौटुंबिक ममता को भी अपने हृदयों में उच्च स्थान देते हुए प्रतीत नहीं होते। परंतु इसका कारण उनकी इनके प्रति पूर्ण विरक्ति नहीं, किंतु इनके क्षणिक होने के कारण इनकी ओर से न्यूनाधिक निरपेक्षता का भाव मात्र है। वारकरी-सम्प्रदाय के बहुत-से अनुयायी अपना पारिवारिक जीवन व्यतीत करते हुए ही आध्यात्मिक भावों में निरंतर लीन रहे थे। संत नामदेव की भी संतानों के संबंध में ऊपर चर्चा की जा चुकी है, उनका विशेष परिचय कहीं नहीं मिलता, किन्तु उनके वंशजों का आज तक नामदेववंशी कहलाकर वर्तमान रहना प्रसिद्ध है।

---

१. एम. ए. मेकालिफ : 'सिख रेलिजन' (भाग ६) पृ. ३९:४०।

सिद्धांत–संत नामदेव ने अपने 'गोविंद' का परिचय देते हुए कहा है कि "वह एक है और अनेक भी है, वह व्यापक है और पूरक भी है। मैं जहाँ देखता हूँ, वहाँ पर वही दीख पड़ता है। माया की चित्र-विचित्र बातों द्वारा मुग्ध होने के कारण सभी कोई इस रहस्य को समझ नहीं पाते। सर्वत्र गोविंद ही गोविंद है, उसके अतिरिक्त अन्य कोई भी वस्तु नहीं। वह सहस्रों मणियों के भीतर ओतप्रोत धागे की भाँति इस विश्व में सर्वत्र वर्तमान है। जिस प्रकार जल की तरंगें और उन पर प्रवाहित फेन व बुदबुद जल से भिन्न नहीं, उसी प्रकार इस प्रपंच एवं परब्रह्म का भी हाल है। जब तक भ्रम के कारण स्वप्न में पड़ा हुआ था और सत्य पदार्थ का बोध न था, तब तक और बात थी, जब गुरूपदेश द्वारा जगा दिया गया, तब अपना मन पूर्णरूप से स्थिर हो गया। नामदेव का कहना है कि इस बात को अपने हृदय में भली भाँति समझ लो कि मुरारी ही एक मात्र घटघट में और सर्वत्र एकरस भाव से व्याप्त है"।[१] इसी प्रकार "घड़ा लेकर जब उसमें जल भरता हूँ और चाहता हूँ कि ठाकुर को स्नान कराऊं, फूल चुनकर जब उसे माला के रूप में पिन्हाना चाहता हूँ और दूध लाकर उसकी खीर बना जब उसे भोग लगाना चाहता हूँ, तब मुझे ऐसा जान पड़ता है कि उक्त जल में लाखों जीव मरे पड़े हैं, फूलों की सुगंध पहले भ्रमरों ने ही ले ली है तथा दूध को तो सर्वप्रथम बछड़े ने ही झूठा कर दिया है। फिर वैसी पूजा का करना क्यों न व्यर्थ समझा जाय। मुझे तो इधर-उधर सब कहीं बीठल ही बीठल दीख रहा है, उससे सारी की सारी पृथ्वी व्याप्त हो रही है। मैं इसी में पूर्ण आनंद का अनुभव क्यों न करूँ।[२]

प्रेम–इसी कारण संत नामदेव उस एकमात्र राम के प्रति ही अपनी भक्ति का प्रदर्शन करते हैं। उनका कहना है कि "जिस प्रकार नाद को श्रवण कर मृग उसमें निरत हो जाता है और उसका ध्यान मर जाने तक नहीं टूटता, जिस प्रकार बगला मछली की ओर दृष्टि लगाये रहता है, स्वर्णकार सोने का गहना गढ़ते समय एकचित रहता है, पर-स्त्री की ओर जिस प्रकार कामी दृष्टिपात करता है और जुआरी अपनी कौड़ी के फेर में रहता है, उसी प्रकार मेरी भी दृष्टि उसी एक 'राम' की ओर लगी हुई है। जहाँ देखता हूँ, वहाँ वही हैं, उसके सिवाय और कुछ भी नहीं"।[३] इन्हें राम के अतिरिक्त कोई भी दूसरा सगा-संबंधी भी दीख नहीं पड़ता। ये कहते हैं कि "मेरे बाप व माँ तो वही एक माधव, केशव अथवा बीठल हैं।[४] और उनके किये गए उपकारों के वर्णन भी ये करते हैं। इसीलिए उस एक की ही भक्ति को अपनाया था और अन्य देवी-देवताओं की पूजा को व्यर्थ बतलाया था। ये भगवान् के अनुराग में आकर कहते हैं कि "हे राम, तेरा रूप-रंग और नाम तक मुझे अत्यन्त भला जान पड़ता है। मारवाड़ी को जैसे जल प्रिय होता है, ऊंच को जैसे लता प्रिय लगती है, मृग को नाद प्रिय लगता है, पृथ्वी को वृष्टि सुखद लगती है, भ्रमर को फूलों की गंध प्रिय होती है, कोयल को आम की बौर भली लगती है, चकई को सूर्योदय अच्छा जान पड़ता है, हंस को मानस आनंदप्रद होता है, बच्चे को दूध अच्छा लगता है, चातक के लिए मेघ प्रिय हुआ करता है और मछली

१. 'गुरु ग्रंथसाहब', पृ. ४८५, पद १।

२. वही, पृ. (पद २)।

३. वही, पृ. ८७२:३।

४. वही, पृ. ९९७।

को जितना जल से प्रेम है वैसे ही मुझे तू भी प्रिय है और मेरा मन तुझमें रमा हुआ है"।[१] इसी भाव को इन्होंने एक अन्य पद द्वारा भी "ऐसी नामें प्रीति नराइण" आदि कहकर व्यक्त किया है।[२] इनकी भावुकता इन पदों के अंतर्गग्त इतनी मात्रा में बढ़ी हुई दीख पड़ती है कि ये अपने एक ही उद्गार को स्पष्ट करते समय अनेक उदाहरण देते भी नहीं अघाते।

अनिर्वचनीय–संत नामदेव के 'बीठल' का वास्तविक रूप उनके अनुसार वैसा ही है, "जैसा आकाश में उड़ती हुई चिड़िया का मार्ग अथवा जल में तैरने वाली मछली का रास्ता हो सकता है। वह न देखने में आता है और न ढूँढ़ने पर कहीं मिल सकता है"[३] कोई उसे निकट बतलाता है और कोई उसे दूर का रहने वाला ठहराता है और जिसने उसे जान-बूझ लिया है, वह उसे सदा अपने में छिपाये रहता है। वस्तुतः यह हमारी आत्मा में ही भरपूर है और उसका अनुभव हमें ज्यों ही होने लगता है, त्यों ही आप से आप ध्वनि निकल पड़ती है"।[४] "उस सनेहीराम के मिलते ही पारस के स्पर्श के समान सब कुछ कंचन हो जाता है, अपने अहंभाव का भ्रम दूर हो जाता है और जिस प्रकार किसी घड़े का जल जल में डूबकर एकाकार हो जाय, वैसी ही दशा हो जाती है। फिर तो 'ठाकुर' व 'जन' तथा 'जन' व 'ठाकुर' एक ही हो जाते हैं। स्वयं देव, स्वयं मंदिर व स्वयं पूजन भी बनकर जल व तरंग की भाँति एक आकार धारण कर लेते हैं और उनकी भिन्नता केवल नाममात्र की रह जाती है। किसी मूर्ति के समक्ष कीर्तन करने का अभिप्राय उस दशा में केवल यही होता है कि वह स्वयं गा और नाच रही है।"[५] इस प्रकार संत नामदेव सर्वात्मावाद और अद्वैतवाद, दोनों के ही अनुसार विचार रखते हुए जान पड़ते हैं और उनकी भक्ति का स्वरूप भी शुद्ध निर्गुण-भक्ति का है।

नाम-साधना–इनकी उक्त भक्ति के अंतर्गत 'नाम-साधना' को बहुत बड़ा महत्त्व प्राप्त है। इन्होंने उसे अश्वमेध यज्ञ, तुलादान, प्रयाग-स्नानादि सभी से श्रेष्ठ बतलाया है। इन्होंने उसकी प्रशंसा में अनेक पौराणिक भक्त-कथाओं का उल्लेख करके अपने मत की पुष्टि की है।[६] नाम-स्मरण का महत्त्व मुख्य रूप से इस बात में है कि उसके द्वारा हम उसके नाम की ओर अपना ध्यान सदा लगाये रहने में सफल होते हैं। इनका कहना है कि "मेरा मन रामनाम के साथ इस प्रकार बिंघा हुआ है, जैसे स्वर्ण के तौलते समय ध्यान तुला की ओर बना रहता है, आकाश में उड़ायी जाती हुई पंतग की ओर जिस प्रकार उड़ाने वाले का चित्त लगा रहता है और वह, 'वाह-वाह' की झड़ी चारों ओर लगने पर भी विचलित नहीं होता, जिस प्रकार युवतियाँ शिर पर भरे घड़े लेकर चलती हुई आपस में मनोविनोद करतीं और तालियाँ तक बजाती रहती हैं, किंतु उनका ध्यान सदा उसी पर रहता है, और जिस प्रकार पाँच कोस की दूरी पर भी चरने वाली गाय का मन अपने बच्चे की ओर ही लगा रहता है और माता का मन उसके घरेलू झंझटों में फँसे रहने पर भी अपने पलने पर पौढ़ाये हुए बालक की ओर

---

१. 'गुरु ग्रंथसाहब' पृ. १६९२।

२. वही, पृ. १६५।

३. वही, पृ. ५१५।

४. वही, पृ. ७१८।

५. वही, पृ. ६५६।

६. वही, पृ. ८७२।

जाता रहता है, उसी प्रकार मेरा भी मन उसमें लगा रहता है"।[१] परंतु नाम के प्रति उक्त प्रकार की साधना गुरु की कृपा द्वारा ही संभव है। यदि गुरु की कृपा हो जाय, तो मन में पूरी दृढ़ता आ जाती है और वह चारों ओर दौड़-धूप लगाना छोड़ देता है। उसी की सहायता से 'मुरारि' मिलते हैं और संसार-सागर के पार जाना सरल हो जाता है। वास्तविक देवता गुरुदेव है और अन्य सभी देवों की सेवा करना कुछ अर्थ नहीं रखता।[२]

मृत्यु–संत नामदेव की मृत्यु का समय महाराष्ट्र की प्रायः सभी परम्पराओं के अनुसार आश्विन बदी १३ संवत् १४०७ समझा जाता है। इनकी समाधि पंढरपुर में है जहाँ पर विट्ठल के मंदिर की सीढ़ियों के निचले भाग में इनका एक पीतल का शिर भी बना हुआ है। इनके मुख्य विचारों की बानगी इनकी जीवनियों में उल्लिखित अनेक घटनाओं के भीतर निहित समझ पड़ती है। इनके भोले हृदय, इनकी गहरी भावुकता तथा मूर्ति वा साकार देवताओं से कहीं अधिक विश्वरूप भगवान् के प्रति निष्ठा के उदाहरण ऊपर दिये जा चुके हैं। इनकी विरक्ति के संबंध में कहा जाता है कि एक बार अपने घर में आग लगने पर इन्होंने अपनी सभी वस्तुएं उसमें उठा-उठाकर फेंकना आरंभ कर दिया, और ऐसा करते समय बराबर यही कहते रहे कि ये सभी भगवान् की हैं और उसी के अग्निमुख में जा रही हैं। इसी प्रकार इनके ऊंच-नीच के बीच समता तथा सभी प्राणियों को भगवान-रूप समझने का भाव इस घटना से स्पष्ट हो जाता है कि एक बार जब ये अपनी बनायी हुई रोटियाँ छोड़कर घी लाने के लिए उठे और उन रोटियों को कोई कुत्ता लेकर भाग चला, तब ये उसके पीछे यह कहते हुए दौड़ पड़े थे कि "भगवन, उन रोटियों में यह घी भी चुपड़ लो, उन्हें रूखी-सूखी न खाओ।" वास्तव में संत नामदेव का सारा जीवन ही भक्ति रस में सराबोर था और ये सभी प्रकार उत्तरी भारत के संतों के अग्रणी होने योग्य थे।

(६) संत त्रिलोचन

परिचय–त्रिलोचनजी संत नामदेव के समकालीन थे और उनसे अवस्था में कुछ बड़े थे। इनका जन्म-काल सं. १३२४ में बतलाया जाता है। इन्हें तथा संत नामदेव को नाभादास ने ज्ञानदेव का शिष्य कहा है और संत रविदास ने इन्हें संत नामदेव के ही समान तर गया हुआ बतलाया है। प्रियादास के अनुसार इनका जन्म वैश्य-वंश में हुआ था और ये साधुओं के परम भक्त थे। इनकी एक पत्नी मात्र थी और दूसरा कोई नहीं था, अतएव इन्हें साधुओं की भरपूर सेवा करने में पूर्ण संतोष नहीं होता था। इन्हें इस कार्य में सहायता के लिए एक नौकर की आवश्यकता थी और ये बहुधा एक ऐसे सेवक की खोज में रहा करते थे, जो इन्हीं की भाँति साधु-सेवा प्रेमभाव के साथ किया करे। प्रियादास का कहना है कि एक दिन किसी ने आकर इनसे कहा कि मैं ऐसी नौकरी कर सकता हूँ, किंतु भोजन के लिए ५-७ सेर से कम न लूँगा और जिस समय मेरे अधिक भोजन की निन्दा की जायगी, मैं शीघ्र नौकरी त्याग दूँगा। उस व्यक्ति ने अपना नाम 'अंतर्यामी' बतलाया और त्रिलोचन के राजी होने पर वह सचमुच ही अपने नाम के ही अनुरूप साधुओं की मन-चाही सेवा करने लगा। तब से त्रिलोचन जी के घर साधुओं की भीड़ और भी बढ़ने लगी और इनकी स्त्री को सामग्री तैयार करने में

१. 'नामदेवाचा गाथा' पृ. ५१७:८।
२. 'गुरु ग्रंथसाहब', पृ. ११६७।

अधिक कष्ट भी होने लगा। अतएव एक दिन उसने अपनी पड़ोसिन से कह डाला कि एक तो उक्त नौकर के कारण साधुओं की संख्या बढ़ गई है, दूसरे वह इतना अधिक भोजन करता है कि उसके कारण मैं तंग आ गई हूँ। 'अंतर्यामी' को जब अपनी निंदा की यह बात मालूम हुई, तब वह बिना किसी से कहे-सुने नौकरी छोड़ चलता बना। त्रिलोचन जी को अंत में पता चला कि इनके यहाँ स्वयं भगवान् ही 'अतंर्यामी' के भेष में इनकी नौकरी कर रहे थे और इस बात से इन्हें मार्मिक कष्ट व पछतावा हुआ।

रचनाएँ–त्रिलोचन जी का नाम उनके भूत, भविष्य एवं वर्तमान के एक साथ जानकार होने के कारण पड़ा था। इन्हें संत नामदेव ने अपने एक पद में संबोधित करके कहा है कि "हे त्रिलोचन, अपने नन्हें बच्चे को पालने में पौढ़ाकर कार्य में व्यस्त रहने वाली माता सब कुछ करती हुई भी अपना चित्त सदा उस बालक में ही लगाये रहती है, उसी प्रकार हमारा मन राम-नाम द्वारा सदा बिंधा रहना चाहिए।" कुछ ऐसे ही भाव व्यक्त करने वाले दो सलोक (दोहे) 'आदिग्रंथ' में प्रश्नोत्तर के रूप में अन्यत्र भी आये हैं जिनमें त्रिलोचन के पूछने पर कि "हे नामदेव, तुम क्यों धंधे में लगे हो, रामनाम की ओर चित्त क्यों नहीं लगाते ?" संत नामदेव ने बतलाया है कि "हे त्रिलोचन, मुख द्वारा रामनाम का स्मरण करते रहो, किंतु हाथ-पैर को सदा काम में लगाये रहकर चित्त को निरंजन में लीन रक्खो"। वास्तव में संत-मत के अनुसार आदर्श जीवन का सारा चित्र ही उक्त रचनाओं के अंतर्गत आ जाता है।

विचार–त्रिलोचनजी की अधिक रचनाएं नहीं मिलतीं। केवल चार[1] पद उनके नाम से 'आदिग्रंथ' में संगृहीत हैं। इन पदों में से एकाध में मराठी भाषा के कुछ चिन्ह लक्षित होते हैं, किंतु इनकी भाषा मूलतः हिंदी ही है। कहा जाता है कि इन्होंने संत नामदेव की भाँति कुछ मराठी पदों की रचना की थी, किंतु वे आजकल उपलब्ध नहीं हैं। इनके उक्त चार पदों के देखने से त्रिलोचन जी के विषय में बहुत उच्च भाव जागृत नहीं होते। ये सभी मध्यम श्रेणी की रचनाएं हैं। इनमें से सबसे बड़े पद द्वारा माया-मोह का प्रभाव दिखलाकर उसकी व्यर्थता सिद्ध की गई है। एक दूसरे पद में झूठे संन्यासियों की कड़ी आलोचना है और उन्हें फटकार कर चेतावनी भी दी गयी है। इस पद की शैली पहले की अपेक्षा अधिक सजीव है। तीसरे पद में त्रिलोचनजी ने बतलाया है कि अंतकाल में जैसा स्मरण किया जाता है, वैसा ही परिणाम हुआ करता है। इसी प्रकार चौथे पद में भी इन्होंने कर्म की अमिट रेख पर अधिक जोर दिया है और सब कहीं भगवन्नाम स्मरण का ही महत्त्व दरसाया है। कहा जाता है कि इस अंतिम पद की रचना त्रिलोचनजी ने उस समय की थी, जब इन्होंने भक्ति-मार्ग में अधिक अग्रसर हो जाने के कारण अपना सांसारिक व्यवहार छोड़ दिया था और आर्थिक कष्ट झेल रहे थे। संभवतः अपनी स्त्री द्वारा फटकारे जाने पर इन्होंने यह पद रचा था।

---

१. सिरी राग, पद १ (पृ. ९१), रागु गूजरी, पद १-२ (पृ. ५२५-६) व रागु धनासरी, पद १ (पृ. ६९४)।

द्वितीय अध्याय

कबीर साहब

१. परिस्थिति-परिचय

सिंहावलोकन–विक्रम की नवीं शताब्दी के लगभग आरंभ होने वाला समय वस्तु स्थिति के पर्यवेक्षण व मूल्यांकन का युग था। उसमें शताब्दियों पूर्व से आती हुई विचार-धारा के विविध स्रोतों पर आलोचनात्मक दृष्टिपात किया गया, उनमें दीख पड़ने वाले विविध दोषों के प्रति संकेत करते हुए उनके परिमार्जन की आवश्यकता सुझायी गई और कभी-कभी सारी प्रस्तुत बातों को एक बार फिर से सुव्यवस्थित करने की चेष्टा भी की गई। इस कार्य में जिन व्यक्तियों व सम्प्रदायों ने विशेष-रूप से भाग लिया, उनका संक्षिप्त परिचय पिछले अध्याय में दिया जा चुका है। उनके प्रयत्नों को अध्ययन करने पर पता चलता है कि उन सबकी कार्य-शैली प्रायः एक ही प्रकार की थी। सबने अपने समय के धार्मिक वातावरण पर विचार किया था और उसके भीतर समाविष्ट दोषों के विरुद्ध आक्षेप किया था। सबका उद्देश्य तात्कालिक स्थिति में परिवर्तन लाने का था, इस कारण अपने विरोधी मतों की कटु आलोचना करते समय उन्होने बहुधा अपने मूल मतों तक की प्रचलित बुराइयों को अपना लक्ष्य बना डाला था और सुधार एवं सामंजस्य की भावना से प्रेरित हो उन्होंने उसे फिर से बदल डालना भी चाहा था। उन सभी के उद्देश्य सच्चे थे और उन सबने पूरे उत्साह के साथ अपने कार्यक्रम को अन्त तक निबाहना चाहा।

सुधार-पद्धति–फिर भी उन सबकी आलोचना एक ही प्रकार उग्र न थी और न उन सबने एक ही प्रकार अपने मूल मतों को सुधारना ही चाहा था। स्वामी शंकराचार्य ने अपने समय के अवैदिक मतों को अमान्य ठहराया, वैदिक मतों में भी उपलब्ध दोषों की निंदा कर उन्हें वेद-विरुद्ध व अग्राह्य घोषित किया और उनके पीछे आने वाले भक्ति-प्रचारक आचार्यों ने भी प्रायः इसी पद्धति का अनुसरण किया। वेदादि धर्म-ग्रंथों के प्रति इन सबकी आस्था निरंतर बनी रही और ये सदा उनकी प्रामाण्यता का दम भरते रहे। बौद्धों व जैनों के सुधारक सम्प्रदायों को वैसे प्रामाण्य ग्रंथों का सहारा लेकर चलने की आवश्यकता न थी और न-नाथयोगी-सम्प्रदाय अथवा पहले वाले वैष्णव सहजिया लोगों को ही ऐसा आश्रय ग्रहण करने की उपयोगिता प्रतीत हुई थी। अतएव, प्रचलित बुराइयों के प्रति उनकी आलोचना कहीं अधिक स्वतंत्र रूप से हुई और उन्होंने उन्हें अधिकतर सरल व स्वाभाविक बातों द्वारा बदल डालने की चेष्टा भी की। वारकरी-सम्प्रदाय ने इन दोनों के बीच का मार्ग स्वीकार किया और उसने प्राचीन धर्म-ग्रंथों को अपने मत का आधार बनाते हुए भी उनके मंतव्यों को अपने विचारानुसार बहुत व्यापक बना डाला। सूफी सम्प्रदाय में भी इसी प्रकार अपने मूल धार्मिक ग्रंथ 'कुरान शरीफ' व 'हदीस'

के प्रति पूरी आस्था लक्षित होती है, किंतु उनके अनुयायी उनकी बातों की एक विशेष दृष्टिकोण के साथ व्याख्या करते हुए भी जान पड़ते हैं।

दो भिन्न-भिन्न दल–इस प्रकार उक्त सुधारक सम्प्रदायों में हमें एक प्रकार से दो भिन्न-भिन्न दल दीख पड़ते हैं, जिनमें से एक अपनी बिगड़ी हुई परिस्थिति में परिवर्तन लाने का प्रयत्न करते समय उसे भरसक पूर्वनिर्दिष्ट आदर्शानुसार ही व्यवस्थित करना चाहता है और दूसरा किसी प्राचीन व्यवस्था के फेर में न पड़कर उसे स्वतंत्र ढंग से कोई नवीन, किंतु सर्वमान्य रूप देने का प्रयत्न करता है। प्रथम दल को विश्वास है कि अंतिम सत्य व सर्वोत्तम आदर्श की झाँकी हमें अपने प्राचीन धर्म-ग्रंथों में अवश्य मिल सकती है, किंतु द्वितीय दल की धारणा है कि हमारा मानव-शरीर ही सत्य का सर्वश्रेष्ट मंदिर है, और यदि हम ढूँढ़ने का सच्चा प्रयत्न करें, तो इसी के भीतर हमें उसका वास्तविक रूप आप से आप दृष्टिगोचर हो सकता है, तथा उसी के आधार पर यदि हम चाहें तो अपने जीवन के लिए उच्चतम आदर्श भी स्थिर कर सकते हैं। इस दृष्टिकोण से प्रभावित होने के कारण इस दल के सम्प्रदायों ने योग साधना को भी किसी न किसी अंश में अपनाया था। सहजयानी बौद्धों ने तो मानव-देह में ही काशी, प्रयाग जैसे तीर्थ तथा पीठों, उप-पीठों आदि का भी अस्तित्त्व स्वीकार किया था और उसे सर्वश्रेष्ठ कहकर भी प्रसिद्ध किया था।[१] सूफी सम्प्रदाय ने 'इश्क मजाजी' को 'इश्क हकीकी' का एक आवश्यक 'मुकाम' ठहराया था और वैष्णव सहजिया लोगों ने भी मानव सत्य को सबसे ऊपर स्थान देने की चेष्ठा की थी।[२] इस भावना ने उन सबको इस प्रकार न केवल प्राचीन धर्म-ग्रंथों व चिरकालीन रूढ़ियों पर सदा निर्भर रहा करने से ही रोक रखा, प्रत्युत उन्हें अपने हृदय की शुद्धता व सच्चाई पर अटल विश्वास रखने के लिए भी प्रेरित किया। अतएव, इस दल ने परमुखापेक्षिता के स्वभाव को भी बदलने का प्रयत्न किया जिससे आत्मविश्वास, आत्मगौरव तथा स्वावलंबन की प्रवृत्ति उत्तरोत्तर दृढ़ होने लगी।

विभिन्न धारणाएँ–इसके सिवाय उक्त सुधारक सम्प्रदायों ने परमतत्त्व के स्वरूप के संबंध में भी अपनी भिन्न-भिन्न धारणाएं निश्चित कीं। स्वामी शंकराचार्य ने ब्रह्म को अनिर्वचनीय सत्य व जगत् को मित्या मानते हुए जीव एवं ब्रह्म की एकता प्रतिपादित की और तदनुसार आत्मज्ञान की साधना को उन्होंने सर्वश्रेष्ठ ठहराया। किंतु उनके परकालीन भक्ति-प्रचारक आचार्यों ने इस प्रकार के अभेदभाव को प्रश्रय न देकर भक्ति के लिए एक अलौकिक भगवान की भी कल्पना कर डाली। उधर सहजयानी बौद्धों ने अपने सत्य, शून्य की अद्वयता को स्पष्ट करते हुए उसमें महासुखमय 'सहज' का भी आरोप किया और चित्त की शुद्धि द्वारा उसके साथ सर्वथा एकाकार हो जाने का महत्त्व बतलाया। किंतु वैष्णव सहजिया सम्प्रदाय ने उसी 'सहज' को अपना प्रेमपात्र भी मानकर उसे उपलब्ध करना अपना परम ध्येय समझा। इस प्रकार इनके प्रथम वर्ग की प्रवृत्ति जहाँ श्रद्धा व भक्ति के साधन द्वारा भगवान्

---

१. 'एत्थु से सुरसरि जमुणा, एत्थु से गंगासाअरु। एत्थु पआग बणारसि, एत्थु से चन्द दिवाअरु ॥४७॥ वखेतु पीठ उपपीठ एत्थु, मइ भमइ परिट्ठओ। देहा सरिसअ तित्थ, भइं सुह अण्ण ण दिट्ठओ ॥'४८॥—डा. प्रबोध चन्द्र बागची द्वारा सम्पादित 'सरहपाद का दोहकोष' (कलकत्ता, १९३८) पृ. २५।

२. 'शुन हे मानुष भाई। सबार ऊपरे मानुष सत्य, ताहार ऊपरे नाइ॥'—'आब्स्क्योर रेलिजस कल्ट्स' (डा. एस. दास गुप्त)-पृ. १३७ पर उद्धृत।

की उपासना की ओर बढ़ी, वहाँ दूसरे ने उसी सत्य को प्रियतम के रूप में स्वीकार कर उसके साथ अभिन्न बन जाना ही अपने लिए परम पुरुषार्थ निर्धारित किया। वैष्णव सहजिया लोगों की उक्त प्रेम-भावना सूफी-सम्प्रदाय के 'इश्क हकीकी' से भी बहुत कुछ प्रभावित रही और आगे चलकर इन दोनों का संश्लिष्ट रूप कबीर साहब जैसे संतों के लिए 'विरह-गर्भित प्रेम' के भाव में परिणत होकर लक्षित हुआ।

साधनों की भिन्नता–इन सुधारक सम्प्रदायों के भाषा-प्रयोग एवं वर्णन-शैली पर भी इनके आलोचनात्मक दृष्टिकोण का प्रभाव स्पष्ट दीख पड़ता था। स्वामी शंकराचार्य व भक्ति-प्रचारक आचार्यों ने प्राचीनता का मोह त्याग न सकने के कारण संस्कृत-भाषा का व्यवहार किया और मौलिक बातों के लिखने की अपेक्षा केवल भाष्य व टीका-टिप्पणी की ओर ही विशेष ध्यान दिया। किंतु सहजयानी बौद्ध, जैन, नाथयोगी व सहजिया, वैष्णवों की प्रवृत्ति इससे नितांत विरुद्ध दिशा की ओर काम करती हुई दीख पड़ी। इन्होंने न केवल स्वतंत्र रचनाएं प्रस्तुत करने के प्रयत्न किये, किंतु उन्हें निर्माण करते समय प्रचलित जन-भाषाओं को ही अपने भावप्रकाशन का माध्यम बनाया। इसके अतिरिक्त प्रथम दलवालों ने जहाँ पर अपने कथन की पुष्टि में स्थलविशेष पर मान्य ग्रंथों के उद्धरण देकर उन्हें प्रमाणित करते जाना आवश्यक समझा, वहाँ दूसरे दलवालों ने अपने भावों को हृदयंगम कराने के लिए साधारण दृष्टांतों, सरल रूपकों तथा कभी-कभी चमत्कारपूर्ण संध्याभाषा अथवा 'संधाभाषा' के भी प्रयोग किये।[१] इस प्रकार प्रथम दल की रचनाओं के पाठकों को अपने समाधान के लिए जहाँ प्राचीन धर्मग्रंथों के अनेक पन्ने उलटने की आवश्यकता पड़ी, वहाँ दूसरे दल के दोहों व पदों के पढ़ने वाले उन्हें समझने के लिए निजी अनुभव तथा साधारण संकेतों का ही उपयोग करते रहे।

मुसलमानी प्रभाव–विक्रम की नवीं शताब्दी से लेकर पंद्रहवीं तक कर उक्त समय एक प्रकार के उथल-पुथल का युग था। इसके आरंभ होने के कुछ ही पहले सं. ७६९ में मुहम्मद बिन कासिम के नेतृत्व में अरबों का आक्रमण भारत के सिंध प्रांत पर हो चुका था और इस प्रकार बाहर के मुस्लिम देशों को इस देश की आर्थिक, सामाजिक एवं धार्मिक स्थिति का कुछ न कुछ परिचय मिलने लगा था। उत्तरी भारत में उस समय प्रतिहारों का राज्य था, जो किसी न किसी रूप में बारहवीं शताब्दी के पूवाद्र्ध तक वर्तमान रहा। उसके अनंतर वहाँ क्रमशः गहरवारों व चौहानों का शासन प्रायः सौ वर्षों तक चला और इसी बीच में गजनी एवं गोर वंश के मुसलमानों के आक्रमण हुए, तथा तराई की लड़ाई (सं. १२५०) में विजय पाकर मुहम्मद गोरी ने यहाँ पर अपने स्थायी राज्य की नींव डाली। उस काल से इस भूखंड पर मुसलमानी शासन का आरंभ हो गया और गुलाम वंश (सं. १२६३:१३४७), खिलजी वंश (सं. १३४७:१३७७), तथा तुगलक वंश (सं. १३७७:१४६९) के भिन्न-भिन्न व्यक्ति क्रमशः सुलतान बनकर यहाँ के सिंहासन पर बैठे। ये सुलतान अपने 'मजहबे इस्लाम' की 'शरियत' के

१. 'संध्याभाषा' झिलमिल प्रकाशमयी वा रहस्यमयी भाषा (Evening language, twilight language or mystical language)
'संधाभाषा':सोद्देय वा साभिप्राय भाषा (Intentional language i. e. language literally and apparently meaning one thing, but aiming at a deeper meaning hidden behind.)–दे. डा. एस. दास गुप्त की पुस्तक 'आब्स्क्योर रेलिजस कल्ट्स', पृ. ४७७-८।

न्यूनाधिक पाबंद रहते हुए भी अपना शासन अपरिमित अधिकार के साथ करते थे और उनका प्रबंध एक प्रकार का सैनिक प्रबंध था। ये कभी-कभी खलीफा की प्रभुता स्वीकार कर लेते थे, किंतु व्यावहारिक बातों में ये सदा निरंकुश बने रहते थे। इनमें से कुछ पर यदाकदा उलमा लोगों का भी प्रभाव काम कर जाता था, परंतु मुस्लिमेतर जातियों के लिए वह कभी हितकर न हो पाता था। इस कारण सुलतानों के उस एकतंत्र शासन द्वारा सदा अन्याय तथा असहिष्णुता को ही प्रोत्साहन मिलता रहा। फिर भी देश के भीतर अतुल संपत्ति थी, मुसलमान उमरा पूरे ठाठ-बाट के साथ जीवन व्यतीत करते थे और कला, साहित्य आदि की उन्नति भी होती जा रही थी। इधर बौद्ध धर्म का उस समय तक पूर्ण ह्रास होने लगा था व शंकराचार्य एवं कुमारिल भट्ट जैसे विरोधी प्रचारकों के प्रयत्नों द्वारा वह प्रायः निर्मूल-सा होता जा रहा था। उस समय जैन धर्म तथा शैव व वैष्णव सम्प्रदायों के भीतर-भिन्न-भिन्न संगठन हो रहे थे और इस्लाम के अंदर भी सूफी-सम्प्रदाय अपना प्रचार करने लगा था। सुलतानों के उक्त शासन-काल में इस प्रकार की स्वेच्छाचारिता की प्रधानता होने पर भी भिन्न-भिन्न विचारों व संस्कृतियों के संघर्ष के कारण एक नवीन प्रकार के समाज का निर्माण होता जा रहा था जिसके लिए सारी परिस्थिति पर एक बार फिर से दृष्टिपात कर उचित मार्ग दिखलाना नितांत आवश्यक प्रतीत होता था और यह कार्य उसी के द्वारा संभव था जिसकी बुद्धि परस्पर विरोधिनी प्रवृत्तियों के बीच समन्वय लाने के अतिरिक्त किसी स्थायी व सार्वभौम नियम एवं आदर्श का प्रस्ताव रखने में भी समर्थ हो।

पूर्वकालीन संत–इस युग के अंतर्गत कतिपय संतों ने साम्प्रदायिक स्तर से कुछ ऊंचा उठकर इस ओर प्रयत्न अवश्य किये और उनकी विशिष्ट प्रवृत्तियों के कारण उन्हें उक्त युग के अनंतर आने वाले संतों में गिना भी जाता है। फिर भी उनकी उपलब्ध रचनाओं तथा जीवन-संबंधी केवल यत्किंचित् सामग्रियों के आधार पर कुछ अधिक पता नहीं चलता। संभव है, वे भी उक्त उद्देश्य को ही लेकर चले रहे हों, किंतु विकट परिस्थितियों अथवा उनके क्षीण स्वरों के कारण उनका प्रभाव वैसा स्पष्ट व स्थायी न हो सका हो। ऐसे कुछ लोगों के संक्षिप्त परिचय गत अध्याय में दिये जा चुके हैं और उनके विचारों की बानगी भी वहाँ दी चुकी है। उससे प्रकट होगा कि उक्त युग (सं. ८००:१४००) के पूवाद्र्ध तक यहाँ का क्षेत्र तैयार हो चुका था और उसके उत्तराद्र्ध के लगभग् आरंभ से ही कुछ ऐसे व्यक्तियों का प्रादुर्भाव होने लगा था, जिन्हें कम से कम पथ-प्रदर्शक संतों के नाते स्मरण करने की प्रवृत्ति होती है। उन पूर्वकालीन सेंतों के जन्मस्थान एवं वातावरण से परिचित होने पर यह भी अनुमान करने का आधार मिल जाता है कि सर्वप्रथम उत्तरी भारत का बाहरी सीमा का ही क्षेत्र तैयार हुआ था और उसके केंद्र काशी-खंड को इस ओर प्रवृत्त होने का अवसर उक्त युग के कहीं अंत में जाकर मिला था।

नामदेव का प्रभाव–विक्रम संवत् की चौदहवीं शताब्दी के अंतिम चरण में महाराष्ट्रीय संत नामदेव पंजाब प्रांत में भ्रमण कर रहे थे। उनका मूल संबंध महाराष्ट्र प्रांत के 'वारकरी सम्प्रदाय' के साथ था, किंतु उनके विचारों की व्यापकता व कार्य-पद्धति की रूपरेखा उन्हें अपनी परिधि से कुछ बाहर जाने को भी बाध्य कर रही थी। अतएव अपने जीवन के अंतिम दिनों में उन्होंने उक्त सम्प्रदाय के नियमों का कदाचित् अक्षरशः अनुसरण भी नहीं किया और स्वानुभूति के आधार पर ही वे अपने उपदेश देते रहे। इनके ये उपदेश सदा एक स्वतंत्र मत

का संदेश सुनाते रहे और अपने सरल व सजीव होने के कारण अधिक ध्यान भी आकृष्ट करते रहे। प्रसिद्ध है कि इनकी लोकप्रियता के कारण इनके उपदेशों का वहाँ बहुत बड़ा प्रभाव पड़ा और मालवा, राजस्थान एवं पंजाब में इनके अनेक अनुयायी बन गए, और आगे चलकर इनके नाम को अपनाने वाले कई अन्य व्यक्तियों ने भी अपने मठादि स्थापित कर लिए। संत नामदेव अपने पदों को बहुधा करताल के साथ गाया करते थे और उनकी भावुकता उपस्थित श्रोताओं को मुग्ध कर देती थी। इस प्रकार बहुत-से उनके हिंदी पद उधर की जनता को कंठस्थ हो जाते थे जिन्हें वे बाहर जाने पर भी प्रेम के साथ गाया करते थे। संत नामदेव की रचनाओं का इस कारण उत्तरी भारत में कुछ दूर तक पूर्व की ओर भी प्रचलित हो जाना असंभव न था। कबीर साहब ने भी संत नामदेव का नाम कदाचित् इन्हीं प्रचलित पदों से प्रभावित होकर बड़ी श्रद्धा के साथ लिया होगा।

अन्य प्रवृत्तियाँ–उक्त युग के अंत तक बौद्धों का सहजयान-सम्प्रदाय यहाँ से प्रायः लुप्त हो चुका था और उसका केवल कुछ विकृत रूप बंगाल में दीख पड़ता था। उत्तरी भारत में उस समय के किसी ऐसे प्रसिद्ध जैन मुनि का भी पता नहीं चलता जिसने मुनिराम सिंह की भाँति अपने विचार प्रकट किये हों। नाथयोगी-सम्प्रदाय के अनुयायी भी उस समय विशेषकर पश्चिमी व दक्षिणी भारत की ओर ही अपना प्रचार करते फिरते थे और पूर्वी भारत में उनकी प्रगति अन्य हिंदू धर्मावलंबियों के साथ बहुत कुछ घुल-मिल जाने के कारण धीमी पड़ने लग गई थी। इधर सूफी-सम्प्रदाय का उस समय कुछ अधिक प्रचार होने लगा था और उसकी चिश्तिया एवं सुहर्वर्दिया नामक दो शाखाओं का भारत में प्रवेश हो चुका था। 'चिश्तिया शाखा' के फकीर अहमद साविर (मृ. सं. १३८२) ने अभी कुछ ही पहले वर्तमान उत्तर प्रदेश के पश्चिमी भाग में भ्रमण कर अपनी 'साविरी उपशाखा' की नींव डाली थी और 'सुहर्वर्दिया शाखा' के शेख तकी (१३७७:१४४१) ने उसी प्रकार अपने उपदेशों द्वारा इस प्रांत के पूर्वी भाग के निवासियों को प्रभावित कर अंत में झूँसी में विश्राम लिया था। इसके सिवाय अधिक पूर्व की ओर बंगाल प्रांत में उस समय वैष्णव सहजिया सम्प्रदाय की नींव पड़ रही थी और प्रसिद्ध बंगाली कवि चंडीदास कदाचित् उसी समय के लगभग अपने पदों के माधुर्य द्वारा उधर के निवासियों को मुग्ध करते जा रहे थे। कवि चंडीदास की यह परम्परा उस प्रसिद्ध संत जयदेव द्वारा ही प्रभावित थी, जिनकी प्रशंसा कबीर साहब ने अपनी रचनाओं में एक से अधिक बार की है।

कबीर साहब पर प्रभाव–परंतु कबीर साहब के ऊपर उस दूसरी विचार-धारा का भी पूरा प्रभाव पड़ा होगा जिसके विभिन्न स्रोतों के स्वरूप का दिग्दर्शन गत अध्याय में कराया जा चुका है और जिसके प्रवाह की विभिन्न लहरों के रंग-ढंग में हमें आगामी संतमत का प्रारंभिक रूप स्पष्ट दिखलायी पड़ता है। उसपर विचार करने से प्रतीत होता है कि स्वामी शंकराचार्य के कतिपय दार्शनिक सिद्धांतों पर बौद्ध मत की गहरी छाप लगी हुई थी और बौद्धों के सहजयानी विचार एवं शांकराद्वैत के आदर्श को एक साथ लेकर ही नाथयोगी-सम्प्रदाय की सृष्टि हुई थी। भक्ति के भिन्न-भिन्न आचार्य भी इसी प्रकार शंकराचार्य द्वारा अनुप्राणित हुए और उनकी भक्ति-साधना एवं नाथयोगी-सम्प्रदाय के मौलिक सिद्धान्तों के आधार पर वारकरी सम्प्रदाय की भित्ति खड़ी की गई थी। इसके सिवाय भक्ति-प्रचारक आचार्यों के मूल स्रोत, तामिल आडवारों की सरल भक्ति-साधना एवं सूफी सम्प्रदाय के प्रेमभाव ने मिलकर

इसी भाँति वैष्णव 'सहजिया सम्प्रदाय' को जन्म दिया और बौद्ध सहजिया के मूल सिद्धांतों ने उसी प्रकार उसे पूरी शक्ति प्रदान की। फलतः भिन्न-भिन्न विचार-शैलियों के संघर्ष वा सहयोग से उन सुधारक सम्प्रदायों का कार्यक्रम क्रमशः अग्रसर होता गया और अंत में विक्रम संवत् की पंद्रहवीं शताब्दी के लगभग उनके संयुक्त प्रयास द्वारा एक ऐसी स्थिति उत्पन्न हो गई जिसे अनुभव करने वाले व्यक्ति के लिए किसी भी उक्त भावना की उपेक्षा करना असंभव नहीं, तो अत्यन्त कठिन अवश्य था और इस कथन की संगति कबीर साहब के विषय में भी भली भाँति लगायी जा सकती है।

उनका प्रधान उद्देश्य–कबीर साहब कदाचित् प्रत्येक संकीर्ण साम्प्रदायिक भावना से मुक्त थे और उनका मुख्य अभिप्राय किसी ऐसी विचार धारा को जन्म देना था जो स्वभावतः सर्वमान्य बन सके और जिसमें इसी कारण किसी भी उल्लेखनीय प्रवृत्ति के संचार की पूरी गुंजाइश हो सके। तदनुसार उन्होंने सामने उपस्थित समस्या पर अधिक से अधिक व्यापक दृष्टिकोण के साथ विचार करने का प्रयत्न किया और इस प्रकार निकाले गए परिणामों के मूल्यांकन का भार प्रत्येक व्यक्ति के निजी अनुभव पर ही छोड़ दिया। इसीलिए कबीर साहब की उस ऊंचाई से देखने पर जहाँ निर्गुण एवं सगुण के प्रश्न आपसे आप हल हो गए और अद्वैत की भावना में भक्ति को भी स्थान मिल जाने से मस्तिष्क-पक्ष एवं हृदय पक्ष में सामंजस्य आ गया, वहाँ 'शून्य', 'सहज', 'प्रेम', तथा 'योग' जैसे शताब्दियों से प्रचलित शब्दों का वास्तविक रहस्य भी खुल गया और व्यर्थ के वितंडावाद की प्रवृत्ति बहुत कुछ निर्बल प्रतीत होने लगी।

२. कबीर साहब का जीवन-वृत्त

(१) जीवन-काल

प्रामाणिक सामग्री अलभ्य–कबीर साहब के व्यक्तित्त्व, इनके जीवन-वृत्त एवं मत का परिचयात्मक उल्लेख करने वाले तो अनेक ग्रंथों का पता चलता है, किंतु ऐसी रचनाओं का प्रायः अभाव-सा है जिनमें इनकी जन्म-तिथि वा मरण-तिथि के विषय में किसी अधिकार के साथ चर्चा की गई हो और जिन्हें सभी प्रकार से विश्वसनीय भी समझा जा सके। कबीर साहब ने स्वयं इस विषय में कुछ भी नहीं कहा है और इनके समसामयिक समझे जाने वाले किसी इतिहासकार की रचना में भी इनका स्पष्ट उल्लेख नहीं मिलता। अन्य उपलब्ध सामग्रियों के आधार केवल जनश्रुति, अंध-विश्वास अथवा फुटकर भ्रमात्मक प्रसंग हैं जिन पर सहसा विश्वास कर लेना ऐतिहासिक तथ्य के प्रेमियों के लिए बहुत कठिन है। अतएव, इस प्रश्न के छेड़ने वाले कुछ लेखकों का इस प्रकार कह देना भी अनुचित नहीं जान पड़ता कि "उनकी सवाने उमरी एक मुखफी इसरार है, हम उनके दौराने-जिंदगी के हालात से बिल्कुल नावाकिफ हैं"।[१] वास्तव में इस प्रकार का कथन हमारे अन्य अनेक महापुरुषों के विषय में भी सत्य है।

कबीर साहब का किसी न किसी रूप में परिचय देने वाली आज तक की उपलब्ध सामग्रियों को हम निम्नलिखित वर्गों में विभाजित कर सकते हैं–

(१) कबीर साहब व उनके समसामयिक समझे जाने वाले संतों, जैसे सेन नाई, पीपाजी,

१. नारायण प्रसाद वर्माः 'रहनुमाये-हिंद' पृ. २२३।

रैदास, धन्ना, कमाल, आदि के फुटकर उल्लेख,

(२) उनके पीछे आने वाले संतों व भक्तों जैसे, मीराबाई, गुरु अमरदास, व्यासजी, मलूकदास, दादू, दरिया, वषना, हरिदास, रज्जब, गरीबदास आदि की बानियों में पाये जाने वाले विविध संकेत,

(३) कबीर-पंथी रचनाएं जिनमें इनकी स्तुति के साथ-साथ चमत्कारपूर्ण व पौराणिक परिचय देने की भी चेष्टा की गई है, जैसे, 'अमरसुख-निधान', 'अनुरागसागर', 'निर्भय-ज्ञान', 'द्वादशपंथ', 'बीजक', 'भवतारण', 'कबीर-कसौटी', 'कबीर-परिचय' तथा धर्मदास आदि की बानियाँ,

(४) वे ग्रंथ जिनमें भक्तों के गुणगान के साथ-साथ उनका संक्षिप्त परिचय भी दिया गया है, जैसे नाभादास, राघोदास, मुकुंद कवि आदि की 'भक्तमालें", अनंतदास की 'परचई' रघुराजसिंह की 'रामरसिकावली' तथा उक्त 'भक्तमालों' पर की गई टीकाएं, एवं गुलाम सरवर की 'खजीनतुल असफिया' जैसी रचनाएं।

(५) वे ऐतिहासिक ग्रंथ जिनमें प्रसंगवश कुछ महापुरुषों की साधारण वा आलोचनात्मक चर्चा कर दी गई मिलती है, जैसे अबुल फजल की 'आइन-ए-अकबरी', अबुल हक की 'अखवारुल अखियार', तथा 'खुलासातुत्तवारीख', अथवा वील, डा. क्यूर्ट आदि की पुस्तकें।

(६) उन धार्मिक इतिहासों में दिये गए आलोचनात्मक विवरण जिनके रचयिता इन्हें किसी सम्प्रदाय-विशेष से संबद्ध मानकर चलते हैं, जैसे डा. भांडारकर, मेकालिफ, वेस्टकाट, फर्कुहर, की, विल्सन, फानी, दत्त, राय अथवा सेन आदि के ग्रंथ,

(७) कबीर साहब से संबंध रखने वाले आलोचनात्मक निबंध, साहित्यिक ग्रंथ आदि जिनमें किसी तथ्य पर पहुँचने की तर्कपूर्ण चेष्टा की गई है, जैसे हरिऔध, श्यामसुन्दरदास, डा. मोहन सिंह, डा. बर्थ्वाल, डा. राम कुमार वर्मा, डा. रामप्रसाद त्रिपाठी, पं. चंद्रबली पांडे आदि की रचनाएं और,

(८) कबीर साहब की समझी जाने वाली चित्र व समाधि जैसी स्मारक वस्तुएं।

इस वर्गीकरण के अनुसार हमें जान पड़ता है कि उक्त सामग्रियों में से (१) व (२) के सहारे अधिकतर किसी काल-क्रम अर्थात् कबीर साहब के आगे व पीछे प्रकट होने का अनुमान हो सकेगा, (३), (४), (५) व (८) द्वारा कुछ वस्तुओं वा घटनाओं का मूल्य परखने में भी सहायता ली जा सकेगी तथा (७) की सहायता से हमें उनमें किये गए उल्लेखों, आये हुए प्रसंगों अथवा दी गई सम्मतियों पर आलोचनात्मक व युक्तिसंगत विचार करने में सुविधा मिल सकेगी।

विभिन्न धारणाओं का विकास–उक्त सभी प्रकार के साधनों के रचना-क्रम आदि की परीक्षा करने पर हमें यह भी पता चलता है कि उनमें से सबसे प्राचीन रचनाओं में कबीर साहब केवल एक भक्त-विशेष के रूप में ही दिखलाए गए हैं और इनका उल्लेख करने वालों का ध्यान जितना इनकी भक्ति और इनके प्रति लक्षित होने वाली भगवत्कृपा की ओर है, उतना इनके व्यक्तित्त्व वा जीवन का चित्रण करने की ओर नहीं। फिर यह प्रवृत्ति मीराबाई (सं. १५५५:१६०३) के समय से कुछ और भी स्पष्ट होती जाती है और उस वर्ग की कृतियों में तब से कई चमत्कारपूर्ण कथाओं का भी समावेश होने लगता है तथा कबीर-पंथ द्वारा किये गये प्रचारों के कारण कबीर साहब श्रद्धालुओं के समक्ष 'भक्त कबीर' से क्रमशः परिवर्तित

होते हुए 'सत्य कबीर' का भी रूप ग्रहण करते हुए दीखने लगते हैं। इसी प्रकार कबीर साहब के रामानंद-शिष्य होने की चर्चा सर्वप्रथम कदाचित् भक्त व्यासजी[1] (सं. १६१८ में वर्तमान) से आरम्भ होती है और उसके अनंतर 'भक्तमाल'-श्रेणी के ग्रंथों में इस बात का उल्लेख निरंतर होता चला जाता है तथा इन्हें तकी का उत्तराधिकारी वा चेला मानने की बात गुलाम सरवर की 'खजीनतुल असफिया'[2] में बहुत पीछे दीख पड़ती है। इसके सिवाय नाभादास (सं.१६४२ में वर्तमान) की 'भक्तमाल'[3] में हमें सबसे पहले कबीर साहब के विशिष्ट व्यक्तित्त्व व इनके मन्तव्य-विशेष का भी कुछ संकेत मिलने लगता है और अनंतदास (सं. १६४५ में वर्तमान) की रचना कबीरदास की 'परचई'[4] से (यदि उसकी उपलब्ध हस्तलिखित प्रति में कोई प्रक्षिप्त अंश न हो तो) इतना और भी पता चलता है कि किसी 'सिकंदरस्याह' द्वारा इनका दमन भी किया गया था। अनंतदास ने वहाँ यह भी बतलाया है कबीर साहब का बालपन धोखे में ही बीता था, बीस वर्ष की अवस्था में इन्हें धार्मिक चेतना मिली थी, और सौ वर्षों तक भक्ति करके इन्हें मुक्ति उपलब्ध हुई थी। आगे आने वाले 'भक्तमाल' रचयितओं में से बहुतों में इनके विषय में अधिकतर ऐसी बातें ही बतलायी हैं जिनसे इनका जीवन रहस्य एवं चमत्कारपूर्ण घटनाओं का एक संग्रह मात्र बन जाता है। ऐतिहासिक ग्रंथों में से जो अभी तक उपलब्ध हैं, इनका सर्वप्रथम स्पष्ट उल्लेख अबुल फजल (सं. १६५५ में वर्तमान) की 'आईन-ए-अकबरी'[5] में मिलता है जहाँ पर इन्हें 'मुवाहिद' वा अद्वैतवादी कहा गया है और इनकी पुरी व रतनपुर (सूबा अवध) में निर्मित दो मजारों की भी चर्चा की गई है। हिंदुओं तथा मुसलमानों द्वारा इनके शव को जलाने व गाड़ने के पृथक्-पृथक् प्रयत्नों का भी कदाचित् सर्वप्रथम उल्लेख उक्त ग्रंथ में ही मिलता है और वहाँ यह भी पाया जाता है कि इनकी हिंदी-भाषा की रचनाएं तब तक प्रसिद्ध हो चली थीं।

प्रमुख प्रवृत्तियाँ–इस प्रकार विक्रम की सत्रहवीं शताब्दी के आगे जहाँ एक ओर भक्त व संत लोग कबीर साहब की भक्ति की प्रशंसा करते, इन्हें अनुकरणीय मानते तथा इनके विषय में चमत्कारपूर्ण कथाएं करने लगते हैं और कबीर-पंथी इन्हें अमर व अलौकिक जीवनवाला मानकर इन्हें हंसों के उद्धारार्थ समय-समय पर अवतार धारण करने वाला भी ठहराने लगते हैं, वहाँ पर दूसरी ओर इन्हें एक धार्मिक नेता व सुधारक के रूप में स्वीकृत करने की परिपाटी भी चल निकलती है और इनके जीवन के संबंध में दिये गये फुटकर प्रसंगों में से कई एक ऐतिहासिक रूप लेने लगते हैं। उक्त प्रासंगिक, साम्प्रदायिक व ऐतिहासिक उल्लेखों की छानबीन आगे चलकर विक्रम की उन्नीसवीं शताब्दी के अंत में होती है, जब कुछ विदेशी विद्वानों का ध्यान हमारे साहित्य, संस्कृति व धर्म के अध्ययन की ओर पहले-पहल आकृष्ट होता है और भारत की अनेक बातों के संबंध में कुछ निबंध व ग्रंथ आलोचनात्मक दृष्टि से लिखे जाने लगते हैं। उन्नीसवीं शताब्दी तक का समय इस प्रकार अधिकतर ऐसी सामग्रियों

---

१. 'सांचे साधु जु रामानन्द। ... ... जाको सेवक कबीर धीर अति, सुमति सुरसुरानंद। आदि —बा. राधाकृष्ण कृत 'सूरदास' पृ. २३, पर उद्धृत।
२. पृ. २५ :६ (लाहौर, सन् १८६८)।
३. पृ. ४८५ (रूपकला जी संस्करण, लखनऊ, सन् १९२९ ई.)।
४. डा. रामकुमार वर्मा: 'संत कबीर' पृ. ३०:१ पर उद्धृत।
५. कर्नल एच. एस. जेरे द्वारा अनुवादित (भा. २) पृ. १२९ व १७१ (कलकत्ता, सन् १८९१)।

के निर्माण का रहता है और उसके अनंतर उनकी परख व मूल्यांकन का युग आ जाता है। फिर भी इस युग के विद्वान लेखकों में एक यह बात भी पायी जाती है कि प्राचीन वा नवीन उपलब्ध-सामग्रियों का उपयोग करते समय वे उनकी पुष्टि में बहुधा भिन्न-भिन्न जनश्रुतियों के भी हवाले देते चलते हैं और प्रत्येक मत की पुष्टि में किसी न किसी पद्यमयी रचना की भी सृष्टि होने लगती है। कबीर साहब के संबंध में बने इस प्रकार के जन्म व मरण-काल के सूचक दो व अन्य रचनाएं विशेष रूप से उल्लेखनीय हैं।

मृत्यु-काल संबंधी मत–कबीर साहब के विषय में रचे गए जो जनश्रुति सूचक दोहे मिलते हैं, उनमें अधिकतर इनके मृत्युकाल की ही चर्चा दीख पड़ती है और इसका कारण भी कदाचित यही हो सकता है कि अपने जीवन के अंतिम भाग में वे विशेष प्रसिद्ध हो गए होगें अथवा इनके उपदेशादि द्वारा प्रभावित लोगों के लिए इनके मरण-काल की घटना इनके पूर्वजीवन की अपेक्षा कहीं अधिक महत्त्वपूर्ण जान पड़ी होगी। जो हो, इसमें संदेह नहीं कि इनके जन्मकाल वा जन्मसंवत् के निर्णय की चेष्टा संभवतः बहुत पीछे आरंभ हुई और उसके लिए प्रायः वैसे ही प्रमाण प्रस्तुत किये जाने लगे। फलतः इनके पूर्ण जीवन वा केवल मृत्यु का अथवा जन्म-संवत् का पता देने वाले कम से कम चार मत इस समय प्रधान रूप से दीख पड़ते हैः–

(१) मृत्यु-काल को संवत् १५७५ में ठहराकर भिन्न-भिन्न जन्म-संवत् देने वालों का मत,

(२) मृत्यु-काल को सं. १५०५ अथवा सं. १५०७ के लगभग मानकर उक्त प्रकार का निर्णय करने वालों का मत,

(३) मृत्यु-काल को सं. १५५२ वा १५५१ में निश्चित समझकर अनुमान करने वालों का मत और,

(४) मृत्यु व जन्म अथवा पूरे जीवन-काल को ही भिन्न-भिन्न संवतों वा शताब्दियों के मध्य स्थिर करने वालों का मत,

और इन सबके अतिरिक्त एक अन्य मत उन कबीरपंथियों का भी कहा जा सकता है, जो कबीर साहब को अरज एवं अमर मानते हुए इनका चारों युग में किसी न किसी रूप में वर्तमान होना बतलाया करते हैं।

समीक्षा–कबीरपंथियों के मत का आधार कबीर साहब को अलौकिक पुरुष सिद्ध करने की चेष्टा व इनके प्रति उनकी प्रगाढ़ श्रद्धा में निहित जान पड़ता है और इस प्रकार की बातें सर्वसाधारण के लिए युक्तिसंगत नहीं प्रतीत होतीं। इसी भाँति उक्त चौथा मत भी वस्तुतः अस्पष्ट व अनिश्चित समझा जा सकता है। शेष तीन मतों में से इनके मृत्यु-काल को सं. १५५७ में ठहराने वालों की संख्या कदाचित् सबसे अधिक होगी, किंतु जिन-जिन बातों को स्वयंसिद्ध-सी मानकर वे उनके आधार पर निर्णय देना चाहते हैं, उनमें से लगभग सभी की ऐतिहासिकता अभी तक संदिग्ध बनी हुई है जिस कारण उनके मत को भी सर्वमान्य समझ लेना कभी उचित नहीं कहा जा सकता। इसी प्रकार सं. १५५२ वा सं. १५५१ को मृत्यु काल मानने वालों के विषय में भी हम यही कह सकते हैं कि वे अपने प्रमाणों को अत्यधिक महत्त्व देते हुए जान पड़ते हैं और उनका भी मत उक्त प्रथम मत के ही समान कभी असंदिग्ध नहीं

कहला सकता। इसके विपरीत सं. १५०५ को इनका मृत्यु-काल मानने वाले कई कारणों से सत्य के कुछ निकट जाते हुए समझ पड़ते हैं। परंतु उनके मत को भी हम अंतिम निर्णय का पद उस समय तक प्रदान करना नहीं चाहते जब तक उनके पक्ष का पूर्ण समर्थन पर्याप्त सामग्रियों द्वारा न किया जा सके, और उसके कारण उठने वाले कई प्रश्नों का भली भाँति समाधान भी न हो जाय। फिर भी उपलब्ध सामग्रियों पर विचार करते हुए इस प्रकार का निर्णय करने वालों की प्रवृत्ति इधर कबीर साहब के जीवन काल को क्रमशः कुछ पहले की ओर ही ले जाने की दीख पड़ती है और ऐसी दशा में कभी-कभी अनुमान होने लगता है कि उक्त समय कहीं सं. १४२५:१५०५ के ही लगभग सिद्ध न हो जाय। दे. परिशिष्ट (क)।

(२) जन्म-स्थान व मृत्यु-स्थान –काशी या मगहर

परम्परानुसार तो सभी काशी को कबीर साहब के जन्म ग्रहण करने का स्थान स्वीकार करते आये हैं और इसी प्रकार उनके मृत्यु-स्थान के लिए भी मगहर के विषय में जनश्रुति प्रसिद्ध है, परंतु इधर कुछ दिनों से इन दोनों के संबंध में संदेह किया जाने लगा है। कबीरपंथी साहित्य के अनुसार "सत्य पुरुष का तेज काशी के लहर तालाब में उतरा"[१] था अथवा उक्त ताल में 'पुरइन के एक पत्ते पर पौढ़ा हुआ बालक नीरू जुलाहे की स्त्री को काशी-नगर के निकट[२] मिला था, जो आगे चलकर कबीर साहब के नाम से प्रसिद्ध हुआ। किंतु 'बनारस डिस्ट्रिक्ट गजेटियर'[३] के अनुसार उनका जन्म बनारस में वा उसके निकट न होकर आजमगढ़ जिले के बेलहरा नामक गाँव में हुआ था, और इस बात की 'पक्की खोज' की प्रामाणिकता देते हुए श्री चंद्रबली पांडे ने बतलाया है कि "आज भी पटवारी के कागदों में 'बेलहरा' उर्फ 'बेलहर पोखर' लिखा मिलता है। अपनी निजी धारणा तो यह है कि यही 'बेलहर पोखर' 'लहर तालाब' की जड़ है, 'बेलहर' का 'लहर' एवं 'पोखर' का 'तालाब' कर लेना जनता के बायें हाथ का खेल है"[४] और इसके साथ ही वहाँ पर वे जुलाहों की बस्तियों के कुछ अवशेष चिन्ह भी पाते हैं। एक दूसरे मत के अनुसार इसी प्रकार मगहर को कबीर साहब का जन्म-स्थान मानना चाहिये, क्योंकि 'आदिग्रंथ' में संगृहीत एक पद के अंतर्गत स्वयं उन्होंने ही कहा है कि "पहिले परसनु मगहर पाइओ पुनि कासी बसे आई"[५] यह मगहर नामक गाँव इस समय वस्ती जिले में है और प्रसिद्ध गोरखपुर नगर से लगभग १५ मील की दूरी पर वर्तमान है। इसी मगहर के लिए उनका मृत्यु-स्थान होना भी कहा जाता है और इस संबंध में अधिक लोग सहमत भी हैं। परंतु उक्त पांडेयजी की राय में मगहर में अवस्थित कबीर साहब की कब्र वास्तविक कब्र नहीं। ये उनके अनुसार सूबा अवध के रतनपुर गाँव में रफनाये गए थे और मगहर में इनकी कब्र को बिजलीखां ने वीर सिंह बघेल को धोखा देने के लिए झूठमूठ बनवा दिया था, इसलिए मगहर में मरकर उनका वहीं दफनाया भी जाना ठीक नहीं कहा जा सकता

१. 'कबीर-चरित्र-बोध'।
२. 'अनुरागसागर' (बेलवेडियर प्रेस, प्रयाग) पृ. ८४।
३. 'बनारस डिस्ट्रिक्ट गजेटियर', (इलाहाबाद, १९०९)।
४. पं. चंद्रबली पांडे, 'विचार विमर्श' (हिंदी साहित्य सम्मेलन, प्रयाग, सं. २००२) पृ. ५।
५. 'गुरु ग्रंथ साहब जी', राग रामकली, पद ३।

और इसके लिए वे धर्मदास की बानियों से कुछ पंक्तियाँ भी उद्धृत करते हैं[१]

काशी–कबीर साहब ने स्वयं अपनी जन्म-भूमि का कहीं परिचय नहीं दिया है। ये केवल अपने निवास-स्थान की ओर ही कहीं-कहीं संकेत करते हैं। फिर भी इनकी रचनाओं में आये हुए कतिपय प्रसंगों से इस विषय में कुछ सहायता ली जा सकती है। कबीर साहब स्पष्ट शब्दों में अपने को काशी का जुलाहा कहते हैं[२] और जिस प्रकार इन्होंने काशी में रहने वाले जोगी, जती, तपी, संन्यासी अथवा भक्त-रूपधारी 'बनारसी ठगो' का सजीव चित्र खींचा है[३], उससे भी स्पष्ट है कि वहाँ पर ये बहुत समय तक रहे होंगे और इन्होंने वहाँ का व्यक्तिगत अनुभव भी प्रार्प्त किया होगा। इसके सिवाय इनके एक पद[४] से यह भी सूचित होता है कि इन्होंने काशी में बहुत दिनों तक रहकर तप वा साधना भी की थी और अंत में उसे छोड़ते समय इन्हें जाल से बाहर कर दी गई मछली की भाँति अपनी दुर्गति का अनुभव हुआ था। अपने काशीवास की अवधि को ये "सगल जनमु सिवपुरी गवाइया" कहकर भी निर्दिष्ट करते हैं जिससे पता चलता है कि कम से कम इनके जीवन का अधिकांश भाग काशी में ही अवश्य व्यतीत हुआ होगा। फिर भी केवल इन बातों के आधार पर हम इनका काशी में ही उत्पन्न होना भी नहीं ठहरा सकते, क्योंकि उक्त 'पहिले परसनु मगहर पाइओ पुनि कासी बसे आई" से इस विषय में पर्याप्त संदेह को स्थान मिलने लगता है और अनुमान करना पड़ता है कि इनकी जन्मभूमि कहीं संभवतः अन्यत्र रही होगी। हाँ, यदि उक्त 'पुनि' शब्द का अर्थ 'और तब' अथवा 'उसके अनंतर' न लगाकर सीधा 'पुनः' वा 'पुनर्वार' लगाया जाय, तो कह सकते हैं कि पहले काशी में रहकर ये किसी कारण पर्यटन करते हुए मगहर गये होंगे और वहाँ संभवतः अपनी साधना में कुछ सफलता पाने के अनंतर फिर से काशी लौटकर रहने लग गए होंगे। उक्त पूरे पद का मुख्य तात्पर्य भी इनका भगवान् के ऊपर अपना दृढ़ भरोसा एवं तज्जनित बुरे वा भले स्थान-विशेष के प्रति अपनी समदृष्टि का प्रकट करना जान पड़ता है और काशी अथवा मगहर का उल्लेख यहाँ प्रसंगवश ही हुआ है। अपने इस भाव को इन्होंने कई स्थलों पर अन्यत्र[५] भी व्यक्त किया है और एक पद[६] में तो ये यहाँ तक कह डालते हैं कि स्थान-विशेष के महत्त्व की झूठी धारणा को वे दूर कर के ही छोड़ेंगे।

जन्म-स्थान–केवल "पहिले दरसनु मगहर पाइओ पुनि कासी बसे आई" के आधार पर इन्हें मगहर में जन्म लेने वाला कहने में फिर एक कठिनाई 'दरसनु पाइओ' के कारण

१. पं. चंद्रबली पांडेयः 'विचार विमर्श' (हि. सा. सम्मेलन प्रयाग, सं. २००२) पृ. १३:१५।

२. 'गुरु ग्रंथ साहिब जी' राग आसा, पद २६ व राग रामकली, पद ५।

३. 'कबीर-ग्रंथावली', पद २९० (पृ. १८६:७) व पद ६० (पृ. २८२)।

४. 'बहुत बरस तपु किआ कासी। मरनु भइआ मगहर को बासी॥' तथा,
'जिउ जल छोड़ि बाहरि भइओ मीना। पूरब जनम हउ तप का हीना॥
अब कहु राम कवन गति मोरी।
तजीले बनारस मति भई थोरी॥'–'गुरु ग्रंथ साहिब जी', राग गउड़ी १५।

५. किया कासी किआ मगहर ऊखरु रामु रिदै जउ होई। 'गुरु ग्रंथ साहिब जी'-राग धनासरी ३।
'जैसा मगहरु तैसी कासी हम एकै करि जानी।' वही, राग रामकली ३।

६. चरन विरद कासी का न दैहूं, कहै कबीर भल नरकहि जैहूं।–'कबीर-ग्रंथावली' पद २९०, पृ. १८७।

भी पड़ती है। 'दर्शन पाने' का सीधा-सादा अर्थ किसी दूसरे मान्य व्यक्ति वा इष्टदेव आदि के साक्षात् करने का ही हो सकता है, जन्म ग्रहण करने का नहीं, और यदि प्रसंगवश 'मगहर का दर्शन' अर्थ लगाया जाय, तो भी कुछ खींचातानी ही जान पड़ेगी। अतएव केवल इतने ही संकेत के आधार पर इनकी जन्मभूमि का मगहर में निश्चित कर देना उचित नहीं। इसी प्रकार 'बनारस गजेटियर' में उल्लिखित उक्त बेलहरा गाँव को भी केवल शब्दसाम्य के आधार पर हम इनकी जन्मभूमि ठहराने में असमर्थ हैं। 'बनारस गजेटियर' के रचयिता ने अपने उक्त उल्लेख में कोई विशेष कारण नहीं बतलाया है और कबीर-पंथ के अनुयायियों में से किसी को आज तक उक्त गाँव के विषय में ऐसा अनुमान करते अथवा उसे कबीर साहब का जन्म-स्थान होने के कारण पवित्र स्थल मानते हुए नहीं सुना गया है। कबीर पंथियों की ओर से आज तक उसकी उपेक्षा इस विषय में विशेष-रूप से संदेह प्रकट करती है और केवल शब्दसाम्य के कारण उनका भ्रम में पड़कर बेलहरा के स्थान पर लहरतारा को ही स्वीकार कर लेना तथा ५०० वर्षों तक 'सत्य' का पता न पाना असंभव-सा जँचता है। इसके विपरीत काशी के साथ कबीर साहब के संबंध का पता हमें बहुत पहले से ही मिलता आ रहा है और इनके विषय में चर्चा करने वाले अनंतदास[१] से लेकर धर्मदास[२] आदि प्रायः सभी पुराने लेखकों ने इन्हें इस प्रकार काशी-निवासी के रूप में चित्रित किया है कि इसके विरुद्ध प्रचुर परिणाम में सामग्री प्राप्त किये बिना इन्हें अन्यत्र का रहने वाला वा जन्म-ग्रहण करने वाला[३] सहसा स्वीकार कर लेना समीचीन नहीं जान पड़ता।

मगहर मृत्यु-स्थान—मगहर को इनका मृत्यु-स्थान मानने के विषय में भी इनकी कुछ रचनाओं से संकेत मिलता है। इन्होंने स्वयं कहा है कि सारा जीवन काशी में व्यतीत करके भी "मरती बार मगहर उठि आइआ" तथा "मरनु भइआ मगहर को बासी"[४] और एक अन्य स्थल पर भी "जउ तनु कासी तजहि कबीरा, रमइअ कहा निहोरा" कहकर "किआ कासी, किआ मगहर ऊखरु राम रिदै जउ होई"[५] बतलाया गया है। फिर भी कबीर साहब के उक्त कथन को कुछ लोग एक साधारण उद्गार-सा समझकर इनके मगहर में ही मरने के विषय में संदेह प्रकट करते हैं[६] और उनकी इस धारणा का कारण कबीर साहब की दो समाधियों का पुरी (जगन्नाथ) एवं रतनपुर (अवध) में वर्तमान होना भी कहा जा सकता है। इन दोनों समाधियों का उल्लेख अबुल फजल ने अपने प्रसिद्ध ग्रंथ 'आईन-ए-अकबरी'[७] में किया है

---

१. 'कासी बसे जुलाहा एक।
हरि भगति न की पकरी टेक॥—'कबीर साहिब की परचई'।

२. 'प्रगट भये कासी में दास कहाइया।'
'धनी धरमदास की शब्दावली'(वे. प्रे.) पृ. ३।

३. 'साहिब जी' राग गउड़ी, पद १५।

४. वही, राग धनासरी, पद ३।

५. मोहन सिंह : 'कबीर-हिज बायोग्राफी' पृ. ४१:२।

६. 'आईन-ए-अकबरी' (कर्नल एच. एस्. जेरेट का अनुवाद) भाग २, कलकत्ता १८९१, पृ. १२९ व १७१।

७. "खुलासातुत्तवारीख', दिल्ली, पृ. ४३।

और विशेषकर रतनपुरवाली समाधि की चर्चा 'खुलासातुत्तवारीख'[१] तथा शेरअली 'अफसोस' की पुस्तक 'आरायिशे मोहफिल'[२] में भी पायी जाती है तथा इन्हीं बातों के आधार पर कहा जाता है कि "कबीर मुसलमानी ढंग पर दफनाये अवश्य गये, परन्तु मगहर में नहीं (उनका) शव रतनपुर में दफनाया गया"[३]। मगहर की कब्र को सच्ची कब्र न मानने का कारण एक यह भी बतलाया जाता है कि 'धनी धरमदासजी की शब्दावली' में संगृहीत एक पद की पंक्ति "खोदि के देखी कबुर, गुरदेह न पाइया। पान फूल लै हाथ सेन फिरि आइया" के अनुसार वीरसिंह बघेल को उक्त समाधि में कबीर साहब का शव उपलब्ध नहीं हुआ था, और जान पड़ता है कि उनके मुसलमान शिष्यों ने उसे पहले से ही हटाकर अन्यत्र गाड़ दिया था। परन्तु इसी 'शब्दावली'[४] में आये हुए एक दूसरे पद की पंक्ति "मगहर में एक लीला कीन्हीं, हिन्दू तुरुक व्रतधारी ॥ कबर खोदाए के परचा दीन्हों मिटि गयो झगरा भारी[५] से यह भी सूचित होता है कि उक्त कब्र के भीतर शव का न पाया जाना कबीर साहब की लीला का परिणाम था और इसी कारण उसमें शव की जगह केवल पान-फूल पाये गए थे। परम्परा के अनुसार उक्त कब्र के स्थान पर कबीर साहब द्वारा मरने के पहले ओढ़ ली गई चादर की चर्चा की जाती है और उसके उठाये जाने के समय उनके हिंदू एवं मुसलमान दोनों प्रकार के शिष्यों का उपस्थित रहना भी कहा जाता है। अतएव, गुरु-देह के उक्त रूप में लुप्त हो जाने की बात को श्रद्धालु भक्तों द्वारा की गई निरी कल्पना न समझ उसे ऐतिहासिक घटना-सा महत्त्व देना, तथा केवल इसी एक प्रसंग के आधार पर कबीर साहब के शव को मगहर से हटाकर उसके लिए वहाँ 'नकली कब्र' बना देने तथा शव के वास्तव में रतनपुर में ही मुसलमानों द्वारा दफनाये जाने का अनुमान करना ठीक नहीं जान पड़ता। यहाँ पर इस सम्बन्ध में यह भी स्मरण रखने योग्य बात है कि जिस प्रकार रतनपुर की समाधि के भीतर कबीर साहब के शव का गाड़ा जाना सम्भव समझा जाता है, उसी प्रकार हम चाहें तो पुरी (जगन्नाथ) वाली समाधि के लिए भी अनुमान कर सकते हैं, क्योंकि इस समाधि के प्रसंग में भी 'आईन-ए-अकबरी'[६] में कबीर "मुवहिद आंजा आसूद", कहकर उनके वहाँ दफनाये जाने की पुष्टि की गई है और टैवर्नियर[७] ने भी उसकी चर्चा की है। परन्तु यह बात सच्ची नहीं जान पड़ती और न आज तक इसे किसी प्रकार प्रमाणित किया जा सका है। अतएव अधिक सम्भव है कि कबीर साहब मगहर में मरकर वहीं मुसलमानी प्रथानुसार दफनाये भी गये हों और उसी का चिन्ह हमें वहाँ आज भी उपलब्ध है। कोरी कल्पना के आधार पर रतनपुर वा पुरी की स्मारक समाधियों में उनका पता लगाना व्यर्थ है।

---

१. 'गुरु ग्रंथ साहिब जी', राग गउड़ी, पद १५।

२. चन्द्रबली पांडे: 'विचार विमर्श' पृ. ९३ में उद्धृत।

३. (हिं. सा. सम्मेलन, प्रयाग) पृ. १५।

४. 'धनी धरमदासजी की शब्दावली', (वेलवेडियर प्रेस, प्रयाग) शब्द ९ पृ. ४।

५. वही, शब्द १०, पृ. ४।

६. 'आईन-ए-अकबरी' (नवलकिशोर प्रेस, लखनऊ, १८६९) पृ. ८२।

७. टैवर्नियर, 'ट्रैवल्स' (भा. २) पृ. २२९।

सारांश–आज तक की उपलब्ध सामग्रियों के आधार पर हमें इससे अधिक अनुमान करने का कोई अधिकार नहीं जान पड़ता कि कबीर साहब का जन्म संभवतः काशी में अथवा उसके आस-पास ही हुआ था। इन्होंने अपने जीवन का अधिकांश वहीं पर व्यतीत किया था। उसके अंतिम दिनों में काशी छोड़कर ये मगहर चले गए थे जहाँ ये समाधिस्थ भी किये गए थे। मगहर की जगह 'मगह' शब्द का आरोप कर कुछ लोगों ने कबीर साहब के मगध में मरने की भी कल्पना[१] की है और इसके द्वारा इनसे "मगहर मरै सो गदहा होय"[२] वाली प्रसिद्धि को असत्य ठहराने की भी बात सोची है, किंतु कबीर साहब की रचनाओं में 'मगहर' शब्द ही स्पष्ट दीख पड़ता है और उस स्थल को इन्होंने केवल 'ऊखरु' वा ऊसर कहा है। इसके सिवाय मगहर नाम का गाँव बस्ती जिले में आज भी वर्तमान है जहाँ पर इनकी समाधि बहुत काल से बनी हुई है, किन्तु मगध में इसका कोई चिन्ह उपलब्ध नहीं।

(३) जाति –जुलाहा

कबीर साहब की रचनाओं से स्पष्ट जान पड़ता है कि ये जाति के जुलाहे थे। ये अपने को "जाति जुलाहा नाम कबीरा"[३] तथा "कबीर जुलाहा"[४] बतलाते हैं और कभी-कभी[५] "कासी क जुलहा" द्वारा अपने निवास-स्थान के साथ-साथ भी यही परिचय देते हैं। इनका "हम घरि सूतु तनहि नित ताना"[६] तथा "बुनि-बुनि आप आपु पहिरावउं"[७] भी सूचित करता है कि केवल जाति से ही ये जुलाहे न थे, बल्कि इनके घर उक्त जाति का व्यवसाय भी हुआ करता था। इन्होंने "तनना बुनना"[८] त्यागकर भक्ति निरत हो अपने "सभु जगु आनि तनाइओ ताना"[९] विशिष्ट 'कोरी', 'राम' को अन्त में पहचान लेने का वर्णन भी "जोलाहे घरु अपना चीन्हा" कहकर ही किया है और इनकी इस आध्यात्मिक सफलता की ओर संकेत करते हुए इनके समकालीन समझे जाने वाले संत रैदास[१०] एवं धन्ना[११] ने भी इन्हें 'जुलाहा' ही माना है। इसके सिवाय कबीर साहब के जाति के अनुसार जुलाहा होने की पुष्टि गुरु अमरदास[१२]

१. 'शिवब्रतलाल : 'भक्तमाल' पृ. २३२:३।
२. 'कबीर-बीजक' शब्द १०३।
३. 'कबीर-ग्रंथावली' पद २७०, पृ. १८१।
४. वही, पद १३४, पृ. १३१।
५. 'गुरु ग्रंथ साहिब जी' राग आ. २६ तथा ग. ५।
६. वही, राग आ. २६।
७. वही, राग भैरउ ७।
८. वही, राग गूजरी २।
९. वही, राग आ. ३६।
१०. 'जाकै ईदि बकरीदि कुल गऊ रे बधुकरहि, मानीअहि सेख सहीद पीरा।
जाकै बाप वैसी करी पूत असी करी, तिहूरे लोग परसिध कबीरा।–वही, राग मलार २।
११. 'बुनना तनना तिआगिकै प्रीति चरन कबीरा, नीच कुला जोलाहरा भइओ गुनीय गभीरा।–वही, राग आसा २।
१२. 'नामा छीपा कबीरु जोलाहा पूरे गुर ते गति पाई'।–वही, सिरीराग महला ३, पद २२।

अनन्तदास[१], रज्जबजी[२], तुकाराम[३] आदि की रचनाओं तथा खजीनतुल असफिया[४] दबिस्ताने मजहिब[५], अनुरागसागर[६], कबीर-कसौटी[७] एवं डा. भांडारकर[८], रे. वेस्टकाट[९] आदि के मतों से भी भली भाँति हो जाती है। फिर भी इस विचार से केवल जाति से जुलाहा होते हुए भी किसी का धर्म से मुसलमान होना भी अनिवार्य नहीं और विशेषकर कबीर सहाब के संबंध में एक जुलाहे दंपति के पोष्यपुत्र होने की जनश्रुति भी बहुत दिनों से प्रसिद्ध है, कुछ लोगों ने अनेक प्रमाणों के आधार पर इनके माता-पिता को भी इस्लाम धर्म का अनुयायी ठहराने का प्रयत्न किया है। इस विषय में रैदास की पंक्तियों से यह विदित होता है कि कबीर साहब के कुल में ईद व बकरीद के त्योहार मनाये जाते थे और शेख शहीद तथा पीरों का मान था एवं गोवध भी हुआ करता था और यही बात प्रायः अक्षरशः संत पीपाजी की एक रचना[१०] से भी प्रकट होती है। इसके अतिरिक्त रज्जबजी की पंक्तियों से सिद्ध है कि इनकी उत्पत्ति जुलाहिन के गर्भ से ही हुई थी और इस बात का समर्थन 'कबीर-कसौटी' से भी स्पष्ट शब्दों में किया जा सकता है तथा कबीर साहब की रचनाओं में यत्र-तत्र पाये जाने वाले मुसलमानी संस्कारों द्वारा प्रभावित मुर्दों के दफानने, अल्लाह द्वारा एक ही नूर पैदा किये जाने, "खाक एक सूरति बहुतेरी" बतलाने, "करम करीमा लिखिरह्या, अब कछू लिख्या न जाई" आदि कहने से भी यही परिणाम निकलता है और जान पड़ता है कि ऐसी बातें इनके उद्गारों के साथ-साथ स्वभावतः प्रकट हो जाया करती थीं। इतना ही नहीं, इनके विषय में लिखते समय 'भक्तमाल' के प्रसिद्ध टीकाकार प्रियादासजी ने बतलाया है कि जब इनके लिए आकाशवाणी हुई कि तुम स्वामी रामानन्द का शिष्य बन जाओ, तब इन्होंने "देखें नहीं मुख मेरी मानिके मलेछे मोको"[११] कहा था, और इसी प्रकार जब तत्त्वा, जीवा नामक दो दक्षिणी पंडितों ने इनका शिष्यत्व स्वीकार कर अपनी जाति से बहिष्कृत होने पर अपनी कन्या के विवाह के संबंध में इनसे सम्मति माँगी थी, तब इन्होंने परामर्श दिया था कि "दोउ तुम भाई करौ आपु में सगाई"[१२] जिससे सिद्ध है

---

१. 'कासी बसै जुलाहा एक, हरिभगतिन की पकरीं टेक'।—'कबीर साहब की परचई'।
२. 'जुलाहा ग्रभे उत्पन्यो, साध कबीर'। महामुनि 'सर्वंगी' (साध महिमा) १३।
३. 'मिस्टिसिज्म इन महाराष्ट्र' पृ. २६५:६।
४. 'कबीर ऐंड दि कबीर-पंथ' पृ. २५:६।
५. 'कबीर जुलाहानजाद कि अजमोवहिदान मशहूर हिन्द अस्त' पृ. २००।
६. 'जुलाहा की तब अवधि सिरानी।
   मथुरा देह धरी तिन आनी।(वे. प्रे.)८४।
७. 'माय तुरकनी बाप जोलाहा, बेटा भक्त भये'। पृ. १३।
८. 'वैष्णविज्म, शैविज्म ऐंड माइनर रेलिजस सिस्टम्स' पृ. ९७।
९. 'कबीर ऐंड दि कबीर-पंथ' पृ. ३५।
१०. 'जाकै ईदि बकरीदि नित गऊ रे।
   बध करे मानियै सेष सहीद पीरा।
   बाप बैसी करी पूत ऐसी धरी।
   नांव नवखंड परसिध कबरी॥ 'सर्वंगी' (भजन प्रताप) पद २२।
११. श्री रूपकलाः 'भक्तमाल' (भक्तिसुधा स्वाद तिलक सहित) लखनऊ सं. १९८३, पृ. ४८६।
१२. वही, पृ. ५४४।

कि इनकी विचार-धारा पर भी मुसलमानी संस्कृति की छाप बिलकुल स्पष्ट थी।

हिंदू–परंतु कबीर साहब हिंदुओं के उच्चतम आध्यात्मिक विचारों के भी प्रबल समर्थक थे और इन्होंने अपनी अनेक रचनाओं में उक्त सिद्धांतों द्वारा प्रभावित बातें भी दी हैं। इस कारण उक्त प्रमाणों के होते हुए भी कतिपय विद्वानों ने इनके मूलतः इस्लाम-धर्मी होने में संदेह किया है। प्रसिद्ध विद्वान विल्सन का अनुमान है कि हिंदू भावनाओं को स्पष्ट रूप में अपनाने वाले कबीर साहब का जाति व धर्म से पहले भी मुसलमान होना यदि असंभव नहीं, तो विचार-विरुद्ध अवश्य है[१] और वे यहाँ तक मानने के लिए तैयार हैं कि इनका नाम 'कबीर' भी काल्पनिक ही रहा होगा। इस बात को अनेक कबीरपंथियों ने भी ठीक माना है और कबीर साहब की उत्पत्ति किसी विधवा ब्राह्मणी के गर्भ से बतलाकर कबीर शब्द की व्युत्पत्ति भी 'करवीर' से कर डाली है। कहा जाता है कि जन्म धारण करने के पश्चात नवजात शिशु एक मुस्लिम दंपति को संयोगवश मिल गया था और उन्होंने उसे अपनी संतति के रूप में पाला-पोसा था। वास्तव में हिंदू-संस्कृति के वातावरण में पले हुए उक्त कबीरपंथियों को कबीर साहब के कुल व मूल धर्म का मुसलमानी होना असह्य-सा प्रतीत हुआ है और उन्होंने अपनी धारणा की पुष्टि में बहुत-सी कथाओं की भी कल्पना कर डाली है। इस प्रकार की कुछ कथाएं इनका गर्भ से जन्म न लेकर केवल 'प्रकट होना' सिद्ध करती हैं[२]। फिर भी कबीर साहब के कुल का हिंदू होना किसी भी पुराने भक्त की रचनाओं अथवा ऐतिहासिक उल्लेखों के आधार पर प्रमाणित नहीं होता। भक्तों की प्रशंसा में सदा चमत्कारपूर्ण घटनाओं का वर्णन करने वाले 'भक्तमाल' के टीकाकार प्रियादासजी तथा राघोदासजी भी इस संबंध में मौन ही दीख पड़ते हैं।

कोरी व जोगी–कबीर साहब की रचनाओं के अंतर्गत ऊपर लिखित इस्लामी तथा हिंदू विचारों की प्रचुरता को साथ ही साथ पाकर कुछ विद्वानों ने यह भी अनुमान किया है कि इनका मूल कुल पहले वास्तव में हिंदू ही रहा होगा। और मुसलमानी आक्रमण के प्रभाव में आकर पीछे से उसने धर्मांतर ग्रहण कर लिया होगा। कबीर साहब के दो पदों[३] में क्रमशः आये हुए "कहै कबीरा कोरी" तथा "सूतै सूत मिलाये कोरी" को देखकर डा. बर्थ्वाल ने कल्पना की है कि "कोरी ही मुसलमान धर्म में दीक्षित हो जाने पर जुलाहे हो गये" तथा "उक्त कोरियों को जुलाहा हुए अभी इतने अधिक दिन नहीं हुए थे कि 'कोरी' कहलाना वे अपना निरादर समझें"। इसके सिवाय कबीर साहब द्वारा योग-साधना संबंधी अनेक प्रसंगों के उल्लेख किये जाने के कारण वे अंत में इस निष्कर्ष पर पहुँचते है कि "मेरी समझ से कबीर भी किसी प्राचीन तथा कोरी, किंतु तत्कालीन जुलाहा कुल के थे जो मुसलमान होने के पहले जोगियों का अनुयायी था।"[४] ये योगी वा जुगी कहलाने वाले लोग आसाम, बंगाल, बिहार तथा पूर्वी उत्तर प्रदेश में पाये जाते हैं और इनके विषय में खोज करने वाले विद्वानों का अनुमान है कि ये पहले वास्तव में नाथपंथी थे, जो मूलतः

१. रे. वेस्टकाट 'कबीर ऐंड दि कबीर-पंथ', कानपुर, सन् १९०७, पृ. २९।
२. 'कबीर चरित्रबोध' (बोधसागर, बंबई सं. १९६३) पृ. ६।
३. 'कबीर-ग्रंथावली' : पद ३४६ पृ. २०५ व पद ४९ पृ. २७९।
४. डा. पी. द. बर्थ्वाल : 'योगप्रवाह' (काशी विद्यापीठ, सं. २००३) पृ. १२६।

बौद्ध धर्म के अनुयायी होने के कारण ब्राह्मणों की प्रतिष्ठा के विरोधी थे, वर्णभेद में विश्वास नहीं रखते थे, अपना निजी व्यवसाय, विशेषकर कातने व बुनने का किया करते थे और उनके यहाँ मरने के उपरांत शव का संस्कार जलाने एवं गाड़ने, दोनों प्रकार से हुआ करता था। डा. बर्थ्वाल की कल्पना का आधार इसी कारण कबीर साहब द्वारा अपने लिए किया गया 'कोरी' शब्द का उक्त प्रयोग तथा इन 'जुगी' जातिवाले लोगों के विचारों का उनके साथ साम्य ही प्रतीत होता है। कोई स्पष्ट ऐतिहासिक प्रमाण अथवा सामाजिक कारण उक्त सम्मिश्रण के संबंध में वे नहीं देते। डा. हजारी प्रसाद द्विवेदी ने कबीर साहब की जाति के विषय में इन्हीं बातों पर विचार करते हुए कुछ अधिक विस्तार से लिखा है और अन्त में वे इस प्रकार अनुमान करते हैं कि "कबीर दास जिस जुलाहा वंश में पालित हुए थे, वह उस वयनजीवी नाथ-मतावलंबी गृहस्थ-योगियों की जाति का मुसलमानी रूप था जो सचमुच ही 'ना हिंदू ना मुसलमान' थी"[१] तथा 'कबीर दास जिस जुलाहा जाति में पालित हुए थे वह एकाध पुश्त पहले से योगी-जैसी किसी आश्रम-भ्रष्ट जाति से मुसलमान हुई थी या अभी होने की राह में थी"। ये जातियाँ हिंदू-समाज में स्वाभावतः उच्च श्रेणी की नहीं गिनी जाती थीं, बल्कि नीच व अपृश्य तक समझी जाती थीं और इनकी कई बस्तियों ने सामूहिक रूप से मुसलमानी धर्म ग्रहण किया था।[२] इस प्रकार उक्त द्विवेदी जी के अनुसार कबीर साहब का कुल कोरी से जुलाहा बनकर जुगी लोगों द्वारा प्रभावित नहीं था, बल्कि सीधे जुगियों का ही इस्लामी रूप था।

सारांश–उक्त दोनों मतों के स्थापित करने वालों का मुख्य उद्देश्य कबीर साहब की रचना में पाये जाने वाले कतिपय परस्पर विरोधी हिंदू एव मुसलमानी संस्कारों में सामंजस्य का कोई कारण ढूँढ़ निकालना ही जान पड़ता है। परन्तु कबीर साहब के वास्तविक कुल की खोजकर उसकी वंशानुगतिक परम्परा के संबंध में ऐतिहासिक तथ्य की जाँच करने का काम केवल इन्हीं के द्वारा सिद्ध होता हुआ नहीं दीखता। यह संभव है और अधिक संभव है कि जुगी कहलाने वाली जाति पहले नाथमत की अनुयायिनी रही होगी और ऐसी अनेक जातियों ने किसी न किसी कारण मुसलमानी प्रभाव में आकर कहीं-कहीं सामूहिक रूप में धर्मांतर ग्रहण किया होगा। हम तो यहाँ तक कहेंगे कि काशी एवं मगहर के साथ विशेष संबंध रखने वाले कबीर साहब का कुल यदि क्रमशः सारनाथ एवं कुशीनगर जैसे बौद्ध तीर्थों के आसपास निवास करने वाले बौद्धों वा उनके द्वारा प्रभावित हिंदुओं में से ही किसी का मुसलमानी रूप रहा हो, तो इसमें कोई आश्चर्य की बात नहीं। हो सकता है कि उसके सूत कातने व बुनने की जीविका भी पूर्व समय से वैसे ही चली आ रही हो और उसका नाम भी इसी कारण कोरी अथवा किसी अन्य ऐसी वयनजीवी जाति का ही रहा हो। फिर भी जब तक हमें कबीर साहब के माता-पिता, इनके पालन पोषण करने वाले अथवा इनके पूर्व-पुरुषों का असली पता ज्ञात नहीं हो जाता और न उनकी पूरी जाँच हो जाती, तब तक इन्हें उपलब्ध सामग्रियों के आधार पर हम केवल जुलाहा और संभवतः इस्लामी धर्म के अनुयायी जुलाहे कुल का ही बालक मान सकते हैं।

---

१. हजारी प्रसाद द्विवेदी : 'कबीर' (हिंदी ग्रंथ रत्नाकर कार्यालय, बंबई सन् १९४२ ई.) पृ. ९।

२. वही, पृ. १४।

वही–इस विषय में यहाँ पर एक और बात भी विचारणीय है। कबीर साहब के जैसे हिंदू, मुस्लिम वा बौद्ध धर्मों के अनुकूल विचारों का एक ही व्यक्ति द्वारा अपनाया जाना केवल कुलक्रम के प्रभाव से ही संभव नहीं का जा सकता। भिन्न-भिन्न संस्कारों व सिद्धान्तों की अभिव्यक्ति उस शिक्षा वा परिस्थिति-विशेष पर भी निर्भर है जो किसी बालक के ऊपर आगे चलकर प्रभाव डाला करती है। कबीर साहब के पीछे इस्लाम धर्मानुयायी कुलों में से ही कुछ ऐसे प्रसिद्ध पुरुषों का भी जन्म हुआ जिनकी रचनाओं को पढ़कर हमें उनके मुसलमान होने में पूर्ण संदेह हो सकता है। अब्दुल रहीम खाँ खानखाना 'रहीम' के मूलतः शुद्ध पठान कुल का होना इतिहास द्वारा प्रमाणित है, भक्त 'रसखान' के लिए प्रसिद्ध ही है कि उन्होंने अपने दिल्ली के 'वादसा वंस' की 'ठसक' का क्षण में ही परित्याग कर केवल 'प्रेमदेव' की 'छवि' देखते ही अपना जीवन परिवर्तित कर दिया था। इसी प्रकार खुरासान के निवासी शाह जलालुद्दीन 'वसाली' ने भी केवल रामकथा को श्रवण कर ही भगवद्भक्ति स्वीकार कर ली थी और इनके पूर्व-पुरुषों के पहले हिंदू वा भक्त रहने पर कभी विचार तक भी नहीं किया जाता। कबीर साहब के आदर्शों पर निष्ठा रखने वाले दादूदयाल, रज्जबजी, दरियासाहब (मारवाड़ी), यारी साहब जैसे और भी अनेक संत हुए हैं जो निश्चित रूप से मुसलमान कुलों में ही उत्पन्न हुए थे, किन्तु उनके भी पूर्व-पुरुषों का मूलतः हिंदू वा अन्य धर्म का होना अभी तक सिद्ध नहीं है। अतएव कबीर साहब की रचनाओं में पाये जाने वाले भिन्न-भिन्न मतों व संस्कारों का सामंजस्य इनके धर्मांतरित कुल मात्र के ही सहारे न करके इनकी परिस्थिति, पर्यटन, सत्संग, प्रतिभा अथवा अन्य ऐसे कारणों के बल पर किया जा सकता है और ऐसा करना ही अधिक न्यायसंगत होगा।

(४) माता-पिता

माता–कबीर साहब के माता-पिता के संबंध में श्रद्धालु कबीरपंथी प्रायः कुछ भी कहना नहीं चाहते। उनका दृढ़ विश्वास है कि ये नित्य, अमर व अजर हैं। ये सदा सत्यलोक में निवास किया करते हैं और आवश्यकता पड़ने पर प्रत्येक युग में अवतार धारण करते हैं। तदनुसार कलियुग में भी ये कबीर के नाम से काशी के निकट लहरतारा तालाब में एक अलौकिक ज्योति के रूप में अवतीर्ण हुए थे। ये किसी के औरस पुत्र नहीं थे, बल्कि उक्त तेज ही बालक रूप में पहले-पहल नीरू व नीमा नामी जुलाहे दंपति को मिला था जिन्होंने उसे अपने घर लाकर पुत्रवत् पालन-पोषण किया और उनके घर अपने बचपन से ही रहते आने के कारण वे एक जुलाहा शरीरधारी कहलाकर प्रसिद्ध हो गए। परंतु यह धारणा केवल कंबीरपंथियों के समाज तक ही सीमित हैं और उनमें से भी बहुत-से लोग कबीर साहब के माता-पिता के संबंध में कभी-कभी कुछ कल्पना करते हुए दीख पड़ते हैं। कुछ लोगों का अनुमान है कि कबीर साहब की माता वास्तव में एक विधवा ब्राह्मणी थी, जो संभवतः अपने पिता के साथ स्वामी रामानन्द के दर्शनों के लिए गई थी। उसके प्रणाम करने पर उक्त स्वामी जी ने उसे 'पुत्रवती भव' कहकर आशीर्वाद दे दिया था और उसी के परिणामस्वरूप कबीर साहब का उसके गर्भ से जन्म हुआ था। महाराज रघुराज सिंह का अनुमान[१] है कि

१. महाराज रघुराज सिंह : 'भक्तमाला रामरसिकावली' (हिंदी साहित्य का आलोचनात्मक इतिहास, पृ. २२५ में उद्धृत)।

उक्त विधवा ब्राह्मणी स्वामी रामानन्द जी की सेवा में ही रहा करती थी और किसी दिन उनकी ध्यानस्थ दशा में उसे धोखे से उक्त आशीर्वाद दे देने के कारण गर्भ रह गया था। युवती विधवा ने उनसे वैसे वचन सुनकर उनके अनौचित्य पर कुछ विरोधसूचक शब्द भी कहे थे, किंतु स्वामी जी ने उसे यह कहकर आश्वासित कर दिया था कि तुम्हारा पुत्र हरि-अनुरागी होगा और उसकी उत्पत्ति तुम्हारे गर्भ से होने के कारण तुम्हें कोई कलंक भी नहीं लगेगा। फिर भी पुत्रोत्पत्ति के समय आकाश में नगारे का शब्द होते रहने पर भी उसके हृदय में अत्यंत दुःख हुआ और उस बालक को लेकर उसे वह कहीं दूर फेंक आई जहाँ से गुजरती हुई जुलाहिन ने उसे अनाथ समझ अपने यहाँ उसका लालन-पालन किया। इसी कथा को एक अन्य रूप में इस प्रकार भी कहा गया है कि उक्त विधवा युवती वास्तव में स्वामी जी की फुलवारी में फूल चुनने गई थी और वहाँ पर उसकी गोदी में भरे हुए फूलों को देखकर स्वामी जी के पूछने पर उसने कह दिया था कि "पेट है, फूल नहीं"। स्वामी जी ने इसी कारण 'तथास्तु' मात्र कह दिया था और उस युवती के इस प्रकार गर्भिणी हो जाने पर अंत में कबीर साहब का जन्म हुआ था[१]

आलोचना–परन्तु कबीर साहब की रचनाओं अथवा इनके समसामयिक वा कुछ दिनों पीछे आने वाले अन्य संतों के ग्रन्थों से भी उक्त कथा की कोई पुष्टि नही होती और न किसी प्राचीन इतिहासकार ने ही इस ओर किसी प्रकार का संकेत किया है। जान पड़ता है कि अंध-विश्वासी भक्तों ने मानवीय रजोवीर्य द्वारा कबीर साहब के आविर्भाव को उनका महत्त्व कम करने वाला समझकर अपनी-अपनी-कल्पनाओं के अनुसार उक्त प्रकार की कथाएं गढ़ ली हैं जिन पर विश्वास कर लेना ऐतिहासिक सत्य के खोजियों के लिए अत्यन्त कठिन है। कबीर साहब ने एकाध पदों में इतना अवश्य कहा है कि ये पूर्व-जन्म में ब्राह्मण थे, किंतु नीच व तपोहीन होने के कारण राम ने इन्हें कर्मानुसार जुलाहा बना दिया[२] फिर भी उन पंक्तियों पर कुछ ध्यानपूर्वक विचार किया जाय, तो उनसे कबीर साहब की आत्म-कथा की जगह कदाचित् इनके समकालीन ब्राह्मणों के प्रति एक प्रकार की व्यंग्यभरी चेतावनी की ही ध्वनि लक्षित होगी। उन पंक्तियों से इन्होंने ब्राह्मणों का जुलाहों की अपेक्षा कहीं अधिक श्रेष्ठ होना न बतलाकर वास्तव में सतकर्मों का महत्त्व दर्शाया है।

पिता–इधर 'ज्ञान-सागर' नाम के एक कबीरपंथी ग्रन्थ में कबीर साहब के पूर्व-जन्म में ब्राह्मण होने की बात पर जोर न देकर, इनके पोषक पिता नीरू को ही पूर्व-जन्म का ब्राह्मण कहा गया है। उक्त ग्रंथ के अनुसार जब नीरू जुलाहा बालक कबीर को लेकर अपने घर गया और वहाँ पर बच्चे का बिना दूध पिये भी, हृष्ट-पुष्ट होना देखा, तब उसे महान् आश्चर्य हुआ और उसने स्वामी रामानंद के पास जाकर इसका कारण पूछा, जिस पर उक्त

१. डा. पी. द. बर्थ्वाल : 'योगप्रवाह' (काशी विद्यापीठ, बनारस, स. २००३), पृ. १०७।

२. 'पूरब जनम हम बाम्हन होते, वोछै करम तप हीनां।
रामदेव की सेवा चूका, पकरि जुलाहा कीन्हां ॥–'कबीर-ग्रंथावली' पद २५०, पृ. १७३

स्वामी जी ने उत्तर दिया[१] कि "वास्तव में तुम अपने पूर्व-जन्म में ब्राह्मण थे, किंतु किसी प्रकार भगवान् की सेवा में भूल-चूक होने के कारण तुम्हें जुलाहा होना पड़ा है। यह भगवान् की कृपा ही समझो कि तुम्हें उद्यान में पुत्र की प्राप्ति हुई है" स्वामी रामानन्द द्वारा कहलाये गए इस वचन से ग्रंथकर्ता का उद्देश्य कबीर साहब के पोषक पिता का पूर्व जन्म में ब्राह्मण होना सिद्ध करना तो लक्षित होता ही है, इसके साथ 'कबीर-ग्रंथावली' से उद्धृत उक्त कबीर साहब की पंक्तियों से कुछ विचित्र समानता भी दीख पड़ती है जिससे स्पष्ट है कि उसने उन्हें देखकर ही अपनी कल्पना के अनुसार उक्त कहानी निर्मित की है।

मुस्लिम माता—कबीर साहब की रचनाओं में कुछ इस प्रकार के उल्लेख पाये जाते हैं जिनसे इनका अपनी माता के विषय में अपना उद्गार प्रकट करना लक्षित होता है। एक पद[२] की पंक्तियों द्वारा सूचित होता है कि कबीर साहब की अपनी जीविका के प्रति उदासीनता देखकर इनकी माता भविष्य की चिंता में भीतर ही भीतर रोया करती है, और उसे आश्वासन देते हुए ये कहते हैं कि सब के पालन-पोषण करने वाले ये भगवान् हैं। इसी प्रकार एक दूसरे पद[३] में ये कुछ संन्यासियों के सम्बन्ध में अपनी माता से निंदा के शब्द कहते हुए से समझ पड़ते हैं। इसके अतिरिक्त एक तीसरे पद[४] की कुछ पंक्तियों से जान पड़ता है कि इनकी माता न केवल इनके जीविका के प्रति उदासीन हो जाने के कारण दुःखी है, बल्कि एक हरिभक्त की भाँति अपने घर को लीप-पोतकर स्वच्छ व पवित्र करते रहने एवं सदा हरिभक्ति में ही इनके निमग्न रहने की भी शिकायत करती है। इनके रामनाम लेने को वह अपने कुल-धर्म के विपरीत बतलाती हुई उसके कारण अपने परिवार के सुख से वंचित हो जाने की भी चर्चा करती है तथा इन्हें भला-बुरा तक कह डालती है। अतएव यदि ये पंक्तियाँ सचमुच इनके

---

१. 'पूर्व जन्म तैं ब्राहाण जाती।
हरि सेवा कीन्हसि बहु भांतीं॥
कछु तुव सेवा हरि की चूका।
तातें भया जुलाहा को रूपा॥
प्रीति प्रभु गहि तोरी लीन्हा।
तातें उद्यान में सुत दीन्हां॥—'कबीर सागर' बंबई, पृ. ७४।

२. 'मुसि मुसि रोवै कबीर की माई।
ए वारिक कैसे जीवहि रघुराई॥
तनना बुनना सभु तजिओ कबीर।
हरि का नामु लिखि लिओ सरीर॥
....
कहत कबीर सुनहु मेरी माई।
हमरा इनका दाता एक रघुराई॥'गुरु ग्रंथ साहिब जी', राग गूजरी २।

३. 'कहत कबीर सुनहु मेरी माई।
इन मुंडीअन मेरी जाति गंवाई॥—'गुरु ग्रंथ साहिब जी', राग आसा ३३।

४. 'निति उठि कोरी गागरि आनै, लीपत जीउ गइओ।
ताना, बाना कछू न सूझै, हरि हरि रस लपटिओ।
हमारे कुल कउने रामु कहिओ।
जबकी माला लइ निपूते तबते सुखु न भइओ॥—वही, राग बिलावलु ४।

आत्मचरित से संबंध रखती हैं, तो स्पष्ट है कि कबीर साहब का अपनी माता के साथ गहरा धार्मिक मतभेद रहा और इनके सदा भक्ति में लीन रहने के कारण वह इनके घरेलू प्रपंचों से दूर रहने के स्वभाव को कुटुंब के भविष्य के लिए बाधक समझती रही है। यदि चाहें तो इन पंक्तियों के सहारे हम यह भी परिणाम निकाल सकते हैं कि रामनाम के प्रति उक्त प्रकार से अनास्था प्रकट करना इनकी माता का हिंदू धर्म से भिन्न धर्म का अनुयायिनी होना भी सिद्ध करता है, और इसी कारण हो सकता है कि इनकी माता मुसलमानिन ही रही हो। यदि वह स्त्री नीमा ही रही हो, तो भी आश्चर्य नहीं। अपनी माता के साथ इनका मतभेद कदाचित् कलह के रूप में भी बढ़ गया था जिस कारण इन्हें उसकी मृत्यु के अनन्तर पूरी सान्त्वना मिली थी और इस अनुमान का आधार हमें उस पद में मिलता है जिसमें इन्होंने "मुई मेरी माई हउ खरा सुखाला" कहकर उसके मरण से अपनी प्रसन्नता प्रकट की है। परन्तु कबीर साहब जैसे रूपक-प्रेमी का इस प्रकार कहना इसके माया-संबंधी उद्गार का भी बोधक हो सकता है और संभव है, उक्त सभी बातें मायापरक ही सिद्ध हो जायँ।

'गोसाई' पिता–परंतु उक्त पद की ही कुछ पंक्तियों द्वारा ये अपने पिता के विषय में भी कुछ कहते जान पड़ते हैं। इनका कहना है कि "मैं अपने पैदा करने वाले पिता की बलि जाता हूँ। वे एक 'बड्डु गोंसाई'[१] हैं और उन्होंने मेरे लिए सभी प्रकार सुभीते की व्यवस्था करके मुझे आश्वासित किया है। मैं उन्हें कैसे भुला सकता हूँ। उन्होंने पंचों वा पंचेन्द्रियों से मेरा साथ छुड़ा दिया है और सतगुरु के मिलने पर मुझे अब जगत-पिता भी अच्छे लगने लगे हैं"।[२] परंतु कबीर साहब के अपने पिता के लिए प्रयुक्त उक्त 'बड्डु गोसाई' शब्द से यह भी सूचित होता है कि वे कोई बहुत बड़े जितेंद्रिय वा अतीत रहे होगें और उनका प्रभाव अपने पुत्र के ऊपर एक साधारण पिता का सा ही न होकर इन्हें सांसारिक प्रपंचों से अलग कर इन्हें भगवान् के प्रति उन्मुख कर देने का भी रहा होगा। पद के पहले अंश की पंक्तियों से तो यही प्रतीत होता है कि उक्त पिता ने इन्हें माता के अभाव में भी खाने-पहनने और सोने का समुचित प्रबंध किया था और इसी कारण ये उनके बहुत अनुगृहीत हैं। किंतु आगे चलकर उक्त पिता में कुछ अन्य प्रकार के भी गुण दीखने लगते हैं और वे एक महापुरुष से भी जान पड़ते हैं। इसके सिवाय यदि उक्त 'बड्डु गोसाई' से इनका अभिप्राय परमेश्वर से लिया जाय, जैसा इनके कथन "तिसु पिता पहि किउकरि जाई" अर्थात् 'उस महान् के निकट मैं साधारण व्यक्ति वा अपराधी किस

---

१. 'गुरु ग्रंथ साहिब जी'-राग आसा ३।

२. 'बापि दिलासा मेरी कीन्हा।
सेज सुखाली मुखि अंम्रितु दीन्हा॥
तिसु वापुकउ किउ मनहु बिसारी।
आगे गइआ न बाजी हारी॥
बलि तिसु वावै जिनि हउ जाइआ।
पंचा ते मेरा संगु चुकाइआ॥
पिता हमारो बड्डु गोसाईं।
तिसु पिता पहि हउ किउ जाई॥
सति गुरु मिले त मारगु दिखाइआ।
जगत पिता मेरे मन भाइआ॥–वही, राग आसा ३।

प्रकार पहुँच सकता हूँ' से भी सूचित होता है, तो उक्त सारी बातें एक रूपक-सी समझ पड़ेगीं। हाँ, उक्त पिता एवं 'जगतपिता' शब्दों पर अलग-अलग विचार करने पर यह भी कहा जा सकता है कि वास्तत में इनका अभिप्राय 'बड्डु गोसाई' पिता का भी परित्याग कर अब अपने मन में अधिक भले लगने वाले 'जगतपिता' परमेश्वर की ओर आकृष्ट होते जाने का ही है।

नीरू व नीमा–उक्त 'गोसाई' शब्द का अर्थ जितेंद्रिय व अतीत होने के कारण उसके प्रयोग की सार्थकता के लिए कबीर साहब के पिता को काया पर पूर्ण विजय पा लेने वाले नाथ मतावलंबी जोगियों वा जुगियों से धर्मांतरित होकर बना मुस्लिम जुलाहा मान लेने की भी प्रवृत्ति होती है। परंतु जैसा पहले कहा जा चुका है, उक्त धारणा के लिए अभी अन्य प्रकार के प्रमाण भी अपेक्षित हैं और जब तक हम इनके पिता के स्थान पर किसी निश्चित व्यक्ति को मान नहीं लेते, तब तक हम इस विषय में कोई अंतिम निर्णय देने में असमर्थ रहेंगे। नीरु एवं नीमा नाम के जुलाहा दंपित अभी तक प्रायः सर्वसम्मति से इनके पोषक माता-पिता समझे जाते आये हैं और किसी-किसी ने इन्हें इनका औरस पुत्र मान लेने में भी संकोच नहीं किया है। फिर भी उक्त दोनों के संबध में अभी तक कोई ऐतिहासिक खोज नहीं हो पाई, और इसलिए रे. अहमद शाह ने इस विचार से कि पंजाब प्रदेश में 'नूरवफ' शब्द नीचे दर्जे की मुस्लिम जुलाहे के लिए प्रयुक्त होता है और 'नीमा' शब्द नीचे दर्जे की मुस्लिम स्त्रियों के लिए व्यवहृत होता है, उन दोनों को कबीर साहब के पोषक माता-पिता ही माना है। उनका अनुमान है कि स्वामी अष्टानन्द, जिन्हें कबीरपंथी-परम्परा के अनुसार कबीर साहब की अलौकिक ज्योति का सर्वप्रथम दर्शन हुआ था और जिन्होंने इस बात की सूचना पहले-पहल स्वामी रामानंद जी को जाकर दी थी, उनके वास्तविक पिता थे जिन्होंने उनकी असली माता को हिंदू-प्रथाओं के भय से अपनी स्त्री को स्वीकार नहीं किया था और बच्चे को इस कारण एक अनाथ की दशा में किसी जुलाहे-दंपति द्वारा पालित-पोषित होना पड़ा था। किंतु ऐसी धारणाओं को उन्होंने भी अंतिम निर्णय नहीं माना है।[१]

(५) शिक्षा-दीक्षा

गुरु–कबीर साहब को किसी प्रकार की पाठशाला वा मकतब में शिक्षा दी गई थी, इसके लिए कोई प्रमाण नहीं और न निश्चित रूप से यही बतलाया जा सकता है कि इन्हें किसी व्यक्ति-विशेष ने ही कभी अक्षर ज्ञान प्राप्त करने में कोई सहायता दी थी। प्रसिद्ध है कि इन्होंने कभी "मसि कागद छूयो नहीं कलम गहों नहिं हाथ" और कबीर पंथियों की धारणा के अनुसार इनके विषय में कहा गया है कि "पाँच बरस के जब भये, कासी माँझ कबीर। गरीब दास अजब कला, ज्ञान ध्यान गुण सीर॥" अर्थात् केवल पाँच वर्ष की अवस्था में ही ये सर्वज्ञान सम्पन्न हो गए थे। इसमें संदेह नहीं कि इस प्रकार की बातें कहना अधिक से अधिक इनकी अलौकिक प्रतिभा का परिचायक-मात्र ही हो सकता है। इनके अक्षर-ज्ञान वा पुस्तकाध्ययन के संबंध में इससे कुछ भी जानकारी प्राप्त नहीं होती और न यही सिद्ध होता है कि इनकी शिक्षा अमुक श्रेणी की रही होगी। इसके सिवाय कबीर साहब की पारिवारिक स्थिति आदि से यह भी निष्कर्ष निकाला जा सकता है कि संभवतः इन्हें नियमित रूप से शिक्षा मिली भी न होगी और जो कुछ ज्ञान इन्हें प्राप्त हो सका होगा, वह अनेक व्यक्तियों के सत्संग तथा अपने निजी विचार एवं

---

१. रे. अहमद शाह: 'दि बीजक आफ कबीर' (हमीरपुर, सन् १९१७, पृ. ४-५)।

मनन का ही फल होगा। कबीर साहब के समय में शिक्षा का रूप भी कदाचित् धार्मिक ही था और जो व्यक्ति शिक्षित समझा जाता था उसकी शिक्षा अधिकतर धार्मिक ग्रंथों के परिशीलन तथा प्रसिद्ध महापुरुषों से उपदेश-ग्रहण तक ही सीमित थी। कबीर साहब के गुरु व पीर के विषय में पता चलाने का अर्थ भी इसी कारण किसी संत, सूफी व अन्य महान् धार्मिक नेता के साथ इनके गुरु-शिष्य संबंध का निश्चित करना ही समझा जा सकता है।

स्वामी रामानंद–कबीर साहब ने अपने गुरु का नाम स्वयं कहीं नहीं दिया है, किंतु बहुत दिनों से सर्वसाधारण की धारणा रही हैं कि स्वामी रामानंद इनके गुरु थे। स्वामी रामानंद अपने समय के एक बहुत बड़े धार्मिक नेता व सुधारक थे, और उनके साथ कुछ दिनों तक भी समकालीन रहने की दशा में ऐसा अनुमान करना कि कबीर साहब उनके संपर्क में कभी न कभी अवश्य आ गए होंगे, और काशी में एक साथ रहने के कारण उनसे उपदेश भी ग्रहण किये होंगे, कुछ असंभव नहीं है, और इसी आधार पर बहुत लोगों ने अपनी धारणा के अनुसार कुछ कथाओं की भी सृष्टि कर डाली है। फिर भी उक्त प्रकार की धारणा, जहाँ तक पता है, भक्त व्यासजी (विक्रम की सत्रहवीं शताब्दी के प्रारंभ काल में वर्तमान) के समय से लोगों के बीच बराबर चली आती है और इसका समर्थन अनंतदास, नाभादास जैसे भक्तचरित-लेखक तथा अनेक कबीरपंथी ग्रंथों द्वारा भी होता आया है। अभी कुछ दिन हुए एक ऐसी रचना का पता चला[१] है जिसका समाप्त होना, माघ कृष्ण सप्तमी भृगुवार वि. सं. १५१७ को बतलाया जाता है। रचना का नाम 'प्रसंग पारिजात' है और उसमें अदणा छंद की १०८ अष्टपदियों द्वारा किसी चेतनदास नामक साधु ने स्वामी रामानंद की चरितावली तथा उपदेशों को लिपिबद्ध किया है। ग्रंथ से उद्धृत की गई पंक्तियों की भाषा बड़ी विचित्र जान पड़ती है और बिना संकेतों के समझ लेना असंभव है। उसका परिचय देने वाले लेखक ने उसके आधार पर यह भी बतलाया है कि "हिंदी साहित्य के प्रसिद्ध कवि भक्तिराज कबीर दास जी का स्वामी रामानंद जी का शिष्य होना प्रमाणित हो जाता है और यह भी सिद्ध हो जाता है कि पीपाजी, सेन, रैदास आदि भी अनंतानंद, योगानंद, नरहर्यानंद के साथ उस समय विद्यमान थे"[२] परिचय के अंत में दी गई नामों की तालिका में नीरू, नीमा और तकी नाम भी दीख पड़ते हें जिनकी चर्चा कबीर साहब की जीवनी के संबंध में की जाती है। इसके सिवाय स्वामी जी द्वारा कबीर साहब को अपना शिष्य मानकर तीर्थ-यात्रा के लिए निकली हुई अपनी जमात में सम्मिलित करना भी उक्त ग्रंथ में लिखा है। परंतु अभी तक यह ग्रंथ प्रकाशित नहीं हुआ और न इसके संबंध में भली भाँति विचार कर इसकी प्रमाणिकता ही सिद्ध की जा सकी है। जब तक यह पूरा ग्रंथ सबके सामने नहीं आ जाता और उसमें दी गई बातों पर निष्पक्ष रूप से निर्णय करने का कोई अवसर नहीं मिलता, तब तक इसे प्रामाणिक मान लेना उचित नहीं। इस ग्रंथ के प्रामाणिक सिद्ध हो जाने पर फिर व्यासजी के पद अथवा नाभादास और अनंतदास जैसे भक्त-रचित लेखकों के उल्लेखों में संदेह करने की आवश्यकता नहीं रह जायगी। केवल इतना ही प्रश्न उठ सकता है कि कबीर साहब स्वामी रामानंद जी द्वारा किस प्रकार प्रभावित हुए और वह प्रभाव उन पर कितना रहा।

---

१. शंकरदयालु श्रीवास्तव : 'स्वामी रामानंद और प्रसंग-पारिजात' ('हिंदुस्तानी', अक्टूबर, १९३२) पृ.४०३:२०।

२. वही, पृ. ४०८:९।

शेख तकी मानिकपुरी–मौ. गुलाम 'सरवर' ने अपनी पुस्तक 'खजीनतुल असफिया'[१] में लिखा है कि "शेख कबीर जोलाहा शेख तकी के उत्तराधिकारी और चेले थे। वे पहले मनुष्य थे जिन्होंने परमेश्वर और उनकी सत्ता के विषय में हिंदी में लिखा। धार्मिक सहनशीलता के कारण हिंदू और मुसलमान दोनों ने उन्हें अपना नेता माना। हिंदुओं ने भगत और मुसलमानों ने उन्हें पीर कहा। उनकी मृत्यु सन् १५९४ में हुई। उनके पीर शेख तकी सन् १५७५ में मरे थे"।[२] इस उल्लेख से स्पष्ट प्रतीत होता है कि 'सरवर' साहब कबीर साहब की ओर ही लक्ष्य करके कह रहे हैं, किंतु उनका दिया हुआ कबीर साहब का मुत्यु-काल बहुत पीछे चला आता है और उनके सारे कथन में ही संदेह होने लगता है। शेख तकी नाम के दो सूफी पीर प्रसिद्ध हैं जिनमें से एक कड़ा-मानिकपुर के और दूसरे झूँसी के रहने वाले थे। कड़ा-मानिकपुर वाले शेख तकी सूफियों के 'चिश्तिया सम्प्रदाय' के अनुययी कहे जाते हैं और किसी-किसी के अनुसर उनके मृत्यु-काल का सन् १५४६ में होना समझा जाता है। फिर भी ये कबीर साहब के समकालीन सिद्ध नहीं होते और न इस कारण उनके साथ इनके किसी संबंध के होने का प्रश्न ही उठ सकता है। परंतु 'बीजक' की ४८वीं[३] 'रमैनी' से जान पड़ता है कि कबीर साहब जब मानिकपुर गए थे, तब वहाँ इन्होंने शेख तकी की प्रशंसा सुनी थी और ६३वीं रमैनी की एक पंक्ति में[४] ये किसी शेख तकी को समझाते हुए भी दीख पड़ते हैं। ऐसी स्थिति में यदि 'बीजक' की प्रामाणिकता सिद्ध है, तो उक्त मानिकपुर वाले शेख तकी को हमें कबीर साहब के जीवन-काल में ही ढूँढ़ना पड़ेगा और यदि 'बीजक' पीछे की रचना है, तो उक्त बातों का समाधान काल्पनिक घटनाओं के आधार पर ही किया जा सकता है। मानिकपुर में किसी शेख तकी की कब्र का होना 'आईन-ए-अकबरी' से भी प्रमाणित होता है, परंतु उसमें कोई निश्चित समय नहीं दिया है।[५] इसलिए यदि कोई शेख तकी मानिकपुर में कबीर साहब के समकालीन रहे भी हों, तो भी उन्हें उनका पीर भी मान लेना ठीक नहीं जान पड़ता।

शेख तकी झूँसी वाले–दूसरे अर्थात् झूँसीवाले शेख तकी को लोग सूफियों के 'सुहर्वर्दिया सम्प्रदाय' का होना बतलाते हैं और उनका समय 'इलाहाबाद गजेटियर' में सन् १३२० : १३८४ ई. (अर्थात् सं. १३७७:१४४१) दिया हुआ है[६] परंतु रे. वेस्टकाट ने किसी अन्य प्रमाण के आधार पर उक्त शेख तकी का मरना सन् १४२९ (हि. ७८५, अर्थात् सं. १४८६) में ठहराया है और कहा है कि कबीर साहब उनसे मिलने उस समय गये थे जब इनकी अवस्था ३० वर्ष की थी।[७] कबीर साहब के झूँसी जाने की घटना वहाँ पर वर्तमान कबीर-नाले से भी सिद्ध

१. रे. वेस्टकाट: 'कबीर ऐंड कबीर-पंथ' (कानपुर, १९०७) पृ. २५:६।
२. वही, पृ. ३९।
३. मानिकपुर हि कबीर बसेरी।
   महति सुनी सेख तकि केरी॥ (विचारदास-संस्करण) पृ. ६२।
४. 'नाना नाच नचायके, नाचै नट के भेख।
   घट घट अविनासी अहै, सुनहु तकी तुम सेख॥'वही, पृ. ७६।
५. डा. मोहनसिंह, :'कबीर, हिज़ बायोग्राफी' (लाहौर, १९३४), पृ. १९।
६. वही, पृ. २४६।
७. रे. वेस्टकाट: 'कबीर ऐंड दि कबीर-पंथ' (कानपुर, १९०७) पृ. ४०:१।

की जाती है, परंतु उक्त दो प्रसिद्ध पुरुषों का गुरु-शिष्य संबंध संदेह में ही रह जाता है। झूँसी वाले उक्त शेख तकी के साथ कबीर साहब के सत्संग का होना बहुत संभव है, किन्तु इन्हें उनका शिष्य भी कह देने के लिए कोई प्रमाण नहीं।

पीताम्बर पीर–कबीर साहब की एक रचना[१] से यह भी लक्षित होता है कि ये कभी-कभी किसी गोमती तीर-निवासी 'पीताम्बर पीर' के दर्शन के लिए भी जाया करते होंगे और वहाँ की यात्रा इनके लिए हज करने की भाँति पुण्यमय तथा पवित्र रही होगी। ये उक्त पीर की प्रशंसा उसके सुन्दर गान व हरिनाम-स्मरण के लिए करते हैं और कहते हैं कि "उसकी सेवा में नारद, श्री शारदा और लक्ष्मी तक लगी रहती हैं और मैं स्वयं उसे कंठ में माला धारण कर तथा जिह्वा से राम के सहस्र नाम लेकर प्रणाम करता हूँ।" 'पीताम्बर पीर', 'पीर', 'नाम', 'बीबी' तथा 'बाहु बाहु किआ खूबु गावता है' के रूपों में उक्त पीर के प्रति निकले हुए प्रशंसात्मक उद्गार इस पद में इस प्रकार आए हैं कि उनका 'हरि का नामु' अथवा 'कंठे माला' व 'सहंसनामु' से कोई मेल खाता नहीं दीखता और न उसमें प्रदर्शित अलौकिक ऐश्वर्य की कोटि तक उस गवैये 'पीर' की कोरी तारीफ ही पहुँच पाती है। कम से कम उक्त 'पीर' के लिए कबीर साहब का गुरु होना भी इस पद से सिद्ध नहीं होता, अपितु जान पड़ता है कि इसमें आया हुआ उक्त व्यक्ति का वर्णन अधिक से अधिक 'हिंदू तुरक' दोनों को समझाने के उद्देश्य से ही किया गया है।

निष्कर्ष–वास्तव में जब तक कोई पुष्ट ऐतिहासिक प्रमाण नहीं मिलता, तब तक स्वामी रामानंद, शेख तकी, पीताम्बर पीर वा किसी भी एक व्यक्ति को हमें कबीर साहब का गुरु व पीर नहीं मान लेना चाहिए। कबीर साहब की अपने गुरु के प्रति अपार श्रद्धा है और वे अपने प्रति किए गए उपकारों के लिए उसकी भूरि-भूरि प्रशंसा करते हैं। इनका कहना है कि "मैं अपने गुरु के लिए प्रतिदिन अनेक बार बलिहारी जाता हूँ जिसने मुझे एक क्षण में ही मनुष्य से देवतुल्य बना दिया"।[२] उस सतगुरु की महिमा अनंत है जिसने अनंत के दर्शनार्थ मेरे अनंत नेत्र खोलकर अनंत उपकार कर दिये हैं।"[३] "इन उपकारों के बदले में

---

१. 'हज हमारी गोमती तीर।
जहाँ बसहिं पीताम्बर पीर॥
बाहु बाहु किआ खूबु गावता है।
हरि का नाम मेरे मन भावता है॥
नारद सारद करहिं खवासी।
पासि बैठी बीबी कवलादासी॥
कंठे माला जिहवा रामु।
सहंस नामु लैं लै करउ सलामु॥
कहत कबीर राम गन गावउ।
हिंदू तुरक दो समभावउ॥–'गुरु ग्रंथ साहिब जी' राग आसा, पद १६।

२. "बलिहारी गुरु आपणै, द्यौ हाड़ौं कै बार।
जिनि मानिष तैं देवता, करत न लागों बार॥"(कबीर-ग्रंथावली) सा. २।

३. 'सतगुर की महिमा अनंत, अनंत किया उपगार,
लोचन अनंत उघाडिया, अनंत दिखावनहार।–"कबीर-ग्रंथावली' सा. ३।

देने के लिए मेरे पास कुछ भी नहीं। मेरी समझ में नहीं आता कि उसे कौन सी वस्तु अर्पण कर संतुष्ट करूँ और इसकी अभिलाषा मन में बराबर बनी ही आ रही है।"[१] व्यक्ति विशेष के रूप में नाम न लेकर कभी-कभी उसे केवल ज्ञान[२], विवेक[३], शब्द[४] अथवा राम[५] मात्र बतलाते हुए भी समझ पड़ते हैं और ऐसे वर्णनों पर ध्यान देने से प्रतीत होने लगता है कि ये अपनी उस पूर्णावस्था की दृष्टि से कथन कर रहे हैं जहाँ पहुँचने पर गुरु वा चेले के संबंध का कोई प्रश्न ही नहीं रह जाता और साधक सिद्ध बनकर "आपै गुरु आप ही चेला"[६] की स्थिति में आ जाता है। इनके गुरु व पीर का पता लगाने की आवश्यकता हमें इनकी रचनाओं में यत्र-तत्र उपलब्ध अपने "गुरु के चरणों में सिर झुकाकर विनयपूर्वक पूछता हूँ कि मुझे जीव तथा जगत् की उत्पत्ति व नांश का रहस्य समझाकर कहिए"[७], "जब सतगुरु मिले तब उन्होंने मुझे मार्ग दिखलाया और तभी से जगतपिता मुझे अच्छे लगने लगे" तथा "गुरु की कृपा द्वारा मुझे सब कुछ सूझने लगा"[८] आदि को देखकर ही जान पड़ती है; फिर भी इन्हें इस सम्बन्ध में अपनी ओर से किसी का नाम लेते हुए न पाकर हमें अंत में कहना पड़ता हैं कि ये किसी एक व्यक्ति से दीक्षित न होकर संभवतः अनेक भिन्न-भिन्न व्यक्तियों के सत्संग से लाभ उठाये होंगे और इसी कारण इनकी रचनाओं में प्रयुक्त 'गुरु', 'सतगुरु' वा 'गुरुदेव' शब्द प्रसंगानुसार भिन्न-भिन्न व्यक्तियों को निर्दिष्ट करने के लिए आये होंगे। अपने समय में वर्तमान विशिष्ट महापुरुषों के निकट जाकर उनसे सत्संग करते रहने से ही ज्ञानोपलब्धि हो सकी थी और इनकी जिज्ञासा दूर हुई थी।[९] इनका तो स्पष्ट शब्दों में कहना[१०] है कि "मैंने कोई विद्या नहीं पढ़ी और न किसी मत-विशेष का ही आश्रय लिया। मैं तो हरि का गुण कहता-सुनता ही उन्मत-सा हो गया।

(६) देश-भ्रमण

झूँसी व मानिकपुर–तीर्थ-यात्रा वा हज करने की दृष्टि से कबीर साहब को कहीं पर्यटन

---

१. 'रामनाम कै पटतरै, देबै कौ कछु नाहिं।
क्या ले गुरु संतोषिए, हौंस रही मन मांहि॥ 'कबीर-ग्रंथावली' सा. ४।

२. 'ग्यांन गरु ले बंका', कबीर ग्रंथावली, पद १५५।

३. कहु कबीर मैं सो गुरु पाइया जाका नाउ विवेकु रे'।–'गुरु ग्रंथ साहिब जी', राग सूही, पद ५।

४. 'सबद गरु का चेला।'

५. 'तुम्ह सतगर मैं नौतम चेला, कहै कबीर रांम रंमू अकेला॥'–'कबीर-ग्रंथावली, पद १२०।

६. 'नाद विंद रंक इक खेला, आपै गरु आपही चेला'।–वही, रमैणी, पृ. २४३।

७. 'गुर चरण लागि हम बिनवता पूछत कहु जीउ पाइआ।
कवन काज जग उपजै बिनसै कहु मोहि समझाइआ'॥–'गुरु ग्रंथ साहिब जी', राग आसा, पद १।

८. सतिगुरु मिलेआ, मारगु दिखाइआ।
जगतपिता मेरे मन भाइआ॥–'गुरु ग्रंथ साहिब जी' राग आसा, पद ३।

९. 'कबीर बन बन मैं फिरा, कारणि अपणै रांम।
राम सरीखे जन मिले, तिन सारे सब कांम॥–'कबीर-ग्रंथावली' साध कौ अंग, साखी ५।

१०. 'बिदिआ न परउ वादु नाहि जानउ।
हरिगुन कथन सुन वउरानउ॥ 'गुरु ग्रंथ साहिब जी' राग बिलावल, पद २।

करने में श्रद्धा नहीं थी[१] किंतु इनकी कुछ रचनाओं[२] से इनके देश-भ्रमण का पता चलता है और इस बात के लिए अन्य प्रमाण[३] भी मिलते हैं कि इन्होंने अनेक स्थानों की यात्रा की थी। यह यात्रा इनके प्रारंभिक जीवन-काल में सत्संग के उद्देश्य से की गई थी, किंतु बाद को कहीं-कहीं ये अपने मत के प्रचार के लिए वा किसी अन्य कारणों से भी गये थे। इन्हें ब्राह्मणों, सन्यासियों आदि की हुल्लड़बाजियों के कारण अपने साधारण निवास-स्थान, काशी को छोड़कर अंत में मगहर भी जाना पड़ा था, जहाँ इनका देहांत हो गया। इसके पहले इनके मानिकपुर में कुछ काल तक ठहरने का प्रसंग 'बीजक' की ४८वीं रमैणी में आता है और यह भी पता चलता है कि वहीं पर इन्हें शेख तकी की प्रशंसा सुन पड़ी और यह भी ज्ञात हुआ कि जौनपुर थाने के ऊजी नामक स्थान एवं झूँसी में अमुक-अमुक पीरों का निवास है। इनमें से मानिकपुर (जिला फतेहपुर) को कड़ा-मानिकपुर भी कहते हैं, जहाँ के धुनियाँ जातिवाले किसी चिश्तिया सूफी शेख तकी की चर्चा रे. वेस्टकाट[४] ने की है और इनकी मृत्यु का होना कुछ संदेह के साथ सन् १५४५ अर्थात् सं. १६०२ में बतलाया है। यह स्थान अन्य सूफियों के लिए भी प्रसिद्ध है और कहा जाता है कि उक्त शेख तकी के ही पुत्र शेख मकन द्वारा बसाये गए मकनपुर स्थान पर आज तक एक बड़ा मेला लगा करता है। परंतु 'बीजक' के टीकाकार विचारदास शास्त्री के अनुसार[५] उक्त मानिकपुर वास्तव में प्रसिद्ध मानिकपुर जंक्शन है, जो जबलपुर लाइन में पड़ता है और जहाँ के विषय में 'पनिका' जातिवाले लोगों के मान्य ग्रंथ 'मानिकखंड' में कबीर साहब के ठहरने आदि की चर्चा पूरी तरह से की गई है। उक्त ऊजी नामक गाँव भी जौनपुर जिले में किसी खरौना नाम के अन्य स्थान के निकट वर्तमान है, जहाँ पर किसी समय बहुत-से मुस्लिम संत रहा करते थे। झूँसी तथा वहाँ के रहने वाले शेख तकी का उल्लेख पहले ही आ चुका है। वहाँ की जनश्रुति एवं 'कबीर-नाले' के अस्तित्व से इस अनुमान को दृढ़ आधार मिलता है कि कबीर साहब वहाँ पर अवश्य गये होंगे। वहाँ पर शेख तकी के साथ सत्संग करने के समय में ही इन्हें कदाचित् किन्हीं शेख अकर्दी और शेख सकर्दी नामक दो अन्य फकीरों को कुछ उपदेश भी देना पड़ा था।

अन्य यात्राएँ–मगहर के समान रतनपुर एवं पुरी जगन्नाथ में भी कबीर साहब की समाधि

---

१. 'जपतप दीसै थोथरा, तीरथ ब्रत वेसास।
सूबै सैंवल सेविया, यौं जग चला निरास'॥–'कबीर-ग्रंथावली', पृ. ३७।
'सेष सूबरी वाहिरा, क्या हज काबै जाइ।
जिनकी दिल स्यावति, तिनकों कहां खुदाई॥' वही, पृ. ४३।

२. 'वृंदावन ढूंढ्यो, ढूंढ्यो हो जमुना को तीर।
राम मिलन के कारने जन खोजत फिरै कबीर'॥ 'ना. प्र. पत्रिका' भा. १५, पृ. ४८।
'जाति जुलाहा नाम कबीरा, बन बन फिरौ उदासी।'–'कबीर-ग्रंथावली' पद २७०, पृ. १२१।

३. 'कहते हैं कि कबीर गुरु की तलाश में मुसलमान और हिंदू कामिलों के पास गया जो ढूँढ़ता था न पाया। आखिरकार एक शख्स ने पीर रोशनदिल रामानंद बरहमन की तरफ उसको तवज्जह दिखाई'। –मुहसिन फानी: 'दबिस्ताने मजाहिब', सफहा २००।

४. रे. जी. वेस्टकाट: 'कबीर ऐंड दि कबीर पंथ', पृ. ३९।

५. 'बीजक' (विचारदास की टीका), पृ. ६२।

होने के कारण इनके वहाँ किसी समय जाने का अनुमान किया जाता है। उक्त दोनों कब्रों का उल्लेख[१] अबुल फजल ने अपनी प्रसिद्ध रचना 'आईन-ए-अकबरी' में की है और दोनों जगहें कबीरपंथियों के लिए पवित्र स्थान कहीं जाती हैं। रतनपुर की मजार की चर्चा 'खुलासातुत्तवारीख'[२] में की गई है और पुरी के मकबरे का प्रसंग प्रसिद्ध यात्री ट्रैवर्नियर के 'ट्रैवेल्स' में भी आया है। परंतु कबीर पंथ में प्रचलित कतिपय पौराणिक उल्लेखों के अतिरिक्त अन्य किसी प्रमाण के आधार पर इनकी उक्त स्थानों की यात्रा सिद्ध नहीं होती। इस कारण अनुमान किया जा सकता है कि वहाँ की समाधियों का निर्माण पंथवालों द्वारा इनकी पूजा करने के विचार से ही किया गया होगा। कबीर पंथियों में यह भी प्रसिद्ध है कि मगहर में देहांत हो जाने के अनंतर भी कबीर साहब ने मथुरा, वृंदावन, बांधवगढ़ आदि कुछ स्थानों पर जा-जाकर अपने प्रिय भक्तों को दर्शन व उपदेश दिये थे और इसी प्रकार इनके विदेशों में भी जाने के उल्लेख उनके ग्रंथों में मिलते हैं। कबीर-पंथ का भारत के कई प्रांतों में प्रचार है और अपने-अपने स्थानों व अपने-अपने यहाँ की प्रचलित जनश्रुतियों के आधार पर पंथ के अनुयायियों ने भिन्न-भिन्न प्रकार की कथाओं की रचना कर डाली है जिनसे ऐतिहासिक सत्य को खोज निकालना सहज काम नहीं है। ऐसे ही प्रमाणों के आधार पर कबीर साहब के मक्का, बगदाद, समरकंद, बुखारा जैसे दूर-दूर के विदेशों तक की यात्रा का उल्लेख 'कबीर मन्शूर' में आया है। नर्मदा-तटवर्ती भरौंच से १३ मील की दूरी पर शुक्रतीर्थ के निकट किसी द्वीप में एक बहुत बड़ा वट-वृक्ष है जिसे 'कबीर वट' कहते हैं। उस पेड़ के लिए प्रसिद्ध है कि अपनी गुजरात की यात्रा के समय उसे स्पर्श कर कबीर साहब ने सूखा से हरा कर दिया था।[३] इसी प्रकार एक ऐतिहासिक रचना में आये हुए प्रसंग से विदित होता है कि ये पंढरपुर नामक प्रसिद्ध तीर्थ की ओर भी आकृष्ट हुए थे और कदाचित कभी वहाँ की यात्रा भी इन्होंने की थी[४]।

सारांश—कबीर साहब ने वास्तव में कौन-कौन सी यात्राएं कब-कब की थीं, तथा किन-किन यात्राओं में इन्हें कितना-कितना समय लगा था, इसका पता असंदिग्ध रूप से नहीं चलता। इनकी पहली यात्राएं संभवतः किसी सच्चे महात्मा व गुरु की खोज में की गई थी और इसलिए अनुमान होता है कि उनमें सत्संग आदि होते रहने के कारण अधिक समय लगता होगा। कहीं-कहीं इन्हें आवश्यकतानुसार कुछ दिनों तक ठहर जाना पड़ता होगा और कभी-कभी कदाचित् एक से अधिक बार भी एक ही स्थान पर जाना पड़ा होगा। इन यात्राओं में इनका साथ देने वाले किसी मित्र वा सहयोगी का भी कहीं पता नहीं चलता। इनकी

---

१. 'आईन-ए-अकबरी' (कर्नल एच. एस. जेरेट द्वारा अनूदित) भा. २, कलकत्ता १८९१। "Some affirm that Kabir Muahid reposes here (Pesoi) and many authentic traditions are related regarding his sayings and doings to this day" (p129). "Some say that at Ratanpur (Subah of Oudh) is the tomb of Kabir, the assertor of the unity of God." (p.171). पृ. 43 (दिल्ली संस्करण)।

२. भा. २, पृ. २२९।

३. क्षितिमोहन सेन: 'मिंडीवल मिस्टसिज्म आफ इंडिया' (लंदन, १९३०) पृ. १९ : ९९।

४. किंनकेड व मार्सनिकस: 'ए हिस्ट्री आफ मराठा पीपुल' भा. २, पृ. १०७।

रचनाओं में कई बार "बनि-बनि फिरों उदासी"[१], "फाटै दीदै मैं फिरौं, नजरि न आवै कोई"[२] आदि जैसे वाक्यों के आने से जान पड़ता है कि इनकी जिज्ञासा अत्यंत तीव्र रही होगी और इन्हें अपने लक्ष्य की प्राप्ति के लिए अनेक बार अनेक जगहों की खाक छाननी पड़ी होगी।

(७) परिवार

विवाहित–कबीर साहब के परिवार का कोई स्पष्ट विवरण नहीं मिलता। कुछ लोग इन्हें एक पक्के विरागी के रूप में रहने वाला भी समझते हैं। फिर भी इस बात के लिए इनकी रचनाओं में ही संकेत मिलते हैं कि इनका जीवन एक गृहस्थ का जीवन था और ये दूसरों को भी गृह न छोड़ने का ही उपदेश देते रहे। कबीर साहब ने एक स्थल पर यह अवश्य कहा है कि "कबीर त्यागा ग्यान, करि कनक कामिनी दोई", किंतु इसी से उक्त दोनों का उनके पास पहले रहना भी लक्षित होता है और इससे इतना ही अनुमान किया जा सकता है कि अपनी वृद्धावस्था तक कदाचित् ये इन दोनों से पृथक् हो गए होगें। जो हो, इनके विवाहित होने में संदेह करने की कोई आवश्यकता नहीं। इनके साथ प्रायः सदा रहने वाली किसी 'लोई' नाम की स्त्री के विषय में प्रसिद्ध है कि वह इनकी विवाहित पत्नी थी और कोई कोई इनके दो या तीन विवाह तक भी होने का अनुमान करते हैं। इनके एक पद[३] से सूचित होता है कि इनकी दो विवाहिता स्त्रियों में से पहली, कदाचित् कुजाति व कुलखनी होने के कारण इन्हें पसंद न थीं, किंतु दूसरी सुजाति व सुलखनी रही और उसी के द्वारा इन्हें संतान भी प्राप्त हुई। अपनी पहली स्त्री के नष्ट हो जाने से ये प्रसन्न होते हुए भी दीख पड़ते हैं और दूसरी की दीर्घायु के लिए शुभाशा प्रकट करते हैं। इस पद की अंतिम पंक्ति से पहली के किसी अन्य व्यक्ति को ग्रहण कर लेने तक की बात ध्वनित होती है। परन्तु इस पूरी रचना का आध्यात्मिक अर्थ भी लगाया जा सकता है और उस दशा में इनकी इन पहली तथा दूसरी स्त्रियों को क्रमशः 'माया' तथा 'भक्ति' कहना पड़ेगा, और उसी के अनुसार उसका तात्पर्य नितांत भिन्न हो जायगा।

स्त्री–एक अन्य पद[४] से जान पड़ता है कि कबीर साहब अपनी माता के साथ बातचीत करते समय उसके द्वारा अपनी पत्नी व पुत्र का भी कुछ परिचय दिला रहे हैं। इनकी माता

---

१. 'कबीर-ग्रंथावली' पृ. १८१।

२. वही, पृ. ५२।

३. 'पहिलौ कुरूपि कुजाति कुलखनी साहुरै पेईऐ बुरी।
अबकी सरूपिं सुजाति सुलखनी सहजे उदरि धरी॥
भली सरी मुई मेरी पहिली बरी।
जुगु जुगु जीवउ मेरी अबकी धरी॥
बहु कबीर जब लहुरी आई, बड़ी का सुहाग टरिओ।
लहुरी संगि भई अब मेरे, जेठी अउर धरिओ॥'–'गुरु ग्रंथ साहिब जी' राग आसा, पद ३२।

४. 'मेरी बहुरीआ का 'धनीआ नाउ।
ले राखिओ रामजनीआ नाउ॥
इन्ह मुंडीअन मेरा घर धुंधरावा। बिटवहि राम रमऊआ लावा॥
कहतु कबीर सुनहु मेरी माई। इन मुंडीअन मेरी जाति गंवाई॥–वही, पद ३३।

को दुःख है कि उसके घर बहुधा आते रहने वाले साधुओं ने उसकी पुत्र-वधु का नाम 'धनीआ' से बदलकर 'राम जनीआ' रख दिया है और उसके पुत्र कबीर को भी राम की भक्ति में लगा दिया है। कबीर साहब इसके समाधान में बतलाते हैं कि उक्त साधुओं ने वास्तव में इनकी जाति व धर्म को पूर्ण रूप से परिवर्तित कर डाला है और वैसी दशा में इनकी माता को बुरा मानने की कोई बात नहीं है।

लोई–एक तीसरे पद से इसी प्रकार प्रकट होता है कि कबीर साहब की स्त्री लोई इनकी अपने व्यवसाय के प्रति प्रदर्शित उपेक्षा से घबरा उठी है। वह तनने-बुनने के व्यवहार में आने वाली वस्तुओं की अव्यवस्थित स्थिति, उसके कारण व्यवसाय के बंद हो जाने तथा आय के न होने के दुष्परिणाम आदि के संबंध में अपना दुःख प्रकट करती हुई आगंतुक साधुओं को कोसती है और कबीर साहब इस पर कहते हैं "अरी नासमझ निर्दयी लोई, इन्हीं साधुओं की सहायता से और भजन करने से तो मुझ कबीर को भगवान् की शरण मिली है"।[1] इस प्रकार संभव है कि कबीर साहब के दो विवाह हुए हों अथवा एक ही विवाहिता स्त्री के लिए उक्त दोनों 'धनिया' तथा 'लोई' नाम प्रयुक्त हुए हों। उक्त पहले पद को केवल आध्यात्मिक अर्थ लगाने पर दूसरा अनुमान ही अधिक युक्ति संगत जान पड़ता है। परन्तु, इनकी स्त्री चाहे एक ही रही हो, उसके साथ इनकी पटती कदाचित् नहीं थी और इसी कारण कभी-कभी दंपति के बीच नोंक-झोक भी होती रहती थी।

कमाल व कमाली–उक्त तीसरे पद की ही पंक्ति 'लरकी लरिकन खैंवों नाहि" से यह भी विदित होता है कि कबीर साहब के परिवार में इनकी संताने भी सम्मिलित थीं जिनके खाने-पीने की चिंता इनकी माता को स्वभावतः सताया करती थी। इन्हीं बच्चों के पालन-पोषण का ध्यान करके स्वयं कबीर साहब की माता भीतर ही भीतर रोया करती है और उसे सान्त्वना देते हुए कबीर साहब कहते हैं कि "हमरा इनका दाता एक रघुराई'।[2] परन्तु इन बच्चों में कितने पुत्र व पुत्रियाँ थीं, इसका निर्णय करना सहज नहीं है। कबीर साहब के जीवन-चरित्र लेखक का कहना है कि उन्हें कमाल व निहाल नामक दो लड़के तथा कमाली व निहाली नामक दो पुत्रियाँ थीं, जिनमें से अंत में केवल कमाल ही बच रह

---

१. 'तूटे तागे निखुटी पानि।
दुआर ऊबरि झिलकावहि कान॥
कूच बिचार फूए फाल।
इहा मुंडीआ सिर चलिबो काल॥
इहु मुंडीआ से गलो द्रव खोई।
आवत जात नाक सर होई॥
तुरी नारी को छोड़ी बाता।
रामनाम वाका मनु राता॥
लरकी लरिकन खैवो नाहिं।
मुंडिआ अनुदिन धाये जाहिं॥
सुनि अंधली लोई बेपीर।
इन्हीं मुंडीअन भजि सरन कबीर॥'–'गुरु ग्रंथ साहिब जी', राग गौड़, पद ६।

२. वही, राग गूजरी, पद २।

थे।[१] इन कमाल के विषय में भी भिन्न-भिन्न प्रकार की अनेक कथाएं प्रसिद्ध हैं और कबीर साहब की एक रचना से यह भी पता चलता है कि इन्हें सपूत नहीं समझते थे, बल्कि उनकी धारणा थी कि हरिस्मरण से कहीं अधिक संपत्ति की ओर ध्यान देकर इन्होंने उनके कुल को ही नष्ट कर दिया।[२] इनकी बहन कमाली के लिए प्रसिद्ध है कि कबीर साहब ने किसी वैरागी से उसका विवाहकर दिया था, परन्तु इससे अधिक पता नहीं चलता। निहाल व निहाली के विषय में तो केवल नामोल्लेख ही पाया जाता है, अधिक कुछ भी नहीं। हाँ, कबीर-पंथी ग्रंथों मे कहीं भी कमाल, कमाली आदि को कबीर साहब की औरस सन्तान स्वीकार नहीं किया गया है। कमाल को कभी-कभी पोष्य-पुत्र और कभी केवल शिष्य-मात्र भी कहा जाता है तथा कमाली के लिए प्रसिद्ध है कि वह कदाचित् किसी शेख तकी की पुत्री थी, जिसे कबीर साहब ने मरने के आठ दिन पीछे पुनर्जीवन प्रदान कर कब्र से बाहर किया था।[३] कमाली तभी से इनकी पोष्य-पुत्री हो गई थी। परन्तु इस प्रकार की कथाएं कबीर साहब को अविवाहित सिद्ध करने वा इनके चमत्कारों से उदाहरण प्रस्तुत करने के लिए भी रची गई हो सकती हैं। इसमें संदेह करने का कोई कारण नहीं जान पड़ता कि कबीर साहब की कुछ औरस संताने थीं और इनके साथ वे रहती भी रहीं।

(८) व्यवसाय

वयनजीवी–कबीर साहब का परिवार बड़ा नहीं था और वह सामाजिक दृष्टि से भी साधारण कोटि का ही था, किंतु फिर भी उसकी आर्थिक स्थिति अच्छी न थी। कबीर साहब का पैतृक व्यवसाय कपड़ा बुनने का था जिसका परिचय इन्होंने "हम घरि सूतु तनहि नित ताना" कहके स्पष्ट शब्दों में दिया है।[४] इसका एक और भी सविवरण परिचय हमें उस पद में मिलता है जिसमें इनकी स्त्री लोई-द्वारा इनके तनने-बुनने के औजारों के अस्त-व्यस्त होकर अनुपयोगी सिद्ध हो जाने पर व्यवसाय का बंद हो जाना बतलाया गया है। लोई का कहना है कि "पानी के कम हो जाने के कारण करघे के तागे टूट जाया करते हैं, कूच के फूल जाने के कारण उसपर फफूँदी चढ़ गई है, हत्था जो काफी पैसे खर्च कर खरीदा गया था और जो खूब काम देता था, अब पुराना पड़ गया है और तुरी व नरी की अब आवश्यकता ही नहीं रह गई है"[५] जिससे स्पष्ट है कि कबीर साहब के पास घर पर प्रायः सभी तनने-बुनने के आवश्यक सामान रहे होगें, किंतु अपने व्यवसाय के प्रति इनके उपेक्षा-प्रदर्शन के कारण सारे के सारे बेकाम हो रहे थे और जीविका बंद-सी होती जा रही थी। इनके किसी दूसरे व्यवसाय का पता हमें इनकी किसी रचना से नहीं चलता और न यही विदित होता है कि इनकी उक्त उदासीनता किसी अन्य व्यवसाय के प्रति आकर्षण के कारण थी। जान पड़ता है कि अपने पिता के जीवित रहने तक तो इनका काम-धाम एक ठेकाने से चलता रहा, किंतु उनकी मृत्यु

१. डा. मोहन सिंह :'कबीर हिज बायोग्राफी' (लाहौर, १९३४) पृ. ३२ में उद्धृत।

२. 'बूडा बंसु कबीर का, उपजिओ पूतु कमालु।
हरिका सुमरिनु छाड़ि कै, भरि लै आया मालु ॥–'गुरु ग्रंथ साहिब जी', सलोक, ११५।

३. एफ. इ. के. : 'कबीर ऐंड हिज फालोवर्स' पृ. १६।

४. 'गुरु ग्रंथ साहिब जी', राग आसा, पद २६।

५. गुरु ग्रंथ साहिब जी' राग गौड़, पद ६।

के अनन्तर जब कुटुम्ब का सारा भार इनके ऊपर पड़ा, तब इन्होंने अपनी परिवर्तित मनोवृत्ति के कारण उसे भली भाँति संभाला नहीं, बल्कि उसके प्रति क्रमशः शिथिलता ही दिखलाते गये, और अंत में यह नौबत आई कि इनके बाल-बच्चे भूखों तक की स्थिति को पहुँच गए।

आर्थिक परिस्थिति–अपने उत्तरदायित्व का अनुभव कर जिस समय कबीर साहब को व्यवसाय के प्रति अधिक ध्यान देने की आवयश्यकता थी, उसी समय इन्होंने तनना-बुनना सभी कुछ को छोड़कर अपने शरीर पर 'रामनाम' लिख लिया।[१] अब इन्हें यह सब सूझता ही न था और ये हरिरस में सराबोर हो रहे थे।[२] इन्हें समझ पड़ता था कि मेरा व्यवसाय वास्तव में उस 'कोरी' का व्यवसाय है जिसने सारे जगत् में अपना ताना-बाना तान रक्खा है और अपने घर में ही उसका परिचय पा लेने के कारण मैंने अब अपना असली घर पहचान लिया है।[३] और मेरा काम अब "बुनि बुनि आपु आप पहिरावउ"[४] के रूप में आध्यात्मिक आत्मानुभूति मात्र रह गया है। अब ऐसा कहने में इन्हें तनिक भी हिचक न होती थी कि "मैने अपने हाथ में मुराड़ा लेकर अपना घर जला डाला है और मैं उसका भी घर जला दूँगा जो मेरे साथ आगे बढ़ने पर तैयार होगा"।[५] अब इन्हें कदाचित् अपने उस कथन[६] की ओर भी ध्यान न था कि " अपनी माता के गर्भ से उत्पन्न होने के समय से ही मैंने कभी सुख का अनुभव नहीं किया। यदि मैं डाल-डाल चलता हूँ, तो दुःख मुझे पात-पात खदेड़े फिरता है"। परंतु इनके कुटुंबवालों को यह बात कैसे सह्य हो सकती थी। जैसे पहले कहा जा चुका है, इनकी संतान की दुर्दशा के कारण इनकी माता एवं स्त्री को बड़ी चिंता थी और इसका मूल कारण इन्हीं को मानकर इन्हें वे बुरा-भला भी कह डालती थीं। इतना ही नहीं, जब कभी इनके द्वार पर कोई साधु-संत आ जाता, तब वे अपनी वर्तमान दशा का कुछ अंश तक उनको भी कारण मानकर उनसे जल-भुन जातीं और उनके प्रति अनेक निंदासूचक शब्दों का प्रयोग करने लगतीं। इनकी स्त्री का कहना है कि "लड़के-लड़कियों को तो खाना नहीं मिल पाता, किंतु ये मुंडिया वा वैरागी संन्यासी आदि नित्य प्रति शिर पर सवार बने रहते हैं। एक-दो घर में रहते हैं, दूसरे मार्ग में आते-जाते दीख पड़ते हैं। हमें तो सोने के लिए चटाई मिलती है और इनके लिए खाट वा चारपाई दी जाती है। ये शिर घुटाकर व कमर में पोथी बाँधकर आया करते हैं और रोटी खाया करते हैं, किंतु हम लोगों को चना चबाकर ही रह जाना पड़ता है। ये मुंडिया मेरे पति के साथ नाता जोड़कर उसे भी मुंडिया बनाये हुए हैं और इन सबने हमें डुबा देने की ठान ली है"।[७]

अपना आदर्श–परंतु कबीर साहब द्वारा अपने पैतृक व्यवसाय के प्रति प्रदर्शित उक्त उदासीनता का वास्तविक परिणाम यह नहीं रहा कि इन्होंने अपनी आर्थिक कठिनाइयों की

---

१. 'गुरु ग्रंथ साहिब जी', राग गूजरी, पद २।

२. वही, राग बिलावल, पद ४।

३. वही, राग आसा, पद ३६।

४. वही, राग भैरउ, पद ७।

५. 'कबीर-ग्रंथावली', साखी १३, पृ. ६७।

६. वही, साखी, ११, पृ. ६२।

७. 'गुरु ग्रंथ साहब जी' राग गौड़, पद ६।

ओर से अपनी दृष्टि एकदम फेर ली और एक निठल्ले की भाँति हाथ पर हाथ धरे बैठ गए। ये अपना व्यवसाय किसी न किसी रूप में कदाचित् अंत तक चलाते रहे और इस प्रकार जो कुछ भी मिला करता था उससे संतोषपूर्वक अपना जीवन यापन करते रहे। ये अपनी आध्यात्मिक साधनाओं तथा चिंतनों में कहीं अधिक समय दिया करते थे और इसी कारण ये सब बातें इनके लिए गौण भर हो गई थी। इन्होंने अपने वा अपने कुटुंब के लिए कभी किसी के सामने हाथ फैलाया हो, इसका कोई प्रमाण नहीं मिलता। इनका तो यहाँ तक कहना है कि "यदि भगवान् टेक रख ले, तो अपने बाप से भी कुछ माँगना भला नहीं समझना चाहिए। माँगना वस्तुतः मरने के समान है"[१] एक साधारण छोटे-से परिवार के लिए आवश्यक सामग्री के विषय में भी कबीर साहब का अपना निजी आदर्श था। इनका कहना[२] है कि "हे भगवन्, भूखे आपकी भक्ति नहीं हो सकती और मुझे किसी का देना-लेना नहीं है। यदि तुम मुझे स्वयं कुछ नहीं देते, तो मैं तुमसे माँगकर लेना चाहता हूँ। मैं दो सेर चून वा आटा माँगाता हूँ और साथ ही पाव भर घी तथा नमक भी चाहता हूँ, आधा सेर मुझे दाल भी चाहिए जिससे एक आदमी का दोनों समय के लिए भोजन का प्रबंध हो जाय। फिर सोने के लिए एक चारपाई माँगता हूँ जिस पर एक तकिया तथा रुई से भरा कोई गद्दा भी हो और ओढ़ने के लिए मुझे एक खींध (कदाचित् कोई सिली हुई ओढ़नी) भी चाहिए। मैने किंचिन्मात्र भी किसी से माँगने की अब तक चेष्टा नहीं की है।" इन पंक्तियों द्वारा स्पष्ट है कि इनकी माँग किसी एक व्यक्ति की अत्यंत आवश्यक वस्तुओं तक ही सीमित है और उसका लक्ष्य भी कोई संसारी पुरुष न होकर स्वयं भगवान् हैं।

(९) वेश-भूषा

सादगी–कबीर साहब को सादा जीवन पंसद था, ये आडंबरों से दूर भागते थे। ये कहा करते थे कि "हमारा काम केवल नाम का जप करना और अन्न का भी 'जप' करना है जो पानी की सहायता से उत्तम बन जाता है।" ये अन्न के परित्याग को पांखड समझते थे और केवल दूध आदि के ही आधार पर शरीर की रक्षा करने को भी बुरा बतलाते थे। ऐसे फलाहारियों को इन्होंने "ना सोहागिनि ना ओहि रंड" कहकर उनकी हँसी तक उड़ाई है।[३] ये पहनावे में भी किसी विशेष प्रकार आडंबर के पक्षपाती न थे। इनका कहना था कि सोलहो श्रृंगार करके भी अपने प्रियतम को रिझाया नहीं जा सकता। वह तो सच्चा हृदय चाहता है। उसके लिए भिन्न-भिन्न प्रकार के भेषों का धारण करना व्यर्थ प्रयास है।[४] इसीलिए ये थोड़े में इस प्रकार भी कहा करते थे कि "अपने स्वामी के साथ सच्चे हृदय से व्यवहार करते हुए औरों से भी सूधा बना रहना ही सबका लक्ष्य होना चाहिए"[५]

साम्प्रदायिक चित्र–परन्तु इनकी अपनी वेश-भूषा एवं रहन-सहन के विषय में कुछ निश्चित रूप से पता नहीं चलता। उपलब्ध चित्रों के सहारे इनके कद व पहनावें के संबंध

---

१. 'कबीर-ग्रंथावली' (ना. प्र. सभा, सन् १९२८) पृ. ५९।

२. 'गुरु ग्रंथ साहिब जी', राग सोरठि, पद ११।

३. वही, राग गौड़, पद ११।

४. 'कबीर-ग्रंथावली', साखी २३, पृ. ४७।

५. वही, साखी, ११, पृ ४६।

में कुछ अनुमान किया जा सकता था, किंतु इन चित्रों की भी प्रामाणिकता अभी तक सिद्ध नहीं। यदि इन सबकी तुलना कर कोई परिणाम निकालने की चेष्टा की जाती है, तो जान पड़ता है कि इनमें से कोई एक किसी उद्देश्य विशेष से चित्रकार की एक निश्चित धारणा के अनुसार कभी पीछे से बनाये गए होगें और इनमें इसी कारण कबीर साहब की वास्तविक प्रतिकृत की खोज करना ठीक न होगा। ऐसे चित्र विशेषकर वे हैं जिनकी आजकल कबीर-पंथ के अनुयायी बहुधा पूजा किया करते हैं। इन चित्रों में भी आपस में पूर्ण समानता नहीं दीख पड़ती। उदाहरण के लिए, कबीरचौरा (काशी) के चित्र में, जिसकी प्रामाणिकता के विषय में कबीर-पंथी लोग अधिक विश्वास कर सकते हैं, कबीर साहब एक मझले कद के मनुष्य जान पड़ते हैं, इनकी मुखाकृति बहुत लंबी नहीं है और इनके पायजामे आदि की बनावट से सूचित होता है कि ये कदाचित् पछाँह के रहने वाले हैं। किंतु प्रायः इसी प्रकार के अन्य चित्र से, जिसमें कबीर साहब अकेले ही दिखलाये गए हैं और जो रामरहस्यदास के प्रसिद्ध ग्रंथ 'पंचग्रंथी' के बड़ोदावाले सटीक संस्करण में दिया गया है, प्रतीत होता है कि इनका शरीर लंबा था, इनका चेहरा भी काफी लंबा था और इनके पहनावे में धोती आदि को देखने से समझ पड़ता है कि ये किसी पूर्वी प्रान्त के निवासी रहे होगें। इसी प्रकार ऐसे ही एक दूसरे चित्र को देखकर जो एक मद्रास में छपी पुस्तक[१] में दिया गया है इनके कद व आकृति की लंबाई का अनुमान उक्त दूसरे चित्र के समान किया जा सकता है। किंतु, इसमें प्रदर्शित कबीर साहब के कानों में नाथपंथी कुंडल तथा सामने रक्खी हुई पोथी को देख इसकी प्रामाणिकता में संदेह होने लगता है।

आलोचना–ऐसे चित्रों में कबीर साहब को तुलसी की मालाएं पहनायी गई हैं और इनके ललाट पर लंबा तिलक दिया गया है, जिनका इनके अनुसार कदाचित् कोई महत्त्व न था। इनके शिर के चतुर्दिक प्रदर्शित प्रकाश-मंडल तथा ऊपर के छत्र से सूचित होता है कि चित्रकार ने इन्हें महानता की एक विशेष भावना के साथ चित्रित किया है और कबीरचौरा वाले चित्र में दिखलाये गए सुरत गोपाल व धर्मदास जैसे शिष्य एवं चँवरधारी कमाल के कारण यह भी बोध होता है कि इन चित्रों के बनाने वालों का मुख्य उद्देश्य इन्हें कोई निश्चित साम्प्रदायिक स्वरूप देना ही रहा होगा और इनमें कल्पना का अंश बहुत अधिक है।

व्यावसायिक चित्र–कबीर साहब के कुछ ऐसे चित्र भी मिलते हैं जिनमें ये एक करघे पर बैठे काम करते हुए दिखलाये गये हैं। इनमें से एक वह है जिसका मूल 'बृटिश म्युजियम' में सुरिक्षित है। यह चित्र मुगल-शैली का है और इसका निर्माण-काल ईसा की अठारहवीं शताब्दी बतलाया जाता है। इस चित्र में कबीर साहब के शरीर पर कोई कपड़ा नहीं है, केवल कमर में धोती और शिर पर एक मोटे कपड़े की टोपी है। सामने करघा फैला हुआ है और दोनों ओर एक एक शिष्य व भक्त बैठे हुए हैं। पीछे एक वृक्ष है जिसके नीचे एक छोटी-सी मढ़ी बनी हुई है। शिर, दाढ़ी एवं मूँछ के बाल छोटे-छोटे पके और बराबर दीख पड़ते हैं और चित्र में इनकी आयु का अनुमान साठ वर्षों का किया जा सकता है। परंतु इस चित्र में भी इनके गले व दाहिने हाथ की कलाई में तुलसी की मालाएँ हैं। इस चित्र से मिलता-जुलता एक चित्र कलकत्ते के म्युजियम में भी वर्तमान है जिसमें कबीर साहब के पीछे कोई मढ़ी नहीं

१. 'रामानंद टु रामतीर्थ' (जी. ए, नटेसन ऐंड को., मद्रास)

दीख पड़ती और शिष्य वा भक्त भी एक ही दिखलाया गया है। इस चित्र में सर्वत्र एक प्रकार की सादगी व स्वाभाविकता-सी लक्षित होती है और जान पड़ता है कि संभवतः इसी को पहले देखकर उक्त प्रथम चित्र के रचयिता ने उसे बनाते समय कुछ अधिक सुव्यवस्थित व सुसज्जित कर दिया होगा। इस चित्र में कोई वैसी दाढ़ी नहीं दिखलायी गई है, परंतु मालाएँ ठीक उसी प्रकार पहनायी गई हैं। इस चित्र में कबीर साहब की अवस्था ५० वर्षों से अधिक की नहीं है। दोंनो चित्रों से ये मझोले कद के ही जान पड़ते हैं और इनके मुख की मुद्रा भी प्रायः एक ही प्रकार की है।

करघे पर बैठे हुए कबीर साहब का एक तीसरा चित्र भी मिलता है जो गुरु अर्जुनदेव के लाहौर वाले गुरुद्वारे में फ्रेस्को के रूप में वर्तमान है। इस चित्र में कबीर साहब छोटे कद के दिखलाये गए हैं और इनका शिर भी लंबे की जगह बहुत कुछ चौड़ा और चपटा-सा है। शरीर पर कुछ साधारण पहनावा है और शिर पर एक समले के ढंग की टोपी वा पगड़ी दी हुई है। इसमें इनकी बांयी ओर तीन शिष्य वा भक्त हैं और दाहिनी ओर स्त्री बैठी हुई है। मढ़ी, वृक्ष व करघे की भी अनुकृतियाँ ठीक व स्वाभाविक नहीं समझ पड़ती। दाढ़ी व मूँछे कुछ बड़ी-बड़ी हैं और अवस्था प्रायः ५० की होगी। इस चित्र में भी कबीर साहब के गले में माला पड़ी हुई है और एक इनकी दाहिनी कलाई में भी कदाचित बँधी हुई है। स्पष्ट है कि उक्त तीनों चित्र इनके गृहस्थ रूप के परिचायक हैं। परंतु तीनों में कुछ न कुछ भिन्नता है और इनमें तथा उक्त प्रथम वर्ग के चित्रों में कोई समानता नहीं।

सूफ़ी का चित्र–उक्त प्रथम एवं द्वितीय वर्ग के चित्रों के अतिरिक्त भी कुछ चित्र मिलते हैं, जिन पर विचार कर लेना आवश्यक है। इनमें से एक वह है जो स्वामी युगलानंद कबीरपंथी द्वारा 'काशी-नागरी-प्रचारिणी सभा' को मिला है और जिसकी प्रतिकृति सभा-भवन में रक्खी हुई है। इस चित्र में कबीर साहब का कद मझले से कुछ अधिक समझ पड़ता है, मुखाकृति लंबी-सी है और दाढ़ी तथा मूँछें भी लम्बी-लम्बी हैं। इन्होंने शिर पर एक लंबी ऊंची टोपी पहनी है और शरीर पर एक चोगा वा ढीला-ढाला कोई पहनावा डाल रक्खा है, जिसे भिन्न-भिन्न रंग के छोटे-छोटे कपड़े सिलकर तैयार किया गया है। अवस्था प्रायः ७० की जान पड़ती है। इसमें तिलक व तुलसी-माला को कहीं स्थान नहीं मिला है। वेश-भूषा अधिकतर सूफियों से मिलती-जुलती है। इस चित्र का कोई ऐतिहासिक परिचय अभी तक उपलब्ध नहीं हुआ है, इस कारण इसकी प्रामाणिकता के विषय में अंतिम निर्णय नहीं दिया जा सकता। फिर भी कबीर पंथी लोगों के यहाँ से उपलब्ध होने के कारण इसे कुछ महत्त्व दिया जा सकता है।

कबीर साहब का एक दूसरा चित्र वह समझा जाता है जिसकी मूल प्रति पूना की 'चित्रशाला' में सुरक्षित है और जो 'भारत-इतिहास-संशोधक-मंडल' पूना से प्राप्त कर 'संत कबीर' नामक पुस्तक के प्रारम्भ में दिया गया है। इसके लिए कहा गया है कि यह प्रसिद्ध नाना फड़नवीस (कार्य काल सं. १८३०-५६) के चित्र-संग्रह से प्राप्त किया गया है। नाना फड़नवीस संतों के प्रति श्रद्धा रखते थे और सदैव उनके चित्रों की खोज में रहते थे। उसी भावना से प्रेरित होकर उन्होंने उत्तरी भारत से यह चित्र प्राप्त किया था। चित्रकार या चित्र की तिथि अज्ञात है।[1] इस चित्र में कबीर साहब एक बिछौने पर मसनद के सहारे बैठे दीख

१. डा. रामकुमार वर्मा : 'संत कबीर' इलाहाबाद, १९४३, पृ. ७।

विभिन्न वेशों में कबीर के चित्र

पड़ते हैं। इनका कद संभवतः मझोला है और इनका पहनावा अधबाँही कुर्ता जैसा है। इनके शिर पर एक टोपी है जिसके नीचे तथा पीछे की ओर इनके जुल्फ जैसे बाल दिखलाये गए हैं। इनकी दाढ़ी उतनी बड़ी नहीं है जितनी ऊपर के चित्र में दीख पड़ती है और अवस्था लगभग ६०-७० वर्षों की जान पड़ती है। इस चित्र में कबीर साहब के हाथ में एक वाद्य-यंत्र भी दिखलाया गया है, जिस पर हाथ फेरते हुए ये किसी भाव में मग्न से समझ पड़ते हैं। इस चित्र में भी किसी तिलक वा तुलसी-माला के चिन्ह नहीं हैं। इसका मुस्लिम वातावरण स्पष्ट है।

निष्कर्ष–इस प्रकार यदि उक्त प्रथम वर्ग के चित्रों में कबीर साहब एक हिंदू साधु व महंत के रूप में वर्तमान किसी अलौकिक महापुरुष के समान दीख पड़ते हैं, तो उक्त तीसरे वर्ग के अंतिम दो चित्रों में वे एक पूरे मुस्लिम फकीर व पीर जान पड़ते हैं। दोनों अवस्था का अनुमान ६० वर्ष वा उससे अधिक का ही किया जा सकता है। उधर दूसरे वर्ग के चित्र में अवस्था कुछ कम भी कही जा सकती है और ये उसमें मुस्लिम जुलाहा वा हिंदू कोरी समझे जा सकते हैं। अतएव उक्त सारे चित्रों में पारस्परिक विभिन्नताओं के रहते हुए भी यदि उनके आधार पर मोटे तौर पर यह अनुमान कर लिया जाय कि ये लगभग ६० वर्ष की अवस्था में गृहकार्य छोड़कर उपदेश वा प्रचार में लग गए होंगे, तो भी इनकी अंतिम वेश-भूषा के विषय में हमारी धारणा निश्चित नहीं हो पाती। हाँ, यदि उक्त प्रथम वर्ग के चित्रों में कल्पित भावनाओं का अंश अधिक हो, तो तीसरे वर्ग के किसी एक को आधार मानकर कोई सामंजस्य बिठलाया जा सकता है।

(१०) रचनाएँ

रचना-संग्रह–कबीर साहब ने ज्ञानार्जन अधिकतर सत्संग द्वारा किया था और इन्हें कुछ पढ़ने-लिखने की आवश्कता नहीं पड़ी थी। फिर भी 'बावन अखरी' जैसी रचनाओं को देखने से प्रतीत होता है कि इन्हें नागरी-अक्षरों की वर्णमाला अवश्य विदित थी। इन्होंने कदाचित् कोई पोथी नहीं पढ़ी और न इनके पोथी-जैसी किसी रचना के लिखने का ही हमें कोई प्रमाण उपलब्ध है। जो कुछ इनकी रचनाएं इस समय हमें देखने को मिलती हैं, वे सभी फुटकर पदों, साखियों, रमैनियों वा अन्य प्रकार की कविताओं के संग्रह-मात्र हैं। उनमें से अधिकत रचनाएं ऐसी हैं जो गायी भी जा सकती हैं अथवा कुछ ऐसी भी हैं जो छोटी-छोटी किंतु महत्त्वपूर्ण होने के कारण् लोगों के कंठस्थ रहने योग्य हैं। अतएव इनकी रचनाओं के रूपों में बराबर कुछ न कुछ परिवर्तन होता आया है और कभी-कभी भिन्न-भिन्न व्यक्तियों द्वारा उनके अनुकरण में अन्य वैसी ही रचनाओं के निर्मित होते आने के कारण उनके रचना-संग्रहों के अन्तर्गत ऐसी कविताओं का भी समावेश हो गया है जो सरलतापूर्वक पहचानकर अलग नहीं की जा सकतीं और जो इसी कारण कबीर साहब के नाम से ही प्रसिद्ध हैं। इनके जीवन-काल में अथवा इनके मरने के अनंतर आज तक कितने ऐसे संग्रह बन चुके होंगे, इसका कोई पता नहीं है और न अभी तक यही विदित हैं कि इनमें से सर्वप्रथम कौन बना था, किसके द्वारा प्रस्तुत किया गया था तथा उसका भी मौलिक व प्रामाणिक रूप अभी तक उपलब्ध है वा नही। प्रसिद्ध है कि कबीर साहब के शिष्य धर्मदास ने सर्वप्रथम सं. १५२१ में इनकी रचनाओं का एक संग्रह कदाचित् 'बीजक' के रूप में तैयार किया था। किंतु 'बीजक' का जो अधिक से अधिक प्रामाणिक पाठ समझा जाता है, उसको ध्यानपूर्वक देखने से उक्त संग्रह की प्राचीनता

में संदेह होने लगता है। इसमें संगृहीत कुछ रचनाओं का कबीर साहब के परवर्ती कवियों द्वारा निर्मित किया जाना भी स्पष्ट होता है और ग्रंथ की भाषा इसे 'गुरु ग्रंथ साहब' जैसे अन्य ऐसे संग्रहों से पीछे की कृति मानने के लिए हमें बाध्य करती है। इस कारण संभव है कि उक्त ग्रंथ कबीर साहब के देहांत के बहुत पीछे संगृहीत किया गया हो, और हो सकता है कि उसका संग्रह विक्रम की सत्रहवीं शताब्दी के कभी मध्यकाल में हुआ हो, जब तक उनकी रचनाओं के रूप में बहुत हेर-फेर हो चुका था और जब कदाचित् बहुत कुछ 'गुरु ग्रंथ साहिब' के आदर्श पर ही उसे बनाने की आवश्यकता भी पड़ी थी।

ग्रंथ साहिब–सिक्खों के मान्य ग्रंथ 'गुरु ग्रंथ साहिब' वा 'आदिग्रंथ' में सिक्ख गुरुओं की रचनाओं के अतिरिक्त अन्य संतों की कविताएं भी संगृहीत हैं और जिस समय सं. १६६१ में वह गुरु अर्जुन द्वारा संगृहीत हुआ, तब से उसका पाठ पूज्य ग्रंथ होने के कारण प्रायः शुद्ध ही रहता आया है। फिर भी उसमें संगृहीत कबीर साहब की रचनाओं की सावधानी के साथ परीक्षा करने पर पता चलता है कि उक्त समय में भी इनकी कृतियों के नाम से दूसरों की कुछ रचनाओं की प्रसिद्धि होने लगी थी और वे बिना किसी संकोच के वैसे संग्रहों में स्थान पाने लगी थीं। जो हो, 'गुरु ग्रंथ साहिब' के अंतर्गत कबीर साहब की रचनाओं के रूप में लगभग सवा दो सौ पद एवं ढाई सौ 'सलोक' वा साखियाँ संगृहीत हैं जिनकी भाषा बहुत कुछ प्राचीन व प्रामाणिक जान पड़ती हैं और जिनमें से एक बहुत बड़े अंश को हम इनकी वास्तविक रचना निस्संदेह मान सकते हैं।

कबीर-ग्रंथावली–इसी प्रकार कबीर साहब की रचनाओं का एक दूसरा संग्रह वह है जो किसी प्राचीन हस्तलिखित प्रति के आधार पर काशी-नागरी-प्रचारिणी सभा द्वारा प्रकाशित किया गया है और जिसकी लगभग ५० साखियाँ और ५ पद उक्त 'गुरु ग्रंथ साहिब' के समान हैं। शेष लगभग साढ़े सात सौ साखियाँ तथा चार सौ पद ऐसे हैं जो उनमें आयी हुई ऐसी रचनाओं से बहुत कुछ भिन्न हैं। इसके सिवाय एक दूसरे संग्रह में जो 'रमैणी' नामक रचना संगृहीत है वह भी उक्त पहले संग्रह में नहीं है। यह दूसरा संग्रह दो पुरानी हस्तलिपियों के आधार पर तैयार किया गया है जिसमें से एक सं. १८८१ तथा दूसरी १५६१ की कही जाती है। उसमें सं. १५६१ वाली प्रति के प्रथम व अंतिम पृष्ठों की प्रतिलिपियाँ भी दी गई हैं और उनसे इस प्रति की प्रामाणिकता के जाँचने में सहायता मिलती है। इसके अंतिम पृष्ठ की प्रतिलिपि में जो 'सम्पूर्ण संवत् १५६१' आदि लिखा है, वह दूसरी लेखनी और दूसरे समय का लिखा जान पड़ता है, जिस कारण वह उस अंश तक बढ़ाया गया समझ पड़ता है और जो ऐसा संदेह करने के लिए हमें उत्साहित करता है कि संभव है उक्त प्रति सं. १५६१ की ही प्रतिलिपि न हो। फिर भी 'ग्रंथावली' में प्रकाशित रचनाओं की भाषा और उनके बेसुधरे रूप आदि से अनुमान किया जा सकता है कि वे भी बहुत कुछ प्राचीन व प्रामाणिक हैं।

व्याना प्रति–इसी प्रकार 'काशी-नागरी-प्रचारिणी सभा' को इधर एक ऐसा ही अन्य हस्तलेख भी मिला है जो प्राचीन प्रामाणिक रचनाओं का संग्रह जान पड़ता है और जो पदों की समानता के आधार पर उक्त 'ग्रंथावली' की रचनाओं को प्रमाणित करता है। इस संग्रह की प्रति एक गुटके के अंतर्गत व्याना में मिली है और इसमें दिये गए संवत् के कारण इसका लिपि काल सं. १८५५ जान पड़ता है। इसमें संगृहीत कबीर साहब के पदों की टीका भी दी गई है जो कहीं-कहीं एक से अधिक ढंग की है और जिसकी भाषा पुरानी है। पद अधिक

नहीं हैं, किंतु उनमें से कुछ ऐसे है जो उक्त 'ग्रंथावली' में नहीं पाये जाते। वास्तव में इस 'व्याना प्रति' का आधार कोई और ही प्रति रही होगी जिसमें से इसमें आये हुए पद संगृहीत कर लिये गए होंगे और जिसका पता उक्त गुटके से भी नहीं चलता। कई दृष्टियों से यह प्रति भी बहुत महत्त्वपूर्ण है और इसका प्रयोग उक्त 'ग्रंथावली' का संशोधित संस्करण निकालने समय भली भाँति किया जा सकता है। इस व्याना प्रति के ही समान अभी और भी संग्रह खोज में मिल सकते हैं, इस कारण उक्त संग्रहों की रचनाओं के विषय में अंतिम निर्णय देना कठिन है।

अन्य संग्रह–'गुरु ग्रंथ साहिब' व 'कबीर-ग्रंथावली' जैसे संग्रह वे हैं जिनमें आयी हुई रचनाओं के प्राचीन व प्रामाणिक कहने में हमें अधिक विचार करने की आवश्यकता नहीं पड़ती और यही बात हम इनके रज्जबजी की 'सर्वगी' तथा 'पंजबाजी' नामक 'साम्प्रदायिक संग्रहों मे संगृहीत पदों व साखियों के विषय में भी कह सकते हैं। यदि अन्य वैसे संग्रहों की भी प्रतियाँ आगे उपलब्ध हो सकें, तो हम किसी अंतिम निर्णय पर कदापि पहुँच भी सकेंगे। किंतु कबीर साहब की रचनाओं के नाम से आजकल बहुत-से ऐसे संग्रह वा ग्रंथ भी प्रकाशित हो चुके हैं जिन्हें देखते ही उनकी प्रामाणिकता में हमें कुछ न कुछ संदेह होने लगता है और इस बात का निर्णय बहुत कठिन हो जाता है कि उनके कितने अंश प्रामाणिक हो सकते हैं। कबीर साहब के नाम से प्रसिद्ध कोई ग्रंथ तो स्पष्ट ही अप्रामाणिक है, क्योंकि उनके द्वारा किसी ग्रंथ के रचे जाने का कोई प्रमाण नहीं मिलता। परंतु उनका समय-समय पर पदों, साखियों वा अन्य ऐसी रचनाओं का मुख से कहना तथा श्रोताओं द्वारा उन्हें कंठस्थ कर लेना वा लिख लेना और किसी समय आगे चलकर उनका संग्रहों के रूप में भी लिपिबद्ध कर लिया जाना अधिक संभव जान पड़ता है। ऐसे संग्रह कई भिन्न-भिन्न व्यक्तियों द्वारा कई भिन्न -भिन्न स्थानों पर हुए होंगे तथा संभव है कुछ रचनाएँ संगृहीत होने से बच भी रही होंगी और इन्हीं बच गई रचनाओं में उनके अधिकतर मौखिक ही रह जाने के कारण बहुत कुछ परिवर्तन भी हो गया होगा। अनेक प्राचीन लिपिबद्ध रचनाओं के भी मौखिक रूपों में क्रमशः अंतर पड़ते जाने की संभावना हो सकती है, परंतु जहाँ उनकी मौलिकता का पता उनके उक्त लिपिबद्ध रूप से चल सकता है, वहाँ केवल मौखिक रूपों में आती हुई और बहुत पीछे लिपिबद्ध होने वाली रचनाओं के विषय में हम ऐसा नहीं कह सकते।

बहुत पीछे लिपिबद्ध की गई वे रचनाएँ कही जा सकती हैं जिनके संग्रह 'वेलवेडियर प्रेस, प्रयाग' आदि से प्रकाशित हुए हैं, जिनके रूप नितांत आधुनिक व नवीन समझ पड़ते हैं और जिनकी भाषा में कई मुखों द्वारा उच्चरित होते आने के कारण बहुत फेर-फार हो गया है। ऐसे संग्रहों की अनेक रचनाएँ प्रायः वे ही हैं जो पुराने लिपिबद्ध संग्रहों में भी आ चुकी हैं, परन्तु जो रूपांतर हो जाने से बहुत भिन्न हो गई हैं। शेष में से एक पर्याप्त संख्या उक्त रचनाओं की भी है जो संभवतः दूसरों की कृतियाँ हैं, किंतु जो भावसाम्य के कारण एक साथ कर ली गई हैं अथवा जिनकी प्रामणिकता के विषय में खोज-पूछ करने के झमेले में न पड़कर संग्रहकर्ता ने यों ही सम्मिलित कर लिया है। 'वेलेवेडियर प्रेस' के 'कबीर साहब का साखी संग्रह' में सखियों की संख्या २१२८ और 'कबीर साहिब की शब्दावली'(चारों भाग) के शब्दों की संख्या ६१२ हैं। फिर भी इसके शब्दों के अंतर्गत कुछ वे शब्द नहीं आ पाये हैं जो 'शांति निकेतन' द्वारा प्रकाशित 'कबीर' नामक संग्रह में संगृहीत हैं और न उसी प्रकार उक्त 'साखी

संग्रह' में ही वे कुल साखियाँ आ सकी हैं जो बम्बई से प्रकाशित 'सत्य कबीर की साखी' में आती हैं। जान पड़ता है कि समय ज्यों-ज्यों व्यतीत होता गया है, त्यों-त्यों कबीर साहब की रचनाओं की संख्या बढ़ाने की चेष्टा भी होती गई हैं और अब कबीर-पंथ के अनुयायी लोगों में उन्हें सहस्त्रों व लक्षों तक की संख्या में बतलाने की परम्परा चल निकली है उदाहरण के लिए, प्रसिद्ध है कि कबीर साहब ने "सहस छानबे औ छव लाखा। जुग परमान रमैनी भाखा", अर्थात् युगधर्मानुसार छः लाख छियानबे हजार रमैनियों की रचना की थी।

'साखी' शब्द संस्कृत के 'साक्षी' का रूपांतर है और इसका मूल अर्थ है वह पुरुष जिसने किसी वस्तु वा घटना को अपनी आँखों देखा हैं। ऐसे साक्षात् अनुभव द्वारा ही किसी बात का यथार्थ ज्ञान होना संभव है जिस कारण 'साक्षी' वा 'साखी' शब्द से अभिप्राय उस पुरुष से ही होगा जो उक्त बात के विषय में कोई विवाद खड़ा होने पर निर्णय करते समय प्रमाणस्वरूप समझा जा सके। कबीर साहब के दोहे, सोरठे आदि के रूपों में पायी जाने वाली छोटी- छोटी रचनाओं के साखी का तात्पर्य भी इस कारण यही हो सकता है कि उनका प्रयोग अपने दैनिक जीवन में कभी-कभी नैतिक, आध्यात्मिक वा व्यावहारिक उलझनों के सामने आने पर उन्हें सलझाते समय सांकेतिक प्रमाणों के रूप में किया करते हैं। इन साखियों के लिए 'बीजक' में "साखी आँखी ज्ञान की" भी कहा गया है और इनके द्वारा ही संसार के झगरे का छूटना संभव समझा गया है। कबीर साहब की साखियों को सिक्खों के 'गुरु ग्रंथ साहिब' के अंतर्गत 'सलोक' के नाम से संगृहीत किया गया है। कबीर साहब के पदों को भी 'शब्द', 'बानी', 'वचन' वा 'उपदेश' कहा जाता है 'और तदनुसार भिन्न-भिन्न संग्रहकर्ताओं ने इनके संग्रहों के भिन्न-भिन्न नाम दे दिये हैं। ये पद वास्तव में भजनों के रूप में गाने योग्य रचनाएँ हैं जिनमें इनके भिन्न-भिन्न उपदेशों के सारांश बतलाये गए रहते हैं और इन्हीं में अधिकतर इनकी उल्टबाँसियाँ भी पायी जाती हैं जिनके गूढ़ार्थ को पूर्ण रूप से समझ लेना सर्वसाधारणका काम नहीं हैं। कबीर साहब की रमैनियों के एक संग्रह को 'बावन अखरी' कहा गया है और प्रायः उसी प्रकार की एक रचना को 'बीजक' में 'ज्ञान चौंतीसा' नाम दिया गया हैं। इन रमैनियों की रचना वर्णमाला के अक्षरों को लेकर की गई है। वैसी ही तिथियों को लेकर की गई रचनाओं को 'गुरु ग्रंथ साहिब' में 'थिती' (अर्थात् तिथि) तथा दिनों के अनुसार बनी हुई को 'वार' कहा गया है। उक्त सभी प्रकार की रचनाओं की परम्परा बहुत पहले सम्भवतः सिद्धों व नाथों के समय से ही चली आ रही थी और कबीर साहब ने भी उनका आवश्यकतानुसार अनुसरण किया था तथा समय-समय पर उनमें से भी अनेक रचनाएँ प्रस्तुत की गई थीं जो आजकल उनके नाम से प्रसिद्ध हैं।

३. कबीर साहब का मत

(१) ये क्या थे ?

हिंदू मतावलंबी–कबीर साहब को एक भक्त के रूप में समझने की परम्परा प्रारंभिक काल से ही चली आ रही है। इनके समसामयिक वा निकट समकालीन संतों ने सदा इन्हें एक भक्त के रूप में ही देखा, भक्तचरितों के रचयिताओं ने इन्हें भक्तों की श्रेणी में ही रखा और इनके नाम से प्रचलित कबीर-पंथ के अनुयायियों ने भी इन्हें हंसों के उद्धारार्थ अवतीर्ण होने वाले सत्य कबीर का रूप देकर अधिकतर उसी ओर खींचने का प्रयत्न किया। इनकी

वैष्णवों के प्रति प्रदर्शित श्रद्धा तथा इनके द्वारा भगवान् के लिए पृथक् 'राम', 'हरी', 'नारायण', 'मुकुंद', जैसे शब्दों के बाहुल्य से भी इसी धारणा की पुष्टि होती दीखती है और विशेषकर इस प्रसिद्धि के कारण कि इन्हें स्वामी रामानंद ने दीक्षित किया था तथा ये उनके प्रमुख १२ शिष्यों में से एक थे, उक्त प्रकार के कथन में किसी प्रकार के संदेह करने की कोई गुंजायश नहीं रह जाती। फिर भी इनकी रचनाओं में बहुधा, तीर्थ, व्रत, भेष, मूर्तिपूजा जैसी वाह्य बातों के प्रति इनकी अनास्था लक्षित होती है और अवतारवाद एवं शास्त्रविहित नियमों के प्रति इनका विरोधभाव भी दीख पड़ता है। इसके सिवाय उनमें इनका निर्गुण ब्रह्म के महत्त्व का प्रतिपादन भी स्पष्ट शब्दों में किया हुआ मिलता है जिस कारण इन्हें सगुणोपासक न मानकर निर्गुणोपासक ठहराने की प्रवृत्ति अधिक लोगों की समझ पड़ती है और कुछ लोग तो इनकी गणना भी इसी कारण महाराष्ट्रीय 'वारकरी सम्प्रदाय' के संत ज्ञानदेव, नामदेव आदि की श्रेणी में करना चाहते हैं। इसी प्रकार कुछ अन्य लोगों की यह भी धारणा है कि ये भक्त न होकर वास्तव में एक शुद्ध विचारक वा दार्शनिक थे और इनके अनेक सिद्धांतों में शांकर अद्वैतवाद की गंध पाकर वे अनुमान करते हैं कि ये एक पूरे 'वेदांती' थे तथा इनकी बहुत सी रचनाओं के वेदांतपरक अर्थ करते हुए भी दीख पड़ते हैं। इसी प्रकार इनकी कुछ उपलब्ध बानियों में योग-साधना की बातें पाकर इन्हें एक पूर्ण योगी वा कम से कम नाथपंथी सिद्ध करने की ओर भी लोग प्रवृत्ति होते हैं। इसके विपरीत कुछ लोगों को इनके विषय में केवल इतना ही कहना भी मिलता है कि ये एक सच्चे सुधारक-मात्र थे जिन्होंने अपने समय की प्रचलित अनेक धार्मिक व सामाजिक बुराइयों की खरी आलोचना की और उन्हें दूर करने की चेष्टा में ये अपने जीवन भर निरत रहे।

मुस्लिम मतावलंबी–इन उक्त मतवालों के अनुसार कबीर साहब की विचारधारा का मूल स्रोत हिंदू-धर्म वा हिंदू-संस्कृति के ही भीतर ढूँढ़ने का प्रयत्न करना चाहिए, परन्तु इसके विरुद्ध कुछ लोग बहुत दिनों से यह भी समझते आ रहे हैं कि इन्हें हिंदू-धर्मानुयायियों में गिनना सत्य से कहीं दूर चले जाने के समान होगा। उनके अनुसार इनके जीवन का आरंभ ही इस्लाम धर्म के वातावरण में हुआ था और इनके सारे संस्कार उसी मत के द्वारा प्रभावित थे तथा इस कारण इनके विचारों में भी उन्हीं बातों की प्रधानता दीख पड़ती है जो उसके सिद्धांतों से अधिक मिलती-जुलती हैं। उदाहरण के लिए इनका ईश्वर के लिए 'कर्ता' शब्द का अधिक प्रयोग करना, एक 'जोति' मात्र से ही सारी सृष्टि की उत्पत्ति बतलाना, 'गोर', 'अंबर', 'चौदह चंदा' आदि जैसी इस्लामी भाव-प्रदर्शक बातों के हवाले देना, योग-साधना का मुख्य लक्ष्य भी प्रेमधियान' को ही मानना आदि अनेक बातों से यही प्रतीत होता है कि ये इस्लाम धर्म के ही अधिक निकट अवश्य रहे होंगे और इनके कर्मवाद वा जन्मांतरवाद के भी वास्तविक रूप यही सिद्ध करते हैं कि इनके मुख्य सिद्धांतों के मूल आधार इस्लामी धर्मग्रंथ ही रहे होंगे। कर्नल मालकन ने इन्हीं कारणों से कबीर साहब को सूफी सम्प्रदाय का होना बतलाया है और गुलाम सरवर ने इन्हें स्पष्ट शब्दों में शेख तकी का शिष्य तक मान लिया है। आजकल कुछ लोग इन्हें 'जिंद' का रूप देकर उक्त प्रमाणों के आधार पर इन्हें सूफी मानने के लिए तैयार जान पड़ते हैं। इसके सिवाय मगहर जैसे स्थानों में पाये जाने वाले कुछ कबीर-पंथी इनके मुस्लिम पीर होने में आज भी आस्था रखते हैं और इनकी कब्र पर कहीं-कहीं आज तक भी फातहा पढ़ा जाता है।

सारग्रही–इस प्रकार भिन्न-भिन्न परम्पराओं तथा इनकी रचनाओं के उपलब्ध संग्रहों में यत्र-तत्र पाये जाने वाले विविध पद्यों के आधार पर एक ही व्यक्ति को दो नितांत भिन्न धर्मों व संस्कृतियों का अनुयायी मानकर उसी के अनुसार उसके सिद्धांतों के निरूपण की भी परिपाटी पृथक्-पृथक देखी जा रही है। अतएव बहुत-से विद्वानों का इनके विषय में यह भी अनुमान है कि ये एक मतविशेष के अनुयायी न होकर भिन्न-भिन्न मतों से अच्छी-अच्दी बातें लेकर उनके आधार पर एक नया सम्प्रदाय खड़ा करने वाले व्यक्ति थे। इन्होंने हिंदू धर्म से अद्वैत सिद्धांत, वैष्णव सम्प्रदाय की भक्तिमयी उपासना, कर्मवाद, जन्मांतरवाद आदि बातें ग्रहण कीं, बौद्ध धर्म से शून्यवाद, अहिंसा, मध्यम मार्ग आदि अपनाये तथा इस्लाम धर्म से एकेश्वरवाद, भ्रातृभाव और सूफी सम्प्रदाय से प्रेम-भावना को लेकर सबके सम्मिश्रण से एक नया पंथ चला देने की चेष्टा की। इन्होंने जिन-जिन धर्मों में जो-जो बुराइयाँ देखीं उनकी आलोचना की और उन्हें दूर करने के लिए लोगो को उपदेश दिये और उनकी महत्त्वपूर्ण बातों को एक में समन्वित कर उनके आधार पर एक ऐसे मत की नींव रक्खी जो सर्वसाधारण के लिए ग्राह्य हो सके। इनके इस नये मत में इसी कारण कोई मौलिकता नहीं दीख पड़ती और न ऐसी कोई बात लक्षित होती है जो इनकी ओर से हमारे लिए एक 'देन' कही जा सके। क्या सिद्धांत, क्या साधना, सभी पर प्रचलित मतों व सम्प्रदायों की गहरी छाप लगी हुई है जो इन्हें अधिक से अधिक एक 'सारग्राही' मात्र ही सिद्ध करती है। इन्होंने पुरानी परम्परागत बातों की छानबीन कर उनमें से उत्तम बातें ग्रहण कर ली हैं और शेष को अग्राहृय ठहरा दिया है।

पुनर्विचार–परंतु यदि ध्यानपूर्वक देखा जाय और कबीर साहब की उपलब्ध रचनाओं पर भी एक बार फिर निष्पक्ष भाव से विचार किया जाय, तो उक्त तीनों प्रकार की धारणाएं केवल आंशिक रूप में ही सत्य जान पड़ेंगी और उनसे वास्तविकता कहीं दूर जाती हुई दीख पड़ेगी। कबीर साहब की रचनाओं के अंतर्गत विविध प्रकार के सिद्धांतों के उदाहरण अवश्य बिखरे पड़ें हैं और उनमें वाह्यतः दीख पड़ने वाली विभिन्नताओं के कारण इनके वास्तविक मत के विषय में सहसा निर्णय कर लेना सरल नही है। इनके कथनों व उपदेशों में प्राप्त प्रचलित मतों वा मान्यताओं के भिन्न-भिन्न उदारहणों के आधार पर इन्हें भिन्न-भिन्न वर्गों में रखने की प्रवृत्ति अवश्य होने लगती है[१] और हम उनके द्वारा सत्य के प्रति निश्चित किये गए वास्तविक दृष्टिकोण के पता लगाने का कार्य एकदम भूल-से जाते हैं। परिणामस्वरूप उस व्यक्ति को जिसने सदा अपने को वर्तमान मतमतांतरों से अलग रखने की ही चेष्टा की थी, हम एक निश्चित साम्प्रदायिक सीमा के भीतर अवरुद्ध कर देने को उद्यत हो जाते हैं। प्रत्यक्ष है कि कबीर साहब अपने समय में प्रचलित मतमतांतरों को सत्य से दूर गया हुआ मानते थे और अपने अनुयायियों को भ्रम का परित्याग कर फिर से उसे ही अपनाने का उपदेश दिया करते थे। इन्होंने स्पष्ट शब्दों में अपने को 'ना हिंदू न मुसलमान' बतलाया था और कहा था कि हिंदू व इस्लाम धर्मों के मानने वाले मूल की ओर ध्यान न देकर वाह्य बातों के जंजाल में ही फँसे हुए दीख पड़ते हैं, जिस कारण उनमें परस्पर, द्वेष, विरोध और शत्रुता के भाव लक्षित होते हैं। यदि वाह्य प्रपंचों व विडंबनाओं को भ्रमजनित मात्र मान सबके आधारभूत मौलिक सत्य तक कोई पहुँच सके, तो सारा झगड़ा शीघ्र दूर हो जाय। उसका अनुभव एक

१. जैसी 'श्री मद्भागवद्गीता' पर भिन्न-भिन्न प्रकार की टीकाएं देखकर उसे सम्प्रदाय-विशेष का ग्रंथ मान लेने की प्रवृत्ति कभी हो जाती है।

बार भी हो जाने पर सारे मतभेद निरे काल्पनिक जान पड़ने लगते हैं, मन स्वयं स्थिर व शांत हो जाता है और किसी सम्प्रदाय की परिधि के भीतर जाकर उसे संकीर्ण मार्गों पर दौड़ लगाते रहने की आवश्यकता नहीं रह जाती।

(२) वास्तविक प्रश्न

कलुषित वातावरण–कबीर साहब के सामने वास्तव में एक बहुत बड़ी समस्या थी जिसका निराकरण करना इनके लिए अत्यंत आवश्यक था। धर्म के क्षेत्र में न केवल हिंदू व मुसलमान दो वर्गों में बँटकर आपस में लड़-भिड़ रहे थे, बल्कि यती, जोगी, संन्यासी, साकत, जैन एवं शेख व काजी भी सर्वत्र अपनी-अपनी हाँक रहे थे। सभी अपने-अपने को सत्य मार्ग का पथिक मानकर एक दूसरे के प्रति घृणा व द्वेष के भाव रखते थे और इस प्रकार वर्गों के भीतर उपवर्गों की सृष्टि हो रही थी जो प्रत्येक दूसरे को नितांत भिन्न व विधर्मी तक समझने की चेष्टा करता था। इसी प्रकार सामाजिक क्षेत्र में भी एक ओर जहाँ वर्ण-व्यवस्था के कारण हिंदुओं के भीतर ब्राह्मण, क्षत्रिय, वैश्य व शूद्र के अतिरिक्त अनेक जातियाँ उत्पन्न हो गई थीं और एक दूसरी को अपने से अलग मानती थीं, वहीं दूसरी ओर इन्हीं के भीतर ऊँच-नीच तथा कुलीन-अकुलीन होने का भाव यहाँ तक बढ़ गया था कि मनुष्य दूसरे को अछूत तक मानने लगा था। आश्चर्य तो यह है कि इन सूक्ष्म विभाजनों व वर्गीकरणों के कारण झगड़े व अशांति के होते रहने पर भी कोई इन्हें हानिकारक नहीं ठहराता था, बल्कि भिन्न-भिन्न धर्मग्रंथों के आधार पर इन्हें आवश्यक व धर्मसंगत बतलाकर पारस्परिक अनैक्य की भावना को और भी पुष्ट करता रहता था। इन धर्मग्रंथों के बल पर केवल सामाजिक विश्रृंखलता ही नहीं बढ़ रह थी, बल्कि इनमें कथित अगणित वाह्याचारों व विधानों के कारण लोगों का समय व्यर्थ के झमेलों में ही अधिक लगा रहता था और उन्हें किसी वास्तविक तत्त्व की खोज व प्राप्ति की कभी चिंता ही नहीं होती थी। उनकी बहिर्मुखी वृत्ति उन्हें अपने विहित कर्मों की समुचित समीक्षा करने का कभी अवकाश नहीं देती थी और इस प्रकार प्रत्येक मनुष्य सदा बाहरी व दिखाऊ बातों में ही व्यस्त रहने के कारण अपने हृदय की सच्चाई की क्रमशः उपेक्षा करता जा रहा था। उक्त धर्मग्रंथों की बातों में उनके अनुयायी पूरी आस्था रखते थे और उनकी व्याख्या करने वालों के प्रति श्रद्धा व अंधभक्ति तक प्रदर्शित करते थे, इसलिए पोथियों के प्रपंचों के साथ-साथ नकली धार्मिक नेताओं की संख्या में वृद्धि होती जा रही थी और वाह्याडंबर व धोखा बढ़ता जा रहा था। लोगों का मन जहाँ भ्रातियों से भरता जा रहा था वहाँ उनके हृदय कपट के कारण कलुषित हो रहे थे और इस प्रकार सामाजिक आचार-व्यवहारों की दुर्व्यवस्था भीषण रूप धारण कर रही थी। ऐसी स्थिति में किसी सर्वमान्य सुझाव का प्रस्तुत करना सरल काम नहीं था।

कठिन समस्या–कबीर साहब उक्त समस्या द्वारा कितने प्रभावित थे और उसे हल करने की चेष्टा में ये कितने व्यग्र व बेचैन रहा करते थे, इस बात का पूरा संकेत हमें इनकी अनेक रचनाओं में दीख पड़ने वाले फुटकर उद्गारों मे मिल जाता है। उक्त समस्या इनके सामने कोरे परमार्थ की भावना से ही प्रेरित होकर नहीं आती, बल्कि जान पड़ता है कि उसे इन्होंने निजी वा अपने स्वार्थ का प्रश्न भी बना लिया है जिसका निबटारा किये बिना इन्हें किसी प्रकार भी कल नहीं पड़ती और ये अपनी आंतरिक वेदना से उद्विग्न होकर दर-दर की खाक छानते फिरते हैं। ये जहाँ कहीं भी किसी महापुरुष का पता पाते हैं, वहाँ दौड़ पड़ते हैं, उसके साथ

सत्संग करते हैं, उससे उपलब्ध बातों की छानबीन करने के लिए संभवतः एकांत में विचार करते हैं और अपने भीतर किसी अंतिम सत्य की अनुभूति प्राप्त कर लेने की चेष्टा भी करते हैं। इन्हें उक्त सामाजिक वा धार्मिक पहेली का सुलझाव अपनी व्यक्तिगत आवश्यकता की पूर्ति पर ही निर्भर जान पड़ता है। सभी समस्याएँ मूलतः एक हैं और यदि सब की तह तक पहुँचकर उनके रहस्य को समझाने का प्रयत्न किया जाय, तो सबका उत्तर भी एक ही तत्त्व के अंतर्गत निहित दिखलाई देगा। कबीर साहब ने इसी कारण सर्वप्रथम उसी सत्य के जान लेने और उससे भली भाँति परिचित होकर उसे अपना लेने का प्रयत्न किया और तब कहीं जाकर इन्हें शांति मिल सकी।

(३) सत्यान्वेषण

सत्यान्वेषण पद्धति–कबीर साहब के उक्त सत्यान्वेषण की पद्धति निगमनविधि-परक (Deductive) न होकर पूर्णतः व्याप्तिविधि-परक (Inductive) है। ये किसी भी सिद्धांत को निर्भान्त रूप से सर्वमान्य मानकर नहीं चलते और न उसके आधार स्वरूप किसी धर्मग्रंथ वा आप्त वाक्य की ही प्रामाणिकता स्वीकार करते हैं। इनकी धारणा है कि प्रचलित वेद कुरानादि मान्य ग्रंथ, जिनका आश्रय लेकर सर्वसाधारण अपने-अपने मतों का अनुसरण करते हैं, बहुत-सी भ्रमात्मक बातों से भी भरे पड़े हैं और उनकी व्याख्या करने वालों ने उनके वाग्जाल को और विस्तृत बना दिया है। चारों वेदों के जानकर समझे जाने वाले पंडित उन्हीं में उलझकर मरते रहते हैं।[१] वे उनकी व्याख्या तो करते हैं, किंतु भीतरी बातों से वे स्वयं अनभिज्ञ रह जाते हैं[२]। वे दूसरों पर उनके रहस्य प्रकट करने के लिए उपदेश देते फिरते हैं, किंतु स्वयं उनसे अभिज्ञ नहीं रहते। उक्त वेदों की व्याख्या में जिन स्मृतियों की रचना हुई है, वे भी इसी कारण हमारे भ्रम-रूपी बंधन के लिए साँकल व रस्सी लिए फिरते हैं। इनकी जंजीर टूटती नहीं और न काटने से कटने योग्य ही दीख पड़ती है, यह सारे संसार को सर्पिणी बनकर खाया करती है।[३] इसी प्रकार 'षट् दर्शन' और 'छानबे पाषंडो' के आधार पर तर्क-वितर्क करने वाले भी सदा व्याकुल व बेचैन रहा करते हैं। उन्हें सच्चा ज्ञान नहीं हो पाता और न उनके संशय का निराकरण ही होता है।[४] और काजी तो अपनी किताब 'कुरान' के पढ़ने में पूरा समय देने पर भी किसी गति से परिचित नहीं हो पाता।[५] सच्ची बात तो यह है कि उक्त पंडित व काजी जितना ध्यान अपने धर्मग्रंथों के शब्दों की ओर देते हैं, उतना उनके अर्थों की ओर नहीं देते। उन्हें पढ़कर वे न तो स्वयं विचार करने का कष्ट उठाते हैं और न उनके मर्म को समझने की चेष्टा ही किया करते हैं। अतएव धर्मग्रंथों के वाग्जाल का आश्रय न लेकर यदि सत्य की जानकारी के लिए स्वतंत्र रूप से अपने निजी अनुभव के बल पर ही विचार किया जाय, तो उनसे अधिक सफल होना संभव है, क्योंकि वैसी दशा में जिज्ञासु जो कुछ भी सोंच सकेगा, अपनी पूरी शक्ति लगाकर समझ-बूझ कर सोचेगा, जहाँ तक सोच-विचार

---

१. 'कबीर-ग्रंथावली', साखी १०, पृ. ३६।

२. वही, पद ४२, पृ. १०२।

३. 'आदिग्रंथ', राग गउड़ी, पद ३०।

४. 'कबीर-ग्रंथावली', पद ३४, पृ. ३९।

५. वही, पद ५९, पृ. १०७।

करता जायगा वहाँ तक उसका अनुभव गहरा एवं विस्तृत होता जायगा और सच्चा होने के कारण वही उसके जीवन का अंग भी बन सकेगा। इसके विपरीत धर्मग्रंथों के वाक्यों का अंधानुसरण अनुभवाश्रित न होने के कारण सदा बाहरी प्रभाव तक ही डाल सकता है।

उसका स्वरूप–वास्तव में कबीर साहब की विचार-पद्धति की भित्ति स्वानुभूति पर ही खड़ी है और इसी कारण ये जहाँ कहीं भी अवसर पाते हैं, वहाँ निजी अनुभव के महत्त्व का गान करते नहीं अघाते और न कभी परावलंबन द्वारा प्राप्त तथाकथित ज्ञान की निंदा करने से ही चूकते हैं। इनका अपने विषय में भी यही कहना है कि मैंने पराश्रय ग्रहण करने की अभिलाषा से कहीं भी दौड़-धूप नहीं लगाई, "मेरे स्वयं विचार करते-करते अपने मन ही मन सत्य का प्रकाश हो उठा और मुझे उसकी उपलब्धि हो गई"।[१] इसी प्रकार "मेरे धीरे-धीरे चिंतन करते-करते ही उस निर्मल जल की प्राप्ति हो गई, जिसका वर्णन अपने शब्दों में करने की चेष्टा कर रहा हूँ"।[२] उस 'रामजलु' का वर्णन इन्होंने अपने एक पद में बड़े सुंदर ढंग से किया है और उसे अपनी जिज्ञासा की पिपासा तृप्त करने वाला अक्षय आनंद का भांडार 'सुखसागर' भी बतलाया है।[३] यही सबका मूल आधार है, यही सब कुछ है और यही वह सत्य स्वरूप, नित्य व एकरस तत्त्व है जिसे इन्होंने भिन्न-भिन्न स्थलों पर विविध नामों द्वारा व्यक्त करने की चेष्टा की है। यहाँ जिस प्रकार इनके उसे 'जल' वा 'रामजल' कहने मात्र से इसका सहज स्वरूप भौतिक जलतत्त्व नहीं समझा जा सकता, उसी प्रकार उसे ही अन्यत्र इनके 'राम' शब्द द्वारा अभिहित करने से प्रसिद्ध अवतार दाशरथी रामचन्द्र का बोध नहीं हो सकता और न हम उसे कहीं अन्य स्थल पर इनके 'ब्रह्म' कह देने मात्र से ही निर्गुण परमात्मतत्त्व मान सकते हैं। वह इनके अपने निजी अनुभव की वस्तु है जिसे ये स्वभावतः दूसरों को पूर्ण रूप से समझा नहीं पाते और इन्हें विवश होकर इसे रहस्यमय एवं अकथनीय तक कह देना पड़ता है। वह इनकी अपनी 'भीतर की चीज है' जो पहले इन्हीं के हृदय में एक तीव्र जिज्ञासा के रूप में इन्हें बेचैन किये हुए थी और वही फिर जैसे परिवर्तित-सी होकर इन्हें पूर्ण शांति प्रदान कर रही है। अब इनकी अपनी ज्वालामयी वेदना ही शीतल जल की भाँति अनुभूत हो रही है और इनका 'मन मान गया" है। आग बुझ गई है, पर ये अपने उक्त अनुभव-विशेष का चित्रण उसी रूप में 'बाहर' करने में असमर्थ है।[४] इनके अनुसार इस अनुभव की कथा किसी के भी द्वारा कही नहीं जा सकती। जिसके भीतर यह 'सहजभाव' से उत्पन्न होता है, वह उसमें रमण करता हुआ उसी में लीन हो जाता है।[५]

---

१. 'करत विचार मनही मन उपजी, ना कहीं गया न आया' ।–'कबीर-ग्रंथावली', पद २३, पृ. ९६।

२. 'चेतन चेतत निकसिओ नीरु।
सो जलु निरमलु कथत कबीरु' ॥–"आदिग्रंथ", राग गउड़ी, पद २४।

३. 'अव मोहि जलत रामजलु पाइआ।
राम उदकि तनु जलत बुझाइआ' ॥ वही, पद १।

४. तन भीतरि मन मानियां, बाहरि कहा न जाई।
ज्वाला तैं फिर जल भया, बुझी बलंती लाई ॥–'कबीर-ग्रंथावली' सा. ३१, पृ. १५।

५. 'कहै कबीर यहु अकथ है, कहतां कहीं न जाई।
सहज भाइ जिहि ऊपजै, ते रमि रहे समाई ॥–वही, पद १४, पृ. ९३।

(४) परमतत्त्व का स्वरूप

धर्मतत्त्व व निजी अनुभव–इस प्रकार कबीर साहब के अनुसार धर्मतत्त्व का वास्तव रूप सामूहिक वा साम्प्रदायिक न होकर व्यक्तिगत ही हो सकता है और इसी कारण प्रत्येक व्यक्ति के लिए सत्य के स्वरूप का ज्ञान भी केवल उतना ही हो सकता है जितना उसके निजी अनुभव में आ सके। वेद, कतेव वा अन्य मान्य ग्रंथ उनके रचयिताओं के अपने अनुभव-विशेष पर ही अवलंबित हैं और वे भी उसी हद तक प्रमाण माने जा सकते हैं। यदि किसी अन्य व्यक्ति के भी विचारपूर्ण अनुभव में ठीक वैसी ही बातें आ सकें, तो कोई हानि नहीं, किंतु कोरे अंधविश्वास के बल पर उन्हें वैसा मान बैठना अपने साथ भी छल व धोखा करने के समान है। कबीर साहब पूर्ण सत्य को पूर्ण रूप में जाने लेने का स्वयं कहीं भी दावा नहीं करते और न दूसरों द्वारा ऐसा किया जाना ये पंसद ही करते हैं। इनके मतानुसार "वह जैसा वस्तुतः हो सकता है, वैसा किसी को भी ज्ञात नहीं। सब अपनी-अपनी पहुँच के आधार पर ही कुछ कहा करते हैं"।[१] "वह जैसा है वैसा उसे ही विदित है, वही केवल है ही, अन्य कुछ है ही नही।"[२] "जैसा कहा जाता है, वैसा ही उसका पूर्ण रूप में होना संभव नहीं, वह जैसा है वैसा ही है।"[३] परंतु अपने वास्तविक रूप में "वह चाहे जैसा भी हो, रहा करे, हमें उसकी आवश्यकता नहीं, हमें तो केवल अपनी पहुँच भर उसे जानकर ही आनंद में मग्न होना है।"[४] "वह जिस किसी भी व्यक्ति के अनुभव में जिस प्रकार अपने को व्यक्त कर उसे अनुप्राणित करत है, उसी प्रकार वह उसका वर्णन किया करता है।"[५] और "जो जैसा उसे जानता है उसी के अनुसार उसे लाभ भी होता है।"[६] सारांश यह कि यद्यपि सत्य के वास्तविक स्वरूप के विषय में किए गए वर्णन अंततः अपूर्ण ही कहे जा सकते हैं, किंतु उनके आधारभूत निजी अनुभव का धार्मिक दृष्टि से बहुत बड़ा महत्त्व है।

वह भी अनिर्वचनीय–कबीर साहब ने अपने विषय में स्पष्ट कहा है कि "सद्‌गुरु ने मुझे तत्त्व की ओर विचारपूर्वक संकेत कर दिया और मैंने उसे अपने अनुभव के अनुसार ग्रहण कर लिया"[७] तथा "अपने अनुमान के अनुसार ही स्मरण करते हुए मैंने राम को कुछ हद तक जान लिया।"[८] वह 'अनभूत', 'अविगत', 'अगम', 'अकलप' तो है ही, जहाँ तक अपने अनुभव के भीतर आ सका वहाँ तक भी उसे 'अनुपम', 'निराला', 'अकथ', व 'अगोचर'

---

१. 'जस तूं तस तोहि कोई न जांन।
लोग कहैं सब आनहि आंन॥–'कबीर-ग्रंथावली' पद ४७, पृ. १०३।

२. 'वोहै तैसा वोही जानैं, ओही आहि आहि नहीं आंनैं'॥ वही, रमैणी ६, पृ. २४१।

३. 'जस कथिये तंस होत नहीं, जस है तैसा सोइ'।–वही, रमैणी ३, पृ २३०।

४. 'हरि जैसा है तैसा रहौ, तूं हरिषि हरिषि गुण गाय'।–वही, साखी २, पृ. १७।

५. 'जहुवां प्रगटि वजावहु जैसा, जस अनभै कथिया तिनि तैसा।'–वही, रमैणी ३, पृ. २३०।

६. 'जिहि हरि जैसा जांणियां, तिनके तैसा लाभ'।–वही, साखी २१, पृ. ६।

७. 'सतगुरु तत कह्यौ विचार, मूल गह्यौ अनभै बिसतार'।–वही, पद ३८६, पृ. २१६।

८. 'सुमिरत हूं अपनैं उनमाना, क्यंचित जोग रामं मैं जाना'–वही, रमैणी ४, पृ. २३५।

ही इन्हें कहना पड़ा। उसे निजी अनुभव द्वारा आत्मसात् कर लेने पर जो दशा हो जाती है, उसका भी वर्णन करने में ये अपने को असमर्थ पाते हैं। ये कहते हैं कि उस समय मेरे हृदय-स्थित 'त्रिभुवन राइ' ने मेरे शरीर में 'अनिन कथा' ला दी अर्थात् एक विचित्र स्थिति उत्पन्न कर दी।[१] जिस प्रकार पानी से हिम बनकर फिर हिम पानी में ही परिवर्तित हो जाता है, उसी प्रकार मैं जो कुछ पहले था वही फिर से हो गया, अब उसे कहा क्या जा सकता है।[२] "उस समय जैसी शोभा का मैंने अनुभव किया, वह वर्णन करने योग्य नहीं, वह शोभा देखकर ही समझी जा सकती है"।[३] "मैंने अविगत, अकल व अनूपम को देखा जिसका वर्णन यदि करना चाहूँ तो मैं उसी प्रकार नहीं कर सकता जिस प्रकार कोई गूँगा व्यक्ति मिठाई का स्वाद पाकर उसका माधुर्य किसी दूसरे पर प्रकट नहीं कर पाता, बल्कि मन ही मन आह्लादित होता हुआ सैन वा संकेत-मात्र करके रह जाता है"।[४] "अपनी स्वप्न-जैसी स्थिति में मैंने उस निधि का जो 'यत्किंचित्' पाया, उसकी शोभा कहीं गुप्त रखने योग्य नहीं थी, वह अपार थी और अपने हृदय में मानों समा नहीं पाती थी। अब लोभ और अहंकार की प्रवृत्तियाँ आपसे आप नष्ट हो गईं"।[५] ये उक्त दशा में आकर आनंदातिरेक द्वारा विभोर से हो जाते हैं और अपनी तन्मयता की लहरों के वेग में उस तत्त्व के विषय में विविध प्रकार के उद्गार प्रकट कर उसका वर्णन करने की चेष्टा करते हैं।

सत्य का स्वरूप : निर्गुण–तदनुसार कभी-कभी ये उसे 'गुनअतीत', 'गुनबिहूंन', 'निरगुन' व 'निराकार' बतलाकर उसके वर्णन में कहते हैं कि "वह अलख, निरंजन है जिसे कोई लख नहीं सकता, वह निरभै व निराकार है, वह न शून्य है न स्थूल है, उसकी कोई रूपरेखा नहीं, वह न दृश्य है न अदृश्य है, उसे न तो गुप्त ही कह सकते हैं और न उसे प्रकट कहकर पुकार सकते हैं"[६]। इसी प्रकार ये, "उस अवगति' की गति क्या बतलाऊं, जिसके नाम-ग्राम का कोई ठिकाना नहीं, 'गुनबिहूंन' को कैसा देखा ही जा सकता है और उसका नाम ही क्या दिया जा सकता है"[१] भी कहते हैं। ये कभी उसे तत[२] परमतत[३], अनूपतत[४], निजतत[५], आदि कहते

---

१. 'अनिन कथा तनि आचरी, हिरदै त्रिभुवन राइ'।–वही, 'कबीर ग्रंथावली साखी' २९, पृ. १४।

२. 'पांणी ही तैं हिम भया, हिम ह्वै गया बिलाइ।
जो कुछ था सोई भया, अब कछु कह्या न जाई॥ साखी १७, पृ. १३।

३. 'कहिबेवे कूं सोभा नहीं, देख्या ही परवांन।'–वही, साखी ३, पृ. १३।

४. 'अविगत अकल अनूपम देख्या, कहतां कह्या न जाई।
सैंन करै मन ही मन रहसै, गूंगैं जानि मिठाई॥–वही, पद ६।

५. 'क्यंचित ह्वै सुपिनै निधि पाई।
नहीं सोभा कौं धरौं लुकाई॥
हिरदै न समाइ जानियै नहीं पारा।
लागै लोभ न और हकारा'॥–वही, रमैणी ४, पृ. २३४।

६. 'अलख निरंजन लखै न कोई।
निरभै निराकार है सोई॥
सुनिं असूथल रूप नहीं रेखा।
द्रिष्टि अद्रिष्टि छिप्यौ नहीं पेखा'॥–वही, रमैणी, ३, पृ. २३०।

हैं, कभी आतम[६] आत्मा[७] आ प[८] वा आपन जैसे शब्दों द्वारा उसे अभिहित करते हैं, कभी सार[९], कभी सबद[१०], अनहद[११] वा अंतरधुनि कहकर उसका संकेत करते हैं, तो कभी, परमपद[१२], 'निजपद'[१३], 'चौथापद'[१४], 'अभैपद'[१५], बतलाकर उसकी सूचना देते हैं। ये उसे कभी-कभी 'सहज'[१६], 'सुनि'[१७], 'सति'[१८], 'ग्यान'[१९], 'अनंत'[२०], 'अमृत'[२१], 'उन्मन'[२२], 'गगन'[२३], 'ज्योति'[२४], 'सीव'[२५], 'ब्रह्म'[२६] भी कहते हैं और उनके पर्यायवाची शब्दों का व्यवहार

---

१. अवगति की गति क्या कहूँ, जसकर गांव न नांव।
गुन बिहूंन का पेखिये, काकर धरिये नांव' ॥ —'कबीर 'ग्रंथावली' रमैणी ५, पृ. २३८।

२. वही सा. ३२ (पृ. १५), सा. १ (पृ. ५४), पद ५२ (पृ. १०५), ३८६ (पृ. २१६) व रमैणी ३ (पृ. २३०)।

३. वही, पद १९६ (पृ. १५६)।

४. वही, सा. ४ (पृ. ६०), पद २२० (पृ. १६३)।

५. वही, पद १६२ (पृ. १४२)।

६. कबीर-ग्रंथावली, पद १९० (पृ. १५२)।

७. वही, पद ३९१, (पृ. २१८)।

८. वही, सा. ३० (पृ. १५), पद ६ (पृ. ९०), व रमैणी ३ (पृ. २३१)।

९. वही, रमैणी ४ (पृ. २३४ व पृ. २४१)।

१०. वही, सा. २ (पृ. ६३), पद ३६ (पृ. १००)।

११. वही, पद २०२ (पृ. १५७), ३६९ (पृ. २११)।

१२. वही, पद १८४ (पृ. १५०), १९६ (पृ. १५४), २२८ (पृ. १६५), २५७ (पृ. १७९) व २६९ (पृ. १८०)।

१३. वही, पद ३६, (पृ. १००)।

१४. वही, पद ३६५, (पृ. २१०)।

१५. वही, पद ३४६, (पृ. २०५)।

१६. वही, पद ९० (पृ. ९०), पद २५ (पृ. ९६), ४४ (पृ. १०२), ६१ (पृ. १०७), ११५ (पृ. १२५) व १७९ (पृ. १४२)।

१७. वही, पद ८ (पृ. ९१), १५० (पृ.१३७), १७९ (पृ. १४८)।

१८. वही, पद ५८ (पृ. १०६), ४०२ (पृ. २२२)।

१९. वही, रमैणी, ६ (पृ. २४१)।

२०. वही, सा. ३(पृ. १), १ (पृ. १२), पद ११० (पृ. १२३)।

२१. वही, पद १८ (पृ. ९४)।

२२. वही, सा १६ (पृ. १३)।

२३. वही, पद २९३, (पृ. १८७), ४४ (पृ. १०३)।

२४. वही, सा. ४ (पृ. १२), पद ३२८ (पृ. १९९), ३६२ (पृ. २०९), ३१ (पृ. ९८), ५५ (पृ. १०५) व ७२ (पृ. १११)।

२५. वही, पद १८८ (पृ. १५१)।

२६. वही, सा. २० पृ. (२९), ५ (पृ. ८१), पद ४२ (पृ. १०२)।

करते हुए अनेक प्रकार के रूपक भी बाँधते हैं। ऐसे शब्द वास्तव में इनके द्वारा अनुभूत सत्य के उन प्रतीकों के ही द्योतक हैं जिन्हें इन्होंने अपनी अनुभवाश्रित धारणाओं के अनुसार निर्धारित किया है। इस प्रकार के नामों की लंबी सूची से भी स्पष्ट जान पड़ता है कि इन्होंने उस वस्तु के रहस्य को व्यक्त करने के लिए कितने प्रकार की चेष्टाएं की हैं।

सगुण व विराट रूप–परन्तु ये इतने से ही संतुष्ट नहीं जान पड़ते। ये उस वस्तु को सगुण व साकार रूप में भी दिखलाने के प्रयत्न करते हैं। ये उसे सृष्टिकर्ता कहते हैं और बतलाये है कि "उसने स्वयं कर्ता बनकर कुंभार की भाँति विविध सृष्टि की रचना की और सामग्रियों को एकत्र कर जीवन के रूप में उसके भीतर प्रतिबिंबित हो गया तथा उसके पालन-पोषण में लग गया।...जिसने इस चित्र-रूपिणी सृष्टि की रचना की, वही इसका सच्चा सूत्रधार भी है, जिन्होंने इस सृष्टि को चित्रवत् मान लिया है"।[१] "वही गढ़ने वाला, सुधारने वाला तथा नष्ट करने वाला भी है"।[२] ये उसे विराट् रूप में भी देखते हैं और कहते हैं कि "करोड़ों सूर्य वहाँ प्रकाश करते हैं, करोड़ो महादेव अपने कैलाश पर्वत के सहित वर्तमान हैं, करोड़ों दुर्गाएं सेवा करती हैं, करोड़ों ब्रह्मा वेद का उच्चारण करते हैं.. करोड़ों चंद्रमा वहाँ दीपक की भाँति प्रकाश कर रहे हैं और तैंतीस करोड़ देवता भोजन कर रहे हैं, नवग्रह-के करोड़ो समूह उसके दरबार में खड़े रहते हैं और करोड़ों धर्मराज उसके प्रतिहारी स्वरूप हैं, करोड़ों पवन उसके चौवारों में घूम रहे हैं और करोड़ों वासुकि उसकी सेज लगा रहे हैं, करोड़ों समुद्र उसके यहाँ पानी भर रहे हैं और अठारहों करोड़ पर्वत उसकी रोमावली बने हुए हैं, करोड़ों कुबेर उसका भांडार भरते हैं और करोड़ों लक्ष्मियाँ उसका शृंगार करती हैं१ पाप व पुण्य का हरण करने वाले करोड़ों इंद्र उसकी सेवा में हैं, उसके प्रतिहारियों की संख्या छप्पन करोड़ है और नगर-नगर में उसकी अपार रचना दीख रही है, वह मुक्तकेशी बनकर विकराल-सी लक्षित होने वाली करोड़ों कलाओं के साथ क्रीड़ा करता है, करोड़ों संसार उसका दरबार बने हुए हैं और करोड़ों गंधर्व उसकी जय-जय मना रहे हैं। करोड़ों विद्याएं उसके गुणगान में लगी हुई हैं, किंतु फिर भी उस परब्रह्म का अंत नहीं पाती है" आदि[३]। "अष्टकुल पर्वत उसके पग की धूल हैं, सातों समुद्र उसके नेत्र के अंजन रूप हैं, अनेक मेरु पर्वत उसके नखों पर स्थित हैं और धरती व आकाश को उसने अधर में ही रख छोड़ा है। भला उसे केवल 'गोवर्धनधारी' मात्र कह देना कितने आश्चर्य की बात है"[४]। ये इसी प्रकार कभी

---

१. 'आपन करता भये कुलाला। बहु बिधि सृष्टि रची दर हाला॥
बिधना कुंभ कीये द्वै बानां। प्रतिबिंबतामांहि समाना॥
बहुत जनत करि बांनक बाना, सौंज मिलाय जीव तहां ठाना॥
....
जिनि चहु चित्र बनाइया, सो साचा सुतधार।
कहे कबीर तेजन भले, जो चित्रवत लेहि विचार॥'–'कबीर–ग्रंथावली', रमैणी, ५ पृ. २४०।

२. 'भानड़ घड़ण संवारण सोई।' वही, पद २७३ (पृ. १८१)।

३. 'आदिग्रंथ', रागु भैरउ, (पद २०)।

४. 'कबीर-ग्रंथावली', पद ३३५ (पृ. २०१)।

विष्णु के पौराणिक रूप की कल्पना करते हैं[१] और कभी नरसिंह[२] एवं कृष्णावतार[३] की भी चर्चा कर जाते हैं। ये उस 'हरि' के गुणों की प्रशंसा करते नहीं अघाते और कहते हैं कि "यदि सातों समुद्रों में स्याही घोल दी जाय, सभी जंगलों के पेड़ों की लेखनियाँ तैयार कर ली जाएं और सारी पृथ्वी को ही कागज बनाकर उस पर लिखने लगें, तो भी उसकी गुणावली लिखी नहीं जा सकती"[४]।

निरपेक्ष रूप–इस प्रकार कबीर साहब की रचनाओं के अंतर्गत निर्गुण एवं सगुण दोनों का ही वर्णन करने वाले अनेक उदाहरण मिलते हैं। परन्तु जैसे ऊपर कहा जा चुका है, ऐसे कथनों को हम अनुभूत सत्य के स्पष्टीकरण के प्रयत्न में प्रकट किये गए इनके उद्गारों के अतिरिक्त और कुछ नहीं कर सकते। इनके कारण ये न तो निर्गुणवादी कहे जा सकते हैं और न सगुणवादी ही माने जा सकते हैं। इनके अपने सिद्धांतों के अनुसार सत्य निर्गुण एवं सगुण इन दोनों से परे है और अनुभव में आ जाने पर भी अनिर्वचनीय है। "उसे किसी भी उक्त वर्ग का मानकर अपना मत निर्धारित करना असली मार्ग को छोड़कर भटकना और धोखा खाना है, उसे लोग अजर और अमर कह देते हैं, परन्तु वास्तव में 'अलख' के विषय में कुछ भी नहीं कहा जा सकता, वह तो बिना रूप व वर्ण का होकर सर्वत्र विद्यमान है। जब उसका आदि एवं अंत कुछ भी नहीं, उसे पिंड या ब्रह्मांड के रूप में भी कहना अनुचित है। हाँ, यदि पिंड व ब्रह्मांड को छोड़कर सबके परे के संबंध में वर्णन किया जाय, तो उसी को हरि का स्वरूप कह सकते हैं"[५]। सच तो यह है कि सत्य के वर्णन में हम उसे निश्चित रूप से 'है' मात्र ही कह सकते हैं और इसके सिवाय उसे 'केवल', 'नित्य', 'पूर्ण', 'एकरस' वा 'सर्वव्यापी' आदि बतलांना भी उसके उक्त परिचय की व्याख्या कर उसे अधिक स्पष्ट करना मात्र है। सत्य के रूप में वह वस्तुतः 'निर्विशेष' अथवा 'निरपेक्ष' (Absolute) है और उसके लिए उस दशा में आत्मा, ब्रह्म जैसे नामों का प्रयोग करना भी उपयुक्त नहीं कहा जा सकता। 'नाम' का स्वरूप ही सापेक्षिक है और उसके 'नामों' के बिना अनुभवगम्य हुए हम उसका व्यवहार कर नहीं सकते। हमारी अनुभूति की अंतिम सीमा अधिक से अधिक विश्व की कल्पना तक ही परिमित रह सकती है, अतएव सत्य का जो भी नाम होगा विश्व-सापेक्ष्य होगा। परमात्मा अथवा परमेश्वर (God) नाम भी उसके लिए तभी यथार्थ होगा और उसी दशा में हम अपनी कल्पना के अनुसार उसे अन्य नाम भी देंगे। इसीलिए कहा भी जाता है कि "निरपेक्ष (Absolute) परमेश्वर (God) का वह स्वरूप है जो जगत् के पूर्व का है और

१. 'कबीर 'ग्रंथावली' पद ३९० (पृ. २१८)।
२. 'कबीर-ग्रंथावली', पद ३७९ (पृ. २१४)।
३. 'वही, साखी १ (पृ. ५७)।
४. वही, साखी ५ (पृ. ६२)।
५. 'सतौ धोखा कासूं कहिए।
गुण में निरगुणं निरगुण में गुण है, बाट छाड़ि क्यूं बहिये ॥
'अजरा अमर कथै सब कोई, अलख न कथणाँ जाई।
नाति स्वरूप वरण नहीं जाकै, घटि घटि रह्यो समाई ॥
प्यंड ब्रहंड कथै सब कोई, वाकै आदि अरु अंत न होई।
प्यंड ब्रहंड छाड़ि जे कथियै, कहै कबीर हरि सोई ॥'–'कबीर-ग्रंथावली', पद १८० पृ. १४९।

परमेश्वर नाम हम निरपेक्ष को ही जगत् संबंधी दृष्टिकोण से दिया करते है"।[1]

सृष्टि की लीला–कबीर साहब ने उसे प्रायः उन सभी नामों से पुकारा है जो इनके समय में हिंदू, मुस्लिम, बौद्ध, जैन, वेदांती वा नाथपंथी समाजों में प्रचलित थे। ये किसी भी ऐसे नाम के प्रयोग करते समय उसके व्युत्पत्तिमूलक अर्थ की ओर विशेष ध्यान देते नहीं जान पड़ते और इसी कारण जिन-जिन को ये सत्य के भिन्न-भिन्न प्रतीकों के रूप में भी व्यवहृत करते हैं, वे भी कभी-कभी इनके 'राम' वा 'साहिब' की भाँति सजीव व सचेष्ट दीखने लगते हैं। फिर भी इन्होंने सृष्टि वा जगत्-संबंधी बातों का वर्णन करते समय उसे किसी क्रियाशील पुरुष के नामों से ही सूचित किया है। वे कहते हैं कि "मैंने अपने दो-दो नेत्रों से इस जगत् के भीतर देखने की चेष्टा की है, मुझे हरि के बिना और कुछ भी नहीं दीख पड़ा है। मेरे नेत्र उसी के अनुराग में अरुण हो गए हैं, अब उसके सिवाय मुझसे और कुछ भी नहीं कहा जा सकता...। जिस प्रकार बाजीगर अपना ढोल पीटकर तमाशे आरंभ कर देता है और सभी लोग उसे देखने जुट जाते हैं और फिर वह अपने सारे स्वांग इकट्ठा कर लेता है, उसी प्रकार इस जगत् की सृष्टि व प्रलय का भी रहस्य है। उस हरि ने ब्रह्मांड के रूप में अपनी लीला का ही विस्तार कर रखा है, वह इसे सकेल कर फिर अपने रंग में रमण करने लगता है"[2]। उस नट ने ही यह सभी अभिनय कर रखा है, वह जो कुछ खेलता है वहीं उसकी नटबाजी दीख पड़ती है"[3]। "उसने यह सारा संसार कहने-सुनने मात्र के लिए ही रचा है और वह इसी में छिपा हुआ भी है, उसे कोई पहचान नहीं पाता। उसने सत्, रज एवं तम नामक तीनों गुणों के द्वारा यह मायात्मिका सृष्टि रच रक्खी है और अपने ही भीतर उसने अपने को गुप्त भी कर लिया है। वह स्वयं आनन्द स्वरूप है और यह सारी सृष्टि उस आनन्द-तरु के पल्लव-रूपी गुणों का विस्तार मात्र है, पंचतत्त्व उसकी शाखाएं हैं तथा रामनाम उसके सुन्दर फल के रूप में हैं"[4]। सृष्टिकर्ता की दृष्टि से वह किसी भिन्न व्यक्ति विशेष सा

---

१. "The absolute is the Precosmic nature of God and God is the absolute from the Cosmic point of view," Dr. S. Radhakrishnan (An Idealist view of life, P. 345)

२. 'दुइ दुइ लोचन पेखा। हउ हरि बिनु अउरु न देखा ॥
नैन रहै रंगु लाई। अब बेगल कहनु न जाई ॥
... ...
बाजीगर डंग बजाई। सम खलक तमासे आई ॥
बाजीगर स्वांगु सकेला। अपने रंग रवै अकेला ॥'–'आदिग्रंथ', रागु सोरठि ४।

३. 'जिनि नटवर नटसारी साजी।
जो खेलै सो दीसे बाजी ॥–'कबीर- ग्रंथावली' रमैणी २, पृ. २२७।

४. 'कहन सुनन कौं जिहि जग कीन्हां।
जग भुलान सो किनहूं न चीन्हां ॥
सत रज तम थैं कीन्हीं माया।
आपंण मांझै आप छिपाया ॥
ते तौ आहि अनंद सरूपा।
गुन पल्लव बिस्तार अनूपा ॥
साखा तत थैं कुसम गियांनां।
फल सो आछा रांम का नांमा ॥–'कबीर-ग्रंथावली', पृ. २२५।

प्रतीत होता है, किन्तु वास्तव में वह एवं सारी सृष्टि मूलतः एक ही है, क्योंकि "सृष्टिकर्ता में ही सृष्टि है और सृष्टि में सृष्टिकर्ता ओतप्रोत है"[१]। दोनों में स्वभावतः अन्तर नहीं।

आत्म-तत्त्व–मनुष्य उक्त सृष्टि के ही अंतर्गत है और यह उसका सर्वश्रेष्ट नमूना है, इसलिए यह भी उसी प्रकार सृष्टिकर्ता का अंग है। देखने पर इसका शरीर और इसके भीतर का जीवात्मा दोंनो भिन्न-भिन्न प्रतीत होते हैं, किंतु कबीर साहब इस बात पर विचार करते हुए कहते हैं, "पंचतत्त्वों को मिलाकर तो शरीर का निर्माण किया है, किंतु सोचने की बात है कि तत्त्व किस वस्तु से निर्मित है और उसी प्रकार यदि जीव को कर्मबद्ध कहा जाता है तो फिर उसे कर्म दिया किसने होगा। सच तो यह है कि हरि में ही पिंड है और इस पिंड वा शरीर में ही हरि है और वही सर्वमय व निरंतर है"[२]। यह शरीर के भीतर का जीवात्मा न तो मनुष्य है न देव है, न योगी है न यती है न अवधूत है, न माता है न पुत्र है न गृही है न उदासी है, न राजा है न रंक है, न ब्राह्मण है न बढ़ई है, और न तो तपस्वी है और न शेख ही है। यह तो उस राम वा परमेश्वर का एक अंश स्वरूप है और यह उसी भाँति नहीं मिट सकता जिस प्रकार कागज पर से स्याही का चिन्ह नहीं मिटा करता"[३]। वह मूलतः वही है जो पूर्ण सत्य है, अतएव उसमें दीख पड़ने वाली विभिन्नताएं मिथ्या हैं और उसके 'भरम-करम' अर्थात् उसके भ्रमात्मक दृष्टिकोण तथा उस कर्म के कारण हैं जो उसके जन्मांतरों का आधार है। इन दोंनो ने संसार-मात्र को भुला रक्खा है, क्यों कि इनके ही कारण मनुष्य ज्ञान से रहित हो जाता है और अपनी 'मति' गँवा बैठता है[४]।

माया-तत्त्व–उक्त 'भरम-करम' का मूल कारण इन्होंने अपनी रचनाओं में कदाचित् कहीं-कहीं बतलाया है। किंतु यत्र-तत्र बिखरे हुए उनके फुटकर विचारों से अनुमान किया जा सकता है कि ये दोनों अनादि काल से ही चले आते हैं और इनकी मूल प्रेरणा परमेश्वर की लीलामयी अभिव्यक्ति की उस 'इच्छा' में ही निहित हो सकती है जिसे इन्होंने कहीं-कहीं 'माया' का नाम प्रदान किया है। उस मायातत्त्व का वर्णन करते हुए उसे इन्होंने किसी विश्वमोहिनी सुंदरी के रूप में चित्रित किया है और उसका स्वभाव इन्होंने सबको प्रलोभन देना, ठगना व फँसाना

---

१. 'खालिकु खलक, खलक महि खालिकु पूरि रहिओ सब ठाँई।'–
'आदिग्रंथ', राग विभास प्रभाती, पद ३।

२. 'पंच तत मिलि काइआ कीनी, ततु कहां ते कीनु रे।
करम बध तुम जीव कहत हौ, करमहि किनि जीउ दीनु रे।
हरि महि तनु है, तन महि हरि है सरब निरंतर सोई॥–'आदिग्रंथ', राग गौड़, पद ३।

३. 'ना इहु मानस ना इहु देउ।
ना इहु जती कहावै सेउ।
ना इहु जोगी ना अवधूता।
ना इहु माइ न काहू पूता'॥ आदि............
'कहै कबीर इहु राम को अंसु।
जस कागज पर मिटै न मंसु॥' वही, पद ५।

४. इन दोऊ संसार भुलावा।
इनके लागे ग्यांन गवांया॥............
भरत करम दोऊ मति गवाई॥'कबीर-ग्रंथावली', रमैणी ४, पृ. २५६।

दिखलाया है। "उसका त्याग करने की कोई कितनी भी चेष्टा किया करे, वह पिंड नहीं छोड़ती और फिर-फिर उसे पकड़ती ही रहा करती है। वह जल, स्थल व आकाश सर्वत्र व्याप्त है और कभी माता-पिता, कभी स्त्री-पुरुष, कभी आदर-मान व कभी जप, तप व योग के रूपों में ही बंधन डाल देती है"[१]। इतना ही नही, यदि ध्यानपूर्वक देखा जाय तो माया का प्रभाव सारी सृष्टि में ही दृष्टिगोचर होगा। "पानी में मछली को माया ने ही आबद्ध कर लिया है, दीपक की ओर पंतग माया के ही कारण आकृष्ट होता है, हाथी को माया ने ही कामवासना दी है, कुत्ते, सियार, बंदर, चीते, बिल्ली, लोमड़ी और भेड़ माया में ही रँगे हुए हैं और वृक्ष की जड़ें तक वास्तव में माया द्वारा ही फँसायी गई हैं। छः यती, नव नाथ व चौरासी सिद्ध तक माया के प्रपंचों से नहीं बच पाये और देवगण, सूर्य, चंद्र, सागर, पृथ्वी आदि सभी इसके प्रभावों से प्रभावित हुए"[२]। ये उसे एक स्थल पर सर्पिणी के रूप में भी दिखलाते हैं और कहते हैं कि यह "निर्मल जल के समान शुद्ध जीवात्मा में प्रवेश कर उसे विषैला-सा बना देती है। फिर भी यह वस्तुतः मिथ्या व सारहीन है और जिस परमेश्वर की इच्छा के रूप में इसका आविर्भाव हुआ है, उसी के किये वह शक्ति-सम्पन्न होती वा नष्ट होती है। अपने शरीर की बस्ती में उसे बसी हुई पाकर भी केवल अपने बूते पर उसे हम निकाल नहीं सकते"[३]। इसके विषय में उनका यह भी कहना है कि "यह हमारे मन में एक 'डाइनि' के रूप में रहकर हमें नित्यशः डँसती अर्थात् अभिभूत करती रहती है और उसके पाँच पुत्र हैं जो हमें सदा नाच नचाया करते" और हमारे शरीर-रूपी गढ़ को रात-दिन चोरों की भाँति लूटा करते हैं[४]। ये पाँच माया-पुत्र काम, क्रोध, मोह, मद व मत्सर जान पड़ते हैं, क्योंकि इन्हीं की सहायता से 'भरम-करम' का भी बल पाना संभव है।

सारांश–अतएव कबीर साहब के दार्शनिक मतानुसार सबसे अंतिम तत्त्व वा परम तत्त्व सति (सत्य) है जिसका वास्तविक स्वरूप अगत व अज्ञेय है। अपने को वह स्वयं आप ही जानता है और दूसरा उसे 'है' मात्र से अधिक नहीं कह सकता। फिर भी उसके विषय में अपने विचार प्रकट करने के प्रयत्न में हम उसे विविध नामों से पुकार दिया करते हैं और उसके स्वभाव का कुछ परिचय भी देने लगते हैं। तदनुसार हम उसे 'केवल' अर्थात् 'वही मात्र है' कहते हैं, 'अविनासी' अर्थात् नित्य व 'अवगति' अर्थात् अव्यक्त बतलाते हैं तथा इसी प्रकार उसके 'चौथे पद' अर्थात् परात्पर, किंतु साथ ही साथ "जत पेखउ तत अंतरजामी"[५] अर्थात् सर्वव्यापक होने का भी अनुमान करते हैं। हम उसे अपने निजी अनुभव के बल पर, परंतु उसके बतलाने से ही यत्किंचित् मात्र जान पाते हैं और निश्चय करते हैं कि हम और वह स्वभावतः एक ही हैं तथा अब तक जो हमने उसके साथ अपनी एकता पहचान नहीं पाई थी, वह केवल 'भरम-करम' अर्थात् हमारी भ्रांति और हमारे कर्मों के कारण था जिससे हमें आज तक अनेक जन्म लेकर भटकता रहना भी पड़ा था। इस भरम-करम का भी मूल कारण वास्तव में 'उसी' नटसारी वा लीला है जिसके द्वारा उसने अपने को विविध प्रकार से व्यक्त

१. 'कबीर-ग्रंथावली', पद ८४, पृ. ११४:५।
२. 'गुरु ग्रंथ साहिब जी', रागु भैरउ, पद १३, पृ. ११६१।
३. वही, रागु आसा, पद १९, पृ. ४८०–१।
४. 'कबीर-ग्रंथावली', पद २३६, पृ. १६८।
५. 'गुरु ग्रंथ साहिब जी', रागु बसंत, पद १, पृ. ११९३।

कर रक्खा है और जिसके मनोमोहक रूप ने हमारे भीतर आसक्ति का भाव उत्पन्न करके हमें धोखे के जंजाल में फँसा रक्खा है, यही सत, रज, तम-रूपिणी त्रिगुणात्मिका प्रकृति है जिसका 'पसारा ' समस्त जगत् के रूप में लक्षित होता है और यही उसकी 'माया' भी है जो 'अहेडे' वा शिकार खेलने निकली हुई है।

तुलनात्मक परिचय–इस प्रकार कबीर साहब का जो सति है वही वेदांत की परिभाषा के अनुसार ब्रह्म है, जो उनका करता है वही उपाधिगत ईश्वर है, जो उनका जीव है वही आत्मा है तथा जो उनकी माया है वही त्रिगुणमयी होने के कारण उसकी भी माया वा प्रकृति है एवं भरम-करम का मूल कारण होने के कारण उसकी अविद्या है। इसके सिवाय जिस प्रकार वेदांत के अनुसार आत्मा एवं परमात्मा दोनों स्वरूपतः अभिन्न हैं, उसी प्रकार कबीर साहब के जीव अथवा 'सुरति' का भी निजस्वरूप वही है जो सति का है जिसका पूर्ण अनुभव होते ही वह जल में जल वा गगन में गगन की भाँति लीन होकर तदाकारता प्राप्त कर लेता है। फिर भी कबीर साहब का 'सति' वेदांत के ब्रह्म की भाँति कोरा चैतन्य वा अधिक से अधिक निरा भावात्मक सच्चिदानन्द मात्र ही नहीं है, बल्कि उनके 'साहेब' के रूप में एक व्यक्तिसा भी है। वह अपने खेल में सृष्टि का एक ताना-बाना खड़ा कर उसमें अपने को छिपा देता है जिस कारण सभी भ्रॉति में पड़ जाते हैं और जिस किसी को चाहता है वही उस आवरण की असलियत पहचान उससे मिल पाता है। उसे एक अकेला व सर्वशक्तिमान हम कह सकते हैं, किंतु इस्लाम के अल्लाह की भाँति उसे एक अनियंत्रित शाहंशाह वा शासक भी नहीं ठहरा सकते। वह न्यायी है, किंतु चतुर व सहृदय भी है। ये उसके गुण भी वास्तव में जीवों की काल्पनिक सापेक्षता के ही कारण उसमें आरोपित किये जाते हैं। उसका सहज रूप तो निर्गुण अर्थात् सगुण निर्गुणातीत निरंजन का है जो सभी प्रकार के विकारों से रहित नित्य व निराकार भी है।

परिणाम : दूसरा जीवन–कबीर साहब कोई दार्शनिक नहीं थे और न, इसी कारण, इनका उद्देश्य अपनी रचनाओं द्वारा किसी अंतिम परम तत्त्व की खोज कर उसका निरूपण करना मात्र रहा। इनकी विचार-पद्धति कोरे तर्कों के बल पर आश्रित न होकर अनुभवों का भी अनुसरण करती थी और इनकी जाँच-पड़ताल किसी प्रयोगशाला की केवल वाह्य परीक्षा न होकर इनके आभ्यंतरिक परिचय के रूप में भी चला करती थी। ये स्वभावतः एक धार्मिक व्यक्ति थे, इनकी समस्याएं सार्वभौमिक होती हुई भी व्यक्तिगत थीं और इनके प्रयत्न कोरे (Academic (शास्त्रीय) न होकर सोद्देश्य भी थे। इन्होंने जो कुछ भी दार्शनिक विवेचन किया, उसे अपना अंतिम साध्य मानकर नहीं किया। इनके समक्ष केवल द्वेष, दुःख, भ्रांति, प्रपंच आदि के मूल कारण को जान लेने का ही प्रश्न नहीं था। इनका मुख्य कार्य सारे दुःखों की आत्यंतिक निवृत्ति के लिए एक शुद्ध जीवन का आदर्श स्थिर करने के रूप में इनके सामने पड़ा हुआ था। वस्तुस्थिति के ज्ञान ने इन्हें अपना दृष्टिकोण बदल देने में सहायता की और इस प्रकार 'दर्शन' इनके लिए एक आवश्यक साधन बन गया। उसके द्वारा इन्होंने सारी बातों को एक बार फिर अपने नये ढंग से देखा और इस प्रकार आगे उस आदर्श-जीवन को निश्चित करने में प्रवृत्त हुए जो संतों की सच्ची 'रहनी' के नाम से आज तक प्रसिद्ध है। इन्होंने अपने जीवन को एक प्रकार से दो भागों में विभक्त करके देखा है जिनमें से पहला नितांत सारहीन व निरर्थक है। इनका वास्तविक जीवन अपनी मनोवृत्ति निश्चित कर उसके अनुसार व्यवहार

करने से आरंभ होता है। यही इनकी 'भगति' का जीवन है जिसे ये संशय-रहित होकर पूरे आनंद के साथ व्यतीत करते हुए जान पड़ते हैं और जिसकी अपेक्षा इन्हें अपने पहले जीवन के दिन कभी केवल स्मृतिमात्र में आ जाने पर भी कष्टदायक प्रतीत होते हैं[१]। नये जीवन को ये पहले का अंत हो जाने के अनंतर अथवा इन्हीं के शब्दों में उसकी दृष्टि से 'मृतक' हो जाने के पीछे उपलब्ध करते हैं और इस प्रकार इनका पिछला अथवा दूसरा जीवन इनके पुनर्जन्म का महत्त्व रखत है। इस जीवन में ही उन्हें अमरत्व का अनुभव होता है।

(४) आध्यात्मिक जीवन

नवीन समस्या : माया का प्रभाव–वस्तुस्थिति का ज्ञान प्राप्त कर उसके अनुसार अपना दृष्टिकोण निश्चित कर लेने पर भी प्रश्न होता के उसे उसी प्रकार का चिरस्थायी रूप कैसे दिया जाय, अपने 'भरम-करम' को हम कैसे निर्मूल कर डालें और किस प्रकार उस माया के बंधन से भी सदा के लिए छुटकारा पा सकें जो उन दोनों के मूल में रहा करती है। "माया की बेलि सर्वत्र फैली हुई है और उसकी जड़ ऐसी विचित्र है कि सारी टहनियों को काट-छाँट देने पर भी वह फिर से कोंपल देकर हरी-भरी हो जाती है। इसे ज्ञान-रूपी अग्नि में एक बार भस्म कर देने से भी काम नहीं चलता, क्योंकि जब तक इसके मोह-रूपी फल का एक भी वासना-रूपी बीज अवशेष है, इसके एक बार फिर अंकुरित होकर लहलहा उठने का भय बना हुआ है[२]। जब तक हम इसे सबीज नष्ट कर अपने भरम-करम का पूर्णतः निराकरण नहीं कर डालते, तब तक कौन कह सकता है कि हमें अपनी पुरानी स्थिति में फिर लौटना नहीं पड़ेगा। अतएव, आवागमन के चक्कर से अपने को सदा के लिए मुक्त कर लेने के लिए हमें चाहिए कि जब तक अपने शेष जीवन की अवधि बनी हुई है, अपने उक्त दृष्टिकोण के अनुसार ही सदा व्यवहार भी करते चलें ताकि उसके किसी प्रकार भी विचलित हो जाने का कोई अवसर उपस्थित न हो और संतुलन की दशा बिगड़ जाने के कारण हम फिर उसी गर्त में आकर गिर न जायँ। हमारी भव-सागर की जीवन-यात्रा भरम-करम के विविध झंझावातों से सदा आक्रांत होती रहती है और हमारे पथ-भ्रष्ट हो जाने की आशंका बनी रहती है। अतएव, जब तक हमारे निश्चित दृष्टिकोण का कुतुबनुमा अपने ध्येय के उत्तरी ध्रुव की ओर उसी भाँति कायम नहीं रहता, हमारा कल्याण होना संभव नहीं और न हमारा जीवन ही सार्थक हो सकता है।

मन की चंचलता–इसके सिवाय जिन इन्द्रियों के द्वारा हम अपने विविध कार्यों का सम्पादन किया करते हैं, उनका शासक हमारा मन है। उसका स्वभाव अत्यंत चंचल है और एक ही स्थिति में रहना कभी पंसद नहीं करता। वह सदा इधर-उधर बहकता फिरा करता है और कभी-कभी तो जान-बूझकर भी ऐसा काम कर बैठता है जिसका परिणाम दीपक हाथ में लेकर कुंए में गिरने की भाँति आत्मघातक तक हो जाता है[३]। फिर मन एवं विषय का कुछ ऐसा संबंध भी जान पड़ता है कि एक दूसरे को स्वभावतः छोड़ना नहीं चाहता और दोनों मानों

१. 'कबीर केसौ की दया, संसा डाल्या खोह।
जे दिन गये भगति बिन, ते दिन सालैं मोहि' ॥–'कबीर-ग्रंथावली', साखी ११, पृ. ७९।

२. वही, साखी २ व ६, पृ. ८६।

३. वही, साखी ७, पृ. २८।

एक दूसरे से अधिक अनर्थ कर डालने की होड़ में लगे रहते हैं[१]। साथ ही मन को दबा कर मार डालने की चेष्टा करना भी व्यर्थ होता है, क्योंकि विषय-विकार की तनिक भी हवा लग जाते ही यह मरकर भी जी उठता है[२]। इसकी दशा वास्तव में उस मछली की-सी है जिसे काट-कूटकर छींके के ऊपर संभालकर रख दिया जाय और फिर भी वह किसी आंतरिक प्रेरणा से बाध्य होकर एक बार में दह में आ गिरे[३]। हमारे मन की अनस्थिरता के कारण हमारे दैनिक व्यवहार में कभी एकतानता नहीं रहने पाती और न ऐसी स्थिति के लाने की लाख चेष्टा करने पर भी हम कभी कृतकार्य हो पाते हैं। हमारे उक्त दृष्टिकोण की बुनावट में हमारे मन का मानो ताना-बाना लगा हुआ है जिसका रंग प्रति क्षण बदलता रहता है और इसी कारण हमारे भीतर वास्तव में एक प्रकार 'सूषिम जनम' वा सूक्ष्म जन्म-मरण भी बारंबार होता रहता है जिसे हम कभी लख नहीं पाते, किंतु जिससे हमारी सुरति वा जीवात्मा को उस पद में लीन हो जाने के लिए कभी अवकाश ही नहीं मिल पाता[४]। अतएव अपने दृष्टिकोण को सदा एकरूप व एकरस बनाये रखने के लिए प्रयत्न करते समय में इस मन की ओर भी समुचित ध्यान देना परमाश्वयक है।

सुरति शब्द-योग–कबीर साहब ने मन को स्थायी रूप से एकाग्र करने तथा इस प्रकार उक्त दृष्टिकोण का संतुलन ठीक बनाये रखने के लिए हमारे सामने एक 'सहजसमाधि' का आदर्श प्रस्तुत किया है, जिसे इनके अनुसार प्राप्त कर लेने पर हमारी सारी समस्या हल हो सकती है और उसकी प्राप्ति के लिए कुछ साधनाएं अपेक्षित हैं। हमारी 'सुरति' हमारे जीव का वह निर्मल रूप है जिसमें हमारे मूल सत्य का प्रतिबिंब बराबर झलका करता है। यह सुरति हमारे भीतर कबीर साहब के 'सति' के एक सूक्ष्म, किंतु तदभिन्न दशा में अवशिष्ट अंशवत् वर्तमान है। मन की बहुरंगिणी बर्हिमुखी वृत्तियाँ जब तक उसके सामने घनी मेघमाला की भाँति घिरी रहती हैं, हम उनसे उपलब्ध विषयों के रसास्वादन में निमग्न रहते हैं, किंतु ज्यों ही कभी किसी संकेत रूपी वायु के झोके से वे एक क्षण् के लिए छिन्न-भिन्न होती हैं, उस परम ज्योतिमय 'सति' की छाया हमारी सुति को एक बार स्वभावतः जागृत व उत्तेजित कर देती है और समझ पड़ने लगता है कि जिस स्थिति में हम अभी तक पड़े हुए थे, वह वास्वत में हमारे मौलिक सहजस्वभाव से नितांत भिन्न है। इसी क्षणिक स्मृति वा जागर को स्थिरता प्रदान करने के लिए कबीर साहब ने सुरति को किसी सद्‌गुरु की बतलाई युक्तियों-द्वारा उस अनाहत नाद वा 'अनहद सबद' के साथ जोड़ देना परमावश्यक बतलाया है जो हमारे भीतर अपने आप उठा करता है और जो 'हरि की कथा'[५] अथवा भगवत्संकेत के रूप में इसे निरंतर संकेत भी किया करता है। इसीलिए उन्होंने अपने विषय में भी कहा है कि "सद्‌गुरु की वाणी रूपी वज्र ने मेरे हृदय को युक्ति-पूर्वक बेध दिया जिससे उस वस्तु का रहस्य हमारी समझ में आ गया, शक्ति (माया) के अंधकार में बंधन डालने वाली भ्रम की 'जेवड़ी' छिन्न-भिन्न

---

१. 'कबीर 'ग्रंथावली' ९ पृ. ५६।
२. वही, साखी २३, पृ. ३०।
३. वही, साखी २४, पृ. ३०।
४. वही, साखी १ व २ पृ. ३२।
५. 'गुरु ग्रंथ साहिब जी', रागु आसा, पद ३१, पृ. ४८३। (दे. 'हरि की कथा अनाहद बानी')।

हो गई और शिवस्थान (उस पद) में मेरा निश्चल निवास हो गया। मेरा मन उन्मत होकर शून्य में प्रवेश कर गया, द्विविधा की दुर्मति भाग खड़ी हुई और इस प्रकार 'रामनाम' (अनाहत शब्द) में लीन हो जाने पर मैंने एक विचित्र अनुभव प्राप्त किया"[१]। फिर "सद्‌गुरु ने हमें इन्द्रियों के वे मार्ग सुझा दिये जिनसे होकर विषयों के मृग चोरी-चोरी चर जाया करते हैं, इसलिए हमने उन दरवाजों को बन्द कर दिया और ऐसा करते ही अनाहत का बाजा सुन पड़ने लगा। इस प्रकार हमारे मन में पवन-साधन वा प्राणायाम से ही सुख मिला है और हम इसे योग का परिणाम समझते हैं"[२]।

कुंडलिनी-योग–कबीर साहब ने इस प्रसंग का अपनी रचनाओं के अंतर्गत जहाँ-तहाँ कुंडलिनी-योग वा लययोग के अनुसार भी वर्णन किया है जिसकी चर्चा बहुधा योग-साधना संबंधी अनेक ग्रंथों में पायी जाती है। योग-मतानुसार हमारे शरीर के भीतर हमारे मेरुदंड अर्थात् रीढ़ की हड्डी की भिन्न-भिन्न ग्रंथियों के रूप में नीचे से ऊपर तक क्रमशः मूलाधार, स्वाधिष्ठान, मणिपूरक, अनाहत, विशुद्ध व आज्ञा नामक छः चक्र पाये जाते हैं जिनकी बनावट भिन्न-भिन्न संख्या के दलों वाले कमलपुष्पों की भाँति होती है और इन सबके ऊपर अर्थात् हमारे मस्तिष्क के सर्वोच्च भाग में एक सातवाँ चक्र भी वर्तमान है जो अपने दलों की अधिकता के कारण सहस्त्रार कहलाता है। इसी प्रकार सबसे निचले चक्र मूलाधार के भी नीचे और हमारे मेरुदंड के निम्नतम अंश में किसी सर्पिणी की भाँति साढ़े तीन फीटों में सिकुड़ी हुई एक शक्ति भी रहा करती है जो यदि वायु को उलटकर प्राणायाम किया जाय, तो उसकी गर्मी से प्रबुद्ध होकर मेरुदंड के भीतर उक्त छः चक्रों को क्रमशः बेधती हुई ऊपर की ओर बढ़ने लगती है और अंत में उक्त सहस्त्रार के निकट जाकर लीन हो जाती है। प्राणायाम की साधना-द्वारा कुंडलिनी के उक्त प्रकार से उन्मुख होकर बढ़ते ही हमारी इन्द्रियों की सारी शक्तियाँ क्रमशः सिमटती हुई एक केन्द्र में आ जाती हैं और हमारे मन की बिखरी हुई वृत्तियाँ भी संकुचित होने के कारण उसे स्थिर व अंतर्मुख होने में किसी प्रकार की बाधा नहीं पहुँचा पातीं। सारी शक्तियों का केन्द्रीकरण व एकीकरण हो जाने से हमारे भीतरी वातावरण का प्रत्येक अंश किसी दिव्य ज्योति से आलोकित हो उठता है और पूर्ण शांति व आनंद का अनुभव होने लगता है।

मेरुदंड के उस भीतरी मार्ग को, जिससे होकर उक्त कुंडलिनी ऊपर की ओर बढ़ती है, 'सुषुम्ना' नाड़ी कहा जाता है जिसके क्रमशः बायें व दाहिने 'ईडा' (चंद्रनाड़ी) व 'पिंगला' (सूर्यनाड़ी) नाम की दो अन्य नाड़ियाँ भी उससे लगी हुई रहती हैं और इन तीनों का संधि-स्थान आज्ञाचक्र के निकट है जिसे कबीर साहब ने 'त्रिकुटी' के नाम से अभिहित किया है। अतएव कुंडलिनी के लय हो जाने की स्थिति का वर्णन सूर्य व चंद्र के संयोग द्वारा भी किया जाता है जिसके परिणामस्वरूप केन्द्रित शक्तियों से ब्रह्माग्नि प्रज्वलित हो उठती है, चंद्र की ओर से अमृत स्राव होने लगता है और शून्य में अनाहत नाद की ध्वनि स्फुटित हो जाती है। कबीर साहब ने इसी कारण कहा भी है कि "प्राणायाम द्वारा पवन को उलटकर षट्-चक्रों को बेधते हुए सुषुम्ना को भर दिया जिस कारण सूर्य व चंद्र का संयोग होते ही सद्‌गुरु के

१. 'गुरु ग्रंथ साहिब जी' रागु गोड़ी, पद ४६, पृ. ३३२।

२. वही, रागु सोरठि, पद १०, पृ. ६५५।

कथनानुसार ब्रह्माग्नि भी प्रज्वलित हो गई और सारी कामनाएं, वासनाएं, अहंकार आदि जलकर भस्म हो गए"[१] और इसी प्रकार "जब चंद्र व सूर्य का संयोग कर दिया, तब अनाहत शब्द होने लगा और जब अनाहत बजने लगा, तब स्वामी के साथ विराजने लगा.. जब चित्त् निश्चल हो गया, तब राम-रसायन पीने को मिल गया और जब राम-रसायन पिया, तब काल का अंत हो गया और अमरत्व की प्राप्ति हो गई।"[२] इसीलिए इनका उपदेश भी है कि "हे वैरागी, पवन को प्राणायाम द्वारा उलटकर षट्-चक्रों का कुंडलिनी -द्वारा भेदन कर अपनी सुरति में शून्य के प्रति अनुराग उत्पन्न कर और इस प्रकार उसकी खोज करले जो न तो जाता है, न आता है और न जीता है और न मरता ही है।"[३]।

मनोमरण–मन के शांत व निश्चल करने के अभ्यास को इसी प्रकार कबीर साहब ने उसे 'उलट देना', 'खूँटे से बाँध देना', उसे 'मूँड देना', 'बेध देना', 'नन्हा-नन्हा करके पीस देना', 'विभूति बना देना' अथवा 'मारना' आदि कहकर कई प्रकार से व्यक्त किया है। इस क्रिया में उसका अनुसरण करना बिलकुल छोड़ देना चाहिए और उसके बहकने पर उसे बार-बार अपने लक्ष्य की ओर मोड़ने का ही प्रयत्न करना चाहिए ताकि इस प्रकार का अभ्यास करते-करते उसका चंचल स्वभाव क्रमशः नष्ट हो जाय। स्थिर व शांत होते ही उसका रूप नितांत भिन्न हो जाता है और वही मन जो पहले अपनी रँगीली वृत्तियों के कारण सविकार होकर हमारे सामने जाल बिछाया करता था, अब निर्मल व निर्विकार होकर हमारी सहायता करने लगता है। इस रहस्य को जानकर प्रयत्न करने से वही हमारे लिए 'गोरख', 'गोविंद' वा स्वयं 'करता' तक बन सकता है[४] तथा 'मधुसूदन' व 'त्रिभुवन देव' तक हो सकता है।[५] ऐसी स्थिति में सुरति व शब्द के बीच का भ्रमजनित व्यवधान आप से आप नष्ट हो जाता है, वह अपने आप जाकर उसमें लीन हो जाती है और दोनों के एकाकार हो जाने के कारण दृष्टिकोण के संतुलन की समस्या आप से आप हल हो जाती है। अब जिस दशा को स्थिर करने के लिए हमें सावधान रहना पड़ता था, वह सहज ही उपलब्ध हो जाती है और हमारे पूर्वस्वभाव का आमूल परिवर्तन हो जाता है।

सहजसमाधि–कबीर साहब ने उक्त साधना के अनंतर होने वाले परिणाम को 'ब्रह्म गियान' वा ब्रह्मज्ञान की भी संज्ञा दी है और उस आत्मानुभूति की स्थिति में निरंतर टिके रहने को ही सहज समाधि में रहना कहा है। यह अपने अनुभव का वर्णन करते हुए बतलाते हैं कि "इस प्रकार मुझे ब्रह्मज्ञान उपलब्ध हो गया और अब मैं करोड़ों कल्पों तक भी इसी प्रकार सहजसमाधि में विश्राम करूँगा। दयालु सद्‌गुरु की कृपा द्वारा अब हृदय कमल विकसित हो गया और परमज्योति का प्रकाश होते ही भ्रम के निराकरण से दशों दिशाएं सूझने लगीं। जान पड़ा जैसे रात्रि का अंत हो गया, सूर्योदय हो चला, नींद टूट गई, मृतक हाथ में धनुष लेकर उठ खड़ा हुआ और काल अहेरी स्वयं भाग चला। उस अज्ञात, अखंड व अनुपम रूप

---

१. 'कर्ब र-ग्रंथावली', पद ७ पृ. ९०।
२. वही, पद १७३, पृ. १४५:३।
३. 'गुरु ग्रंथ साहिब जी', रागु गउड़ी, पद ४७, पृ. ३३३।
४. 'कबीर-ग्रंथावली', साखी १०, पृ. २९।
५. 'गुरु ग्रंथ साहिब जी', रागु गउड़ी, पद २२, पृ. ३२८।

के दर्शन का अनुभव वैसा ही अकथनीय है जैसा मिठाई खाकर माधुर्य के कारण, मन ही मन प्रसन्न हो संकेत-मात्र करने वाले गूँगे का हुआ करता है। उक्त सहजरूप के प्राप्त होते ही वृक्ष में मानों बिना फूल के फल दीख पड़े, बिना हाथ के तुरही बजती सुन पड़ी और बिना पनिहारिन के गागर भर गई। देखते ही देखते काँच कंचन में परिणत हो गया और बिना मनाये मन मान गया। अब न पहले की भाँति देवों की पूजा करनी है और न वैसे तीर्थ-स्थान की ही आवश्यकता रह गई। अब तो भ्रम के नष्ट होने से आवागमन तक भी नहीं हो सकता। कहना-सुनना रह गया और अपने आप ही समझना-बूंझना भी रह गया। अब अपने परिचय की ही तारी लग गई और अपने आप में सदा के लिए प्रवेश कर गया" आदि[१]।

स्थायी आत्म-शुद्धि–इस प्रकार कबीर साहब की सहजसमाधि का स्वरूप केवल मानसिक परिवर्तन का नहीं और न वह किसी काल-विशेष तक सीमित ही है। उसमें सदा के लिए अपनी प्रकृति परिवर्तित हो जाती है और अपना आगे का जीवन पूर्णतः और का और हो जाता है। मन, पवन एवं सुरति के एकत्र होते ही ज्ञानाग्नि-द्वारा काया की प्रकृति उसी प्रकार जलकर नष्ट हो जाती है जिस प्रकार स्वर्ण के सारे विकार उसे तपाने पर भस्म हो जाते हैं। शरीर के शुद्ध 'स्वर्णवत्'[२] बन जाते ही मन भी निर्विकार व निश्चल बन जाता है। "मन की शांति से गोविंद का ज्ञान संभव होता है जिससे तन की सारी उपाधियाँ सुख में परिवर्तित हो जाती हैं। जो शत्रु थे, वही मित्र हो जाते हैं, जो 'साकत' वा दुष्ट थे, वे ही हितचिंतक बन जाते हैं और जो 'मन' था, वही अपने राम का रूप धारण कर लेता है। अपने आपकों पहचानते ही यह चंचल मन उलटकर नित्य व सनातन हो जाता है और समझ पड़ने लगता है कि अब मैं 'जीवन मूआ' अर्थात् अपने पिछले जीवन की दृष्टि से भरा हुआ, किंतु अपने इस नवीन जीवन के विचार से बिलकुल जीता-जागता बन गया और अब स्वयं डरने वा अन्य को डराने का कोई प्रश्न ही नहीं रह गया"[३]। सहजसमाधि कोई अल्पकालीन वा चिरकालीन मानसिक स्थिति नहीं, वह अपने स्वभाव का ही सर्वदा के लिए कायापलट है। वह अपने जीवन का ही एक नितांत नवीन, किंतु साथ ही वास्तविक व विशुद्ध संस्करण है जिसके द्वारा अपना कुल वातावरण तक बदल जाता है। यही स्थिति उस वास्तविक आत्मशुद्धि की है जिसे कबीर साहब ने 'सोधी' (शुद्धि) नाम देकर उसे सभी 'दाति' वा सद्‌गुरु द्वारा दातव्य वस्तुओं में सर्वश्रेष्ठ ठहराया है"[४]।

अमर जीवन–अतएव अपने मन को संबोधित करते हुए कबीर साहब अपने एक पद[५] में कहते हैं "अरे मन, अब तू जहाँ चाहे वहाँ जाने को स्वतंत्र है, अब तुझे किसी प्रकार की रोक-टोक नहीं। अब तो मैं हरिपद का परिचय पाकर वहीं विश्राम करने लगा, इसलिए जहाँ कहीं भी तू जायगा तुझे राम ही राम दीख पड़ेगें। जब तक शरीर की प्रकृति बहुरंगिणी बनी हुई थी, द्वैत का अनुभव होता रहता था, अब तो ज्ञान की उपलब्धि के होते ही जहाँ न तहाँ

---

१. 'कबीर-ग्रंथावली', पद ९, पृ. ८९:९०।

२. वही', पद १७, पृ. ९४।

३. 'गुरु ग्रंथ साहिब जी', राग गउड़ी, पद १७, पृ. ३२६।

४. 'कबीर 'ग्रंथावली' 'सोधी साई न दाति', सखी १, पृ. १।

५. वही, पद १४९, पृ. १३६।

वही एकमात्र दृष्टिगोचर हो रहा है। अब सदा उसी में लीन रहने के कारण मुझे अपने शरीर तक की सुध भूल गई और मैं सदा के लिए सुख के समुद्र में मग्न हो गया। स्वभाव के उक्त प्रकार से पूर्णतः परिवर्तित होते ही अपनी स्थिति सभी प्रकार से सुरक्षित जान पड़ने लगती है और आगमी आवागमन की आशंका भी निर्मूल हो जाती है। अब अपने मन में इस बात का दृढ़ विश्वास जम जाता है कि मैं फिर कभी जन्म ग्रहण नहीं करूँगा, क्योंकि पंचतत्त्वमयी काया से विमुक्त होते ही पृथ्वी-तत्त्व का गुण जलतत्त्व में निहित होकर अग्नितत्त्व के साथ मिल जायगा और अग्नि तत्त्व पवन-तत्त्व से मिलकर आकाश-तत्त्व में लीन हो जायगा और अपनी सहजसमाधि लगी रह जायगी। तब जिस प्रकार स्वर्ण से बने हुए अनेक भूषण भी गलाये जाने पर एकरूप हो जाते हैं, उसी प्रकार मैं भी लोक व वेद की उपाधियों से रहित होकर शून्य में प्रवेश कर जाऊंगा अथवा जिस प्रकार तरंगिणी (नदी) में उसकी तरंगे (लहरें) दीख पड़ती हैं, उसी प्रकार मैं भी समझ पड़ने लगूँगा"[१]। यही वह अमरत्व का जीवन है जिसमें अपने पाँच भौतिक शरीर के नष्ट हो जाने का कोई महत्त्व नहीं रह जाता और न इसी कारण किसी काल की भयंकरता का कोई प्रभाव ही रह जाता है।

भाव-भगति–सहजसमाधि के उक्त परिचय से लक्षित होता है कि उसका रूप स्वानुभूति-परक होने के कारण केवल ज्ञानात्मक ही होगा, किंतु बात ऐसी नहीं है। कबीर साहब ने जो इस प्रसंग में अनेक स्थलों पर चर्चा की है, उससे स्पष्ट है कि उक्त स्थिति का स्वरूप वास्तव में भक्तिमय भी है, और इस दृष्टि से उस दशा को ये 'भावभगति'[२] नाम देते हुए समझ पड़ते हैं। कबीर साहब के अनुसार 'भगति' वा भक्ति से मुख्य तात्पर्य 'हरिनाम का भजन' मात्र है और अन्य बातें अपार दुःख से भरी हुई हैं। इसी कारण ये नाम स्मरण को ही, यदि वह मनसा, वाचा, व कर्मणा किया जाय तो सबसे बढ़कर साधना मानते हैं।[३] किंतु 'रामनाम' वस्तुतः एक 'अगोचर' पदार्थ है जिसका ऊपर वर्णन नहीं किया जा सकता, उसके भीतरी अनुभव द्वारा ही हम आनंद उठा सकते हैं। उसका रहस्य उससे परिचित होने पर ही मिल सकता है[४]। उस 'बसतु अगोचर' को प्राप्त करने के लिए हमें अंधकार के अंदर दीपक की आवश्यकता पड़ती है और वह दीपक हमें अपने 'घट' वा शरीर में ही समाया हुआ दीख पड़ता है[५]। जब षट् चक्र की कनक कोठड़ी में लगे ताले को युक्तिपर्वूक कुंडलिनी की कुंजी द्वारा खोल देते हैं, तब उसमें निहित भाव-रूपिणी उक्त वस्तु के प्रकट हो जाते देर नहीं लगती।[६] इस प्रकार पूर्वोक्त 'अनाहत बानी' ही वह भव-रूपिणी वस्तु है जिसे हम ज्ञान-रूपी दीपक का प्रकाश हो जाने पर उपलब्ध करते हैं और वहीं दूसरे शब्दों में हरिनाम वा रामनाम भी है जिसका भजन यहाँ पर विवक्षित है। उसके साथ सुरति का संयोग होने पर जब तन्मयता आ जाती है और दोनों एकाकार हो जाते हैं, तब सारी स्थिति ही भावमयी हो जाती है और तभी भजन (भज्=भागलेना अथवा भाग लेकर 'उसमें' लीन हो जाना) की सार्थकता भी संभव

---

१. 'कबीर-ग्रंथावली', पद १५०, पृ. १३६:७।
२. वही, साखी ४, पृ. ५।
३. 'कबीर-ग्रंथावली', पद १५०, पृ. १३६:७।
४. वही, पद २१८, पृ. १६२।
५. 'गुरु-ग्रंथ साहिब जी', रागु सोरठि, पद ७।
६. 'कबीर-ग्रंथावली', पद २३, पृ. ९६।

होती है। भाव-भगति को कबीर साहब ने इसी कारण हरि सूं गठजोरा[१] भी कहा है और एक अन्य स्थल पर सच्ची भगति की व्याख्या करते हुए बतलाया है कि "जिस प्रकार मृग वीणा के स्वर को सुनते ही बिंध जाता है और शरीर त्याग करने पर भी उसका ध्यान नहीं टूटता, और जिस प्रकार मछली जल के साथ ऐसा प्रेम कर लेती है कि प्राण छोड़ने पर भी अपना स्वभाव नहीं भूलती तथा जिस प्रकार कीट भृंगी में इतना लीन हो जाता है कि वह अंत में भृंगी ही बन जाता है, उसी प्रकार इस 'अमृतसार' नाम का स्मरण करके भक्त लोग भव-सागर पार किया करते हैं।"[२] इस प्रकार की भक्ति का ही नाम 'प्रेमभगति' भी है जिसमें "चंद्रमा की ओर से अमृतस्राव हुआ करता है और आप ही आप विचार करते समय अपार आनंद मिला करता है"[३]।

उसका स्वरूप–कबीर साहब द्वारा निर्दिष्ट उक्त भाव-भगति का भी रहस्य इसी कारण किसी बाहरी पूजन वा गुणगान में निहित न होकर एक स्थितिविशेष में सदा निरत रहने तथा उसी के अनुसार निरंतर चेष्टा करने में ही लक्षित होता है। इसका संबंध उक्त भावविशेष से है। इसे वैसी किसी भावना वा प्रतीक से प्रयोजन नहीं जिस पर सगुणोपासना के लिए निर्भर रहना पड़ता है। अतएव हम यदि साधारण भक्ति की भिन्न-भिन्न नवधा पद्धतियों की इसमें खोज करें, तो उनके प्रचलित रूपों का यहाँ सर्वथा अभाव ही मिलेगा। उदाहरण के लिए यहाँ 'श्रवण' की यह विशेषता है कि सबद के सुनते ही जी निकलने सा लगता है और देह की सारी सुध भूल जाती है[४], 'कीर्तन' में हरिगुण का स्मरण कर उन्हें गाने की ज्यों-ज्यों चेष्टा की जाती है, त्यों-त्यों एक तीर-सा लगने लगता है[५], 'स्मरण' एवं 'वंदन' में क्रमशः 'मेरा मन राम को स्मरण करता है और वही हो भी जाता है" तथा "जब मेरा मन राम का ही रूप हो गया, तब शीश किसे नवाया जाय"[६] की दशा का अनुभव होता है, "पाद-सेवन' में "चरण कँवल मन मानियाँ" की स्थिति ऐसी आ जाती है कि हम सुख एवं दुःख दोनों को बिलकुल भूल जाते हैं[७], और वैसी सेवा करने लगते हैं कि जिसके बिना रहा नहीं जाता[८]। इसी प्रकार 'अर्चन' में भी 'मांहैं पाती मांहि जल मांहै पूजणहार"[९], होने से अवस्था ही कुछ विचित्र सी रहा करती है तथा "साच सील का चौका" देकर हमें आरती के समय अपने प्राणों को ही उस 'तेजपुंज' के समक्ष उतार देना पड़ता है[१०], 'दास्य' में "गले राम की जेवड़ी जित खैंचे तित जाऊं"[११], की दशा रहती है और कबीर साहब को इसी कारण कह देना पड़ता है कि "हे

१. 'कबीर-ग्रंथावली', पद २१३, पृ. १६०।
२. वही, पद ३९३, पृ. २१८।
३. वही, पद ५, पृ. ८९।
४. वही, साखी ३३, पृ. ७१।
५. वही, साखी ६, पृ. ६३।
६. वही, साखी ८, पृ. ५।
७. वही, पद ४, पृ. ८८।
८. वही, रमैणी, पृ.२४१।
९. वही, साखी ४२, पृ. १३।
१०. वही, रमैणी, पृ. २४०।
११. वही, साखी १४, पृ. २०।

स्वामी, मैं तेरा गुलाम हूँ, तू मुझे जहाँ चाहे बेंच डाल तथा तूने तो मुझे ऐसी हाट में उतार दिया है जहाँ पर तू ही गाहक है और बेचने वाला भी तू ही है"[१]। 'सख्य' में भी इसी भाँति, "सौ दोसत किया अलेख"[२] के कारण सदा 'अंक भरे भरि'[३] चेंटना होता रहता है और 'आत्मनिवेदन' की स्थिति में भेदरहित होने से अपनी दशा की सुध ही नहीं रहा करती और ऐसा अनुभव होता है कि "पाला गलि पांणी भया ढुलि मिलिया उस कूलि"[४]। फिर तो ऐसी अनिर्वचनीय समस्या उपस्थित हो आती है कि बूंद समुद्र में खो जाती है और लाख प्रयत्न करने भी नहीं मिलती और न ढूँढ़ने वाले का ही पता चलता है।[५] अतएव अंत में यही कहकर मौन धारण करना पड़ता है कि "मेरा तो मुझमें कुछ था ही नहीं, जो कुछ था उसी का था, इसलिए उसकी ही वस्तु को उसे सौंपते मेरा लगा ही क्या"[६]। सारांश यह है कि उक्त सारे व्यापार भीतर ही होते रहते हैं और आप से आप स्वभावतः चलते हैं।

सहजशील–सहजसमाधि की स्थिति में भाव-भगति से ओत-प्रोत स्वभाव को इसी कारण कबीर साहब ने 'सहजशील' की संज्ञा दी है और बतलाय है कि किस प्रकार उक्त श्रेणी तक पहुँचे हुए महापुरुष की प्रकृति एक निराले ढंग की हो जाती है जिसमें कुछ विशिष्ट गुणों का समावेश रहा करता है। इस सहजशील का संक्षिप्त परिचय देते हुए ये एक स्थान पर कहते हैं कि इसके लिये कम से कम सती, संतोषी, सावधान, सबदभेदी तथा सुविचारवान् होने की आवश्यकता है जो सदगुरु के प्रसाद अथवा अपार कृपा पर निर्भर है"[७]। और इस बात को इन्होंने अपनी अनेक रचनाओं द्वारा स्पष्ट करने की भी चेष्टा की है। 'सतीत्व' गुण के लिए इनके अनुसार शुद्ध भावना व एकांत निष्टा के साथ अपने प्रिय उद्देश्य की प्राप्ति के विषय में ऐसी उत्कट अभिलाषा भी अपेक्षित है जिसमें वियोग की तनिक भी संभावना असह्य हो उठती है, 'संतोष' गुण के लिए हरि में अटूट विश्वास व उसके प्रति पूर्ण निर्भरता तो चाहिए ही, अपने अमल में इस प्रकार निरंतर मत्त भी रहना चाहिए ताकि उसमें अपने को नितांत मग्न कर दें, 'सावधानी' के लिए इसी प्रकार संयमी, त्यागी, निर्मान व निःशंक होने की आवश्यकता है और एक शूरवीर की भाँति पूर्ण दृढ़व्रती होना भी अपेक्षित है। 'सबदभेदी' का गुण इनके अनुसार शब्द के रहस्यों से पूरा परिचय तथा नामस्मरण में सदा निरत रहने का स्वभाव उत्पन्न कर देता है और 'सुविचार' का गुण भी एक सारग्राहितापूर्ण सच्चे व निष्कपट हृदय को वह बल प्रदान कर देता है जिससे कथनी व करणी में कोई विषमता नहीं आ पाती। यह सहजशील सतत अभ्यास का फल होता है और अपने निजी चरित्रविशेष के रूप में सदा प्रकट हुआ करता है। इस सहजशील की सबसे बड़ी विशेषता इस बात में है कि उक्त सारे गुण आप से आप उत्पन्न हो जाते हैं और हमारे जीवन के स्वरूप को इस प्रकार परिवर्तित कर देते हैं कि वह पार्थिक अथवा सांसारिक बने रहने की जगह आध्यात्मिक वा स्वर्गीय हो जाता है।

१. 'कबीर-ग्रंथावली', पद ११३, पृ. १२४।
२. वही,साखी १२, पृ. १३।
३. वही, साखी २५, पृ. १४।
४. वही, साखी १८, पृ. १४।
५. वही, साखी ३, पृ. १०।
६. वही, साखी ३, पृ. १९।
७. वही, साखी २, पृ. ६३।

सहजावस्था–अतएव उक्त प्रकार से हृदयस्थित कपट की गाँठ सदा के लिए खुल जाती है, अंतःकरण निर्मल व विशुद्ध हो जाता है और आत्मा की निर्मलता अलौकिक आनंद ला देती है। अब कथनी एवं करणी में कोई अंतर नहीं रह जाता। जैसा मुख से निकलता है, वैसा ही अपना दैनिक व्यवहार भी चलता है। परमात्मा सदा 'नेड़ा' वा निकट वर्तमान जान पड़ता है और अपने भीतर इस बात का अनुभव होने लगता है कि अब मैं कृतकार्य हो गया हूँ[१]। यही वह सहज की अवस्था है जब "अपनी पाँचों ज्ञानेन्द्रियाँ अपने कहने में पूर्णतः आ जाती हैं और ऐसा प्रतीत होने लगता है कि हमें परमात्मा का स्पर्श वा प्रत्यक्ष अनुभव हो रहा है"।[२] हमारे भीतर मानो अव्यक्त व्यक्त हो जाता है, 'प्रेमध्यान' की तारी लग जाती है और अंतःपट के खुलते ही सारी वेदनाएं सुखमयी बन जाती हैं। उस समय संसार-मात्र के साथ आत्मीयता का बोध होने लगता है और किसी के प्रति वैर या विद्वेष के भाव जागृत नहीं होते। सारी सृष्टि के अंतर्गत उस आत्मतत्व वा सति का प्रत्यक्ष आभास होते रहने से वृक्ष व वनस्पति के भीतर भी वही लक्षित होता है। उसके पत्ते में ब्रहा, पुष्प में विष्णु एवं फल में साक्षात् महादेव के दर्शन होने लगते हैं, उसका सारा अंग सजीव हो उठता है और पूजा के लिए भी उसके किसी अंश का तोड़ना असह्य प्रतीत होता है[३]। यह किसी व्यक्ति के विकास की पूर्ण अवस्था है जिसमें मनुष्यत्व एवं देवत्व के बीच कोई अंतर नहीं रह जाता। कबरी साहब ने इस स्थिति को पहुँचे हुए महापुरुषों को ही भगत, हरिजन, साधू अथवा अधिकतर संत कहा है और उन्हें 'प्रत्यक्ष देव' रूप माना है।

संत–उक्त संतों के लक्षण बतलाते हुए एक साखी द्वारा ये कहते हैं कि ये वे (संत) लोग 'निरबैरी' अर्थात् किसी से किसी प्रकार की भी शत्रुता न रखनेवाले होते हैं, 'निह काम' होने के कारण किसी वस्तु की कामना न रखते हुए निःस्वार्थ होते हैं, उन्हें 'साई सैती नेह' अर्थात् परमात्मा के प्रति पूर्ण प्रेम की 'भावना' रहा करती है और वे सारे 'विषिया सूं न्यारा' अथवा अलग रहने के कारण निर्लिप्त व अनासक्त रहा करते हैं[४]। इनकी ये बराबर प्रशंसा करते हैं और उन्हें आदर्श के रूप में परिचित कराने के लिए निरंतर सचेष्ट रहते हैं। संतों के हृदय को उन्होंने उजाला वा प्रकाशपूर्ण बतलाया है, उन्हें तत्त्वज्ञ व विवेकी हंस की उपमा दी है तथा उनके त्याग, संतोष व निर्भीकता का वर्णन किया है। कबीर साहब के अनुसार संत-जन दूर से ही "तन षीणां मन उनमना"[५] अर्थात् क्षीण शरीरधारी व अन्यमनस्क दीख पड़ते हैं और उनका संतपन करोड़ों के समाज में रहते हुए भी उसी प्रकार एकरस व एकभाव बना रहता है जिस प्रकार सर्पों द्वारा वेष्ठित रहने पर भी चंदन वृक्ष की शीतलता बनी रहती है। उनके स्वभाव में कुछ भी परिवर्तन नहीं होता[६]। कबीर साहब राम का भजने वाला उसी को मानते हैं जो किसी प्रकार से 'आतुर' वा अशांत नहीं होता, जिसमें सच्चा संतोष होता है और

---

१. 'कबीर-ग्रंथावली', साखी २ पृ. ३८।

२. वही, साखी २, पृ. ४२। दे. 'सुखेन ब्रह्मसंस्पर्शमत्यन्तं सुखमश्नुते'–श्रीमद्भगद्गीता, अध्याय ६, श्लोक २८॥

३. वही, पद १९८, पृ. १५५।

४. वही, साखी १, पृ. ५० (दे. प्रथम अध्याय भी)

५. 'वही, साखी ३, पृ. ५१।

६. वही, साखी २, पृ. ५१।

जो धैर्यवान् होता है। जिस पर काम व क्रोध अपने प्रभाव नहीं डाल सकते, जिसे तृष्णा नहीं जलाया करती और जो इसी कारण प्रफुल्लित मन के साथ गोविंद के गुण गाता रहता है, उसे दूसरों की निंदा नहीं भाती और न वह असत्य भाषण करता है। वह काल की कल्पना का भी त्याग करता हुआ परमात्मा में निरंतर लीन रहा करता है। वह सदा सम दृष्टि व सब के प्रति 'सीतल' अर्थात् एकभाव के साथ उपकारी हुआ करता है और किसी प्रकार की 'दुविधा' वा दो प्रकार की धारणा नहीं रखता। अतएव कबीर साहब का कहना है कि इनका मन ऐसे ही भक्तों में विश्वास करता है[१]। सारांश यह कि भक्ति के लिए शुद्धाचरण भी परमावश्यक है।

समष्टिगत सुधार–उक्त शुद्धाचरण का व्यापार मानव-समाज में ही चलता है और उक्त नैतिक गुणों के प्रयोग के अंतर्गत ही संभव है। अतएव व्यष्टि के पूर्णतः सुधरते ही समष्टि का भी सुधर जाना अनिवार्य-सा है। कबीर साहब कदाचित् इसी कारण किसी सामाजिक व्यवस्था का आदर्श हमारे सामने रखते हुए नहीं दीख पड़ते। इनके अनुसार जीवात्मा सर्वात्मा का अंश है और व्यक्ति का ध्येय उसके साथ एकाकार होना है, अतएव समाज, राष्ट्र अथवा विश्व के सामंजस्य की भी प्रक्रिया उसी प्रयत्न में आप से आप विकसित होती चलेगी। इनका संत शाश्वत् सत्य को अपने नित्य के जीवन तथा दैनिक प्रश्नों के संबंध में उतारते रहने की चेष्टा स्वभावतः किया करेगा और समाज के प्रत्येक व्यक्ति के मानवीय संस्कारों में सदा परिवर्तन होता ही रहेगा, अतः इस प्रकार किसी दिन भूतल पर स्वर्ग तक लाने का भी अवसर आ सकता है। ये सामाजिक समस्याओं पर इसी कारण आर्थिक, राजनीतिक आदि दृष्टियों से अलग-अलग विचार करते हुए नहीं दीख पड़ते। ये पूरे साम्यवादी हैं, किंतु इनके यहाँ सामाजिक प्रश्न आर्थिक वा राजनीतिक प्रेरणाओं से नहीं जागृत होते, बल्कि ठेठ 'समाज धर्म' के आदर्शानुसार उठा करते हैं। इनके अनुसार मानव-समाज के सभी अंग मूलतः एक हैं, अतएव केवल उनके 'अधिकार' मात्र में ही समानता का देखना अधूरा कार्य समझा जा सकता है। इनकी क्रांति अपनी सामाजिक व्यवस्था वा परिस्थिति के उलट-फेर की ओर उतना ध्यान नहीं देती जितना समाज के व्यक्तियों के हृदय-परिवर्तन से संबंध रखती है।

सामाजिक साम्य–मानव-समाज की मौलिक एकता की ओर सर्वसाधारण का ध्यान दिलाते हुए कबीर साहब ने अपनी रचनाओं के अंतर्गत कई स्थलों पर जाति, कुल, धन व धर्म संबंधी वैषम्य को लेकर कुछ फुटकर विचार भी प्रकट किये हैं। ये कहते हैं कि "गर्भावस्था में तो कोई जाति व कुल का चिन्ह नहीं रहा करता और सबकी उत्पत्ति एक ब्रह्म बिंदु से ही हुआ करती है, फिर पंडित ब्राह्मण कब से हो गया। और यदि वह ब्राह्मण व ब्राह्मणी का उत्पन्न किया हुआ है तो उसकी उत्पत्ति के ढंग में भी कुछ विभिन्नता होनी चाहिए थी। परन्तु यदि वह भी सभी की भाँति जन्म लेता है, तो फिर वह किस प्रकार ब्राह्मण हो गया और दूसरे शूद्र बन गए अथवा वे किस प्रकार साधारण रक्त रह गए और वह पवित्र दूध हो गया ? सच्ची बात तो यह है कि जो ब्रह्म का विचार कर सकता है, वही ब्राह्मण है[२]। इसी प्रकार "सर्वप्रथम एक ही ज्योति से सारी सृष्टि की रचना हुई, अतएव मूलतः हम किसी एक को अच्छा और दूसरे को बुरा नहीं कह सके। मिट्टी एक ही है, न तो पात्र में कोई बुराई और न

१. 'कबीर-ग्रंथावली', पद ३६३, पृ. २०९।

२. 'गुरु ग्रंथ साहिब जी, रागु गौड़ी, पद ७, पृ. ३२४।

उसके कुम्हार में ही कोई कमी है। सभी प्राणियों में वही एक अदृश्य रूप से विद्यमान है[1]। और फिर "हम तो सबको एक ही एक समझते हैं। यह सारा जगत् एक ही पानी, एक ही पवन तथा एक ही ज्योति का बना है। सभी वर्तन एक ही मिट्टी के बने हैं और उनका बनाने वाला भी एक ही है तथा सबके भीतर वही एक काठ के भीतर अग्नि की भाँति व्याप्त है"[2]।

आर्थिक व धार्मिक साम्य–धनी एवं निर्धन के संबंध में भी ये कहते हैं कि इस समय कोई निर्धन को आदर नहीं देता। वह लाख प्रयत्न करे तो भी उसकी ओर किसी का ध्यान नहीं जाता। यदि निर्धन धनवान् के पास जाता है, तो निर्धन को आगे बैठा देखकर धनवान् पीठ फेर लेता है। परन्तु यदि धनवान् निर्धन के पास जाता है, तो निर्धन धनवान् को आदर देता है और उसे अपने निकट बुला लेता है। फिर भी वस्तुतः निर्धन और धनवान् दोनों भाई-भाई हैं और जो दोनों में अन्तर दीख पड़ता है, वह प्रभु का नित्य कौतुक मात्र है। कबीर साहब के अनुसार सच्चा निर्धन उसी को कहना चाहिए जिसके हृदय में रामनाम का धन न हो[3]। ये स्वयं किसी से भी कोई वस्तु अपने लिए माँगना नहीं चाहते बल्कि अपना काम करते हुए संतोषपूर्वक जीवन व्यतीत करना चाहते हैं[4]। इन्हें धार्मिक वा साम्प्रदायिक विषमता अधिक असत्य प्रतीत होती है और इसके विरूद्ध ये बार-बार लोगों का ध्यान आकृष्ट करते रहते हैं। ये हिंदू और मुसलमान में कोई मौलिक भेद नहीं देखते और सुन्नत एवं यज्ञोपवीत इन दोंनों को ही कृत्रिम ठहराते हैं[5]। इन दोनों धर्मों तथा जैन, बौद्ध, शाक्त, चार्वाक आदि के भी वाह्य नियमों को ये पाखंडपूर्ण व व्यर्थ बतलाते हैं और उन सबके अनुयायियों से कहते हैं कि मूल धर्म की ओर अपंना ध्यान दें।

उपसंहार–संक्षेप में कबीर साहब का उद्देश्य कभी किसी प्रचलित धर्म वा सम्प्रदाय का अनुसरण करना नहीं रहा और न इन्होंने किसी नवीन सामूहिक मत के प्रचार की कोई बुनियाद ही डाली। इनके अनुसार धर्म का स्वरूप सत्य के प्रति किसी व्यक्ति की पूर्ण आस्था, उसके साथ तादात्म्य की मनोवृत्ति तथा उसी के आदर्शों पर निश्चित व्यवहार की प्रवृत्ति में भी देखा जा सकता है। इन्होंने सत्य को ही ईश्वरवत् माना और उसे ही सर्वत्र एकरस-ओतप्रोत भी बतलाया। इन्होंने इसी प्रकार समाज के भीतर निर्द्वंद्व रहकर कतिपय व्यापक नैतिक नियमों के पालन की ओर ही विशेष ध्यान दिलाया। ये कपट, पाखंड, बाग्जाल एवं अत्याचार के घोर विरोधी थे और उसी प्रकार शुद्ध हृदय, सादगी, स्पष्टोक्ति एवं प्रेम के प्रबल समर्थक भी थे। इनकी क्रांति बाहरी विप्लव न होकर अंतर्मुखी थी और मानवी हृदय से ही सीधा संबंध रखती थी। ये जीवन के किसी विशेष पहलू के सुधार पर ही अधिक जोर न देकर उसका पूर्णतः कायापलट कर देना चाहते थे। इन्हें किसी परलोक जैसे काल्पनिक प्रदेश में भी आस्था नहीं थी। ये इहलोक को ही आदर्श व्यक्तियों के प्रभाव-द्वारा स्वर्ग बना दिये जाने में विश्वास रखते थे। वे जिस पद को 'हरिपद', 'निजपद', 'परमपद', 'अभै पद' वा ' चौथापद' कहा करते

१. 'गुरु ग्रंथ साहिब जी' रागु विभासा प्रभाती, पद ३, पृ. १३४९।

२. 'कबीर-ग्रंथावली', पद ५५, पृ. १०५।

३. 'आदिग्रंथ' रागु भैरऊ, पद ८, पृ. ११६०।

४. 'गुरु ग्रंथ साहिब जी', रागु सोरठि, पद ११, पृ. ६५५।

५. 'कबीर-ग्रंथावली', अष्टपदी रमैणी, पृ. २३९।

थे, वह स्थानविशेष का बोधक न होकर स्थितिविशेष का निर्देश करता है[1] जिसे उपलब्ध कर कोई भी व्यक्ति संत पदवी के योग्य बन सकता है। वास्तव में 'संत' शब्द का सार्थक होना भी तभी संभव है जब उसके द्वारा निर्दिष्ट व्यक्ति ब्रह्म वा सत्य के अस्तित्त्व का पूर्णतः अनुभव कर चुकने वाला हो जाय।[2]

---

१. 'कबीर-ग्रंथावली', पद १८४, पृ. १५०।

२. 'अस्ति ब्रह्मेति चेद्वेद संतमेनं विदुर्बुधाः' (दे. प्रथम अध्याय भी)

तृतीय अध्याय

कबीर साहब के समसामयिक संत

(संवत् १४००-संवत् १५५०)

१. सामान्य परिचय

धार्मिक वातावरण–कबीर साहब के आविर्भाव का समय ऐसा था जिसमें धार्मिक विचार धारा पर अनेक प्रकार के प्रभाव पड़ते जा रहे थे और उनसे अछूता रहकर किसी धार्मिक व्यक्ति का जीवन यापन करना सरल न था। इसलिए उनके समसामयिक बहुत-से अन्य महापुरुष भी उनसे प्रभावित हुए तथा अपनी साधना व सिद्धांतों द्वारा उन्होंने दूसरों को भी प्रभावित किया। ऐसे व्यक्तियों में सर्वप्रसिद्ध स्वामी रामानंद थे जो कबीर साहब से अवस्था में बड़े थे और जिन्हें बहुधा उनका गुरु होना भी समझा जाता है। उन्होंने संभवतः प्रसिद्ध भक्ति प्रचारक आचार्य श्रीरामानुज स्वामी के श्रीसम्प्रदाय से अपना पूर्व संबंध विच्छेद कर स्वतंत्र रूप में 'रामावत सम्प्रदाय' को जन्म दिया था और अपने नवीन मत के प्रचार द्वारा तत्कालीन सुधार-आंदोलनों में सक्रिय भाग लिया था। उन्होंने एक ऐसे इष्टदेव की कल्पना की जो सर्वसाधारण के लिए भी कल्याणकारी प्रतीत हो सके और एक ऐसी उपासना चलायी जिसके अधिकारी मनुष्यमात्र समझे जा सकें। उनकी इस विशेषता को ही आधारस्वरूप ठहराकर आगे गो. तुलसीदास ने अपने अपूर्व ग्रंथ 'रामचरितमानस' की रचना की, जो कम से कम हिंदू जाति के पारिवारिक जीवन का पथप्रदर्शक बन गया। ऐसे महापुरुष का अपने छोटे समसामयिक कबीर साहब को भी प्रभावित कर देना कोई कठिन बात नहीं थी और यद्यपि इन दोनों के प्रत्यक्ष संबंध का कोई पुष्ट प्रमाण नहीं मिलता, फिर भी कबीर साहब का कुछ बातों में उनका ऋणी होना असंभव भी नहीं कहा जा सकता।

सेन नाई आदि–स्वामी रामानंद के समान उस समय कुछ ऐसे अन्य व्यक्ति भी थे जिनका संबंध कबीर साहब के साथ बतलाया जाता है। संत सेन नाई, पीपाजी, रैदास व धन्ना की भी गणना स्वामी रामानंद के शिष्यों में की जाती है। प्रसिद्ध है कि ये सभी कबीर साहब की भाँति उनसे दीक्षित थे और उनके साथ हुए उनकी विविध यात्राओं में भी सम्मिलित थे। स्वामी रामानंद व इन शिष्यों के संबंध में अनेक कथाएं भी प्रसिद्ध हैं और इनके परस्पर गुरुभाई होने की अनुश्रुति दृढ़ व प्रमाणित समझी जाती है। प्रायः यह निर्विवाद-सा है कि ये सभी एक स्थान के निवासी नहीं थे और न इनका समवयस्क होना ही असदिग्ध रूप से स्वीकार किया जा सकता है। फिर भी इतना मान लेने में किसी प्रकार की अड़चन नहीं

जान पड़ती कि इन सबकी विचारधारा लगभग एक समान ही प्रवाहित हुई थी और ये सभी तत्कालीन वातावरण द्वारा प्रभावित थे। इनमें से किसी एक पर भी किसी साम्प्रदायिकता की छाप लक्षित नहीं होती और न उसमें उदारहृदयता की कमी दीख पड़ती है। सभी प्रायः एक ही रंग में रँगे, उन्मुक्त व स्वच्छंद आध्यात्मिक व्यक्ति जान पड़ते हैं और सभी प्रायः एक ही स्वर में गान करते हैं। साम्प्रदायिक भावनाओं से सर्वथा मुक्त एक अन्य संत भी इसी समय उत्पन्न हुए थे जिनका नाम कमाल था। ये कबीर साहब के औरस पुत्र एवं दीक्षित शिष्य समझे जाते हैं और इनके संबंध में भी अनेक प्रकार की कथाएं प्रसिद्ध हैं। इन्होंने कबीर साहब के अनेक भक्तों के आग्रह करने पर भी उनके नाम पर कोई पंथ नहीं चलाया और न अपना ही कोई पृथक सम्प्रदाय छोड़ा। इन्होंने कदाचित् साम्प्रदायिक बखेड़ों के ही भय से अपना विवाह तक नहीं किया और सदा एक सीधा-सादा वा संयत जीवन व्यतीत करते रहे।

विशेषता–स्वामी रामानंद को छोड़कर इस काल के अन्य सभी संत अशिक्षित और अधिकारशून्य व्यक्ति कहे जाते हैं और इन सबका स्वभाव प्रायः एक-सा ही जान पड़ता है। स्वामी रामानंद का संबंध चाहे स्वामी रामानुजाचार्य से आती हुई आचार्य-परम्परा के साथ रह भी चुका हो, और उन्होंने कुछ प्रसिद्ध ग्रंथों पर भाष्य आदि भी लिखे हों, किंतु सेन, कबीर साहब, पीपाजी, रैदास, धन्ना व कमाल पर ऐसी बातों का कदाचित् लेशमात्र प्रभाव न था। इन संतों की एक यह भी विशेषता रही कि इनमें से किसी ने भी अपने पीछे किसी नवीन पंथ के चलाने का प्रयास नहीं किया। इन सबका लक्ष्य कबीर साहब की भाँति ही एक सार्वभौम व व्यापक धर्म का प्रचार करना था जो सबके लिए मान्य हो सके। फिर भी पता चलता है कि पंथ-निर्माण की योजना का आरंभ होते ही लगभग इन सभी के नामों पर पृथक्-पृथक् सम्प्रदायों की सृष्टि हो गई। सेन-पंथ, पीपा-पंथ व रैदास-पंथ के नाम आज भी सुनने में आते हैं और कबीर-पंथ की तो शाखाएं व उपशाखाएं भी बन गई हैं। स्वामी रामानंद का 'रामावत सम्प्रदाय' भी जो किसी समय 'श्री सम्प्रदाय' की रूढ़िवादिता के विरुद्ध स्थापित हुआ था, फिर उसी प्रकार की बातों के समर्थन में निरत जान पड़ता है और उसमें तथा अन्य वैसे सम्प्रदायों में कोई मौलिक अंतर नहीं प्रतीत होता। उक्त संत भिन्न-भिन्न श्रेणी की जातियों में उत्पन्न हुए व्यक्ति थे और अपने कुल क्रमानुसार जीवन यापन करते हुए एक उच्च आध्यात्मिक आदर्श का अनुसरण करना उन्हें अभीष्ट रहा। उन्होंने कभी पूर्ण-संन्यास भी नहीं अपनाया, प्रत्युत अपने परिवार में रहकर जीविकोपार्जन करना तक उत्तम समझा। उनकी स्वीकृत साधना की ही भाँति उनका जीवन, सरल, शांत, निर्द्वंद्व, निष्कपट व आडंबरहीन था और उन्हें सभी प्रकार के प्रपंचों व विडंबनाओं से घृणा थी।

कबीर साहब व उनके उक्त समसामयिक संतों का कोई ऐसा प्रामाणिक विवरण नहीं मिलता जिसे असंदिग्धरूप से मान लिया जा सके। फिर भी उनकी उपलब्ध रचनाओं तथा अनुश्रुतियों के आधार पर उनके आविर्भाव-काल के विषय में कुछ अनुमान किया जा सकता है। तदनुसार स्वामी रामानंद, सेन नाई, कबीर साहब, पीपाजी, रैदास, कमाल व धन्ना को काल-क्रम के विचार से आगे-पीछे रखना कदाचित् अधिक उचित कहा जा सकता है।

(२) स्वामी रामानंद

महत्त्व

उत्तरी भारत की संत-परम्परा के इतिहास में स्वामी रामानंद का एक महत्त्वपूर्ण स्थान है। ये एक सहृदय व स्वाधीन-चेता व्यक्ति थे जो किसी प्रश्न पर विचार करते समय एक व्यापक दृष्टिकोण का उपयोग करते थे और किसी भी बात को सिद्धांत-रूप में स्वीकार कर लेने पर उसे यथावत् व्यवहार में लाने का भी प्रयत्न पूरी निर्भीकता के साथ किया करते थे। इनके चरित्र-बल व असाधारण व्यक्तित्त्व के कारण इनके समकालीन हिंदू-समाज का वातावरण इनसे प्रभावित हो उठा और सर्वत्र एक प्रकार की क्रांति की लहर फैल गई। ये अपने समय के एक प्रभावशाली पथ-प्रदर्शक के रूप में दीख पड़ते हैं और उस युग के प्रायः प्रत्येक विशिष्ट सुधारक को इनका किसी न किसी प्रकार से आभारी होना आज तक स्वीकार किया जाता है तथा इस बात की चेष्टा की जाती है कि अमुक व्यक्ति के साथ इनका संबंध अमुक रूप में सिद्ध हो सके। वास्तव में जिस भक्ति-साधना का प्रचार हम आज उत्तरी भारत में देख रहे हैं उसके प्रधान प्रवर्तक स्वामी रामानंद ही थे और इन्हीं की प्रेरणा से उसे वर्तमान रूप मिला है। हरिभजन के आधार पर जाति व वर्ण-संबंधी कड़े नियमों को शिथिल कर सर्वसाधारण को भी कुलीनवत् अपनाने की प्रथा चला इन्होंने मनुष्य-मात्र की वास्तविक एकता की ओर लोगों का ध्यान आकृष्ट किया। सबकी समझ व सुभीते के विचार से इन्होंने धर्म-प्रचार के लिए संस्कृत की अपेक्षा हिंदी-भाषा को अधिक उपयुक्त ठहराया तथा लोकसंग्रह की दृष्टि से जनता के बीच कार्य करने वाले संयमशील साधुओं की एक टोली संगठित की और 'वैरागी' वा 'अवधूत' नाम देकर उन्हें सर्वत्र भ्रमण करते रहने के लिये प्रेरित किया।

संक्षिप्त परिचय–स्वामी रामानंद का प्रसिद्ध स्वामी रामानुजाचार्य की पाँचवीं पीढ़ी में होना बतलाया जाता है और कहा जाता है कि इनका जन्म प्रयाग के किसी कान्यकुब्ज-कुल में पुण्य सदन शर्मा के घर उनकी स्त्री सुशीला देवी के गर्भ से हुआ था। इनका जन्म-काल भी 'अगस्त्यसंहिता' ग्रंथ के आधार पर कलियुग के ४४००वें वर्ष अर्थात् विक्रम संवत् १३५६ में होना समझा जाता है जिसे अनेक आधुनिक विद्वानों ने भी स्वीकार कर लिया है। लड़कपन में इन्हें पढ़ने के लिए काशी भेजा गया था, जहाँ पर ये संभवतः शांकराद्वैत मत के प्रभाव में अपनी शिक्षा समाप्त कर अंत में विशिष्टाद्वैती स्वामी राघवानंद के शिष्य हो गए। परंतु कहीं से तीर्थ-यात्रा करके लौटने पर खाने-पीने के संबंध में कुछ मतभेद उत्पन्न हो जाने के कारण इन्हें अपने उक्त गुरु का साथ छोड़ देना पड़ा। तब से इन्होंने अपने स्वतंत्र विचारों के आधार पर एक भिन्न मत का प्रचार करना आरंभ कर दिया जो आजकल 'रामावत' वा 'रामानंदी सम्प्रदाय' कहलाता है। ये अधिकतर काशी में पंचगंगा के आसपास किसी गुफा के भीतर रहा करते थे और केवल ब्रह्मवेला में कुछ समय के लिए बाहर निकला करते थे। फिर भी इनके संपर्क में आने वाले उत्साही व उद्योगशील अनुयायियों ने इनके सिद्धांतों का प्रचार दूर-दूर तक कर दिया।

स्वामी राघवानंद–स्वामी रामानंद के गुरु स्वामी राघवानंद के विषय में प्रसिद्ध है कि उन्होंने भक्ति-आंदोलन का नेतृत्व ग्रहण कर भक्तों को मान प्रदान किया था तथा सारी पृथ्वी

पर अपनी धाक जमाकर वे स्थायी रूप में काशी में बस गए थे[१]। जनश्रुति के अनुसार यह भी कहा जाता है कि वे योगविद्या में भी पारंगत थे और अपने शिष्य रामानंद को भी पूर्ण योगी बना उन्होंने इन्हें अल्पायु होने से बचा लिया था। भक्त नाभादास के समकालीन व सहतीर्थ जानकी दास के पोते चेले तथा वैष्णवदास के चेले मिहींलाल (अनुमानतः १७वीं शताब्दी) ने भी अपने 'गुरु प्रकारी' नामक ग्रंथ में लिखा है कि,

'श्री अवधूत वेष को धारे, राघवानंद सोई।
तिनके रामानंद जग जाने, कलि कल्यानमई'।[२]

जिससे इस बात की कुछ पुष्टि हुई जान पड़ती है। इन्हीं राघवानंद द्वारा रचित कही जाने वाली 'सिद्धांत पंचमात्रा' नाम की एक छोटी-सी पुस्तिका की हस्तलिखित प्रति प्राप्त हुई है जिसके आधार पर डा. बर्थ्वाल ने इनके साधना-मार्ग का योग और प्रेम का समन्वित रूप होना अनुमान किया है[३]। उक्त ग्रंथ की योग-संबंधी बातें अधिकतर हठयोग प्रणाली का अनुसरण करती हैं और उसमें वैष्णव-धर्म द्वारा स्वीकृत माला, तिलक, सुमिरिनी जैसे विषयों का भी पूरा समावेश है जिससे यह सिद्ध है कि उस काल का वातावरण नाथयोगी-सम्प्रदाय के सिद्धांतों व साधनाओं द्वारा भी बहुत कुछ प्रभावित रहा और इसी कारण वारकरी-सम्प्रदाय की भाँति रामावत-सम्प्रदाय में भी हमें योग एवं भक्ति का समन्वय दीख पड़ता है।

रामानंद के शिष्य–परम्परा से प्रसिद्ध है कि स्वामी रामानंद के बारह शिष्य थे जिनमें से पाँच, अर्थात् सेन नाई, कबीर साहब, पीपाजी, रमादास (रविदास) एवं धन्ना के साथ 'पद्मावती' नाम की एक शिष्या को भी सम्मिलित करके 'रहस्यत्रयी' के टीकाकार ने उन्हें छः मान लिया है और 'जितेन्द्रियाः' भी कहा है। शेष सात में अनंतानंद, सुरसुरानंद, नरहर्यानंद, योगानंद, सुखानंद, भवानंद एवं गालवानंद को गिनाकर उन्हें 'नन्दनाः' बतलाया है और इस प्रकार वस्तुतः तेरह जान पड़ने वाले व्यक्तियों को 'सादर्धद्वाद शिष्याः' ही कहा है[४]। परन्तु स्वामी रामानंद के उक्त शिष्यों की नामावली में बहुधा मतभेद भी पाया जाता है और सर्वसम्मत नामों में सेन नाई आदि के उक्त पाँच के अतिरिक्त केवल भवानंद, सुरसुरानंद एवं सुखानंद के ही नाम लिये जाते हैं, अन्य चार नाम प्रायः भिन्न-भिन्न दीख पड़ते हैं। इसके सिवाय उक्त आठ नामवाले संतों की समकालीनता का प्रश्न भी आज तक किसी संतोषप्रद ढंग से हल नहीं हो पाया है। हाँ, उक्त भवानंद, सुरसुरानन्द एवं सुखानन्द नामों के अंत में जुड़े हुए 'आनन्द' शब्द के संकेत और कुछ उपलब्ध ग्रंथों व प्रसंगों के आधार पर उन्हें स्वामी रामानन्द के शिष्यों में निश्चित रूप से सम्मिलित करने की परिपाटी बहुत दिनों से चली आती है और संभव है यह बात सत्य भी हो। किंतु उक्त अन्य पाँच व्यक्तियों के विषय में भी वैसा ही

---

१. नाभादास :'भक्तमाल' ३०।

२. डा. बर्थ्वालः 'योगप्रवाह' (श्री काशी विद्यापीठ, बनारस, सं. २००३) पृ.२:३।

३. वही, पृ. ८।

४. 'राघवानंद एतस्य रामानन्दस्ततोऽभवत्। सादर्धद्वादश शिष्याः स्युः रामानन्दस्य सद्गुरोः।
द्वादशादित्य संकाशाः संसार-तिभिरापहा। श्रीमदनन्तानन्दस्तु सुरसुरानंन्दस्तथा॥ १६॥
नरहरियानन्दस्तु योगानन्दस्तथैवत्र। सुखाभावागालवंच सप्तैते नाम नन्दनाः।।१७॥
कबीरश्च रमादासः सेना पींपा धनास्तथा। पद्मावती तदर्द्धश्च षडेते च जितेन्द्रियाः॥ १८॥
'भक्तिसुधाविन्दुस्वाद' (रूपकलाजी, पृ. २९४ पर उद्धृत)।

परिणाम निकालने के लिए यथेष्ट साधन की आवश्यकता है जिस कारण उन्हें भी इनके शिष्यों में यों ही गिन लेना उचित नहीं कहा जा सकता।

सेन नाई, कबीर व रामानंद–जहाँ तक पता है, उक्त पाँच में से केवल सेन नाई ने ही स्वामी रामानंद का नाम अपने एक पद[1] में लिया है और उन्हें 'रामाभगति का जानकार' भी बतलाया है। उनके इस कथन से जान पड़ता है कि वे संभवतः अपने समय में वर्तमान रामानंद के ही संबंध में ऐसा कह रहे हैं और इसके आधार पर सेन नाई एवं स्वामी रामानंद का समकालीन होना माल लिया जा सकता है। परंतु केवल इस प्रशंसात्मक परिचय के ही सहारे सेन नाई को इनका शिष्य भी मान लेना ठीक नहीं जान पड़ता। कबीर साहब की उपलब्ध प्रामाणिक रचनाओं में स्वामी रामानंद का नाम कहीं भी नहीं आता। कबीर-पंथियों के मान्य धर्मग्रंथ 'बीजक' में एक स्थल पर रामानंद शब्द का प्रयोग हुआ है[2] जिसे स्वामी रामानंद के ही लिए व्यवहृत मानकर तथा उक्त ग्रंथ को कबीर साहब की कृति भी समझते हुए कुछ लोगों ने इन दोनों के गुरु-शिष्य-संबंध का प्रमाणित हो जाना मान लिया है[3]। परंतु क्या 'बीजक' में संगृहीत सारी रचनाएँ वास्तव में कबीर साहब की ही कृति मानी जा सकती हैं अथवा क्या उक्त पद का ही सीधा-सादा-सा अर्थ लगाने पर ऐसा परिणाम कभी निकाला जा सकता है ? किसी भी रचना का वास्तविक मर्म जानने के लिए उसमें प्रयुक्त वाक्यों में परिलक्षित भावों की संगति बैठा लेना परमावश्यक होता है। अतएव उक्त पद की प्रथम पंक्ति के 'आपन आस किजै' को यदि कोई अपने पूर्वग्रह के अनुसार 'आपन अस किये' मानकर उसका अर्थ 'अपने समान कर लिया' कुछ देर के लिए लगा भी ले और 'रामानंदु रामरस माते' का भी अभिप्राय उक्त स्वामी रामानंद की प्रशंसा में ही ढूँढ़ने लगे, फिर भी उक्त प्रथम वाक्य के आगे का कथन एवं दूसरे के अनंतर आने वाले अंतिम वक्तव्य 'कहहिं कबीर हम कहि कहि थाके' उसे इन पदों का उचित अर्थ एक बार फिर से समझ लेने के लिए बाध्य करने लगेंगे। पूरे पद को निश्पक्ष रूप से ध्यानपूर्वक देखने पर स्पष्ट विदित हो जाता है कि उसके रचयिता का उद्देश्य हरि वा राम के सच्चे रहस्य को बिना समझे-बूझे केवल रामनाम की ध्वनि में ही मग्न रहने वाले भक्तों को सचेत कर देना-मात्र है और उसमें आये हुए अन्य प्रसंग भी उसी मूलभाव के समर्थन में व्यवहृत समझे जा सकते हैं।

कबीर, पीपा, रैदास व धन्ना–इसके सिवाय उक्त 'बीजक' ग्रंथ के ही एक पद में आये हुए प्रसंग 'ब्रह्मा, वरुण, कुबेर, इन्द्र, पीपा व प्रह्लाद सभी कालग्रस्त हो गए' से विदित होता है कि यदि वह कबीर साहब की रचना हो, तो भी कम से कम पीपाजी की मृत्यु उनके पहले अवश्य हो चुकी होगी और उक्त पौराणिक भक्तों के साथ एक ही श्रेणी में उनके गिने जाने के कारण उनका बहुत पहले ही मर जाना भी समझा जा सकता है। परंतु जैसा पहले भी कहा

---

१. 'रामाभगति रामानंदु जानै, पूरन परमानंदु बखानै'। 'ग्रंथ साहब', धनासरी १।

२. 'आपन आस किजै बहुतेरा; काहु न मैरम पाव हरि केरा।
इन्द्री कहा करैं बिसराया, सो कहाँ गयैं जो कहत होते रामा॥
सो कहाँ गये जो होत सयाना, होय म्रितक वहि पदहि समाना॥
रामानंद रामरस माते, कहहि कबिर हम कहि कहि थाके'॥ 'बीजक' शब्द ७७।

३. डा. बर्थ्वालः 'दि निरगुन स्कूल आफ हिन्दी पोइट्री' पेज २०३ (टिप्पणी)।

जा चुका है, इन्हीं पीपाजी की एक रचना[१] कबीर साहब के संबंध में प्रस्तुत की गई समझी जाती है और इनके एक अन्य पद[२] से यह भी सूचित होता है कि ये कबीर साहब के बहुत बड़े प्रशंसक थे तथा इनका यहाँ तक कहना था कि "कबीर साहब ने जिस 'सत्यनाम' का प्रचार किया था उसी से मैंने भी लाभ उठाया है"। इस प्रकार उक्त दो भिन्न-भिन्न प्रसंगों के कारण हमें सहसा न तो स्वामी रामानंद, कबीर साहब व पीपाजी को पूर्ण समकालीन मानने का साहस होता है और न उनके गुरु-शिष्य संबंध को ही स्वीकार कर लेने का। फिर इसी प्रकार संत रैदास ने भी कबीर साहब के विषय में अपने कुछ पदों के अंतर्गत 'हरि नाम के द्वारा जन्म-जन्म के बंधन तोड़ देने वाला'[३], नामदेव, तिलोचन, सधना व सेन नाई की भाँति संसार-सागर से पार हो गया हुआ[४] तथा नीच कुलोत्पन्न होने पर भी तीनों लोकों में प्रसिद्ध हो गया हुआ[५] कहा है और एक अन्य स्थल पर उन्हें संदेह मुक्त होकर निर्गुण भक्ति का महत्त्व प्रदर्शन करने वाला[६] तक माना है जिससे स्पष्ट है कि कबीर साहब उनसे पहले ही मरकर प्रसिद्ध हो चुके होंगे और सेन नाई की भी मृत्यु हो चुकी होगी। इसके सिवाय इसी रैदास जी को धन्ना ने अपने एक पद[७] द्वारा नामदेव, सेन नाई व कबीर साहब के समान ही माया का परित्याग कर हरिदर्शन पा चुकने वाला बतलाया है और अंत में यह भी कहा है कि उक्त संतों की कथाएं सुनकर ही मुझ जाट के हृदय में भक्ति का भाव जागृत हुआ और मैं भी सौभाग्यवश भगवान् का दर्शन कर सका।

निष्कर्ष–अतएव उक्त सभी बातों पर विचार करते हुए यही अनुमान लगाया जा सकता है कि उन पाँच व्यक्तियों में से कदाचित किसी ने भी स्पष्ट शब्दों में स्वामी रामानंद को अपना गुरु स्वीकार नहीं किया है और उनमें से सभी ने उनका नाम तक नहीं लिया है। कम से कम पीपाजी ने अपने को कबीर साहब द्वारा तथा धन्ना ने नामदेव, कबीर साहब, रैदास तथा सेन नाई की कथाओं द्वारा प्रभावित होना स्वीकार किया है। संभव है कि उक्त सभी संत एक ही समय और एक ही साथ ऐसी स्थिति में वर्तमान भी न रहे होंगे जिससे उनका स्वामी रामानंद का शिष्य और आपस में गुरुभाई होना किसी प्रकार सिद्ध किया जा सके।

रचनाएँ–स्वामी रामानंद की रचनाएं कुछ संस्कृत व कुछ हिंदी में बतलायी जाती हैं, किंतु कई विद्वानों को उन सब की प्रामाणिकता में संदेह जान पड़ता है। हिंदी की उपलब्ध फुटकर कृतियों में एक हनुमान के विषय में है और दूसरी उनका वाह्य पूजन-अर्चनादि की ओर से विरक्ति-भाव प्रकट करती है। इस दूसरी रचना में कहा गया है कि "मुझे मंदिरादि

---

१. 'जाके ईद बकरीद नित गऊ रे बध करै, मानिये सेख सहीद पीरा।
बापि वैसी करी पूत ऐसी धरी, नांव नवखंड परसिध कबीरा'। 'दि निर्गुण स्कूल' पृ. ३०२।

२. 'नाम कबीर सत्य परकास्या, तहाँ पीपै कछु पाया।'–'संत कबीर' पृ. ४४।

३. 'हरिकै नाम कबीर उजागर, जनम जनंम के काटे सागर।'–'ग्रंथ साहब' आसा ५।

४. 'नामदेव कबीर तिलोचनु सधना सैनु तरै,।–वही, राग मारु, पद १।

५. 'जाकै बाप वैसी करी पूत ऐसी करि, तिहूँरे लोक परसिध कबीरा।'–वही, राग मलार, पद २।

६. 'निरगुन का गुन देखो आई, देही सहित कबीर सिधाई।'–'रैदासजी की बानी', पृ. ३३।

७. 'रविदास ढुवँता ढोरनी, तितिनी तिआगी माइआ, परगटु होआ साध संनि हरिदरसन पाइआ।
इतिविधि सुनि के जाटरौ उठि भगती लागा, मिले प्रतषि गुसाइआ धन्ना बड़भागा।
'ग्रंथ साहब', राग आसा २।

में पूजन के लिए अब कहाँ जाना है, अब तो मेरे घट के भीतर हृदय में ही रंग चढ़ गया है। मेरा चित्त अब चलायमान होने की जगह पंगु बनकर स्थिर हो गया। कोई दिन था जब मैं पूरे उमंग के साथ चोआ, चंदन प्रभृति सुगंधित द्रव्य लेकर ब्रह्म का स्थानविशेष पर पूजन करने जाया करता था। अब तो मेरे गुरु ने मुझे उस ब्रह्म का परिचय मन के भीतर ही करा दिया। अब मैं जहाँ कहीं भी मंदिर-तीर्थादि में जाता हूँ, वहाँ पर जल व पत्थर ही दीख पड़ता है। वेदों व पुराणों का अध्ययन कर लेने पर भी मेरी यही धारणा है कि वह (ब्रह्म) सर्वत्र एक ही समान व्याप्त है। इसलिए हमें उसके पूजन के लिए वहाँ मंदिरादि में तभी जाना चाहिए जब वह यहाँ (अपने हृदय में) विद्यमान न हो। मैं अपने उस सद्‌गुरु की बलिहारी जाता हूँ जिसने मेरे सारे बिखरे हुए भ्रमों के जंजाल को नष्ट कर दिया। रामानन्द इस समय केवल ब्रह्म में ही लीन हैं। सद्‌गुरु के शब्दों ने इसके कर्म के करोड़ों बंधन छिन्न-भिन्न कर डाले हैं"[१] । यह पद यदि वास्तव में स्वामी रामानन्द का है, (और इस बात में संदेह करने का कोई प्रत्यक्ष कारण भी नहीं दीखता तो) हमें इन्हें संतमत के आदि प्रचारकों तथा उन्नायकों में निर्विवाद रूप सें सम्मिलित कर लेना चाहिए।

डा. फर्कुहर ने लिखा है कि स्वामी रामानंद के मत का मूल आधार श्री वैष्णव-सम्प्रदाय के सिद्धांतों में निहित न होकर 'अध्यात्म रामायण' में वर्तमान है। उनके अनुसार यह भी स्पष्ट है कि उत्तरी भारत के रामानुजीय 'श्री सम्प्रदाय' (जो दक्षिण में प्रचलित उनके श्री वैष्णव-सम्प्रदाय से कुछ भिन्न दीख पड़ता है) माध्वीय 'ब्रह्म-सम्प्रदाय', विष्णु स्वामी के 'रुद्र-सम्प्रदाय' तथा निम्बार्क स्वामी के 'सनक सम्द्रदाय' नामों की प्रणाली सर्वप्रथम स्वामी रामानंद, बल्लभाचार्य एवं चैतन्य द्वारा प्रवर्तित आंदोलनों के पूर्व ही प्रचलित हो चुकी थी और इनके द्वारा आगे उनमें बहुत से परिवर्तन भी हुए थे। अतएव जान पड़ता है कि राघवानन्द ने (जो मूलतः दक्षिण भारत से एक 'रामावत' वैरागी के रूप में आये थे और जिनके प्रधान मान्य ग्रंथ 'वाल्मीकीय रामायण', 'आध्यात्म रामायण' व 'अगस्त्य संहिता' थे) उत्तरी भारत में रामानंद को अपने मत में खींच लिया और इस प्रकार ईसा की पंद्रहवीं शताब्दी में एक नये आंदोलन का सूत्रपात किया। सोलहवीं शताब्दी में किसी समय उत्तरी भारत के उक्त 'श्री सम्प्रदाय' के साथ इनका अधिक सम्पर्क बढ़ा और तभी से दोनों एक व अभिन्न समझे जाने लगे तथा रामानंद-विषयक जनुश्रुतियाँ भी प्रचलित हो गईं। ये सभी बातें भक्त नाभादास के पहले अस्तित्त्व में आ चुकी थीं और तब से आज तक उनमें बराबर विश्वास किया जाता आ रहा है। परंतु डा. फर्कुहर की इस धारणा को अभी उनके अनुसार भी कोई प्रामाणिक रूप नहीं दिया जा सकता[२] और इसका अंतिम सत्य होना कुल सामग्रियों के उपलब्ध होने तथा उन पर पूर्ण रूप से विचार किये जाने पर ही निर्भर है।

श्री सम्प्रदाय व रामावत सम्प्रदाय–स्वामी रामानंद के दार्शनिक सिद्धांतों का आधार कदाचित् विशिष्टाद्वैत की मूल बातों में ही निहित है, अतएव इस दृष्टि से दोनों में कोई विशेष अंतर नहीं जान पड़ता। परंतु साम्प्रदायिक मान्यताओं के विचार से रामानुजीय 'श्री सम्प्रदाय'

---

१. 'ग्रंथ साहब', राग बसंत, पद १।

२. डा. जे. एन. फर्कुहर 'दि हिस्टारिकल पोजिशन आफ रामानंद' (दि जर्नल आफ दि रायल सोसायटी आफ ग्रेट ब्रिटेन ऐंड आयरलैंड, १९२२, पृ. ३७३-८०।

एवं रामानंदीय 'रामावत सम्प्रदाय' में कई प्रकार के भेद भी लक्षित होते हैं। सर्वप्रथम श्री सम्प्रदाय के उपास्य देव 'नारायण' के स्थान पर रामावत वाले 'राम' को स्वीकार करते हैं जो सर्वसाधारण की मनोवृत्ति के कहीं अधिक अनुकूल है। राम के आदर्श में एक ओर जहाँ परमात्मा के सर्वव्यापी होने की भावना छिपी हुई है, वहीं उनके लौकिक चरित्र में हमें मानवीय व्यक्तित्त्व का भी पूर्ण विकास दीख पड़ता है। क्षीरसागरशायी नारायण वा विष्णु को हम एक अलौकिक स्थिति में पाकर तथा उन्हें अपनी पहुँच के दूर समझकर उनके प्रति केवल श्रद्धा के भाव प्रकट करते हैं, किंतु अपने अपूर्व मानवीय गुणों के कारण राम हमें उनसे अधिक निकट जान पड़ते हैं और उनके लिए हमें अपना प्रेम प्रदर्शित करते भी संकोच नहीं होता। यही कारण है कि 'श्री सम्प्रदाय' के नियमों में जहाँ अर्चन-विधियों का बाहुल्य हैं, वहाँ 'रामावत सम्प्रदाय' के अनुसार भक्त हृदय अपने इष्टदेव के भजन व गुणगान से ही अधिक तृप्त होता रहता है। उसे वाह्य विधानों के अक्षरशः पालन की विशेष चिंता नहीं करनी पड़ती। 'रामावत सम्प्रदास' के अनुयायी का कुछ लगाव स्मार्त्त धर्म की ओर भी रहा करता है जिस कारण उसका व्यवहार हिंदू धर्म के अन्य सम्प्रदायों के साथ कटुता व संघर्ष का न होकर उदारता व सहृदयता का हुआ करता है।

रामावत सम्प्रदाय–स्वामी रामानंद की मृत्यु का संवत् १४६७ वि. में होना कहा जाता है जिस दृष्टि से इनकी आयु १११ वर्षों की ठहरती है। इनके दीर्घ काल तक जीवित रहने की ओर भक्त नाभादास ने भी संकेत किया है[१] और परम्परा से भी यही बात पुष्टि होती जान पड़ती है। इनके रामावत सम्प्रदाय का प्रचार उत्तरी भारत में प्रायः सर्वत्र हो चुका है आज तक उसके नाम पर अनेक मठ व अखाड़े स्थापित हो चुके हैं। ये संस्थाएं प्रदेश-विशेष के मुख्य आचार्यों के निवास-स्थानों वा उनकी संगठित मंडली के केंद्रो के रूप में होती है। इनमें कम से कम एक मंदिर सीताराम का होता है जिसमें कभी-कभी अन्य देवताओं के भी विग्रह रखे जाते हैं और एक छोटी-सी धर्मशाला भी रहा करती है। जिसमें समय-समय पर सम्प्रदाय के अनुयायी ठहरते वा एकत्र होते रहते हैं। साधारणतः इनके प्रबंध के व्यय का भार इनके आसपास की हिंदू जनता पर रहता है, परन्तु कहीं-कहीं इसके लिए कुछ भूमि अलग निकाली हुई भी पायी जाती है। इन मठों वा अखाड़ों में कुछ ऐसे भी होते हैं जिनकी प्रतिष्ठा अन्य ऐसी संस्थाओं से बढ़कर समझी जाती है और किसी समय पारस्परिक मतभेद उत्पन्न होने पर अथवा किसी अन्य महत्त्वपूर्ण अवसर पर भी उनके अंतिम निर्णय की प्रतीक्षा की जाती है। सम्प्रदाय के बहुत-से लोग वैरागी न बनकर गृहस्थ रूप में ही पाये जाते हैं और उनके लिए जो नियम हैं 'वे अधिक सरल व सुगम हैं'। इन सब के लिए मूल मंत्र केवल 'राम' वा 'सीताराम' है और उनके इष्टदेव श्रीरामचंद्र हैं जिन्होंने ब्रह्म की दशा में निर्गुण व निराकार होते हुए भी भक्तों के लिए तथा विश्व का संकट दूर करने की भी इच्छा से नरदेह धारण किया।

(३) सेन नाई

प्रथम मत–सेन नाई के संबंध में दो भिन्न-भिन्न मत प्रचलित हैं। एक के अनुसार ये

१. 'बहुत काल बयु धारिकै, प्रणत जनन कौं पार दियो।' –नाभादास की 'भक्तमाल' (रूपकलाजी संस्करण) पृ. २८८।

बीदर के राजा की सेवा में नियुक्त थे, प्रसिद्ध संत ज्ञानेश्वर के समकालीन थे और उन्हीं की शिष्य-मंडली में सम्मिलित थे। इनके बनाये हुए अनेक मराठी अभंग आज भी प्रचलित हैं जिनमें इन्होंने पंढरपुर के भगवान् विट्ठाल नाथ की स्तुति की है और एक सच्चे वारकरी भक्त की भाँति उनसे अपने ऊपर कृपा करने की प्रार्थना भी की है। एक अभंग में ये अपने को स्पष्ट शब्दों में 'जन्मलो न्हावीय चें उदरी' अर्थात् 'एक नाइन माता के गर्भ से उत्पन्न हुआ' बतलाते हैं और एक दूसरे अभंग द्वारा ये यह भी कहते हुए दीख पड़ते हैं कि किस प्रकार एक दिन ये देवपूजा में लगे रहने के कारण राजा के निकट समय पर उपस्थित नहीं हो सके और इन्हें बुलाने के लिए दूतों को आना पड़ा। ध्यान टूटते ही ये उनके साथ राज-दरबार में शीघ्र पहुँचे, राजा के हाथ में दर्पण दिया और उसके बाल बनाने लगे। परन्तु राजा को दर्पण में अचानक भगवान् की चतुर्भुजी मूर्ति दीख पड़ी और तैल-मर्दन कराते समय भी तैल की कटोरी में उसी प्रतिबिंब के दर्शन हुए जिससे प्रभावित होकर उसने विरक्तिभाव के साथ भक्तिमार्ग स्वीकार कर लिया। सेन नाई के उक्त अभंगों में उनकी भगवान् के प्रति एकांत निष्ठा, शुद्धहृदयता और प्रगाढ़ भक्ति सर्वत्र लक्षित होती है और अपने कीर्तन, प्रेम तथा ज्ञानेश्वर-परिवार के प्रति अटूट श्रद्धा के कारण ये एक पक्के 'वारकरी भक्त' ही प्रतीत होते हैं। इनके जीवन-काल के विषय में कोई स्पष्ट प्रसंग इनके उक्त अभंगों में नहीं दीख पड़ता। केवल मृत्यु-काल का निर्देश 'श्रावण बदि द्वादशी के दिन दोपहर के समय' द्वारा किया गया है जो किसी भी संवत् में है। प्रो. रानडे के अनुसार इनका समय सन् १४४८ ई. अर्थात् संवत् १५०५ में समझना चाहिए।

द्वितीय मत—दूसरा मत सेन नाई को बांधवगढ़-नरेश का सेवक होना बतलाता है और साथ ही इन्हें स्वामी रामानंद का शिष्य भी ठहराता है। इसके अनुसार सेन के राज-दरबार में यथासमय उपस्थित न हो सकने पर स्वयं भगवान् ने ही जाकर उनकी जगह, तैल-मर्दन कर दिया था। जब सेन को इस बात का पता चला, तब इन्हें बड़ी ग्लानि हुई और इसके मर्म को समझ लेने पर स्वयं राजा भी इतना प्रभावित हुआ कि उसने सेना का शिष्यत्व तक स्वीकार कर लिया। स्वामी रामानंद के तथाकथित अन्य शिष्यों में से धन्ना भगत ने सेन के लिए भगवान् द्वारा उसका रूप धारण करने की कथा को अपने समय में घर-घर प्रसिद्ध होना बतलाया है[1]। आगे चलकर नाभादास ने भी अपने 'भक्तमाल' ग्रंथ में सेन नाई के विषय में एक छप्पय दिया है जिसमें कहा है कि भगवान् ने इस भक्त के लिए नाई का रूप धारण किया था और शीघ्र ही छुरहेरी वा नाइयों की पेटी तथा दर्पण लेकर उसने राजा का तैल-मर्दन भी किया था जिसका परिणाम यह हुआ कि राजा अपने नाई का ही शिष्य बन गया।[2] पहला मत दक्षिणी भारत का जान पड़ता है और दूसरा उत्तरी भारत में प्रसिद्ध है और दोनों द्वारा निर्दिष्ट सेन के जीवन-काल के एक होने में भी संदेह किया जा सकता है।

तृतीय मत—श्री बी. एस. पंडित नामक एक सज्जन ने अभी कुछ दिन हुए अपने एक निबंध में बतलाया है कि सेन जी की कथा का परिचय हमें मराठी कवि महीपति की 'भक्ति विजय' नामक रचना में मिलता है जो नाभादास की 'भक्तमाल' पर आधारित है। महीपति

---

१. नाभादास, 'भक्तमाल' १ रूपकलाजी का संस्करण पृ. ५३१।

२. 'आदिग्रंथ' रागु धनासरी, पद १।

ने इनके अनुसार नाभादास के कथन को भली भाँति नहीं समझ पाया है और उन्होंने कई भूलें कर दी हैं। सेन जी वास्तव में बांधवगढ़ के ही निवासी थे और वहाँ के शासक 'राजाराज' के यहाँ नियुक्त थे। अतएव उनके लगभग १५० की संख्या में उपलब्ध मराठी अभंगों के विषय में यही अनुमान किया जा सकता है कि या तो उन्हें किसी अज्ञात कवि ने उनके नाम से लिख दिया होगा अथवा उन्होंने स्वयं महाराष्ट्र में कुछ दिनों तक ठहरकर उन्हें उसी प्रकार बनाया होगा जिस प्रकार संत नामदेव ने पंजाब में रहकर अपने हिंदी पदों की रचना की थी। परन्तु श्री पंडित अपने उक्त अनुमानों के लिए कोई प्रामाणिक आधार देते हुए नहीं जान पड़ते। महीपति ने क्यों और किस प्रकार भूलें की हैं तथा सेनजी के नाम से प्रसिद्ध मराठी अभंगों को उचित महत्त्व क्यों न दिया जाय, इसके लिए वे कोई कारण नहीं देते। इसके सिवाय उनके अनुसार अपने राजाराम (सं. १६११-४८) के यहाँ नियुक्त होने पर ये स्वामी रामानंद के समकालीन भी नहीं सिद्ध होते।

परिणाम–गुरु अर्जुन देव द्वारा संगृहीत सिक्खों के प्रसिद्ध मान्य ग्रंथ 'आदिग्रंथ' में सेन नाई का भी एक पद आता है जिसमें इन्होंने स्वामी रामानन्द का नाम लिया है और बतलाया है कि राम की भक्ति का रहस्य वे ही जानते हैं और पूर्ण परमानन्द की व्याख्या करते हैं।[1] उस पद में प्रयुक्त 'जानै' व 'बखानै' शब्दों के रूप से अनुमान होता है कि उक्त कथन का निर्देश वर्तमान काल की ओर है। अतएव सेन नाई उक्त स्वामी जी के समकालीन माने जा सकते हैं, किंतु वाक्य के प्रशंसात्मक होने पर भी इतने से ही इन्हें उनका शिष्य भी होना आवश्यका नहीं। जान पड़ात है कि ये अपने जीवन के पूर्व भांग में 'वारकरी सम्प्रदाय' द्वारा ही अधिक प्रभावित रहे। पीछे इनका आना उत्तरी भारत में हुआ जहाँ पर स्वामी रामानन्द के दर्शनों का भी इन्हें अवसर मिला। ये एक सरल हृदय के व्यक्ति थे। इसलिए अपने जीवन के पिछले दिनों में इनका उत्तरी भारत में भी संत नामदेव की भाँति कुछ काल तक रम जाना कुछ आश्चर्यजनक नहीं जान पड़ता। संत नामदेव ने जिस प्रकार मराठी अभंगों के साथ-साथ हिंदी पदों की भी रचना की थी, उसी प्रकार इन्होने भी किया होगा। स्वामी रामानन्द का समकालीन होने से इनका संत ज्ञानेश्वर का भी समसामयिक होना संभव नहीं कहा जा सकता। इनका समय चौदहवीं विक्रमी शताब्दी के उत्तरादृर्ध एवं पंद्रहवीं के पूर्वादृर्ध में समझा जा सकता है, किंतु इनकी जन्म भूमि आदि के संबंध में प्रायः कुछ भी ज्ञात नहीं है।

सेन-पंथ–सेन नाई के नाम पर किसी सेन-पंथ का भी प्रचलित होना प्रसिद्ध है और डा. ग्रियर्सन का अनुमान है कि उक्त पंथ का अलग अस्तित्त्व में आना इस बात के कारण संभव था कि सेन तथा उसके वंशजों का प्रभाव बांधवगढ़ नरेशों पर बहुत काल तक कायम रहा[2]। परन्तु सेन-पंथ के अनुयायियों अथवा उनके मत-विशेष का कोई पूरा विवरण उपलब्ध नहीं है।

(४) पीपा जी

समय–पीपाजी की भी गणना स्वामी रामानन्द के प्रसिद्ध बारह शिष्यों में की जाती है और नाभादास ने अपनी 'भक्तमाल' में जो छप्पय इनके संबंध में दिया है, उसमें उन्होंने इस

१. 'सेन पंथीज' 'एनसाईक्लोपीडिया आफ रेलिजन ऐंड एथिक्स' (भा. २) पृ. ३८४।

२. नाभादास 'भक्तमाल' (रूपकलाजी का संस्करण) पृ. ४९८।

बात का उल्लेख स्वतंत्र रूप से भी कर डाला है[1] परन्तु जहाँ तक पता है, इनके विषय में स्वामी रामानन्द के शिष्य समझे जाने वाले सेन, कबीर, रैदास वा धन्ना ने इनकी कुछ भी चर्चा नहीं की है। इनका कदाचित् सबसे पहला प्रसंग मीराबाई के एक पद में आता है जहाँ पर इनके भगवान् के परिचय पाने एवं खजाने के पूर्ण किये जाने की ओर संकेत किया गया है[1] इनका जन्म-काल डा. फर्कुहर के अनुसार सन् १४२५ (सं. १४८२) बतलाया जाता है, किंतु कनिंघम ने[2] गागरौन राज की वंशावली के आधार पर इनका समय सन् १३६० और १३८५ अर्थात् सं. १४१७ तथा १४४२ के बीच ठहराने का प्रयत्न किया है, जैसा एक भ्रमण-वृत्तांत से भी प्रकट होता है[3] और उक्त दोनों निश्चयों में मेल खाता नहीं दीख पड़ता। इनकी अपनी दो रचनाओं[4] से केवल यही प्रतीत होता है कि ये कबीर साहब के एक बड़े प्रशंसक थे और उन्हें गुरुतुल्य अथवा मार्ग-प्रदर्शक भी मानते थे। इस प्रकार इनका भी समय प्रायः वही हो सकता है जो कबीर साहब का होना चाहिए और उस दशा में ये उनसे कुछ पीछे तक भी जीवित मान लिये जा सकते हैं। इस अनुमान की संगति कनिंघम के मत के साथ बैठेगी, जब पीपाजी द्वारा अपनी राजगद्दी का बीच ही में परित्याग भी हुआ हो और वे विरक्त की दशा में कुछ काल तक भ्रमण व सत्संग करते फिरे हों। डा. फर्कुहर का निश्चय कुछ अधिक आगे तक पहुँच जाता है जो ठीक नहीं जान पड़ता। फिर भी राजस्थान के इतिहास से पता चलता है कि पीपाजी के बड़े भाई राजा अचलदास खीची के साथ राणा कुंभा (सं. १४७५-१५२५) की बहन लाला का ब्याह हुआ था और यह उनकी प्रथम रानी थी। अतएव सभी बातों पर विचार करते हुए पीपाजी का जन्म-काल सं. १४६५-१४७५ के लगभग मान लिया जा सकता है।

जीवनी–कहते हैं कि पीपाजी के हृदय में बाल्यवास्था से ही भक्ति-भावना अंकुरित हो चुकी थी, जो उनके सिंहासनासीन होने पर भी कम न हुई। अपने गागरौन गढ़ में उन्हें बारह रानियाँ थीं और सभी प्रकार के आमोद-प्रमोद की सामग्री वर्तमान थी, किंतु उनकी साधु-सेवा बराबर चलती रहती थी। वे पहले भवानी के उपासक थे, किंतु कतिपय वैष्णवभक्त अतिथियों की प्रेरणा से स्वामी रामानंद के सम्पर्क में आकर ये उनसे प्रभावित हो गए। प्रसिद्ध है कि अपनी राजधानी में लौटकर इन्होंने अपना सारा ठाट-बाट बदल डाला और साधु-वेश में रहने लगे। इनका स्वामी रामानंद के साथ एक बार तीर्थयात्रा करते हुए द्वारकापुरी तक जाना भी बतलाया जाता है। इस यात्रा में इनके साथ इनकी रानी सीता देवी भी गई थीं और उन्होंनें मार्ग के विविध कष्टों में इनकी सच्ची सहधर्मिणी बनकर इनके साथ सहयोग किया था। द्वारिकापुरी की एक यात्रा में इनके किसी परिचित भक्त श्रीधर ने इनका सत्कार अपनी धोती तक बेंचकर किया था जिसके उपलक्ष में इस वैष्णव-दंपति ने जनता के बीच गा बजाकर धन संग्रह किया और उस अकिंचन मित्र की सहायता की। सीता देवी ने उक्त अवसर पर लल्ला का परित्याग कर सबके सामने नृत्य के साथ गान किया था और पीपाजी ने सारंगी बजाई थी। इनकी यात्रा के स्मारकरूप में 'पीपावट' का वृहत् मठ आज भी वर्तमान है जहाँ यात्रियों के सेवा-सत्कार का बहुत अच्छा प्रबंध है।

---

१. 'मीराबाई की पदावली' (हिंदी साहित्य सम्मेलन, प्रयाग) पद २१, पृ. ११।
२. 'आर्कियालाजिकल सर्वे रिपोर्ट (भा. २) पृ. २९५-७ और (भा. ३), पृ. १११।
३. 'ट्रेवेल्स आफ ए हिंदू' (वाल्यूम १) पृ. ५७।
४. 'श्री पीपाजी की बानी' 'सरब गुटिका' और रज्जबजी की 'सर्वंगी' में संगृहीत।

निवास-स्थान–पीपाजी की राज दंपति को द्वारकापुरी के प्रति इतना प्रेम हो गया था कि अंत में ये वहाँ जाकर ठहरने भी लग गए थे। एक अन्य स्थान पर जहाँ ये विशेषरूप से रहा करते थे, कोई गुफा थी जो अहू एवं काली सिंध नामक नदियों के संगम पर आज भी मौजूद है। गुफा इतनी भयावनी है कि उसमें प्रवेश करने का साहस किसी को नहीं होता। कहते हैं कि वह नदी के जल तक भीतर ही भीतर चली गई है। वहीं स्नान कर पीपाजी अपने मंदिर में आ जाते थे जो गुफा के निकट ही बना हुआ है। उक्त स्थान पर आज भी पर्व के दिनों पर एक मेला लगा करता है जिसमें स्नान के लिए अनेक यात्री प्रति बार एकत्र हुआ करते हैं। स्थान झालावाड़ राज्य में पड़ता है। पीपा-दंपति के विषय में यह भी प्रसिद्ध है कि ये श्रीकृष्ण के दर्शनों के लिए लालायित होकर एक बार भावावेश में समुद्र में कूद पड़े थे जहाँ इन्हें भगवान् के युगल-रूप के साथ साक्षात हो गया और इस बात का चिन्ह-स्वरूप ये अपने शरीरों पर छाप लगाकर निकले थे। उक्त प्रकार की छाप आज भी द्वारकापुरी के तीर्थ-यात्रियों के शरीरों पर वहाँ के 'पीपामठ' में उसी की स्मृति में दी जाती है। इनके विषय में अनेक चमत्कारपूर्ण कथाएं प्रसिद्ध हैं जिनमें से सिंह जैसे हिंस्र पशु को भी उपदेश देने के वृत्तांत का एक उल्लेख नाभादास के भक्तमाल में हुआ है। इनकी उदारता एवं निस्पृहता से संबंध रखने वाली अनेक घटनाओं के भी वर्णन बहुत-सी पुस्तकों में लिखे मिलते हैं।

रचना–पीपाजी की रचनाओं के 'श्रीपीपाजी की बानी' नामक दो एक संग्रह अभी तक हस्तलिखित रूप में वर्तमान सुने जाते हैं। जहाँ तक पता है, इनमें से किसी के प्रकाशित होने का अवसर अभी तक उपस्थित नहीं हुआ। एक संग्रह बहुत दिनों पहले काशी से निकला था जो अब उपलब्ध नहीं है और न यही पता है कि उसमें संगृहीत पदों की हस्तलिखित प्रतियों की रचनाओं के साथ कहाँ तक समानता है। इनका एक पद गुरु अर्जुन देव द्वारा सम्पादित प्रसिद्ध 'आदिग्रंथ' में 'रागु धनासरी' के रूप में संगृहीत है जिसमें 'जो पिंड में है वही ब्रह्मंड में है' का सिद्धांत प्रतिपादित किया गया है और जो सभी प्रकार से संतमत की ही बातों का समर्थन करता है। उक्त पद में लिखा है[1] कि मानव शरीर के ही भीतर अपना इष्टदेव, देवालय तथा सारे चर जीव है। उसी में धूप एवं नैवेद्य हैं और उसी में कुल पूजन की सामग्रियाँ भी हैं। काया के ही भीतर खोज करने पर नवों निधियाँ राम की कृपा से बिना कहीं आये-गये ही प्राप्त हो सकती हैं। जो कुछ भी ब्रह्मांड में है, वह सभी पिंड में भी वर्तमान है और जो कोई खोजता है, वह उन्हें उपलब्ध भी कर सकता है। पीपा परमतत्त्व को प्रणाम करता है वा निवेदन करता है और कहता है कि उक्त् वस्तु को कोई सद्गुरु ही लखा सकता है।

(५) संत रविदास व रैदास जी

जाति–संत रविदास व रैदास जी के विषय में धन्ना भगत ने कहा है कि इन्होंने नित्य प्रति ढोरों का व्यवसाय करते हुए भी माया का परित्याग कर दिया, ये साधुओं के साथ प्रत्यक्ष रूप में रहने लगे और इस प्रकार भगवान के दर्शन प्राप्त करने में सफल हो गए।[2] स्वयं रविदास के दो पदों से भी इस बात का समर्थन होता है कि इनके कुटुंब वाले 'ढेढ' लोग बनारस के आस-पास इनके समय में ढोरो वा मृत पशुओं को ढो-ढोकर ले जाया करते थे

१. ग्रंथ साहब', रागु धनासरी, पद १।

२. वही, रागु आसा, पद २।

और इस प्रकार उन ढेढों का वंशज होते हुए भी इन्हें भक्त व महात्मा मानकर सदाचारी विप्रों तक ने इन्हें प्रणाम किया।[१] अपनी जाति को इन्होंने कई स्थलों पर 'ओछी' व 'कमीनी' कहा है और अपने को 'खलास चमार' अथवा 'चमइया' भी बतलाया है जिससे सिद्ध है कि इनके चमार जाति का होने में कुछ भी संदेह नहीं। फिर भी प्रसिद्ध भक्तचरित-लेखक अनंतदास ने इनका कम से कम पूर्वजन्म में ब्राह्मण् होना बतलाया है और कहा है कि मांस खाने के कारण इनका जन्म चमार जाति में हो गया था। वर्ण-व्यवस्थानुसार ब्राह्मणों को सर्वश्रेष्ठ मानने वालों के लिए आज भी यह समझना कठिन है कि सिवाय उनके और दूसरा कोई, और विशेषकर चमार जैसी नीच समझी जाने वाली जाति का मनुष्य किस प्रकार भक्त कहलाकर इतना प्रतिष्ठित बन सकता है। इसी मनोवृत्ति के कारण वे रविदास के विषय में एक ऐसी घटना की भी कल्पना करते हैं जिसमें इन्होंने अपने शरीर पर चमड़े के नीचे यज्ञोपवीत का होना प्रमाणित किया था और उसके कारण उस समय के ब्राह्मण अत्यंत लज्जित हुए थे। नाभादास की 'भक्तमाल' के टीकाकार प्रियादास का यह भी कहना है कि संभवतः पूर्वजन्म में ब्राह्मण रह चुकने के ही कारण इन्होंने चमार के घर उत्पन्न होकर भी अपनी चमारिन माता का दूध पहले नहीं पिया और स्वामी रामानंद ने जब जाकर उपदेश दिया तथा इन्हें अपना शिष्य बना लिया, तब ये स्तन-पान करने लगे। इस प्रकार अपनी छोटी-सी अवस्था में ही ये उक्त कथन के अनुसार स्वामी रामानंद के शिष्य भी हो गए थे।

गुरु–परन्तु जैसा ऊपर कहा जा चुका है, स्वामी रामानंद के शिष्य समझे जाने वाले रविदास जैसे अन्य संतों का भी पूर्णतः समसामयिक होना प्रमाणित नहीं होता। धन्ना भगत रविदास से कहीं छोटे जान पड़ते हैं और स्वयं इनकी भी कुछ रचनाओं से सिद्ध हो जाता है कि सेन नाई और कबीर साहब इनके समय तक मरकर प्रसिद्ध हो चुके थे। इन्होंने स्वामी रामानंद को अपना गुरु किसी भी उपलब्ध पद में स्वीकार नहीं किया है और न इनकी किसी भी पंक्ति से ऐसा प्रकट होता है कि ये उनके समकालीन थे। कबीर साहब के साथ इनकी भेंट की एकाध कथाएं अवश्य प्रचलित हैं। किंतु सेन नाई के साथ इनका संपर्क में आना किसी प्रकार सिद्ध नहीं होता और न पीपाजी के ही साथ इनका कोई संबंध प्रमाणित होता है। परंतु इनका काशी में रहना यदि कम से कम उक्त पद में आये हुए 'बनारस के आसपास ढोरों के ढोने वाले कुटुंबों' से सिद्ध किया जा सके, तो वहीं दीर्घकाल तक निवास करने वाले कबीर साहब के साथ इनकी भेंट, इनकी युवावस्था में ही सही, अवश्य हुई होगी और ये उनसे बहुत कुछ प्रभावित भी हुए होंगे। इसी प्रकार काशी में ही कुटी व गुफा के भीतर निवास करके साधना में निरत रहने वाले दीर्घजीवी स्वामी रामानंद से भी इनका किसी समय प्रत्यक्ष वा अप्रत्यक्ष रूप में प्रभावित हो जाना असंभव नहीं कहा जा सकता। किंतु इसमें संदेह नहीं कि स्वामी रामानंद द्वारा इनका दीक्षित होना सिद्ध करने के लिए सेन नाई, कबीर साहब एवं पीपाजी से भी कहीं अधिक प्रमाणों की आवश्यकता होगी।

जीविका व स्वभाव–संत रविदास संभवतः काशी में ही रहा करते थे और इन्होंने अपने पैतृक व्यवसाय को भक्त के रूप में अपनी प्रसिद्धि हो जाने पर भी कदाचित कभी नहीं

---

१. 'मेरी जाति कुटवां ढला ढोर ढोवंता नितहि बानारसी आसपास।
अब बिप्र परधान तिहि करहि डंडउति तेरे नाम सरणाई रविदासुदासा'।–'ग्रंथ साहब', रागु मलार, पद १।

छोड़ा। ये उसे अपनी जीविका मानकर सदा चलाते रहे और जो कुछ भी इन्हें उसके द्वारा प्राप्त हो रहा, उससे अपना भरण-पोषण करते रहे। कहा जाता है कि इन्हें अपने लड़कपन से ही सत्संग का चसका लग चुका था और १२ वर्ष की अवस्था से ये मिट्टी की बनी 'रामजानकी' की मूर्ति पूजने लगे थे[१]। इस कारण इनके सांसारिक भविष्य को उज्वल न होता देखकर इनके पिता ने इन्हें बहुत समझाया-बुझाया और इनमें सुधार के कोई लक्षण न पाकर इन्हें अंत में अपने से अलग भी कर दिया। तब से ये अपने पूर्वजों के गृह के पिछवाड़े एक छप्पर डालकर बस गए और वहीं रहकर अपनी जीविका चलाने लगे। अपने स्वाभाव से ये परम निस्पृह व संतोषी थे और उदार भी होने के कारण अपने बनाये जूते ये बहुधा साधु-संतों को यों ही पहना दिया करते थे। इनकी निस्पृहता के संबंध में बहुधा एक प्रसंग का भी उल्लेख किया जाता है। प्रसिद्ध है कि एक बार इन्हें किसी साधु ने पारस पत्थर लाकर दिया और इनके जूता सीने वाले लोहे के औजार से छुलाकर उन्हें सोना बना उक्त पत्थर का उपयोग भी इन्हें बतला दिया। परंतु, रविदास ने उस बहुमूल्य वस्तु को ग्रहण करने से इनकार कर दिया और साधु के बहुत आग्रह करने पर उसे छप्पर में कहीं खोंस देने के लिये कह दिया। तब से तेरह महीनों के अनंतर जब वह साधु वहाँ वापस आया और इनसे उस पत्थर का हाल पूछा, तब इन्होंने कहा 'देख लीजिए, जहाँ था वहीं पड़ा होगा'।

मीराबाई व रैदास जी–इनके बहुत-से अनुयायी महाराष्ट्र व राजपूताने में भी पाये जाते हैं, इस कारण कुछ लोगों ने अनुमान किया है कि ये किसी पश्चिमी प्रांत के रहे होंगे। किंतु इसके लिए कोई प्रमाण नहीं मिलता और जान पड़ता है कि इनके अनुयायियों का उधर होना इनके भ्रमण वा प्रचार के कारण संभवत होगा। मीराबाई की कुछ रचनाओं के अंतर्गत 'गुरु मिलया रैदासजी दीन्हीं ग्यान की गुटकी'[२] तथा 'रैदास संत मिले मोहि सतगुरु, दीन्हा सुरत सहदान'[३] जैसे वाक्यों के आने से जान पड़ता है कि वे इन्हें अपना गुरु स्वीकार करती हुई इन्हें दीक्षागुरु भी कह रही हैं। उनके ये कथन अब तक प्रामाणिक समझे जाने वाले प्रायः सभी पद संग्रहों में पाये जाते हैं, इसलिये उन्हें सहसा प्रक्षिप्त ठहरा देना कठिन प्रतीत होता है। इस कारण या तो रविदास और मीराबांई को समकालीन मानना होगा या उक्त रैदास जी वा रैदास संत' को किसी और के लिए प्रयुक्त संकेत समझना पड़ेगा। इनमें से पहली धारणा को ठीक मानते समय हमें यह कठिनाई दीख पड़ती है कि जिस धन्ना भगत का उल्लेख स्वयं मीराबाई ने ही किसी प्राचीन पौराणिक भक्त की भाँति किया है,[४] वे संत रविदास को एक प्रसिद्ध भक्त व अपना एक आदर्श समझते हैं और इस प्रकार जब धन्ना भगत ही संत रविदास के अनंतर आते हैं, तब मीराबाई को उनसे और पीछे तक लाना पड़ेगा। हाँ, दूसरी धारणा में कदाचित कुछ अधिक तथ्य जान पड़ता है। संत रविदास के अनुयायियों को बहुधा 'रविदास' वा 'रैदास' कहते हुए आज तक भी सुना जाता है। इस कारण अनुमान किया जा सकता है कि मीराबाई के गुरु संभवतः रैदासी सम्प्रदाय के कोई ऐसे आचार्य रहे होंगे जो उनके समय में जीवित रहे होंगे। इस धारणा की पुष्टि एक और बात से होती है। 'भक्तमाल' के रचयिता

१. जी. डब्ल्यू. ब्रिग्स : 'दि चमार्स' (रेलिजन लाइफ आफ इंडिया) पृ. २०८।
२. 'मीराबाई की पदावली' (हिंदी साहित्य सम्मेलन, प्रयाग) पद २४, पृ. १०।
३. वही, पद १५९, पृ. ५५।
४. वही, तृतीय संस्करण, पृ. ४८।

नाभादास ने अपने एक पद में[१] बीठलदास भक्त को 'रैदासी' कहा है और उन्हें पद गान करते हुए मृत्यु को प्राप्त होने वाला एवं जगत्-प्रसिद्ध भी बतलाया है। इस बीठलदास रैदासी का समय ज्ञात नहीं और न निश्चित रूप से यही कहा जा सकता है कि मीराबाई के साथ इनकी भेंट संभव थी वा नहीं। फिर भी इतना अनुमान कर लेने के लिए पर्याप्त आधार मिल जाता है कि मीराबाई की उपर्युक्त पंक्तियों में उल्लिखित 'रैदासजी' वा 'संत रविदास' शब्द कहीं ऐसे ही रैदासी के लिए व्यवहृत हुए होंगे। यों तो संत रविदास का मीराबाई का गुर होना इनके वा इनके मत द्वारा पूर्ण रूप से प्रभावित होने पर भी सिद्ध किया जा सकता है[२]।

झालीरानी व रैदास जी–नाभादास की 'भक्तमाल' पर टीका लिखने वाले प्रियादासजी ने संत रविदास की शिष्या के रूप में किसी 'झालीरानी' का नाम लिया है। 'झाली' शब्द उक्त रानी की व्यक्तिगत संज्ञा न होकर उसके पितृवंश का द्योतक है। यह शब्द उसी प्रकार का है जैसा मीराबाई के लिए बहुधा प्रयुक्त होने वाला 'मेड़तणी' शब्द कहला सकता है। झालीरानी भी प्रसिद्ध चित्तौड़ की ही थीं और वहाँ के महाराणा की महाराणी थीं जिस कारण उनका भी संबंध मीराबाई के श्वसुरकुल से थे। कहते हैं कि उन झालीरानी ने काशी जाकर संत रविदास का शिष्यत्व ग्रहण किया था और चित्तौड लौटकर इन्हें उन्होंने अपने यहाँ निमंत्रित किया था। उनके समक्ष संत रविदास का ठाकुरजी की मूर्ति को अपनी ओर आकृष्ट करना, पंडितों का शास्त्रार्थ में इनसे पराजित होना, भोजन करते समय ब्राह्मणों की पंक्ति में अनेक स्थलों पर इनका स्वयं भी दीख पड़ना, तथा ऊपर उल्लिखित प्रसंगानुसार इनका अपने शरीर के चमड़े के नीचे से यज्ञोपवीत प्रदर्शित करना जैसी घटनाएं[३] इनकी चित्तौड़ यात्रा से ही संबंध रखती हैं। इन चमत्कारपूर्ण बातों की सत्यता के विषय में जो भी संदेह किया जा सके, इन्हें झालीरानी का गुरु मान लेने में अधिक कठिनाई न होगी। काशी जैसे प्रसिद्ध तीर्थ-स्थान का निवासी होने के कारण इनकी ख्याति दूर तक सरलतापूर्वक फैल गई होगी और इस प्रकार उक्त झालीरानी को भी इनके उपदेश ग्रहण करने के लिए आना पड़ गया होगा। इन झालीरानी को कुछ लोग महाराणा सांगा (सं. १५३९-१५८४ वि.) की धर्मपत्नी समझते हैं और इस विचार से संत रविदास का समय विक्रम की सोलहवीं शताब्दी के प्रायः अंत तक चला जाता है जो असंभव नहीं जान पड़ता।

रचनाएँ–संत रविदास की शिक्षा आदि के विषय में कुछ भी पता नहीं चलता और अधिकतर यही संभव जान पड़ता है कि ये अशिक्षित ही रहे होगें। फिर भी इनकी रचना समझे जाने वाले अनेक पद कई भिन्न-भिन्न संग्रहों में पाये जाते हैं जिनसे इनके विचारों के विषय में अनुमान करने के लिए हमें सामग्री मिल जाती है। कहा जाता है कि इनकी बहुत-सी रचनाएं राजस्थान की ओर अभी तक हस्तलिखित रूप में पड़ी हुई हैं और उनकी संख्या कम नहीं हैं। किंतु अभी तक उन्हें एकत्र कर किसी प्रामाणिक संग्रह के रूप में प्रकाशित नहीं किया गया है और न जहाँ तक पता है, कोई योग्य पुरुष इसके लिए प्रयत्‌ करते हुए ही सुने जाते हैं। इनकी कुछ फुटकर रचनाओं का एक संग्रह प्रयाग के 'वेलवेडियर प्रेस' से 'रैदासजी की

---

१. 'भक्तमाल' नाभादास, छप्पय १७७, पृ. ८८८, ९।

२. मीराबाई की पदावली' पृ. ७२, ७३।

३. 'भक्तमाल' नाभादास पृ. ४८३-४८५।

बानी' के नाम से प्रकाशित हुआ है जो संभवतः अधूरा है। इसमें संग्रहीत अनेक पद 'ग्रंथसाहब' में आये हुए पदों से मिलते हैं। परंतु सावधानी के साथ मिलान करने पर कई रचनाओं में बहुत कुछ अंतर भी दीखने लगता है। इन दोनों संग्रहों में आयी हुई रचनाओं की भाषा में भी कहीं-कहीं बहुत अंतर है, जो संग्रहकर्ता की अपनी भाषा के कारण भी संभव समझा जा सकता है। फिर भी 'ग्रंथ साहब' में आये हुए पदों को उसकी प्राचीनता के कारण कुछ अधिक प्रामाणिक समझा जाय, तो अनुचित न होगा। संत रविदास की उपलब्ध रचनाओं में कुछ पद ऐसे भी मिलते हैं जिनमें फारसी भाषा का प्रभाव स्पष्ट लक्षित होता है और उन्हें इनकी रचना मानते समय कुछ संदेह भी होने लगता है। किंतु फारसी मिश्रित भाषा वा पूर्णतः फारसी में लिखे गए अनेक पद कबीर साहब की उपलब्ध रचनाओं में भी मिलते हैं और इस भाषा में शब्द-रचना करने की प्रवृत्ति इन दोनों संतों के अनन्तर आने वाले कई संतों में दीख पड़ती है। इन सभी संतों का फारसी भाषा से परिचित होना अभी तक प्रमाणित नहीं किया जा सका है और न बहुतों के साधारण प्रकार से भी शिक्षित होने का कुछ पता चलता है। ऐसी स्थिति में केवल इतना ही कहा जा सकता है कि ऐसे कुछ संतों की फारसी-मिश्रित रचनाएं उनके बहुश्रुत होने के कारण भी प्रस्तुत हुई होंगी। हाँ, यह और बात है कि ऐसी अनेक कृतियों का इन संतों के साथ कुछ भी संबंध न हो और वे किन्हीं अन्य व्यक्तियों की रचना होने पर भी इनके संग्रहों में प्रक्षिप्त रूप में आ गई हों। फिर भी जब तक ऐसी रचनाओं की पूरी छान-बीन नहीं हो जाती और उन संतों की बानियों के प्रामाणिक संग्रह प्रकाश में नहीं आते, तब तक इस विषय में कोई भी कथन अंतिम नहीं कहा जा सकता।

सिद्धांत–संत रविदास हिंदू-समाज के नियमानुसार नीच कुलोत्पन्न एवं नीच व्यवसाय से अपना जीवन यापन करने वाले व्यक्ति थे और इनका दारिद्र्य देखकर लोग बहुधा इनकी हँसी भी उड़ाया करते थे[1]। फिर भी इनके विचार अत्यंत उच्च व उदार थे। ये हृदय के सच्चे थे और इसी कारण इन्हें तर्क-वितर्क द्वारा उपलब्ध कोरे ज्ञान से कहीं अधिक सत्य की पूर्ण अनुभूति में ही आस्था थी। ये कहा करते थे कि इस प्रकार ही 'राम' का परिचय पाने पर 'दुविधा' नष्ट होती है और पिंड का रहस्य जान लेने पर मनुष्य जल के ऊपर तूंबे की भाँति संसार में सदा विचरण करता है। जब तक यह 'परम वैराग' की स्थिति प्राप्त नहीं, तब तक 'भगति' के नाम पर की जाने वाली सारी साधनाएं केवल भ्रम-मात्र कही जा सकती हैं। स्वर्ण की शुद्धि उसके पीटे जाने, काटकर टुकड़े-टुकड़े किये जाने, सुरक्षित रखे जाने वा केवल तपाये जाने से ही नहीं, प्रत्युत उसका संयोग सोहागे के साथ कर देने पर हुआ करता है और उसी प्रकार हमारे भीतर का निर्मलत्व भी सत्य की पूरी पहचान हो जाने पर ही निर्भर है। जब तक नदी समुद्र में जाकर प्रवृष्ट नहीं हो जाती, तब तक उसमें बेचैनी रहा करती है और समुद्र के साथ मिलन होते ही उसकी 'पुकार' मिट जाती है और उसे शांति एवं स्थिरता का अनुभव होने लगता है। तभी उसके जीवन की सफलता की सिद्धि होती है। हमारे भीतर भ्रम का दोष आ गया है जिस कारण हम अपनी वास्तविक दशा की पहचान नहीं कर पाते और उस राजा की भाँति दुःख का अनुभव करते रहते हैं जिसने स्वप्न में अपने को भिखारी समझकर अनेक प्रकार से कष्ट झेले और जिसकी स्थिति उसके जग जाने पर ही सुधर सकी।

---

१. 'ग्रंथ साहिब', रागु बिलावल, पद १।

सत्य का परिचय–परंतु वह 'सत्य' वा 'राम' कौन-सी वस्तु है जिसे हम अपने भ्रम का निवारण हो जाने पर उपलब्ध करते हैं। संत रविदास ने सत्य का रूप बतलाते हुए उसे 'जस हरि कहिये तस हरि नाहीं, अस तस कछु तैसा' अर्थात् अनुपम व अनिर्वचनीय कहा है। फिर भी ये उसका परिचय कई प्रकार से देते हुए दीख पड़ते हैं। इनका कहा है कि वह आदि, मध्य एवं अंत अर्थात् सर्वत्र एकरस है और चर, अचर आदि सभी में एक ही प्रकार किसी मणिमाला में अनुस्यूत सूत्र की भाँति ओत-प्रोत है। वास्तव में वही एकमात्र है और सारा दृश्यमान संसार उसके भीतर वैसा ही लक्षित होता है जैसा जलराशि में उसकी तरंगें समझ पड़ती हैं, एक ही स्वर्ण के भिन्न-भिन्न अलंकार पृथक्-पृथक् जान पड़ते हैं और किसी पत्थर में गढ़ दी गई अनेक प्रतिमाएं भिन्न-भिन्न प्रतीत होती हैं। वह न तो उत्पन्न होता है और नष्ट ही होता है, अपितु नित्य व निराकार बना हुआ सबके भीतर अलक्षित व निर्विकार की दशा में वर्तमान रहता है। जिस प्रकार का दर्पण में प्रतिबिंब दीख पड़ता है, समुद्र में आकाशस्थित वस्तुओं की छाया प्रतिभासित होती है तथा गंध का अनुभव वायु से हुआ करता है, किंतु इन सबके होते हुए भी उक्त दर्पण, समुद्र व वायु क्रमशः प्रतिबिंब, छाया एवं गंध में अछूते व निर्लिप्त रहा करते हैं, उसी प्रकार समूचे दृश्यमान संसार का मूल आधार होने पर भी ब्रह्म सदा उनसे अप्रभावित रहा करता है और इस नित्य वस्तु में अविनश्वर है और हमारे भीतर वही जीवात्मा के रूप में स्थित है, किंतु भ्रम के कारण हमें उसका बोध नहीं होता।

भक्त की समस्या–उक्त भ्रम व अज्ञान ही सब दुःखों का कारण है और उसे निर्मूल करना हमारा परम कर्तव्य है। परंतु यह किस प्रकार किया जाय[१] कभी-कभी हम देखते हैं कि लोग इसके लिए धर्म का निरूपण किया करते हैं और वेद-पुराणादि के आधार पर कर्म-अकर्म पर विचार करते हुए विधि-निषेधों के नियम स्थिर करते हैं। किंतु वाह्य बातों में व्यवस्था आ जाने पर भी केवल इसी के द्वारा भीतरी शांति नहीं मिलती और हृदय का संशय ज्यों का त्यों बना रह जाता है[२]। इसी प्रकार हम यह भी देखते हैं कि इस संसार में अपना जीवन यापन करने वाले प्रत्येक व्यक्ति को सदा काम, क्रोध लोभ व मोह की प्रवृत्तियों से काम लेना पड़ता है जिन सभी के मूल में भ्रम वर्तमान है। इसलिए मानव-समाज में रहते हुए जब कभी हम उसकी उपेक्षा कर भक्ति की शरण में जाना चाहते हैं, तब इसकी प्रतिक्रिया के रूप में आसक्ति प्रबल हो उठती है और जब आसक्ति के प्रभाव में आ जाते हैं, तब उससे छुटकारा पाकर भक्ति की ओर भाग पड़ने को जी चाहता है। इन दो परस्पर विरोधी बातों के फेर में पड़कर हम कष्ट झेला करते हैं और समझ में नहीं आता कि क्या करें। सबसे बड़ी समस्या तो हमारे सामने तब आती है, जब उक्त द्वंद्व से बचने के लिए विवश होकर हम अपने को सभी प्रकार से भगवान के ऊपर छोड़ देना चाहते हैं और हमें उसका प्रत्यक्ष अनुभव नहीं हो पाता। आश्चर्य है कि सबके भीतर और सबके बाहर निरंतर विद्यमान रहता हुआ भी वह हमारे अनुभव में क्यों नहीं आया करता[३]।

साधना–संत रविदास की उपलब्ध रचनाओं के अंतर्गत हमें इनकी किसी साधना-विशेष के स्पष्ट विवरण नहीं मिलते। जहाँ-तहाँ प्रसंगवश संकेतों के रूप में व्यक्त किये गए इनके

१. 'रैदासजी की बानी' (वे. प्रे., प्रयाग, १९३० ई.) शब्द ५४, पृ. २५।
२. वही, पद २३, पृ. १४।
३. वही, पद ७५, पृ. ३७।

विचारों से जान पड़ता है कि इनकी 'प्रेम भगति' का वास्तविक मूलाधार अहंकार की निवृत्ति है। ये अभिमान वा साधारण मान व 'बड़ाई' तक को भक्ति का एक प्रबल बाधक मानते हैं और कहते हैं कि दोनों एक साथ कदापि नहीं रह सकते और न 'अहं' के किसी रूप में भी रहते हमें भगवान की कभी उपलब्धि हो सकती है। अभीष्ट वस्तु की प्राप्ति के लिए हमें चाहिए कि सभी बातों की आशा का परित्याग कर केवल उसी एक में अपनी सारी वृत्तियों को केंद्रित कर दें और उसी एक लक्ष्य की प्राप्ति में उपलक्ष में अपना सर्वस्व तक अर्पित कर अपने आपकों भूल जाँय, हम उसके लिए आर्त्त व बेचैन हो उठें और अपनी सारी ज्ञानेंद्रियों को उसी एक की टोह में लगाकर मन को भी उसी की प्रतीक्षा में बद्ध कर दें। तदनुसार एकांतनिष्ठा के फलस्वरूप हमें क्रमशः तादात्म्य का अनुभव होने लगेगा और अंत में हमें अपने उद्देश्य की सिद्धि हो जायगी। संत रविदास का कहना है कि 'वास्तविक परिचय प्राप्त करने का रहस्य केवल सच्ची 'सोहागिन' ही जानती है जो अपना तन-मन सभी कुछ न्योछावर कर देती है और अभिमान का कुछ भी अंश अपने भीतर नहीं रखती, न भेद-भाव को ही कभी प्रश्रय देती है। अपने पति के साथ निरंतर एक भाव से प्रेम न करने वाली स्त्री सदा दुःखिनी व 'दुहागिन' हुआ करती है[1]।

अष्टांग-साधन–प्रसिद्ध है कि कबीर साहब ने रैदासजी को 'संतनि में रविदास संत है' कहकर किसी समय इनके प्रति अपनी श्रद्धा प्रकट की थी और संतमत के अनुसार सच्चे मार्ग का पता देने वाला भी इन्हीं को बतलाया था। कुछ लोग इसी प्रसंग के आधार पर संत रविदास की मुख्य साधना का पता लगाने की भी चेष्टा करते हैं और 'गुरु-परम्परा-क्रम से प्रचलित उसके अंगों की चर्चा करते हुए कहते हैं कि उसका नाम कदाचित् 'अष्टांग साधन' था और उसके आठ अंग इस प्रकार के थे:–(१) गृह, (२) सेवा, (३) संत उसके वाह्य अंग थे, (४) नाम, (५) ध्यान व (६) प्रणति उसके भीतरी अंग थे और (७) प्रेम व (८) विलय अथवा समाधि उसकी अंतिम अवस्था को सूचित करते थे जिनके द्वारा साधक ब्रह्म में लीन होकर पूर्ण सिद्ध वा संत बन जाता है[2]। इस अष्टांग-साधन का अधिक परिचय नहीं मिलता और न इस विषय में विस्तार के साथ कहने के लिए कोई संकेत ही उपलब्ध है। फिर भी स्पष्ट है कि उक्त मार्ग का प्रत्येक अंग अत्यंत महत्त्वपूर्ण है और उसके अनुसार गार्हस्थ्य-जीवन में लगे हुए लोग भी क्रमशः अग्रसर होते हुए एक अनुपम आदर्श की स्थिति को प्राप्त कर सकते हैं। संत रविदास को एक दीर्घजीवन की साधना का अनुभव प्राप्त था और इन्होंने संभवतः सभी प्रकार की चेष्टाएं करके अपना मार्ग अंत में निश्चित किया था[3]। दुःख की बात है कि इनकी शिष्य-परम्परा में अब कोई वैसा श्रेष्ठ साधक नहीं मिलता और न इनकी सभी प्रामाणिक रचनाएं ही उपलब्ध हैं।

'भक्तमाल' के रचयिता नाभादास ने संत रविदास के विषय में लिखते हुए कहा है कि 'इन्होंने सदाचार के जिन निमयों के उपदेश दिए थे, वे वेद शास्त्रादि के विरूद्ध न थे और उन्हें नीर-क्षीर विवेकवाले महात्मा भी अपनाते थे। इन्होंने भगवत्कृपा के प्रसाद से अपनी

---

१. 'ग्रंथ साहब' (तरणतारण संस्करण), राग सूही, पद १।

२. 'विश्वभारती पत्रिका' कार्तिक-पौष, सं. २००२, पृ. २१५।

३. 'भक्तमाल' (नाभादास), छप्पय ५९।

जीवितावस्था में ही परमगति प्राप्त कर ली थी। इनके चरणों की धूलि की वंदना लोग अपने वर्णाश्रमादि का अभिमान त्याग कर भी किया करते थे। रविदास की विमल वाणी संदेह की गुत्थियों के सुलझाने में परम सहायक है[१]।

रैदासी सम्प्रदाय–संत रविदास के नाम एक रविदासी व रैदासी सम्प्रदाय का भी प्रचलित होना बतलाया जाता है और कहा जाता है कि उसके अनुयायियों की संख्या बहुत अधिक है। परंतु इस प्रकार के किसी सुसंगठित पंथ का कोई प्रामाणिक विवरण उपलब्ध नहीं है और न उसके प्रसिद्ध मठों वा मठधारी महंतों का ही कोई ऐतिहासिक परिचय मिलता है। ब्रिग्स साहब ने किसी रैदासी सम्प्रदाय के अनुयायियों का पंजाब राज्य के गुड़गाव तथा रोहतक जिलों और दिल्ली के राज्य के भी अनेक भागों में एक बड़ी संख्या में वर्तमान होना लिखा है और गुजरात में उनका 'रविदासी' कहलाकर प्रसिद्ध होना भी बतलाया है[२]। परंतु वे इनका परिचय इससे अधिक देते हुए नहीं जान पड़ते। 'साधु-सम्प्रदाय' के लिए प्रसिद्ध है कि उसके प्रधान प्रवर्तक का संबंध संत रविदास की ही शिष्य परम्परा से था और इस प्रकार उस पर इनके न्यूनाधिक प्रभाव का भी होना अनिवार्य है। किन्तु उक्त सम्प्रदाय के उपलब्ध इतिहास अथवा उससे संबंधित किसी महत्त्वपूर्ण साहित्य से भी इस बात पर पूर्ण प्रकाश नहीं पड़ता। अतएव अनुमान किया जा सकता है कि रैदासी वा 'रविदासी सम्प्रदाय' शब्द अधिकतर चमार जाति के उन व्यक्तियों के ही समूह का द्योतक है जो किसी न किसी प्रकार का एक धार्मिक ज़ीवन व्यतीत करते हैं और जो इसी कारण साधु वा संतकोटि के पुरुष भी माने जाते हैं। यों तो इस समय प्रायः सभी चमार अपनी प्रतिष्ठा बढ़ाने के उद्देश्य से अपने को 'रैदास' वा 'रैदासी' कहते हुए पाये जाते हैं और अपनी जाति के संगठन व सुधार की प्रवृत्तिवाले इनके नेता इस प्रकार के नामों के आधार पर विविध सामाजिक व राजनीतिक आंदोलन भी किया करते हैं।

(६) संत कमाल

संक्षिप्त परिचय–संत कमाल कबीर साहब के औरस पुत्र व शिष्य थे और एक पहुँचे हुए फकीर थे, किंतु इनके जीवन की घटना बहुत कम ज्ञात है। कबीर-पंथीय ग्रंथ 'बोधसागर' से पता चलता है कि कबीर साहब का अदेश पाकर ये संतमत का प्रचार करने अहमदाबाद की ओर गये थे[३]। दादू दयाल की गुरु-परम्परा में भी इनका नाम उनके ऊपर पाँचवी पीढ़ी में लिया जाता है जिससे इस बात की कुछ पुष्टि होती जान पड़ती हैं। इनकी कई रचनाओं द्वारा यह भी प्रकट होता है कि इनका भ्रमण महाराष्ट्र प्रांत एवं पंढरपुर के प्रसिद्ध पुण्यक्षेत्र तक भी अवश्य हुआ होगा। ये विठ्ठल की मूर्ति, भीमा नदी और कुछ वारकरी भक्तों के विषय में यत्र-तत्र उल्लेख करते हैं और उनकी प्रशंसा भी करते हैं। इनका अपने एक पद में यह भी कहना है कि जिस प्रकार 'दरवनम्यांने नामा दर्जी' अर्थात् दक्षिण भारत में संत नामदेव हुए, उसी प्रकार 'उत्तरम्यांने भयो कबीर, रामचरण का बंदा है। उनोंका पूत कहे कमाल दोनों का बोलबाला है'। इसी प्रकार इन्होंने एक दूसरे स्थल पर 'हम यवन तुम तो हिंदू' कहकर अपना मुसलमान होना स्वीकार किया है और इनकी भाषा, शैली तथा 'मुरशिद मौला' आदि

---

१. 'भक्तमाल' (नाभादास), छप्पय ५९।

२. जी. डब्ल्यू. ब्रिग्स: 'दि चमार्स' (रेलिजस लाइफ आफ इंडिया सिरीज), पृ. २१०।

३. 'चाले कमाल तब सीस नवाई।
अहमदाबाद तब पहुँचे जाई॥' (बोधसागर, बंबई), पृ. १५१५।

जैसे शब्दों के अधिक प्रयोग से भी यही सिद्ध होता है[१]। संभव है ये सूफियों के सम्पर्क में भी कुछ दिनों तक रह चुके हों और इनके विचारों पर उनका भी प्रभाव पर्याप्त रूप में पड़ा हो। इनकी कुल रचनाएं अभी तक प्रकाशित नहीं हैं और जो कुछ संग्रहों के अंतर्गत फुटकर पदों के रूप में मिलती हैं, वे भी बहुत कम हैं।

कबीर व कमाल–संत कमाल के विषय में जो अनेक बातें प्रसिद्ध हैं, उनमें से एक कबीर साहब के साथ इनके कुछ मतभेद की ओर संकेत करती हैं। कहा जाता है कि कबीर साहब इन्हें 'सपूत' नहीं समझते थे, अपितु उनकी धारणा थी कि हरिस्मरण से अधिक संपत्ति की ओर ही ध्यान देकर इन्होंने उनके कुल का नाम डुबो दिया और इस प्रकार 'कपूत' बन गए। इस विषय की एक रचना[२] 'सलोक' के रूप में 'ग्रंथ साहब' के अंतर्गत कबीर साहब की ही कृति मानकर संगृहीत हुई है। उक्त 'सलोक' के अनुसार कबीर का वंश डूब गया, क्योंकि उसमें कमाल-जैसा पुत्र उत्पन्न हो गया। कारण यह कि उसने हरि का स्मरण छोड़कर घर में माल वा धन ला एकत्र कर दिया। संत कमाल के लिए ये शब्द वास्तव में अत्यन्त कठोर हैं और यदि ये सचमुच कबीर साहब के ही हैं, तो इनके लिए कोई न कोई आधार भी अवश्य रहा होगा। किंतु भिन्न-भिन्न ग्रंथों में भिन्न-भिन्न प्रकार की कल्पनाओं का सहारा लिया गया जान पड़ता है जिससे निश्चित रूप से कुछ कहना उचित नहीं प्रतीत होता।

वही–उक्त घटना के संबंध में कहा जाता है कि एक समय जब संत कमाल अपने मत के प्रचारार्थ ग्वालियर गये हुए थे, तब किसी श्रद्धालु महाजन ने इन्हें बहुत-सा द्रव्य देना चाहा किंतु इन्होंने अपनी विरक्ति के नियमानुसार उसमें से एक पैसा भी लेने से स्पष्ट अस्वीकार कर दिया। परन्तु जब ये विश्राम करने के लिए गए और उक्त महाजन ने इन्हें गाढ़ी नींद में पाया, तब हीरे का एक टुकड़ा लेकर उसने चुपके-से इनकी पगड़ी की पेच में बाँध दिया। संत कमाल ने जग जाने पर भी इस ओर ध्यान नहीं दिया और वहां से चल पड़े। जब ये काशी वापस आये और इनकी पगड़ी की गाँठ क़ी ओर कबीर साहब की दृष्टि गई, तब इसका पता चला। गिरह के खुलते ही हीरा निकल आया जिस पर कबीर साहब ने कहा:–

'नाम साहब का बेंचकर, घर लाया धन-माल।

बूड़ा बंस कबीर का, जनमा पूत कमाल॥'

और फिर महाजन के आने पर जब उसका भेद खुला, तब उन्हें पूर्ण संतोष हुआ। इसी प्रकार इस विषय में एक दूसरा अनुमान यह भी किया जाता है कि संत कमाल अपने बचपन में अपनी लंगोटी कुछ ढीली-ढाली पहना करते थे जिस कारण वह कभी-कभी नीचे की ओर खिसक जाती थी। एक बार कबीर साहब का ध्यान इस ओर आकृष्ट हुआ और उन्होंने इन्हें अपनी लंगोटी कसकर बाँध लेने का आदेश दिया। संत कमाल ने उनकी आज्ञा का पालन करते समय पीछे से उसका वास्तविक अभिप्राय 'लंगोटबंद रहना' मान लिया और अपने जीवन भर अविवाहित ही रह गए। अतएव कबीर साहब को अंत में इनके विषय में किसी प्रसंगवश कह देना पड़ा कि

---

१. 'श्री संत गाथा' (इंदिरा प्रेस, पूना) पृ. ७५, ७६, ७९ व ८७।

२. 'बूड़ा बंसु कबीर का उपजिओ पूतु कमालु।
हरिका सिमरनु छाड़िकै, घरि लै आया मालु।'–'ग्रंथ साहब' (तरणतारण संस्करण) पृ. ११५।

'बूड़ा बंस कबीर का जनमा पूत कमाल'।[1]

परन्तु 'भक्तमाल' नामक ग्रंथ में हमे उक्त पंक्तियों के संबंध में एक दूसरी ही घटना का पता मिलता है। इस ग्रंथ के रचयिता का कहना है कि एक बार कोई राजा कबीर साहब का शिष्य बनने के लिए बहुत-सा धन लेकर काशी आया। कबीर साहब को यह बात पंसद न थी,[2] इस कारण उस अतिथि से आँख बचाकर ये कहीं अन्यत्र जाकर छिप रहे। राजा ने जब कबीर साहब को नहीं पाया, तब उनके योग्य पुत्र संत कमाल का ही शिष्य बनकर इन्हें सारा धन समर्पित कर दिया और वह अपने घर वापस चला गया। कबीर साहब को जब घर लौटने पर इसका पता चला, तब वे संत कमाल पर बहुत बिगड़े और उन्होंने इनके लिए उन शब्दों के प्रयोग किये जो उक्त 'सलोक' में आए हुए हैं। परंतु संत कमाल अपनी बातों पर पूर्ववत् ही दृढ़ रहे और इन्होंने अपने पिता से कहा कि इस प्रकार धन लेने से वस्तुतः कुछ भी हानि नहीं हुई हैं। मैंने राजा से धन लेकर हरिनाम को कदापि नहीं बेंचा है। राम के नाम का तो, यदि सच पूछा जाय तो कोई 'मोजो' अर्थात् माविजा व मूल्य हो ही नहीं सकता। फिर वह बेंचा कैसे जा सकता है[3]। और इस उत्तर को पाकर कबीर साहब चुप हो रहे।

वही–इसी संबंध में उक्त ग्रंथ के अंतर्गत एक अन्य घटना का भी उल्लेख इस प्रकार किया गया मिलता है। कबीर साहब के उक्त प्रकार से रूष्ट हो जाने के अनंतर अवसर पाकर कमाल ने यह भी कहा था कि यों तो धन लेकर शिष्य बनाने के कारण मुझमें कोई कमी भी नहीं आई है। आप 'कउड़ी' से 'हीरा' बने हैं और मैं 'हीरा' से भी 'लाल' बन गया हूँ। अतएव, यदि विचार किया जाय, तो आप 'आधा भगत' ही कहला सकते हैं और मैं 'सारा भगत' वा पूर्ण भक्त बन गया हूँ[4]। इस कथन का तात्पर्य 'संत कमाल ने उस ग्रंथ के अनुसार इस प्रकार समझाया कि कबीर साहब के माता-पिता निरे 'साकठ जोलहा' थे जिनके पुत्र कबीर साहब एक भक्त के रूप में प्रकट हुए थे, परंतु संत कमाल उन कबीर साहब के पुत्र व 'इंद्रियजीत' वा ब्रह्मचारी भी थे, इस कारण ये 'कउड़ी ' से 'हीरा' मात्र न बनकर 'हीरा' से भी 'लाल' हो गए थे। इस प्रकार संभव है कि इस इंद्रियजीत शब्द के ही भीतर कबीर साहब के वंश के डूबने का भी रहस्य छिपा हो, क्योंकि, जैसा कि ऊपर भी संकेत किया गया है, संत कामल के विवाहित होने का कहीं पता नहीं चलता और उन्हें अधिकतर एक विरक्त के रूप में अब तक समझा गया है। इनके शिष्य किसी जमाल का नाम सुना जाता है, किंतु इनके किसी पुत्र वा पुत्री का पता नहीं चलता।

वही–जो लोग उक्त 'सलोक' को किसी दूसरे की रचना मानते हैं, उनका अनुमान है कि कबीर साहब की मृत्यु हो जाने पर बहुत-से लोगों ने संत कमाल से अनुरोध किया कि ये उनके नाम पर किसी नवीन पंथ की स्थापना करें, किंतु इन्होंने ऐसा करना से स्पष्ट शब्दों

---

१. महर्षि शिवव्रतलाल वर्मा :'संतमाल' (लाहौर, १९२३) पृ. ५८.९।

२. 'भगतमाल' (दुखहरनकृत, हस्तलिखित प्रति)–ये संत दुखहरन, संभवत: संत शिवनारायण के गुरु थे। देखिए इस संबंध में, आगे शिवनारायणी सम्प्रदाय, अध्याय ६।

३. 'कहहु तो राम के नाम को, मोजो कछुवै आहि।
तो मैं बेचा होइहैं मोही बतावहु ताहि ॥'–'भगतमाल' (दुखहरन) पृ. १५१।

४. 'कउड़ी शे हीरा भये, हीरा शे भये लाल ॥
आधा भगत कबीर थे, शारा भगत कमाल ॥'– वही, पृ. १५०।

में इनकार कर दिया और कहा कि इस प्रकार का कार्य करना उस सत्य का गला घोंटने के समान होगा जिसे मेरे पिता कबीर साहब ने अपने शब्दों द्वारा प्रकट किया है तथा उनके सिद्धांतों को नष्ट करने का प्रयत्न करना भी उनकी हत्या करने के तुल्य होगा, जो मेरे लिए कदापि संभव नहीं है। कहते हैं कि इनके इस प्रकार स्पष्ट कह देने पर कबीर साहब के अनेक अनुयायी इनसे बहुत रुष्ट हो गए और इनके प्रति विरुद्ध भाव प्रकट करते हुए उन्होंने यहाँ तक कह डाला कि कमाल के उत्पन्न होने के कारण कबीर की वंश-परम्परा ही लुप्त हो रही है।[१] अतएव इस घटना के अनुसार 'ग्रंथ साहब' में आया हुआ 'सलोक' इस अवसर पर ही कहा गया माना जा सकता है। परन्तु इस अनुमान का समर्थन उक्त रचना के केवल पूर्वाद्‌र्ध से ही हो सकता है, उसके उत्तराद्‌र्ध की संगति इसके साथ नहीं लगती।

सिद्धान्त व साधना–संत कमाल की विचार-धारा का मूल स्रोत कबीर साहब के ही निर्मल जलाशय से लगा हुआ प्रतीत होता है। ये उन्हीं की भाँति सच्चे हृदय को वाह्य साधनाओं से कहीं अधिक महत्त्व देते हैं और भ्रांतिवश इधर-उधर भटकने वालों को सचेत भी करते हैं। उन्हीं के समान ये राजा व रंक दोनों को एक समान देखते हैं, सभी साधनाओं से बढ़कर रामनाम को ही ठहराते हैं और बाहर-भीतर सब कहीं उसी एक की ज्योति के दर्शन पाते हुए समझ पड़ते हैं। जैसे,

'काहे कू जंगल जाता बच्वा, अपना दिल रखो रे सच्चा।'
'राजा रंक दोंनो बराबर, जैसे गंगाजल पानी।
मान करो कोई भूपर मारो, दोनों मीठा बानी।'
'सुख से बैठो अपने महेल मो, राम भजन नहीं अच्छा है।
अंतर भीतर भई भरपूर, देखूं सब ही उजाला[२]। इत्यादि।

इनकी वाणी में भी कहीं-कहीं प्रायः वही खरापन व चुटीलापन लक्षित होता है जो कबीर साहब की रचनाओं की विशेषता है। इनमें गर्व की मात्रा कहीं भी नहीं दीख पड़ती। इसके विपरीत इनकी नम्रता एवं दैन्यभाव के अनेक उदाहरण पाये जाते हैं।

संत कमाल के जीवन-काल की निश्चित तिथियों का ठीक पता नहीं चलता और न इनकी आयु के संबंध में ही अनुमान करने के लिए कोई आधार मिलता है। इनकी समाधि का होना कोई कड़ा मानिकपुर में बतलाते हैं[३], तो कोई उसका पता झूँसी के निकटवर्ती किसी स्थान के संबंध में देते हैं। किन्तु इनकी एक समाधि मगहर में कबीर साहब के रौजे के पास भी वर्तमान है[४] जो संभवतः इन्हीं की हो सकती है। कमाल नामधारी कतिपय सूफी साधकों के भी होने के कारण उक्त वा अन्य ऐसी समाधियों के विषय में उतने निश्चित रूप में कुछ कहा नहीं जा सकता।

(७) धन्ना भगत

समय–धन्नाजी ने अपने को अपनी एक रचना में जाट जाति का होना स्वीकार किया

१. क्षितिमोहन सेन, 'मेडीवल मिस्टिसिज्म आफ इंडिया' (ल्यूजक ऐंड कंपनी), १९३०, पृ. ९१।
२. 'श्री संत गाथा' (इंदिरा प्रेस, पूना)।
३. डा. मोहन सिंहः 'कबीर ऐंड दि भक्ति मूवमेंट' १९३४ (भा. २) पृ. ९३।
४. डा. एफ. इ. के. :'कबीर ऐंड हिज फालोवर्स' १९३१, पृ. ९६।

है और यह भी बतलाया है कि "गोविंद में सदा लीन रहने वाले छीपी नामदेव की महत्ता, तनना-बुनना छोड़कर भगवान् के चरणों में प्रीति करने वाले जुलाहे कबीर के गुण, मृत पशुओं को ढोकर सदा व्यवसाय करने वाले चमार रविदास के माया-त्याग एवं घर-घर जाकर बाल काटने वाले सेन नाई की भक्ति का हाल सुनकर मैं भी भक्तिमार्ग की ओर आकृष्ट हुआ। मेरे भाग्य जगे और मुझे भी मालिक के दर्शन हो गए"[१]। इस कथन से जान पड़ता है कि उक्त नामदेव, कबीर, सेन व रैदास, धन्ना के समय तक प्रसिद्ध हो चुके थे और उन्हीं के आदर्श पर इन्होंने सर्व प्रथम भक्ति-साधना के क्षेत्र में पदार्पण किया। इन्होंने स्वामी रामानन्द का नाम अपनी किसी उपलब्ध रचना में नहीं लिया है। फिर भी प्रसिद्ध है कि ये भी उक्त कबीर, सेन व रैदास की भाँति, उन स्वामी जी के बारह शिष्यों में से एक थे और इस बात का उल्लेख नाभादास ने भी अपनी 'भक्तमाल' में किया है। परंतु जैसा कि शिष्य होने का कोई प्रत्यक्ष प्रमाण नहीं मिलता। इसके सिवाय ये सभी लोग पूर्णतः समकालीन भी नहीं जान पड़ते और धन्नाजी तो इनमें सबसे छोटे और पीछे तक जीवित रहने वाले सिद्ध होते हैं। मेकालिफ ने इनके जन्म-काल का सन् १४१५ अर्थात् सं. १४७२ में होना अनुमान किया है, जो कुछ पहले जान पड़ता है[२]। इनके स्वामी रामानन्द का समकालीन होने तथा उनसे सम्पर्क में आने की बात का समर्थन किसी प्रकार भी नहीं होता। इस विषय में सबसे प्रथम उल्लेख मीराबाई ने किया है और उसमें निर्दिष्ट चमत्कारपूर्ण बातों के कारण तथा उक्त सभी प्रश्नों पर विचार करते हुए हमें उचित जान पड़ता है कि इनका समय विक्रम की सोलहवीं शताब्दी के प्रथम अथवा द्वितीय चरण तक मानें।

जीवनी–ये राजस्थान के टांक इलाके के अंतर्गत किसी धुअन वा धुवान गाँव में रहा करते थे जो छावनी देवली से बीस मील की दूरी पर है। इनका पैतृक व्यवसाय कृषि का था और इनके परिवार की स्थिति साधारण थी। गुरु अर्जुन देव ने इनके संबंध में कहा है कि इन्होंने 'बालबुधि' के अनुसार भगवद्‌भक्ति की थी[३] और यह बात प्रसिद्ध भी है कि इन्हें भगवत् के दर्शन बहुत कम अवस्था में ही हुए थे। इनके संबंध में अनेक चमत्कारपूर्ण कथाएं भी प्रसिद्ध हैं जिनमें से एक के अनुसार इन्होंने भगवान् की मूर्ति को हठात् भोजन कराया था। एक अन्य प्रसिद्धि के अनुसार एक बार इन्होंने खेत में डालने के लिए सुरक्षित गेहूँ के बीज को अपने घर आये हुए हरिभक्तों को खिला दिया और अपने पिता के क्रुद्ध होने के भय से खेत में जाकर यों ही हल चला आये। नाभादास कहते हैं कि इनके भजन का प्रभाव ऐसा था कि उस खेत में बिना बोये ही बीज उग आये और उसकी फसल भी बहुत अच्छी हुई।[४] 'भक्तमाल' के टीकाकार प्रियादास ने इस विषय का और भी विशद रूप में वर्णन किया है और अन्य चरित-लेखकों ने भी धन्ना के संबंध में लिखते समय उस घटना की चर्चा की है।

स्वभाव–इनका एक सरल हृदय गृहस्थ व किसान होना इनके एक निज-रचित पद से भी सिद्ध है। वहाँ ये कहते हैं कि 'हे भगवन्, मैं तेरी आरती करता हूँ। तू अपने भक्तों के

१. 'श्री गुरु ग्रंथ साहिब' (तरणतारण संस्करण) रागु, आसा, पद २, पृ. ४८७-८।
२. मेंकालिफ 'सिक्ख रेलिजन' (वोल्यूम ५) पृ. १०६।
३. 'ग्रंथ साहब'–'धनैर्सविया बालबुधि' पृ. ११९२।
४. "धन्य धन्ना के भगति को बिनहि बीज अंकुर।" पृष्ठ ६२।

मनोरथ पूर्ण किया करता है। अतएव मैं भी तुझ से अपने लिए कुछ माँग रहा हूँ। मैं चाहता हूँ कि तू मुझे आटा, दाल और घी दे जिसे खाकर मेरा चित्त सदा प्रसन्न रहा करे। मेरी यह भी इच्छा है कि तेरी कृपा से मुझे पहनने के लिए जूता और कपड़ा भी मिल जाय, मेरे खेत में अच्छा अन्न पैदा हुआ करे और मेरे घर अच्छी लगहर दूध देने वाली गाय, भैंस तथा एक तेज चलने वाली अच्छी घोड़ी भी रहा करे। मैं इन सबके साथ अपने घर में रहने वाली एक सुंदरी स्त्री भी चाहता हूँ'[१]। इससे पता चलता है कि ये घर से कभी विरक्त नहीं रहे, बल्कि सदा अपने पैतृक व्यवसाय में लगे हुए ही भगवद्‌भजन करने का आदर्श अपने जीवन के लिए कल्याण कारक समझते रहे। इनके सांसारिक जीवन की घटनाओं का पता हमें अभी तक नहीं मिला और न आज तक यही विदित हो सका कि इन्होंने किन-किन पदों की रचना की थी। इनके केवल चार पद गुरु अर्जुन देव द्वारा सम्पादित 'आदिग्रंथ' में संगृहीत हैं जिनमें से दो के विषयों का संकेत ऊपर दिया जा चुका है।

सिद्धांत–इनके शेष दो पदों में हमें इनके आध्यात्मिक जीवन के आदर्श की भी एक झलक मिल जाती है। ये कहते हैं कि 'आवागमन' में ही अनेक जन्म व्यतीत हो गए, किंतु अभी तक शांति नहीं मिली। लोभ व काम की ओर सदा प्रवृत्त रहने वाले मन के कारण भगवान को भी भूल गया। अपने कल्याण की बातों से अनभिज्ञ मन को विषय का फल भी मधुर प्रतीत होता है और उसकी प्रीति सद्‌गुणों से भी हट जाती है। वास्तविक युक्ति को जानकर उसे अपने हृदय में अपनाते नहीं बनता और यमराज के यहाँ व्यर्थ की ठोकरें खानी पड़ती हैं। जिसके हृदय में सद्‌गुरु की कृपा से ज्ञान का प्रकाश हो गया, उसका मन एकनिष्ठ हो जाता है और वही 'प्रेम भगति' को पहचान पाता है और वही अंत में मुक्ति का अधिकारी भी होता है। अंतःज्योति के प्रकट हुए बिना प्रभु की पहचान भी कभी संभव नहीं और धन्ना भी इसी प्रकार अपने 'धरणीधर' धन को पाकर संतों की श्रेणी में प्रविष्ट हुआ[२]। इसी प्रकार ये अपने मन को संबोधित करके भी कहते हैं कि "अजी, तू ऐसा क्यों नहीं समझ लेता कि 'दयालू दामोदर' के अतिरिक्त अन्य को महत्त्व देकर घूमना-फिरना व्यर्थ है। समझ लो कि जो भगवान् करते हैं, वहीं होता है और इसमें किसी का भी चारा नहीं। वह मालिक ऐसा है जो माता के गर्भ में ही पानी से मानव-शरीर को भी रचता है। कुंभी का पौधा जल में बिना किसी आधार के भी फैलता है। भगवान की महिमा सोचने समझने की बात है। धन्ना का कहना है कि 'रे जीव, मुझे अपनी चिंता भी न करनी चाहिए, क्योंकि वास्तव में छिद्रहीन पत्थर के भीतर भी उसका कीड़ा भली भाँति सुरक्षित व जीवित रह जाता है"[३]। धन्ना के इन सीधे-सादे शब्दों से इनके सरल हृदय तथा सच्चे ईश्वर विश्वास की एक सुंदर झाँकी मिल जाती है।

---

१. 'ग्रंथ साहब' (तरणतारण), धनासरी पद १ : पृष्ठ ६९५।

२. वही, आसा पद १, पृ. ४८७।

३. 'ग्रंथ साहब' (तरणतारण), आसा पद ३, पृ. ४८८।

चतुर्थ अध्याय

पंथ-निर्माण का सूत्रपात

(सं० १५५०–१६००)

१. सामान्य परिचय

कबीर साहब का आदर्श–कबीर साहब की रचनाओं के अध्ययन से पता चलता है कि उन्होंने किसी सम्प्रदाय के सिद्धांतों का अंधानुसरण नहीं किया था और न किसी पूर्वकालीन मत का पुनरुद्धार कर उसके आधार पर किसी नये पंथ की ही नींव डाली थी। उनका प्रधान उद्देश्य, प्रचलित धर्मों के अनुयायियों की विविध विडंबनाओं की आलोचना कर उनका ध्यान मूल प्रश्न की ओर आकृष्ट करना था। उनका कहना था कि धर्म के नाम पर जितने भी वाह्य कृत्य किये जाते हैं अथवा जो-जो धारणाएं साधारणतः बनायी जाती हैं, वे सभी निरर्थक व निराधार हैं और हमारे मानव-जीवन के आदर्शानुसार उनका कुछ भी महत्त्व नहीं। इस प्रकार की बातें लाभदायक होने की जगह प्रायः हानिकारक ही सिद्ध होती हैं और उनके कारण पारस्परिक द्वेष व पाखंड की प्रवृत्ति बढ़ा करती है। उनके विचार से अपने धार्मिक सिद्धांतों का अनुसरण करने के लिए किसी एक जन-समूह का सदस्य होना भी अनिवार्य नहीं। धर्म का मूल तत्त्व सब किसी के व्यक्तिगत चिंतन तथा उसके अपने विश्वास के अनुसार स्वरूप ग्रहण करता है और सभी को अपनी-अपनी पहुँच के अनुपात से उसकी अनुभूति हुआ करती है, जिस कारण हृदय के शुद्ध व सच्चा रहने पर उसमें प्रेम व संतोष के भाव आप से आप जागृत हो उठते हैं और उसके लिए किसी वर्ग या समुदाय का आश्रय ग्रहण करना आवश्यक नहीं रह जाता।

पंथ-निर्माण की प्रवृत्ति–परंतु जैसा प्रायः देखा गया है, किसी मतविशेष के प्रवर्तक को अपने सिद्धांतों के प्रचार के लिए बहुधा संगठन करने की भी इच्छा हो जाया करती है और वह अपने अनुयायियों को इस लिए आवश्यक उपदेश देने लगता है। उसे इस बात की अभिलाषा रहती है कि मेरे सिद्धांत किस प्रकार अधिक से अधिक सफलता के साथ प्रचलित हों और मेरे मत के अनुयायी अधिक से अधिक संख्या में विद्यमान रहें। इसी कारण वह अपनी मृत्यु के अवसर पर अपना कोई योग्य उत्तराधिकारी नियुक्त करता है और सफल प्रचार के लिए कुछ न कुछ कार्यक्रम भी निर्धारित कर देता है। कबीर साहब ने, जहाँ तक पता चलता है, कभी किसी वर्ग वा सम्प्रदाय की स्थापना के प्रयत्न नहीं किये थे और न उसके लिए कोई कार्य-क्रम ही निश्चित किये थे। उनके देहावसान के अनंतर उनके अनुयायियों ने उसके उपदेशों के प्रचार की चेष्टा की और इस प्रकार क्रमशः 'कबीर-पंथ' नाम का एक वर्ग विशेष

अस्तित्त्व में आ गया। किंतु 'नानक पंथ', 'दादू-पंथ' जैसे अन्य वर्गों को स्वयं उनके मूल प्रवर्तकों ने ही जन्म दिया था और उन्हीं के आदेशानुसार उनका प्रचार-कार्य भी आगे बढ़ा था। 'कबीर-पंथ' की स्थापना का ठीक समय ज्ञात नहीं, किंतु इतना प्रायः निश्चित समझना चाहिए कि उसका वास्तविक संगठन 'नानक-पंथ' के अस्तित्त्व के आ जाने पर ही हुआ होगा। कबीर साहब के मत में विश्वास रखने वाले साधु पहले उन्हीं की भाँति इधर-उधर घूमकर उपदेश दिया करते थे और उनकी कोई सुव्यवस्थित संस्था न थी। 'कबीर-पंथ' के सर्वप्रथम प्रसिद्ध प्रचारक सुरत गोपाल ने कदाचित् इस प्रकार भ्रमण करते समय ही जगन्नाथपुरी में अपना शरीर त्याग किया था।

नानक-पंथ व कबीर-पंथ–परंतु 'नानक-पंथ' के मूल प्रवर्तक गुरु नानक देव ने अपने मत के प्रचारार्थ मरते समय अपने विश्वसनीय साथी लहना को 'अंगद' नाम देकर उसे विधिपूर्वक अपना उत्तराधिकारी नियुक्त किया और अपने अनुयायियों को अपनी जगह उसका अनुसरण करने का भी आदेश दिया। तब से इस नियम का पालन क्रमशः उनके पीछे आने वाले अन्य सभी गुरुओं ने भी प्रायः एक समान किया और अपने वर्ग के अनुयायियों को सुसंगठित कर पंथ की बातों के प्रचार के लिए अनेक योजनाएं भी प्रस्तुत कीं। नानक-पंथ को एक पृथक् वर्ग के रूप में रखने की यह प्रवृत्ति निरंतर अधिकाधिक बढ़ती ही चली गई और अंत में एक शुद्ध आध्यात्मिक साधकों का समुदाय 'सिख' नामक एक विशेष जाति-विशेष के रूप में परिणत हो गया। कबीर-पंथ का मूल प्रवर्तक जो भी रहा हो, उसके निर्माण के भी प्रथम प्रयत्न कदाचित कुछ इसी प्रकार से हुए थे और उसका प्रारंभिक रूप भी पहले संभवतः किसी संदेशवाहक उत्साही व्यक्तियों का एक साधारण समुदाय-मात्र ही रहा था। किंतु पृथक् अस्तित्त्व की उक्त प्रवृत्ति ने क्रमशः उसे भी प्रभावित कर डाला और आगे चलकर उसको भी एक सम्प्रदाय-विशिष्ट के रूप में ही सीमित व संकुचित बनकर रह जाना पड़ा। 'नानक-पंथ' की स्थापना के पहले 'कबीर-पंथ' के किसी सुव्यवस्थित रूप का पता नहीं चलता।

फुटकर संत–फिर भी पंथ-निर्माण के इस प्रयोग काल में हमें कुछ ऐसे संत भी मिलते हैं, जिन्होंने अपना कोई भी पंथ नहीं चलाया। उन्होंने कबीर साहब द्वारा प्रस्तुत किये गए वातावरण में अपने-अपने मतों की मूल धारणाएं निश्चित कीं, उनके अनुसार जीवन-यापन का प्रयत्न किया और अपनी-अपनी बानियाँ भी रचीं। ऐसे संतों में जंभनाथ, शेख फरीद, ब्रह्म, संत सिंगाजी तथा संत भीखमजी थे, जिनका परिचय इस अध्याय में यथास्थल आगे चलकर दिया गया है। इन लोगों में भी शेख फरीद ब्रह्म वस्तुतः सूफी थे और जंभनाथ का भी संबंध कदाचित 'नाथ-पंथ' से रह चुका था और इन्हें अपने-अपने मूल सम्प्रदायों से पृथक् होने की कभी कोई आवश्यकता भी नहीं पड़ी थी। परंतु अपने निजी व्यापक सिद्धांतों को इन्होंने स्वतंत्ररूप से ही निश्चित किया था और उक्त अन्य दो संतों की भाँति ये भी उनके अनुसार अपनी साधनाओं में सदा प्रवृत्त रहे थे। इनके सिवाय इस युग के प्रसिद्ध भक्तों व अन्य सूफियों में भी अनेक ऐसे हुए जिन पर संतमत का बहुत कुछ प्रभाव पड़ा था और जिन्होंने उन्हें अपनी रचनाओं द्वारा प्रकट भी किया था। इनकी उपलब्ध रचनाओं में केवल भावसाम्य ही नहीं मिलता, प्रत्युत कहीं-कहीं इन्होंने अपने शब्द व वाक्य तक ठीक वे ही रखे हैं जो संतों की बानियों में पाये जाते हैं। उदाहरण के लिए ऐसे लोगों में भक्त सूरदास, मलिक मुहम्मद जायसी व मीराबाई के नाम लिये ला सकते हैं।

भक्त-सूरदास–महाकवि सूरदास का जीवन-काल सं. १५४०:१६२० समझा जाता है जिस कारण इनका रचना-काल इस प्रथम युग में ही आ जाता है। ये एक सगुणोपासक भक्त थे और 'मन-ब्रानी को अगम अगोचर' 'अविगत' की 'गति' को अनिर्वचनीय वा अकथनीय समझते थे। इन्होंने अपने 'भ्रमरगीत' वाले पदों में 'निर्गुन' के प्रति व्यंगभरी बातें कहलाकर और उसके विषय में 'निर्गुन कौन देस को वासी' जैसे प्रश्न कराकर उसका उपहास भी कराया था। फिर भी हमें इनकी रचनाओं के अंतर्गत ऐसे कुछ स्थल भी मिलते हैं जिनमें इनके संतमत द्वारा प्रभावित होने के विषय में स्पष्ट प्रमाण पाये जाते हैं, जैसे,

'रे मन आपुकौ पहिजानि !
सब जनम तै भ्रमत खोयौ, अजहुं तौ कछु जानि॥
ज्यों मृगा कस्तूरि भूलै, सुनौ ताके पास।
भ्रमतही वह दौरि ढूँढै, जबहि पावै बास॥, इत्यादि'[१]
'जौलौं सतसरूप नहिं सूझत।
तौलौं मृगमद नाभि बिसारै, फिरत सकल बन बूझत॥'[२]
'अपुनपौ आपुनही बिसर्यो।
जैसे स्वान काँच मंदिर में, भ्रमि भ्रमि भूँकि मर्यो॥, इत्यादि[३]
'अपुनपौ आपुनही में पायौ।
सब्दहि सब्द भयौ उजियारौ, सतगुरु भेद बतायौ॥' इत्यादि[४]

और इन चार उदाहरणों में से तीसरे का पूरा पद प्रायः वहीं है जो कबीर-पंथ के 'बीजक' में अपनपौ आपुही बिसरौ' से आरम्भ होकर दिखलाई पड़ता है।[५]

मीराबाई–मीराबाई का जीवन-काल इसी प्रकार सं. १५५५:१६०३ माना जाता है और वह भी इस युग के ही अंतर्गत पड़ता है। मीराबाई के इष्टदेव गिरिधर नागर नामधारी श्रीकृष्णचंद्र हैं जो सगुणरूप भगवान् समझे जाते हैं और जिनकी सुन्दर छवि के वर्णन तथा जिनके गुणों के गान में ये सदा लीन रहना पंसद करती हैं। उनकी भावना से अलग रह कर इनका एक क्षण के लिए भी जीना असंभव है। ये उन्हें अपने पूर्व जन्म का साथी भी बतलाती हैं और उन्हें 'पिव', 'साजंण' वा 'सैयां' जैसे शब्दों द्वारा अभिहित करती हुई दीख पड़ती हैं। फिर भी वे 'गोपाल' इनके लिए कोई साधारण व्यक्ति नहीं और न वह उक्त सगुणरूप भगवान् के एक अवतार-मात्र का बोधक-मात्र है। ये उस प्रियतम को अपने अनेक पदों में 'निर्गुण', 'निरंजन', 'अविनासी' आदि भी कहती हैं जिस कारण इनका उसे पूर्ण ब्रह्म परमात्मा मान लेना भी स्पष्ट लक्षित होता है। इसके अतिरिक्त इन्होंने अपने कई पदों में उसका वर्णन इस प्रकार किया है जिससे जान पड़ता है कि वह वास्तव में न तो सगुण है, न निर्गुण ही है, अपितु इन

१. 'सूररत्नाकर' (काशी नागरी-प्रचारिणी सभा, सन् १९३४) पद ७०, पृ. ३८।
२. वही, पद ३६८, पृ. १९७।
३. वही, पद ३६९, पृ. १९७ : ८।
४. वही, पद ४०७८, पृ. २४०:१।
५. दे. 'बीजक' शब्द २६, पृ. २३५ (विचरदासा संस्करण, प्रयाग)।

दोनों से परे ही वह अनिर्वचनीय वस्तु है जिसे संतों ने बहुधा अपनी रचनाओं द्वारा स्पष्ट करने का प्रयत्न किया है। मीराबाई ने अपने कई पदों में संत रैदास के प्रभाव को भी स्वीकार किया है और कहा है कि उन्हीं सतगुरु की कृपा से मुझे ज्ञान की उपलब्धि हुई और मैं अपने पिय को पहचान पायी।

मीराबाई व संत-मत–तदनुसार मीराबाई की रचनाओं में हमें कबीर साहब, रैदास जैसे संतों की भाँति 'पिंड के रहस्य' का परिचय भी दिया हुआ मिलता है। ये भी प्रायः उन्हीं के शब्दों में वहाँ 'त्रिगुटी महल' में झरोखे से झाँकी लगाने तथा 'सुन्न महल में सुरत जमाकर सुख की सेज बिछाने' की चर्चा करती हुई दीख पड़ती हैं[१]। अथवा 'सेझ सुषमण'[२] व 'गगन-मंडल[३] की सेज' अपने प्रियतम के साथ मिलने के प्रसंग का वर्णन करती हुई भी जान पड़ती हैं। उसी 'सेझ' वाले पद को इन्होंने अन्यत्र 'अगम अटारी'[४], 'अगम का देस'[५] व 'अमरलोक'[६] का भी नाम दिया है और उसकी स्थिति से प्रभावित होकर इन्होंने बिना करताल के पखावज का बाजा एवं 'अणहद की झंकार' सुनने का पता बतलाया है[७]। मीराबाई को इस प्रकार संतों के प्रसिद्ध 'सुरत-शब्दयोग' का भी परिचय प्राप्त है और इसके संबंध में इन्होंने 'सुरतनिरत', 'सबद', 'निजनाम', 'सुमिरन', व 'अमररस' शब्दों के प्रयोग किये हैं। इसके सिवाय इन्होंने अपनी रचनाओं में कहीं-कहीं पर उस शुद्धाचरण वा अपने 'सीलबरत' की भी चर्चा की है[८] जो संतमत के अनुसार परमावश्यक है और ठीक संतों की ही भाँति इन्होंने सतगुरु के सबद के अपने ऊपर पड़े हुए प्रभाव का भी वर्णन किया है। इनका कहना है कि,

'सतगुरु मिलिया सुंज पिछानी, ऐसा ब्रह्म मैं पाती।
सगुरा सूरा अमृत पीवे, निगुरा प्यासा जाती॥'१९७॥[९]

और अपने विषय में इन्होंने एक स्थल पर इस प्रकार वर्णन किया है जिससे प्रतीत होता है कि ये वास्तव में संतों की परम्परा में ही आ जाती हैं।

जैसे,

'रैदास संत मिले मोहि संतगुरु, दीन्हा सुरत सहदानी।
मैं मिली जाय पाय पिय अपना, तब मेरी पीर बुझानी॥' १५९॥[१०]

जायसी–मलिक मुहम्मद जायसी नामक प्रसिद्ध सूफी कवि का भी जीवन-काल (सं.

---

१. 'मीराबाई की पदावली' (साहित्य-सम्मेलन प्रयाग,) तृतीय संस्करण, पद १२, पृ. ५।
२. वही, पद ३२, पृ. १४।
३. वही, पद ७२, पृ. २७।
४. वही, पद १५२, पृ. ५५।
५. वही, पद १९२, पृ. ६४:५।
६. वही, पद १५१, पृ.५२।
७. वही, पद २३, पृ. १०।
८. वही, पद २३, पृ. १०।
९. वही, पृ. ६८।
१०. वही, पृ. ५५।

१५५१:१६४८) लगभग इसी युग के अंतर्गत पड़ता है और इनकी रचनाओं को भी देखने से पता चलता है कि उक्त समय में प्रचलित संतमत-द्वारा ये भी किसी न किसी प्रकार प्रभावित हुए थे। जायसी को इस्लाम धर्म पर बड़ी आस्था थी और इन्होंने अपनी रचनाओं में उसे भिन्न-भिन्न प्रकार से भिन्न-भिन्न स्थलों पर व्यक्त किया है, यथा,

'तेहि महँ पंथ कहौं भल गाई, जेहि दूनों जग छाज बड़ाई।
सो बड़ पंथ मुहम्मद केरा, है निरमल कविलास बसेरा॥'[१]

कहकर उसे सर्वश्रेष्ठ बतलाने का भी प्रयत्न किया है। फिर भी इनकी कृतियों में कहीं-कहीं ऐसे भाव दीख् पड़ते हैं जिनसे ये कबीर साहब द्वारा प्रभावित जान पड़ते हैं। उदाहरण के लिए,

'मातु के रकत पिता के बिंदु, उपजे दुवौ तुरुक औ हिंदू।'[२]

में इन्होंने प्रायः कबीर साहब के ही शब्दों में हिंदू एवं मुसलमान में एक प्रकार की मौलिक समानता दिखलाने की चेष्टा की है। इन्होंने 'पद्मावत' में जो सिंहलगढ़ पर विजय प्राप्त करने का संकेत देते हुए कायागढ़ का रूपक बाँधा है[३], वह कबीर साहब के 'क्यूं लीजै गढ़ बंका भाई'[४] आदि के आधार पर ही खड़ा किया जान पड़ता है तथा इनका 'बूँदहि समुद्र समान'[५] आदि भी ठीक उन्हीं के 'बूँद समानी समुंद में'[६] के अनुकरण में कहा गया प्रतीत होता है। इनकी 'अखरावट' की तो अनेक पंक्तियाँ, जैसे कबीर साहब की रचनाओं के पढ़ने के अनंतर ही लिखी गई जान पड़ती हैं।

क्या मीराबाई संत थीं ?–मीराबाई के उपर्युक्त प्रकार से प्रकट किये संत मत द्वारा प्रभावित अनेक विचारों के आधार पर उन्हें बहुत से विद्वान शुद्ध संतमत की अनुगामिनी समझते हुए से जान पड़ते हैं, और उनके अनुसार उन्हें संत-परम्परा के संतों में ही स्थान मिलना चाहिए। मीराबाई की कुछ रचनाएं सिखों के 'गुरु ग्रंथ साहब' के परकालीन संस्करणों में पायी जाती हैं जिससे भी वे लोग इस बात की पुष्टि करते हैं। परंतु केवल इतने से ही मीराबाई को संत-परम्परा के अंतर्गग्त मान लेना उचित प्रतीत नही होता। मीराबाई निर्गुण एवं सगुण से परे वा परात्पर परमात्मा को अपना इष्टदेव कहती हुई' भी मूर्ति की उपासना को ही अपनी साधना का आधार मानती थीं। उनके हृदय में श्रीकृष्णचंद्र के सौंदर्य एवं गुण तथा लीलाओं के ही प्रति विशेष आकर्षण दीख पड़ता है और उनकी प्रगाढ़ रामानुगा भक्ति का विकास उस लोक-संग्रह के उच्च स्तर तक पहुँचता हुआ नहीं लक्षित होता जिसे संतों के कार्यक्रम का एक प्रधान क्षेत्र समझना चाहिए। इसके सिवाय 'गुरु ग्रंथ साहब' के उक्त संस्करण में मीराबाई के अतिरिक्त भक्त परमानंद व भक्त गोविंद जैसे लोगों की भी रचनाएं संगृहीत हैं, जिन्हें 'संत-परम्परात' में सम्मिलित नहीं किया जाता तथा भक्ति सूरदास की कतिपय रचनाएं उसके

---

१. 'जायसी ग्रंथावली' (काशी नागरी प्रचारिणी सभा, सन् १९२४) पृ. ३५३।
२. वही, पृ. ३४४।
३. वही, पृ. १००।
४. 'कबीर ग्रंथावली' (काशी नागरी प्रचारिणी सभा, सन् १९२८) पृ. २०८, पद ३५९।
५. 'जायसी ग्रंथावली' (का. ना. प्र. सभा, सन् १९२४) पृ. ३३९।
६. 'कबीर-ग्रंथावली' (का. ना. प्र. सभा, सन् १९२८) पृ. १७, सा. ३।

प्रारभिक संस्करण में भी पायी जाती हैं, और ऐसा होने पर भी उन्हें सदा सगुण भक्तों में ही गिना जाता है। अतएव मीराबाई को यदि संतों की श्रेणी में रखा भी जाय, तो उन्हें अधिक से अधिक पहले के पथ-प्रदर्शक संतों की कोटि में ही गिन सकते हैं।

२. कबीर-पंथ

कबीर साहब व कबीर-पंथ–इसमें संदेह नहीं कि कबीर साहब के जीवन-काल में ही उनके अनेक अनुयायी बन चुके थे, किंतु फिर भी इतना निश्चित रूप से नहीं कहा जा सकता कि उनकी सहायता से इन्होंने किसी पंथ- विशेष के निर्माण का आयोजन भी किया था। सच तो यह है कि कबीर साहब ने सदा एक अत्यंत सार्वभौमिक धर्म का ही उपदेश दिया था जिसे किसी प्रकार का साम्प्रदायिक रूप देने की कोई आवश्यकता न थी और न उनका कोई पंथ चलाना अथवा उसे संगठित कर उसके प्रचारार्थ अपने शिष्यों को नियुक्त करना कोई अर्थ ही रखता था। उनके शिष्यों में से भी कम से कम एक अर्थात् कमाल उन्हीं की भाँति पंथ-रचना के विरुद्ध थे, जैसा कि हम उनके प्रसंग में देख आए हैं। श्री नाभादास ने उनके अन्य शिष्यों में से पद्मनाभ का नाम लिया है और बतलाया है कि कबीर की कृपा से उन्होंने किस प्रकार परमतत्व का परिचय प्राप्त किया था और केवल नाम को ही सब कुछ मानकर उसे अपना लिया था[१]। 'भक्तमाल' के प्रसिद्ध टीकाकार प्रियादास ने उनके छप्पय पर टिप्पणी करते हुए पद्मनाभ द्वारा राम नाम के सहारे किसी कोढ़ी के नीरोग हो जाने का चमत्कारपूर्ण प्रसंग भी उद्धृत किया है, किंतु वे भी उनके किसी पंथ चलाने की चर्चा नहीं करते। किसी पद्मनाभ द्वारा अयोध्या में 'राम-कबीर-पंथ' के प्रचार का अनुमान कबीर-पंथी लोग अवश्य करते हैं, परन्तु उक्त दोनों पद्मनाभों का एक होना किसी ऐतिहासिक आधार पर सिद्ध नहीं होता। कबीर साहब के समसामयिक एक पद्मनाभ के विषय में प्रसिद्ध हैं कि वे गुजरात- प्रदेश के नागर ब्राह्मण थे और उन्होंने सं. १५१२ में 'कहानदड़े प्रबन्ध' नाम का इतिहास-ग्रंथ गुजराती भाषा में लिखा था[२]। उनका ग्रंथ उपलब्ध हैं, किंतु उससे अथवा अन्य किसी आधार पर भी उनके कबीर- शिष्य होने का पता नहीं चलता और न यही ज्ञात होता है कि उन्होंने कोई पंथ भी चलाया था। गुजरात प्रदेश में प्रचलित कबीर-पंथ से भी उनका कोई संबंध सिद्ध नहीं होता।

द्वादश-पंथ–कबीर-पंथीय साहित्य में इस बात का उल्लेख मिलता है कि कबीर साहब ने अपने चार प्रमुख शिष्यों को चारों दिशाओं में इस निमित्त भेजा था कि वे जाकर उनके मत का प्रचार करें और उनके नाम भी चत्रभुज, बंकेजी, सहतेजी और धर्मदास बतलाये गए हैं। इनमें से प्रथम तीन के संबंध में प्रायः कुछ भी ज्ञात नहीं, किंतु चौथे अर्थात् धर्मदास द्वारा 'कबीर-पंथ' की 'धर्मदासी शाखा' का मध्य प्रदेश में चलाया जाना बहुत प्रसिद्ध है और यह शाखा आज भी विविध उपशाखाओं में विभक्त होकर प्रचलित है। कबीर-पंथ के ग्रंथों में कबीर के नाम पर बारह ऐसे पंथों के प्रचलित किये जाने की भी चर्चा है जो वास्तव में कबीर के सिद्धांतों के विरुद्ध प्रचार करते हैं। इन बारह पंथों में सबके नाम दिये गए हैं और उनके मूल प्रवर्तकों का कुछ परिचय भी बतलाया गया है। 'अनुराग-सागर' के अनुसार उक्त प्रवर्तक

---

१. 'भक्तमाल' 'कबीर कृपातें परमतत्त्व, पद्मनाभ परचै लह्यौ' ।६८ ।

२. के. एम. झावेरी :'माइल स्टोन्स इन गुजराती लिटरेचर' बंबई, १९१४, पृ. ४८ ।

दूतों के नाम क्रमशः, 'मृत्यु अंधा', 'तिमिर-दूत', 'अंध अचेत', 'मनभंग', 'ज्ञानभंगी', 'मकरंद', 'चितभंग', 'अकिलभंग', 'विसंभर', 'नकटा', दुरगदानि' तथा 'हंसमुनि' हैं और इन सभी ने सच्चे मार्ग का अनुसरण ठीक-ठीक नहीं किया है।[१] इन बारहों नामों का कुछ-कुछ परिचय हमें तुलसी साहेब के 'घट-रामायन' तथा परमानंद साहेब के 'कबीर-मन्शूर' नामक ग्रंथों की सहायता से मिलता है।[२] इनसे जान पड़ता है कि ये नाम वास्तव में क्रमशः नारायणदास, भागोदास, सुरत गोपाल, साहेबदास, टकसारी-पंथ-प्रवर्त्तक, कमाली, भगवान दास, प्राणनाथ, जगजीवनदास, तत्त्वाजीवा तथा गरीबदास के हैं और इनके पंथ आज भी भिन्न-भिन्न प्रदेशों में प्रसिद्ध हैं। इन बारहों पंथों के नाम कबीर साहब द्वारा धर्मदास के प्रति बतलाये गए हैं और इस तालिका के अंतर्गत धर्मदास की शाखा का स्वभावतः नाम भी नहीं आता, अतएव स्पष्ट है कि इनके कुछ न कुछ सिद्धांत उक्त शाखा के प्रतिकूल पड़ते हैं अथवा ग्रंथकर्ता का उद्देश्य उक्त शाखा को इन बारहों से बढ़ाकर बतलाने का ही हो सकता है।

कबीर-पंथ का आरम्भ–जो हो, इतना तो निश्चित है कि कबीर साहब का विचार नवीन पंथ के निर्माण के विपरीत होने पर भी उनके शिष्यों व प्रशिष्यों के हृदय में उनके नाम पर कोई न कोई पंथ चलाने की प्रवृत्ति अंत में हो ही गई और उनकी बानियों का संग्रह, उनके सिद्धांतों का प्रचार तथा उनके द्वारा निर्दिष्ट भिन्न-भिन्न साधनों की व्याख्या के रूप में भिन्न-भिन्न प्रकार के उद्योग भी आरम्भ हो गए। तदनुसार हम देखते हैं कि कबीर साहब का देहांत हो जाने के कुछ समय के अनंतर कबीर-पंथ के नाम पर अनेक संस्थाएं चल पड़ीं और उनके अलग- अलग मठ एवं प्रधान तीर्थादि भी स्थापित होने लगे। उक्त बारह पंथों के विषय में पता चलाने से भी जान पड़ता है कि 'अनुराग- सागर' की रचना के समय, अर्थात् संभवतः विक्रम की अठारहवीं शताब्दी के अंत तक वर्तमान उत्तर प्रदेश से लेकर मध्य प्रदेश, उड़ीसा, गुजरात, काठियावाड़, बड़ोदा, बिहार आदि प्रदेशों तक कबीर-पंथ पूर्ण रूप से प्रचलित हो गया था और उसकी भिन्न- भिन्न शाखाओं के बीच पारस्परिक प्रतिस्पर्धा के भाव भी जागृत होने लगे थे। इस समय 'कबीर-पंथ' का प्रचार किसी न किसी शाखा के रूप में भारतवर्ष में प्रायः प्रत्येक कोने में हो चुका है और जहाँ- जहाँ पर इसकी शाखा व उपशाखा नहीं है, वहाँ पर भी कबीर साहब द्वारा न्यूनाधिक प्रभावित किसी न किसी संत के मत का अस्तित्त्व है। कबीर- पंथियों की संख्या अधिक न भी हो, तो भी कबीर साहब के आदर्शों को मानने वाले लोगों की आज भी कमी नहीं है।

(१) काशी-शाखा

सुरतगोपाल–प्रचलित कबीर-पंथ के प्रमुख प्रवर्तकों में सुरतगोपाल का नाम लिया जाता है जिन्हें 'अनुराग-सागर' में अंध अचेत कहा गया है। प्रसिद्ध है कि ये कबीर साहब के शिष्य थे और इन्होंने पंथ की काशी वाली वा कबीर-चौरावाली शाखा को प्रचलित किया था। बिशप वेस्ट काट ने उक्त शाखा की गुरु-परम्परा की तालिका में इनका चौथा नाम दिया है और किसी धनश्याम दास का नाम सर्वप्रथम रखा है। इनकी गद्दी का भी होना वे सन् १५५९ वा सं. १६१६ बतलाते हैं और इनका समाधि लेना ३५ वर्षों के अनंतर सन् १५९४ वा सं. १६५१

१. 'अनुराग-सागर' वेलवेडियर प्रेस, प्रयाग, १९२७) पृ. ९०:२।

२. 'घट-रामायन' पृ. २३४:५ व 'कबीर-मन्शूर' पृ. २९६।

में ठहराते हैं। परन्तु उक्त तालिका के तैयार करने में स्वीकृत आधार वे बनारस के किसी बैरागी को बतलाते हैं जिसकी जानकारी कई बातों में प्रचलित जनश्रुति से मेल खाती नहीं दीखती। उधर कबीर-पंथीय ग्रंथ 'गुरुमहात्म्य' (पृ.१:२) से पता चलता है कि कबीरचौरा की शाखा द्वारा स्वीकृत गुरु- परम्परा के अनुसार कबीर साहब के अनंतर पहला नाम सुरतगोपाल का आता है और श्यामदास का नाम उसके अनंतर तीसरा पड़ता है।[1]

इस तालिका के अनुसार कबीर साहब के अतिरिक्त २०वें गुरु रामविलास दास हैं, जो कदाचित् इस समय भी वर्तमान हैं। अब यदि कबीर साहब का मृत्यु-काल हम सं. १५०५ मानते हैं, जैसा पहले अनुमान किया भी जा चुका है, तो इस समय सं. २००७ तक ५०० वर्ष हो जाते हैं, और प्रत्येक गुरु के गद्दी-काल का माध्यम २५ वर्ष मान लेने पर[2] उक्त तालिका प्रायः ठीक जान पड़ती है।

---

१. १. कबीर, २. सुरतगोपाल, ३. ज्ञानदास, ४. श्यामदास, ५. लालदास, ६. हरिदास, ७. सीतलदास, ८. सुखदास, ९. हुलासदास, १०. माधोदास, ११. कोकिल दास, १२. रामदास, १३. महादास, १४. हरिदास, १५. शरणदास, १६. पूरनदास, १७. निर्मलदास, १८. रंगीदास, १९. गुरप्रसाद, २०. प्रेमदास, व २१. रामविलास दास।

२. संत-परम्परा के सभी पंथों की गुरुगद्दियों के महंतों की नामतालिक नहीं मिलती और जो मिलती हैं उनमें भी अधिकतर किसी समय का उल्लेख नहीं दीख पड़ता। केवल 'नानक-पंथ' के प्रथम दस गुरुओं के जीवन-काल तथा 'बावरी-पंथ' के अंतिम ९ महंतों के मृत्युकाल का पता निश्चित रूप से मिलता है। इसके सिवाय सत्त-नामी सम्प्रदाय की कोटवां शाखा के प्रथम चार गुरुओं तथा इस प्रकार राधा-स्वामी सत्संग के भी प्रथम चार संतों के विषय में कह सकते हैं। नानक-पंथ के अंतिम ९ गुरुओं का गद्दी काल १७० वर्ष ठहरता है जिसका माध्यम लगभग १९ वर्षों का पड़ता है और इसी प्रकार 'बावरी-पंथ' के वर्तमान को छोड़ कर शेष अंतिम ७ गुरुओं का गद्दी-काल २१५ आता है जिसका माध्यंम लगभग ३१ वर्षों का निकलता है। फिर इसी प्रकार उक्त ३ अंतिम सत्तनामी मंहतों के कार्य-काल ८२ वर्षों का माध्यम २७ वर्ष होता है तथा 'सत्संग' के भी वर्तमान को छोड़कर शेष तीन गुरुओं का समय ५९ वर्ष होता है जिसका माध्यम लगभग १९ वर्ष आता है। इसके सिवाय 'धनीश्वरी सम्प्रदाय' के विनोदानंद (मृ. सं. १७३१) के अनंतर बाबा रघुपतिदास (मृ. सं. १९९०) तक के वर्तमान महंत को छोड़ कर शेष आठ संतों के समय १२८ वर्ष का यदि माध्यम निकाला जाय तो वह भी ३२ वर्षों का आता है तथा इसी प्रकार 'निरंजनी सम्प्रदाय' के भी गुरुओं की तालिका में हरिदास (मृ. सं. १७००) के अनंतर गंगादास के उत्तराधिकारी नरसिंहदास के महंत बनने के समय, अर्थात् सं. १८४५ तक वा ६ महंतों के १४५ वर्षों का माध्यम निकाला जाय तो वह भी २४ वर्ष आता है। अतएव, उक्त छहों माध्यमों अर्थात् १९, ३१, २७, १९, ३२ व २४ का भी यदि माध्यम निकाल लिया जाय, तो उसका परिणाम कम से कम २५ वर्ष का समय ठहराता है, जो संतों के संबंध में कदाचित् अधिक नहीं कहा जा सकता। केवल 'राम सनेही सम्प्रदाय' के संबंध में यह काल बहुत अधिक जान पड़ता है जिसका कारण अज्ञात है। इस लेखे में एक बात यह भी उल्लेखनीय है कि पंजाब, राजस्थान एवं आगरा अर्थात् पश्चिम के महंतों का कार्य-काल कम दीखता है जहाँ कोटवाँ, मॉझी व भुरकुड़ा अर्थात् पूरबवालों का वही समय उनसे कहीं अधिक है।

ऐसा होने पर सुरतगोपाल का कबीर साहब के अनंतर ही पंथ प्रवर्तक बन जाना व गद्दी पर बैठना असंभव नहीं प्रतीत होता। प्रसिद्ध है कि सुरतगोपाल जाति के ब्राह्मण थे और उन्होंने 'अमरसुखनिधान' नामक ग्रंथ की रचना की थी। परंतु 'अमरसुखनिधान' के विषय में अथवा उसकी भाषा पर विचार करने पर वह पुस्तक उनकी रचना नहीं जान पड़ती। अतएव सुरतगोपाल ने कबीर-पंथ को किस रूप में चलाया, उसका प्रारंभिक संगठन कैसा था और उसके प्रचारार्थ उन्होंने किन-किन साधनों के प्रयोग किये थे आदि जैसी बातों के विषय में निश्चित रूप से कहना कठिन है।

कबीरचौरा की शाखा–सुरतगोपाल तथा उनके शिष्य ज्ञानदास की समाधियों का जगन्नाथपुरी में होना बतलाया जाता है और श्यामदास तथा लालदास एवं हरिदास अथवा सीतलदास की भी समाधियाँ कबीर चौरे में नहीं पायी जातीं। सुरतगोपाल से सातवीं पीढ़ी के नीचे के गुरु सुखदास की समाधि 'नीरू टीले' में वर्तमान है और कहा जाता है कि उन्हीं के समय में वह स्थान सर्व प्रथम पंथ के अधिकार में आया था। कबीर चौरा की भूमि उसके भी पीछे, क़दाचित् काशी-नरेशों की सहायता से प्राप्त की गई थी। कबीरचौरे में गुरुओं की समाधियों का निर्माण संभवतः शरणदास, सुरतगोपाल, के अनंतर १४वें महंत के समय में होने लगा और वही स्थान मुख्य केंद्र भी बन गया। ये शरणदास एक योग्य और प्रभावशाली महंत जान पड़ते हैं, क्योंकि इनके समय से ही उक्त केंद्र का प्रबंध सुचारु रूप से होने लगा। इन्हीं शरणदास के एक शिष्य प्रसिद्ध रामरहस दास (सं. १७८२:१८६६) थे जो गया के कबीरबाग में रहा करते थे और जिन्होंने बड़े अध्ययन और चिंतन के उपरांत पंथ के सर्वमान्य ग्रंथ 'बीजक' के कतिपय स्थलों के आधार पर अपनी 'पंचग्रंथी' पुस्तक बनायी थी। इनका पूर्वनाम रामरज द्विवेदी था और इन्होंने काशी में रह कर बहुत दिनों तक संस्कृत के दार्शनिक साहित्य का अध्ययन किया था। इनके अनुशीलन एवं गंभीर चिंतन के ही फलस्वरूप उक्त सुंदर ग्रंथ का निर्माण था। कबीरपंथीय साहित्य में उक्त ग्रंथ का स्थान बहुत ऊँचा है और उसके आदर्श पर इधर अनेक अन्य ग्रंथों की रचना हुई है। ऐसी रचनाओं में पूरन साहब की प्रसिद्ध 'त्रिज्या' टीका भी है जो 'बीजक' पर ही की गई है और जो सं. १९३८ में तैयार हुई थी। ये पूरन साहब बुरहानपुर (मध्य प्रदेश) के निवासी थे और वहीं पर कदाचित् महंत के रूप में अपने अंतिम समय तक रहे।

कबीरचौरा मठ–कबीरचौरा मठ काशी नगर के अंतर्गत उसी नाम के एक मुहल्ले में आज भी वर्तमान है। मुख्य कबीरचौरा स्थान पर इस समय एक मंदिर बना हुआ है जहाँ कबीर साहब के उपदेश देने का पवित्र स्थल दिखलाया जाता है। इसके पास ही एक स्थान पर उनके एक चित्र की पूजा प्रतिदिन प्रातः काल और सायंकाल की जाती है और अनेक कबीर-पंथानुयायी एकत्र होकर उनकी आरती लेते और उनके स्तोत्र पढ़कर उनके प्रति अपनी प्रगाढ़ श्रद्धा प्रदर्शित करते हैं। क़बीरचौरा की चहारदीवारी वा आँगन के दक्खिन गली के पीछे दो आँगन और घिरे हुए हैं जिनमें से पश्चिम वाले में 'नीरू टीला' है। 'नीरू टीला' वह स्थान समझा जाता है जहाँ पर कबीर साहब के पिता व माता का निवास था। इस स्थान से पूर्व की ओर आजकल एक धर्मशाला है जिसे 'क़बीर महाविद्यालय' भी कहते हैं। यहाँ पर बहुत से लोग रहकर विद्याध्ययन व सत्संग किया करते हैं और इनका जीवन अधिकतर आश्रमवासियों की भाँति व्यतीत होता है। नीरू टीला वाले विभाग में बहुधा कबीर पंथ की

कुछ स्त्रियाँ भी रहा करती हैं जिन्हें 'माई लोग' कहा जाता है। कबीर चौरा का सारा आश्रम वहाँ के महंत के अधीन है जो दीवान, कोतवाल तथा पुजारी नामक भिन्न-भिन्न कर्मचारियों द्वारा उसका प्रबंध कराते हैं और जो बाहर से आये हुए यात्रियों से प्राप्त भेंट तथा मठ की संपत्ति आदि के मालिक समझे जाते हैं। इस मठ के संबंध में प्रति वर्ष एक मेला भी लगता है जो प्रायः एक सप्ताह तक चलता है। इस अवसर पर 'जोतप्रसाद' की विधि संपन्न की जाती है और नवीन व्यक्ति कबीर पंथ में सम्मिलित भी किये जाते हैं।

कबीरचौरा स्थान से लगभग एक कोस की दूरी पर उत्तर की ओर वह स्थान भी वर्तमान है जिसे 'लहर तारा' का तालाब कहते हैं। इस समय यहाँ पर कोई पहले-जैसा तालाब नहीं है, किंतु एक छिछली-सी नीची भूमि है जहाँ पर जनश्रुति के अनुसार पानी में शिशु कबीर का बहता हुआ शरीर नीमा द्वारा सर्वप्रथम पाया गया था और जो इसी कारण उनके जन्म-स्थान सा ही पवित्र माना जाता है। यहाँ पर भी एक छोटा सा स्थान आँगन के रूप में वर्तमान है जिसका प्रबंध एक पुजारी किया करता है। यह स्थान भी वास्तव में कबीर चौरा शाखा के अधीन है और इसकी भी देखभाल सदा वहाँ के महंत ही किया करते हैं।

मगहर–कबीर साहब के इस जन्म-स्थान की भाँति उनके मृत्यु-स्थान मगहर को भी कबीर-पंथियों द्वारा तीर्थवत् महत्त्व दिया जाता है। मगहर गोरखपुर के निकट, किंतु बस्ती जिले के अंतर्गत, एक गाँव है जहाँ पर पुरानी अमी नदी के किनारे एक मठ बना हुआ है। इस मठ के अंतर्गत् दो विभाग हैं जिनके बीच में एक ऊंची दीवार खड़ी की गई है। एक ओर का खंड मुसलमान कबीर- पंथियों के अधिकार में है जिनके महंत को 'गनी करन कबीर' कहा करते हैं। इस महंत की गद्दी कबीर साहब की एक समाधि वा रौजे के निकट बनी हुई है और उसकी दूसरी ओर एक और भी समाधि है जो 'कमाल का रौजा' के नाम से प्रसिद्ध है। कबीर साहब के उक्त रौजे से भिन्न उनकी एक दूसरी भी समाधि है जो मठ के दूसरे खंड में वर्तमान है और जो हिंदू महंत के अधीन है। इस समाधि के पूजापाठ की विधि पहलेवाली से भिन्न है और प्रायः उसी प्राकर की है जैसी कबीरचौरा की है। इस खंड के पुजारी कबीर साहब को वस्तुतः एक पूज्य देवता के रूप में मानते हैं, परंतु दूसरे खंडवालों की दृष्टि में वे किसी 'पीर' वा पूज्य संत से अधिक नहीं थे। हिंदू कबीर-पंथियों का यह मठ कबीर चौरा शाखा के आश्रित है और यहाँ पर उक्त स्थान के महंत प्रति वर्ष अगहन के महीने में आकर 'जोतप्रसाद' की विधि संपन्न किया करते हैं। इस मठ के प्रबंध में मगहर के निकट ही दो अन्य गाँव भी बलवा और खुरसवाल नाम के हैं जो इसकी संपति समझे जाते हैं और जहाँ पर इसके साधु भी रहते हैं।

अन्य स्थान–कबीरचौरा शाखा के अंतर्गत और भी अनेक स्थान भिन्न-भिन्न प्रदेशों में वर्तमान हैं। वे सभी यहाँ के महंत की अधीनता स्वीकार करते हैं और वहाँ पर ये प्रायः प्रत्येक वर्ष जाकर कबीर-पंथियों को दर्शन दिया करते हैं। मध्य प्रदेश का बुरहानपुरवाला मठ, पुरी जगन्नाथ की कबीर-समाधि, द्वारिका का कबीर-मठ आदि स्थान इसी प्रकार के कहे जा सकते हैं। इन सब में तथा उत्तर प्रदेश व बिहार के कई ऐसे अन्य स्थानों में भी कबीर चौरा की स्वीकृत पूजन-पद्धति का अनुसरण होता है।

(२) छत्तीसगढ़ी शाखा

छत्तीसगढ़ की शाखा व धर्मदास–कबीर-पंथ की एक अन्य प्रसिद्ध शाखा के प्रवर्तक धर्मदास कहे जाते हैं और उसका मुख्य केंद्र मध्य प्रदेश में है। इस 'धर्मदासी शाखा' के

अनुयायी संख्या में कबीरचौरा शाखा वालों से कदाचित् कहीं अधिक हैं और इसकी उपशाखाएं भी बहुत-सी बन गई हैं। कहा जाता है कि इसकी स्थापना पहले-पहल बांधवगढ़ स्थान में हुई थी, जो धर्मदास का निवास-स्थान था। धर्मदास के विषय में पौराणिक तो अनेक उपलब्ध हैं, किंतु उनका ऐतिहासिक जीवन-वृत्त कहीं भी नहीं मिलता। इस शाखा द्वारा मान्य गुरु-परम्परा की तालिका[1] के देखने से पता चलता है कि उन्हें लेकर आज तक १५ गुरु हो चुके हैं। अब यदि कबीरचौरा वाले गुरुओं की भाँति ही इनकी भी गद्दी के समय का माध्यम २५ वर्ष मान लिया जाय, तो धर्मदास के गद्दी पर सर्वप्रथम बैठने का काल विक्रम की सत्रहवीं शताब्दी के कहीं द्वितीय चरण में जाकर पड़ेगा, और इस हिसाब से उनका कबीर साहब का गुरुमुख-शिष्य होना किसी प्रकार भी सिद्ध नहीं हो सकेगा। इसके विपरीत कबीर-पंथ के अनेक प्रसिद्ध ग्रंथों में सर्वत्र लिखा मिलता है कि कबीर साहब ने धर्मदास को स्वयं दर्शन व उपदेश दिये थे। कहा गया है कि धर्मदास कसौंधन बनिया थे और तीर्थाटन के लिए मथुरा, वृंदावन गये थे, जहाँ पर उन्हें कबीर साहब के प्रथम दर्शन हुए थे और फिर दूसरी बार उन्होंने इन्हें काशी में भी देखा था। अंत कबीर साहब ने उन्हें एक बार फिर बांधवगढ़ जाकर भी कृतार्थ किया और उनका आतिथ्य ग्रहण कर उन्हें अनेक उपदेश व आशीर्वाद दिये। इन बातों से पहले धारणा होती है कि धर्मदास ने कबीर साहब को उनके जीते- जागते शरीर के रूप में देखा था, अतएव ये उनके गुरुमुख-चेले अवश्य रहे होंगे। किंतु कबीर-पंथ के ही कई मान्य ग्रंथों की कुछ पंक्तियों[2] से इस बात में संदेह भी होने लगता है और अनुमान करने के लिए पर्याप्त कारण मिल जाता है कि धर्मदास को भी कबीर साहब के दर्शन कदाचित् वैसे ही हुए होंगे जैसे चरण दास को शुकदेव मुनि के, तथा गरीबदास को स्वयं कबीर साहब के ही हुए थे और उन लोगों ने भी इसी प्रकार उन महापुरुषों को गुरु मान लिया था।

रचनाएँ–इसमें संदेह नहीं कि धर्मदास एक बहुत योग्य व्यक्ति थे और उनके प्रभाव द्वारा कबीर-पंथ को बड़ी सहायता मिली। उनके नाम से बहुत-सी रचनाएं प्रसिद्ध हैं जिनमें से कई एक का एक संग्रह 'धनी धर्मदास जी की शब्दावली' के रूप में प्रयाग के 'वेलवेडियर प्रेस' द्वारा प्रकाशित भी हो चुका है। इसमें संगृहीत रचनाओं की अनेक पंक्तियों में धर्मदास अपने को कबीर साहब का शिष्य होना स्वीकार करते हैं तथा उनसे अपने कल्याण के लिए प्रार्थना करते हुए भी दीख पड़ते हैं। धर्म दास के पद भक्ति-रस द्वारा सर्वत्र ओतप्रोत हैं और उनसे स्पष्ट है कि उन्हें कबीर साहब के प्रति प्रगाढ़ श्रद्धा रही होगी। धर्मदास कबीर साहब को वास्तव में कोरे गुरु ही नहीं, बल्कि अपने इष्टदेव के रूप में भी देखते हैं। उक्त संग्रह के कुछ पदों में कबीर साहब के जीवन वृत्त से संबंध रखने वाले भी कुछ प्रसंग आए हैं। कबीर-पंथ की अनेक अन्य पुस्तकें भी धर्मदास की रचना समझी जाती हैं और बहुत से ग्रंथ तो कबीर साहब एवं धर्मदास के संवाद के रूप में ही लिखे गए हैं।

---

१. १. धर्मदास, २. चूड़ामनिनाम, ३. सुदर्शननाम, ४. कुलपतिनाम, ५. प्रमोधनाम, ६. केवलनाम, ७. अमोलनाम, ८. सुरत सनेहीनाम, ९. हक्कनाम, १०. पाकनाम, ११. प्रगटनाम, १२. धीरजनाम, १३. उग्रनाम, १४. दयानाम, १५. काशी दास।

२. 'जिंद रूप जब धरे सरीरा, धरमदास मिलि गए कबीरा।' –'अमरसुखनिधान' (धनी धरमदास की शब्दावली पृ. २:३ पर उद्धृत) तथा, 'साहेब कबीर प्रभु मिले विदेही, झीना दरस दिखा- इया'।–'धनी धरमदास की शब्दावली' पृ. ५२

परिवार–प्रसिद्ध है कि धर्मदास का पहला नाम जुड़ावन था, उनकी पत्नी आमीन कहलाती थी और उनके दो लड़के नारायणदास व चूड़ामणि थे। यह भी कहा जाता है कि नारायणदास ने पहले कबीर साहब का विरोध किया था और संभव है कि इसी कारण पूर्वकथित 'द्वादश-पंथ' के प्रसंग में उसे 'मृत्यु अंधा' नाम भी दिया गया है और उसके द्वारा प्रचारित मत की आलोचना वा निंदा तक की गई है। आमीन एवं चूड़ामणि का कबीर साहब के प्रति श्रद्धा का भाव प्रदर्शित करना बतलाया जाता है और यह भी प्रसिद्ध है कि वे लोग भी धर्मदास की भाँति उनके शिष्य बन गए थे तथा चूड़ामणि धर्मदास के अनंतर उनकी गद्दी पर बैठे भी थे। धर्मदास की समाधि का भी सुरतगोपाल की भाँति जगन्नाथपुरी में होना बतलाया जाता है।

शाखा का इतिहास–कबीर-पंथीय ग्रंथों को देखने से पता चलता है कि कबीर साहब ने धर्मदास को कबीर-पंथ की स्थापना का निर्देश करते हुए यह भी बतलाया था कि तुम्हारे पीछे आने वाले उत्तराधिकारी ४२ पीढ़ियों तक इसी प्रकार प्रचार करेंगे। तब से धर्मदास के पुत्र चूड़ामणि और उसके वंशज सुरत सनेहीनाम नामक आठवें गुरु तक प्रायः एक ही ढंग से चले आए। किंतु नवें गुरु अर्थात् हक्कनाम के समय से कुछ मतभेद का अंकुर दीख पड़ने लगा। हक्कनाम सुरत सनेहीनाम के असली औरस पुत्र नहीं समझे गए। वे उनके दासी-पुत्र होने के कारण बहुत लोगों की दृष्टि से उत्तराधिकारी होने के योग्य नहीं थे। अतएव हटकेसर जैसे मठों के कबीर-पंथियों ने अपने को उक्त शाखा से पृथक् समझना आरंभ कर दिया। इसी प्रकार एक बार फिर ११वें गुरु अर्थात् प्रगटनाम के मरने पर भी उत्तराधिकार का झगड़ा आरंभ हुआ, जो मुकदमेबाजी तक में परिणत हो गया। अंत में बंबई हाईकोर्ट द्वारा तय हो गया कि प्रगटनाम की वैध पत्नी के गर्भ से उत्पन्न होने के कारण धीरज नाम के अनंतर उग्रनाम, जो धीरज नाम के मुकाबले असफल हो चुके थे, उनके उत्तराधिकारी अर्थात् १३वें गुरु बने। अंत में इस प्रकार का झगड़ा यहाँ तक चला कि १४वें गुरु अर्थात् दयानाम की मृत्यु, अर्थात् सं. १९८४ के अनंतर ४२ वंशवाले 'वंश' शब्द की भिन्न-भिन्न व्याख्याएं होने लगीं। इस संबंध में कहा गया कि कबीर साहब ने सत्य की नीति निर्धारित कर उसे अपने वचन-वंश द्वारा प्रकट किया था, अतएव वास्तव में वंशवाले वही समझे जा सकते हैं जो उन वचनों को श्रद्धा पूर्वक मानने वाले हैं, उस अविनाशी का यही अभिप्राय था।[१] तदनुसार दयानाम तक चुके हुए, 'गुरु-वचन वंश' की श्रेणी के समझे गए जो 'विंद वंश' भी थे अर्थात् जिन्हें उत्तराधिकार पुत्र भी होने के कारण मिला था, किंतु आगे वाले इनसे भिन्न गुरुओं को 'नाद-वंश' का समझा जाने लगा। इस मंतव्य के आधार पर दयानाम के अनंतर एक उपशाखा इस 'नाद-वंश' वा 'नादीय वंश' की भी चल निकली, जो रामपुर जिले (मध्य प्रदेश) में वर्तमान है।

परिणाम–उक्त संक्षिप्त विवरण से भी स्पष्ट है कि इस धर्म दासी शाखा की गुरु-परम्परा में आरंभ से केवल प्रवर्तक के वंशवालों के ही सम्मिलित होते रहने के कारण किसी प्रकार की योग्यता के परखने का अवसर नहीं मिला करता था। गुरु का बन जाना एक पैतृक अधिकार-सा हो गया था, जिस कारण कोई गुरु अपनी योग्यता बढ़ाने की वैसी चिन्ता नहीं करता था। फल स्वरूप मठ के प्रबंध में बहुधा त्रुटियाँ दीख पड़ने लगीं और अनुयायियों के

१. 'नीति लखायी सत्य की, वचन वंश परकाश।
वचन भानु सो वंश है, प्रकट कहा अविनाश॥' 'कबीरपंथी शब्दावली' (भूमिका) पृ. २।

हृदय में असंतोष आने लगा। फिर तो पारस्परिक कलह, मुकदमेबाजी, अथवा पृथक् होकर मठ स्थापित करने तक की स्थिति आ पहुँची और पंथ के मूल प्रवर्तक के उद्देश्य का पालन अनुयायियों के कर्तव्य का अंग न रहा सका। फिर भी कबीर-पंथीय साहित्य को देखने से ही पता चलता है कि धर्मदास के अनंतर ५वें गुरु अर्थात् प्रमोधनाम एक योग्य व्यक्ति रहे होंगे। उन्होंने अपने समय में उक्त प्रकार की रचना को बड़ी सहायता दी और उसके रचयिताओं का प्रश्रय व उत्साह प्रदान कर उसे समृद्धि शाली बना दिया। उनके समय में कदाचित् कबीर-पंथ के अनुयायियों की संख्या में भी वृद्धि हुई और वे सफल गुरु होने के कारण 'वाला पीर' तक कहलाए। उनके पीछे आठवें गुरु अर्थात् सुरत सनेहीनाम के समय में भी पंथ की विशेष उन्नति का होना पाया जाता है और उक्त दोनों गुरुओं के बीच का काल एक प्रकार से कबीर- पंथीय साहित्य व प्रचार की दृष्टि से पंथ के लिए 'स्वर्णयुग' भी कहा जा सकता है। सुरत सनेहीनाम के पीछे का समय उसी प्रकार अधिकतर अंधकार एवं अवनति के कारण निष्कृष्ट समझा जा सकता है।

इसकी उपशाखाएँ–जान पड़ता है कि धर्मदास की मृत्यु हो जाने पर उनका ज्येष्ठ पुत्र नारायणदास ही बांधव गढ़ की गद्दी पर बैठा था। उनके दूसरे पुत्र चूड़ामणिनाम को वहाँ से अलग हटकर कूडरमल स्थान में अपना मठ स्थापित करना पड़ा था जहाँ से फिर प्रमोधनाम के समय में मांडला की भी प्रसिद्ध हो चली। बांधवगढ़ में नारायणदास के उत्तराधिकारी कदाचित् इस समय भी वर्तमान हैं। मांडला में प्रमोधनाम एवं अमोलनाम की समाधियाँ बनी हुई हैं जहाँ पर एक चबूतरे पर उनकी पूजा एवं आरती हुआ करती है। इसी प्रकार कवर्धा नामक स्थान में भी कुछ समाधियाँ बनी हुई हैं जहाँ पर हक्कनाम के समय से गुरुओं की स्मृति में पूजनादि की विधि मनायी जाती है। धर्मदासी शाखा का वास्तविक केन्द्र इस समय धामखेड़ा है जहाँ पर उसके महंत सज-धज के साथ रहा करते हैं। धाम खेड़ा में प्रति वर्ष माघ के महीने में वसंत पंचमी के अवसर पर एक मेला भी लगा करता है जिसमें दूर-दूर के कबीर-पंथी सम्मिलित होते हैं। यह मेला बहुधा तीन दिनों तक रहा करता है और कहा जाता है कि इस अवसर पर ३८ महंत आकर यहाँ के गुरु से आदेश ग्रहण करते हैं। हाटकेसर के महंत का संबंध अब इस मठ से नहीं रह गया है, किंतु वहाँ की गद्दी भी उक्त धर्मदासी शाखा के ही अंतर्गत है। इस शाखा में सम्मिलित की जाने वाली मध्य प्रदेश की एक छोटी सी गद्दी वमनी की भी प्रसिद्ध है, जहाँ पर धीरजनाम गुरु के वंशवाले उनकी परम्परा चलाते आये हैं, किंतु उनके अनुयायियों की संख्या बहुत कम होगी। अन्य कई विभिन्न स्थानों पर भी धर्मदासी अथवा छत्तीसगढ़ी शाखा का प्रभुत्व अभी तक किसी न किसी रूप में बना हुआ है और उसके अधिकारों को मान्य समझने वालों की संख्या कबीरचौरा वालों से कहीं अधिक होगी।

(३) धनौती शाखा

धनौती की शाखा व भगवान् गोसाईं–उक्त दो प्रसिद्ध शाखाओं तथा उनकी उपशाखाओं के अतिरिक्त, किंतु कदाचित् कबीरचौरा शाखा के ही अंतर्गत एक मठ धनौती (बिहार) का भी प्रसिद्ध है जो कबीर-पंथ की 'भगताही' नामक शाखा से संबंध रखता है। इस शाखा के मूल प्रवर्तक भगवान् गोसाई थे जो कुछ लोगों के कथनानुसार जाति के अहीर थे और मूलतः पिशौराबाद (बुंदेलखंड) के निवासी थे। महर्षि शिवव्रत लाल का अनुमान है[1] कि कबीर साहब

1. महर्षि शिवव्रत लालः 'कबीर और कबीरपंथ' (मिशन प्रेस, इलाहाबाद) पृ. २१:२२।

के भ्रमण-काल में ये सदा उनके साथ रहा करते थे और उनके समय-समय पर दिए गए उपदेशों को लिख लिया करते थे और उन्हें सुरक्षित भी रखते थे। उनका यह भी कहना है कि वे पहले निम्बार्क- सम्प्रदाय में दीक्षित हो चुके थे, किंतु कबीर साहब के सम्पर्क में आकर उन्होंने अपने विचार बदल दिये। भगवान् दास ने वा उक्त भगवान् गोसाई ने क्रमशः इसी प्रकार लगभग छः सौ वचन कबीर साहब के शब्दों और साखियों आदि के रूप में तरतीब देकर संगृहीत किये थे और अपने लिए उनका गुटका भी बना रखा था। इन्हीं गुटका वाली रचनाओं को शिवव्रत लाल ने वर्तमान 'बीजक ग्रंथ' का मूलरूप बतलाया है और अनुमान किया है कि इसके अधिक पद्यों को पीछे से धर्मराज ने अपनी ओर से जोड़ दिया। उनका यह भी कथन है कि भगवान् दास गोसाई कबीर के साथ बांधवगढ़ भी गये थे और धर्मदास ने उनसे गुटका से लेना चाहा था। किंतु भगवान गोसाई उसे लेकर बिहार प्रांत में चले आये और वहाँ से उन्होंने अपने संग्रह को ही महत्त्व देकर प्रकाशित किया तथा अपने विचारानुसार 'पंथ' की 'भगताही शाखा' स्थापित की। यह गद्दी पहले-पहल बिहार के दानापुर नामी कस्बे में प्रतिष्ठित की गई थीं, किंतु पीछे चलकर वह धनौती लायी गई। शिवव्रत लाल के अनुसार इस शाखावाले लोग अभी तक निम्बार्क-सम्प्रदाय के ही भेषादि का धारण करना पंसद करते हैं। वे अन्य कबीर-पंथियों द्वारा स्वीकृत बातों की ओर विशेष ध्यान नहीं देते और न वे वैसा पूजा ही किया करते हैं। उनका मुख्य कर्तव्य 'बीजक' का पाठ तथा साधु-सेवा है और वे अपने को उक्त दो शाखा वालों से प्रायः स्वतंत्र समझते हैं।

इतिहास–'अनुरागसागर' नामक ग्रंथ में कदाचित् उक्त भगवान् गोसाई को ही 'तिमिर-दूत' कहा गया है, क्योंकि आगे आने वाली पंक्ति में बतलाया गया है कि 'बहुतक ग्रंथ तुम्हार चुरै है। आपन पंथ निहार चलै है'[1]। और इस बात का संबंध उक्त गुटका को लेकर उनके बिहार चले जाने तथा वहाँ पर 'भगताही शाखा' प्रवर्तित करने के प्रसंगों से पूर्णतया स्पष्ट हो जाता है। फिर भी किसी ऐतिहासिक प्रमाण द्वारा इस बात की पुष्टि नहीं होती कि उक्त गोसाईं कबीर साहब के समय में वर्तमान भी थे। जनश्रुति के अनुसार ये धर्मदास के लगभग १७५ वर्ष पीछे उत्पन्न हुए थे और इस हिसाब से ये बहुत अर्वाचीन कहे जा सकते हैं। परंतु धनौती की गद्दीधारियों के नामों की जो तालिका[2] उपलब्ध है, उससे पता चलता है कि भगवान् गोसाई से लेकर अभी हाल तक १३ गुरु हो चुके हैं और यदि उनके समय को भी प्रति गुरु २५ वर्ष का मान लें, तो शाखा के प्रवर्तक का काल विक्रम की सत्रहवीं शताब्दी के अंतिम चरण में ठहरता है। इस प्रकार भगवान गोसाई न तो कबीर साहब के समकालीन सिद्ध होते हैं, न सुरतगोपाल के, और न धर्मदास के ही। उक्त तालिका को प्रकाशित करने वाले रे० की का यह भी कहना है कि भगवान् गोसाई के उत्तराधिकारी शिष्य ने अपनी गद्दी किसी लढ़िया नामक स्थान में प्रतिष्ठित की थी और उसके अनंतर उसके शिष्य के शिष्य ने धनौती में सर्वप्रथम अपना मठ बनाया।

(४) अन्य शाख़ाएँ व प्रचार

अन्य शाखाएं व उपशाखाएँ–कबीर-पंथ की अन्य प्रसिद्ध शाखाओं में से जिनके नाम

१. अनुरागसागर (वे. प्रे. प्रयाग) पृ. ९१।

२. १. भगवान् गोसाई, २. अज्ञातनाम शिष्य, ३. बनवारी, ४. भीषम, ५. भूपाल, ६. परमेश्वर, ७. गुणपाल, ८. सीसमन, ९. हरनाम, १०. जयमान, ११. स्वरूप, १२. साधु, और १३. रामरूप।

उक्त 'द्वादश पंथ' वाले प्रसंग में आ चुके हैं, कटक (उड़ीसा) में प्रचलित 'साहेबदासी पंथ', काठियावाड़ में वर्तमान 'मूल निरंजन पंथ', बड़ोदा के 'टकसारी पंथ' तथा भड़ौंच में पाये जाने वाले और तत्त्वाजीवा द्वारा प्रवर्तित 'जीवापंथ' के नाम उल्लेखनीय हैं। कहा जाता है कि तत्त्वाजीवा ने कबीर साहब का चरणोदक लेकर उसके जल की सहायता से अपने यहाँ के किसी सूखे वट-वृक्ष को हरा-भरा कर दिया था। वह वट- वृक्ष नर्मदा तट के निकट कहीं पर आज भी 'कबीर वट' के नाम से उपस्थित समझा जाता है और प्रसिद्ध है कि वहाँ पर कबीर साहब बहुत दिनों तक ठहरें भी थे। उक्त शाखाओं के अतिरिक्त सत्य कबीर, नाम कबीर, दान कबीर, मंगल कबीर, हंस कबीर तथा उदासी कबीर नाम से कुछ अन्य पंथ भी प्रसिद्ध हैं, किंतु उनके विषय में कोई विवरण नहीं मिलता और न यही पता चलता है कि उनका भी संबंध किसी बड़ी शाखा से है वा नहीं। इसी प्रकार कमाल, नित्यानंद तथा कमलानंद के नाम पर कुछ पंथ दक्षिण भारत में भी बतलाये जाते हैं, किंतु उनका कुछ भी हाल विदित नहीं। बिहार प्रांत के जिला मुजफ्फरपुर तथा जिला शाहाबाद के अंतर्गत क्रमशः विदूपुर एवं मझनी में दो पंथ जग्गूदास एवं ज्ञानीदास द्वारा प्रवर्तित समझे जाते हैं, जो संभवतः धनौती की उपशाखाएं भी हो सकते हैं। किसी ज्ञानीदास की एक उपशाखा 'मार्गी शाखा' के नाम से काठियावाड़ में और किसी अन्य कबीर-पंथी द्वारा प्रवर्तित ऊदा शाखा गुजरात में वर्तमान है तथा राजस्थान के अंतर्गत भी कई भिन्न-भिन्न शाखाएं व उपशाखाएं प्रचलित हैं, परंतु उनके विवरण नहीं मिलते। धर्मदास की छत्तीसगढ़ी शाखा की कुछ उपशाखाओं का होना सिंध, नैपाल तथा सिक्किम जैसे स्थानों में भी बतलाया जाता है।

तुलनात्मक अध्ययन–कबीर-पंथ की शाखाओं तथा उपशाखओं के उक्त परिचय से विदित होगा कि विस्तार में निरंतर वृद्धि होते रहने के कारण उनके अनुयायियों की संख्या में भी उत्तरोत्तर योग मिलता रहा है और अनुपात दोनों का प्रायः एक ही रहा होगा। परन्तु बात ऐसी नहीं है। कबीर- पंथी लोगों की संख्या इधर की मनुष्य- गणना के अनुसार ८-१० लाख से अधिक किसी प्रकार भी नहीं समझी जा सकती। उक्त शाखाओं और उपशाखाओं की संख्या भी अधिकतर छोटी-छोटी बातों को लेकर ही बढ़ा दी गई है। भिन्न-भिन्न शाखाओं और उप शाखाओं के मूल वा महत्त्वपूर्ण सिद्धांतों में अभी तक वैसा उल्लेखनीय अंतर नहीं देखा जाता और न कतिपय बाहरी बातों के अतिरिक्त उनका कहीं पता ही चलता है। उदाहरण के लिए कबीरचौरा वाली शाखा को मोटे तौर पर 'बाप शाखा' और 'छत्तीसगढ़ी वाली को 'माई शाखा' कहा जाता है। पहले वाली तथा धनौती शाखा में भी अधिकतर पुरुष ही कबीर पंथी बनाये जाते हैं, किंतु दूसरी में स्त्रियों को भी वैरागिनों की भाँति स्थाना मिला करता है। कबीरचौरा तथा धनौती वाले महंत अधिकतर ब्रह्मचारी अथवा विरक्त हुआ करते हैं, किंतु छत्तीसगढ़ी शाखा में व चालीस वंशवाले नियम के आधार पर अभी तक अधिकतर विवाहित वा गृहस्थ लोग ही गुरु बन जाते रहे हैं, अभी कुछ दिन हुए, उससे पृथक् होने वाली 'नादीय उपशाखा' ने अविवाहित पुरुषों को गुरु बनाने का अपना नियम निश्चित किया है। इसी प्रकार नवीन शिष्यों के दीक्षित करने तथा दैनिक अथवा सामयिक पूजनादि की विधि बरतने में भी कुछ-कुछ भिन्नता दीख पड़ती हैं और अनुयायियों के तिलक-धारण अथवा अन्य भेषों के व्यवहार में भी कुछ साधारण बातें भिन्न-भिन्न प्रतीत होती हैं। इसके सिवाय यह भी प्रसिद्ध है कि कबीरचौरा वाले अधिक ध्यान ज्ञानमार्ग की ओर, छत्तीसगढ़वाले कर्मकांड की ओर तथा धनौती वाले भक्ति की ओर देते हैं।

प्रचार-क्षेत्र–ऊपर दिये गए परिचय से स्पष्ट है कि कबीर-पंथ की उत्पत्ति एवं विकास के लिए प्रारंभिक क्षेत्र पूर्वी उत्तर प्रदेश, बिहार, उत्कल एवं मध्य प्रदेश का भूखंड था, जहाँ से वह प्रचारित होकर क्रमशः सुदूर दक्षिण अथवा पश्चिम तक भी फैला। कबीर साहब का निधन हो जाने के अनंतर बहुत काल तक उनके अनुयायियों का यही कार्य-क्षेत्र रहा और हम देख आये हैं कि किस प्रकार सुरत गोपाल, ज्ञानदास तथा धर्मदास की भी समाधियाँ जगन्नाथपुरी में ही निर्मित हुई और कदाचित् उसी के लगभग वहाँ पर एक समाधि कबीर साहब की भी बनायी गई जो अभी तक वर्तमान है। वास्तव में उत्कल प्रांत उन दिनों हिंदू धर्म का एक प्रधान केंन्द्र समझा जाता रहा और वैष्णव सम्प्रदाय ने वहाँ पर बड़ी उन्नति कर ली थी। पता चलता है कि कबीर साहब के प्रायः सौ वर्ष पीछे वहाँ पर छः बहुत बड़े-बड़े वैष्णव कवि हुए जिनकी रचनाएं आज भी उलब्ध हैं और जिनके देखने से विदित होता है कि उनके मत का वास्तविक रूप क्या था, उनका वैष्णव-धर्म, वस्तुतः बौद्ध धर्म-द्वारा बहुत कुछ प्रभावित था जिसकी छाप हमें उनकी कविता में अनेक स्थलों पर मिलती है। उदाहरण के लिए बलरामदास कवि ने अपनी पुस्तक 'विराट गीता' में अपने इष्टदेव श्रीकृष्ण को अर्जुन द्वारा 'शून्य पुरुष', 'शून्य देही' तथा 'तोहर रूप देख नाहीं' कहलाया है[1] और एक अन्य स्थल पर[2] भगवान् को स्पष्ट रूप में 'निरंजन' तक भी कह डाला है। वहाँ के बौद्ध प्रभाव का पता इससे भी चल जाता है कि सन् १५२९ ई. अर्थात् सं. १५८६ वि. में उड़ीसा के राजा प्रतारुद्र ने बौद्धों का दमन भी किया था।

बौद्ध धर्म का प्रभाव–इसी प्रकार बिहार प्रांत में भी बौद्ध धर्म का कोई न कोई रूप कबीर साहब के समय में तथा उसके पीछे तक प्रचलित रहा। लामा तारानाथ के अनुसार कहा जाता है कि कबीर साहब के निधन-काल के लगभग, अर्थात् सन १४५० ई. अथवा सं. १५०७ वि. में चांगलराज नामक किसी राजा ने गया में बौद्ध-मंदिर का निर्माण कराया था। यह भी अनुमान किया जाता है कि उड़ीसा के उत्तरी भाग तथा छोटा नागपुर के जंगली इलाकों को घेरकर वीरभूमि से रीवा तक फैले हुए भूभाग में अनेक स्थलों पर धर्मदेवता वा निरंजन की पूजा प्रचलित थी। यह 'धर्म-सम्प्रदाय' बौद्ध धर्म का प्रच्छन्न या विस्मृत रूप था। बिहार के मानभूमि, बंगाल के वीरभूमि और बाँकुड़ा आदि जिलों में एक प्रकार के धर्म-सम्प्रदाय का पता हाल ही में लगा है और यह धर्ममत अब भी जी रहा है[3]। कहना न होगा कि इसी मत का प्रचार पश्चिमी बंगाल में धर्मपूजा द्वारा प्रचलित था और उसके साहित्य को 'धर्म-मंगल-साहित्य' नाम दिया जाता था। इस साहित्य में सम्मिलित की जाने वाली रचनाओं में सब से बड़े देवता धर्म वा निरंजन बतलाये गए हैं, उनकी स्तुति की गई है, उनके चमत्कारपूर्ण

---

१. एन्. एन्. बसु : 'माडर्न बुद्धिज्म ऐंड इट्स फालोवर्स इन ओडीसा' पृ. ४० ।
'तोहर रूप देख नाहीं, शून्य पुरुष शून्य देही ।
बोइले शून्य तोर देही, आवर नाम थिव कांही ।
शून्यरै ब्रह्मसिना थाहि, सेठारे नाम थिवारहि ॥' (उद्धृत)

२. 'अनाकार रूपं शून्यं शून्यं मध्ये निरंजनः ।
निराकार मध्ये ज्योतिः सज्योतिर्भगवान् स्वयम्' । (वही)

३. हजारी प्रसाद द्विवेदी:'कबीर-पंथ और उसके सिद्धांत' (विश्व-भारती पत्रिका, खंड ५, अंक ३) पृ. ४५० ।

अलौकिक चरित्र का वर्णन किया गया है तथा उनके सविधिपूजन का विस्तृत विवरण भी दिया गया है। कुछ लोगों का यह भी कहना है कि यह धर्म मूलतः वहाँ के प्राचीन निवासियों का एक विशिष्ट सम्प्रदाय था जिस पर पीछे से बौद्ध धर्म का प्रभाव पड़ गया और उसमें न्यूनाधिक परिवर्तन भी हो गए।

(५) पंथ का सिद्धांत

धर्म की स्वीकृति–जो भी हो, कबीर-पंथ के विकास की प्रारंभिक दशा में उसके प्रचारकों का सर्वप्रथम संघर्ष इसी मतवालों के साथ हुआ। यह मत उक्त भूखंड की सर्वसाधारण जनता में भली भाँति मान्य हो चुका था और उस पर विजय प्राप्त करना कठिन था। कबीर-पंथ के प्रथम प्रचारकों ने इस बात की गंभीरता का अनुमान कर उसे आत्मसात् कर लेना ही उचित समझा। उन्होंने उक्त मत के अनुसार बतलायी गई लोकप्रिय सृष्टि अथवा प्रलय-कथाओं का कोई न कोई रूप इस कारण अपनी पौराणिक कथाओं के अंतर्गत क्रमशः सम्मिलित करना आरंभ किया और उन्हीं के आधार पर आगे चलकर अपना मत भी दर्शाने लगे। वे धर्ममत की कथा का प्रायः वही रूप रखते थे जो उसके ग्रंथों में वर्णित है, किंतु साथ ही अपने निजी सिद्धांतों के अनुसार उसमें कहीं न कहीं कुछ ऐसी बातें भी मिला देते थे जिससे अंत में 'धर्म' वा 'निरंजन' की शक्तिहीनता एवं कबीर की शक्तिमत्ता सिद्ध होने लगती थी।

धर्मगीता का सृष्टि-रचना-क्रम–किसी महादेव दास नामक उड़िया वैष्णवचरित 'धर्मगीता' ग्रंथ के अनुसार धर्म की उत्पत्ति एवं सृष्टि-रचना इस प्रकार हुई–"आरंभ में जब सूर्य, चंद्र, अष्टदिक्पाल आदि कुछ भी नहीं थे, उस समय महाप्रभु शून्य में आसन जमा कर बैठे हुए थे। जब उन्होंने समस्त पापों का नाश कर दिया, तब उनके शरीर से धर्म का मुख प्रकाशित हो उठा। फिर अनेक कल्प व्यतीत हो जाने पर उन्होंने जमुहाई ली और पवन की उत्पत्ति हुई जिसे महाप्रभु ने सृष्टि-रचना की आज्ञा दी, किंतु पवन को भय हुआ कि यदि मैं सृष्टि करता हूँ, तो उसके मोह में भी पड़ सकता हूँ। अतएव उसने सृष्टि का संकल्प छोड़ दिया और योग-तप में लीन हो गया। फिर महाप्रभु ने अपने युग नामक दूसरे पुत्र को सृष्टि रचने की आज्ञा दी, किंतु उसे भी मोह-ग्रस्त होकर फँस जाने का भय हुआ और इसीलिए उसने भी सृष्टि नहीं की। अतएव, महाप्रभु ने निरंजन नामक तीसरे पुत्र को उत्पन्न किया और वह भी उसी भय से लौट आया। फिर महाप्रभु ने निर्गुण नामक पुत्र को उत्पन्न किया जिसने अपने पुत्र गुण को वह कार्य सौंप दिया। गुण ने 'ठुल' वा स्थूल को उत्पन्न करके फिर वही आज्ञा दी और उसने धर्म नामक पुत्र उत्पन्न करके कहा कि सृष्टि-रचना का आरंभ करके शीघ्र लौट आना, नहीं तो मोह में फँस जाओगे। वह बेचारा घबराया कि यह कैसे संभव होगा और उसके माथे पर पसीना हो आया जिससे माया नाम की एक स्त्री उत्पन्न हो गई। उसे देखकर धर्म के चित्त में विक्षोभ उत्पन्न हो गया और उसका शुक्र स्खलित होकर तीन भागों में बँट गया जिससे ब्रह्मा, विष्णु एवं शिव की उत्पत्ति हुई। इन तीनों पुत्रों को सृष्टि रचने का आदेश देकर जब धर्म जाने को उद्यत हुआ, तब माया भी उसके साथ जाने लगी, पर धर्म ने उसे तीनों पुत्रों के साथ रहने का प्रबंध कर दिया।"[१]।

धर्मगीता व शून्यपुराण–इस कथा से कुछ भिन्न, किंतु अधिक विस्तार के साथ दिया

१. 'धर्मगीता', पद्य २६:९२ (माडर्न बुद्धिज्म' के पृ. १०१:१०८ पर उद्धृत)।

हुआ सृष्टि-रचना एवं धर्म की कथा एक विवरण रमाई पंडित के 'शून्य पुराण' में भी पाया जाता है। सर्वप्रथम वे देशकाल तथा तत्त्वों को महाशून्य से आविर्भूत मानते हैं और तत्पश्चात् उसके धर्म रूपी शरीर से निरंजन की उत्पत्ति बतलाते हैं। निरंजन की भ्रुवों के पसीने से आदिशक्ति का निकलना कहा जाता है और आदिशक्ति से ब्रह्मा, विष्णु एवं शिव का जन्म लेना बतलाया जाता है। इस प्रकार महादेव दास की 'धर्मगीता' पर रमाई पंडित द्वारा प्रचारित धर्म-सम्प्रदाय का प्रभाव स्पष्ट परिलक्षित होता है। इसके सिवाय महादेव दास ने सृष्टि-रचना की प्रायः वहीं शृंखला प्रस्तुत की है जो महायान को भी अभिप्रेत रही, किंतु उन्होंने धर्म को नेपाली बौद्धों की भाँति स्त्रीवत् न मानकर उसे रमाई पंडित के अनुसार पुरुष रूप में ही प्रदर्शित किया[१]। बलरामदास नामक एक अन्य उपर्युक्त कवि ने भी अपनी 'ब्रह्मांड भूगोल गीता' में लगभग महादेव दास के ही ढंग से, किंतु कुछ संक्षिप्त रूप में सृष्टि-रचना का वर्णन किया है और उन पर भी उक्त रमई पंडित का प्रभाव पड़ा हुआ जान पड़ता है[२]।

अनुरागसागर का क्रम–कबीर-पंथी लोगों के साहित्य में भी उक्त कथा आती है, किंतु उसमें कुछ अन्य बातें भी जोड़ दी गई हैं, जैसे, 'अनुरागसागर' में बतलाया गया है कि सबसे पहले दीपलोक की उत्पत्ति हुई और वहाँ पर सत्यपुरुष की इच्छा से उसके १७ पुत्र हुए। इन पुत्रों में से निरंजन अथवा धर्मदास ने बड़ी तपस्या की जिससे प्रसन्न होकर सत्यपुरुष ने उसे सृष्टि उत्पन्न करने की शक्ति प्रदान की और उसके भाई 'सहज' द्वारा यह आज्ञा भेज दी। कूर्मनामी पुत्र के उदर से इसी समय प्रस्वेद निकला जिससे सब कहीं जलमय हो गया और उसी जल पर दूध के ऊपर मलाई की भाँति पृथ्वी बन गई। तब निरंजन ने फिर एक बार तप किया जिससे एक अष्टांगी कन्या की उत्पत्ति हुई। परंतु कन्या को काल ने खा लिया और अंत में योगजीत अथवा ज्ञानी नामक पुत्र द्वारा काल का उदर फाड़े जाने पर उसका पुनर्जन्म हुआ। तब इस कन्या के साथ बातचीत करके उन्होंने उससे भोग किया जिससे ब्रह्मा,विष्णु और महेश की उत्पत्ति हुई। इन तीनों का जन्म हो जाने पर तीनों गुणों द्वारा पंचतत्त्वों की सृष्टि हुई और धर्मदास अंतर्धान हो गए। फिर उनके तप से तीसरी बार पवन की उत्पत्ति हुई और पवन से वेदों के उत्पन्न हो जाने पर समुद्र-मंथन आरंभ हुआ जिससे सावित्री, लक्ष्मी व पार्वती निकल पड़ी और चौदह रत्न भी निकल। इसके अनंतर ब्रह्मा अपने पिता धर्मराय का पता लगाने चले और उन्हें ढूँढ़ने के लिए उनकी बहन गायत्री गई। ब्रह्मा व गायत्री का पारस्परिक संभोग हुआ जिसकी सूचना ब्रह्मा ने अपनी माता को नहीं दी और उनकी माता ने उन्हें शाप दे दिया कि तुम्हारी पूजा नहीं होगी। अंत में विष्णु ने निरंजन का पता लगाया और तब माता ने अंडज, ब्रह्मा द्वारा पिंडज तथा विष्णु द्वारा उष्मज एवं शिव द्वारा स्थावरों की सृष्टि हुई। जीवों को जब कष्ट होने लगा, तब योगजीत अथवा ज्ञानी को सत्ययुग, त्रेता, द्वापर एवं कलियुग में भिन्न-भिन्न रूप धारण किये। इस कथा के भी कुछ भिन्न-भिन्न रूप अन्य कबीर-पंथीय ग्रंथों में दीख पड़ते हैं और जान पड़ता है कि ऐसी विभिन्नता स्थानभेद के कारण है।

पौराणिक सिद्धांत–इस संबंध में एक बात यह भी विचारणीय है कि बौद्ध धर्म-द्वारा प्रभावित धर्म-सम्प्रदाय के उक्त ग्रंथ 'शून्य पुराण' अथवा उसी से अनुप्राणित उक्त वैष्णव

---

१. एन. एन. बसुः 'माडर्न बुद्धिज्म' पृ. १०९-११०।

२. वही, पृ. ५१-५२।

कवियों की रचनाओं में जो सृष्टि-रचना का क्रम दीख पड़ता है, वह वस्तुतः हिंदू-धर्म ग्रंथों के वर्णनों से भी बहुत भिन्न नहीं हैं। इनमें भी सृष्टि रचना के पूर्व केवल जल के अस्तित्त्व की चर्चा की गई है जो असत् वा शून्य के अनंतर उत्पन्न हुआ था और जिस पर हिरण्यगर्भ वा प्रजापति, जो एक स्वर्णमय वा प्रकृति से त्रिदेव की सृष्टि हुई, जो रज़, सत एवं तम नामक तीनों गुणों के अनुसार क्रमशः ब्रह्मा, विष्णु एवं शिव के रूपों में सृष्टि की रचना, उसके पालन व उसके संहार में प्रवृत्त हुए। इस प्रकार का क्रम वेदों, ब्राह्मणों, उपनिषदों तथा सांख्यादि दर्शनों व पुराणों में थोड़ी बहुत भिन्नता के साथ प्रायः सर्वलक्षित होता है। अतएव जान पड़ता है कि बौद्ध-धर्म के प्रसिद्ध सम्प्रदाय महायान ने पौराणिक हिंदू धर्म के साथ कई बातों के पारस्परिक आदान-प्रदान करते समय सृष्टि-रचना के उक्त वर्णन के भी सारांश को ग्रहण कर लिया था और उसे अपने निजी ढंग से प्रस्तुत करने का प्रयत्न किया था। अंत में हिंदुओं के पौराणिक धर्म की ही बातें क्रमशः बौद्धों के विविध सम्प्रदायों एवं नाथपंथ आदि के हाथों न्यूनाधिक परिवर्तित होती हुई कबीर पंथ में भी आकर सम्मिलित हो गई। प्रजापति क्रमशः धर्म से निरंजन बन गए, आद्याशक्ति वा प्रकृति ने माया-नारी का रूप धारण कर लिया और कल्पना का रंग कुछ गहरा चढ़ जाने के कारण एक विचित्र-सी कथा अस्तित्त्व में आ गई।

चौका-विधि–जिस प्रकार सृष्टि-रचना तथा त्रिदेवों के जन्मादि के उक्त विवरण के विषय में धर्ममत एवं कबीर-पंथ में बहुत कुछ साम्य है और जान पड़ता है कि कबीर-पंथ के अनुयायियों ने अपनी उक्त कथाओं की रचना करते समय हिंदू पुराणों की भी सहायता ली होगी, उसी प्रकार उसकी छत्तीसगढ़ी शाखा 'चौका विधि' आदि कतिपय कर्मकांडीय विधानों में भी तांत्रिक बातों वा थोड़ा-बहुत 'सेकोद्देशविधि'[१] का प्रभाव स्पष्ट दीख पड़ता है। कबीर-पंथ की 'चौका-विधि' एक महत्त्वपूर्ण कृत्य है जिसे उसके अनुयायी बहुधा नियमानुसार किया करते हैं। यदि हो सका, तो प्रत्येक रविवार को नहीं तो प्रति पूर्णिमा को वा कम से कम फाल्गुन एवं भाद्रपद की ही पूर्णिमाओं के अवसर पर यह किया जाता है। उस दिन उपवास किया जाता है और संध्या समय कुछ रात व्यतीत होते ही किसी समतल एवं स्वच्छ की हुई भूमि पर आटे के चूर्ण द्वारा पाँच व साढ़े सात हाथ का लम्बा-चौड़ा एक समकोण चतुर्भुज बनाते हैं और उसके भीतर एक अन्य वैसा ही छोटा चतुर्भुज ढ़ाई हाथ लम्बा-चौड़ा बना लेते हैं, तथा इस दूसरे को आटे द्वारा भरकर उसके बीच में कुछ फूल भी रख दिया करते हैं। फिर महंत के आ जाने पर उसे बाहरी चतुर्भुज के एक ओर बीच में बिठलाकर उसकी दाहिनी ओर चरणामृत का पात्र, एक दूसरा पात्र जिसमें १२५ पान सजाए रहते हैं तथा कपास की पूरी हुई फूलबत्ती एक पंक्ति में रखते हैं और उसी प्रकार बांयी ओर दूसरी पंक्ति में एक बताशे आदि मिष्ठान का पात्र, एक नारियल और एक जलपूर्ण कलश की स्थापना करते हैं। सामग्रियों के ठीक हो जाने पर उपस्थित महंत पंथ के मान्य ग्रंथ से कुछ स्थलों का पाठ करते हैं और फिर फूलबत्ती-द्वारा आरती कर लेने पर कर्पूर भी जलाकर किसी पत्थर के टुकड़े पर रख देते हैं। इसके उपरांत नारियल को पत्थर पर पटककर उसके टुकड़े किये जाते हैं और फिर उक्त पान वाले पात्र में रखा कर्पूर भी जलाकर आरती की जाती है। इस आरती को फिर उपस्थित कबीर-पंथियों के सामने भेज कर वे नारियल के अद्र्धभाग को अपने पास रख लेते हैं और

१. दे. सिद्ध नाउपदा की 'सेकोद्देशटीका' (डा. मैरिओ पी. कारेली द्वारा संपादित)–'गायकवाड़ ओरियंटल सिरीज', १९४१ पृ. २४-२५।

द्वितीय अद्र्धभाग को चाकू से छोटा-छोटा करके उसमें से एक टुकड़ा नारियल, एक पान तथा बताशादि सबको बाँटते हैं। इसे लोग प्रसाद मानकर बड़ी श्रद्धा के साथ वहाँ खाते हैं और उसका कोई भी अंश पृथ्वी पर गिरने नहीं देते। इसके उपरांत महंत द्वारा कुछ प्रवचन किये जाने पर उक्त विधि संपन्न समझी जाती है।

जोतप्रसाद–इस चौका-विध के पश्चात् प्रायः 'जोतप्रसाद' की भी व्यवस्था की जाती है। उक्त रुई की बनी फूलबत्ती के नीचे जो गूँधा हुआ आटा रखा रहता है, उसे अन्य कुछ आटे में मिलाकर तथा उसमें घी एवं गरी मिश्रित करके महंत का सेवक उसे अपने स्वामी को समर्पित करता है जिससे वे छोटी-छोटी टिकरियाँ बना लेते हैं। इसी प्रकार महंत वा गुरु के चरणोदक-द्वारा महीन मिट्टी गूँथकर उसकी छोटी-छोटी गोलियाँ भी बना ली गई रहती हैं। महंत इन गोलियों तथा उन टिकरियों में से भी एक-एक-अपने अनुयायी प्रत्येक व्यक्ति को पान के पत्ते के साथ दिया करते हैं। उस पान को 'परवाना' कहते हैं और वह भी एक विशेष प्रकार से सजायी गई और रात के समय आकाश से गिरने वाली ओस की बूँदों से प्रलक्षित व पवित्र की गई पान की पत्तियों में से ही लिया गया रहता है। इन सभी उक्त सामग्रियों को कबीर-पंथी एक विशेष श्रद्धा की दृष्टि से देखते हैं और अपने समक्ष की गई विधियों को वे अपने कल्याणार्थ महत्त्व देते हैं। वास्तव में उक्त सभी बातें उनके लिए संस्कार वा कृत्य-विशेष के प्रभावपूर्ण प्रतीक हैं और वे उन्हें उसी प्रकार आवश्यक समझते हैं जिस प्रकार तांत्रिक व्यवस्थानुसार किये गए कर्मों को कोई हिंदू या बौद्ध कर्मकांडी मान लिया करता है।

विधियों की व्याख्या–कबीर-पंथीय साहित्य में उक्त बातों की रहस्यपूर्ण व्याख्या भी की गई है। उदाहरण के लिए नारियल का तोड़ना एक अहिंसात्मक बलिदान समझा गया है जो काल वा निरंजन के उपलक्ष में कबीर-पंथियों द्वारा अपने लिए सत्यलोक की प्राप्ति के निमित्त किया जाता है–नारियल की ऊपरी कड़ी खोल कालस्वरूप है जिसके भीतर कल्याण की कोमल मधुर गरी छिपी रहती है। इसी प्रकार 'परवाना' स्वयं कबीर के ही शरीर का प्रतीक हुआ करता है और 'अमरमूल' के अनुसार उसके द्वारा मुक्ति निश्चिय हो जाती है। हाथरस वाले प्रसिद्ध संत तुलसी साहेब ने अपने 'घट-रामायन' ग्रंथ के अंतर्गत[१] उक्त विधियों की व्याख्या कुछ अन्य प्रकार से भी की है और नारियल के तोड़ने वा मोड़ने का अभिप्राय अपने मन को मोड़ना तथा तिनुका तोड़ने का अर्थ तीन गुणों से रहित हो जाना, आदि बतलाकर चौका-विधि को एक प्रकार की योग-साधना की ही रूपरेखा में परिणत कर दिया है। तो भी कबीर-पंथी इन बातों पर उतनी गंभीरता के साथ विचार करते हुए नहीं देखे जाते।

पौराणिक साहित्य–कबीर-पंथीय साहित्य के अंतर्गत बौद्ध-जातकों की भाँति रचे गये कुछ ग्रंथ दीख पड़ते हैं। कबीर-पंथियों की धारणा है कि सत्यपुरुष ने जगत् की दुर्व्यवस्था को देखकर ज्ञानी अर्थात् कबीर को समय-समय पर सुधार के लिए भेजा था। तदनुसार सत्ययुग में उन्होंने 'सत सुकृत' के रूप में अवतार लिया, त्रेता में 'मुनीन्द्र' कहलाये, द्वापर में 'करुणामय' बनकर प्रकट हुए तथा कलियुग में 'कबीर' होकर अवतीर्ण हुए। प्रत्येक युग में उन्होंने भिन्न-भिन्न व्यक्तियों के ऊपर कृपा की और अपने अलौकिक चरित्रों द्वारा सबके समक्ष आदर्श स्थापित कर उन्हें मुक्ति का मार्ग दिखला दिया। इस संबंध में धोंधल राजा, मधुकर

---

१. तुलसी साहेबः'घट-रामायण' (वेलवेडियर प्रेस, इलाहाबाद) पृ. २३८ व २६८।

ब्राह्मण, रानी इन्दुमती, राजा चंडविजय, सुदर्शन श्वपच, इन्द्रदमन आदि की कथाएं 'अनुरागसागर' आदि ग्रंथों में दी गई हैं और कबीर साहब के विविध उपदेशों को भी प्रसंगवश उनमें सम्मिलित कर दिया गया है। इन कहानियों की अधिकांश बातें हिंदुओं की अनेक पौराणिक कथाओं से भी बहुत मेल खाती हैं।

कबीर-पंथीय साहित्य–कबीर-पंथीय साहित्य का अधिकतर वह अंश जो पौराणिक कथाओं, कर्मकांडों, गोष्ठियों वा संवादों से संबंध रखता है, पंथ की धर्मदासी वा छत्तीसगढ़ी शाखा के अनुयायियों की रचना है और उसके अंतर्गत 'सुखनिधान', 'गुरुमाहात्म्य', 'अगरमूल', 'गोरखगोष्ठी', 'अनुरागसागर', 'निरंजन बोध', कबीर मन्शूर जैसी रचनाएं आ सकती हैं। इनके सिवाय ऐसी पुस्तकों में कबीर साहब के विविध चरित्रों तथा उनके पूजनादि से संबंध रखने वाली उपासना-पद्धतियों की भी गणना की जा सकती है जिनमें पंथ के मत की दार्शनिक व्याख्या की गई है। ऐसी पुस्तकें विशेषकर वे हैं जो पंथ के सर्वमान्य ग्रंथ 'बीजक' के भाष्य के रूप में हैं अथवा जिनमें लेखक ने पंथ के मौलिक सिद्धांतों का विवेचन करते हुए अपनी निजी तर्क-पद्धति का सहारा लिया है। इस श्रेणी के ग्रंथों के निर्माण में अधिक हाथ कबीर चौरा अथवा धनौती की शाखाओं के अनुयायियों का रहा है और आज भी वे ही इस ओर विशेष ध्यान दिया करते हैं। फिर भी कबीर चौरा के अनुयायियों ने अपने मान्य वा 'खास' ग्रंथों में कुछ स्थान उन्हें भी दिया है जो छत्तीसगढ़ वालों द्वारा निर्मित हैं और जिनमें उक्त पौराणिक पद्धति का ही अधिक अनुसरण किया गया है। पौराणिक पद्धति वाले ग्रंथों में कई एक बहुत बड़े-बड़े हैं और उनमें प्रायः सभी प्रकार की बातें दी गई हैं। इनमें 'अमरमूल' तथा 'कबीर मन्शूर' के नाम लिये जा सकते हैं। 'अमरमूल' के रचयिता का नाम विदित नहीं, किंतु उसके देखने से पता चलता है कि वह महंत सुरत सनेहीनाम के समय में बनाया गया था। 'कबीर मन्शूर' के रचयिता स्वामी परमानन्द थे जिनका जन्म-स्थान संभवतः आजमगढ़ अथवा उसके निकट था और वहीं उन्हें शिक्षा भी मिली थी। वे साधु होकर पर्यटन करते हुए फीरोजपुर (पंजाब) चले गए और वहीं रहने लगे। 'कबीर-मन्शूर' पहले सं. १९३७ में उर्दू में लिखा गया था। इसका हिंदी में उल्था पीछे से किया गया और यह 'कबीर-मन्शूर अर्थात् स्वयंवेदार्थ प्रकाश' करके प्रसिद्ध हुआ।

स्वसंवेद व परसंवेद–कबीर साहब के मूल मत का परिचय देते समय बतलाया गया था कि वे निजी अनुभवजन्य ज्ञान को ही मानने वाले थे। उन्हें कोई शब्द-प्रमाण स्वीकृत नहीं था, और इसीलिए स्वसंवेद्य सत्य को ही वे अंतिम सत्य समझते थे, परसंवेद्य को नहीं। परंतु आगे चलकर श्रद्धालु कबीर-पंथियों ने 'स्वसंवेद्य' शब्द के विकृत रूप 'स्वसंवेद' का एक भिन्न अर्थ भी निकाल लिया और यहाँ तक कहने पर उद्यत हो गए कि उसका अर्थ कबीर साहब का अपना वेद अथवा उनकी स्वरचित वाणियाँ हैं और 'परसंवेद' परसंवेद्य के विकृत रूप का अर्थ 'दूसरों का वेद' अर्थात् प्रसिद्ध वेद अथवा अन्य मान्य ग्रंथ हैं। कहीं-कहीं तो उक्त स्वसंवेद्य वा स्वसंवेद का एक अन्य रूप सुषंवेद वा सूक्ष्मवेद भी हो गया और उसके अन्य वेदादि जैसे ग्रंथ केवल स्थूल वेद अथवा मोटी-मोटी बातों के बतलाने वाले ही बनकर रह गए।

कबीर मन्शूर का सिद्धांत–'कबीर मन्शूर' में बतलाए गए सिद्धांतों के अनुसार जीव पहले अपने सत्य-स्वरूप में था और उसकी देह पाँच पक्के तत्त्वों अर्थात् धैर्य, दया, शील,

विचार और सत्य तथा तीन गुणों अर्थात् विवेक, वैराग्य, गुरु-भक्ति और साधुभाव की बनी हुई थी। यही देह 'हंसा' की देह कही जाती थी जिसका प्रकाश एवं स्वभाव अलौकिक व अद्वितीय था। परंतु सर्वगुणसंपन्न दैवी शरीर को पाकर हंसा को स्वभावतः आनंद के कारण कुछ आत्मविस्मृत-सी हो गई और वह कच्ची देह वाला बन गया। फलतः उक्त धैर्य आकाश में परिणत हो गया, शील अग्नि बन गया, विचार जल में परिवर्तित हो गया, दया ने वायु का रूप धारण कर लिया और सत्य पृथ्वी हो गया और इन तत्त्वों के साथ-साथ प्रकृति के भी पच्चीस आकार, कच्चे रूप में आ गए। जिस समय हंसा आनंदविभोर होकर अपनी आँख उठाकर शून्य की ओर देख रहा था, उसी समय उसकी छाया स्त्री-रूपिणी हो गई और दोनों के संयोग से समस्त संसार की रचना आरंभ हो गई और अहंकार के कारण एक से बहुत्व का प्रादुर्भाव हो गया। कहना न होगा कि उक्त स्त्री-पुरुष का संयोग वास्तव में माया व ब्रह्म का संयोग था और वह उस ब्रह्म को ही वेद-शास्त्रादि सच्चिदानन्द कहकर वर्णन करते हैं। उनका यह वर्णन वाह्यरूप से किया गया स्थूलवर्णन ही कहा जा सकता है। उसका भीतरी रहस्य केवल स्वसंवेद को ही विदित है। अन्यथा सूक्ष्म देह से स्थूल देह में आने पर वह स्वभावतः भ्रम में पड़ गया था जिस कारण उक्त वेदादि का उसे निर्माण करना पड़ा था। स्वसंवदे की सहायता से वह पुनः अनेक से एक वा द्वैत से अद्वैत की ओर उन्मुख होकर प्रकाश में आ जाता है।

पारखपद–फिर भी जब तक जीवन में वासना का अंकुर विद्यमान है, तब तक वह अद्वैत की ओर उन्मुख होकर भी शीघ्र मुक्त नहीं हो पाता और बार-बार आवागमन के चक्कर में फँसा रहकर जन्म लेता और मरता रहता है। वेद-वेदांतादि केवल ब्रह्मत्व की प्राप्ति के उपाय बतलाकर ही रह जाते हैं, उन्हें पता नहीं कि यह स्थिति भी जीव को आत्यंतिक नित्य सुख देने में असमर्थ है। वह स्थिति बिना 'पारख' वा सद्गुरु की सहायता के उपलब्ध नहीं होती। केवल कबीर साहब में ही सामर्थ्य है कि जीव का सारा भ्रम छुड़वाकर उसे अपने सत्यस्वरूप की अनुभूति करा देते हैं और उसकी बुद्धि सदा के लिए स्थिर हो जाती है। यह स्थिति 'सत्य पद', 'परमपद', वा 'पारखपद' की स्थिति है जो 'तत्त्वमसि'-जैसे महावाक्यों की स्थिति से नितांत भिन्न और कहीं ऊँची है। इसे प्राप्त करके ही कोई सच्चा गुरु वा पारखी कहला सकता है और वास्तव में 'बंदीछोर' कहलाने के भी योग्य होता है। उसे प्रत्येक रहस्य की वास्तविक अनुभूति बनी रहती है, अतएव सत्य का परखने वाला भी वही एकमात्र हो सकता है। इस प्रकार सारी बातों पर विचार कर लेने पर ऐसे दैव महापुरुष केवल कबीर साहब ही ठहरते हैं जिन्होंने हंसों को उबारने के लिए शरीर धारण किया था और जिनकी शरण में गये बिना जीव का कल्याण हो नहीं सकता। 'कबीर मन्शूर' के रचयिता ने इस बात को बड़े विस्तार के साथ ग्रंथ के प्रायः पचास पृष्ठों में व्यक्त किया है और उसका अधिकांश साम्प्रदायिक विचारों से ही पूर्ण है।

'बीजक' के भाष्यों का सिद्धांत–उक्त 'कबीर-मन्शूर' ग्रंथ की रचना बहुत कुछ पंथ के पहले ग्रंथों के आधार, किंतु कल्पना का अधिक से अधिक आश्रय लेकर की गई है और उसमें अनेक ऐसी बातों का भी समावेश हुआ है, जो कबीर साहब के मूल सिद्धांत के विरुद्ध पड़ती हैं। किंतु पंथीय साहित्य के अंतर्गत कुछ ऐसी भी रचनाएं आती हैं, जो अधिकतर 'बीजक' के भाष्य के रूप में हैं और जिनमें इसी कारण उसके भिन्न- भिन्न अंशों का स्पष्टीकरण करते

समय पारिभाषिक शब्दों की व्याख्या में अधिक सावधानी से काम लिया गया है। ऐसी रचनाओं में उपनिषदों तथा वेदांत के अन्य महत्त्वपूर्ण ग्रन्थों के विचारों के साथ सामंजस्य स्थापित करने के भी प्रयत्न लक्षित होते है और विषय की गंभीरता के कारण उनमें बड़ी क्लिष्टता भी आ गई है। फिर भी उनके विवेचन की शैली अधिक तर्कसंगत वा पांडित्यपूर्ण है तथा विषयों का प्रतिपादन भी बहुत कुछ स्पष्ट व स्वाभाविक है। रामरहसदास की पुस्तक 'पंचग्रंथी', पूरन साहेब की 'त्रिज्या' नामक बीजक की टीका तथा उन्हीं का छोटा-सा ग्रंथ 'निर्णयसार' इस बात के उदाहरण में दिये जा सकते हैं। 'बीजक ग्रंथ' कबीर साहब की असली रचनाओं का संग्रह चाहे न भी हो, किंतु इसमें संदेह नहीं कि उसमें इनके मूल सिद्धांतों की छाया एक बहुत बड़े अंश में वर्तमान है और उसके कठिन एवं दुरूह स्थलों को समझे बिना इसके मत के रहस्य को भली भाँति हृदयंगम कर लेना एक असंभव-सी बात हो सकती है। रामरहसदास एवं पूरनसाहब ने उक्त कठिनाई को दूर करने के लिए ही अपनी उक्त रचनाएं प्रस्तुत की हैं और यही बात उनके महत्त्व का कारण भी हैं।

३. नानक-पंथ व सिख-धर्म

(१) उपलब्ध सामग्री

गुरु नानक देव की जीवनी और उनके अनंतर प्रचलित 'सिख धर्म' तथा 'खालसा-सम्प्रदाय' के इतिहास की सामग्री बहुत कुछ अंशों में उपलब्ध है। कबीर साहब के विषय में कदाचित् आरंभ से ही लिखने-पढ़ने वालों का अभाव-सा रहा और जिन लोगों ने आगे चलकर उनके संबंध में कुछ चर्चा की, उन्हें अपने विषय से कालानुसार अधिक दूर पड़ जाने के कारण परिचय देते समय कल्पना से ही काम लेना पड़ा। इसी कारण जहाँ कबीर साहब के जीवन काल वा जीवन-वृत्त की सामग्री का उपयोग करते समय इसमें हमें बहुत कुछ संभालकर चलना पड़ता है वहाँ गुरु नानक देव की चर्चा करते समय वैसी किसी अड़चन का सामना नहीं करना पड़ता। हमें दीख पड़ता है कि एक ओर जहाँ कबीर साहब का नाम पहले-पहल केवल प्रसंगवश ही सुनने में आता है (जिस कारण वैसी साधारण बातों की ओर से सहसा आँख मूँदते हुए एच. एच. विल्सन-जैसे खोजी विद्वानों को भी उन्हें कोई काल्पनिक व्यक्ति मानकर उनके नाम 'कबीर' का किसी अन्य मनुष्य का केवल उपनाम-मात्र होना अनुमान करना पड़ता[१] है), तो दूसरी ओर गुरु नानक देव का देहांत होते ही उनके समकालीन व्यक्तियों-द्वारा उनके जीवन की छोटी-छोटी सी बातें भी लिखी जाने लगती हैं और कालांतर में उनके आधार पर अनेक 'जनम साखियों' की सृष्टि हो जाती है। इसी प्रकार हमें यह भी पता चलता है कि एक ओर जहाँ कबीर साहब के द्वारा लिखे गए किसी ऐसे प्रयत्न का संकेत नहीं मिलता जिससे उन्होंने अपने उपदेशों का प्रचार करने का कभी निश्चय किया हो, वहाँ दूसरी ओर हमें इस बात का स्पष्ट प्रमाण मिलता है कि गुरु नानक देव ने अपने अंतिम समय में अपने स्थान पर गुरु अंगद को स्वयं बिठलाया था, और उनके सामने पाँच पैसे तथा एक नारियल अर्पित कर अपने सारे अनुयायियों को उन्हें अपनी जगह अगला गुरु मानने का अनुरोध भी किया था। इसके सिवाय हमें यह भी विदित है कि गुरु नानक देव की वाणियों का संग्रह कर उन्हें सुरक्षित रखने की परिपाटी भी उनकी मृत्यु के कुछ ही पीछे आरम्भ हो गई थी और इस नियम का

१. एच. एच. विल्सन: 'रेलिजस सेक्ट्स आफ दि हिंदूज' पृ. ६९ (टिप्पणी)।

पालन अन्य गुरुओं की कृतियों के संबंध में भी होता आया। किंतु कबीर साहब की रचनाओं की प्रामाणिकता में आज भी अनेक प्रकार का संदेह किया जाता आ रहा है और किसी पंक्ति-विशेष को उनकी कृति मान लेने वा ऐसा न करने के लिए अभी तक कोई निश्चित आधार वा आदर्श प्रस्तुत नहीं किया जा सका है। वास्तव में गुरु नानक देव को एक ऐतिहासक व्यक्ति, उनके द्वारा प्रवर्तित मत को एक सुव्यवस्थित व सुसंगठित सम्प्रदाय का सिद्धांत तथा उनके अनुयायियों को ऐतिहासिक परिस्थितियों के अनुसार विकसित कर धार्मिक समाज हमें मान लेना ही पड़ता है।

(२) गुरु नानक देव

दो प्रकार के नानक–फिर भी गुरु नानक देव तथा उनके अनंतर आने वाले अन्य सिख गुरुओं के जीवन-चरित्रों पर अभी तक पौराणिकता की छाप बहुत अंशों तक लगी हुई दीख पड़ती है और इसका कारण केवल यही है कि इधर के लेखकों ने भी उन्हें ऐतिहासिक सामग्रियों के आधार पर आश्रित कर उनकी प्रत्येक बात की छानबीन नहीं की है, बल्कि अधिकतर पुराने अनुयायियों के कथनों को ही मानते चले आ रहे हैं। इसका परिणाम यह हुआ है कि हमारे सामने इस समय कम से कम दो प्रकार के नानक दीख पड़ रहे हैं जिनमें एक तो ऐतिहासिक हैं और दूसरे वे हैं जिन्हें देवत्व अथवा ईश्वरत्व तक की भावना से संयुक्त करके 'निरंकारी' वा निराकार बना डाला गया है। ऐसे नानक संदेह कार्य करने वाले होते हुए भी कभी-कभी इस प्रकार की अलौकिक घटनाएं उपस्थित कर देते हैं जिनके सामने स्तब्ध हो जाना पड़ता है और जिन्हें सिवाय श्रद्धाजनित काल्पनिक चमत्कार कहने के और कोई दूसरा मार्ग नहीं दीखता। जो हो, वर्तमान सामग्रियों से अधिक प्रामाणिक आधार जब तक उपलब्ध नहीं होते और हमारे यहाँ महापुरुषों की जीवनियों का आलोचना-पद्धति के अनुसार लिखा जाना आरंभ नहीं होता, तब तक हमें ऐसी ही बातों पर संतोष करना पड़ेगा और उन्हीं में से तथ्य को छानबीन के साथ निकालकर स्वीकार करना होगा।

जन्म-काल व जन्म-स्थान–सिखों के पुरान धार्मिक-साहित्य-संग्रहों के अनुसार गुरु नानक देव का जन्म विक्रमीय संवत् १५२६ के वैशाख मास शुक्ल पक्ष की तृतीया, तदनुसार १५ अप्रैल, सन् १४६९ को राई भोई की तलवंडी नामक गाँव में हुआ था। यह गाँव वर्तमान लाहौर नगर के दक्षिण-पश्चिम लगभग तीस मील की दूरी पर एक ऐसी जगह अवस्थित है, जो गुजरानवाला एवं मांटगुमरी जिलों की सीमा के पास ही पड़ती है। इस भूभाग के इर्द-गिर्द पहले एक बहुत घना जंगल था जो पंजाब प्रांत के मध्यवर्तीय वनखंड का एक अंश था। तलवंडी का वातावरण अधिकतर जनशून्य और सुनसान था और प्राचीन भारत की वनभूमि का स्मरण दिलाता था। गुरु नानक देव के पिता कालूचंद उसी गाँव के पटवारी थे जो खेती-बारी का व्यवसाय भी करते थे और उनकी माता का नाम तृप्ता था, तो रावी एवं व्यास नामक दो प्रसिद्ध नदियों के बीच वाली 'मांझ' वा दोआबे की भूमि के निवासी किसी राम नामक व्यक्ति की पुत्री थीं। उस समय पंजाब प्रांत में प्रचलित प्रथा के अनुसार माता को अपनी संतान की उत्पत्ति के समय अपने मायके जाना पड़ता था। इस कारण तृप्ता को भी अपनी प्रथम संतति को जन्म देते समय मांझ में जाना पड़ता था और उनकी पुत्री नाना के घर उत्पन्न होने के कारण 'नानकी' कहलायी थी। नानक का नाम भी उक्त नानकी बहन के नाम के अनुसरण में ही रखा गया और इसी नाम से ये आगे चलकर भी प्रसिद्ध हुए।

तलवंडी वा नानकाना–उक्त गाँव को 'राई भोई' की तलवंडी नाम दिये जाने का कारण यह था कि वहाँ का प्रथम जमींदार राई भोई नाम का ही था। वह किसी चट्टी नाम की जाति का राजपूत था और मुसलमानों के आक्रमण के अनंतर इस्लाम धर्म स्वीकार कर चुका था। गुरु नानक देव के जन्म के समय राई भोई का वंशज राय वुलर वर्तमान था और उसने उक्त गाँव की रक्षा के लिए उसकी सीमा पर एक दुर्ग भी बना लिया था। राय वुलर में धार्मिक सहनशीलता बहुत अच्छी मात्रा में विद्यमान थी और उसके द्वारा शासित ग्रामीण समाज में विद्वेष की भावना की जगह प्रेम और सद्भाव सदा बना रहता था और वहाँ के लोग पूरे सुख व शांति का जीवन व्यतीत करते थे। गुरु नानकदेव के प्रारंभिक जीवन का वातावरण भी इसी कारण बहुत शांत व निरापद रहा और उनके बचपन की सुखद स्मृतियाँ इन्हें आगे चलकर भी सदा उत्साहित करती रहीं। तलवंडी गाँव का नाम कुछ दिनों के अनंतर रामपुर भी रखा गया था, किंतु गुरु नानकदेव का जन्म स्थान होने के कारण वह आजकल अधिकतर 'नानकाना' करके ही प्रसिद्ध है है। इस समय वहाँ पर वह पुरानी जंगली दशा नहीं रह गई है। गुरु नानकदेव के जन्म-स्थान पर एक मंदिर पहले बनाया गया था, जिसे और भी विस्तार देकर राजा तेज सिंह ने बहुत विशाल कर दिया है। मंदिर के भीतर सिख धर्म के पूज्य 'ग्रंथसाहिब' की एक प्रति रखी रहती है जिसका पाठ व भजन बराबर हुआ करता है।

बचपन–अपने बचपन की अवस्था में गुरु नानकदेव बड़े शांत स्वभाव के थे। इन्हें पाँच वर्ष की वय में जब अक्षरारंभ कराया गया, तब इन्होंने अपनी अलौकिक प्रतिभा दिखलायी, और अपनी विलक्षण बुद्धि के कारण सबको चकित कर दिया। क्रमानुसार इन्हें पंजाबी, हिंदी, संस्कृत एवं फारसी की शिक्षा दी गई और प्रत्येक अवसर पर इनके शिक्षकों ने इन्हें असाधारण बालक पाया। कहा जाता है कि सम्मद हुसेन नाम के किसी ग्रामीण मुसलमान ने इनके प्रति बाल्यावस्था में अपनी संतान की भाँति स्नेह प्रदर्शित किया और कई बार एकांत में ले जाकर इन्हें इस्लाम-धर्म के सुन्नी सम्प्रदाय की अनेक बातों से अवगत भी कराया था। परंतु बालक नानक का ध्यान जितना पुस्तकों अथवा शिक्षकों की बातों में नहीं लगता था, उतना अपने एकांतवास और चिंतन की ओर आकृष्ट होता था और ये बहुधा अपने पासवाले जंगल के किसी भाग में जाकर घंटों तक कुछ न कुछ विचार किया करते थे। कहा जाता है कि उक्त वन के भीतर कभी-कभी इन्हें एकाध ऐसे महात्माओं का भी साक्षात् हुआ था जिनके दर्शन एवं सत्संग का इनके ऊपर आश्चर्यजनक प्रभाव पड़ा और जिनके कारण इन्हें एक आध्यात्मिक मार्ग ग्रहण करने में पूरी सहायता मिली। उस समय के बालक वा युवा नानक को दर्शन देकर प्रभावित करने वाले किसी महापुरुष का इस समय कोई पता नहीं लगता, फिर भी इतना निश्चित रूप से कहा जा सकता है कि उक्त भूखंड के प्राकृतिक वातावरण ने भी इन्हें अपने आध्यात्मिक चिंतन की प्रवृत्ति को जागृत कर उसे शक्ति प्रदान करने में कम सहायता नहीं पहुँचाई होगी। इस प्रकार पढ़ने-लिखने के विचार से तो इन्हें कुछ हिंदी, कुछ संस्कृत तथा फारसी की काफी शिक्षा मिली ही, इसके साथ ही इन्हें स्वयं सोचने व विचार करने का भी पूर्ण अभ्यास हो गया और आत्मचिंतन के आवेश में कभी-कभी ये एक प्रकार की मस्ती का जीवन भी व्यतीत करने लगे।

नौकरी–परंतु उक्त सभी बातें इनके सांसारिक पिता-माता को प्रिय नहीं जान पड़ती थी और वे इन्हें क्रमशः बहकता हुआ समझने लगे। उन्होंने इन्हें इसी कारण कई बार किसी न

किसी कारोबार में लगा देना भी चाहा, किंतु कभी सफलता न मिली। ये अपनी भैंसे चराने अथवा खेत की रखवाली करने में भी कभी सावधनी नहीं दिखलाते थे और बहुधा इनके द्वारा हानि भी हो जाया करती थी। कालांतर में जब इनकी बड़ी बहन नानकी का विवाह हो गया और वह विदा होकर अपनी ससुराल सुलतानपुर चली गई, तब एक बार अपने माता-पिताकी झिड़की पाकर ये भी उसके यहाँ गये और उसके पति जयराम की सहायता पाकर दौलत खाँ लोदी के किसी कर्मचारी की देख-रेख में इन्होंने मोदीखाने की नौकरी कर ली।

गार्हस्थ्य जीवन–अपनी बहन के विवाह के अनंतर इनका भी विवाह बटाला जिला गुरदासपुर-निवासी मुला नामक व्यक्ति की पुत्री सुलक्खनी के साथ हो गया था, किंतु इनकी स्त्री अधिकतर अपने मायके में ही रहा करती थी। गुरु नानक देव के गार्हस्थ्य-जीवन के विषय में अधिक पता नहीं चलता। इतना ही प्रसिद्ध है कि पत्नी और पुरुष के पारस्परिक भाव आदर्श कहे जाने योग्य न थे और न कभी एक साथ बहुत काल तक दोनों रहते ही रहे। काल पाकर इन्हें दो पुत्र उत्पन्न हुए जिनमें से एक का नाम श्रीचंद था और दूसरे का लक्ष्मीचंद था। श्रीचंद ही आगे चलकर 'उदासी सम्प्रदाय' के प्रवर्तक बनकर एक बहुत बड़े साधु के रूप में विख्यात हुए। पत्नी व पति का वियोग किसी कारण उक्त पुत्रों के बाल्यकाल में ही हो गया जिससे माता उन्हें लेकर अपने मायके में रहने लगी और पिता घर छोड़कर भ्रमण करने लगे।

भाव-परिवर्तन–कहते हैं कि मोदीखाने की नौकरी करते समय एक बार जब गुरु नानकदेव आटा तौल रहे थे, तब तराजू का क्रम गिनते समय तेरह तक आते-आते इन्हें अचानक भावावेश हो आया और वे बड़ी देर तक 'तेरा, तेरा' ही करते रह गए। परिणाम-स्वरूप इन्होंने उचित से कहीं अधिक आटा तौलकर दे डाला और इनके स्वामी को इनकी भूल के कारण हानि उठानी पड़ गई। तत्पश्चात् इन्हें अपनी नौकरी से भी हाथ धोना पड़ा और विरक्त होकर वे देश-भ्रमण के निमित्त वहाँ से निकल पड़े। इसके पहले ये एक दिन नहाने जाकर भी तीन दिनों के लिए कहीं जंगल में गुम हो गए थे और कहा जाता है कि वहाँ पर इन्हें किसी ज्योति वा ज्योतिर्मान पुरुष के दर्शन हुए थे। उस दर्शन से प्रभावित होकर इन्होंने और भी मस्ती दिखलायी, घर आकर अपनी वस्तुएं दूसरों को बाँटने लगे और इन्होंने अपनी वेश-भूषा में भी परिवर्तन कर लिया। वे अब अधिकतर 'ना हिंदू ना मुसलमान' के भाव से भरे उपदेश देने लगे और अपनी उदाराशयता-द्वारा इन्होंने सभी लोगों को चकित कर दिया। इन्हें अब संसारी वा घरेलू बातों से तनिक भी जी नहीं लगता था और ये सदा उदासीन बने रहकर बातचीत भी किया करते थे। इनका इस अवसर पर सबसे पक्का साथी 'मर्दाना' नाम का एक गवैया था, जो इनकी नौकरी के समय में इनके साथ रहने तलवंडी से आ गया था और जो इनके भजन गाते समय रवाब नामक बाजा बजाकर इनका साथ दिया करता था।

भ्रमण व पूर्व की यात्रा–भ्रमण करने जाते समय मर्दाना भी इनके साथ हो लिया और दोनों वहाँ से चलकर पहले-पहल सैयदपुर (वर्तमान अमीनाबाद) पहुँचे। वहाँ पर ये लोग किसी लालों नामक बढ़ई के घर ठहरे और उसके यहाँ भोजन किया। बढ़ई की गणना शूद्रों में की जाती थी, इसलिए वहाँ के समाज में उक्त व्यवहार के विषय में बुरा भला कहा गया। किंतु गुरु नानकदेव इससे विचलित नहीं हुए और वर्ण-व्यवस्था को अनावश्यक ठहराकर इन्होंने बढ़ई के परिश्रम से कमाये गए अन्न को अत्यंत पवित्र बतलाया। बढ़ई के यहाँ दो-चार

दिनों तक आतिथ्य ग्रहण कर तथा जनता में अपने सिद्धांतों का प्रचार करते हुए ये मर्दाना के साथ फिर कई अन्य गाँवों में भी पहुँचे और अंत में कुरुक्षेत्र में ग्रहण के अवसर पर उपदेश देते हुए हरद्वार गये जहाँ मेला लगा हुआ था। वहाँ पर प्रातः काल स्नान करते समय लोग पितरों का तर्पण कर रहे थे। गुरु नानकदेव ने उनके सामने पूर्व की जगह पश्चिम की ओर ही जल उलीचना आरंभ कर दिया और लोगों के पूछने पर बतलाया कि जिस प्रकार तुम्हारा दिया हुआ जल तुम्हारे पितरों तक पहुँच सकता हे, उसी प्रकार यह मेरा उलीचा हुआ जल भी मेरे बोये हुए दूर के खेतों को सींचने के लिए पहुँचाया जा सकता है। इस उक्ति को सुनकर पहले तो लोगों ने इन्हें पागल समझा, किंतु फिर इनके दिये हुए अन्य उपदेशों को सुनकर प्रभावित हो गए।

वेश-भूषा–गुरु नानक देव अपनी इस यात्रा के अवसर पर अपने शिर पर मुसलमान कलंदरों वा संन्यासियों की टोपी वा पगड़ी धारण करते थे, अपने ललाट पर हिंदुओं की भाँति केशर का तिलक लगाते थे और गले में हड्डियों के मनकों की एक माला डाल लेते थे। इनके शरीर पर इसी प्रकार एक लाल वा नारंगी के रंग की जैकेट रहा करती थी जिस पर ये एक सफेद चादर डाले रहते थे। इनकी वेश-भूषा से लोगों को सहसा पता न चलता था कि वे इन्हें किस धर्म वा सम्प्रदाय में दीक्षित समझें, इन्हें हिंदू माने अथवा मुसलमान। हरद्वार से ये दोनों साथी देहली और पीलीभीत होते हुए काशी पहुँचे और फिर वहाँ से गया होते हुए कामरूप तथा जगन्नाथपुरी जाकर लौट आए।

गुरु नानकदेव व शेख फरीद–पूर्व की यात्रा समाप्त कर पंजाब लौट आने के अनंतर ये लोग अजोधन वा पाकपट्टन की ओर शेख फरीद से मिलने गये। ये शेख फरीद प्रसिद्ध बाबा फरीद 'शकरगंज' की वंश-परम्परा के थे और इनका नाम शेख ब्रह्म (इब्राहीम) वा शेख फरीद द्वितीय था। गुरु नानक देव तथा शेख फरीद के बीच बड़ी देर तक सत्संग होता रहा और वे दोनों रात को एक साथ जंगल में ठहरे भी रहे। वहाँ से गुरु नानकदेव ने अपने निवास-स्थान तलवंडी लौटकर अपने पिता-माता से भेंट की। फिर वहाँ से पश्चिम की ओर चलकर घूमते-घूमते ये लोग दुबारा पाकपट्टन गये और शेख फरीद द्वितीय के साथ इनका पुनर्वार सत्संग हुआ। कहते हैं कि इसी यात्रा के अवसर पर उत्तर की ओर लौटते समय गुरु नानक देव के साथ बाबर बादशाह से भी भेंट हुई थी। फिर ये लोग सियालकोट होते हुए काबुल तक भी गये थे और वहाँ से लाहौर की ओर लौटकर किसी दुनीचंद को श्राद्ध के अवसर पर उपदेश दिये थे। गुरु नानक देव ने फिर वहाँ से उत्तर-पूर्व की ओर जाकर किसी लखपती खत्री को इतना प्रभावित किया कि उसने रावी के किनारे करतारपुर नाम का एक नगर बसाना आरंभ कर दिया और एक सिख मदिंर वहाँ पर बनवाकर उसे गुरु को अर्पित कर दिया।

भजन-गान–गुरु नानक देव ने रात्रि के पिछले पहर में भजन गाने की प्रथा चलाई। उनके पीछे खड़ा होकर भजनों को प्रेमपूर्वक श्रवण करने वाला एक सात वर्षों का बालक वहाँ नियमपूर्वक आने लगा। गुरु प्रश्न करने पर उसने अपने वहाँ उपस्थित होने का कारण इस प्रकार बतलाया–"एक दिन मेरी माँ ने मुझे आग जलाने के लिए कहा था। जब मैंने लकड़ियाँ जलाने के लिए लगायीं, तब देखा कि छोटी-छोटी टहनियाँ पहले जल जाती हैं और बड़ी-बड़ी लकड़ियों की बारी पीछे आया करती है। यह देखकर मुझे भय हो गया कि कम अवसा वाले

पहले मर जायँगे और बड़ों की बारी पीछे आयगी और यही विचार कर मैंने आपके भजनों का श्रवण करना उचित समझा।' गुरु नानक देव इसे सुनकर बहुत प्रसन्न हुए और वैसे गंभीर कथन के कारण उस बालक का नाम 'बुड्ढा' रख दिया। यह भाई बुड्ढ़ा अंत में १०७ वर्षों का होकर मरा और अपने समय में उसने पाँच गुरुओं को अपने हाथ से उनके आसन पर तिलक द्वारा अभिषिक्त किया। करतारपुर में गुरु नानक देव के निवास-स्थान पर प्रति दिन 'जपुजी' एवं 'असा दी बार' का पाठ हुआ करता था और तब इनके अन्य भजनों का गान होता। भजनों व पदों की व्याख्या हो जाने पर 'गगन मैं थाल' आदि पंक्तियों द्वारा आरती की जाती और तब जलपान किया जाता। तीसरे पहर फिर गान होता और तब संध्या समय 'सोदर' का पाठ हो जाने पर सभी सिख एक साथ भोजन किया करते। गाने का क्रम उसके अनंतर भी एक बार चला करता था और अंत में 'सोहिला' का पाठ समाप्त हो जाने पर लोग सोने जाते थे। गुरु नानक देव ने अब यात्रावाली वेश-भूषा का परित्याग कर दिया था और अपनी कमर में एक दुपट्टा, कंधे पर एक चादर तथा सिर एक पगड़ी मात्र धारण करने लगे थे। उस समय तक वहाँ तथा कतिपय अन्य स्थानों पर भी भिन्न-भिन्न सिखों की समितियाँ बनने लगीं थी और वे एक पृथक् समाज के रूप में अपने को समझते हुए अपने मत का यत्र-तत्र प्रचार भी करने लग गए थे।

अन्य यात्राएँ–ऐसे ही समय में गुरु नानक देव एक बार दक्षिण की ओर भी यात्रा करने निकल गये थे। मार्ग में जैनियों तथा मुस्लिम फकीरों के साथ सत्संग करते हुए इन्होंने उनके प्रति अनेक उपदेश दिये और अंत में किसी प्रकार सिंहल द्वीप तक पहुँच गए। सिंहल द्वीप में इन्होंने राजा शिवनाम के उद्यान में अपना डेरा डाला और फिर वहीं पर इन्हें उस राजा से भेंट भी हुई। यहीं पर निवास करते समय, कहा जाता है, इन्होंने 'प्राणसंगली' नामक ग्रंथ की रचना की थी और सैदो तथा घट्टो ने उसे पीछे से लिपिबद्ध किया था। सिंहल द्वीप से लौटने पर गुर नानक देव ने अचल बटाला नामक स्थान पर लगने वाले शिव रात्रि के मेले की यात्रा की, जहाँ पर इन्होंने अनेक योगियों के साथ सत्संग किया। वहाँ से फिर ये कश्मीर की ओर भी गये, जहाँ से लौटने पर इनकी यात्रा पश्चिम की ओर आरंभ हुई। प्रसिद्ध है कि पश्चिम दिशा में ये मुसलमानों के पवित्र स्थान मक्के तक पहुँचे थे और वहाँ पर काबे की ओर अपने पैर फैलाकर लेट गए थे। इन्हें ऐसी विचित्र स्थिति में पाकर किसी अरब देश-निवासी पुजारी ने इन्हें ठोकर लगाकर जगाया और डाँटकर पूछा कि तुम अल्लाह की ओर अपने पैर क्यों फैलाते हो। गुरु नानक देव ने इसके उत्तर में उससे कहा कि जिस ओर अल्लाह न हों, उस ओर मेरी टाँग घुमाकर छोड़ दो। परन्तु कहा जाता है कि अरबों ने इनकी टाँग पकड़कर जिस-जिस ओर घुमाया, उसी ओर काबे का रुख भी फिरता गया और अंत में उसे हार मान लेनी पड़ी। गुरु नानक देव के साथ वहाँ पर अनेक मुस्लिम फकीरों का सत्संग हुआ और फिर ये मदीना जाकर बगदाद होते हुए लौट आये।

अंतिम समय–गुरु नानक देव ने अपना अंतिम समय निकट जानकर अपने प्रिय शिष्य लहिना को अपना उत्तराधिकारी बना दिया। इन्होंने अपने दोनों पुत्रों की उनकी अयोग्यता के कारण उपेक्षा कर दी और इस प्रकार उन्हें असंतुष्ट भी कर दिया। इन्होंने लहिना को आसन पर बिठलाकर उसके सामने विधिपूर्वक पैसे व नारियल की भेंट अर्पित की और उसके प्रति स्वयं शिर झुकाकर अन्य सिखों को भी उसे गुरु मानने का उपदेश किया। गुरु नानकदेव ने

अपना आत्मीय होने के नाते लहिना का नाम गुरु 'अंगद' रख दिया और आगे चलकर उसका यही नाम प्रसिद्ध हो गया। गुरु नानकदेव अपने अंतिम समय में एक वृक्ष के नीचे जा बैठे और भजन गाने वाली सिखों की मंडली के मध्य आत्मचिंतन में मग्न हो गए। जब 'जपुजी' की अंतिम पंक्तियों का पाठ हो रहा था, उसी समय इन्होंने अपने शरीर पर चादर ओढ़ ली और 'वाह गुरु' कहते-कहते शांत हो गए। इनकी मृत्यु आश्विन शुक्ल १० को करतारपुर के निवास-स्थान पर संवत् १५९५ अर्थात् सन १५३८ ई. में हुई थी।

रचनाएँ–गुरु नानकदेव ने समय-समय पर अनेक पदों की रचना की थी, जो आगे चलकर अन्य गुरुओं की रचनाओं के साथ 'ग्रंथ साहिब' नामक प्रसिद्ध ग्रंथ में संगृहीत हुए और जो आज तक उनके अनुयायियों द्वारा बड़ी भक्ति एवं श्रद्धा के साथ गाये जाते हैं। उनकी मुख्य रचनाओं में सबसे प्रसिद्ध 'जपुजी' है जो प्रत्येक सिख को प्रिय है और जिसे वह प्रति दिवस प्रातःकाल शांतिपूर्वक पढ़ा करता है। इसमें कुल ३८ छंद हैं, और अंत में एक सलोक है जिसके अंतर्गत उनके उपदशों का सार आ जाता है। यह सिख धर्म के अनुयायियों के लिए वैसा ही महत्त्वपूर्ण है, जैसी हिंदुओं के लिए 'श्रीमद्‌भगवद्गीता' की पुस्तक समझी जाती है। इसी प्रकार इनकी एक दूसरी प्रसिद्ध रचना 'अंसा दी बार' है जो ईश्वर की स्तुति के रूप में है और जो उक्त 'जपुजी' के अनंतर पढ़ी जाती है। इसके अंतर्गत २४ 'पौड़ियाँ' हैं जिनके बीच-बीच में गुरु नानकदेव तथा कहीं-कहीं पर गुरु अंगद के भी कुछ सलोक सम्मिलित कर लिये गए हैं। इनके अतिरिक्त उनकी रचनाओं में से कुछ 'रहिरास' नामक पद-संग्रह में आई हैं और वे अन्य गुरुओं की भी वैसी ही रचनओं के साथ सूर्यास्त के समय पढ़ी जाती हैं और कुछ को 'सोहिला' नामक संग्रह में स्थान मिला है जिसका 'सोवन वेला' अर्थात् सोने के समय पाठ हुआ करता है। इस संग्रह में भी अन्य गुरुओं की रचनाएं रखी गई हैं। गुरु नानकदेव की शेष रचनाएं फुटकर पदों आदि के रूप में 'ग्रंथसाहिब' के अंतर्गत भिन्न-भिन्न रागों में महला १ के नीचे संगृहीत हैं। इनमें अनेक महत्त्वपूर्ण विषय, जैसे ब्रह्म, माया, नाम, गुरु, आत्मज्ञान, भक्ति, नश्वरता आदि का वर्णन प्रतिपादित किया गया है और कहीं-कहीं पर इनकी विनती, चेतावनी तथा प्रेमोद्धार से संबंध रखने वाली अनेक सुन्दर पंक्तियों के भी नमूने दीख पड़ते हैं। इन पदों में सांसारिक मनुष्यों की झूटी विडंबना, सच्चे भक्तों व संतों की वास्तविक साधना तथा उनकी रहनी वा व्यवहार का भी एक अच्छा परिचय मिलता है। गुरु नानक देव ने अपनी ओर जहाँ कहीं भी संकेत किया है, वहाँ अपनी नम्रता एवं हृदय की सच्चाई ही प्रदर्शित की है। इनकी रचनाओं में ऐतिहासिक प्रसंग बहुत कम आये हैं और जो मिलते भी हैं, वे बहुत संक्षिप्त रूप में हैं।

(३) गुरु अंगद

प्रारंभिक जीवन–गुरु अंगद का प्रथम नाम लहिना था और जैसा पहले कहा जा चुका है, गुरु नानकदेव ने इन पर प्रसन्न् होकर इन्हें अंगद नाम प्रदान किया था। इनके पिता का नाम फेरु था और वे वर्तमान फीरोजपुर जिले के 'मत्ते दी सराय' नामक स्थान के रहने वाले एक व्यापारी थे। अपनी व्यापारिक उन्नति के उद्देश्य से वे अपना जन्म-स्थान छोड़कर हरिके नामक गाँव में चले आए और उन्होंने दया कुँवरि के साथ विवाह कर लिया। इसी दया कुँवरि के गर्भ से लहिना का जन्म मिती ११ वैशाखी संवत् १५६१ वि. (सन. १५०४ ई.) को हुआ था। लहिना ने भी समय पाकर 'मत्ते दी सराय' की खीबी नाम की स्त्री के साथ अपना विवाह

किया और ये दोनों परिवार फिर अपने उस पहले गाँव को ही वापस चले आए। इसी गाँव में रहते समय लहिना को दातू और दासू नामक दो पुत्र और अमरू नाम की एक पुत्री उत्पन्न हुई। परन्तु मुगलों का आक्रमण होने के अवसर पर 'मत्ते दी सराय' नष्ट-भ्रष्ट हो गया और फेरु के उक्त दोनों परिवार वहाँ से विवश होकर अमृतसर जिले की तरनतारन तहसील के खडूर गाँव में चले आए।

नानकदेव से भेंट व लहिना से अंगद–लहिना शक्ति के उपासक थे, किंतु खडूर में एक बार किसी जोधा नामक सिख के मुँह से 'असा दी बार' की कुछ पंक्तियाँ गायी जाती हुई सुनकर उनके द्वारा इतने प्रभावित हुए कि इन्होंने उसके पास जाकर उसके रचयिता बाबा नानक के विषय में पूछताछ आरंभ की। जब इन्हें उससे पता चला कि वे रावी नदी के किनारे बसे हुए करतारपुर में रहते हैं, तब ये उनके दर्शनों के लिए बेचैन हो गए। जब ये अपने गाँव वालों के साथ ज्वालामुखी भगवती की तीर्थयात्रा के लिए निकले, तब मार्ग में करतारपुर ठहर गए और वहाँ गुरु नानकदेव का प्रभाव इनके ऊपर इतना गहरा पड़ा कि इन्होंने वे घुँघरु आदि, जिन्हें पहनकर ये भगवती के सामने नाचने जा रहे थे, फेंक दिये और आर्त हो उनके चरणों पर गिर कर अपनी शरण में ले लेने की बारबार प्रार्थना करने लगे। गुरु नानकदेव ने इन्हें अपने घर जाकर एक बार देखभाल कर आने का आदेश दिया, किंतु ये वहाँ अधिक दिनों तक नहीं ठहर सके और कुछ कपड़े तथा एक बोरी नमक लेकर फिर गुरु के घर आ गए। गुरु नानकदेव उस समय अपने पशुओं के लिए घास लाने खेत में गए थे। लहिना वहीं पर पहुँच गए और वहीं बँधी हुई तीन गट्ठरों को एक साथ अपने शिर पर लेकर लगी हुई मिट्टी के कारण मैले-कुचैले बनते हुए अपने गुरु के घर आए। गुरु ने इनकी भक्ति की परीक्षा और भी कई बार ली और अपने पुत्रों की तुलना में इन्हें सभी अवसरों पर अधिक योग्य और सच्चा पाया। एक बार जब अति वृष्टि के कारण गुरु नानक देव की कच्ची दीवार गिर पड़ी थी, तब इन्हें अपने गुरु की आज्ञा से उसे तीन बार तक गिरा-गिरा कर फिर से उठाना पड़ा था। अंत में गुरु नानक देव इनसे बहुत प्रसन्न हुए और अपने पुत्र श्रीचंद एवं लक्ष्मीचंद के अधिकार की ओर ध्यान न देकर इन्हें ही अपनी जगह बिठा दिया। गुरु अंगद बनकर बैठते समय भाई बुड्ढा ने इनके ललाट पर तिलक लगाया और गुरु नानकदेव की आज्ञा से ये खडूर में जाकर रहने लगे।

गुरु का विरह व दैनिक कार्यक्रम–गुरु नानक देव का देहांत हो जाने पर इन्हें उनके वियोग का इतना गहरा अनुभव हुआ कि ये बहुत उदास रहने लगे। इंन्होंने एक जाट की लड़की से उसका एक कमरा लेकर उसमें अपने को छिपा लिया और बाहर की बाधा के भय से उसमें एक ताला भी डलवा दिया। ये उस समय सिवाय एक प्याला दूध के और कुछ भी खाते या पीते नहीं थे और भीतर बैठकर सदा गुरु के ध्यान व चिंतन में लगे रहते थे। जब इनके सिख अनुयायियों को इनका पता न चला और वे बहुत घबड़ानें लगे, तब बुड्ढा ने प्रयत्न करके इनकी खोज की और इन्हें बाहर निकाला। तब से ये बराबर बाहर रहने लगे और अपने दैनिक जीवन क्रम निश्चित करके नियमानुसार सिखों को उपदेशादि देने लगे। ये नित्य प्रति प्रातः काल तीन घड़ी रात शेष रहे उठ जाया करते, ठंडें पानी से स्नान करते, कुछ समय तक ध्यान व आत्मचिंतन करते, संगीतज्ञों द्वारा 'अंसा दी बार' का गान सुनते, फिर जाकर रोगियों और विशेषकर कोढ़ियों की देख-भाल करते, गुरु नानकदेव की शिक्षाओं पर उपदेश देते,

उपस्थित जनता को भोजन कराते, कभी-कभी बच्चों के खेल देखा करते और अंत में अपने दरबार में बैठा करते थे। इनका कहना था कि बच्चों का हृदय सदा शुद्ध व सरल रहा करता है और उन पर किसी प्रकार के शोक वा विषाद की छाप नहीं लगती रहती, इस कारण उनका जीवन औरों के लिए भी अनुकरणीय है।

गुरु अंगद व हुमायूँ–इनके समय में ही बाबर बादशाह मर गया और उसके पुत्र हुमायूँ उसकी जगह गद्दी पर बैठा। उसने गुजरात व दक्षिण भारत पर आक्रमण करने के अनंतर बंगाल की ओर शेरशाह के विरुद्ध भी चढ़ाई की, किन्तु उससे हारकर मानकर पश्चिम की ओर भागने को विवश हुआ। उसने मार्ग में सुना कि गुरु नानकदेव के आसन पर गुरु अंगद उपदेश दे रहे हैं और एक सच्चे फकीर हैं। अतएव उसने इनके निकट आशीर्वाद के निर्मित भेंट लेकर उपस्थित होना अपने लिए उचित समझा। जब वह इनके निकट पहुँचा, तब ये ध्यानमग्न थे और उसे कुछ काल तक खड़ा रहना पड़ा। इस पर स्वभावतः उसे अपमान के कारण क्रोध हो आया और उसने अपनी तलवार म्यान से निकालकर इन पर वार करना चाहा। परंतु कहा जाता है कि उसकी म्यान से तलवार निकल नहीं सकी और उसे लज्जित होकर स्तब्ध रह जाना पड़ा। उस समय तक गुरु अंगद का ध्यान टूट चुका था। इन्होंने उसे वैसी दशा में पाकर बहुत फटकारा और कहा कि तुम्हें शेरशाह के आगे हार मानकर एक फकीर के सामने शक्ति प्रदर्शन करना किसी प्रकार भी उचित नहीं था। फिर भी मुझे इसके लिए कोई खेद नहीं है और मैं तुम्हें आशीर्वाद देता हूँ कि कुछ कष्ट झेलने के उपरांत तुम्हें विजय अवश्य मिल जायगी। हुमायूँ फिर काल पाकर विजयी हुआ और उसने गुरु अंगद के प्रति अपनी कृतज्ञता प्रकट करने की इच्छा भी की, किंतु उस समय तक इनका देहांत हो चुका था और इनके स्थान पर गुरु अमर दास बैठ चुके थे।

गुरु अंगद व अमरू–अमृतसर से कुछ ही दूरी पर वसरका नाम का एक गाँव था जहाँ पर खत्रियों की भल्ला शाखा से एक तेजभान नाम के व्यक्ति रहते थे। उन्हीं की स्त्री वखत कुँवरि के गर्भ से चार पुत्र उत्पन्न हुए जिनमें से सबसे बड़े का नाम अमरू वा अमरदास था। अमर दास का जन्म वैशाख शुक्ल १४ संवत् १५३६ अर्थात् सन् १४७९ ई. को हुआ था और वे खेती व व्यापार से जीविका उपार्जित करते थे। उनका विवाह २३ वर्ष की अवस्था में मनसा देवी के साथ हुआ और उन्हें मोहरी व मोहक नाम के दो पुत्र तथा रानी व भानी नाम की दो पुत्रियाँ पैदा हुई। वे वैष्णव सम्प्रदाय के अनुयायी थे और नियमानुसार नित्य प्रति शालिग्राम की पूजा किया करते थे। किंतु उन्हें इन बातों से पूरा संतोष न था और वे किसी को गुरु मानकर उससे पूर्ण शांति लाभ करने के उपाय पूछने के फेर में सदा रहा करते थे। एक दिन जब वे इसी प्रकार की बातें सोच रहे थे कि उनके भतीजे के साथ हाल ही की ब्याही गई बीबी अमरू के सुरीले कंठ से निकलता हुआ गुरु नानकदेव के एक पद का कुछ अंश सुनाई पड़ा। बीबी अमरू गुरु अंगद की ही पुत्री थी और वह बाबा नानक द्वारा रची गई मारू राग की कुछ पंक्तियाँ[१] गा रही थी। उस संगीत ने अमरदास के ऊपर एक विचित्र जादू

१. 'करणी कागद मनु मसवाणी, बुरा भला दुइ लेख पये।
जिउ जिउ किरतु चलाए तिउ, चलिए तउ गुण नाहीं अंतुहरे ॥ १ ॥
चित चेतसि की नहीं बावरीआ, हरि विसरत तेरे गुणगलिआ ॥'इत्यादि, रागु मारू, पद २, पृ. ९९१:२।

डाल दिया और उन्होंने उसके निकट जाकर उसे बार-बार दुहराने की प्रार्थना की। उसे सुनकर और याद कर वे बहुत प्रसन्न हुए और गुरु अंगद से भेंट करने का निश्चय किया। बीबी अमरू ने उन्हें ले जाकर गुरु अंगद के निकट पहुँचा दिया और अमरदास उनके यहाँ शिष्यवत् रहने लगे।

अमरू की गुरु-भक्ति–एक बार किसी गोविंद नामक व्यक्ति ने किसी मुकदम में सफलता पाने के उपलक्ष में व्यास नदी के किनारे एक नया नगर बसाने की इच्छा प्रकट की और उसमें काम लगाकर गुरु अंगद से आवश्यक सहायता प्राप्त करनी चाही। गुरु अंगद के लिए वहाँ पर एक सुन्दर महल भी बनवा दिया। अमर दास तब से उसी मकान में गुरु अंगद की आज्ञा पाकर निवास करने लगे और वह नगर पहले 'गोविंदवाल' कहलाकर फिर गोइंदवाल नाम से प्रसिद्ध हो गया। अमर दास गोइंदवाल में नित्य प्रति पहर भर रात शेष रहे उठा करते और व्यास नदी से पानी लेकर गुरु अंगद को स्नान कराने खडूर तक जाते। रास्ते में 'जपुजी' का पाठ भी करते जाते जो गोइंदवाल एवं खडूर के आधे मार्ग में ही बहुधा समाप्त हो जाया करता था। खडूर में वे 'असा दी बार' का भजन सुनकर फिर गुरु की रसोई के लिए भी पानी भरते थे और उनके बर्तनों को माँजकर जंगल से लकड़ी भी ला दिया करते थे। इस प्रकार संध्या समय भी 'सोदर' का भजन श्रवण कर वे नित्यशः अपने गुरु के पैर दबाया करते थे और उन्हें सुलाकर फिर पीठ की ओर से ही गोइंदवाल वापस चले जाते थे। खडूर के निकट ही जुलाहों का एक गाँव था और उनके घरों के आसपास बुनते समय उनके पैर रखने के लिए कई गढ़े खुदे हुए थे। एक दिन पानी लाते समय इन्हीं में से किसी गढ़े में अमर दास का पैर भूल से पड़ गया और वे गिर पड़े जिसकी आवाज सुनकर जुलाहे घर से निकल आये और 'चोर-चोर' चिल्लाने लगे। परंतु बाहर आते ही उन्होंने अमर दास को 'जपुजी' का पाठ करते हुए पाया और उन्हें वहीं 'निथांवा अमरू' समझकर अपनी दया दिखलायी।

अंतिम समय–अमर दास, इस प्रकार सेवा करते-करते गुरु अंगद के प्रिय शिष्य हो गए और उनपर इनकी बड़ी कृपा दिखलाई देने लगी। अमर दास इनके हाथों से प्रति वर्ष दो बार कुछ कपड़े पाया करते थे, जिन्हें वे श्रद्धा के साथ अपने शिर पर बाँध लेते थे। अंत में उनके ऐसे वस्त्र बारह की संख्या तक पहुँच गए थे और उनके शिर पर एक बहुत बड़ी पगड़ी तैयार हो गई थी। अमर दास ने एक बार भक्ति आवेश में अपने गुरु की बिवाई से मुँह लगाकर उसका खून तक चूस लिया था और इसमें तनिक भी घृणा वा कष्ट का अनुभव नहीं किया था। वे अब तक स्वयं भी वृद्ध हो चले थे और उनकी अनेक दुःसाध्य सेवाओं को देखकर औरों का हृदय द्रवित हो जाता था। इसी कारण गुरु अंगद ने एक बार जुलाहों वाली उक्त घटना के अनंतर उन्हें प्रेमपूर्वक अपने निकट बुलाया, नहलाया, नवीन वस्त्र धारण कराया और अपने स्थान पर उन्हें बिठलाकर पाँच पैसे और एक नारियल उनके सामने भेंट के रूप में रख दिया तथा भाई बुड्ढा से कहा कि उन्हें नियमानुसार ललाट पर तिलक देकर अभिषिक्त कर दें। फिर तो उस दिन से अमर दास गुरु अमर दास के नाम से प्रसिद्ध हो गए और चैत सुदी ३ संवत् १६०९ अर्थात् सन् १५५२ ई. को गुरु अंगद का देहांत हो जाने पर गुरु अंगद की भाँति ही गुरु के रूप में उपदेश देकर अनुयायियों का कल्याण करने लगे।

गुरु अंगद के कार्य–गुरु अंगद ने अपने समय में कुछ नयी प्रथाएं चलाईं और पहले से आने वाली बातों में भी अधिक योग दिया। इन्होंने सर्वप्रथम गुरु नानक देव की रचनाओं

को एकत्र कराकर उन्हें 'गुरुमुखी' नाम की एक नयी लिपि में लिखवाना आरंभ किया। इस लिपि के आधार विशेषकर शारदा एवं लहडी लिपियों के प्रचलित रूप मान लिये गए और इसमें देवनागरी की लिपिवाले बावन अक्षरों की जगह केवल ३५ अक्षर ही सम्मिलित किये गए। तदनुसार इसके अक्षरों के रूपों में भी बहुत से परिवर्तन किये गए। उदाहरण के लिए देवनागरी का 'म' गुरुमुखी का 'स', उसका 'भ' इसका 'म', उसका 'ड' इसका 'व', उसका 'प' इसका 'ध' और उसका 'घ' इसका 'ब' थोड़े से ही फेर-फार के साथ बना लिया गया। तब से अर्थात् संवत् १५८९ वा सन् १५३२ ई. से गुरुमुखी लिपि सिखों की धार्मिक लिपि समझी जाने लगी। इसी प्रकार गुरु अंगद ने गुरुओं की जीवनी लिखाने की परिपाटी भी सर्वप्रथम आरंभ की और उसी के अनुसार कदाचित संवत् १६०१ में 'जनम साखी भाई वाले की' रचना हुई। गुरु अंगद ने इसके अतिरिक्त गुरु नानकदेव के समय से चलने वाली लंगर वा भंडारे की प्रथा को भी और विस्तार दिया। इनका लंगर प्रति दिन नियमपूर्वक चला करता और उसमें सिखों के अतिरिक्त अन्य अतिथि भी बहुत बड़ी संख्या में एक साथ सम्मिलित हुआ करते थे। गुरु अंगद की रचनाएं अधिक नहीं मिलतीं और जो हैं, वे सभी 'ग्रंथसाहिब' में 'महला २' के नीचे भिन्न-भिन्न रागों में संगृहीत हैं और इनमें माझ, सोरठ, सूही, रामकली और मलार की वारें तथा सारंग नाम की रचना मुख्य हैं। सारंगवाले पद को गुरुमुखी का आविष्कार करने के अनंतर उन्होंने प्रसन्न होकर गाया था।

(४) गुरु अमरदास

शिष्य-परम्परा का क्रम–गुरु अंगद शाक्त-सम्प्रदाय में तथा गुरु अमरदास वैष्णव सम्प्रदाय में बहुत काल तक रहकर सिख-धर्म में दीक्षित हुए थे और इनसे अपने-अपने गुरुओं अर्थात् क्रमशः गुरु नानकदेव एवं गुरु अंगद से कभी पहले का कोई परिचय वा संबंध न था। उक्त दोनों पहले से ही धार्मिक भावनाओं से भरे हुए व्यक्ति थे और उन्हें उच्च धार्मिक भावों वाले गीतों ने प्रभावित करके उनका मत परिवर्तन करा दिया था। उनकी अपने-अपने गुरुओं के प्रति भक्ति एवं श्रद्धा स्वतंत्र रूप से जागृत हुई थी और वह अंत तक एक ही प्रकार से उनके हृदयों में बनी रही। इनमें से प्रत्येक के जीवन में अवस्था अधिक हो जाने पर ही नवीन प्रकार के भावों का उदय हुआ था और उससे आगे के लिए नवीन मार्ग का अनुसरण करने की प्रेरणा मिली थी। परन्तु अमर दास के अनंतर इस प्रकार गुरु-परम्परा चलने का नियम बंद हो गया और तब से आगे का गुरु बराबर कोई न कोई अपने परिवार का संबंध का ही बिठाया जाने लगा, जिस कारण गुरु बनने का अधिकार कभी-कभी पैतृक समझा जाने लगा। इसका परिणाम आगे चलकर यहाँ तक बुरा हुआ कि एक भाई के गुरु बन जाने पर उसका दूसरा भाई उसके प्रति बहुधा द्वेष का भाव रखने लगा और शत्रुओं से मिलकर उसे नीचा तक दिखाने पर प्रवृत्त हो गया। गुरुओं की उदारता के कारण ऐसी स्थिति में यद्यपि कोई कटुता नहीं आ पाई, किंतु फिर भी उसे संभालने में उनका कुछ समय लगता ही रहा।

गुरु अमरदास का स्वभाव–गुरु अंगद की गद्दी प्राप्त करने के समय गुरु अमरदास की अवस्था लगभग ७३ वर्ष की हो चुकी थी। ये अधिकतर गोइंदवाल में रहा करते थे। इसी कारण गुरु अंगद के पुत्र दातू ने खडूर के स्थान को रिक्त पाकर अपने पिता की जगह पर अपना अधिकार जमा लिया। उसने लोगों से स्पष्ट शब्दों में कह दिया कि अमर दास हमारा नौकर रह चुका है और अब अधिक बुड्ढा भी हो चुका है, वह गुरु नहीं कहला सकता। परंतु

सिखों को यह बात अप्रिय जान पड़ी और उन्होंने गुरु अंगद के वचनों को स्मरण कर के गुरु अमरदास के पास जा उनसे अपना दुःख प्रकट किया। दातू इस बात से और क्रुद्ध हो उठा और उसने गोइंदवाल पहुँचकर वृद्ध गुरु अमरदास को गाली देते हुए उन्हें ठोकर मारकर गिरा दिया। गुरु अमर दास ने संभलकर दातू के पैर पकड़ते हुए पूछा, 'आपके चरणों में चोट तो नहीं लगी। कृपापूर्वक मुझे क्षमा कर दीजिए।' उससे इतना कहते हुए ये गोइंदवाल से भी हटकर अपने जन्म-स्थान वसरका चले आये और वहीं रहने लगे। उनके सिख अनुयायियों को यह सुनकर और भी खेद हुआ और वे इन्हें फिर से गोइंदवाल लाने का प्रयत्न करने लगे दातू को इसी बीच में डाकू ने पैर में चोट पहुँचा दी। वह लंगड़ा होकर खडूर वापस चला आया और भाई बुड्ढा आदि सिखों ने गुरु अमर दास को समझा बुझाकर उन्हें फिर गोइंदवाल की गद्दी पर बिठा दिया। गुरु अमर दास क्षमा व सहनशीलता की मूर्ति थे और इसी बात के उपदेश भी बहुधा दिया करते थे, किंतु इनके शत्रु बराबर इस बात से लाभ उठाते रहे।

लंगर की प्रथा–गुरु अमर दास का लंगर भक्त अनुयायियों की भेंटों के आधार पर चलता रहा। जो कोई भी उनके यहाँ आता, भर पेट भोजन पाता। बिना इनके लंगर में भोजन किये किसी को भी उनके दर्शन करने का अधिकार नहीं था। जो कुछ भेंट में प्राप्त होता, वह प्रतिदिन व्यय हो जाता था, बचता न था। ये अपने कपड़े भी बहुत कम बदला करते थे और जब बदलते थे, तब पुराना कपड़ा किसी योग्य सिख को ही दे दिया जाता था। इनके लंगर में अनेक प्रकार के स्वादिष्ट भोजन बना करते थे, किंतु ये स्वयं सदा रूखे-सूखे अन्न पर ही निर्भर रहा करते थे। जो कोई भी इनके यहाँ आता, खाने अथवा उपदेश सुनने के समय बराबर एक पंक्ति में और एक भाव के साथ बैठा करता था। कहा जाता है कि एक बार अकबर बादशाह को भी यही करना पड़ा था। इस प्रकार ये समानता के भाव के भी बहुत बड़े पक्षपाती थे और संसार में रहते हुए ही ईश्वराधन करने का बराबर उपदेश दिया करते थे। इनका कहना था कि जिस प्रकार कमल कीचड़ में उत्पन्न होकर भी अपनी पंखुड़ियों को सूर्य की ओर विकसित किये रहता है, उसी प्रकार मनुष्य को चाहिए कि सांसारिक व्यवहार में लगे रहने पर भी अपना मन सदा ईश्वर की ओर लगाये रहे।

दामाद शिष्य जेठा–गुरु अमर दास की पत्नी मनसादेवी को अपनी पुत्री भानी की अवस्था देखकर ऐसा विचार हुआ कि वह व्याह करने योग्य हो गई है। उन्होंने गुरु अमर दास से यह बात प्रकट की और एक दिन अपने घर के बाहर से गुजरते हुए किसी खोंचे वाले लड़के को दिखलाकर बतलाया कि वर की अवस्था उसी के समान होनी चाहिए। इस पर गुरु ने उस लड़के को अपने निकट बुलाकर उसे देखा-भाला और उसी को पसंद कर लिया। उस लड़के का नाम जेठा था और वह लाहौर नगर के चुन्नी मंडी महल्ले के निवासी किसी हरिदास नामक खत्री का पुत्र था। उसका जन्म मंगलवार मिती २, कार्तिक कृष्ण पक्ष संवत् १५९१ अर्थात् सन् १५३४ ई. में दया कुँवरि के गर्भ से हुआ था। वह देखने में सुन्दर था और सदा मुसकराया करता था। वह बचपन से ही साधुओं की संगति पसंद करता था, किंतु माता-पिता ने उसे चने उबालकर घुघनी बेचने का काम सौंप दिया था। उन्हीं चनों को लेकर वह बहुधा रावी के किनारे चला जाता और वहाँ पर स्नान करने वाले साधुओं को उसका जलपान करा दिया करता। एक बार वह ऐसे ही साधुओं के साथ-साथ लगा हुआ गोइंदवाल पहुँच गया था, जहाँ पर गुरु अमरदास ने उसे अपनी पुत्री के वर के रूप में स्वीकार कर

लिया। गुरु अमर दास ने लड़के के पिता हरिदास को अपनी बातें कहला भेंजी और उसने अपने बिरादरी के सोढ़ी खत्रियों की बारात लाकर विवाह कर लिया। तब से जेठा गुरु अमर दास के निकट उनके दामाद एवं शिष्य के रूप में भी रहने लगा और वही आगे चलकर गुरु रामदास कहलाया।

हरद्वार यात्रा–एक बार कतिपय ब्राह्मणों ने अकबर बादशाह के निकट इस बात की शिकायत की कि गुरु अमर दास के कारण हिंदू धर्म का अपमान हो रहा है। इस पर अकबर ने गुरु अमर दास को अपने यहाँ आने के लिए निमंत्रित किया। परन्तु अति वृद्ध होने के कारण गुरु अमर दास वहाँ नहीं जा सके। इन्होंने कहला भेजा कि मेरा पुत्र मोहन सदा ध्यान में लगा रहता है और मोहरी को दरबार में जाने का अभ्यास नहीं, अतएव जेठा को भेज रहा हूँ। इस पर जेठा अकबर के यहाँ पहुँचे और उसके साथ बहुत समय तक सत्संग करते रहे। अकबर को उनकी बातें सुनकर पूरा संतोष हो गया और उसने उन्हें यह कहकर लौटा दिया कि गुरु अमर दास एक बार हरद्वार जैसे तीर्थों में पर्यटन करके हिंदुओं को कुछ आश्वासन प्रदान कर दें। तदनुसार गुरु अमर दास ने अपने मत के प्रचार के लिए भी हरद्वार की यात्रा उचित समझी और अपने अनुयायियों को लेकर वहाँ के लिए चल पड़े। तब तक यह प्रसिद्ध हो गया था उनके साथ जाने वालों को तीर्थयात्रा का प्रचलित टैक्स नहीं देना पड़ेगा। अतएव इनके साथियों की संख्या बढ़ गई। वे इनके लंगर में भोजन करते थे, इनकी गायक-मंडली में मिलकर भजन गाया करते थे तथा स्नानादि के लिए मिले विशेष सुभीते से भी लाभ उठाया करते थे। गुर अमर दास इस प्रकार सबके साथ भ्रमण करते हुए तथा मार्ग में अपने मत के संबंध में उपदेश देते हुए हरद्वार की यात्रा से लौट आये।

तालाब-निर्माण–एक बार गुरु अमर दास ने जेठा से कहा कि तुम कहीं जाकर अपने लिए कोई स्थान चुन लो और वहाँ एक मकान बनाकर तालाब भी खुदवा लो। इस आज्ञा के अनुसार जेठा ने गोइंदवाल से २५ मील की दूरी पर एक जगह पसंद की और वहीं पर अपना स्थान निश्चित कर लिया। फिर क्रमशः वहाँ पर औरों की भी बस्तियाँ बन गईं और एक तालाब 'संतोषसर' नाम का तैयार हो गया। फिर उसी के पूरब की ओर उन्होंने एक दूसरा तालाब भी बनवाने की आज्ञा दी और बतलाया कि पूरा हो जाने पर वही आगे 'अमृतसर' नाम से प्रसिद्ध होगा। गुरु अमरदास ने इसी बीच में जेठा की भक्ति की अनेक प्रकार से परीक्षा ली और एक बार तो इन्होंने उनसे एक ही चबूतरे को सात बार गिरा-गिराकर बनवाय। प्रत्येक बार प्रसन्नतापूर्वक अपनी आज्ञा का पालन किया जाता हुआ देखकर इन्होंने आशीर्वाद दिया कि तुम्हारे वंश में सात पुश्त तक गुरु की गद्दी मिलेगी। इसके सिवाय एक दिन संख्या समय जब गुरु अमरदास ध्यान में मग्न थे, उनकी पुत्री तथा जेठा की पत्नी बीबी भानी ने देखा कि उनके पलँग का एक पाया टूटा हुआ है और यह समझ कर कि पलँग के गिर जाने से उनका ध्यान कहीं भंग न हो जाय, उन्होंने टूटे पाय की जगह अपने हाथ का सहारा दे दिया। जब गुरु ने आँख खोली और उन्हें ऐसा करते देखा, तब प्रसन्न होकर उनसे कोई वर माँगने को कहा। बीबी भानी ने उनसे निवेदन किया कि अब से गुरु-परम्परा मेरे ही वंश में चलती रहे। गुर अमर दास ने इस पर 'एवमस्तु' कर दिया, किंतु इसके साथ ही यह भी बतलाया कि तुमने बिना सोचे समझे गुरु की परम्परा के बहते हुए स्रोत को बाँध द्वारा बाँधने की चेष्टा की है, अतएव इसका परिणाम संकटों से रहित न होगा। गुरु अमर दास का यह कथन आगे चलकर सत्य निकला।

इनके कार्य व अंतिम दिन–गुरु अमर दास ने अपना मरण-समय निकट जानकर एक दिन मिती भादो सुदी १३ संवत् १६३१ अर्थात सन् १५७४ ई. को जेठा को रामदास के नाम से अपनी गद्दी पर बिठा दिया और उनके सामने नियमानुसार पाँच पैसे और एक नारियल अर्पण कर उन्हें भाई बुड्ढा द्वारा तिलक भी करा दिया। गुरु अमर दास का देहांत संवत् १६३१ के भादों को पूर्णिमा के दिन १० बजे दिन को हुआ था। गुरु अमर दास ने अपने मत के प्रचारार्थ २२ केंद्र (मंजे)[१] स्थापित किये थे और स्त्री-शिक्षा के निमित्त ५२ उपदेशिकाएँ भी भिन्न-भिन्न स्थानों में नियत की थीं। इनकी रचनाओं में सब से प्रसिद्ध 'आनंद' है जो विशेषकर उत्सवों के अवसर पर गाया जाता है और इसके अतिरिक्त कुछ बारों, पदों व सलोकों की भी इन्होंने रचना की है जो सभी 'ग्रंथसाहिब' में संगृहीत है।

(५) गुरु रामदास

गुरु रामदास व श्रीचंद–गुरु रामदास कुछ ही दिनों में एक प्रसिद्ध महापुरुष हो गए और इनकी प्रशंसा चारों ओर फैलने लगी। श्रीचंद, जो गुरु नानकदेव के बड़े लड़के थे और जिन्होंने 'उदासी सम्प्रदाय' की स्थापना की थी, नग्न भेष में इधर-उधर भ्रमण किया करते थे। उन्होंने गुर अंगद वा गुरु अमर दास से भी भेंट नहीं की थी, किंतु गुरु रामदास की ख्याति को सुनकर वह इनसे मिलने आये और गोइंदवाल की सीमा तक पहुँच गए। गुरु रामदास ने उनके आगमन की सूचना पाकर कुछ मिष्ठान एवं पाँच सौ रुपयों के साथ उनकी अगवानी की। श्रीचंद ने इन्हें देखकर कहा कि आपकी दाढ़ी बहुत लंबी हो गई है, जिसके उत्तर में गुरु रामदास ने बतलाया कि हाँ, आपके चरणों को पोछने के लिए मैंने इसे बढ़ा रखा है। श्रीचंद को इस उत्तर ने प्रभावित किया और वे प्रसन्न हो गए।

मसंदों की नियुक्ति–गुरु रामदास ने तालाब के निर्माण का कार्य पूर्ववत् जारी रखा और उसके निमित्त द्रव्य संग्रह करने तथा धर्म-प्रचार के लिए इन्होंने कई व्यक्तियों को नियुक्त किया। ये लोग 'मंसद' कहे जाते थे जो पूर्वकाल में प्रचलित मसनद शब्द का विकृत रूप था। अफगान बादशाहों के समय में 'मसनदे अली' कुछ विशेष प्रकार के दरबारियों की पदवी थी और सिखों के सच्चे बादशाह होने के नाते गुरु रामदास के उक्त कर्मचारियों का नाम भी उनके शब्दों में मसंद ही रखा गया। इनका काम भिन्न-भिन्न प्रदेशों के रहने वाले अनुयायियों तथा अन्य लोगों से भी द्रव्य लेकर उसे गुरु के पास व्यय करने के लिए भेजना था। तालाब के खुदाने का कार्य चल ही रहा था कि उसके निकट अनेक मनुष्यों की घनी बस्ती जमने लगी और वह रामदासपुर के नाम से प्रसिद्ध हो चली।

गुरु रामदास व पुत्र अर्जुन–एक बार गुरु रामदास के एक प्राचीन संबंधी ने उनसे जाकर निवेदन किया कि मेरे लड़के का विवाह होने जा रहा है, उरु में सम्मिलित होने चलिए। परन्तु गुरु रामदास के सामने बहुत-सा काम था, इसलिए उन्होंने वहाँ पर स्व्यं न जाकर किसी को अपने प्रतिनिधि के रूप में भेजना उचित समझा। गुरु रामदास के उस समय तीन पुत्र पृथीचंद, महादेव और अर्जुन वर्तमान थे। उन्होंने उनमें से बड़े अर्थात् पृथीचंद वा प्रिथिया से पहले कहा कि तुम जाकर उक्त उत्सव में सम्मिलित हो जाओ, किंतु उसने कई प्रकार के बहाने पेश किये और अंत में जाने से इनकार कर दिया। इस प्रकार महादेव ने भी कहा कि मुझे सांसारिक

१. मंजा=मंजी (चारपाई) का पुल्लिग-रूप=साम्प्रदायिक केंद्र।

बातों में कुछ भी रुचि नहीं और मैं ऐसा करना अपने स्वाभाव के विरुद्ध समझता हूँ। परंतु गुरु ने उक्त प्रस्ताव को ज्यों ही अर्जुन के सामने रखा, उसने उसे तुरंत स्वीकार कर लिया और 'जैसी आज्ञा' कहकर वहाँ से चल दिया। लाहौर पहुँचने पर अर्जुन को उत्सव के उपरांत भी बहुत दिनों तक रह जाना पड़ा और वह अपने पूज्य पिता के वियोग में क्रमशः अधीर होने लगा। अतएव उसने अपने पिता के नाम एक पत्र भेजकर कुशल क्षेम पूछा और उनके दर्शनों की इच्छा प्रकट की। परन्तु प्रिथिया ने उस पत्र को दूत के हाथ से ले लिया और उसे छिपाकर अर्जुन के यहाँ कहला भेजा कि जब तक बुलाया न जाय, उसे वहीं रहना होगा। प्रिथिया ने अर्जुन के एक दूसरे पत्र के संबंध में भी जब यही चाल चली और उसे ये सब बातें विदित हो गईं, तब उसने अपना तीसरा पत्र 'नं. ३' करके लिखा और उसे बड़ी सावधानी के साथ भेजा। अब की बार अंतिम पत्र गुरु को मिल गया और उस पर संदेह करके उन्होंने प्रिथिया के पहनावे के पाकेट से अन्य दो पत्र भी बरामद कर लिए। प्रिथिया इस घटना के कारण अत्यंत लज्जित हुआ और भाई बुड्ढा ने इस बात की चर्चा सर्वत्र फैला दी। गुरु रामदास ने भी अपने छोटे पुत्र अर्जुन से ही प्रसन्न होकर उसे सबसे योग्य माना और पाँच पैसे तथा एक नारियल की भेंट उसके सामने समर्पित कर उसे भाई बुड्ढा द्वारा तिलक दिला दिया।

मीन प्रिथिया–उक्त गुरु गद्दी के कारण प्रिथिया की लज्जा क्रोध में परिणत हो गई और उसने आवेश में आकर अपने पिता के प्रति भी दुर्वचन कहे। उसने प्रतिज्ञा की कि मैं गुरु अर्जुन को हटा कर ही छोड़ूँगा और उसकी जगह स्वयं बैठकर इस बात की स्वीकृति बादशाह से भी करा लूँगा। रामदास ने तब उसे बहुत समझाया-बुझाया, परंतु उसने उनकी एक न सुनी और अंत में रुष्ट होकर उन्हें उसे 'मीन' अथवा दुष्ट स्वभाव का मनुष्य तक कहना पड़ा। गुरु रामदास इस घटना के कुछ ही पीछे अर्जुन को लेकर गोइंदवाल आये और वहाँ की बावली में स्नान करके प्रातः काल के समय 'जपुजी' एवं 'असा दी बार' का पाठ करते हुए ध्यान-मग्न हो गए। फिर सूर्योदाय होते-होते उन्होंने सभी सिखों को बुलाकर उन्हें गुरु अर्जुन को समर्पित कर दिया और उनसे कहा कि अमृतसर का तालाब शीघ्र बनवा देना तथा सिख-धर्म के सिद्धांतों के अनुसार चलने के लिए सबको उपदेश देते रहना। गुरु रामदास का देहांत मिती भादों सुदी ३, संवत् १६३८ अर्थात् सन् १५८१ ई. को हुआ था।

रचनाएँ–गुरु रामदास की सभी उपलब्ध रचनाएं 'ग्रन्थसाहिब' में संगृहीत हैं। इनमें भी भिन्न-भिन्न रागों के अंतर्गत पाये जाने वाले अनेक पद व 'बारे' हैं जो कतिपय 'सलोको' के साथ 'महला ४' के नीचे दिये गए हैं और इनकी संख्या काफी बड़ी है।

(६) गुरु अर्जुन देव

जन्म व बाल्यकाल–गुरु अर्जुनदेव का जन्म गुरु रामदास की पत्नी बीबी भानी के गर्भ से मिती वैशाख कृष्ण ७ मंगलवार संवत् १६२०, अर्थात् सन् १५६३ को गोइंदवाल में हुआ था। इनके नाना गुरु अमर दास इन्हें बहुत मानते थे और प्रसिद्ध है कि एक बार उन्होंने इन्हें गुरु गद्दी तक देने की इच्छा प्रकट की थी। कहा जाता है कि बचपन में एक बार ये अपने सोये हुए नाना की पलंग तक चले गए और उन्हें सोते से जगा दिया। सोते समय उन्हें कोई कभी छेड़ा नहीं करता था और इनकी माता को भय हुआ कि पिता जी कहीं इन पर रुष्ट न जो जायँ। परंतु उन्हें यह देखकर आश्चर्य हुआ कि उठते ही उठते गुरु अमरदास कह रहे हैं, "आने दो, मेरे पास उसे आने। यह मेरा दोहत पानी का बोहित होवेगा।" ऐसा कहने का

तात्पर्य उनका यह था समय पाकर वह बच्चा एक दिन सांसारिक जीवों को भवसागर से पार उतारने वाला होगा। अर्जुन इन दिनों बराबर गुरु अमर दास के ही निकट अपनी माता के साथ रहा करते थे और बचपन से ही इनके कोमल हृदय पर उस महापुरुष का प्रभाव सदा पड़ता रहा। कुछ दिनों के अनंतर इनका विवाह वर्तमान जिला जालंधर के मेओ गाँव में रहने वाले किसनचंद की पुत्री गंगा से हुआ।

प्रारंभिक कार्य–गुरु रामदास का देहांत हो जाने पर जब ये गद्दी पर बैठे, तब इनके मामा मोहरी ने परम्परानुसार अपने पिता के उत्तराधिकारी के रूप में इन्हें एक साफा अर्पित किया जिस पर इनके सबसे बड़े भाई प्रिथिया ने आपत्ति की। गुरु अर्जुन देव ने हर्षपूर्वक उस कपड़े को प्रिथिया के हवाले कर दिया और स्वयं गोइंदवाल से हटकर अमृतसर चले आए। यहाँ आने पर भी कतिपय चौधरियों के कहने पर इन्होंने गुरु गद्दी को मिलने वाले कुछ कर तथा मकान के किराये की आय प्रिथिया को दे दी और इसी प्रकार अपने दूसरे भाई महादेव को भी कुछ प्रबंध करके दे डाला। अब इनके लिए आमदनी के रूप में केवल वही द्रव्य रह गया जो भक्ति अनुयायियों द्वारा भेंट में इन्हें मिल जाया करता था। ऐसे ही साधनों के सहारे इन्होंने सर्वप्रथम अपना ध्यान अमृतसर का निर्माण पूरा करने की ओर लगाया। तालाब की खुदाई गुरु रामदास के ही समय में पूरी हो चुकी थी। गुरु अर्जुन देव ने उसके बँधाने आदि का कार्य भी समाप्त कर दिया और उसके बीच में 'हरमंदर' नाम के एक मंदिर का भी बनाना आरंभ किया। इस हरमंदर की ऊँचाई गुरु की आज्ञा के अनुसार आसपास के मंदिरों से बढ़ने नहीं दी गई। उनका कहना था कि जो नम्र व नीचा बनकर रहता है, वहीं ऊँचा हो जाता है। वृक्ष जितने भी ही फले रहते हैं, उतने ही नीचे झुके भी रहते हैं। इसी प्रकार मंदिर का द्वार भी चारों ओर से खुला रहने दिया गया। गुरु अर्जुन देव का कहना था कि यह सभी प्रकार के लोगों की पूजा का स्थान बनेगा। इसके बीच में 'ग्रन्थसाहिब' रखा रहता है और उसके प्रति भक्ति प्रकट की जाती है। इस मंदिर की बुनियाद संवत् १६४५ अर्थात् सन् १५८९ के माघ महीने के प्रथम दिवस को ही डाली गई थी और पहली ईट इन्होंने स्वयं रखी थी। ईट के एक बार अकस्मात् कुछ हट जाने पर इन्होंने कहा था कि बुनियाद फिर कभी डाली जायगी और यह बात सं. १८१९ में अहमदशाह के आक्रमण के समय सच्ची निकली, जब दो वर्ष पीछे खालसा फौज ने इसे फिर से जीतकर अपने अधिकार में लिया और फिर टूटे-फूटे मंदिर को दूसरी बार बनवाया।

द्वेष का सामना–अकबर बादशाह के मंत्री राजा बीरबल गुरु के साथ धार्मिक मतभेद होने के कारण इनसे द्वेष रखते थे और इनकी उन्नति को भी नहीं देख सकते थे। अतएव कई बार इन्होंने इन्हें अपमानित करने तथा कष्ट पहुँचाने के प्रयत्न किये। किंतु संयोगवश वे कभी कृतकार्य न हो सके और कुछ ही दिनों के अनंतर यूसुफजाइयों के विरूद्ध लड़ते समय मार डाले गए। इधर गुरु का बड़ा भाई प्रिथिया भी इनके नाश के लिए षडयंत्र रचने में सदा लगा रहा। बादशाह के कर्मचारी सुलही खाँ के साथ मिलकर उसने कई उद्योग किये, किंतु वजीर खाँ की सहायता के कारण उसकी दाल नहीं गलने पाई और वह सदा असफल ही होता रह गया। गुरु अर्जुन देव ने इसी बीच सन् १५९० के किसी महीने में तरनतारन की भी बुनियाद डालकर वहाँ पर एक तालाब खुदवा दिया और इसी प्रकार की व्यास एवं सतलज नदियों के बीच जालंधर दोआब के अंतर्गत एक दूसरे नगर का निर्माण किया जो करतारपुर नाम से प्रसिद्ध हुआ।

पुत्रोत्पत्ति–गुरु अर्जुनदेव की पत्नी गंगा ने उनसे कई बार किसी पुत्र के लिए प्रार्थना की और इन्होंने प्रत्येक अवसर पर यही परामर्श दिया कि तुम जाकर भाई बुड्ढा से आशीर्वाद लाओ, तो तुम्हें पुत्र उत्पन्न हो सकेगा। अंत में बीबी गंगा भाई बुड्ढा के पास भोजन तैयार करके ले गईं और उनकी परसी हुई थाली को माता को दिया प्रसाद कहकर भाई बुड्ढा ने बड़े प्रेम के साथ खाया। उन्होंने भोजन के उपरांत कहा कि मुझ भूखे को तृप्त कर देने के उपलक्ष में आपको एक पुत्ररत्न होगा जो अपने शत्रुओं के शिर उसी प्रकार कुचलेगा जिस प्रकार अभी मैंने प्याज कुचले हैं। तदनुसार मिती आषाढ़ बदी ६, संवत् १६५२, अर्थात् ता. १४ जून सन् १५९५ ई. को वड़ाली गाँव में बीबी गंगा के गर्भ से हरगोविंद का जन्म हुआ। अपने पिता के ये इकलौते पुत्र थे तो भी प्रिथिया तथा उसकी स्त्री को इनका जीना बहुत खला करता था। इस कारण बच्चे हरगोविंद के प्राण लेने के लिए उन दोनों ने दास-दासियों तथा कर्मचारियों को मिलाकर अनेक बार भिन्न-भिन्न प्रकार की चेष्टाएं कीं। किंतु उन्हें सफलता कभी नहीं मिल सकी और बालक हरगोविंद उनके सामने खेलता और व्यायाम करता हुआ अधिकाधिक बलिष्ट और सुरूपवान ही होता गया।

'ग्रंथ साहिब' का निर्माण–गुरु अर्जुन देव को एक बार इस बात की आवश्यकता जान पड़ी कि उनके अनुयायी सिखों के पथ-प्रदर्शन के लिए कुछ नियम निर्धारित कर देने चाहिए ताकि आगे चलकर किसी धार्मिक प्रश्न के उठने पर किसी प्रकार की कठिनाई न उपस्थित हो और अपने सिद्धांतों में सामंजस्य भी आ जाय। इसलिए इन्होंने गुरुओं द्वारा दिये गये उपदेशों को उनके वास्तविक रूप में संगृहीत कर उनका एक ग्रंथ निर्माण करा देना उचित समझा। इसका एक और कारण यह भी था कि प्रिथिया उन दिनों कुछ पदों की रचना कर उन्हें गुरु नानक देव के उपदेश बतलाकर प्रचलित कर रहा था। इसके सिवाय गुरु अमरदास ने भी अपनी रचना 'आनंद' की २३वीं व २४वीं पौड़ियों में बतलाया था कि गुरुओं की केवल असली रचनाएं ही पढ़ी जानी चाहिए। अतएव गुरु अर्जुन देव गुरु अमर दास के बड़े लड़के मोहन के पास गोइंदवाल में स्वयं गये और वहाँ सुरक्षित गुरु-पदों को माँगकर उठा लाये। इसके उपरांत इन्होंने भिन्न-भिन्न प्रसिद्ध भक्तों के अनुयायियों को आमंत्रित करके उनसे अपने-अपने श्रेष्ठ भजनों को चुनवाया तथा उनमें से भी अपने संग्रह में उन्हीं पदों को स्थान दिया जो सिद्धांत की दृष्टि से अपने गुरुओं की रचनाओं से मेल खाते थे। इसमें संदेह नहीं कि उच्चारण आदि की कठिनाई के कारण उक्त चुने हुए पदों में कुछ परिवर्तन हो गया और कहीं-कहीं एकाध पंजाबी शब्दों का उनमें प्रवेश तक हो गया, किंतु फिर भी इन्होंने उन्हें शुद्ध रखने की ही भरसक चेष्टा की। पदों का चुनाव समाप्त हो जाने पर गुरु अर्जुन देव ने स्वयं बैठकर उन्हें भाई गुरदास से लिखवाया और इस प्रकार वह ग्रंथ संवत् १६६१ अर्थात् सन १६०४ ई. के भादों महीने की पहली तिथि को तैयार हुआ तथा भाई बुडढा के संरक्षण में उन्हें अर्पित कर दिया गया। ग्रंथ के अंत में जो 'रागमाला' दी गई है और जिसमें भिन्न-भिन्न राग-रागिनियों की चर्चा की गई है, वह वास्तव में शैख आलम नामक मुसलमान कवि की 'माधवानल कामकंदला संगीत' नामक रचना का एक अंश है। यह रचना हिजरी सन् ९९१ अर्थात् सन् १५८३ ई. में तैयार की गई थी और वह ग्रंथ साहिब में किसी प्रकार छंद ६३ से लेकर ७२ तक के रूप में सम्मिलित कर ली गई है।

गुरु अर्जुन देव व चंदूशाह–गुरु अर्जुन देव के विरुद्ध शत्रुता-भाव रखने वाला एक व्यक्ति चंदूशाह भी था जो कुछ काल तक बादशाह का दीवान वा अर्थमंत्री था। वह पंजाब का निवासी था, किंतु कर्मचारी हो जाने के अनंतर देहली में रहने लग गया था। वह कुलीन, विद्वान, धनी एवं प्रतिष्ठित था। उसे एक कन्या का विवाह करना था और उसे योग्य वर कहीं ढूँढ़ने पर नहीं मिलता था। उसके आदमियों ने उससे प्रस्ताव किया कि उसकी कन्या के लिए सबसे अच्छा वर गुरु अर्जुन देव का लड़का हरगोविंद ही हो सकता है और उसी के लिए प्रयत्न किये जाने चाहिए। चंदूशाह को यह बात पहले पसंद न आई और उसने अपने ब्राह्मण को तिरस्कारपूर्वक यह कहकर टाल दिया कि राजमहल की अटारी की सुन्दर खपरैल कभी नाले में नहीं डाल दी जाती। परंतु अंत में हार मानकर उसने अपनी पत्नी करमी के परामर्शानुसार उक्त बात मान ली और गुरु अर्जुन देव के पास पत्र भेज दिया। इधर गुरु के अनुयायियों को चंदूशाह के उक्त तिरस्कारपूर्ण कथन का पता चल गया था और उन्होंने गुरु के निकट इस वैवाहिक संबंध का घोर विरोध कर दिया। इसका परिणाम यह हुआ कि चंदूशाह के दूतों के सामने ही गुरुअर्जुन देव ने उसके प्रस्ताव को ठुकरा कर हरगोविंद का विवाह नारायनदास तथा हरिचंद नामक सिखों की दो लड़कियों के साथ करना स्वीकार कर लिया और वे हताश होकर अपने मालिक के पास लौट गए। इस घटना के कारण चंदूशाह ने अपने को बहुत अपमानित हुआ समझ लिया और वह भी गुरु अर्जुन देव का नाश करने पर तुल गया।

शत्रुओं का षडयंत्र–इसके अनंतर चंदूशाह तथा प्रिथिया ने मिलकर गुरु अर्जुन देव के विरुद्ध कई प्रकार के जाल रचे, किन्तु अकबर बादशाह की उदारता के सामने उनकी एक न चल पाई। परंतु जब सन् १६०५ ई. में अकबर का देहांत हो गया और उसकी जगह जहाँगीर गद्दी पर बैठा, तब इन लोगों को नया अवसर हाथ लग गया। अकबर जहाँगीर के लड़के खुसरो को बहुत मानता था और कहा जाता है कि उसने इसे अपना उत्तराधिकारी बनाने का वचन दिया था। इस कारण उसके मरते ही खुसरो ने पंजाब एवं अफगानिस्तान पर अपना अधिकार जमा लेना चाहा और इस बात पर जहाँगीर अत्यंत रुष्ट हो गया। जहाँगीर ने खुसरो को पकड़ने के लिए शाही फौज भेजी और वह आगरे से भागता हुआ तरनतारन चला आया। वहाँ पर उसने गुरु से कुछ आर्थिक सहायता के लिए प्रार्थना की, जिस पर गुरु ने उसे यह कहकर टाल देना चाहा कि सिखों का धन गरीबों के लिए ही सुरक्षित है। परंतु अंत में उसकी दीनता देखकर इन्हें दया आ गई और उसके पितामह द्वारा अपने प्रति किये गए उपकारों को ध्यान में रखते हुए इन्होंने उसे काबुल की ओर सुभीते के साथ भाग जाने के लिए पाँच सहस्र रुपये दे दिये। फिर भी खुसरो मार्ग में ही पकड़ लिया गया।

बंदी–इधर प्रिथिया के पुत्र मिहरबान ने चंदूशाह को उक्त खुसरोवाली घटना की ब्योरेवार सूचना दे दी। जब जहाँगीर बादशाह पंजाब की ओर अपने किसी दौरे में आया, तब अवसर पाकर चंदू ने उससे गुरु की बड़ी निंदा की और इन्हें पकड़वा मँगाने की भी उसे सलाह दे दी। तदनुसार गुरु अर्जुन देव जहाँगीर के सामने बुलाये गए और इनसे उसने कई प्रकार के प्रश्न करके इन्हें अपराधी ठहराना चाहा। अंत में इनपर दो लाख रुपये जुर्माने के रूप में लगाये गए और यह भी कहा गया कि 'ग्रंथसाहिब' में से ये उन पंक्तियों को भी निकाल दें जो अनुचित हों। गुरु अर्जुनदेव ने दोनों ही बातें अस्वीकृत कर दीं जिस पर बादशाह बहुत बिगड़कर उठ गया और उसके मजिस्ट्रेट ने इन्हें कैद करा दिया। बंदी गृह में इन्हें अनेक

प्रकार की यातनाएं दी गई। इनके ऊपर जलती हुई रेत डाली गई, इन्हें जलती हुई लाल पहाड़ी में बिठाया गया और इन्हें उबलते हुए गर्म जल से नहलाया गया। गुरु ने सब कुछ सहन कर लिया और आह तक नहीं निकाली, बल्कि कर्मचारियों द्वार बार-बार कहे जाने पर भी इन्होंने उसकी एक भी बात स्वीकार नहीं की और उसी भाँति नाम स्मरण करते हुए धैर्यपर्वूक बैठे रहे।

अंतिम समय–पाँच दिन इसी प्रकार व्यतीत हो जाने पर इन्होंने एक बार नदी रावी में जाकर स्नान कर आने की अनुमति माँगी और अपने साथ पाँच सिखों को भी ले जाने के लिए अनुरोध किया। इन्हें इस बात की अनुमति मिल गई और इनके साथ कुछ शस्त्रधारी सिपाहियों को लगा दिया गया जिससे इन्हें कोई लेकर कहीं चला न जाय। गुरु ने जाते समय एक लंबी चादर ओढ़ ली और नदी की ओर की एक खिड़की से निकलकर धीरे-धीरे चल पड़े। इनके शरीर में फफोले पड़ गए थे और इनके पैरों के तलवों में कई घाव हो गए थे। ये लँगड़ाते हुए अपने एक सेवक पीराना के कंधों पर हाथ रखकर धीरे-धीरे चलने लगे। इन्हें ऐसी दशा में पाकर लोग बहुत दुखी होते थे, किंतु ये बराबर उसी प्रकार ध्यान में मग्न चले जा रहे थे। रावी तक पहुँचकर इन्होंने पहले अपने हाथ-पैर धोये, फिर स्नान किया और 'जपुजी' का पाठ किया। अंत में इन्होंने सिखों को आगे हरगोविंद को गुरु मानकर चलने का आदेश दिया और वहीं पर जेठ सुदी ४ संवत् १६६६ अर्थात् जून सन् १६०६ ई. को अपनी इहलीला संवरण की। अपने मृत शरीर के संबंध में इन्होंने कह रखा था कि उसका कोई भी संस्कार न किया जाय, बल्कि ज्यों का त्यों उसे रावी नदी में बहता हुआ छोड़ दिया जाय।

इनके कार्य–गुरु अर्जुन देव की मृत्यु केवल ४३ वर्ष की अवस्था में ही हो गई, किंतु इन्होंने इतने ही दिनों में सिख-धर्म के लिए अनेक महत्त्वपूर्ण कार्य किये। अमृतसर, तरनतारन जैसे नगरों तथा उनके तालाबों व मंदिरों का निर्माण करने के अतिरिक्त इन्होंने सिख-धर्म में सुव्यवस्था लाने के लिए 'ग्रंथसाहिब' के संग्रह का आयोजन किया, सिखों की शिक्षा का प्रबंध किया और उनके वाणिज्य तथा व्यवसाय को भी प्रोत्साहन दिया। इन्होंने सिखों को तुर्किस्तान जैसे दूर-दूर देशों में घोड़े का व्यापार करने के लिए भेजा जिसमें उनका एक मुख्य उद्देश्य अपने मत का प्रचार करना भी था। इनके उपदेश देने का ढंग भी एक अपना ही था जिसका प्रभाव इनके अनुयायियों पर बहुत अच्छा पड़ा करता था। एक बार किसी चूहर नामी चौधरी के पूछने पर कि सदा सत्य बोलने का लेखा अलग-अलग रखा करो और देखो कि किस प्रकार प्रतिदिन मीलान करते जाने पर, आपसे आप सुधार होने लगता है। इसी भाँति कोरे शास्त्रादि के पंडितों की धोखा देने वाली प्रवृत्ति को स्पष्ट करते हुए इन्होंने एक बार किसी नानू और कालू को इस प्रकार समझाया था कि जिस सर्प के शिर में मणि रहा करती है वह उसकी सहायता से रात को उजेले में कीड़ो-मकोड़ों को खाया करता है, वैसे ही जो शास्त्रादि में पारंगत विद्वान भर होता है, वह उनके प्रदर्शन द्वारा साधारण जनता को आकृष्ट कर उनसे अनुचित लाभ उठाया करता है।

रचनाएँ–गुरु अर्जुन देव ने रचनाएं भी बहुत-सी प्रस्तुत कीं। इनकी सबसे प्रसिद्ध रचना 'सुख म्नी' अथवा चित्त की शांति है जिसमें २४ अष्टपदियाँ १०-१० पंक्तियों की संगृहीत हैं। इसका पाठ प्रातःकाल के समय 'जपुजी' के अनंतर किया जाता है। इसके सिवाय 'बावन अखरी', 'बारामासा' तथा कई फुटकर पद भिन्न-भिन्न रागों में रचे गये, महला ५ के नीचे

'ग्रंथसाहित' के अंतर्गत दिये गए हैं। इसमें इनकी संख्या ६००० से भी कहीं अधिक है। गुरु अर्जुन देव को अपनी गुरु-गद्दी के २५ वर्षों में अनेक भीतरी एवं बाहरी समस्यायों को हल करने के अवसर प्राप्त हुए और इन्होंने प्रत्येक बार बड़े धैर्य एवं शांति के साथ सभी कठिनाइयों का सामना किया और अंत में उन्होंने धर्म के लिए अपने प्राणों तक की आहुति दे दी।

(७) गुरु हरगोविंद

प्रथम गुरुओं का दृष्टिकोण–गुरु अर्जुन देव के समय तक सिख गुरुओं का ध्यान विशेष कर अपनी निजी आध्यात्मिक उन्नति एवं सिख-मत के प्रचार की ओर ही केंद्रित रहा। यदि वे किसी सांसारिक बात की व्यवस्था आदि पर विचार भी किया करते, तो उसका भी उद्देश्य मुख्यतः सिख-धर्म से ही संबंध रखना रहा। देश की राजनीतिक परिस्थिति अथवा उसके तात्कालिक शासन-प्रबंध के सूत्रधार बादशाहों के कार्यों की ओर से भी ये सदा उदासीन रहे। वास्तव में अपने धार्मिक जीवन में सदा लगे रहने के कारण ये उन्हें ऐसा अवसर ही न देते जिससे उन्हें कोई हस्तक्षेप करना पड़े। परन्तु गुरु अर्जुन देव के समय उनके शत्रुओं के प्रपंचों के कारण कुछ ऐसी घटनाएँ आ उपस्थित हुई कि बादशाहों ने अमानुषिक अत्याचार तक कर डाले और उनके आगे आने वाले सिख गुरुओं को बाध्य होकर उसके विरोध में कुछ करने की ओर स्वभावतः प्रवृत्त होना पड़ा।

क्रांतिकारी परिवर्तन–तदनुसार गुरु हरगोविंद ने अपने पिता की मृत्यु के विषय में आवश्यक बातों का पता लगाकर 'ग्रंथसाहिब' का पाठ कराया और दश दिनों तक बराबर नामस्मरण व कीर्तन की भी धूम रही। इसके अनंतर भाई बुड्ढा ने इन्हें अत्येष्टि-क्रिया संपन्न हो जाने पर नवीन वस्त्र पहनाये और इनके सामने सेली व दुपट्टा समर्पित करके उन्हें धारण करने का परामर्श दिया। परन्तु गुरु हरगोविंद ने उन्हें बतलाया कि 'परिस्थिति' में विशेष परिवर्तन आ जाने के कारण इनका सेली वा दुपट्टे का अपने शरीर पर डालना उचित नहीं कहला सकता। आज का राजनीतिक वायुमंडल इस बात की ओर संकेत कर रहा है कि मुझे अब से सेली की जगह अपनी कमर में तलवार बाँधनी चाहिए और अपने साफे के ऊपर कोई राजसी चिन्ह स्वीकार कर लेना चाहिए। इसी कारण इन्होंने सेली को अपने संग्रहालय में सुरक्षित रखवा दिया और स्वयं अपने को युद्धोपयोगी वस्त्रों से सुसज्जित कर लिया। इन्होंने सारे सिखों तथा अमृतसर के मुख्य-मुख्य नागरिकों को निमंत्रित कर उनका सहभोज कराया और मसंदो को आदेश भेजा कि वे आगे द्रव्य न भेजकर भेंट में सदा शस्त्र एवं घोड़ों का ही उपहार दिया करें। इसी प्रकार संवत् १६६३ की अषाढ़ सुदी ५ को, सोमवार के दिन इन्होंने अमृतसर के स्वर्णमंदिर गलियारे में 'तख्त अकाल वुंगे' की नींव डाली जहाँ पर आज भी अकाली सिख बैठा करते हैं और अपने महत्त्वपूर्ण शस्त्रों को सुरक्षित रखते हैं। अब इनकी सेवा में दूर-दूर तक के अनेक योद्धा और पहलवान भी उपस्थित होने लगे जिनमें से ५२ को चुनकर इन्होंने अपने आत्मरक्षक नियुक्त किया। ये ही सेवक आगे चलकर गुरुओं की सिख सेना के प्रथम सिपाही बने जिन्होंने अपने अपूर्व साहस एवं वीरता के साथ प्रचंड शाही फौज का अनेक अवसरों पर सामना किया। गुरु हरगोविंद उक्त समय से अपना ध्यान मृगया वा आखेट की ओर भी विशेषरूप से देने लगे। ये नित्यप्रति सूर्योदय के पहले उठ जाते, स्नान करते, अस्त्र-शस्त्रादि से अपने को सुसज्जित कर लेते, पूजन के लिए हरमंदिर में चले जाते,

'जपुजी' तथा 'असा दी बार' का पाठ सुनते और अपने अनुयायी सिखों को उपदेश देते। इनके प्रवचन एवं 'आनंद' के समाप्त हो जाने पर सब लोग एक ही पंक्ति में बैठकर जलपान किया करते और प्राय: एक घड़ी तक विश्राम कर ये आखेट के लिए चल देते थे।

गुरु हरगोविंद व जहाँगीर–एक बार बादशाह जहाँगीर ने इन्हें शिकार खेलने के लिए आमंत्रित किया और इनसे अनुरोध किया कि ये आगरे तक उसके साथ जायँ। परन्तु वहाँ पर कुछ कारणवश इन्हें अपने पुराने शत्रु चंदूशाह की योजना के अनुसार ग्वालियर के किले में कुछ काल तक एक निर्वासित के रूप में रह जाना पड़ा। ये किले के भीतर कुछ दिनों तक एक प्रकार के बंदी बनकर ही रहे और अंत में वजीर खाँ की सहायता से बहुत-से बंदियों के साथ उसके बाहर आ सके। चंदूशाह तथा इनके अन्य शत्रु भी इनकी ताक में सदा लगे रहते थे, इस कारण इन्हें भी उनकी ओर से बराबर सतर्क रहना पड़ता था। बादशाह जहाँगीर को एक बार इनकी एक माला बहुत पसंद आई और उसने इनसे उसका एक मनका भेंट करने के लिए अनुरोध किया। गुरु ने उत्तर दिया कि उक्त माला से भी कहीं अच्छी एक दूसरी माला इनके पिता गुरु अर्जुन देव के पास थी जिसे वे सदा धारण किया करते थे और जो अंत में चंदूशाह के हाथ लग गई है। चंदूशाह ने बादशाह के पूछने पर कहा कि वह माला कहीं रखी थी जहाँ से खो गई है और अब ढूँढ़ने पर नहीं मिलती। परन्तु बादशाह को उसकी बातों में विश्वास नहीं हुआ और उसे संदेह हो गया कि वह माला को देना नहीं चाहता। अतएव शाही हुक्म के अनुसार चंदूशाह गुरु हरगोविंद के हवाले कर दिया गया और उसकी पत्नी तथा लड़के भी उसी के साथ कर दिये गए। सिखों ने उसे किले से बाहर लाकर उसके साफे को फाड़कर उसके टुकड़े-टुकड़े कर डाले, उसकी बांहो को उलटकर उसकी पीठ के पीछे बाँध दिया और सबके सामने उसके शिर पर जूते लगाये। चंदूशाह की दशा तब से बराबर गिरती ही गई। वह अंधा हो गया, उसका शरीर अत्यंत क्षीण एवं दुर्बल दीख पड़ने लगा और उसे नगर की गलियों में घूम-घूमकर भंगियों द्वारा अपमानित होना पड़ा। अंत में उसे किसी अनाज बेचने वाले बनिये ने लाठी मारकर घायल कर दिया और वह मर गया।

तालाब-निर्माण–बादशाह और गुरु हरगोविंद के बीच तब तक पूरी मित्रता हो गई थी और गुरु ने उसे गोइंदवाल, अमृतसर तथा तरनतारन आदि अपने मुख्य-मुख्य तीर्थों में साथ ले जाकर अपने सौहार्द का परिचय भी उसे दे दिया था। उसकी प्रेयसी बेगम नूरजहाँ ने जब गुरु को देखा, तब वह इनके सौंदर्य द्वारा बहुत प्रभावित हुई और बादशाह की अनुमति लेकर वह अन्य बेगमों के साथ कई बार इनके दर्शनों के लिए गई। किसी काजी की लड़की बीबी कौलन भी इनकी सेवा में मियाँ मीर के परामर्शानुसार उपस्थित हुई थीं और इनसे प्रभावित होकर उसने इन्हें अपना सब धन अर्पित कर दिया था। कहा जाता है कि उसी के द्रव्य से गुरु गोविंद सिंह ने अमृतसर में एक नया तालाब सं. १६७८ सन् १६२१ में खुदवाया जिसका नाम 'कौलसर' रखा गया और इस प्रकार उक्त नगर में इनके बनवाये एक अन्य तालाब 'विवेक सर' को लेकर पाँच जलाश हो गए। ये पाँचों तालाब आज भी संतोषसर, अमृतसर, रामसर, कौलसर तथा विवेकसर के नाम से उक्त नगर में प्रसिद्ध हैं और वहाँ के मुख्य-मुख्य दर्शनीय स्थानों में गिने जाते हैं।

पुत्रोत्पत्ति–गुरु हरगोविंद को उनकी पत्नी दामोदरी से कार्तिक सुदी १५ सं. १६७० अर्थात् सन् १६१३ को एक पुत्र गुरुदित्ता नाम के उत्पन्न हुए और उसी प्रकार इनकी दूसरी

पत्नी नानकी के गर्भ से वैशाख वदी ५ सं. १६७९ अर्थात् सन् १६२२ ई. को एक दूसरे पुत्र तेगबहादुर का जन्म हुआ। उक्त गुरुदित्ता से ही आगे चलकर माघ सुदी १३ सं. १६८७ अर्थात् सन् १६३० ई. को गुरु हरगोविंद को एक पौत्र हुआ जिसका नाम हरराय रखा गया और जो इनका उत्तराधिकारी बना।

गुरु हरगोविंद व शाहजहाँ–जहाँगीर बादशाह का देहांत हो जाने पर एक बार उसका पुत्र बादशाह शाहजहाँ लाहौर से अमृतसर की ओर शिकार के लिए निकला। उसी समय गुरु हरगोविंद भी अपने अनुचरों को लेकर आखेट के लिए उधर आ गये थे। बादशाह के पास बहुत सुंदर बाज था जिसे ईरान के शाह ने उसे भेंट के रूप में दिया था और जो ऐसे अवसरों पर सदा उसकी कलाई पर बैठा रहा करता था। संयोगवश बाज को बादशाह ने किसी ब्रहानी पंडुकी पर छोड़ दिया और वे दोनों पक्षी आपस में लड़ते-भिड़ते वा खेलते हुए दूर तक निकल गये। बादशाह के शिकारी अनुचर बाज के लिये दौड़ाये गए, किंतु वह नहीं मिल सका और अंत में पता चला कि गुरु हरगोविंद के अनुचरों ने उसे पकड़ लिया है। परंतु माँगने पर उन्होंने बाज को नहीं लौटाया जिससे दोनों दलों में झगड़ा आरंभ हो गया और सिखों को एक साधारण सी घटना के कारण बादशाह की एक फौज के साथ अमृतसर नगर के ४ मील दक्षिण की ओर सं. १६८५ अर्थात् सन् १६२८ ई. में एक छोटा-सा युद्ध करना पड़ गया जिसमें वे सफल हो गए। उक्त घटना की स्मृति में उस स्थल पर आज भी एक मेला, प्रति वर्ष वैशाखी पूर्णिमा को लगा करता है। एक दूसरे अवसर पर भी गुर हरगोंविद को मुगल सेना का सामना करना पड़ा जब उसने इनके द्वारा स्थापित श्री हरगोविंदपुर नामक नवीन नगर पर आक्रमण किया था। एक तीसरी लड़ाई में सिखों को मुगल सेना के साथ लगातार १८ घंटों तक लड़ना पड़ा था और यह घटना माघ सुदी १ संवत् १६८८ अर्थात् सन् १६३१ में हुई थी।

अंतिम समय–गुरु हरगोविद ने अपने पौत्र हरराय का हाथ पकड़कर एक दिन उसे अपने अनुयायियों की एक भीड़ के सामने अपने स्थान पर बिठा दिया। उस समय तक भाई बुडढा का देहांत हो चुका था, इस कारण उसके पुत्र भाई भन्ना ने उनके ललाट पर तिलक लगाया और गले में माला पहनायी। गुरु हरगोविंद ने हरराय के सामने पाँच पैसे और एक नारियल भेंट किये, उनकी चार बार प्रदक्षिण की और उनके सामने अपना शिर झुका दिया। गुर हरगोविंद की मृत्यु रविवार के दिन चैत्र सुदी ५, सं. १७०१ अर्थात सन् १६४४ ई. को ३७ वर्षों तक गददी पर बैठने के उपरांत हो गई। ये गुरु अर्जुन देव के इकलौते पुत्र थे और अपने शौर्य एवं नीतिज्ञता के कारण इन्होंने उपर्युक्त अकालतख्त के अतिरिक्त लोहगढ़ किले का भी निर्माण किया। इनके मृत्यु-स्थान को पातालपुरी भी कहा जाता है। इनकी कोई रचना 'ग्रंथ साहिब' में वा अन्यत्र नहीं मिलती।

(८) गुरु हरराय

स्वभाव–गुरु हरगोविंद के पाँच पुत्र गुरुदित्ता, सूरजमाल, अनीराय, बाबा अटल तथा तेगबहादुर थे जिनमें से सबसे प्रथम अर्थात् गुरुदित्ता उनके पहले ही मर चुके थे। गुरुदित्ता के भी दो पुत्र धीरमल एवं हरराय थे, जिनमें से प्रथम ने अपने को गुरु के प्रति अशिष्ट सिद्ध कर दिया था जिस कारण उन्होंने हरराय को अपनी गद्दी दी थी। हरराय अपने बचपन से ही अत्यंत कोमल हृदय के थे और कहा जाता है कि एक दिन जब ये अपनी वाटिका में टहलते

थे, तब इनके १०० कलियों वाले बड़े जामे से लगकर किसी पौदे का एक फूल टूटकर गिर पड़ा जिसके कारण इन्हें इतना कष्ट हुआ कि तब से इन्होंने उस जामे को सदा समेटकर चलना आरंभ कर दिया। एक अन्य अवसर पर इन्होंने किसी अपरिचित स्त्री के हाथ का बनाया भोजन शीघ्रता में बिना हाथ धोये ही घोड़े पर चढ़े-चढ़े खा लिया था और अपने अनुयायियों के पूछने पर इसका कारण यह बतलाया था कि उक्त स्त्री ने रसोई बड़ी शुद्धता के साथ अपने श्रमार्जित अन्न को लेकर बनायी थी जिसे इन्हें उसके प्रति संकोच करते हुए प्रेमपूर्वक ग्रहण करना ही पड़ा।

गुरु हरराय व औरंगजेब–एक बार जब शाहजहाँ का सबसे बड़ा और प्रिय पुत्र दाराशिकोह बीमार पड़ा, तब किसी ने उसे सूचना दी कि गुरु हरराय के पास अच्छी-अच्छी दवायें हैं। इस पर बादशाह ने इन्हें सहायतार्थ लिख भेजा और इन्होंने उपयुक्त दवा भेजकर उसे अनुगृहीत कर दिया। तब से दाराशिकोह भी उनका बड़ा कृतज्ञ था, अतएव अपने धार्मिक गुरु मियाँ मीर के परामर्श से उसने गुरुराय के पास एक पत्र भेजकर इनसे मिलने की प्रार्थना की। वह इसी कार्य के लिए कीरतपुर तक भी गया, किंतु प्रथम बार इनसे उसकी भेंट न हो सकी और दूसरी बार जाकर उसे इनसे व्यास नदी के तट पर मिलना पड़ा। इसी बीच शाहजहाँ के पुत्रों के बीच उत्तराधिकारी होने के लिए युद्ध भी छिड़ गया और अंत में औरंगजेब विजयी होकर बादशाह बना। औरंगजेब से किसी ने गुरु हरराय के विरुद्ध इस बात की शिकायत की कि ये उस दाराशिकोह के प्रति मैत्री का भाव रखा करते थे जो उसका परम शत्रु रहा और जिसे उसने इसी कारण मरवा तक डाला था और साथ ही साथ यह भी कहला भेजा कि ये इस्लाम के विरुद्ध प्रचार भी करते हैं। इसलिए औरंगजेब ने इन्हें अपने यहाँ बुला भेजा। परन्तु ये स्वयं उसके यहाँ नहीं गये और अपने पुत्र रामराय को उससे भेंट करने के लिए भेज दिया। रामराय से बातचीत करते समय औरंगजेब ने प्रश्न किया कि 'ग्रंथसाहिब' में दिये गए गुरु नानकदेव के सलोक 'मिट्टी मुसलमान की, पेड़े पई कुंभिआर। घर भांडे ईंटन किया, जलदी करे पुकार॥' में मुसलमान शब्द के आने से इस्लाम धर्म का अपमान क्यों न समझा जाय ? इसके उत्तर में रामराय ने उसे बतलाया कि वास्तव में 'मुसलमान' शब्द की जगह बेईमान शब्द चाहिए, जिस पर बादशाह संतुष्ट हो गया।

अंत–परन्तु गुर हरराय को उक्त सलोक के पाठ-परिवर्तन से बड़ा दुःख हुआ और इन्होंने अप्रसन्न होकर उन्हें अपने उत्तराधिकार से वंचित कर देने का निश्चय किया। तदनुसार इन्होंने अपने छोटे पुत्र हरकृष्णराय को बुलाकर उसे अपने स्थान पर बिठा दिया और उसके सामने पाँच पैसे व नारियल रखकर उसे तिलक दिलाया। अंत में कार्तिक वदी ७ संवत् १७१८ अर्थात् सन् १६६१ ई. को रविवार के दिन गुरु हरराय का देहांत हो गया।

(९) गुरु हरकृष्णराय

गुरु व औरंगजेब–गुरु हरकृष्णराय का जन्म गुरु हरराय की पत्नी कृष्णकुँवर के गर्भ से मिती श्रावण वदी ९ संवत् १७१३, अर्थात् सन् १६५६ ई. को हुआ था और इस प्रकार इन्हें केवल पाँच वर्ष और तीन महीने की ही अल्प अवस्था में गुरु गद्दी मिली। इनके बड़े भाई रामराय इस समय देहली में बादशाह के यहाँ थे और उन्हें कीरतपुर से पहुँचने वाले इस समाचार से स्वाभावतः बड़ा कष्ट पहुँचा। उन्हें उसी क्षण ईर्ष्या और द्वेष ने प्रभावित करना आरम्भ कर दिया। औरंगजेब को जब इस बात का पता चल, तब उसने ऐसे उपयुक्त अवसर

से पूरा लाभ उठाने का निश्चय कर लिया और गुरु हरकृष्णराय को अपने दरबार में बुला लाने के लिए अंबर के राजा जयसिंह को भेजा। राजा जयसिंह ने जब गुरु हरकृष्णराय को इस बात की सूचना दी, तब इन्होंने ऐसा करने से इनकार किया और कहला दिया कि बादशाह के दरबार में जाना हमारे पूर्वपुरुषों के मंतव्यों के प्रतिकूल पड़ेगा। फिर भी राजा जयसिंह के बहुत अनुरोध करने पर इन्होंने वहाँ जाना अंत में स्वीकार कर लिया और दिल्ली के लिए रवाना हो गए।

मृत्यु–परंतु मार्ग के बीच में ही इन्हें अपनी यात्रा के चौथे दिन ज्वर आ गया। चैत्र का महीना था। ज्वराताप के कारण इनकी आँखे लाल-लाल हो गईं, श्वाँस अधिक वेग के साथ चलने लगी और इनके शरीर की ऑच का स्पष्ट अनुभव कुछ दूर खड़े हुए लोगों को भी होने लगा। अंत में चेचक के चिन्ह भी लक्षित होने लगे और ज्वराधिक्य के प्रभाव में आकर इन्हें बेहोशी तक होने लगी। इस प्रकार जब इन्होंने अपना अंत निकट आया हुआ समझा, तब पाँच पैसे और एक नारियल मँगाये, उन्हें उठा न सकने के कारण अपने पास रखकर केवल हाथ हिलाये और इस प्रकार तीन बार अपने उत्तराधिकारी किसी 'बाबा बाकले' की प्रदक्षिण की। इनका देहांत चैत सुदी १५ संवत् १७२१ अर्थात् सन् १६६४ ई. को शनिवार के दिन केवल ७ वर्ष और कुछ महीने की अवस्था में ही हो गया। इनकी मृत्यु का स्थान 'बाला साहेब' कहलाता है।

(१०) गुरु तेगबहादुर

गुरु-गद्दी का उत्तराधिकारी–गुरु तेगबहादुर अपने बचपन में बहुत शांतप्रिय थे। कहा जाता है कि जब ये पाँच वर्ष के थे, तभी अपने विचारों की धुन में लगे रहते थे और उस दशा में किसी से भी बोलते न थे। कुछ और बड़ा होने पर इनका विवाह जालंधर जिले के करतारपुर नगर की गूजरी नामक स्त्री के साथ हुआ। गुर हरगोविंद की मृत्यु के अनंतर तेगबहादुर अपनी माता एवं पत्नी के साथ बाकला नामक स्थान में रहने के लिए चले गए। जब गुरु हरकृष्णराय का अंतिम समय आया और उन्होंने अपने उत्तराधिकारी का नाम बाबा बाकले बतलाकर तीन-चार बार अपना हाथ हिलाया, तब इस बात की सूचना पाकर उक्त बाकला स्थान के २२ सोढ़ी खत्री अपने-अपने को गुरु घोषित कर उसके लिए प्रयत्न करने लग गए। अंत में जब लवाना परिवार का एक सिख, जिसका नाम मक्खन शाह था, और जिसने अपने डूबते हुए जहाज के बच जाने के उपलक्ष में सिख-गुरु की भेंट के लिए कुछ द्रव्य देने का निश्चय किया था, ५०० मुहरें लेकर आया, तब यह जानकर उसे बड़ी घबराहट हुई कि अभी तक उक्त पद के लिए कोई भी नाम निश्चित नहीं। इस कारण वह प्रत्येक व्यक्ति के पास गया और उसकी परीक्षा के लिए दो मुहरें अर्पित कर उसकी गंभीरता की पहचान की। जब उक्त २२ सोढ़ियों में से उसे कोई भी उपयुक्त न जचाँ, तब वह अंत में तेगबहादुर के पास पहुँचा और इनका अपूर्व संतोष व सौजन्य देखकर प्रभावित हो गया। तदनुसार सभी अनुयायियों के अनुरोध करने पर चैत्र शुक्ल १४ सं. १७७२ अर्थात् सन् १६६५ ई. की २०वीं मार्च को ये गुरु गद्दी पर बैठे।

द्वेषाग्नि व षड्यंत्र–परन्तु उक्त भेंट की बात एवं गद्दी की प्राप्ति का हाल सुनकर इनका भाई धीरमल द्वेष के कारण जल उठा और उसने कुछ मंसदों को यह कहकर इनके पास भेजा कि इन्हें वे गोली का निशाना बना दें और इस प्रकार उसके शत्रु का नाश हो जाय। मसंदों

ने उसके कथनानुसार वार अवश्य किया, किंतु इन्हें अधिक चोट न आयी और सिखों ने उन्हें तथा धीरमल को भी इसके लिए भली प्रकार से दंडित किया। इस घटना के अनंतर भी सोढ़ी-परिवार के खत्री इन्हें अपने द्वेष के कारण सदा सताने की चेष्टा करते रहे। इसलिए इन्होंने अंत में आषाढ़ सं. १७२२ अर्थात् १६६५ ई. में कीरतपुर का परित्याग कर वहाँ से छः मील की दूरी पर एक नये शहर आनंदपुर की नींव डाली और वहीं पर बराबर निवास करने का विचार किया। फिर भी धीरमल एवं रामराय अपने कुचक्रों से कभी नहीं चूके और इन्हें विवश होकर धर्म-प्रचार के बहाने भिन्न-भिन्न प्रांतों में भ्रमण करना पड़ा। एक बार ऐसी ही यात्रा करते-करते ये थानेश्वर आदि तीर्थों एवं प्रसिद्ध नगरों से होते हुए पूर्व दिशा की ओर कड़ा मानिकपुर तक पहुँचे जहाँ पर मलूकदास नाम के एक बहुत बड़े संत रहा करते थे। मलूकदास ने पहले इनके आखेटादि का हाल सुनकर इनके प्रति बड़ी तुच्छ धारणा की थी, किंतु इनसे मिलकर वे बहुत प्रभावित हुए। वहाँ से गुरु तेगबहादुर प्रयाग और काशी गये। काशी में इन्होंने 'रेशम कटरा' मुहल्ले के 'शबद का कोठा' नामक स्थान में निवास किया जहाँ पर इनके जूते और कोट 'बड़ी संगत' के भीतर आज तक सुरक्षित हैं। यहाँ से आगे बढ़ने पर इन्हें जयसिंह के पुत्र रामसिंह की ओर से पत्र मिला कि आप कृपापूर्वक हमें कामरूप के विरुद्ध औरंगजेब बादशाह की चढ़ाई में सहायता प्रदान करें। गुरु तेगबहादुर ने उक्त प्रस्ताव को स्वीकार कर लिया और शाही फौज के साथ दोनों मुंगेर, राजमहल एवं मालदा होते हुए नदी पार करके कामरूप के प्रदेश में पहुँच गए। किंतु वहाँ के राजा ने इनके परामर्शानुसार बादशाह के साथ लड़ने का विचार त्याग दिया और दोनों दलों में सद्भावना के साथ संधि हो गई। यहीं पर इन्हें पटने से समाचार मिला कि मिती पौष सुदी ७ संवत् १७२३ अर्थात् सन् १६६६ ई. को एक पुत्र उत्पन्न हुआ है जिस कारण ये पटना लौट आए और वहाँ से फिर आनंदपुर पहुँच गए।

प्राणदंड–इसी बीच में इधर औरंगजेब बादशाह की ओर से धर्म-परिवर्तन की चेष्टा आरंभ की गई थी और यह कार्य कश्मीर में धूमधाम से होने लगा था। कश्मीरी-ब्राह्मणों ने उक्त आंदोलन से प्रभावित होने के कारण गुरु तेगबहादुर के यहाँ जाकर सहायता के लिए प्रार्थना की। उन्हें गुरु ने बतलाया कि बिना किसी महापुरुष का बलिदान किये हिंदू धर्म की रक्षा असंभव है। उस समय इनका पुत्र गोविंद एक छोटा-सा बालक था और वहीं पर बैठा हुआ था। इनकी बातों को सुनकर वह सहसा बोल उठा, 'पिताजी, यदि ऐसी ही बात है तो भला ऐसे बलिदान के लिए आपसे अधिक योग्य और कौन मिलेगा ?' कश्मीरी पंडितों ने इस घटना को एक निश्चित संकेत मानकर इसकी सूचना बादशाह को दे दी और कह दिया कि यदि गुरु तेगबहादुर इस्लाम धर्म को स्वीकार कर लें तो हम सभी उनका अनुसरण करेंगे। तदनुसार गुरु के लिए बुलाया भेजा गया और ये मार्ग में लोगों से मिलते-जुलते दिल्ली की ओर चल पड़े। इनके धीरे-धीरे आगे बढ़ने के कारण स्वभावतः कुछ विलंब हो गया और बादशाह के दरबार में प्रसिद्ध हो चला कि ये कहीं छिप कर बैठ गए हैं। इस कारण इनकी खोज के लिए कई गुप्तचर नियुक्त हुए और अंत में किसी बालक-द्वारा अंगूठी बेचकर कुछ मिठाई खरीदते समय ये पकड़ लिये गए। दिल्ली में इन्हें आते ही किसी न किसी प्रकार राजबंदी बना लिया गया। फिर एक दिन जब ये बंदीगृह की छत से दक्षिण की ओर खड़े-खड़े देख रहे थे, बादशाह ने इन पर इस बात का दोषारोपण किया कि ये पर्दे के भीतर रहने वाली

बेगमों पर दृष्टिपात कर रहे थे, इस कारण इन्हें मर्यादा भंग का अपराधी मानना चाहिए और इन्हें और कठोर दंड देना उचित है। इसके उपरांत इन्हें अधिक कष्ट दिया जाने लगा और इनके कुछ साथियों के किसी न किसी प्रकार बंदीगृह से भाग निकलने पर इन्हें लोहे के एक पिंजड़े में डाल दिया गया। उसी दशा में मिती अगहन सुदी ५ संवत् १७३२ अर्थात् सन् १६७५ ई. को बुरे ढंग से इनकी हत्या भी कर डाली गई। इनके शव को कुछ सिखों ने चोरी से निकाला और उसे ले जाकर किसी बस्ती में छिपा दिया, जहाँ पर आग लगने के कारण वह उसके मकानों के साथ जलकर भस्म हो गया।

स्वभाव–गुरु तेगबहादुर एक बहुत वीर और साहसी पुरुष थे और अपने पिता की भाँति इन्होंने भी पहले आखेटादि का अभ्यास किया था। किंतु यह सब कुछ होते हुए भी इनका हृदय अत्यंत कोमल था और ये स्वभावतः बड़े क्षमाशील थे। ये बहुधा कहा करते थे कि 'क्षमा करना दान देने के समान है। इसके द्वारा मोक्ष की प्राप्ति निश्चित रहती है। क्षमा के समान अन्य कोई भी पुण्य नहीं। संतों का यह अमूल्य धन है जिसे न तो कोई क्रय कर सकता है, न चुरा सकता है और न छीन ही सकता है।' गुरु तेगबहादुर की अनेक सुंदर रचनाएं 'गुरु ग्रंथसाहिब' में संगृहीत हैं।

(११) गुरु गोविंद सिंह

प्रारंभिक जीवन–गुरु गोविंद सिंह का पहला नाम गोविंदराय था और जैसा कहा जा चुका है, इनके बचपन का कुछ समय पटने में ही बीता था। अपने पिता गुरु तेगबहादुर के पटना छोड़कर आनंदपुर चले जाने के कुछ दिनों पीछे इन्होंने अपनी माता के साथ वहाँ के लिये प्रयाण किया। ये मिर्जापुर से होते हुए बनारस गये जहाँ कई दिनों तक रहकर फिर अयोध्या, लखनऊ आदि की यात्रा करते हुए अपने पिता के निकट पहुँच गए। ये अपनी छोटी अवस्था से ही खेल-कूद व शारीरिक श्रम के अभ्यासों में बहुत भाग लेते रहे। पटना में रहते समय ही ये गंगा नदी में नाव खेते और दूसरे लड़कों को आपस में युद्ध करने के लिए उत्तेजित कर उनके द्वंद्व युद्ध का बड़े चाव के साथ निरीक्षण करते। ये स्वयं तीर चलाने का अभ्यास करते और दूसरों को भी इस कला की शिक्षा देकर उनसे निशाना लगाने की चेष्टा कराते। एक बार नाव खेते समय इनके पैर पानी में फिसल भी गए थे। आनंदपुर जाने के अनंतर इन्होंने तीक्ष्ण नोकवाले तीरों को ढेर की ढेर में कई बार लाहौर से मँगाया और वाण-विद्या में और भी दक्षता प्राप्त की। इन्होंने इसी प्रकार अपने दादा गुरु हरगोविंद की भाँति आखेट का भी अच्छा अभ्यास कर लिया। गुरु गद्दी पर बैठ जाने के अनंतर भी ये नित्यप्रति सूर्योदय के पहले उठा करते, आवश्यक उपासना करते और विशेषकर 'असा दी बार' का पाठ सुना करते। सूर्योदय हो जाने पर ये सिख अनुयायियों को उपदेश् देते तथा युद्धोचित कलाओं के अभ्यास में अपना बहुत-सा समय दिया करते। तीसरे पहर ये अपने दरबार में सिखों से मिलजुलकर शिकार के लिए निकल जाते अथवा कभी-कभी घुड़सवारी में अपना समय व्यतीत करते थे। अंत में संध्या समय 'राहिरास' के भजन के अनंतर शयन करते थे।

रतन राय की भेंट–आसाम के राजा राम का देहांत हो जाने पर उसका द्वादशवर्षीय पुत्र रतनराय इनसे मिलने के लिए आनंदपुर आया। वह अपने साथ सुनहले साजों से सुसज्जित पाँच घोड़े, एक छोटा चतुर हाथी और एक ऐसा शस्त्र लाया था जिससे पाँच हथियार अलग-अलग

निकाले जा सकते थे। सर्व प्रथम एक पिस्तौल निकलती थी, फिर बटन दबाते ही एक तलवार भी ऊपर आ जाती, फिर एक भाला निकलता और तदनंतर क्रमशः एक कटार और एक मुग्दर भी निकल पड़ते। इनके सिवाय उक्त भेंट में वह एक ऐसा सिंहासन भी लाया था जिसका बटन दबाने पर कुछ परियाँ निकल कर चौपर खेलने लग जाती थीं, एक बहुमूल्य प्याला था और उसके साथ ही अनेक हीरे-जवाहर तथा वस्त्रादि भी थे। उक्त हाथी तो इतना प्रवीण था कि वह गुरु गोविंद सिंह के जूते साफ कर उन्हें ठीक ढंग से रख देता, इनके चलाये हुए तीर को इनके निकट फिर पहुँचा देता, इनके पैर धोने के लिए पानी से भरा घड़ा लिये खड़ा रहता और फिर उन्हें तौलिये से पोंछ देता, एक चमर लेकर इनके ऊपर झलाता और रात के समय अपनी सूंड में दो जलती हुई मशालें लेकर इनके साथ मार्ग दिखलाता हुआ चलता। राजा रतनराय ने गुरु गोविंद सिंह से विशेष अनुरोध किया था कि हाथी को कहीं अन्यत्र न दे दीजिएगा।

प्रतिशोध की भावना–जिस प्रकार इनके पहले गुरु हरगोविंद ने अपने पिता की अकाल मृत्यु का समाचार सुनकर अपने गुरुसुलभ जीवन में परिवर्तन ला दिया था और अपने शत्रुओं से बदला लेने का प्रण करके सिखों का संगठन आरंभ कर दिया था, उसी प्रकार, बल्कि उनसे कहीं अधिक दृढ़ता के साथ, गुरु गोविंद सिंह ने अपने पिता की हत्या कराने वाले बादशाह तथा उसके कर्मचारियों को हानि पहुँचाने का निश्चय किया। अब इनके यहाँ भी उसी प्रकार दूर-दूर तक के निवासी वीर युवक आ-आकर भरती होने लगे और इनकी सेना क्रमशः बढ़ती हुई वृहत् रूप धारण करने लगी। इन्होंने अपनी सेना के लिए एक बहुत बड़ा नगाड़ा भी बनवाया जिसका नाम इन्होंने 'रणजीत' रखा। इस नगाड़े को लेकर एक बार ये जब आखेट को निकले थे, तब इनके आदमियों ने पहाड़ी राजा भीमचंद की राजधानी विलासपुर के निकट इसे बजा दिया और इसके शब्द के कारण वहाँ पर लोगों की धूम मच गई। राजा भीमचंद इनके यहाँ स्वयं मिलने के लिए आया और जब उसकी दृष्टि इनके हाथी पर पड़ी, तब उसे इच्छा हुई कि उस विचित्र जीव को किसी न किसी प्रकार ले लें। प्रायः इसी समय राजा भीमचंद के निकट गढ़वाल प्रांत के श्रीनगर-निवासी राजा फतेहशाह का दूत उसकी पुत्री के विवाह के लिए पत्र लेकर आया और बातचीत निश्चित हो जाने पर उक्त अवसर के लिए राजा भीमचंद ने गुरु गोविंद सिंह से उस हाथी को भी माँगा। किंतु गुरु ने उसके प्रस्ताव की ओर कोई ध्यान नहीं दिया।

दुर्ग-निर्माण व संधि–गुरु गोविंद सिंह ने इसी समय के लगभग देहरादून से ३० मील की दूरी पर एक पौंटा नामक दुर्ग बनवाना आरंभ किया और इसी संबंध में इनके साथ देहरादून के रहने वाले इनके चचा रामराय से मित्रता भी हो गई। यहीं पर इन्हें किसी बुद्धशाह नामक सैयद मुसलमान से भी परिचय हो गया और यह इनके द्वारा इतना प्रभावित हुआ कि वह इन्हें अपना गुरु तक मानने लगा। श्रीनगर के राजा फतेहशाह तक ने इनसे घनिष्टता उत्पन्न कर ली और दोनों एक साथ कभी-कभी आखेट करने के लिए भी जाने लगे। तदनुसार गुरु गोविंद ने राजा फतेहशाह की पुत्री के विवाह के उपलक्ष में उसके निकट सवा लाख रुपये तथा कुछ बहुमूल्य रत्न भेजे। परन्तु भीमचंद ने जिसके पुत्र का विवाह होने जा रहा था, उक्त मैत्री को द्वेष की भावना के साथ देखा और उसके यहाँ कहला भेजा कि मैं ऐसी स्थिति में वैसा संबंध करने पर किसी प्रकार तैयार नहीं। इस कारण राजा फतेहशाह ने गुरु गोविंद सिंह

की भेंट को अस्वीकार कर दिया और लौटते हुए दूतों को मार्ग में घेरकर उनसे सभी वस्तुएं भी छीन लीं। इसके अनंतर गुरु एवं पहाड़ी राजाओं के बीच शत्रुता के भाव स्पष्ट रूप में दीख पड़ने लगे और दोंनो दलों में भगमानी के मैदान में एक युद्ध भी हुआ जिसमें राजा लोग हार गए। गुरु गोविंद इन दिनों अपने दुर्ग के निकट ही निवास करते थे। ये प्रतिदिन बहुत सवेरे उठा करते, स्नान कर लेते और तब यमुना नदी के किनारे-किनारे बड़ी दूर तक एकांत स्थान की खोज में टहलते हुए चले जाते। फिर ये कहीं बैठ जाते और कुछ घंटों तक काव्य-रचना में लगे रहते। ऐसे ही अवसरों पर इन्होंने श्रीकृष्ण के चरित से संबंध रखने वाली रास मंडल जैसी कुछ रचनाएं प्रस्तुत की थीं।

पुत्रोत्पत्ति–गुरु गोविंद सिंह को मिती माघ सुदी ४ संवत् १७४३ अर्थात् सन् १६८७ ई. को उनकी पत्नी सुन्दरी के गर्भ से एक पुत्र हुआ जिसका नाम अजीतसिंह रखा गया और फिर इसी प्रकार इनकी दूसरी पत्नी जिता के गर्भ से एक दूसरा पुत्र जोरावरसिंह मिती चैत वदी संवत् १७४७ को हुआ। इसी दूसरी पत्नी से ही मिती माघ सुदी १ संवत् १७५३ अर्थात् सन् १६९७ ई. को एक तीसरे पुत्र जुझारु सिंह की उत्पत्ति हुई, जिसके लिए बधाई देने के उपलक्ष में बुंदेलखंड के प्रसिद्ध कवि केशवदास के पुत्र कुँवर इनके यहाँ उपस्थित हुए और गुरु ने उन्हें अपने यहाँ के दरबारी कवि के रूप में नियुक्त कर लिया। गुरु गोविंद सिंह को अंत में एक चौथा पुत्र फतेहसिंह भी उसी जिता नामक पत्नी से मिती फाल्गुन वदी ११ संवत् १७५५, अर्थात् सन् १६९९ ई. को उत्पन्न हुआ।

दुर्गा का आविर्भाव–इस घटना के लगभग किसी केशोदास ब्राह्मण ने गुरु गोविंद सिंह से आकर कहा कि मैं आपको दुर्गा देवी के दर्शन करा दूँगा और इसके लिए उसने इनसे बहुत-सी सामग्री भी एकत्र करायी। परंतु निश्चित समय पर वह पंडित कहीं भाग गया, इस कारण गुरु ने कुल सामान लेकर होम के कुंड में डाल दिया। कुछ ही समय में एक भीषण ज्वाला के रूप में आग प्रज्वलित हो उठी और गुरु उसके प्रकाश में अपनी तलवार भाँजते हुए आनंदपुर की ओर बढ़े। उपस्थित जनता के समक्ष इन्होंने यह प्रकट किया कि उक्त चमकती हुई तलवार को इन्हें दुर्गादेवी ने ही भेंट की है। इसके अनंतर इन्होंने सभी सिखों को आनंदपुर में वैशाखी मेले के अवसर पर उपस्थित होने के लिए आमन्त्रित किया और आदेश दिया कि सभी बिना बाल बनाये ही आवें। इन्होंने एक ऊंची जगह पर कालीन बिछा दिया, और निकट की कुछ जगह को कनात में घेर कर उसे वहाँ एकत्र होने वाले लोगों की आँखों से ओझल कर दिया। फिर आधी रात को इनके आदेशानुसार एक सिख ने जाकर उसके भीतर पाँच बकरे बाँध दिये। दूसरे दिन इन्होंने उपासना के अनंतर अपना कार्य आरम्भ किया। पहले इन्होंने उसके बाहर खड़ा होकर उपस्थित जनता में से उसके भीतर बलिदान चढ़ने के लिए एक-एक करके आमंत्रित किया। बड़ी हिचकिचाहट व सोच-विचार के अनंतर इनके यहाँ लाहौर के दयाराम सिख, दिल्ली के धर्मदास, द्वारका के मुहकमचंद, बीदर के साहिबचंद तथा जगन्नाथपुरी के हिम्मत ने जाना स्वीकार किया और उन्हें क्रमशः भीतर ले जाकर मार डाल देने का प्रदर्शन किया। प्रत्येक बार जब ये किसी एक को लेकर भीतर जाते, उसे वहीं बिठा देते और एक बकरे को मारकर उसके लहू में रंजित अपनी तलवार दिखलाते हुए बाहर निकल आते।

'नवीन युग' का आरंभ–इस प्रकार अंत में इन्होंने उपस्थित जनता के समक्ष आकर एक बहुत गंभीर भाषण दिया और बतलाया कि "आज से एक नवीन युग का सूत्रपात और नवीन समाज का प्रादुर्भाव होता है और जो लोग मेरी बातों का विश्वास करेंगे उनका भविष्य अवश्य उज्ज्वल होगा।" इन्होंने उक्त पाँचों व्यक्तियों को सबके सामने जीवित दशा में दिखला दिया और उन्हें उस दिन से 'पंचप्यारे' की संज्ञा दी गई। इन्होंने कहा कि आज से वर्णव्यवस्था नष्ट हो गई और अब से सभी सिख एक समान भाई-भाई बनकर रहा करेंगे, किसी का किसी के साथ कोई भेदभाव नहीं होगा। इन्होंने उक्त पाँचों सिखों को अपने हाथ से दीक्षित किया और उन लोगों ने भी इन्हें इसी प्रकार शुद्ध वा खालिस बनाया और इस प्रकार 'खालसा सम्प्रदाय' की नींव डाली गई। इन्होंने यह भी कहा कि पूर्वकाल में गुरु नानकदेव के लिए केवल एक अंगद थे, किंतु मेरे साथ इस समय पाँच प्यारे वर्तमान हैं। दीक्षा के लिए इन्होंने एक बड़े कड़ाह में कुछ पानी भरकर उसे पहले अपनी तलवार से चलाया और फिर उनकी नोक से पानी को लेकर उक्त पाँचों सिखों के शरीर पर छिड़क दिया। इनकी पत्नी जिता ने उक्त पानी में कुछ बताशे भी लाकर डाल दिये थे जिससे वह शर्बत अथवा 'अमृत' बन गया और दीक्षा के कार्य में स्त्री एवं पुरुष दोनों के सहयोग का आरंभ भी हुआ। कहा जाता है कि जब कड़ाह में कुछ पानी को दो गौरैयों ने पिया, तब वे पीते ही आवेश में आकर लड़ने लगे। गुरु गोविंद सिंह ने दीक्षित खालसा-पंथियों को उस दिन से कटार, कंघा, कच्छ, केश एवं कड़ा के धारण करने का आदेश दिया और 'वाह गुरु जी खालसा' एवं 'वाह गुरु जी की फतेह' के मंत्रों को महामंत्र बतलाया। इन्होंने आपस में वैवाहिक संबंध स्थापित करते समय खालसा पंथियों को इस बात की ओर विशेष ध्यान रखने के लिए कहा कि 'कहीं भूल से भी तुम लोगों के साथी पृथीचंद, धीरमल, रामराय अथवा मसंदों के कुलों से किसी प्रकार का सम्पर्क न होने पावे। उक्त प्रथम दीक्षा वैशाख वदी १ सं. १७५६ को हुई और उसके स्थान को अब किशनगढ़ कहा जाता है।

विकट संग्राम–पहाड़ही राजाओं ने बादशाह के निकट जाकर इस बात की शिकायत की कि सिखों ने इस्लाम के विरुद्ध कार्य करना आरंभ कर दिया है। इस कारण उनके दमन के लिए कई प्रयत्न किये गए। दोंनो दलों में अनेक बार संघर्ष हुए जिनमें सिख अपने को बड़ी वीरता के साथ बचाते गए। कभी-कभी ऐसी स्थिति आ जाती कि ये एक ओर मुगलों की फौज तथा दूसरी ओर पहाड़ी सेना के मध्य में पड़ जाते और इनके लिए अपने को बचा लेना बहुत कठिन हो जाता। ऐसे ही अवसरों पर एक व्यक्ति बड़े निष्पक्ष भाव से दोनों दलों के सिपाहियों को पानी भरकर पिलाता रहा। उसका नाम कन्हैया था जिसके अनुयायी इस समय 'सेवापंथी' के नाम से विख्यात हैं और वे बड़ी लगन व सच्चाई के साथ परिश्रम करते तथा लोकसेवा में निरत रहते हैं। जब मुगलों ने आनंदपुर को चारों ओर से घेर लिया और इनके अनुयायियों का आना-जाना बंद हो गया, तब शत्रुओं को तंग करने के लिए इन्होंने एक विचित्र उपाय निकाला। इन्होंने उन्हें कहला भेजा कि हम नगर से निकल भागना चाहते हैं, किंतु अपने आवश्यक सामान ले जाने के लिए हमें कुछ लदुवे बैल दे दिये जायँ। नगर पर शीघ्र अधिकार जमाने के लालच में आकर शत्रुदल ने इस प्रस्ताव को स्वीकार कर लिया और सुरक्षित निकल जाने देने के लिए शपथ भी लिया। परंतु गुर गोविंद सिंह ने उक्त बैलों पर नगर के पुराने चिथड़े, जूते, हड्डियाँ, फूटे बर्तन, घोड़े की लीद आदि जैसी वस्तुएं लदवा दीं

और दिखलाने के लिए उनके बोरों के ऊपर कुछ कामदार कपड़े रखवाकर बैलों के सींगों में मशालें बँधवा दीं। शत्रु सेना के सिपाहियों ने जब उन बैलों को देखा, तब समझा कि बहुत सी बहुमूल्य वस्तुएं लदकर जा रही हैं, और इसीलिए उन्होंने पहले शपथ ले चुकने पर भी माल को लूटने के निमित्त आक्रमण किया। गुरु गोविंदि सिंह के आदमियों ने ऐसा अच्छा अवसर पाकर उन पर तीर और गोलियों की बौछार आरंभ कर दी जिससे बहुत-से मार डाले गए।

निष्क्रमण–परन्तु फिर भी गुरु गोविंद सिंह ने वहाँ और अधिक काल तक रहकर सबको कष्ट में डाले रखना उचित नहीं समझा। इन्होंने अपनी कुछ वस्तुओं में आग लगा दी और कुछ को वहीं भूमि में गाड़कर केवल थोड़ा-सा ही सामान लेकर वहाँ से निकल पड़ें। हड़बडी के कारण इनके दो छोटे-छोटे बच्चों के संरक्षण का उचित प्रबंध न हो सका और वे अपनी माता के साथ किसी लालची व दुष्ट ब्राह्मण के हाथ में पड़ गए। उस नीच ने उन्हें अपने यहाँ ठहराया, किंतु चोरी से उनका रहा-सहा द्रव्य अपहरण कर लिया और उनके संदेह करने पर दंड दिलाने के व्याज से उन्हें अपने निकट के चौधुरी को सौंप दिया, जिसने उनको क्रमशः सरहिंद के शासक वजीर खाँ के यहाँ पहुँचा दिया। उक्त दोनों बच्चों अर्थात् जुझार सिंह तथा फतेह सिंह की अवस्था क्रमशः केवल ९ और ७ वर्ष की थी, और इस्लाम धर्म स्वीकार न करने पर वे मिती पूस वदी १३ संवत् १७६२, अर्थात् सन् १७०५ ई. को दीवार के भीतर चुन दिये गए। गुरु गोंविद सिंह के शेष दो बड़े लड़के अजीतसिंह तथा जोरावर सिंह को भी भागते समय मार्ग में ही लड़कर अपने प्राण देने पड़े। गुरु ने दीना नामक स्थान पर पहुँचकर औरंगजेब के पास इसी समय अपनी एक रचना 'जाफरनामा'–फारसी भाषा में लिखकर भेजी थी।

गुरु और बहादुरशाह--इसके अनंतर औरंगजेब बादशाह का देहांत हो गया और उसके पुत्रों में राजगद्दी के लिए लड़ाई छिड़ गई। अंत में जब बहादुरशाह विजयी हुआ, तब उसने इस बात की सूचना गुरु गोविंद सिंह को भी दी और इनकी मित्रता व आशीर्वाद के लिए अनुरोध करते हुए इन्हें आगरा आने के लिए भी लिखा। तदनुसार गुरु देहली होते हुए आगरा पहुँचे और दोनों जयपुर, चित्तौड़ तथा बुरहानपुर आदि स्थानों में साथ-साथ गये और कहीं भी उनके सद्भाव में कोई अंतर आता दिखाई नहीं पड़ा। जिस समय बहादुरशाह राजपूताने में ही था, गुरु गोविंदसिंह वहाँ से गोदावरी नदी के किनारे नादेड़ चले गए और वहाँ के लोगों से भी इनका परिचय हो गया। ऐसे ही व्यक्तियों में एक वैरागी साधु भी था, जिसने इनसे प्रभावित हो जाने के कारण इनकी शिष्यता स्वीकार कर ली और वह 'खालसा-सम्प्रदाय' का एक प्रमुख सदस्य बन गया। यही साधु आगे चलकर 'बंदा' के नाम से प्रसिद्ध हुआ, जिसने गुरु के आदेशानुसार मुसलमानों से उनके कुकृत्यों का पूरा बदला लिया।

अंतिम समय–गुरु गोविंद सिंह जिस समय वहाँ पर ठहरे थे, उसी काल में एक बार इनके कतिपय धार्मिक उपदेशों से चिढ़कर किसी पठान ने इनके पेट में सोते समय कटार चुभो दी, जिससे बहुत बड़ा घाव हो गया। पठान को तो इन्होंने वहीं पर अपनी तलवार उठाकर मार डाला, किंतु घाव के कारण इन्हें कुछ कष्ट भोगना पड़ा। बहादुरशाह ने इस समाचार को पाकर कई निपुण डाक्टर व जर्राह घाव को अच्छा करने के लिए भेजे और शीघ्र ही वह बहुत कुछ भर भी गया था। परन्तु एक दिन जब ये किसी बड़े धनुष की प्रत्यंचा खींच

रहे थे, तब घाव का टाँका अचानक टूट गया और उससे रक्त की धार बह निकली। यही घटना इनके लिए प्राणघातक सिद्ध हुई। जब इन्होंने अपना अंत निकट आया समझा, तब अपने वीर वेश में सुसज्जित हो गए, कंधे पर धनुष रख लिया और हाथ में बंदूक ले ली, इन्होंने 'ग्रंथसाहिब' को खोलकर उसे अपने सामने रखा और पाँच पैसे तथा एक नारियल उसके निकट रखकर उसके सम्मुख अपना शिर झुकाया तथा वे उसे ही अपना उत्तराधिकारी छोड़कर चल बसे।

गुरु गोविंद सिंह का देहांत मिती कार्तिक सुदी ५ संवत् १७६५, अर्थात् सन् १७०८ ई. में हुआ। नादेड़, जहाँ पर ये मरे थे, अब अविचल नगर के नाम से प्रसिद्ध है, और इनकी मृत्यु के स्मारक के रूप में महाराजा रणजीत सिंह ने यहाँ पर सन् १८३२ ई. में कुछ इमारतें भी बनवा दी हैं।

'गुरु ग्रंथ साहिब'–जिस समय गुरु गोविंद सिंह आनंदपुर को छोड़कर अपने अनुयायियों के साथ दक्षिण की ओर बढ़ते जा रहे थे, उसी समय इन्होंने दमदमा स्थान पर 'ग्रंथसाहिब' का पूरा पाठ भाई मनीसिंह को बिठलाकर लिखवाया था और उसमें पहले पहले गुरु तेगबहादुर की कुछ रचनाएं भी सम्मिलित करा दीं थीं। इन्होंने अपने रचनाओं में से केवल एक सलोक-मात्र को उसमें स्थान दिया। इसके पहले ग्रंथसाहिब के दो संस्करण भाई गुरुदास तथा भाई बन्नो द्वारा पहले ही प्रस्तुत किये जा चुके थे जो आज भी क्रमशः कर्तारपुर (जि. जालंधर) तथा मांगर (जि. गुजरात) में वर्तमान समझे जाते हैं। भाई मनीसिंह वाला उक्त तीसरा संस्करण संभवतः सबसे अधिक पूर्वरूप था, किन्तु वह अब नहीं मिलता। कहा जाता है कि उसे या तो अहमदशाह अब्दाली ने नष्ट कर दिया अथवा वह उसे अपने यहाँ उठाकर ले गया। गुरु गोविंदसिंह की रचनाओं का संग्रह 'दसवाँ पातसाह का ग्रंथ' के नाम से प्रसिद्ध है जिसे भाई मनीसिंह ने ही सन् १७३४ ई. में तैयार किया था। वास्तव में इस दूसरे ग्रंथ के अंतर्गत इनकी अपनी रचनाओं के अतिरिक्त कुछ ऐसी भी कृतियाँ हैं जिन्हें इनके दरबारी कवियों ने लिखा था। गुरु गोविंद सिंह ने इन कवियों से कई संस्कृत ग्रंथों का अनुवाद कराये थे जिनमें 'महाभारत', 'रामायण', एवं 'सप्तशती' मुख्य हैं। ऐसी रचनाओं की संख्या पहले बहुत बड़ी थी और एक बार जब इन कुल को तौला गया था, तब इनका वजन ढाई हंडरवेट (लगभग ३ मन १५ सेर) तक पहुँचा था। इस वृहत् संग्रह का नाम इन्होंने 'विद्याधर' रखा था जिसे ये सदा अपने साथ लिये रहते थे। कहा जाता है कि इनके आनंदपुर छोड़कर जाते समय इसका एक बहुत बड़ा अंश किसी नदी के प्रवाह में बहकर नष्ट हो गया।

योग्यता–गुरु गोविंद सिंह शास्त्र एवं शस्त्र-विद्या दोनों में ही निपुण थे और ये गुणियों का अपने यहाँ सम्मान करना भी जानते थे। इन्होंने अपने दरबार में ५२ कवियों को आश्रय दिया था। संस्कृत-ग्रंथों का शुद्ध व सुंदर अनुवाद कराने की इच्छा से इन्होंने पाँच व्यक्तियों को काशी मे पूर्णरूप से शिक्षित हो आने के लिए भेजा था। इन्होंने अपना नाम गोंविद राय से बदलकर गोविंद सिंह रखा और आगे के लिए सभी सिखों को भी यही उपाधि धारण करने की अनुमति दी। ये दृढ़ संकल्प वाले धर्मगुरु, नीतिपरायण नेता एवं साहसी शूरवीर होने के अतिरिक्त प्रवीण कवि भी थे। इन्होंने अपनी रचना 'विचित्र नाटक' के अंतर्गत अपने पूर्वजन्म का इतिवृत्त संगृहीत किया है और अन्य कई रचनाओं में अपने अनुयायियों को अधिक साहसी व उन्नतिशील बनाने की चेष्टा की है। गुरु की परम्परा का अंत कर, उसके

स्थान पर 'ग्रंथसाहिब' को ही गुरुवत् मानने का आदेश इनके धार्मिक सुधारों में से एक था[१] और इसी प्रकार दूसरा सुधार मसंदों की तैनाती को भी सदा के लिए बंद कर देना था। उक्त दोनों कार्यों के कारण पारस्परिक कलह, विद्वेष तथा धनलोलुपता का सिखों में बहुत कुछ परिमार्जन हो गया।

(१२) वीर वंदा बहादुर

प्रतिशोध के प्रतीक–गुरु नानक देव से जो सिख गुरुओं की परम्परा चली थी, वह दशम गुरु गोविंद सिंह की आज्ञा से उनके अनंतर समाप्त हो गई। उनके पीछे किसी व्यक्ति-विशेष को गुरु न मानकर केवल 'ग्रंथसाहिब' अथवा अब से 'गुरु ग्रंथ साहिब' द्वारा निर्दिष्ट बातों का अनुसरण करने की ही परिपाटी चल निकली। परंतु गुरु गोविंद सिंह की मृत्यु के समय देश की दशा ऐसी विचित्र हो गई थी कि सिखों के लिए अपने धर्म का समुचित पालन करना अत्यंत कठिन हो गया था और मुसलमानों के विरुद्ध उनके भाव क्रमशः इस प्रकार द्वेष एवं शत्रुता से भर गए थे कि ये उनसे प्रतिशोध के लिए निरंतर चेष्टा करते रहे। वीर वंदा बहादुर इसी प्रतिशोध की भावना के प्रतीक थे और इन्होंने अपने शौर्य तथा साहस द्वारा मुसलमानों के प्रति 'शठे शाठ्यं समाचरेत्' वाले कथन को पूर्णरूप से चरितार्थ कर दिया।

प्रारंभिक जीवन–वीर वंदा का पूर्वनाम लक्ष्मण देव था और इनका जन्म मिती कार्तिक शुक्ल १३ संवत् १७२७ अर्थात् सन् १६७० ई. को पुणश (पंच) नामक पहाड़ी इलाके के अंतर्गत राजोरी नाम के नगर में एक कश्मीरी खत्री (अथवा डोंगरा क्षत्रिय) के घर हुआ था। ये अपनी छोटी उम्र से ही अत्यंत चंचल एवं साहसी प्रकृति के थे। ये अधिकतर घोड़े की सवारी करते, आखेट के लिए जंगलों में चले जाते तथा दूसरों को तंग कर उन्हें कष्ट पहुँचाने के प्रयत्न किया करते। एक दिन इन्होंने बिना जाने ही किसी गर्भवती हरिणी को अपने तीर से मार डाला। जब उसका पेट फाड़ा गया, तब उसमें से दो जीवित बच्चे निकल आए जो शीघ्र ही तड़प-तड़प कर मर गए। इस घटना का लक्ष्मण देव पर इतना प्रभाव पड़ा कि ये अपना घर-बार छोड़कर किसी जानकी प्रसाद नामक वैरागी साधु के शिष्य 'लक्ष्मण दास' बन गए। फिर ये लाहौर प्रांत के कूसर शहर में गये और वहाँ किसी अन्य वैरागी की शिष्यता स्वीकार कर नारायण दास हो गए तथा उसके साथ इन्होंने देश-पर्यटन आरंभ कर दिया। फिर ये क्रमशः दक्षिण की ओर नासिक से बढ़ते हुए पंचवटी के जंगलों में गये, जहाँ कुछ दिनों तक तत्पश्चर्या कर लेने के अनंतर इन्होंने किसी औघड़ से योग तथा तंत्रमंत्र भी सीखा। अंत में ये वहाँ से वर्तमान हैदराबाद के अंतर्गत नादेड़ नामक स्थान में जाकर गोदावरी नदी के किनारे एक कुटी में रहने लगे और वहाँ इनके कई शिष्य भी हो गए। यहाँ पर इनका नाम भी 'माधव दास' पड़ गया और उसी दशा में इनसे गुरु गोविंद सिंह के साथ सं. १७६४ ई. के सावन महीने में भेंट हुई तथा ये उनके शिष्य बने। गुरु गोविंद सिंह ने इन्हें खालसा बनाकर इनका नाम गुरु बख्श सिंह रख दिया था, किंतु आगे चलकर ये केवल 'वंदा' नाम से ही अधिक प्रसिद्ध हुए।

---

१. आज्ञा भई अकाल की, तभी चलायो पंथ।
सब सिक्खन को हुक्म है, गुरु मानियो ग्रंथ॥

दशम गुरु की आज्ञा–अन्य उपदेशों के साथ-साथ गुरु गोविंद सिंह ने इन्हें यह भी आदेश दिया था कि तुम अब से कभी मिथ्या भाषण न करना, जितेन्द्रिय बनकर रहना, अपना भिन्न मत खड़ा न करना, किसी सिख समुदाय पर कभी अपनी हुकूमत चलाने की चेष्टा न करना और न कभी किसी गुरुद्वारे के सामने अपनी गद्दी लगाकर बैठना। तुम आज से अपना यही एकमात्र कर्तव्य समझना कि मुसलमान जाति और दिल्ली बादशाह के क्रूर कर्मचारियों से उनके कुकृत्यों का बदला लेना परमावश्यक है और जैसे भी हो वैसे, इस महत्त्वपूर्ण कार्य को करके ही छोड़ना। इसलिए, वीर वंदा उनकी आज्ञा पाकर वहाँ से उत्तर की ओर, गुरु गोविंद के दिये हुए पाँच तीर, एक तलवार तथा पचीस उत्साही सिंखों को अपने साथ लेकर आगे बढ़े और इन्होंने संगठन कार्य आरंभ कर दिया। ये क्रमशः बुंदेलखंड, भरतपुर आदि होते हुए सायाना पहुँचे और उस पर चढ़ाई करके वहाँ के मुसलमानों को लूट लिया। फिर अन्य कई स्थानों पर भी मारकाट करते हुए इन्होंने मुसलमानों के कई अड्डों पर अपना अधिकार स्थापित कर लिया। ये जहाँ भी अपने अनुयायी सिखों के साथ धावा बोल देते, एक खलबली-सी मच जाती और मुसलमान कर्मचारी व नवाब आदि वहाँ से भाग खड़े होते। ये लूट के माल को अपने सिपाहियों में बाँट देते थे और गुरुगोविंद सिंह के परिवार तथा उनके किसी भी अनुयायी के प्रति नीचता का बर्ताव कर चुकनेवाले व्यक्ति से पूरा बदला लेकर उसे नष्ट तक कर डालते। इस प्रकार इन्हें मुगल सेना के विरुद्ध भी अनेक लड़ाइयाँ लड़नी पड़ीं और ये अनेक बार सफल होते गए।

उसका उल्लंघन–अतएव इनके पराक्रम के कारण पहले सारे सिख एवं हिंदू इनकी सहायता के लिए एक साथ जुट जाते रहे। परंतु जब इनकी प्रतिष्ठा अधिक बढ़ गई और इनके शौर्य एवं प्रताप का सूर्य मध्याह की दशा में पहुँच गया, तब इनके विचारों में क्रमशः अभिमान व प्रभुत्व की भावना भी आने लगी। इन्होंने अब गुरु गोविंद सिंह के दिये गए उपदेशों का अक्षरशः पालन करना कदाचित् उतना आवश्यक नहीं समझा। इन्होंने संभवतः पहाड़ी राजा मंडी-नरेश की एक सुंदरी लड़की से अपना विवाह कर लिया जिससे आषाढ़ सं. १७६९ को इन्हें एक पुत्र भी उत्पन्न् हुआ। फिर क्रमशः इन्होंने अमृत बनाकर दीक्षा देने की प्रथा की जगह अपना चरणोदक छिड़ककर और पिलाकर शिष्य बनाने का निमय निकला और 'वाह गुरु की फतेह' के स्थान पर 'वंदा की दर्शनी फतेह' कहलाना भी आरंभ कर दिया। अंत में संवत् १७७४ की वैशाखी संक्रातिवाले मेले के अवसर पर ये अपने शिर पर कलँगी सजाकर हरमंदर के भीतर गद्दी पर जा बैठे। इस बात को देखकर अमृतसर के सिखों को बड़ा क्रोध हुआ और बाबा काहना सिंह आदि कुछ लोगों ने आपस में मिलकर इन्हें वहाँ से शीघ्र हटा दिया। तब से सिखों के दो दल उत्पन्न हो गए जिसमें से वंदा के विरोधियों ने अपने को 'तत्त्वखालसा' अथवा वास्तविक खालसा कहना आरंभ कर दिया।

पतन व प्राणदंड–आगे चलकर इस बात का परिणाम इतना बुरा हुआ कि दिल्ली के बादशाह ने अपने शत्रुओं के पारस्परिक विरोध से लाभ उठाकर उनमें अधिक से अधिक फूट डालने तथा उन्हें अपनी ओर अधिक से अधिक संख्या में आकृष्ट करने के प्रयत्न किये। वीर वंदा की उन्नति इसके आगे रुकने लगी और उस समय के अनंतर होने वाली लड़ाइयों में अब इनकी पराजय बहुत बार होने लगी। अंत में गुरुदासपुर के किले से चार महीनों तक लड़कर सिख लोग बुरे ढंग से पराजित हो गए और सं. १७७६ में अब्दुल समद खाँ तौरानी

ने वीर वंदा को पकड़कर इन्हें फर्रुखसियर बादशाह के यहाँ दिल्ली पहुँचा दिया। यहाँ पर ये एक लोहे के पिंजड़ें में रखे गए और इन्हें बड़ी क्रूरता व बर्बरता के साथ कष्ट पहुँचाया गया। गर्म लोहे के मोचनों से बड़ी निदर्यता के साथ इनकी खाल शरीर से खींची गई और बराबर उस पर आघात भी पहुँचाया जाता रहा जिससे इनकी मृत्यु हो गई। इनके अनुयायियों को भी तलवार से कत्ल कर दिया गया और उनके धड़ों को प्रदर्शनार्थ नगर की भिन्न-भिन्न गलियों तक में घुमाया गया। वीर वंदा के बचे हुए अनुयायी आगे वंदई खालसा कहलाए।

(१३) 'सिख-धर्म' व 'खालसा-सम्प्रदाय'

सिख गुरुओं का कार्य–गुरु नानक देव द्वारा प्रचलित किये गये सिख धर्म के कुल दश गुरुओं का जीवन-चरित्र अध्ययन कर लेने पर पता चलेगा कि उनकों अपने-अपने जीवन में प्रायः निरंतर किसी न किसी प्रकार के विघ्न बाधाओं का सामना करना पड़ा था। उन्हें न केवल अपने भीतरी अथवा निजी संबंधियों के कलह व ईर्ष्या के प्रभावों से अपने को बचना पड़ता था, बल्कि बाहरी शत्रुओं के भय से भी सुरक्षित रखना आवश्यक था। गुरु नानक देव से लेकर गुरु रामदास के समय तक अधिकतर उन्हें अपने लोगों के ही असंतोष व मनोमालिन्य के कारण संभलकर चलना पड़ा, किंतु गुरु अर्जुन देव के अंतिम समय से लेकर गुरु गोविंद सिंह के पीछे तक उन्हें मुसलमानी शासन का कटुतापूर्ण अनुभव भी सदा होता गया। इसी कारण सिख गुरुओं के जीवन में गुरु अर्जुन देव के समय तक पूर्ण संतों जैसी शांति, सद्भावना तथा सहनशीलता के ही गुण लक्षित होते हैं, किंतु गुरु हरगोंविद के आविर्भाव काल में उसमें वीरभाव, वैमनस्य एवं प्रतिशोध की भावना भी दृष्टिगोचर होने लगती है। इस दूसरे युग में राजनीतिक परिस्थिति ने तत्कालीन सिख गुरुओं के ऊपर अपना प्रभाव इतने उग्र रूप में डाला कि उन्हें बाध्य होकर अपने कार्यक्रम के अंतर्गत वाहय बातें भी मिला लेनी पड़ीं। परिणाम-स्वरूप सांसारिक विषमताओं के बीच समन्वय का संदेश लेकर उन्हें पूर्णतः दूर करने की चेष्टा करने वाला आदि गुरु नानक देव का धार्मिक सिख-सम्प्रदाय क्रमशः भिन्न-भिन्न प्रभावों द्वारा गढ़ा जाता हुआ अंत में गुरु गोविंद सिंह के नेतृत्व में आकर 'खालसा-सम्प्रदाय' के रूप में परिणत हो चला और आत्मरक्षा, सुव्यवस्था व संगठन की भावनाओं ने उसे 'सिख जाति तक का एक पृथक् रूप दे डाला।

सिख धर्म का व्यावहारिक रूप–फिर भी, यदि हम सिख धर्म के मूल रूप एवं मौलिक सिद्धांतों पर कुछ ध्यान-पूर्वक विचार करें, तो स्पष्ट हो जायगा कि उक्त बाहरी विभिन्नताओं के रहते हुए भी उसके भीतर किसी प्रकार की विशृंखलता नहीं आने पाई है और न उसमें कोई वैसा परिवर्तन ही हुआ है। 'सिख धर्म' कोरा सैद्धांतिक वा आदर्शवादी मत कभी नहीं रहा और न ऐसा होने पर वह कभी संतमत के अंतर्गत समझा ही जा सकता था। आरंभ से ही यह दार्शनिकों का मतवाद न होकर सर्वसाधारण के लिए प्रस्तुत किया गया एक शुद्ध व्यावहारिक धर्म रहा जिसका पूर्ण अनुसरण समाज में रहकर ही किया जा सकता था। इसी कारण इसके गुरुओं ने सांसारिक जनता के बीच में रहते हुए ही अपने उपदेश दिये और साथ ही अपने व्यक्तिगत जीवन का आदर्श भी सबके सामने रखा। इस धर्म ने सबसे अधिक ध्यान चरित्र बल के निर्माण की ओर दिया जिससे मुक्त होकर व्यक्ति समाज के भीतर अपने कर्तव्यों का पालन समुचित रीति से कर सके। गुरु नानक देव का वर्ण-व्यवस्था के दूर करने का मुख्य उद्देश्य भी यही था कि व्यक्ति का पूर्ण विकास संकुचित सीमाओं को हटाकर कराना

है। इस धर्म के अनुसार आदर्श व्यक्ति वहीं हो सकता है जिसमें ब्राह्मणों की आध्यातमिकता, क्षत्रियों की आत्मरक्षा-भावना, वैश्यों की व्यवहार-कुशलता एवं शूद्रों की लोक-सेवा एक साथ वर्तमान हो और इसी कारण जो आत्मचिंतन से लेकर कठिन से कठिन सांसारिक उलझनों तक में एक समान अविचलित निर्द्वन्द्व रह सके। सिख गुरुओं ने सदा इसी एक बात को लक्ष्य में रखकर अपने-अपने जीवन-काल में सब कार्य किये और उन्हें उचित रूप से संपन्न करने की चेष्टा की। उनकी गुरु-परम्परा गुरु गोविंद से आगे लुप्त हो गई, किंतु उनकी वाणियाँ उनके प्रतीक बनकर आज भी वर्तमान हैं और उनके आदर्श व्यक्तितत्त्व को सुरक्षित रख रही हैं। सिख गुरुओं के संबंध में विशेष ध्यान देने योग्य बात एक यह भी है कि गुरु नानक देव की गद्दी पर बैठने वाले किसी भी गुरु ने अपने को उनसे भिन्न नहीं माना। उस स्थिति में वे सदा अपने को नानक ही समझते रहे और अपनी रचनाओं तक में उन्होंने अपने को नानक ही बतलाया। इसी कारण गुरु नानक देव के पीछे आने वाले शेष नव गुरु एक दीपक से जलाये गए अन्य नव दीपकों की भाँति अपने आदि-गुरु के पूर्ण प्रतिरूप समझे जा सकते हैं और उनके संग्रहीत व सुरक्षित सद्वचन मणियों की माला में भी, इसी भाँति, उस एक ही भावना का सूत्र निस्यूत माना जायगा जिससे कभी गुरु नानकदेव ने पहले पहल प्रेरणा प्राप्त की थी। अस्तू।

गुरु नानक देव के मत का वास्तविक स्वरूप निर्धारित करते समय कुछ लोग इस भ्रम में पड़ जाते हैं कि उन्हें हिंदू, मुसलमान अथवा किसी अन्य तीसरे धर्म का अनुयायी मान लेना परमावश्यक है और इस कारण वे 'सिख धर्म' के मूल आधार को पहचान पाने में बहुधा भूल कर बैठते हैं।

उदाहरण के लिए 'ग्रंथसाहिब' के अनुवाद की भूमिका में ट्रम्प स।हब ने गुरु नानक देव को उनके विचारों के कारण एक पूर्ण हिंदू ठहराया था और कहा था कि उनमें दीख पड़नेवाले मुस्लिम प्रभाव उस सूफी मत के अनुरूप हैं जो मूलतः हिंदू सर्वात्मवाद से अनुप्राणित कहा जा सकता है।[१] किंतु सिख-धर्म के विषय में अपना निबंध लिखनेवाले फ्रेडरिक पिंकट ने इसके विरुद्ध बतलाया कि वास्तव में वे इस्लाम धर्मावलंबी थे और इस बात के प्रमाण में उन्होंने उनकी वेशभूषा व रहनसहन के ढंग तक के हवाले देकर अपने मत की पुष्टि करनी चाही।[२] इन दोनों के अतिरिक्त एक तीसरे पश्चिमी विद्वान् मेकालिफ ने भी इसी प्रकार उन्हें एक नितांत भिन्न मत का प्रचारक माना और अपने 'सिख रेलिजन' गंन्थ की भूमिका में इस बात का पूरा समर्थन किया।[३] उक्त तीनों लेखकों ने सिख-धर्म का अध्ययन अपने-अपने ढंग से अच्छा किया था और उसके रहस्यों को समझने के उन्होंने प्रयत्न भी किये थे। किन्तु, प्रचलित प्रथा का अनुसरण करने के लिए विवश होकर उन्होंने गुरु नानक देव तथा उनके अनुयायियों को किसी धर्मविशेष के घेरे में ही डाल रखना कदाचित् आवश्यक समझा। तदनुसार उनसे भी हठात् वैसी ही भूल हो गई, जैसी हमने कबीर साहब के विषय में लिखनेवाले कई विद्वानों की रचनाओं में देखी है।

---

१. डॉ. ट्रम्प : दि आदिग्रन्थ-इंट्रोडक्शन, पृ. ९७-११८

२. फ्रेडरिक पिंकाट : 'दि डिक्शनरी आफ इस्लाम'

३. एम्. ए. मेकालिफ : दि सिख रेलिजन भा. २

गुरु नानक देव एक हिंदू परिवार में उत्पन्न हुए थे और उसी वातावरण में उनका भरण-पोषण भी हुआ था। उनके जीवन-काल में मुसलमानों के आक्रमण होते जा रहे थे और देश के भिन्न-भिन्न भागों में बसते हुए वे हिंदू-जनता के विचारों तथा आचरणों पर किसी न किसी प्रकार अपना प्रभाव भी डालते जा रहे थे। इसका दिग्दर्शन स्वयं गुरु नानक देव की कुछ पंक्तियों द्वारा कराया जा सकता है, जिन्हें उन्होंने समय-समय पर लिखी थीं। एक स्थल पर वे कहते हैं कि "हिन्दुओं में से कोई भी वेद-शास्त्रादि को नहीं मानता, अपितु अपनी ही बड़ाई में लगा हुआ रहता है। उनके कान व हृदय सदा तुर्कों की धार्मिक शिक्षाओं द्वारा भरते जा रहे हैं और मुसलमान कर्मचारियों के निकट एक दूसरे की निंदा करके लोग सबको कष्ट पहुँचा रहे हैं। वे समझते हैं कि रसोई के लिए चौका लगा लेने मात्र से ही हम पवित्र बन जाएँगें।"[१] इसी प्रकार वे अन्यत्र मुसलमानी शासन में काम करनेवाले हिंदू टैक्स कलक्टरों को लक्ष्य करके कहते हैं कि "गौ तथा ब्राह्मणों पर कर लगाते हो और धोती, टीका एवं माला जैसी वस्तुएँ धारणा किये रहते हो। अरे भाई, तुम अपने घर तो पूजा पाठ किया करते हो और बाहर कुरान के हवाले दे देकर तुर्कों के साथ संबंध बनाये रहते हों। अरे, ये पाखण्ड छोड़ क्यों नहीं देते ? और अपनी मुक्ति के लिए नामस्मरण को क्यों नहीं अपनाते ?"[२] ये बातें देखकर गुरु नानक देव को मार्मिक कष्ट होता था और वे उक्त प्रकार की विडंबना के कारण तिलमिला उठते थे। उनकी समझ में यह बात नहीं आती थी कि किसी एक धर्म के प्रति अपनी पूरी आस्था का दम भरनेवाले उसके विपरीत धर्म की आड़ क्यों लेते हैं। उन्हें उस समय के हिंदुओं के धर्मभ्रष्ट होने का उतना दुःख न था, जितना उनके नैतिक पतन के कारण था। इस प्रकार जब बाबर के समय सं. १५८३ में पंजाब के सैयदपुर नगर पर मुसलमानों का आक्रमण हुआ और देश की जनता पर अनेक प्रकार के अत्याचार किये गए, तब गुरु नानक देव का कोमल हृदय द्रवित हो उठा। उन्होंने उन सारी यातनाओं का कारण परमेश्वर की इच्छा को ही समझा था और कहा था कि उसी ने हम पर मुगलों को यमराज बनाकर भेजा है।"[३] गुरु नानक देव के इन शब्दों में भी केवल हिंदुओं के प्रति किये गए अत्याचारों के कारण उत्पन्न हुआ कोरा क्षोभ मात्र ही नहीं है, अपितु इनमें निरीह मानवता के विरुद्ध प्रदर्शित नृशंसता व क्रूरता के कारण विचलित हुए हृदय की करुणा का उद्रेक भी स्पष्ट लक्षित होता है। उस समय जब ये सैयदपुर की लड़ाई के अवसर पर पकड़े गए थे, तब वहाँ भी उन्होंने बाबर के प्रति जो कुछ कहा था वह किसी हिन्दू होने के ही नाते नहीं कहा था, प्रत्युत एक देश व मानव-हितैषी व्यक्ति के रूप में ही कहा था।

भ्रांति का मूल कारण– गुरु नानक देव के प्रारम्भिक जीवन का परिचय देते हुए बतलाया जा चुका है कि उन्हें हिंदू एवं मुसलमान दोनों के ही धर्मों की शिक्षा मिली थी और अपने निवास स्थान के निकटवर्ती जंगलों में जाकर अनेक बार उन्होंने आत्मचिंतन एवं साधु-सत्संग भी किया था। इस प्रकार अपनी समसामयिक परिस्थिति पर कुछ तटस्थ भाव से विचार करने

१. 'आदिग्रंथ' (तरनतारन संस्करण), पृ. ३१८

२. वही, पृ. २५५

३. "खुरासान खसमाना कीया, हिंदुस्तान डराइया। आवै दोसु न देई करता, जमुकरि मुगलु चढ़ाइया॥ एती मार पई करलाणे, तैकी दरदु न आइया। करता तू सभनाका सोई।" इ. वही, पद ३९' पृ. ३६०।

का भी उन्हें कभी न कभी समय मिल चुका था। उन्हें अपने जीवन के प्रारम्भिक काल से ही क्रमशः इस बात का बोध होने लगा था कि धार्मिक क्षेत्र के अंतर्गत जो कुछ भी द्वेष वा पाखण्ड की भावनाएँ दीख पड़ती हैं, वे किसी धर्मविशेष का अनुसरण करने से ही नहीं, किन्तु उसके मौलिक उद्देश्यों के न समझ सकने के कारण उठा करती हैं। अतएव, संसार में दिन प्रतिदिन लक्षित होनेवाले धार्मिक झगड़ों अथवा पारस्परिक भेदभावओं को दूर कर पूर्ण शांति स्थापित करने का एकमात्र उपाय मनुष्यों की उस समझ को ही सुधारना है। सर्वप्रथम उन्हें यह बतला देना है कि कोई भी धर्म किसी व्यापक उद्देश्य को ही लेकर पहले चला करता है, वह कुछ दिनों तक वैसे ही ढंग से प्रचलित भी होता आता है, किन्तु जब अधिक दिन व्यतीत होने लगते हैं और उसका मुख्य उद्देश्य क्रमशः विस्मृत हो जाता है, तब उसकी जगह को उसके साधन ही ले लेते हैं। फिर तो अपने-अपने साधनों की विभिन्नता के कारण मूलतः एक ही समान उद्देश्यों वाले धर्मों के अनुयायियों में भी भेद की भावना आ जाती है और कभी-कभी केवल पारस्परिक मनोमालिन्य के विद्वेष का रूप धारण कर लेने पर उनमें युद्ध तक होने लगते हैं। इसलिए किसी धर्म का वास्तविक रूप समझते समय उसके पहले यह आवश्यक है कि उसके प्रधान लक्ष्य को ही हृदयंगम करा दिया जाए। इस प्रकार धर्म को उसके व्यापक रूप में पूरी उदारता के साथ एक बार समझ-बूझ लेने पर फिर कभी किन्हीं साधनों की विभिन्नताएँ हमें धोखा नहीं दे सकतीं। गुरु नानक देव ने इसी मुख्य सिद्धान्त को लेकर पहले आगे बढ़ना आरंभ किया और उनकी सभी प्रारम्भिक उक्तियाँ भी इसी भाव से अनुप्रमाणित होकर व्यक्त हुईं।

विकृत मनोवृत्ति– गुरु नानक देव की प्रसिद्ध रचना 'जपुजी' को ध्यानपूर्वक पढ़ने पर यह स्पष्ट हो जाता है कि उसे लिखते समय उनका मुख्य उद्देश्य प्रपंचादि में सदा उलझे रहनेवाले मनुष्य के मन को उसकी उक्त भूल दिखलकार ठीक रास्ते पर ला देना रहा। उन्होंने आध्यात्मिक प्रश्नों पर विचार करने की प्रचलित प्रणाली को दूषित ठहराकर उसे नवीन दृष्टिकोण के साथ एक बार फिर से सोचने का परामर्श दिया और यह भी कहा कि यदि उचित रीति से सभी बातों को देखने का अभ्यास हमें हो जाए, तो फिर किसी प्रकार की समस्या हमें कष्ट भी नहीं पहुँचा सकती। उक्त रचना के अंतर्गत गुरु नानक देव ने अपनी अनोखी युक्तियों द्वारा क्रमशः सिद्ध किया है कि हमारी वर्तमान परिवर्तित मनोवृत्ति के ही कारण सारे अनर्थ हो जाया करते हैं और उसे फिर से सुधारकर नवीन रूप देने का उन्होंने एक नवीन मार्ग भी सुझाया है। ऐसा करते समय उन्होंने कदाचित् कहीं भी किसी हिंदू अथवा मुस्लिम विचार-धारा का अंधानुसरण नहीं किया है, बल्कि उन्होंने उनकी भूलें ही दिखलायी हैं। प्रसंगवश उन्होंने योगी, संन्यासी, वैष्णव, शैव, नाथपंथी, सिद्ध, पीर आदि सभी प्रकार के मतावलम्बियों की किसी न किसी ढंग से आलोचना भी की है। वे इनमें से किसी एक की मान्य धारणाओं को लेकर अग्रसर नहीं होते और न इसी कारण उन्हें किन्हीं एक के साथ मिला हुआ समझना उचित कहा जा सकता है। वे सभी बातें तटस्थ होकर देखते हैं और इसी कारण उन्हें विचार-स्वातंत्र्य का ही परिपोषक समझना उचित है।

आत्मिक विकास– गुरु नानक देव के अनुसार धार्मिक जीवन एक साधना-प्रधान अथवा निरंतर अभ्यास वा शिक्षण में निरत रहने का जीवन है। इसे यापन करने वाले के लिए उचित है कि वह अपने को उत्तरोत्तर पूर्णता तक पहुँचाने की चेष्टा करता रहे। वह अपने

को ज्ञानी या पंडित समझकर संतोष न कर ले। अपने आध्यात्मिक अनुभव की पूर्ति के लिए जब वह ठेठ व्यवहार के क्षेत्र में पदार्पण करे, तब प्रत्येक बात को सावधानी के साथ परखता चले और जहाँ कहीं भी किसी प्रकार की त्रुटि उसे दीख पड़े वहाँ उसे सत्य के अनुसार सुधारने में प्रवृत्त हो जाए। गुरु नानकदेव का साधक इसीलिए अपने को कभी पूर्ण नहीं कह सकता, वह सदा सीखता रहनेवाला शिष्य वा सिख है। गुरु नानकदेव ने जिस व्यक्ति को अपने 'जपुजी' ग्रन्थ के अंतर्गत 'पंच' की संज्ञा दी है, वह भी इसी कारण ईश्वर का भेजा हुआ कोई पुरुष-विशेष वा अवतार नहीं। वह सर्वसाधारण के बीच रहकर सर्वसुलभ सामग्रियों के ही उपयोग द्वारा तथा प्रायः अभिन्न परिस्थितियों से ही लाभ उठाकर अपने व्यक्तित्व का निर्माण करता है। उसके विचारों व व्यवहारों में सामंजस्य लाने के लिए किसी प्रकार की सहायता अपेक्षित नहीं रहती। वह प्रत्येक समस्या को अपने आप निरे सहजभाव के साथ सुलझा लेता है और ऐसा करते समय यदि उसे कोई नवीन कठिनाई आ घेरती है, तो उसका सामना हर्ष के साथ करता है। ऐसे व्यक्ति की विशेषता केवल इसी बात में है कि वह अपने संकल्प, साधन व क्रिया, सभी को किसी व्यापक नियम 'हुकम' के प्रति समर्पित समझता हुआ, अपने अहंभाव 'हंउ मैं' को भूल-सा जाता है और इस प्रकार उसका व्यक्तित्व समष्ट के साथ किसी भेद का अनुभव नहीं करता।

'हुकम' का रहस्य—गुरु नानक देव-द्वारा प्रयुक्त उक्त 'हुकम' शब्द बहुत महत्त्वपूर्ण है। उसके वास्तविक अर्थ का जान लेना परमावश्यक है। साधारण प्रकार से इसका शब्दार्थ किसी की आज्ञा व उसके द्वारा प्रचलित किया गया नियम समझा जाता है। अतएव इस हुकम के विषय में भी धारणा हो सकती है कि यह किसी महापुरुष द्वारा रचे गए कोरे विधान का ही परिचायक है। परन्तु, वास्तव में बात ऐसी नहीं है। यहाँ न तो उक्त महापुरुष कोई साधारण वा असाधारण व्यक्ति है और न हुकम ही उसकी साधारण आज्ञा व विधान है। गुरु नानकदेव ने 'ओंकार' का लक्षण बतलाते हुए अपने प्रसिद्ध वाक्य "एक ओंकार सति, नामु, करता, पुरुष, निरभउ, निरबैरु, अकाल, मूरति, अजूनि, सैमं, गुरु प्रसादि" में कहा है कि वह एकमात्र, सत्यस्वरूप, स्वयंभू और नित्य है, परन्तु साथ ही उसे 'कर्ता' का भी विशेषण प्रदान कर उन्होंने उसे हम सबसे संबद्ध भी कर दिया है। इस प्रकार उनके ओंकार का स्वरूप कोरा पारमार्थिक सत्य-मात्र न रहकर कुछ करने वाले के रूप में भी लक्षित होने लगता है और ध्यानपूर्वक विचार करने पर स्पष्ट हो जाता है कि यहाँ पर 'करना', 'करनेवाला', 'रहना', 'रहनेवाला', अथवा 'होने वाला' और 'होना' भी आपस में भिन्न-भिन्न नहीं हैं। सबके सब चाहे वस्तु हो वा क्रिया हो, एक ही में सम्मिलित सत्य से अलग नहीं। यदि हुकम है तो वही है, हुकम देनेवाला है तो वही और जिसे हुकम दिया जा रहा है, वह भी वस्तुतः उससे किसी प्रकार भी भिन्न नहीं। इस प्रकार गुरु नानक देव का मूल दार्शनिक सिद्धान्त सर्वात्मवाद के उस रूप की ओर संकेत करता है जिसके अनुसार उस नित्य निर्विशेष, एकमात्र सत्य एवं व्यावहारिक ससीम सत्ता में कोई अंतर नहीं और उक्त प्रकार का वर्णन केवल हमारे कथन की सुलभता को ही व्यक्त करता है। अतएव, गुरु नानक देव ने हुकम के विषय में लिखते हुए यह भी बतलाया है कि "प्रत्येक वस्तु उसी के भीतर है, उसके बाहर कुछ भी नहीं। उस हुकम को यदि कोई भली भाँति समझ सके, तो फिर उसे अपने

को भिन्न सिद्ध करनेवाले, अहंभाव का बोध भी नहीं हो पावे"।[१] तथा "हुकम चलानेवाले ने हुकम को सदा के लिए प्रवर्तित कर दिया है और उसे पालन कर मार्ग पर निर्द्वद्व बनकर अग्रसर होते रहना ही हमारा कर्तव्य है।"[२]

सत्य का स्वरूप– परमात्मा का कोई निश्चित रूप ठहराना असंभव-सी बात है और गुरु नानक देव ने इस विषय में भी अपने विचार प्रकट किये हैं। वे कहते हैं कि ''उसके संबंध में हम लाखों बार भी चिंतन करें, उसकी धारणा हमें स्पष्ट रूप में कभी हो नहीं सकती।"[३] उसके विषय में हम जितना भी कहते चले जायँ, उसका अंत नहीं मिलता। हम ज्यों-ज्यों कहते जाते हैं, त्यों-त्यों वह और भी व्यापक होता हुआ प्रतीत होने लगता है।"[४] "वह स्वयं रसरूप है और उसका अनुभव करनेवाला भी वही है, वह अपने रंग में ही रमा हुआ सर्वत्र व्याप्त हो रहा है, वही कछुआ है, वही मछली है, वही पानी है, वही जाल है, वही जाल का शीशा है और वही चारा भी है। वही कमल है, वही कमलिनी है और वही उन्हें देखकर आनंदित होनेवाला भी है"।[५] "वह स्वयं गुण है, वही उसका कथन करता है और उसे सुनकर उस पर विचार भी वही करता है, वही रत्न है, वही जौहरी है और वही उसका मूल्य भी है। उसे कितना भी ऊंचे से ऊंचा समझा जाए और कहा जाए, उसे न तो कहा जा सकता है और न देखा ही जा सकता है। जहाँ भी देखता हूँ वहीं वह दृष्टिगोचर होता है। उस ज्योति को सदा सहज स्वभाव से ही जाना जा सकता है।"[६] "वह स्वयं काँटा है, वही तराजू है और तौलनेवाला भी वही है। देखता है, वही समझता है और वही कम वा अधिक अनुभूत भी हुआ करता है।"[७] अतएव परमात्मा के अज्ञेय बने रहने का कारण भी उन्होंने इस प्रकार व्यक्त किया है–"समुद्र में यदि बूँद है और बूँद के भीतर समुद्र है, तो उसे कोई किसी प्रकार जान भी कैसे सकता है, यह तो आपको ही आप स्वयं पहचानना और जान लेना है। यदि इस प्रकार का आत्मज्ञान किसी को हो सके, तो निःसंदेह परमार्थ की प्राप्ति एवं मुक्ति दशा की उपलब्धि हो सकती है।"[८]

---

१. 'हुकमै अंदरि सभुको, बाहरि हुकम न कोइ। नानक हुकमै जे बुझै, त हंउ मैं कहै न कोइ'॥ 'जपुजी', छंद २।

२. 'हुकमी हुकुम चलाए राहु। नानक विगसै बेपरवाहु॥ वही, छंद ३।

३. "सोचै सोचि न होवई, जो सोची लखबार"॥ वही, छंद १।

४. 'एहु अंतु न जाणै कोई। बहुता कहीए बहुता होई।' 'जपुजी', छंद २४।

५. 'आपे रसीआ आपि रसु, आपे रावणहारु। रंगिरता मेरा साहिब, रविरहिआ भरपूरि। आपे माछी मछुली आपे पाणी जालु। आपे जालमणकड़ा आपे अंदरि लालु। कउलु तू हैं कलीआ तू है आपैवेसि विगासु।' पृ. २२, 'आदिग्रन्थ, सिरी राग २५ पर।

६. 'आपे गुण आपे कथै, आपे सुणि बीचारु। आपे रतनु परखि नूं आपे मोलु अवारु। साचउ मानु महतु तू आपे देवणहारु। ऊंचा ऊंचउ आखीए कह उन देखिया जाइ। जंह देखता तंह एक नूं सतिगुर दिया मिलाइ। जोति णिरंतार जाणीए नानक सहजि सुभाइ।' 'आदिग्रंथ' अष्टपदी ३, पृ.५३।

७. 'आपे कंडा तोलु तराजी आपे तोलणहारा। आपे देखैं आपे बूझि आपे हैं बणजारा।' वही, सूही राग ९, पृ. ७३१।

८. 'आदिग्रंथ, राग रामकली, शब्द ९, पृ. २७२। 'सागर महि बूंद बूंद महि सागरु, कवणु बुझै विधि जाणै। उतभुज चलत अगमिकरि चीने आपै तनु पछाणै।'

व्यक्तित्व व आदर्श–गुरु नानकदेव ने अपनी रचना 'जपुजी' के अन्तर्गत अपने विचारों को बड़े सुन्दर ढंग से व्यक्त किया है। उन्होंने परमात्मा का सर्वप्रथम एक ऐसी अन्विति के रूप में होना बतलाया है जिसमें उस निर्विशेष सत्य के साथ-साथ उसके व्यक्तित्व का होना भी समन्वय पाया जाए। इसी एक मात्र नित्य वस्तु के समक्ष वे हमें अपने को अर्पित कर देने की शिक्षा देते हैं और इसके अनंतर हमें अपने आपको उसके आदर्शानुसार निर्मित करने का मार्ग भी दिखलाते हैं। वे बतलाते हैं कि किस प्रकार हमें उसके सर्वोच्च गुणों, जैसे उसकी सर्वशक्तिमत्ता, महानता, सर्वज्ञता, दयालुता आदि का अनुभव करना चाहिए और क्रमशः उसके अलौकिक व्यक्तित्व को अपनाने मानसिक, नैतिक एवं सौंदर्य-संबंधी सर्वश्रेष्ठ आदर्शों का परम प्रतीक समझना चाहिए। अन्त में वे हमारे सामने एक निश्चित साधना की रूपरेखा भी उपस्थित कर देते हैं और उपरोत्तर आगे बढ़ानेवाली उसकी चार सीढ़ियों की ओर संकेत करते हैं। उनके अनुसार साधक की सबसे पहली अवस्था 'धरम खंड' की होती है जब वह अपने सभी कृत्यों को कर्तव्य के रूप में माना करता है। उसके उपरान्त वह उन्हीं बातों को उनके कारणों के ज्ञान द्वारा अपनाने लगता है और इसी कारण इस दशा को उन्होंने 'ज्ञानखण्ड' कहा है। फिर तीसरी दशा उसकी तब आती है, जब वह 'करम खण्ड' के अनुसार अपने सभी कार्यों को अपने आप करने लग जाता है और जो-जो कार्य वह इस स्थिति के अन्दर किया करता है, वह सभी स्वभावतः उच्च कोटि के हुआ करते हैं। अन्त में वह 'सच खण्ड' अर्थात् सत्य के वास्तविक प्रदेश में प्रवेश कर जाता है जहाँ पर आध्यात्मिक पूर्णता की उपलब्धि हो जाती है और वह विधि निषेधादि से परे चला जाता है। इस अंतिम स्थिति में आ जानेवाला पुरुष ही सबके लिए 'पंच' रूप में दीख पड़ता है और उसी को आदर्श मानकर लोग कार्य करते हैं।

नाम स्मरण–उस सर्वात्मस्वरूप 'ओंकार' नामक परमात्मा के व्यक्तित्व की धारणा बनाये रखने के ही उद्देश्य से सिख लोगों ने सदा प्रार्थना को इतना महत्त्व दिया है। वे समझते हैं कि यदि वह जल के रूप में है, तो हम मछलियों की भाँति उसमें रहकर जीवन यापन कर रहे हैं और वह यदि किसी मनुष्य के रूप में है, तो हम उसकी साध्वी पत्नी की भाँति उसके साथ सदा रहा करते हैं। उसके बिना हमारा क्षणमात्र के लिए भी जीता रहना कठिन है। इसी कारण प्रत्येक सिख के लिए यह निर्धारित कर्तव्य है कि वह उसके साथ अपने संबंध का अनुभव निरंतर करता रहे। अतएव गुरु नानकदेव ने अपने उपदेशों द्वारा नामस्मरण की बहुत बड़ी महत्ता दिखलायी थी और और सिख-धर्म के मान्य ग्रन्थ भी अधिकतर स्तुतियों से भरे पड़े हैं। इसके सिवाय जिस प्रकार 'जपुजी' का पाठ प्रातः काल कर लेना प्रत्येक सिख के लिए आवश्यक समझा जाता है और कुछ लोग उसके साथ-साथ 'असा दी बार' का भी पारायण करते हैं, उसी प्रकार सायंकाल के लिए 'रहिरास' का पाठ नियत है और सोने के समय 'सोहिलो' पढ़ा जाता है। ये पाठ विशेषरूप से परमात्मा का स्मरण दिलाकर हमें उसके एवं जगत् के प्रति भी अपने कर्तव्य-पालन का निर्देश करते हैं। चाहे उन्हें हम व्यक्तिगत रूप में करें, चाहे सामूहिक रूप में दुहरावें, प्रत्येक दशा में केवल एक वही उद्देश्य रहा करता है। छठे गुरु हरगोविंद के समय तक सिख धर्मग्रन्थ तथा प्रार्थना-मंदिर के निश्चित हो जाने पर सामूहिक प्रार्थना का महत्त्व साम्प्रदायिक संगठन की दृष्टि से भी अधिकाधिक बढ़ता गया और सिखों के दसवें गुरु गोविन्दसिंह के समय से उसके रूप, क्रम एवं प्रणाली में परिस्थिति के अनुसार

कुछ परिवर्तन भी किया जाने लगा। अब उक्त निश्चित पाठों के अतिरिक्त कुछ ऐसी छोटी-छोटी प्रार्थनाओं की भी रचना कर दी गई है, जो व्यवहारों में उलझे हुए व्यक्ति को भी सुलभ जान पड़े। ऐसी ही प्रार्थनाओं में से सर्वप्रसिद्ध वह है, जिसमें परमात्मा की स्तुति से आरम्भ कर दसों सिख गुरुओं, पाँच प्यारे, गुरु गोविन्दसिंह के बलिदान हुए चारों पुत्रों एवं धर्म की रक्षा के लिए आत्मोत्सर्ग करनेवाले प्रसिद्ध-प्रसिद्ध ऐतिहासिक सिखों की ओर भी लक्ष्य किया गया है। ऐसा करने का भी मुख्य अभिप्राय यही है कि गुरु नानक द्वारा प्रचलित एवं अन्य नव गुरुओं द्वारा समर्थित सिख-धर्म का अनुसरण व संरक्षण करनेवाले अपने कार्यों के लिए चिरस्मरणीय हैं और उक्त सामूहिक प्रार्थना में भाग लेनेवाले प्रत्येक व्यक्ति के लिए उनके आदर्श का अनुकरण भी अपेक्षित है।

प्रार्थना का उद्देश्य—उक्त विवरणों द्वारा स्पष्ट है कि सिखों की प्रार्थना का वास्तविक उद्देश्य परमात्मा से किसी प्रकार की निरी माँग व याचना नहीं, किन्तु उस एक और अद्वितीय सत्ता के प्रति अपना भक्तिभाव प्रदर्शित कर उसके साथ तादात्म्य का अनुभव करना तथा उसके उदात्त गुणों के निरन्तर स्मरण द्वारा अपनी सारी भावनाओं का परिष्कार करते हुए अपनी मानसिक, नैतिक एवं आध्यात्मिक प्रवृत्तियों को पूर्ण बल प्रदान करना है। सिखों के सामने अन्य किसी प्रकार के भी पूजा-पाठ का वैसा महत्त्व नहीं और न उनके नित्य कर्मों अथवा संस्कारों में ही किन्हीं विधियों के समुचित पालन वा निर्वाह के संबंध में कोई विधान वा व्यवस्था निश्चित है। उनकी दीक्षा-विधि जिसे 'पाहुल' संस्कार कहा जाता है, बहुत सीधी-सादी है और उनके विवाह-संस्कार में प्रयुक्त 'आनन्द की विधि' भी उसी प्रकार केवल अल्पकाल व प्रबंध की अपेक्षा करती है। ऐसे सभी अवसरों पर किसी न किसी रूप में प्रार्थना का किया जाना आवश्यक है। शुभ अवसरों वा उत्सवों के लिए तो आनन्द नाम की एक विशेष प्रार्थना का पाठ भी निश्चित है जिसकी रचना तीसरे गुरु अमर दास ने की थी।

अन्य साधनाएँ—सिख गुरुओं ने प्रसंगवश, अपनी रचनाओं के अन्तर्गत उन दूसरी साधनाओं के भी यत्र-तत्र उल्लेख किये हैं जो अन्य धर्मों वा सम्प्रदायों के अनुयायियों द्वारा विशेष रूप से अपनायी जाती हैं अथवा जिन्हें वे सबसे अधिक महत्त्व दिया करते हैं। परन्तु वे सब यहाँ भक्तिभाव की ही परिपोषक हैं। उदाहरण के लिए गुरु अमर दास ने कहा है कि "मन के अनुसार चलता हुआ मनुष्य 'हरिहरि' की रटन लगाकर थक भी जाए, किन्तु मन का मैल नहीं धुल पाता और मलिन मन के रहते न तो भक्ति का होना किसी प्रकार संभव है और न अपना कल्याण ही हो सकता है।"[१] इसी प्रकार गुरु तेगबहादुर ने भी बतलाया है कि "यह मन कुछ भी कहना नहीं करता, कितनी भी शिक्षा दी जाए, अपनी दुर्मति का त्याग यह कभी नहीं करता। इसकी दशा कुत्ते की उस पूँछ के समान है जो कितना भी सुधारी जाए, सदा टेढ़ी की टेढ़ी ही बनी रह जाती है।"[२] गुरु रामदास ने इसी भाँति इसे कायानगर में रहनेवाले किसी अत्यंत चंचल बालक के रूपक द्वारा वर्णन किया है और परमात्मा से प्रार्थना करते हुए कहा है कि "मैंने इसे अनेक प्रयत्नों द्वारा सुधारना चाहा, परन्तु यह मुझे बारंबार भरमाता ही रह गया। मैं अपने को अब थका सा मानकर प्रार्थना करता हूँ कि इसे कृपा करके

---

१. 'आदिग्रंथ' सिरी रागु ३१, पृ. ३८।
२. 'आदिग्रंथ' देवगांधारी १, पृ. ५३६।

वश में ला दिया जाए।"[१] इसीलिए गुरु नानकदेव ने भी कहा है कि "जब तक मन को मारकर उसे ठीक न कर लिया जाए, तब तक कार्य सिद्ध नहीं हो सकता। इसका अपने वश में कर लेना तभी संभव है जब इसे निर्गुणराम के गुणों की उलझन में डाल दिया जाए। सब कहीं का भूला मन उस एकंकार में जाकर ही ठहर सकेगा।"[२] इसी कारण वे कहते हैं कि "हठ व निग्रह करने मात्र से शरीर नष्ट होता है और व्रत व तपस्या द्वारा मन पूर्णतः भीग नहीं पाता। यह केवल राम नाम की सहायता से ही वश में लाया जा सकता है।"[३] अतएव मनोसारण के लिए साधन एवं साध्य दोनों ही नामस्मरण और ईश-प्रार्थना हैं।

गुरु नानकदेव ने उक्त मनोमारण क्रिया के लिए योग-साधना की भी आवश्यकता कहीं-कहीं बतलायी है। वे एक स्थल पर कहते हैं कि "काया नगर के अंतर्गत मन राज्य करता है और पाँचों इंद्रियाँ उसके शासनाधीन रहा करती हैं। वह पवन के संयोग में रहकर अपना आसन जमाया करता है। अतएव यदि पवन को ही योग-साधना द्वारा निरोध कर उसे पंगु बना दिया जाए, तो अपना कार्य सिद्ध हो जाए"।[४] फिर "मन के भीतर प्रपंच व्याप्त हो रहा है। यदि योग-साधना द्वारा 'सबदि' वा पवन पर अधिकार कर लिया जाए तो उसके मरते ही अपनी मृत्यु का सारा भय जाता रहे और परमात्मा की कृपा से मन भी स्थिर हो जाए"।[५] इसी प्रकार सहज का महत्त्व वर्णन करते हुए गुरु अमर दास ने बतलाया है कि "निर्गुण नाम का गुप्त भंडार सहज-साधना द्वारा ही प्रकट होता है। बिना सहज के सब कुछ अंधकारमय है और माया मोहादि से व्याप्त है। सहज द्वारा ही 'निरभउ जोति निरंकारु' की पहचान हो पाती है"।[६] गुरु नानकदेव के अनुसार भी उर्ध्व मूल तथा नीचे की ओर फैली शाखाओंवाले वृक्ष का रहस्य तभी समझ में आता है जब सहज की साधना की जाए, और सहज-साधना की सफलता पारब्रह्म में मन की एकाग्रता द्वारा लीन हो जाने में ही निहित है। अतएव, पूर्ण मनोनिग्रह के बिना सहज-साधना संभव नहीं समझी जा सकती और मनोनिरोध के लिए, सभी ओर से हटाकर केवल एक परमात्मा की ओर मन को लगा देना ही विवक्षित है। नामस्मरण, भजन व प्रार्थना ये सभी हृदय के भक्तिभाव द्वारा अनुप्राणित होने पर ही सच्चे रूप में किये जा सकते हैं और भक्ति-रस में मग्न हुए बिना गुरु नानकदेव-निर्दिष्ट उद्देश्य की सिद्धि संभव नहीं।"[७]

'नाम' का तात्पर्य–सिख धर्म के अंतर्गत 'नाम' को स्वभावतः बहुत बड़ा महत्त्व दिया गया है। नाम का शब्दार्थ किसी वस्तु को सूचित करने अथवा उसका परिचय देनेवाली 'संज्ञा' होता है और साधारण रीति से हम उसका प्रयोग उस वस्तु के गुण स्वभावादि को व्यक्त करने के लिए ही किया करते हैं। लोगों ने इसी नियम के अनुसार परमात्मा के भी अनेक नामों की

१. 'आदिग्रन्थ' बसंत हिंडोल १, पृ. ११९१।
२. 'आदिग्रन्थ' रामकली १, पृ. ९०५।
३. 'अ दिग्रन्थ' गउड़ी २, पृ. २२२।
४. 'आदिग्रन्थ', रामकली ९, पृ. ९०७।
५. 'आदिग्रंथ', गउड़ी ७, पृ. १५३।
६. 'आदिग्रंथ' सिरी रागु, २३, पृ. ६७।
७. 'आदिग्रंथ' गूजरी अष्टक, पृ. ५०३।

सृष्टि कर डाली है और कभी-कभी नामों की मित्रता से भी मतभेद हो जाता है। गुरु नानक देव ने धार्मिक झगड़ों के इस कारण विशेष का निराकरण बड़े सुन्दर ढंग से किया है। वे कहते हैं कि "हमें परमात्मा के किसी मुख्य नाम की खोज करते अथवा उसे निर्धारित करते समय सर्वप्रथम यह समझ लेना चाहिए कि संसार में अथवा इसके बाहर कोई भी ऐसी वस्तु नहीं जिसका संबंध उसके साथ न हो और जिस कारण वह उसका परिचय आप से आप न दे रही हो। जहाँ कहीं भी हम देखने का प्रयास करें, वहीं उसका नाम वर्तमान है। जितनी भी सृष्टि है, वह सब कुछ उसका नाम ही है, बिना उसके नाम के कोई भी स्थान खाली नहीं"[१] और इसीलिए यह कहना भी कोई अर्थ नहीं रखता कि उसके नाम अनंत हैं। ऐसा करना भी एक प्रकार से अपने को बंधन में डाल रखना है, क्योंकि इस विषय में अंतिम शब्द कोई कह नहीं सकता।

'नाम' शब्द का प्रयोग सिख गुरुओं ने कहीं-कहीं पर एकमात्र एवं नित्य व सत्यस्वरूप निर्विशेष परमात्मा के लिए भी किया है जो अव्यक्त रूप से सर्वत्र ओतप्रोत है। उदाहरण के लिए, गुरु अर्जुनदेव ने अपनी रचना 'सुखमनी' के अंतर्गत एक स्थल पर कहा है कि "नाम सभी जीवों के लिए आश्रय स्वरूप है और उसी के आधार पर सारे ब्रह्मांड का अस्तित्व कायम है।"[२] इसी प्रकार गुरु रामदास ने भी बतलाया है कि "मैं अपने सतगुरु की बलिहारी जाता हूँ जिसने गुप्तनाम को मेरे सामने स्पष्ट करके दिखला दिया।"[३] नाम शब्द का परमात्मा के व्यक्त रूप के लिए किये गए प्रयोग का उदाहरण ऊपर दिया जा चुका है। इस शब्द को सिख-धर्म के मान्य ग्रन्थों में एक तीसरे प्रकार से भी व्यवहृत किया गया है और वह प्रयोग सतगुरु के बतलाये हुए 'शब्द' वा उपदेश के लिए हुआ है। जैसे, गुरु अमरदास ने कहा है, "नाम का कथन करना चाहिए, गान करना चाहिए और उसपर विचार करना तथा उसकी पूजा भी करनी चाहिए।"[४] और गुरु अर्जुन देव ने तो अपनी रचना 'सुखमनी' के विषय में "ईश्वरीय ज्ञान, ईश्वर स्तुति तथा नाम"[५] कहकर ही उसका नामकरण किया है। इस नाम शब्द के साथ, चाहे यह जिस किसी भी अर्थ में प्रयुक्त हुआ हो, सिख गुरुओं ने बड़ा प्रेम प्रदर्शित किया है। गुरु नानकदेव ने एक स्थल पर अपने मन को संबोधित करते हुए कहा है, "रे मन, कहाँ दौड़ धूप लगा रहा है। अरे तू घर पर ही क्यों नहीं रहता ? गुरु के मुख से विस्तृत रामनाम से तृप्त होकर तू सहज ही अपनी इष्ट वस्तु की प्राप्ति कर सकता है।"[६] फिर दूसरी एक पंक्ति में वे यहाँ तक कह डालते हैं कि "बिना नाम के हमारा सारा जीवन भी जलकर नष्ट हो जाए तो हमें कोई चिंता नहीं। अरे मन, तू गुरुमुख से निःसृत हरिनाम का जाप निरंतर जपा कर जिसके द्वारा तुझे अलौकिक स्वाद का आनंद मिला करे।"[७]

---

१. 'जपुजी' १९।
२. 'सुखमनी' १६५।
३. 'आदिग्रन्थ' जैतश्री ५, पृ. ६९७।
४. 'आदिग्रन्थ' सिरी राग अष्टपदी ५, पृ. ६६।
५. 'सुखमनी' २४ : ५।
६. 'आदिग्रंथ' आसा अष्टपदी ७, पृ. ४१४ : ५।
७. 'आदिग्रन्थ' प्रभाती १७, पृ. १३३२।

गुरु की आवश्यकता– 'सिख-धर्म' के अनुसार परमात्मा का साक्षात्कार अथवा उसकी असीम कृपा का अनुभव साधक को अपने आप बिना किसी माध्यम के ही हो सकता है। उसके लिए न तो किसी पुरोहित की सहायता अपेक्षित है और न किसी पंडे के निर्देश की ही आवश्यकता है। फिर भी भगवद्भक्ति की भूख जागृत कर उसे बुझाने के लिए संकेत करने वाले का भी प्रयोजन होना ही चाहिए। सिख गुरुओं ने इसी कमी को दूर करनेवाले सद्गुरु के महत्त्व का वर्णन अपनी रचनाओं में अनेक स्थलों पर किया है। गुरु नानकदेव के किसी मानवगुरु के विषय में अभी तक निश्चित रूप से कहीं कहा गया नहीं मिलता और कुछ लोगों के अनुसार इस कारण उनके गुरु स्वयं ईश्वर ही कहे जा सकते हैं। किन्तु अन्य नव गुरुओं के लिए इस प्रकार संदेह नहीं किया जा सकता। जो हो, सभी ने सतगुरु के महत्त्व का उल्लेख मुक्तकंठ से किया है और अपने कल्याण के लिए उसी को मूल कारण भी ठहराया है।

गुरु का कार्य–गुरु नानकदेव का कहना है कि " गुरु के मिलने पर ही अपने सांसारिक जीवन के अंत एवं आध्यात्मिक जीवन के आरंभ का हमें अनुभव होता है, गर्व दूर हो जाता है, गगनपुर अर्थात् मुक्तावस्था की उपलब्धि होती है और हरि की शरण में स्थान मिलता है।"[१] "संसार में चाहे जितना भी मित्र वा सखा हो, किन्तु गुरु के बिना परमेश्वर के अस्तित्व का बोध नहीं हो सकता। उसकी सेवा से ही मुक्ति की प्राप्ति संभव है।"[२] "गुरु की भक्ति का वास्तविक रहस्य कोई प्राणी क्या जान सकता है। यह तो ब्रह्मा, इंद्र तथा महेश के लिए भी अगम्य है, वह जिस किसी को चाहे अलख का दर्शन करा सकता है, बिना उसके ऐसा होना कदापि संभव नहीं कहा जा सकता है।"[३] इस पंक्ति में आये हुए शब्द 'सतगुरु' को यदि हम अलख के जोड़कर अर्थ करें तो यह भी जान पड़ेगा कि गुरु नानकदेव ने मानवगुरु के लिए केवल गुरु तथा ईश्वर के लिए 'सतगुरु' शब्द का प्रयोग इस पद में किया है और इस प्रकार गुरु व परमात्मा के बीच बहुत कम भेद रह जाता है। इसी प्रकार गुरु अमर दास बतालाते हैं कि "प्रत्येक मनुष्य के भीतर हीरा, लाल जैसा रत्न वर्तमान है, किन्तु अनजान होने के कारण हम उसे पहचान नहीं पाते। वह एक गुरु का शब्द ही है जिसके द्वारा हमें उसे परखने की शक्ति प्राप्त हो जाती है। गुरुमुख होकर ही अत्यंत अगम्य व अपार नाम वा निरंजन को हम प्राप्त कर लेते हैं"।[४] "प्रशंसनीय गुरु हमें सदा सुख देनेवाला है, वही प्रभु है और वही नारायण है। गुरु के प्रसाद से ही परमपद की उपलब्धि होती है। अरे मन, गुरुमुख होकर ही हृदय में विचार कर और अहंकार, तृष्णा-जैसे नीच कुटुंबियों का परित्याग कर उसे संभाल ले। गुरु के समान कोई दूसरा दाता नहीं है। उसमें राम नाम जैसी वस्तु तुझे प्रदान करके उसके द्वारा तुझे अलख तक को लखा दिया है"।[५] गुरु का महत्त्व दर्शाते हुए उन्होंने यह भी कहा है कि "नामा जैसे छीपी तथा कबीर-जैसे जुलाहे ने भी पूरे गुरु की ही कृपा से

---

१. 'आदिग्रंथ' रागु गउड़ी, पृ. १५३।
२. 'आदिगंथ' मारु सोलहें ८, पृ. १०२८।
३. 'आदिग्रंथ' मारु सोलहें ११, पृ. १०३२।
४. 'आदिग्रंथ' राग मांझ ५, पृ. ११२।
५. 'आदिग्रंथ' राग मलार ४, पृ. १२५७ : ८।

गति प्राप्ति कर ली, शब्द के रहस्य को जान गए, अहंभाव त्याग दिये व प्रसिद्ध हो गए।"[१] सिख-धर्म के अनुसार गुरु के प्रति गहरी निष्ठा का प्रमाण इस बात से भी मिलता है कि उसके अनुयायियों ने किसी सदेह मानवगुरु के सर्वमान्य रूप में न रहने पर भी अपने अतीत दस गुरुओं के सुरक्षित वचनों के संग्रहों को ही गुरुवत् मान रखा है। सिख लोग 'आदिग्रंथ' एवं 'दसम ग्रंथ' का आदर 'गुरु ग्रंथसाहिब' कहकर प्रदर्शित करते हैं और उनकी सदेह गुरु की भाँति ही पूजा भी करते हैं। ये ग्रंथ उनके लिए केवल प्रतीकमात्र नहीं, किन्तु जीवित गुरु-तुल्य हैं।

आदर्श व व्यवहार का सामंजस्य– सिख-धर्म के सिद्धान्तानुसार आदर्श व व्यवहार दोनों के बीच सामंजस्य स्थापित रखना सब से अधिक आवश्यक है और यही सबके लिए सर्वोत्तम परम कर्तव्य समझा जाना चाहिए। यदि कहनी और हो और करनी के साथ उसका कोई मेल न बैठता हो, तो उच्च से उच्च विचारों की भी सार्थकता किसी प्रकार सिद्ध नहीं की जा सकती। इसी कारण गुरु नानकदेव से लेकर गुरु गोविन्दसिंह तक, सभी सिख गुरुओं ने जो कुछ भी अपने सिद्धान्तों के रूप में कहा, उसे अपने व्यवहारों में भी परिणत करके सबके समक्ष दिखला देने की निरंतर चेष्टा की। वे सदा भगवन्नाम व भगवद्गुणानुवाद द्वारा अपने समय का सदुपयोग किया करते थे, किन्तु जब कभी व्यावहारिक क्षेत्र में सामाजिक समस्याएँ आ जाती थीं, तो उन्हें उसी प्रकार की मनोवृत्ति के साथ सुलझाने की व्यवस्था करने में लग भी जाते थे। उन्होंने यदि परमात्मा को एकमात्र सत्य माना तो उसे उसी भाँति सबके लिए एक समान भाव से समझने का उपदेश भी दिया और उसी के आधार पर यह भी बतलाया कि मूल वस्तु के एक ओर समान होने के कारण किन्हीं भी दो मनुष्यों के बीच कोई वास्तविक भेद-भाव कभी नहीं हो सकता। अपने सामने किसी दूसरे को नीचा समझकर उसके प्रति घृणा का भाव प्रदर्शित करना उतना ही बुरा है जिना किसी अन्य को अपने से सांसारिक दृष्टि के अनुसार बड़ा समझकर उसके समक्ष अपने को हीन समझना पाप है। केवल कुटुंब की प्रतिष्ठा व वंशविशेष की प्रचलित बड़ाई के कारण अथवा अपने धन की अधिकता व पांडित्य की गहराई के ही आधार पर, किसी को दूसरे से बड़ा कहलाने का कोई भी अधिकार नहीं और न बड़प्पन का प्रदर्शन ही कभी प्रशंसनीय समझा जा सकता है। इसी प्रकार उक्त धन, पठन-पाठन व कुंटुब का परित्याग कर और कहीं अन्यत्र जाकर भजन-भाव में सदा लीन रहना भी श्रेयस्कर नहीं समझा जा सकता। समाज के भीतर रहकर ही अपने उच्च विचारों की व्यावहारिकता व सच्चाई सिद्ध की जा सकती है। सब को समान बतलाना समान रूप से बरतने पर ही निर्भर है।

समानता– गुरु अमर दास कहते हैं, "जाति की उच्चता के लिए किसी को गर्व न करना चाहिए। वास्तव में ब्राह्मण वही है जो ब्रह्म का जानकार है। एक ही ब्रह्म-बिंदु से सबकी उत्पत्ति हुई है और एक ही माटी द्वारा सब गढ़े गए भांडे की भाँति सारा संसार है। जब यह शरीर पंचतत्व निर्मित ही है, तब फिर इसके रहते घटकर वा बढ़कर होने का निर्णय किस प्रकार किया जा सकता है"।[२] इस सिद्धान्त को सिख गुरुओं ने अपने सिख समाज के अंतर्गत

१. 'आदिग्रंथ' सिरी राग २२, पृ. ६६।
२. 'आदिग्रंथ' राग भैरउ १, पृ. ११२८।

सभी प्रकार के ऊंच-नीच अथवा मध्यम कुलवाले लोगों को एक समान समझकर व उन्हें अपनाकर व्यवहारोपयोगी बना दिया था। गुरु नानकदेव से लेकर दशम गुरु गोविंदसिंह तक ने इसका अक्षरशः पालन किया और आज भी इस बात के प्रमाण प्रचुर मात्रा में मिलते हैं। वर्णविभेद की भावना को दूर करने के साथ ही सिख गुरुओं ने इस बात की ओर भी ध्यान रखा की उसी प्रकार स्त्री व पुरुष के अधिकारों में भी किसी प्रकार का मौलिक अंतर न समझा जाए, बल्कि सबको एक ही श्रेणी का मानव मान लिया जाए। जिस समय गुरु गोविन्दसिंह ने सर्वप्रथम, 'खालसा-सम्प्रदाय' की नींव रखी और पाहुल का आयोजन किया, उस समय उनके कड़ाइ के जल में उनकी पत्नी ने मीठा डालकर उसे मधुर व स्वादिष्ट बना दिया और इस प्रकार उसकी तैयारी में भाग लेकर स्त्री-पुरुष की समानता का परिचय दिया था। सिखधर्म के इतिहास में स्त्रियों के प्रसिद्ध-प्रसिद्ध आन्दोलनों में भाग लेने तथा अवसरों पर कार्य करने की भी चर्चा बहुत सुनी जाती है। कहा जाता है कि जिस समय गुरु अंगद को गुरु नानकदेव का देहांत हो जाने के अनंन्तर विरहजनित उदासीनता ने बहुत अधिक प्रभावित किया, उस समय एक साधारण स्त्री ने ही उन्हें कुछ काल तक एकांतवास के लिए प्रबंध कर दिया। गुरु अमर दास ने एक रानी को अपने यहाँ दर्शनों के लिए आने से इस कारण रोक दिया था कि वह पर्दे में आना चाहती थी। गुरु तेगबहादुर के बंदी हो जाने पर उन्हें कष्टप्रद कारागृह में समय-समय पर भोजन व जल पहुँचाने वाली एक स्त्री ही थी और एक मुस्लिम महिला ने गुरु हरगोविन्द से प्रभावित होकर अपना सारा धन उन्हें धार्मिक सरोवरों के निर्माण के लिए समर्पित कर दिया था।

सिख-धर्म व इस्लाम—बहुतों की यह धारणा रहती आई है कि सिख-धर्म इस्लाम के विरुद्ध प्रचलित किया गया था और उसके सदा विरुद्ध रहता आया। परन्तु यदि सिख-धर्म के इतिहास पर भली भाँति विचार किया जाए तो इस कथन का अधिकांश कोरी कल्पना पर ही आश्रित दीख पड़ेगा। गुरु नानकदेव ने सिख-धर्म का प्रचार करते समय इस्लाम-धर्म के मौलिक मंतव्यों के विरुद्ध कभी एक शब्द तक का प्रयोग नहीं किया था। बल्कि उन्होंने तो सबसे अधिक ध्यान प्रायः उन्हीं विषयों के प्रतिपादन की ओर दिया था जो इस्लाम-धर्म के शिलाधार माने जाते हैं। एकेश्वर की भावना, मूर्तिपूजा की निःसारता, वर्णव्यवस्था की निरर्थकता व विश्वबंधुत्व को गुरु नानकदेव ने इस प्रकार अपनाया है कि कुछ लोगों को उनके वस्तुतः इस्लाम-धर्मानुयायी होने का भी भ्रम होने लगता है। अतएव गुरु नानकदेव ने न तो इस्लाम-धर्म के मूलोच्छेद का कभी प्रयत्न किया और न उक्त बातों को उन्होंने उस धर्म के अनुयायियों से ही ग्रहण किया। जैसा पहले कहा जा चुका है, गुरु नानकदेव का जन्म एक विशुद्ध हिन्दु-परिवार में हुआ था और उन्हें शिक्षा भी अधिकतर उसी वातावरण में मिली थी। उन्हें हिन्दुओं की धार्मिक अवनति का अनुभव मुसलमानी आक्रमणों से उत्पन्न हुई परिस्थिति में ही सर्वप्रथम हुआ था और इसी कारण उनका ध्यान सबसे पहले विशेषकर उन्हीं बातों की ओर स्वभावतः आकृष्ट हुआ था जो उन्हें दोनों के संघर्ष के कारण स्पष्ट हुई थीं। फिर भी उन्होंने हिन्दू समाज के भीतर आ गई हुई त्रुटियों की आलोचना करते समय प्रचलित इस्लाम की बुराइयों को भी नहीं भुलाया। उन्होंने समय-समय पर काजी, शेख व मुल्ला को संबोधित करते हुए उन्हें भी असलियत पर गौर करने के लिए आमंत्रित किया। गुरु नानकदेव के अनुयायियों में अनेक मुसलमानों की गणना की जाती है और उनके चिरकालीन साथी मर्दाना

का भी मुसलमान होना प्रसिद्ध है। गुरु गोविन्दसिंह को पहाड़ी राजाओं तथा मुस्लिम मुगल अधिकारियों तक के विरुद्ध लड़ने में सैयद बुद्धू शाह ने सहायता दी थी और उन्हें बहुत से मुसलमान सिपाही अपनी सेना में भर्ती करने के लिए दिये थे। इसके सिवाय यह भी प्रसिद्ध है कि महाराज रणजीतसिंह का एक विश्वासपात्र मंत्री फकीर अजीजुद्दीन था जो सदा उनके साथ रहा करता था। अतएव जान पड़ता है कि सिख-धर्म के अनुयायियों में इस्लाम के प्रति जो कुछ भी दूषित भावना कभी लक्षित हुई, वह अधिकतर मुस्लिम शासकों के विरुद्ध थी और उनके द्वारा बहुधा किये गए अत्याचारों के कारण उत्पन्न हुई थी तथा उनका मूल धार्मिक से कहीं अधिक राजनीतिक बातों से ही जुड़ा हुआ था।

भिन्नता– इसके साथ ही जो-जो बातें सिख-धर्म के भीतर इस्लाम से प्रभावित कहकर दिखलायी जाती हैं, वे भी केवल इस्लाम की देन नहीं हैं और न उनमें से सबका स्वरूप ठीक-ठीक इस्लाम-धर्म के ही समान है। इस्लाम-धर्म का खुदा एक अलौकिक व्यक्ति है जो कहीं सातवें आसमान में रहता हुआ सब पर शासन किया करता है, किन्तु सिख-धर्म का निरंकार पुरुष उसके नितांत भिन्न है। वह किसी स्थान-विशेष में रहकर सिंहासनासीन होनेवाला नहीं, बल्कि सर्वात्मभाव से अणुअणु के भीतर ओतप्रोत है और उसके सार्वभौमिक नियमों का पालन विश्व के प्रत्येक पदार्थ द्वारा स्वभावतः होता जा रहा है। सिख-धर्म का विश्वबंधुत्व भी इसी कारण किसी दीन वा धर्म के प्रति अंध-भक्ति प्रदर्शन पर अवलंबित न होकर उक्त व्यापक सिद्धान्त पर ही आश्रित समझा जा सकता है। ऐसी स्थिति में किसी मूर्तिविशेष की पूजा अथवा वर्णव्यवस्था के समान भेदभावाओं की मान्यता का प्रश्न भी आप ही आप हल हो जाता है। गुरु नानकदेव ने प्रचलित पूजन-प्रणाली अथवा बहुदेववाद व अवतारवाद की धरणाओं के निःशेष निराकरण की व्यवस्था कभी नहीं दी और न किसी को उत्तम वा निकृष्ट कह डालने पर विशेष जोर दिया। उनका उद्देश्य एक संतुलित मनोवृत्ति द्वारा उक्त सबका उचित मूल्यांकन कराना मात्र था। एकेश्वरवाद, विश्वबंधुत्व आदि उक्त विचार हिंदू-धर्म के लिए भी नवीन नहीं थे। 'एकं सद्विप्रा बहुधा वदन्ति', 'सर्वे खल्विदं ब्रह्म', 'न देवो विद्यते काष्ठे न पाषाणे', 'ब्रह्म जानाति ब्राह्मणः' तथा 'वसुधैव कुटुम्बकम्' जैसे अनेक वाक्य हिन्दू समाज में कदाचित् उस समय भी प्रचलित थे और उनका प्रयोग निरंतर आज तक भी हिन्दू पंडितों-द्वारा उसी प्रकार होता आ रहा है। उनके अस्तित्व के बने रहते ऐसी धारणाओं के लिए इस्लाम वा अन्य किसी धर्म के प्रति हिन्दू धर्म का अपने को ऋणी समझने की कोई आवश्यकता नहीं और न उनके लिए गुरु नानकदेव को ही आभारी होना था। सिख-धर्म को प्रकाश में लाते समय उन्होंने इन बातों की ओर अवश्य ध्यान दिया, किन्तु इतना ही करके वे चुप नहीं रह गए। उन्होंने इस संबंध में यह भी बतला दिया कि ऐसी बातों को बाहर से उपदेशवत् ग्रहण न करके उन्हें अपने अनुभवों द्वारा स्वयं जाँचनें तथा व्यवहार में लाने में कल्याण हैं। इसके लिए कहीं अन्यत्र जाने की भी आवश्यकता नहीं, वह तो पुत्र कलवादि के बीच रहकर ही भली भाँति संभव हो सकता है।

कबीर साहब व गुरु नानकदेव– गुरु नानकदेव के बहुत पहले से भी उक्त प्रकार की विचार-धारा किसी न किसी रूप में दीखती आई थी और उनसे कुछ ही दिन पहले कबीर साहब ने लगभग ऐसी ही भावनाओं से प्रेरित होकर अपने सिद्धान्तों का प्रचार आरम्भ किया था। कुछ विद्वानों का अनुमान है कि गुरु नानकदेव ने कबीर साहब का ही अनुसरण किया

था और कुछ लोग तो यहाँ तक कहते हैं कि ये उनके यहाँ जाकर उनसे उपदेश भी लिए थे। परन्तु इस प्रकार की धारणाएँ अक्षरशः सत्य नहीं समझी जा सकतीं। कबीर साहब का देहांत गुरु नानक के आविर्भाव-काल के कदाचित् लगभग ५० वर्ष पहले ही हो चुका था और इस प्रकार दूसरे का प्रभावित होना, पहले के अनुयायियों द्वारा ही संभव हो सकता है। फिर भी इसमें संदेह नहीं कि इन दोनों महापुरुषों के उद्देश्यों में बहुत बड़ी समानता है और इन दोनों की साधना-प्रणाली भी प्रायः एक ही है। अंतर केवल यही जान पड़ता है कि कबीर साहब ने जहाँ अपने विचारों को जनता के बीच प्रकट और प्रचार करके ही छोड़ दिया, वहाँ गुरुनानकदेव ने अपने सिद्धान्तों को अपने पीछे भी व्यवहार में लाने के लिए एक प्रकार का संगठन भी कर दिया। यही कारण है कि गुरु नानकदेव के अनुयायियों के लिए जहाँ वैसे ही आदर्श की परम्परा दो सौ वर्षों से भी अधिक काल के लिए चली और आज भी उसकी श्रृंखला किसी न किसी रूप में वर्तमान है, वहाँ कबीर साहब के अनंतर उनकी परम्परा में वैसी शक्ति नहीं दीख पड़ी और न वह आज तक संभव हो सकी। इसी का परिणाम हम यह भी देखते हैं कि 'सिख-धर्म' ने अपने संगठित प्रचार की प्रणाली द्वारा अपना प्रभाव आजकल के सार्वजनिक क्षेत्र पर भी जहाँ जमा रखा है, वहाँ कबीर-पंथियों की गणना हिंदू धर्म के साधारण सम्प्रदायों में ही होकर रह जाती है। कबीर साहब की विचार-धारा संभवतः आरंभ से ही कुछ न कुछ दार्शनिकता वा अधिक से अधिक सैद्धान्तिक रूप लेकर आगे बढ़ी थी और वह बहुत कुछ उपदेशात्मक बनकर ही रह गई, किन्तु गुरु नानकदेव की विचार-धारा का स्वरूप सदा से ही व्यावहारिक रहा और आगे आने वाली परिस्थितियों ने क्रमशः उसके स्पष्ट व सुदृढ़ होने में सहायता ही पहुँचाई। एक लेखक के कथनानुसार कबीर साहब, गुरु नानकदेव और महाप्रभु चैतन्य प्रायः एक ही युग में उत्पन्न हुए और इन तीनों के अनुयायी अलग-अलग आज भी वर्तमान हैं, किन्तु इन तीनों में से पहले के विचारों का प्रभाव जहाँ अत्यंत महत्त्वपूर्ण एवं विस्तृत था और तीसरे का व्यक्तित्व अत्यंत आकर्षक था, वहाँ दूसरे के कार्यों का परिणाम कहीं अधिक स्पष्ट और व्यावहारिक रहा।[१]

साम्प्रदायिकता— सिख-धर्म की सच्ची जानकारी उसके गुरुओं की रचनाओं के उचित ढंग से अनुशीलन करने पर ही हो सकती है। उसके साम्प्रदायिक उपदेशों के विवरण कतिपय धार्मिक पुस्तकों में भी पाये जाते हैं और कहीं-कहीं पर मुख्य बातों की अपेक्षा साधारण नियमादि के ही वर्णन अधिक मिलते हैं। सबसे प्रथम सिख-धर्म का परिचय देनेवाले भाई गुरुदास थे जो गुरु अर्जुन देव के संबंधी व समकालीन थे। भाई गुरुदास के ही द्वारा गुरु अर्जुन देव ने 'आदिग्रंथ' के प्रथम संस्करणवाला संग्रह लिखवाया था। गुरु अमर दास ने अपनी ओर से भी कुछ कविताओं की रचना की और अपनी ४० वारों के अंतर्गत सिख-धर्म के प्रचलित सिद्धांतों का वर्णन किया। इन वारों में से प्रत्येक में कुछ पौड़ियाँ हैं जिनकी संख्या एक समान नहीं है और इन पौड़ियों में से भी कुछ की पंक्तियाँ केवल पाँच हैं, तो दूसरी की दस तक पहुँची हुई हैं। भाषा प्राचीन और क्लिष्ट पंजाबी है, किन्तु उसकी सहायता से हमें सिख-धर्म के उस रूप का एक अच्छा सा परिचय मिल जाता है जो उस समय था। भाई गुरुदास ने सिख-गुरुओं द्वारा उस समय तक किये गए कार्यों का स्वभावतः एक प्रशंसात्मक विवरण दिया है। उन्होंने उस समय के प्रचलित अन्य धर्मों के ऊपर कहीं-कहीं कटाक्ष भी

---

१. डा. जे. ई. कार्पेंटर : 'थीज्म इन मिडीवल इंडिया' पृ. ४८८।

किये हैं और अपने धर्म को सर्वश्रेष्ठ बतलाया है। उदाहरण के लिए, वे कहते हैं कि जहाँ कहीं पर केवल एक सिख है, तो वह एक सिख समझा जा सकता है, परन्तु जहाँ दो भी सिख हैं वहाँ एक संतसमाज बन जाता है और यदि कहीं पर पाँच सिख हो गए तो फिर वहाँ पर स्वयं परमात्मा का ही संदेह वर्तमान रहना समझ लेना चाहिए। इसी प्रकार जैसे वर्ष के भीतर छः ऋतुएँ तथा बारह महीने हुआ करते हैं, किन्तु सूर्य केवल एक ही होता है, उसी प्रकार केवल सिख ही उस परमात्मा के दर्शन कर सकता है।' ऐसी बातों के अतिरिक्त भाई गुरुदास ने नम्रता, सत्संग, स्त्रियों का महत्त्व, नामस्मरण आदि विषयों का विवेचन भी किया है। भाई गुरुदास तीसरे सिख गुरु से लेकर छठे तक वर्तमान थे। वे संवत् १६८५ तक जीवित थे।

(१४) सिख-धर्म के सम्प्रदाय

सम्प्रदायों का निर्माण–वीर वंदा बहादुर के समय से ही सिखों के भीतर दलबंदी के भाव जागृत होने लगे। उसके पहले भी कुछ लोग किसी न किसी कारण से सिख-गुरुओं से पृथक होकर अपने-अपने नये पंथ चलाने के प्रयत्न करते आ रहे थे। गुरु नानकदेव का देहांत हो जाने पर उनके पुत्र श्रीचन्द्र (जन्म सं. १५५१) ने अपना 'उदासी सम्प्रदाय' चालाया और कश्मीर, काबुल, कांधार, पेशावर तथा अन्य कई स्थानों में भ्रमण करते हुए ठट्टा (सिंध) जैसे नगरों में कई केन्द्र भी स्थापित किये। कहा जाता है कि ये अपने पिता की गद्दी न पाने पर उदास हो गए थे। इनके अनंतर इसी प्रकार अपने पिता चौथे गुरु रामदास का उत्तराधिकारी न बन सकने के कारण प्रिथीचंद ने भी एक नया पंथ चलाया था जो 'मीनापंथी' के नाम से प्रसिद्ध हुआ और माँझ अर्थात् रावी और व्यास के बीच बसे हुए मध्यदेश के निवासी हंदल नामक किसी जाट ने अपना 'हंदली मत' स्थापित किया। ये हंदल गुरु अमर दास द्वारा दीक्षित हुए थे, किन्तु इनके तथा इनके अनुयायियों के विचारों में बहुत भिन्नता आ गई। एक चौथा पंथ गुरु हरराय के पुत्र रामराय के अनुयायियों का 'रामैया पंथ' भी इसी भाँति चल पड़ा था। परन्तु इन सभी का रूप धार्मिक ग्रंथों के समान ही विशेष रूप से लक्षित होता था और उनके अनुयायियों के भावों के पहले उतनी उग्रता नहीं दीख पड़ती थी। वीर वंदा बहादुर के समय से गुरु गोविंदसिंह द्वारा प्रवर्तित वीर 'खालसा सम्प्रदाय' के भीतर जो दो दल बने उनके रूप कुछ अधिक भयंकर दीख पड़े। उन 'सत्त खालसा' तथा 'वंदई खालसा' वालों में से प्रत्येक ने एक दूसरे को पूर्णतः नीचा दिखलाने के भी प्रयत्न किये और हानि पहुँचाई। इन कारणों से सिख-धर्म के अनुयायियों का समाज क्रमशः छिन्न-भिन्न होने लगा और धार्मिक दृष्टि से भी उनका अधःपतन आरंभ हो गया। ऐसे ही अवसर पर संवत् १९४७ के लगभग उसके कुछ अनुयायियों के हृदयों में सुधार की भावना जागृत हुई और उसके लिए प्रवृत्त होने वाले लोगों ने अपनी नयी संस्थाएँ स्थापित करना आरंभ किया जिस कारण कतिपय सुधारक सम्प्रदायों की भी सृष्टि हो गई।

विभिन्न सिख सम्प्रदाय–सिख-धर्म के अनुसार प्रचित किये गए सम्प्रदायों तथा उसके सुधारकों की ओर विशेष ध्यान देनेवाले समाजों की संख्या बहुत है। इनमें से कई के विचारों व व्यवहारों में केवल सूक्ष्म अथवा कुछ बाहरी भेद ही दिखलायी पड़ते हैं। फिर भी इनमें से कई हिन्दू-धर्म के अनुयायी जैसे बन गये हैं और उनके लिए इस समय हम 'सिख' शब्द का प्रयोग केवल नाम-मात्र के लिए ही कर सकते हैं। इन पंथों का इतिहास तथा इनके अंतर्गत भिन्न-भिन्न परिस्थितियों के अनुसार आ गई हुई प्रवृत्तियों का तुलनात्मक अध्ययन एक

मनोरंजक विषय होगा। सिख-धर्म के इन सम्प्रदायों के उत्थान व विकास तथा इसी प्रकार से कबीर-पंथ के भिन्न-भिन्न उपसम्प्रदायों की भी गतिविधि के विचारपूर्ण अवलोकन विश्लेषणात्मक विवेचन के द्वारा मानव समाज की धार्मिक मनोवृत्ति के वास्तविक महत्त्व का मूल्यांकन भली-भाँति किया जा सकता है। जो हो, यह प्रश्न विशेषकर समाज-शास्त्र के विद्वानों से संबंध रखता है और इसे यहीं छोड़ हम सिख-धर्म के उक्त वर्गों में से मुख्य-मुख्य का परिचय देते हैं।

१. उदासी सम्प्रदाय– 'उदासी-सम्प्रदाय' के अनुयायियों को भौतिक, अथवा विशेष रूप से राजनीतिक बातों से कभी कोई संबंध नहीं रहा है। उसके मूल प्रवर्तक श्रीचंद बराबर संन्यासियों के वेश में और अधिकतर कदाचित् नग्न रहकर ही भ्रमण किया करते थे और उनके अनुयायी लोगों का भी रहन-सहन सदा साधुओं की ही भाँति रहा। सांसारिक बातों की ओर से इनकी ऐसी तटस्थता देखकर गुरु गोविन्दसिंह इनके प्रति कुछ रुष्ट रहा करते थे और कभी-कभी इनकी अहिंसात्मक, भोली-भाली एवं सादी प्रवृत्ति के कारण इन्हें जैनी तक कह दिया करते थे। तीसरे गुरु अमर दास को भी यह सम्प्रदाय पसंद नहीं था और उन्होंने इसे भरसक निरुत्साहित ही किया था। किन्तु छठे गुरु हरगोविंद के पुत्र बाबा गुरुदित्त ने इसको फिर से जागृत किया। ये अधिकतर कर्तारपुर में रहा करते थे और कीर्तिपुर में मरे थे, जहाँ इनकी समाधि विद्यमान है। इन्हें केवल 'बाबाजी' भी कहा जाता है।

शाखाएँ व भेषादि–उदासी सम्प्रदाय की चार प्रधान शाखाएँ हैं जो 'धुआँ' कहलाती हैं और जिन्हें चार उदासियों ने चलाया था। (१) फूलसाहिब की शाखा बहादुरपुर में है, (२) बाबा हसन की चरनकौल में आनंदपुर के निकट है, (३) अलमस्त साहिब की पुरी और नैनीताल में है, और (४) गोविंद साहिब की शिकारपुर (सिंध) तथा अमृतसर में है। इनमें से प्रत्येक दूसरे से स्वतंत्र हैं और उसका प्रबंध भी एक भिन्न महंत करता है। उदासी लोग साधारणतः इधर-उधर अपने तीर्थ-स्थानों में भ्रमण करते फिरते हैं। किन्तु इनकी अधिक संख्या मालवा, काशी, जालंधर, रोहतक व फिरोजपुर में पायी जाती है। ये अपनी पूजा में घड़ी घंटा बजाया करते हैं और 'आदिग्रंथ' की आरती किया करते हैं। इन्हें भस्म व विभूति के प्रति बड़ी श्रद्धा है जिसे ये बहुधा अपने शरीर पर धारण भी किया करते हैं। इनके दीक्षा-संस्कार के समय भी इनका गुरु इन्हें नहलाकर भस्म लगा देता है। ये कुछ भस्म को सदा सुरक्षित भी रखते हैं और उसके ऊपर एक जंत्री वा छोटी मढ़ी भी बना देते हैं। इनका प्रिय मंत्र 'चरण साधका धो-धो पियो। अरप साध को अपना जियो" है। आजकल ये गैरिक वस्त्र धारण करते हैं, साधुओं की भाँति रहा करते हैं और विवाह का करना आवश्यक नहीं समझते। ये 'आदिग्रंथ' को मानते हैं। इनके भेष में हिंदू-साधुओं की अनेक बातें सम्मिलित हो गई हैं और इन्होंने साधारण हिंदुओं की आचार-विधि को भी बहुत कुछ अपना लिया। इस पंथ के अनुयायियों को कभी-कभी 'नागा' अथवा नानकशाही भी कहा करते हैं। इनका मुख्य गुरुद्वारा देहरा में है और पूर्वी भारत में इसकी ३७० गद्दियाँ बतलायी जाती हैं।[1]

संत सुवचना दासी–उक्त नानकशाही वा उदासी-सम्प्रदाय की एक अनुयायिनी संत सुवचना दासी अभी कुछ दिन हुए वर्तमान थीं। इनका जन्म सं. १९२८ में हुआ था और ये

१. विलियम क्रुक :'ग्लासरी' इ.भा. ४, पृ. ४१७-२० वा पृ. ४७९-८०।

गाँव डेहमा (जिला गाजीपुर) के दलसिंगार लाल की पुत्री थीं। इन्हें बचपन से ही भक्तिभाव तथा साधु-सेवा की लगन थी। चौदह वर्ष की व्यवस्था में इनका विवाह बलिया के रहने वाले जुगलकिशोर लाल के साथ हुआ था। एक बार गंगा स्नान करने जाते समय ये हीरादास साधु की झोपडी में जाकर वहाँ से शीघ्र लौट आयीं। साधु उदासी-सम्प्रदाय के ही नागा थे। सुवचना दासी उसी समय से बहुधा शब्दयोग का अभ्यास करने व समाधि में रहने लगीं। किंतु अपने पति की सेवा से अवकाश पाकर ही ये अपनी साधना में लगती थीं। इनका प्रभाव आगे चलकर इनके पति पर भी पड़ा था। बलिया में रहकर ये सत्संग किया करती थीं। इनकी रचनाओं में 'प्रेमतरंगिनी', 'विज्ञानसागर', 'विदेह मोक्षप्रकाश' आदि अधिक प्रसिद्ध हैं। इनका एक पद इस प्रकार है:-

'मोहि चार दिना रहनारे, भजसिन वाहगुरु।

छिन छिन उमिर घटत निसिवासर इकदिन उठ चलनारे।

अपनी करो फिकर चलने की यहाँ नही रहनारे।

जस अपजस ले साथ चलनारे, सुवचन हरि भजनारे।

२. **निर्मला सम्प्रदाय**–सिखों के एक दूसरे सम्प्रदाय 'निर्मला' की स्थापना वीरसिंह ने गुरु गोविन्दसिंह के समय में की थी। कहते हैं कि गुरु गोविंदसिंह को किसी अनूपकौर नाम की रूपवती खत्रानी ने छलपूर्वक अपने प्रेमपाश में बाँधना चाहा था जिसकी प्रतिक्रिया में गुरु साहब ने गैरिक वस्त्र परिधान करके उससे भेंट की और उसके प्रभावों से मुक्त हो चुकने के उपरांत वही वस्त्र वीरसिंह को प्रदान कर उन्हें इस पंथ की स्थापना के लिए आदेश दिया। इसी घटना के उपलक्ष में गुरु साहब का ४०४ कथाओं का सुप्रसिद्ध ग्रंथ 'त्रियाचरित' भी लिखा गया।[१] वीरसिंह ने सबसे अधिक ध्यान व्यक्तिगत पवित्रता एवं आचार-शुद्धि की ओर दिया था और इस विषय में वे सदा दृढ़ रहते आये। निर्मला लोग बड़े सच्चरित्र और प्रतिष्ठित समझे जाते हैं। ये लोग अधिकतर संस्कृत के विद्वान हुआ करते हैं और साधारणतः श्वेत वस्त्र परिधान किया करते हैं। इनका अखाड़ा इनके किसी महंत के शासनाधीन रहा करता है। ये अविवाहित भी होते हैं, इस सम्प्रदाय के अनुयायियों का भी मुख्य ध्येय उदासियों की ही भाँति गुरु नानकदेव के मूल सिद्धान्तों के अनुसार चलना है। ये धार्मिक बातों के साथ-साथ सांसारिकता का संबंध अधिक बनाये रखना नहीं चाहते और न इसी कारण राजनीतिक उथल-पुथल का प्रभाव इनपर कभी पड़ सकता है। इनकी भी धर्म-पुस्तक 'आदिग्रंथ' है।

३. **नामधारी सम्प्रदाय**– सिखों के 'नामधारी सम्प्रदाय' को लुधियाना के भाई रामसिंह नामक एक सिख ने प्रवर्तित किया था जो पहले महाराजा रणजीतसिंह की सेना में रह चुके थे। सेना का परित्याग करने के उपरांत उनके हृदय में धार्मिक भावनाएँ जागृत हुईं और वे कैबलपुर जिले के किसी उदासी सम्प्रदायवाले बाबा बालकराम से दीक्षित होकर अपने नवीन पंथ को प्रवर्तित करने की ओर अग्रसर हुए। उनके अनुयायी बाबा बालकराम (मृ. सं. १९२०) को ११वाँ तथा रामसिंह को १२वाँ सिखगुरु मानते हैं और एक विशेष प्रकार से वेश भूषादि धारण करते हैं। ये पक्के निरामिषभोजी हुआ करते हैं और नामधारियों से भिन्न किसी और

१. जे. सी. ओमन : 'दि मिस्टिक्स ऐसेटिक्स ऐंड सेंट्स आफ इंडिया। (फिशर उनविन, १९०३) पृ. १९६-८।

के हाथ की रसोई ग्रहण भी नहीं करते। ये खादी के वस्त्र पहना करते हैं और आपस के झगड़ों को भर सक अदालतों तक ले जाना पसंद नहीं करते। ये अपने गुरु की सेवा प्राणपण से करने पर तैयार रहते हैं। इनका एक दूसरा नाम 'कूका' भी है। 'कूका' का शब्दार्थ कूक करनेवाला होता है जिसका अभिप्राय यह है कि इस पंथवाले आराधना के अवसर पर बहुधा सिर हिलाया करते और चिल्लाते हैं तथा अंत में 'संत श्री अकाल' कहते-कहते भाववेश तक में आ जाते हैं। सर्वप्रथम यह पंथ पौरोहित्य के विरुद्ध चलाया गया था। ये लोग गोवध के भी बहुत विरुद्ध हैं और अपने अनुयायियों द्वारा बहुत-से कसाइयों की हत्या किये जाने पर इनके गुरु रामसिंह को रंगून में निर्वासित होना पड़ा था जहाँ ये सं. १९४५ में मरे थे। कूका लोग बहुधा एक प्रकार की सीधी पाग बाँधते हैं।

४. **सुथराशाही**–सिख-धर्म के एक अन्य सम्प्रदाय 'सुथराशाही' की स्थापना किसी सुथराशाह ने की थी। कहा जाता है कि उनके पिता ने उन्हें बचपन में इसलिए त्याग दिया था कि वे बड़े गन्दे ढंग से रहा करते थे, और सर्व प्रथम गुरु हरगोविंद ने उन्हें सुथरा वा स्वच्छ कहकर अपनाया था। परन्तु इस बात को कुछ लोग अनैतिहासिक मानते हैं और उन्हें सुथराशाह कहे जाने का मूल कारण उनके सुतार वा बढ़ई के वंश में जन्म लेना ठहराते हैं।[१] सुथराशाही सम्प्रदाय की उत्पत्ति के विषय में और भी अनेक मत हैं जिनके अनुसार कुछ लोग सुथराशाह को गुरु अर्जुन का शिष्य समझते हैं और दूसरों का कहना कि वे गुरु हरिराय के समकालीन सूचा नाम के ब्राह्मण थे जो पीछे से सुथराशाह कहलाये। इसी प्रकार कुछ अन्य लोग इस पंथ के प्रचलित करने का श्रेय गुरु तेगबहादुर को देना चाहते हैं। जो हो, इस सम्प्रदाय के अनुयायियों के प्रति सर्वसाधारण की श्रद्धा आजकल पूर्ववत् नहीं देखी जाती। ये लोग अधिकतर दो लोहे के डंडे बजाकर पैसे माँगने में दुराग्रह करनेवाले व्यक्तियों के ही रूप में देखे जाते हैं और पूर्व की ओर तो इनके संबंध में एक कहावत भी चल पड़ी है कि "केहू मुये केहू जीये, सुथरा घोरि बतासा पीये"।[२] सुथराशाहियों का प्रधान केन्द्र पहले पठानकोट के निकटवर्ती नगर बुरहानपुर में था, परन्तु पीछे वहाँ से हटकर लाहौर में कश्मीर दर्वाजे पर आ गया। सुथराशाह एक बड़े बहादुर पुरुष कहे जाते हैं और प्रसिद्ध है कि उन्होंने गुरु हरगोविन्द की बड़ी सहायता की थी जिस कारण उन्हें मुगलों का अत्याचार भी सहन करना पड़ा था। परन्तु उनके अनुयायियों में अब इस प्रकार के लोग नहीं पाये जाते और इस पंथ की बहुत कुछ अवनति भी सुनी जाती है।[३] सुथराशाही अधिकतर पंजाब व बंगाल में पाये जाते हैं।

५. **सेवापंथी सम्प्रदाय**– सिखों के 'सेवापंथी सम्प्रदाय' की स्थापना कन्हैया नामक एक व्यक्ति के कारण हुई थी। वह सेवाधर्म का कट्टर अनुयायी था और मुगलों द्वारा गुरु गोविन्दसिंह के आनंदपुरवाले दुर्ग पर चढ़ाई किये जाने पर उसने शत्रु एवं मित्र दोनों के दलों को पानी पिलाने की व्यवस्था समान रूप से की थी। गुरु गोविन्दसिंह ने उसकी बड़ी प्रशंसा की और उसे मानव-जाति का सच्चा सेवक बतलाया। कन्हैया ने अपने विचारों के आधार पर एक नवीन पंथ भी चलाने का प्रयत्न किया और उसके अनुयायियों की संख्या बढ़ने लगी। उसके

१. क्षितिमोहन सेन :'मिडीवल मिस्टिसिज्म आफ इंडिया', पृ. १६९।
२. डा. निकल मैकनिकल : 'इंडियन थीज्म' पृ. १५५।
३. जे. सी. ओमनः 'मिस्टिक्स' इ. पृ. १९८-२००।

एक शिष्य का नाम सेवाराय था और सेवापंथी नाम पहले पहल कदाचित् इसी कारण पड़ा था। कन्हैया के एक दूसरे शिष्य के नाम पर अमृतसर में इस सम्प्रदाय के अनुयायी अदलशाही क़हलाते हैं। फिर भी सेवापंथी कहलानेवाले सिख आज भी अपनी निःस्वार्थ सेवा व सहृदयता के लिए प्रसिद्ध हैं। वे ईमानदारी के साथ मजदूरी करने और रस्सी बँटने जैसे छोटे-छोटे काम करके भी खाना अधिक पसंद करते हैं। यदि वे भिक्षा-वृत्ति भी स्वीकार करते हैं, तो जो कुछ भी मिल जाए उसी से संतोष कर लिया करते हैं।

६. अकाली सम्प्रदाय–उक्त सिख सम्प्रदायों में से 'निर्मला' को छोड़कर अन्य सभी 'सहजधारी' भी कहलाते हैं, क्योंकि उनका मुख्य उद्देश्य पूर्ववत् रहना ही कहला सकता है। किन्तु निर्मला एवं निहंग कहलानेवाले लोगों को कभी-कभी 'सिंहधारी' कहा जाता है। 'निहंग' का शब्दार्थ निश्चित वा निर्भीक समझा जाता है और इन लोगों के अन्य नाम 'अकाली' और 'शहीदी' भी हैं। ये लोग खालसा सम्प्रदाय के पक्के अनुयायी होते हैं और इनकी धार्मिक प्रवृत्ति बहुत कुछ राजनीतिक व सामाजिक बातों द्वारा भी प्रभावित रहा करती है। इनका आविर्भाव वास्तव में खालसा सम्प्रदाय की उत्पत्ति के पहले अर्थात् सं. १७४७ के लगभग मानसिंह के नायकत्व में हुआ था। जिस समय चमकोर के छोटे-से दुर्ग में केवल ४० सिखों ने मुगल सेना का सामना किया था और अंत में वहाँ से गुरु गोविंदसिंह को भेष बदलकर स्थान छोड़ देना पड़ा था, उस समय उन्होंने मार्ग में फकीरों के नीले वस्त्र पहन लिये थे जिन्हें उन्हें निर्दिष्ट गाँव तक पहुँचकर अपने योग्य साथी मानसिंह को दे दिया था तथा उन्हें एक नवीन पंथ चलाने की अनुमति भी दे दी थी। अकाली लोग इसी कारण नीले वस्त्र को ही अधिक पसंद करते हैं और उसी के साफे बांधा करते हैं। कुछ अकाली अपने नीले साफे के नीचे एक पीला कपड़ा भी बाँधते हैं जो बहुधा उनके ललाट की ओर दीख पड़ता है। कहते हैं कि दिल्ली के किसी खत्री नन्दलाल ने गुरु गोविंन्दसिहं से कभी पीले वस्त्र पहनने का आग्रह किया था जिसे गुरु ने स्वीकार कर लिया था और उसी के स्मारक रूप में ऐसा किया जाता है। अकाली लोग पारस्परिक सहायता के बड़े इच्छुक देखे जाते हैं और इनके नियमों में एक यह भी प्रसिद्ध है कि भोजन करते समय ये पहले चिल्लाकर पूछ लेते हैं कि क्या किसी को भोजन की आवश्यकता है और किसी के 'हाँ' कह देन पर उसे ये अपनी थाली में से कुछ अंश निकालकर दे देते हैं। ये गाँजा, तम्बाकू आदि कभी नहीं पीते, किन्तु कभी भंग छान लिया करते हैं।

इसकी विशेषताएँ–इनके सिद्धांतों के अनुसार धार्मिक आचार-विचार एवं युद्ध-संबंधी कार्यों में कोई भी मौलिक अंतर नहीं और न सार्वजनिक जीवन में पूरा भाग लेकर उसे उन्नत रूप में अग्रसर करते रहना किसी भी प्रकार से धार्मिक रहन-सहन के विपरीत समझा जा सकता है। इसके सिवाय इनका उद्देश्य एक यह भी जान पड़ता है कि सिख-धर्म के अनुयायियों को एक अलग जाति के रूप में स्वीकार किया जाना सर्वथा उचित है। इसी कारण ये हिन्दू-धर्म द्वारा अपनायी जानेवाली परम्पराओं की ओर ध्यान न देकर अधिकतर सिख-धर्मोचित नवीन बातों को ही प्रश्रय देते हैं। ये परमात्मा को सदा अकाल पुरुष के नाम से पुकारते हैं, अपने ढंग से वस्त्रादि धारण किया करते हैं और अमृतसर के 'अकाल तख्त' को सबसे अधिक महत्त्व व प्रतिष्ठा प्रदान करते हैं। किन्तु महाराजा रणजीतसिंह के समय से इनका एक प्रधान स्थान आनंदपुर भी समझा जाने लगा है। अकाली लोग स्वभावतः शूरवीरों का जीवन अधिक पसंद

करते हैं और इनकी साम्प्रदायिकता कट्टरपने की सीमा तक पहुँच जाया करती है। ये सिखों में अपने को सर्वश्रेष्ठ मानते हैं। इन्होंने विक्रम की बीसवीं शताब्दी के पूर्वद्‌र्ध से ही कई प्रकार के सुधारों का सूत्रपात किया है और आज तक लड़-भिड़कर अनेक अधिकार भी हस्तगत कर लिये हैं। सं. १९४७ के लगभग प्रतिष्ठित 'सिंह-सभा' के प्रसिद्ध आंदोलन द्वारा सिख जाति के अंतर्गत राष्ट्रीयता की भावना जागृत हो उठी थी और नामधारियों द्वारा भी उसे पूरी सहायता मिली थी, किंतु अकालियों की एकांतनिष्ठा ने इसे कहीं अधिक शक्ति प्रदान कर दी और उनमें आत्मनिर्भरता के भाव भर दिये। इन्होंने समय-समय पर अपने सत्याग्रहों से भी अनेक प्रकार की विजय प्राप्त की है।

७. भगतपंथी सम्प्रदाय–'भगतपंथी' सिख अधिकतर बन्नू जिले के पहारपुर में और डेरा इस्माइलखाँ की तहसील में पाये जाते हैं। ये विवाह, मृत्यु आदि के अवसरों पर किसी विधि विशेष की ओर ध्यान नहीं देते। ये घर पर 'ग्रंथसाहिब' को ले जाते हैं और उसके कुछ अंश वहीं विवाह के अवसर पर पढ़ लेते हैं। मृत्यु के समय उनके शव गाड़े जाते हैं, जलाये नहीं जाते और उसके अनंतर कुछ दिनों तक उक्त धर्म-ग्रंथ के कुछ अंश पढ़े जाते रहते हैं। इनमें छुआछूत का विचार बिल्कुल नहीं रहता और न ये कभी तीर्थ, व्रत, मूर्तिपूजा, श्राद्ध आदि का ही नाम लेते हैं। इनके यहाँ नित्य प्रति की प्रार्थना अत्यंत आवश्यक है जो छः बार हुआ करती है–सूर्योदय के पहले, दोपहर के पहले, दोपहर के अनंतर, सूर्यास्त के पहले, सायंकाल एवं रात को। प्रार्थना के समय ये आठ बार बैठते हैं, आठ बार उठा करते हैं और आठ बार साष्टांग दंडवत भी करते हैं। ये शुद्ध 'सिख-धर्म' के उपासक हैं।[१]

८. गुलाबदासी सम्प्रदाय–'गुलाबदासी सम्प्रदाय' के प्रधान संचालक गुलाबदास पहले उदासी थे, किन्तु कुसूर के हीरादास के प्रभाव में पड़कर उन्होंने उदासियों की परम्परा का परित्याग कर दिया। इनकी रचना 'उपदेशविलास' नाम से प्रसिद्ध है। इनके मत का मुख्य उद्देश्य आनंद है जिस कारण इनके अनुयायी बाल नहीं रखते, सुन्दर से सुन्दर कपड़े पहनते हैं व ऐश्वर्य भोगते हैं। ये असत्य के प्रति बड़ी घृणा प्रदर्शित करते हैं। ये ईश्वर की भावना में भी वैसी आस्था नहीं रखते और न इसकी कोई आवश्यकता समझते हैं। ये लाहौर, जालंधर, अमृतसर, फीरोजपुर, अम्बाला व करनाल में अधिकतर पाये जाते हैं।

९. निरंकारी सम्प्रदाय–'निरंकारी सम्प्रदाय' को पेशावर के एक भाई देयालदास ने प्रवर्तित किया था जो सं. १८९२ के लगभग रावलपिंडी में आकर बस गए थे। इनकी मृत्यु के अनंतर सं. १९२७ में इनके पुत्र भाई भारा वा दरबारा सिंह ने उत्तराधिकार ग्रहण किया। लोग शुद्ध निरंकार की आराधना करते हैं जो प्रार्थनाएँ सुना करता है। प्रत्येक मास के प्रथम दिवस को ये विशेष रूप से पवित्र मानते हैं और उस दिन 'ग्रंथ' का अध्ययन वा श्रवण विशेष रूप से होता है। इनकी विशेष श्रद्धा गुरु नानकदेव के ही पदों के प्रति रहा करती है। रावलपिंडी में लेई नाम की जलधारा के निकट इनका अमृतसर बिलकुल अलग बना हुआ है, जहाँ पर इनके मुर्दे भी जलाये जाते हैं। रावलपिंडी ही इनका प्रधान केंद्र है।[२]

---

१. एच. ए. रोज : 'ए ग्लासरी' इ. भा. २, पृ. ८२।

२. एच . ए. रोज : 'ए ग्लासरी'इ भा. ३, पृ. १७७।

अन्य सम्प्रदाय– अन्य सिख सम्प्रदायों में से प्रिथीचंद के 'मीनापंथी', रामराय के 'रामैया पंथी' तथा हंदल के 'हंदली सम्प्रदाय' के संबंध में पहले चर्चा की जा चुकी है। इन सबका मतभेद मूल सिख-धर्म के साथ सर्वप्रथम व्यक्तिगत या अधिक से अधिक साम्प्रदायिक मात्र ही रहा। हंदलियों ने तो कभी-कभी स्वयं गुरु नानकदेव के भी विरुद्ध कुछ न कुछ कह डाला। ये लोग 'निरंजनी' कहलाकर भी प्रसिद्ध हैं, क्योंकि इस सम्प्रदाय के मूल प्रवर्तक ने ईश्वर को 'निरंजन' शब्द के द्वारा ही अभिहित किया था। इनका गुरुद्वार जंडियाल (जिला अमृतसर) में 'बाबा हंदल दरबार साहिब' के नाम से प्रसिद्ध है। हंदल की मृत्यु सं. १७११ में हुई थी तथा उनके उत्तराधिकारी देवीदास हुए थे जो उनकी मुसलमान पत्नी से उत्पन्न थे। इन्हें सिखों के साथ विरोध-भाव रहा जिस कारण महाराजा रणजीतसिंह ने इनकी भू-संपत्ति भी जब्त कर ली थी। कहा जाता है कि इन्होंने अहमदशाह अब्दाली की भी सहायता की थी और इस कारण भी अन्य सिख इन्हें शत्रुवत् मानते थे। हंदलियों के अतिरिक्त उदासियों का एक उपसम्प्रदाय 'दीवाने साध' नाम का भी था जो अपने को धार्मिक उन्मादी माना करता था। फिर भी उक्त सभी सम्प्रदायों में अधिक प्रभावशाली व प्रसिद्ध वर्ग अकालियों का ही रहता आया है।

सुधार की योजनाएँ– वास्तव में जब से 'सिख-धर्म' के अंतर्गत सुधार की लहर उमड़ी है, तब से इसके छोटे-मोटे सम्प्रदाय भी, जो पहले हिंदू-धर्म की ओर अधिकाधिक झुकते-से जा रहे थे, उसकी थपेड़ों से सजग होकर अपने को संभालने लगे हैं। अब सिख जाति का प्रत्येक युवक एक नये वातावरण से प्रभावित होकर 'इस नवीन परिस्थिति में हमारा क्या कर्तव्य है' का उत्तर सोचने लगा है। उसकी शिक्षा पूर्ण करने के लिए अनेक स्कूल तथा कालेज खुल गए हैं, बहुत-सी धार्मिक पुस्तकें प्रकाशित होती जा रही हैं तथा भिन्न-भिन्न सभाओं द्वारा सिखों के इतिहास, उनकी पृथक संस्कृति एवं मानव-समाज के भीतर उनके स्थान-विशेष की ओर संकेत कर उनका महत्त्व बतलाया जा रहा है। सिख जाति अपने को अब एक निरा धार्मिक समाज कहना छोड़कर एक सम्मानित राष्ट्र मानने की ओर अग्रसर होती दीखती हें। उसने अपने ऐतिहासिक विकास के प्रकाश में इस बात को भली भाँति देख व समझ लिया है कि हम जिस प्रकार एक धार्मिक सम्प्रदाय के रूप में रहकर भजन-भाव में लीन रह सकते हैं, वैसे ही अवसर पड़ने पर अपने बाहुबल-द्वारा शक्ति अर्जित करके महाराजा रणजीत सिंह (सं. १८३७:१८९६) की भाँति एक बड़े भूखण्ड पर शासन भी कर सकते हैं। भारतवर्ष के भीतर यह जाति आजकल एक महत्त्वपूर्ण अल्प-संख्यक वर्ग के ही रूप में है और हिंदुओं अथवा मुसलमानों की तुलना में इनकी प्रायः सत्तावन लाख प्राणियों की संख्या नगण्य समझी जा सकती है, किन्तु देश का विभाजन हो जाने के कारण इनका प्रभाव कम से कम भारत में बहुत बढ़ता जा रहा है। अब इनके लिए अवसर मिल गया है कि ये अपने को गुरु गोविन्दसिंह के 'तीसरा पंथ कीनो' वाक्य को भली भाँति चरितार्थ कर दें। फिर भी हिंदू जाति के साथ सिख जाति का कोई मौलिक भेद नहीं है और दशम गुरु द्वारा कहा गया उक्त पदांश कदाचित् साम्प्रदायिकता के आवेश में निकला हुआ उद्गारमात्र प्रतीत होता है। अतएव यह भी संभव है कि गुरु नानक द्वारा बीज-रूप में रोपा गया, गुरु अमर दास की भेदभावरहित विचार-धारा द्वारा सींचा गया, गुरु अर्जुन के आत्मोत्सर्ग के आलबाल में पोसा गया, गुरु हरगोविन्द सिंह के पराक्रम द्वारा पुष्टि प्रदान किया गया यह पेड़ किसी दिन विशाल हिंदू जाति

के उद्यान का एक सुन्दर वृक्ष बनकर मानव समाज को अपने मधुर फल अर्पित कर सके और दोनों मिलकर एक महान भारतीय राष्ट्र के रूप में उसका पथ-प्रदर्शन करने में भी समर्थ हो जाएँ।

४. फुटकर संत

(१) संत जम्भनाथ व जाम्भोजी

संक्षिप्त परिचय— संत जम्भजी सं. १५०५ विक्रमी की मिती भादो वदी ८ को सोमवार के दिन जोधपुर के अन्तर्गत नागोर इलाके के पयासर (पीपासर) गाँव में उत्पन्न हुए थे। इनके पिता का नाम लोहित और माता का नाम हांसा था और इनकी जाति परमार राजपूत की थी। कहा जाता है कि बचपन में ये गायें चराया करते थे और उसी समय इन्होंने राव दूदाजी (सं. १४९७-१५७२) को एक लकड़ी देकर आशीर्वाद प्रदान किया था जो फलीभूत हो गया था। ये अपनी माता की एकमात्र संता थे और इनका अपने गृह में जन्म हो जाने से वे अत्यंत प्रसन्न रहा करते थे। इस समय इनके जन्मस्थान पर एक मंदिर बना हुआ है जिसका जीर्णोद्धार कुछ दिन हुए किसी प्रेमदास ने कराया था। इनके किसी गुरु का पता नहीं चलता और न यही विदित होता है कि इन्होंने अपने बचपन में कुछ पढ़ा-लिखा भी था वा नहीं। इनके लिए यहाँ तक प्रसिद्ध है कि ये प्रायः ३४ वर्ष की अवस्था तक एक शब्द भी नहीं बोला करते थे और अपने चमत्कारों के ही कारण ये 'अचंम्भा' शब्द से 'जम्भाजी' कहलाये।[१] कहते हैं कि सं. १५४२ में इनका गूँगापन मिटाने के लिए इनके पिता ने नागोर की देवी की पूजा १२ दीप जलाकर करानी चाही, किंतु इन्होंने उन दीपों को बुझाकर उपदेश देने आरंभ कर दिए। किंतु इनकी रचनाओं से इनके अनुभव की गंभीरता स्पष्ट लक्षित होती है। ये अपने समय के एक पहुँचे हुए साधक समझे जाते थे, और कदाचित् इसी कारण इनका नाम मुनीन्द्र जम्भ ऋषि करके भी प्रसिद्ध था।

रचनाएँ— संत जम्भजी की लिखी हुई कोई पुस्तक अभी तक उपलब्ध नहीं है, किंतु इनकी कतिपय फुटकर रचनाएँ कुछ संग्रहों में बिखरी हुई पायी जाती हैं। प्रसिद्ध है कि इन्होंने राजस्थान से बाहर जाकर भी उपदेश दिये थे और अपने प्रवर्तित मत का नाम भी 'विश्नुई' मत वा विश्नुई सम्प्रदाय रखा था। परन्तु ऐसे किसी पंथ का कोई विवरण नहीं मिलता और न उसके अनुयायियों का ही विशेष परिचय पाया जाता है। फिर भी इतना पता चलता है कि राजस्थान के अतिरिक्त उत्तर प्रदेश के बिजनौर, बरेली व मुरादाबाद जिलों में भी इनकी शिष्य परम्परा के लोग कुछ संख्या में वर्तमान हैं। इनके जीवन-काल के शिष्यों में हावली पावजी, लोहा पागल, दत्तनाथ एवं मालदेव आदि के नाम लिये जाते हैं जो बहुत कुछ नाथ-पंथी से ही जान पड़ते हैं। इनकी उपलब्ध रचनाओं में भी हमें वस्तुतः देहभेद, योगाभ्यास, कायासिद्ध जैसे विषय ही अधिकतर पाये जाते हैं। फिर भी उन सबके देखने पर यही प्रतीत होता है कि ये संत-मत के अनुयायी थे, किंतु नाथ-पंथ का भी प्रभाव इन पर विशेष रूप से पड़ चुका था।

सिद्धांत व साधना— इनके सिद्धांत एवं साधना का कुछ पता इनकी निम्नलिखित रचनाओं के आधार पर लगाया जा सकता है :—

---

१. एच्.ए. रोजः 'ए ग्लासरी' इ. (भाग २) पृ. ११०।

'आजपा जपोरे अवधू, अजपा जपो।
पूजो देव निरंजन थान, गगन मंडल में जोति लखाऊं।
देव धरो वा ध्यान।

इसी प्रकार

'मोहन बंधन मन परबोधन, शिक्षा से ग्यान विचारं।
पंच सादत कर एकसो राखवा, तो यों उतरवा भवपारं॥
'गगन हमारा बाजा बाजे, मूल मंतर फल हाथी।
संसै का बल गुरुमुख तोड़ा, पाँच पुरुष मेरे साथी॥
जुगति हमारी छात्र सिंघासन, महासक्ती में बाँसें।
जम्भनाथ वह पुरुष विलच्छन, जिन मंदिर रचा अकासं॥

और

'ओ सबद सोहं आप, अंतर जपे अजपा जपा।
सत्त सबद ले लंघे घाट, फिर न आवे जोनी याद।
परे विश्नु अम्रित रस पीवे, जरा न ब्यापे जुगःजुग जीवे।
ओं विश्नु सोहं विश्नु, तत् सरूपी तारक विश्नु'।

तथा,

'वही अपार सरूप तू, लहरी इन्द्र धनेस।
मित्र वरुन और अरजमा, अदिती पुत्र दिनेस।
तू सरवग्य अनादि अज, रविसम करत प्रकास।
एक पाद में सकल जग, निसदिन करत निवास।
इस अपार संसार में, किस विधि उतरूँ पार।
अनन्य भगत में आपका, निश्चल लेहु उबार।'[1]

अर्थात् 'ओं' स्वरूपी सत् शब्द का अजपा जाप करनेवाला 'विष्णु' नामक परात्पर तत्व के साथ तदाकारता ग्रहण कर लेता है और उसे फिर जन्म-मरण के चक्कर में आना नहीं पड़ता। हमारे पिंड के ही भीतर गगन में वह शब्द सदा गूँज रहा है जिसे गुरुकृपा-द्वारा अनुभव कर लेने पर मूल मंत्र हमारे हाथ लग जाता है, हमारी पहुँच वहाँ तक हो जाती है और सभी प्रकार के संशय नष्ट हो जाते हैं। उस गगन-मंडल में ही निरंजन का स्थान है जहाँ की परम ज्योति का ध्यान कर के साधक मोहादि के बंधनों से मुक्त हो जाता है और भवसागर के पार भी चला जाता है। वह परात्पर परम तत्व ही इन्द्र, वरुण, सूर्य आदि के रूपों में भी विद्यमान है। वह अनादि है, अजन्मा है और परमप्रकाश भी है और उसी की शरण में जाने से मोक्ष संभव है।

जनश्रुति के अनुसार जंभजी का देहांत सं. १५८० विक्रमी के लगभग किसी समय हुआ था। इन्होंने तालबा (बीकानेर) में समाधि ली थी जहाँ साल में दो बार मेला लगा करता है और प्रति बार मनों घी का हवन होता है।

१. 'संतमाल', (सिवब्रतलाल) पृ. १५६ : ७।

(२) संत शेख फरीद

संक्षिप्त परिचय—शेख फरीद एक बहुत बड़े फकीर हो चुके हैं और इनकी बहुत सी रचनाएँ सिखों की प्रसिद्ध पवित्र पुस्तक 'आदिग्रंथ' में संगृहीत हैं। इनकी अनेक पदवियाँ जैसे, 'फरीद सानी', 'सलीस फरीद', 'शेख फरीद ब्रह्म कल', 'बलराज', 'शेख ब्रह्म साहब', 'शाह ब्रह्म' आदि सुनी जाती हैं और कहा जाता है कि इन्होंने अनेक प्रकार के चमत्कार भी किये थे। 'खोलासा तुत्तवारीख' के आधार पर मेकालिफ साहब ने लिखा है कि ये २१वीं रज्जब सन् ९६० हि. अर्थात् सन् १५५२ वा सं. १६०९ में मरे थे। उस समय तक इन्हें अपनी गद्दी पर बैठे हुए ४० वर्ष बीत चुके थे। उन्होंने इनके दो लड़कों का भी पता बतलाया है जिनमें से एक शेख ताजुद्दीन मुहम्मद था और दूसरा शेख मुनव्वर शाह शहीद नाम का था। इनका पहला लड़का भी एक प्रसिद्ध फकीर हो चुका है। इनके अनेक शिष्यों में से शेख सलीम चिश्ती, फतेहपुरी का नाम बहुत प्रसिद्ध है। इनके अनेक शिष्यों में से शेख सलीम चिश्ती, फतेहपुरी का नाम बहुत प्रसिद्ध है। इनके प्रधान शिष्यों की संख्या आधे दर्जन से किसी प्रकार भी कम न होगी।[१] कहा जाता है कि शेख फरीद का जन्म दीपालपुर के निकट बसे हुए किसी कोठीवाल नामक गाँव में हुआ था और इनकी समाधि सरहिंद में अभी तक वर्तमान है।[२]

वंश-परम्परा व बाबा फरीद—फारसी में इतिहास लिखनेवाले प्रसिद्ध फिरिश्ता का कहना है कि जिस समय तिमूरलंग सन् १३१८ ई. (अर्थात् सं. १३७५) में पंजाब प्रांत के नगर अजोधन वा पाकपत्तन तक पहुँचा था, उस समय वहाँ की गद्दी पर सादुद्दीन नाम का एक फकीर, जो प्रसिद्ध फकीर बाबा फरीद का पोता था, वर्तमान था और वह भटनेर के कई निवासियों के साथ बीकानेर की ओर भाग निकला तथा वहाँ जाकर उन लोगों ने उक्त आक्रमणकारी के साथ संधि भी कर ली थी।[३] पाकपत्तन की इस गद्दी के मूल संस्थापक प्रसिद्ध बाबा फरीद थे, जिन्हें शेख फरीदुद्दीन चिश्ती वा शकरगंज भी कहा जाता है। उनका जन्म सं. १२३० में पंजाब प्रांत के अंतर्गत उक्त कोठीवाल गाँव में ही हुआ था और वे शेख मुइनुद्दीन चिश्ती के शिष्य थे। उन्होंने मांटगुमरी जिले के अजोधन गाँव में, जो सतलज नदी के किनारे डेरागाजीखाँ व डेरा इस्माइलखाँ की ओर जानेवाली सड़कों की मोड़ पर बसा हुआ था, लगभग १२ वर्षों तक रहकर तप किया था, इस कारण वह गाँव उनकी साधनाओं द्वारा पवित्र 'पाकपत्तन' के नाम से विख्यात हो गया।[४] उस समय सूफियों के अनेक प्रचारक अपने प्रचार-कार्य में लगे हुए थे और तदनुसार बाबा फरीद ने भी देहली, मुलतान आदि नगरों की यात्रा करके उन्हें अपना सहयोग प्रदान किया। फिर भी उनका विशेष प्रभाव दक्षिण पंजाब में ही पड़ा। उन्होंने फारसी एवं पंजाबी हिंदी में अपनी अनेक कविताएँ रचीं और नीच जाति वाले हिन्दू लोगों को मुसलमान भी बनाया। पंजाबी हिन्दी साहित्य का इतिहास लिखनेवाले उन्हें लहंदी में की गई कविता का सर्वप्रथम योग्य कवि वा लहंदी-काव्य का 'पिता' तक कहा करते हैं। उनके स्वभाव में इतना माधुर्य था कि उन्हें लोगों ने 'शकरगंज' कहना भी आरम्भ

१. एम्. ए. मेकालिफ : 'दि सिख रेलिजन' (भा. ६) पृ. ३५७-८।
२. सी. एच. लाकलिन : 'दि सिक्स ऐंड देयर बुक' लखनऊ' १९४६ पृ. ९९।
३. एम्. ए. मेकालिफ :'दि सिख रेलिजन' (भा. ६) पृ. ३५६-७।
४. क्षितिमोहन सेन : 'मिडींवल मिस्टिसिज्म' पृ. १७।

कर दिया था। उनका देहांत सं. १३२२ में हुआ था। बाबा फरीद की रचनाओं में उनके पवित्र जीवन की छाप है।

शेख फरीद व गुरु नानकदेव– शेख फरीद उन्हीं बाबा फरीद के योग्य वंशधर थे और उन्हीं के नामानुसार इन्हें फरीद सानी अर्थात् द्वितीय फरीद कहा जाता है। सिख गुरु नानकदेव के संबंध में लिखी गई प्राचीन जनमसाखियों से विदित होता है कि जिस फरीद के साथ उनकी भेंट हुई थी, वे ये ही शेख फरीद वा शेख ब्रह्म थे। अतएव मेकालिफ साहब ने भी इसी बात में अपना विश्वास प्रकट किया है और बतलाया है कि शेख फरीद के नाम से जो पद वा सलोक 'आदि-ग्रंथ' में संगृहीत हैं, वे निश्चित रूप में इन्हीं शेख फरीद की रचनाएँ हैं।[१] उक्त पदों की संख्या केवल चार है और वे राग आसा तथा राग सूही में रचे गए हैं, किन्तु इनके सलोक लगभग १३० हैं। गुरु नानकदेव अपनी पूर्ववाली यात्रा से लौटते समय पंजाब आने पर उसके दक्षिणी भाग की ओर गये थे जहाँ पर ये अपनी गद्दी पर पाकपत्तन में उसका प्रधान होकर विद्यमान थे। जनमसाखियों में इन्हें शेख इब्राहिम भी कहा गया है। शेख इब्राहिम ने गुरु नानकदेव के जाते ही उनसे प्रश्न किया, "या तो तुम्हें सांसारिक जीवन व्यतीत करना चाहिए अपना उसे त्याग कर केवल आध्यात्मिक जीवन में ही लग जाना चाहिए। तुम दोनों को एक साथ क्यों अपनाये हुए हो।" एम्. ए. 'मेकालिफ' : 'दि सिख रेलिजन' (भा. ६) पृ. ८४-६। जिसका उत्तर देते हुए गुरु नानकदेव ने बतलाया कि "सांसारिक जीवन का उपभोग करते हुए भी भगवान् की स्मृति सदा बनाये रखनी चाहिए, क्योंकि ऐसी दशा में शरीर चाहे नष्ट भी हो जाए, किंतु आत्मा सदा सुरक्षित रह जाएगी।" शेख इब्राहिम ने फिर दूसरी जिज्ञासा प्रकट की और उनसे कहा कि "मनुष्य सांसारिक प्रेम के पीछे ही लट्टू बना हुआ है और संसार की ओर दृष्टिपात करने से भी मानव-शरीर नष्ट हो जाता है" जिसका समाधान करते हुए गुरु नानकदेव ने कहा कि "यह एक निश्चित-सी बात है कि जब तक किसान अपने खेत पर सावधानी के साथ रखवाली करता है, तब तक उसकी उपज कभी नष्ट नहीं होती।" इसी प्रकार शेख इब्राहिम के तीसरे कथन पर कि "जब शरीर ने पर्याप्त मात्रा में पाप कर लिया हो, तब उस दशा में वैसी नदी का पार करना अत्यंत कठिन है जिसमें बाढ़ का पानी आ गया हो।" गुरु नानकदेव ने बतलाया कि "उपासना एवं तप की नौका निर्माण करके उसके सहारे हमारे लिए वैसी नदी का पार करना असंभव नहीं रह जाता और यदि सच पूछा जाए, तो उक्त नदी में कभी वैसी बाढ़ आया भी नहीं करती।" फिर अंत में ये दोनों संत उस रात को एक ही जंगल में साथ-साथ रहे।[२]

दूसरी भेंट– गुरु नानकदेव और मर्दाना एक बार फिर शेख इब्राहिम से भेंट करने पाकपत्तन गये थे और वहाँ से लगभग चार मील की दूरी पर ठहरे थे। शेख इब्राहिम का एक शिष्य, जिसका नाम शेख कमाल था और जो एक बड़ा योग्य व्यक्ति था, अपने पीर के लिए लकड़ी का प्रबंध करने जंगलों में गया था और उसने इन दोनों साथियों को बजाकर कोई गीत गाते हुए सुना। उसको इनके गीत इतने अच्छे लगे कि उसने इनसे उन्हें फिर दुहराने की प्रार्थना की और उन्हें सुनकर कंठस्थ भी कर लिया। जब वह लौटकर अपने पीर शेख इब्राहिम के पास पहुँचा और उसने सारा वृतांत कह सुनाया, तब ये उनकी अभ्यर्थना के लिए

---

१. एम्. ए. मेकालिफ : 'दि सिख रेलिजन' (भा. ६) पृ. ३५६-७।

२. वही।

स्वयं उक्त स्थान पर गये और उन्हें अपने मठ पर आदरपूर्वक ले आये। कहा जाता है कि गुरु नानकदेव तथा शेख इब्राहिम के बीच इस दूसरी बार भी कई प्रश्नोत्तर हुए।[१] शेख इब्राहिम के जीवन की किसी अन्य घटना का पता नहीं चलता और न इनके नाम से उक्त पदों व सलोकों के अतिरिक्त कोई अन्य रचनाएँ हो मिलती हैं। क्षिति बाबू ने बतलाया है कि इनकी कुछ रचनाएँ किसी शंकरदास साधु के पास सुरक्षित एक संग्रह में पायी जाती हैं।,[२] किंतु पता नहीं कि वे उक्त पदों वा सलोकों से भिन्न हैं वा नहीं। बाबा फरीद के नाम से कुछ गीत कभी-कभी गाये जाते हुए सुने जाते हैं, परन्तु उनके विषय में भी कुछ निश्चित रूप से नहीं कहा जा सकता।

रचनाएँ व सिद्धान्त–'आदिग्रंथ' में संगृहीत उक्त रचनाएँ शेख फरीद की कृति हैं और मेकालिफ साहब ने इस शब्द को शेख इब्राहिम का उपनाम बतलाया है और कहा है कि अपना उक्त नाम अपने सम्प्रदाय के मूल प्रवर्तक बाबा फरीद की स्मृति में रख लेते थे। इस प्रकार की परम्परा गुरु नानकदेव के पीछे आनेवाले अन्य गुरुओं के संबंध में भी लक्षित होती है, इस कारण शेख इब्राहिम का अपने को शेख फरीद कहना कुछ असंभव नहीं जान पड़ता। जो हो, 'आदिग्रंथ' में संगृहीत रचनाओं के आधार पर इनके सिद्धान्तों की बानगी कुछ इस प्रकार दी जा सकती है–'इस सरोवर में केवल एक ही पक्षी है, किंतु पचासों जाल लगे हुए हैं, यह शरीर जल की लहरों में मग्न हो चुका है, हे सत्य परमात्मा केवल तेरी ही आशा है'।[३] आत्मा (जिंद) वधू है और काल (मरण) वर-स्वरूप है जो उसका पणिग्रहण करके उसे लेता चला जाएगा। पता नहीं वह जाते समय दौड़ती हुई किसे अपने गले लगायेगी।[४] विरह-विरह तो सभी कहा करते हैं, किंतु उसका रहस्य किसी को भी विदित नहीं, वास्तव में विरह एक सुलतान है और जिसके शरीर में वह उत्पन्न न हो उसे श्मशान समझना चाहिए।[५] शेख फरीद अब तू अत्यंत वृद्ध हो चुका और तेरा शरीर भी जर्जर होने लगा। यदि तू सैकड़ों वर्षों तक जीवित रह सके, फिर भी अंत में इसे धूल में ही मिल जाना है।'[६] फरीद का कहना है कि जब तक नेत्रों के ये दो दीपक जलते ही रहते हैं, तभी मृत्यु का दूत आकर शरीर पर बैठ जाता है, वह दुर्ग पर अपना अधिकार कर लेता है, आत्मा-रूपी धन को लूट लेता है और दीपक बुझाकर चल देता है।[७] फरीद कहता है कि मैंने वे आँखें देखी हैं जिन पर सारा संसार मुग्ध था और जो काजल की एक रेखा तक भी सहन नहीं करती थीं, किंतु जिन पर बैठकर पक्षी ऊधम मचाने लगे।[८] मैंने पहले समझा था कि मैं ही अकेला दुःख में पड़ा हूँ, किंतु अब सभी को दुःख में ही देख रहा हूँ, जब ऊंचाई पर चढ़कर मैंने देखा है, तब पता चला है कि

---

१. एम्. ए. मेकालिफ : 'दि सिख रेलिजन', पृ. १०१-२।

२. 'मिडीबल मिस्टिसिज्म' पृ. १११।

३. 'आदि ' ग्रंथ (तरनतारन संस्करण) सलोक १२५, पृ. २२८४।

४. वही, सलोक १, पृ. १३७७।

५. वही, सलोक ३६, पृ. १३७९।

६. वही, सलोक ४१, पृ. १३८०।

७. वही, सलोक ४८, पृ. १३८०।

८. वही, सलोक १४, पृ. १३७८।

सबके घर में वैसी ही आग लगी हुई है।'[१]

उपदेश– इसी प्रकार ये दूसरों के प्रति संदेश देते हुए भी कहते हैं, 'धूल की निंदा कभी नहीं करती चाहिए, वास्तव में उसके बराबर कोई नहीं, जब तक हम लोग जीवित हैं, वह हमारे पैरों के नीचे रहा करती है, किंतु हमारे मरने पर कब्र में वह हमारे ऊपर पड़ जाती है।[२] अपनी रूखी-सूखी रोटी खाकर ठंडा पानी पी लिया करो, दूसरों की चुपड़ी हुई रोटी देखकर उसके लिए तरसा न करो।[३] हे स्वामी, मुझे दूसरे किसी के भी द्वार पर याचने की आवश्यकता न पड़े, और यदि ऐसा करना ही पड़े, तो पहले मेरे प्राणों को मेरे शरीर से पृथक् कर लो।[४] हंस को तैरता हुआ देखकर बगुले की भी इच्छा हुई कि मैं भी वैसा ही करूँ, परन्तु ज्यों ही वह उसका अनुसरण करने चला, त्यों ही डूबने लगा और उसका शिर नीचे तथा उसके पैर ऊपर हो गए।'[५] एकमात्र परमात्मा का ही अस्तित्व एवं उसके कारण सबके बीच समानता के भाव की पुष्टि करते हुए वे कहते हैं कि 'अय फरीद जब खालिक (सृष्टिकर्ता) खलक (सृष्टि) के भीतर विद्यमान है और सृष्टि उस भगवान् में अंतर्निहित है, और जब उसके बिना दूसरी कोई वस्तु है ही नहीं, तब फिर किसको मद वा नीच समझा जाए।[६] जिन लोगों ने परमात्मा के साथ सच्चे हृदय से प्रेम कर लिया है और उसके रंग में रँग गए हैं, वे ही उसके अधिकारी हैं, किंतु जिनके हृदय में कुछ और है तथा मुख में कुछ और है और जिन्होंने उसे भुला दिया है, वे पृथ्वी के भार-स्वरूप है।[७] शेख फरीद की कथन शैली, सूफियों की उक्तियों का ही अनुसरण करती है और वस्तुतः वे एक सूफी ही समझ पड़ते हैं।

(३) संत सिंगाजी

आरंभिक जीवन– संत सिंगाजी का जन्म रियासत बड़वानी (मध्य भारत) के खूजरी वा खूजगाँव में सं. १५७६ की वैशाख सुदी ११ गुरुवार को हुआ था। इनके पिता का नाम भीमागौली और माता का नाम गौरबाई था और वे दोनों ग्वाल जाति के थे। इनके जन्म के समय इनकी माता अपने घर से ५-६ गज की दूरी पर उपले पाथ रही थी और उसे प्रसव-वेदान से बड़ा कष्ट झेलना पड़ा था। इनके जन्म के ५-६ साल पीछे इनके पिता अपना सब सामान और ३०० भैंसें लेकर हरसूद नामक स्थान को चले गए और वहीं जाकर बस गए। वहीं रहकर इनके पिता ने इनका तथा इनकी बहनों और भाइयों का विवाह भी किया। वहीं से सिंगाजी अपनी २१ वर्ष की अवस्था में सं. १५९८ में भामगढ़ निमाड़ के राव साहब के यहाँ केवल एक रुपया मासिक पर चिट्ठी-पत्री पहुँचाने के काम में नियुक्त कर लिये गये और अपने स्वामी अर्थात् उक्त राव साहब के एक विश्वासपात्र सेवक के रूप में रहने लगे। नौकरी छोड़ने के समय तक उक्त वेतन ३ रुपये तक पहुँचा था।

---

१. 'आदि ' ग्रंथ (तरनतारन संस्करण) सलोक ८०, पृ. १३८२।

२. वही, सलोक १७, पृ. १३७८।

३. वही, सलोक २९, पृ. १३७९।

४. वही, सलोक ४२, पृ. १३८०।

५. वही, १२२, पृ. १३८४।

६. वही, सलोक ७५, पृ. १३८१।

७. वही, सलोक ३, पृ. ४८८।

भाव परिवर्तन– संत सिंगाजी अपने बचपन से ही संसार की ओर से कुछ विरक्त से रहा करते थे। एक बार जब ये हरसूद से भामगढ़ की ओर जानेवाले रास्ते से घोड़े पर सवार चपरासी के वेश में जा रहे थे, इन्हें मार्ग में भैंसावा गाँव के ब्रह्मगीर महाराज के शिष्य मनरंगीर जी का गाना सुन पड़ा। वे गा रहे थे–

'समुझि ले ओरे मना भाई, अंत न होय कोई अपणा।
यही माया के फदे में, तर आन भुलाणा॥

और इस पद्यांश के शब्दों ने इनके हृदय पर एक गहरी चोट का सा प्रभाव डाल दिया। ये उसी समय घोड़े से उतरकर मनरंगीर जी के चरणों में गिर पड़े और उन्हें आध्यात्मिक पथ-प्रदर्शक स्वीकार कर लिया। भामगढ़ आकर इन्होंने राव साहब की नौकरी छोड़ दी और उनके वेतन बढ़ाने आदि के प्रलोभनों की ओर भी कुछ भी ध्यान न देकर ये पिपल्या के जंगलों की ओर चल पड़े। वहाँ पर ये निर्गुण ब्रह्म की उपासना में सदा लीन रहने लगे और उसी अवस्था में इन्होंने 'अनहद की नाद' संबंधी ८०० भजनों की रचना की। इनका दृढ़ विश्वास था कि प्रभु को बाहर ढूँढ़ने की अपेक्षा उसके प्रति अपने हृदय में सच्चे प्रेम का अनुभव करना ही परमावश्यक है। ये कहते हैं कि,

'जल बिच कमल, कमल बिच कलियाँ, जहँ वासुदेव अबिनासी।
घट में गंगा, घट में जमुना, नहीं द्वारका कासी।
घर बस्तू बाहर क्यों ढूँढ़ो, बन-बन फिरा उदासी।
कहै जनसिंगा, सुनो भाई साधो, अमरपुरा के बासी।'

इसी प्रकार, अपने निर्गुण प्रभु के विषय में भी ये कहते हैं कि,

'रूप नाही रेखा नहीं, नाही है कुलगोत रे।
बिन देही को साहब मेरो, झिलमिल देखूँ जोत रे॥'

सिंगाजी और उनके गुरु– संत सिंगाजी केवल ४० वर्ष की अवस्था से कुछ ही अधिक दिनों तक जीवित रहे। कहा जाता है कि एक बार जब ये श्रीकृष्ण जन्माष्टमी के अवसर पर अपने गुरु मनरंगीर जी की सेवा में थे, इन्हें आज्ञा हुई कि मुझे नींद लग रही है, सोने जा रहा हूँ, जन्म के समय आधी रात को मुझे जगा देना। सिंगाजी ने उक्त अवसर पर जगाने के महत्त्व को भली भाँति नहीं समझा और नित्य एवं एकरस रहनेवाले परमात्मा के प्रति वर्ष जन्म ग्रहण करने में विश्वास न रखने के कारण अपने गुरु को न जगाकर इन्होंने आरती पूजादि की विधि स्वयं पूरी कर डाली। परन्तु आँखें खुलते ही मनरंगीर जी इनपर अत्यंत रुष्ट हुए और उन्होंने इन्हें कह दिया कि जा रे दुष्ट, तू जीते जी फिर कभी मुझे मुँह न दिखलाना। सिंगाजी को यह बात लग गई, और शरीर त्याग का निश्चय कर ये अपने निवास-स्थान पिपल्या में फिर लौट आये। उसके उपरांत वहाँ पर ये केवल ९ अथवा ११ महीनों तक ही रहे और अंत में सं. १६१६ में श्रावण शुक्ल ९ को किंकड़ नदी के किनारे इन्होंने जीवित समाधि ले ली। कहा जाता है कि सर्वप्रथम इन्होंने एक गढ़ा खोदा और फिर एक हाथ में कपूर जलाकर तथा दूसरे हाथ में माला लेकर समाधिस्थ होकर बैठ गए। गुरु मनरंगीर जी को जब इनके शरीर-त्याग की बात सुन पड़ी, तब वे बहुत दुखी हुए और अपनी भूल पर बहुत पछताये। इनके समाधि-स्थान का चिन्ह किंकड़ नदी के किनारे आज भी वर्तमान है जहाँ इनकी पुण्य-स्मृति में प्रति वर्ष आश्विन महीने में एक बहुत बड़ा मेला लगता है। इस मेले में लाखों की भीड़ होती है और अनुमान किया गया है

कि मध्य-प्रदेश के अंतर्गत इतना बड़ा मेला और कहीं नहीं लगता।

रचनाएँ व विचार-धारा— संत सिंगाजी के लगभग ८०० भजन रचे हुए बतलाये जाते हें जो अधिकतर निमाड़ी भाषा में लिखे हुए हैं। इनके बनाये हुए प्रचलित गीतों में से भी अनेक बड़े सुन्दर व हृदयग्राही हैं, किन्तु अभी तक इनकी सारी रचनाएँ प्रकाशित रूप में देखने को नहीं मिलती हैं। कुछ दिन हुए इनके संबंध में छोटी-सी पुस्तिका श्री सुकुमार पगारे नाम के किसी सज्जन ने 'सिंगाजी-साहित्य-शोधक-मंडल' खंडवा के मंत्री की हैसियत से प्रकाशित की थी जिसमें संत सिंगाजी के संक्षिप्त परिचय के साथ-साथ इनकी कतिपय रचनाएँ भी संग्रहीत हुई थीं। परन्तु उसके उपरांत कोई इस प्रकार का भी प्रयत्न देखने या सुनने में नहीं आया। उक्त पुस्तिका के आधार पर हमें इनके विचारों के नमूने इस प्रकार मिलते हैं। संत सिंगाजी ने अनुभव के संबंध में बतलाया है कि,

'चौ दिशा से नाला आया, तब दरियाव कहाया रे।
गंगाजल की मोटी महिमा, देशन देश बिकाया रे।'[1]

इसी प्रकार, हरिनाम की खेती के विषय में ये कहते हैं:—

'वास श्वास दो बैल हैं, सूर्ति रास लगाव।
प्रेम विरहाणो कर धरो, ज्ञान आर लगाव।'[2]

अर्थात् श्वास-प्रश्वास-रूपी दो बैल हैं, उनमें सुरति की रस्सी जगाओं और अनन्य प्रेम की लंबी लकड़ी लेकर उसमें ज्ञान की नोकदार काँटी बिठा दो, फिर उन बैलों को चालते हुए हरिनाम की खेती करते रहो। इसके सिवाय इन्होंने अपने साई वा परमात्मा के प्रति इस प्रकार कहा है:—

'मैं तो जाणू सांई दूर है, मुझे पाया नेड़ा।
रहणी रही सामरथ भई मुझे परवना तेरा॥ टेक।
तुम सोना हम गहणा, मुझे लागा टांका।
तुम तो बोलो, हम देह धरि बोले कैरंग भाखा॥ १॥
तुम दरियाव हम मीन हैं, विश्वास का रहणा।
देह गली मिट्टी भई, तेरा तूही में समाणा॥ ३॥
तुम तो वृक्ष हम बेलड़ी, मूल से लपटाना।
कर सिंगा पहचाण ले पइचाण ठिकाणा॥' ५॥

अर्थात् मैंने तुम्हें कितनी दूर जाना, पर तुम कितने निकट निकले। तेरी-सी रहन रहकर तुझे सामर्थ्य मिल गई, क्योंकि उस समय मैं अपनी पीठ पर तेरे हाथों की थपकियाँ गिन रहा था। पर इसमें एक बात की भिन्नता है। तुम सोना हो और मैं गहना हूँ। सांसारिकता का टाँका लगाकर ही सोने और सोने में भेद किया जा सकता है......तुम महासागर हो और मैं मछली के समान उसमें जीवित हूँ तथा तुम्हारे विश्वास के आधार पर ही अभी तक टिका हूँ। मुझे आशा है कि तुम्हें अवश्य पा लूँगा और यदि मर गया तो यह शरीर गलकर इसी सागर में घुल-मिल जाएगा तथा इस प्रकार मैं उस रूप में आप ही समा जाऊंगा......तुम वृक्ष-स्वरूप

१. 'संत सिंगाजी' (सिंगाजी-साहित्य-शोधक-मंडल, खंडवा, सन् १९३६) पृ. २७।
२. वही, पृ. ४१।

हो और मैं एक साधारण लतिका के समान तुम्हारे मूल-रूपी चरणों में लिपटा हुआ हूँ। अपने ठिकाने वा परम उद्देश्य की पहचान यही है। एक अन्य गीत में भी इन्होंने उसके प्रति कहा है कि मेरे स्वामी की अटारी पर दो दीपक जगमग जगमग कर रहे हैं, अखंड स्मृति का वहाँ पहरा पड़ रहा है। अपने झुके हुए मस्तक का फल लेकर मैं उसके द्वार पर चढ़ाने जाता हूँ, किंतु भीतर से कोई 'ठहरो' कह देता है। अब, जब ठहरो सुनते-सुनते विलंब हो चला है, तब भी मेरे नाथ, उस ठहरो की वाणी में भी तुम्हीं को पा रहा हूँ। तुम्हारी स्वीकृति की अपेक्षा मुझे तुम्हारा रोकना ही कहीं अधिक कोमल व मधुर प्रतीत होता है। कहना न होगा कि इन सुंदर सरल गीतों में भाव-योग की गहरी अनुभूति कूट-कूटकर भरी हुई है।

प्रभाव और लोक प्रियता—संत सिंगाजी के बनाये भजन व गीत निमाड़ की ग्रामीण जनता में आज भी बहुत प्रसिद्ध हैं और उन्हें लोग बड़े प्रेम के साथ गाते हैं। ये निमाड़ निवासियों के लिए अत्यंत प्रिय संत हैं और उनके आदर्श भी समझे जाते हैं। देहाती जनता के मुँह से बहुधा सुनने में आता है कि, 'सिंगा बड़ा अवलिया पीर, जिसको सुमरे राव अमीर।' तथा 'म्हारा सिर पर सिंगा जबरा, गुरु मैं सदा करत हूँ मुजरा।' निमाड़ में यदि आप किसी संत की चर्चा करें, चाहे आप किसी भी बड़े से बड़े संत की चर्चा करें, निमाड़ का किसान आपसे पूछ बैठेगा—'क्या वे सिंगा जी जैसे संत थे'।[१] सिंगाजी की समाधि के निकट इनके पिता, माता, पुत्र, भाई तथा इनके कई शिष्य-प्रशिष्यों की भी समाधियाँ हैं जहाँ पर लोग उपर्युक्त मेले के अवसर पर शक्कर चढ़ाया करते हैं। कहा जाता है कि उस स्थान पर मेले के दिनों में मनों शक्कर चढ़ाये जाने पर भी उसके विखरे हुए कणों का स्वाद लेने के लिए कभी एक भी चींटी वा मक्खी नहीं पहुँचती और न वहाँ आकाश में कोई कौए ही दीख पड़ते हैं। निमाड़ के किसानों का यदि कभी कोई पशु खो जाता है, तो वे बहुधा संत सिंगाजी की मनौती किया करते हैं। संत सिंगाजी ने कभी कोई पंथ नहीं चलाया और न अपने मत के प्रचारार्थ किसी अन्य साधन का ही प्रयोग किया था, किन्तु फिर भी इनकी मधुर स्मृति एवं ललित रचनाओं ने कम से कम निमाड़ की ग्रामीण जनता के हृदय पर जादू का प्रभाव डाल दिया है और वह अमिट ही नहीं, प्रत्युत स्थायी भी जान पड़ता है।

दलुदास—संत सिंगाजी के किसी अनुयायी का नाम अधिक प्रसिद्ध नहीं जान पड़ता। केवल इनके नाती वा पौत्र शिष्य दलुदास की चर्चा कभी-कभी की जाती है और कहा जाता है कि उन्होंने भी दादा गुरु की ही भाँति अनेक भजनों की रचना की थी। ये दलुदास बहुधा महान् संतों की कीर्ति का प्रचार किया करते थे और संत सिंगाजी को तो वे एक प्रकार से अपने लिए ईश्वर ही समझते थे। इनके लिए उनका कहना था कि,

'हम क्या जाना पटा परवाना, एक निर्गुण ब्रह्म हमारा।

एक पुरुष की मांड मंडी है, सोई देव हमारा।

(४) संत भीषनजी

काकोरी के भीषन—संत भीषन के संबंध में बहुत कम पता चलता है और केवल दो-एक प्रसंगों के अतिरिक्त इनके विषय में अधिक नहीं विदित हो पाता। 'दि सिख रेलिजन' नामक प्रसिद्ध ग्रंथ के रचयिता मेकालिफ साहब ने उस पुस्तक के छठें भाग में इनकी चर्चा

१. 'संत सिंगाजी (सिंगाजी-साहित्य-शोधक-मंडल, खंडवा) १९३९, पृ. २।

करते हुए लिखा है कि अधिक संभव है कि ये भीषन काकोरी के शेख भीषन थे जिनकी मृत्यु अकबर के शासन-काल के प्रारंम्भिक भाग में हुई थी। फारसी के इतिहास-लेखक बदायूनी ने उनके संबंध में लिखा है कि "शेख भीषन, जो लखनऊ सरकार के काकोरी नगर के निवासी थे, अपने समय के बहुत बड़े विद्वान थे और धर्मशास्त्र के महान् पंडित व पवित्र आचरणवाले पुरुष थे। बहुत समय तक उन्होंने शिक्षक का काम किया। उन्हें सातों प्रकार के भिन्न-भिन्न पाठों के साथ सारा 'कुरान' कंठस्थ था और वे उसका उपदेश भी दिया करते थे। वे अपने को इरीज के मीर सैयद इब्राहिम की शिष्य-परम्परा में समझते थे और सूफीमत के रहस्यों को सर्वसाधारण के सामने कभी प्रकट नहीं करते थे। उसे वे केवल जिज्ञासाओं को ही एकांत में बतलाया करते और कहा करते कि खुदा की वहदियत का रहस्य जनता में प्रकट कर दिया जाए, तो उसका प्रभाव वक्ता वा कुछ पंडितों तक ही सीमित रह जाता है। वे गाना नहीं सुनते थे और उसकी निंदा भी किया करते थे। उन्हें कई संतानें हुई जो सभी सच्चरित्र तथा ज्ञान व बुद्धि-संपन्न थीं। इन ऐतिहासिक विवरणों का संग्रहकर्ता एक बार स्व. मुहम्मद हुसेन खाँ के साथ उक्त शेख की सेवा में उपस्थित हुआ था। रमजान का महीना था। किसी ने उन्हें न्यायशास्त्र की एक पुस्तक लाकर दी और कहा कि मुझे इसमें से कोई पाठ दीजिए। शेख ने कहा कि तुम्हें कोई आध्यात्मिक ग्रंथ पढ़ना चाहिए। शेख की मृत्यु हि. सन् ९२१ अर्थात् सन् १५७३ : ४ ई. वा सं. १६३० :१ में हुई थी।[१]

मकालिफ का अनुमान–बदायूँनी का यह भी कहना है कि जब मुजफ्फर खाँ ने अकबर के विरुद्ध विद्रोह किया था, तब उसने एक बार अपना खीमा शेख भीषन की समाधि के ही निकट लगाया था, ताकि वह उनसे अपनी सफलता के लिए प्रार्थना कर ले। इसी प्रकार बदायूनी ने हाजी भीषन बसवानी का भी नाम लिया है, किंतु वे काकोरी के शेख भीषन से भिन्न व्यक्ति जान पड़ते हैं। मकालिफ साहब का कहना है कि जिस किसी ने भी आदिग्रंथ में संगृहीत पदों को लिखा होगा, वह एक धार्मिक पुरुष अवश्य रहा होगा और शेख फरीद सानी की ही भाँति उस समय की सुधार-संबंधी बातों से प्रभावित भी रहा होगा। ऐसा अनुमान कर लेना संभव है कि वह भीषन कबीर का ही अनुयायी रहा होगा।[२] इसमें संदेह नहीं कि मेकालिफ साहब का यह अनुमान संत भीषन के उक्त पदों पर ही निर्भर है।

आलोचना–संत भीषनजी के उक्त दो पद गुरु अर्जुन द्वारा सम्पादित आदिग्रंथ में संगृहीत हैं जिनसे ये रामनाम के एक प्रेमी जान पड़ते हैं। बदायूनी के उक्त शेख भीषन कदाचित् इस्लाम-धर्म के ही विशेषज्ञ थे और उनके सूफी होते हुए भी उनसे रामनाम के प्रति निष्ठा की आशा करना कुछ ठीक नहीं जान पड़ता। उस सूफी भीषन के साथ इन पदों के रचयिता की एकता स्थापित करने के लिए अन्य प्रमाण भी अपेक्षित होंगे। फिर भी अभी उसे असंभव भी नहीं कहा जा सकता। संत भीषन की भाषा सीधी-सादी, किंतु मुहावरेदार है और इनकी वर्णनशैली भावपूर्ण होती हुई भी प्रसाद गुण के कारण अत्यंत सुन्दर एवं आकार्षक है। हिंदी इनकी अपनी भाषा जान पड़ती है और अनुमान होता है कि इन्होंने उक्त दो पदों के अतिरिक्त कुछ अन्य रचनाएँ भी अवश्य की होंगी। इनके उपलब्ध पदों में संत बेणी की भाँति योग-संबंधी पारिभाषिक शब्दों की भरमार नहीं और न बाह्याडंबर वा छल-कपट के

१. 'दि सिख रेलिजन' (भा. ६) पृ. ४१४६।
२. 'रागु सोरठि', पद १ वा २, पृ. ६५८।

विरुद्ध कोई निंदा के भाव ही प्रकट किये गए मिलते हैं। उनमें नाम का महत्त्व, गुरु की महिमा एवं हरि के प्रति प्रदर्शित प्रेम व तन्मयता के भाव इनकी विशेषता प्रकट करते हैं। इनका सरल हृदय संत रैदास के समान अपनी शक्तिहीनता के प्रदर्शन व आत्मनिवेदन की ओर अधिक प्रवृत्त जान पड़ता है। सभी बातों पर विचार करते हुए इनके समय का रैदास, कमाल, धन्ना आदि के अनंतर निश्चित करना, तथा इन्हें वर्तमान उत्तर प्रदेश के ही किसी भाग का निवासी मानना उचित जान पड़ता है। इनका जीवन-काल यदि विक्रम की १७वीं शताब्दी के पूर्वार्द्ध में रखा जाए, तो भी इनकी रचनाओं का 'आदिग्रंथ' में संग्रहीत किया जाना संभव हो सकता है।

पदों के विषय– संत भीषनजी ने अपने एक पद में कहा है कि "जब शरीर क्षीण व निर्बल हो जाता है, नेत्रों से अश्रुपात होने लगता है, शिर के बाल दूध की भाँति श्वेत हो जाते हैं और कंठ के अवरुद्ध हो जाने के कारण मुख से शब्द नहीं निकल पाते, उस समय विवशता आ जाती है। ऐसे समय यदि 'रामराइ ही बैद बनवारी' बनकर पहुँचें, तो उद्धार हो सकता है। जब शिर में पीड़ा होने लगे, शरीर में जलन हो और कलेजे में कसक पैदा हो जाए, तब उसकी दूसरी कोई भी औषधि नहीं। केवल हरि का नाम ही उसके लिए निर्मल व अमृत जल है और वही संसार के लिए सबसे बड़ा पदार्थ है। यदि गुरु-कृपा से वह मिल सके, तो उसी की सहायता से हमें मोक्ष का द्वार भी खुलता हुआ दीख पड़ेगा। इसी प्रकार अपने दूसरे पद में भी ये बतलाते हैं कि नाम एक अमूल्य रत्न है, जिसे बहुत पुण्य करने पर ही कोई पदार्थ के रूप में पा सकता है। वह अनेक प्रयत्नों के साथ हृदय में छिपाये रखने पर भी छिप नहीं पाता। जिस प्रकार कोई गूँगा मनुष्य मिष्ठान्न के माधुर्य का स्वाद लेता हुआ भी उसे कहने में असमर्थ रहता है, उसी प्रकार हरि के गुणों का भी वर्णन संभव नहीं है। जिह्वा से कहने, कानों से सुनने और मन में उसे समझने से सुख उत्पन्न होता है और अपने दोनों नेत्र तो इस प्रकार संतुष्ट हो जाते हैं कि जहाँ कहीं भी वे जाते हैं, वहाँ उसी का प्रत्यक्ष अनुभव किया करते हैं।" इन पदों के आधार पर तो संत भीषनजी को किसी हिंदू-परिवार का ही सदस्य कहना ठीक जान पड़ता है।

पंचम अध्याय

प्रारंभिक प्रयास

(सं. १६०० : १७००)

१. सामान्य परिचय

पंथ-निर्माण की प्रवृत्ति—पंथ-निर्माण का सूत्रपात हो जाने पर उस प्रकार की प्रवृत्ति की ओर सर्वसाधारण के ध्यान का आकृष्ट हो जाना स्वाभाविक था। प्रायः देखा जाता है कि किसी भी एक धार्मिक महापुरुष के नेतृत्व में विश्वास रखनेवाले व्यक्ति अपने को क्रमशः एक संयुक्त परिवार का सदस्य समझने लगते हैं और अपनी सामुदायिक एकता को अक्षुण्ण बनाये रखने के प्रयत्न भी करने लग जाते हैं। तदनुसार एक समान सिद्धांतों को स्वीकार करनेवालों का एक पृथक वर्ग बनने लगता है जिसका संबंध दूसरे वैसे वर्गों के साथ बहुधा नहीं रह जाता। ऐसे वर्गों के सिद्धान्तों में पहले चाहे जो कुछ भी एकता रही हो, कालांतर में वह घटने लग जाती है। भिन्न-भिन्न वर्गों के अनुयायियों की प्रमुख प्रवृत्तियों के अनुसार उनके विविध वाह्याचरणों का समावेश होने लगता है और उनके सामने उनके मूल सिद्धान्तों का महत्त्व भी कम होता जाता है। समय पाकर उन वर्गों के लोग बहुधा इन बातों के प्रचार की ही ओर अधिक प्रयत्नशील हो जाते हैं और इस प्रकार ऐसे वर्गों की विभिन्नता और भी स्पष्ट होती जाती है। अतएव कबीर साहब के सिद्धान्तों में विश्वास रखनेवाले कतिपय व्यक्तियों ने जिस प्रकार कबीर-पंथ को दिया, कदाचित् उसी प्रकार आगे चलकर साध-सम्प्रदाय, निरंजनी-सम्प्रदाय तथा सत्यनामी सम्प्रदाय की भी स्थापना की गई होगी। इसी भाँति गुरु नानकदेव द्वारा नानक-पंथ के चलाये जाते ही ऐसी संस्थाओं के महत्त्व के प्रति अन्य धर्मप्रचारकों का भी ध्यान आकृष्ट हुआ और वे भी उसी प्रकार के पंथों को प्रवर्तित करने की ओर प्रवृत्त हो गए। फलतः, उक्त सम्प्रदायों के अतिरिक्त उत्तरी भारत में लाल-पंथ, दादू-पंथ, बावरी-पंथ एवं मलूक-पंथ भी क्रमशः प्रचलित हो चले।

पारस्परिक भेद का कारण—उक्त पंथों व सम्प्रदायों ने अपने संघटन का कार्य बड़ी लगन के साथ आरंभ किया और सब किसी की कोई न कोई परम्परा भी निश्चित होने लगी, जिस कारण मूल उद्देश्य के लगभग एक समान होने पर भी उनमें पारस्परिक भेद भी लक्षित होने लगे। संतों के उक्त समुदायों का वर्गीकरण करते समय कुछ लोग उनके मूल प्रवर्तकों के दार्शनिक सिद्धान्तों की ओर ही विशेष ध्यान देते हैं और इस धारणा के साथ चलते हैं कि उनमें दीख पड़नेवाले मतभेद का प्रधान कारण उनका दार्शनिक दृष्टिकोण ही होना चाहिए। तदनुसार डा. बर्थ्वाल ने संतों के आत्मा, परमात्मा एवं जगत्-संबंधी सिद्धान्तों

की चर्चा करते हुए लिखा है कि "हमें उनमें कम से कम तीन प्रकार की दार्शनिक विचार-धारणाओं के स्पष्ट दर्शन होते हैं। वेदांत के पुराने मतों के नाम से यदि उनका निर्देश करें, तो उन्हें अद्वैत, भेदाभेद और विशिष्टाद्वैत कह सकते हैं। पहली विचार धारा के माननेवालों में कबीर प्रधान हैं। दादू, सुन्दरदास, जगजीवनदास, भीखा और मलूक उनका अनुगमन करते हैं। नानक और उनके अनुयायी भेदाभेदी हैं और शिवदयालजी तथा उनके अनुयायी विर्शिष्टाद्वैती। प्राणनाथ, दरियाद्वय, दीनदरवेश, बुल्लेशाह इत्यादि शिवदयाल की ही श्रेणी में रखे जा सकते हैं"।[१] उन्होंने इस बात को प्रमाणित करने के लिए उन संतों की बानियों में से कुछ उदाहरण दिये हैं और किन्हीं-किन्हीं संतों के विचारों में उपलब्ध पारस्परिक सूक्ष्म भेदों के प्रदर्शन की भी चेष्टा की है। परन्तु जैसा इन संतों की रचनाओं का पूर्वापर संबंध समझकर उन्हें अध्ययन करने से पता चलेगा, वे लोग दार्शनिक विद्वान् नहीं थे और न इनमें से एकाध को छोड़कर कोई किसी दार्शनिक मतविशेष की ओर अपना ध्यान देना उतना आवश्यक ही समझता था। ये लोग मूलतः साधक थे और इनके द्वारा प्रचलित किये गए पंथों में यदि कोई अन्तर लक्षित होता है तो उसका प्रधान कारण इनके किसी साधनाविशेष को अन्य से अधिक महत्त्व देने में ही ढूँढ़ा जा सकता है। इन संतों का दार्शनिक दृष्टिकोण किसी 'पुराने' दार्शनिक मत के साँचे में ढलकर तैयार नहीं हुआ था और कदाचित इसी कारण डॉ. बर्थ्वाल ने भी उक्त उद्धरण में 'यदि का प्रयोग करना आवश्यक समझा है।

क्रमिक विकास—फिर भी इतना और उल्लेखनीय है कि उक्त साधनाभेद-संबंधी विभिन्नता पंथ-निर्माण का आंरम्भ होने के साथ ही साथ स्पष्ट होती हुई नहीं दीख पड़ी और न प्रथमयुगीन पंथों के मूल प्रवर्तक इस बात की ओर अधिक महत्त्व देते हुए ही जान पड़े। कालानुसार कबीर साहब के कुछ अधिक निकट होने के कारण इन्होंने उनके प्रभाव में अपना दृष्टिकोण भरसक संतुलित ही रखना चाहा। परन्तु आगे के पंथ-प्रर्वतकों में से बहुतों ने उक्त आदर्श को क्रमशः छोड़ना आरम्भ कर दिया जिस कारण उनमें पारस्परिक विभिन्नता का बढ़ने लगना अनिवार्य-सा हो गया। पंथ-निर्माण का प्रारम्भिक युग संत मलूकदास तक चलता है और वहाँ तक के प्रमुख संतों की पहली प्रवृत्ति प्रायः एक समान अग्रसर होती हुई जान पड़ती है। इस युग का आरंभ होने के साथ-साथ संतों की बानियाँ संगृहीत होने लगती हैं, उनका पाठ चलने लगता है और इसका अंत होते-होते उनकी तुलना स्वभावतः उन प्राचीन ग्रंथों से भी की जाने लगती है जिनमें सुरक्षित विचारों का प्रभाव सर्वसाधारण में प्रचलित दीख पड़ता है। इस कारण (तथा कतिपय अन्य बातों से भी प्रेरित होकर जिनकी चर्चा अगले अध्याय में की जाएगी) पंथ-निर्माण के आगामी युग का आरंभ हो जाता है। परन्तु इसका अभिप्राय यह कदापि न समझना चाहिए कि उक्त प्रारंभिक समय में प्रवर्तित किये गए पंथों का स्वरूप सदा एक ही सा बना रह गया। उनके पिछले अनुयायियों पर क्रमशः अपने-अपने वातावरणों का भी प्रचुर प्रभाव पड़ता गया और एक ही पंथ के अंतर्गत इस प्रकार अनेक विचार-धाराओं का भी प्रवेश होता गया। फिर भी उसके समूचे

१. 'नागरी-प्रचारिणी पत्रिका' (भा. १५), पृ. ११७।

रूप के समन्वयात्मक बने रहने में वस्तुतः कोई वैसी बाधा नहीं पड़ सकी।[१]

प्रभाव– पंथ-निर्माण के प्राथ डेढ़ सौ वर्षों में संत-मत अपने प्रचार की दृष्टि से उन्नति के पथ पर अग्रसर होता हुआ जा रहा था। इसके प्रमुख प्रचारक जहाँ एक ओर नवीन वर्गों की स्थापना करते जा रहे थे, वहाँ दूसरी ओर अन्य लोगों के विचारों पर भी इसका कुछ न कुछ प्रभाव पड़ता जा रहा था। उदाहरण के लिए इस युग के प्रसिद्ध महाकवि गो. तुलसीदास (सं. १५८९ : १६८०) तक को हम इसके प्रभाव से अछूता नही पाते। अपने ग्रंथ 'रामचरित मानस' में उन्होंने यत्र-तत्र कुछ ऐसे उद्‌गार अवश्य प्रकट किये हैं जिनसे निर्गुणियों के प्रति उनका विरोध सूचित होता है, किंतु उसी ग्रंथ के अंतर्गत अनेक स्थलों पर उन्होंने जिस प्रकार संत-स्वभाव, नाम-महिमा व गुरुभक्ति का वर्णन किया है तथा सगुण व निर्गुण के सामंजस्य पर विशेष बल दिया है और जिस प्रकार उन्होंने कलियुग-वर्णन के द्वारा उस काल के प्रचलित पाखण्ड व विडंबनाओं की खरी आलोचना की है, उससे उनपर इस युग की छाया स्पष्ट लक्षित होती है। इसी प्रकार जैनकवि आनंदघन को भी हम इस युग के ही अंत में संत-मत द्वारा प्रभावित पाते हैं।

आनंदघन– जैन कवि आनंदघन का नाम इनकी दीक्षा के समय लाभविजय वा लाभानंद था, किंतु कविता करते समय ये अपना उपनाम 'आनंदघन' रखा करते थे। ये अपने जीवन में पहले पहल साम्प्रदायिक भावों को ही लेकर अग्रसर हुए थे, किन्तु आगे चलकर इनपर संत-मत के अनुयायियों का भी प्रचुर प्रभाव पड़ गया और अंत में इनकी रचनाओं पर उसकी स्पष्ट छाप लक्षित होने लगी। ये कहीं गुजरात प्रांत वा राजस्थान की ओर के रहनेवाले थे और इनके अंतिम दिन जोधपुर राज्य के मेड़ता नगर में व्यतीत हुए थे। इनकी दो रचनाएँ इस समय उपलब्ध हैं जिनमें से पहली अर्थात् 'आनंदघन चौबीसी' में जैन-धर्म के प्रसिद्ध २४ तीर्थंकरों की प्रशस्ति लिखी गई है और दूसरी अर्थात् 'आनंदघन बहोत्तरी स्तवावली' के अंतर्गत भिन्न-भिन्न पदों द्वारा इनके धार्मिक भावों के उल्लेख दीख पड़ते हैं। इनकी प्रथम पुस्तक की कई पंक्तियाँ इनके पूर्ववर्ती प्रशस्तिकारों की रचनाओं में भी ज्यों की त्यों दीख पड़ती हैं, जिस कारण उसकी रचना का समय उन लेखकों में से सब से अंतिम अर्थात् जिनराजूसरि (सं. १६७८) के अनंतर ठहराया जाता है और स्वयं इनकी भी प्रशस्ति के लिखनेवाले यशोविजय (मृत्यु सं. १७४५) के जीवन-कालानुसार इनका समय विक्रम की

---

१. 'पंथ' व 'सम्प्रदाय' शब्दों का प्रयोग ठीक एक ही ढंग से होता हुआ नहीं दीख पड़ता। जिस वर्ग ने अपनी संज्ञा अपने प्रवर्तक के नाम से ग्रहण की है, उसे उस प्रवर्तक द्वारा चलाया हुआ 'पंथ' अर्थात् प्रदर्शित मार्ग कहा जाता है, जैसे 'कबीर पंथ', 'नानक-पंथ', 'दादू-पंथ', 'बावरी-पंथ' आदि। किन्तु जिस वर्ग का नामकरण उसके अनुयायियों के किसी नामविशेष वा विशेषता के आधार पर हुआ है, वह बहुधा 'सम्प्रदाय' कहा गया मिलता है, जैसे 'साध-सम्प्रदाय', 'सत्तनामी-सम्प्रदाय', निरंजनी-सम्प्रदाय', 'रामसनेही-सम्प्रदाय' आदि। 'सम्प्रदाय' शब्द का प्रयोग कभी-कभी वर्गविशेष के इष्टदेव अथवा कल्पित मूलप्रवर्तक के नामानुसार भी हुआ करता है, जैसे परब्रह्म सम्प्रदाय अथवा वैष्णव-भक्तों के श्रीसम्प्रदाय, रुद्रसम्प्रदाय आदि। फिर भी राधास्वामीवर्ग के अनुयायी अपने संबंध में सम्प्रदाय की जगह 'सत्संग' शब्द का ही व्यवहार अधिक उपयुक्त समझते हैं।

१७वीं शताब्दी के अंतिम चरण में समझा जाता है। इनकी रचनाओं पर सूरदास, मीराबाई जैसे वैष्णव कवियों का भी प्रभाव लक्षित होता है।

विचारधारा– आचार्य क्षितिमोहन सेन ने आनंदघन को 'जैनमरमी आनंदघन' कहकर इनका संत-मत द्वारा पूर्णतः प्रभावित होना बतलाया है और लिखा है कि 'जीवन की साधना के पथ में आनंदघन जिस आलोक की अनुप्राणना से चले थे, वह कबीर प्रभृति सहजवादी मरमियों का ही है।' उन्होंने अपनी इस धारणा को स्पष्ट व प्रमाणित करते हुए इनके कतिपय पदों की तुलना भी कबीर साहब की रचनाओं के साथ की है। परन्तु आनंदघन की उपलब्ध रचनाओं को देखने तथा उनके पूर्वापर संबंधानुसार अध्ययन करने पर पता चलता है कि उक्त अनुमान को अक्षरशः प्रमाणित नहीं किया जा सकता। 'आनंदघन चौबीसी' जो संभवतः इनकी प्रारंभिक रचना हो सकती है, इनके जैनधर्म-संबंधी भावों से भरी हुई है और इनकी उपर्युक्त 'बहोत्तरी' मे संगृहीत पदों में से भी अनेक ऐसे मिलते हैं जो प्रक्षिप्त से ही जान पड़ते हैं और जिन्हें अन्य कवियों की रचना मान लेने की प्रवृत्ति होती है। ऐसी दशा में इन्हें संत-मत द्वारा बहुत कुछ प्रभावित एक जैन महात्मा से अधिक कहना हमें उचित नहीं जान पड़ता। फिर भी इनके ऊपर पड़ा हुआ उक्त प्रभाव पर्याप्त रूप में दीख पड़ता है और इनके भावों के अतिरिक्त इनकी शब्दावली एवं वर्णनशैजली तक उससे प्रभावित हैं। उदाहरण के लिए,

'आतम अनुभव रसभरी यामें और न भावे' (बहोत्तरी, २) ।
'घटमंदिर दीपक कियो सहजसुज्योति स्वरूप' (बहोत्तरी, ४) ।
'अनुभवगोचर वस्तुकोरे जाणवो यह ईलाज,
कहन सुनन को कुछ नहिं प्यारे, आनंदघन महराज' (बहोत्तरी, २१) ।
'वचन निरपेक्ष व्यवहार जूठो कह्यो, वचन सापेक्ष व्यवहार साचो,
(चौबीस, ४) आदि।

तथा, 'अजपा' व 'अनहद' (बहोत्तरी, २०) 'अवधू' (बहोत्तरी, ७) 'सुरत समाधि' (होत्तरी, १६) 'ब्रह्मा अग्नि परजाली' (बहोत्तरी, २८) 'गुरुगम' (चौबीसी, ४) 'आतमराम' (चौबीस, १६) व 'सतगुरु' (चौबीसी, १५) जैसे शब्दों वा शब्दसमूहों के प्रयोग बतलाये जा सकते हैं।

युग का महत्त्व– इस युग के अंतर्गत संत-मत के कम से कम छः पंथों एवं दो सम्प्रदायों की सृष्टि हुई जिनमें से चार अर्थात् कबीर-पंथ, नानक-पंथ, दादू-पंथ व बावरी पंथ को इस संत-परम्परा के चार प्रमुख स्तंभ कह सकते हैं। इस युग का अंत होते होते उसमें नवीन भावनाएँ प्रवेश पाने लगीं जिनके कारण उसे अगले डेढ़ सौ वर्षों तक भी प्रायः इसी प्रकार प्रोत्साहन मिलता गया। यह तीन सौ वर्षों का युग अर्थात् सं. १५५० से लेकर सं. १८५० तक का समय संत-मत के प्रचार की दृष्टि से उसका 'स्वर्णयुग' कहलाने योग्य है। कुछ पंथों का निर्माण सं. १८५० के अनंतर भी अवश्य होता आया, किंतु उनमें से सभी उतने महत्त्वपूर्ण नहीं थे और न उन सबको उतने अनुयायी मिल सके। इन अंतिम डेढ सौ वर्षों के अंतर्गत प्राचीन पंथों में भी अनेक शाखाएँ व उपशाखाएँ फूट निकलीं और एक नयी लहर आ जाने के कारण उनमें कई प्रकार के परिवर्तन भी हो गए।

२. साध-सम्प्रदाय

प्रारंभिक वक्तव्य– साध-सम्प्रदाय का वास्तविक परिचय देने के अभी तक अनेक प्रयत्न किये जा चुके हैं, परंतु इसके इतिहास के संबंध में उठनेवाले कई प्रश्नों के अंतिम उत्तर आज तक नहीं दिये जा सके और न इसके प्रधान प्रवर्तक वा प्रर्वतकों की प्रमाणिक जीवनियाँ ही उपलब्ध हो सकीं। सं. १८७६ में रे. हेनरी फिशर ने दिल्ली के उत्तर पाये जानेवाले ग्रामीण साधों का एक विवरण प्रस्तुत किया था और एक दूसरे व्यक्ति विलियम ट्राट ने सं. १८९४ में इसी प्रकार फर्रुखाबादवाले साधों के विषय में भी एक निबंध लिखा था। ट्राट साहब के कुछ पहले सं. १८८९ में प्रसिद्ध विद्वान विल्सन साहब ने सभी साधों के संबंध में चर्चा की थी और उसी प्रकार सर विलियम क्रुक ने भी फिर आगे चलकर सं. १९५३ में इस विषय पर लिखा। डॉ. ग्रियर्सन व डॉ. फर्कुहर ने भी पीछे विशेषकर इन्हीं सामग्रियों के आधार पर बहुत कुछ लिख डाला और अंत में अमेरिकन मिशनरी एलिसन साहब ने सं. १९९२ में अपनी पुस्तक 'दि साधूज' का प्रकाशन किया। इस अंतिम लेखक ने कतिपय साध-पंथी लेखकों की भी कृतियों से सहायता ली। परंतु सब कुछ होते हुए भी इस सम्प्रदाय की उत्पत्ति, प्रगति व सिद्धांतों के विषय में अनेक बातें जहाँ की तहाँ रह गई। कई विद्वान् लेखकों ने तो साध सम्प्रदाय व सत्तनामी सम्प्रदाय को सर्वशः एक मानकर इन दोनों के इतिहासों को भ्रांतिपूर्ण बना दिया है और कुछ ने वीरभान व जोगीदास को समकालीन ठहराकर भी कई कठिनाइयाँ उत्पन्न कर दी हैं। वास्तव में साध-सम्प्रदाय, सत्तनामी सम्प्रदाय भिन्न-भिन्न प्रतीत होते हैं, यद्यपि यह सर्वथा असंभव भी नहीं कि इस दूसरे वर्ग के मूलस्रोत पता पहले की दिल्लीवाली शाखा के इतिहास में ही कहीं न कहीं मिल जाए, जैसा कि नीचे दिये बए संक्षिप्त परिचय से भी जान पड़ेगा।

साम्प्रदायिक धारणा– साध-सम्प्रदाय के अनुयायी अपने मत की परम्परा को अनादि क्रमशः गोविन्द-परमेश्वर, काल से आती हुई बतलाते हैं और इसके इतिहास को अपने ढंग से सतजुग, त्रेता, द्वापर और कलजुग नामक चार कालों में विभक्त करते हुए पाये जाते हैं।[1] उनके यहाँ इन्हीं युगों के अनुसार क्रमशः गोविन्द परमेश्वर-रामचन्द्र-लक्ष्मण, कृष्ण-बलभद्र एवं वीरभान-जोगीदास का आविर्भाव होना भी बतलाया जाता है। इन चारों युगों के उक्त महापुरुष दो-दो की जोड़ियों में रखे गए हैं और प्रथम युगवाले पुरुष वस्तुत ईश्वर के ही दो भिन्न-भिन्न नामधारी जान पड़ते हैं। इन दो प्रथम युगवालों को सम्प्रदायवाले महादेव एवं पार्वती की संतान भी मानते हैं जिससे जान पड़ता है कि उन्हें इन दो के सदेह व्यक्ति होने में कदाचित् वैसा विश्वास भी नहीं है। साधो के अनुसार जिस प्रकार रामचंद व परमेश्वर महादेव एवं पार्वती की संतान थे, उसी प्रकार क्रमशः रामचंद्र व लक्ष्मण गोविंद व परमेश्वर के, कृष्ण व वलभद्र के संतान थे और इस 'संतान' शब्द से वीरभान व जोगीदास कृष्ण व बलभद्र के संतान थे और इस 'संतान' शब्द से अभिप्राय वास्तव में अवतार का ही समझ पड़ता है। साधों में इन बातों के अतिरिक्त वीरभान एवं जोगीदास के ऊपर की ११ पीढ़ियों की भी

---

१. इनके दिये हुए युगों के नामों का क्रम एलिसन साहब सतजुग, द्वापर, त्रेता व कलजुग देते हैं जो अशुद्ध जान पड़ता है (दे. डब्ल्यू. एल. एलिसन कृत 'दि साध्स')। (दी रेलिजस लाइफ आफ इंडिया सिरीज, लंदन १९३५) पृ. ६।

चर्चा की जाती है जिससे जान पड़ता है कि इन पीढ़ियोंवाले पुरुष उन लोगों के पूर्वपुरुष रहे होंगे। इससे यह भी स्पष्ट हो जाता है कि वीरभान व जोगीदास न केवल समकालीन थे, प्रत्युत वस्तुतः एक ही माता-पिता से उत्पन्न सहोदर भाई भी थे। इनकी माता का नाम साध लोग जैवंती बतलाते हैं। उनका यह भी कहना है कि प्रथम तीन युगों की अपेक्षा चतुर्थ वा कलजुग में ही यह सम्प्रदाय वीरभान एवं जोगीदास के प्रयत्नों से अधिक स्पष्ट रूप में व्यक्त हुआ। वीरभान एवं जोगीदास के प्रथम आने वाले ११ पुरुषों के नाम क्रमशः रावतभूप, रामसिंह, बख्तावार सिंह, गोकलसिंह, हरमंत सिंह, धातार सिंह, हरिसिंह, गिरधारी सिंह, मोती सिंह, बाध सिंह, व गोपाल सिंह बतलाये गए हैं जिससे सिद्ध होता है कि उनके मूलपुरुष रावतभूप ही थे। परन्तु ये कौन थे, इसका पता नहीं चलता।

दूसरा मत– अतएव वीरभान एवं जोगीदास के संबंध में ऐतिहासिक विवरणों का प्रायः अभाव ही दीख पड़ता है। न तो इनमें से किसी एक के भी जन्मकाल का पता चलता है और न यह विदित होता है कि इनका व्यक्तिगत जीवन किस प्रकार का था और ये किस काल तक जीवित रहे थे। साधों की दो प्रधान शाखाओं-दिल्ली शाखा तथा फर्रुखावादी शाखा में से दूसरी के अनुसार वीरभान नारनौल के निकटवर्ती विजेसर ग्राम के निवासी थे और उन्होंने सं. १६०० विक्रमी के लगभग उदयदास द्वारा किसी अलौकिक ढंग से दीक्षा ग्रहण की थी। उदयदास ने उन्हें इस मत के कुछ आवश्यक सिद्धांतों का परिचय देकर यह भी बतला दिया था कि मैं फिर कभी तुमसे मिलूँगा और अमुक-अमुक लक्षणों के आधार पर मुझे भली-भाँति पहचानकर तुम मुझमें और भी आस्था कर सकोगे। डॉ. जे. एन. फर्कुहर ने इस उदयदास को प्रसिद्ध संत रविदास का शिष्य माना है और कहा है कि संत रविदास का समय अनुमानतः सन् १४७० : १५०० ई. (सं. १५२७ : १५५७ वि.) मान लेने पर उदयदास का समय उसी प्रकार सन् १५०० : १५३० ई. (सं. १५५७ : १५८७ वि.) ठहरता है और वीरभान का सन् १५३० : १५६० (सं. १५८७ : १६१७ वि.) तक आ जाता है जिसका उक्त सं. १६०० अर्थात् पंथ के आंरम्भ काल के साथ मेल भी खा जाता है। परन्तु साधों की दिल्ली-शाखा के अनुसार विंदेर वा विजेर (संभवतः उक्त विजेसर) के निवासी गोपाल सिंह के पुत्र जोगीदास को इस मत की प्रेरणा सर्वप्रथम सं. १७२६ के २७ फागुन को, जब उनकी अवस्था अधिक हो चुकी थी मिली थी। जोगीदास इसके पहले अर्थात् सं. १७१५ के लगभग धौलपुर के राजा की ओर से औरंगजेब के विरुद्ध किसी लड़ाई में आहत हो, प्रायः १२ वर्षों तक भ्रमण कर चुके थे और सम्प्रदाय के प्रचार में उन्हें वीरभान से भी सहायता मिली थी। कहा जाता है कि उक्त प्रकार से आहत हो अथवा मरकर जब वे रणस्थल में पड़े थे, तब उन्हें कोई वहाँ से उठा ले गया। उसने उन्हें एक प्रकार से जीवन दान दिया जिसका उनके ऊपर बड़ा प्रभाव पड़ा और वे उसके परम भक्त हो गए। वह अपरचित व्यक्ति उनके निकट एक साधु के वेश में आया और उसने उन्हें किसी दूर की पहाड़ी पर ले जाकर अनेक आध्यात्मिक बातों की शिक्षा दी तथा उसे सर्वसाधारण में प्रचार करने का उन्हें आदेश भी दिया। तब से जोगीदास लगभग ७२ वर्षों तक इस मत का प्रचार करते फिरे और इस काम में उन्हें अपने संबंधी वीरभान से बड़ी सहायता मिली। इस वीरभान को उन्होंने अपना शिष्य भी बना लिया था।[1]

---

१. डब्ल्यू. एल्. एलिसन : 'दि साध्स' (दि रैलिजस लाइफ आफ इंडिया सिरीज, लंदन, १९३५) पृ. १९-२१।

तीसरा मत–एक तीसरे मत के अनुसार "ऊदादास तथा गोपालदास नामक दो भाई थे जो जहाँगीर बादशाह के शासनकाल (सं. १६६२ : १६८४) में वर्तमान थे। गोपालदास इन दोनों में ५-६ वर्ष बड़े थे। जब ऊदादास एक युवक थे, तब वे दलपत नामक किसी व्यापारी के यहाँ जहाज में नौकरी करते थे। एक बार वह जहाज कहीं जाते समय अचानक बीच में रुक गया और तब तक नहीं टला जब तक ऊदादास इसके अनंतर वहीं खड़े रहे और फिर पास ही बने हुए किसी मंदिर को देखकर वहाँ पहुँचे। मंदिर में कोई वैरागी रहता था जिससे इन्होंने बातचीत की, उससे कुछ मिठाइयाँ लेकर अपनी भूख मिटायी और वहीं सो भी गए। नींद के टूटने पर इन्हें पता चला कि मैं अपने घर लौट आया हूँ और अपने परिवार वालों से इन्होंने अपना सारा वृतांत भी कह सुनाया। गोपालदास के दो लड़के जोगीदास और वीरभान की स्त्री को भी सीता के नाम से अभिहित किया। इसके उपरांत ऊदादास अपने कतिपय विचारों का प्रचार करते हुए भिन्न-भिन्न गाँवों में भ्रमण करने लगे और अनेक व्यक्तियों को इन्होंने अपने शिष्य भी बनाये। इन शिष्यों में ही उक्त जोगीदास और बीरभान भी थे। कहते हैं कि ऊदादास द्वारा मत के प्रचार किये जाते समय औरंगजेब बादशाह दिल्ली में शासन करने लगा था। उसे जब इस नवीन सम्प्रदाय के उदय हो जाने का पता चला, तब उसने इसके अनुयायियों के विरुद्ध अपनी सेना भेजी और एक बार स्वयं भी उपस्थिति हुआ। ऊदादास औरंगजेब के तीर से रणक्षेत्र में ही मार डाले गए।"[१] इस विवरण को फर्रुखाबाद के किसी प्रिथीलाल साध ने ही एक निबंध के रूप में तैयार किया था, जिसका अंग्रेजी में भाषांतर कर एलिसन साहब ने उसे अपनी पुस्तक में उद्धृत किया है।

तीनों पर विचार–उपर्युक्त तीनों मतों की तुलना करने पर पता चलता है कि साध-सम्प्रदाय के इतिहास में प्रायः तीन व्यक्तियों की चर्चा विशेष रूप से की जाती है और उनमें एक जोगीदास हैं, दूसरे वीरभान वा वीरलाल हैं और तीसरे का नाम कभी उदयदास वा ऊदादास दिया जाता है, तथा कभी-कभी उसे प्रकट नहीं किया जाता। फिर इन तीनों में भी उदयदास वा ऊदादास इस सम्प्रदाय के मूल प्रवर्तक से समझ पड़ते हैं और तीसरे मत के अनुसार उन्हें ही इसके प्रचार का भी श्रेय दिया जाता है। इसी प्रकार यदि पहले मत ने सम्प्रदाय के प्रचार के संबंध में वीरभान का अधिक हाथ बतलाया है, तो दूसरे ने जोगीदास को ही इसका मुख्य प्रचारक माना है। अंतिम दो मतों के अनुसार तो वीरभान एवं जोगीदास आपस में संबंधी अथवा सहोदर भाई तक दीख पड़ते हैं और तीसरे मत ने उदयदास को उन दोनों का चाचा तक सिद्ध कर दिया है। फिर भी यदि समय के अनुसार उक्त तीनों मतों पर विचार किया जाए, तो बहुत बड़ी कठिनाई खड़ी हो जाती है और उक्त कथनों का कोई मेल खाता हुआ नहीं जान पड़ता। पहले मत के अनुसार वीरभान ने सं. १६०० के लगभग ऊदादास द्वारा इस सम्प्रदाय के संबंध में प्रेरणा प्राप्त की थी, तो दूसरे के अनुसार जोगीदास को इसका आभास सं. १७१५ की किसी लड़ाई के अनंतर सं. १७२६ में मिला था और तीसरे के अनुसार ऊदादास को कदाचित् इसके प्रवर्तन का संकेत एक वैरागी के द्वारा संभवतः विक्रम की १७वीं शताब्दी के लगभग अंत में मिला था। अतएव स्पष्ट है कि डॉ. जे. एन. फर्कुहर का उपर्युक्त अनुमान अंतिम दो मतों के अनुसार अमान्य ही समझा जाना चाहिए।

---

१. डब्ल्यू. एल. एलिसन : 'दि साध्स' पृ. १११-११३।

समीक्षा—एलिसन साहब ने उक्त समस्याओं का समाधान करते हुए बतलाया है कि वास्तव में इस सम्प्रदाय के प्रवर्तक केवल दो ही पुरुष रहे होंगे तीन नहीं हो सकते। ऊदादास नाम का कदाचित् कोई भी व्यक्ति न था। यह नाम जोगीदास वा कभी-कभी वीरभान की एक उपाधि के रूप में सम्प्रदाय के मान्य ग्रंथ 'निर्वान ग्यान' के अंतर्गत लगभग १५० बार आया है और कहीं-कहीं ऊदादास की जगह 'ऊदा के दास' भी कहा गया मिलता है। इसी प्रकार सन् १५४४ ई. (सं. १६००) तथा सन् १६५८ ई. (सं. १७१५) के संबंध में भी समझा जा सकता है कि पहला समय जोगीदास के आर्विभाव काल का द्योतक है और दूसरे काल में इस सम्प्रदाय्र की विशेष जागृति हुई थी। डॉ. फर्कुहर ने वीरभान को जोगीदास का पथ-प्रदर्शक समझते हैं। इनका कहना है कि युद्धवीर जोगीदास ने ही सर्वप्रथम इस सम्प्रदाय को एक विचित्र ढंग से प्रवर्तित किया था जिसे आगे चलकर शांत स्वभाववाले वीरभान ने अधिक स्पष्ट व सुव्यवस्थित किया तथा जोगीदास ने ही वास्तव में इस सम्प्रदाय के धर्मग्रंथ का संपादन कर एक नयी पुस्तक 'वानी' की भी रचना की थी।[1] परन्तु एलिसन की ये धारणाएँ अधिकतर कोरी कल्पना के ही आधार पर आश्रित जान पड़ती हैं ओर इनकी पुष्टि किसी ऐतिहासिक प्रमाण से होती हुई नहीं दीखती। सन् १५४४ ई. (सं. १६००) के किसी ऐसे युद्ध का पता नहीं चलता जिसमें जोगीदास नामक कोई व्यक्ति भाग लेकर इस प्रकार प्रसिद्ध हो गया हो। इसके विपरीत सन् १६५८ (सं. १७१५) का समय वह है जब कि बादशाह शाहजहाँ के लड़के दिल्ली की राजगद्दी के लिए आपस में लड़ने लग गए थे और उनकी विविध लड़ाइयों में अन्य अनेक व्यक्तियों ने भी किसी न किसी ओर से सहायता पहुँचायी थी। तदनुसार डा. यदुनाथ सरकार का कहना है कि "फारसी में लिखित इतिहास ग्रंथों में जहाँ धोलपुर के निकट होनेवाले सन् १६५८ ई. के युद्ध का वर्णन है, वहाँ किसी साधसम्प्रदाय के प्रवर्तक जोगीदास का पता नहीं चलता। इस विषय में अधिक से अधिक इतना ही कहा जा सकता है कि उक्त युद्धकाल में धोलपुर के महाराजा महासिंह थे जो धोलपुर से कुछ ही मील पूर्व की ओर वर्तमान भदवर के राजा थे और जिन्होंने दाराशिकोह के एक विश्वस्त सेनापति के रूप में सन् १६५९ (सं. १७१६) वाली सामूगढ़ की लड़ाई में भाग लिया था।"[2] अतएव, यदि साध-सम्प्रदाय वालों में प्रचलित पूर्वोक्त अनुश्रुति का संबंध इस अवतरण के साथ जोड़ा जा सके, तो जोगीदास का उस समय के लड़नेवालों में सम्मिलित रहना असंभव नहीं कहा जा सकता।

निष्कर्ष—इसके सिवाय 'ऊदादास' शब्द का भी किसी एक व्यक्ति का नाम होना असंभव नहीं समझा जा सकता। ऊदादास का शुद्ध रूप उदयदास है जिसका अर्थ 'उदय का दास' होगा और 'उदय' शब्द का एक अर्थ उद्गम वा निकलने का स्थान अर्थात् मूलस्रोत भी होने के कारण उदय दास से अभिप्राय परमात्मा, मूलतत्व वा आदि पुरुष का दास हो सकता है। सम्प्रदाय के अनुयायियों की धारणा के अनुसार ऊदादास को 'मालिक का हुकुम' वा उसका संदेशवाहक भी माना जाता है तथा उनके 'निर्वान ग्यान' ग्रंथ के अंतर्गत स्पष्ट शब्दों में कहा गया है कि "जो काशी में कबीर नाम से प्रकट हुए थे, वे ही यहाँ विजेसर

---

१. डब्ल्यू. एल्. एलिसन : 'दि साध्स' पृ. १४।

२. वही, (पृ. १५ पर उद्धत)

में ऊदादास नाम से प्रसिद्ध हैं।"[१] और इस बात से सिद्ध हो जाता है कि ऊदादास वा उदयदास अथवा उद्धवदास कोई एक व्यक्ति अवश्य रहे होंगे तथा उन्होंने इस सम्प्रदाय के प्रवर्तक का काम किया होगा। इसके सिवाय इस नाम का 'निर्वान ग्यान' के अंतर्गत जोगीदास वा वीरभान के लिए भी एक उपाधि के रूप में प्रयोग होना केवल इतना ही सूचित करता है। वह उन दिनों की प्रथा के अनुसार 'नानक' एवं 'फरीद' शब्दों की भाँति उदयदास के प्रधान शिष्य व उपशिष्य के लिए भी कभी-कभी प्रयोग में आता रहा होगा। ऊदादास की शिष्य-मंडली के एक सदस्य गोरखजी का भी पता चलता है और उस गोरखजी के किसी जरजोधन नामधारी शिष्य का नाम भी सम्प्रदाय की कई पद-रचनाओं में पाया जाता है। डा. फर्कुहर का यह अनुमान कि ऊदादास इस सम्प्रदाय के प्रसिद्ध प्रचारक वीरभान के गुरु एवं पथप्रदर्शक थे, इन बातों के विचार से निराधार नहीं कहा जा सकता, प्रत्युत जोगीदास का वीरभान का पूर्ववर्ती होना ही किसी अन्य प्रमाण के अभाव में स्वीकार करने योग्य नहीं है। अतएव उपलब्ध सामग्रियों के आधार पर यदि कोई युक्तिसंगत प्रमाण निकाला जा सके, तो यही हो सकता है कि वीरमान ने साध-सम्प्रदाय का ऊदादास की प्रेरणा पाकर सं. १६०० के लगभग प्रवर्तित किया था और जोगीदास ने प्रायः सवा सौ वर्षों के अनंतर उसे और भी सुव्यवस्थिति रूप में प्रचलित करने की चेष्टा की थी। वीरभान एवं जोगीदास को सम्प्रदाय की परम्परा के अनुसार सहोदर भाई मानने का कारण भी ऐसी स्थिति में केवल यही हो सकता है कि दोनों का लक्ष्य प्रायः एक ही रहा। फिर भी जैसा कि इस सम्प्रदाय के शेष इतिहास से लक्षित होता है, उक्त दोनों व्यक्तियों के अनुयायियों में कुछ विभिन्नता भी आ गई और वीरभान की शाखावाले एक ओर यदि शांत स्वभाव के बने रह गए, तो दूसरी ओर जोगीदास का नेतृत्व मानने वाले कभी-कभी धर्मयुद्ध भी छेड़ते आये। तदनुसार वीरभान के अनुयायी आज तक केवल साध ही कहे जाते हैं, किंतु जोगीदास का अनुसरण करने वालों में कुछ अपने को कभी-कभी 'साध सत्तनामी' वा केवल 'सत्तनामी' भी कहा करते हैं।[२]

संत वीरभान– वीरभान के अनुयायियों के यहाँ इनकी जीवनी का कोई विवरण नहीं पाया जाता। ये ऊदादास के सर्वप्रथम शिष्य समझे जाते हैं और 'निर्वान ग्यान' में आये हुए एक प्रसंग द्वारा यह भी सूचित होता है कि ये विवाहित जीवन व्यतीत करते रहे होंगे।[३] संत वीरभान ने साध-सम्प्रदाय का प्रचार सं. १६०० के लगभग आरंभ किया था और इस समय को प्रायः सभी स्वीकार करते हैं। किंतु डा. ताराचंद ने न जाने किस प्रमाण के आधार पर उक्त संवत् को वीरभान का जन्मकाल मान लिया है और आगे चलकर साधों, सत्तनामियों को बिल्कुल एक समझा है।[४] वीरभान द्वारा सम्प्रदाय के प्रवर्तन का प्रारम्भ काल यदि सं. १६०० के लगभग ही ठीक है, तो उन के जन्मकाल को उससे कम से कम २५ : ३० वर्ष

---

१. डब्ल्यू. एल्. एलिसन : 'दि साध्स' (पृ. ५६ और पृ. ११८ में उद्धृत) दो पदों का अंशानुवाद।

२. दे. अध्याय ६.

३. 'वीरभान व राजा दुर्योधन (संभवतः गोरखजी शिष्य जरजोधन) की स्त्रियाँ साध्वी थीं' ('दे.' दि साध्स' पृ. १२० पर उद्धृत तृतीय पद)।

४. डॉ. ताराचंद : 'इन्फ्लुएंस आफ इस्लाम आन हिन्दू कल्चर' पृ. १९२।

भी पहले अवश्य ले जाना चाहिए।[१] संत वीरभान के गुरु ऊदादास का जीवनकाल डॉ. फर्कुहर के अनुसार इस प्रकार सन् १५०० : १५३० (सं. १५५७ : १५८७) के लगभग ठहरता है और यह मान्य भी हो सकता है, किन्तु उनका इन्हें संत रविदास का शिष्य भी स्वीकार कर लेना संदिग्ध है। संत रविदास को वे स्वामी रामानंद का शिष्य मानते हैं और स्वामी रामानंद का समय सन् १४३० : १४७० (सं. १४८७ : १५२७) बतलाते हैं। परंतु इन दोनों धारणाओं में से एक भी निर्विवाद नहीं कही जा सकती। हाँ, यदि ऊदादास को संत रविदास का शिष्य कहना ही हो, तो वह इसी प्रकार संभव है कि वे उनकी शिष्य-परम्परा में रहे होंगे। साधों की संत रविदास के प्रति कोई विशेष श्रद्धा भी सूचित नहीं होती, बल्कि ये लोग कबीर साहब को उनसे अधिक महत्त्व देते हुए दीख पड़ते हैं।

साम्प्रदायिक साहित्य— संत वीरभान की रचनाएँ 'वानी' नामक ग्रंथ में संगृहीत समझी जाती हैं और वे पद्य में हैं। साधों का एक अन्य मान्य ग्रंथ 'आदि उपदेश' है जो गद्य में है और जिसके अंतर्गत सम्प्रदाय के प्रायः सभी मुख्य मुख्य नियमों का समावेश किया गया है। यह ग्रंथ जोगीदास की रचना समझा जाता है। परन्तु साधो का सब से प्रधान ग्रंथ 'निर्वान ग्यान' है जो १६ पंक्तियोंवाले प्रायः २५० पृष्ठों की एक पद्यमयी रचना है और जिसमें दोहे व चौपाइयाँ संगृहीत हैं। इसमें कुल मिलाकर ४२०० पंक्तियाँ तथा २३००० शब्द बतलाये जाते हैं और इसका एक अन्य नाम 'पोथी' भी है जिसे विशेष रूप से गुप्त सुरक्षित रखा जाता है। इसकी भाषा अनेक अरबी व फारसी से मिश्रित हिंदी है जिसमें प्रह्लाद, लक्ष्मण, जोगीदास आदि के कुछ ऐतिहासिक नाम भी आये हैं। वास्तव में यह ग्रंथ जोगीदास के पीछे की ही रचना है। ये तीनों ग्रंथ अभी तक हस्तलेखों के ही रूप में हैं। इनके अतिरिक्त दो प्रकाशित ग्रंथों के भी नाम एलिसन साहब ने दिये हैं जिनमें से एक 'साध पंथ' है जो किसी प्रिथीलाल साध द्वारा ईसाई धर्म ग्रहण कर लेने पर लिखा गया था। इसमें गोरखजी, दंडजी, गोविंद, गरीब, कबीर, शामदेवी, गोना बाई, राजा बाई, गोपीचंद, जरजोधन, दुर्गादास, वीरभान आदि के भिन्न-भिन्न गीत संगृहीत हैं। एक दूसरे पंथ का नाम 'नसीहत की पुड़िया' है जिसके रचयिता कोई उमरावसिंह साध हैं और जिसमें ११३ पृष्ठों के १४ अध्यायों में उपदेशमय वाक्य लिखे गए हैं। ये अंतिम दोनों पुस्तकें बहुत इधर की रचनाएँ हैं।

साध-सम्प्रदाय द्वारा स्वीकृत मत कबीर साहब के सिद्धांतों से बहुत कुछ प्रभावित जान पड़ता है। इसी कारण साध लोग अपने आदिगुरु ऊदादास को भी कबीर साहब के एक अवतार के ही रूप में मानते हैं और दोनों को परमात्मा का प्रतीक भी समझते हैं। कबीर साहब के संबंध में उनका कहना है—

---

१. महर्षि शिवव्रतलाल का कहना है कि वीरभान ने अपने साध-मत को सं. १७१४ में प्रवर्तित किया था। ये ब्रजेसर के निवासी थे जो नारनौल के निकट दिल्ली के पूर्व में पड़ता था, किन्तु जो अब पटियाला के अंतर्गत है। उन्होंने 'जोगीदास' नाम उदयादास अर्थात् वीरभान के गुरु को दिया है जिन्हें उन्होंने कबीरपंथी भी कहा है। उनका दिया हुआ वीरभान का परिचय इस प्रकार जोगीदास के हमारे उपर्युक्त परिचय से बिल्कुल मिलता-जुलता-सा है। उन्होंने साध-सम्प्रदाय एवं सत्तनामी सम्प्रदाय में भी कोई अंतर नहीं माना है और जगजीवन साहब के सत्तनामी सम्प्रदाय से इसे नितांत भिन्न भी ठहराया है। (दे. 'संतमाल' पृ. २६७ : २६८)।

'हुआ होते हुकमी दास कबीर, पैदायस ऊपर किया वजीर।
उस घर का उजीर कबीर, अवगत का सिख दास कबीर।'[१]

सिद्धांत व साधना– अर्थात् कबीर दास परमात्मा के संदेशवाहक थे, प्राणिमात्र के नियमन में उसके प्रधान परामर्शदाता थे और उस अवगत के शिष्य तुल्य भी थे। साध-सम्प्रदाय द्वारा स्वीकृत मत के अनुसार ईश्वर तुल्य भी थे। साध-सम्प्रदाय द्वारा स्वीकृत मत के अनुसार ईश्वर एक, निराकार, सर्वव्यापी, सर्वशक्तिमान् एवं परम दयालु है जिसके अतिरिक्त अन्य किसी को प्रमाण तक भी नहीं करना चाहिए। प्रसिद्ध है कि किसी समय साध-सम्प्रदाय के किसी अनुयायी के सलाम न करने पर सरकारी कर्मचारी बिगड़ खड़े होते थे और उसे दंड तक देने लगते थे, जिस कारण कहे-सुने जाने पर एक बार फर्रुखाबाद के जिलाधीश ने इन्हें सं. १९०६ में एक प्रमाणपत्र देकर इनकी रक्षा की थी। फिर अंत में जून सन् १८९५ अर्थात् सं. १९५२ में जब पोलिटिकल एजेंट ने इस सम्प्रदाय के तत्कालीन मुखिया सुमेरचन्द व सिंगारचंद को महारानी विक्टोरिया के संमुख उपस्थित किया, तब कहीं इनके कष्टों का निवारण हो सका। अस्तु, इस मत के अनुसार सृष्टि का निर्माण हो जाने पर जो गृह सर्वप्रथम बना, वह एलोरा की कंदरा थी जिसके आदर्श पर पीछे अन्य मकान भी बनने लगे। सम्प्रदाय की स्वीकृत साधनाओं में नामस्मरण, सत्संग एवं संयत जीवन को प्रधानता दी जाती है। हृदय के अंतर्गत शब्द का अनुभव करने का अभ्यास होना चाहिए जिसके निमित्त 'सत्तनाम' शब्द के प्रति पूरी आस्था का होना भी परमावश्यक है। ऊदादास ने योग को भी महत्त्व दिया है। सम्प्रदाय के ग्रंथों में परमात्मा को कहीं-कहीं सतगुरु अथवा 'सदा अविगत्त' कहा गया है और उसके मंदिरों पर बहुधा 'सत् अतगत', 'गोरख', 'उदयकबीर' जैसे कुछ शब्द लिखे वा खुदे हुए पाये जाते हैं। सम्प्रदायवाले महायोगी शिव को भी महत्त्व देते हुए जान पड़ते हैं और कभी-कभी कहते हैं कि,

'सत की भगति महादेव पाई, जग्य जाइ न भीखा खाई'।

इनके यहाँ मूर्तिपूजा, भेष वा किसी प्रकार का भी व्यर्थ का प्रदर्शन निषिद्ध है और व्यक्तिगत साधना ही इन्हें अधिक मान्य है। पूजन ये यदि करते भी हैं तो केवल अपनी उक्त 'पोथी' का ही करते हैं और प्रत्येक पूर्णिमा को अपनी स्थानीय चौकी या धार्मिक स्थान पर एकत्र होते हैं। इनका फर्रुखाबाद, आगरा व दिल्ली की प्रधान चौकियों पर उपदेशदान व भंडारा हुआ करता है और बहुत-से नये लोग दीक्षित भी हुआ करते हैं।

सदाचरण के नियम– साध-सम्प्रदाय वास्तव में आचरण-प्रधान ही जान पड़ता है। इसके अनुयायियों का पथ-प्रदर्शन उन १२ कठोर नियमों द्वारा हुआ करता है जिनकी ओर 'आदि उपदेश' में विशेष ध्यान दिलाया गया है और जिसके अक्षरशः पालन करने की चेष्टा प्रत्येक साध नित्यप्रति किया करता है। ऐसे नियमों की वास्तविक संख्या ३२ है और ये 'बत्तीस नियम' कहलाकर प्रसिद्ध भी हैं, किन्तु इनका सार इन १२ नियमों के ही अंतर्गत आ जाता है। डा. विल्सन ने इन १२ नियमों का एक विवरण दिया है जो उनकी पुस्तक 'दि रेलिजस सेक्टस आफ दि हिंदूज'[२] में प्रकाशित है और जिसका उल्लेख उनके अनेक परवर्ती लेखकों

१. डा. पीतांबर दत्त बर्थ्वाल : 'दि निर्गुण स्कूल आफ हिंदी पोयट्री' पृ. ३०६।
२. भा. १, पृ. ३५४-५।

ने भी किया है। इन १२ नियमों का परिचय निम्नलिखित शब्दों में दिया जा सकता है–

(१) केवल एक ईश्वर को मानो और उसी को सृष्टिकर्ता एवं सर्वनियंता के रूप में पहचानो। वही सत्य, शुद्ध, अनादि, अनंत, सर्वशक्तिमान व सत्त अवगत है।

(२) नम्र व विनीत बने रहो और विषयों के प्रति आसक्ति न रखो।

(३) कभी असत्य न बोलो और न किसी के प्रति बुरे शब्दों के प्रयोग करो। अपने ह्रदयों में भी कोई दुर्भावना न आने दो और न कभी शपथ लो।

(४) गंदी बातें कभी न सुना करो और न भजनों के अतिरिक्त किसी प्रकार के संगीत को श्रवण करो। संगीत की सभी सामग्री तुम्हारे भीतर ही वर्तमान है।

(५) किसी भी वस्तु के लिए कभी लालच न करो। जो कुछ हमें मिला है, वह सब ईश्वर-प्रदत्त है। ईश्वर केवल ध्यान, निर्धन जीवन तथा अपने प्रति आत्म-समर्पण पर ही प्रसन्न रहा करता है।

(६) यदि कोई पूछे कि तुम कौन हो तो अपने को केवल साध-मात्र बतलाओं, किसी वर्ण वा जाति का नाम न लो। तुम्हारा सच्चा गुरु परमेश्वर के अतिरिक्त और कोई भी नहीं है।

(७) श्वेत वस्त्र पहना करो, रंगीन कपड़े, मेंहदी, सुरमा, ललाट पर तिलक अथवा इस प्रकार के अन्य किसी भी चिन्ह को धारण न करो। कर्णवेध कराना वा दाढ़ी रखना भी उचित नहीं है।

(८) कभी मादक द्रव्यों का व्यवहार न करो, पान व तम्बाकू न खाओ और कभी किसी सुगंधित पदार्थ का सेवन न करो। ईश्वर के अतिरिक्त किसी अन्य का अभिवादन न करो ओर न किसी के यहाँ कोई नौकरी ही करो।

(९) जीव-हिंसा न करो और न किसी के कुछ बलात्कारपूर्वक छीनो। अहिंसा ईश्वर का पहला नियम है। छोटे-छोटे जीवों पर सदा दया करो।

(१०) पुरुष केवल एक पत्नी रखे और स्त्री केवल एक पति को ही अपनावे।

(११) विरक्त साधु का वेष धारण न करो और न कभी भिक्षा-वृत्ति स्वीकार करो।

(१२) दिन, मास आदि के शुभाशुभ होने वा पक्षियों अथवा पशुओं की बोलियों की शकुनापशकुन मानने का स्वभाव त्याग दो, केवल ईश्वर पर ही भरोसा रखो।

प्रथाएँ–इस सम्प्रदाय के अनुयायी विशेषकर जाट जाति के लोग हुआ करते हैं और इनका मुख्य व्यवसाय छीपी का काम, बुनाई, वाणिज्य, किसानी व जमींदारी है। इसके द्वारा तैयार की गई वस्तुएँ बहुधा देश-विदेश की प्रदर्शिनियों में प्रशंसित हुआ करती हैं। ये अपने विवाह आदि जैसे कृत्य बड़े सीधे-सादे ढंग से करते हैं और सादा जीवन व्यतीत करते हैं। इनका मुख्य सहभोज वा प्रसाद होली के लगभग हुआ करता है। ये अन्य सम्प्रदायवालों से अधिकतर पृथक् रहना ही पसंद करते हैं, आपस में ही दंडवत करते हैं और अपने धर्म की बातें गुप्त रखा करते हैं। साध-सम्प्रदाय में दीक्षित हो जाने पर कोई जात-पाँत का संबंध नहीं रह जाता। किन्तु सभी अनुयायी अपने सम्प्रदायवालों में ही विवाह करते हैं और एक ही घर में फिर दुबारा संबंध नहीं जोड़ते। बाल-विवाह इनके यहाँ हो सकता है, किंतु बहु-विवाह की

प्रथा नितांत विवर्जित है और दहेज का लेन-देन भी अमान्य है। विवाह प्रायः स्त्री के परिवार की ओर से ही निश्चित होता है। वर-पक्ष का आदमी कन्या के पिता के यहाँ जाता है और स्वीकृति मिल जाने पर मँगनी पक्की कर आता है। उसे उस समय मिठाई खिलाई जाती है और दूध भी पिलाया जाता है। कन्या का पिता ही विवाह का दिन भी निश्चित करता है और वरवाला अपने संबंधियों को उसकी सूचना देता है। सूचना लानेवाला प्रायः एक रुपया और एक पगड़ी पाता है। कन्या का पिता मध्यांह् के समय अपने यहाँ एक भोज देता है। बाराती एक सफेद चादर पर बिठलाये जाते हैं। वर व कन्या आमने-सामने कर दिये जाते हैं और सभी लोग कुछ समय तक ध्यान लगाकर बैठते हैं। फिर वर-कन्या ग्रंथिबंधन करके एक वेदी के चारों ओर घूमने लगते हैं और सबसे वयोवृद्ध व्यक्ति खड़ा होकर उनसे ऊंचे स्वर में पूछता है–"साध सोध की पाई ?" जिस पर सभी बोल उठते हैं–"पाई"। फिर दूसरा प्रश्न होता है, "सब पंचों को भाई ?" और इसका उत्तर मिलता है, "भाई" और इसके अनंतर वधू वर के घर चली जाती है। इस विधि में कोई पंडित वा पुरोहित नहीं रहा करता। इसमें केवल मंगल के गीत गाये जाते हैं। स्त्रियों का चरित्र भ्रष्ट हो जाना बहुत बड़ा अपराध माना जाता है। इसके लिए साधों की एक सभा बुलायी जाती है और बातों के प्रमाणित हो जाने पर संबंध विच्छेद कर दिया जाता है।

प्रचार-क्षेत्र–संत वीरभान ने अपने मत का प्रचार कदाचित् फर्रुखाबाद, मिर्जापुर आदि की ओर ही अधिक किया था और जोगीदास ने पंजाब, दिल्ली तथा राजस्थान एवं उत्तर प्रदेश के कुछ पश्चिमोत्तरवर्ती जिलों में अधिक भ्रमण किया था। अतएव शुद्ध साध-सम्प्रदाय एवं साध-सत्तनामी सम्प्रदाय के क्षेत्र यदि पृथक्-पृथक् माने जाएँ, तो उन्हें इसी के अनुसार समझ सकते हैं। संत वीरभान के विशुद्ध अनुयायियों का प्रधान केंन्द्र फर्रुखाबाद ही जान पड़ता है। इस नगर के जिस खंड में ये लोग रहा करते हैं, वह 'साध-वाडा' कहलाकर प्रसिद्ध है और यह नाम उस समय अर्थात् सन् १७१४ (सं. १७७१) से चला आता है, जब यह पहले पहल बादशाह फर्रुखसियर द्वारा बनाया गया था। कहा जाता है कि यहाँ के साधों से आकृष्ट होकर स्वामी दयानंद इस नगर में छः या सात बार आये थे और एक बार जब उन पर वहाँ के सनातनी हिंदुओं ने आक्रमण किया था, तब यहाॅ के साधो ने उनकी बड़ी सहायता की थी। साध लोग उत्तर प्रदेश के मिर्जापुर जिले में भी एक अच्छी संख्या में पाये जाते हैं और मथुरा, बरेली, मेरठ व शाहजहाँपुर की देहातों में भी रहा करते हैं। इसके सिवाय दिल्ली प्रांत, व पंजाब प्रांत के रोहतक जिले तथा झिंद, जयपुर, जोधपुर, धौलपुर, भरतपुर एवं बड़ौदा की रियायतों में भी ये लोग अपने वाणिज्य-व्यवसाय के कारण विखरे हुए देखे जाते हैं।

३. लाल-पंथ

संत लालदास–संत लालदास का जन्म सं. १५९७ में हुआ था। इनका जन्म-स्थान धौलीपुर नाम का एक गाँव है जो अलवर के राज्य में वर्तमान है। इनके पूर्वज मेवा अथवा मेओ जाति के थे जो अधिकतर लूटपाट आदि जैसे निदंनीय कामों के लिए भी आज तक प्रसिद्ध हैं। इनके माता-पिता की आर्थिक स्थिति अत्यंत साधारण थी और इनका भरण-पोषण उन्हीं के साथ् रहकर पहले धौलधूप में हुआ था। कुछ बड़े होने पर ये आसपास के जंगलों में लकड़ियाॅ काट और उन्हें देहात में बेचकर अपना जीवन व्यतीत करने लगे। परन्तु कुछ साधुओं के संपर्क में आ जाने के कारण अपने बाल्यकाल से ही इनकी प्रवृत्ति धार्मिक रूप

ग्रहण करने लग गई थी, अतएव अपनी युवावस्था में भी इन्होंने उस भाव का परित्याग नहीं किया। एक मेवा जाति के लकड़हारे का उक्त धार्मिक आचरण आश्चर्य की बात होने के कारण चारों ओर प्रसिद्ध हो चला और उनका नाम क्रमशः दूर-दूर तक फैलने लगा, यहाँ तक कि तिजारा नामक स्थान के निवासी फकीर गदन चिश्ती ने आकर इनसे अनुरोध किया कि आप लोगों को उपदेश देना भी आरंभ कर दीजिए। संत लालदास को यह बात अच्छी लगी और अपने दैनिक कार्यक्रम से कुछ समय निकालकर ये हिंदुओं व मुसलमानों को अपने मतानुसार शिक्षा देने लगे। ये कुछ पढ़े-लिखें नहीं थे, किन्तु सत्संग और सद्विचारों की साधना से इनका आचरण शुद्ध हो गया था और ये सबको एक साथ मिलकर सात्विक जीवन बिताने तथा परोपकर करते रहने के ही उपदेश देते थे।

जन-सेवा का कार्य– संत लालदास ने उक्त फकीर के साथ बातचीत होने के कुछ ही दिनों पीछे अपने जन्मस्थान का परित्याग भी कर दिया और अलवर से १६ मील की दूरी पर कुछ उत्तर व पूर्व की दिशा में जाकर रामगढ़ परगने के बांदोली गाँव में जा बसे। वहीं एक पहाड़ की चोटी पर कुटी बनाकर ये रहा करते थे और अपने जीवन-निर्वाह का कार्य प्रायः पूर्ववत् ही करते हुए लोक-सेवा में भी प्रवृत्त हो जाते थे। कड़ी से कड़ी धूप होने पर भी ये वहाँ से निकल पड़ते और दीन असहाय रोगियों की चर्या में अपना समय लगाते। इनके जीवन का प्रभाव क्रमशः अन्य लोगों पर भी पड़ने लगा और बहुत-से मनुष्य इनके यहाँ जाकर इनका शिष्यत्व स्वीकार करने लगे। यहाँ तक कि थोड़े दिनों के ही अनंतर इनके साथियों की संख्या बहुत बड़ी हो चली और कतिपय झूठे शिष्यों तथा दुराचारियों से अपना पिंड छुड़ाने के लिए इन्हें तत्कालिक सरकार से सहायता तक लेनी पड़ी। इस कारण इनकी मंडली से बाहर निकाले गये लोग इनके विरोधी बनने लगे। ऐसे ही विरोधी व्यक्तियों में से कुछ ने कई बार जाकर वहाँ के हाकिमों को भी बहका दिया जिससे वे इनके कार्यों को संदेह की दृष्टि से देखने लगे और इन्हें उनके हाथों कभी-कभी कष्ट भी सहने पड़े। कहा जाता है कि एक बार किसी दूसरे की स्त्री के साथ छेड़छाड़ करने के कारण एक मुगल को इन्होंने डाँटा-फटकारा और इनके किसी शिष्य ने आवेश में आकर उसकी हत्या तक कर डाली जिसका सारा उत्तरदायित्व इन्हीं के सिर मढ़ा गया और अपने साथियों के साथ ये बहादुरपुर स्थान पर बुलाये गये। बहादुरपुर में उस समय कोई सरकारी पदाधिकारी रहता था और वह स्थान इनके यहाँ से कुछ मील दूर भी पड़ता था। फिर भी इनके सभी साथी वहाँ जाकर फौजदार के सामने हाजिर हुए और उसमें हिंदुओं तथा मुसलमानों की बहुत बड़ी संख्या देखकर उसे अत्यंत आश्चर्य हुआ। उसने इसी कारग इनसे प्रश्न किया कि तुम कौन और क्या हो और इन्होंने उसके प्रश्न को ही मूर्खतापूर्ण बतलाते हुए उत्तर में कह दिया कि मुझे पता नहीं कि मैं सचमुच क्या हूँ। केवल इतना ही जानता हूँ कि इस शरीर के पहनावे को मैंने मेवा जाति में पाया है। इस पर फौजदार ने बिगड़कर सभी को पाँच-पाँच रुपये जमा करने का दंड दिया और जब इन्होंने ऐसा करने से इनकार कर दिया, तब उसने आज्ञा दी कि इनमें से प्रत्येक को किसी विषैले कुएँ का पानी पिलाया जाए। परन्तु प्रसिद्ध है कि उस कुएँ का पानी पीने पर भी इनके वा इनके शिष्यों का कुछ भी नहीं बिगड़ा, उस कुएँ का पानी ही मीठा हो गया और वह आज भी अपनी जगह 'मीठा कुआँ' के नाम से उस प्रदेश में विख्यात है।

परिवार व अंतिम समय–संत लालदास को उक्त जैसी बातों से बाध्य होकर बांदोली गाँव छोड़ देना पड़ा और ये वहाँ से टोड़ी गाँव में जा बसे जो अलवर राज्य की सीमा के ही निकट गुड़गाँव जिले में पड़ता है। किन्तु वहाँ भी इनके विरोधियों ने इनका पीछा न छोड़ा और उस गाँव को भी छोड़कर इन्हें अन्यत्र नारोली नामक स्थान में चला जाना पड़ा। अंत में वहाँ भी सताये जाने पर ये रसगाँव अथवा रामगढ़ चले गये जहाँ कुछ अधिक दिनों तक निवास करते रहे। ये विवाहित थे और इन्हें पहाड़ नामक एक पुत्र तथा स्वरूपा नाम की एक पुत्री थी। इनके परिवार में इसी प्रकार इनके दो भाई भी थे जिनके नाम शेरखाँ और गौस खाँ थे। इनके पुत्र एवं पुत्री के लिए प्रसिद्ध है कि वे आगे चलकर अच्छे महात्मा हुए और इनके भाइयों के लिए भी कहा जाता है कि उन्होंने हरि के अतिरिक्त किसी अन्य देवता में कभी अपनी श्रद्धा नहीं रखी। संत लालदास का देहात सं. १७०५ में हुआ और इनका शव नगला गाँव में समाधिस्थ किया गया जो भरतपुर राज्य के अंतर्गत, किंतु अलवर राज्य की सीमा के निकट ही पड़ता है और जो इनके अनुयायियों द्वारा आज भी तीर्थ-स्थान की भाँति-पवित्र माना जाता है।

चमत्कार–संत लालदास के संबंध में अनेक प्रकार की कथाएँ प्रसिद्ध हैं और उनमें से कई एक में इनके विविध चमत्कारों की भी चर्चा की गई है। ये चमत्कार प्रायः वैसे ही हैं, जैसे अन्य संतों के जीवन की घटनाओं में भी सम्मिलित किये गए दीख पड़ते हैं और जिनमें विश्वास करने को सभी लोग तैयार नहीं होते। कहा जाता है कि एक बार इन्होंने अपनी झोपड़ी में किसी सामग्री के न रहने पर भी अतिथियों का अपूर्व स्वागत किया था और एक दूसरी बार इन्होंने सं. १८८४ में होनेवाले आगामी दुभिक्ष के विषय में भविष्यवाणी भी कर दी थी। प्रसिद्ध है कि किसी समय तिजारा के हाकिम 'साहिब हुकम' के यहाँ जाकर किसी ने कह दिया कि लालदास मुसलमानों की भाँति प्रार्थना नहीं करता और न स्नान ही करता है, अपितु सबको एक ही प्रकार के उपदेश भी देता है। इस पर हाकिम ने इन्हें तलब किया और ये अपने १२ शिष्यों के साथ उसके सामने उपस्थित किये गए। उसने इन लोगों के साथ अच्छा व्यवहार किया, किंतु जब इनकी परीक्षा के लिए इनके सामने मुसलमानों की भाँति खाने के लिए मांस रखा गया और इन्होंने उसे ग्रहण नहीं किया, तब सभी रात को जेल में बंद कर दिये गए जहाँ से जनश्रुति के अनुसार ये शिष्यों के साथ अंतर्हित होकर निकल आये। इसी प्रकार प्रसिद्ध है कि आगरे के किसी व्यापारी ने अपने माल से भरे जहाज के सकुशल लौट आने का आशीर्वाद इनसे माँगा जिसे इन्होंने सहर्ष दे दिया, किन्तु जब ऐसा हो जाने पर उसने इसके बदले इन्हें कुछ द्रव्यादि देना चाहा, तब इन्होंने उसे स्वीकार नहीं किया और उसे परामर्श दिया कि सब कुछ साधुओं में वितरित कर दो। इस घटना का प्रभाव आगरे के ही किसी कायस्थ पर भी पड़ा जो शरीर का कोढ़ी था, किंतु धन व प्रतिष्ठा में बहुत चढ़ा था और जिसने श्रद्धालु के रूप में इनसे सहायता लेनी चाही। संत लालदास ने उसे आदेश दिया कि अपनी सारी संपत्ति लुटा दो उसके प्रमाणस्वरूप अपने अहंकार की निवृत्ति के उपलक्ष में अपना मुँह काला कर गधे पर सवार हो अपनी पीठ पर तूम्बा लटकाकर चारों ओर घूमो। प्रसिद्ध है कि उसका अनुसरण करते ही त्रिवेणी में स्नान कर वह पूर्णतः नीरोग हो गया।[१]

---

१. एच्. ए. रोज : 'ए ग्लासरी आफ दि ट्राइब्स ऐंड कास्ट्स आफ दि पंजाब ऐंड नार्थ वेस्ट फ्रांटियर प्रविंस' (भाग ३), पृ. २५।

उक्त दोनों व्यक्ति अपने प्रति किए गए उपकरों के कारण इनके परम भक्त बन गए। ऐसी ही लोगों में इनका एक शिष्य मनसुखा माली भी था जो लछमनगढ़ परगने के मौजपुर गाँव का निवासी था।

रचनाएँ व विचार—संत लालदास ने समय-समय पर अनेक वाणियों की रचना की थी जिनका एक संग्रह 'लालदास की चेतावणी' के नाम से जयपुर के स्व. पुरोहित हरिनारायण जी के पुस्तकालय में हस्तलिखित रूप में सुरक्षित है और उनके अतिरिक्त इनके कुछ दोहे फुटकर रूप में भी इधर-उधर मिलते हैं। इनके सिद्धांत कबीर साहब की विचार धारा द्वारा पूर्णतः प्रभावित जान पड़ते हैं और इनके उपदेशों में कहीं-कहीं दादूदयाल की रचनाओं के साथ भी समानता लक्षित होती है। इनका सबसे अधिक ध्यान अन्तः करण की निर्मलता एवं आचरण की शुद्धि की ओर ही केंद्रित जान पड़ता है। इनका कहना है कि:—

लालजी हक खाइये हक पीइये, हक की करो फरोह।
इन बातों साहिब खुशी, बिरला बरते कोय॥

अर्थात् सत्य की अनुभूति को ही अपने दैनिक जीवन का विषय बनाना चाहिए, इसी से भगवान् प्रसन्न रहता है। परन्तु इस सिद्धान्त को बिरले पुरुष ही कभी अपने व्यवहार में करते हैं। इसी प्रकार भिक्षावृत्ति को हेय बतलाते हुए और स्वावलंबन का उपदेश देते हुए ये सच्चे साधु व भगत के लक्षणों की चर्चा इस प्रकार करते हैं:—

तथा

'लालजी भगत भीख न माँगिये, माँगत आवे शरम।
घर घर टांडत दुःख है, क्या बादशाह क्या हरम॥'
'लालजी साधु ऐसा चाहिए, धन कमाकर खाय।
हिरदे हर की चाकरी, पर-घर कभूँ, न जाए॥'

अर्थात् किसी भक्त को राजा-रानी तक से भीख माँगते हुए लज्जा एवं दुःख का अनुभव करना चाहिए। आदर्श साधु तो वह है जो अपने से कमा कर जीवन व्यतीत करता है, अपने हृदय को भगवान् की भक्ति में भी लीन रखता है और किसी के घर किसी स्वार्थवश जाने का नाम नहीं लेता। साधुओं को ऐसे ही शब्दों में इन्होंने चरित्रबल का संचय करने के लिए भी कहा है।

लाल-पंथ—लाल-पंथ के अनुयायी अलवर राज्य और उसके आसपास विशेषकर मेवा जाति में ही पाये जाते हैं। मेवा जातिवाले नाम-मात्र के ही मुसलमान होते हैं। उनके रीति रिवाज, रहन-सहन, आचार-विचार आदि प्रायः हिंदुओं के समान ही दीख पड़ते हैं। इस पंथ के अनुयायी राम-नाम के जप एवं कीर्तन को सबसे अधिक प्रधानता देते हैं और संत लालदास की रचनाओं को बड़े प्रेम व श्रद्धा के साथ गाया करते हैं। ये परमात्मा को 'राम' ही कहते हैं। संत लाल दास का कहना था कि अपने बड़प्पन वा किसी प्रकार के चमत्कार का प्रदर्शन घमंड की बातें हैं। ये हवा की भाँति उड़ जाते हैं। केवल नम्रता व पवित्रता मनुष्य को ऊंचा उठाने के लिए पर्याप्त हैं और ये ही स्थायी रूप में रह सकती हैं। सच्चे लालदासी का आदर्श ऐसा ही जीवन होना चाहिए।

४. दादू-पंथ

(१) दादू दयाल

सामग्री– दादू दयाल की जीवन अभी तक ऐतिहासिक सामग्रियों के आधार लिखी नहीं मिलती। कहा जाता है कि इनकी शिष्य-परम्परा के कुछ व्यक्तियों ने इनके विषय में लिखा है, किन्तु ऐसी रचनाओं का भी कोई शुद्ध संस्करण प्रकाशित होकर आज तक सब के सामने नहीं आया। इनमें से सबसे प्रसिद्ध पुस्तकें जनगोपाल की 'जनम लीला परची' तथा राघवदास की 'भक्तमाल' समझी जाती है, किन्तु ये भी अभी तक हस्तलिखित रूप में ही पड़ी हुई हैं और इनके भी देखने से हमें दादू दयाल का अधिकतर पौराणिक व काल्पनिक परिचय ही मिलता है। राघवदास की 'भक्तमाल', नाभादास की प्रसिद्ध 'भक्तमाल' का अधिकतर अनुसरण करती हुई दादू दयाल व उनकी शिष्य-परम्परा के संबंध में बहुत कुछ प्रकाश डालती है, परन्तु ऐतिहासिक तथ्यों की जगह उसमें चमत्कारपूर्ण घटनाओं के ही वर्णन अधिक पाये जाते हैं। जनगोपाल दादू दयाल के प्रसिद्ध शिष्यों में से थे और उनका अपने गुरु का ठीक-ठीक व्यक्तिगत परिचय पाना अधिक संभव था, किन्तु उनकी भी उक्त 'परची' से हमारी जिज्ञासाओं की पूर्ति उचित रूप में नहीं होती और हम साम्प्रदायिक किंबदंतियों के फेर में ही पड़े रह जाते हैं। दादू दयाल और दादू-पंथ के संबंध में पं. चंद्रिका प्रसाद त्रिपाठी और आचार्य क्षितिमोहन सेन ने इधर खोज का काम किया है और इन सज्जनों के अथक परिश्रम का फल हमें उनकी रचनाओं द्वारा मिलता है। परन्तु अनेक प्रश्नों के उत्तर अभी तक वे भी बहुत कुछ संदेह के साथ ही देते हैं और इस कारण इस विषय में किसी प्रामाणिक विवरण का देना बहुत कठिन है।

जन्म-स्थान– दादू-पंथ के अनुयायियों का कहना है कि दादू दयाल का जन्म गुजरात प्रदेश के अहमदाबाद नगर में हुआ था। वे यह भी बतलाते हैं कि दादू दयाल एक छोटे-से बालक के रूप में साबरमती नदी में बहते हुए लोदी राम नामक किसी नगर ब्राम्हण को मिले थे। परन्तु दादू दयाल की जन्मभूमि होने का कोई भी चिन्ह अहमदाबाद नगर वा उसके निकट अभी तक नहीं मिला। इस विषय में वहाँ पर खोज-पूछ करनेवालों का वहाँ के निवासियों के तत्संबंधी अज्ञान वा अधिक से अधिक उदासीनता का ही परिचय मिलता है, कोई सफलता नहीं मिलती।[१] 'काशी-नागरी-प्रचारिणी सभा' द्वारा प्रकाशित दादू दयाल की रचनाओं के संपादक स्व. पं. सुधाकर द्विवेदी का अनुमान था कि दादू दयाल का जन्म-स्थान अहमदाबाद न होकर जौनपुर था और इसके लिए उन्होंने कुछ कल्पनाएँ भी की थीं। किन्तु दादू दयाल के जीवन की विविध घटनाओं तथा इनकी भाषा जैसी बातों पर विचार करने पर उनके इस कथन से सहमत होना उचित नहीं जान पड़ता। वास्तव में दादू दयाल के जन्म-स्थान का किसी एक विशेष नगर वा गाँव में होना निश्चित रूप से बतलाना अभी तक संभव नहीं है और न बिना अधिक सामग्री पाये इस विषय में अंतिम निर्णय दिया ही जा सकता है।

जाति– दादू दयाल की जाति व कुल के संबंध में भी कुछ मतभेद दीख पउता है। जिन दादू-पंथियों ने इनके बालक रूप में साबरमती नदी में बहते हुए पाये जाने की कल्पना की है, वे इनकी मूल जाति की कोई चर्चा न करके इनके एक ब्राह्मण द्वारा पोषित होने का ही अनुमान

---

१. क्षितिमोहन सेन : 'दादू' (उपक्रमणिका) पृ. ११:२

करते हैं। परन्तु उनमें से बहुतों का कहना है कि ये लोदी राम नागर के औरस पुत्र थे और इनकी माता भी वसीबाई नाम की ब्राह्मणी थी। परन्तु दूसरे बहुत से लोग इस बात में विश्वास नहीं करते और इसे वर्ण-व्यवस्था के प्रशंसकों की कल्पना-मात्र समझते हैं। उनका कहना है कि दादू दयाल का ब्राह्मण होना तो किसी प्रकार प्रमाणित है ही नहीं, उनका हिंदू होना तक कहा जाना उचित नहीं है। इस विचारवाले लोगों ने इन्हें मुसलमानी धुनियाँ जाति का होना बतलाया है और यह भी कहा है कि इनका पूर्व नाम दाऊद था, जो पीछे से दादू के रूप में बदल गया। इसी प्रकार इनके पिता का नाम सुलेमान और इनके गुरु का नाम भी बुरहानुद्दीन बतलाया जाता है और इनकी स्त्री को हव्वा कहा गया है। किंतु स्व. पं. सुधाकर द्विवेदी ने दादू दयाल को धुनियाँ की जगह मोची माना और इसके लिए उन्होंने इनकी ही एक रचना उद्धृत की है। वे कहते हैं कि 'गुरुदेव को अंग' में संगृहीत दादू दयाल की साखी—

'साँच समरथ गुर मिल्या, तिन तत दिया बताय।
दादू मोट महावली, सब घृत मथि करि खाय॥ ३४॥'[1]

से स्पष्ट है कि दादू अपने को 'मोट महावली' अर्थात् पानी खींचने के लिए चमड़े की मोट सीनेवाला महावली नामक मोची बतलाते हैं। परन्तु केवल 'मोट' शब्द का अर्थ यहाँ मोची कैसे हो गया यह बात समझ में नहीं आती और न 'महावली' का व्यक्तिवाचक संज्ञा होना इनकी किसी अन्य रचना द्वारा किसी प्रकार सिद्ध किया जा सकता है। इसके विपरीत दादू दयाल के धुनियाँ जाति का वंशज होने का प्रमाण इनके शिष्य रज्जबजी के इस कथन में मिलता है कि,

'धुनि ग्रभे उत्पन्नो, दादू योगेन्द्रो महामुनि।
उत्तम जोग धारनम्, तस्मात् क्यं न्याति कारणम्।'[2]

अर्थात् योगेन्द्र महामुनि दादू का जन्म धुनियाँ जाति में हुआ था। इसके सिवाय बंगाली बाउलों की वदना संबंधी एक वाक्य,

'श्रीयुक्त दाऊद वन्दि दादू याँर नाम।'[3]

से इनके पूर्वनाम 'दाऊद' होने की भी पुष्टि हो जाती समझ पड़ती है, और इनके मुसलमान होने में संदेह नहीं रह जाता। दादू दयाल के दो पुत्रों के भी नाम गरीबदास और मिस्कीनदास थे और इनकी दो पुत्रियाँ भी कहीं-कहीं अब्बा और सब्बा नाम की बतलायी गई हैं,[4] यद्यपि कुछ लोगों के अनुसार उनके वास्तविक नाम नानीबाई व माताबाई थे।

जीवन-काल— दादू दयाल के जीवन-काल के विषय में प्रायः सभी एकमत जान पड़ते हैं। इनके जन्म का समय फाल्गुन सुदी २ वृहस्पतिवार सं. १६०१ (सन् १५४४ ई.) तथा मृत्यु का जेठ वदी ८ शनिवार सं. १६६० (सन् १६०३ ई.) सभी मानते हैं। इनका जीवन-काल इस प्रकार मुगल सम्राट अकबर के जीवन-काल (सं. १५९९ : १६६२) के बीच में पड़ता है और

१. दादू दयाल कौ बानी, (भाग १), साखी। (बेलवेडियर प्रेस, प्रयाग), पृ. ४।
२. 'रज्जबजी की सब्बांगी' (साध-महिमा को अंग)।
३. क्षितिमोहन सेन : 'दादू' पृ. १७ पर उद्धृत।
४. तारादत्त गैरोला : 'सांग्स आफ दादू' (इंट्रोडक्शन) पृ. १७।

प्रसिद्ध है कि दोनों की एक बार भेंट भी हुई थी। इनका मृत्यु स्थान भी सर्वसम्मति से नराना (नारायण ग्राम) समझा जाता है, जहाँ पर दादू पंथियों का मुख्य दादू द्वारा विद्यमान है और जहाँ प्रधान मठ एवं तीर्थ भूमि के उपलक्ष में प्रति वर्ष फाल्गुन महीने की शुक्ल चतुर्थी से लेकर फाल्गुनी पूर्णिमा तक एक बहुत बड़ा मेला लगा करता है। वहाँ की दादू-गद्दी पर इस समय पंथ का मुख्य मान्य ग्रंथ रखा रहता है और उसका विधिवत् पूजन भी होता है।

गुरु से भेंट–दादू दयाल अपनी मृत्यु के समय लगभग ५२ वर्ष और ढाई महीने की अवस्था के थे और इस आयु के भीतर ये अपनी आध्यात्मिक साधना, देश-भ्रमण, वानी-रचना तथा अपने मत का प्रचार कर चुके थे। इनके जीवन-काल की सबसे महत्त्वपूर्ण घटना वह समझी जाती है जब इन्हें अपने गुरु से भेंट हुई थी और जिसने इनके जीवन में आमूल परिवर्तन ला दिया था। प्रसिद्ध है कि उस समय ये केवल ११ वर्ष के थे और अन्य बालकों के साथ खेल रहे थे। किसी समय इनसे अचानक एक बूढे साधु ने आकर भिक्षा माँगी और इनके तदुनसार भीख दे देने के अनंतर पान खाकर इनके मुँह में अपनी पीक डाल दी। उस समय इस बात का इनके ऊपर प्रायः कुछ भी प्रभाव नहीं पड़ा, किन्तु जब ये १८ वर्ष के हो गए, तब उसी वृद्ध साधु ने इन्हें फिर दूसरी बार भी दर्शन दिये और इनका कायापलट कर दिया। कहा जाता है कि इस बार ये अपने पैतृक व्यवसाय में लगे बैठे हुए थे और उसमें इतने व्यस्त थे कि इन्हें अपने द्वार पर खड़े हुए उक्त साधु के अस्तित्व का मान तक भी नहीं हुआ। उस समय इनके मकान के बाहर वर्षा की झड़ी लगी हुई थी और सब कहीं अन्य प्रकार से शांति का ही अनुभव हो रहा था। नवयुवक दादू दयाल ने जब यों ही अपना शिर उठाया और उसे अपने सामने उस साधु की सौम्य मूर्ति यकायक दीख पड़ी, तब वह कुछ स्तब्ध-सा हो गया और संकोच-भाव के साथ उसने अपने अतिथि को भीतर बैठ जाने का अनुरोध किया। साधू दादू दयाल के दिए हुए आसन पर बैठ गये, किन्तु उनके नेत्रों से अश्रु-प्रवाह चलता हुआ दीख पड़ा। जब दादू दयाल ने इसका कारण पूछा, तब साधु ने बतलाया कि मैं तुम्हारे द्वार पर केवल कुछ ही समय तक खड़ा रहा और तुम्हें हमारे स्वागत के लिए इतनी श्रद्धा प्रदर्शित करती पड़ी, किन्तु न जाने भगवान् हमारे जीवन-प्रदेश की छोर पर कितने युगयुगांतर से हमारी प्रतीक्षा में खड़े विद्यमान हैं और हमारी दृष्टि तक उनकी ओर नहीं जाती। नवयुवक के हृदय पर इन शब्दों ने विद्युत की भाँति प्रभाव डाला और वह उस वृद्ध साधु के चरणों पर गिरकर उनका शिष्य बन गया।

बुड्ढन वा वृद्धानंद–उक्त साधु का नाम दादू दयाल ने स्वयं कहीं भी नहीं बतलाया है, किंतु इनके शिष्यों ने उसे वृद्धानंद वा बुड्ढन बाबा कहा है।[1] इन्होंने स्वयं तो केवल इतना ही कहा है कि,

'गैव मांहि गुरुदेव मिला, पाया हम परसाद।
मस्तक मेरा कर धरा, दक्ष्या हम अगाध॥' ३॥[2]

अर्थात् अंधकार-मय प्रदेश में मुझे गुरुदेव के दर्शन हुए और मुझे उनका प्रसाद मिल गया। उन्होंने मेरे मस्तक पर अपना हाथ रक्खा और मुझे उस अगाध की दीक्षा उपलब्ध हो

१. क्षितिमोहन सेन : 'दादू' (उपक्रमणिका) पृ. ३१।
२. 'दादू दयाल की बानी' (भाग १) साखी, (वेलवेडियर प्रेस, प्रयाग) पृ. १।

गई। इस कथन से किसी पुरुष विशेष की ओर इनका कोई संकेत करना लक्षित नहीं होता, बल्कि अन्य कई एक ऐसे प्रसंगों द्वारा ऐसा प्रतीत होता है कि ये किसी अलौकिक व्यक्ति अथवा स्वयं भगवान् के लिए ही ऐसे उद्गार प्रकट कर रहे हैं। फिर भी बहुत लोगों का अनुमान है कि उक्त बुड्ढन वास्तव में कबीर साहब की शिष्य परम्परा के थे और उनका वंशवृक्ष वे क्रमशः कबीर, कमाल, जमाल, विमल और बुड्ढन द्वारा तैयार करते हैं।[१] परन्तु बुड्ढन वा वृद्धानंद नाम के किसी व्यक्ति का उस समय सं. १६१९ के लगभग वर्तमान रहना किन्हीं अन्य प्रमाणों द्वारा सिद्ध नहीं होता और कुछ लोगों का "बुड्ढन बाबा यूँ कही, ज्यूँ कबीर की सीख" वाला कथन बहुत कुछ निराधार जान पड़ता है। कबीर साहब का निधन-काल सं. १५०५, १५५२ अथवा १५७५ मानने की तीन मुख्य परम्पराओं के उल्लेख हम पहले ही कर चुके हैं और हम यह भी बतला चुके हैं कि संत कमाल कबीर साहब के पुत्र और शिष्य भी थे। अतएव यदि कबीर साहब के अनंतर प्रत्येक शिष्य-प्रशिष्य के समय का माध्यम २५ वर्षों का मान लिया जाए, तो उस विचार से उक्त तीनों में से किसी भी मत का मेल बुड्ढनवाले अनुमान से नहीं खाता है। अतएव उक्त बुड्ढन को दादू का गुरु मान लेना असंदिग्ध नहीं कहा जा सकता।

प्रारम्भिक जीवन–'दादू दयाल को कोई पढ़ने लिखने की शिक्षा मिली थी वा नहीं' प्रश्न का उत्तर देने के लिए प्रमाणों का अभाव दीखता है। इनकी रचनाओं में निहित गंभीर भावों के ऊपर विचार करने से जान पड़ता है कि इनका आध्यात्मिक अनुभव बहुत गहरा और सच्चा था और उसे व्यक्त करते समय इन्होंने जैसी भाषा एवं शैली का प्रयोग किया है उससे भी इनकी योग्यता का हमें बहुत अच्छा परिचय मिलता है। परन्तु फिर भी इस बात से कि उक्त प्रकार की पहुँच स्वानुभूति की साधना एवं सत्संग के अनुकूल वातावरण द्वारा भी संभव हो सकती है और कबीर साहब, गुरु नानकदेव जैसे अन्य अशिक्षित वा अद्र्धशिक्षित व्यक्ति भी ऐसे ही हो चुके थे, हमें इनके अक्षरपरिचयहीन साधक[२] होने में किसी प्रकार का संदेह करने की आवश्यकता प्रतीत नहीं होती और न हमें इन्हें 'विशेष चमत्कारयुक्त' कहने के लिए विवश होना पड़ता है। इसके प्रथम अट्ठारह अथवा चौबीस वर्षों तक के जीवन-काल के विषय में हमें प्रायः कुछ भी पता नहीं चलता। हमें यह भी पता नहीं कि ये कहाँ-कहाँ रहे, कब तक कहाँ रहे और कहाँ रहकर क्या करते रहे। वही समय शिक्षा का भी सर्वोत्तम काल माना जाता है। 'साँभर में सदगुरु मिला, दी पान की पीक'[३] वाक्य से पता चलता है कि ग्यारह वर्ष की अवस्था में जब इन्हें बृद्धानंद के प्रथम दर्शन हुए थे, ये सांभर में रहते थे और अपना जन्म-स्थान अहमदाबाद छोड़ चुके थे, किन्तु इस बात की पुष्टि अन्य प्रमाणों से होती हुई नहीं जान पड़ती। पं. चन्द्रिका प्रसाद त्रिपाठी का अनुमान है कि १८ वर्ष की अवस्था तक ये अहमदाबाद में ही रह चुके थे और उसके अनंतर छः वर्षों तक भ्रमण करके ये सांभर में आये।[४] जनगोपाल भी कहते हैं कि बारह वर्षों तक अपने बचपन का समय खोने और उसके उपरांत गुरु के दर्शन कर लेने पर ये तीस वर्ष की अवस्था में सांभर पहुँचे थे। वहाँ इनकी ३२ वर्ष की उम्र में गरीबदास उत्पन्न हुए थे। जैसे,

---

१. ए. एच. विल्सन : 'रेलिजस सेक्टस आफ दि हिंदूज' पृ. १०३।
२. क्षितिमोहन सेन : 'दादू' (उपक्रमणिका) पृ. १६४।
३. वही, पृ. ३५ में उद्धृत।
४. चन्द्रिका प्रसाद त्रिपाठी : 'श्री स्वामी दादू दयाल की वाणी' ('दादू' पृ. १७ में उद्धृत)।

'बारह बरस बालपन खोये, गुरु भेटे थे सन्मुख होये।
सांभर आये समये तीसा, गरीबदास जनमें बत्तीसा ॥'[१]

इनके जीवन-काल की घटनाओं का पता वास्तव में इनके सांभर आने अथवा अधिक से अधिक उसके छः वर्ष पहले भ्रमण के लिए निकल पड़ने से ही चलता है और अनुमान किया जा सकता है कि उसके प्रथम एवं गुरु से दीक्षित हो जाने के अनंतर ये चिंतन, मनन व अन्य साधनाओं में लगे रहे।

देश-भ्रमण– सांभर-निवास के पूर्ववाले छः वर्षों के भ्रमण में ये काशी, बिहार तथा बंगाल देश की ओर पर्यटन करते रहे। इस यात्रा में ही इन्हें कहीं न कहीं नाथ-पंथी योगियों से भेंट हुई थी और उनके सत्संग द्वारा इन्हें योग साधना के कतिपय रहस्यों का पता चला था। अनुमान होता है कि इनकी रचनाओं में यत्र-तत्र पाये जानेवाले 'देखिवा', 'पेखिवा', 'चलिवा' 'जाइवा' जैसे प्रयोग उन योगियों के प्रभाव के कारण ही हुए होंगे। इसके सिवाय इनकी कुछ रचनाएँ गोरखनाथ अथवा उनके अनुयायियों की पंक्तियों का ठीक-ठीक अनुसरण करती हुई भी दीख पड़ती है।[२] नाथ-पंथ का प्रभाव इनपर पश्चिम के प्रदेशों में रहकर भी पड़ सकता था, इसलिए इतने से ही इनके पूर्वीय देशों के भ्रमण का अनुमान नहीं किया जाता। किंतु बंगाल के बाउलों में इनके प्रति एक विशेष प्रकार की श्रद्धा भी दीख पड़ती है और उन्होंने अपनी बंदना तक में इनके नाम दादू व दाऊद को स्थान दिया है। नाथ-पंथीय प्रभाव के विषय में तो कुछ लोग यहाँ तक अनुमान करते हैं कि इन्होंने इसी कारण अपना नाम 'कुम्मारी पाव' भी रखा था और दादू पंथ के योगी इस कुम्मारी पाव रचित 'अजपा' गायत्री ग्रंथ', 'विराट् पुराण', 'योगशास्त्र' तथा 'अजपाग्रंथ' और 'अजपाश्वास' का भी पता देते हैं।[३] परन्तु दादू दयाल पर नाथ-पंथ का सैद्धांतिक प्रभाव अधिक पड़ा हुआ नहीं जान पड़ता और अन्य सामग्रियों के अभाव में अभी इस बात को केवल अनुमान ही कह सकते हैं।

परब्रह्म सम्प्रदाय का सूत्रपात– दादू दयाल अपने देश-भ्रमण से लौटकर लगभग सं. १६३० वा १६३० से सांभर में रहने लगे और वहीं पर इन्होंने अपने पंथ के संबंध में सर्वप्रथम कार्य करना आरंभ किया ? तथा उसके लिए अपने अनुयायियों की बैठकें भी नियमपूर्वक कराने लगे। ये लोग पहले इनके साथ ब्रह्म की उपासना के लिए एकत्र हुआ करते थे और इनके सत्संग से लाभ उठाया करते थे। इनके सम्मिलन के स्थान को 'अलख दरीबा' कहा जाता था।[४] जिसका तात्पर्य यह था कि उक्त प्रकार से वहाँ पर स्वयं अलख निरंजन की

---

१. जनगोपाल : 'जनमपरची'।

२. नैन बिन देखिवा, अंग बिन पेखिवा, रसन बिन बोलिवा, ब्रह्म सेती। श्रवन बिन सुणिवा, चरण बिन चालिवा, चित्त बिन चित्यवा, सहज एती ॥ १९४ ॥ 'दादू दयाल की बानी' (वे. प्रे. प्रयाग, भा. १) पृ. ६३। तथा
'ऊभासारं' बैठ विचारं, संभारं' जागत सूता।
तीन लोक ततजाल विडारं, तहाँ जाइगा पूता ॥' १३८ ॥ वही, पृ. १२९।

३. क्षितिमोहन सेन : 'दादू' (उपक्रमणिका) पृ. ३८।

४. 'आसिक असली साध सब, अलख दरीबे जाइ। साहिब दर दीदार में, सब मिलि बैठे आई' ॥ ('परचा कौ अंग' ३२४२) पृ. ७१।

अनुभूति के संबंध में सबका विचार विनिमय चला करता है। ऐसे स्थान को दादू दयाल ने कहीं-कहीं 'चौगान' का नाम भी दिया है जिससे पता चलता है कि ये उसे दैनिक प्रपंचों के अनंतर विश्राम का स्थान भी समझते थे। जान पड़ता है कि उस समय तक इनका विवाह हो चुका था और ये गार्हस्थ्य-जीवन में प्रवेश भी पा चुके थे। ऐसी ही स्थिति में इन्होंने पंथ-निर्माण की ओर निश्चिंत भाव के साथ अधिक से अधिक ध्यान देना आरंभ किया और इनका ब्रह्म-सम्प्रदाय क्रमशः अपना एक स्पष्ट रूप ग्रहण करने लगा।[१] जीवन के प्रश्नों पर दादू दयाल समन्वयात्मक रूप से विचार किया करते थे और उसकी साधारण से साधारण बात पर भी गंभीर चिंतन करते थे, इसीलिए इन्होंने आध्यात्मिक सत्संग का सूत्रपात करते समय भी व्यावहारिक बातों की उपेक्षा नहीं की। इनका ब्रह्म-सम्प्रदाय ही आगे चल कर 'परब्रह्म-सम्प्रदाय' के नाम से प्रसिद्ध हुआ और उसी को आज तक दादू-पंथ नाम भी दिया जाता है।

सांभर निवास– सांभर में दादू दयाल छः वर्षों तक रहे और वहीं रहते समय संवत् १६३३ में इन्हें प्रथम पुत्र उत्पन्न हुआ, जो आगे चलकर गरीबदास के नाम से प्रसिद्ध हुआ। गरीबदास के सिवाय इनके एक अन्य पुत्र मिस्कीनदास तथा नानोबाई एवं माताबाई नाम की दो कन्याओं के भी नाम लिये जाते हैं। गरीबदास के लिए दादू दयाल का औरस पुत्र होना 'जनगोपाल की परची' एवं राघोदास की 'भक्तमाल' से भी स्पष्ट है। फिर भी जनगोपाल की ही तथा वासुदेव कवि व स्वयं गरीबदास की भी कुछ पंक्तियों के आधार पर स्वामी मंगलदासजी ने अनुमान किया है कि वे (तथा मिस्कीनदास भी जो उनके सहोदर थे) इनके आशीर्वाद से उत्पन्न हुए थे और उन दोनों का पालन-पोषण भर इनके आश्रम में हुआ था। वे दादूजी के प्रिय शिष्य वा अधिक से अधिक प्रदत्त पुत्र मात्र कहे जा सकते हैं[२] और यही बात नानो बाई एवं माता बाई के संबंध में भी कही जा सकती है। कुछ लोगों का अनुमान है कि अपनी एक साखी[३] की पंक्ति

'गरीब गरीबी गहि रह्या मसकीनी मसकीन।'

द्वारा ये अपने उक्त दोनों पुत्रों के नाम तथा उनकी जीवन-चर्या की ओर संकेत करते हुए जान पड़ते हैं। जो हो, ये अपना गर्हस्थ्य-जीवन संभवतः अपनी पैतृक जीविका द्वारा द्रव्य उपार्जन करके व्यतीत करते थे और इनका दृढ़ विश्वास था कि राम के परसाद से ही अपना सारा व्यवहार चल रहा है। ये कहते भी हैं कि,

'दादू रोजी राम है, राज़िक रिज़िक हमार।
दादू उस परसाद सूं, पाष्या सब परिवार॥ ५५॥'[४]

अर्थात् एकमात्र राम ही हमारे धन, वृत्ति वा वृत्तिदाता हैं और उन्हीं की कृपा के सहारे हम अपने सारे परिवार का पालन-पोषण करने में सफल हो सके हैं। कहते हैं कि साँभर में रहते समय ही इनके पास किसी मुसलमान हाकिम ने आकर अनेक प्रकार के तर्क किये थे,

---

१. क्षितिमोहन सेन : 'मिडीवल मिस्टिसिज्म' पृ. १७४ : ७।
२. 'गरीबदासजी की वाणी' (मंगल प्रेस, जयपुर) प्राक्कथन पृ. 'द'।
३. साखी (जीवत मृतक कौ अंग ३१) पृ. २०४।
४. वही, (वेसास कौ अंक ५५) पृ. १९०।

जिनके उत्तर में इन्होंने 'हुसियार हाकिम न्याव है' आदि राग टोड़ी का पद[१] कहा था और उसे क्रोध, अभिमान जैसे दुर्गुणों का परित्याग कर अपने को सुधारने का उपदेश दिया था। उक्त हाकिम तभी से इनकी सेवा में प्रवृत्त हो गया।[२]

आमेर निवास व अकबर से भेंट– साँभर में छः वर्षों तक रह चुकने पर फिर दादू दयाल आमेर चले गए, जहाँ इनके लगभग १४ वर्षों तक ठहरने का पता चलता है। आमेर जाने के मुख्य कारण का कोई अनुसंधान अभी तक नहीं किया जा सका है। इतना निश्चित-सा है कि इनकी प्रसिद्धि सांभर से होने लगी थी और दूर-दूर तक के लोग इनके सत्संग के लिए आने लगे थे। अतएव, संभव है इनके किसी श्रद्धालु अनुयायी ने ही इन्हें आमेर जाने के लिए अनुरोध किया हो, क्योंकि यह नगर उन दिनों जयपुर राज्य की राजधानी के रूप में प्रसिद्ध हो गया था और वहाँ की सभ्य जनता का एक बड़ा केन्द्र था। यहाँ पर आते ही इनकी ख्याति सुदूर दिल्ली नगर तक फैल गई ओर किसी ने इनकी प्रशंसा मुग़ल सम्राट् अकबर से भी कर दी। अकबर की आध्यात्मिक महापुरुषों के साथ सत्संग करने की बड़ी लालसा रहा करती थी, इसलिए उसने अपना दूत भेजकर दादू दयाल के साथ मिलने की तिथि आदि निश्चित कर ली और इसके लिए उपयुक्त स्थान सीकरी का समझा गया। तदनुसार सं. १६४३ (अर्थात् सन् १५८६ ई.) में इन दोनों की भेंट हुई और प्रायः ४० दिनों तक दोनों का सत्संग चलता रहता। यह भी प्रसिद्ध है कि इस घटना के ही अनंतर बादशाह ने दादू दयाल से प्रभावित होकर अपनी मुद्राओं पर एक ओर 'अल्लाह अकबर' और दूसरी ओर 'जल्लजलालुहू' अंकित कराया था जिसके अवशेष चिन्ह अभी तक मिलते हैं। दादू दयाल का अब्दुर्रहीम खाँ खानखाना (सं. १६३३ : १७०३) से भी भेंट होने की जनुश्रुति प्रसिद्ध है, किंतु इसका कोई ऐतिहासिक उल्लेख कहीं नहीं मिलता। दादू एवं रहीम की रचनाओं में कहीं-कहीं पर समान भाव दृष्टिगोचर होते हैं जो बिना भेंट के भी संभव है। सीकरी से लौटने पर जब ये फिर आमेर आये, तब उसी समय जयपुराधीश महाराज भगवंत दास के यहाँ कोई महान् उत्सव था जिसमें अनेक राजा लोग तक आकर सम्मिलित हुए थे। परन्तु ऐसे अवसर पर भी वहाँ दादू दयाल उपस्थिति नहीं हुए जिस कारण महाराज को बहुत बुरा जान पड़ा। दादू दयाल ने इस बात की कुछ भी परवाह नहीं की और संघर्ष के लिए उनके कई अवसर देने पर भी ये तनिक उत्तेजित नहीं हुए।

अंतिम समय– अमेर में दादू दयाल के जीवन का एक बहुत महत्त्वपूर्ण भाग व्यतीत हुआ। इन्होंने अपनी विविध रचनाओं का आरंभ कदाचित् सांभर में ही कर दिया था, और आमेर में रहकर उसके बहुत बड़े अंश का निर्माण किया। फिर अपने शिष्यों के आग्रह से इन्होंने अपनी दूसरी बड़ी यात्रा आरंभ की और अब की बार द्यौसा, मारवाड़, बीकानेर, कल्यानपुर आदि स्थानों में जाकर वहाँ के लोगों को उपदेश दिये। द्यौसा में ये अब की बार दुबारा गये हुए थे और इनकी अवस्था अब ५८ वर्ष की हो चली थी। पहली बार ये सं. १६५२ के लगभग गये ये और वहाँ पर इन्होंने एक वैश्य-दंपत्ति को पुत्रोत्पति के लिए आशीर्वाद दिया

१. 'साखी' भाग २.पद २८१ पृ. ११९।

२. "साँभरि हाकिम सौ कह्यौ, पद यह दादू देव। मानि वचन गहि नीति कौ, करी गुरु की सेव॥
त्रिपाठी : 'दा. द. के सबद' पृ. ४७८।

था। अब की बार उनका पुत्र सात वर्षों का हो चुका था और उन दोनों ने उसे दादू दयाल के चरणों पर बड़े श्रद्धाभाव के साथ डाला और उसपर प्रसन्न होने की प्रार्थना की। दादू दयाल ने उस बच्चे के शिर पर अपना हाथ रक्खा और उसके सौन्दर्य की प्रशंसा करते हुए उसे होनहार भी बतलाया। वही बालक आगे चलकर 'सुंदरदास' के नाम से प्रसिद्ध हुआ। द्यौसा से आकर दादू दयाल नराना की एक गुफा में निवास करने लगे और वहीं रहते समय जेठ वदी ८ सं. १६६० को इनका देहांत हो गया। इस समय इनकी अवस्था ५८ वर्ष और ढाई महीने की हो गई थी और इनकी प्रसिद्धि भी दूर-दूर तक पहुँच चुकी थी। साँभर के निकट नराने की गुफा में उनके बाल, तूँबा, चोला और खडाऊं अभी तक सुरक्षित हैं जहाँ उनका दर्शन किया जाता है।

दादू दयाल स्वभाव के अत्यंत नम्र और क्षमाशील थे और इन्हें कोमल स्वभाव का होने के ही कारण लोग दादू के साथ 'दयाल' भी कहा करते थे। इन्होंने निंदा की कुछ भी परवाह नहीं की और इसके प्रति ये इतने उदासीन थे कि इसका नाम तक लेना नितांत व्यर्थ समझा करते थे। इनका कहना था कि,

'निन्द्या नाम न लीजिये, सुपिनै ही जिनि होई
न हम कहैं न तुम सुणौ, हम जनि भाषैं कोई॥' ५॥[१]

इनकी क्षमाशीलता के संबंध में कहा जाता है कि एक बार जब ये आत्मचिंतन में लीन होकर बैठे थे, इनके कुछ विरोधी ब्राह्मणों ने इन्हें ईटों से घेरकर बंद कर दिया और चाहा कि इसी प्रकार इनका प्राणांत भी कर देवें। इनकी जब आँखें खुलीं और इन्होंने अपने को चारों ओर से घिरा और बंद पाया, तब निकलने का रास्ता न देखकर इन्होंने अपनी आँखें फिर से मूँद लीं और उसी प्रकार कई दिनों तक पड़े रहे। अंत में जब उनके आसपास वाले कुछ सज्जनों को इसका पता चला, तब उन्होंने आकर ईटों को हटा दिया और उक्त दुष्टों को दंड देने की व्यवस्था करने लगे। परन्तु दादू दयाल ने उन्हें ऐसा करने से रोक दिया और उनसे बतलाया कि वे दंड के भागी नहीं, बल्कि धन्यवाद के पात्र हैं, क्योंकि उन्हीं की करतूत के कारण मुझे भगवान के चरणों में कुछ अधिक काल तक लगे रहने का सुअवसर प्राप्त हुआ था।

रचनाएँ–दादू दयाल की सारी रचनाओं की संख्या प्रायः २० सहस्त्र की कही जाती है जिनमें इनके पद, साखियाँ और अन्य बानियाँ भी संगृहीत हैं। परन्तु इन सबका अभी तक कोई प्रामाणिक संग्रह प्रस्तुत नहीं किया जा सका है और जो रचनाएँ इस समय उपलब्ध हैं, वे भी सभी असंदिग्ध नहीं। दादू दयाल के शिष्यों में से संतदास एवं जगन्नाथदास ने इनकी रचनाओं का एक संग्रह 'हरडे वाणी' नाम से तैयार किया था। किंतु उन्होंने उनका कोई वर्गीकरण नहीं किया था और न उन्हें किन्हीं उपयुक्त शीर्षकों के नीचे रखने की कभी चेष्टा की थी। इनके एक अन्य शिष्य रज्जबजी ने इन त्रुटियों को दूर कर उन्हें ३७ भिन्न-भिन्न अंगों वा प्रकरणों में विभक्त किया और अपने संग्रह का नाम भी तदनुसार 'अंगबधू' रखा। इसके पश्चात् आधुनिक संपादकों में से स्व. पं. सुधाकर द्विवेदी ने रज्जबजी की ही प्रणाली का अनुसरण कर एक नवीन संग्रह तैयार किया। यह संग्रह 'काशी नागरी-प्रचारिणी सभा' की

१. 'स्वामी दादू दयाल की वाणी' (चंद्रिका प्रसाद त्रिपाठी-संपादित) 'विद्या कौ अंग' सा. ५, पृ. ३३५।

ओर से प्रकाशित हुआ और उसमें २६२३ साखियाँ और ४४५ पद संगृहीत किये गए। एक दूसरा संग्रह डॉ. राय दलजंग सिंह का भी प्रायः इसी आदर्श के अनुसार प्रस्तुत किया हुआ जयपुर से प्रकाशित हुआ है। परन्तु इन सबसे प्रामाणित संग्रह एक तीसरा निकला जिसका संपादन पं. चंद्रिका प्रसाद त्रिपाठी ने किया और जो अजमेर से प्रकाशित हुआ। इसमें ३७ अंगों में ही विभाजित साखियों की संख्या २६५२ है और २७ रागों के अनुसार छपे हुए ४४५ पद हैं। प्रयाग के 'वेलवेडियर प्रेस' की ओर से भी दादू दयाल की रचनाओं का एक संस्करण प्रकाशित हुआ है जिसमें त्रिपाठी जी के संस्करण से अधिक भिन्नता नहीं दीख पड़ती। आवश्यक है कि उक्त सभी संस्करणों में संगृहीत रचनाओं का सावधानी के साथ अध्ययन किया जाए और उन्हें फिर से निकाला जाए।

(२) शिष्य-परम्परा

शिष्य व उनके थांवे—संत दादू दयाल का व्यक्तित्व अत्यंत आकर्षक था और उनके कोमल एवं हृदयग्राही स्वभाव के कारण अनेक व्यक्ति उनके प्रभाव में बहुत शीघ्र आ जाते थे। उनक सत्संग का प्रभाव लोगों पर इस प्रकार पड़ता था कि वे उन्हें ब्हुधा अपना गुरु तक स्वीकार कर लेते थे और उनके उपदेशानुसार आजीवन आचरण करने पर कटिबद्ध हो जाते थे। तदनुसार दादू-शिष्यों की संख्या उनके जीवनकाल का अंत होते-होते बहुत बड़ी हो गई और उनके अनेक शिष्य तभी से प्रसिद्ध भी होने लगे। इस प्रकार प्रसिद्धि-प्राप्त उनके शिष्यों की संख्या ५२ बतलायी जाती है जिसे जान ट्रेल साहब ने कदाचित् भ्रमवश १५२ तक मान लिया है। प्रसिद्ध है कि इन ५२ प्रमुख शिष्यों में से प्रायः सभी ने अपने-अपने मतानुसार ५२ 'थांवा' अर्थात् स्तंभ वा पंथ के प्रधान आधार स्थापित किये थे और उनमें से कई एक अभी तक उपलब्ध नहीं है और न उन सभी थांवों का ही कोई स्पष्ट विवरण आजकल पाया जाता है। इन थांवों के अंतर्गत कहीं-कहीं कुछ उपथांवे वा उपसम्प्रदाय भी बने हुए प्रतीत होते हैं और बहुत से साधारण हिंदू-समाज के समुद्र में मग्न होकर इस प्रकार घुल-मिल गए हैं कि उनमें कोई विशिष्ट बातें लक्षित नहीं होतीं। फिर भी संत दादू दयाल के शिष्यों में से अनेक भिन्न-भिन्न थांवा स्थापित करने के अतिरिक्त अपने कुछ अन्य कार्यों के लिए भी आज तक प्रसिद्ध चले आते हैं। उदाहरण के लिए जनगोपाल एवं जगजीवन अपने गुरु की 'जीवन परची' लिखने के लिए भी विख्यात हैं, संतदास एवं जगन्नाथ ने उनकी बानियों का संग्रह 'हरडे बानी' का संपादन किया है, क्षेत्रदास ने उनके मत एवं स्वभाव का परिचय दिया है और चंपाराम ने उनके दृष्टांतों का ही एक सुन्दर संग्रह प्रस्तुत कर डाला है।

प्रसिद्ध शिष्य—राघोदास ने अपनी 'भक्तमाल' की एक रचना द्वारा दादू दयाल के ५२ शिष्यों की सूची इस प्रकार दी है :—

'दादूजी के पंथ में ये बावण द्रिगसु महंत।
प्रथम ग्रीब, मसकीन, बाई, द्वै सुन्दरदासा।
रज्जब, दयालदास, मोहन च्यारुँ प्रकासा॥
जगजीवन, जगनाथ, तीन गोपाल वषानूं।
गरीबजन दूजन, घड़सी, जैमल द्वै जानूं॥
सादा, तेजानंद पुनि प्रमानंद, बनवारि द्वै।

साधू जनहरदास, हू कपिल, चतुरभुज पार है॥
चत्रदास द्वै, चरण प्राग द्वै, चैन, प्रहलादा।
वषनौ, जग्गोलाल, माषू, टीला अरु चंदा॥
हिंगोल, गिर, हरि, स्यंघ, निरांदूण, जइसौ, संकर।
झाझू, बाँझू, संतदास, टीकूँ, स्यामहिवर॥
माधव, सुदास, नागर, निजाम, जन राघो वर्णिकहंत।
दादूजी के पंथ में ये बावन द्रिगसु महंत॥ ३६२॥'

परन्तु इसमें आये हुए नामों को पृथक-पृथक करके उनका निश्चित व प्रामाणिक विवरण देना बिना अन्य किसी आधार के कठिन जान पड़ता है। फिर भी कुछ अन्य सूचियों की सहायता से इनमें से भी प्रधान शिष्यों के नाम नीचे लिखे अनुसार दिये जा सकते हैं:—१. रज्जबजी, २. छोटे सुन्दरदास, ३. गरीबदास, ४. हरिदास निरंजनी, ५. प्रागदास, ६. जगजीवनदास, ७. वाजिंदजी, ८. बनवारीदास, ९. मोहनदास, १०. जनगोपाल, ११. संतदास, १२. जगन्नाथदास, १३. क्षेत्रदास, १४. चंपाराम, १५. बड़े सुन्दरदास, १६. वषनाजी, १७. घड़सीदास, १८. माधोदास, १९. शंकरदास, २०. जाइसा, २१. जैमलजी, २२. जग्गजी, २३. मिस्कीनदास तथा २४. चतुरभुज जी, जिनमें से भी केवल कुछ का ही परिचय उपलब्ध है।

(क) रज्जबजी

प्रारम्भिक जीवन—रज्जबजी का स्थान संत दादू दयाल के शिष्यों में सबसे ऊंचा समझा जाता है। इनका जन्म सांगानेर के एक प्रतिष्ठित पठान-वंश में हुआ था। इनके पितृकुल के विषय में यह प्रसिद्ध है कि वह पहले हिंदू कलाल का था, जिसमें मद्य की बिक्री होती थी और मुसलमान होने पर भी ये लोग सुरा-विक्रेता ही बने रहे। किंतु दादू-पंथी एवं रज्जब के भक्तगण इस बात को स्वीकार नहीं करते और अधिक सम्मति उन्हें पठान-वंशीय ठहराने के पक्ष में ही मिलती है। रज्जबजी के पिता महाराज जयपुर की सेवा में नायक के पद पर थे और उनकी वहाँ अच्छी प्रतिष्ठा थी। इनका प्रारंभिक नाम रज्जब अली खाँ था और इन्हें तात्कालिक प्रथानुसार सर्वप्रथम व्यायाम, कुश्ती तथा शस्त्रास्त्र प्रयोग की ही शिक्षा मिली थी। अपनी युवावस्था से ही इसी कारण ये एक सुन्दर, सुडौल शरीरधारी व्यक्ति बन गए थे और इनका व्यक्तित्व बहुत प्रभावशाली हो गया था। इन्हें पढ़ने-लिखने की भी शिक्षा पूरी मिली थी, परन्तु इस संबंध में हमें कोई प्रामाणिक विवरण नहीं मिलता। इतना अवश्य कहा जाता है कि बचपन से ही इनकी रुचि साधुओं व फकीरों के सत्संग की ओर अधिक दीख पड़ती थी और इन्हें धार्मिक बातों को ध्यानपूर्वक सुनने में अधिक आनंद आता था।

दादू दयाल से भेंट—सांगानेर का नगर आंबेर से लगभग १४-१५ मील दक्षिण की ओर बसा हुआ है। युवक रज्जबअली खाँ के विवाह की सगाई समय पाकर आंबेर के ही किसी पठान घराने में संपन्न हुई और निश्चित तिथि पर विवाह करने के लिए बारात सजकर सांगानेर से चल पड़ी। आंबेर में पहुँचकर बारात का मार्ग नगर के उस स्थान से होकर जाता था जहाँ पहाड़ी की तलहटी के निकट दादू दयालजी अपनी मंडली के साथ बैठे हुए थे। उस पवित्र स्थान के सामने 'वनडा' बना हुआ युवक स्वाभावतः घोड़े से उतर गया और क्षण भर के लिए दादू दयाल के दर्शन करने आगे बढ़ा। उस समय दादू दयाल ध्यान में मग्न थे, इसलिए दूल्हा

कुछ और ठहर गया। परन्तु ज्यों ही उनकी आँखें खुली, इसके शरीर पर उनका प्रभाव बिजली की भाँति पड़ गया और झुके हुए मस्तक को सीधा करते ही करते उसका हृदय और से और हो गया। उसने अपने सामने दादू दयाल के मुख से निकलता हुआ एक दोहा सुना जो उसके कोमल हृदय में एक तीखे तीर की भाँति प्रवेश कर गया और अंत तक वहीं बना रह गया। वह दोहा इस प्रकार है:–

'कीया था कुछ काज कौ, सेवा सुमिरण साज।

दादू भूल्या बंदिगी, सरया न एको काज॥'

अर्थात् सेवा एवं स्मरण के सारे साज किसी उद्देश्य से सजा रखे थे, परन्तु बीच में ही बंदगी विस्मृत हो गई और एक भी कार्य सम्पन्न न हो सका। फिर क्या था रज्जबजी इसे सुनते ही परम विरक्त-से हो गए और प्रसिद्ध है कि अपने सारे दूल्हें के कपड़े आदि अपने छोटे भाई को देकर ये वहीं ठहर गए। गुरु दादू दयाल ने इन्हें अपना शिष्य स्वीकार कर लिया। यह भी कहा जाता है कि अपने गुरु की आज्ञा से उस अवसर के स्मारक रूप में रज्जबजी तब से निरंतर दूल्हे के ही वेश में रहने लगे थे। जब एक पोशाक पुरानी पड़ जाती थी, तब उसकी जगह कोई प्रेमी सेवक इन्हें वैसी ही दूसरी बनवा देता था। पूछने पर ये कह देते थे कि अपने प्रियतम की भेंट का चिन्ह है।

गुरु और सेवा-सत्संग–गुरु दादू दयाल द्वारा उक्त प्रकार से दीक्षित होने के समय रज्जबजी की अवस्था लगभग २० वर्षों की थी। उसी समय से गुरु ने इन्हें रज्जब अली खाँ की जगह 'रज्जबजी' कहना आरंभ कर दिया और तब से ये निरंतर उनकी सेवा-सुश्रुषा में रहने लगे। यह घटना दादू दयाल के अकबर बादशाह के साथ मिलने के पीछे की है, क्योंकि उस समय जो सात शिष्य उनके साथ सीकरी गये थे, उनकी सूची में इनका नाम नहीं है। बादशाह के साथ दादू दयाल की भेंट सं. १६४२ में हुई थी और यह घटना सं. १६४४ में हुई होगी, जब रज्जबजी की उम्र २० साल की थी। ये गुरु दादू दयाल के साथ उनकी छाया की भाँति सदा बने रहते थे और उनके प्रत्येक शब्द को बड़े प्रेम व बड़ी श्रद्धा के साथ सुना करते थे। पाँच छः वर्षों तक उनके सत्संग में रहने पर ये फिर स्वयं भी पदों एवं साखियों की रचना करने लग गए। क्रमशः इनकी ख्याति साधु संतों की मंडलियों में दूर-दूर तक फैलने लगी और गुरु दादू दयाल तक इन्हें बड़े प्रेम के साथ देखने लगे। अंत में जब इनका अनुभव बढ़ने लगा और इनकी योग्यता के प्रभाव द्वारा अनेक जन इनकी ओर अधिकाधिक आकृष्ट होने लगे, तब इनके शिष्यों की भी संख्या में वृद्धि होने लगी।

गुरु भक्ति–रज्जबजी ने अपने गुरु की प्रशंसा में बहुत कुछ कहा है और उनके प्रति इनकी श्रद्धा प्रत्येक शब्द से टपकती है। ये कहते हैं कि,

'गुरु गरवा दादू मिल्या, दीरघ दिल दरिया।

हँसत प्रसन्न होत ही, भजन भल भरिया॥'

अर्थात् मुझे ऐसे महान् दादू गुरु के रूप में मिले जो गंभीर मन एवं सागरवत् उदार हृदय के थे और जिनके प्रसन्न होते ही भजन का रस उमड़ पड़ता था और अपने निकटवर्ती को उसके द्वारा आप्लावित कर आनंद मग्न कर देता था। उन्हें इसी प्रकार इन्होंने 'परब्रह्म के प्यारे', 'त्रिगुणरहित', 'निर्बन्ध', ब्रह्मरसरत' एवं सकल स्वांग की उपेक्षा करनेवाला सच्चा साधु

भी कहा है। उनकी मृत्यु के समय सं. १६६१ में ये नराने में ही वर्तमान थे और उनके परमपद प्राप्त कर लेने पर इन्हें संसार इतना सूना जान पड़ा कि उस समय से ये प्रायः आँख बंद किये ही रहने लगे। इन्होंने उक्त अवसर पर इस प्रकार कहा था:–

दीनदयाल दिनो दुख दीनन, दादूसी दौलत हाथसौं लीनी।
रोष अतीतन सौं जु कियौ हरि, रोजी जु रंकनि की जगछीनी॥

और गरीबदास के कहने पर अपने बाल तक मुडवा दिये थे। यह कथा भी प्रसिद्ध है कि सांगानेर में एक बार उन्होंने अपने जीवन-काल में इनका स्वागत-सत्कार भी किया है।

रज्जबजी व बषना–एक समय जब रज्जबजी नराने में रहते थे, उस समय ये दादू दयाल के अन्यतम शिष्य बषनाजी के घर गये थे। उस समय इनकी अवस्था प्रायः ४० वर्ष की थी और इनके शारीरिक सौन्दर्य का प्रभाव इनकी विचित्र वेश भूषा के कारण और भी अधिक पड़ रहा था। इन्हें वैसे रूप में देखकर वषनाजी की स्त्री ने अपने पति से कहा कि ये दादू शिष्य हैं जो इतने वैभवशाली दीख पड़ते हैं और तुम एक हो जिसके घर खाने को अन्न तक नहीं नसीब होता। वषनाजी ने इसके उत्तर में बतलाया कि,

'रज्जबको या संपदा, गुरु दादू दीनी आप।
वषना को या आपदा, था चरणारो परताप॥'

अर्थात् यह सारी विषमता हमारे गुरुदेव की ही कृपा का फलस्वरूप है। कहा जाता है कि इस दोहे को सुनकर रज्जबजी को हँसी आ गई और उस दिन से वषनाजी के घर भी सम्पत्ति का ढेर लगने लगा तथा फिर कभी उनकी स्त्री को वैसा कहने का अवसर नहीं मिला। प्रसिद्ध है कि अपने जीवन के अंतिम समय में रज्जबजी किसी जंगल में चले गये थे जहाँ पर १२२ वर्ष की अवस्था में सं. १७४६ में उनका देहांत हो गया।

शिष्य–रज्जबजी के दस शिष्यों के नाम राघोदास की 'भक्तमाल' में मिलते हैं और उनके अतिरिक्त उनके चार अन्य शिष्य भी बतलाये जाते हैं। इनकी मुख्य गद्दी सांगानेर में चलती है, किन्तु वहाँ पर भी कोई साधु नियमपूर्वक नहीं रहता। उनके स्मारक के रूप में कुछ वस्तुएँ वहाँ अवश्य रखी हुई हैं। साँगानेर के अतिरिक्त कई छोटे-छोटे गाँवों में भी इनके शिष्यों द्वारा स्थापित कुछ मठों के नाम सुनने में आते हैं। इनके अनुयायियों को रज्जब-पंथी अथवा 'रजवाबत' कहने की परिपाटी है और इस प्रकार के साधु-संत इधर उधर अनेक स्थानों में पाये जाते हैं।

इन्हें कथावार्ता करने का बहुत अभ्यास था और दृष्टांतों के प्रयोग में तो ये इतने कुशल थे इनकी बराबरी का कोई कदाचित् ही मिलेगा। इसीलिए इनकी प्रशंसा करते हुए किसी ने कहा है कि,

'ज्यूं नृप के तप तेज ते कंपत, पास रहैं नर आइ कहूंके।
ऐसेहि भाँति सबै दृष्टांतहिं, आगे खड़े रहैं रज्जब जूके॥'

अर्थात् रज्जबजी के सामने सारे के सारे दृष्टांत राजा के समक्ष साधारण जनों की भाँति प्रस्तुत रहा करते हैं और जहाँ कहीं इन्हें उनकी आवश्यकता पड़ी कि तुरंत इनकी इच्छा के अनुसार काम आ जाते हैं।

योग्यता व रचनाएँ— रज्जबजी की रचनाओं में उनकी 'वाणी' तथा 'सर्वंगी' ग्रंथ प्रसिद्ध हैं और इनमें से पहला छपकर प्रकाशित भी हो चुका है। इसमें इनकी प्रायः सारी रचनाएँ संगृहीत हैं जिनमें से साखी के अंतर्गत १९३ अंगों में ५३५२ छंद आये हैं। पदों की संख्या २० राग-रागिनियों में २०९ तक पहुँचती हैं, २६ अंगों में ११७ सवैये दिये गए हैं और इनके अतिरिक्त ३३ गुणछंद, ८२ अरिलैं, १३ छोटे फुटकर पद्य तथा ८९ छप्पय दिखलायी पड़ते हैं। पुस्तक 'ज्ञानसागर प्रेस' में छपी है, किंतु संपादन की असावधानी कई स्थलों पर खटकती है। इसका रचना काल स्व. पुरो. हरिनारायण शर्मा के अनुमान से सं. १६५० से लेकर सं. १७४० समझा जा सकता है। रज्जबजी का दूसरा ग्रंथ कई दृष्टियों से बहुत उत्तम है। इसे 'सर्वंगी' के अतिरिक्त 'सर्वांगयोग' कहने की भी प्रथा चली आती है। इसमें दादू दयाल की वाणी एवं रज्जबजी की रचनाओं के अतिरिक्त दृष्टांत-स्वरूप दूसरे अनेक संतों व महात्माओं की भी कृतियाँ संगृहीत हैं। संतों में से नामदेव, कबीर, पीपा, रैदास, नानक, अमर दास, अंगद, भीषन, हरिदास व वषना की रचनासएँ इसमें रखी गई हैं। यह ग्रंथ अभी तक अप्रकाशित है। जयपुर 'दादू महाविद्यालय' के पुस्तकालय में सुरक्षित हस्तलिखित प्रति की ग्रंथ-संख्या ६८००० बतलायी गई है, किंतु उक्त पुरोहितजी के अनुसार यह गणना अशुद्ध है। रजबजी की एक तीसरी कृति 'अंगबधू' नाम से प्रसिद्ध है जो वास्तव में दादू दयाल की रचनाओं का संग्रह है जो सिखों के प्रसिद्ध पूज्यग्रंथ 'आदिग्रंथ' से प्रायः दस वर्ष पहले संगृहीत हुआ था और जो इस कारण इस प्रकार के ग्रंथों का प्रथम आदर्श स्वरूप है।

(ख) संत सुन्दर दास

जाति व जन्मकाल— संत सुन्दरदास दादू दयाल के योग्यतम शिष्यों में थे और इनकी प्रायः सारी रचनाएँ भी प्रकाशित हो चुकी हैं। दादू पंथ के प्रसिद्ध अनुयायियों में सबसे अधिक जानकारी अभी तक इन सुन्दरदास के ही संबंध में प्राप्त हो सकी है। ये सुन्दरदास धूसर गोत के खडेलवाल वैश्य थे। इनका जन्म चैत सुदी ९ सं. १६५३ को जयपुर राज्य की प्राचीन राजधानी द्यौसा नगर में हुआ था और इनके पिता का नाम परमानंद तथा माता का नाम सती था। इनके पिता का एक उपनाम चोखा भी बतलाया जाता है और कुछ लोगों का अनुमान है कि यही नाम अधिक प्रामाणिक है। जो भी हो, सुन्दरदास के जन्म का इनके घर किसी महात्मा के बरदान द्वारा होना समझा जाता है और प्रसिद्ध है कि ये किसी जग्गा नामक दादू-शिष्य के ही अवतार थे। इनके जन्म का स्थान खडहर के रूप में आज तक वर्तमान है, किन्तु इनके धूसर-गोती वैश्य वहाँ अथवा उस नगर में अब कोई नहीं रहते।

दीक्षा व अध्ययन— सुन्दरदास केवल छः वर्ष की अवस्था में ही दादू दयाल के शिष्य हो गए थे। कहा जाता है कि जब दादू दयाल (स. १६५८ वा १६५९ में) द्यौसा में ठहरे हुए थे, उसी समय इनके पिता इन्हें लेकर उनकी सेवा में पहुँचे थे और उनके चरणों में इन्हें डालकर उनसे दीक्षा का प्रसाद माँगा था। सुन्दरदास ने भी लिखा है कि 'दादूजी जब द्यौसा आये, बालपने मँह दर्शन पाये' तथा 'तिनही दीया आपुतैं सुन्दर के सिर हाथ'। इनका नाम 'सुन्दर' भी कदाचित् स्वयं दादू दयाल ने ही रखा था और पहले से उनके एक अन्य शिष्य का भी नाम सुन्दरदास होने के कारण ये 'छोटे सुन्दरदास' कहलाकर प्रसिद्ध हुए। ये अपने गुरु के परम भक्त थे और उनकी प्रशंसा इन्होंने अपनी अनेक रचनाओं के अंतर्गत कई स्थलों पर

की है। ये उनके साथ सदा रहा करते थे और संभवतः उनके निकट उस समय भी विद्यमान थे जब उनका देहांत हुआ था। दादू-शिष्य हो जाने के अवसर से ही इनके गुरुभाई इन्हें अपने आत्मीय-सा मानने लगे थे, इस कारण दादू दयाल के देहत्याग के अनंतर भी इन्हें किसी प्रकार के कष्ट का अनुभव नहीं करना पड़ा। टहलड़ीवाले जगजीवन जी इन पर विशेष प्रेमभाव रखते थे और उन्हीं के पास रहकर ये बहुत दिनों तक अपने गुरु की वाणी को कंठस्थ करते रहे। किंतु इनकी प्रतिभा के लक्षण इनके बालकपन में ही दीख पड़ने लगे थे, इसलिए उसे पूर्णतः विकसित करने के उद्देश्य से इन्हें काशी भेजने का निश्चय हुआ। तदनुसार सं. १६६३ वा १६६४ में जब ये केवल ११ वर्ष के थे, इन्हें लेकर जगजीवनजी तथा रज्जबजी काशी पहुँचे, जहाँ इन्होंने साहित्य एवं दर्शन का विशेष रूप से गहरा अध्ययन किया और लगभग सं. १६८२ तक वहाँ ठहरकर ये अनेक शास्त्रों में पारंगत हो गए। काशी में ये असी घाट पर गंगा तट के निकट ही रहा करते थे और इनका निवास कदाचित् उसी स्थान के आसपास कहीं पर था जहाँ आजकल दादूमठ बना हुआ है।

फतहपुर निवास–काशी में अपना विद्याध्ययन समाप्त करने के अनंतर ये अपने साथियों के साथ सं. १६८२ में फतहपुर शेखावटी में लौट आये। फतहपुर में आकर ये कुछ दिनों तक प्रागदास बीहाणी के संसर्ग में रहे और उनके साथ सत्संग किया। इसी स्थान पर किसी गुफा के भीतर इनका अपने अन्य छः साथियों के साथ १२ वर्षों तक योगाभ्यास में लगा रहना भी प्रसिद्ध है। इन छः के नाम प्रागदास, संतदास, घड़सी दास, जगजीवन दास, नारायणदास और भीषन बतलाये जाते हैं और कुछ लोगों का अनुमान है कि इनके साथ उस समय नारायण दास की जगह बषनाजी रहते थे। ये लोग उक्त गुफा में रहकर अपनी साधना में लीन रहा करते थे और व्रत एवं संयम का जीवन व्यतीत करते थे। इनके कार्यक्रम में अपने गुरु दादू दयाल की वाणियों का गंभीर अध्ययन एवं अपनी योग्यता के अनुसार कभी-कभी अपनी रचनाओं का प्रस्तुत करना भी सम्मिलित था। क्रमशः इनकी योग्यता एवं साधुता की प्रशंसा चारों ओर फैलने लगी और फतहपुर के लोग इनके यहाँ बराबर दर्शनों के लिए उपस्थित होने लगे। कहा जाता है कि फतहपुर का नवाब अलफ खाँ भी सुन्दरदास के दर्शनार्थियों में रहा करता था और उसके साथ इनका बड़ा प्रेम और सद्भाव था। यह नवाब स्वयं भी एक बच्छा हिंदी कवि था और सुन्दरदास के साथ उसका सत्संग साहित्य-चर्चा के संबंध में भी बहुधा हुआ करता था। इस नवाब का उपनाम 'जान कवि' बतलाया जाता है। फतहपुर में रहते समय सुन्दरदास का कई प्रकार के चमत्कारों का प्रदर्शन करना भी प्रसिद्ध है, किन्तु ऐसी बातें अधिकतर श्रद्धा के कारण कभी-कभी पीछे भी गढ़ ली जाती हैं।

देश-भ्रमण–सुन्दरदास को देशाटन अच्छा लगता था और फतहपुर-निवास के काल में भी ये कभी-कभी बाहर निकल जाया करते थे। ये पूर्व की ओर बिहार, बंगाल, उड़ीसा जैसे प्रदेशों तक भ्रमण कर चुके थे, दक्षिण की ओर गुजरात, मध्यप्रदेश, मालवा आदि गये थे और पश्चिम में द्वारका एवं उत्तर में बदरिकाश्रम तक पहुँचकर सब कहीं के भिन्न-भिन्न स्थानों तथा समकालीन महापुरुषों के प्रभावों द्वारा अपने को लाभान्वित किया था। राजस्थान, उत्तर प्रदेश, पंजाब एवं दिल्ली के तो अनेक नगरों में ये कई बार गये थे और कई स्थानों पर बहुत दिनों तक ठहरकर इन्होंने वहाँ सत्संग भी किया था। इनके देशाटन-संबंधी अनुभवों का कुछ पता इनके उन सवैयों से भी चलता है जो इन्होंने समय-समय पर अपनी यात्राओं के समाप्त होने

पर लिखे थे। इन देशाटन के सवैयों से जान पड़ता है कि इन्हें कई स्थानों का अनुभव अच्छा नहीं हुआ था! ये उनके लिए कुछ कटु शब्दों तक के प्रयोग करते हैं। परन्तु ऐसी कटूक्तियाँ अधिकतर इनकी विनोदप्रियता की भी सूचक हो सकती हैं और संभव है उनमें निंदा की मात्र बहुत कम हो। इन्होंने इन विविध प्रदेशों में प्रचलित भाषाओं के भी प्रयोग अपनी ऐसी अनेक रचनाओं में किये हैं। इन यात्रावाले स्थानों में इन्हें कुरसाना गाँव अधिक प्रिय था जो मारवाड़ में पीपाड़ और खँगटा स्टेशनों से अनुमानतः २-३ कोस पर वर्तमान है। यहाँ पर ये अन्य कई स्थानों में भ्रमण कर ही गये थे, जैसा उनके 'ताहितैं आन रहे कुरसाने' से प्रकट होता है और यहाँ की सुन्दर जलवायु के कारण इन्होंने कदाचित् कुछ अधिक समय तक यहाँ प्रवास भी किया था।

सुंदरदास व रज्जबजी—अपने गुरु-भाइयों में से जिन-जिन के प्रति सुंदरदासजी विशेष श्रद्धा के भाव रखते थे, उनमें एक रज्जबजी थे। गुरु-वाणियों के समझने में इन्होंने रज्जबजी एवं जगजीवनजी से विशेष सहायता ली थी और रज्जबजी से सत्संग करने के लिए तो ये बहुधा सांगानेर जाते-आते रहते थे। स्व. पुरोहित जी ने रज्जबजी एवं सुंदरदास की तुलना करते हुए लिखा है कि ये दोनों ही संत बड़े प्रतिभाशाली थे। इन दोनों में से रज्जबजी के जहाँ गुरु दादू दयाल के संपर्क में रहने का अवसर सं. १६४४ से १६६० तक मिला था, वहाँ सुन्दरदासजी उनके साथ केवल वर्ष भर के ही लगभग रहे थे। फिर भी वेदांत, सांख्य एवं साहित्यिक प्रवीणता में वे रज्जबजी से किसी प्रकार कम न थे, बल्कि उनसे बढ़कर ही समझे जा सकते हैं। परन्तु रज्जबजी की उक्तियाँ मस्ताने सूफियों के ढंग की उतरी हैं और वे दादू दयाल के अधिक अनुरूप कही जा सकती हैं। इसी प्रकार रज्जबजी के जहाँ कुल मिलाकर १३ छोटे ग्रंथ हैं, वहाँ सुन्दरदास की वैसी रचनाएँ ३७ से कम नहीं। रज्जबजी ने साखियाँ अधिक लिखी हैं और उनके पद भी बहुत सरस व गम्भीर हैं, किंतु सुंदरदास के सवैये तथा मनहर छंद अत्यंत सुन्दर व सजीव हैं। वास्तव में छंदों का बाहुल्य जितना रज्जबजी में पाया जाता है, उससे कहीं अधिक हमें सुन्दरदास की रचनाओं में मिलता है। रज्जबजी की भाषा अधिकतर राजस्थानी है जिसमें उनका अनुभव कूट-कूट कर भरा हुआ है और उसका समझना कभी-कभी कठिन हो जाता है; किन्तु सुन्दरदास की भाषा में ब्रजभाषा एवं खड़ी बोली की भी प्रचुरता है और उसमें माधुर्य व सरलता अर्थ की गम्भीरता के साथ-साथ रहती है। रज्जबजी व सुन्दरदासजी दोनों ही वास्तव में दादू-शिष्यों में सर्वश्रेष्ठ समझे जाने योग्य थे।[१] जब सं. १७४६ में सुन्दरदास रज्जबजी से मिलने अंतिम बार सांगानेर पहुँचे, तब इन्हें पता चला कि उनकी परमगति हो चुकी है, अतएव ये उनके वियोग को सहन नहीं कर सके और उसी वर्ष इन्होंने भी शरीर त्याग दिया।

अन्य गुरु भाई व समकालीन—सुन्दरदास को अपने अन्य गुरु-भाइयों के साथ भी संपर्क में आने तथा उनके साथ सौहार्द प्रदर्शित करने का अवसर मिला था और उनमें घड़सीदास, प्रागदास, जगजीवनजी, संतदास, वषनाजी आदि प्रसिद्ध हैं। इनके समकालीन प्रसिद्ध पुरुषों में गो. तुलसीदास (सं. १५८९ : १६८०), जैनकवि बनारसीदास (सं. १६४३ जन्म संवत्), सिख कवि भाई गुरुदास (सं. १६०८ : १६९९) तथा महाकवि केशवदास (सं. १६०२ : १६७४)

---

१. पुरोहित हरिनारायण शर्मा : 'सुन्दर-ग्रन्थावली' (प्रथम खंड, जीवन चरित) पृ. ५९ : ६०।

के नाम लिये जा सकते हैं। गो. तुलसीदास के साथ तो इन्हें काशी के असी घाट पर सं. १६६३ से सं. १६८० तक रहने का सौभाग्य प्राप्त था और संभव है ये उनके देहावसान के अवसर पर उपस्थित भी रहे हों। भाई गुरुदास के साथ सुन्दरदास की भेंट के संबंध में कोई प्रमाण अभी तक उपलब्ध नहीं, किन्तु दोनों की अनेक रचनाओं का मिलान करने पर अद्भुत साम्य दीख पड़ता है। इसी प्रकार 'विचार-माला' के रचयिता अनाथदास के विचारों के साथ भी सुन्दरदास के सिद्धान्तों का आश्चर्यजनक मेल खाता है और दोनों के समकालीन होने के कारण उनकी भेंट का अनुमान किया जा सकता है।

मृत्यु—सुन्दरदास अपने अंतिम समय में सांगानेर चले गए थे। वहीं पर मिती कातिक सुदी ८ संवत् १७४३ को इनका देहांत हो गया और पंथ की प्रचलित प्रथा के विपरीत इनके शव का अग्नि-संस्कार किया गया।

रचनाएँ—सुंदरदास ने कुल छोटे-बड़े मिलाकर ४२ ग्रंथों की रचना की थी जिनमें से सभी 'सुन्दर-ग्रंथावली' के अंतर्गत बड़े बच्छे ढंग से सम्पादित किये जा चुके हैं। इनकी रचनाओं का समय सं. १६६४ से १७४२ तक समझा जाता है और दो एक ग्रंथों में उनका रचना-काल स्पष्ट रूप में दे भी दिया गया है। इनके बड़े ग्रंथों में सबसे उत्तम 'ज्ञानसमुद्र' और 'सवैया' हैं। दूसरे ग्रंथ को कभी-कभी 'सुन्दरविलास' भी कहा जाता है। 'ज्ञानसमुद्र' की रचना सं. १७१० में हुई थी। इसमें कुल पाँच उल्लास वा अध्याय हैं जिनमें क्रमशः गुरु, नवधा भक्ति, अष्टांगयोग, सैश्वर सांख्यमत एवं अद्वैत ब्रह्मज्ञान का पांडित्यपूर्ण निरूपण किया गया है। ग्रंथ का मुख्य उद्देश्य वेदांतशास्त्र की सर्वोच्चता का प्रतिपादन कर सांख्य एवं भक्ति को उसका आवश्यक अंग ठहराना जान पड़ता है और लेखक ने अपने रचना-नैपुण्य द्वारा एक नीरस विषय को भी बड़ी सफलता के साथ ३४ प्रकार के छंदों द्वारा स्पष्ट किया है। इनका 'सुन्दरविलास' अथवा 'सवैया' नामक ग्रंथ 'ज्ञानसमुद्र' से भी अधिक प्रसिद्ध है और इसमें कुल ५६३ छंदों द्वारा अनेक विषय प्रतिपादित किये गए हैं। इसके विषय साखी संग्रहों की भाँति भिन्न-भिन्न अंगों के अंतर्गत रखे गये हैं और उनका वर्णन अत्यंत ललित व रोचक भाषा में हुआ था। सुन्दरदास की रचनाओं से स्पष्ट है कि काव्यकौशल के प्रदर्शन में वे किसी कवि से कम नहीं और संतकवियों में ये निःसंदेह सर्वश्रेष्ठ हैं।

शिष्य परम्परा—सुन्दरदास के कई शिष्य थे, किन्तु उनमें से प्रसिद्ध पाँच थे जिनके नाम दयालदास, श्यामदास, दामोदरदास, निर्मलदास व नारायणदास हैं। इनमें से नारायणदास इन्हें सबसे प्रिय थे, किंतु उनका देहावसान इनके जीवन-काल में ही हो गया था। इन पाँचों शिष्यों के अपने-अपने थांवे थे, किन्तु इनमें सबसे बड़ा फतहपुर का था जहाँ नारायणदास के शिष्य दयाराम गद्दी पर बैठे थे। फतहपुर का थाँवा अब तक चल रहा है, किन्तु इनका सबसे बड़ा स्मारक इनके ग्रंथों का संग्रह है जिसे अध्ययन करने पर पता चलता है कि राघोदास ने इन्हें दुतिय 'संकरा चारज' क्यों कहा होगा।

(ग) अन्य दादू-शिष्य व प्रशिष्य

गरीबदास, हरिदास, प्रागदास आदि—इन दो प्रधान दादू-शिष्यों के अतिरिक्त जिन अन्य व्यक्तियों ने भी अपनी निजी रचनाओं आदि द्वारा विशेष स्थान ग्रहण किये हैं, उनमें सर्वप्रथम नाम गरीबदास का आता है जो कदाचित् संत दादू दयाल के बड़े पुत्र एवं शिष्य

भी थे और जो उनके उत्तराधिकारी बनकर उनकी गद्दी पर बैठे थे। इनका जन्म सं. १६३२ में हुआ था। ये अट्ठाइस वर्ष की अवस्था में उत्तराधिकारी बने थे और सं. १६९३ में इनका देहांत हुआ था। ये एक महात्मा होने के साथ कुशल कवि, गायक एवं वीणाकार भी थे और इनकी बड़ी प्रशंसा राघो दास ने भी अपनी 'भक्तमाल' में की है। इनके नाम से नराने में एक तालाब 'गरीबसागर' बना हुआ है। इनकी वाणियों की संख्या २३००० बतलायी जाती है। किंतु वास्तव में इनकी केवल चार ही रचनाएँ मिलती हैं जिनके नाम 'अनभै प्रबोध', साषी, चौबोले तथा पद हैं और जिनके केवल ७५ पृष्ठों का ही एक संग्रह 'गरीबदासजी की वाणी' के रूप में स्वामी मंगलदासजी ने संपादित कर प्रकाशित किया है। इन गरीबदास के अतिरिक्त एक दादू शिष्य हरिदास निरंजनी थे, जो बहुत काल तक दादू पंथ में रहकर फिर कबीर-पंथ एवं नाथ-पंथ से प्रभावित हुए तथा जिन्होंने अपना एक नवीन पंथ चलाया जिसे 'निरंजनी संप्रदाय' कहते हैं और जिसके अनुयायी आज भी कई स्थानों पर मिलते हैं। प्रसिद्ध दादू-शिष्यों में इसी प्रकार प्रागदास का नाम भी आता है जिनसे उक्त हरिदास निरंजनी ने पहले पहल दीक्षा ग्रहण की थी। ये एक अत्यंत संयमशील व प्रभावशाली व्यक्ति थे और प्रसिद्ध हैं कि इन्हें अनेक योगसिद्धियाँ भी प्राप्त थीं। इनका देहांत कार्तिक वदी ८ सं. १६८८ में हुआ था और इनका एक स्मारक शिलालेख के रूप में आज भी फतहपुर के अंतर्गत वर्तमान है। इनका थांवा डीडवाणे में है और इनकी बानियों की संख्या ४८००० बतलायी जाती है। संत दादू दयाल के प्रसिद्ध शिष्यों में जगजीवन का भी नाम लिया जाता है जो एक महान् पंडित थे। ये काशी में बहुत दिनों तक रहकर अध्ययन कर चुके थे और वहाँ से ढूढारण चले आये थे। इन्होंने आंबेर में जाकर दादू दयाल को शास्त्रार्थ के लिए ललकारा था, किन्तु उनके गंभीर एवं निर्मल स्वभाव के सामने इनके पांडित्य की एक न चली और अंत में ये उनके शिष्य हो गए। इनका थाँवा डिलडी (धाँसा) में है और इनकी रचनाएँ भी बहुत हैं। दादू-शिष्यों में एक पठान व्यक्ति वाजिंदजी भी थे जो युवावस्था में एक गर्भिणी हरिणी की हत्या करने के कारण ग्लानि में पड़कर दादू शिष्य हुए थे। ये अपनी 'अरिल्लो' के लिए प्रसिद्ध हैं। इनकी १३५ अरिल्लों का एक संग्रह 'पंचामृत' के अंतर्गत प्रकाशित है जो जयपुर के मंगल प्रेस में छपा है। इनके १५ ग्रंथ भी कहे जाते हैं। इसी प्रकार एक दूसरे मुस्लिम दादू-शिष्य वषनाजी थे जो जाति के मीरासी थे और बड़े अच्छे संगीतज्ञ थे। इनकी वाणियाँ बहुत संन्दर एवं सारगर्भित हुआ करती थीं और उनका भी एक संग्रह 'वषनाजी की वाणी' नाम से प्रकाशित भी हो चुका है। उस 'पंचामृत' में भीषजन की 'बावनी', बालकराम जी के 'कवित्त' एवं छीतरजी खेमदासजी के इन्दव व रेखते भी प्रकाशित हैं। इनमें से भीषजनजी फतेहपुर-निवासी ब्राह्मण थे और दादू-शिष्य संतदासजी के शिष्य थे। बालकराम जी छोटे सुंदरदास के शिष्य थे और छीतरजी एवं खेमदासजी रज्जबजी के शिष्य थे। इन वाणी-रचयिताओं के अतिरिक्त दादू-शिष्यों में बनवारीदास एवं बड़े सुन्दरदास अपने-अपने उपसम्प्रदायों की स्थापना के लिए प्रसिद्ध हैं। इनमें से प्रथम ने रतियाग्राम (पटियाला) में अपना थाँवा स्थापित कर 'उत्तरादी' दल को प्रवर्तित किया था जिसकी अनेक शाखाएँ उत्तरी भारत में आज भी प्रसिद्ध हैं और द्वितीय अर्थात् बड़े सुंदरदास ने 'नागा'-सम्प्रदाय चलाया था जिसे आगे चलकर भीमसिंह ने अधिक योग्यता से संगठित किया। ये बीकानेर राज्य के शासकों के ही परिवार के व्यक्ति थे जिनके नागा अनुयायियों

ने आगे चलकर सेना में भी नाम कमाया।

राघोदास– संत दादू दयाल के प्रशिष्यों में राघोदास अपनी 'भक्तमाल' के लिए प्रसिद्ध हैं। ये बड़े सुन्दरदास के शिष्य प्रसाद दास के पौत्र शिष्य थे। इन्होंने अपनी उक्त रचना आषाढ़ शुक्ल ३ सं. १७१७ में प्रस्तुत की थी और उस पर छोटे सुंदरदास की सातवीं पीढ़ी के चत्रदास ने भादो वदी १४ सं. १८५१ को अपनी टीका लिखी थी। उक्त 'भक्तमाल' का मूल आधार प्रसिद्ध नाभादास की ही भक्तमाल जान पड़ती है, किंतु फिर भी राघोदास ने अपनी रचना में अनेक विशेषताएँ भी ला दी हैं और यह ग्रंथ संत-परम्परा के इतिहास के लिए बहुत उपयोगी है। नाभादास ने अपनी 'भक्तमाल' में जहाँ नानक-जैसे संतों की भी चर्चा नहीं की है, वहाँ राघोदास ने इस विषय पर विशेष ध्यान दिया है। इन्होंने कबीर, नानक, दादू एवं जगन नामक चार संतों के संबंध में लिखते हुए बतलाया है कि,

ये च्यारि महंत चहूं चक्कवै, च्यारि पंथ निरगुन थपे।
नानक, कबीर, दादू, जगन राघो परुमातम जपे॥ ३४२॥

और प्रत्येक की पद्धति का विवरण उसकी शिष्य-परम्परा के क्रम से दी है। इन्होंने इसी प्रकार रामानुज विष्णु स्वामी मध्वाचार्य व निंबार्क नामक चतुः सम्प्रदायी भक्तों के संबंध में भी लिखा है और योगी संन्यासी, बौद्ध, जैन, सूफी, जंगम व षड्‌दर्शनवादियों का भी परिचय कराया है। इनके अतिरिक्त ७१ अन्य भक्तों को भी स्थान दिया है।

साधु निश्चल दास– दादू-पंथी साहित्य के प्रमुख रचयिताओं में साधु निश्चल दास का भी नाम बहुत प्रसिद्ध है। ये पंजाब प्रांत के हिसार जिले की हासी तहसील के कूंगड़ गाँव के निवासी थे और जाति के जाट थे। इनका शरीर अत्यंत सुन्दर और सुडौल था और अपने बचपन में ही इन्हें किसी दादू-पंथी साधु द्वारा दीक्षा मिल चुकी थी। संस्कृत पढ़ने की बड़ी लालसा के रहते हुए भी ये जाट जाति में उत्पन्न होने के कारण उस भाषा का विधिवत् अध्ययन किसी पंडित द्वारा नहीं कर पाते थे। अंत में ये काशी पहुँचे और अपने को ब्राह्मणों का वंशज बतलाकर किसी पंडित के यहाँ पढ़ना आरंभ कर दिया तथा अन्य शास्त्रों के साथ-साथ वेदांत के गूढ़ दार्शनिक सिद्धांतों पर भी पूर्ण अधिकार प्राप्त कर लिया। इन्होंने अपनी रचना 'विचार-सागर' के अंत में स्वयं भी कहा है कि,

सांख्य न्याय में श्रम कियो, पढ़ि व्याकरण अशेष।
पढ़े ग्रंथ अद्वैत के, रहे न एकहु शेष॥ १११॥
कठिनजु और निबंध हैं, जिनमें मत के भेद।
श्रमतें अवगाहन किये, निश्चलदास सबेद॥ ११२॥

किसी ब्राह्मण को अपनी कन्या का विवाह करना था, किन्तु उसे कोई उपयुक्त वर नहीं मिलता था उसने निश्चलदास को देखते ही पसंद कर लिया। परन्तु ये अभी तक अपनी जाति के भेद को गुप्त रखे हुए थे और उक्त ब्राह्मण के बहुत आग्रह करने पर इन्होंने विवश होकर अपना सारा रहस्य खोल दिया और यह भी कह दिया कि जाट जाति का होने के अतिरिक्त मैं दादू-पंथी भी हूँ। इसपर ब्राह्मणों ने रुष्ट होकर आदेश दिया कि इस बात के दंडस्वरूप तुम्हें अपने गार्हस्थ्य जीवन में दो विवाह करने पड़ेंगे और घर आने पर इन्होंने वैसा ही किया। घर लौटने पर ये अपने विवाह के अनंतर वहीं रहकर वेदांत की शिक्षा देने लगे और इनका

इस प्रकार का अध्ययन-अध्यापन अंत तक चलता रहा। कहा जात है कि बूँदी के राजा राम सिंह ने इन्हें गुरुभाव के साथ बहुत दिनों तक अपने यहाँ रखा था और इनसे दीक्षा भी ग्रहण की थी। इन्होंने 'विचार-सागर', 'वृत्तिप्रभाकर' एवं 'मुक्ति-प्रकाश' नामक तीन ग्रंथों की रचना की जो सभी प्रकाशित हो चुके हैं। इन्होंने 'कठोपनिषद्' की एक व्याख्या संस्कृत में की है और एक ग्रंथ बैद्यक का भी लिखा है। इनके 'विचार-सागर' के अनुवाद मराठी, बँगला व अंग्रेजी भाषाओं में हो चुके हैं और स्वामी विवेकानन्द जैसे महान् पुरुष ने इसे भारत के अंतर्गत गत तीन शताब्दियों में लिखे गए किसी भी भाषा के ग्रंथों में सबसे अधिक प्रभावशाली[१] बतलाया है। प्रसिद्ध है कि न्यायशास्त्र का अध्ययन करने ये नदिया (बंगाल) भी गये थे। इन्हें छन्द शास्त्र का भी बहुत अच्छा ज्ञान था जिसे इन्होंने उसके प्रसिद्ध मर्मज्ञ 'दसपुंजजी' से उस समय प्राप्त किया था जब वे काशी में गंगा नदी में खड़े-खड़े शरी त्याग करने जा रहे थे। इनका देहांत दिल्ली में रहकर सं. १६२० में हुआ था। इनका गुरुद्वारा किहडौली गाँव में वर्तमान है जो दिल्ली से १८ कोस पर है और जहाँ पर इनकी शिष्य परम्परा व पाठशाला आज भी चल रही है। 'विचार-सागर' इन्होंने वहीं पर लिखा था।

(३) परब्रह्मा सम्प्रदाय और दादू-पंथ

नामकरण–संत दादू दयाल के परब्रह्मा सम्प्रदाय की स्थापना के संबंध में उनके जीवन-चरित्र की चर्चा करते समय प्रसंगवश कुछ पहले ही कहा जा चुका है। उसका आदिगुरु स्वयं परब्रह्म होने के कारण इस सम्प्रदाय का ऐसा नामकरण किया गया था, जैसे दादू-शिष्य छोटे सुन्दरदास की एक रचना से विदित होता है। उन्होंने अपने ग्रंथ 'गुरु-सम्प्रदाय' के अंतर्गत स्पष्ट शब्दों में कह दिया है कि सबका गुरु एक परमात्मा है जिसने यह सारी चित्रकारी की है और वही सबके भीतर विद्यमान भी है। उसीका नाम ब्रह्मानन्द कहा जा सकता है जिससे क्रमशः शिष्य-परम्परानुसार पूरनानन्द, अच्युतानन्द आदि से लेकर वृद्धानन्द तक नामावली प्रस्तुत होती है और इस अंतिम पुरुष वृद्धानन्द के ही शिष्य दादू दयाल थे। अतएव परम्परा के परब्रह्म से चलने के कारण इसे यह नाम देते हैं।[२] परन्तु सुन्दरदास ने उक्त ग्रंथ में दादू दयाल को छोड़कर जितने नाम अन्य गुरुओं के गिनाये हैं, उनमें से कोई भी व्यक्ति-विशेष के नाम नहीं जान पड़ते। दादू दयाल के प्रसिद्ध गुरु बृद्धानन्द के विषय में भी उन्होंने यही कहा है कि उनका कोई भी 'ठौर ठिकानौं' नहीं, वह सहजरूप में ही विचरण करते हैं और जहाँ इच्छा होती है, वहाँ जाते हैं। अतएव जान पड़ता है कि अपने गुरु के ऊपरवाले सभी नामों को उन्होंने आत्मानुभूति की क्रमोन्नत भूमियों की कल्पना के अनुसार यों ही रख दिया है, परब्रह्मा तक अपने से केवल ३७ गुरुओं के ही नाम बतलाना अन्य प्रकार से विचार करने पर भी नितांत भ्रमात्मक ही समझ पड़ेगा। सुन्दरदास ने इस सम्प्रदाय की चर्चा करते समय अपने एक अन्य ग्रंथ में भी कहा है कि "सद्गुरु ब्रह्मस्वरूप है और वे संसार में शरीर धारण कर ऐसे शब्द प्रकट करते हैं जिनसे सारे संशय नष्ट हो जाते हैं, हृदय में शीघ्र ही ज्ञान का प्रकाश हो जाता है और करोड़ों सूर्यों की दीप्ति के सामने अंधकार का लेशमात्र भी नहीं रह जाता।

---

१. "It has more influence in India than any that has been written in any language within the last three centuries."–Vivekananda.

२. 'सुन्दर-ग्रंथावली' (पु. हरिनारायण शर्मा-संपादित) पृ. १९७ : २०२।

तदनुसार जिस समय दो विरोधी दल आपस में लड़ते-झगड़ते हुए थक रहे थे, उसी समय दादू दयाल ने इस परब्रह्म सम्प्रदाय को सर्वत्र प्रचलित किया।[1]

परन्तु 'ब्रह्म-सम्प्रदाय' वा 'परब्रह्म-सम्प्रदाय' नाम स्वयं दादू दयाल का रखा हुआ प्रतीत नहीं होता, क्योंकि उनकी किसी रचना में इसका पता नहीं चलता। उनके शिष्य रजबजी ने भी कदाचित् इस नाम का प्रयोग कहीं नहीं किया है। एक पद उनका अपने गुरु दादू दयाल के विषय में इस प्रकार अवश्य है:–

'आये मेरे पारब्रह्म के प्यारे।

त्रिगुण-रहित निरगुण निज समरत, सकल सांग गहि डारे।'[2] आदि

किन्तु इससे केवल इतना ही प्रकट होता है कि ये उन्हें परब्रह्म के प्रियपात्र व वस्तुतः परब्रह्मवत् ही मानते थे। दादू दयाल की रचनाओं में एक स्थल पर परब्रह्म-सम्प्रदाय के अनुयायी के लिए दादू-पंथी शब्द आया है[3] और कई प्राचीन प्रतियों में पायी जाने के कारण वह पंक्ति प्रक्षिप्त भी नहीं कही जा सकती। अतएव संभव है परब्रह्म-सम्प्रदाय वा ब्रह्म-सम्प्रदाय नाम का प्रयोग पहले पहल सुंदरदास ने ही किया हो। ऐसे नाम रखने की परिपाटी प्रसिद्ध चतुः सम्प्रदायवाले रामानुज, निम्बार्क, विष्णु स्वामी एवं मध्वाचार्य के अनुयायी लोगों में भी चलती आ रही थी और जान पड़ता है उसी का अनुकरण किया गया। फिर भी इस नाम की अर्थवत्ता इस बात से भी स्पष्ट हो जाती है कि सुंदरदास तथा दादू दयाल के अन्य अनुयायियों ने आगे चल कर वेदांत के मुख्य-मुख्य सिद्धान्तों का ही विशेष रूप से प्रतिपादन किया था और उक्त दर्शन के अनुसार परब्रह्म ही एक मात्र पारमार्थिक सत्ता समझा जाता है।

प्रवर्त्तक की प्रेरणा–दादू दयाल ने अपने इस सम्प्रदाय का सूत्रपात अपने साथियों की गोष्ठी के अंतर्गत आध्यात्मिक तत्वों की चर्चा द्वारा किया था और उनका मुख्य उद्देश्य यही था कि किस प्रकार प्रचलित परस्पर-विरोधी धर्मों या सम्प्रदायों के बीच समन्वय लानेवाली बातों का निरूपण किया जाए। इसके सिवाय उनकी यह भी इच्छा थी कि ऐसे प्रयत्नों द्वारा सर्वसाधारण के लिए भी सुलभ एवं उपयोगी सिद्ध होनेवाले किसी जीवन-पद्धति का निर्माण किया जाए और उसका सब कहीं प्रचार करके सब किसी को लाभान्वित करने की चेष्टा की जाए। उक्त गोष्ठी वा समाज के संगठन के पूर्व उन्होंने बहुत दिनों तक एक पहाड़ी के निकट गुफा में रहकर आत्मचिंतन भी किया था और उस अनुभव को भी उन्होंने इस अवसर पर काम में लाया। अपने पहले उद्देश्य की सिद्धि के विषय में विचार करते समय उन्होंने सोचा कि 'यदि पवन, पानी, पृथ्वी, आकाश, सूर्य, चंद्र जैसे प्राकृति पदार्थ किसी एक पंक्ष में रहकर काम नहीं करते और यदि ब्रह्मा, विष्णु, महेश का कोई भिन्न पंथ नहीं और न मुहम्मद वा जिब्राइल के लिए ही कोई पृथक् नवीन मार्ग बतलाया जा सकता है, तो फिर किसी एक पंथ-विशेष का अनुयायी बनकर ही क्यों रहा जाए और क्यों न उन सबको अनुप्राणित करनेवाले उक्त एक मात्र 'जगतगुरु अलष इलाही' पर ही अपना ध्यान केंद्रित किया जाए जिसके सिवाय

१. 'सुन्दर-ग्रंथावली' (पु. हरिनारायण शर्मा-संपादित) पृ. २४४।
२. महात्मा रज्जबजी ('राजस्थान' वर्ष १, खंड २) पृ. ७५ में उद्धृत।
३. 'दुर्बल देही निर्मल वाणी, दादूपंथी ऐसा जाणी'। ४१। 'दादू दयाल की वाणी' (पं. चन्द्रिका प्रसाद त्रिपाठी–संपादित) पृ. ३१८।

अन्य कोई दूसरा हो ही नहीं सकता'।[१]किसी पक्षविशेष का आश्रय लेना अथवा किसी पंथ विशेष का अनुगमन करना तो अद्वितीय ब्रह्म को खंड-खंड करके अपनाने की चेष्टा करना है जिस कारण सारे अनर्थ आ खड़े हो जाते हैं।[२] अतएव जिस प्रकार उक्त सभी प्राकृतिक पदार्थ उस एक जगन्नियंता एवं जगदाधार के अंग होकर सदा एक समान अपने कर्तव्यपथ पर आरूढ़ रहते हैं और जिस प्रकार उक्त ब्रह्मादि अथवा मुहम्मदादि के लिए भी उसके अतिरिक्त कोई नवीन भिन्न मार्ग निर्दिष्ट नहीं किया जा सकता, उसी प्रकार हमें भी चाहिए कि उसी मूल वस्तु को समझने और उसे भली भाँति अनुभव कर अपनाने की ओर दत्तचित्त हो जाएँ और केवल निष्पक्ष भाव को ही ग्रहण करें।

इसी प्रकार उन्होंने उक्त दूसरे उद्देश्य की पूर्ति के संबंध में भी विचार किया और अंत में इस निर्णय पर पहुँचे कि आदर्श ढंग से जीवन व्यतीत करने के लिए विविध प्रकार के प्रपंचों में पड़ने अथवा बाहरी आडंबरों के फेर में रहकर समय नष्ट करने की कोई आवश्यकता नहीं। बहुधा देखने में आता है कि भिन्न-भिन्न सम्प्रदायों के अनुयायी वर्ग अपने-अपने कल्पित इष्टदेवों को रिझाने की चेष्टा में अनेक प्रकार की तैयारियाँ किया करते हैं और अपने को विविध भेषों द्वारा सुसज्जित करके गर्व के साथ एक निराले पंथ के पथिक बन बैठते हैं। इसके सिवाय उनके जीवन का एक बहुत बड़ा अंश व्यर्थ के पूजन, पाठ, व्रत, उत्सव, तीर्थ जैसे वाह्य प्रदर्शनों में ही बीत जाता है और अपना हृदय सच्चे ढंग से भगवान के प्रति उन्मुख करने के लिए उन्हें थोड़ा सा भी सहि अवसर नहीं मिलता, बल्कि उक्त अनेक विधानों की विभिन्नताओं की उलझनों में पड़कर वे प्रायः आपस में लड़ने-भिड़ने तक लग जाते हैं। अतएव इन सभी बुराइयों से अलग रहकर एक सीधा-सादा जीवन यापन करने का ढंग उन्होंने ढूँढ़ निकाला और अपने इस मत का निष्कर्ष उन्होंने इस प्रकार बतलाया–

'आपा मेटै हरि भजै' तन मन तजै विकार।
निर्बैरी सब जीवसौं, दादू यह मत सार॥' २॥[३]

अर्थात् अपने अहंकार का सर्वथा त्याग कर भगवान का भजन करे, अपने तन व मन में किसी प्रकार के विकार न आने दे और सभी प्राणियों के साथ निर्बैर भाव रखे। इसके

---

१. ये सब किसके पंथ में धरती भरु असमान।
पानी पवन दिन राति का, चंद सूर रहिमान॥ ११३॥
ब्रह्मा बिस्नु महेश का कौन पंथ गुरुदेव।
सांई सिरजनहार तू कहिये अलख अभेव॥ ११४॥
महम्मद किसके दीन में, जबराइल किस राह।
इनके मुर्सद पीर की, कहिये एक अजाह॥ ११५॥
ये सब किसके ह्वै रहे, यह मेरे मन माहिं।
अलख इलाही जगतगुर, दूंजा कोई नाहिं॥ ११६॥
(दादू दयाल की वाणी) 'साच को अंग' ११३ : ११६ पृ. २०० : १।

२. खंडि खंडि ब्रह्म को, पखिपखि लीया बांटि।
दादू पूरण ब्रह्म तजि, बंधे भरम की गाँठि॥ ५०॥
'साच को अंग' ११३ : ११६, पृ. १९२।

३. 'दादू दयाल की वाणी' दया निर्बैरता कौ अंग २, पृ. ३२२

परिणाम का कभी दुःखप्रद होना संभव नहीं कहा जा सकता।

कबीर साहब का प्रभाव–दादू दयाल को कबीर साहब में बड़ी आस्था थी और इन्होंने उनका नाम बड़ी श्रद्धा के साथ लिया है। ये उनकी साधना-पद्धति को बहुत कठिन बतलाते हैं और कहते हैं कि उनकी चाल के निराधार होने अर्थात् किसी साकार प्रतीक पर अवलंबित न रहने के कारण कोई उनका अनुसरण साधारण प्रकार से नहीं कर सकता। यदि वैसा करना चाहेगा तो मृग की भाँति उछल-कूद मचाकर ही गिर पड़ेगा, वहाँ पर जम नहीं सकेगा।[१] इसी प्रकार उनकी रहनी को भी ये वैसी ही दुःसाध्य मानते हैं और कहते हैं कि उनका यह ढंग भी विचित्र है, क्योंकि वे निराधार के साथ अपने को उस स्थिति में रखा करते हैं जहाँ काल की भी दाल नहीं गलती। फिर भी इन्हें कबीर साहब के प्रति बड़ा आकर्षण है। ये उन्हीं के उपदेश को वास्तव में सच्चा समझते हैं और वही उनको मीठा भी लगता है। उसे सुनते ही इन्हें परम सुख की प्राप्ति होती है और बड़ा आनन्द भी होता है, क्योंकि वही इनके हृदय में अपना बनकर प्रवेश करता है।[२] ये कबीर साहब के विचारों से भली भाँति परिचित थे, और यदि जनश्रुति ठीक है तो बुड्ढन वा वृद्धानंद की कबीर परम्परा में ही होने से ये अपने को उसी मार्ग का अनुयायी भी मानते थे। जो हो, किसी प्रकार के दार्शनिक पचड़े की उधेड़ बुन में न पड़कर इन्होंने कबीर साहब द्वारा ही स्वीकृत परम तत्व को अपना भी ध्येय मान लिया। ये स्पष्ट शब्दों में कहते हैं कि,

"जेथा कंत कबीर का, सोई वर वारिहूं।
मनसा वाचा कर्मना, मैं और न करिहूं॥' ११॥[३]

अर्थात् मेरा भी इष्टदेव वही परमात्मा है जिसे कबीर साहब ने अपनाया था। मैं सभी प्रकार से उसी एक के प्रति अपने को न्योछावर करूँगा, मुझे अन्य किसी से काम नहीं और न इस विषय में मुझे कुछ और सोच-विचार करने की आवश्यकता है।

परम तत्त्व का स्वरूप–दादू दयाल उस परम तत्व को सर्वत्र एक समान व्याप्त और भरपूर समझते हैं ओर उसके सिवाय किसी भी अन्य वस्तु का अस्तित्व नहीं मानते। ये उस हरितत्व को स्पष्ट करने के लिए उसे सरोवर का रूपक देते हैं और कहते हैं कि "हरि का सरोवर सर्वत्र पूर्ण है, जहाँ चाहो उसका पानी पी लो, उसके भीतर कहीं भी आचमन करते ही जीवन की तृषा बुझ जाती है और वह सुखी हो जाता है।" फिर "उस शून्यमय सरोवर का पानी निरंजन स्वरूप है और मन उसमें मीन की भाँति रम जाता है, यह अलख और अभेद का तत्व ऐसा है जिसके रस में सदा विलास किया जा सकता है।" इसी प्रकार "जैसे सरोवर में हंस विहार करता है, उसी प्रकार परमात्मा में आत्मा उस प्रियतम के साथ हिलमिल कर नित्य खेला करता है।" इस सरोवर को ये 'सहज का सरोवर' भी कहते हैं और बतलाते हैं कि "उसकी तरंगें प्रेम की हुआ करती हैं और आत्मा वहाँ पर अपने स्वामी के साथ सदा मौज में झूला करता है।" ये उस तत्व को ही अपना 'पिव ' अर्थात् प्रियतम भी कहते हैं और बतलाते हैं कि सभी दिशाओं में मैं केवल उसी एक को देखता और भीतर भी अनुभव करता

१. 'दादू दयाल की वाणी' (मधिकौ अंग २७ :८) पृ. २३५ : ६।
२. वही 'सबद कौ अंग' ३४, पृ. २७९।
३. वही, 'पीवपिछाण' ११, पृ. २६५।

हूँ। वह बिना बत्ती और बिना तेल के जलते हुए दीपक की भाँति चारों ओर सूर्यवत् प्रकाश कर रहा है और प्रत्येक रोम के भीतर भी उसी प्रकार व्याप्त है।[१] उक्त प्रेम की तरंगों की व्याख्या करते हुए उन्होंने एक स्थल पर यह भी बतला दिया है कि वास्तव में "इश्क वा प्रेम ही 'अलह' वा ईश्वर की जाति है, वही उसका अंग स्वरूप है, वही उसका रंग है और उसका अस्तित्व भी वही है।"[२] और इसी कारण विरह को भी इन्होंने अपना परम मित्र कहा है। इस तत्व को दादू दयाल ने अन्यत्र 'सहज' नाम भी दिया है और उसकी परिभाषा देते हुए कहा है कि "इसमें सुख-दुख नाम के दोनों पक्षों में से कोई भी नहीं रहता, यह न मरता है और न जीता है, बल्कि पूरा निर्वाण-पद इसी को कहते हैं। इसमें रम जाते ही मन की द्वैत भावना जाती रहती है और गर्म व ठंढा दोनों में एक ही समान बनकर यह उसके साथ एकाकारता ग्रहण कर लेता है"[३] फिर तो किसी प्रकार के पक्ष-विपक्ष का भी प्रश्न नहीं उठता। वह 'निर्भै', 'निर्पष', 'सहज', इस हद्द वा सीमित विश्व के अतीत 'बेहद्द' वा निःसीम है जहाँ स्थूल व सूक्ष्म दोनों में से किसी की भी गति नहीं और वहीं कबीर साहब का निराधार घर भी है।[४]

सर्वात्मवाद—दादू दयाल ने इस प्रकार उस परमतत्व को 'शून्य', 'परमपद', 'निर्वाण' जैसे नामों द्वारा अभिहित किया है और उसका स्वरूप प्रेम एवं सहजमय बतलाया है। यही वह परमात्मतत्व है जिसके विषय में बहुधा 'अनिर्वचनीय' शब्द का प्रयोग होता है और जिसके संबंध में दादू शिष्य सुन्दरदास ने भी बड़े विचित्र ढंग से कहा है—

'एक कहूँ तौ अनेक सौ दीसत, एक अनेक नहीं कछु ऐसौ।
आदि कहूँ तिहि अंतहु आवत, आदि न अंत न मध्य सुकैसौ॥
गोपी कहूँ तौ अगोपि कहा, यह गोपि अगोपि न ऊभो न वैसौ।
जोई कहूँ सोइ है नहिं सुन्दर, है तो सही परि जैसौ कौ तैसौ॥ ६॥'[५]

परन्तु फिर भी उन्होंने इस ब्रह्मतत्व को जगतमय और जगत को ब्रह्ममय कह कर एक प्रकार के सर्वात्मवाद का प्रतिपादन किया है तथा 'तोही में जगत यह, तूही है जगत माँहि, तौ में अरु जगत में भिन्नता कहाँ रही' कहकर उसे एक ही मिट्टी के बने हुए विविध भांडो, जल में उठती हुई विविध तरंगों, ईख के रस की बनी हुई भिन्न-भिन्न मिठाइयों, काठ की बनी अनेक प्रकार की पूतरियों, लोहे के बने अनेक हथियार तथा स्वर्ण के बने हुए विविध गहनों के उदाहरण देकर उनकी वास्तविक व मौलिक एकता का रहस्य बतलाया है और यह भी कहा है कि उक्त दोंनों में भेद केवल उतना ही है जितना जमे हुए घी वा बर्फ तथा पिघले हुए घी वा पानी में क्रमशः कहा जा सकता है[६] और इसका कारण अज्ञान के सिवाय दूसरा कोई हो नहीं सकता। इसी बात को संक्षेपतः उन्होंने अन्यत्र भी कहा है—

---

१. 'दादू दयाल की वाणी', 'परचा कौ अंग' ६२, ६५, ७२ : ४, ८७ व ७८, पृ. ७२ : ५।
२. वही, 'विरह को अंग' १५२, पृ, ६१।
३. वही, 'मधिकौ अंग २:३, पृ. २३३।
४. 'दादू दयाल की वाणी' मधिकौ अंग १३, १५, पृ. २३५।
५. 'सुन्दर ग्रंथावली,' आत्मानुभव कौ अंग' ६ पृ० ६१६ : ७।
६. सुन्दर ग्रंथावली, 'अद्वैत ज्ञान कौ अंग' १४ : १७ पृ. ६४९ : ५०।

'जगत कहे तें जगत है, सुन्दर रूप अनेक।
ब्रह्म कहे ते ब्रम्ह्मा है, वस्तु विचारे एक॥' ४३॥[१]

अतएव ब्रह्म इस जगत् का निमित्त एवं उपादान दोनों प्रकार का कारण है और सर्वत्र एक समान ही व्यापक है। यदि ब्रह्म को ही एकमात्र सत्य मानकर जगत को मिथ्या कहा जाए, तो उसका समाधान भी सुन्दरदास ने इस प्रकार किया है–

'सुन्दर कहत यह एकई अखंड ब्रह्म,
ताही कौं पलटि कै जगत नाम धर्‍यौ है।'[२]

जिससे एक प्रकार के निवर्त्तवाद की भावना का आभास मिलता है।

शून्य व सृष्टि– दादू दयाल ने अपनी रचनाओं के अंतर्गत उक्त परम तत्व को 'सहज सुनि' नाम भी दिया है और उसे स्पष्ट करते हुए बतलाया है कि वही सर्वत्र व्यापक है, सभी शरीरों के भीतर भी वही है, उसी में निरंजन वा राम को रमता हुआ समझना चाहिए और उसमें त्रिगुण का कोई प्रभाव नहीं।[३] यह शून्य उन काया-शून्य आत्मशून्य एवं परमशून्य से भी परे हे, जहाँ पर क्रमशः स्थूल शरीर जाग्रत अवस्था में प्रतीत होता है, सूक्ष्म शरीर स्वप्नावस्था में जान पड़ता है तथा जहाँ समाधि की पूर्ण व परिपक्वावस्था में जीव को ब्रह्म का अनुभव होने लगता है। इन तीनों से परे वह स्वयं एकमात्र व अद्वितीय निर्गुण तत्व है।[४] जिसे उन्होंने अन्यत्र ब्रह्म शून्य, ब्रह्म निरंजन निराकार अथवा ज्योतिर्मय तत्व बतलाया है।[५] वहीं से सूर्य, चंद्र, आकाश, पानी, पावक, पवन एवं धरती, काल, कर्म, माया, मन, जीव, घट, श्वास आदि की उत्पत्ति होती है और उसी में फिर सभी का लय भी होता रहता है।[६] इस सृष्टि का कारण भी दादू दयाल ने एक 'रहस्यमय विनोद' वा 'परमानंद' बतलाया है जिसके विषय में उन्होंने स्वामी से स्वयं जिज्ञासा की है। वे इसी बात को इस प्रकार भी कहते हैं कि "वह 'षालिक' वा सृष्टिकर्ता निरंतर खेल किया करता है जिसे बिरले ही समझ पाते हैं, वह कुछ लेकर सुखी नहीं होता, बल्कि सब कुछ प्रदान करते रहने में ही उसे आनंद आता है और वही आनंद इस सारी सृष्टि का मूल कारण है।[७] इसी बात को दादू-शिष्य वषनाजी ने भी इस प्रकार कहा है:–

'जिहिं बरिया यहु सब हुआ, सो हम किया विचार।
वषना बरियाँ खुशी की, करता सिजनहार॥[८]

अर्थात् मेंने इस बात पर विचार किया है और मुझे यह प्रतीत हुआ है कि सृष्टिकर्ता ने इसका आरंभ अपनी खुशी अथवा आनंद के अवसर पर ही किया था। यह उत्तर किसी

१. सुन्दरदास-ग्रंथावली, ४३ पृ. ८०५।
२. वही, 'जगन्मिथ्या कौ अग' ५, पृ० ६५५।
३. दादू दयाल की वाणी, परचा कौ अंग ५६, पृ० ७१।
४. वही, ८३ पृ. ७१।
५. वही, १३० पृ. ८०।
६. वही, ५४ : ५ पृ. ७१।
७. वही, 'राग असावरी' पद २३५, पृ. ४५६।
८. 'वषनाजी की वाणी' (स्वामी मंगलदास-संपादित) सम्रथाई को अंग २, पृ. ३३।

काजी के प्रश्न का है जो सीकरी में दिया गया था।

सृष्टिक्रम व भ्रांति– दादू दयाल ने सृष्टि के मूल तत्व के साकार परिणाम का नाम एक दूसरे प्रसंग में 'ओंकार' दिया है और बतलाया है कि किस प्रकार उस रहस्यमय आदि शब्द से ही पंच तत्वों का निर्माण हुआ, सारे शरीरों की रचना हुई और इनमें 'तू' आदि भेदमय विकारों का गुणों के कारण क्रमिक विकास हुआ। यह सारा विश्व एक वाद्ययंत्र के समान बना हुआ है और इसमें उसी का शब्द सर्वत्र ओतप्रोत भरा हुआ है। उक्त पाँच तत्वों अर्थात् पृथ्वी, जल, अग्नि, आकाश एवं पवन का रस वा कारण यही नाद वा ओंकार है जो कार्यरूप जीव होकर बोला करता है। यह सब कुछ केवल माया का विस्तार है। यह वह मूल परमतत्व नहीं है। वह अव्यक्त तत्व तो निरंजन व निराकार है जहाँ 'ओंकार' व्यक्त व साकार है।[१] इस ओंकार द्वारा गुणोत्कर्ष के कारण उत्पन्न हुए 'मैं', 'तू' जैसे भेदमय विकारों से अहंता की भावना जागृत होती है और वही इस जगत के सारे अनर्थों का मूल है। यह 'मैं'-'तू' का भेद जीवात्मा के सामने प्रत्यक्ष बाधा के रूप में किसी आड़ करनेवाली वस्तु की भाँति खड़ा हो जाता है जिसके पीछे छिपे रहने के कारण हम अपने सामने प्रकट रूप में सर्वत्र वर्तमान प्रियमतम का भी प्रत्यक्ष अनुभव नहीं कर पाते। यदि यह अपने सामने का व्यवधान वा 'दुई का पर्दा' किसी प्रकार हट सके, तो हमें आपके वास्तविक रूप को समझते विलंब न लगे और आनंद आ जाए। हमारी सारी समस्याएँ तभी पूर्णतः हल हो सकेंगी जब हम इस अड़चन को दूर करने में कृतकार्य होंगे, क्योंकि बिना ऐसे किये उस निरपेक्ष एवं सर्व प्रकार के पक्षपातों से रहित तत्व की अनुभूति हमारे लिए कभी संभव नहीं हो सकती। उस तत्व की प्रत्यक्ष अनुभूति ही सभी साधनाओं का परम लक्ष्य है।

अनुभूति व ज्ञान– अनुभूति एवं ज्ञान में महान् अंतर है। हमें किसी वस्तु का जब ज्ञान होता है, तब हम उसकी चतुर्दिक सीमाओं से परचित होकर उसके विवरण देने लगते हैं। हम उसे जैसे किसी दूरी पर से देखते हैं और उसी भाँति उसके विषय में दूसरों को भी परिचित करा देने की अपने शब्दों द्वारा चेष्टा करते हैं। परन्तु अनुभूति करते समय हम अपने अनुभव की वस्तु में अपने को एक प्रकार से मग्न कर देते हैं। उसे हम इतने निकट से जानने लगते हैं कि हमें उसके अंश-प्रत्यंश के विश्लेषण करने की कोई युक्ति ही नहीं मिल पाती। ज्ञान की स्थिति में हम अपनी ज्ञेय वस्तु से पृथक रहते हैं, अतएव उसका समझना उतना कठिन नहीं जान पड़ता, किन्तु अपने अनुभव की वस्तु के साथ हमारा तादात्म्य हो जाता है और हम उसमें प्रवेश कर जाते हैं। इसी कारण दादू दयाल ने भी कहा है कि "ज्ञान की लहर जहाँ से उठती है, वहाँ पर हमारी वाणी का प्रकाशित होना भी संभव है, किंतु जहाँ हमारी अनुभूति जागृत होती है, वहाँ की हमारी अवस्था अनिर्वचनीय होती है और वहाँ से वाणी के स्थान पर कोरे ध्वन्यात्मक शब्द-मात्र ही उठ सकते हैं। यही वह स्थान है जहाँ निरंजन सदा वास किया करता है और इस कारण उसकी अनुभूति का भी व्यक्त किया जाना अत्यंत कठिन है। उसका हमें केवल अनुभव ही हो सकता है। उसी अनुभव द्वारा हमें आनंद की प्राप्ति होती है, हमें 'निर्भय' का परिचय मिलता है और हम उस अगम, निर्मल व निश्चल दशा में भी

१. 'दादू दयाल की वाणी','सबद को अंग' ८, १२, १४, व ११, पृ. २७५ : ६।

पहुँच जाते हैं।"[१]

दादू दयाल की साधना अनुभूति पर ही आश्रित है और इसी कारण इसके साधन व सिद्धि दोनों में से किसी का भी विवरण नहीं दिया जा सकता। इस साधना की प्रथम क्रिया तन एवं मन का मान मर्दन कर उन्हें अपने वश में लाना है, तभी इसके परिणाम-स्वरूप हमें सहज की दशा में प्रवेश प्राप्त हो सकता है।[२] ऐसी स्थिति में त्रिगुणात्मिका प्रकृति-जन्य आकार-प्रकार के सभी विकार हमारे लिए प्रभावहीन हो जाते हैं और आत्मा प्रेम-रस का आस्वादन करने लगती है।"[३] इस साधना में मार्ग शून्यमय रहता है, सुरति को चैतन्य के पथ पर चलना पड़ता है और वह लय में अपने को मग्न किये रहती है। यह मार्ग न तो योग-समाधि का मार्ग है और न भक्ति योग ही इसे कह सकते हैं, यह इन दोनों के बीचवाला 'सहज मार्ग' है जहाँ किसी साधना-विशेष का प्रयोग न होने पर भी पूर्ण समाधि का आनंद मिला करता है और हम काल के प्रभाव से भी दूर हो जाते हैं।[४] इसमें सबसे बड़ी व महत्त्वपूर्ण क्रिया अपने आपको पूर्णतः समर्पित कर देने की भावना है जिसमें 'अहं' का भाव नितांत रूप से नष्ट हो जाता है। इस दशा का वर्णन करते हुए दादू ने कहा है–

'तन भी तेरा मन भी तेरा, तेरा प्यंड परान।
सब कुछ तेरा, तूं है मेरा, यहु दादू का ज्ञान॥' २३॥[५]

अर्थात् यह स्थूल शरीर, यह मन और ये प्राणादि सब कुछ पूर्णतः न्योछावर कर दिये जाते हैं, किन्तु इसके मूल में सदा केवल एक यही भावना काम करती रहती है कि जिसे हम अपना सर्वस्व समर्पित कर रहे हैं, वह 'मेरा' अथवा स्वयं 'मैं' ही हूँ। अतएव इस सर्वस्वदान और सर्वस्व की उपलब्धि में वस्तुतः कोई भी अंतर नहीं रह जाता और देनेवाला अपनी कमी का अनुभव करने की जगह अपने को और भी पूर्ण मानने लगता है।

काया-बेलि– इस पूरी प्रक्रिया का रहस्य इस बात में निहित है कि इस प्रकार की साधना के लिए किसी वाह्य उपचार की आवश्यकता नहीं पड़ती। इसके सारे साधन अपने भीतर ही मिल जाते हैं, उनके लिए कहीं दौड़-धूप करनी नहीं पड़ती। दादू दयाल की एक रचना 'काया-बेलि' नाम से प्रसिद्ध है जो बहुधा उनकी संगृहीत रचनाओं के साथ ही प्रकाशित हुई मिलती है। उस रचना में दादू दयाल ने सभी कुछ को इस काया के ही अंतर्गत वर्तमान सिद्ध करने की चेष्टा की है और उसमें अन्य बातों के अतिरिक्त यह भी कहा है कि इसी में 'साधन-सार', अनभैसार' तथा 'पदनिर्वाण' भी है और इसमें ही विद्यमान गुरु की कृपा से हमें प्रियतम का प्रत्यक्ष दर्शन आप ही आप हो जाता है। इसमें जो माँगनेवाला है और जिससे मांग रहा है, वे दोनों ही वस्तुतः एक हैं ओर जो वस्तु माँगी जा रही हे, वह भी वहीं है। दादू दयाल का कहना है कि "मैं ऋद्धि-सिद्धि अथवा मुक्ति इनमें से किसी की भी अभिलाषा नहीं करता और न ये मुझे पसंद हैं। मैं तो केवल रामरस के एक प्रेम-प्याले के लिए ही आर्त

१. 'दादू दयाल की वाणी' 'परचा कौ अंग', २९ : ३०, पृ. ६७ और २०३ पृ. ९२।
२. वही 'जीवनमृतक कौ अंग' ४३, पृ. ३८३।
३. वही 'लैको अंग' ४, पृ. १२१।
४. वही, १३, ८ व ९, पृ. १२२।
५. वही 'सुंदरी कौ अंग' २३, पृ. ३३०।

करता और न ये मुझे पसंद हैं। मैं तो केवल रामरस के एक प्रेम-प्याले के लिए ही आर्त हूँ"।[१] और ये उसके लिए किसी के आगे हाथ भी नहीं पसारते और न उसके लिए किसी के प्रति अपने उपालंभ ही प्रकट करते हैं। उनकी स्थिति इस प्रकार है–"दादू मन ही मन विरह की दशा में चूर हुआ जा रहा है, मन ही मन रोता है और मन ही मन चिल्ला भी रहा है, वह बाहर कोई भी निवेदन वा प्रदर्शन नहीं करता"[२] इस कारण अपनी साधना के फलस्वरूप उसे जो कुछ भी सिद्धि मिलती है, वह उसके कायापलट अथवा पुनर्जन्म के ही रूप में होती है।

एक व अनेक–इस दशा तक पहुँच जाने पर सभी बाहरी बातें ज्यों की त्यों रह जाती हैं, केवल आभ्यंतरिक परिवर्तन मात्र हो जाता है। जो अहंता जनित आवरण हमारे सामने पड़ा रहता था, केवल वही सामने से उठ जाता है और अब किसी प्रकार की कोई वस्तु हमें भ्रांति में नहीं डालती। अपने आप का प्रत्यक्ष अनुभव होने लगता है और उसके ही परमार्थतः परमतत्त्व भी होने से सारे भेदों की जड़ अपने आप कट जाती है। ऐसी ही स्थिति में आकर दादू दयाल कहते हैं–"हे अलह, राम, अब मेरा सारा भ्रम जाता रहा। अब मैं तेरे प्रत्यक्ष दर्शन का अनुभव कर रहा हूँ। इस कारण कोई भी भेद नहीं दीखता, सबके प्राण वे ही हैं, सबके रक्त माँस भी वे ही हैं, सबकी आँखें व नाक भी वे ही हैं। 'सहज' ने और का और तमाशा सामने रख दिया है। कानों से शब्द की झंकार एक ही प्रकार सबको सुनायी पड़ती है, सभी की जीभ मीठे का स्वाद लिया करती है, वही भूख सबको लगा करती है और एक ही प्रकार जागृत होती है, वे ही हाथ, पाँव, वे ही शरीर सबके हैं। पहले ये सभी मुझे भिन्न-भिन्न जैसे प्रतीत होते थे, किन्तु अब तूने मेरी दृष्टि ही बदल डाली और अब मैं उन्हीं वस्तुओं में सर्वत्र एकता का अनुभव कर रहा हूँ तथा मुझे अब हिंदू व तुर्क में कोई भेद ही नहीं दीख पड़ता'[३] अब हमने निश्चयपूर्वक जान लिया कि सभी घट व शरीर में एक ही आत्मा व्याप्त है और हिंदू मुसलमान अथवा स्त्री पुरुष में भी कोई भेद नहीं।'[४] उन्होंने इसी कारण इस बात को एक सिद्धान्त के रूप में कह डाला है कि,

'जब पूरण ब्रह्म विचारिये, तब सकल आतमा एक।
काया के गुण देखिये, तौ नाना वरण अनेक॥' १३०॥[५]

अर्थात् यदि आत्मनिष्ठ होकर पूर्ण ब्रह्म की दृष्टि से देखा जाए तो आत्मा के ऐक्य के कारण कोई भेदभाव नहीं, किंतु शरीरादि की दृष्टि से अनेकत्व ही दीखता है और हमारे न जाने कहाँ से नामरूपादि के भेद आ खड़े हो जाते हैं।

इस उपर्युक्त स्थिति को ही दादू दयाल ने जीवनमुक्त की अवस्था का नाम दिया है। उन्हें मृत्यु के अनंतर मुक्त होने में विश्वास नहीं। वे स्पष्ट कहते हैं, "निरंजन के निकट पहुँचते ही मैं जीवन्मुक्त बन गया। मरने पर जिस मुक्ति की प्राप्ति का वर्णन किया जाता है, उसमें मुझे

---

१. 'दादू दयाल की वाणी' 'निहकर्मी पतिव्रता कौ अंग' ८३, पृ. १३७।
२. वही, 'विरह कौ अंग' १०८, पृ. ५६।
३. वही, 'राग गौडी' ६५, पृ. ३८३।
४. वही, 'दया निर्बैरता कौ अंग, ५ व ६, पृ. ३२३।
५. वही, 'साच कौ अंग' १३० पृ. २०३।

विश्वास नहीं और न मेरा मन इस बात को मानता है कि आगे चलकर हमें अच्छे कर्मों के कारण अच्छा जन्म मिलेगा। शरीर छूटने पर जो गति होती है, वह तो सभी को प्राप्त होती है। दादू तो यही जानता है कि जीते जी राम की उपलब्धि हो जाए और अपना जीवन सफल हो जाए"।[१] इसी बात को दादू-शिष्य सुन्दरदास ने भी इस प्रकार कहा है, "मुक्ति तो एक धोखे का चिन्ह-मात्र है। ऐसा कोई भी ठौर-ठिकाना नहीं, जहाँ पर मुक्ति ऐसी कोई वस्तु हमें मिल सकती है। कुछ लोग मुक्ति की उपलब्धि आकाश में बतलाते हैं, कोई उसे पाताल में ले जाते हैं और कोई-कोई पृथ्वी पर ही उसे ढूंढते हुए भटकते फिरते हैं। कोई भी इस बात पर गंभीरतापूर्वक विचार नहीं करता, बल्कि जिस प्रकार गुबरैला अपनी गोली लेकर निरुद्देश्य चला करता है, उसी प्रकार वे भी अपनी धुन में बढ़ते जाते हैं, जीते जी इसके लिए अनेक प्रकार के कष्ट उठाते हैं, धोखे में पड़कर व्यर्थ मरा करते हैं। वास्तविक मुक्ति का स्वरूप तो यही है कि,

'निज स्वरूप कौं जानि अखंडित, ज्यों का त्यों ही रहिये।
सुन्दर कछू ग्रहै नहिं त्यागै, बहै मुक्ति पद कहिये ॥' ४॥[२]

उन्होंने इसी प्रकार अन्यत्र भी कहा है कि "देवलोक, इंद्रलोक, सत्यलोक, विधिलोक, शिवलोक, बैकुंठलोक, मोक्षशिला, बिहिश्त वा परमपद ये सभी जीवनकाल के भीतर ही उपलब्ध होनेवाली बातें हैं। जिन्होंने आत्मानुभूति की उपलब्धि कर ली, उसके सारे संशय नष्ट हो गए और वह जीवन्मुक्त बन गया"।[३]

सहज समाधि–इस दशा का नाम दादू दयाल ने 'सहज समाधि' भी बतलाया है और कहा है कि इसमें आते ही मन थकित हो जाता है और अपनी दशा का वर्णन करते नहीं बनता। कितना भी सोचा-विचारा जाए, इसका अनुभव सदा अगम्य, अपार तथा इंद्रियातीत ही कहा जा सकेगा। भला एक बूँद समुद्र को किस प्रकार तोल सकती है और जिसकी वाणी बंद हो गई, वह अब कह ही क्या सकता है। अब तो अलल पक्ष आकाश में बड़ी दूर निकल गया और उसे सर्वत्र वही अनंत आकाश-मात्र ही चारों ओर व्याप्त दीख रहा है, अब हम यदि कहना ही चाहें क्या कह सकते हैं।[४] ऐसी स्थिति में हमारा मन किसी भी बंधन में नहीं रहता, बल्कि जिस प्रकार पक्षी आकाश के निःसीम क्षेत्र में उन्मुक्त होकर अपनी पूरी उड़ान भर चला जा सकता है, उसी प्रकार वह भी सारे सांसारिक बंधनों से अपने को मुक्त पाकर अत्यंत व्यापक तथा उदार भावों में विचरण करने का अभ्यास डाल लेता है। परम तत्व के लिए 'सहज', 'शून्य' जैसे शब्दों के प्रयोगों की भी इसी बात में सार्थकता है और दादू दयाल की सहज साधना अथवा सहज समाधि का भी यही रहस्य है। इसमें जीव अपने को सदा अपने प्रियतम के संपर्क में समझा करता है और उसका शरीर संसार के भीतर ही रहकर उसके प्रभाव में यंत्रवत् काम करता रहता है। जिस प्रकार नदी का प्रवाह अपने लक्ष्य समुद्र की ओर बिना बाधा का विचार करते हुए अनवरत बढ़ता ही जाता है, उसी प्रकार जीवन्मुक्त के जीवन में भी कभी रोक-थाम का अवसर नहीं आता। सांसारिक बातें तो केवल उसे नियंत्रित कर सकती

---

१. 'दादू दयाल की वाणी', 'राग गौड़ी', ५२, पृ. ३७७।
२. 'सुन्दर-ग्रंथावली' ४, पृ. ८७५ : ६।
३. वही, २२, पृ. २५८।
४. 'श्री स्वामी दादू दयाल की वाणी' (चंद्रिका प्रसाद त्रिपाठी) पद २४४, पृ. ४५९ : ४६०।

हैं, जो अपने जीवन के रहस्यों से परचित न होकर जगत् को जंजाल की भाँति मानता हुआ सारे उद्यम छोड़ जंगल की राह लेना जानता है। जीवन्मुक्त को तो उद्यम में भी आनंद ही आनंद है, क्योंकि वह अपना सब कार्य अपने प्रियतम अथवा अपने आपके उद्देश्य से ही किया करता है। दादू दयाल कहते हैं:–

'दादू उदिम औगुण को नहीं, जेकरि जाणे कोई।
उदिम में आनंद है, जो सांई सेती होई ॥' १० ॥[1]

अर्थात् अपने स्वामी के प्रीत्यर्थ समर्पित किसी कार्य में भी उदासी आ नहीं पाती।

प्रवृत्ति-मार्ग व सेवाधर्म–दादू-शिष्य रज्जबजी ने इसी कारण कहा है कि:–

'एक जोग में भोग है, एक भोग में जोग।
एक बूड़हि वैराग में, एक तिरहिं सो गृही लोग ॥'

अर्थात् योग में भी एक प्रकार का भोग है और भोग में भी इसी प्रकार योग हो सकता है। अनेक लोग वैरागी बनकर भी संसार में डूबे रहते हैं और अन्य लोग गार्हस्थ्य-जीवन में रहकर उसके पार हो जाते हैं। संसार से लोग इस कारण भागा करते हैं कि अन्य लोग उन्हें शत्रुतावश किसी प्रकार की बाधा पहुँचायेंगे, किन्तु यदि विचारपूर्वक देखा जाए तो किसी के साथ कोई बैर नहीं। जब हम किसी प्राणी को अपने से भिन्न समझेंगे, तभी इस प्रकार की धारणा हमारी हो सकती है और जब अपना विचार ऐसा हो गया कि हमारे लिए कोई विजातीय नहीं तथा जिस एक से हम सभी की उत्पत्ति हुई है, वही परमपिता हम सभी के भीतर भी एक ही समान विद्यमान है, तो फिर बैरभाव से आशंकित होने का कोई प्रश्न ही नहीं उठता।[2] बल्कि ऐसी दशा में तो एक दूसरे के साथ अधिकाधिक मैत्रीभाव की वृद्धि होगी और जी चाहेगा कि हम सबके प्रति निःस्वार्थ भाव के साथ सेवाधर्म में लगे रहें। इस सेवाधर्म का भी आदर्श दादू दयाल ने बहुत ऊंचा और सुन्दर बतलाया है। उनका कहना है कि सबसे बड़ा सेवक इस विश्व के भीतर स्वयं वह जगन्नियंता परमात्मा है जो विना किसी स्वार्थ के सानंद सभी कार्य कर रहा है। हमें ठीक उसी की भाँति सेवा करती चाहिए और उसी की भाँति अपने भीतर उत्साह भरा रखना चाहिए। सेवाधर्म में उसका अनुकरण करने वाले हमारे सामने सूर्य, चंद्र, वायु, अग्नि, पृथ्वी आदि भी प्रतिदिन अपने-अपने कार्य अथक रूप से नियमानुसार करने में निरंतर लीन हैं जिसकी ओर इस दृष्टि से विचार करने के लिए कभी हमारा ध्यान भी नहीं जाता और न हम उनसे कभी ऐसी शिक्षा ग्रहण करने के प्रयत्न ही करते हैं। हम इन प्राकृतिक वस्तुओं के साथ अपने प्रति किये गए उपकारों के लिए क.ी श्रेय भी नहीं देना चाहते। दादू दयाल का कहना है कि सेवा करते समय उन्हीं की भाँति हमें अपने आपको भूल जाना चाहिए और बिना किसी प्रत्युपकार की भावना अपने हृदय में लाये हुए, उन्हीं की भाँति विश्व के प्रत्येक प्राणी की बंधुवत् सेवा करने के लिए सदा तत्पर रहना चाहिए।[3]

मत का सार–दादू दयाल के सिद्धान्तों का निचोड़ इसी कारण जिस प्रकार जीवात्मा

---

१. श्री स्वामी दादू दयाल की वाणी' (चंद्रिका प्रसाद त्रिपाठी), साखी १०, पृ. ३२४।

२. वही, साखी पृ. २५८।

३. 'दादू दयाल की वाणी' (चंद्रिका प्रसाद त्रिपाठी) 'परचा कौ अंग २४९ : ५१, पृ. ९७।

एवं परमात्मा तथा जगत् की अभेदमयी मौलिक एकता है और उस मूलतत्व का सच्चा स्वरूप सहज, शून्य एवं प्रेममय है, उसी प्रकार उनकी साधना एवं व्यवहार का भी निष्कर्ष 'सहज, समर्पण, सुमिरण[१] और सेवा' है। उनके शून्य की कल्पना में किसी प्रकार के नास्तित्व की भावना नहीं और न उनके प्रेम का ही भाव कोरा मनोविकार-मात्र है। उस शून्य का स्वरूप शुद्ध, अविकृत एवं निर्मल अस्तित्व है और उस प्रेम का भी रूप व्यापक जीवन का मूल आधार है। उन दोनों की पूरी व्याख्या तीसरे शब्द 'सहज' के द्वारा पूर्ण रूप से हो जाती है, जब हम अंतिम सत्य वा सत्ता के यथास्थित अनिर्वचनीय रूप का कुछ अनुमान करते हैं। दादू दयाल की उसके प्रति की गई धारणा ठीक वही प्रतीत होती है जो अद्वैत वेदांत के सिद्धान्तानुसार निर्विशेष व निरपेक्ष अनुभवातीत परमात्मतत्व की है और जिसे कबीर साहब ने भी अगम, अगोचर, 'वोही आहि आहि नहि आनै' आदि द्वारा व्यक्त करने की चेष्टा की है। उनकी साधना एवं व्यवहार के नियम भी उसी निश्चित आदर्श के अनुसार निर्धारित किये गए हैं और उससे पूर्णतः मेल खाते हैं। ऐसे विचारों के आधार पर निर्मित मनोवृत्ति स्वभावतः अधिक से अधिक व्यापक एवं उदार होगी और उसके साथ यापन किये जानेवाले जीवन का स्वरूप भी विशुद्ध व स्वच्छंद होगा, जिस कारण उसमें दुःख वा क्लेश का कभी समावेश नहीं हो सकता और न आनंद की कमी की कभी आशंका ही आ सकती है।

दादू दयाल ने अपने मत का विवरण थोड़े से शब्दों में स्वयं भी इस प्रकार दे दिया है:–

'भाई रे, ऐसा पंथ हमारा।
द्वैपष रहित पंथगहि पूरा, अवरण एक अधारा।
वाद विवाद काहू सौं नाहीं, माँहि जगत थैं न्यारा।
समदृष्टी सुभाइ सहज मैं, आपहि आप विचारा॥ १॥
मैं तैं मेरी यहु मति नाहीं, निर्बैरी निरकारा।
पूरण सबै देषि आया पर, निरालंब निर्धारा॥ २॥
काहू के संगि मोह न ममिता, संगी सिरजन हारा।
मन ही मन सौं समझि सयाना, आनंद एक अपारा॥ ३॥
काम कल्पना कदे न कीजै, पूरण ब्रह्म पियारा।
इहि पंथि पहुँचि पार गहि दादू, सोतत सहजि संभारा॥' ४॥[२]

अर्थात् हे भाई, मेरा अपना धर्म तो यह है कि मैं पक्षपात से रहित मार्ग का पूर्ण रूप से अनुसरण करता हूँ और उस एक भेदरहित में मेरा विश्वास है। मुझे किसी से भी कोई लड़ाई-झगड़ा नहीं और इस जगत में रहता हुआ भी इससे अनासक्त रहता हूँ। मैं सबको एक भाव से देखने में और उन्हें अपने समान समझने में प्रसन्न होता हूँ। मुझे 'मैं' और 'तूं' में कोई भेद-भाव नहीं दीखता और न किसी से मुझे बैर-विरोध है। मैं सबके हृदयों में उस एक निरवलंब एवं निराधार का अस्तित्व मानता हूँ और मुझे किसी व्यक्ति-विशेष के प्रति मोह वा

---

१. 'दादू दयाल की वाणी', 'राग गौड़ी' ७२ पृ. ३८६।

२. वही' शब्द ६६ पृ. ३८३ : ४।

अनुभव मन ही मन कर लिया करते हैं। किसी वासना को अपने हृदय में स्थान न दो और पूर्ण ब्रह्म के प्रति अपना प्रेम बनाये रखो। दादू का कहना है कि इसी मार्ग पर चलकर तुम उस परमतत्व का अनुभव कर सकोगे और संसार-सागर के पार भी हो जाओगे।

कबीर, नानक व दादू में समानता—अतएव दादू दयाल एवं कबीर साहब अथवा गुरु नानक देव के मतों में कोई मौलिक भिन्नता नहीं प्रतीत होती। इन तीनों संतों के सामने प्रायः एक ही समस्या थी और इन तीनों ने अपने-अपने ढंग से उसपर विचार करने तथा उसको हल करने की युक्ति निकालने के प्रयत्न किये। तीनों ही प्रायः अशिक्षित अथवा अद्‌र्धशिक्षित थे, किन्तु शास्त्रीय प्रमाणों से अधिक उन्होंने अपने सच्चे अनुभव का ही आश्रय लिया और तीनों ही लगभग एक-से ही परिणाम पर पहुँचे। इन तीनों को ही अंत में जान पड़ा कि लोगों के भीतर बढ़ते हुए भेदभाव, पारस्परिक वैमनस्य व दुर्भावना की जड़ उनके वास्तविक सत्य के प्रति अज्ञान के भीतर पायी जा सकती है और इस कारण इन्होंने उसी को सर्वप्रथम उखाड़कर फेंकने की चेष्टा की। इन्होंने बतलाया कि सभी कोई एक ही परमतत्व के स्वरूप हैं, किन्हीं भी दो में किसी प्रकार का भी मौलिक अंतर नहीं और जो कुछ भी विभिन्नता दीख पड़ती है, वह बाहरी व मिथ्या है, अतएव इन तीनों ने ही इस बात की ओर पूरा ध्यान दिलाया कि उस वस्तु के मर्म को जानकर उसका अनुभव आत्मवत् करना परमावश्यक है। फिर तो हमारे जीवन में ही आमूल परिवर्तन आ जाएगा और हम प्रत्येक प्रश्न को एक नवीन, किंतु वास्तविक ढंग से हल करने का अभ्यास ग्रहण कर लेगें और जो-जो बातें आज तक हमें जटिल जान पड़ती थी, वे सहज में सुलझकर आसान हो जाएँगी। तदनुसार तीनों ने संसार में रहते हुए भी आनंदमय जीवन यापन करने की पद्धति की रचना की और सबको उसका अनुसरण करने के लिए उपदेश दिये।

कबीर, नानक व दादू में अन्तर—परन्तु कुछ सूक्ष्म विचार करने पर पता चलता है कि इन तीनों संतों की विचार-धाराओं तथा प्रणालियों में कुछ न कुछ अन्तर भी अवश्य था। उदाहरण के लिए कबीर साहब की विशेष आस्था यदि आत्म-प्रत्यय में निहित रही, तो गुरु नानकदेव की आत्मविकास में और उसी प्रकार दादू दयाल की आत्मोत्सर्ग में थी। और इन तीनों ने परमतत्व को भी क्रमशः नित्य, एक, एवं सहज (समरस) की भिन्न-भिन्न भावनाओं के अनुसार कुछ विशेष रूप से देखा। इनकी साधना भी तदनुसार अधिकतर क्रमशः विचार-प्रधान, निष्ठा प्रधान एवं प्रेम-प्रधान थी और इसी कारण सुरत शब्दयोग के एक समान समर्थक होते भी इन्होंने क्रमशः ज्ञानयोग, भक्तियोग तथा लययोग की ओर ही विशेष ध्यान दिया। इन तीनों के मुख्य उपदेशों एवं समाज के प्रति इनकी पृथक-पृथक् देनों पर भी यदि हम विचार करें, तो कह सकते हैं कि कबीर साहब ने यदि स्वातंत्र व निर्भयता को अधिक प्रधानता दी, तो गुरु नानकदेव ने समन्वय तथा एकता पर विशेष बल दिया और दादू दयाल ने उसी प्रकार सद्‌भाव एवं सेवा को ही श्रेष्ठ माना। परन्तु इन बातों का यह अर्थ नहीं कि इनमें से किसी की मनोवृत्ति एकांगी थी। साधनाएँ सभी की पूर्णांग थीं, विशेषताओं का कारण केवल अवस्था-भेद हो सकता है।

सूफ़ी प्रभाव—संत दादू दयाल के सिद्धान्तों पर सूफी प्रभाव की चर्चा की जाती है, किंतु कुछ लेखकों में इस विषय के संबंध में मतभेद भी जान पड़ता है। डा. ग्रियर्सन ने लिखा है कि "दादू का मत इनके पूर्ववर्ती संत कबीर से बहुत मिलता-जुलता है। इन दोनों

के सिद्धान्तों में विशेष अन्तर इस बात में पाया जाता है कि दादू ने जहाँ परमात्मा-संबंधी मुस्लिम धारणाओं के सभी प्रसंगों का नितांत बहिष्कार कर दिया है, वहाँ वे कबीर की रचनाओं के अंतर्गत बहुधा पाये जाते हैं"[१] परन्तु ताराचंद के अनुसार "दादू ने अपने शरीर को मसजिद माना है और 'जमायत' के पाँचों सदस्यों एवं नमाज के समय नेतृत्व करने वाले मुल्ला वा इमाम का भी मन के भीतर ही वर्तमान रहना बतलाया है। अविनाशी परमात्मा को ये सदा अपने समक्ष पाते हैं और वहीं उसके प्रति वे अपना भक्तिभाव प्रकट कर लेते हैं। दादू ने अपने सारे शरीर को ही जप की माला मान ली है जिसके द्वारा ये करीम के नाम का स्मरण किया करते हैं। इनके अनुसार एक ही 'रोजा' वा उपवास है, दूसरा नहीं और 'कलमा' भी वह स्वयं परमात्मा ही है। इस प्रकार दादू अल्लाह के समक्ष ध्यान में लीन होकर खड़ा है और 'अर्श' के भी ऊपर उस पद पर चला जाता है जहाँ रहीम का स्थान है"।[२] फिर "दादू ने अपने पूर्ववर्ती संतों से कहीं अधिक अपने सूफी मत के ज्ञान को व्यक्त किया है और इसका कारण कदाचित् यही हो सकता है कि ये कमाल के शिष्य थे और कमाल की प्रवृत्ति इस्लामी विचार धारा की ओर इन सब से अधिक थी। इसके सिवाय पश्चिमी भारत, विशेषतः अहमदाबाद एवं अजमेर के सूफी ईश्वर के खोजी हिंदू वा मुसलमानों पर पूर्वीभारत वालों से कदाचित् कहीं अधिक प्रभाव रखते थे। जो भी हो, उनके उपदेशों के प्रभाव में ही आकर ये हिंदू मुस्लिम एकता के एक प्रबल समर्थक बने थे"[३] परन्तु जैसा दादू दयाल के मत के उपर्युक्त संक्षिप्त परिचय से भी प्रकट होगा, इस प्रकार के मतभेद का कोई विशेष महत्त्व नहीं है। दादू दयाल का अपना मत शुद्ध संत-मत ही था।

४. पंथ की प्रगति

गरीबदास– ब्रह्म-सम्प्रदाय की स्थापना सं. १६३१ के लगभग हुई थी और दादू दयाल के जीवन-काल तथा उसके कुछ दिन अनंतर तक उसकी प्रगति अवाध गति से चली। परन्तु काल पाकर सम्प्रदाय के अंतर्गत कई एक उपसम्प्रदाय भी बनते जाने लगे और इस प्रकार उसके प्रधान केन्द्र का कुछ निर्बल पड़ जाना स्वाभाविक हो गया। दादू दयाल के देहांत हो

---

१. 'His (Dadu's) doctrine closely resembles that of the older prophet, the main difference being the exclusion of all references to the Muslim ideas of the Diety, which we often meet within the writings of Kabir'–'The Imperial Gazetteer of India' vol. II (New edition) 1909 P. 417.

२. Dr. Tarachand : "Influence of Islam on Hindu Culture" PP. 184-5.

३. "Dadu manifests, perhaps, even greater knowledge of Sufism than his predecessors, perhaps, because he was the disciple of Kamal who probably had greater leaning towards Islamic ways of thinking than others, perhaps because the Sufis of Western India–Ahmedabad & Ajmer–weilded greater influence upon the minds of seekers after God Hindu or Muslim than those of the East. At any rate the effect of their teachings was to make him a staunch supporter of Hindu Muslim unity." Dr. Tarachand : "Influence of Islam on Hindu Culture" p. 185.

जाने पर उनके ज्येष्ठ पुत्र गरीबदास उनकी गद्दी पर बैठे थे और वे व्यक्तिगत रूप से एक अच्छे संत थे। किन्तु उनमें संगठन की शक्ति अथवा शासन की योग्यता की कमी थी जिस कारण पंथ की प्रगति में शिथिलता आने की आशंका हो चली। रज्जबजी ने गरीबदास की पहले बड़ी प्रशंसा की थी और "दादू कै पाट दीपै दिन ही दिन" तथा "उदार अपार सबै सुखदाता" जैसी उक्तियों द्वारा उनके विषय में वे अपनी अच्छी सम्मति ही देते आये थे। परन्तु जब उनकी नम्रता व उदारता अतिशयता की सीमा तक पहुँच गई, तब उनसे नहीं रह गया और एक बार कुछ व्यंग-भरे शब्दों में उन्होंने उनके निकट इस प्रकार लिख भेजाः–

'गरीब के गर्व नाहिं दीनरूप माहिं।

आये न विमुख जाहिं आनन्द का रूप हैं॥' आदि।

जिसका आशय उन्हें समझते विलंब नहीं लगा और उन्होंने गद्दी का परित्याग कर दिया। फलस्वरूप उनके छोटे भाई मिस्कीनदास उनके उत्तराधिकारी बने और अपने अंत काल तक उसका कार्यभार संभाले रहे। इस प्रकार पंथ की परम्परा गद्दी के लिए योग्यतम व्यक्ति के चुनाव द्वारा आगे चलने लगी और प्रायः सौ वर्षों तक उसके संगठन एवं कार्य पद्धति में विशृंखलता प्रतीत नहीं हुई।

पृथक् दशा में–परन्तु इसी बीच में रज्जबजी, सुन्दरदास, प्रागदास, बनवारीदास आदि प्रधान दादू-शिष्यों का देहांत हो गया और उनकी विशेषताओं को भी अक्षुण्ण रखने की प्रवृत्ति उनके भिन्न-भिन्न अनुयायियों में जागृत होने लगी। उनके भिन्न-भिन्न थाँवे क्रमशः शक्ति ग्रहण करने लगे तथा उनमें अलगाव की भावना भी आ गई। फिर भी दादू दयाल के पंथ का प्रधान दादू-द्वारा उनके मृत्यु-स्थान नराने में ही अब तक माना जाता आया है और वहीं के दादू-पंथी 'खालसा' भी कहलाते हैं। दादू-पंथियों के अंतर्गत जो उपसम्प्रदाय की सृष्टि हुई है, वह वास्तव में कुछ तो स्थानीय कारणों का प्रसाद है और कुछ उनकी भिन्न-भिन्न रहन-सहन के अनुसार भी अस्तित्व में आ गई हैं। उसके मूल में कोई सिद्धांतगत भेद काम नहीं करता और न कोई इस बात को स्वीकार करने को तैयार ही हो सकते हैं। इसमें केवल एक बात विशेष रूप से उल्लेखनीय है। दादू दयाल जाति के विचार से स्वयं मुसलमान थे और उनके शिष्यों में भी रज्जबजी, वषनाजी, वाजिंदजी, गरीबदास और फिर क्रमशः मिस्कीनदास वा फकीरदास प्रभृति कुछ दिनों तक योग्य मुस्लिम व्यक्ति दिखलायी पड़ते रहे। परन्तु आगे चलकर ऐसी बात नहीं रह गई और पंथ पर शुद्ध हिंदू-धर्म का प्रभाव अधिकाधिक पड़ता गया, यहाँ तक कि रज्जबजी के थाँवे को छोड़ अन्य जगह अब कम मुसलमान दीख पड़ते हैं। प्रसिद्ध हैं कि रज्जबजी की गद्दी का अधिकारी चुनते समय आज तक भी इसी बात पर विशेष ध्यान रखा जाता है कि सब में योग्यतम व्यक्ति कौन है और यह नियम नराने की प्रधान दादू-गद्दी के संबंध में भी प्रायः एक सौ वर्षों तक उसी प्रकार चलता आया था।

उपसम्प्रदाय–कहते हैं कि प्रधान दादू-गद्दी के महंत जैतराम के समय से पंथ के भीतर उपसम्प्रदायों ने अधिक बल पकड़ना आरंभ कर दिया। तदनुसार कम से कम पाँच प्रकार के दादू-पंथी क्रमशः भिन्न-भिन्न वर्गों में बँटते हुए और पृथक् रूप धारण करते हुए दिखलायी पड़ने लगे। इनक सक्षिप्त परिचय इस प्रकार हैः–

१. खालसा : ये अपने को विशुद्ध दादू-पंथी समझते हैं और इनका केन्द्र नराने में है। इसके सदस्यों का विशेष ध्यान अध्ययन, अध्यापन तथा भजन-आराधन की ओर ही रहा करता है। परन्तु इनमें बहुत से लोग साधारण गृहस्थों की भाँति भी जीवन व्यवतीत करते हैं। दादू-पंथियों की एक शिक्षा-संस्था 'दादू महाविद्यालय' नाम से जयपुर में सं. १९७७ की जेठ सुदी १० से स्थापित है जो अधिकतर इसी उपसम्प्रदाय द्वारा प्रभावित है।

२ नागा : नागा शब्द के प्रयोग से इस वर्ग के अनुयायियों के अधिकतर नग्न रहने का अनुमान होता है, किंतु बात ऐसी नहीं है। ये लोग विशेष रूप से अपने वस्त्रों की सादगी के लिए ही प्रसिद्ध हैं। इस उपसम्प्रदाय को बीकानेर-निवासी दादू-शिष्य बड़े सुन्दरदास ने सर्वप्रथम चलाया था और इसका संगठन आगे चलकर भीमसिंह ने किया था। इन लोगों का एक थाँवा नराने में भी है और इनकी ९ टुकड़ियाँ जयपुर राज्य की सीमा पर बतलायी जाती हैं। जयपुर राज्य के साथ इनका संबंध विशेषकर सं. १८०० से चला आता है। ये लोग सर्वप्रथम युद्धों में सिपाही का काम करने के लिए ही विशेष-रूप से सिखलाये गए थे और इन्हें नियमानुसार ड्रिल एवं शस्त्र-प्रयोग का भी अभ्यास कराया गया था। किन्तु आगे चलकर इस ओर उतना ध्यान देना बंद हो गया और इन लोगों में शिथिलता भी लक्षित होने लगी। ये लोग कभी-कभी सैनिक की जगह कर उगाहनेवाले सिपाहियों के रूप में भी राजाओं द्वारा काम में लाये जाने लगे। क्रुक साहब ने लिखा है कि "जयपुर के निकटवर्ती गाँवों में रहनेवाले सात अखाड़ों में ये बँटे हैं जहाँ इनमें से प्रत्येक हृष्ट-पुष्ट व्यक्ति को एक आना प्रति दिन के हिसाब से तनख्वाह दी जाती है और काम पर जाने की दशा में इन्हें प्रति दिन के हिसाब से तनख्वाह दी जाती है और काम पर जाने की दशा में इन्हें प्रति दिन दो आना के हिसाब से मिला करता है। गृहस्थी में रहनेवाले खेती करते हैं, ऊंट पालते हैं और लेन-देन भी करते हैं।"[१] सैनिक नागाओं के पास अधिकतर तलवार, ढाल और एक साधारण-सी बंदूक भी रहा करती है। इन्होंने सन्' ५७ के स्वातंत्र्य-युद्ध के समय कम्पनी को बड़ी सहायता पहुँचायी थी जिस कारण इनकी प्रशंसा अंग्रेज लेखक आज तक भी करते हैं। इनकी भर्ती बहुधा उच्च कुलों के हिंदू युवकों में से ही हुआ करती है और उनकी संख्या भी अब दिनोदिन घटती-सी ही दीखती है।

३. उत्तराढ़ी : इस उपसम्प्रदाय में अधिकतर पंजाब की ओर के धनी-मानी ही सम्मिलित हैं। इनमें से बहुतों का व्यवसाय वैद्यक के अनुसार दवा देने का और लेन-देन के व्यवहार का भी देखा जाता है। इनकी एक शाखा की स्थापना हरद्वार में किसी गोपालदास नामक व्यक्ति ने की थी, किन्तु मूल उत्तराढ़ी सम्प्रदाय के प्रवर्तक बनवारीदास अथवा कभी-कभी रजबजी भी समझे जाते हैं। इस वर्ग के लोगों ने कुछ दिन पहले मूर्तिपूजा को भी फिर से अपनाना आरम्भ कर दिया था, किंतु नागा लोगों की ओर से विशेष-रूप से आपत्ति की जाने पर इन्हें इस प्रकार के विचार छोड़ देने पड़े। कहा जाता है कि उत्तराढ़ी शाखा के ५२ थाँवे अलग-अलग स्थापित हैं और केवल डेहरा गाँव में ही इनकी १४ गद्दियाँ वर्तमान हैं। इनके प्रधान महंत हिसार जिले के रसिया गाँव में रहते हैं।

४. विरक्त : इनके विषय में प्रसिद्ध है कि ये रुपये-पैसे हाथ से नहीं छूते और अधिकतर भिक्षा पर ही निर्वाह करते हैं। ये बादामी रंग के वस्त्र धारण करते हैं और अपना समय

१. वि. क्रुक : 'ट्राइब्स एण्ड कास्ट्स आफ दि नार्थ वेस्ट प्राविंसेज़ एण्ड अवध' (भाग २) पृ. २३८।

अधिकतर पढ़ने लिखने में ही लगाते हैं। ये एक स्थान पर अधिक दिनों तक नहीं ठहरा करते और इनके मुखिया लोगों के साथ दो-एक अथवा कभी-कभी उससे भी अधिक शिष्य रहा करते हैं। ये शिष्य अधिकतर लड़के होते हैं जो उनके संपर्क में रहकर दादू-बानियों और संस्कृत-ग्रंथों का अध्ययन किया करते हैं। ये बहुधा नंगे शिर घूमा करते हैं और इनके शरीर पर केवल एक वस्त्र ही होता है तथा हाथ में एक कमंडल भी रहा करता है। ये कभी किसी व्यवसाय में नहीं लगते और इनका मुख्य कर्तव्य दादू-पंथी गृहस्थों के यहाँ जा-जाकर धर्मोंपदेश देना रहता है।

५. खाकी : ये लोग बहुत ही कम कपड़े पहनते हैं और लंबी जटा धारण कर तथा सारे शरीर में भस्म लपेटकर शारीरिक साधना करते रहते हैं। ये छोटी-छोटी टुकड़ियों में घूमते फिरते हुए दिखलायी पड़ते हैं और इनकी ऐसी धारणा होती है कि पवित्र जीवन व्यतीत करने के लिए बहती हुई नदी की भाँति निरंतर भ्रमणशील बनकर ही रहना परमावश्यक होता है।

दादू-पंथी जनसमाज– परब्रह्म-सम्प्रदाय की जगह पर दादू पंथ नाम सम्भवतः उक्त सौ वर्षों के अनंतर ही अधिक प्रसिद्ध हुआ और तब से इसी नाम के लोग विशेष जानकार हैं। दादू-पंथी जनसमाज वास्तव में मुख्य दो प्रधान सम्प्रदायों में विभक्त है जिनमें एक स्वामी वा साधु हैं और दूसरे सेवक वा गृहस्थ हैं। इनमें से प्रथम वर्ग के लोग अधिकतर ब्रह्मचर्य का जीवन व्यतीत करते हैं, विरक्तिभाव से प्रभावित रहते हैं और धर्मोंपदेश किया करते हैं। इनमें से अनेक व्यक्ति प्रकांड विद्वान् हुआ करते हैं और इनके अनुयायियों की संख्या भी कम नहीं रहा करती। इनका मुख्य उद्देश्य सर्वसाधारण गृहस्थों में जाकर उन्हें दादू-बानियों के गूढ़ रहस्यों से परिचित कराना तथा पंथ के अनुसार व्यवहार करने की शिक्षा देना रहता है। इनमें से जो स्वामी कम पढ़े-लिखे वा संयोगवश निरक्षर ही रह जाते हैं, वे गृहस्थों के द्वार पर जा-जाकर साधारण भिक्षुओं की भाँति भीख माँगा करते हैं। ये लोग बहुधा गेरुए वस्त्र भी धारण कर लेते हैं और कभी-कभी तो इनके शरीर पर अन्य कई साधुओं की भाँति दो एक मालाएँ भी पायी जाती हैं। सेवक दल के लोगों का काम इसी प्रकार गार्हस्थ्य-जीवन व्यतीत करना, दादू-बानियों का पढ़ना अथवा कहना-सुनना और अतिथि-सेवा रहता है। जो धनी होते हैं, वे अपने सामर्थ्य के अनुसार भिन्न-भिन्न व्यवसाय करते हैं और जो निर्धन होते हैं, वे दूसरों के यहाँ सेवा टहल में लग जाते हैं। शिक्षित दादू-पंथ के लोगों में वेदांत का बहुत प्रचार है और इस विषय के पंडित उनमें अनेक देखे जाते हैं।

उसकी विशेषता– दादू-पंथी लोगों का स्थान धार्मिक समाजों में काफी ऊंचा रहता आया है और आदर्श दादू-पंथी की बड़ी प्रशंसा भी सुनी जाती है। किसी दास जी नामक एक भक्त ने दादू-पंथी के विषय में बहुत दिन हुए इस प्रकार लिखा था– "जिस किसी को गर्व न हो, जो परमात्मा की आराधना अपने हृदय में ही करता हुआ उसका बाह्यप्रदर्शन पसंद न करता हो, जो सांसारिक भेद-भावों से अलग रहता हो और जो किसी दर्शन-विशेष का आश्रय न लेकर अपने मन पर पूरी विजय प्राप्त कर लेने को ही अधिक महत्त्व देता हो, वही सच्चा भक्त और दादू-पंथी है। जिसने सभी रीतियों तथा परम्पराओं का त्याग कर दिया हो, जो किसी भी अवतार में विश्वास नहीं करता, बल्कि केवल एक निर्विशेष ब्रह्म की ही उपासना अपने भीतर किया करता है, वही सच्चा दादू-पंथी है। जिसके लिए किसी ऊंच-नीच का भेद-भाव महत्त्व नहीं रखता, जिसके लिए राजा एवं रंक एक समान हैं, जो अपने हृदय के

अंतस्थल में ईश्वर-प्रेम का भाव सदा बनाये रहता है, वही सच्चा दादू-पंथी है। जिसने काम, क्रोध एवं स्वार्थ पर विजय प्राप्त कर ली है, जो भोजन-वस्त्रादि के व्यवहार में संयत रहा करता है, जो विश्व की सेवा के लिए हर्ष के साथ उद्यत रहता है, जिसका आनंद परमात्मा के संयोग में तथा दुःख उसके वियोग में ही दीख पड़ता है और जो निर्गुण ब्रम्ह्म से ही सदा आवृत्त रहा करता है, वही सच्चा दादू-पंथी है। जो सत्य की उपलब्धि के लिए सभी प्रकार के असत्य का पूर्ण परित्याग कर देता है, जिसके विचार निर्भयतापूर्वक सदा आत्मसाधन में ही लगे रहते हैं, जो सदा उस शाश्वत सत्य को ही व्यक्त किया करता है, जो हृदय से नम्र व कोमल स्वभाव का होता है और जो अपना निर्णय देते समय सदा स्पष्ट व सावधान रहा करता है, वही सच्चा दादू-पंथी है। इसी प्रकार सदा स्पष्ट व सावधान रहा करता है, वही सच्चा दादू-पंथी है और जो इसके विपरीत चलते हैं, वे इस पंथ का अनुयायी होने का व्यर्थ नाम लेते हैं।[१]

साहित्य निर्माण–दादू-पंथ की एक यह बड़ी विशेषता रही कि उसके अनुयायियों ने अपने प्रधान गुरुओं तथा अन्य संतों को भी बानियों की रक्षा व प्रचार के लिए बहुत प्रयत्न किये और इसी कारण ऐसा साहित्य जितना दादू-पंथी क्षेत्र में उपलब्ध है, उतना अन्यत्र कहीं भी नहीं पाया जाता। अनुमान किया जाता है कि दादूदयाल के जीवन-काल से ही संत-संदेशों के विविध संग्रह प्रस्तुत किये जाने लगे थे। दादू-शिष्य संतदास एवं जगन्नाथदास ने अपने गुरु की बानियों को 'हरडे बानी' के रूप में कदाचित् उसी समय संगृहीत कर दी थी और रज्जबजी का 'अंगवधू ग्रंथ' भी संभवतः उसी काल की रचना है साथ 'सर्वंगी' को भी उन्होंने सिखों के 'आदिग्रंथ' के पहले ही तैयार कर दिया था। इसी प्रकार जगन्नाथदास का संग्रह-ग्रंथ गुणगंजनामा' भी प्रायः उसी काल की रचना है। 'सर्वंगी' तथा 'गुणगंजनामा' के संग्रहकर्ताओं ने अपने गुरु दादू की रचनाओं के अतिरिक्त उन संत-बानियों को भी स्थान दिया जो उस समय बहुत प्रसिद्ध थीं। ऐसे संग्रहों में दादू-दयाल की बानियाँ कुछ विस्तार के साथ रहा करती थीं, किंतु उनके अनंतर कबीर साहब, संत नामदेव, रैदासजी तथा हरिदास निरंजनी की रचनाओं को भी प्रमुख स्थान मिला करता था। इन पाँच प्रधान संतों के अतिरिक्त जिन अन्य लोगों की रचनाएँ इनमें पायी जाती हैं, उनमे रामानंद, पीपा, नरसी मेहता, सूरदास, मत्स्येंद्रनाथ, गोरखनाथ, भरथरी, चर्पट नाथ, हाडीफा, गोपीचंद, शेख बहाउद्दीन, गुरु नानक, शेख फरीद एवं कमाल मुख्य कहे जा सकते हैं। ऐसे संग्रहों में अनेक रचनाएँ ऐसी भी पायी जाती हैं जिनका पता बहुत लोगों को अभी तक नहीं है और उनमें ऐसे संतों का भी परिचय मिल जाता है जो श्रेष्ठ होने पर भी अब तक विख्यात न थे। संत-बानियों की ऐसी अनेक ग्रंथ-राशियाँ अभी तक हस्तलिखित व अप्रकाशित पड़ी हुई हैं। यदि केवल दादू-द्वारों तथा दादू-पंथियों के गृहों में सुरक्षित संत-साहित्य का ही प्रकाशन किया जा सके, तो एक बहुत बड़ा ग्रंथ-भण्डार हमारे सामने आ जाए और हिंन्दी-साहित्य की श्री बृद्धि में भी सहायता मिले।

५. निरंजनी सम्प्रदाय

पूर्व इतिहास–निरंजनी सम्प्रदाय एक प्राचीन धार्मिक परम्परा है जिसका मूल स्रोत नाथ-पंथी समझा जाता है, इसका बहुत कुछ प्रभाव उड़ीसा प्रांत में किसी न किसी रूप में अभी तक वर्तमान है और सत्रहवीं शताब्दी (विक्रमी) के मध्यकाल में स्थापित सिलहट के

१. क्षितिमोहन सेन : 'मिडीवल मिस्टिसिज्म आफ इंडिया' पृ. १८६-७।

कतिपय पंथ भी इसके द्वारा अनुप्राणित जान पड़ते हैं। इसके मत का प्रचार सर्वप्रथम कदाचित् उड़ीसा से ही आरंभ होकर पूर्व की ओर भी पहुँचा रहा होगा।[१] संत मत वा संत-परम्परा के द्वारा भी इस सम्प्रदाय का कई बातों में ऋणी होना स्वीकार किया जाता है। इसका कोई प्रमाणिक इतिहास अभी तक उपलब्ध नहीं है, इस कारण यह बतलाना संभव नहीं कि इसका उद्भव, विकास व प्रसार क्रमशः किस प्रकार हुआ और न निश्चित रूप से यही बतलाया जा सकता है कि इसके उड़ीसावाले मूलरूप में पश्चिमी भारत में पाये जाने वाले निरंजनी-सम्प्रदाय में कहाँ तक समानता या विभिन्नता है। कहा जाता है कि इस के प्रवर्तक स्वामी निरंजन भगवान् निर्गुण के उपासक थे,[२] किंतु उनका कोई परिचय नहीं मिलता और न यही पता चलता है कि उनका आविर्भाव कब हुआ, उनके मौलिक सिद्धांतों का रूप क्या था और उनका प्रचार किस ओर तथा किस प्रकार हुआ था। यदि इन निरानंद निरंजन भगवान् का जीवन-काल कहीं विक्रम की चौदहवीं शताब्दी के पूर्व एंव भक्ति के विभिन्न सम्प्रदायों के युग में सिद्ध किया जा सके और इनकी रचनाओं तथा साधना-पद्धति का पूरा पता चल सके, तो निरंजनी सम्प्रदाय को नाथ-पंथियों एवं संतों के बीच की एक लड़ी कहना भी कदाचित् संभव हो सकता है, जैसा कि डा. बर्थ्वाल ने भी अनुमान किया है।[३]

राघोदास का मत—राघोदास दादू-पंथी ने अपने प्रसिद्ध ग्रंथ 'भक्तमाल' में कहा है कि जिस प्रकार मध्वाचार्य, विष्णुस्वामी, रामानुजाचार्य तथा निम्बार्क ने 'महंत चक्कवै' के रूप में सगुणोपासना का प्रचार करनेवाले चार भिन्न-भिन्न मतों का प्रवर्तन किया था, उसी प्रकार कबीर, नानक, दादू और जगन ने आगे चलकर 'अगुन, अरूप व अकल' की निर्गुणोपासना प्रचलित की और इन चारों की पद्धतियों का संबंध निरंजन से था। वे कहते हैं:—

'सगुन रूप गुन नाम ध्यान उन विविध बतायौ॥
इन इक अगुन अरूप अकल जग सकल जितायौ॥
नूर तेज भरपूरि ज्योति तहाँ बुद्धि समाई॥
निराकार पद अमिल अमित, आतमा लगाई॥
निरलेप निरंजन भजनकौं, सम्प्रदाइ थापी सुघट॥
वै च्यारि महंत ज्यूं चतुर व्यूह, त्यूं चतुर महंत नृगुणी प्रगट॥ ३४१॥
नानक सूरजरूप, भूप सारे परकासे॥
मधवा दास कबीर ऊसर सूसर वरषासे॥
दादू चंदसरूप, अमी करि सबको पोषै॥
वरन निरंजनी मनौ त्रिषा हरिजीव संतोषै॥
ये च्यारि महंत चहूं चक्कवै, च्यारि पंथ निरगुन थपे॥

---

१. क्षितिमोहन सेन : 'मिडीवल मिस्टिसिज्म आफ इंडिया' पृ. ७०।
२. हजारीप्रसाद द्विवेदी : 'कबीर' (हिंदी-ग्रंथ-रत्नाकर-कार्यालय, बम्बई) १९४२ ई. पृ. ५२।
३. It (Niranjan School) is in a way, midway between the Nath school & the Nirgun School. [Preface pp. II.. III. to the Nirgun School Hindi Poetry.]

नानक, कबीर, दादू, जगन, राघो परमातम जपे ॥ ३४२ ॥
रामानुज की पधित चली लक्ष्मी सूं आई ॥
विष्णुस्वामि की पधित सुतौ संकर तै जाई ॥
मध्वाचार्य पधित ग्यांन ब्रह्मा सुविचारा ॥
नींवादितकी पधित च्यारि सनकादि कुमारा ॥
च्यारि संप्रदा की पधित अवतारन सूं ह्वै चली ॥
इन च्यारि महंत नृगुनीन की पधित निरंजन सूं मिली ॥' ३४३ ।[1]

उनके इन छप्पयों से यह भी प्रकट होता है कि उक्त चौथे पंथ वा सम्प्रदाय के प्रवर्तक कोई जगन नामक व्यक्ति थे तथा उनके द्वारा प्रवर्तित निरंजीनी सम्प्रदाय भी कबीर, नानक एवं दादू द्वारा चलाये गए पंथों की भाँति ही महत्त्वपूर्ण रहा। इसका पृथक् विवरण भी उन्होंने आगे चलकर 'निरंजनी पंथ बरनन' शीर्षक से दिया है। उनके उस विवरण से पता चलता है कि निरंजनी सम्प्रदाय के मुख्य प्रचारक संख्या में १२ थे और इनके नाम उन्होंने क्रमशः १. लपट्यौ जगनाथदास २. स्यामदास ३. कान्हड़ दास ४. ध्यान दास ५. षेभदास ६. नाथ ७. जगजीवन ८. तुरसीदास ९. आंनदास १०. पूरणदास ११ मोहनदास और १२. हरिदास बतलाये हैं। इन बारहों को राघोदास ने निरंजनी महन्त की संज्ञा दी है और कहा है कि ये सभी कबीर का भाव रखनेवाले अर्थात् कबीर द्वारा प्रभावित थे।[2]

१२ पंथों के प्रवर्तक–राघोदास ने उक्त १२ पंथ-प्रचारकों के जीवनकाल का कोई पता नहीं दिया और न उनके दिये हुए संक्षिप्त परिचयों से यही विदित हो पाया है कि ये सभी समसामयिक थे अथवा किसी क्रमानुसार आगे-पीछे प्रकट हुए थे। उन्होंने एक छप्पय द्वारा इतना कह दिया है कि जगनाथ थरोली के रहने वाले थे, स्यामदास दत्तवास के निवासी थे, कान्हड़ दास चाड़ूस में रहते थे, आंनदास का स्थान लिवाजी था तथा क्रमशः मोहनदास का स्थान देवपुर में, तुलसीदास का सेरपुर में, पूरणदास का भंभोर में, षेभदास का सिवहाड़ में, नाथ का टोड़ा में, ध्यानदास का झारि में तथा हरिदास का डीडवाणो में था।[3] इन स्थानों में से भी सिवाय डीडवाणा के किसी और की भौगोलिक स्थिति ज्ञात नहीं होती। उक्त 'भक्तमाल' में इन लोगों के स्वभाव अथवा साधना का जो परिचय दिया है, उससे भी इतना ही सूचित होता है कि जगनाथदास बड़े संयमशील थे और नामस्मरण में निरत रहते थे, श्यामदास ऊंची स्थिति तक पहुँचे हुए साधक थे जिनके रोम-रोम से रंकार की ध्वनि उठा करती थी, आंनदास इंद्रियजीत व विरक्त थे, कान्हड़दास कलाल कुल में उत्पन्न हुए थे, किंतु अपने रहने की कोई कुटी तक उन्होंने नहीं बनवायी, पूरणदास ने पिंड व ब्रह्मांड का रहस्य जाना और कबीर को अपना गुरु स्वीकार कर वे निरंतर नामस्मरण में लीन रहे, षेभदास ने हिंदू, मुस्लिम अथवा ब्राह्मण, अत्यंज सभी को एक समान देखा और सत्संग करते रहे, ध्यानदास ने परब्रह्मविषयक

---

१. राघोदास की 'भक्तमाल' की हस्तलिखित प्रति से जो लेखक को स्व. पुरोहित हरि नारायण शर्मा से मिली थी।

२. राघोदास की भक्तमाल की हस्तलिखित प्रति से।

३. वही, हस्तलिखित प्रति से।

अनेक रचनाएँ, साखी, कवित्त और पदों के रूप में निर्मित की और रामदास के साथ झारि में अत्यंत प्रसिद्ध हो गए, मोहनदास ने अपने अनुभव की बातें उसी प्रकार व्यक्त की जिस प्रकार काशी में कबीर ने व्यक्त की थी, नाथ सदा निरंजन में ही लीन रहनेवाले साधक थे, तुलसीदास ब्रह्मजिज्ञासु तथा योगी थे और संयमशील जीवन व्यतीत करते थे, जगजीवन दास बड़े सच्चरित्र और त्यागी थे तथा हरिदास की विशेषता यह थी कि उनकी कथनी व करनी दोनों उच्च श्रेणी की थी और अपनी निर्मल वाणी से निराकार की उपासना कर वे निरंजनी कहलाए।

हरिदास निरंजनी–राघोदास के 'लपट्यौ जगनाथ दास' नाम-साम्य के कारण उनके द्वारा पूर्व सूचित जगन जान पड़ते हैं जिन्होंने उक्त चौथे पंथ की स्थापना की थी। उक्त बारह पंथ-प्रचारकों में भी सबसे प्रथम इनका नाम आता है। परन्तु अन्य किसी प्रमाण के आधार पर इस बात की पुष्टि नहीं होती। कुछ लोगों की धारणा इस संबंध में यह जान पड़ती है कि वास्तव में इस पंथ के प्रवर्तक हरिदास निरंजनी थे जिन्हें राघोदास ने १२वाँ अर्थात् अंतिम स्थान दिया है, किंतु जिसे प्रसिद्ध दादू-पंथी संत सुन्दरदास, दत्तात्रेय, गोरखनाथ, कंथड़ व कबीर की श्रेणी में रखते जान पड़ते हैं।[१] हरिदास के विषय में चर्चा करते हुए स्व: पुरोहित हरिनारायण शर्मा ने लिखा है कि "ये हरिदासजी प्रथम प्रागदासजी के शिष्य हुए, फिर दादूजी के। फिर कबीर और गोरपंथ में हो गए, फिर अपना निराला पंथ चलाया।"[२] निरंजनी इस बात को नहीं मानते, किंतु दादू-पंथ में यह बात प्रसिद्ध है। प्रागदास दादू दयाल के प्रधान शिष्यों में अन्यतम थे और इनका देहांत कार्तिक वदी ८ बुधवार सं. १६८८ को डीडवाणे में हुआ था। कुछ पुराने पत्रों की प्रतिलिपियों से जान पड़ता है कि हरिदास निरंजनी ने इनसे सं. १६५६ के जेठ मास में दीक्षा ग्रहण की थी। इनके देहांत का समय भी उक्त पत्रों में फाल्गुन सुदी ६ सं. १६७० बतलाया गया है जिससे सिद्ध है कि ये अपने उक्त गुरु से पहले ही मर चुके थे।[३] हरिदास निरंजनी अपने अनुयायियों में 'हरिपुरुष' नाम से भी प्रसिद्ध हैं और इनकी रचनाओं का एक संग्रह 'हरिपुरुषजी की वाणी' कहलाता है। इस ग्रंथ की भूमिका में हरिदास के जीवन की कतिपय घटनाओं के विवरण दिये गए हैं और इनकी मृत्यु का भी होना सं. १७०० की फाल्गुन सुदी ६ को लिखा है।[४] इस प्रकार यदि हरिदास निरंजनी वास्तव में इस सम्प्रदाय के प्रवर्तक थे, तो इनका समय अधिक से अधिक १७वीं विक्रमी शताब्दी के अंत तक पहुँचता है।

वही–इधर संत सुन्दरदास के उक्त कथन से कि "कोई-कोई गोरखनाथ को अपना गुरु स्वीकार करते हैं, कोई दत्तात्रेय को मानते हैं, कोई दिगंबर को समझते हैं, कोई कंथड़ को, कोई भरथरी को, कोई कबीर को और कोई-कोई हरिदास को अपना गुरु जानकर चलते हैं। ये सभी संत मेरे शिर के ऊपर हैं किंतु मेरे हृदय में सबसे अधिक श्रद्धा अपने निज गुरु दादू के प्रति है"।[५] प्रतीत होता है कि हरिदास कोई प्राचीन संत रहे होंगे। इस वक्तव्य से यह भी

---

१. पुरोहित हरिनारायण शर्मा की 'सुन्दर-ग्रंथावली' (द्वितीय खण्ड) पृ. ३८५।
२. 'सुन्दर-ग्रंथावली', (प्रथम खंड) जीवन-चरित्र पृ. ९२।
३. वही, पृ. २८।
४. 'श्री हरिपुरुषजी की वाणी' (स. साधु सेवादास, सं. १९८८) पृ. "त"।
५. 'सुन्दर-ग्रंथावली' पृ. ३८५।

सूचित होता है कि उक्त हरिदास के अनुयायी सुन्दरदास के समय में एक अच्छी संख्या में वर्तमान रहे होंगे और उनका कुछ-न-कुछ महत्त्व भी अवश्य रहा होगा, नहीं तो उक्त प्रकार की शैली में किसी नवीन पथ-प्रचारक वा उसके प्रभाव के संबंध में वर्णन नहीं किया गया होता। संत सुन्दरदास सं. १६५३ में उत्पन्न हुए थे और सं. १७४६ में उनका देहांत हुआ था, अतएव हरिदास निरंजनी का मृत्युकाल सं. १६७० मान लेने पर भी इन दोनों संतों का कम से कम १७ वर्षों तक समसामयिक होना स्वीकार करना ही पड़ेगा और यदि ये हरिदास प्रागदास द्वारा सं. १६५६ में दीक्षित हुए थे, तो यह भी अनुमान करना पड़ेगा कि उन्होंने अपना नया पंथ इसके अनंतर संभवतः कुछ दिनों तक दादू-पंथी रहकर और फिर गोरख-पंथी व कबीर-पंथी भी रह चुकने के उपरांत चलाया होगा। इस कारण उस विचार से उक्त हरिदास निरंजनी को निरंजनी सम्प्रदाय का मूल प्रवर्तक मान लेना उचित नहीं जान पड़ता। ऐसी स्थिति में सुन्दरदास के उक्त कथन से केवल इतना ही निष्कर्ष निकाला जा सकता है कि निरंजनी सम्प्रदायवालों में कोई-न-कोई हरिदास सर्वश्रेष्ठ महापुरुष अवश्य गिने जाते थे और इसीलिए हम इन्हें उक्त पंथ में पीछे से प्रवेश कर उसका प्रचार करनेवाला मात्र ही ठहरा सकते हैं। श्री जगद्धर शर्मा गुलेरी ने हरिदास का रचना-काल सन् १५२० : ४० (सं. १५७७ : ९७) माना है[१] जो इस विचार से सुसंगत जान पड़ेगा। परन्तु 'श्री हरिपुरुषजी की वाणी' में एक स्थल पर संत हरिदास ने,

> **'छ चकवै मुचकंद कहाँ, कहाँ विक्रम कहाँ भोज।**
> **सामंत पृथी चौहाण कहाँ, कहां अकबर नौरोज॥' १८॥**[२]

भी कहा है जिससे सूचित होता है कि इनके समय तक नौरोज मेले का लगाने वाला सम्राट् अकबर (मृ. सं. १६६२) मर चुका था और उसकी गिनती प्राचीन पराक्रमी सम्राटों के साथ होने लगी थी। अतएव इनके अनुयायियों द्वारा स्वीकृत मृत्युकाल (अर्थात् सं. १७००) को भी हम सहसा अशुद्ध नहीं ठहरा सकते।

जीवनी– निरंजनी सम्प्रदाय के अनुयायियों ने पूर्वोक्त ग्रंथ 'श्री हरिपुरुषजी की वाणी' में जो हरिदास वा हरिपुरुष की जीवनी दी है, वह इस प्रकार है:–

'संत महंतों के कथनानुसार इनका जन्म सोलहवीं (विक्रमी) के अंतर्गत् डीडवाणा परगने के कापडोर गाँव में हुआ था। ये जाति के क्षत्रिय थे, इनका गोत्र साँखला था और इनका पूर्वनाम हरिसिंह था। ये ४५ वर्ष की अवस्था तक गार्हस्थ्य जीवन व्यतीत कर लेने पर दुर्भिक्ष पड़ जाने के कारण अपना निवास स्थान छोड़कर एक दिन अपने मित्रों के साथ वन में चले गए और किसी वणिक यात्री को लूटने लगे। इसी बीच में वहाँ भगवान ने गुरु गोरख स्वरूप में प्रकट होकर इन्हें डकैती से किसी प्रकार विरत करते हुए मंत्रोपदेश दिया। तब से ये किसी तीखली नामक पहाड़ी की गुफा में बैठ कर निरंतर कई दिनों तक भजन करते रहे और इनके भोजनादि का प्रबंध किसी अलौकिक ढंग से होता रहा। उस गुफा को छोड़ देने के अनंतर, हरिदासजी ने देश-भ्रमण आरम्भ किया और क्रमशः नागौर, अजमेर, टोडा, जयपुर व शेखावाटी होते हुए डीडवाणे की ओर चल पडे। वहाँ पहुँचकर इन्होंने किसी को कोई सूचना नहीं दी

१. 'नागरी प्रचारिणी पत्रिका' (सं. १९९७) पृ. ७७।
२. 'श्री हरिपुरुषजी की वाणी' पृ. ३८३।

और एक कमरे में बैठ गए जहाँ से इनके शिष्य इन्हें किसी-किसी प्रकार बाहर ला सके। तब से फिर इन्होंने डीडवाणे का परित्याग नहीं किया और अंत में वहीं सं. १७०० की फाल्गुन सुदी ६ को अपना चोला छोड़ दिया।'[१] इनके उक्त देश-भ्रमण की चर्चा राघोदास की 'भक्तमाल' के टीकाकार चक्रदास ने भी प्रायः उसी ढंग से अनेक चमत्कारों के उल्लेखों के साथ की है।

शिष्य-परम्परा व रचनाएँ–'श्री हरिपुरुषजी की वाणी' में हरिपुरुष वा हरिदास की एक शिष्य परम्परा[२] भी दी गई है जिसमें इनके शिष्य-प्रशिष्यों के नाम गिनाये गए हैं, किंतु उनका कोई परिचय नहीं दिया है। मारवाड़ में निरंजनी सम्प्रदाय के कई थाँवे वा मठ भी बतलाये जाते हैं। डीडवाडा इनका एक प्रधान तीर्थस्थान है जहाँ पर प्रति वर्ष हरिदास के उपलक्ष में एक मेला लगा करता है। संत हरिदास की कई रचनाएँ प्रसिद्ध हैं जिनमें से ९ के नाम उक्त पं. जगद्धर शर्मा गुलेरी ने गिनाये हैं और डा. बर्थ्वाल ने दो और के भी नाम दिये हैं। 'श्री हरिपुरुषजी की वाणी' में ये सभी रचनाएँ संगृहीत जान पड़ती हैं और उनके सिवाय इसमें अन्य भी बहुत से ग्रंथ प्रकाशित हो चुके हैं। 'वाणी' के संपादक साधु सेवादास का कहना है कि इसका प्रकाशन प्राचीन हस्तलिखित प्रतियों के आधार पर किया गया है और यह बहुत शुद्ध है।

निपट निरंजन–निरंजनी सम्प्रदाय के अन्य महात्माओं व प्रसिद्ध ग्रंथरचयिताओं में निपट निरंजन स्वामी का नाम आता है जो शिवसिंह के अनुसार कदाचित् गो. तुलसीदास के समकालीन थे। इन्हें वे एक महान् सिद्ध भी बतलाते हैं और कहते हैं कि इनके बनाये दो ग्रंथ अर्थात् 'शांतसरसी' और 'निरंजन संग्रह' प्रसिद्ध हैं।[३] इनका जन्म-संवत् डा. रामकुमार वर्मा के अनुसार सं. १५९६ है[४] जो शिवसिंहवाले उक्त परिचय में दिये गए सं. १६५० से बहुत भिन्न पड़ता है। महर्षि शिवव्रत लाल ने इन्हें दौलताबाद का रहनेवाला बतलाया है[५] और इन्हें गौड़ ब्राह्मण भी कहा है। ये अधिकतर काशी में ही रहा करते थे और स्वभाव के बड़े अक्खड़, स्पष्टवादी व निर्भीक थे। इनके ग्रंथ 'शांतसरसी' का एक अन्य नाम 'संतसरसी' भी है। इनकी कवित्वशक्ति का प्रभाव लोगों पर बहुत अधिक पड़ता था। इनकी कुछ पंक्तियाँ ये हैं :–

'पवन का बतावे तोल, सूरज का करे हिंडोल'
पिरथी करे मोल, ऐसा कौन नर है।
पत्थर का काते सूत, बाझ का पढ़ावे पूत,
घट का बुलाने भूत, वाको कौन घर है।

---

१. 'श्री हरिपुरुष की वाणी' (सं. साधु सेवादास, सं. १९८८) पृ. "ग-त"।

२. (१) स्वा. हरिपुरुष (२) नारायणदास, (सं. १७०० में जोधपुर आये), (३) हरीराम, (४) रूपदास, (५) सीतलदास, (६) लक्ष्मणदास, (७) गंगादास, (८) नरसिंह दास, (सं. १८४५ में महंत हुए) (९) मनछाराम, (१०) बलराम दास, (११) किसनदास, (१२) आशाराम व (१३) पीताम्बरदास।

३. 'शिवसिंह सरोज' (नवीन संस्करण, लखनऊ सं. १९२६), पृ. ४३८।

४. डा. रामकुमार वर्मा : 'हिंदी साहित्य का आलोचनात्मक इतिहास', (इलाहाबाद १९३८) पृ. ७१८।

५. 'संतमाल' पृ. २९१ : ३।

ध्रू को चलावे राह, बिजली संग करे बियाह,
सागर का ले आवे थाह, सबको जाका डर है।
कौन दिन कौन रात, कौन वाको तात मात।
निपट निरंजन कहै बात, जो बतावे गुर है।

भगवान दास निरंजनी—निपट निरंजन स्वामी के अतिरिक्त प्रसिद्ध निरंजनियों में भगवान दास निरंजनी का भी नाम आता है जो नागा अर्जुन अथवा अर्जुन अथवा अर्जुन दास के शिष्य थे और क्षेत्रवास नामक स्थान के रहनेवाले थे। इन्होंने 'भृर्तहरिशतक' का पद्यानुवाद किया था और 'प्रेमपदार्थ', 'अमृतधारा', 'गीतामाहात्म्य' आदि कई अन्य ग्रंथों की भी रचना की थी। इनकी 'अमृतधारा' का रचना-काल कार्तिक कृष्ण ३ सं. १७२८ दिया गया है और इनके 'गीतामहात्म्य' का रचना-काल भी इसी प्रकार सं. १७४० बतलाया जाता है।

तुरसीदास—परंतु इस पंथ के अनुयायियों में सबसे अधिक रचना प्रस्तुत करनेवाले तुरसीदास थे जो एक योग्य व्यक्ति थे। 'काशी नागरी-प्रचारिणी सभा' की खोज में प्राप्त एक हस्तलिखित प्रति के अंत में लिखा है कि वह प्रतिलिपि ऊधोदास के शिष्य लालदास के शिष्य किसी तुरसी ने की थी। उसका प्रतिलिपिकाल सं. १७४५ दिया हुआ है जिससे अनुमान किया जा सकता है कि दोनों तुरसी एक ही व्यक्ति थे।[१] 'भक्तमाल' प्रणेता राघोदास ने तुरसीदास की बड़ी प्रशंसा की है और उनके निवास-स्थान का नाम सेरपुर दिया है। 'पत्रिका' में उक्त प्रतिलिपि का अंतिम अंश उद्धृत किया गया है। उसमें सेरपुर के स्थान पर नगर गंधार का उल्लेख है और नाम भी तुरसीदास की जगह तुलसीदास छपा है। ऐसी दशा में डॉ. बर्थ्वाल का उक्त अनुमान कि दोनों तुरसी एक ही थे, असंदिग्ध नहीं रह जाता। डॉ. बर्थ्वाल के पास इनकी ४२०२ साखियों ४६१ पदों तथा ४ छोटी-छोटी रचनाओं एवं कुछ फुटकर श्लोकों और शब्दों का एक संग्रह था जिसके आधार पर उन्होंने इन्हें एक बहुत बड़ा विद्वान् कहा है और इनकी साखियों के विभिन्न प्रकरणों में किये गए ज्ञान, भक्ति और योग के विस्तृत तथा सुसंगठित वर्णन की प्रशंसा की है। उनके अनुसार "ये निरंजन-पंथ के दार्शनिक सिद्धान्तों के प्रतिपादक, आध्यात्मिक जिज्ञासु तथा रहस्यवादी उपासक थे। निरंजन-पंथ के लिए तुरसीदास ने वही काम किया जो दादू-पंथ के लिए सुंदरदास ने"[२] किया था। राघोदास के अनुसार तुरसीदास को सत्यज्ञान की उपलब्धि हो गई थी, सभी प्रपंचों से इनका मन हट चुका था और इनके अखाड़े में सर्वत्र करणी की ही शोभा पड़ती थी।[३]

सेवादास आदि—तुरसीदास के ही समान विस्तृत रचना करनेवाले एक अन्य निरंजनी सेवादास थे जिनकी पद्यबद्ध जीवनी 'सेवादास परची' के नाम से प्रसिद्ध है। 'परची' की रचना सेवादास के शिष्य अमर दास के शिष्य रूपादास ने सं. १८३२ की वैशाख कृष्ण १२ को की थी। रूपादास के अनुसार सेवादास ने कबीर साहब को अपना सतगुरु माना था और उनका देहांत सं. १७९२ की ज्येष्ठ कृष्ण १५ को हुआ था। डा. बर्थ्वाल ने सेवादास को सीधे हरिदास

---

१. 'नागरी-प्रचारिणी पत्रिका (सं. १९९७) पृ. ७९।
२. वही, पृ. ७८।
३. 'तुरसी पायो तत्त आंन सों भयो उदासा' १४३ तथा 'राघौ कहै करणी जित शोभित देष्यौ है दास तुरसी को अषारौ' १५३।

निरंजनी की परम्परा का होना बतालया है और अपने संग्रह में वर्तमान इनकी ३५६१ साखियों, ४०२ पदों, ३९९ कुडंलियों, १० छोटे ग्रंथों, ४४ रेखतों, २० कवित्तों तथा ४ सवैयों की एक 'बानी' का उल्लेख किया है। सेवादास के अतिरिक्त मनोहरदास (सं. १७७७), षेभदास, कान्हड़दास, मोहनदास, आंनदास तथा निरंजनदास (सं. १७८५) की भी अनेक रचनाएँ यत्र-तत्र संग्रहों में पायी जाती हैं। रामप्रसाद निरंजनी के विषय में प्रसिद्ध है कि वे रानी पटियाला को कथा सुनाया करते थे और उन्होंने कार्तिकी पूर्णिमा, सं. १७९८ को सुव्यवस्थित खड़ी बोली गद्य में अपनी 'योगवासिष्ठ' की रचना समाप्त की थी।[१] इस प्रकार इस पंथ के अनेक महापुरुषों ने ग्रंथ रचे हैं जो अभी तक अप्रकाशित हैं। निरंजनी सम्प्रदाय का कोई शृंखलाबद्ध इतिहास उपलब्ध न होने के कारण इसके प्रधान प्रचारकों का भी पूरा परिचय नहीं मिल पाता और न उनकी गुरु-परम्परा वा शिष्य-परम्परा के अनुसार उनका समय तक निश्चित करने का कोई साधन पाया जाता है। यदि पूरा साहित्य प्रकाश में आ जाए, तो संभव है इसके वास्तविक महत्त्व तथा मुख्य देन का पता चल जाए।

हरिदास के पथ प्रदर्शक– संत हरिदास की रचनाओं को देखने से प्रकट होता है कि अपने पूर्ववर्ती महात्माओं में से गोरखनाथ और कबीर साहब के प्रति इनकी बड़ी निष्ठा थी। यों तो इन्होंने भर्त्तहरि एवं गोपीचंद के त्याग की प्रशंसा की है और अन्य-नाथ-पंथियों के भी नाम कई बार गिनाये हैं, किंतु गोरखनाथ के प्रति इनकी बड़ी श्रद्धा है। इन्होंने उन्हें गोरख मुनि की संज्ञा दी है और कहा है कि उनकी गति-मति को सुर-नर-मुनि में से कोई भी नहीं जानता। उन्होंने करम-भरम को जीत लिया था, भोग की जगह योग को जानते थे और गगन-मंडल में प्रवेश कर सदा महारसपान में मगन रहा करते थे।"[२] इसी प्रकार इन्होंने कबीर साहब की दृढ़ टेक और निर्भीकता की प्रशंसा की है तथा कहा है कि वे राम के रंग में रँगे जाकर सभी वर्गों से श्रेष्ठ हो गए, पंचेन्द्रियों को वश में कर लिया और निःशंक बनकर अपनी कथनी और करनी में सदा सामंजस्य बनाये रहे। ये जल में कमल भी भाँति संसार में रहते रहे और समुद्र-रूपी हरि में बूँद-रूपी भक्त कबीर ठीक उसी प्रकार लीन रहे, जिस प्रकार साधारण बूँद समुद्र में मिलकर एक हो जाती है।"[३] इन्होंने गोरखनाथ और कबीर साहब दोनों को काल पर विजय प्राप्त करनेवाले उस अमर की पदवी दी है जो निरंजन में लीन होकर दूसरे पार पहुँच गया हो।[४] इन्होंने अन्य कुछ संतों को भी अपना प्रदर्शक स्वीकार किया है और कहा है कि,

'नाथ निरंजन देखि अंति संगी सुखदाई।
गोरख गोपीचंद सहज सिधि नवनिधि पाई॥
नाभैदास कबीर राम भजतां रसपीया।
पीयै जन रैदास बड़े छकि लाहा लीया॥
अनभै बस्न विचारिकै जन हरिदास लागा तिहीं।

१. ब्रजरत्नदास : 'खड़ी बोली का इतिहास, पृ. १७४। (यह 'भाषा योगवासिष्ठ' नामक रचना खड़ी बोली हिंदी का कदाचित् प्राचीनतम गद्य ग्रंथ है।)
२. 'श्री हरिपुरुषजी की वाणी' पद १२, पृ. ३०५।
३. वही, पद ८, पृ. ३०२ : ३।
४. वही, साखी ३७, पृ. १८२।

राम विमुख दुवध्या करैं, ते निरबल पहुँचे नहीं ॥ १३ ॥"[१]

अर्थात् नाथ निरंजन को ही अंतिम अभीष्ट वस्तु मानकर गोरख व गोपीचंद ने सिद्धि प्राप्त की, नाभा व कबीर ने राम के भजन का रस-पान किया, पीपा व रैदास ने छककर लाभ उठाया, अतएव मैंने भी उसे अनुभव गम्य वस्तु समझकर उसे अपना लिया। जो इसमें विश्वास न कर अपनी दुर्बलता दिखलाते हैं, वे सदा असफल बने रहते हैं।

उलटी रीति– संत हरिदास ने इसी कारण अपने मन को समझा बुझाकर कबीर के 'करडा पंथ' अथवा उलटी रीति को ही अपना मार्ग स्वीकार किया।[२] इन्होंने अपनी बहिर्मुखी वृत्तियों को अंतर्मुखी करने की ओर सबसे अधिक ध्यान दिया और दूसरों को भी यही उपदेश दिया कि यदि सत्य के खोजी हो, तो तुम्हें चाहिए कि उलटी नदी बहावें तथा बराबर उलटे मार्ग को पकड़ने की ही चेष्टा करें। सेवादास का भी तदनुसार कहना है कि यदि उलटी डुबकी लगा, अपने भीतर अलख की पहचान कर ली गई, तो निश्चय है कि गुण, इन्द्रिय, मन तथा वाणी सभी स्वभावतः अपने वश की वस्तु हो जाएँगी।[३] निरंजनी लोगों का भी अन्य संतमतवालों की भाँति मुख्य उद्देश्य यही है कि ईडा एवं पिंगला नाड़ियों के मध्य वर्तमान सुषुम्ना को जागृत कर अनाहत का नाद सुनें और बंकनालि के द्वारा शून्यमंडल से आता हुआ अमृत पान करें। ये नामस्मरण को भी उसी भाँति महत्त्व देते हैं। यही इनका 'डोरा' व धागा है जो इन्हें निरंजन के साथ जोड़ देता है।[४] हमारा मन इसी के सहारे परात्पर ब्रह्म में जाकर लीन हो जाता है और इस प्रकार का उद्यम सारे अन्य उद्यमों को ग्रस्त कर लेता है।[५] नामस्मरण की क्रिया एक ऐसी विचित्र साधना है जिसमें भक्ति के साथ-साथ योग का पूर्ण समन्वय रहा करता है। संत-मत में इसी को 'सुरति शब्द योग' नाम से अभिहित किया गया है जिसके द्वारा हमारी अंतर्मुखी वृत्ति परमात्मा में आप से आप जाकर लीन हो जाती है। इस प्रकार की चेष्टा से हम अपने प्रियतम के चरणों में अपना सर्वस्व न्याछावर कर देते हैं और उसके समक्ष हमारा अपना निजी कुछ भी नहीं रह जाता। यह वास्तव में अपने आपकी ही अपरोक्षानुभूति है, जिस दशा को प्राप्त कर उसके वर्णन की क्षमता साधक में नहीं रह जाती। हरिदास कहते हैं,

'अब मैं हरि बिन आन न जाचूं, भजि भगवंत मगन है नाचूँ। टेक
हरि मेरा करता हूँ हरि किया, मैं मेरा मन हरि कूं दिया ॥'[६]
ज्ञान ध्यान प्रेम हम पाया, जब पाया तब आप गँवाया।[७]
जन हरिदास आस तजि पासा, हरि निरगुण निजपुरी निवासा।[८]

---

१. 'श्री हरिपुरुषजी की वाणी' पृ. ३१४।
२. वही, साखी १ व २, पृ. ४०० : १।
३. 'नागरी-प्रचारिणी पत्रिका' सं. १९९०, पृ. ८२ पर उद्धृत।
४. 'श्री हरिपुरुषजी की वाणी' पद १, पृ. २२।
५. वही, साखी ८ : ५ पृ. ३९४।
६. वही, पृ. २३५ : ६।
७. वही, साखी ५, ६ व ७ पृ. ६।
८. वही, पद ११, पृ. २५४।

परमतत्त्व—संत हरिदास ने परब्रह्म की व्याख्या प्रायः उसी ढंग से की है जिस ढंग से अन्य संतों ने भी की है। ये कहते हैं कि वह न तो उत्पन्न होता है, न नष्ट होता है। वह सदा व सर्वत्र एकरस बना हुआ वर्तमान रहा करता है। वह आकाश की भाँति सब कहीं व्याप्त है। जिस प्रकार जलती हुई लकड़ी के टुकड़े-टुकड़े कर देने पर भी अग्नि के टुकड़े नही हो जाते, उसी प्रकार हमारा परमगुरु काठ की अग्नि की भाँति सर्वत्र एकभाव में व्याप्त व वर्तमान है। जिस प्रकार फूल की गंध को तिल में निहित करने से तिल का तेल-फुलेल बन जाता है, उसी प्रकार हरिजन व हरि पारस्परिक मिलन द्वारा एक हो जाते हैं। उस तत्व का कोई न रूप है और न उसकी कोई रेखा है, न वह घना है और न थोड़ा ही है, न पृथ्वी है और न आकाश है। वह कलारहित रूप में सबके साथ में निरंतर उसी प्रकार विद्यमान है, जैसे चंद्रमा जल में प्रतिबिंब के रूप में बना रहता है। वह अगम्य है और उसकी थाह किसी को भी विदित नहीं होती, जिसका जैसा भजन-भाव रहता है उसी के अनुसार उसको वह मान लिया करता है। अपना वह निराकार वैसा ही है, जैसा समुद्र में घड़ा और घड़े में जल हो और जब हम सभी उसी के भीतर विद्यमान हैं और सभी सुखों का सागर भी है, वह सबके घट-घट में रम रहा है। वह अविनाशी एक अनिर्वचनीय तत्व है और जैसा कहा जाता है, उससे वास्तव में वह नितांत भिन्न है।" ये सभी प्राणियों को ही ईश्वरमय देखते हुए जान पड़ते हैं। अवतारवाद की आलोचना करते हुए एक स्थल पर ये कहते हैं कि,

'दस औतार कहो क्यूं भाया, हरि अवतार अनन्त कर आया।

जलथल जीव जिता अवतारा, जलससि ज्यूं देखो ततसारा॥'[१]

उसकी भक्ति—उक्त परमात्मा की भक्ति का रूप दर्शाते हुए संत तुलसीदास ने उसे सगुणी नवधा भक्ति की भाँति ही निरूपित किया है। उसकी इन्होंने अद्वैतवादी दृष्टिकोण से व्याख्या की है और उसी के अनुसार उसमें प्रेमाभक्ति को भी जोड़कर उसे दशधा बना दिया है। इनके कथनानुसार श्रवण व कीर्तन क्रमशः सार-मत का श्रवण कर उसे अपने हृदय में धारण करना तथा उसी को नित्यशः आत्मसात् करने की चेष्टा में निरत रहना कहे जा सकते हैं।[२] इन्होंने इसी प्रकार ब्रह्मभावना के जागृत करने को स्मरण[३] नाम दिया है। पाद-सेवन[४] इनके अनुसार हृदयस्थित परमज्योति स्वरूप ब्रह्म का ध्यान, अर्चन[५] समस्त ब्रह्मांड के अंतर्गत

१. 'श्री हरिपुरुषजी की वाणी' पृ. २८८।

२. 'सारसार मत स्त्रवन सुनि, सुनि राषै रिद मांहि।
ताही कौ सुनिबौ सुफल, तुरसी तपति सिराहिं॥'
(ना. प्र. पत्रिका, पृ. ८६ पर उद्धृत)

३. 'तुरसी ब्रह्मभावना यहै, नांव कहावै सोय।
यह सुमिरन संतन कह्या, सारभूत संजोय॥'
(ना. प्र. पत्रिका पृ. ८६ : ७)

४. 'तुरसी तेज पुंज के चरन वे, हाड़ चाम के नाहिं।
वेद पुराननि बरनिए, रिदा कंवल के माहि' ॥वही, पृ. ८७।

५. 'तुरसीदास तिहूं लोक में प्रित्मा (प्रतिमा) है ऊंकार।
वाचक निर्गुण ब्रह्म की, वेदनि वरन्यो सार॥'वही॥

'ॐ' का प्रतिरूप देखना तथा बंदन[१] साधु, गुरु एवं गोविंद इन तीनों की अभेदभाव के साथ बंदना करना है। ऐसे ही दास्य[२] से अभिप्राय हरिगुरु और साधु की निष्काम भाव से निरन्तर सेवा करना, संख्य[३] का अर्थ भगवान के प्रति बराबरी का अभिमान न रखते हुए भी उसे जिस किसी भी मार्ग-द्वारा प्राप्त कर लेने में विश्वास कर उसको मित्रवत् समझने की भावना तथा आत्मनिवेदन[४] राम के प्रति तन, मन एवं आत्मा सब कुछ उसी की वस्तु मानकर समर्पित कर देना और इस प्रकार उससे उऋण हो जाना है। तुरसीदास इस नवधा भक्ति के वृक्ष को सींचकर उससे प्रेमाभक्ति[५] का फल प्राप्त करने की ओर भी संकेत करते हैं जिससे भक्ति का दशधापन भी सिद्ध हो जाता है।

सम्प्रदाय की विशेषता—डॉ. बर्थ्वाल ने इस सम्प्रदाय की साधना में वेदांतप्रभावित योग के उदाहरण पाकर इसे नाथ पंथ का एक विकसित रूप समझा है और कबीर-पंथ एवं राधास्वामी सत्संग के विचारों में निरंजन को काल-पुरुष मानने की प्रवृत्ति देखकर इसे निर्गुण-पंथ (संत-मत) से भिन्न भी ठहराया है।[६] किंतु वेदांत प्रभावित योग के उदाहरण संतमत के कई अन्य पंथों वा सम्प्रदायों जैसे बावरी-पंथ, दादू-पंथ आदि में भी न्यूनाधिक पाये जाते हैं और निरंजन को कालपुरुष कहने की प्रवृत्ति उक्त कबीर वा राधास्वामी पंथों में आगे चलकर ही दीख पड़ती है जिस कारण केवल इन्हीं दो बातों के आधार पर इस सम्प्रदाय को संतमत से पृथक् ठहराना उचित नहीं कहा जा सकता। निरंजनी सम्प्रदाय का मत अथवा उसकी साधना उसी प्रकार की है, जैसे साधारण संत-मत की दीख पड़ती है। इन सम्प्रदायवालों ने कर्मकांड, मूर्तिपूजा तथा अवतारवाद जैसी बातों का खंडन भी प्राय: उन्हीं के शब्दों में किया है। किंतु इनकी विशेषता यह है कि ऐसी बातों को ये सबके लिए अनावश्यक नहीं ठहराते, बल्कि कहते हैं कि जब तक कोई उच्च स्थिति का साधक नहीं हो जाता, तब तक उसके लिए इनका भी महत्त्व है। हरिदास के अनुसार इसी कारण देवल के प्रति बैर वा प्रीति का भाव रखने की आवश्यकता नहीं।[७] और तुरसी के अनुसार मूर्ति अमूर्त की ओर ले जाने का एक साधन हो सकती है।[८]

---

१. 'गुरु गोविंद संतनिविषै, अभिन भाव उपजाय।
मंगल सूं वंदन करै, तौ पाप न रहई काय ॥' वही।

२. तुरसी बनै न दासंकू, आलस एक लगार।
हरि गुरु साधू सेव में, लगा रहे इकतार ॥'वही।

३. 'बराबरी कौ भाव न जानै, गुन औगुन ताको कछू न आवै।
अपनो मिंत जानिबौ राम, ताहि समापै अपना धाम ॥' वही।

४. 'तुरसी तन मन आतमा, करहु समरपन राम।
जाकी ताही के उरन होहु, छड़िहु सकल सकाम ॥' वही।

५. 'तुरसी यह साधन भगति, तरलौं सींची सोय।
तिन प्रेमा फल पाइया, प्रेम मुक्ति फल जोय ॥' वही पृ. ८८।

६. दे. डा. बर्थ्वाल-रचित 'दि निर्गुण स्कूल आफ हिंदी पोएट्री' (प्रीफेस) पृ. २-३।

७. नहिं देवल सूं बैरता, नहिं देवल स्यौं प्रीति।
किरतन तजि गोविंद भजौ, यह साधां की रीति। 'श्री हरिपुरुष की वाणी' पृ. ८।

८. 'मूरति मैं अमूरति बसै, अमल आतमाराम।
तुरसी भरम बिसराय कै, ताही कौ ले नाम'। वही।

निंरजनियों को इसी प्रकार वर्णाश्रय-व्यवस्था के प्रति भी घोर तिरस्कार का भाव नहीं जान पड़ता। यह सम्प्रदाय वस्तुतः किसी दलबंदी की भावना से प्रेरित न होकर सामंजस्य की भावना के साथ चलता है और इसके अनुयायियों में अविरोध (Toloration) की मात्रा भी अधिक है।

६. बावरी – पंथ

(१) प्रधान प्रवर्त्तक

परिचय–बावरी साहिबा की परम्परा संत-परम्परा की आधे दर्जन बड़ी परम्पराओं में से एक है और इसका प्रभावक्षेत्र प्रधानतः दिल्ली प्रांत एवं उत्तर प्रदेश के पूर्वी जिलों तक विस्तृत है। इसके अंतर्गत उच्च कोटि के अनेक महात्मा हो चुके हैं जिनके कारण कुछ नवीन पंथ भी प्रचलित हो गए हैं। फिर भी इस परम्परा का कोई क्रमबद्ध इतिहास नहीं मिलता और न इसके प्रचारकों की इतनी रचनाएँ ही मिलती हैं जिनके आधार पर कुछ निश्चित अनुमान किया जा सके। अनुश्रुतियों के अनुसार इसका प्रारंभ सर्वप्रथम उत्तर प्रदेश के गाजीपुर जिले से हुआ था, किंतु इसके पंथ की रूपरेखा दिल्ली प्रांत में जाकर निर्मित हुई और अपने अधिक वा पूर्ण विकास के लिए इसे फिर एक बार पूर्व की ओर ही लौटना पड़ा। पंथ के प्रथम पाँच प्रचारकों ने इसके संगठित करने का कदाचित् कुछ भी प्रयत्न नहीं किया। इनमें से क्रमागत चतुर्थ प्रवर्तक को हम एक योग्य नारी बावरी साहबा के रूप में पाते हैं जिसका व्यक्तित्व विशेष-रूप से उल्लेखनीय रहा और जिसके नाम पर इसी कारण यह परम्परा आज तक भी प्रसिद्ध चली आ रही है। उक्त पाँच प्रवर्तकों के अनंतर आगेवाले इसके छठें प्रधान व्यक्ति यारी साहब हुए जिन्होंने इसे सर्वप्रथम सुव्यवस्थित रूप देने का प्रयत्न किया और कुछ लोग इसी कारण इस परम्परा का नाम कभी-कभी यारी साहब की परम्परा ही रखना अधिक उचित समझते हैं। फिर भी इसका जितना प्रचार इनके शिष्य बूला साहब व प्रशिष्य गुलाल साहब के कारण इसके पूर्वी क्षेत्र में हुआ, उतना पश्चिमी क्षेत्र में न हो सका। आगे आनेवाले इधर के अनेक महापुरुषों ने अपने मत के अनुसार उपदेश देकर पंथ के जीवित व जागृत रखने की सदा चेष्टा की अतएव समय पाकर इसका प्रधान केन्द्र वस्तुतः पश्चिम की ओर से हटकर पूर्व की ओर चला आया।[१]

प्रथम तीन प्रवर्तक–बाबरी साहिबा की परम्परा का आरंम्भ उसके आदि प्रवर्तक रामानंद से माना जाता है जो प्रसिद्ध स्वामी रामानंद से भिन्न थे और जिनका निवास स्थान गाजीपुर जिले का कोई पटना नामक गाँव था। उक्त रामानंद के शिष्य दयानंद भी उसी पटना गाँव के ही रहनेवाले थे, किन्तु उनके शिष्य मायानंद किसी अन्य स्थान के निवासी थे और अपने मत का प्रचार उन्होंने किसी प्रकार सुदूर दिल्ली तक जाकर किया। दिल्ली में इस सम्प्रदाय का केंद्र उनके पीछे आज भी वर्तमान है और उनके प्रशिष्य बीरू साहब के शिष्य यारी साहब के नाम से प्रसिद्ध हैं। इन महात्माओं के व्यक्तिगत जीवन अथवा आविर्भाव-काल के विषय में प्रायः कुछ भी पता नहीं है। इनकी किसी रचना का अवशेष चिन्ह भी आज तक उपलब्ध

१. उक्त संतों के विषय में एक दोहा इस प्रकार प्रसिद्ध है :–
'यारी बारी प्रेम की, गाछी बूलादास।
जन गुलाल परगट भयो, रामनाम खुशबास।

नहीं और न इनके अनुयायियों तक को ही यह विदित है कि इनके मूल विचार क्या थे और इन्होंने किस प्रकार उसका प्रचार किया था। इनके सम्बन्ध की सारी बातें विस्मृति के गर्भ में लीन हो चुकी हैं और इनके नाम आजकल केवल इनके अनुयायियों द्वारा सुरक्षित वंशावली में ही रह गये हैं। पंथवालों के अतिरिकत इन्हें कदाचित् कोई भी नहीं जानता।

बाबरी साहिबा–पंथ के मठों में सुरक्षित वंशावली से पता चलता है कि बावरी साहिबा उक्त मायानंद की शिष्या थीं। इनके अनुयायियों का कहना है कि किसी उच्च कुल की महिला थीं और सत्य की खोज में पड़कर इन्हें बहुत कुछ कष्ट भी झेलने पड़े थे। कई साधु-संतों के साथ सत्संग करने के अनंतर इन्हें अंत में मायानंद मिले और उनके उपदेशों से प्रभावित हो इन्होंने उनसे दीक्षा ग्रहण कर ली। अनुमान किया जाता है कि इनका आविर्भाव प्रसिद्ध सम्राट् अकबर के समय अर्थात् संवत् १५९९ : १६६२ के लगभग हुआ था और इस प्रकार ये संत दादू दयाल (सं. १६०१ : १६६०) व हरिदास निरंजनी (मृ. सं. १७००) की समकालीन थीं। इनके पंथवालों के पवित्र स्थानों में इनका एक चित्र पाया जाता है जिसमें इन्हें दायें हाथ में एक मोरछल लेकर और बायाँ हाथ किसी आधारी पर टेककर बैठी हुई किसी अन्यमनस्क, किंतु आनंदविभोर भक्तिन के रूप में दिखलाया गया है। इनके शिर की ओर देखने से अनुमान होता है कि इनके बालों का जूड़ा किसी चीज से, दो-तीन लपेटों में, बँधा हुआ है और बाँधनेवाली वस्तु जटा के ढंग की बनी जान पड़ती है। वैसी ही कोई वस्तु इनके शिष्य बीरू साहब के चित्र में भी हो सकती है। बावरी साहिबा के शिर पर इस प्रकार बँधी हुई उक्त वस्तु यदि किसी भेष-विशेष की द्योतक हो, तो इनके मूल सम्प्रदाय के संबंध में भी कुछ प्रकाश पड़ सकता है। जो हो, इनके व्यक्तिगत जीवन की किसी घटना अथवा इनकी किसी विस्तृत रचना का भी हमें पता नहीं जिससे इन-जैसी बातों के विषय में कोई धारणा निश्चित करने में सहायता मिल सके।

नाम की सार्थकता–'बावरी' शब्द का अर्थ बावली या पगली होता है, इसलिए यह नाम इनका उपनाम-सा ही जान पड़ता है। परन्तु ऐसा मान लेने पर इनके मूल नाम का पता चलाना भी बहुत कठिन हो जाता है। इनका परिचय देनेवाले लोगों ने इनके विषय में लिखते समय बहुधा एक सवैया उद्धृत किया है जो कदाचित् इन्हीं की रचना समझा जाता है। उसमें कहा गया है कि:

'बावरी रावरी का कहिये, मन ह्वै के पतंग भरै नित भाँवरी।
भाँवरी जानहिं संत सुजान, जिन्हें हरिरूप हिये दरसावरी।
सांवरी सूरत मोहनी मूरत, दै करि ज्ञान अनन्त लखावरी।
खांवरी सौंह तेहारी प्रभू, गति रावरी देखि भई मति बावरी।'

अर्थात् बावरी कहती है कि हे प्रभो, आपकी विचित्र लीला के विषय में क्या कहा जाय मेरा मन तो सदा पतंग की भाँति उससे आकृष्ट होकर चक्कर काटता रहता है। इस चक्कर मारने वा 'भाँवरी भरने का रहस्य केवल उन्हीं को विदित है जो तुम्हारे रूप की माधुरी का अनुभव अपने हृदय में कर चुके हैं। उस मनोमोहनी मूर्ति की झलक दिखलाकर तुम अनंत का ज्ञान प्रदान करते हो। मैं तो तुम्हारी शपथ खाकर कहती हूँ कि तुम्हारी गतिविधि को देखकर मेरी बुद्धि हैरान हो गई है, उसकी दशा पगली की सी हो गई है और मैं अब सचमुच

'बावरी' हूँ। इस प्रकार इस पद्य द्वारा इनके नाम की सार्थकता सिद्ध होती है और यह भी लक्षित होता है कि इनकी लगन परमात्मा के प्रति कितनी सच्ची थी तथा उसका वास्तविक रूप क्या था।

बीरू साहब—बावरी साहिबा के शिष्य बीरू साहब के विषय में भी हमें अधिक पता नहीं चलता। इनके संबंध में भी केवल इतना ही कहा गया मिलता है कि ये किसी उच्च घराने के वंशज थे और उनके गुरुमुख चेले थे। ये बावरी साहिबा का देहांत हो जाने पर उनकी गद्दी पर बैठे थे, उनके कदाचित् इकलौते शिष्य थे और दिल्ली में ही रहकर इन्होंने बहुत दिनों तक सत्संग किया व कराया था। फिर भी इनकी उपलब्ध रचनाओं की भाषा में पाये जानेवाले 'बाझल', 'आयल', 'रहल', 'राखिलो, 'लागिलो', 'देखिलो' 'भोर' एवं 'करबो' जैसे शब्दों द्वारा प्रतीत होता है कि इनका संबंध किसी पूर्वीय प्रांत से भी अवश्य रहा होगा और वह प्रदेश संभवतः पंथ के आदि पुरुष रामानंद व दयानंद की जन्मभूमि रही होगी। इनके चित्र में प्रदर्शित इनकी धोती और इनका अँगरखा भी इनका संबंध किसी पूर्ववाले प्रदेश के ही साथ सूचित करते हुए जान पड़ते हैं। इनके चित्र देखने से पता चलता है कि ये अपने हाथ में एक सितार-जैसा वाद्ययंत्र भी लिये रहते थे और तदनुसार ये संगीत-प्रेमी भी रहे होंगे। इनके भी व्यक्तिगत जीवन की किसी घटना का कहीं उल्लेख नहीं मिलता और न यही विदित होता है कि किस परिस्थिति में इन्होंने इस पंथ में प्रवेश किया था। वास्तव में पंथ के मूल प्रवर्तक रामानंद से लेकर वीरू साहब तक पाँच महात्माओं का उक्त परिचय भी बहुत कुछ इस पंथवालों की कतिपय मान्यताओं पर ही आश्रित जान पड़ता है और इस बात के लिए भी कोई अन्य स्पष्ट प्रमाण नहीं मिलता कि आगे आनेवाली यारी साहब की परम्परा का संबंध इससे अवश्य ही रहा होगा।

यारी साहब—यारी साहब उक्त बीरू साहब के दीक्षित शिष्य के रूप में प्रसिद्ध हैं और इनकी गद्दी की परम्परा दिल्ली नगर में आज तक भी चल रही है। इनका मूल नाम यार मुहम्मद रहा और कहा जाता है कि इनका पूर्व संबंध किसी शाही घराने से था तथा ये शाहजादा भी रह चुके थे। पीछे इनकी मनोवृत्ति अपने ऐश्वर्यमय जीवन की ओर से किसी प्रकार हट गई और ये विरक्त होकर सत्य की खोज में लग गए। ऐसी दशा में किसी समय इनकी भेंट बीरू साहब के साथ हुई और उनके द्वारा पूर्ण रूप से प्रभावित हो इन्होंने उनका शिष्यत्व भी स्वीकार कर लिया। इनकी रचनाओं से पता चलता है कि इनका सत्संग पहले सूफी पीरों के साथ भी अवश्य हुआ होगा और उनके उपदेशों से तृप्त न होकर ही अंत में इन्होंने बीरू साहब से भी दीक्षा ग्रहण की होगी। इनके जीवन-काल के विषय में अभी तक अनुमान से ही काम लिया जाता है। इनकी समाधि दिल्ली नगर में वर्तमान कही जाती है। इनके चार चेलों अर्थात् केशवदास, सूफीशाह, शेखन शाह और हस्त मुहम्मद ने इनके मत का प्रचार दिल्ली की ओर किया और इनके पाँचवें शिष्य बूला साहब ने इनके पंथ की एक शाखा झुरकुड़ा, जिला गाजीपुर में प्रतिष्ठित की जो अब तक चल रही है। यारी साहब की रचनाओं का एक छोटा-सा संग्रह 'रत्नावली' नाम से बेलवेडियर प्रेस, प्रयाग द्वारा प्रकाशित हुआ है और इनकी कुछ अन्य फुटकर रचनाएँ भी कई संग्रहों में मिलती हैं। 'रत्नावली' के सम्पादक ने इनके आविर्भाव का समय सं. १७२५ और १७८० के बीच बतलाया है, किन्तु अनुमान से जान पड़ता है कि इनका देहांत उक्त काल के पूर्वार्द्ध में ही

किसी समय हो चुका होगा और ये संभवतः संत मलूकदास (मृ. सं. १७३९) व संत प्राणनाथ (मृ. सं. १७५१) के समकालीन रहे होंगे।

केशवदास व सूफी शाह– यारी साहब की रचनाओं से विदिति होता है कि ये एक मस्त मौला फकीर थे और इनकी साधना बड़े ऊंचे पैमाने की थी। इनके पश्चिमी क्षेत्रवाले चार शिष्यों में से सर्वप्रसिद्ध केशवदास हुए जो जाति के बानिया थे और कहीं उसी ओर के रहनेवाले थे। इनकी भी एक रचना 'अमीघूंट' के नाम से उक्त प्रेस द्वारा प्रकाशित हो चुकी है।[1] जिसके कई स्थलों पर इन्होंने यारी साहब को अपना गुरु स्वीकार कर उनके प्रति अपनी श्रद्धा प्रदर्शित की है। उनके विषय में कहना है कि,

निर्गुन राज समाज है, चँवर सिंहासन छत्र।
तेहि चढ़ि यारी गुरु दिया, केसोंहि अजपा मंत्र॥[2]

जिससे प्रतीत होता है कि निर्गुण वा संत जनानुमोदित परमतत्व को सर्वोच्च पदस्थ सम्राट् की पदवी देकर इन्होंने अपने गुरु यारी साहब को उसके पद की अनुभूति उपलब्ध करनेवाला मार्ग-प्रदर्शक माना है। केशवदास भी अपने गुरु की ही भाँति एक पहुँचे हुए साधक जान पड़ते हैं और इनकी रचनाओं में भी प्रायः उसी प्रकार के आत्मबल व गंभीरता की छाप लक्षित होती है। इनके पश्चिमी क्षेत्रवाले गुरुभाई सूफीशाह की रचनाएँ उनके उपनाम 'शाह फकीर' के साथ मिलती हैं और उनकी भाषा अधिकतर फारसी-मिश्रित है। केशवदास का समय सं.१७५० और १८२५ के बीच बतलाया जाता है जो लगभग २५ वर्ष पीछे टल गया हुआ समझ पड़ता है। कहा जाता है कि इस पश्चिमी क्षेत्र का प्रधान केन्द्र दिल्ली नगर में अब तक वर्तमान है, किंतु उसकी परम्परा के अन्य संतों के विषय में कुछ पता नहीं चलता।

बुलाकीराम और उनके जमींदार–बावरी-पंथ की पूर्वी क्षेत्रवाली परम्परा अभी तक अविच्छिन्न रूप में चल रही है और भिन्न-भिन्न मठों का कुछ न कुछ परिचय भी उपलब्ध है। यारी साहब के प्रसिद्ध पाँचवें शिष्य बूला साहब गाजीपुर जिले के भुरकुड़ा नामक गाँव के निवासी थे और जाति के कुनबी वा कुर्मी थे। ये एक जमींदार के यहाँ हल चलाने का काम किया करते थे। इनका नाम भी पहले बुलाकी राम था। क्रुक्स साहब का कहना है कि भुरकुड़ा के जमींदार मर्दन सिंह मालगुजारी न दे सकने के कारण गिरफ्तार होकर दिल्ली गये थे। उन्हें सूबेदार ने वहाँ भेज दिया था और वे वहाँ कैद भी हो गए थे। उन्हीं का एक नौकर यारी साहब के यहाँ आता-जाता रहा। यारी साहब ने मर्दन सिंह की रिहाई के लिए आशीर्वाद दिया और नौकर व मालिक ने घर लौटकर उनका पंथ चलाया।[3] परन्तु भुरकुड़ा की ओर प्रसिद्ध अनुश्रुति के अनुसार मर्दन सिंह धानापुर (जिला बनारस) के रहनेवाले जाति के क्षत्रिय जिमीदार थे। काशीनरेश महाराजा बलवंत सिंह के समय में ये उस प्रांत के चकलेदार भी थे और गुलाल साहब (बूला साहब के शिष्य) को देखकर उनके व्यक्तित्व

१. महर्षि शिवव्रत लाल ने अपनी 'संतमाल' (पृ. २४९) में 'अमीघूँट' के रचयिता को जगजीवन साहब का शिष्य होना लिखा है जो अशुद्ध ठहरता है।

२. केशवदास की अमीघूँट (वेलवेडियर प्रेस, प्रयाग, १९१४ ई.) पृ. २।

३. क्रुक्स : ट्राइब्स ऐंड कास्ट्स आफ दि नार्थ वेस्टर्न प्रविंसेज ऐंड अवध, (भा. २) पृ. ४६ : ७।

से प्रभावित हो उनके शिष्य हो गए थे। इन्होंने अपना घर-बार भी छोड़ दिया था। इनका एक पक्का मकान (दमदमा) इनके स्मारक के रूप में बना हुआ आज भी वर्तमान है।[१] अतएव, मर्दन सिंह का कोई संबंध बूला साहब के साथ होना संभव नहीं जान पड़ता। इसके सिवाय मर्दन सिंह का एक चित्र भुरकुड़ा मठ में सुरक्षित चित्रावली के लगभग अंत में दिया हुआ है, किंतु गुलाल साहब का चित्र उसी में इनके चित्र के पहले और बूला साहब वाले चित्र के अनंतर ही दिया हुआ है और इस बात से भी सूचित होता है कि मर्दन सिंह का संबंध बूला साहब से न होकर गुलाल साहब से ही रहा होगा तथा उक्त जिमीदार मर्दन सिंह नही थे। अस्तु।

यारी साहब से भेंट व दीक्षा– भुरकुडा की ओर प्रसिद्ध जनश्रुति के अनुसार बुलाकी राम एक बार अपने मालिक के साथ किसी मुकदमें की पैरवी के सिलसिले में दिल्ली गये और वहाँ पर इन्हें कुछ दिनों के लिए ठहर जाना भी पड़ा। वहाँ रहते समय ये अवकाश पाकर वहाँ के प्रसिद्ध यार मुहम्मद शाह वा यारी साहब के निवास-स्थान पर कभी-कभी बैठने लगे, जहाँ पर चलनेवाले सत्संग का इनके ऊपर बहुत बड़ा प्रभाव पड़ा और एक दिन इन्होंने उनसे प्रार्थना की कि मुझे भी अपने मत में दीक्षित कर अपना लीजिए। यारी साहब ने इनकी निष्ठा देखकर इनकी प्रार्थना स्वीकार कर ली और इन्हें कुछ रहस्यमयी बातों के उपदेश देकर अपने मार्ग से इन्हें परिचित भी करा दिया। तब से इन्होंने अपने मालिक के साथ रहना उचित नहीं समझा और उसे छोड़कर ये नगर से बाहर निकल पड़े। वहाँ से चल देने के अनंतर भ्रमण करते हुए ये कुछ दिनों में सरदहा गाँव (जि. बाराबंकी) पहुँचे जहाँ पर इन्होंने अपने एक साथी फकीर के साथ बालक जगजीवन को उपदेश देकर सन्मार्ग दिखलाया और वहाँ से घूमते-घामते फिर अपने पूर्व निवास-स्थान भुरकुड़ा लौट आए।

हलवाही की घटना– इधर जब इनके मालिक को इनका कहीं पता न चला, तब वे अपना कार्य समाप्त हो जाने पर अकेले ही घर लौटे और यहाँ पहुँचकर इनका पता लगाने की चिंता में ही सदा व्यस्त रहने लगे। उन्हें बराबर यही आशा थी कि ये कभी न कभी अवश्य लौटेंगे। कुछ काल तक यों ही प्रतीक्षा करने के अनंतर इन्हें एक दिन चरवाहों से पता चला कि कोई बुलाकी राम जैसा ही व्यक्ति निकटवर्ती जंगलों में साधु के भेष में रहा करता है और वहाँ की झाड़ियों में इधर-इधर भटकता फिरता है। यह समाचार पाकर वे इन्हें ढूँढ़ते हुए इनके पास पहुँचे, इन्हें किसी प्रकार समझा बुझाकर अपने घर लाये और उन्होंने हलवाही का काम फिर इनके सिपुर्द कर दिया। परन्तु बुलाकी राम अब पहले की भाँति एक साधारण हलवाहा नही रह गए थे और इनके ऊपर आध्यात्मिक जीवन का रंग भरपूर चढ़ चुका था, तदनुसार अपना हल चलाते समय भी इनका ध्यान अधिकतर दूसरी ओर ही रहा करता और ये उसी में सदा मस्त रहा करते थे। एक दिन जब ये खेत में हल चलाते समय वहीं किसी मेंड पर ध्यानावस्थित हो गए थे, इनके मालिक अचानक पहुँच गए और इनको इस प्रकार बैठे-बैठ समय खोते देखकर क्रोधवश उन्होंने इन्हें पीछे से धक्का दे दिया। प्रसिद्ध है कि उस चोट के लगते ही ये मुँह के बल गिर पड़े और इनके हाथ से दही छलक पड़ा जिसे देखकर इनके

---

१. 'महात्माओं की बानी' सं. महंथ बाबा रामबरन दास साहब, भुरकुड़ा, गाजीपुर, सन् १९३३ ई., पृ. 'ञ'।

मालिक को महान् आश्चर्य हुआ। उनके बार-बार पूछने पर इन्होंने बतलाया कि मैं उस समय कुछ संतों को भोजन कराने में लगा हुआ था और उन्हें खाने के लिए दही परसने जा रहा था, जो आपसे धक्का लग जाने के कारण मेरे हाथ से गिर पड़ा और मैं उक्त सेवा-कार्य से वंचित रह गया। बुलाकी राम के इस कथन का इनके मालिक पर ऐसा धार्मिक प्रभाव पड़ा कि वे उसी समय इनके चरणों में गिर पडे और इनके शिष्य बन गए।

बूला साहब— तब से बुलाकी राम बूला साहब के नाम से प्रसिद्ध हो चले और अपनी उक्त नौकरी का परित्याग कर फिर ये जंगल चले गए। जंगलों में रहते समय इन्होंने अब अपने लिए एक कुटी बना ली और वहीं रहकर सत्संग का कार्य चलाने लगे। जिस जंगल में इनकी कुटी बनी हुई थी, वह इस समय 'रामबन' के नाम से प्रसिद्ध है, किन्तु अब वह जंगल के रूप में नहीं रह गया। बूला साहब ने ७७ वर्ष की आयु में सं. १७६६ में अपना चोला छोड़ा और इनकी कुटी के निकट ही इनकी समाधि बनी। इनका जन्म सं. १६८९ में हुआ था। इनकी शिक्षा के विषय में कुछ पता नहीं चलता, किन्तु इनकी उपलब्ध रचनाओं को देखने से जान पड़ता है कि इनकी पहुँच ऊँची थी। इन्होंने अपने गुरु यारी साहब के प्रति बड़ी श्रद्धा प्रकट की है और नामदेव, सदना, सेन, कबीर, पीपा, रैदास, धन्ना, नानक व कान्हड़दास को आदर्शवत् माना है तथा अपने गुरु-भाई केशवदास को भी उसी भाँति हरि के पास रहने वाला बतलाया है।[1] इनकी रचनाओं का एक संग्रह 'बुल्ला साहब का शब्दसार' के नाम से 'वेलवेडियर प्रेस' प्रयाग द्वारा प्रकशित हो चुका है। बूला साहब का देहांत हो जाने पर उनके पूर्व-मालिक उनके शिष्य व उत्तराधिकारी के रूप में गुलाल साहब के नाम से प्रसिद्ध हुए। ये जाति के क्षत्रिय थे और बँसहरि तालुका परगना शादियाबाद तहसील व जिला गाजीपुर के जमींदार थे जिसके अन्दर उक्त भुरकुड़ा गाँव भी पड़ता है। इन्होंने एक पद में अपने को 'बँसहरिया' वा बँसहर का रहनेवाला स्पष्ट शब्दों में कहा भी है, जैसे,

'गगन मगन धुनि गाजे हो, देखि अधर अकास।
जन गुलाल बंसहरिया हो, तहँ करहि निवास।[2]

इनके तथा इनके नौकर बुलाकी राम की चर्चा बूला साहबवाले प्रकरण में की जा चुकी है। इनके हृदय की उदारता व भावुकता का पता केवल इसी एक बात से लग सकता है कि अपने नीच टहलुए के भी आध्यात्मिक व्यक्तित्व से प्रभावित होकर इन्होंने उसका शिष्यत्व स्वीकार कर लिया और उस समय से अपने सारे पूर्व संस्कारों को भुलाकर उसके सच्चे सेवक व अनुयायी तक बन गए। इन्होंने भी अपनी रचनाओं में अपने पूर्ववर्ती संतों के नाम बड़ी श्रद्धा व भक्ति के साथ लिए हैं और उनकी तालिका में दो-एक सगुणोपासक भक्तों का भी उल्लेख किया है। वास्तव में इनकी रचनाओं के अंतर्गत हमें भक्ति की भावना इनके गुरु वा दादागुरु से कहीं अधिक मात्रा में दीख पड़ती है। इनकी कुछ रचनाओं का एक संग्रह 'गुलाल साहब की बानी' के नाम से बेलवेडियर प्रेस, प्रयाग द्वारा प्रकाशित हुआ है और इनके बहुत-से

---

१. बुल्ला साहब का शब्दसार पृ. २० व ३२।

२. गुलाल साहब की बानी, पृ. ३१, पंक्ति १२ (जहाँ पर 'बँसहरिया' की जगह भ्रमवश 'बसिहरि' पद पाठ दिया गया है। फिरा भी, 'बंसहरिया' पाठ ही प्राचीन ह. लि. प्रतियों में मिलता है और वही शुद्ध भी है।)

अन्य पद महात्माओं की बानी में भी मिलते हैं जो इनके प्रधान मठ भुरकुड़ा से प्रकाशित हैं। इनके दो अन्य ग्रंथ 'ज्ञान-गुष्टि' तथा 'रामसहस्त्र नाम' के भी नाम सुनने में आते हौ। इनकी भाषा में भोजपुरी शब्द व मुहावरे की भरमार है।

भीखा साहब—बूला साहब के दो प्रधान शिष्यों मे से प्रथम अर्थात् जगजीवन साहब ने अपने मुख्य केन्द्र कोटवा से सत्यनामी सम्प्रदाय का प्रचार किया और उसी प्रकार उनके द्वितीय शिष्य गुलाल साहब ने अपने केन्द्र भुरकुड से उनके मूलमत को प्रचलित किया। गुलाल साहब अपने गुरु बूला साहब की गद्दी पर उनके अनंतर सं. १७६६ में आसीन हुए जहाँ पर इन्होंने सं. १८१७ में इहलोक से यात्रा की। गुलाल साहब के भी दो शिष्य प्रधान थे जिनमें से एक का नाम भीखा साहब और दूसरे का हरलाल साहब था। भीखा साहब का पूर्वनाम भीखानंद चौबे था और इनका जन्म जिला आजमगढ़ के परगना मुहम्मदाबाद में वर्तमान खानपुर बोहना गाँव में हुआ था। अपनी आयु के आठवें वर्ष से ही इन्हें साधुओं के साथ उठने-बैठने तथा उनसे सत्संग करने का स्वभाव पड़ गया था। इस कारण इनके माता-पिता ने इनका विवाह बारहवें वर्ष में करके इनपर गृहस्थी का भार डाल देना चाहा। परन्तु तिलक के लिए निश्चित दिन को ही ये किसी बहाने से अपना घर छोड़ बाहर निकल पड़े और देशाटन करने में लग गए। ये भ्रमण करते हुए जब काशी पहुँचे, तब वहाँ पर रहकर इन्होंने कुछ शास्त्राध्ययन कर ज्ञानार्जन करना चाहा, किन्तु कुछ ही दिनों में इनका जी वहाँ से भी उचट गया और अपने हृदय में शांति को आती हुई न पाकर वहाँ से ये अपनी जन्मभूमि की ओर लौट पड़े।

आत्मपरिचय—अपनी लौटती यात्रा में ज़ब ये घूमते-घूमते जिला गाजीपुर के सैदपुर भीतरी परगने के अमुआरा गाँव में पहुँचे, तब इन्हें किसी देवमंदिर में गाते हुए एक गवैये के मुख से गुलाल साहब की बनायी हुई एक ध्रुपद सुनाई पड़ी, जिसे सुनते ही ये अत्यंत प्रभावित हो गए। इन्होंने गवैये के निकट जाकर उससे उक्त पद के रचयिता का परिचय पूछा और यह जानकर कि वह भुरकुड़ा के संत गुलाल साहब की रचना है, वहाँ एक क्षण भी नहीं ठहरे और उनसे भेंट करने के उद्देश्य से वहाँ से शीघ्र चल पड़े। जब ये भुरकुड़ा पहुँचे, तब गुलाल साहब को वहाँ इन्होंने अपने शिष्यों के साथ सत्संग करते हुए पाया और उनके निकट जाकर इन्होंने अपनी जिज्ञासा उनके सामने प्रकट कर दी। गुलाल साहब के सुन्दर शरीर एवं शीलपूर्ण व्यवहार से ये प्रथम दृष्टिपात के क्षण से ही प्रभावित हो चुके थे। इनके आनंद का पारावार न रहा, जब उन्होंने वैसी ही उदारता के साथ इनकी सारी बातें सुन लीं और इन्हें संतोषपूर्ण उत्तर देकर अपना शिष्य भी बना लिया। अपने व्यक्तिगत परिचय, सत्यान्वेषण की चेष्टा तथा गुलाल साहब के साथ प्रथम मिलन की चर्चा ये अपने पदों द्वारा स्वयं भी इस प्रकार करते हैं:—

> **'जनम अस्थान खानपुर बुहना, सेवत चरन भिखानंद चौबे॥ ४॥'**[1]
>
> **बीते बारह बरस उपजी रामनाम सों प्रीति।**
>
> **निपट लागि चटपटी मानो, चारिउ पन गयो बीति॥ १॥**

---

१. 'भीखा साहब की बानी' (बेलवेडियर प्रेस, प्रयाग) पृ. ९।

नहिं खान पान सोहात तेहि छिन, बहुत तन दुर्बल हुआ।
घर ग्राम लाग्यो विषम धन, मानो सकल हारो है जुवा॥ २॥

....

'सतसंग खोजी चित्तसो जहँ बसत अलख अलेख है।
कृपाकरि कम मिलहिगे दहु कहाँ कौन भेष है॥ ४॥
कोउ कहेउ साधू है बहु बनारस, भक्तिबीज सदा रह्यौ।
तहँ सास्त्र मतको ज्ञान है गुरु भेद काहू नहिं कह्यौ॥ ५॥'

....

'चल्यों विरह जगाम छिनबिन उठत मन अनुराग।
दहुँ कौन दिन अरु घरीपल कब खुलैगो मम भाग॥ ७॥'

....

इक ध्रुपद बहुत विचित्र सूनत योग पूछेउ है कहाँ।
नियरे भुरकुड़ा ग्राम जाके, सब्द आये है तहाँ॥ ९॥
चोपलागी बहुत जायके चरन पर सिर नाइया।
पूछेउ कहा कहि दियो आद सहित मोहि बैसाइया॥ १०॥[१]
'गुरु दाता छत्री सुनि पाया। सिष्य होन द्विज जाचक आया॥ १॥'
देखत सुभग सुन्दर अति काया। बचन सप्रेम दीन पर दाया॥ २॥
बूझि विचारि समुझि ठहराया। तन मन सों चरनन चित लाया॥ ३॥

....

'सर्वदान दिया रूप विचारी। पाय मगन भयो विप्र भिखारी'॥ ६॥[२]

शिष्य व रचनाएँ—भीख साहब आगे चलकर एक बड़े तेजस्वी महात्मा हुए और गुलाल साहब का देहांत हो जाने पर ये उनके उत्तराधिकारी भी बने। ये सं. १८१७ में उनकी गद्दी पर आसीन हुए और ३१ वर्षों तक निरंतर सत्संग कर करा कर इन्होंने सं. १८४८ में अपना शरीर छोड़ा। इनके दो प्रधान शिष्यों में से प्रधान गोविंद साहब थे, जिन्होंने अपने गुरु से आज्ञा लेकर जिला फैजाबाद के अहरौला गाँव में अपनी गद्दी चलाई और इनके दूसरे शिष्य चतुर्भुज साहब थे जो इनकी जगह भुरकुड़ा गाँव में ही इनके उत्तराधिकारी बने। भीखा साहब की रचनाओं में १. रामकुंडलिया २. रामसहस्त्रनाम ३. राम सबद ४. रामराग ५. रामकवित्त और ६. भगत वच्छावली के नाम सुने जाते हैं और इनकी विविध कृतियों का एक संग्रह 'वेलवेडियर प्रेस', प्रयाग द्वारा 'भीखा साहब की बानी' नाम से प्रकाशित हो चुका है। उक्त अप्रकाशित ग्रंन्थों में सबसे बड़ा ग्रंथ 'रामसबद' है जिसमें भीखासाहब के अतिरिक्त कुछ अन्य संतों की भी रचनाएँ जोड़ा, वा भावसाम्य वाले पदों के रूप में, उद्धृत हैं और

१. 'भीखा साहब की बानी' (वेलेडियर प्रेस, प्रयाग) पृ. १६ : १७।
२. वही, पृ. १९ : २०।

अधिकतर चुने हुए होने के कारण उत्कृष्ट भावों के परिचायक हैं। इनकी 'भगत वच्छावली' में भिन्न-भिन्न अनेक भक्तों का शब्द-हिंडोलना पर झूलना दिखलाया गया है और इस प्रकार उसके अंतर्गत विविध पौराणिक भक्तों, नाथपंथी योगियों व संतों के नाम आ गए हैं। गुलाल साहब की रचनाओं में जिस प्रकार आत्मानुभव-संबंधी वर्णनों का बाहुल्य है और उनका प्रवाह भी उल्लेखनीय है, उसी प्रकार भीखा साहब की पंक्तियों में आत्मनिवेदन की मात्रा अधिक है और उनका गेयत्व भी हमें शीघ्र आकृष्ट कर लेता है।

शिष्य-परम्परा– भीखा साहब के प्रधान केन्द्रस्थ उत्तराधिकारी चतुर्भुज साहब जाति के ब्राह्मण थे और उनका जन्मस्थान बनारस जिले का काबरि नामक गाँव था। ये परमात्मा की खोज में अपने निवासस्थान से चलकर भुरकुड़ा तक आये थे और वहाँ भीखा साहब से प्रभावित हो उनके शिष्य हो गए थे। ये भीखा साहब के मर जाने पर सं. १८४९ में उनकी गद्दी पर बैठे और सं. १८७५ में वहीं पर इनका भी देहांत हो गया। इनकी केवल थोड़ी-सी ही बानियाँ कई संग्रहों में इधर-उधर बिखरी हुई मिलती हैं जिनमें इनके एक परमात्मनिष्ठ सच्चे फकीर होने का अच्छा प्रमाण पाया जाता है। इनका देहांत हो जाने पर इनके शिष्य नरसिंह साहब इनकी गद्दी पर सं. १८७६ में बैठे और सं. १९०६ तक जीवित रहे। ये गाजीपुर जिले के किसी शेखपुर गाँव के निवासी और जाति के क्षत्रिय थे। ये ३० वर्षों तक अपने मठ में रहकर धर्मोपदेश करते रहे। नरसिंह साहब के पीछे इनके शिष्य कुमार साहब सं. १९०७ में भुरकुड़ा की गद्दी पर बैठे और सं. १९३६ तक उसके अनुकूल कार्य करते रहे। ये तालिमपुर (जिला बलिया) के रहनेवाले किसी क्षत्रिय पिता के पुत्र थे और बलिया के ददरी मेले के अवसर पर विरक्त होकर भुरकुड़ा चले गए थे। कहते हैं कि इन्हें सर्वप्रथम प्रेरणा चीट बड़ागाँव के महन्त देवकी नन्दन से मिली थी जिन्होंने समझा-बुझाकर भुरकुड़ा भेज दिया था। कुमार साहब का सं. १९३९ में देहांत हो जाने पर इनके शिष्य रामहित साहब सं. १९३७ में भुरकुड़ा की गद्दी पर बैठे थे। ये भी जिला बलिया के ही किसी गेल्हुवा नामक गाँव के निवासी क्षत्रिय-कुल के बाल थे और अपनी वृद्धावस्था में इन्हें उक्त उत्तराधिकार मिला था। इनका देहांत सं. १९४९ में हुआ और इनके स्थान पर जैनारायण साहब सं. १९५० में बैठे थे। ये भी जाति के बरहिया राजपूत थे, विरक्त होकर अपने जन्मस्थान से भुरुकुड़ा तक आये थे और अपनी साधना व सच्चरित्र के लिए परम प्रसिद्ध थे। इनका देहांत सं. १९८१ में हुआ और इनकी जगह रामबरनदास महन्त हुए जो संभवतः आज तक भुरकुड़ा में विद्यमान हैं।

हरलाल साहब– भीखा साहब के गुरु-भाई हरलाल साहब ने अपने निवासस्थान चीट बड़ागाँव (जिला बलिया) में अपनी गद्दी कायम की। ये सदा गृहस्थाश्रम में ही रहते रहे, किन्तु अपनी आध्यात्मिक साधना व चरित्रबल के कारण इनकी प्रसिद्धि दूर-दूर तक हो गई थी। इनकी चलायी हुई शिष्य-परम्परा उक्त चीट बड़ागाँव में अभी तक उसी प्रकार चल रही है और उसमें कई उच्च कोटि के महापुरुषों का आविर्भाव हो चुका है। इस गद्दी के मुख्य स्थान को 'रामशाला' कहते हैं जहाँ पर इसके प्रधान महन्त का आसन रहता है और इसके पुराने महन्तों के स्मारक भी सुरक्षित हैं। हरलाल साहब की शिष्य-परम्परा के लोगों ने जितना ध्यान शुद्ध सात्विक जीवन की ओर दिया, उतना समय रचनाओं के निर्माण की ओर नहीं लगाया, इसी कारण बावरी-पंथ की इस शाखावालों के पास बहुत-से ग्रंथ नहीं

मिलते। इनके सबसे प्रसिद्ध संतकवि देवकीनन्दन साहब थे जो अपने पिता का देहांत हो जाने पर उनकी गद्दी पर सं. १८८७ में आसीन हुए और अपने गहरे आध्यात्मिक अनुभवों के आधार पर इन्होंने १. शब्द २. चतुरमासा ३. कुंडलिया व ४. फुटकर पदों की रचना की। इनकी रचनाओं के अंतर्गत निर्गुण परमात्मा के अतिरिक्त सगुण रूप श्रीकृष्ण परकपद भी बहुत-से आये हैं। इनका देहांत सं. १९१३ में हुआ था। इस शाखा के अनुयायियों में अजबदास, गरीबदास, विरंच गोसाईं, जनकुवा, मकरंददास व जगनाथ भी जान पड़ते हैं जिनकी कुछ रचनाएँ उपलब्ध हैं।

भीखा साहब के चमत्कार–भीखा साहब के संबंध में अनेक चमत्कारपूर्ण बातें सुनी जाती हैं जिनसे इनके बहुत बड़े महात्मा होने का अनुमान किया जाता है। कहते हैं कि एक बार इनके यहाँ एक साधु ने आकर इनसे मथुरा का पेड़ा और त्रिवेणी का जल माँगा। भीखा साहब ने कहा कि ये सब मेरे यहाँ नहीं हैं। इस पर अपनी सिद्धि की शक्ति प्रदर्शित करने के उद्देश्य से उसने इन दोनों वस्तुओं को मँगाकर उपस्थित जनता में बाँटना आरंभ किया। अंत में भीखा साहब ने उससे कहा कि मुझे भी दो, परन्तु वह लाख प्रयत्न करने पर भी पेड़े वा त्रिवेणी जल में से कोई भी न दे सका। विवश होकर उसे लज्जित भी होना पड़ा और वह क्षमा की याचना करता हुआ इनके पैरों पर गिर पड़ा। इसी प्रकार इनके यहाँ एक बार प्रसिद्ध किनाराम औघड़ का आना और इनसे मदिरा का माँगना भी बतलाया जाता है। मदिरा के माँगने पर जब इन्होंने इनकार कर दिया, तब किना राम ने इनके यहाँ रखे हुए पानी को ही मदिरा को रूप में परिवर्तित कर दिया और इनके सेवक यह चमत्कार देखकर अत्यंत हैरान हो गए। परन्तु जब इन्होंने स्वयं पानी पीना चाहा और वे इनके लिए पात्र लेकर घड़े से ढालने लगे, तब स्वच्छ पानी ही निकला। किनाराम (मृ. सं. १८८३) काशी के निकट रहा करते थे और प्रसिद्ध है कि अपने युवाकाल में कारो गाँव (जि. बलिया) के बाबा शिवाराम से उन्होंने दीक्षा ग्रहण की थी।[१] अतएव भीखा साहब के साथ उनकी भेंट का होना संभव कहा जा सकता है, परन्तु उक्त चमत्कारपूर्ण घटना की सत्यता को सिद्ध करना कठिन है।

गोविन्द साहब–संत भीखा साहब के प्रथम शिष्य गोविन्द साहब के विषय में कुछ पता नहीं चलता है। इतना ही प्रसिद्ध है कि ये फैजाबाद जिले के अहिरौली नामक गाँव के निवासी थे। गोविन्द साहब जाति के ब्राह्मण थे और पहले किसी जानकीदास नामक साधु के शिष्य भी थे। परन्तु इन्हें उक्त साधु के उपदेश से पूरी शांति नहीं मिली और ये जगन्नाथपुरी की ओर चल पड़े। इस पुरी-यात्रा के समय इन्हें मार्ग में भीखा साहब से भेंट हो गई और उनसे सत्संग कर चुकने पर इन्होंने उन्हें अपना गुरु स्वीकार कर लिया। इनकी शिक्षा अथवा इनके व्यक्तिगत जीवन की अन्य बातों का हाल अभी तक विदित नहीं है। केवल इतना और भी कहा जाता है कि प्रसिद्ध पलटू साहब इनके यजमान थे और इनसे प्रभावित होकर पीछे वे इनके दीक्षित शिष्य भी हो गए थे। इनकी कोई रचना नहीं मिलती।

पलटू साहब–पलटू साहब अपने गुरु गोविन्द साहब से कहीं अधिक विख्यात हुए। इनका जन्म नग वा नगपुर जलालपुर गाँव (जिला फैजाबाद) में हुआ था जो आजमगढ़ जिले

१. दे. अध्याय ६ 'बाबा किनाराम अघोरी'।

की पश्चिमी सीमा से मिला हुआ बतलाया जाता है। ये पहले अपने पुरोहित गोविंद साहब के साथ साधु जानकीदास के शिष्य हो गए थे, किन्तु गोविन्द साहब के भीखा साहब द्वारा पुनः दीक्षित होकर लौट आने पर इन्होंने उन्हें ही अपना गुरु स्वीकार कर लिया और इस प्रकार इनकी भी दीक्षा भीखा साहब की शिष्य-परम्परा में हो गई। पलटू साहब जाति के काँदू बनिया थे और पहले गृहस्थ ही बने रहे। इनकी रचनाओं की एकाध पंक्तियों से प्रतीत होता है कि ये अंत में मूँढ़ मुड़ाकर और करधनी तोड़कर विरक्तों की श्रेणी में भी प्रवेश कर गए थे तथा आयोध्या को इन्होंने अपना प्रधान केन्द्र भी बना लिया था। इनके सगे भाई पलटू प्रसाद का कहना है कि,

'नग जलालपुर जन्म भयो है, बसे अवध के खोर।
कहैं पलटू परसाद हो, भयो जगत में सोर॥[1]

इन्होंने इस विषय में स्वयं भी कहा है कि,

'सहर जलालपुर मूँड़ाइनि अवध तोरिनि करधनियाँ।
पलटूदास सतगुरु बलिहारी, पाइनि भक्ति अमनिया॥ ११८॥[2]

इसी प्रकार ये अपनी विरक्ति के कारण तथा भक्ति के संबंध में भी कहते हैं:

'टोप टोप रस आनि मक्खी मधु लाइया।
इक लै गया निकारि सबै दुख पाइया।
मोको भा वैराग ओहिको निरखि कै।
अरे हाँ, पलटू माया बुरी बलाय, तजा मैं परखि कै॥ ४८॥[3]

तथा

'चारि बरन को मेटि के, भक्ति चलाया मूल।
गुरु गोविन्द के बाग में, पलटू फूला फूल॥ १४३॥'[4]

आत्म परिचय–पलटू साहब के जन्म वा मरण की तिथियाँ अभी तक अज्ञात हैं और इनके आविर्भाव काल के संवतों के विषय में भी अभी अनुमान ही किया जाता है, फिर भी अपनी रचनाओं में, जो कहीं-कहीं पर इन्होंने एकाध आत्म परिचयात्मक उल्लेख कर दिये हैं, उनसे इनके जीवन-वृत्ति पर कुछ प्रकाश अवश्य पड़ जाता है। अपनी 'कुंडलियों' में इन्होंने जो एकाध झाँकियाँ दे दी हैं, उनसे प्रकट होता है की अयोध्या में रहते समय इनकी बड़ी प्रसिद्धि हो गई और इनकी ख्याति के कारण बहुत-से वैरागी 'पंडित व काजी' इनसे द्वेषभाव रखने लगे थे। ये कहते हैं कि,

'गिरस्थी में जब रहे, पेट को रहे हैरान।
पेट को रहे हैरान, तसदिया से मिले अहारा।

---

१. 'पलटू प्रसाद की भजनावली', पलटू साहब की बानी भा. १, पृ. २ पर उद्धृत।
२. 'पलटू साहब की बानी' भा. ३, पृ. ७९।
३. 'पलटू साहब की बानी' भा. २, पृ. ८५।
४. वही, भा. ३, पृ. ११४।

साग मिल्यो बिनु लोन, बही तब ऐसी धारा।
आये हरि की सरन, बहुत सुख तबसे पाई।
लुचुई चारों जून, खांड और खोवा खाई।
लड्डू पेड़ा बहुत सेंत कोउ खाता नहीं।
जलेबी चीनी कंद भरा है घर के माहीं।
पलटू हरि की सरन में हाजिर सब पकवान।
गिरस्थी में जब रहे, पेट को रहे हैरान॥ २४२॥'[1]

इसी प्रकार 'हाथ जोरि आगे मिले लै लै भेंट अमीर।
लै लै भेंट अमीर नाम, का तेज बिराजा।
सब कोउ रगरे नाक, आइके परजा राजा।
सकलदार मैं नहीं, नीच फिर जाति हमारी।
गोड़ धोय षट करम, बरन पीवे लै चारी।
बिन लसकर बिन फौज, मुलुक में फिरी दोहाई।
जनमहिता सतनाम, आपु मैं सरस बड़ाई।
सत्त नाम के लिहे से, पलटू भया गंभीर।
हाथ जोरि आगे मिले, लै लै भेंट अमीर॥ १९॥'[2]

और इतना ही नहीं,

'ऐसी भक्ति चलावै, मची नाम की कीच।
मची नाम की कीच, बूढ़ा और बाला गावै॥
परदे में जो रहे शब्द सुनि रोवत आवै।
भक्ति करै निराधार, रहे निरगुन सो न्यारा॥
आवै देय लुटाय आपुना करै अहारा।
मन सब को हरि लेय सभन को राखै राजी।
तीन देख ना सकै वैरागी पंडित काजी॥
पटलूदास इक बानिया रहै अवध के बीच।
ऐसी भक्ति चलावै, मची नाम की कीच॥ ५८॥'[3]

अतएव, इस वैरभाव का परिणाम यह हुआ कि,

'सब वैरागी बटुरि कै पलटुहि किया अजात।
पलटुहि किया अजात, पर्भुता देखि न जाई॥

१. 'पलटू साहब की बानी', भा. १, पृ. १०८।
२. वही, भा. १, पृ. ९।
३. वही, भा. १, पृ. २७।

बनिया काल्हिक भक्त, प्रगटभा सब दुतियाई।
हम सब बड़े महन्त, ताहिको कोउ ना जानै॥
बनिया करै पखंड ताहिको सब कोउ मानै।
ऐसी ईर्षा जाति कोउ, ना आवै ना खाइ॥
बनिया ढोल बजाए के, रसोई दिया लुटाइ।
मालपुवा चारिउ बरन, बाँधि लेत कुछ खात॥
सब वैरागी बटुरिकै, पलटुहि किया अजात॥ २५५॥'[१]

अंत में कहा तो यहाँ तक जाता है कि,

'अवधपुरी में जरि मुए, दुष्टन दिया जराइ।
जगन्नाथ की गोद में, पलटू सूते जाइ॥'[२]

अर्थात् उक्त दुर्भावना के कारण दुष्टों ने इन्हें इनके घर में आग लगा कर जीते जी जला दिया और ये फिर जगन्नाथपुरी में जाकर प्रकट हुए।

समाधि व रचनाएँ– फिर भी जहाँ पर इन्होंने शरीर त्याग किया था, वहाँ पर अयोध्या से चार मील की दूरी पर इनकी समाधि आज भी वर्तमान है जहाँ इनके अनुयायियों की संगत चलती है और उक्त स्थान को 'पलटू साहब का अखाड़ा' भी कहा जाता है। इनके पंथवाले वहाँ पर समय-समय पर एक अच्छी संख्या में एकत्र हुआ करते हैं। पलटू साहब की बहुत-सी रचनाएँ मिलती हैं जिनमें से इनकी कुंडलियों, रेखतों, झूलनों, अरिल्लों, शब्दों एवं साखियों का एक अच्छा संग्रह 'वेलवेडियर प्रेस' प्रयाग, से तीन भागों में प्रकाशित हुआ है। इनमें कुल मिलाकर ३५३ पृष्ठ तथा लगभग १००० पद संगृहीत हैं जिनकी भाषा बहुत स्पष्ट, सरल, किन्तु ओजपूर्ण व मुहावरेदार है। कई स्थलों पर तो इन्होंने कबीर साहब के भावों तथा शब्दों तक को लेकर उन्हें विस्तृत रूप दे डाला है। इन्हें बहुत-से लोग 'द्वितीय कबीर' भी कहा करते हैं। इनके एक ग्रंथ 'आत्मकर्म' का भी नाम सुनने में आता है। इनकी रचनाओं को देखने से विदित होता है कि ये एक उच्च कोटि के अनुभवी संत, निर्भीक आलोचक तथा निर्द्वन्द्व जीवन व्यतीत करनेवाले महापुरुष थे और यही कारण है कि इनका प्रभाव विशेष रूप से फैला तथा क्रमशः इनके नाम पर एक अलग पंथ भी पलटू-पंथ नाम से चल पड़ा। इनका देहांत हो जाने पर इनके शिष्य परसाद साहब, संभवतः उपर्युक्त पलटू प्रसाद इनकी गद्दी पर बैठे, किंन्तु उनके अनंतर आनेवाले शिष्यों वा प्रशिष्यों के विषय में कुछ पता नहीं चलता। पलटू साहब के संबंध में यह भी कहा जता है कि ये नवाब शुज़ाउद्दौला के समकालीन थे और सं. १८२७ के आसपास वर्तमान थे।[३]

---

१. 'पलटू साहब की बानी', पृ. ११४।
२. वही, 'जीवन चरित' पृ. २ पर उद्धृत।
३. 'नागरी-प्रचारिणी पत्रिका' भा. १५, पृ. ८६।

(२) बावरी-पंथ की वंशावली

रामानंद (पटना, जि. गाजीपुर)

दयानंद (पटना, जि. गाजीपुर)

मायानंद (दिल्ली)

बावरी साहिबा (दिल्ली)

बीरू साहब (दिल्ली)

यार मुहम्मद शाह, यारी साहब (दिल्ली)

केसोदास (दिल्ली) | हस्तमुहम्मद शाह (दिल्ली) | सूफीशाह शाह फकीर (दिल्ली) | शेखन शाह (दिल्ली) | बूलाशाह (सं. १६८९. १७६६ भुरकुड़ा जि. गाजीपुर)

जगजीवन साहब (कोटवाँ जि. बाराबंकी)

गुलाल साहब (मृ. सं. १८१६ भुरकुड़ा जि. गाजीपुर)

सेवक मर्दन सिंह (धानापुर, जि. बनारस,

भीख साहब (मृ. सं. १८४८)

हरलालसाहब (चीट बड़ागाँव, जि. बलिया)

चतुर्भुज साहब (मृ. सं. १८७५)

नरसिंह साहब (मृ. सं. १९०६)

कुमार साहब (मृ. सं. १९३६)

रामहितसाहब (मृ. सं. १९४९)

जैनारायणसाहब (मृ. सं. १९८१)

रामबरनदास साहब (वर्तमान)

गोविंदसाहब (अहिरौली, जिला फैजाबाद)

पलटूसाहब (अयोध्या)

परसाद साहब

रामसेवक साहब (मृ. सं. १९१३)

प्रयागदास साहब

त्रिवेणीदास साहब

जगन्नाथ साहब

गजराज साहब

जीवन साहब

तेजधारी साहब

देवकी नंदन साहब

बनमाली साहब

ब्रजमोहन साहब

राजाराम साहब

(३) मत व प्रचार

पंथ का मत : विशेषता– बावरी परम्परा का आरंभ वस्तुतः उस काल में हुआ था जब कबीर-पंथ, नानक-पंथ एवं साध-सम्प्रदाय की प्रतिष्ठा हो चुकी थी और उनके मतों का प्रचार अपने-अपने क्षेत्रों में बढ़ रहा था तथा दादू-पंथ एवं निरंजनी सम्प्रदाय का विकास भी क्रमशः होता जा रहा था। पंजाब, दिल्ली व राजस्थान की ओर उस समय इस प्रकार के आंदोलनों में एक जागृति की लहर उत्पन्न हो गई थी और अपने-अपने सिद्धांतों, विचारों तथा मान्यताओं को सर्वसाधारण के बीच फैलाने की चेष्टा में सभी वर्ग के लोग लगे हुए थे। तो भी बावरी-परम्परा की ओर से किये गए इस प्रकार के प्रयत्नों का कोई पता नहीं चलता और न उसके संगठन के ही संबंध में अनुमान करने का कोई आधार उपलब्ध है। इस परम्परा के महात्माओं का जितना ध्यान व्यक्तिगत जीवन को आदर्श रूप देने की ओर था, उतना अपने मत के प्रचार वा पंथ के संगठन की ओर न था और उनके अनुयायियों ने उनके उपदेशों से भरी रचनाओं को सुव्यवस्थित कर उनकी सुरक्षा व प्रतिष्ठा भी कभी नहीं की। इस कारण इनके यहाँ न तो कोई 'बीजक', 'आदि ग्रंथ' 'आदि उपदेश' वा 'सर्वंगी' के ढंग का धार्मिक ग्रंथ विद्यमान है जिसका पूजन वा सम्मान होता हो और न इनके धर्मगुरुओं के जन्म अथवा मरण-स्थान के उपलक्ष में कोई वैसा मेला वा उत्सव ही मानाया जाता है। इस पंथ के मूल मत एवं वास्तविक स्वरूप का परिचय हमें कुछ इधर-उधर बिखरी हुई बानियों तथा इनके मठवालों के सत्संग द्वारा ही चल सकता है।

पंथ का साहित्य– बावरी-पंथ के पश्चिमी क्षेत्र में साहित्य का निर्माण पूर्वी क्षेत्र से कदाचित बहुत कम हुआ। यारी साहब की 'रत्नावली', 'केशवदास की 'अभीघूँट' तथा बावरी साहिबा, बीरु साहब एवं शाह फकीर की कतिपय फुटकर रचनाओं के अतिरिक्त हमें प्रायः कुछ भी उपलब्ध नहीं। किन्तु इसके पूर्वी क्षेत्र के महात्माओं की बहुत-सी रचनाएँ मिलती हैं और उनका एक बहुत बड़ा अंश अभी तक अप्रकाशित रूप में पड़ा है। बूला साहब, गुलाल साहब, जगजीवन साहब, भीखा साहब, पलटू साहब तथा दूलन साहब की बहुत-सी बानियाँ प्रकाश में आ चुकी हैं, किन्तु नेवलदास, खेमदास, देवीदास, पहलवानदास, चतुर्भुजदास, देवकीनंदन आदि संतों की कृतियाँ अभी तक हस्तलिखित रूप में ही पड़ी हैं। यदि इस पंथ की सभी रचनाएँ संगृहीत होकर प्रकाश में आ जाएँ, तो इनके द्वारा संत-साहित्य के कलेवर में एक अच्छी वृद्धि हो सकती है। इस पंथ की जगजीवनसाहबवाली शाखा सत्यनामी-सम्प्रदाय का महत्त्वपूर्ण अंग बन चुकी है और उसे बहुत-से लोग इससे पृथक् भी माना करते हैं। परन्तु इसकी भीखा-पंथ, पलटू-पंथ जैसी अन्य शाखाओं की गणना अभी तक इसी के भीतर हुआ करती है और इसके पश्चिमी क्षेत्र की फकीरी परम्पराओं का भी इसी में समावेश किया जाता है। इस पंथ के विकास में क्रमानुसार अनेक भिन्न-भिन्न मतों का सहयोग मिलता आया है और भिन्न-भिन्न परिस्थितियों के प्रभाव ने इसके मूल सिद्धांतों में अनेक प्रकार के संशोधन, परिवर्धन व परिमार्जन कर दिये हैं, जैसा कि इसके क्रमागत साहित्य को ध्यानपूर्वक देखने से विदित होता है।

बावरी व बीरु का सिद्धान्त– बावरी साहिबा को जो सिद्धांत व साधना के ढंग अपनी गुरु-परम्परा के उत्तराधिकार के रूप में प्राप्त हुए थे, उनके स्वरूप का कुछ आभास इस पद्य से मिलता है :

'अजपा जाप सकल घट बरतै, जो जानै सोइ पेखा।
गुरु गम जोति अगम घर बासा, जो पाया सोइ देखा।
मैं बान्दी हैं परम तत्व की, जग जानत कि भोरी।
कहत बावरी सुनो हो बीरू, सुरति कमल पर डोरी॥ १॥'[१]

अर्थात् अजपाजाप की क्रिया स्वभावतः प्रत्येक शरीर में नियमानुसार चल रही है, किन्तु जो जानकार है वही उसे अनुभव कर सकता है। जब सद्‌गुरु की कृपा द्वारा उस अगम्य ज्योति वा परमतत्व का परिचय कोई पा लेता है, तभी उसे इसमें सफलता मिलती है। बावरी का कहना है कि वह उस परमतत्व की दासी है, फिर भी लोग उसे केवल पगली मात्र समझा करते हैं। वह अपने शिष्य बीरू को संबोधित करके बतलाती है कि सुरति का कमल अथवा शब्द तत्व के केन्द्र के साथ जोड़े रहना परमावश्यक है। इन पंक्तियों द्वारा बावरी साहिबा ने संक्षेप में स्पष्ट कर दिया है कि हमारा मुख्य ध्येय परमतत्व की पूर्ण अनुभूति है जो गुरु की बतलायी हुई युक्ति से अपने भीतर सदा चलनेवाले अजपाजाप के सहारे सुरति के साथ उसका नित्य संबंध स्थिर करके ही उपलब्ध की जा सकती है। इसी को संतमत के अनुसार 'स्वानुभूति', 'सुरतिशब्दयोग' अथवा 'चतुर्थ पद की प्राप्ति' आदि अनेक अन्य शब्दों द्वारा भी व्यक्त किया जाता है। बीरू साहब ने एक अपने पद्य में उस अजपाजाप को ही त्रिकुटी के तीर-तीर बजायी जानेवाली 'लाल की बांसरी' की 'तान' वा 'अनहद सुर' कहा है और बतलाया है कि उसके आगे बढ़कर उस शब्द के केन्द्र खसम वा नाह को पहचानना तथा उसका साथ करना ही हमारा सबसे अंतिम ध्येय है।[२]

यारी साहब की व्याख्या—यारी साहब का भी कहना है कि,

'सेसावित दिल खोजै देह। बोलनहार जगतगुर येइ॥
घट घट बोलै रमताराम। नाद बरन नारायन नाम॥ ५॥'[३]
जोम-जुगति बिना जोग न होई। वा तन प्रेम न उपजै कोई॥
नाद बरन जो लावै ध्यान। सो जोगी जुग जुग परमान॥ ६॥'[४]

इन्होंने उस 'झिलमिल झिलमिल' बरसनेवाले 'नूर', 'रुनझुन रुनझुन' बजनेवाले 'अनहद', 'रिमझिम रिमझिम' बरसनेवाले 'मोती' तथा 'निरमल निरमल' रूप में विद्यमान उस 'नाम' का वर्णन कई प्रकार से किया है। इनके अनुसार वास्तविक भजन वही है जिसके द्वारा उस 'निर्मल नाम' का बिना आँखों की सहायता से ही प्रत्यक्ष दर्शन होता हो और उस परम ज्योति की ओर हमारी सुरति इस प्रकार प्रीतिपूर्वक लगी रहे जैसे चकोर चंद्रमा की ओर देखता रहता है, जैसे समुद्र की बूँद समुद्र में लीन हो जाती है, जैसे लोहा पारस द्वारा कंचन हो जाता है अथवा जैसे सखियों के साथ बात करती हुई भी पनिहारिन का ध्यान सदा अपने सिर पर रखे हुए

---

१. 'महात्माओं की बाणी' (भुरकुड़ा, गाजीपुर, १९३३ ई.) पृ. २।
२. वही पृ. २।
३. 'यारी साहब की रत्नावली' (वे. प्रे. प्रयाग, १९१०) पृ. ९।
४. वही पृ. ४।

घड़े की ओर ही रहता है और इसी की जुगति के बतलानेवाले को इन्होंने अपना गुरु माना है।[१]

तथा इनकी विशेषता केवल इसी बात में है कि इन्होंने सूफी सम्प्रदाय के अनुसार,

'घट घट नूर मुहम्मद साहब, जा का सकल पसारा है॥ १॥'[२]

'सूली के पार मेहर पेखा, मलकूत, जबरूत लाहूत तीनो।

लाहूत सेलीनासूत हैरे, लाहूत के रस में रंग भीजो'॥[३]

जैसे वर्णनों की ओर भी कभी-कभी ध्यान दिया है तथा तदनुरूप बहुत से अरबी वा फारसी शब्दों के प्रयोग भी किये हैं। इनकी भाषा अत्यंत ओजपूर्ण है और उसमें मस्ती व आवेश के भाव प्रायः प्रत्येक स्थल पर हमें दृष्टिगोचर होते हैं। शाह फकीर व केशवदास ने भी बहुधा इन्हीं का अनुसरण किया है। इन तीनों संतों की रचनाओं में हमें बावरी साहिबा के पूर्वोक्त पद्य की ही व्याख्या सर्वत्र दीख पड़ती है और इनकी शैली भी वही है।

बूला का आत्म-विचार— बूला साहब ने भी भेद की उक्त बातों के अनेक वर्णन किये हैं और 'सुरतशब्दयोग' की साधना की ओर बार-बार संकेत किया है। परन्तु इनके अनुसार 'जोग' का सच्चा जानकार उसे ही समझना चाहिए जो उस प्रकार सब कुछ करता हुआ आत्मचिंतन में भी रत रहा करे। ये कहते हैं,

'संतो जोग जानै तौन।

आपु आपु विचारि लेवै, रहै घट में मौन॥ १॥'[४] **इत्यादि**

योग-साधना द्वारा केवल सुरति व निरति के संयोग की स्थिति ला देना मात्र ही पर्याप्त नहीं। उसे स्थायित्व प्रदान करने के लिए आत्मविचार की ओर भी ध्यान देना चाहिए जो ज्ञानयोग की साधना का आधार है और जिसके बिना आत्मानुभूति में दृढ़ता व एकतानता का आना बहुधा कठिन हो जाता है। ये रामनाम के स्मरण को उद्धार का उपाय बतलाते हैं, किन्तु 'गनन' में सदा 'शब्द विवेकी' को ही देखने का उपदेश देते हैं और सत्संग की महिमा बतलाते हैं।[५] इनके मत का सारांश यही जान पड़ता है कि

स्रवन सुनिले नाद प्रभु की, नैन दरसन पेखु।

उपनिषद् अरु वेद गावत, अचल अमर अलेखु॥ १॥

भाव संग तू भक्ति करिले, प्रेमसों लवलीन।

सुरति सों तूं बेड़ा बाँधो, मुलुक तीनों छीन॥ ३॥[६]

और इससे स्पष्ट है कि इन्होंने सभी मुख्य साधनाओं को महत्त्व दिया है। इसी प्रकार इनके 'उपनिषद् अरु वेद गावत' से यह भी पता चलता है कि इनपर वेदांत का भी प्रभाव

---

१. 'यारी साहब की रत्नावली' पृ. ४।

२. 'यारी साहब की रत्नावली' (वे. प्रे. प्रयाग, १९१० ई.) पृ. २, शब्द ५।

३. वही, 'झूलना पृ. १८ :९

४. 'बुल्ला साहब' का शब्दसार' (वे. प्रे. प्रयाग) १९१०, पृ. १०।

५. वही, पृ. ३०, शब्द ५।

६. 'महात्माओं की बानी' (भुरकुड़ा, गाजीपुर १९३३ ई.) पृ. १८।

कम नहीं पड़ा था। ये नाम-स्मरण के साधक थे, भगवत्प्रेम में सादा विभोर रहनेवाले महापुरुष थे, किन्तु साथ ही आत्मज्ञान की साधना को भी अपनाये रहना जानते थे।

गुलाल की भक्ति—बूला साहब के शिष्य गुलाल साहब ने भी आसन मारकर अकेले बैठने, ससि व सूर अर्थात् इड़ा एवं पिंगला में वायु भरने, गगन की ओर उल्टी राह से चलने, कमल के विकसित करने, अनहद के सुनने, शून्य व अशून्य के बीच संबंध जोड़ने तथा अगम, अगोचर व अविगत के खेल का अनुभव करने[१] आदि के अनेक विवरण दिये हैं और इस प्रकार अपने आप को उलटकर निहारने वा देखने तथा बिना माला की जाप के सहारे अंतर्लीन होने की विधि भी बतलाया है।[२] वे यह भी कहते हैं कि मैंने अपने प्रभु के साथ नयी प्रीति जोड़ ली है और मुझे अब उस 'बानी' का अनुभव हो रहा है जो गगन-मंडल में हरदम नवीन-नवीन रूपों में उठा करती है।[३] वे उस प्रभु के प्रति भक्ति व श्रद्धा प्रदर्शित करते रहने से भी कभी नहीं चूकते। वे अपने को 'अतीत' वा 'अतीथ', अवधूत और फकीर भी कहते हैं। और कभी-कभी दांपत्य भाव के आवेश में आकर उस परमतत्व व सत्पुरुष को अपना कंत वा 'अविनाशी दूल्हा' भी ठहराते हैं। परन्तु 'ज्ञानगुष्टि' नामक रचना में ये अपने मत को स्पष्ट शब्दों में वेदांतमत पर ही आश्रित बतलाते हैं। यह रचना 'शिष्य अर्ज' और 'श्री गुरु दया' के रूप में एक प्रकार की प्रश्नोत्तरी है जिसमें भीखा साहब इनसे कुछ प्रश्न करते हैं और ये उनके उत्तर देते हैं।

सर्वात्मवाद—'ज्ञानगुष्टि' के अंत में श्री गुरु दया शीर्षक के नीचे कहा गया है कि,

'योग अध्यातम अंत विचारा। जहाँ निवृत सो ब्रह्म विचारा॥
निरगुन मत सोइ वेद को अंता। ब्रह्मरूप अध्यातम संता॥
येते रूप आतमा कहियै। आपै आपु गुरु सो लहिये॥
वेदान्त अध्यातम सुध रूपा। बिनु अकार को रूप अनूपा॥
शून्य निरन्तर ताको कहिये। भीखा ब्रम्हा चेतन्य नहिं रहिये॥
तहंवा शब्द पवन कछु नाहीं। केवल ब्रह्म निरन्तर मांही॥
जहंवा दुविधा भाव न कोई। अध्यातम वेदान्त मत सोई॥
यहि सिवाय कोइ और बतावै। ताको सतगुरु मत नहिं आवै॥'[४]

अर्थात् अध्यात्म योग के अंत में विचार आता है अथवा जहाँ उसकी निवृत्ति होती है, वहीं से ब्रह्मविचार का आरंभ होता है। निर्गुण मत वा संतमत जिसे कहते हैं, वह वास्तव में वेदांत है और उसके माननेवाले संत ब्रह्म के अध्यात्म रूप हैं, जितने रूप दीख पड़ते हैं, वे सभी आत्मस्वरूप हैं और अपने आपका ज्ञान गुरु की कृपा द्वारा ही संभव होता है। अध्यात्म का शुद्ध रूप ही वेदांत का विषय है जो बिना आकार का अनुपम रूप है। ब्रह्म

१. गुलाल साहब की वाणी (वे. प्रे. प्रयाग, १९१०ई.) शब्द, १३, पृ. २६।
२. वही, श. २८, पृ. ४२।
३. वही, पृ. २१, श. ६२।
४. 'महात्माओं की वाणी' (भुरकुडा, गांजीपुर १९३३ ई.) पृ. २१४।

को चेतन न कहकर निरंतर शून्य कहना ही अधिक उचित है। वहाँ पवन वा शब्द तक की गति नहीं है, सर्वत्र ब्रह्म ही ब्रह्म व्याप्त है, वहाँ किसी प्रकार की दुविधा की गुंजायश नहीं है और अध्यात्म वेदांत की यही सबसे बड़ी विशेषता है। इन बातों के अतिरिक्त यदि और कुछ कोई बतला रहा हो तो समझ लो कि उसे हमारा सत्गुरुमत ज्ञात ही नहीं है। 'ज्ञानगुष्टि' की कथन शैली आदि पर विचार करते हुए उसे गुलाल साहब की रचना होने में संदेह भी किया जा सकता है और वह अन्य ऐसी ज्ञान-गुष्टियों की भाँति पीछे की कृति भी हो सकती है, किन्तु उसमें प्रतिपादित विषय का मेल उनकी अन्यत्र कही गई बातों के साथ भी खाता हुआ दीखता है और इस विचार से इसका महत्त्व कुछ कम नहीं होता।

भीखा की प्रतिपादन शैली– संत गुलाल साहब के समय से साधना से अधिक सिद्धांतों के प्रतिपादन की ओर ध्यान देना आंरभ हो जाता है। भीखा साहब ने भी यही किया है और उन्होंने अपनी अधिकांश रचनाओं में ब्रह्म, माया, जगत् व जीवात्मा के स्वरूप का वर्णन किया है। इनके वर्णन की शैली बावरी, बीरू अथवा यारी की भाँति, गहन विषयों की ओर संकेत करके उनका दिग्दर्शन करा देना मात्र की नहीं है, अपितु उनका सुव्यवस्थित निरूपण करने तथा उन्हें बहुधा शास्त्रीय शब्दावली व पद्धति के अनुसार विस्तार देने की भी है। ये अनुभूत बातों को व्यक्त करते समय उनके रसानंद में मग्न होकर अपना कथन बीच में ही बंद कर देना नहीं जानते, बल्कि उसके प्रवाह में बह निकलते हैं और वस्तुस्थिति के सांगोपांग स्पष्टीकरण की चेष्टा में एक ही बात को विविध प्रकार से कहने लगते हैं। इसका सबसे सुंदर दृष्टांत उनके द्वारा किये गए अनाहत शब्द के स्वरूप के वर्णन में मिलता है जहाँ पर उन्होंने इसे प्रत्यक्ष करने के प्रयत्न में संगीत के विविध रूप उद्धृत किये है।[१] इसी प्रकार उन्होंने एक ही तत्व की अनेकरूपता दर्शाते समय भी एक ही मिट्टी के गढ़े गये विचित्र रंग के वर्तन, एक ही सोने के आधार से निर्मित अनेक प्रकार के खरे व खोटे गहने तथा एक ही जलराशि में उठनेवाले फेन, बुदबुदा, लहर व भिन्न-भिन्न तरंगों के मीठे वा खारे पानी के उदाहरण देकर आत्मा की एकता प्रतिपादित की है और कहा है कि वास्तव में ठगनेवाला बटमार व ठगा जानेवाला बटोही सब एक ही सरकार के अंग हैं।[२] वे अपने अद्वैतवाद का निरूपण करते हुए बतलाते हैं कि,

एकै शब्द ब्रह्म फिरि एकै, फिरि एकै जग छाया।
आतम जीव करम अरुझाना, जड़ चेतन बिलमाया॥ १ ॥[३]

और कहते हैं कि मुझे मन व माया ही फेर में डालकर डाह रहे हैं।

'जोग' वर्णन–भीखा साहब ने एक शब्दमार्गी की भाँति 'सुरतशब्दयोग' के भी वर्णन किये हैं। इसका परिचय देते समय वे अपनी सरल भाषा में कहते हैं:

जुक्ति मिले जोगी हुआ, जोग मिलन को नाम
जोग मिलन को नाम, सुरति जा मिले निरति जब।
दिव्य दृष्टि संजुक्त देखिके मिले रूप तब।

---

१. 'भीखा साहब की बानी', वे. प्रे. प्रयाग, १९०९ ई., १८ : १९।
२. वही, पृ. ५९।
३. वही, पृ. २०।

जीव मिले जा पीव को, पीव स्वयं भगवान।
तब सक्ति मिले जा सीव को, सीव परम कल्याण॥ ११ ॥[१]

इसी प्रकार उन्होंने उक्त जोग के परिणाम का भी वर्णन यों किया है :

सब्द परकास के सुनत अरु देखते,
छूटि गई विषे बुधि बास कांची
सुरति गै निरति घर रूप आयो दृष्टि पर,
प्रेम की रेख परतीत खाँची।
आतमा राम भरिपूर परगट रह्यो,
खुलि गई ग्रंथि निज नाम बांची॥
भीखा यों पगि गयो जीव सोइ ब्रम्ह में,
सीव अरु सक्ति की मिलन सांची॥ ३ ॥[२]

उनके उक्त 'जोग' का जोगी निरा साधक वा सिद्ध नहीं। वह एक भजनानंदी फकीर है जो एकनिष्ठ आध्यात्मिक जीवन यापन करता हुआ भी अपने को संसार का विरोधी नहीं मानता और न उसकी उपेक्षा ही करता है उसमें क्षमा, शील, संतोष, सरलचित्तता आदि सारे नैतिक गुणों का समावेश रहता है और वह इसके साथ ही 'दरदवंद पर पीर' भी होता है, जैसा होना हमारे समाज के लिए परमावश्यक है।[३]

पलटू की विशेषता– पलटू साहब भी कभी-कभी उक्त प्रकार की ही बातें करते हुए जान पड़ते हैं, किन्तु वास्तव में उनका अधिक ध्यान काया के भीतर की रहस्यमयी स्थिति और उसका स्पष्ट विवरण देने की ओर है और वे बार-बार उसका वर्णन करते हुए मगन रहा करते हैं। वे ब्रह्म की सर्वव्यापकता बतलाने के लिए फूल के भीतर की सुगंध, काठ के भीतर की आग, धरती के भीतर के जल, दूध में छिपे घी व मेंहदी में छिपी लाली के उदाहरण देते हैं और कहते हैं कि ब्रह्मा उसी प्रकार सब कहीं अदृश्य रूप से भरपूर है और उसके बिना तिल भर भी खाली नहीं है।[४] अतएव यह सिद्ध है कि वह साहिब हमारे पास ही वर्तमान है, उसे अपने भीतर धँसकर केवल याद भर कर लेने की आवश्यकता है[५] याद करते हो वह हमारे भीतर दीख पड़ने लगता है और प्रतीत होता है कि,

'प्रेम की घटा में बुंद परै पटापट, गरज आकास बरसात होती।
गगन के बीच में कूप है अधोमुख, कूप के बीच इक बहै सोती।
उठत गुंजार है कुंज की गली में, फेरि आकास तब चली जोती।
मानसरोवर में सहसदल कँवल है, दास पलटू हंस चुगै मोती॥[६]

---

१. 'भीखा साहब की बानी', वे. प्रे. प्रयाग, १९०९ ई., पृ. ९५।
२. 'पलटू साहब की बानी, पृ. ६३।
३. वही, पृ. २४।
४. वही, भा. १, पृ. ३६।
५. 'पलटू साहब की बानी', कुंडलिया ९३, पृ. ४२।
६. वही, भा. २, रेखता ३०, पृ. १३।

वे उस स्थिति को पार्थिवरूप तक देते हैं और उसे आठवाँ लोक[१] के नाम से अभिहित करते हैं। उन्होंने उसकी भौतिक स्थिति निश्चित करते हुए यहाँ बतलाया है कि वह,

'सात महल के बाद मिलै अठएं उजियाला।[२]

जिससे प्रतीत होता है कि उसके पहले सात अन्य भूमियों को भी पार करना पड़ता है।

अद्वैतवाद– पलटू साहब अद्वैतवाद के माननेवाले हैं और 'जोई जीव सोई ब्रह्म एक है' बतलाकर उसे समझाते हुए कहते हैं कि जिस प्रकार फल में बीज है और बीज में फल है, जल में लहर है और लहर में जल है, छाया में पुरुष है और पुरुष में छाया हे, अक्षर में स्याही है और स्याही में अक्षर है, व मिट्टी में घड़ा है और घड़े में मिट्टी है तथा सोने में गहना है और गहने में सोना है, ठीक उसी प्रकार जीव में ब्रह्म है और ब्रह्म में जीव है, बिना जीव के ब्रह्म हो नहीं सकता। न तो ये दोनों पृथक्-पृथक् वस्तुएँ हैं औन न इनके अतिरिक्त अन्य कोई दूसरी वस्तु है ही और यह बात 'ज्ञान समाधि' में प्रत्यक्ष हो जाती है।[३] इस प्रकार की धारणा रखनेवाले के लिए किसी प्रपंच वा विडंबना के फेर में पड़ने की आवश्यकता नहीं रह जाती। वह अपनी वास्तविक स्थिति का परिचय पाकर पक्का फकीर बन जाता है और अपना जीवन निर्द्वन्द्व होकर व्यतीत कता है। 'उसे संयत जीवन, नामस्मरण और संतोष जागीर में मिले रहते हैं, वह खुशी की कफनी डाले रहता है, अपने हृदय को उदार कर लेता है, दिन-रात आत्माराधन में लगा रहता है, जीवन्मुक्त बन जता है, सम्राट् व भिक्षु को एक समान जानता है, मृत्यु का प्याला छाने रहता है और उसी के नशे में सदा चूर रहकर किसी बात की कभी परवा नहीं करता।[४] इस प्रकार की मानसिक स्थिति ही एक फकीर के लिए सच्ची भक्ति है जिसके सामने हठयोगादि कुछ नहीं और जिसे अपनाकर वह अपना जीवन सफल बना लेता है। उसे केवल यही सूझता है:–

'जगत हँसै तो हँसन दे, पलटू हँसै न राम।
लोक लाज कुल छाड़ि कै, करिलौ अपना काम॥' १३१॥[५]

पलटू साहब ने इसी के अनुसार स्वयं अपने विषय में भी लिखा है कि मैं अब सांसारिक बनियाई का परित्याग कर सतगुरु की सिपारस से राम की मोदियाई पा गया हूँ, मेरे घर नौबत बज रही है और बराबर सवाई लाभ होता जा रहा है। मेरी भरती त्रिकुटी में है और गादी सुषुम्ना में लगी हुई है। दशम द्वार पर मेरी कोठी है जहाँ अनादि पुरुष बैठा हुआ है, ईड़ा व पिंगला के दोनों पलरों में सुरति की जोती लगी है और सत्त सबद की डाँडी पकड़कर मोती भर-भरकर मैं तौला करता हूँ। तत्व की ढेरी लगी है, जहाँ चंद्र व सूर्य दोनों रखवाली करते हैं और मैं तुरीयावस्था में रहकर बेचने के कार्य में व्यस्त हूँ।[६]

१. 'पलटू साहब की बानी', भा. १ पृ. ४७ व भा. २ पृ. ७८।
२. वही, भा. १, पृ. ७८।
३. वही, भा. ३, पृ. ५३।
४. वही, भा. १, पृ. १४।
५. वही, पृ. ६७।
६. वही, भा. ३, पृ. ४६।

सारांश—इस प्रकार जो आध्यात्मिक दीवानापन बावरी साहिबा के अनुपम व्यक्तित्व से उनके पंथ में आरंभ हुआ था, वह यारी साहब के सूफी संस्कारों तथा गुलाल साहब व भीखा साहब के वेदांती वातावरणों में क्रमशः और भी गंभीर होता हुआ पलटू साहब तक अपनी पूर्ण अभिव्यक्ति में आ गया। पलटू साहब का परमात्मविश्वास, उनका उत्कट वैराग्य, उनका संतोष व उनकी अपूर्व मस्ती इस पंथ की मान्यताओं के अनुयायियों के लिए आदर्शस्वरूप हैं। पलटू साहब के नाम पर पलटू-दासियों का एक नवीन पंथी भी चला जिसका केन्द्र अयोध्या में माना जाता है और जिसके अनुयायी नीले रंग के वस्त्र व टोपी धारण करते हैं तथा मुख्यतः अयोध्या के अतिरिक्त लखनऊ एवं नैपाल में भी पाये जाते हैं। किन्तु फिर वैसा कोई दूसरा संत उसमें नहीं हुआ। भीखा साहब के नाम पर भी बलिया तथा गाजीपुर जिलों में 'भीखापंथ' प्रसिद्ध है, किन्तु एक सात्विक जीवन के अतिरिक्त इसके अनुयायियों की कोई अन्य विशेषता नहीं और न साधारण बातों में वे किसी दूसरे पंथवालों से किसी प्रकार भिन्न कहे जा सकते हैं।

७. मलूक-पंथ

कबीर-शिष्य मलूकदास—मलूकदास के नाम से एक से अधिक महात्मा हो गए हैं, इस कारण संत मलूकदास के विषय में लिखते समय कभी-कभी भ्रम उत्पन्न हो जाता है। स्व. बाबू श्यामसुन्दर दास ने 'कबीर ग्रंथावली' की भूमिका में एक मलूक दास का उल्लेख किया है जिन्होंने किसी प्रेमचंद के लिए उसकी काशीवाली पुरानी प्रति सं. १५६१ में लिखी थी और अनुमान किया है कि वे कबीर साहब के शिष्य थे, जगन्नाथपुरी में जाकर बसे थे तथा उन्हीं की खिचड़ी का भोग वहाँ अब तक लगा करता है।[१] स्व. बाबू साहब ने उस मलूकदास एवं कबीर साहब का संबंध प्रमाणित करने के लिए उक्त 'ग्रंथावली' की एक निम्नलिखित साखी भी प्रस्तुत की है,

'कबीर गुरु बसै बनारसी, सिख संमदां तीर।
बीसह्या नहीं बीसरै, जे गुण होइ सरीर ॥' २ ॥[२]

जगन्नाथपुरी में किसी मलूकदास की एक समाधि कबीर साहब की समाधि के निकट ही बनी हुई बतलायी जाती है। अतएव यह संभव है कि कबरी साहब के शिष्य माने जानेवाले कोई मलूकदास जगन्नाथपुरी में रहते रहे हों और उन्हीं की समाधि भी वहाँ वर्तमान हो। कुछ लेखकों ने उक्त समाधि के विषय में लिखा है कि वह संत मलूकदास की ही है और इसके लिए इनके शव का कड़ा से वहाँ तक प्रवाहित होता हुआ चला जाना भी कहा है। परन्तु ऐसी काल्पनिक घटना का प्रस्तुत किया जाना इस बात को सूचित करता है कि उक्त दोनों मलूकदासों को एक ही व्यक्ति सिद्धि करने की चेष्टा में ऐसा किया गया है। संत मलूकदास तथा उक्त कबीर-शिष्य मलूकदास का समसामयिक तक होना, उपलब्ध प्रमाणों के आधार पर सिद्ध नहीं।

वैरागी मलूक दास—इसी प्रकार सर्वसाधारण में प्रसिद्ध है कि संत मलूकदस ने,

'अजगर करे न चाकरी, पक्षी करे न काम।
दास मलूका कहत हैं, सबके दाता राम ॥'

---

१. 'कबीर-ग्रंथावली' (भूमिका) काशी नागरी-प्रचारिणी सभा, सन् १९२८ ई., पृ. २।

२. वही, मूलग्रंथ, पृ. ६८।

दोहे की रचना की थी और इसी कारण इन्हें घोर भाग्यवादी कह दिया जाता है। परन्तु पता चलता है कि ये पंक्तियाँ वस्तुतः 'श्रीमलूकशतकम्' नामक एक छोटी-सी रचना से ली गई है जिसके रचयिता कोई अन्य मलूकदास थे। 'श्रीमलूकशतकम्' में मलूकदास रचित १०१ दोहे संगृहीत हैं जिनमें स्वामी रामानंद के सिद्धांतानुसार अनेक साम्प्रदायिक बातों की चार्चा की गई है और विशिष्टाद्वैत मत को ही एकमात्र वेद-सिद्धान्त मानते हुए 'दशरथ-नृपसुत चरणरज' का महत्त्व भी दर्शाया गया है। रचना का कुछ परिचय देनेवाले के कथन से भी स्पष्ट है कि उसके रचयिता 'रामानन्दाचार्यजी महाराज के सम्प्रदाय के द्वारपीठाचार्य' मलूकदास थे। इधर संत मलूकदास के स्वामी रामानन्द की किसी सम्प्रदायिक संस्था के साथ किसी संबंध का पता नहीं चलता। संत मलूकदास गार्हस्थ्य जीवन व्यतीत करनेवाले व्यक्ति थे जिनका सीधा संबंध कदाचित् किसी भी सम्प्रदाय से नहीं था और न उनके वैरागी होने का कोई प्रमाण ही उपलब्ध है। ये संतमत पर विश्वास करनेवाले तथा सच्ची रहनी के अनुसार अपना कार्यक्रम निश्चित करनेवाले महापुरुष थे और इनके लिए 'अजगरी वृत्ति' का अनुमोदन करना असंभव-सा था, इस कारण इनके तथा उक्त दोहे के रचयिता को एक ही व्यक्ति मान लेना उचित नहीं है।

संत मलूकदास का परिचय– मलूक-पंथ के अनुयायियों के अनुसार संत मलूकदास का जन्म वैशाख वदी ५ सं. १६३१ को इलाहाबाद जिले के कड़ा नामक गाँव में हुआ था। इनके पिता लाला सुन्दरदास जाति के खत्री थे और उनकी समाधि कक्कड़ की थी। इनके भानजे व शिष्य प्रयागनिवासी सुथरादास ने इनकी एक 'परिचयी' लिखी है जिससे यह भी पता चलता है कि इनके पितामह का नाम जठरमल था और इनके प्रपितामह वेणी राम थे। इस रचना द्वारा यह भी विदित होता है कि इनके हरिश्चंद्रदास, शृंगारचंद्र तथा रामचंद्र नामक तीन भाई भी थे और इनके प्यार का नाम 'मल्लू' था।[१] बाबू क्षितिमोहन सेन ने 'मलूक-परिचयी के रचयिता का नाम सुथरादास लिखा है और उसका कायस्थ होना बतलाया है।[२] किन्तु उक्त ग्रंथ की हस्तलिखित प्रति से ऐसा नहीं जान पड़ता। उसमें स्पष्ट कहा गया है कि,

'मलूक को भगिनी सुत जोई, मलूक को पुनि शिष्य है सोई।
.... सुथरा नाम प्रकट जग होई॥
तिनहित सहित परिचयी भाषी, बसै प्रयाग जगत सब साषी।'

एक कायस्थ का किसी खत्री का भगिनी होना संभव नहीं जान पड़ता। अतएव उक्त परिचयी का रचयिता भी खत्री ही रहा होगा। कहा जता है कि 'मल्लू' अपने बचपन से ही कोमल हृदय के व्यक्ति थे और अपनी पाँच वर्ष की आयु से ही इनका स्वभाव था कि जब कभी खेलते समय किसी गली वा मार्ग में हीं काँटा वा कंकड़ पड़ा पाते, तब उसे उठाकर किसी दूसरी ओर डाल देते जिससे वह किसी के पाँव में लगकर कष्ट न पहुँचा सके। इनकी परहित चिंतन की इस मनोवृत्ति को देखकर किसी महात्मा को इनके भविष्य का अत्यंत उज्जवल होना बतलाया था।

---

१. 'नागरी प्रचारिणी पत्रिका' भा. १५, सं. १९९१, पृ. ७९।
२. 'मिडीवल मिस्टिसिज्म आफ इंडिया' १९३० ई., पृ. १५२।

प्रारंभिक जीवन—बालक मल्लू की साधु-सेवा के विषय में भी कुछ कथाएँ प्रचलित हैं। प्रसिद्ध है कि एक दिन साधुओं की किसी मंडली ने इनके यहाँ भोजन की माँग प्रस्तुत की, परन्तु इनके घरवालों ने इस ओर कुछ ध्यान नहीं दिया। मल्लू का यह व्यवहार इतना असह्य हो गया कि उसने अपने ही घर के भंडार में सेंध लगा दी और जो कुछ भी सामग्री थी उसे बाहर निकालकर साधुओं को खिला दिया। इनकी माता को जब यह बात विदित हुई, तब उन्हें महान् कष्ट हुआ, परन्तु जब उन्होंने इसके कारण किसी विशेष हानि की संभावना न देखी, तब चुप रह गई। अपने इस विचित्र स्वभाव के कारण ही ये लड़कपन में किसी वृत्ति वा जीविका की भी शिक्षा सफलतापूर्वाक नहीं पा सके। जब ये ११ वर्ष के थे, उस समय इन्हें इनके पिता ने कम्बल बेंचने का काम सौंपा और देहात में प्रति आठवें दिन पैठ लगने पर वहॉ इनके जाने का प्रबध कर दिया। एक बार संयोगवश इनका कोई कम्बल न बिक सका और न कोई माँगता ही मिला जिसे ये माँगने पर एकाध कम्बल दे देते। ये कम्बलों का पूरा कट्ठर घर लाते समय मार्ग में थक गए और हार मान किसी वृक्ष के नीचे इस विचार से बैठ गए कि कोई सहायता मिल जाएगी। ऐसे ही समय उधर से एक मजदूर निकला जिसके शिरपर इन्होंने कम्बल की गठरी रख दी और स्वयं उसके पीछे हो लिए। परन्तु मजदूर इतना तेज चला कि वह इनसे आगे इनके घर पहुँच गया और इनकी माँ को इस बात का संदेह हो गया कि उसने अकेले कहीं एकाध कम्बल निकाल न लिये हों। इस कारण इनकी माँ ने उसे खिलाने के बहाने एक कमरे में बंद कर दिया और अपने लड़के के आने की प्रतीक्षा करने लगी। परन्तु जब ये घर लौटे और दोनों ने कमरा खोलकर कम्बलों को सहेजना चाहा, तब पता चला कि मजदूर किसी प्रकार भीतर से ही चम्पत हो गया है और उसके खाने की रोटी यों ही पड़ी है। कहते हैं कि बालक मल्लू पर इस बात का बहुत बड़ा असर पड़ा। उसने पड़ी हुई रोटी को उठाकर प्रसाद के रूप में खा लिया और उस कमरे को बंद कर वह उसके भीतर भगवान के साक्षात् दर्शनों के लिए निरंतर तीन दिनों तक पड़ा रहा। तीसरे दिन उसकी अभिलाषा कदाचित् पूरी हो गई और वह 'मलूकदास' बनकर बाहर निकला।[१]

गुरु—संत मलूकदास एक महात्मा द्वारा दीक्षित भी हुए थे जिनका परिचय द्रविड़ देशनिवासी विट्ठलदास के नाम से दिया जाता है। परन्तु कुछ प्रमाणों के आधार पर यह बात असत्य सिद्ध होती है और तथ्य यह जान पड़ता है कि इन्होंने किसी देवनाथ से पहले केवल नाम-मात्र की दीक्षा ली थी तथा इन्हें आध्यात्मिक जीवन में वस्तुतः प्रवेश कराने वाले कोई मुरारस्वामी नामक महापुरुष थे। वेणीमाधवदास के 'मूल गोसांई चरित' से भी पता चलता है कि संभवतः मुरारस्वामी के ही साथ मलूकदास गो. तुलसीदास के यहाँ गये थे।[२] विट्ठल दास के विषय में पता चलता है कि वे उक्त देवनाथ के गुरु भाऊनाथ के भी गुरु थे और इस बात का उल्लेख सुथरादास की उपर्युक्त 'मलूक-परिचयी' में भी किया गया है। क्रुक्स के अनुसार मलूकदास की गुरु-परम्परा स्वामी रामानन्द से आरंभ होकर क्रमशः

---

१. 'मलूकदासजी की बानी', वेलवेडियर प्रेस प्रयाग, भूमिका, पृ. २:३।

२. 'मूल गोसाईं चरित' दोहा ८३।

आसानन्द, कृष्णदास और कील्ह तक आयी थी[१] और ये संभवतः कील्ह के ही शिष्य थे। परन्तु इसके लिए उन्होंने किसी प्रमाण का उल्लेख नहीं किया है और न किसी अन्य आधार पर ही यह सिद्ध किया जा सकता है। कील्ह व मलूकदास तो कदाचित् समकालीन भी नहीं थे।

गार्हस्थ्य जीवन– मजदूरवाली उपर्युक्त घटना के अनंतर मलूकदास को साधुओं के दर्शन और उनके साथ सत्संग करने का एक चस्का सा लग गया था और इस उद्देश्य से प्रेरित होकर ये चारों ओर देशभ्रमण करने लग गए थे। ऐसे अवसर पर इन्हें भिन्न-भिन्न साधुओं से भेंट हुई और इन्होंने उनसे सत्संग करके बड़ा लाभ उठाया। अंत में दीक्षित हो जाने के भी अनंतर, इन्होंने कड़ा गाँव में ही रहकर अपना गार्हस्थ्य जीवन व्यतीत किया और वहीं पर वैशाख कृष्ण चतुर्दशी सं. १७३९ को इन्होंने १०८ वर्ष की आयु पाकर अपना चोला छोड़ा। पता चलता है कि इनकी पत्नी का देहांत इनकी एकमात्र संतान एक कन्या जनने की प्रसव पीड़ा के कारण बहुत पहले ही हो चुका था। इनका कोई पुत्र न रहने से इनकी गद्दी पर सर्वप्रथम इनके भतीजे रामसनेही बैठे थे। तदुपरांत कृष्णसनेही, कान्हग्वाल, ठाकुरदास, गोपालदास, कुंज-विहारीदास, रामसेवक, शिवप्रसाद, गंगा प्रसाद तथा अयोध्या प्रसार क्रमशः उत्तराधिकारी बनते गए और इस अंतिम व्यक्ति तक यह परम्परा वैसे ही चलती रही। अयोध्या प्रसार के अनंतर उक्त गद्दी का समाप्त हो जाना कहा जाता है और मलूकदास के सभी वंशज आजकल महंत कहलाते हैं।

रचनाएँ– संत मलूकदास की शिक्षा के संबंध में कुछ पता नहीं चलता, परन्तु इनकी उपलब्ध रचनाओं से विदित होता है कि ये कम से कम बहुश्रुत अवश्य थे। इनकी रचनाओं की संख्या ९ बतलायी जाती है और उनमें १. ज्ञान बोध २. रतनखान ३. भक्त-वच्छावली ४. भक्त-विरुदावली ५. पुरुषविलास ६. दंस रत्नग्रंथ ७. गुरु प्रताप ८. अलखबानी एवं ९. रामावतार लीला नाम की पुस्तकें गिनायी जाती हैं। विल्सन साहब ने इनके अन्य दो ग्रंथों अर्थात् साखी तथा विष्णुपद का भी उल्लेख किया है और आचार्य क्षितिमोहन सेन ने एक 'भक्तवत्सल ग्रंथ' का भी नाम दिया है जो संभवतः 'भक्त वच्छावली' ही जान पड़ता है। इनमें से किसी एक के भी प्रकाशित होने का पता नहीं चलता और कुछ तो ऐसी लिपियों में लिखे कहे जाते हैं जिन्हें ठीक ठीक पढ़ लेना बहुत कठिन है। उक्त सारी पुस्तकों का अध्ययन कर उनकी पारस्परिक तुलना किये बिना यह भी बतलाना संभव नहीं कि वास्तव में उनमें से कौन-कौन इनकी रचनाएँ हो सकती हैं। उक्त 'रामावतार लीला' के तो नाम से ही प्रतीत होता है कि वह किसी अन्य मलूकदास की रचना होगी। इनकी रचनाओं में 'भक्त-वच्छावली' सर्वश्रेष्ठ समझी जाती है। इनके चुने हुए शब्दों एवं साखियों का एक संग्रह 'मलूकदासजी की बानी' नाम से प्रकाशित हो चुका है जिसके देखने से भी इनके मत का कुछ परिचय मिल जाता है।

सतगुरु– संत मलूकदास ने सतगुरु का वर्णन करते समय उसमें तथा भगवान में कोई भेद नहीं दिखलाया है। इनके सतगुरु को विरले ही जान सकते हैं, उसके स्वरूप का वर्णन वही कर सकता है जो सुई के छेद से होकर सुमेर पर्वत को निकालने की शक्ति रखता हो। उस सतगुरु की पहचान या तो कबीरदास को थी अथवा उसे प्रह्लाद, नामदेव, नानक, वा

१. क्रुक्स : टाइब्स ऐंड कास्ट्स इ. (भा. ३) पृ. ४७३।

गोरख अवधूत जानते थे। उसकी लीला अद्‌भुत है। वह न सोता है, न जागता है, न खाता है न पीता है और न मरता वा जीता ही है। वह जिस किसी को भी शक्ति दे दे, वह बिना किसी वृक्ष के फलफूल लगा सकता है, एक क्षण में अनेक रूप धारण कर सकता है और फिर अकेला भी दीख सकता है। मेरा गुरु-भाई बिना पैरों के भी संसार का भ्रमण कर सकता है।[१] वह सतगुरु ही संत मलूकदास के 'रामराय' हैं जिन्होंने उसके नाव की डगमगी छुड़ा दी और वह ऑधी-तूफान के रहते हुए भी निर्भीक हो मजे में चलने लगी। उस सतगुरु ने ऐसी मुक्ति बतला दी जिससे युक्त हो ये उसे गहरे अथवा छिछले जल में खेते जा रहे हैं और इन्हें उसके उलटने तक की आशंका नहीं है।[२] परन्तु वह मुक्ति क्या है ? संत मलूकदास ने कहा है कि गुरु ने कृपापूर्वक मुझे यही मुक्ति बतला दी कि आपा खोजो जिससे भ्रम नष्ट हो जाए, त्रिभुवन का रहस्य प्रकट हो जाए और काल से भी युद्ध करने की शक्ति आ जाए। ब्रह्म का विचार, संतसेवा, गुरु-वचनों में विश्वास, सत्य, व संतोष का जीवन और नामस्मरण का स्वभाव अपनाने से अपनी आत्मा जागृत हो उठती है और यही उसके मत का सार है जिसे दूसरे शब्दों में आत्मज्ञान भी कहते हैं।'[३]

ईश्वर-विश्वास व नामस्मरण– संत मलूकदास की ईश्वर के अस्तित्व में प्रबल आस्था थी और उसके प्रति असीम निष्ठा थी। ये उसके प्रत्यक्ष वर्तमान रहने का अनुभव प्रति क्षण और प्रत्येक स्थल पर सच्चे हृदय से करते थे और अपने को ये उसका आत्मीय असंदिग्धरूप से समझा करते थे। ये उससे विनय करते हुए अपने एक सवैया द्वारा कहते हैं–

दीन दयाल सुनी जबतै तबतै हिया में कछु ऐसी बसी है।
तेरो कहाय के जाऊं कहाँ, मैं तेरे हित की पट खैंच कसी है।
तेरोई एक भरोस मलूक को, तेरे समान न दूजो जसी है।
एहो मुरारि पुकारि कहौं अब मेरी हँसी नहिं तेरी हँसी है॥ १४॥[४]

अर्थात् यदि मेरे प्रति तूने अनुग्रह नहीं दिखलाया, तो लोग तुझे ही हँसेंगे। उसके वात्सल्य भाव पर इन्हें इतना भरोसा है कि ये उसका नामस्मरण करने तक की वैसी आवश्यकता नहीं समझते। इन्होंने उसके प्रति अपने को पूर्ण-रूपेण समर्पित कर दिया है और उसके हाथ में पड़कर ये निश्चित भाव के साथ अपना जीवन यापन करते हैं। इनका कहना है कि,

माला जपौं न कर जपौं, जिभ्या कहौं न राम।
सुमिरन मेरा हरि करै, मैं पाया विसराम॥ ४१॥[५]

और इसीलिए इनके नामस्मरण का आदर्श इस प्रकार बतलाया गया है :

सुमिरन ऐसा कीजिये, दूजा लखै न कोय।
ओठ न फरकत देखिये, प्रेम राखिये गोय॥ ४०॥

---

१. 'मलूकदास जी की बानी', वे. प्रे. प्रयाग, पृ. १ : २।
२. वही, पृ. ३।
३. वही, पृ. १७।
४. वही' पृ. ३२।
५. वही, पृ. ३६।

अर्थात् नामस्मरण का तात्पर्य उसका प्रदर्शन कदापि नहीं हो सकता। यदि हृदय में अपने इष्ट के प्रति सच्चा प्रेम है, तो वह प्रेमी की प्रत्येक चेष्टा द्वारा यों ही इंगित होता रहेगा, उसके लिए बाह्य नियमों का पालन आवश्यक नहीं।

ईश्वर तत्व का स्वरूप–संत मलूकदास के उपर्युक्त कथनों से प्रतीत होता है कि इनका ईश्वर कोई एक व्यक्ति है जिसके साथ पारस्परिक संबंध बनाये रखने को वे परम इच्छुक हैं, किन्तु वास्तव में इनकी धारणा ऐसी नहीं है। आपा खोजने की युक्ति का स्पष्टीकरण करते हुए ये बतलाते हैं,

'आपा खोज रे जिय भाई।

आपा खोजे त्रिभुवन सूझै, अंधकार मिटि जाई॥ १॥

जोइ मन सोई परमेसुर, कोई बिरला अवधू जानै।

जौन जोगीपुर सब घट व्यापक, सो यह रूप बखाने॥ २॥

सब्द अनाहत होत जहाँ तें, तहाँ ब्रह्म की बासा।

गगन मंडल में करत कलोले, परम जोति परगासा॥ ३॥

कहत मलूका निरगुन के गुन, कोई बड़भागी गावै।

क्या गिरही और क्या वैरागी, जेहि हरि देय सो पावै॥ ४॥'[1]

अर्थात् हे भाई, आपा वा अपने आपको जी में ही खोजो जिससे भ्रांति दूर हो जाए और सारा विश्व तुम्हारे परिचय के भीतर आ जाए। जो मन है, वही परमेश्वर भी है जिसका हाल कोई विले जान पाते हैं और जो सबके घट का रहस्य जानता है, वही उसका रूप बतला भी सकता है। ब्रह्म का वास्तविक निवास हमारे भीतर वहाँ पर है जहाँ से अनाहत शब्द सुनाई पड़ता है और जहाँ पर वह परम ज्योति के रूप में गगन-मंडल के बीच खेलता हुआ-सा प्रतीत होता है। उस निर्गुण तत्व के लक्षण कोई बड़भागी पुरुष ही बतला सकता है और इसके लिए उसका गृही की दशा में रहना वा विरक्त होकर भ्रमण करते फिरना अनावश्यक है। यह शक्ति उस हरि की दया से अपने आप आ जाती है। यह एक स्थिति है जिसे संत मलूकदास ने 'अनुभव पद' का नाम दिया है और जिसे अन्य संतों की भाँति चौथा पद भी कहा है। ये कहते हैं कि पहले पद वा प्रथम स्थिति में देवी-देवता का पूजन महत्त्व रखता है, दूसरे पद में नियम एवं आचार-विचार का पालन किया जाता है, तीसरे पद में सभी प्रकार का शास्त्रीय ज्ञान प्राप्त हो जाने पर भी मौलिक भ्रांति तब रह जाती है और वह उस अनिर्वचनीय चौथे पद को पाने पर ही जा पाती है।[2] इस स्थिति में अनहद की तुरही बजती रहती है और सहज ही उसकी ध्वनि सुन पड़ती रहती है, ज्ञान की लहरें उठती रहती हैं और ज्योति जगमग-जगमग करती रहती है। उस समय अनुभव होता है कि अंतिम दशा को पहुँच गया, शून्य में ध्यान लग गया, तीनों दशाएँ विस्मृत-सी हो गईं और चौथा पद प्राप्त हो गया। अनुभव के उत्पन्न होते ही भ्रांति का भय दूर हो जाता है, साधक सीमित बातों को छोड़ निःसीम में लग जाता है, उसके भीतर ज्ञान का प्रकाश फैल जाता है और आत्म-जाग्रति हो जाती है। फिर तो अपने को कैसी भी बाह्य स्थिति में हम

१. 'मलूकदासजी की बानी', वे. प्रे. प्रयाग, पृ. १७।

२. वही, पृ. २३।

डालें, हमें दुविधा नहीं सता पाती और हम पक्के 'रावल' बन जाते हैं।[१]

हृदय की विशालता– संत मलूकदास एक पहुँचे हुए महात्मा थे और इनका सांसारिक अनुभव भी कच्चा नहीं था। ये कैसी भी स्थिति में पड़कर घबड़ाना नहीं जानते थे, बल्कि उसे अपने सामने आ गई हुई अनिवार्य बात मानकर उसे आनंदपूर्वक अनुभव कर लेना आवश्यक समझते थे। ये विश्व-कल्याण के इतने पक्षपाती थे कि उसका सारा दुःख अपने ऊपर सहर्ष उठा लेने के लिए भी ये प्रस्तुत रहा करते थे। इनका कहना था कि,

'जे दुखिया संसार में, खोवो तिनका दुक्ख।
दलिद्दर सौंप मलूक को, लोगन दीजै सुक्ख॥ ५३॥"[२]

और इस कथन से इनके हृदय की विशालता की एक झाँकी मिलती है। इनके अनुभव की बानगी इनकी अनेक सुन्दर उक्तियों में भी दीखती है जो कभी-कभी पूर्ण भावभरी तथा अत्यंत चुटीली जान पड़ती हैं।

परिचय व शिष्य– संत मलूकदास की ख्याति इनके जीवन-काल में बहुत फैल गई थी और इनसे भेंट करने के लिए बहुत-से लोग इच्छुक रहा करते थे। प्रसिद्ध है कि अपनी पूर्वयात्रा के अवसर पर सिखों के नवें गुरु तेगबहादुर सिंह ने भी इनसे कड़ा गाँव में भेंट की थी और सत्संग किया था। इसी प्रकार इनका मुग़ल सम्राट् औरंगजेब द्वारा भी सम्मान पाने की एक कथा प्रचलित है। कहा जाता है कि जब उसने इन्हें अपने दरबार में दर्शनों के लिए बुलाया, तब इन्होंने उसके अहदियों के वापस आने से पहले ही उससे जाकर भेंट कर ली जिससे वह बड़े आश्चर्य में पड़ गया। इनके कहने से उसके द्वारा कड़ा नामक गाँव के लोगों पर से जजिया कर का उठा लिया जाना भी प्रसिद्ध है। औरंगजेब का कोई फतेहखाँ नामक कर्मचारी तो संत मलूकदास का इतना बड़ा भक्त हो गया कि उसने अपनी नौकरी तक का परित्याग कर दिया और इनके साथ 'मीरमाधव' कहलाकर रहने लगा। इस मीरमाधव की गणना संत मलूकदास के प्रधान शिष्यों में की जाती है। उसकी समाधि भी कड़ा में वहीं बनी है जहाँ उसके गुरु की वर्तमान है। इनके अन्य मुख्य १२ शिष्यों में लालदास, रामदास, उदयराय, प्रभुदास, सुदामा आदि के नाम आते हैं, परन्तु उनका कोई परिचय उपलब्ध नहीं है।

पंथ का प्रचार– संत मलूकदास के कहीं जाकर अपने मत का प्रचार करने अथवा किसी मठ के स्थापित करने का उल्लेख कहीं भी नहीं पाया जाता। फिर भी इनके अनुयायियों की संख्या कम नहीं और वे, पूर्व में पुरी एवं पटना से लेकर पश्चिम की ओर काबुल व मुल्तान तक मिला करते हैं। किंबदंती है कि प्रयाग में इनकी गद्दी की स्थापना इनके शिष्य दयालदास कायस्थ ने की थी, इस्फहाबाद में इसके लिए हृदयराम पहुँचे थे, लखनऊ में गोमतीदास ने उसकी बुनियादी डाली थी, मुल्तान में मोहनदास गये थे, सीता कोयल (दक्षिण) में पूरनदास ने मठ स्थापित किया तथा काबुल में रामदास ने जाकर इनके पंथ का प्रचार किया। इनकी अन्य गद्दियाँ जयपुर, गुजरात, वृंदावन, पटना और नेपाल तक पायी जाती हैं। इनकी पुरीवाली गद्दी के विषय में चर्चा करनेवाले इनके शव का वहाँ तक, जल के प्रवाह के साथ बहते हुए, पहुँचने की घटना का आविष्कार करते हैं। उनका कहना है कि बाबा मलूकदास का मृत शरीर

१. 'मलूकदासजी की बानी', पृ. २१।
२. वही, पृ. ३७।

का मृत शरीर कड़ा से चलकर पहले प्रयाग के किसी घाट पर ठहरा, एक घाटिये से थोड़ा पानी पीने को माँगा और फिर डुबकी लगाकार काशी जा निकला, जहाँ पर कलम-दावात माँगकर अपनी पहुँच की सूचना लिख दी तथा वहाँ से भी डुबकी मारकर जगन्नाथपुरी चला गया। वहाँ पर जगन्नाथजी ने पंडों को स्वप्न दिया कि समुद्र तट पर एक रथी पड़ी हुई है, उसे मेरे यहाँ शीघ्र उठा लाओ। रथी के आने पर संत मलूकदास के शव ने जगन्नाथजी से बात चीत की और उनसे प्रार्थना की कि मेरे विश्राम के लिए अपने पनाले के निकट स्थान दीजिए और मेरे भोजन के लिए अपने भोग लगानेवाले 'दाल-चावल के पछोरन' बिनका का रोट और तरकारी के छीलन की भाजी' का प्रबंध कर दीजिए। तदनुसार जगन्नाथजी के पनाले के पास मलूकदासजी का स्थान अब तक मौजूद है और उनके नाम का रोट अब तक जारी है जो यात्रियों को जगन्नाथजी के भोग के साथ प्रसाद में मिलता है[१]; परन्तु जैसे इसके पहले ही कहा जा चुका है, ये सारी बातें पीछे से गढ़ी हुई जान पड़ती हैं और इनका कोई यदि महत्त्व भी हो, तो वह किसी अन्य मलूकदास के साथ इनकी अभिन्नता सिद्ध करने के प्रयास में ही समझा जा सकता है।

मलूक-पंथ की वंशावली

मुरारस्वामी

|

मलूकदास (सं. १६३१ : १७३९) कड़ा, मानिकपुर

|

गोमती दास (लखनऊ)	सुथरा दास	रामसनेही (मलूक के भतीजे, कड़ा)	पूरनदास (सीता कोयल)	दयालदास	मीरमाधव	मोहन दास (मुल्तान	हृदयराम (इस्फहा बाद)

कृष्णसनेही (,)

|

कान्हग्वाल (,)

|

ठाकुरदास (,)

|

गोपालदास (,)

|

कुंजबिहारी दास (,)

---

१. 'मलूकदासजी की बानी' (जीवन-चरित्र) पृ. ७।

|
रामसेवक ()
|
शिवप्रसाद ()
|
गंगप्रसाद ()
|
अयोध्या प्रसाद (इनके अनंतर गद्दी समाप्त समझी जाती है।)

षष्ठ अध्याय

समन्वय व साम्प्रदायिकता

(सं. १७०० : १८५०)

१. सामान्य परिचय

संतों की स्वानुभूति– संतों ने जो सिद्धान्त निश्चित किये थे और जिन साधनाओं को उन्होंने अपनाया था, उनका मूल स्रोत उनकी स्वानुभूति ही थी। इस कारण उन्होंने भिन्न-भिन्न धर्मों के प्रधान मान्य ग्रंथों अथवा व्यक्तिविशेष के प्रमाणों की ओर अधिक ध्यान नहीं दिया था और न इस बात को सिद्ध करने की ही कभी चेष्टा की थी कि उनके उक्त विचार प्रचलित धर्मों के मुख्य-मुख्य सिद्धांतों के साथ कहाँ तक मेल खाते हैं। वे विचार-स्वातंत्र्य के पोषक थे और उनकी धारणा यह थी कि सत्य को सत्य मानने के लिए किसी बाह्य आधार की आवश्यकता नहीं और न किसी अवलंब का सहारा लेना ही अनिवार्य है। कोई बात केवल इसलिए ही ठीक नहीं कि उसका ऐसा होना धर्मग्रन्थों में लिखा मिलता है अथवा उसका ऐसा होना किसी बड़े से बड़े महापुरुष ने बतलाया है। उसकी सत्यता अपने अनुभव द्वारा प्रमाणित भी कर लेनी चाहिए। उसके लिए केवल बाहरी प्रमाणों की अपेक्षा करना ठीक नहीं। संभव है कि उक्त धर्मग्रंथों के रचयिता महापुरुषों ने भी अपनी स्वानुभूति के बल पर उसे हमारी ही भाँति सत्य समझा हो और यह बात हमारे भीतर उसके प्रति श्रद्धा व विश्वास लाने का कारण बन सकती है। परन्तु इतना ही पर्याप्त नहीं और न हमारे सिद्धांतों को केवल उसी बल पर आश्रित रहना उचित कहा जा सकता है। संतों की यह धारण उनके हृदयों की सचाई, उनके विचारों की स्वतंत्रता तथा उनके सिद्धांतों की असंदिग्धता का परिचाक थी और उसके द्वारा हमें उनके मूल्यांकन में बड़ी सहायता मिलती है। उनकी सारी बातें हमारे समक्ष शुद्ध 'उनकी' होकर ही आती हैं और उनके विषय में हमें किसी सम्मिश्रण का भ्रम नहीं रहता।

समन्वय की प्रवृत्ति– परन्तु ज्यों-ज्यों संतों के विविध पंथ प्रचलित होने लगे और उनके पृथक् धर्म वा सम्प्रदाय कहलाने की परम्परा आरंभ होती गई, त्यों-त्यों उनके अनुयायी अपने-अपने वर्गों को अन्य धार्मिक वर्गों की भाँति भिन्न सम्प्रदायों के रूप में समझने की ओर प्रवृत्ति होते गए। तदनुसार उन्होंने अपने कुछ विचारों की तुलना कतिपय धर्मों के सिद्धांतों के साथ करना आरंभ कर दिया और उनकी समान व असमान बातों की समीक्षा भी होने लगी। उस समय उन्हें स्पष्ट दीख पड़ने लगा कि बहुत-सी प्रधान-प्रधान बातों में वे दोनों एक समान हैं तथा यही परिणाम अन्य धर्मों के साथ तुलना करने पर भी निकाला जा सकता है। यहाँ तक कि इस प्रकार विचार करने पर यह भी सिद्ध किया जा सकता है कि सभी धर्म वा सम्प्रदाय अपने मुख्य-मुख्य सिद्धांतों की दृष्टि से प्रायः एक समान हैं। उनकी उन एक समान

दीख पड़नेवाली बातों की ओर समुचित ध्यान न देकर केवल शेष असमान बातों को ही महत्त्व प्रदान करना ठीक नहीं, क्योंकि एक तो वे बातें एक समान सर्वमान्य न होने के कारण मतभेद व वैमनस्य तक का भय बना रहता है। इसलिए यदि संसार में एकता व समानता का भाव स्थापित करना वास्तव में अभीष्ट है, तो उक्त नियम के अनुसार मुख्य-मुख्य सिद्धांतों का समन्वय किया जाना भी आवश्यक है। ऐसा करने पर आप से आप सिद्ध हो जाएगा कि संसार के प्रचलित धर्मों के मुख्य-मुख्य सिद्धान्तों में वास्तविक अंतर नहीं और इस प्रकार धर्मों की विविधता के नाम पर आपस में एक दूसरे को मूलतः भिन्न स्वभाव का भी मान बैठना तथा व्यर्थ के झगड़े मोल लेना मूर्खता का द्योतक है। इससे न तो किसी व्यक्ति वा धार्मिक समुदाय का सच्चा हित हो सकता है और न इसके द्वारा कभी विश्व-कल्याण की ही आशा की जा सकती है।

समन्वय का सूत्रपात– इस युग के प्रारंभ के प्रायः ५०-६० वर्ष पहले अकबर (सं. १५९९ : १६६२) के दरबार में भिन्न-भिन्न मतावलंबियों की पारस्परिक धर्म-चर्चा आरंभ हो चुकी थी। उसने सभी धर्मों की मौलिक एकता के संबंध में अपना निर्णय कर लिया था और उसके आधार पर 'दीन इलाही' नामक एक समन्वयात्मक मत की उसने बुनियादी भी डाली थी। तब से इस प्रकार की भावना तत्कालीन वातावरण में क्रमशः प्रवेश करती जा रही थी और लोगों का ध्यान इस ओर अधिकाधिक आकृष्ट होता जा रहा था। इसके सिवाय सम्राट् अकबर के प्रपौत्र प्रसिद्ध शाहजादा दाराशिकोह (मृ. सं. १७१६) की प्रवृत्ति भी इधर हो चली और उसने वेदांत के ग्रंथों का फारसी-अनुवाद करना आरंभ किया तथा भिन्न-भिन्न मतों के आचार्यों के साथ इसी अभिप्राय के सत्संग भी करने लगा। इन प्रयत्नों के सिलसिले में ही उसकी भेंट संत बाबालाल से हुई जो वेदांत एवं सूफी-सम्प्रदाय के सिद्धांतों से पूर्णतः परिचित थे और जो इस युग के प्रसिद्ध संत समझे जा सकते हैं। समन्वयात्मक विचारों से ही अनुप्रणित इस युग के एक अन्य संत प्राणनाथ भी हुए जिन्होंने हिंदू व मुस्लिम धर्मों के अतिरिक्त ईसाई धर्म के भी समान सिद्धांतों पर ध्यान दिया और इन तीनों की मौलिक एकता के आधार पर अपने 'धामी सम्प्रदाय' का प्रवर्तन किया। संत दरियादास ने इसी युग के अंतर्गत अपनी साधना-प्रणाली में अनेक मुस्लिम आचार-पद्धतियों का समावेश किया तथा संत रामचरणदास ने भी प्रायः उसी ढंग से जैन धर्म की अनेक बातें अपनायीं। इन संतों के अनुसार किसी भी धर्म वा सम्प्रदाय विशेष के व्यापक सिद्धांत सर्वमान्य समझे जा सकते हैं और उन्हें स्वीकार कर लेना अनुचित नहीं कहा जा सकता।

अन्य प्रवृत्तियाँ– समन्वय की प्रवृत्ति के उक्त प्रकार से जागृत हो जाने पर यह स्वाभाविक था कि संतमत के अनुयायियों में अन्य धर्मों के प्रवर्तकों व उनके मान्य ग्रंथों के प्रति श्रद्धा का भाव भी बढ़े। फलतः वेदांत-ग्रंथों के साथ-साथ सूफियों की रचनाओं के प्रति आदर बढ़ा और ईसाइयों की 'बाइबिल' की ओर भी उनका ध्यान आकृष्ट होने लगा। दादू-पंथ के प्रसिद्ध संत सुन्दरदास ने वेदांत-दर्शन का गंभीर अध्ययन कर उससे प्रभावित कई ग्रंथों की रचना इस युग के कहीं प्रारंभ में ही की थी और बावरी-पंथी भीखा साहब ने भी इसके प्रायः अंत में अपनी वेदांतमतपरक बानियों को प्रस्तुत किया। इसके सिवाय इस युग के कतिपय प्रमुख संतों ने हिंदुओं के अन्य धार्मिक ग्रंथ जैसे, पुराणों व इतिहासों का भी अध्ययन प्रारंभ किया। संत चरणदास ने इसी युग के अंतर्गत 'श्रीमद्भागवत' के आधार पर अपनी भक्तिसाधना का

निरूपण किया, कई उपनिषदों में बतलाये गए ज्ञानयोग की व्याख्या की, तथा अपनी विविध रचनाओं में भिन्न-भिन्न भक्त-चरित्रों के प्रसंग देकर अपने मत की पुष्टि में सहायता ग्रहण की। संत शिवनारायण ने भी लगभग इसी ढंग पर प्राचीन भक्तों के उल्लेख किये तथा दादू-पंथी राघोदास, बाबा किना राम के गुरु शिवा राम एवं संत दुखहरन ने भी अपनी-अपनी भक्तमालों की रचना की। दूलनदास ने तो देवस्तुति की परिपाटी चलायी और अपनी रचनाओं में कई स्थलों पर पौराणिक बातों को प्रमुख स्थान दिया। इतना ही नहीं, दरियादास व गरीबदास ने इस युग के अंतर्गत कबीर साहब को न केवल अपना आदर्श-मात्र माना, अपितु पहले ने अपने को उनका अवतार तथा दूसरे ने उसी प्रकार गुरुमुख शिष्य तक घोषित कर दिया। इसी युग में संत चरणदास ने भी पौराणिक मुनि शुकदेव को तथा बाबा किना राम ने दत्तात्रेय को गरीबदास की ही भाँति अपना-अपना प्रत्यक्ष गुरु स्वीकार किया था। इस प्रकार की प्रवृत्तियों को इस युग में यहाँ तक उत्साह मिला कि प्राचीन आधारों का अवलंबन ग्रहण करना तथा प्रमाणपारायण होना एक साधारण-सी बात हो गई और उस काल के अनेक संतों तथा साधारण हिंदू सम्प्रदायों के अनुयायियों के बीच किसी स्पष्ट अंतर की ओर अंगुलिनिर्देश करना एक प्रकार से बहुत कठिन हो गया।

परसरामीय सम्प्रदाय–परन्तु जिस प्रकार इस युग के संतमतानुयायी पंथ साधारण हिंदू धर्म की अनेक बातों से प्रभावित हो रहे थे, उसी प्रकार कई साधारण हिंदू सम्प्रदायों पर भी इनका प्रभाव प्रत्यक्ष वा अप्रत्यक्ष रूप में पड़ने लगा था और उनमें से कई एक उस समय एक प्रकार के मिश्रित सम्प्रदाय का रूप ग्रहण करने लगे थे। उदाहरण के लिए राजस्थान के परशुराम देवाचार्य द्वारा प्रवर्तित 'परसरामीय सम्प्रदाय' तथा पूर्वी उत्तर प्रदेश के बाबा रामचंद्र द्वारा स्थापित 'सीतारामीय सम्प्रदाय' के नाम लिये जा सकते हैं। परशुराम देवाचार्य निंबार्क सम्प्रदाय के अनुयायी थे और उनके मुख्य सिद्धांत भी प्रायः उसी प्रकार उनके पीछे तक प्रभावित रहते आये। किन्तु उनकी बहुत-सी रचनाओं के देखने तथा उनके अनुयायियों की उपासना पद्धति पर भलीभाँति विचार करने से स्पष्ट लक्षित होता है कि अपने मूल स्रोत से वे कई बातों में पृथक् जा पड़े थे और इसका प्रधान कारण उन पर पड़ा हुआ संतमत का प्रभाव था। इसमें संदेह नहीं कि उनके अनुयायियों के भेष वा धार्मिक चिन्ह मूल सम्प्रदाय का ही अनुसरण करते हैं और उनकी उपासना-पद्धति का प्रधान अंग भी लगभग ज्यों का त्यों है, किन्तु जहाँ तक उनके दार्शनिक दृष्टिकोण, परमतत्व के स्वरूप वा अन्य ऐसी बातों का संबंध है, वे बहुत कुछ संतमत के निर्गुणविशिष्ट विचारों का भी आश्रय ग्रहण करते हुए प्रतीत होते हैं और उस हद तक हम कह सकते हैं कि 'परसरामीय सम्प्रदाय' अपने प्रवर्तन कालीन संतों का ऋणी है।

सीतारामीय सम्प्रदाय–इसी प्रकार 'सीतारामीय सम्प्रदाय' के संबंध में भी कहा जा सकता है कि वह संतमत का आभारी है। इस सम्प्रदाय के संस्थापक बाबा रामचंद्र वर्तमान बलिया जिले के चंदाडीह नामक गाँव के निवासी थे और उनका जीवन-काल सं. १८२० : १८९० के मध्य में समझा जाता है। उक्त बाबा एक बहुत अच्छे पंडित थे और वे काव्यकला में भी अत्यंत निपुण थे, जैसा कि उनकी प्रसिद्ध रचना 'चरणचन्द्रिका' से सिद्ध होता है। कहते हैं कि अपने जीवन के उत्तर काल में इन पर संतमत के किसी सुयोग्य अनुयायी का बहुत बड़ा प्रभाव पड़ा और ये उसके शिष्य हो गए तथा उस समय से उन्होंने एक नवीन सम्प्रदाय का

प्रचार करना आरंभ कर दिया। इनके शिष्य बाबा नवनिधिदास (सं. १८१० : १९२०) ने इस मत के प्रचार में इनसे भी अधिक सफलता पायी। फलतः सम्प्रदाय के अनुयायियों के साथ-साथ इसके ग्रंथों की भी संख्या में उत्तरोत्तर वृद्धि होती गई[१] और यह बहुत दिनों तक एक सजग व समृद्ध सम्प्रदाय के रूप में अपना प्रचार करता रहा। इस सम्प्रदाय के अनुयायियों की संख्या इस समय अधिक नहीं कही जा सकती, किन्तु इसके ग्रंथ अनुपात के विचार से कम नहीं हैं और उनमें कुछ प्रकाशित भी हो चुके हैं। ऐसे ग्रंथों के अनुसार इस सम्प्रदाय के अनुयायी अपना आदिगुरु कबीर साहब को मानते हैं और अपने को मूलतः उन्हीं का अनुसरण करनेवाला बतलाते हैं। उनके ग्रंथ 'संतमतसार' से यह भी पता चलता है कि कबीर साहब की परम्परा में ही कोई झामदास हुए थे जो बाबा रामचंद्र के पथ-प्रदर्शक थे। उक्त ग्रंथों में संतमत की अनेक बातों को अक्षरशः स्वीकार भी किया गया है, किन्तु इनके इष्टदेव सीताराम की भावना तथा इनकी उपासना पद्धति में प्रवेश पाये हुए तंत्रोपचार की प्रधानता व यत्र-तत्र लक्षित होनेवाली बहुदेववाद की झलक इसे उक्त मत के अंतर्गत स्थान ग्रहण करने में बाधा उपस्थित कर देती है।

अलौकिक प्रदेश—जो हो, इस युग को इसके पूर्ववर्ती युग से पृथक् करने के लिए कुछ अन्य कारण भी दिये जा सकते हैं। पौराणिकता के उपर्युक्त प्रभाव का परिणाम इस युग में आकर एक अन्य प्रकार से भी लक्षित हुआ। कबीर साहब ने संतमत के अंतिम ध्येय अथवा संतों की अभीष्ट सिद्धावस्था को 'परमपद' का नाम दिया था, जो वास्तव में उनके द्वारा प्रयुक्त इसके अन्य पर्यायवाची शब्दों के रहते हुए भी एक प्रकार की आध्यात्मिक स्थिति वा दशा-मात्र का ही परिचायक था। गुरु नानक देव ने अपनी रचना 'जपुजी' में उसे 'सच खड' का नाम अवश्य दिया था, किन्तु उसे अपनी व्याख्या द्वारा स्पष्ट करते समय उन्होंने उसी ओर संकेत कर दिया था। फिर भी इस युग के लगभग प्रारंभ काल से ही उसे भिन्न-भिन्न नामों द्वारा एक प्रकार का भौगोलिक रूप दिया जाने लगा। संत प्राणनाथ ने इसे 'धाम' की संज्ञा दी जो किसी पावन वा पवित्र स्थान को लक्ष्य करता था और उन्होंने उसे पूर्ण महत्त्व प्रदान कर वहाँ के रहनेवाले तथा उस तक पहुँचनेवाले को 'धामी' के नाम से अभिहित किया। परन्तु संत दरियादास इससे और भी आगे बढ़ गए और कदाचित् शिवलोग, विष्णुलोक व गोलोक जैसे प्रचलित शब्दों का ध्यान रखते हुए उन्होंने उसे 'छपलोक', 'सत्यलोक' वा 'अभयलोक' कहने की प्रणाली प्रवर्तित की तथा उसके वर्णनों में भी अनेक भौगोलिक बातों का समावेश कर दिया। फिर तो उसे 'देश' तक कहना भी सरल हो गया और संत शिवनारायण ने उसे 'संतदेश' वा संतों का घर नाम देकर उसके पार्थिव रूप को और भी स्पष्ट कर दिया। इस प्रकार कबीर साहब की उपर्युक्त धारणा क्रमशः आगे चलकर एक मानसिक स्थिति से किसी अलौकिक प्रदेश के रूप में परिणत हो गई और उसमें तथा पौराणिक बैकुंठादि में कोई विशेष अंतर नहीं रह गया।

पवित्र ग्रंथ—इसी प्रकार हम यह भी देखते हैं कि कबीर साहब का शरीरांत होने के अनंतर उनकी उपलब्ध रचनाओं के कुछ संग्रह बनने लगे थे और गुरु नानकदेव के शिष्य गुरु अंगद ने भी अपने अनुयायियों की सहायता से सर्वप्रथम वैसा ही प्रयत्न किया था।

१. श्री महंत जैकृष्णजी : 'श्री पोथी संतमतसार' बनारस १९०५ ई., पृ. २।

किन्तु कालक्रमानुसार भिन्न-भिन्न मतों के समर्थकों ने अपने गुरुओं व पथ-प्रदर्शकों की भिन्न-भिन्न रचनाओं की सुव्यवस्थित रूप भी देना आरंभ कर दिया और इस प्रकार 'आदिग्रंथ', 'बीजक' व 'अंगवधू' जैसे संग्रहों की सृष्टि हो चली। ऐसे ग्रंथों का संपादन पहले पहल केवल इसी विचार से किया गया था कि उनमें संगृहीत बहुमूल्य बानियों को आगे के लिए सुरक्षित रखना उनके द्वारा निर्दिष्ट मत को प्रमाणित करने के लिए आवश्यक समझा गया था किन्तु इस युग के आने पर उनकी साधारण उपादेयता ने क्रमशः उनकी श्रद्धेयता का भी रूप ग्रहण कर लिया और उन्हें अब से पवित्र धर्मग्रंथ माना जाने लगा। कबीर-पंथ का 'बीजक', सिख धर्म का 'आदिग्रंथ', साध-सम्प्रदाय के 'आदि उपदेश' और 'बानी' ग्रंथ, दादू-पंथ के 'अंगबधू' व 'सर्वंगी ग्रंथ' अब से प्रसिद्ध मान्य ग्रंन्थों की कोटि में गिने जाने लगे और उन्हें आदर्शवत् मानकर उनके अनुकरण में धामी सम्प्रदाय के 'कुलजम शरीफ' तथा शिवनारायणी सम्प्रदाय के 'गुरु अन्यास' ग्रंथ पूज्य भी हो चले। सिखों के दसवें गुरु गोविन्दसिंह के अंतिम आदेशानुसार 'आदिग्रंथ' की प्रतिष्ठा यहाँ तक बढ़ गई कि वह स्वयं गुरु के समान 'गुरु ग्रंथ साहब' कहलाकर प्रसिद्ध हो गया। इस बात का परिणाम यह हुआ कि उक्त ग्रंथों की अलौकिकता ने उन्हें सर्वसाधारण के लिए एक परम गोपनीय वस्तु की पदवी दे डाली और वे क्रमशः प्रमाणिक आधारों की जगह से उठते हुए अज्ञात वा अज्ञेय की दशा तक पहुँच गए। उनमें से बहुतों का अभी तक अप्रकाशित रूप में पड़ा रहना भी कदाचित् इसी बात का परिणाम है।

ग्रंथरचना पद्धति—परन्तु इस युग के संतों की अपनी ग्रंथरचना पद्धति पूर्ववर्ती संतों से कई बातों में भिन्न भी और इसका कारण कुछ अंशों में तत्कालीन हिन्दी साहित्य की रीति-परम्परा में मिल सकता है। पूर्ववर्ती संत अपनी रचनांएँ अधिकतर पदों व साखियों में किया करते थे, जो प्राचीन पद्धति का अनुसरण था। किन्तु इस युग की अनेक रचनाएँ हमें दोहा, चौपाई, कवित्त, सवैया, अरिल्ल, रेखता व कुंडलिया जैसे विविध छंदों में मिलते हैं जो अधिकतर सूफ़ी कवियों की हिंदी कृतियों एवं रीतिकालीन पद्धति के कारण हो सकता है। इसके अतिरिक्त इस युग के संतों में प्रचार की भावना अत्यधिक काम करती थी, जिस कारण उन्होंने समय की गति देखकर चलना आवश्यक समझा था, और फलतः उनका ध्यान ऐसी बातों की ओर कम गया जो संतमत की मुख्य देन थीं और जिनके प्रति उपेक्षा के कारण उनकी पूर्व प्रतिष्ठा आगे तक बनी न रह सकी।

शासन-विद्रोह—इस युग की एक अन्य विशेषता संतों द्वारा तत्कालीन शासन के विरुद्ध विरोध का झंडा उठाने की प्रवृत्ति में भी लक्षित होती है। सिखों के छठे गुरु हरगोविन्द राय ने अपने पिता गुरु अर्जुनदेव की नृशंसतापूर्ण हत्या के कारण क्षुब्ध होकर जो इसके पहले मुगलशासन के विरुद्ध प्रतिशोध की प्रतिज्ञा की थी, उसका परिणाम उनके अनंतर दसवें गुरु गोविन्द सिंह तथा वीर बंदा बहादुर की लड़ाइयों के रूप में इसी युग के अंतर्गत दीख पड़ा। इसके सिवाय बादशाह औरंगजेग के विरुद्ध सत्तनामियों ने भी इसी काल में अपना विद्रोह आरंभ किया। जिस प्रकार गुरु नानकदेव के शांति व सद्भाव प्रचार करनेवाले नानक-पंथ ने मुगलशासन के विरुद्ध लोहा लेनेवाले युद्धनिपुण खालसा सिपाहियों का संगठन किया, कदाचित् उसी प्रकार एक शुद्ध व सात्विक जीवन का उपदेश देनेवाले साध-सम्प्रदाय ने भी इस काल में लगभग वैसी ही परिस्थिति से विवश होकर सत्तनामी विद्रोहियों का एक पृथक् वर्ग उत्पन्न कर दिया।

सारांश व सूफी-प्रभाव—सारांश यह कि इस युग में इसके पूर्ववर्ती युग की अपेक्षा संत-सम्प्रदायों के भीतर एक दूसरे से पृथक् व भिन्न कहलाने की प्रवृत्ति प्रबलतर सिद्ध हुई और उनमें से कई ने अन्य धर्मों के साथ अनेक बातों का आदान-प्रदान भी आरंभ कर दिया। उन पर पौराणिकता व पौराणिक हिन्दू-धर्म का प्रभाव अधिकाधिक दृष्टिगोचर होने लगा और उनकी साधनाओं में भी ज्ञान की अपेक्षा भक्ति एवं वाह्याचार की मात्रा कहीं अधिक दीख पड़ने लगी। इसके अतिरिक्त उनकी प्रचलित साधना में एक और बात भी विशेषरूप से लक्षित होने लगी। संत बाबालाल व प्राणनाथ के ही समय से प्रेमसाधना का प्रदेश संतमत के एक आवश्यक अंग के रूप में हो चुका था और वह धरनीश्वरी सम्प्रदाय तथा अंत में रामसनेही सम्प्रदाय तक एक अत्यंत महत्त्वपूर्ण स्थान पाने लगी। वास्तव में इस युग के अंतर्गत कई ऐसे सूफियों का भी आविर्भाव हुआ जो अनेक दृष्टियों से संतों की श्रेणी तक पहुँच जाते हैं और जिनका उल्लेख इस पुस्तक में यथास्थान कर दिया गया है। किन्तु उन दीनदरवेश एवं बुल्लेशाह के अतिरिक्त हम इसी युग के दो अन्य सूफियों अर्थात् शाह लतीफ (सं. १७९७ : १८७७) तथा मियाँ नजीर के भी नाम ले सकते हैं जो अपने सदाचरण एवं सुन्दर कृतियों के लिए परम प्रसिद्ध हैं। शाह लतीफ सिंध प्रदेश के पीर थे और उन्होंने अपनी रचनाएँ सिंधी भाषा में की थीं। उनका जीवन एक सच्चे सूफी का जीवन था और वे कदाचित् अपने अंतिम समय तक उक्त प्रांत के भीट नामक स्थान में रहते रहे। उनकी रचनाओं पर कबीर साहब का बहुत बड़ा प्रभाव पड़ा और उनमें अनेक स्थल कबीर साहब की रचनाओं से सिधी भाषा में प्रायः ज्यों के त्यों उल्था कर लिए गए से जान पड़ते हैं। इसके सिवाय शाह साहब ने कदाचित कबीर साहब के ही प्रभाव में आकर अपनी रचनाओं में राम शब्द तक का प्रयोग किया है।[१] मियाँ नजीर आगरा नगर के निवासी थे और धनी मानी लोगों के लड़कों को पढ़ाकर अपनी जीविका चलाते थे। ये एक अत्यंत उदार व मस्तमौला जीव थे और सूफी होने पर भी मुस्लिम बातों के साथ-साथ हिंदू भावों, त्योहारों व देवताओं तक पर रचना कर दिया करते थे। इनकी कृतियों में प्राचीन सूफियों की कोरी विरह-भावना व निराशावादिता लक्षित नहीं होती, प्रत्युत उनके अंतर्गत उल्लास व सहृदयता के भाव भी दीख पड़ते हैं। इनकी मनोहर कथन-शैली व मुहावरेदार भाषा के कारण इनके लिखे पद बहुत-से लोगों की स्मृति से जल्दी अलग नहीं हो पाते।[२] इनकी ब्रह्मानंद, जीवन-रहस्य एवं प्रकृति वर्णन संबंधी अनेक पंक्तियों को गाते हुए स्वामी रामतीर्थ बहुधा भावावेश में आ जाते थे।

२. बाबालाली सम्प्रदाय

चार बाबालाल—पंजाब प्रांत में बाबालाल नामक चार महात्माओं के नाम प्रसिद्ध हैं।

---

१. शाह लतीफ पर कबीर का प्रभाव (सम्मेलन निबंधमाला, सं. २००५) पृ. ६१

२. उदाहरण के लिए देखिए:
'हर आन हँसी हर आन खुशी, हर वक्त अमीरी है बाबा।
जब अशिक मस्त फकीर हुए, फिर क्या दिलगीरी है बाबा॥'
'गुल शोर बबूला आग हवा, ओ कीचड़ पानी मिट्टी है।
हम देख चुके इस दुनिया को, यह धोके की सी टट्टी है॥'
'जिस ढाल में रक्खा वहाँ उस ढाल में खुश हैं।
पूरे हैं वही मर्द जो हर हाल में खुश हैं॥,

रोज साहब के अनुसार उन चारों में से एक पिंडिदादन खाँ स्थान के निवासी थे, जो सूखी लकड़ी को भी शीशम का हरा-भरा पेड़ बना डालने के कारण टहलीवाला वा टहनीवाला कहलाते थे। एक दूसरे का निवास-स्थान मेरा वा थेरा नामक पश्चिमी प्रांत का ही कोई नगर था और तीसरे का एक मठ गुरदासपुर में विद्यमान है। सबसे प्रसिद्ध बाबालाल को व इन तीनों से भिन्न मानते हैं और कहते हैं कि दाराशिकोह से बातचीत करनेवाला उन तीनों में से कोई नहीं था।[१] दाराशिकोह के संपर्क में आनेवाले बाबालाल को मालवा प्रांत के किसी खत्री परिवार में उत्पन्न होनेवाला कहा जाता है। और उनका जन्मकाल भी सन् १५९० वा सं. १६४७ बतलाया जाता है।[२] अपनी आध्यात्मिक पिपासा की शांति के लिए वे अपने जन्म-स्थान से लाहौर की ओर निकल पड़े थे, जहाँ उन्हें चैतन्य स्वामी वा बाबा चेतन से भेंट हुई थी और इन्हीं से उन्हेंने दीक्षा ग्रहण की थी।

जीवन-काल व जन्म-स्थान—परन्तु बाबालाली सम्प्रदाय के अनुयायियों के मतानुसार इनका जन्म सं. १४१२ की माघ शुक्ला द्वितीया को हुआ था और इनके देहांत की तिथि सं. १७१२ की कार्तिक शुक्ला दशमी थी जिस कारण ये ३०० वर्षों तक जीवित रहे थे। इनका जन्मस्थान भी ये लोग कुशपुर वा कुसूर में बतलाते हैं जो लाहौर नगर से बहुत दूर नहीं है और जो इसी कारण मालवा की जगह पंजाब प्रांत में वर्तमान है। इन्हीं बाबालाल को ये लोग चैतन्य स्वामी द्वारा दीक्षित होना मानते हैं और दाराशिकोह से बातचीत करनेवाला भी स्वीकार करते हैं। उपलब्ध सामग्रियों पर विचार करते तथा उनके आधार पर निर्णय करते समय ३०० वर्षों के सुदीर्घ जीवन-काल को छोड़, इस धारणा की अन्य बातों के प्रति अविश्वास प्रकट करने का कोई कारण प्रतीत नहीं होता, प्रत्युत यह भी अनुमान करने की प्रवृत्ति होती है कि बाबालाल का जन्म संभवतः उक्त सं. १६४७ में ही हुआ था, किन्तु उन्होंने सं. १७१२ की उक्त तिथि को ही अपना चोला छोड़ा था। अस्तु।

दीक्षा व भ्रमण—बाबालाल की माता का नाम कृष्णदेवी और पिता का नाम भोलानाथ प्रसिद्ध है और केवल ८ वर्ष की अवस्था में इनका कुल धर्मानुसार शास्त्रादि का अध्ययन कर एक धार्मिक जीवन व्यतीत करने के लिए कटिबद्ध होना भी कहा जाता है। १० वर्ष की ही अवस्था में इन्हें उत्कट वैराग्य हो गया और किसी सद्‌गुरु की खोज में निकलकर ये अनेक तीर्थों में भ्रमण करने लगे। अंत में शहदरा (लाहौर के समीप) में ऐरावती नदी के तट पर इन्हें बाबा चेतन का साक्षात् हुआ जिनका इनके ऊपर बड़ा प्रभाव पड़ा। कहा जाता है कि चेतन बाबा ने इनसे चावल व लकड़ी लेकर अपने फैलाये गए दोनों पैरों के ही चूल्हें पर भात बनाया था और उसमें से इन्हें केवल एक ही कण प्रदान करके इन्हें अत्यंत उच्च ज्ञान से संपन्न कर दिया था। ये अपने गुरु के साथ कुछ काल तक लाहौर में रहकर वहाँ से गोपीचंदन लाने द्वारका धाम भेजे गए और गुरु-कृपा द्वारा केवल एक घंटे के ही भीतर वापस भी चले आये। गुरु का आदेश पाकर ही पीछे ये अपने २२ प्रमुख शिष्यों के साथ पंजाब के अतिरिक्त काबुल, गजनी, पेशावर, कांधार, देहली और सूरत की ओर भी देश-भ्रमण करते फिरे और सब कहीं उनके बतलाये हुए आध्यात्मिक मार्ग का उपदेश देते रहे। इनके कहीं एक स्थान पर

---

१. एच. ए. रोज : 'ए ग्लासरी' इ. (भा. २), पृ. ३१।

२. क्षितिमोहन सेन : 'मिडीवल मिस्टिसिज्म आफ इंडिया' पृ. १४०।

अधिक दिनों तक ठहरने अथवा पारिवारिक जीवन व्यतीत करने का कोई उल्लेख नहीं मिलता। इनके अनुयायियों का विश्वास है कि उच्च कोटि के योगिराज होने के कारण इन्होंने कायासिद्धि प्राप्त कर ली थी और अपनी इच्छा के अनुसार ये ३०० वर्षों तक जीवित रह सके थे।

दाराशिकोह व संत बाबालाल–बाबालाल के जीवन की सबसे प्रमुख घटना इनका शाहजादा दारा शिकोह के निमंत्रण पर लाहौर जाकर उसके साथ आध्यात्मिक विषयों पर वार्तालाप करना समझा जाता है। इस मिलन का काल सन् १६६९ अर्थात् सं. १७२६ बतलाया जाता है जो अशुद्ध जान पड़ता है। इतिहास से उक्त राजकुमार का औरंगजेब द्वारा सन् १६५९ वा सं. १७१६ में ही वध करा दिया जाना सिद्ध होता है तथा संत बाबा लाल की मृत्यु का भी सं. १७१२ में ही हो जाना हम पहले बतला चुके हैं। दाराशिकोह सन् १६४० अर्थात् सं. १६९७ में कश्मीर गया था और उधर देश-भ्रमण करते समय उसने प्रत्येक प्रचलित धर्म के महात्माओं और ब्रह्म-ज्ञानियों के दर्शन किये तथा उनसे उपदेश भी ग्रहण किये थे। अंत में उसने उसी संबंध में काशी से कई पंडितों को बुलाकर उनकी सहायता से ५० उपनिषदों का फारसी अनुवाद भी किया था जो २६वीं रमजान सन् १०६७ हिजरी अर्थात् सन् १६५६ (सं. १७१२) में पूरा हुआ था और जिसकी चर्चा उसने स्वयं उक्त अनुवाद की भूमिका में की है।[1] इस अनुवाद का नाम 'सिरे अकबर' (महान् रहस्य) था और इसके अतिरिक्त उसने एक सूफी धर्म की पुस्तक 'रिसाल-ए-हकनुमा' की रचना भी हिजरी सन् १०५६ अर्थात् सन् १६४५ (सं. १७०२) में कर ली थी। इससे स्पष्ट है कि सं. १६९७ से लेकर सं. १७१३ तक का समय ही उक्त भेंट के लिए अधिक संगत है और इसी बीच में इन दोनों की पारस्परिक आध्यात्मिक चर्चा भी हुई होगी। विल्सन साहब के अनुसार इन दोनों के बीच सात सत्संग हुए थे जिन्हें दाराशिकोह के दो लेखकों, यदुदास नामक क्षत्रिय तथा मीरमुंशी रामचंद्र ब्राह्मण ने लिपिबद्ध किया था। बातचीत शाहजहाँ के शासन-काल के २१वें वर्ष (सन् १६४९ अर्थात् सं. १७०६) में जाफर खाँ के बाग में हुई थी।[2] इन दोनों के प्रश्नोत्तर 'असरारे मार्फत' नामक एक फारसी ग्रंथ में संगृहीत हैं जो सं. १९६९ में लाहौर में प्रकाशित हो[3] चुका है। इनका एक संग्रह नादिरुन्नकात में भी पाया जाता है। संत बाबालाल की रचना के नाम से कुछ फुटकर दोहे, साखी आदि भी प्रचलित हैं, किन्तु इनका कोई प्रमाणिक संग्रह आज तक प्रकाशित नहीं हुआ है।

सिद्धांत–संत बाबालाल ने उक्त वार्तालाप के समय वेदांतमत के साथ-साथ प्रसंगवश प्रसिद्ध मौलाना रूम के कतिपय वचनों को भी उद्धृत किया है जिससे इनके सूफी मत के ज्ञान का भी पता चलता है। संत बाबालाल विशुद्ध एकेश्वरवादी थे और इन्होंने राम वा हरि के रूप में सभी धर्मों वा सम्प्रदायों के उपास्यदेव परमात्मा को स्वीकार किया था। इनका मत कबीर साहब एवं दादू दयाल जैसे संतों से बहुत कुछ मिलता है, परन्तु उनकी अपेक्षा ये वेदांत व सूफी मतों द्वारा कहीं अधिक प्रभावित हैं। इनका कहना है कि परमात्मा

१. 'नागरी-प्रचारिणी पत्रिका' काशी, वर्ष ४७, अंक २, पृ. १८० : १८५।

२. एच्. एच्. विल्सन : हिन्दू सेक्ट्स, पृ. ३५०।

३. कल्याण, गोरखपुर, 'संत'-अंक, पृ. ५१३।

एक अपूर्व आनंदसागर के समान है जिसका प्रत्येक जीव एक बिन्दु के रूप में वर्तमान है। उसके साथ वियोग-दशा के अनुभव का एक मात्र कारण हमारी 'अहंता' है, जिसकी साधना द्वारा क्षय होते ही एकता की अनुभूति आप से आप होने लगती है। दाराशिकोह के 'प्रश्न जीवात्मा वा परमात्मा में क्या अंतर है ?' पर इन्होंने बतलाया था कि कोई अन्तर नहीं, जीवात्मा के सुख-दुःख उसके शारीरिक बंधन के कारण हैं। गंगा नदी का जल एक ही है, चाहे वह नदी की घाटी में बहे, चाहे किसी पात्र में बंद रहे। फिर भी इससे अंतर बहुत बड़ा आ जाता है। शाराब की एक बूँद पात्रवाले जल को दूषित कर सकती है, किन्तु वह नदी में लापता हो जाती है। परमात्मा इस प्रकार के प्रभावों से दूर है, किन्तु जीवात्मा इंद्रियों के कार्यों तथा मोहादि से प्रभावित रहता है। इसी प्रकार प्रकृति एवं सृष्टि के विषय में इनका कहना है कि दोनों का संबंध बीज वा वृक्ष वा समुद्र व तरंग की भाँति है। दोनों तत्त्व एक ही हैं, किन्तु प्रकृति से सृष्टि-रूप में विकसित होने के लिए किसी कारण की अपेक्षा भी आवश्यक है।

साधना—संत बाबालाल की साधना के अंतर्गत शम, दम, चित्तशुद्धि, दया, परोपकार, सहजभाव व सत्य दृष्टि हैं जिनकी सहायता से अहंता का क्षय सरलतापूर्वक हो सकता है और भक्ति एवं प्रेम की शक्ति द्वारा भगवान् की प्राप्ति भी हो सकती है। सभी साधनाओं का लक्ष्य अपने जीवन को परमात्मा के प्रेम में ओतप्रोत कर देना है, किन्तु उस प्रेमानंद की कोई उचित परिभाषा नहीं दी जा सकती। वैराग्य वा विरति से अभिप्राय ये भोजन-वस्त्रादि का त्याग वा शरीर को दुःख देना नहीं समझते थे। इनके अनुसार इन सबकी विस्मृति वा मोह का त्याग ही वास्तविक वैराग्य है। ईश्वरीय प्रेम की अनुभूति एवं परोपकार इनके मत के दो प्रधान अंग हैं और इन्हीं दो बातों की ओर इन्होंने विशेष रूप से ध्यान दिलाया है। इन्होंने मूर्ति-पूजा अवतारवाद वा अन्य ऐसी बातों के प्रति अपनी अनास्था प्रकट की है और योगसाधना को इनसे कहीं अधिक महत्त्वपूर्ण बतलाया है। साधु का परम कर्तव्य इन्होंने श्रद्धा व वैराग्य के साथ रहना कहा है। इन्होंने यह भी कहा है कि,

जाके अंतर ब्रह्म प्रतीत, धरे मौन भावै गावै गीत।
निसदिन उन्मन रहित कुमार, शब्द सुरत जुड़ एको तार।
ना गृह रहे न वन को जाए, लाल दयालु सुख आतम पाय।
देहा भीतर श्वास है, श्वासे भीतर जीव।
जीवे भीतर वासना, किस विधि पाइये पीव।[1]

प्रचार-केन्द्र—बाबालाल के अनुयायी सीमाप्रांत की ओर कुछ संख्या में पाये जाते हैं और बड़ौदा के निकट भी इनका एक मठ है जिसे 'बाबालाल का शैला' कहते हैं। परन्तु इनका प्रधान केन्द्र पंजाब प्रांत के अंतर्गत, गुरुदासपुर जिसे का श्रीध्यानपुर गाँव है जो सरहिंद के निकट पड़ता है। यहाँ पर इनके मठ व मंदिर हैं जहाँ संत बाबालाल की समाधि पर प्रति वर्ष वैशाख मास की दशमी एवं विजयदशमी के दिन मेले भी लगा करते हैं।

१. 'कल्याण', गोरखपुर, संत-अंक, पृ. ५१४ पर उद्धृत।

३. धामी सम्प्रदाय

प्राणनाथ की विशेषता—कबीर साहब ने हिन्दू एवं मुसलमान जातियों की एकता के लिए बहुत प्रयत्न किये थे और उन्होंने इन दोनों के वास्तविक इष्टदेव को एक ही परमेश्वर के रूप में निरूपित किया था। इसी कारण उन्होंने इन्हें अपने सारे भेदभावों को दूर कर लड़ाई-झगड़े बंद करने के उपदेश भी दिये थे। ये इनकी द्वेषमयी भावनाओं को कृत्रिम विचारों पर आश्रित ठहराते थे और कहा करते थे कि ये सभी बातें पंडितों तथा मुल्लाओं की नासमझी के कारण अधिक फैला करती हैं। गुरु नानकदेव एवं दादू दयाल ने भी उक्त दोनों जातियों के बीच के वैमनस्य मिटाने के लिए भ्रातृभाव के आदर्श सच के सामने रखे थे। परन्तु उक्त संतों में से कदाचित् किसी ने भी दोनों जातियों के धर्मग्रन्थों का अध्ययन नहीं किया था और न उन पुस्तकों में भी अपने विचारों का आधार ढूँढने की कभी चेष्टा की थी। इसके सिवाय उन लोगों के समय में केवल इन दो धर्मों की ओर किसी का ध्यान आकृष्ट नहीं हुआ था और धार्मिक एकता के उपदेश केवल उक्त दो धर्मों को ही उद्देश्य करके दिये जाते थे। संत प्राणनाथ ने अपने समय में प्रचलित सभी धर्मों की मौलिक एकता पर विचार किया था। इन्होंने उनके प्रसिद्ध धर्मग्रंथों का यथासाध्य अध्ययन व अनुशीलन किया और उनके सिद्धांतों में समन्वय लाने के भी प्रयत्न किये। संत प्राणनाथ के इस ओर किये गए ये प्रयत्न कदाचित् सर्वप्रथम थे और वे आगे आने वाले थियासाफिकल वा अहमदिया जैसे आन्दोलनों के लिए एक प्रकार के आदर्श समझे जा सकते हैं तथा इन बातों की ओर विशेष ध्यान दिलाने में वे एक अग्रणी भी माने जा सकते हैं।

प्रारंभिक जीवन—संत प्राणनाथ का जन्म काठियावाड़ प्रदेश के जामनगर नामक स्थान के एक क्षत्रिय-परिवार में सं. १६७५ में हुआ था। इनके पिता का नाम क्षेमजी और वे जामनगर के जमींदारों में से एक थे। परन्तु बालक प्राणनाथ ने अपनी केवल कुछ ही वर्षों की अवस्था में किसी कारण विरक्त होकर अपने जन्मस्थान का परित्याग कर दिया और ये साधुओं के साथ चारों ओर भ्रमण करने लगे। इनकी शिक्षा के संबंध में कुछ पता नहीं चलता, किन्तु इतना प्रायः निश्चित सा है कि देशभ्रमण एवं साधुओं के सत्संग द्वारा इन्होंने कुछ काल के भीतर अरबी, फारसी, हिन्दी व संस्कृत में एक अच्छी योग्यता प्राप्त कर ली और हिन्दुओं के वेदादि धर्मग्रन्थों के अतिरिक्त मुसलमानों की 'कुरान', ईसाइयों की 'इंजील' तथा यहूदियों की 'तौरेत' जैसी पुस्तकों का भी अध्ययन कर इन्हेंने अपने विचारों को व्यापक और परिष्कृत बना लेने की चेष्टा की। इनके देशाटन का क्षेत्र उस समय सिंध, गुजरात, महाराष्ट्र, मालवा और अपने काठियावाड़ प्रदेश के प्रायः सभी प्रमुख स्थानों तक विस्तृत रहा और सब कहीं इन्होंने अनुभव प्राप्त किये।

गुरु देवचंद—इनके गुरु का कोई प्रामाणिक वृतांत नहीं मिलता। केवल इतना ही पता चलता है कि इन्हें किसी देवचंद साधु से प्रेरणा मिली थी। ये देवचंद सिंध प्रदेश के मूल निवासी थे और इनका जन्म किसी मेहता कायस्थ-कुल के अंतर्गत सं. १६५८ में हुआ था। महर्षि शिवव्रतलाल ने इनके पिता का नाम महतो मेहता और माता का नाम कुँवर बाई बतलाया है।[१] इनका जन्मस्थान अमरकोट था और ये पहले पुष्टिमार्ग के अनुयायी थे, किन्तु परमात्मा

१. 'संतमाल' पृ. २७९।

के विषय में जिज्ञासा अधिक जागृत होने के कारण इन्होंने कई देशों का भ्रमण किया था और अंत में, लगभग चालीस वर्षों तक के सत्संग द्वारा अपना मत निश्चित हो जाने के अनंतर ये धौलपुर में रहकर भक्ति व प्रेम का प्रचार करने लगे थे। संत प्राणनाथ से इनकी भेंट कदाचित् इनके भ्रमण-काल में हुई थी और इनके सत्संग द्वारा उन्होंने परमात्मा के प्रति प्रेमाभक्ति एवं जगत के प्रति प्रेमभाव की प्रेरणा ग्रहण की थी। संत प्राणनाथ के विषय में यह भी प्रसिद्ध है कि वे अपनी बाल्यावस्था में अपनी माँ धनबाई के साथ बहुधा देवचंदजी के दर्शनों के लिए जाया करते थे। उस समय उनकी अवस्था १२ वर्ष से अधिक न थी। परन्तु देवचंद ने किसी दिन लड़के को अपने चरणों पर अर्पित किया गया पाकर उसे दीक्षित कर दिया और उसे नियमानुसार उपदेश भी दिये।[१] देवचंद साधु का एक दूसरा नाम निजानंदाचार्य भी था और कहा जाता है कि जामनगर में इन्होंने राधाकृष्ण का एक मंदिर भी बनवाया था। इनका देहांत लगभग ७५ वर्ष की अवस्था में हुआ।

देशाटन—जान पड़ता है, संत प्राणनाथ ने अपने दीक्षित हो जाने के अनंतर ही उपर्युक्त देशभ्रमण आरंभ किया था और ऐसा करते हुए विदेशों तक गये थे। महर्षि शिवव्रतलाल के अनुसार इनका दौरा अरब देश तक हुआ था और वहाँ पर ये मसकत नामक स्थान में ठहरे थे। कहा जाता है कि अपनी अरब-यात्रा से लौटने पर इन्होंने कुछ दिनों के लिए धिरोल (धौलपुर) के राजा कालूजी ठाकुर के यहाँ सं. १७६० में नौकरी भी कर ली थी और उनके यहाँ दीवान की पदवी पर अपना काम बड़ी योग्यता से किया था, किन्तु अपने गुरु के आदेशानुसार उसका परित्याग कर दिया। अपने गुरु के देहांत हो जाने पर ये कुछ दिनों तक एकांत की साधना में लगे रहे और फिर उनकी गद्दी पर पहले संभवतः महाराज ठाकुर के नाम से बैठकर प्रचार-कार्य करते रहे। परन्तु देशाटन की इच्छा से ये एक बार फिर निकल पड़े और पोरबंदर, कच्छ व सिंध के ठट्ट आदि कतिपय स्थानों में घूमते हुए सूरत पहुँचकर वहाँ कुछ काल के लिए ठहर गए। वहीं पर रहते समय इन्होंने अपनी 'कलश' नाम की एक पुस्तक गुजराती भाषा में लिखी थी। सूरतनगर का परित्याग कर इनका दिल्ली पहुंचना और वहाँ औरंगजेब बादशाह से भेंट कर उसे कुछ प्रभावित करना भी प्रसिद्ध है और यह भी कहा जाता है कि दिल्ली से चलते हुए ये मंदसौर व उज्जैन आदि नगरों तक गये थे और मार्ग में अनेक राजाओं को उपदेश दिया तथा कई व्यक्तियों को अपना अनुयायी भी बनाया।

प्राणनाथ व छत्रसाल—देशाटन करते समय ही एक बार ये बुंदेलखण्ड भी पहुँचे थे जहाँ के किसी जंगल में मऊ के समीप इनकी भेंट प्रसिद्ध छत्रसाल (सं. १७०६ : १७८९) के साथ हुई थी और इन्हें लगभग सं. १७३१ में उन्होंने अपने दीक्षागुरु के रूप में भी स्वीकार कर लिया था। महाराजा छत्रसाल के लिए इन्होंने पन्ना के निकट हीरे की किसी खान का भी पता बतलाया और उनके धार्मिक विचारों को पूर्ण रूप से प्रभावित किया। उस काल से संत प्राणनाथ के प्रचारों का केन्द्र प्रधान रूप से पन्ना ही बन गया और इनके अनुयायियों की संख्या उत्तरोत्तर बढ़ने लगी। महाराज छत्रसाल की गणना इनके प्रधान शिष्यों में की जाती है। ये उन्हें सदा धर्म एवं देशरक्षा के कार्य में सत्परामर्श देकर उत्साहित करते रहे। महाराज छत्रसाल को दिया हुआ इनका शुभाशीर्वाद इस प्रकार प्रसिद्ध है,

---

१. 'संत साहब' पृ. २८१।

'छत्ता तेरे राज में धकधक धरती होय।

जित जित घोड़ा मुख करे, तित तित फत्ते होय'।[1]

इसी प्रकार अपनी कई रचनाओं में संत प्राणनाथ ने उनका नाम प्रसंगवश लिया है। इनके प्रभावों द्वारा महाराज छत्रसाल के विचार इतने उदार हो गए थे कि बहुत-से मुसलमान उन्हें इस्लाम धर्म में परिवर्तित हो गया हुआ भी समझने लगे थे।[2] फिर भी महाराज छत्रसाल एवं प्राणनाथ का संबंध लगभग वैसा ही समझा जाता है जैसा शिवाजी व समर्थ रामदास का था।

योग्यता व अंतिम दिन– संत प्राणनाथ एक उच्च कोटि के साधक और योगी भी थे और अपने व्यापक पर्यटनों के कारण कई भिन्न-भिन्न भाषाओं के प्रयोग पर अच्छा अधिकार रखते थे। इनके विषय में यह भी प्रसिद्ध है कि अपनी प्रौढ़ावस्था में इन्हें काव्यरचना का भी अभ्यास हो गया था जिससे ये पद्यों में बातचीत तक कर लेते थे। राधाकृष्ण की लीलाओं को कभी-कभी ये इतनी तन्मयता के साथ गाते थे कि विभोर हो जाते थे। इन्होंने अपने पिछले दिनों में घूमते समय कालपी नगर में आकर धर्मनिर्माण के संबंध में एक बार एक बड़ी सभा की थी और उसमें दिये गए इनके भाषण का जनता के ऊपर बहुत बड़ा प्रभाव पड़ा था। प्रसिद्ध है कि उसी अवसर पर इन्होंने अपना 'प्रणामी' वा 'धामी' सम्प्रदाय प्रवर्तित किया था। इनका देहांत सं. १७५१ में हुआ। इनके प्रधान शिष्यों में महाराज छत्रसाल के अतिरिक्त उनके भतीजे पंचमसिंह भी थे जो इनके प्रति अनन्य श्रद्धा प्रदर्शित करते थे। इसी प्रकार इनके एक तीसरे शिष्य जीवन मस्ताने थे जिनके बहुत-से दोहे सम्प्रदाय के अनुयायियों में आज तक प्रचलित हैं।

रचनाएँ– बाबा प्राणनाथ की रचनाओं की संख्या १४ बतलायी जाती है जो सभी पद्य में हैं। इनके नाम देते समय गाउज साहब ने कहा है कि इनमें से किसी का भी आकार बड़ा नहीं है और इनमें से छोटी पुस्तक 'कयामतनामा' को उन्होंने अविकल उद्धृत भी कर दिया है। इनकी रचनाओं के नाम उन्होंने इस प्रकार दिये हैं : १. रामग्रंथ २. प्रकाशग्रंथ ३. षट्ऋतु ४. कलस ५. संबंध ६. किरतन ७. खुलास ८. खेल-बात ९. प्रकरण इलाही दुलहन (जिसमें चर्च अर्थात् परमेश्वर की दुलहिन को पवित्रनगर के रूप में प्रदर्शित किया गया है) १०. सागर सिंगार ११. बड़े सिंगार १२. सिधिभाषा १३. मारफत सागर और १४. कयामत नामा। परन्तु 'इंपीरियल गजेटियर आफ इंडिया' के अनुसार इनकी प्रसिद्ध रचना का नाम महातरियाल है जिसे डा. बर्थ्वाल ने 'कलजमे शरीफ' से अभिन्न माना है और उसके अतिरिक्त अन्य रचनाओं में १. प्रगट बानी २. ब्रह्मबानी ३. बीस गिराहों का बाबा ४. बीस गिरोहों की हकीकत ५. कीर्तन ६. प्रेम पहेली ७. तारतम्य और ८. राजविनोद की भी चर्चा की है। इन ग्रंथों का पता 'काशी नागरी-प्रचारिणी सभा' की सन् १९२४ से १९२६ तक की खोज-रिपोटों से चलता है और सं. १९९३ की रिपोर्ट में इनके एक अन्य ग्रंथ 'विराट चरितामृत' का भी उल्लेख मिलता है। इन सब के अतिरिक्त इनकी एक 'पदावली' भी

१. 'नागरी-प्रचारिणी पत्रिका' (भा. १३) पृ. ९८ पर उद्धृत।

२. एफ. एस. ग्राउज :'मथुरा' ए डिस्ट्रिक्ट मेम्वायर, सन् १८८३ ई., पृ. २३१।

प्रसिद्ध है जिसमें इनकी स्त्री इंद्रावती की भी कतिपय रचनाओं का संग्रह किया हुआ समझा जाता है। इस प्रकार ग्राउज साहब की सूची में इनमें से केवल 'कीर्तन' का ही समावेश जान पड़ता है।

कलजमे शरीफ–संत प्राणनाथ की रचनाओं के अभी तक अप्रकाशित रूप में ही रहते आने से उनके समुचित अध्ययन का अवसर नहीं मिला है और न इसी कारण इस बात का ही ठीक-ठीक पता चल सका है कि उसमें से किन-किन को और किस-किस रूप में इनकी प्रामाणिक कृति मान लिया जाए। संभव है उक्त पुस्तकों में से एक से अधिक को हम पूरी जाँच पड़ताल करने के अनंतर उनकी ही रचना मानने में सहमत न हो सकें। फिर भी संत प्राणनाथ के अनुयायियों द्वारा स्वीकृत परम्परा के अनुसार उनमे से 'कलजमे शरीफ' सबसे महत्त्वपूर्ण ग्रंथ समझा जाता है। इस पुस्तक को लोग अपना धर्मग्रंथ मानकर इसकी एक हस्तलिख्त प्रति अपने प्रधान मंदिरों में सुरक्षित रखा करते हैं और इसकी पूजा भी करते हैं। इसकी भाषा को कुछ लोगों ने गुजराती कहा है।[१] किन्तु वास्तव में यह पूरी रचना केवल एक ही किसी भाषा में नहीं है। इसके अन्तर्गत सम्मिलित १६ किताबों में से केवल कुछ ही भाग गुजराती में है और शेष की भाषा या तो उर्दू या सिंधी या हिन्दी है। डॉ. बर्थ्वाल के अनुसार इसका अधिकांश हिन्दी में है और प्रत्येक दशा में सारे ग्रंथ की भाषा ऊबड़ खाबड़ और खिचड़ी जान पड़ती है।[२] 'कलजमे शरीफ' शब्द का अर्थ 'मुक्ति की पवित्र धारा' (मोक्ष-मार्ग) है और उसका रूप हिन्दी में बिगड़कर कभी-कभी 'कुलजम स्वरूप' तक बन जाता है। ग्रंथ के कई स्थलों पर वेद और कुरान से अनेक अंश लेकर उन्हें उद्धृत किया गया है और दिखलाया गया है कि यदि ध्यानपूर्वक देखा जाए तो उनमें पारस्परिक विरोध के कोई चिन्ह नहीं मिलेंगे।[३]

निजानंद के सिद्धान्त–संत प्राणनाथ के गुरु अथवा मार्गप्रदर्शक देवचंद निजानंदाचार्य ने परमात्मतत्व की वास्तविक पहचान के उद्देश्य से ही देशाटन किया था। उन्हों अपने जन्मस्थान अमरकोट से कच्छ जाकर वहाँ के विविध प्रचलित मतों के संबंध में अनुसंधान किया था, संन्यास ग्रहण कर अनेक शास्त्रों का अनुशीलन किया था तथा भुज एवं काठियावाड़ के संतों के समागम द्वारा लाभ उठाकर अनेक प्रकार की साधनाओं का अभ्यास किया था। उनके सारे परिश्रमों का परिणाम आगे चलकर उनके प्रवर्तित निजानदं सम्प्रदाय अथवा प्रणामी सम्प्रदाय के रूप में प्रकट हुआ था जिसके अनुसार भगवत्प्राप्ति के प्रमुख साधन ज्ञान एवं भक्ति से कहीं बढ़कर प्रेम को ठहराया गया था। प्रेम ही सब कुछ है और भगवान् भी हमारे लिए प्रियतम के रूप में ही विद्यमान हैं जिस कारण ज्ञान के द्वारा उसे केवल समझ लेने अथवा भक्ति के अनुसार उसके प्रति सब कुछ समर्पित कर देने मात्र से ही काम नहीं चल सकता, उसके साथ हमारा तन्मय हो जाना भी नितांत आवश्यक है। उस आनंदघन की मूलशक्ति

---

१. आर. बी. रसेल व हीरालाल : 'दि ट्राइब्स ऐंड कास्ट्स आफ दि सेंट्रल प्राविंसेज' १९१६ (भाग १) पृ. २१७।

२. 'नागरी-प्रचारिणी पत्रिका' भा. १५, पृ. ७७।

३. आर. बी. रसेल व हीरालाल : 'दि ट्राइब्स ऐण्ड कास्ट्स आफ दि सेंट्रल प्राविंसेज १९१६ भाग १, पृ. २९७। तथा, डा. ताराचंद : इन्फ्लुएंस आफ इस्लाम आन हिंदू कल्चर, पृ. ११८ : २००।

ही प्रेम-स्वरूपिणी है, अतएव प्रेम की साधना का बल पाकर जीव परमात्मा की ओर आप से आप खिंचकर तदाकार बन जाता है। देवचंद पर इसी कारण 'श्रीमद्‌भागवत' में प्रदर्शित ब्रजगोपिकाओं की रागानुगा भक्ति का भी बहुत प्रभाव पड़ा था और वे अन्य अनेक प्रचलित वैष्णव मतों के अनुयायियों की भांति श्रीकृष्ण एवं राधा की विविध लीलाओं की ओर भी आकृष्ट हो गए थे।

प्राणनाथ का मत—संत प्राणनाथ का मत भी, जान पड़ता है, सर्वप्रथम उक्त रूप में ही प्रकट हुआ था और पन्ना व बुंदेलखंड की ओर यात्रा करने के पहले उन्होंने भी अधिकतर वैष्णवों की प्रणाली का ही अनुसरण कर अपने पंथ की नींव डाली थी। इनके पंथ का कदाचित् पूर्वरूप ही आज तक गुजरात, काठियावाड़ तथा सिंध व सूरत नगर की ओर प्रचलित है और इनके वहाँ वाले अनुयायियों एवं वैष्णवों में कम अंतर दीख पड़ता है। परन्तु आगे चलकर अधिक व्यापक अध्ययन एवं भिन्न-भिन्न मतावलंबियों के साथ किये गए विविध सत्संगों ने इनके दृष्टिकोण में और भी उदारता ला दी। इन्होंने सूफियों द्वारा स्वीकृत 'इश्क हकीकी' के वास्तविक रहस्य को समझा और ईसाइयों के 'ईश्वरीय प्रेम' के साथ भी परिचय प्राप्त किया। इन्होंने क्रमशः विचार-विनिमय करते-करते अपना अंतिम सिद्धान्त इस रूप में निर्धारित किया कि 'इसक सबदातीथ साख्यात" अर्थात् प्रेम सदैव साक्षात् अथवा अपनी अनुभूति के भीतर ही रहने पर भी शब्दातीत अर्थात् अनिर्वचनीय है। इसके सिवा इन्होंने यह भी अनुभव किया कि "ब्रह्म सृष्टि ब्रह्म एक अंग, एसदा अनन्द अतिरंग"[१] अर्थात् ब्रह्म-सृष्टि अथवा जगत् एवं ब्रह्म ये दोनों ही अलौकिक आनंद स्वरूप हैं। अतएव इनके अनुसार शुद्ध प्रेम की वास्तविक अनुभूति ही पुरुषार्थ की चरमावस्था है जिसे उपलब्ध करने की साधना सबके लिए कर्तव्य है। परमात्मा का नाम इसी कारण इन्होंने 'धाम' अर्थात् परमपद वा सर्वोच्च आध्यात्मिक दशा ही रखा जिसके आधार पर इनका पंथ भी 'धामी' कहलाया। यह 'धाम' शब्द आगे चलकर श्रीकृष्ण के गोलोक जैसे अलौकिक प्रदेश का बोधक हो गया और उसका मौलिक अभिप्राय क्रमशः विस्मृत हो गया।

धर्मों की एकवाक्यता—संत प्राणनाथ द्वारा निर्दिष्ट परमात्व-तत्व के धाम अथवा प्रेमानुभूति मात्र ही होने के कारण साम्प्रदायिक भेदभाव का प्रश्न आप से आप नहीं उठता। सभी धर्मों का प्रधान उद्देश्य उस एकरस एवं समान स्थिति को उपलब्ध करना ही हो जाता है जहाँ पहुँचने पर सारा जगत् अपना आत्मीय दीख पड़ने लगे। संत प्राणनाथ का कहना है कि हिन्दू, मुसलमान, ईसाई वा यहूदी धर्मों के प्राचीन प्रवर्तकों व प्रचारकों के सिद्धांत भी इस मत से वस्तुतः भिन्न नहीं थे और यदि विचारपूर्वक देखा जाए तो उन सभी को हम परमात्मा के प्रेमी एवं जगत् के प्रति प्रेमभाव रखनेवाले कह सकते हैं। इसके सिवाय उनका कथन यह भी था कि बहुत-सी परम्परागत बातें जो उक्त मतों के धर्मग्रन्थों में कही गई हैं, उनकी भी एकवाक्यता हम चाहें तो भली भाँति सिद्ध कर सकते हैं। उदाहरण के लिए हिन्दू धर्म के पुराणादि ग्रंथों के अनुसार संसार के अंतर्गत पाप के अधिक फैलने तथा सामाजिक व धार्मिक व्यवस्था के बिगड़ जाने पर उसे फिर से सुधारने के लिए कल्कि नामक अवतार का होना निश्चित है और यही बात दूसरे शब्दों में मेंहदी वा मसीहा के आविर्भाव की

१. 'ब्रह्मबानी' (हस्तलिखित प्रति) पृ. १।

कल्पना के रूप में, क्रमशः इस्लाम व ईसाई धर्मग्रन्थों में भी कही गई मिलती है जिससे सिद्ध है कि इस विषय में सभी एकमत हैं और यह अवश्यंभावी है। संत प्राणनाथ ने इस भावना के आधारभूत प्रसंगों को उक्त धर्मग्रंथों में से उद्धृत कर अपनी रचना 'कयामतनामा' में संगृहीत किया, उनमें पायी जानेवाली कतिपय शंकाओं का निराकरण करने की चेष्टा की और इसके साथ ही इन्होंने यह भी निरूपित किया कि उक्त अवतार का स्वयं इनके रूप में होना भी संभव है।

कयामतनामा–उक्त 'कयामतनामा' में अरबी एवं फारसी शब्दों की भरमार है उसमें कुरान, इंजील एवं तौरेत की परमात्मा के अनुसार कल्पित अंतिम दिन का वर्णन किया गया है तथा अपने कथन की प्रामाणिकता में 'कुरान' के विविध अंशों के हवाले भी दिए गये हैं। उसमें एक प्रकार से व्यतीत ११ शताब्दियों की कथा का ब्योरा दिया है और बतलाया है कि किस प्रकार सर्वप्रथम ईसा मसीह का आविर्भाव हुआ, फिर मुहम्मद अवतीर्ण हुए और उनके पीछे हमाम आये। उसमें आदम के नैतिक पतन एवं शैतान की उस दृढ़ प्रतिज्ञा का भी उल्लेख है जिसके अनुसार उसने मानव जाति के सर्वनाश का निश्चय किया था। फिर अंत में इस्लाम, हिन्दू तथा ईसाई धर्म के ग्रन्थों में की गई भविष्यवाणियों की ओर संकेत किया गया है और यह सिद्ध करने की चेष्टा की गई है कि संसार का अंतिम उद्धारक हिन्दू जाति के भीतर उत्पन्न हो सकता है। वह पुरुष आते ही प्रचलित कर्मकांड तथा शरीअत की भिन्न-भिन्न प्रथाओं को हटाकर हकीकत वा सत्य का मार्ग प्रदर्शित कर देता है, आकाश में फैले हुए बादलों को दूर कर परम प्रकाशमय सूर्य को प्रकट कर देता है और सारी मानवजाति को एक ही सूत्र में ग्रंथित कर देता है। सारी सृष्टि खुदा वा ईश्वर के नाम से मुखरित हो उठती है और उसकी ओर उन्मुख होकर उसकी आज्ञाओं का पालन आरंभ कर देती है। फिर तो सभी ईश्वर के शब्द अथवा अल्ला के कलाम के ही उपासक हो जाते हैं। उक्त रचना में इस प्रकार के कथनों पर विश्वास कराने की बार-बार चेष्टा की गई है और अंत में उस महापुरुष के प्रति पूर्ण श्रद्धाभाव रखने का भी उपदेश है।

अवतारवाद–कबीर साहब ने हिंदू एवं इस्लाम धर्मों की मौलिक एकता का प्रतिपादन करते समय उन दोनों के आधारभूत सत्य का पता देनेवाला केवल अपने को ही सिद्ध करना कभी नहीं चाहा और न तदनुसार लोगों को अपना अनुयायी बनने की ओर प्रेरित ही किया। उनका मुख्य ध्येय सबको अपनी निजी अनुभूति के बल पर ही सत्य को पहचानने की ओर प्रवृत्त कर देना मात्र रहा और गुरु नानकदेव तथा दादू दयाल ने भी प्रायः इसी बात का समर्थन किया। मुगल सम्राट् अकबर ने जब अपने समय के प्रचलित धार्मों के आचार्यों की बैठकें कीं ओर उनके सत्संग द्वारा उपलब्ध बातों के आधार पर सं. १६३२ में अपने नवीन पंथ 'दीन इलाही' वा ईश्वरीय धर्म की स्थापना की, तब उसने भी प्रच्छन्न रूप से ही अपने को उसका मूल प्रवर्तक सिद्ध करना चाहा तथा अपने सिक्कों पर भी इस ओर कुछ न कुछ संकेत किया। किन्तु जान पड़ता है, संत प्राणनाथ ने अपने को भिन्न-भिन्न धर्मग्रन्थों के प्रमाणों की सहायता से जगत् का उद्धारकर्ता उद्घोषित करना चाहा था जिसका उदाहरण उपर्युक्त ग्रंथ में मिलता है। उनके अनंतर न्यूयार्क (संयुक्त अमेरिका) में सं. १८६२ में स्थापित 'थियोसोफिकल सोसायटी' के अनुसार भारत में भी प्रचलित आंदोलन के उपलक्ष में एनीबेसेंट द्वारा कहा गया कि उक्त प्रकार का एक अन्य प्रयत्न भी निष्फल रहा जिसे

वैसे ही लक्ष्य को सामने रखकर कादिमन (पंजाब प्रांत) निवासी मिर्जा गुलाम अहमद (सं. १८३९ : १९०८) ने अपने 'अहम दिया' आंदोलन की स्थापना द्वारा किया था। बहुधा देखा गया है कि धार्मिक प्रवृत्तिविशेष का मूल आधार उसके अनुयायियों की अंतरात्मा वा अधिक से अधिक उसके संस्कारों में ही निहित रहता है। उसे किसी बाह्य विधान व धर्मप्रवर्तक द्वारा दिये गए उपदेशों की अपेक्षा कभी नहीं रहा करती और न उनसे कुछ काल तक प्रभावित होने पर भी वह कभी स्थायी हो पाता है।

साम्प्रदायिक भेषादि व प्रचार—संत प्राणनाथ के पंथ को उनके एक पूर्वनाम महाराज ठाकुर के अनुसार महाराजपंथ अथवा मेराजपंथ भी कहते हैं और उसके अन्य नाम खिजड़ा[१] और चकला भी सुने जाते हैं। परन्तु उसकी सबसे प्रसिद्ध संज्ञा धामी वा प्राणनाथी सम्प्रदाय ही है और उसके अनुयायी कभी-कभी 'साचीभाई' वा केवल 'भाई' कहलाते हैं। ये आजकल अधिकतर वैष्णव सम्प्रदाय से प्रभावित होने लगे हैं और ये स्नान-शौचादि से निवृत्त होकर बहुधा श्रीकृष्ण के बालस्वरूप का ध्यान करते हुए पाये जाते हैं। मूर्तिपूजा मे ये विश्वास नहीं करते, किन्तु तुलसी की माला धारण करते, ललाट पर खड़ा तिलक व कुंकुम लगाते और सिखों की भाँति अपने धर्मग्रन्थ 'कलजमे शरीफ' की मंदिर में पूजा भी किया करते हैं। इनके यहाँ माँस, मदिरा व जाति-व्यवस्था का पूर्ण रूप से निषेध है और इनके यहाँ हिन्दू-मुस्लिम आदि का सहभोज भी दीक्षा के अवसर पर हुआ करता है। इस सम्प्रदाय के अनुयायी आत्मज्ञान एवं योगविद्या में भी बहुत कुशल हुआ करते हैं और इनमें से अनेक का त्यागी होना भी प्रसिद्ध है। इसमें नैतिक आचरण व चरित्र-शुद्धि की ओर भी विशेष ध्यान दिया जाता है। और इसके अनुयायी परोपकार, लोकसेवा तथा दयादि गुणों को भी बहुत महत्त्व देते हैं। पन्ना नगर इनका प्रधान केन्द्र व तीर्थस्थान है जहाँ कार्तिक सुदी १५ को प्रतिवर्ष एक बड़ा मेला लगा करता है और जहाँ सम्प्रदायवाले बड़ी संख्या में एकत्र होते हैं। सूरत के कच्छी एक अच्छी संख्या में सम्प्रदाय के अनुयायी हैं और मध्यप्रदेश के सागर एवं दमोह के जिलों तथा काठियावाड़ के जामनगर के आसपास भी इसका बहुत प्रचार है। जामनगर तो इसके एक प्रधान केन्द्रों में गिना जाता है। लगभग ड़ेढ़ सौ वर्ष पहले इसका प्रचार नेपाल में वहाँ के राजा राम बहादुर शाह के समय में हुआ था, जहाँ से प्रणामी वा प्राणनाथी प्रतिवर्ष धर्मग्रन्थ के अध्ययनादि के लिए पन्ना आया करते हैं।

प्राणनाथ के शिष्यों में से पंचमसिंह के 'सवैये' तथा जीवन मस्ताने के 'पंचम दोहे' बहुत प्रसिद्ध हैं।

४. सत्तनामी सम्प्रदाय

सत्तनाम—'सत्त' शब्द 'सत्य' का रूपांतर है जिसका अर्थ वह नित्य व शाश्वत वस्तु है

१. 'खिजड़ानाम, जान पड़ता है, किसी वृक्ष के नाम के आधार पर रखा गया था जो देवचंद की नौतमपुरी (जामनगर) वाली समाधि के निकट लगा हुआ है। उस वृक्ष को ही गुजराती में 'खिजड़ा' कहते हैं। इसी प्रकार 'मेराज' भी कदाचित् अरबी शब्द 'मीराज' (आदर्श वा सजीव स्वर्गयात्रा) के आधार पर बना हुआ समझा जा सकता है। 'चकला' नाम, वास्तव में देवचंद के पुत्र बिहारी दास ने अपने पंथ को दिया था जिसे उसने अपने पिता का देहांत हो जाने पर सं. १७१२ में चलाया था, किन्तु जो मूल पंथ से अधिक भिन्न न था।

जिसे दूसरे शब्द में 'परमात्मा' भी कहा करते हैं और इसी प्रकार 'नामी' का भी तात्पर्य नाम द्वारा सूचित किये जानेवाले 'नामधारी' व अभिधेय वस्तु से है। 'सत्तनामी' शब्द से अभिप्राय इसी कारण उस सत्यनाम से परिचित किये जानेवाले सत्य स्वरूप ईश्वर का ही हो सकता है। परन्तु यह शब्द संत-परम्परा की रूढियों के अनुसार अपने साथ-साथ अनेक अन्य व्यापक भावों को भी व्यक्त करता है। उदाहरण के लिए 'सत्त' शब्द से परमसत्य की प्रत्यक्ष अनुभूति और इसी प्रकार 'नामी' शब्द के संयोग से नामस्मरण द्वारा उसे आजीवन प्रक्षुण्ण रूप में एकरस बनाये रखना भी लक्षित होता है। इस प्रकार के अनेक भावों से अनुप्राणित होकर ही संतमत की विभिन्न शाखाओं ने 'सत्तनाम' शब्द को इतना महत्त्व प्रदान किया है। इसे उनके यहाँ आज भी प्रायः वही स्थान प्राप्त है, जो सर्वप्रथम कबीर साहब के समय में प्राप्त था और अनेक ऐसे पंथवालों ने तो 'ओ३म्' अथवा कभी-कभी 'श्रीगणेशायनमः' की भाँति कार्यारंभ के समय वा ग्रंथरचना के पहले मंगल सूचक शब्दों तक के रूप में इसके प्रयोग किये हैं। बहुधा इसका प्रयोग उनके परस्पर के अभिवादन में भी हुआ करता है और कभी-कभी इसे नामस्मरण के अवसर पर राम का स्थान भी दिया करते हैं, फिर भी संत परम्परा के इतिहास में उसके केवल एक ही सम्प्रदाय को इस नाम से अभिहित किये जाने का श्रेय प्राप्त है।

साध-सम्प्रदाय— सत्तनामी सम्प्रदाय के मूलप्रर्वतक का निश्चित पता अभी तक नहीं चला है और न इसकी उत्पत्ति के समय वा कारणों पर ही यथेष्ट प्रकाश पड़ा है। डा. बर्थ्वाल के अनुसार इस सम्प्रदाय के संस्थापक दादू-पंथी जगजीवन दास जान पड़ते हैं।[१] किन्तु इसके लिये उन्होंने कोई प्रमाण नहीं दिये हैं और न इस संबंध को सिद्ध करने की उन्होंने कोई चेष्टा ही की है। कुछ अन्य लोग इसके प्रवर्तन का विधायक साध-सम्प्रदाय के प्रतिष्ठापक वीरभान को मानते हैं, तो कोई उनके गुरु ऊदादास का नाम इस संबंध में लेते हैं और अन्य कुछ विद्वानों की धारणा है कि इसका सर्वप्रथम प्रचार जोगीदास के द्वारा हुआ था। परन्तु किसी ने भी अपने मत की पुष्टि में यथेष्ट प्रमाण नहीं दिये और न सभी प्रकार की शंकाओं का निराकरण करते हुए वे किसी सर्वमान्य निर्णय पर पहुँच सके। अतएव, अधिकांश विद्वानों का अभी तक यही निश्चय रहता आया है कि इस सम्प्रदाय का प्रारंभिक इतिहास वास्तव में अंधकारपूर्ण है। ऊदादास, वीरभान एवं जोगीदास के उक्त नामोल्लेख से प्रतीत होता है कि इस सम्प्रदाय का कोई न कोई संबंध 'साध-सम्प्रदाय' से भी अवश्य होना चाहिए और बहुत लोगों ने इस बात से प्रभावित होकर साध सम्प्रदाय एवं 'सत्तनामी सम्प्रदाय' को एक व अभिन्न तक मान लिया है, परन्तु जैसा एलिसन साहब ने कहा है।[२] इस प्रकार की भ्रांति साधों द्वारा अपने विषय में साधु सत्तनामी शब्द के भी व्यवहार के कारण उत्पन्न हुई जान पड़ती है। 'सत्तनामी' शब्द यहाँ पर वास्तव में एक परिचयात्मक विशेषण मात्र है और यह उस पंथ को सूचित करनेवाली संज्ञा विशेष नहीं माना जा सकता। साध-सम्प्रदाय एवं सत्तनामी सम्प्रदाय में आज तक कोई भी प्रत्यक्ष संबंध नहीं पाया जा सका है और उक्त भ्रम केवल सत्तनामी शब्द के प्रयोग के ही कारण है। इतना ही नहीं, एलिसन साहब के कथनानुसार आजकल के अनेक साध इस बात का घोर विरोध करते हैं कि उनके पूर्वजों का कोई भी संबंध इस पंथ

---

१. 'नागरी-प्रचारिणी पत्रिका' भा. १५, पृ. ७५।

२. डब्ल्यू. एल. एलिसन : 'दि साध्स' (दि रेलिजस लाइफ आफ इंडिया सिरीज) पृ. १४ : ५।

से कभी रहा था और इस सम्प्रदाय की ओर एक प्रकार के घृणित भाव का प्रदर्शन कर इसके अनुयायियों को वे निम्न श्रेणी का होना बतलाते हैं। अतएव उक्त महाशय का अनुमान है कि संभव है कुछ ग्रामीण सत्तनामी पीछे साध-सम्प्रदाय में ले लिये गये हों और उन्होंने अपना पूर्वनाम भी कायम रखा हो। और यह बात इस प्रकार सिद्ध होती हुई दीखती है कि अधिकतर साध सम्प्रदाय़ के ग्रामीण अनुयायी ही अपने को साध सत्तनामी कहा भी करते हैं। सत्तनामी सम्प्रदाय का नाम सं. १७२९ वा सं. १७३० वाले सत्तनामी विद्रोह के इतिहास से संबंध रखता है और उसके पहले कभी नहीं सुन पड़ता। इसके सिवाय साध-सम्प्रदाय उस काल तक भली-भाँति प्रचलित हो चुका था, किन्तु उक्त घटना का कोई भी प्रभाव उस पर लक्षित हुआ नहीं सुना गया।[१]

(१) नारनौल शाखा

जोगीदास– फिर भी एलिसन साहब का उक्त अनुमान अक्षरशः सत्य सिद्ध होता हुआ नहीं दीखता। 'साध-सम्प्रदाय' के परिचय में हम देख चुके हैं कि सत्तनामी विद्रोह के समय अर्थात् सं. १७२९ वा सं. १७३० के लगभग विद्रोहवाले क्षेत्र में उक्त सम्प्रदाय बड़े वेग के साथ जागृत हो रहा था। जोगीदास जिन्होंने संभवतः शाहजहाँ के युद्धोंवाले गृहयुद्ध में दाराशिकोह की ओर से धोलपुर नरेश के साथ औरंगजेब के विरुद्ध सं. १७१५ में भाग लिया था और जो चोट खाने के अनंतर पूर्ण स्वस्थ होकर परिभ्रमण कर रहे थे, अपने मूल सम्प्रदाय के पुनः संगठन में तल्लीन थे ओर उन्होंने सं. १७२६ के फागुन मास में २७ दिन व्यतीत हो चुकने पर अपना कार्य निश्चित रूप में और एक विशेष ढंग से करना आरंभ कर दिया था। जोगीदास विजित राजकुमार दाराशिकोह के पक्ष का समर्थन कर चुकने के कारण औरंगजेब की दृष्टि में एक पक्के विद्रोही थे और उनके अनुयायियों के हृदयों में अपने धार्मिक नेता के कुछ ही वर्ष पूर्व उक्त बादशाह के विरुद्ध युद्ध में आहत तक हो जाने की स्मृति का बार-बार उभड़ा करना भी असंभव नहीं था। उनके उपदेशों को श्रद्धापूर्वक श्रवण करनेवाले व्यक्तियों पर उनका प्रभाव जितना ही अधिक पड़ता होगा, उतना ही उनके हृदयों में दिल्ली के राजसिंहासन के विरुद्ध विद्वेष का भाव भी जागृत होता होगा। 'सत्तनामी विद्रोह' में जोगीदास का किसी प्रकार भाग लेना यद्यपि पूर्णतः सिद्ध नहीं है और न यही पता है कि उक्त काल तक वे जीवित भी थे वा नहीं, फिर भी यदि उक्त बातें किसी प्रकार प्रमाणित हो सकें तो यह भी निश्चित समझा जा सकता है कि उक्त विद्रोह के समय उनका कुछ न कुछ प्रभाव उस क्षेत्र में अवश्य अवशेष होगा और ऐसी दशा में इतना और भी अनुमान कर लेना युक्ति-संगत समझ लिया जा सकता है कि उनके अनुयायियों में से भी कुछ लोग उसमें अवश्य सम्मिलित रहे होंगे और आगे चलकर समान लक्ष्य रखनेवाले व्यक्तियों का वर्गीकरण एक सम्प्रदाय-विशेष में हो गया होगा।

सत्तनामी विद्रोह– 'सत्तनामी विद्रोह' में भाग लेनेवाले लोग अधिकतर ग्रामीण किसान थे जिन्हें उमाड़कर दिल्ली के विरुद्ध खड़ा करनेवाले किसी बड़े नेता का पता नही चलता और न उसके विषय में उपलब्ध विवरणों से यही जान पड़ता है कि उनका लक्ष्य अपनी शिकायतों को दूर करने के अतिरिक्त भी कुछ था नहीं। कहा जाता है कि उक्त विद्रोह पहले

१. डब्ल्यू. एल. एलियास : 'दि साध्स' पृ. १४:५।

पहल किसी सत्तनामी और एक ऐसे व्यक्ति के झगडे से आरम्भ हुआ जो खेतों की फसल की निगरानी करता था। वह व्यक्ति कदाचित् सरकार की ओर से नियुक्त था इसलिए सिक्केदार ने उसकी सहायता में अपने सिपाही भेजे जिन्हें सत्तनामियों ने मारकर खदेड़ दिया। इस घटना से उत्तेजित हाकर नारनौल का फौजदार भी स्वयं अपने फौज के साथ मौके पर आ गया। परन्तु सत्तनामियों ने उसके सिपाहियों को भी मार भगाया और वह स्वयं भी मारा गया। विद्रोहियों की संख्या उस समय तक लगभग ५००० के हो चली थी। उन्होंने आगे बढ़कर नगर पर अपना अधिकार जमा लिया और भिन्न-भिन्न स्थानों पर अपने आदमियों को नियुक्त कर टैक्स वसूल करना भी आरंभ कर दिया। सत्तनामियों ने इतना कर चुकने पर भी शान्त होना उचित न समझा और उत्साहित होकर कई नगरों तथा जिलों के गाँवों को लूटने लगे जिससे चारों ओर अराजकता फैल गयी।[१] जनता में उन दिनों सत्तनामियों के विषय में अनेक प्रकार की धारणाएँ प्रचलित होने लगी थीं और लोग इनकी विजय को ईश्वरीय विधान मानने लगे थे। खफी खाँ के अनुसार मामूली तलवारें इन सत्तनामियों को काट नहीं सकती थीं और न वाण वा बंदूक की गोलियाँ ही इनका कुछ बिगाड़ पाती थीं। इनका निशाना कभी न चूकता था और इनकी स्त्रियाँ तक काले घोड़ों पर चढ़कर संग्राम करती थीं। बादशाह औरंगजेब ने जब देखा कि इनके विरुद्ध उसके सिपाही व सिपहसालार तक लड़ने में भय का अनुभव करते हैं और कभी-कभी कह उठते हैं कि सत्तनामियों की जादूगरी के सामने किसी की एक भी नहीं चल सकती, तब उसने अपने अगले फौजी झंडों पर 'कुरान शरीफ' की आयतें लिखवा दीं ताकि उन्हें इनके जादू के दूर हो जाने का विश्वास हो जाए और यह भी प्रतीत होने लगे कि खुदा के विपक्ष में लड़नेवालों का पराजित होना ही निश्चित है। उपद्रव सं. १७२९ में आरंभ हुआ था और सं. १७३० तक जाकर बादशाह की जीत हो सकी तथा सहस्त्रों सत्तनामियों के मार डाले जाने पर ही उस क्षेत्र की स्थिति पूर्ववत् हो पाई।

सत्तनामियों का स्वभाव– सत्तनामी विद्रोह इस प्रकार किसी किसान-विद्रोह का ही रूपान्तर था किन्तु विद्रोहियों के कदाचित् साम्प्रदायिक वेशधारी होने तथा सत्तनामोच्चारण करने के कारण उसे धर्मानुरागी जनता का उपद्रव कहा गया और ऐसे लोगों को तब से एक नामविशेष भी दे दिया गया। खफी खाँ ने इन लोंगों के चरित्रबल की भी प्रशंसा की है, किन्तु उसी समय के अन्य लेखक ईश्वर दास नागर ने इनमें कई प्रकार के दोष भी दिखलाये हैं। इनका कहना है कि सत्तनामी बड़े गन्दे व दुष्ट स्वभाव के होते हैं और वे ऐसे पतित हैं कि उन्हें हिन्दू व मुसलमान में कोई भेद नहीं जान पड़ता। इस प्रकार का दोषारोपण एक हिन्द तथा राजभक्त लेखक की ओर से आवेश में भी किया जा सकता है और इसे प्रमाण रूप में उद्धृत करना कदाचित् उतना उचित नहीं समझा जा सकता। सत्तनामी लोगों का सादा रहन-सहन, इनके साहस-संगठन की योग्यता तथा भेदभाव रहित जीवन यापन करने की प्रणाली को सर्वथा स्तुत्य ही मानना चाहिए। साधारण स्थिति में रहनेवाले केवल कुछ ही लोगों का दिल्ली के सम्राट् तक के विरुद्ध युद्ध छेड़ देना और उसमें कुछ दिनों तक सफल भी होना कुछ विशेष कारणों से ही संभव हो सकता है और उन्हीं बातों ने सत्तनामियों के गुण बनकर उन्हें आगे आने वालों के लिए आदर्श बना दिया। सत्तनामी लोग उक्त विद्रोह के समय कदाचित्

---

१. एच्. ए. रोज : 'ए ग्लासरी आफ कास्टस ऐंड ट्राइब्स आफ दि पंजाब' (भा. ३) पृ. ३८८ : ९।

नारनौल से कुछ ही दूर तक इधर-उधर फैले हुए गाँवों में रहा करते थे और इनके सम्प्रदाय का क्षेत्र संभवतः उतना व्यापक न था जितना साध-सम्प्रदाय की दिल्ली शाखा का आजकल माना है और इनकी बहुत-सी विशेषताएँ भी केवल स्थानीय तथा परम्परानुमोदित ही रहीं। फिर भी उनका प्रचार समान स्थितिवाले लोगों में क्रमशः दूर-दूर तक होने लगा, और समय पाकर उक्त नारनौल क्षेत्र का प्रभाव उत्तर प्रदेश एवं मध्य प्रदेश के निवासियों तक पर फैल गया। बादशाह औरंगजेब ने सत्तनामियों को अपनी राजधानी के निकट समूल नष्ट कर देने के ही प्रयत्न किये थे तथा उसे बहुत अंशों में सफलता भी प्राप्त हुई थी और यही कारण है कि इस सम्प्रदाय का पौधा फिर कभी उक्त क्षेत्र में पूर्ववत् पनप न सका। सत्तनामियों की यह शाखा 'नारनौल शाखा' कहला सकती है।

(२) कोटवा शाखा

जगजीवन साहब का प्रारंभिक जीवन— अनुमान किया जाता है कि उक्त सत्तनामी सम्प्रदाय का ही पुनः संगठन कुछ दिनों के अनंतर उत्तर प्रदेश में जगजीवन साहब के नेतृत्व में हुआ। जगजीवन साहब का जन्म बाराबंकी जिले के सरदहा नामक गाँव में सरयू नदी के किनारे कोटवा से दो कोस की दूरी पर एक क्षत्रिय कुल में हुआ था। इनके जन्म का समय क्रुंक साहब ने सन् १६८२ अर्थात् सं. १७३९ माना है,[१] किन्तु डा. बर्थ्वाल ने कदाचित् सम्प्रदाय की परम्परा के अनुसार इसे सन् १६७० वा सं. १७२७ ही ठहराया है।[२] जगजीवन साहब चंदेल ठाकुर थे और इनके पिता एक साधारण किसान थे, जिनकी गायें व भैंसें ये अपने बालपन में चराया करते थे। एक दिन जब ये अपने उक्त कार्य में लगे हुए थे, इन्हें अचानक दो साधुओं के दर्शन हुए जिनमें से एक बूला साहब और दूसरे गोविन्द साहब नाम के थे। साधुओं ने बालक जगजीवन से अपनी चिलम चढ़ाने के लिए कुछ आग माँगी और यह दौड़ता हुआ अपने घर चला गया। घर से वापस आते समय वह आग के साथ-साथ साधुओं के पीने के लिए कुछ दूध भी लेता आया, किन्तु डरा रहा कि बिना पूछे दूध उठा लाने के कारण उसके पिता कहीं रुष्ट न हो जाएँ। दोनों साधुओं ने प्रसन्न होकर उसके हाथ से दूध ले लिया ओर उसे बतलाया कि तुम्हें इसके कारण सभी पछताने का अवसर न मिलेगा। बालक जगजीवन ने जब घर जाकर किसी प्रकार के भय का कोई कारण नहीं देखा, अपितु दूध के भांडे को पूर्ववत् भरा हुआ ही पाया, तब उसके आश्चर्य का ठिकाना न रहा और वह फिर दौड़ता हुआ साधुओं के पास पहुँचकर उनसे चेला बना लेने के लिए आग्रह करने लगा। बूला साहब ने इसपर उस बालक को उसके आध्यात्मिक भावों के विकसित एवं उन्नत होने का आशीर्वाद दिया और अपने सत्संग के चिन्हस्वरूप उन्होंने उसकी दाहिनी कलाई पर एक काला धागा अपने हुक्के से निकालकर बाँध दिया और उसी प्रकार गोविन्द साहब ने भी अपने हुक्के[३] का एक सफेद धागा उसी कलाई पर बाँधा। इन धागों को इस शाखा के

---

१. डब्ल्यू. क्रुकः 'ट्राइब्स ऐंड कास्ट्स आफ दि नार्थ वेस्टर्न प्राविंसेज ऐंड अवध' (भा. ४) पृ. २९९ : ३०१।

२. डा. पी. दत्त बर्थ्वाल, 'दि निर्गुण स्कूल आफ हिन्दी पोएट्री' पृ. २६४।

३. 'महात्माओं की बानी' के संपादक ने इस धागे को उनकी सेली का भाग कहा है। वे बूला साहब के अकेले ही मिलने का भी वर्णन करते हैं और कहते हैं कि उस समय वे दिल्ली से लौट रहे थे। दे. पृ. ग-३।

सत्तनामी आज भी उसी प्रकार बाँधा करते हैं। पूर्ण महंत तो उन्हें अपनी दोनों कलाइयों तथा दोनों पैरों में भी बाँधते हैं।[१]

गुरु–जगजीवन साहब के अनुयायियों का कहना है कि ये वास्तव में किसी विश्वेश्वर पुरी के शिष्य थे और उन्हीं के सिद्धान्तों के आधार पर इन्होंने अपने सत्तनामी सम्प्रदाय की स्थापना की थी तथा उक्त पुरी नामक महात्मा काशी के निवासी थे। परन्तु इस विश्वेश्वर पुरी के विषय में और अधिक पता नहीं चलता। इसके विपरीत बूला साहब एवं गोविन्दसाहब का संबंध बावरी साहिबा की परम्परा के साथ बतलाया जाता है और उस पंथ द्वारा प्रकाशित शिष्य परम्परा की सूची में भी जगजीवन साहब का नाम बूला साहब के शिष्य के रूप में दिया हुआ मिलता है। इसलिए कभी-कभी यह भी अनुमान होने लगता है कि सत्तनामी सम्प्रदाय के प्रचारक जगजीवन साहब तथा बावरी साहिबा के पंथवाले जगजीवन साहब संभवतः भिन्न-भिन्न व्यक्ति थे। परन्तु उपलब्ध सामग्रियों के ही आधार अभी किसी अन्य जगजीवन साहब के विषय में निर्णय करना उचित नहीं जान पड़ता। जब तक किसी अन्य जगजीवन साहब का सत्तनामी सम्प्रदाय के प्रधान प्रचारक के रूप में निश्चित पता नहीं लगता, तब तक दोनों को एक ही मान लेने में कोई आपत्ति नहीं होनी चाहिए।

गार्हस्थ्य जीवन–जगजीवन साहब के विषय में लिखा है कि इन्होंने गार्हस्थ्य-जीवन व्यतीत किया था। कुछ लोगों की ईर्ष्या के कारण इन्हें पीछे सरदहा को छोड़कर कोटवा में जाकर बसना पड़ा था जहाँ पर ये अंत तक रहे। कहा जाता है कि इनकी लड़की का ब्याह राजा गोडा के लड़के के साथ ठहरा था। जब बारात आयी और समधी ने बिना मांस के भोजन करना स्वीकार नहीं किया, तब जगजीवन साहब ने मांस की जगह बैंगन की तरकारी ऐसे ढंग से बनवा दी कि उसे सभी बारातियों ने मांस ही समझ लिया और बड़ी रुचि के साथ भोजन किया। प्रसिद्ध है कि सत्तनामी सम्प्रदाय के अनुयायी इसी कारण बैंगन को आज तक माँस के तुल्य समझा करते हैं और उसे खाने से घृणा भी करते हैं।[२] क्रुक साहब ने जगजीवन साहब के देहांत का समय सन् १७६१ अर्थात् सं. १८१८ माना है और कहा है कि ये सरदहा से ५ मील पर कोटवा में मरे थे। कोटवा गाँव में ही जगजीवन साहब की समाधि भी वर्तमान है।

रचनाएँ–जगजीवन साहब के नाम से 'शब्दसागर', 'ज्ञानप्रकाश', 'प्रथमग्रंथ', 'आगमपद्धति', 'महाप्रलय', 'प्रेमग्रंथ' तथा 'अघविनाश' नाम की ७ पुस्तकें प्रसिद्ध हैं जिनमें से केवल 'शब्दसागर' मात्र ही 'जगजीवन साहब की बानी के नाम से दो भागों में वेलवेडियर प्रेस प्रयाग से प्रकाशित है। यह ग्रंथ जगजीवन साहब की विविध पद्य-रचनाओं का एक संग्रह है जिससे उनके सरल हृदय एवं प्रगाढ़ ईश्वर-भक्ति का बड़ा सुन्दर परिचय मिलता है। इन्होंने इस ग्रंथ में परमात्मा को अधिकतर 'सत्त' का नाम दिया है और निर्गुण, अनादि, कर्ता तथा परम कृपालु अलौकिक व्यक्ति भी मानकर उसके प्रति अपने उद्गार प्रकट किये हैं। ये अपने को सभी प्रकार से और सभी बातों के लिए उसी एक पर निर्भर मानकर चलते हैं और कहते हैं कि जो कुछ भी हम करते हैं, वह सब उसी के द्वारा होता है। इसी कारण

१. डब्ल्यू. क्रुक : ट्राइब्स ऐंड कास्ट्स, भा. ४, पृ. ३००।
२. 'जगजीवन साहब की बानी' (वे. प्रे. प्रयाग) पहिला भाग, जीवन चरित्र, पृ. २।

ये मुक्तावस्था को भी उसी की कृपा वा अंतः प्रेरणा पर अवलंबित समझते हैं और इस उद्देश्य से उससे बार-बार प्रार्थना करते रहते हैं। ये उसे अपनी ओर आकृष्ट करने का सबसे महत्त्वपूर्ण साधन 'सत्तनाम' के स्मरण को मानते हैं, जिसकी अंतर्ध्वनि के आधार पर हमें गगन-मण्डल के दृश्य भी दीखने लगते हैं। ये उस 'तमासा' का भी वर्णन करते हैं और कहते हैं कि मैंने जैसा स्वयं देखा है, ठीक वैसा ही दिखला भी दूँगा, छिपाऊंगा नहीं।[१] ये साधकों के लिए परामर्श देते हैं कि 'सत्तनाम' का भजन कर अपना भेद प्रकट करना उचित नहीं। प्रकट रूप में सब कुछ कह देने से उसका सारा सुख जाता रहता है और संतमत का ज्ञान भी नष्ट हो जाता है।[२] ये सत्तनाम के रस का अमृत पीकर मन ही मन मगन रहने पर अधिक बल देते हैं और कहते हैं कि उस अनुमति की विस्मृति हमारे दैनिक जीवन की अवस्था में भी नहीं होनी चाहिए।[३] अपितु जगत में रहते हुए भी अपने को जगत से न्यारा समझना चाहिए।[४] इन्होंने समाज के भीतर पारस्परि व्यवहार के लिए नैतिक आदर्शों के अनुसार चलना ही श्रेयस्कर माना है। सत्य वचन, अहिंसा, परोपकार व संयत जीवन को इन्होंने सर्वश्रेष्ठ माना है और अधिकतर इन्हीं बातों की ओर लक्ष्य करके बहुत-से उपदेश दिये हैं। 'महाप्रलय' नामक अपनी पुस्तक में एक स्थान पर ये इस प्रकार कहते हैं–"विशुद्ध महापुरुष सबके बीच रहता हुआ भी सबसे पृथक है, उसे किसी भी बात में आसक्ति नहीं। किसी भी बात में आसक्ति नहीं। जो वह जान सकता है, जान लेता है, किसी जाँच-पड़ताल की आवश्यकता नहीं पड़ती। वह न आता है, न जाता है, न सीखता है न सिखाता है, न दुःख ही हुआ करता है। वह न क्रोध करता है, न क्षमा ही प्रदान करता है और उसके लिए कोई मूर्ख वा साधु भी नहीं। जगजीवन दास कहते हैं कि क्या कोई ऐसा है जो इस प्रकार दुर्बलताओं से रहित हो मानव-समाज में रहता हुआ भी व्यर्थ की बकवादों में न पड़ता हो।"[५]

---

१. तीरथ ब्रत की तजि दै आसा।
सत्तनाम की रटना करि कै, गगन मण्डल चढ़ि देखु तमासा ॥ १ ॥
ताहि मंदिल का अंत नहीं कछु, रबी बिहून किरिनि परगासा।
तहां निरास बास करि रहिये, काहेक भरमत फिरत उदासा ॥ २ ॥
देउ लखाय छिपावहु नाहीं, जस मैं देखउ अपने पासा। आदि ।
'जगजीवन साहब की बानी' पृ. ९९-१००।

२. सत्तनाम भजि गुप्तहि रहे, भेद न आपन परगट कहै ॥ १ ॥
परगट कहै सुखित नहिं होई, सतमत ज्ञान जात सब खोई ॥ २ ॥ 'वही, पृ. ११८।

३. सत्तनाम रस अमृत पिया, सो जग जनम पाय नहिं जिया ॥ १ ॥
डोरी पीढ़ी रहत है लाए, सोवत जागत विसरि न जाए ॥ २ ॥
कबहु मन कहु अनत न जाए, अंतर भीतर रहै बनाय ॥ ३ । आदि । वाही, पृ. ५३।

४. साधो, अंतर सुमिरत रहिये।
सत्तनाम धुनि लाये रहिये, भेद न काहू कहिये ॥ १ ॥
रहिये जगत जगत से न्यारे, दृढ़ ह्वै सूरति गहिये। आदि। वही, पृ. १०१।

५. एच्. एच्. विल्सन : 'रेलिजस सेक्ट आफ दि हिंदूज' पृ. पृ. ३५८ में उद्धृत।

शिष्यगण 'चारपावा'– जगजीवन साहब के कई शिष्य थे जिनमें से कम से कम दो का मुसलमान होना भी बतलाया गया है। इनके प्रधान हिंन्दू शिष्यों में दूलनदास[1] देवीदास, गुसाईं दास, खेमदास, एक कोई उपाध्याय तथा एक चमार के नाम लिये जाते हैं। दूलनदास एवं देवीदास के नाम लिखे जगजीवन साहब के कुछ पद्यमय पत्र भी मिलते हैं। जिनमें से पाँच को 'वेलवेडियर प्रेस' द्वारा प्रकाशित इनकी 'बानी' के दूसरे भाग में स्थान दिया गया है। दूलनदास का जन्म सत्तनामियों के अनुसार सं. १७१७ में समेसी गाँव (जि. लखनऊ) के किसी सोमवंशी क्षत्रिय कुल में हुआ था और इनके पिता रामसिंह एक प्रतिष्ठित जमींदार थे। सरदहा में जाकर इन्होंने जगजीवन साहब से दीक्षा ग्रहण की थी और बहुत समय तक उनके साथ सत्संग करते हुए कोटवा में भी रहे थे। अपने जीवन के शेष भाग में ये राबरेली जिले के अंतर्गत धर्मे नामक एक नया गाँव बसाकर वहाँ अपना आध्यात्मिक जीवन व्यतीत करते रहे और एक सदाव्रत भी चलाते रहे। इनका देहांत ११८ वर्ष की आयु बिताकर आश्विन वदी ५ रविवार सं. १८३५ को कदाचित् उक्त धर्मे गाँव में ही हुआ। कहा जाता है कि अंत तक इन्होंने अपनी जमींदारी का प्रबंध करना नहीं छोड़ा था। इनकी रचनाओं में 'भ्रमविनाश', 'शब्दावली' 'दोहावली', 'मंगलगीत' आदि कई एक प्रसिद्ध हैं, परन्तु अभी तक इनकी बानियों का एक छोटा-सा ही संग्रह प्रकाशित है। संत जगजीवन साहब के दूसरे शिष्य देवीदास का जन्म सं. १७३५ में बाराबंकी जिले के लक्ष्मणग्राम में हुआ था और ये अमेठिया (गौड़) वंश के क्षत्रिय भगवानीसिंह के पुत्र थे। ये भी अपने घर के एक संपन्न जमींदार थे। इनकी बाल्यावस्था में ही इनके माता-पिता का देहांत हो गया जिस कारण इनका पालन-पोषण व शिक्षादि की व्यवस्था इनके चचा द्वारा की गई। केवल १८ वर्षों की अवस्था में इन्हें जगजीवन साहब के संपर्क में आने का अवसर मिला और ये उनसे दीक्षित हो गए और ये तब से दिन पर दिन प्रसिद्ध होते चले गए। इनके देहांत का समय सं. १८७० बतलाया जाता है, जब ये १३५ वर्ष के थे। इनकी रचनाओं में 'सुखसनाथ', 'चरनध्यान', 'गुरु चरन', 'विनोद मंगल', 'भ्रमरगीत', 'ज्ञानसेवा', 'नारदज्ञान', 'भक्तिमंगली', 'वैराग्यखान' आदि ग्रंथों की गणना की जाती है। गोसाई दास का जन्म एक सरयूपारीण ब्राह्मण कुल के ब्रह्मानंद नामक व्यक्ति के घर सं. १७२७ में हुआ था और इनकी माता का नाम सुमित्रा देवी था। इनके पिता जी का देहांत बचपन में ही हो गया जिस कारण इनका भरण-पोषण, उसी जिले के सरइयाँ नामक एक अन्य गाँव में हुआ। इनकी शिक्षा साधारण थी, परन्तु जगजीवन साहब के सत्संग में आकर ये एक उच्च कोटि के महात्मा हो गए। भगवद्‌भजन के लिए इन्होंने सरइयाँ की अपेक्षा कमोली गाँव को अधिक उपयुक्त पाकर वहीं रहना पसंन्द किया और वहीं रहकर उनका देहांत सं. १८३३ के चैत्र मास में हो गया। इनकी रचनाएँ 'शब्दावली', 'दोहावली' व 'ककहरा' नाम से हैं। जगजीवन दास के चौथे प्रधान शिष्य खेमदास का जन्म बाराबंकी जिले के मधनापुर गाँव के किसी कान्यकुब्ज ब्राह्मण कुल में हुआ था। प्रसिद्ध है कि पहले इन्होंने किसी ब्रह्मचारी से उपदेश ग्रहण कर निरंतर बारह वर्षों तक घोर तपस्या की थी और पीछे जगजीवन साहब द्वारा दीक्षित हुए थे। अपने जीवन का एक बहुत बड़ा भाग इन्होंने हरिसंकरी गाँव में व्यतीत किया और अंत में सं. १८३० के लगभग शरीर त्याग किया। इनके जन्मकाल व माता-पिता

---

१. दूलनदास की जगह एक स्थल पर 'दास दुलारे' का भी प्रयोग हुआ है जिससे प्रकट होता है कि 'दूलन' शब्द दुलारा, लाड़ला वा प्रिय का बोधक है। (दे. बानी, पृ. २ का शब्द)।

का पता नहीं चलता। इनकी रचनाओं में 'काशीखंड', 'तत्वसार', 'दोहावली' तथा 'शब्दावली' के नाम लिये जाते हैं। ये दूलनदास, देवीदास, गोसाईदास व खेमदास, 'चारपावा के नाम से भी प्रसिद्ध हैं।

दूलनदास व उनकी शिष्य परम्परा– उक्त 'चारपावा' की रचनाओं से प्रतीत होता है कि पीछे सत्तनामी सम्प्रदाय पर सगुणोपासना का प्रभाव क्रमशः पड़ने लगा। जगजीवन साहब की भक्ति विशुद्ध निर्गुण की थी, किन्तु आगे चलकर वह पौराणिक पद्धति का भी आश्रय ग्रहण करने लगी। उनके शिष्यों का ध्यान पीछे देवी-देवताओं की ओर भी जाने लगा और इस नये प्रभाव का कारण कदाचित् उनका अयोध्या के निकट निवास करना था। जगजीवन साहब के सर्वप्रधान शिष्य दूलनदास की रचनाओं में दशरथ नंद व श्रीरघुवीर के ध्यान की चर्चा दीख पड़ती है और प्रसिद्ध रामदूत हनुमान का स्मरण किया जाना भी पाया जाता है। फिर भी सत्तनाम के प्रति गंभीर आस्था एवं सुरति शब्दयोग के महत्त्व का वर्णन ही उसमें अधिक दीख पड़ते हैं और 'दूलनदास के साई जगजीवन है सत्तनाम दुहाई" जैसे प्रयोगों द्वारा अपने गुरु के प्रति किये गए प्रगाढ़ भक्ति-प्रदर्शन के अनेक उल्लेख भी मिलते हैं। दूलनदास के पदों में कहीं-कहीं फकीरों के प्रति श्रद्धा के भाव प्रकट किये गए हैं और उनके सिद्धांतों की झलक भी फारसी मिश्रित भाषा में मिलती है। दूलनदास के शिष्यों में सिद्धादास प्रसिद्ध हैं जो सुलतानपुर जिले के हरिगाँव निवासी सरयूपारीण ब्राह्मण थे और जिनका देहांत सं. १८४५ में हुआ था। ये संस्कृत के अच्छे विद्वान थे और निर्गुणभक्ति की प्रेरणा इन्हें बीमारी में पाये गए कष्टों से मुक्त होने पर मिली थी। ये जगजीवन साहब के कहने से दूलनदास के शिष्य हुए थे। इनकी रचनाओं में 'साखी', 'कवित्त', 'शब्दावली' तथा 'विरह सत्य' के नाम लिये जाते हैं। सिद्धदास के प्रसिद्ध शिष्य पहलवान दास थे जिनका भी जन्मस्थान सुलतानुपर जिले में ही था, किन्तु जो रायबरेली जिले के भीखीपुर में रहा करते थे और जाति से सरयूपारीण ब्राह्मण थे। ये पहले पल्टन में नौकरी करते थे तथा इनका शरीर बहुत हृष्ट-पुष्ट व बलशाली था। इनका विवाह भी जायस के निकट किसी गाँव में हुआ था। परन्तु इन्होंने सिद्धदास से दीक्षित होकर निरंतर बारह वर्षों तक उनकी सेवा की और इनकी तपस्या से प्रसन्न होकर सिद्धदास ने इन्हें निर्गुण-साधना का भेद बतला दिया। ये पढ़े-लिखे नहीं थे, किन्तु कविता करने का इन्हें अभ्यास हो गया था और इन्होंने 'उपखानविवेक', 'विरहसार', 'मुक्तायन', 'अरिल्ल', 'गुरुमाहात्म्य' तथा कुछ फुटकर पदों की भी रचना की थी। कहते हैं कि पहलवानदास की पलकें नीचे तक लटकी रहती थीं। इनका देहावसान सं. १९०० में हुआ, जब ये लगभग १२४ वर्ष के हो चुके थे।

कोटवा-शाखा की वंशावली

जगजीवन साहेब (कोटवा, जि. बाराबंकी)

(सं. १७२७ : १८१८)

दूलनदास	देवीदास	गोसाईंदास	खेमदास	नेवलदास
(समेसीगाँव,	(लक्ष्मणगाँव,	(कमोली, जि.	(मधनापुर,	(उदापुर, जि.
जि. लखनऊ	जि. बाराबंकी	बाराबंकी	जि. बाराबंकी,	बाराबंकी मृ.

सं. १७१७ : १८३५) १७३५ : १८७०) १७२७ : १८३३) मृ. लगभग सं. १८५०)
सं. १८३०)

|

सिद्धादास (हरिगाँव,
जि. सुलतानपुर, मृ. सं १८४५)

|

पहलवानदास (भीखीपुर,
जि. रायबरेली मृ. सं. १९००)

दोनों शाखाओं की तुलना–इस प्रकार सत्तनामी सम्प्रदाय की यह जगजीवन साहब वाली कोटवा शाखा उक्त नारनौल वाली शाखा से कुछ बातों से भिन्न जान पड़ती है। उस पहली शाखा में सम्प्रदाय के प्रायः सभी अनुयायी जाट किसान थे ओर उनके अधिक शिक्षित होने अथवा ग्रंथ-रचना द्वारा प्रचार करने का कहीं पता नहीं चलता। वे एक प्रकार से साध-सम्प्रदाय के दिल्ली शाखावाले अनुयायियों के ही भिन्न रूप थे और उनके अंतर्गत उच्च वर्गवाले हिन्दू कदाचित् सम्मिलित भी नहीं थे। उनकी प्रथम प्रसिद्धि उपर्युक्त सत्तनामी विद्रोह के अवसर पर हुई थी और तब से उनके किसी संगठन वा मतप्रचार का पता न चला, जिस कारण आज तक उनकी चर्चा अनेक विद्वान् उन्हें साधों में सम्मिलित करके ही किया करते हैं और उनके पृथक् अस्तित्व में विश्वास तक नहीं करते। परन्तु इस जगजीवन साहबवाली 'कोटवा शाखा' को एक विशेष व्यक्ति ने प्रचलित किया था और उसकी शिष्य-परम्परा में अनेक उच्च श्रेणीवाले थे और उन्होंने कई ग्रंथों की रचना तक की थी। ये गार्हस्थ्य जीवन में रहते रहे, किन्तु अपनी आध्यात्मिक साधना में भी सदा विरत रहने के कारण इन्होंने अपने मत का ऊँचा आदर्श ही अपने सामने रखा। इनके द्वारा अवध प्रांत के अंतर्गत संतमत का विशेष प्रचार हुआ और सत्तनामी सम्प्रदाय के इतिहास में भी इन्होंने सबसे महत्त्वपूर्ण स्थान प्राप्त कर लिया। इस समप्रदाय की प्रथम शाखा वास्तव में साध-सम्प्रदाय का रूपांतर मात्र ही बनकर रह गई और कोई आज तक यह भी नहीं जान सका कि उसने इस दूसरी शाखा का कभी किसी प्रकार से पथ-प्रदर्शन भी किया था वा नहीं और यदि ऐसा हुआ भी तो यह उसका कहाँ तक ऋणी समझी जा सकती है।

(३) छत्तीसगढ़ी शाखा

घासीदास–सत्तनामी सम्प्रदाय की एक तीसरी अर्थात् छत्तीसगढ़ी शाखा भी है जिसे विलासपुर जिले (मध्यप्रदेश) के निवासी घासीदास ने चलाया था। कहते हैं कि घासीदास अपने को एक स्वतंत्र मत का प्रचारक माना करते थे। किन्तु उन्हें उत्तरी भारत के किसी सत्तनामी से प्रेरणा अवश्य मिली होगी। घासीदास का पहला नाम घासीराम था और ये जाति के चमार थे। ये पहले एक निर्धन किसान थे और गिरोद नामक गाँव में जो पहले विलासपुर जिले में था और अब रायपुर में पड़ता है, किसी के यहाँ नौकरी करते थे। एक बार ये अपने भाई के साथ जगन्नाथपुरी का तीर्थ करने चले, किन्तु कुछ दूर कदाचित् शार्ङगढ़ तक ही जाकर 'सत्तनाम' 'सत्तनाम' कहते-कहते वापस आ गए। तब से घासीदास गिरोद के निकटवर्ती सोनकान जंगलों में एक विरक्त के रूप में रहने लगे और उनका सारा समय ध्यान करने में व्यतीत होने लगा। ये बहुधा गिरोद से प्रायः एक मील की दूरी पर एक चट्टानी पहाड़ी के

ऊपर उगे हुए एक तेंदू वृक्ष के नीचे बैठ जाते और लोगों के साथ सत्संग करने लगते थे। इस वृक्ष का अस्तित्व आज भी एक स्थान पर बतलाया जाता है, जहाँ बहुत से सत्त नामी मंदिर बन चुके हैं और जहाँ तीर्थ-यात्रा के लिए सत्तनामी प्रति वर्ष आया करते हैं। घासीदास ने क्रमशः संतत्व की पदवी प्राप्त कर ली और इनके चमत्कारों की चर्चा दूर-दूर तक फैलने लगी। इनके सत्संग में आने वाले इनके चरणामृत को बाँस की नलियों में बंद करके दूर-दूर तक ले जाते और परिवार के साथ उसे पान करते थे। अंत में जंगलों से बाहर निकल कर ये अपने सत्तनामी मत का प्रचार करने लगे। इनका शरीर अत्यंत गौर व सुंदर था और इनका व्यक्तित्व बड़ा प्रभावशाली था। ये अशिक्षित थे, किन्तु अपने स्वजातीय चमारों के प्रति इनके हृदय में बड़ी सद्भावना थी और उनकी उन्नति की ओर ये निरंतर उद्योगशील रहे। ये उनमें बहुधा भ्रमण भी किया करते और अपने सद्व्यवहार तथा सहानुभूति द्वारा उन्हें सदा प्रभावित करते रहते जिस कारण कुछ ही दिनों में ये एक लोकप्रिय नेता बन गए। कहा जाता है कि एक बार जब ये अपने पुत्र द्वारा लायी गई मछली खाने जा रहे थे कि उसने इन्हें ऐसा करने से रोका और ये मान भी गए। परन्तु इनके दो पुत्रों तथा इनकी स्त्री ने नहीं माना और उनका देहांत हो गया जिससे खिन्न होकर ये आत्महत्या करने के लिए एक वृक्ष पर चढ़ गए। संयोगवश पेड़ की शाखाएँ नीचे की ओर झुक गईं और ये बच गए तथा उस वृक्ष के देवता ने दो मृत पुत्रों के साथ प्रत्यक्ष होकर इन्हें आदेश दिया कि तुम जाकर सत्तनामी मत का प्रचार करो।

उत्तराधिकारी—जो हो, घासीदास अपनी ८० वर्षों की आयु समाप्त कर सं. १९०७ में मर गए और अपने पुत्र बालकदास को अपना उत्तराधिकारी छोड़ गए। बालकदास कुछ उग्र स्वभाव के थे और उच्च वर्ग के हिन्दुओं का जी दुःखाने के उद्देश्य से कभी-कभी यज्ञोपवीत धारण कर कई अवसरों पर उपस्थित होने लगे। इस कारण एक बार जब ये रायपुर की ओर जाते समय रात को अमाबाँध में ठहरे थे, राजपूतों के एक दल ने इन्हें सं. १९१७ में मार डाला। बालकदास ने किसी चित्रकार की लड़की से अपना विवाह किया था। जब ये मार डाले गए, तब उनके पुत्र साहिबदास उनके उत्तराधिकारी बन गए। परन्तु बालकदास की उक्त स्त्री ने उनके भाई अगरदास के साथ अपना पुनर्विवाह कर लिया था, इस कारण अगरदास के ही हाथ में प्रबंध का सारा भार आ गया। अगरदास के अनंतर उक्त स्त्री से उत्पन्न अजबदास तथा उनकी पूर्वपत्नी के पुत्र अगरमानदास के बीच उत्तराधिकार के लिए झगड़ा उठ खड़ा हुआ और सारी संपत्ति को दोनों ने आपस में बाँट लिया।[1] इस धन के एकत्र होने का एक स्रोत यह था कि सत्तनामी अनुयायियों के प्रत्येक गाँव में गिरोद के प्रधान महंत का एक प्रतिनिधि रहा करता था जो भंडारी कहलाता था और जिसका मुख्य काम गाँववालों के

---

१. घासीदास मृ. सं. १९०७

|

बालकदास मृ. सं. १९१७

|

अगरदास

| |

अगरमानदास अजबदास

सामाजिक अपराधों की सूचना केन्द्र तक पहुँचाना था या जहाँ से उनके ऊपर जुर्माना लगाये जाते थे। इसके अतिरिक्त महंत को प्रत्येक चमार अनुयायी से कम से कम एक रुपया भेंट के रूप में भी मिला करता था। गिरोद में उस समय एक मेला भी लगा करता था जिसमें सत्तनामी एकत्र हुआ करते थे और महंत का चरणमृत लेकर उसे एक रुपये से कम पूजा नहीं चढ़ाते थे। परन्तु इन बातों में अब अनेक सुधार हो गए हैं।[१]

शाखा का मूल प्रवर्तक—छत्तीसगढ़ी शाखा के सत्तनामी अधिकतर चमार जाति के हैं और इस कारण वे कभी-कभी अपने को प्रसिद्ध चमार संत रैदास के नाम पर रैदासी भी कहा करते हैं, परन्तु जहाँ तक ज्ञात हो सका है, उनका वा उनके सम्प्रदाय का कोई भी प्रत्यक्ष संबंध उक्त महात्मा से कभी नहीं रहा है। रैदास कभी कदाचित् छत्तीसगढ़ की ओर गये भी न रहे होंगे। घासीदास ही ने सत्तनामी सम्प्रदाय की इस शाखा की स्थापना सं. १८७७ : १८८७ में किसी समय की थी और इसके लिए प्रेरणा उन्हें कदाचित् उस समय मिली थी जब वे कुछ दिनों के लिए उत्तरी भारत की ओर अपनी युवावस्था में आये थे। डा. ग्रियर्सन का अनुमान है कि घासीदास का अपनी युवावस्था में कुछ दिनों के लिए गुप्त हो जाना भी बतलाया जाता है, अतएव संभव है कि उसी समय वे उत्तरी भारत में आकर जगजीवन साहब के किसी अनुयायी द्वारा प्रभावित हुए होंगे।

सिद्धान्त—इन सत्तनामियों के अनुसार ईश्वर एक है और वह निर्गुण एवं निराकार है जिसकी न तो कोई मूर्ति हो सकती है और न जिसकी मूर्तिपूजा का ही कोई विधान हो सकता है। देवताओं में केवल एक सूर्यमात्र हैं जिनकी पूजा की जा सकती है और जिनसे अपनी रक्षा के लिए प्रार्थना करना भी हमारा कर्तव्य है। गिरोद के प्रधान मंदिर में किसी मूर्ति की स्थापना नहीं की गई है, किन्तु सम्प्रदाय का प्रधान महंत वहाँ जाकर किसी कठिन समस्या का समाधान कराया करता है।

नैतिक नियम—घासीदास के सात मुख्य आदेश हैं जिनमें मद्य, मांस, मसूर, लाल मिर्च, तम्बाकू, टमाटर व बैंगन के खाने-पीने का निषेध भी सम्मिलित है। तरोई का भी खाना वे इस कारण बंद कर गए थे कि उसकी सूरत भैंस की सींग की भाँति टेढ़ी हुआ करती है। सत्तनामियों के यहाँ गाय का हल में जोतना तो वर्जित है ही, दोपहर के अनंतर हल चलाने को वे एक भीषण पाप समझते हैं और उन्हें यह भी स्वीकार नहीं कि उनके खाने का सामान हलवाहीवाले खेत तक लाया जाए। दोपहर के अनंतर हल न चलाने की प्रथा कुछ दिनों पहले से बस्तर निवासी गोंडों में चली आती थी और सत्तनामियों ने कदाचित् उन्हीं से इस बात में प्रेरणा प्राप्त की थी। सत्तनामियों में वर्ण-व्यवस्था का पालन भी निषिद्ध समझा गया था और घासीदास के वंशजों के अतिरिक्त अन्य सभी एक ही जाति के माने गए थे। सम्प्रदाय के कठोर नियमों के अक्षरशः पालन करनेवाले 'जहरिया' कहलाते हैं। वे चारपाई पर कभी नहीं सोते, बल्कि पृथ्वी पर ही लेट जाते हैं, मोटे कपड़े पहना करते हैं और केवल चावल दाल खाते हैं। इनके नियमों में तम्बाकू के व्यवहार का सर्वथा त्याग देना है। परन्तु कुछ लोग अभी तक उसे अत्यंत कठोर समझकर उसका उचित रूप से पालन नहीं करते। सम्प्रदाय के प्रवर्तक घासीदास के समय में ही तम्बाकूवाले प्रश्न पर सत्तनामियों के दो दल हो गए थे और

१. आर. बी. रसेल : 'दि ट्राइब्स' ई. (भा. १) १९२६ ई., पृ. ३११।

तम्बाकू सेवन का समर्थन करनेवाले अपने चोगी वा पत्ते की चिलम के कारण 'चुंगिया' नाम से प्रसिद्ध हो चले थे। किन्तु घासीदास ने उक्त नियम का संशोधन कर दिया और बतला दिया कि चुंगिया सदा के लिए सम्प्रदाय वाह्य नहीं किये जा सकते। वे तम्बाकू-सेवन के कारण केवल निम्न श्रेणी में आ जाते हैं, जहाँ से ऊपर उठकर सच्चा सत्तनामी बनने के लिए उन्हें गुरु के सामने एक नारियल फोड़कर उसे कुछ भेंट दे देना चाहिए और साथ ही उस आदत को छोड़ देना चाहिए। ऐसा करने पर वह फिर ज्यों का त्यों विशुद्ध सत्तनामी बन सकता है।[१]

सामाजिक नियम—सत्तनामियों के सामाजिक नियम अधिकतर साधारण चमारों से मिलते-जुलते हैं। वे धोबियों, घसियारों वा मेहतरों को नहीं अपनाते। उनके विवाह का माघ से वैशाख तक संपन्न हो जाना आवश्यक है। सगाई श्रावण वा पूस के महीने में नहीं हो सकती। ये अपने शव को मिट्टी खोदकर गाड़ते हैं, किन्तु उसका मुँह नीचे की ओर ही होना चाहिए और नीचे तथा ऊपर कपड़े फैला देना चाहिए। ये केवल तीन दिनों तक शोक मनाते हैं और तीसरे दिन मूँछे छोड़कर सभी बाल साफ करा लेते हैं। छत्तीसगढ़ी कबीर-पंथियों की भाँति ही ये मद्यपान करनेवालें को 'शाक्त' नाम दिया करते हैं और उन्हें अपने से नीचा भी समझते हैं। किसी सत्तनामी को यदि कोई बड़ा से बड़ा आदमी भी पीट दे अथवा उसे कोई मेहतर वा घसियारा छू दे, तो वह सम्प्रदाय से बहष्कृत समझा जाता है। सत्तनामी कभी-कभी आपस में दधिकांदो भी खेला करते हैं और दही को पैरों तले कुचलने में आनन्द का अनुभव करते हैं। सत्तनामी सम्प्रदाय की इस तीसरी शाखावालों की बहुत-सी बातें ऐसी हैं जिनसे प्रतीत होता है कि वे विशेषकर चमार जाति की दशा सुधारने तथा उसे उन्नत करने के लिए ही समाविष्ट की गई हैं और इस प्रकार की कोई भी बात जगजीवनदास साहबवाली शाखा में लक्षित नहीं होती। जगजीवन साहबवाली शाखा में भी हिन्दू समाज की निम्न श्रेणीवाले बहुत-से लोग सम्मिलित हैं और कहा जाता है कि इस प्रकार के लोग उसके भीतर उनकी शिष्य-परम्परा के किसी कोरी की प्रेरणा से सर्वप्रथम आये थे।[२] छत्तीसगढ़ी शाखा अधिकतर सामाजिक सुधारों की प्रधानता के कारण अपने अनुयायी चमारों की एक उपजाति-सी बन गई है। नारनौल वाली शाखा की ही भाँति छत्तीसगढ़ी शाखा का भी कोई साहित्य उपलब्ध नहीं है।

साध व सत्तनामी—सत्तनामी सम्प्रदाय की तीनों शाखाओं की जो कुछ विशेषताएँ रही हैं, वे समय पाकर विस्मृत होती जा रही हैं। ये लोग भी अब अन्य कई पंथों के अनुयायियों की भाँति साधारण हिन्दू समाज में अधिकाधिक मग्न होते जा रहे हैं और इनमें बहुत-सी बातें साधारण वैष्णवों की भी प्रवेश कर गई हैं। फिर भी साधों और सत्तनामियों में एक महान् अंतर इस बात का रहता आया है कि ये लोग अपने शरीर पर कुछ न कुछ चिन्हविशेष भी धारण करते हैं। उदाहरण के लिए कोटवा शाखा के सत्तनामी बहुधा लाल रंग के वस्त्र व टोपी पहना करते हैं और मिट्टी का टीका देते हैं। इनमें से निम्न श्रेणी के श्रद्धालु अनुयायी कभी-कभी 'गायत्री क्रिया' नाम की एक विधि का भी अनुसरण करते हैं जिसमें प्रसिद्ध है कि वे मानव मलमूत्रादि के एक प्रकार के घोल के पीने को भी सम्मिलित करते हैं और जो संभवतः अघोरियों

१. आर. बी. रसेल व राय बहादुर हीरालाल : 'दि ट्राइब्स' इ. (भा. १) १९१६ ई., पृ. ३१२-३।
२. जा. ब्रिग्स : 'दि चमार्स' (दि रेलिजस लाइफ आफ इंडिया सिरीज) पृ. २२१।

के प्रभाव का फल है।[1] सत्तनामी अधिकतर साधारण मजदूर व किसान ही पाये जाते हैं और इनमें निम्न श्रेणी के लोग कहीं अधिक संख्या में सम्मिलित हैं, किन्तु साध-सम्प्रदाय के अनुयायियों ने अपना एक पृथक् समाज-सा बना रखा है जिसमें किसानों की अपेक्षा व्यवसायियों की अपेक्षा व्यवसायियों की अधिकता है और जिसे हम वैश्य जाति की श्रेणी में रख सकते हैं। सत्तनामियों में इसी प्रकार संभवतः कोटवा शाखा के कुछ अनुयायियों को छोड़कर अशिक्षित व्यक्तियों की ही भरमार है, किन्तु साधों में शिक्षित अथवा कम से कम अद्‌र्धशिक्षित लोगों की संख्या कम नहीं है। साध लोग अपने रहन-सहन में सत्तनामियों से अधिक कट्टर भी जान पड़ते हैं और किसी दूसरे समाज के व्यक्तियों से भरसक कोई संपर्क नहीं रखना चाहते, किन्तु छत्तीसगढ़वालों के अतिरिक्त अन्य सत्तनामियों में इस प्रकार के पार्थक्य की प्रवृत्ति नहीं दीख पड़ती।

५. धरनीश्वरी सम्प्रदाय

बाबा धरणीदास का जीवन-काल–बाबा धरणीदास एक उच्च कोटि के महात्मा हो गए हैं और इनके अनुयायियों की संख्या भी कम नहीं है। किंतु अन्य पंथों की भाँति इनकी शिष्य-परम्परा में कभी संगठन व मत-प्रचार की चेष्टा नहीं की गई जिस कारण इनकी प्रसिद्धि अधिक न हो सकी। इनके जन्म वा मरण की तिथियों का ठीक-ठीक पता लगाना भी अभी तक कठिन है और इनके जीवन की घटनाओं के उपलब्ध विवरण आज तक अधिकतर अनुमान पर ही आश्रित जान पड़ते हैं। इनके विषय में लिखने वालों ने इनके जन्म का होना सन् १६५६ ई. अर्थात् संवत् १७१३ में बतलाया है, किंतु यह अशुद्ध समझ पड़ता है। इनकी रचना 'प्रेमप्रगास' की एक हस्तलिखित प्रति से पता चलता है कि उक्त सं १७१३ में इन्होंने 'वैरागी' वा विरक्त वेश धारण किया था। ये लिखते हैं कि,

'संमत सत्रह सौ चलि गैऊ। तेरह अधिक ताहि पर भैऊ॥

शाहजहान्छोड़ि दुनियाई। पसरी औरंगजेब दुहाई॥

सोच विचारी आतमा जागी। धरनी धरेउ भेष वैरागी॥

इसके सिवाय इनके अनुयायियों द्वारा कहा गया कहीं-कहीं यह भी सुनने में आता है कि,

संवत सोलह सौ चलि गयऊ। अधिक ताहि पर बत्तिस भयऊ॥

परसराम अरु बिरमा माई। ता घर देवी प्रगटे आई॥

अर्थात् इनका अवतार सं. १६६२ (सन् १७७५ ई) में परसराम तथा बिरमा के घर हुआ था। परंतु यदि सं. १७१३ में इनका विरक्त होना निश्चित है, तो इनका जन्म संवत् १६६२ मानने पर इनकी अवस्था उस समय ८१ वर्ष की ठहरती है जो विचार करने पर अधिक प्रतीत होती है। प्रसिद्ध है कि इनका देहांत इनकी वृद्धावस्था में हुआ था और अपने जीवन के पूर्व भाग में इन्होंने अपने यहाँ के जमींदारों के यहाँ नौकरी भी की थी। परंतु केवल इतना ही जानकारी के आधार पर इस विषय में अंतिम निर्णय देना उचित नहीं जान पड़ता। संभव है है, सं. १६६२ वाली भी बात कोरी जनश्रुति हो।

१. जोगेन्द्र भट्टाचार्य : 'हिन्दू कास्ट्स ऐंड सेक्ट्स' (थैकर स्पिक ऐंड कंपनी, कलकत्ता १८९६) पृ. ४९१।

आत्मपरिचय–इनकी उक्त रचना 'प्रेमप्रगास' में स्वयं इन्हीं का दिया हुआ कुछ व्यक्तिगत विवरण इस प्रकार मिलता है। उस समय ' मांझी गाँव' (जिला सारन प्रांत बिहार) तथा उसके आसपास का भूमिखंड 'मध्येम' अथवा मध्यदीप कहकर प्रसिद्ध था। मध्यदीप के पूरब की ओर हरिहर क्षेत्र और पश्चिम दिशा में 'दर्दर क्षेत्र' नामक पुण्य क्षेत्र थे, और अपने निकटवती ब्रह्मपुर के कारण वह (मध्यदीप) भी कभी-कभी ब्रह्मक्षेत्र कहलाता था। माँझी गाँव एक समृद्धिशाली नगर था वहाँ पर नवाब जमींदारों के महल थे, चारों ओर वापी, कूप, तड़ाग, उद्यान और पुष्प-वाटिकाएँ थीं, बीच-बीच में सुंदर हाट लगते थे और जहाँ तहाँ देव-स्थानों का भी बाहुल्य था जहाँ निरंतर हरि-चर्चा हुआ करती थी।" इसी माँझी के निवासी श्रीवास्तव कायस्थों के एक वैष्णव-कुल में बाबा धरनीदास का जन्म हुआ था। इनके दादा-टिकइतदास एक धार्मिक व्यक्ति थे और इनके पिता परसराम दास भी एक बड़े यशस्वी और प्रभावशाली पुरुष थे। कहा जाता है कि टिकइत दास (अथवा उस समय के टिकैतराय) मुसलमानी आक्रमणों से भयभीत होकर प्रयाग की ओर से इधर आये थे। यहाँ आने पर ही परमराम दास को अपनी स्त्री बिरमा देवी से धरनी, बेनी, लछिराम, छत्रपति और कुलमनि नामक पाँच पुत्र हुए थे जिनमें धरनी कदाचित् सबसे बड़े थे। इन पाँचों में से धरनी को छोड़कर शेष चार की वंश-परम्परा धरनीश्वरी नाम से आज भी विख्यात है। धरनी का विवाह चकिया नामक गाँव में हुआ था और इनके दो पुत्र व चार पुत्रियाँ थीं। इनके दोनों पुत्रों का निःसंतान की दशा में ही देहावसान हुआ था, किंतु इनकी लड़कियाँ में से एक के संतानों का पता आज भी चलता है।

विरक्ति–इनकी उक्त रचना के आधार पर इतना और भी विदित होता है कि संवत् १७१३ के आषाढ़ मास में शुक्ल पक्ष की प्रतिपदा बुधवार के दिन इनके पिता परसराम दास का देहांत हुआ और इस घटना ने इनके विवाह तथा माँझी गाँव तक को बहुत श्रीहत कर दिया। कहा जाता है कि उस समय धरनीदास स्थानीय नवाब जमींदारों के यहाँ दीवान के पद पर नियुक्त थे। पितृ-निधन के शोक से इनका हृदय क्षुब्ध हो उठा और ये अब अपने कार्य से सदा खिन्न तथा उदासीन रहने लगे। इनके पूर्व संस्कार एवं धार्मिक परिवार-संबंधी वातावरण ने भी इनकी विरक्ति के क्रमशः दृढ़तर होने में सहायता पहुँचायी और ये भगवच्चिंतन में लीन रहने के अभ्यासी हो गए। इनकी मनोवृत्ति इस समय इतनी परिवर्तित हो गई थी कि एक दिन बैठे-बैठे जमींदारी के कागजात देखते समय इन्होंने उन पर अचानक अपने हुक्के वा लोटे का पानी उडेल दिया जिससे सभी बही-खोत भींग कर सराबोर हो गए और इनके मालिक इन पर बिगड़ने लगे। परंतु अपने अप्रसन्न मालिकों के आग्रह करने पर इन्होंने कहा कि सुदूर पुरीधाम में आरती के समय जगन्नाथ जी के कपड़ों में आग लग गई थी जिसे बुझाने के प्रयत्न में मैंने ऐसा किया था। पीछे जब दो आदमियों को भेजकर इस बात की जाँच करायी गई, तब पता चला कि वास्तव में वहाँ ऐसी घटना घटी थी और धरनीदास की ही आकृतिवाले किसी पुरुष ने उसे वहाँ पहुँचकर बुझाया भी था। इनके मालिक इस बात को सुनकर बहुत चकित और प्रभावित हुए। परंतु धरनीदास ने उसी दनि से अपनी नौकरी का परित्याग कर दिया और तब से विरक्त वेश में रहने लगे। प्रसिद्ध है कि इसी अवसर पर इन्होंने पहले पहल निम्नलिखित पंक्ति भी कही थी,

'अब मोहि रामनाम सुधि आई, लिखनी ना करौं रे भाई।'

दीक्षा—परंतु इनके हृदय में अभी तक अविचल शांति नहीं आ पायी थी और पूर्ण आत्मतृप्ति के लिए ये सदा किसी पहुँचे हुए गुरु की खोज में रहने लगे थे। अपने प्रारंभिक जीवन में इन्होंने किसी चंद्रदास नामक गुरु से दीक्षा ग्रहण की थी और भेष बदलते समय इन्होंने किसी सेवानंद से भी मंत्र लिचा था। फिर ये किसी ऐसे गुरु की खोज में लगे जो इन्हें परमतत्व का पूर्ण परिचय करा देने में समर्थ हो। ऐसे ही अवसर पर इन्हें किसी से पता चला कि पातेपुर (वर्तमान जिला मुजफ्फरपुर) में कोई विनोदानंद जी रहते हैं। अतएव उनका शिष्य होने की अभिलाषा से वे वहाँ पहुँच गए और उनकी सिद्धि की परीक्षा लेने के विचार से उनकी चौकी के एक पाये में सर्प बनकर लिपट गए। स्वामी विनोदानन्द उस समय नित्य की भाँति चौकी पर बैठ कर कथा कहने में संलग्न थे और कथा के समाप्त होते ही उन्होंने अपने चौके के रसोइये से कहला भेजा कि 'आज एक अतिथि के लिए भी पारस लगाना' तथा अपने स्थान से उठते हुए बोले कि 'आओ भाई चलो भोजन करें, चौकी में क्यों लिपटे हुए पड़े हो।' धरनीदास यह सुनते ही प्रत्यक्ष हो गए और उनके चरणों पर गिरकर इन्होंने उनसे क्षमा-प्रार्थना की। कहते हैं की इस घटना के अनंतर ये उनसे दीक्षित भी हो गए और कुछ काल तक उनके साथ रहकर इन्होंने उनके द्वारा अपने उक्त अभीष्ट की प्राप्ति की।

गुर-परनाली—इस प्रकार की कथा धरनीदास की किसी उपलब्ध रचना में नहीं मिलती, किंतु अपने गुरुदेव विनोदानंद का उल्लेख इन्होंने बड़ी श्रद्धा व भक्ति के साथ किया है और बतलाया है कि उन्हीं की कृपा से 'मैं मानो सोते से जग उठा और उनका हाथ सिर पर पड़ते ही सब कुछ मेरे प्रत्यक्ष अनुभव में आ गया।' धरनीदास ने अपनी 'रतनावली' के एक छप्पय में अपनी गुरु-परम्परा की भी चर्चा की है। ये बतलाते हैं कि,

'सतगुर रामानंद चंद पुरन परगासो।
सुजस सुरसुरानंद बेइलियानंद बेलासो॥
सुकृत सुनि आंनद चेतनानंद चेतायो।
वीरुद वीहारीदास रामदानंद रहायो।
वीमल वीनोदानंद प्रभु सो, दरस परस पातष गवो।
धरनीदास परगास उर सो गुर परनाली गही लीबो॥ ६॥'

जिससे स्पष्ट है कि इनकी गुरु-प्रणाली के अंतर्गत रामानन्द से लेकर क्रमशः सुरसुरानन्द, बेलानन्द, शून्यानन्द, चेतनानन्द बिहारीदास, रामदास और विनोदानन्द नाम आते हैं और इसी विनोदानन्द द्वारा इन्होंने अपने हृदय के प्रकाशित होने का भी उल्लेख किया है। इन्होंने अन्यत्र उक्त रामानन्द की भी गुरु-परम्परात आदि गुरु नारायण से लेकर राघवरानंद तक बतलायी है और एक पद्य के द्वारा उनके शिष्य अनंतानंद, कबीर, सुरसुरानन्द, भवानन्द, रैदास, गलगलानन्द, नरहरि, सधना, सुखानन्द, पद्मानन्द, पीपा, सेना तथा धनादास के नाम गिनाये हैं। इस प्रकार इसमें संदेह नहीं रह जाता कि इनके उक्त रामानन्द का अभिप्राय प्रसिद्ध स्वामी रामानन्द से है। धरनीदास का कहना है कि विनोदानंद ने प्रकट रूप में तो मुझे माला पहनाई और माथे पर तिलक लगा दिया, किंतु वास्तव में उन्होंने मेरे हृदय से माया को दूर कर मुझे तुरीया भक्ति में प्रदान कर दी। मैं उनके शब्दों को अपने श्रवणों से सुनते ही 'चिहुँक उठा', मेरा

लोकाचार का मार्ग छूट गया, माया-स्नेह के बंधन टूट गए, मैं साधुओं की पंक्ति में मिल गया, प्रेम बढ़ जाने के कारण काया को 'उस परमतत्व' का परिचय प्राप्त हो गया और प्रभु के साथ निरंतर प्रीति लग गई। अपने उक्त गुरु विनोदानन्द के देहांत कर समय धरनीदास ने 'रतनावली' में सं. १७३१ की श्रावण कृष्ण ९ और दिन बुधवार दिया है।

अंतिम समय–धरनीदास अपने गुरु विनोदानन्द के यहाँ से लौटने पर अपने जन्मस्थान के निकट ही कुटी बनाकर रहने लगे। वहीं रहकर ये अपने भजनभाव में लीन रहा करते थे और अपनी रचनाओं द्वारा उपस्थित जनता को उपदेश दिया करते थे। इनका गंगास्नान सदा ब्रह्मपुर के पास होता रहा जो इस समय माँझी से पूरब की ओर लगभग छः मील की दूर पर वर्तमान है। इनके भजन का स्थान आगे चलकर रामनगर के नाम से विख्यात हुआ और वहाँपर निर्मित मंदिर 'धरनेश्वर का द्वारा' कहा जाने लगा। उक्त स्थान पर रहते हुए कुछ काल व्यतीत कर लेने पर अपनी वृद्धावस्था में बाबा धरनीदास किसी दिन अपने शिष्यों के साथ गंगा व घाघरा के संगम पर पहुँचे और वहाँ पर जल पर चादर बिछा कर बैठ गए। कहते हैं कि और कुछ समय तक इन्हें उपस्थित लोगों ने उसी प्रकार बैठे पूरब की ओर बहते जाते देखा, किंतु दूर चले जाने पर उन्हें एक ज्वाला-मात्र दिखलायी पड़ी और वह भी अंत में क्षितिज में लीन हो गई। फिर इन्हें किसी ने नहीं देखा और माँझी लौटकर इनके शिष्यों ने इनकी समाधि बना दी। तब से वहीं इनके नाम एक गद्दी चलती है और इनकी शिष्य-परम्परा का कोई मंहत उस पर प्रतिष्ठित समझा जाता है।

रचनाएँ–बाबा धरनीदास की रचनाओं में 'प्रेम प्रगास', 'शब्दप्रकाश' व 'रतनावली' प्रसिद्ध हैं और इनकी बानियों का एक संग्रह 'धरनीदासजी की बानी' नाम से वेलवेडियर प्रेस, प्रयाग द्वारा प्रकाशित हो चुका है जिसमें अधिकतर उक्त 'शब्दप्रकाश' की ही रचनाएं मिलती हैं। शांति-निकेतन के बाबू अनाथनाथ बसु को 'शब्दप्रकाश' की एक प्रति माँझी जाने पर सन् १९२७ ई. में मिली थी जो सन् १८८७[१] ई. में छपी थी। इसका प्रकाशन प्रथम संस्करण के रूप में 'नरसिंह शरण प्रेस, छपरा' में हुआ था और इसके अक्षर ठीक नहीं थे। बसु महोदय का कहना है कि उक्त संस्करण के अंतिम अंश में, जो संभवतः पीछे की रचना है, बाबा धरनीदास के विषय में,

'कबिरा पुनि धरनी भयो शाहजहाँ के राज'

लिखा मिला और कुछ अन्य प्रशंसात्मक पद्य भी मिले। माँझी के किसी पुस्तकालय में उन्हें 'प्रेमप्रगास' की भी एक हस्तलिखित प्रति मिली थी, जो बाबा धरनीदास से आठवीं पीढ़ी के शिष्य रामदास के आदेशानुसार लिखी गई थी॥ बसु महोदय के वहाँ जाने के समय गद्दी पर हरीनंदनदास वर्तमान थे। 'शब्दप्रकाश', 'प्रेमप्रगास' एवं 'रतनावली' की हस्तनिखित प्रतियाँ मेरे देखने में भी आई हैं जिनमें से 'प्रेमप्रकास' का लिपिकाल 'ता. २१ माह भादव सन् १२८१ साल शुभदिन बुध ऋषी पंचमी' दिया है और इसी प्रकार 'रतनावली' के अंत में भी संवत १८९९ सबैनाम माह फाल्गुन बदी पंचमी रोज सनीचर के तैआर भैल' लिखा मिलता है।

---

१. 'ए शार्ट नोट आन धरनीदास : ए हिंदी पोएट आफ दि सेबेन्टीन्थ सेंचुरी (दि जर्नल आफ दि बिहार ऐंड ओडीसा रिसर्च सोसायटी, भा. १४ (१९२८), पृ. २८५।

प्रेमप्रगास व रतनावली–'प्रेम प्रगास' एक प्रेम-कहानी का आधार लेकर निर्मित ग्रंथ है जिसमें सूफियों की शैली के अनुसार जीवात्मा व परमात्मा का मिलन दर्शाया है। बाबा धरनीदास ने मनमोहन एवं प्रानमती की प्रेमकथा लिखी है और उनके विरह, यात्राकष्ट आदि के विवरण तथा सौदागरों व मैना का प्रसंग भी प्रायः उसी ढंगे के दिये हैं जैसे मलिक मुहम्मद जायसी के ग्रंथ 'पद्मावत' में दीख पड़ते हैं। इनका कहना है कि,

इस्त्रि पुरुष को भाव, आत्मा औ परमात्मा।
बिछुरे होत मेराव, धरनी प्रसंग धरनी कहत।

अपने ग्रंथ की रचना का समय इन्होंने 'पुस सुदि ५ पुष्य नक्षत्र व गुरुवार' दिया है, किंतु कोई संवत् नहीं बतलाया है। ग्रंथ-रचना का स्थान भी इन्होंने 'मेहसि' कहा है, किंतु कोई उसका भौगोलिक परिचय नहीं दिया है। ग्रंथ में इन्होंने प्रसंग-वंश अपनी कुछ आत्मकथा भी दे दी है। पुस्तक बड़ी रोचक शैली में लिखी गई है और इसके अनेक स्थल वास्तव में चित्ताकर्षक हैं। 'रत्नावली' के अंतर्गत बाबा धरनीदास ने अपनी गुरु-परम्परा के संबंध में बहुत कुछ परिचय दिया है और बतलया है कि हमारा पंथ स्वामी रामानंद के परिवार के साधु विनोदानांद की प्रणाली के अनुसार अग्रसर हुआ। इनका छापा ले लेने वाले को किसी प्रकार के पाप नहीं लग सकते। इस ग्रंथ में इन्होंने अनेक संतों व भक्तों के संक्षिप्त परिचय दिये हैं और नाथ-पंथ के प्रमुख प्रवर्तकों व विचारकों का भी वर्णन किया है। ग्रंथ में बहुत से पद हैं जिनमें लीला रचनाएं हैं।

शब्द प्रकाश–'शब्द प्रकाश' बाबा धरनीदास के विचारों व सिद्धांतों का परिचायक ग्रंथ है। इसकी ४०१ साखियाँ प्रसंगों वा भिन्न-भिन्न ४३ शीर्षकों के अंतर्गत संगृहीत हैं। इसकी भिन्न-भिन्न साखियों द्वारा प्रायः सभी प्रकार की धार्मिक बातों पर प्रकाश डाला गया है और यह रचना उक्त तीनों में सबसे अधिक प्रौढ़ जान पड़ती है। बाबा धरनीदास परमतत्व को 'करता राम' के नाम से अभिहित करते हैं और अपने इष्टदेव 'बालगोपाल' वा 'धरनीश्वर' को उसी का प्रतीक मानते हुए-से जान पड़ते हैं। ये कहते हैं कि "सारी सृष्टि का विस्तार उस करता की इच्छा के ही अनुसार हुआ है और वही फिर उसे सकेल भी लेगा। जिसे जहाँ विश्वास होता है उसे वहीं विश्राम मिलता है और अपने-अपने मतानुसार सभी अपने इष्टदेव निर्धारित करते हैं, किंतु यदि सच कहा जाय तो करता एक रहस्यमय व निराधार तत्व है जिसके भीतर हम सभी रहते हैं। वही हमारे भीतर भी सदा विराजमान है, केवल अपने मन की भ्रांति दूर करने पर विवेक द्वारा उसे हम जान सकते हैं। उसका संकेत-मात्र भी मिल जाने पर हमारे हृदय में उसके लिए उत्कट अभिलाषा उत्पन्न हो जाती है। उस राम के प्रति उपजा हुआ प्रेम हमें घायल-सा बना देता है, उसकी टीस अपने हृदय से कभी दूर नहीं हो पाती और हमारे निकट से सारे नेम, आचार-विचार उठ भाग खड़े होते हैं।" इनका कहना है कि,

'सूर मरै एक दिन, सती जरै दिन एक।
धरनी भगतन्ह वारिए, जो जन्म निबाहे टेक॥ १८॥'
'साधु की संगति सेजरी, बीसम्भर विस्वास।
निभैं चरन पसारि के, सोवे धरनीदास॥ २०॥'

साधना का रूप–बाबा धरनीदास ने दाम्पत्यभाव के अनुसार अनेक रचनाएं की हैं और

प्रेम-भक्ति के स्वरूप का भी वर्णन किया है। स्वामी रामानन्द की परम्परा से संबंध होने पर भी, केवल इष्टदेव राम के प्रति प्रदर्शित सेव्य-सेवक भाव के ही उदाहरण इनके ग्रंथों में नहीं मिलते। श्रीकृष्ण भी इनके वैसे ही इष्टदेव जान पड़ते हैं और जहाँ कहीं भी उनका प्रसंग आया है, वहाँ उनके वर्णन इन्होंने अत्यंत विशद व सुंदर ढंग से किये हैं। वास्तव में राम अथवा कृष्ण किसी के भी सगुण रूपों वा लीलाओं से इन्हें काम नहीं है। ये उन्हें अपने 'करता राम' के प्रतीक मात्र ही समझते हैं। राम व कृष्ण के प्रसंग इनके विविध प्रकार के भक्तिभावों के प्रदर्शनार्थ प्रयुक्त किये गए साधनों के रूप में ही आये हैं। अपने भक्त रूप का परिचय देते हुए ये एक स्थल पर इस प्रकार कहते हैं:–

'चित चितसरिया मैं लिहलों लिखाई।
हृदय कमल धइलों हियना लेसाई॥
प्रेम पलँग तँअ धइलों बिछाई।
नखसिख सहज सिंगार बनाई।
हृदय कमल बिच आसन मारी।
ले सरधा जल चरन खटारी॥
हितकै चंदन चरिच चढ़ायो।
प्रीति के पंखा पवन डोलायो॥
भाव को भोजन परसि जेवायो॥
जो उबरा सो जूठन पायो।
धरनि इतउत फिरहि न भोरे।
सनमुख रहहि दोउ कर जोरे॥'

जिससे स्पष्ट है कि इसके द्वारा ये किसी मानसिक स्थिति की ओर ही संकेत करते हैं और वाह्य पूजनादि को उतना महत्त्व देते हुए जान नहीं पड़ते।

निर्गुण पंथ–बाबा धरनीदास ने स्वामी रामानंद के सम्प्रदायानुसार तुलसी की माला एवं तिलक की प्रशंसा की है और अपने 'रतनावली' ग्रंथ में इन्होंने यहाँ तक कह डाला है कि,

'तुलसी कंठ तिलक हरि वंदिल धरनी धन्य सो देही।
रामानंद औतार छाप कलि मुकति को मारग एही॥'

जिससे उक्त साम्प्रदायिक भेष के प्रति इनकी बड़ी श्रद्धा प्रकट होती है। फिर भी इन्होंने अन्यत्र यह भी स्पष्ट कर दिया है कि,

'चक्रहु चाहि चलै चित चंचल, मूल मता गहि निश्चल कौरे।
पाँचहुतें परिचै करु प्रानी, काहे के परत पचीस के झौरे॥'
जो लगि निरगुन पंथ न सूझे, काज कहा महिमंडल दौरे।
सब्द अनाहत लखि निंह आवै, चारो पन चलि ऐस लिंगौरे॥'[1]

१. 'धरनीदासजी की बानी', वेलवेडियर प्रेस, प्रयाग, सन् १९११ ई., पृ. २४।

और इस प्रकार इनका अंतिम ध्येय संतमत का अनुसरण ही प्रतीत होता है। अपनी 'बोधलीला' नामक छोटी-सी रचना में इन्होंने बतलाया है कि किस प्रकार इन्हें संतों की बातें सुनकर और उनके साथ सत्संग करने के आधार स्वरूप एक मात्र नित्य व निरंजन तत्व के विषय में अनुमान होने लगा और जान पड़ा कि सब कुछ 'सागर एक अनेक हिलोरा' मात्र है तथा हमारा कल्याण उसे अनुभव कर जीवनमुक्त की दशा में आ जाने पर ही संभव हो सकता है। इन्होंने अपनी 'महराई' नाम की एक अन्य छोटी-सी भोजपुरी रचना में मुरली ध्वनि के रूपक द्वारा अनाहतनाद के श्रवण करने का चित्र भी बड़े मार्मिक ढंग से खींचा है। इनकी रचनाओं में कहीं-कहीं सूफियों के भी नाम आये हैं और उनके मत का कुछ प्रभाव भी लक्षित होता है।

माँझी की गद्दी–बाबा धरनीदास का देहांत हो जाने के अनंतर क्रमशः अमरदास, मायाराम, रतनदास, बालमुकुंददास, रामदास, सीतारामदास, हरनन्दनदास एवं संत रामदास उनके शिष्य व प्रशिष्य हुए। माँझी की गद्दी उनके पंथ का मुख्य केंद्र समझी जाती है और 'धरनीश्वर के द्वारे में' उनके भजन के स्थान् पर उनका खड़ाऊं रखा मिलता है। पंथ की कुल गद्दियाँ साढ़े बारह बतलायी जाती हैं जिनमें से बिहार के अंतर्गत माँझी के अतिरिक्त परसा, पंचलक्खी व ब्रह्मपुर अधिक प्रसिद्ध हैं।

चैनाराम बाबा–पंथ के अनुयायियों की एक अच्छी संख्या उत्तर प्रदेश के बलिया जिले में भी पायी जाती है और वहां वालों का मूल संबंध परसा के मठ से जान पड़ता है। इनके सर्वप्रथम संत चैनराम बाबा थे जिनका जन्मस्थान बलिया जिले के सहतवार कस्बे का निकटवर्ती बघाँव नामक गाँव था। बाबा चैनाराम का जन्म सं. १७४० में एक सरयूपारीण ब्राह्मण परिवार में हुआ था और उनके पिता का नाम रोपन चौबे था। वे अपने तीन भाइयों में सबसे छोटे थे, कुछ भी पढ़े नहीं थे और लड़कपन में बहुधा खेतों की रखवाली तथा गौवों के चराने के काम किया करते थे। एक बार ग्रीष्म ऋतु के समय उनकी चरती हुई गायों के निकट से जाते हुए कोई प्यासे महात्मा दीख पड़े, जिन्हें चैनाराम ने गुड़के साथ पानी पिला दिया। महात्मा को अपनी प्यास के बुझने पर बड़ी प्रसन्नता हुई और उन्होंने अपने पैर के अंगूठे की धूलि उनके नेत्रों में लगा दी। बालक चैन का तब से कायापलट हो गया और वह उसी क्षण से विरक्त होकर किसी गुरु की खोज में दौड़-धूप करने लगा। अंत में बाबा धरनीदास की परसा गद्दी के महंत रामप्रसादी दास को उसने अपने दीक्षा-गुरु के रूप में स्वीकार कर लिया। बाबा चैनाराम आगे चलकर एक बड़े उच्च कोटि के महात्मा हुए और उनकी शिष्य-परम्परा, उनका सं. १६४५ में देहांत हो जाने पर, बलिया जिले में चल निकली। इनके शिष्य-प्रशिष्यों में महाराज बाबा सुदिष्ठ बाबा, बाबा रघुपतिदास जैसे कई महात्मा अपने शुद्ध, सात्विक जीवन के लिए आज तक विख्यात हैं और उनमें से कुछ के नाम से मेले भी लगा करते हैं।

धरनीश्वरी सम्प्रदाय की वंशावली

स्वामी रामानंद

|

सुरसुरानंद

|

बेलानंद

शून्यानंद

चेतनानंद

बिहारीदास

रामदास

विनोदानंद (मृ. सं. १७३१)

धरनीदास (माँझी, जि. छपरा)

सरमानंद सकलानंद रामप्रसादीदास (परसा) सदानंद (माँझी)

चैनरामबाबा अमरदास (माँझी)

(बघाँव सं. १७४०:१८४५) मायाराम (")

महाराज बाबा (मिल्की, जि. बलिया) रटनदास (माँझी)

सुदिष्ठ बाबा बच्चूबाबा (मिल्की)

'जंगलीबाबा, (रतसंड) रघुपतिदास (मिल्की मृ. सं १९९०)

रामाज्ञासिंह (रतसंड) (वर्तमान) लक्ष्मणदास (वर्तमान)

गोपालदास बालमुकुंददास (माँझी)

रामदास (माँझी)

पीतांबरदास सीतारामदास (माँझी) श्रीपालदास

|

हरनंदनदास (माँझी) रामनंदनदास (पंचलक्खी)

|

संतरामदास (माँझी)

(वर्तमान)

६. दरियादासी सम्प्रदाय

दो दरिया साहब–दरिया नामक दो संत एक दूसरे के समकालीन हो गए हैं जिनमें से एक का निवासस्थान बिहार प्रांत था और दूसरे का मारवाड़ था। ये दोनों ही संत पहले जाति से मुसलमान रह चुके थे। बिहारवाले दरिया साहब दर्जी-परिवार के थे और मारवाड़ वाले धुनियाँ थे। दोनों के विषय में प्रसिद्ध है कि उन्होंने आगे चलकर संतमत को स्वीकार किया और एक सच्चे संत की भाँति जीवन यापन का अंत में शरीर त्याग दिया। इनमें से बिहार वाले दरिया साहब ने कदाचित् मारवाड़ी दरिया साहब से कहीं अधिक रचनाएं कीं और वे कबीर साहब के अवतार भी कहलाये। परन्तु मारवाड़ी दरिया साहब की बानियाँ बहुत कम संख्या में उपलब्ध हैं और जनश्रुति है कि उनके आविर्भाव की सूचना संत दादू दयाल ने लगभग एक सौ वर्ष पहले ही दे रखी थी और कह दिया था कि ये अनंत जीवों को इस संसार से तारने वाले होगें। इन दोंनो संतों के अनुयायी मिलते हैं, किंतु उनकी संख्या अधिक उनके अपने-अपने प्रवर्तक के प्रांत में ही पायी जाती है। बिहार वाले दरिया साहब के अनुगामियों के मठादि मारवाड़वाले से कदाचित् कहीं अधिक हैं और उनकी मृत्यु के कुछ काल अनंतर इनका देहावसान भी हुआ था। बिहार वाले दरिया साहब का अनुभव कुछ अधिक व्यापक रहा और उनके मत पर सूफी सम्प्रदाय व सत्तनामी सम्प्रदाय तथा कबीरपंथ का भी न्यूनाधिक प्रभाव दीख पड़ता है, किन्तु मारवाड़वाले दरिया साहब ने अपनी गहरी अनुभूति में सदा मग्न रहने के कारण कहीं अन्यत्र ध्यान देने की भी आवश्यकता नहीं समझी। इसके सिवाय बिहारवाले दरिया साहब ने अपने को कई जगह 'दरिया दास' नाम से भी अभिहित किया है, किंतु मारवाड़वाले का ऐसा करना कहीं दीख नहीं पड़ता।[१]

दरियादास का वंश-परिचय–बिहारवाले दरिया साहब का 'दरियादास' के संबंध में इधर बहुत कुछ खोज भी हो चुकी है और फ्रांसिस बुकैनन, म. पं. सुधाकर द्विवेदी, बा. बालेश्वर प्रसाद, डा. धमेन्द्र ब्रह्मचारी शास्त्री तथा कतिपय योग्य दरियापंथियों ने भी इनके विषय में बहुत-सी बातें निश्चित करने के अनेक प्रयत्न किये हैं। परिणाम-स्वरूप पता लगा है कि दरियादास के पूर्वज उज्जैन वंशी क्षत्रिय थे और मालवा से आकर बिहार प्रांत में बस गये थे। शाहाबाद जिले के महंत चतुरीदास ने उक्त पूर्व-पुरुषों के एक वंशवृक्ष[२] का भी पता लगया है जो इस प्रकार है–

---

१. दे. 'दरियासागर', (वेलवेडियर प्रेस, प्रयाग) पृ. ४८।

२. दि जर्नल आफ दि बिहार ऐंड ओड्रीसा रिसर्च सोसायटी' भा. २४ (१९३८) पृ. २१०।

रणजीत नारायण सिंह

सूरतचंद्र सिंह — शिवमंगल सिंह — कृष्णदेव कुमार सिंह

सूरतचंद्र सिंह
|
सुमेर सिंह
|
'पृथुदेव सिंह (उपनाम 'पीरनशाह')

दरिया — बस्ती — दल — फक्कड़ — उजियार — बुद्धिमती (पुत्री)

प्रसिद्ध है कि उक्त रणजीत नारायण सिंह अथवा उनके कोई पूर्वज वा वंशवाले सर्वप्रथम उज्जैन से आकर जगदीशपुर (जि. शाहाबाद) में बसे थे और योग्य होने के कारण उनके वंशजों का शासन भी इस प्रदेश में होता आया। वर्तमान महाराज डुमराँव (जि. शाहाबाद) भी उस घराने के ही कहे जाते हैं। म. पं. सुधाकर द्विवेदी के कथनानुसार दरियादास के पिता को अपने भाई के प्राण बचाने के लिए बादशांह औरंगजेब की प्रिय बेगम की दर्जिन की लड़की के साथ विवश होकर विवाह करना पड़ा था और इस प्रकार वह उनकी द्वितीय पत्नी के रूप में उनके साथ रही तथा कदाचित इसी कारण वे पृथुदास से 'पीरनशाह' बन गए। तब से पीरन शाह अपने किसी मित्र प्रबोध नारायण सिंह के कहने से अपनी सास के घर धरकंधा में जा बसे, जो डुमराँव (जि. शाहाबाद) से लगभग १४ मील की दूरी पर वर्तमान है और जो इस समय दरिया-पंथियों का एक मुख्य स्थान समझा जाता है

जीवन-काल–दरियादास की प्रसिद्ध रचना 'ज्ञानदीपक' की मुद्रित प्रति की पुष्पिका में ११ पद्य उद्धृत हैं जो दलदास की रचना समझ जाते हैं और जिनका समय ३० अगहन शुक्रवार सं. १७२७ बतलाया गया है।[1] उनके देखने से पता चलता है कि दरिया दास का जन्म कार्तिक सुदी १५ सं. १६९१ को हुआ था और उन्होंने संवत् १८३७ की भाद्रपद ४ को अपना शरीर त्याग किया था। उससे यह भी जान पड़ता है कि इन्होंने अपनी मृत्यु के पहले ही सं. १८३६ में गुणीदास को महंत बना दिया था। दरिया दास की पत्नी का नाम रामवती था और उनके पुत्र टेकदास थे। बस्ती व फक्कड़ उनके भाई थे और केवलदास, खड़गदास, मुरलीदास एवं दलदास उनके प्रिय शिष्य थे। 'ज्ञानदीपक' के प्रकाशक ने जिस पद्य को दरिया दास की जन्मतिथि का आधार माना है, वह इस प्रकार है:–

सम्बत सोलह सौ इक्कानबे, कातिक पूरन जान।
मातु गर्भते प्रगट भए, रहे दो घरी आन॥'

और 'वेलवेडियर प्रेस' द्वारा प्रकाशित 'दरिया सागर' के अंत में दरिया दास की मृत्यु के संबंध में नीचे लिखे दोहे दिये गए हैं:–

१. 'दि जर्नल आफ दि बिहार ऐण्ड ओडिसा रिसर्च सोसायटी, भाग २४ (१९३८) पृ. २११।

'भादों बदी चौथि वार सुक्र, गवन कियो छपलोक।
जो जन सब्द विवेकिया, मेटेउ सकल सब सोक॥
संबत अठारह सै सैंतीस, भादों चौथि अंधार।
सवा जाम जब रैनि गो, दरिया गौन विचार॥'[1]

अतएव दरिया दास की अवस्था उनकी मृत्यु-तिथि तक १४६ वर्ष की ठहरती है। परंतु उक्त 'दरिया सागर' के सम्पादक के अनुसार दरिया-पंथियों में प्रसिद्ध है कि वह इस धरती पर १०६ बरस तक रहे और इस प्रकार उन्होंने इनका जन्मकाल सं. १७३१ में माना है।[2] १४६ वर्षों की अवस्था साधारण प्रकार से बहुत अधिक जान पड़ती है, किंतु इस विषय में अंतिम निर्णय कुछ और प्रमाणों के आधार पर ही किया जा सकता है।

प्रारंभिक जीवन–कहते हैं कि दरिया दास को दरिया वा दरियाशाह नाम स्वयं भगवान ने ही दर्शन देकर दिया था, जब ये केवल एक महीने के बालक थे और अपनी माँ की गोद में थे। इनका विवाह नव वर्ष की अवस्था में इनके कुलनियमानुसार हो गया था। इसी प्रकार पंद्रहवें वर्ष में इन्हें विराग उत्पन्न हो गया। बीसवें वर्ष में इनमें भक्ति का पूर्ण विकास हो आया और तीस वर्ष की अवस्था में इन्होंने तख्त पर बैठकर लोगों को उपदेश देना आरंभ कर दिया। इनके विषय में यह भी प्रसिद्ध है कि इन्होंने स्त्री-प्रसंग कभी नहीं किया और उक्त टेकदास इस प्रकार इनके औरस पुत्र न होकर धर्मपुत्र मात्र थे। बुकैनन साहब ने लिखा है कि "जिस समय सन् १८०९:१० ई. अर्थात् १८६६:६७ में वे शाहाबाद जिले में भ्रमण कर रहे थे, उस समय धरकंधे की गद्दी पर टेकदास विद्यमान थे और वे गुणीदास के उत्तराधिकारी बनकर बैठे हुए थे। बुकैनन साहब का यह भी कहना है कि जनश्रुति के अनुसार कासिम अली ने दरिया दास को धरकंधे में १०१ बीघे जमीन दी थी और अनुमान किया जा सकता है कि यह कासिम अली कदाचित् प्रसिद्ध मीरकासिम रहा होगा जो सन् १७६० से १७६३ ई. तक सूबा बंगला (जिसमें बिहार भी शामिल था) का गवर्नर था। सन् १७६० ई. से १७६१ ई. तक वह पटना रहा था, जहाँ से अपना मुख्य केन्द्र ससराम को बनाकर उसने भोजपुर (जि. शाहाबाद) के विद्रोही जमींदारों का दमन किया था।[3] दरियादास अपने जीवन भर धरकंधे में ही रहे, केवल कुछ दिनों के लिए इन्होंने काशी, मगहर, बाईसी (जि. गाजीपुर), हरदी व लहठान (जि. शाहाबाद) जा-जाकर उपदेश दिये थे। इनके प्रधान शिष्यों की संख्या ३६ थी जिनमें दलदास सबसे अधिक प्रसिद्ध हुए।

रचनाएँ– दरिया दास के अधिक शिक्षित होने का पता नहीं चलता। ये केवल हिंदी जानते थे और थोड़ा-बहुत इन्हें फारसी का भी अभ्यास था, किंतु इनकी रचनाओं के नाम से कई ग्रंथ प्रसिद्ध हैं और इनकी एक पुस्तक फारसी में भी बतलायी जाती है। इनकी पुस्तक 'ज्ञान स्वरोदय' में कहा गया है कि, 'ग्रंथ अष्टदस की बखानी। तब सरोद कहँ दिल अनुमानी।' जिससे प्रकट होता है कि इन्होंने उक्त ग्रंथ को लेकर कम से कम १९ रचनाएँ प्रस्तुत की थीं

---

१. 'दरियासागर' (वेलवेडियर प्रेस, प्रयाग) पृ. ७०।

२. वही, जीवन चरित्र, पृ २।

३. 'दि जर्नल आफ दि बिहार ऐंड ओडीसा रिसर्च सोसायटी' पृ. २१३।

और डा. धमेन्द्र ब्रह्मचारी शास्त्री ने खोज के उपरांत इनकी संख्या २० बतलायी है।[१] उन्होंने अपने यहाँ सुरक्षित १६ ग्रंथों का संक्षिप्त परिचय भी दिया है और लिखा है कि,

(१) 'प्रेममूल' में भक्ति का मूल आधार वा परमेश्वर की प्राप्ति का मूल साधन प्रेम बतलाया गया है,

(२) 'ज्ञानरत्न' के अधिकांश में 'रामायण' की कथा दी गई है और राम को कहीं-कहीं निर्गुण ब्रह्म के रूप में माना गया है तथा उसके अंतर्गत कुछ प्रसंग 'महाभारत' वाले श्रीकृष्ण के भी मिलते हैं,

(३) 'भक्तिहेतु' में निर्गुण ब्रह्म एवं सद्‌गुरु की भक्ति का उपदेश है और हिंसा एवं माया के विरुद्ध भी कहा गया है,

(४) 'मूर्तिउखाड़' में दरियासाहब व किसी गणेश पंडित के बीच मूर्तिपूजा-विषयक शास्त्रार्थ दिया गया है। कुछ लोग इस ग्रंथ को फक्कड़ दास की रचना मानते हैं,

(५) 'शब्द' वा 'बीजक' में माया, ब्रह्म आदि विषयों पर रचे गये १००० से अधिक फुटकर पद्यों का संग्रह है। पद्य लंबे-लंबे हैं और ६० से अधिक छंदों व रागों में लिखे गए हैं,

(६) 'ज्ञानस्वरोदय' में कतिपय अन्य विषयों के साथ स्वर-संबंधी बातों का वर्णन है,

(७) 'विवेक सागर' के अंतर्गत बतलाया गया है कि सद्‌गुरु के प्रति भक्ति एवं विवेक उस हंस के दो पंखस्वरूप हैं जो स्वर्ग के मानसरोवर की ओर उड़ने का प्रयास करता है और इसमें श्रीकृष्ण के उन कार्यों पर भी कुछ प्रकाश डाला गया है, जो उन्होंने महाभारत के समय किये थे,

(८) 'दरिया सागर' में लेखक ने अपने सुकृतवाले अवतार की बाल्यावस्था का वर्णन किया है और बतलाया है कि किस प्रकार वह 'शब्द' के बाण का शिकार हो गया। इसके सिवाय इन्होंने इस ग्रंथ में 'सत्तनाम' के प्रति भक्ति प्रकट करने के विषय में भी कुछ उपदेश दिये हैं,

(९) 'ज्ञानदीपक' दरिया साहब की रचनाओं में सर्वश्रेष्ठ माना जाता है और 'बीजक' के बाद कदाचित सबसे बड़ा ग्रंथ है। इसमें राम, रावण, जानकी, शृंगी ऋषि आदि की कथाओं के अतिरिक्त निरंजन एवं सुकृत के संबंध में भी कुछ बातें कही गई हैं और यह सिद्ध करने की चेष्टा की गई है कि जिस प्रकार कबीर साहब सुकृत के अवतार थे उसी प्रकार दरिया साहब भी हुए थे,

(१०) 'ब्रह्मविवेक' में ब्रह्म, ब्रहालोक आदि का वर्णन है,

(११) 'अमरसार' द्वारा अन्य मतों की आलोचना करते हुए लेखक ने अपने पंथ का समर्थन किया है,

(१२) 'निर्भयज्ञान' नाम की छोटी पुस्तिका में निर्गुण मतानुमोदित योगसाधना की प्रतिष्ठा की गई है,

---

१. 'दि जर्नल आफ दि बिहार ऐंड ओडीसा रिसर्च सोसायटी', पृ. २०९-१०।

(१३) 'सहस्रानी' में दरिया साहब के १००० फुटकर पद्य संगृहीत हैं। इसे 'सतसई-सहस्रानी' भी कहा गया है।

(१४) 'ज्ञानमाला' में निर्गुण की चर्चा की गई है और उसके स्थान 'छपलोक' वा 'अमरलोक' का भी वर्णन है। इसमें निर्गुण के तख्त का भी विवरण है और दरिया साहब के कतिपय शिष्यों का नामोल्लेख भी है,

(१५) 'दरियानामा' वास्तव में 'ज्ञानस्वरोदय' का ही फारसी रूपांतर जान पड़ता है तथा,

(१६) 'अग्रज्ञान' में त्रिर्गुण-जनित दुःखादि का वर्णन है और अभयलोक की भी चर्चा है।[१]

शेष चार पुस्तकों के नाम उन्होंने (१७) ब्रह्मचैतन्य, (१८) ज्ञानमूल, (१९) काल चरित्र और (२०) यज्ञसमाधि बतलाये हैं।[२]

इसके सिवाय 'दरियासागर' के संपादक ने इनके 'ब्रह्मज्ञान', 'गर्भचेतावन', 'गनेशगोष्ठी', 'रमेशर गोष्ठी' तथा 'संत सइया' नामक ग्रंथों के भी नाम लिये हैं और बुकैनन साहब की दी सूची में भी 'पारसरत्न', 'ज्ञानचुंबकसार' आदि कुछ अन्य ग्रंथों के नाम आये हैं, परन्तु इनमें से केवल 'दरियासागर' एवं 'ज्ञानदीपक' ही प्रकाशित जान पड़ते हैं और दारिया साहब के चुने हुए शब्द नाम से एक संग्रह भी छपा है।

साधना-पद्धति–'दरिया सागर' के देखने से प्रतीत होता है दरिया दास के मत एवं कबीर-पंथ के सिद्धांतों में बहुत कम अंतर है। दरिया दास ने उसमें स्वयं बतलाया है कि,

'सोई कहो जो कहहि कबीरा। दरियादास पद पायो हीरा'॥[३]

परंतु इन्होंने कबीर साहब के मौलिक सिद्धांतों की ओर विशेष ध्यान न देकर अधिकतर उन्हीं बातों को अपनाया है जो कबीर-पंथ के भीतर मिलती है। कबीर-पंथ के अनुसार प्रत्येक संत का अंतिम ध्येय सत्तलोक की प्राप्ति है जो तीनों लोकों से परे स्थित है। दरियादास ने उसी सत्तलोक को बहुधा 'छपलोक' के नाम से अभिहित किया है और उसे 'अभयलोक' वा 'अमरपुर' भी कहा है। इनका कहना है कि,

'तीनिलोक के ऊपर, तहँ अभयलोक विस्तार।
सत्त पुरुष परवाना पावै, पहुँचे जाय करार॥'[४]

तीनों लोकों की परिधि के भीतर यमराज की चौदह चौकियाँ बैठी हुई हैं जिनसे बचकर 'छपलोक' तक पहुँचना अत्यंत कठिन है। इसके लिए सतगुरु की आवश्यकता होती है जो अपने शिष्य को चौदह मंत्रों का भेद बतला देता है और इस प्रकार उसे आगे बढ़ने योग्य बना देता है। दरिया दास ने इन चौदह मंत्रों के कोई स्पष्ट विवरण नहीं दिये हैं,

१. 'द जर्नल आफ दि बिहार ऐण्ड ओडीसा रिसर्च सोसायटी', पृ. २१४-८।
२. 'हिंदी अनुशीलन' (भारतीय हिंदी परिषद्, प्रयाग, वर्ष १, अंक ३, पृ. २३-४।
३. 'दरिया सागर' (वे. प्रे. प्रयाग) पृ. ४८।
४. वही, पृ. १।

अपितु 'सार' शब्द की अनुभूति प्राप्त करने के लिए सर्वप्रथम 'कया परचै' अथवा काया-परिचय की ओर संकेत किया है और बतलाया है कि किस प्रकार हमारे शरीर के भीतर छः चक्र, दस द्वार, ईडा-पिंगलादि नाडियाँ तथा सार पवन वर्तमान हैं और अजपा जाप की सहायता से सुरति एवं निरति का संयोग सुलभ हो सकता है। इसके अनुसार अपने अभीष्ट की सिद्धि के लिए प्रत्येक साधक को चाहिए कि अपने शरीर को उसी प्रकार तपा ले जिस प्रकार सोना आग में तपाया जाता है। उक्त चौदह मंत्र केवल भेदविस्तार मात्र हैं, हंस का उद्धार तो केवल एक शब्द से ही हो जाता है,

'चौदह मंत्र भेद विस्तारा। एक सब्द से हंस उबारा॥
कामिनि कनक कंद जम जाला। चौदह चीन्हि करम का काला॥'[१]

और जो भी संत उस 'सत्त' शब्द को जान पाते हैं, वे अभयलोक में प्रवेश पा जाते हैं।

'सत्त शब्द जिन्ह के बल जाना। अभयलोक सो संत समाना॥'[२]

ब्रह्म की प्राप्ति के लिए उसे जीव के ही भीतर खोजना परमावश्यक है। आत्मदेव निरंजन बाहर-भीतर सर्वत्र एक ही प्रकार से व्याप्त है, अतएव ब्रह्म को यदि उपलब्ध करना है, तो

'खोजो जीव ब्रह्म मिलि जाई।'[३]

सत्तपुरुष–दरिया दास ने बतलाया है कि 'सत्तपुरुष' का निवास स्थान सत्तलोक में है और 'कया कबीर' इस संसार में बराबर आता-जाता रहता है।[४] उस 'सत्तपुरुष' का इन्होंने कोई विस्तृत परिचय नहीं दिया है, अपितु एक स्थल पर केवल इतने ही में संकेत कर दिया है कि,

ताहि खोजु जो खोजहिं कबीरा। बइठि निरंतर समय गंभीरा॥'[५]

और इससे जान पड़ता है कि वह कबीर साहब के परमतत्व वा 'राम' से भिन्न न होगा। ये उसे 'निरगुन सरगुन ते भीना' एक 'अच्छै वृच्छ' के रूप में देखते हैं और उसका वर्णन सृष्टिकर्ता के रूप में भी करते हैं। ये बतलाते हैं कि उसने तीनों लोकों की ज्योति का निर्माण 'ओ३मकार जोति' के द्वारा किया है। ब्रह्मा, विष्णु, राम, कृष्ण आदि उसी ज्योति के प्रतीक मात्र हैं, वे उस पुरुष पुरान के अवतार नहीं कहे जा सकते।[६] दरिया दास का दावा है कि मैं स्वच्छंदलोक वा अभयलोक से आया हूँ और उस सत्तपुरुष का परवाना लेकर यहाँ अवतीर्ण हुआ हूँ। जब तीनों युगों अर्थात् सतयुग, त्रेता एवं द्वापर का अंत हो गया और कलियुग आ पहुँचा, तब सत्तपुरुष ने सुकृती को बुलाकर कहा कि सारे प्राणी अब

१. 'दरिया सागर' (वे. प्रे. प्रयाग), पृ. ६।
२. वही, पृ. १३।
३. वही, पृ. २३।
४. वही, पृ. ८।
५. वही, पृ. ४८।
६. वही, पृ. २२।

यमराज के भय से व्याकुल होने लगे हैं और उनके उद्धार के लिए तुम्हारा जगत् में जाना अत्यंत आवश्यक है। फलतः, इसी आदेश के अनुसार पहले कबीर साहब ने यहाँ पर जन्म लिया था और फिर दरिया दास को भी उस योजना को पूर्ण करने के लिए आना पड़ा। इन्होंने अपने छपलोक में रह चुकने तथा वहाँ के प्रत्येक रहस्य से परिचित होने[१] की बात भी बतलायी है और अपने विषय में इस ढंग से कहा है, जैसे कबीर साहब से वस्तुतः भिन्न नहीं हैं।

कबीर-पंथ का प्रभाव–धर्मदास ने इनके पहले कहा था कि 'साहब कबीर प्रभु मिले विदेही, झीनादरस दिखाइया' और 'अजर अमर गुरु पाये कबीरा'[२] कहकर उन्हें उन्होंने अपना गुरु व पथ प्रदर्शक स्वीकार किया था, तथा उसी प्रकार इनके समसामयिक गरीबदास (सं. १६६४:१८३५) ने भी 'दास गरीब कबीर सतुगरु मिले, सुरत और निरत का तार जोड़ा'[३] द्वारा अपना उनके साथ मिलना व उनसे दीक्षा लेना प्रकट किया है। दादू दयाल जैसे कुछ अन्य संतों ने भी कबीर साहब के प्रति अपनी श्रद्धा खुले शब्दों में की है और स्पष्ट शब्दों में बतलाया है कि हमारा मत भी मूलतः वही है जो उनका है। परंतु दरिया दास ने अपनी रचनाओं में यहाँ तक संकेत कर दिया है कि इनमें तथा कबीर साहब में वस्तुतः कोई अंतर ही नहीं है। अपने सदगुरु की जगह इन्होंने इसी कारण स्वयं 'साहब' अथवा 'सत्तपुरुष' को स्थान दिया है और इन्होंने अपने 'ज्ञानस्वरोदय' ग्रंथ में[४] 'सो साहब जो सतगुर मेरा' अथवा 'साहब सतगुर भयउ हमारा' जैसे वाक्यों के प्रयोग किये हैं तथा एक स्थल पर 'मैं फरजंद पुरुष सतकेरा' कहकर ये अपने को ईसा मसीह की भाँति ईश्वर-पुत्र भी मानते हैं। इनका यह भी कहना है कि,

'जोतिहि जोति भुलै संसारा, ये नहिं होई हहि हंस उबारा।
सबद बिलोय जो करे विवेका, तबही हंस परै कुछ लेखा'॥[५]

और शब्द के विलोडन द्वारा विवेक उपलब्ध करने को इन्होंने अन्यत्र 'परखना' भी कहा है तथा बतलाया है कि,

'परखहु संत शब्द यह बानी। करै विवेक सो निर्मल ज्ञानी॥
बिनु परखे नहिं मूल भेंटाई। पारखि जन सो शब्द समाई॥
एकहि तत्त बिचारहु भाई। पानी-पय ज्यों हँस बिलगाई॥
संस्रित जल पय भीतर रहई। विवरन वरन सो इमि कर लहई॥'[६]

इनके 'दरिया सागर' की वर्णन-शैली तथा उसमें प्रयुक्त कई पारिभाषिक शब्दों में हमें कबीर साहब के सिद्धांतों के विकसित वा परिवर्तित रूप मिलते हैं। वास्तव में इनकी अन्य

१. 'दरिया सागर' (वे. प्रे., प्रयाग), पृ. ६ 'डार पताल सोर असमाना, ताहि पुरुष के करौं बखाना।'
२. 'धर्मदासजी की शब्दावली' (वे. प्रे., प्रयाग) पृ. ४६ व ६७।
३. 'गरीबदासजी की बानी' (वे. प्रे., प्रयाग) पृ. ११७।
४. 'दि जर्नल आफ दि बिहार ऐंड ओडीसा' इ. भा. २७ (१९४१), पृ. ७४-६।
५. 'दरिया सागर' (वे. प्रे., प्रयाग) पृ. ३८।
६. वही, पृ. ४१।

रचनाओं के देखनें से भी स्पष्ट हो जाता है कि इन पर कबीर साहब से अधिक कबीर-पंथ का ही प्रभाव था।

स्वर-विज्ञान–दरिया दास के 'ज्ञानस्वरोंदय' ग्रंथ में एक ऐसे विषय की चर्चा है जिसका शुद्ध संतमत के साथ कोई प्रत्यक्ष संबंध नहीं जान पड़त। हमारे शरीर की जीवितावस्था में हमारी नाक के छिद्रों वा नथनों द्वारा एक प्रकार की वायु सदा चला करती है जिसे भीतर प्रवेश करने से 'श्वास' और बाहर निकलने से 'प्रश्वास' कहा करते हैं और इसी श्वास व प्रश्वास की गति का दूसरा नाम 'स्वर' भी है। यह स्वर निरंतर एक ही मार्ग से गतिशील नहीं होता, प्रत्युत कभी केवल बायें, कभी केवल दांयें अथवा कभी-कभी दोनों मार्गों से ही प्रवेश करता वा निकलता रहता है और इस गति-परिवर्तन की क्रिया को उक्त स्वर का 'उदय' होना कहा जाता है। 'स्वरविज्ञान' वा 'स्वरोदय ज्ञान' शब्द इस प्रकार उस विद्या के लिए प्रयुक्त होने लगा है जिसके द्वारा हमें अपने उक्त स्वर की गतिविधि का ज्ञान हो और साथ ही उसके भिन्न-भिन्न परिणामों का भी पता चल सके। अनुभवी महापुरुषों के अनुसार स्वर की गति साधारण तौर पर सूर्योदय से आरंभ होकर ढाई घटिका वा १ घंटे तक एक समान रहा करती है और उसी प्रकार आगे भी प्रत्येक घंटा क्रमशः बदलती जाती है। यह प्रारंभ कभी दायें कभी बायें वा कभी दोनों नथनों से भी हो सकता है और वह एक घंटे की अवधि तक रहकर साधारण तौर पर बदलता जायगा। एक मार्ग से चलते समय भी उक्त स्वर एक बार प्रवेश करने और निकलने की गति के अनुसार प्रति मिनट प्रायः १५ बार दौड़ लगाया करता है और इस प्रकार एक रातदिन की अवधि अर्थात् २४ घंटे में इस क्रिया की संख्या २१६०० तक पहुँच जाती है। अपनी इस प्रत्येक दौड़ में भी स्वर हमारे नथने के बाहर सदा एक ही दूरी तक जाकर नहीं लौटा करता। उदाहरण के लिए, गाना गाते समय यह दूरी प्रायः १६ अंगुल तक जाती है और उसी प्रकार चलते समय २४ अंगुल, सोते समय ३० अंगुल तथा मैथुनकाल में ३६ अंगुल के परिमाण तक पहुँच जाती है। परन्तु हमारी रुग्णावस्था में वा शरीर के अन्य प्रकार से पूर्ण स्वस्थ न रहने पर इस प्रकार के निश्चित परिमाणों में परिवर्तन भी हो सकता है, इसके सिवाय हमारे स्वर के साथ पंच तत्वों अर्थात् पृथ्वी, जल, अग्नि, वायु तथा आकाश नामक पंच महाभूतों का भी घनिष्ठ संबंध है। अतएव यदि नथने के ठीक मध्य मार्ग से स्वर चल रहा हो, तो वह पृथ्वी-तत्व द्वारा प्रभावित होगा और इसी प्रकार यदि नीचे की ओर, ऊपर की ओर तिरछे, कोने, ढंग से तथा भँवर की भाँति घूम-घूमाकर चलता हो तो क्रमशः जलतत्व, अग्नितत्व, वायुतत्व और आकाशतत्व के अधिक प्रभाव में होगा और इस नियम के अनुसार उक्त स्वर के रूप-रंग, आकारा-प्रकार, परिमाण एवं गंध तक में अंतर पड़ सकता है। इसी प्रकार स्वर की गतिविधि के आधार पर यदि हम चाहें तो अपने स्वास्थ्य, रोग, भविष्य आदि के विषय में भी कुछ न कुछ परिणाम निकाल सकते हैं। स्वरविद्या का अध्ययन अनुभवी लोगों ने बड़ी सूक्ष्मता के साथ किया है और बहुत-से लोगों को इसके प्रति पूर्ण श्रद्धा व विश्वास भी है[1]

ज्ञान स्वरोदय–दरिया दास ने, जान पड़ता है, इस विषय को लेकर 'दरियानामा' नाम की एक पुस्तक पहले फारसी भाषा में लिखी थी। 'ज्ञान स्वरोदय' में स्वयं कहते हैं कि,

---

१. 'स्वरोदय दोहावली' आमुख पृ. ४:५ (इलाहाबाद, सन् १९४७)।

'दरियानामा पारसी, पहिले कहा किताब।

सो गुन कहा सरोद में, गहिर ज्ञान गरकाव॥ ३९४॥'[१]

परन्तु उक्त 'दरियानामा' का इस समय कहीं पता नहीं चलता और न इसी कारण यह निश्चित रूप से कहा जा सकता है कि 'ज्ञान स्वरोदय' उसका ठीक-ठीक अनुवाद है अथवा केवल उसके आधार पर ही लिखा गया एक स्वतंत्र ग्रंथ है। पुस्तक को इन्होंने 'चारि वेद को मूल' बतलाया है और उसके देखने से अनुमान होता है कि स्वर-विद्या में इनकी पूर्ण आस्था भी रही होगी। मेरे पास जो ग्रंथ की हस्तलिखित प्रति है, वह केवल स्वरोदय ज्ञान से ही संबंध रखती है और उसमें अन्य विषयों की चर्चा बहुत कम की गई है। परन्तु डा. धमेन्द्र ब्रह्मचारी शास्त्री ने जिन दो ऐसी पुस्तकों का परिचय दिया है उनमें स्वरोदय के साथ-साथ ईश्वर, आत्मा, माया, मुक्ति, स्वर्ग-नरक, भक्ति तथा पंथ के मुख्य नियमों-जैसे मद्यादि निषेध, अहिंसा, आत्मसंयम व निरभिमानिता का भी विवेचन किया गया जान पड़ता है।[२] स्वरोदय ज्ञान का महत्त्व दरियादास के समय में कदाचित् बहुत अधिक समझा जाता था और इसी कारण इनके समसामयिक चरणदास नामक एक अन्य संत ने भी एक 'ज्ञान स्वरोदय' की रचना की थी।

अनुयायी–दरियादास के पंथ का प्रचार अधिकतर उत्तर प्रदेश के पूर्वी जिलों तथा बिहार में हैं और इसकी प्रधान गद्दी धरकंधे के अतिरिक्त इसके अन्य चार मठ क्रमशः तेलपा वा तलैया देसी, वंशी मिर्जापुर (जि. सारन) और मनुवाँ चौकी (जि. मुजफ्फपुर) में वर्तमान हैं। इसके अनुयायियों का मूलमंत्र 'वे वहा' है, उनकी प्रार्थना के ढंग 'कोरनिश' व सिरदा मुसलमानों के नमाज से बहुत कुछ मिलते-जुलते हैं और उनका प्रायः प्रत्येक साधु अपने पास एक 'रखना' वा मिट्टी का हुक्का, व एक पानी पीने का भरूका वा कुल्हड़ रखा करता है तथा 'सत्तनाम' के शब्द का प्रयोग उनके यहाँ बड़ी श्रद्धा के साथ किया जाता है।

७. दरिया-पंथ

संक्षिप्त परिचय–मारवाड़ी दरिया साहब भी अपने नामधारी बिहारी दरियादास की भाँति मुसलमान जाति के ही वंशज थे। इन्होंने स्वयं एक स्थान पर कहा है कि,

'जो धुनियाँ तौ भी मैं राम तुम्हारा।'

अधम कमीन जाति मति हीना, तुमतो हौ सिरताज हमारा। टेक॥'[३]

इनका जन्म मारवाड़ के जैतारन नामक गाँव में भादों वदी अष्टमी सं. १७३३ को हुआ था। जब ये केवल सात वर्ष के ही थे, तब इनके पिता का देहांत हो गया। इसके उपरांत ये परगना मेड़ता के रैन नामक गाँव में अपने नाना के यहाँ रहने लगे जिसका नाम कमीच था। इनके प्रारंभिक जीवन का कुछ पता नहीं चलता। केवल इतना ही प्रसिद्ध है कि इन्होंने बीकानेर के खियानसर गाँव के किसी प्रेमजी से दीक्षा ग्रहण की थी। जान पड़ता है कि सदा ये अपने स्थान रैन गाँव में ही रहते रहे और वहीं रहकर इन्होंने अगहन सुदी १५ सं. १८१५ को ८२

१. 'दि जर्नल आफ दि बिहार ऐंड ओडीसा' इ. भा. २७ (१९४१) पृ. ७२-३।

२. वही, पृ. ७१।

३. 'दरियासाहब' (मारवाड़वाले) की बानी' (वे. प्रे. प्रयाग) सन् १९२२(जीवन चरित्र) पृ. १।

वर्ष से कुछ अधिक आयु पाकर शरीर भी छोड़ा। कहा जाता है कि इनके जीवन-काल में मारवाड़ प्रदेश के शासक महाराज बखतसिंह थे, जिन्हें संयोगवश कोई असाध्य रोग हो गया था। महाराज उस रोग के कारण अत्यंत चिंतित थे और दरिया साहब की ख्याति को सुनकर उन्होंने इनके यहाँ अपने नीरोग हो जाने के लिए प्रार्थना की थी। दरिया साहब ने इस पर अपने शिष्य सुखरामदास को उनके यहाँ पर कुछ उपदेश देकर भेज दिया और वे कुछ ही दिनों में पूर्ण स्वस्थ हो गए। ये सुखरामदास जाति के सिकलीगर वा लोहार थे और इनका स्थान उक्त रैन गाँव में अब तक वर्तमान है जहाँ प्रति वर्ष एक मेला भी लगा करता है। कहा जाता है कि उक्त राजा सुखराम के शिष्य भी हो गए थे[१]।

रचनाएँ–दरिया साहब के किसी प्रकार शिक्षित होने का पता नहीं चलता, किंतु इनकी उपलब्ध रचनाओं से विदित होता है कि ये एक अनुभवी एवं योग्य व्यक्ति थे। इनकी बानियों का एक छोटा-सा संग्रह 'वेलवेडियर प्रेस' द्वारा मुद्रित व प्रकाशित हो चुका है, जिसमें इनकी साखियाँ और कुछ पद भी मिलते हैं और जिसका नाम 'दरियासाहब' (मारवाड़ के प्रसिद्ध महात्मा) की बानी' दिया हुआ है।

अन्य संत का प्रभाव–कुछ लोगों का विश्वास है कि ये दरिया साहब संत दादू दयाल के अवतर थे और इनके अनुयायियों में एक दोहा इस प्रकार प्रचलित है जो दादू की रचना माना जाता है।

'देह पडंतां दादू कहै, सौ बरसां इक संत।
रैन नगर में परगटै, तारै जीव अनंत॥'[२]

परन्तु दरिया साहब की उपलब्ध रचनाओं के अंतर्गत कोई ऐसी विशेष बात नहीं लक्षित होती जिससे इन्हें दादूदयाल से अधिक प्रभावित भी कहा जा सके। इनकी अनेक बातें अन्य संतों के ही समान जान पड़ती हैं और कई स्थलों पर तो इन्होंने कबीर साहब की साखियों का मानो रूपांतर मात्र ही कर दिया है[३]। इन्होंने परमात्मा के स्वरूप का परिचय देते हुए स्वयं कहा भी है कि,

'सोई कंथ कबीर का, दादू का महराज।
सब संतन का बालमा, दरिया का सिरताज॥ १७॥'[४]

जिससे स्पष्ट है कि इनके विषय में किसी अन्य के अनुसरण का अनुमान करना ठीक नहीं। इन दरिया साहब की विशेषता इनके हृदय की शुद्धता व कोमलता में और इनकी रचनाओं के सरल व प्रसाद गुण संपन्न होने में पायी जाती है।

नाम स्मरण की साधना–इनके दीक्षा-गुरु प्रेमजी का वास्तविक नाम कदाचित् प्रेमदयाल था जैसा कि उनकी पंक्ति 'सतगुर दाता मुक्ति का, दरिया प्रेमदयाल'[५] से प्रकट होता है।

१. दे. 'संतमाल' पृ. २०८।
२. 'दरियासाहब (मारवाड़) की बानी', वेलवेडियर प्रेस, प्रयाग सं. १९२२, जीवन चरित्र, पृ. २।
३. उदाहरण के लिए'दरिया साहब की बनी'में साखी ८ पृ. २, १९ व २४, पृ. ३, २३ पृ. ८, ३४ पृ. ९, ६ पृ. १२, २३ पृ. १४, ९ पृ. १६, २१ व २६ पृ. आदि देखी जा सकती हैं।
४. वही, पृ. ३८।
५. 'दरियासाहब' (मारवाड़वाले) की बानी, पृ. १।

उन्होंने इनके कानों में कुछ शब्द कहकर इनके मस्तक पर अपना हाथ रख दिया था और इनके भरम-बीज को इस प्रकार भून दिया था कि वे फिर कभी उगने न पावे।[१] उन्होंने इन्हें यह बतला दिया था कि 'यदि निजधाम को प्राप्त करना चाहते हो, तो साँस उसाँसो अर्थात् निरंतर ध्यान में लगे रहो, कभी उससे विरत न हो।'[२] दरिया साहब के अनुसार 'नामस्मरण ही सभी ग्रंथों का निष्कर्ष है और सभी मतों का सार है।' इस नामस्मरण का नामी राम एक, अनादि, अगम व अगोचर है और वही दरिया साहब तथा सब किसी का भी मालिक है और यह दृश्यमान माया उसी के अंतर्गत लक्षित हो रही है। जिस प्रकार किसी पेड़ को सींचते समय माली केवल उसकी जड़ में ही पानी डालकर उसे उसकी डाल, फल व फूल तक पहुँचा देता है, जिस प्रकार किसी राजा के निमंत्रित करने पर उसकी सेना भी सहज ही चली आती है और जिस प्रकार गरुड़ का एक पंख घर में डाल देने पर एक भी सर्प वहाँ रहने नहीं पाता, उसी प्रकार एक ही राम के स्मरण द्वारा सभी कार्य संपन्न हो जाया करते हैं।[३] परन्तु यह स्मरण साधारण जप नहीं है। दरिया साहब ने 'नाद परचे का अंग'[४] में बतलाया है कि उक्त साधना का रस सर्वप्रथम जीभ में उत्पन्न होकर क्रमशः हृदय में उतर जाता है जहाँ से फिर उसी प्रकार नाभिकमल में प्रवेश कर जाता है। नाभिकमल से उतर कर वह और नीचे मेरुदंड की जड़ तक जा लगता है, जहाँ से उसका फिर क्रमशः ऊपर की ओर को चढ़ना आरंभ होता है और वह त्रिकुटी तक पहुँच जाता है जहाँ सुख ही सुख जान पड़ता है। परन्तु त्रिकुटी-संधि तक भी निराकार व साकार का भेद बना ही रह जाता है और मन, बुद्धि, चित्त व अहंकार भी वहाँ पहुँच कर हमें फिर पतन की ओर ले जा सकते हैं।

पूरन ब्रह्म– 'पूरन ब्रह्म' इन मन, बुद्धि, चित्त व अहंकार के लिए अगम्य वस्तु है और यह उक्त त्रिकुटी-संधि से परे की वस्तु है। मन मेरु तक जाकर लौट आता है और ओंकार की भी पहुँच त्रिकुटी तक ही है, निराधार ररंकार को इन सब के परे की बात समझनी चाहिए। ओंकार का प्रदेश यदि गगन तक है, तो ररंकार का उसके ऊपर महाशून्य में मानना चाहिए और यह ररंकार ही वास्तव मे परब्रह्म है जिसका चेला सुरत के रूप में वर्तमान है। इन रहस्यमयी बातों को दरिया साहब ने 'ब्रह्म परचे का अंग'[५] नामक एक भिन्न शीर्षक के अंतर्गत बतलाने की चेष्टा की है। इसी बात को नाद-परिचय के साथ सम्मिलित कर इन्होंने अन्यत्र खेती के एक रूपक द्वारा भी व्यक्त किया है और कहा है कि "यदि रसना का हल हो, मन व पवन के बैल हों, विरह की भूमि हो और सदगुरु की बतलायी बुद्धि के साथ उसमें रामनाथ का बीज वपन किया जाय, तो वह हृदय के भीतर डहडहा वा लहलहा उठता है और भ्रमों की निराई हो जाने तथा प्रेम-नीर के बरस जाने पर नाभिस्थल में वह कुछ दीर्घ व शक्ति-संपन्न भी दीखने लगता है, फिर तो मेरुदंड की नली से होकर उसका सिरा आकाश तक बढ़ जाता है। इस पौधे का नाज अंत में अपने घर का कोना-कोना भरपूर कर देता है और काल से भी

---

१. 'दरिया साहब की बनी' पृ. ३।
२. वही, पृ. २।
३. वही, पृ. ४४।
४. वही, पृ. १६:१९।
५. वही, पृ. १९:२३।

निश्चिंत होकर साधक उसका उपयोग करने लगता है।[१]

कायापलट–दरियासाहब की अनुभूति बड़ी गहरी जान पड़ती है। साधना की सच्ची वा पूर्ण सिद्धि इन्होंने साधक के प्रत्येक अंग के नितांत परिवर्तित हो जाने में ही मानी है[२]। उसके लिए अपने गृह का परित्याग कर देना आवश्यक नहीं, बल्कि गृह में ही साधु बना रहना उचित है। साधक चाहे गृही हो या मेखधारी हो, उसका निष्कपटी व निःशंक बना रहना तथा बाहर व भीतर में किसी प्रकार का अंतर न आने देना ही परम आवश्यक है।[३] दरियासाहब ने अन्य कई संतों की भाँति स्त्री-जाति की निंदा नहीं की है। ये तो कहते हैं कि,

नारी जननी जगत की, पाल पोस दे पोष।
मूरख राम बिसार कर, ताहि लगावै दोष॥ ६३॥[४]

८. शिवनारायणी सम्प्रदाय

पौराणिक परिचय–संत शिवनारायण की जीवन-सम्बन्धी घटनाओं के विवरण अभी तक बहुत कम उपलब्ध हैं। इनके विषय में चर्चा करते समय इनके अनुयायी इन्हें एक अलौकिक महापुरुष अथवा स्वयं परमात्मा का ही रूप दे डालते हैं और अनेक प्रकार की काल्पनिक बातें कहने लगते हैं। शिवनारायणी सम्प्रदाय के प्रसिद्ध मान्य ग्रन्थों में से 'संत विलास' एवं 'संतसागर' में भी इनकी उत्पत्ति की एक पौराणिक रूप-रेखा ही मिलती है, जो सम्भवतः संत शिवनारायण के श्रद्धालु अनुयायियों के मस्तिष्क की उपज है और जिसमें कदाचित् सर्वसाधारण विश्वास नहीं कर सकते। उक्त दोनों ग्रन्थों के अनुसार सर्वप्रथम शब्द से क्रमशः निराकार एवं काल के रूप में सृष्टि का आविर्भाव हुआ। फिर काल के सोलह पुत्र हुए जिनके निरंजन, कछक (कच्छप), आचींत (अचिंत), शहज (सहज), रंगी, प्रेमी, शंतोख (संतोष), शीलवंत, शकुच (संकोच), शाची (साची), शमै (समय), जैसे नाम दिये गए हैं और उनकी जोति नाम की एक कन्या भी बतलायी गई है जिससे ब्रह्मा, विष्णु, एवं महेश नामक तीन पुत्रों की उत्पत्ति हुई। इन तीनों में ब्रह्मा सबसे बड़े थे जिनके पुत्र काशिप वा कश्यप हुए और कश्यप के पुत्र नलकुँवर ने उत्पन्न होकर संसार में राज्य किया। इसी नलकुँवर के वंश में आगे चलकर बाघराय ने जन्म लिया था, जिनके यहाँ अंत में कर्म के फेर में पड़कर भ्रम एवं मोह के कारण त्राहि-त्राहि मचाने वाले कालदेश निवासी लोगों के उद्धारार्थ शिवनारायण ने अवतार ग्रहण किया। इस प्रकार इस कथन द्वारा हमें न तो इनके निश्चित जीवन-काल वा जन्म-स्थान का कुछ पता चलता है और न इनके जीवन की किसी घटना का ही परिचय मिलता है। केवल इतना ही जान पड़ता है कि ये बाघराय के संतान रहे होगे।

ऐतिहासिक परिचय–परन्तु 'संतसुन्दर' ग्रन्थ में इनके विषय में कुछ ऐतिहासिक बातों के भी उल्लेख मिलते हैं। उसमें कहा गया है कि जिस समय दिल्ली का सुल्तान अहमद

---

१. 'दरियासाहब' (मारवाड़वाले) की बानी, पृ. ५६:७।

२. 'पारस परसा जानिये, जो पलटे अंग अंग।
अंग अंग पलटै नहीं, तो है झूठा संग॥ ४॥' वही, पृ. ३३।

३. वही, पृ. २८।

४. वही, पृ. ४३।

आदिल शाह आगरे में रहा करता था और सूबा इलाहाबाद गाजीपुर में आरम्भ होता था, उस समय उसने गाजीपुर जिले के परगना जहूराबाद में फैजुल्ला को तैनात किया था, जिसकी अमलदारी में संवत् १८११ अथवा ११६१ फ. साल के अंतर्गत उक्त ग्रन्थ की रचना हुई थी। उसी परगने के चंदवार नामक गाँव में नरौनी क्षत्रिय बाघराय के घर शिवनारायण ने जन्म भी लिया था और इनके गुरु वा पथप्रदर्शक संत दुखहरन थे। जैसे,

'जन्म लीन्ह चंदवार मंह, शिवनारायण आए।'

× × × ×

'बुंद नरवनी कहत सम, वाघराम का वार।'

× × × ×

'सूबा इलाहाबाद।
अहमद शाह शाहि सम जाना, डीलीपति तहवाँ सुलताना।
तेही का होइ आगरा थाना, गाजीपुर से करत पयाना।
तहाँ परगना वैसी कीन्हा, फैजुलाह कंह अमल दीन्हा।
तेही अमल मंह कथा बनावा, परगना जूहराबाद कहावा।
तेही में गाँव चंदवार कहावा, शीवनराएन जनम तहाँ पावा।
तहाकै शीवनराएन, कहत कहावत जाए।
दुखहरन संत गुरु मिले, एही पंथ मह आए॥'

× × × ×

'संवत् अठारह से इगारह, एकसठी सन होए।
तेही समयमो शीवनराएन, कहा संदेसा सोए॥'

इसी प्रकार पंथ के सर्वप्रथम ग्रन्थ 'गुरु अन्यास' के अनुसार भी पता चलता है कि उसकी रचना सं. १७९१ अर्थात् सन् ११४५ फसली में अगहन सुदी १३ शुक्रवार को हुई थी। उस समय दिल्ली का बादशाह मुहम्मद शाह था, उसका राज्य काशी तक था और वह आगरे में रहा करता था। उसी समय शिवनारायण बंगदेश की ओर आये थे और अपने कंठ में सरस्वती का वास होने के कारण इन्होंने उक्त ग्रन्थ की कथा कही थी। इनके पूर्वजों की जन्मभूमि कन्नौज देश थी और उन्हें कर्मवश बंगदेश की ओर जाना पड़ा था। उस समय सूबा प्रयाग के नाम से था जिसके अंतर्गत गाजीपुर सरकार पड़ता था और उसमें जहूराबाद नामक परगना था, जिसमें आसकरन तप्पा शामिल था। उसी के चंदवार नामक गाँव के नरौनी क्षत्रिय-कुल के बाघराय के घर शिवनारायण का जन्म हुआ था, जिन्होंने गुरु की कृपा से 'गुरु अन्यास' ग्रन्थ की रचना की। इनके गुरु का नाम दुखहरण था। जैसे,

'संवत् सत्रह सौ इक्कानबे होई। ग्यारह सै सन पैंतालीस होई' ॥ ३ ॥'[१]
'अगहन मास पक्ष उजियारा। तिथि त्रयोदशी शुक्र से वारा॥ ७॥

---

१. अन्य पाठ 'सन् एकतालीस' (हस्तलिखित प्रति)।

तेहि दिन निरमल[1] कथा पुनीता। गुरु अन्यास कथा सब हीता॥ ८॥
मोहम्मद शाह दिल्ली सुलताना। काशीछत्र आगरा थाना॥ ९॥
तहि समय में शिवनारायण, बंगदेश चलि आय।
कंठे बैठी सरस्वती, कथा अन्यास बनाय॥ ३॥
जन्मभूमि है कनवज देशा। कर्मवशी से बंग प्रवेशा॥ १०॥
तीर्थ प्रयाग सूबा जे होई। जेहिके अमल गाजीपुर सोई॥ ११॥
गाजीपुर सरकार कहावै। सूबा प्रयाग अमल तहां पावै॥ १२॥
जहुराबाद परगना आही। आसकरन तपा तेही माही॥ १३॥
से स्थान चन्दवार कहावे। शिवनारायण जन्म तहाँ पावे॥ १४॥
जन्म पाय भई गुरु की माया। तब अन्यास अस कथा बनाया॥ १५॥
आसपास चन्दवार मंह, गाजीपुर सरकार।
बुन्द नरौनी कहत सब, बाघराय के वार॥ ४॥
दुखहरण नाम से गुरु कहावे। बड़े भाग्य से दर्शन पावे॥ १६॥"[2]

निष्कर्ष–फिर भी संत शिवनारायण की जन्म-तिथि वा मरणकाल का समय इसके द्वारा निश्चित नहीं हो पाता। उक्त प्रसंगों के आधार पर इतना ही कहा जा सकता है कि संत शिवनारायण के पूर्वजों का निवास-स्थान पश्चिम कन्नौज की ओर था, जहाँ से वे किसी कारण पूरब गाजीपुर जिले की ओर चले आये थे। उक्त जिले के ही परगना जहूराबाद व तप्पा आसकरन के अंतर्गत चंदवार नामक गाँव में इनका जन्म हुआ था और इनके पिता का नाम बाघराय था जो नरौनी क्षत्रिय कुल वंश के थे तथा इनके गुरु का नाम संत दुःखहरन था। इससे यह भी जान पड़ता है कि संत शिवनारायण ने सवंत् १७९१ अथवा सन् ११४५ फसली (अन्य पाठ के अनुसार सन् ११४१ फ.) में अगहन सुदी १३, शुक्रवार को अपने ग्रंथ 'गुरु अन्यास' की रचना की थी तथा उस समय मुहम्मद शाह दिल्ली का बादशाह था, वह आगरे में रहता था। उसका राज्य काशी प्रदेश पर भी था और जो सूबा इलाहाबाद में पड़ता था। उक्त ग्रंथ-रचना के पूर्व ये संत शिवनारायण कहीं से अपने जन्मस्थान की ओर वापस आये थे। इसके सिवाय इससे यह भी पता चलता है कि 'संतसुन्दर' ग्रंथ की रचना इन्होंने उस समय की थी जब दिल्ली का बादशाह अहमदशाह था। वह भी आगरे में ही रहता था और उस समय सूबा इलाहाबाद का विस्तार गाजीपुर जिले तक था जिसके परगना जहूराबाद पर फैजुल्ला की अमलदारी थी। इतना इतिहास से भी सिद्ध है कि मुहम्मद शाह का शासन-काल सं. १७७६ से सं. १८०५ तक व अहमदशाह का सं. १८०५ से सं. १८११ तक था। बाबू क्षितिमोहन सेन ने अनुमान किया है कि संत शिवनाराण का जन्म लगभग सन् १७१० ई. अर्थात् सं. १७६७ में हुआ होगा। इस हिसाब से 'गुरु अन्यास' की रचना के समय ये केवल २३:२४ वर्ष के युवक ठहरते हैं और बादशाह मुहम्मदशाह के अंतिम समय सं १८०५ तक

१. अन्य पाठ 'निर्भयउ' (हस्तलिखित प्रति)।
२. 'गुरु अन्यास' (ज्ञानदीपक, श्री शिवनारायण कार्यालय, शाहू की गली, लाहौर, सन् १९३५ ई.)

भी इनकी अवस्था केवल ३८ वर्ष की ही रहती है। किंतु प्रसिद्ध है कि उक्त बादशाह के शासन-काल में ये एक विख्यात महापुरुष हो चुके थे। इनका बहुत बड़ा प्रभाव स्वयं उस पर भी रहा और वह इनके पंथ का अनुयायी तक हो गया था, जो उक्त धारणा को स्वीकार कर लेने पर कुछ असंगत-सा जान पड़ता है। अतएव इनके जन्मकाल को उक्त सं. १७६७ से कम से कम १०:१५ वर्ष और पहले ले जाकर उसे सं. १७५० के लगभग अनुमान करना कदाचित् अधिक युक्तिसंगत प्रतीत होगा। 'मूलग्रंथ' के अनुसार इनका जन्म सं. १७७३ की कार्तिक सुदी ३, वृहस्पतिवार को आधी रात के समय रोहिणी नक्षत्र में हुआ था, किंतु यह जन्म-काल और भी पीछे तक चला आता है।

गुरु–चंदवार गाँव इस समय गाजीपुर जिले में न होकर बलिया जिले में पड़ता है और उसका परगना भी इस समय दूसरा है। यह स्थान इनके अनुयायियों का एक प्रधान केंद्र समझा जाता है और इससे कुछ ही दूरी पर शिवनारायणी सम्प्रदाय के अन्य मठ भी वर्तमान हैं। कहा जाता है कि जिस समय संत शिवनारायण का जन्म हुआ था, उस समय रामनाथ सिंह नाम के एक व्यक्ति ने इनकी नाल काटी थी और पीछे वे इनके प्रिय शिष्य हो गए थे। अपने बचपन में ही इन्हें विरक्ति जगी थी और कुछ बड़े होने पर ये गुरु की खोज में निकल पड़े थे। अंत में इन्हें ससना बहादुर गाँव (जि. बलिया) के निकट जंगलों में संत दुखहरन के दर्शन हुए और उनसे प्रभावित होकर इन्होंने उनकी शिष्यता स्वीकार कर ली। संत दुखहरन की इन्होंने अपने गुरु के रूप में बड़ी प्रशंसा की है और उन्हें ये स्वयं परमात्मा से किसी प्रकार भी न्यून मानने के लिए तैयार नहीं दीख पड़ते। 'गुरु अन्यास' से पता चलता है कि एक बार किसी समय अपने गुरु का नाम हृदय में धारण कर ये देश भ्रमण करने के लिए निकले और संतों की किसी सभा में पहुँच गए, जहाँ शब्द की चर्चा हो रही थी। उसे सुनकर इन्हें बहुत सुख प्राप्त हुआ और इनके हृदय में ज्ञान का प्रकाश हो आया। संत लोग कह रहे थे कि गुरु का नाम नित्य लेना चाहिए और उसके ध्यान में लीन रहना चाहिए, कहीं अन्यत्र जाने की आवश्यकता नहीं है। गुरु की कृपा से ही भगवान मिलते हैं और सभी सिद्धियाँ क्षण भर में प्राप्त हो जाती हैं। गुरु के चरणों में चित्त लगाने तथा उसके सूर्यवत् प्रकाशमान शब्दों को अपनाने से हृदय ज्ञान द्वारा आलोकित हो उठता है। गुरु के सिवाय अन्य कोई नहीं। अतएव ये बहुत सोच विचार करने लगे और इसी बीच उन्हें संकेत मिला कि प्राणायाम द्वारा अपनी इंद्रियों को वश में लाकर बारहवें स्थान की ओर अपनी सुरत को स्थिर कर देने पर ये सभी बातें संभव हो जाती हैं और मुक्ति का मार्ग उपलब्ध हो जाता है। तदनुसार इन्होंने प्रयत्न किये और ध्यान में इन्हें 'उस' दिव्य ज्योति के दर्शन हो गए जिसके प्रकाश में इन्हें अनुभव होने लगा कि मेरे सिर पर हाथ रख मुझे कोई आशीर्वाद दे रहा है।[१]

संत दुखहरन–संत शिवनारायण के गुरु संत दुखहरन के विषय में कोई निश्चित पता नहीं मिलता। 'काशी नागरी प्रचारिणी सभा' की खोज में किसी दुखहरन की रचनाओं का पता चला है जिनमें से 'पुहुपावली' नामक एक प्रेम-कथा-काव्य भी है। पुस्तक सूफी-रचनाओं के ढंग पर लिखी गई है और उसका रचना-काल सं १७२६ दिया गया है जिससे जान पड़ता

१. 'गुरु अन्यास' पृ. ४:१६।

है कि उसका रचयिता संत शिवनाराण से पहले हुआ था। सभा की रिपोर्ट से पता चलता है कि उक्त दुखहरन जाति के कायस्थ थे, किंतु उनके तथा संत शिवनारायण के संबंध पर उससे कोई प्रकाश नहीं पड़ता। यदि 'पुहुपावली' के ही रचयिता दुखहरन संत शिवनारायण के गुरु थे, तो उनसे इनसे भेंट का होना उनकी वृद्धावस्था में संभव हो सकता है। मेरे पास किसी दुखहरन की एक 'भक्तमाल' हस्तलिखित रूप में वर्तमान है, किंतु उसके आदि व अंत के कई पन्ने नहीं हैं। पुस्तक को देखने से विदित होता है कि उसका रचयिता एक भक्त कवि था और उसमें दिये गए योगसाधना-संबंधी विवरणों[1] के आधार पर वह संतमत से परिचित भी जान पड़ता है। उक्त ग्रंथ में यत्र-तत्र भोजपुरी भाषा के बहुत-से प्रयोग मिलते हैं[2] और उसका हस्तलेख भी भोजपुरी भाषाभाषी प्रदेश बलिया जिले के सिकंदपुर परगने में पाया गया है। अतएवं संभव है कि वह संत दुखहरन की ही रचना हो। संत दुखहरन का निवास-स्थान बलिया जिले का ही ससना बहादुरपुर गाँव बतलाया जाता है जो आजमगढ़ जिले की सीमा के अत्यंत निकट और जहाँ पर शिवनारायणी सम्प्रदाय का सर्वप्रधान मठ भी विद्यमान है। संत दुखहरन के कुछ फुटकर पद भी उपलब्ध हैं जिनमें से 'जन दुखहरन करे बिनती, हंसा घर फेरि बसावो दयाला' टेक से अंत होने वाले सवैये बहुत प्रसिद्ध हैं। ये रचनाएं उपर्युक्त 'पुहुपावली' रचयिता दुखहरन की जान पड़ती हैं जो मलूकदास के शिष्य थे। संत दुखहरन को इधर के लोग ब्राह्मण करते हैं और इनकी पदवी मिश्र की बतलाते हैं। परन्तु इससे अधिक अभी तक विदित नहीं है। 'मूल ग्रंथ'में संत दुखहरन की भेंट का समय शिवनारायण की केवल सात वर्ष की अवस्था में दिया हुआ है, जिसकी पुष्टि किसी अन्य प्रमाण से होती नहीं जान पड़ती।

गुरु अन्यास— संत शिवनारायण की रचनाओं की संख्या १६ बतलायी जाती है, किंतु ये सोलहों ग्रंथ उपलब्ध नहीं हैं। इनकी रचना समझे जाने वाले ग्रंथों में सबसे अधिक मान्य 'गुरु अन्यास' है जिसे शिवनारायणी सम्प्रदाय के अनुयायी अपने यहाँ सुरक्षित रखकर बड़ी श्रद्धा के साथ पूजते हैं। इस ग्रंथ में १२ खंड हैं जिनके नाम क्रमशः आरभ खंड, योग खंड, साहु खंड, चोर खंड, गमन खंड, कामिनी खंड, यम खंड, दशावतार खंड, चार युग खंड, नायका खंड, व भक्त खंड है दिये गए हैं और जिनमें कतिपय प्रारंभिक बातों के बतलाने के अनंतर योग-साधना, मनुष्यों की चार अवस्थाएं, उनके काम-क्रोधादि षट् शत्रु, दांपत्यभाव, चौदह यम, दशावतार, चार युग तथा उनके चार नायक एवं चौदह भक्त विषय बनकर आये हैं। वर्णनशैली पौराणिक परम्परा का अनुसरण करती है और कहीं-कहीं संत शिवनारायण का विशेष महत्व भी दर्शाया गया है जिससे कभी-कभी संदेह होने लगता है कि ग्रंथ के मूल रूप में कहीं कुछ फेर-फार न किया गया हो अथवा वह सारी रचना ही कहीं किसी अन्य व्यक्ति की कृति न हो। ग्रंथ के अंतर्गत १६४ दोहे और १२ श्लोक तो प्रायः प्रत्येक

---

१. उदाहरण के लिए मारकंडे के प्रति किये गये भृगु मुनि के जोग-जुगति-संबंधी शिक्षादान तथा गोरख, कबीर, कमाल आदि के परिचयों में संतमत की साधना के उल्लेख प्रचुर मात्रा में मिलते हैं।

२. उदाहरण के लिए, 'झंखत झुरवत रातिदिन, लगन निअर जब आइ।
बहुत विकल भइ रुकुमिनी, तनिको कछु न सोहाइ॥'आदि

प्रति में मिलते हैं, किंतु चौपाइयों की संख्या १४०१ से लेकर २८५२ तक कही जाती है और यह एक और कारण इस रचना के विषय में कुछ न कुछ संदेह करने के लिए उपस्थित हो जाता है। फिर भी यह ग्रंथ पंथ के प्रधान उद्देश्य चरित्र-निर्माण की पूर्ति करता हुआ ही लक्षित होता है और इस विचार से इसके महत्त्व में किसी प्रकार की कमी नहीं आती। 'गुरु अन्यास' ग्रंथ को सम्प्रदाय वाले बहुधा केवल 'ग्रंथ' अथवा 'बीजक' नाम भी दे दिया करते हैं।

'संत सुन्दर', 'संत विलास', 'संत सागर', आदि–ग्रंथ 'गुरु अन्यास' के अनंतर महत्त्व की दृष्टि से 'संत सुन्दर', 'संत विलास' एवं 'संत सागर' के नाम आते हैं जिनके विषय प्रायः एक ही हैं। 'संत सुन्दर' ग्रंथ में 'सोरठा चालीसा' द्वारा उपदेश दिये गए हैं, 'संत विलास' नामक किसी अलौकिक प्रदेश का वर्णन किया गया है, संतों की महिमा बतलायी गई है और 'कालदेश' के निवासियों की दुर्दशा का विवरण देकर उन्हें चेतावनी के रूप में कुछ कहा भी गया है। 'संत सुन्दर' में दिया गया संत शिवनारायण का संक्षिप्त परिचय 'गुरु अन्यास' वाले ऐसे ही प्रसंग की भाँति बहुत कुछ ऐतिहासिक है। परन्तु 'संत विलास' एवं 'संत सागर' में दिया हुआ वैसा ही परिचय नितांत काल्पनिक व पौराणिक है और अन्य बातों में बहुत कुछ समानता रहने पर भी इन दो ग्रंथों को हम 'संत सुन्दर' से कुछ भिन्न प्रकार की रचना कह सकते हैं। इन दोनों के संत शिवनारायण रचित होने में भी संदेह किया जा सकता है। 'संत आखरी' ग्रंथ का मुख्य विषय 'सुरत शब्द योग' जान पड़ता है और इसकी ओर आरंभ में ही संकेत कर दिया गया है। उसके अनंतर उक्त योगजनित अनुभव की चर्चा संभवतः 'संत विलास' प्रदेश की स्थिति के रूप मे ही की गई है और उसकी उपलब्धि के लिए उपदेश भी दिये गए हैं। इसी प्रकार ग्रंथ 'रूपसरी' नामक छोटी-सी रचना में कुछ गूढ़ार्थवाची पद्य दिये गए हैं और एक सुन्दर रूपक भी आता है जिसका रहस्य पूर्णतः स्पष्ट नहीं होता। फिर भी कालदेश की दयनीय दशा दिखला कर 'संतदेश' की ओर ध्यान दिलाना इस ग्रंथ का भी प्रधान उद्देश्य जान पड़ता है। इन ग्रंथों के सिवाय 'संत महिमा' में इसके नामानुसार ही संतों की प्रशंसा की गई है, 'लव परवाना' में संतों की मानसिक स्थिति एवं शब्द की प्रशंसा के संबंध में वर्णन मिलते हैं। 'संत उपदेश' में उपदेश, चेतावनी व संतमत के संक्षिप्त परिचय दिये गए हैं, 'हुकुमनामा' में सत्य, शील, संतोषादि ४० विभिन्न गुणों को अपनाने के लिए दिये गए उपदेश मिलते हैं और 'संत विचार' नामक गद्य ग्रंथ में शिवनारायण-पंथ के उपदेशों का एक संक्षिप्त संग्रह पाया जाता है। पंथ के समझे जाने वाले शेष ग्रंथों में से 'संत वोजन्द' एवं 'भौगलपुराण' का पता नहीं चलता, 'संत परवाना' उक्त 'लव परवाना' का ही दूसरा नाम समझ पड़ता है और 'ज्ञानदीपक' भी 'गुरु अन्यास' से भिन्न नहीं प्रतीत होता। 'शब्दावली' संत शिवनारायण व उनके शिष्य रामनाथ सिंह की भिन्न-भिन्न विषयों पर लिखी गई प्रायः ३७० फुटकर रचनाओं का एक संग्रह मात्र है जिसमें रामनाथ सिंह की रचनाएं लगभग ६० से अधिक नहीं। इसमें सदाशिव, लखनराम, लेखनराज, गेंदा आदि शिष्यों की भी रचनाएं मिलती हैं।

कुल रचनाएं–पंथ के ग्रन्थों में भिन्न-भिन्न सूचियों में उनके नाम व संख्या के संबंध

में बहुत मतभेद जान पड़ता है। विल्सन[१] ने सर्वप्रथम केवल ११ नाम गिनाये थे जिनमें से सम्भवतः 'संत आखरी' की जगह भूल से 'संताचारी' लिख दिया था और क्रुक[२] ने भी उन्हीं नामों के आधार पर एक दूसरी सूची तैयार कर उसमें 'बड़ा स्तोत्र', 'बड़ा परवाना', 'पति परवाना' एवं 'बढ़ो' वा 'बड़ी बानी' के नाम जोड़ दिये थे। परंतु इन अंतिम चार पुस्तकों के नाम अन्यत्र कहीं नहीं मिले हैं और न इन ग्रंथों का कहीं पता ही चल सका है। शिवव्रत लाल के अनुसार पंथ की ११ रचनाएं इस प्रकार हैं: १. 'ग्रंथ' २. 'संत विलास' ३. 'भजन ग्रंथ ४. 'संत सुन्दर' ५. गुरु न्यास' ६. 'संत अचारी' ७. 'संत उपदेश' ८. 'शब्दावली' ९. 'संत परवान' १०. 'संत महिमा' व ११. 'संतसागर'।[३] इसी प्रकार 'सवला जवाब', 'टीका', 'लालग्रंथ' जैसे कुछ नाम भी एकाध सूचियों में पाये जाते हैं जो अनुमानतः 'रूपसरी', 'संतविचार' एवं 'लवग्रंथ' जैसे ग्रंथों के लिए प्रयुक्त हो सकते हैं। इस पंथ के सभी ग्रंथ अभी तक किसी एक मठ में नहीं मिले हैं और जो मिले हैं उनके नाम भी दूसरी सूचियों के नामों के अनुसार नहीं पाये जाते।

प्रधान उद्देश्य–जो हो, इसके पहले बतलाये गए उपलब्ध ग्रंथों के देखने से जान पड़ता है कि शिवनारायणी सम्प्रदाय का मुख्य उद्देश्य अपने प्रत्येक अनुयायी को 'संत विलास' वा 'संतदेश' नामक लोक तक पहुँचा देना है। इस 'संत विलास' का वर्णन पंथ के कई ग्रंथों में किया गया है जिससे प्रकट होता है कि वह दरियादास (बिहारवाले) के 'छपलोक' वा 'अभयलोक' की भाँति एक आदर्श प्रदेश है जो सबसे ऊपर है, जो संतों का अपना निवास-स्थान है और जहाँ रहकर तथा उसके सुखों से अवगत होकर ही संत शिवनारायण अन्य लोगों को वहाँ जाने का उपदेश देते हैं। इसके विपरीत संसार 'कालदेश' कहा गया है, जहाँ के सभी मनुष्य मोह के फेर में पड़कर नाना प्रकार के कष्ट झेल रहे हैं और उनकी समझ में नहीं आता कि इससे उनका उद्धार किस प्रकार होगा। अपनी स्थिति सुधारने के लिए लोगों ने निर्गुण व सगुण नाम के दो भिन्न-भिन्न मार्ग निश्चित किये हैं, किन्तु इनमें से किसी के द्वारा निर्वाह नहीं हो सकता। इसके लिए 'संतमत' का ही अनुसरण परमावश्यक है और इसी को अपनाने से सारे दुःखों से रहित होकर हम उक्त प्रदेश की स्थिति को उपलब्ध कर सकते हैं। उस प्रदेश में पहुँच जाने पर विदित होगा कि हमारा वास्तविक निवास-स्थान वही है और हम केवल कर्मवश 'कालदेश' के जंजाल में पड़ गए थे। उस प्रदेश में सभी संत समान भाव से आनंद का उपयोग करते हैं और सबकी स्थिति प्रायः एक ही रहती है। वहाँ पर सबसे अधिक उच्च श्रेणी का पुरुष केवल 'संतपति' है जिसके समक्ष अन्य संत उसकी प्रेमिकाओं के रूप में दीख पड़ते हैं और जिसके निकट रहना वे सभी अपना अहोभाग्य समझा करते हैं।

वास्तविक रहस्य–परंतु उक्त अलौकिक प्रदेश में पहुँचने के लिए यहाँ किसी का आश्रय ग्रहण करना नहीं पड़ता। 'संत सुन्दर ग्रंथ' में स्पष्ट कह दिया गया है कि,

'निराधार आधार नहीं, बिन अधार की राह।
सीवनरायन देस कंह, आपुही आप निबाह॥'

---

१. एच्. एन. विल्सन : 'रेलिजस सेक्ट्स आफ दि हिंदूज' पृ. ३५८-९।

२. क्रुक व रिजवी : 'कास्ट्स ऐंड ट्राइब्स' इ. (भा. २) पृ. ५७९।

३. 'संतमाल' पृ. २६५-६।

जिससे प्रकट होता है कि संत शिवनारायण अथवा कोई गुरु भी यदि हमें उक्त प्रदेश तक पहुँचाना चाहता है, तो केवल पथ-प्रदर्शन मात्र ही करके छोड़ देता है। मार्ग में स्वयं अपने बल पर ही भरोसा करके आगे बढ़ना पड़ता है। यह बल हमें तब मिलता है, जब हम अपने आपको पहले तौलते वा अपनी परीक्षा करते हैं और इस अपने भीतर की कमियों का पता लगाकर उन्हें पूर्ण करने की चेष्टा करते हैं। यहाँ पर संत शिवनारायण ने प्रत्येक मनुष्य के मन के भीतर चालीस प्रकार की त्रुटियों का होना माना है और तदनुसार उनके निराकरण का संकेत भी किया है। 'संतविलास' एवं 'संतसागर' में आये हुए 'सोरठा चालीसा', 'संत आखरी' में दिये गए 'शब्द चालीसा' तथा 'हुकुमनामा' के चालीसा हुक्मों में यही बातें दिखलायी गई हैं तथा 'संत सुन्दर' की पंक्ति,

'मोल अमोलन तुर, आखर चालीस सेर भौ।
तबही भौ मन पुर, सीवनरायन हंसी कहै॥'

से भी यही ध्वनि निकलती है। ऐसा हो जाने पर ही,

'मन पुरन पुरन भएव, भएव पुरनो बास।
सीवनरायन पुरनो, सभए पुरनो पास॥'

की स्थिति संभव होती है और इस कारण उक्त 'संत विलास' वा 'संत देश' का निवास वास्तव में किसी भौगोलिक प्रदेश का प्रवास न होकर अपने मन को उक्त चालीस प्रकार के विकारों से उन्मुक्त कर निर्मल, निश्चल एवं पूर्ण शांतिमय बना देना मात्र ही कहा जा सकता है। इसी कारण उक्त 'संत सुन्दर' ग्रन्थ में आगे चलकर यहाँ तक कह दिया गया है कि,

'सीवनरायन गाँव यह, अपना अपना गाँव।
अपना अपना संत होइ, अपना अपना नाँव॥'

अर्थात् जिस प्रकार उक्त साधना व्यक्तिगत होती है, उसी प्रकार उक्त देश की स्थिति का वास्तविक स्वरूप भी व्यक्तिगत ही है और 'संतदेश' का दूसरा नाम 'संत विलास' भी कदाचित् इसी ओर संकेत करता है। 'संत आखरी' ग्रन्थ में इसी कारण सर्वत्र आत्मनिर्भरता व निर्भयता पर विशेष ध्यान दिया गया है और पंथ को 'निराधार पंथ' भी कहा गया है।

चालीस का महत्त्व–शिवनारायणी सम्प्रदाय की उपलब्ध रचनाओं में चालीस को महत्त्व प्रदान करना उल्लेखनीय बात है। जैसा ऊपर कहा जा चुका है, 'संत सुन्दर', 'संत विलास' एवं 'संत सागर' में से प्रत्येक में एक न एक 'सोरठा चालीसा' है और इनके विषयों में भी बड़ी समानता है। इसी प्रकार 'संत आखरी' में एक 'शब्द चालीसा' आया है जिसके द्वारा 'कालदेश' को हेय तथा संतदेश को स्वीकार करने योग्य ठहराया गया है और दोनों की स्थितियों की तुलना भी की गई है। 'हुकुमनामा' में इसी के अनुसार ४० आदेश दिये गए हैं और प्रत्येक द्वारा किसी न किसी नैतिक सद्गुण को अपनाने के लिए संतों से कहा गया है। इनमें से एक के अंतर्गत चालीस मंत्रियों की भी चर्चा की गई है जिन का विशेष परिचय 'संत विचार' ग्रंथ में मिलता है। 'संत विचार' ग्रंथ में प्रत्येक संत के प्रति आदेश है कि वह अपने नैतिक व्यवहार में सदा चालीस मन्त्रियो की अनुमति लेकर काम किया करे। जो ऐसा करते हैं, वे ही पूर्ण संत हैं और उन्हीं का राज्य अथवा उन्हीं की मानसिक स्थिति सदा 'सलसंत' अर्थात् शांत रहा करती है। उक्त ग्रन्थों में 'मन' का अर्थ श्लेष द्वारा 'चालीस सेर का मन'

माना गया है, अतएव पूर्ण मन वही कहला सकता है जिसमें चालीस सेर की भाँति चालीसों सद्गुण आ जायँ और वह शांत हो जाय। मन की पूर्ति द्वारा मन की स्थिरता एवं मन की पूर्ण शुद्धि भी अभिप्रेत है, जो आत्मज्ञान की उपलब्धि तथा आध्यात्मिक उन्नति के लिए भी आवश्यक है। पूर्णतः विशुद्ध तथा अविकृत मन ही वास्तव में शुद्ध आचरण का भी आधार हुआ करता है और यही इस पंथ का अंतिम लक्ष्य जान पड़ता है।

दीक्षा–परमात्मा को इस पंथ में एक निराकार व सर्वगुणातीत माना गया है और संत शिवनारायण पृथ्वी पर उसके प्रतीक रूप समझे गए हैं। उनके प्रति एकांतनिष्ठा अपनी चित्तशुद्धि व सात्विक जीवन के प्रत्येक अनुयायी के लिए मुख्य ध्येय होना चाहिए। सभी धर्म वा जाति के लोग इसमें सम्मिलित होने के अधिकारी हैं और इस पंथ में प्रवेश पाने के लिए उन्हें किसी प्रकार की विधि वा परम्परा का पालन करना भी आवश्यक नहीं है। इसके लिए किसी पुरोहत की मध्यस्थता नहीं चाहिए और न विशेष सामग्री ही अपेक्षित है। जब कोई इस पंथ में आना चाहता है, तब सर्वप्रथम उसे इसकी विविध कठिनाइयों की सूचना दे दी जाती है और कुछ दिनों तक उसकी जाँच भी कर ली जाती है। फिर भी 'बीजक' अर्थात् पूज्य ग्रन्थ के लिए कुछ भेंट लाता है और अपने चुने हुए संत के समक्ष अर्पित करता है। तब वह संत ग्रन्थ की आरती करता है और आगंतुक को अपना चरणामृत देने के अनंतर दीक्षा के रूप में कुछ उपदेश देता है, जिसके पश्चात पाठ होता है और प्रसाद का वितरण कर विधि समाप्त कर दी जाती है। ऐसे प्रत्येक शिष्य को दीक्षित होने पर अपने पास एक प्रति 'परवाना' की रखनी पड़ती है और उसमें दिये गए उपदेशों के अनुसार चलना पड़ता है।[१] इस पंथ के अनुसार सर्वश्रेष्ठ नैतिक गुण सत्य, अहिंसा, दया, क्षमा, मादक वस्तु परित्याग व एकपत्नी व्रत हैं। इसमें रहने वालों के लिए किसी प्रकार का भी भेष-विशेष अपेक्षित नहीं। इनके भजनों में भी ईश्वर के गुणगान वा भक्ति को उतना स्थान नहीं मिला है, जितना संत शिवनारायण के प्रति श्रद्धा व व्यक्तिगत सदाचरण को।

भ्रमण व सम्पर्क–अनुमान किया जाता है कि संत शिवनारायण अपने गुरु द्वारा उपदेश ग्रहण करने के अनंतर देश-भ्रमण करने के लिए निकल पड़े थे। उसी समय से उनका आना-जाना आगरा, दिल्ली जैसे प्रसिद्ध स्थानों में भी होने लगा था, और ये फौजी सिपाहियों तक को प्रभावित करने लगे थे। तदनुसार उनका परिचय क्रमशः वहाँ के सहकारी कर्मचारियों एवं स्वयं बादशाह से भी हो गया, जिस कारण इन्हें अपने मत के प्रचार में बड़ी सहायता मिली। कहा तो यह भी जाता है कि,

'मोहम्मदशाह को शब्द सुनाये, मोहर लेकर पंथ चलाये।'[२]

अर्थात् मुहम्मदशाह को उपदेशों द्वारा प्रभावित कर उसकी मुहर का भी इन्होंने उपयोग किया। बाबू क्षितिमोहन सेन का कहना है कि संत शिवनारायण प्रसिद्ध शाहजादा दाराशिकोह (सं. १६७२:१७१६) के विचारों द्वारा भी प्रभावित थे और उसके कुछ अनुयायियों के साथ इनका सत्संग हुआ था तथा उस समय के वली (सं. १७२५:१८०१), आबरू तथा नजीर नामक

१. जी. डब्ल्यू ब्रिग्स : 'दि चमार्स' (दि रेलिजस लाइफ आफ इंडिया सिरीज) पृ. २११-२।
२. 'दि जर्नल आफ दि एशियाटिक सोसायटी आफ ग्रेट ब्रिटेन ऐंड आयरलैंड' जनवरी-जून (१९१८), पृ. ११६।

उर्दू कवियों के हृदयों में इनके प्रति बड़ी श्रद्धा थी।[१] परन्तु इसके लिए कोई प्रमाण नहीं मिलता। इनकी रचनाओं में यत्र तत्र सूफी मत का केवल साधारण प्रभाव मात्र लक्षित होता है। इस सम्प्रदाय के प्रधान मठ में एक प्रकार की मुहर का भी होना बतलाया जाता है जिससे अनुयायियों के परवाने मुद्रित किये जाते हैं। परन्तु उसके चिन्ह अज्ञात हैं। संत शिवनारायण अपने ग्रंथ 'गुरु अन्यास' की रचना के पहले कदाचित् दिल्ली की ओर ही भ्रमण कर रहे थे, जहाँ से सं. १७९१ के लगभग 'बंग देश' अर्थात पूर्वीय प्रांतों की ओर 'चलि आय' अर्थात् वापस आये और आतंरिक प्रेरणा द्वारा प्रभावित होकर इन्होंने उक्त ग्रंथ की रचना की थी। इनके देहांत के समय का पता नहीं चलता। किंतु इतना निश्चित है कि ये सं. १८११ में अर्थात 'संत सुन्दर' की रचना के समय जीवित थे और यदि मृत्यु के समय इनकी अवस्था ७०.७५ वर्ष की रही हो, तो उक्त घटना सं. १८२५ के लगभग संभव कही जा सकती है। 'मूल ग्रंथ' में इनका मृत्यु-काल सं. १८४८ दिया गया है। महर्षि शिवव्रतलाल ने इनकी समाधि का बलसड़े (गाजीपुर) में होना बतलाया है[२] जो ठीक नहीं जान पड़ता। इनकी वास्तविक समाधि सम्प्रदाय के प्रधान स्थान ससना बहादुरपुर में बनी हुई है।

अनुयायी–शिवनारायणी सम्प्रदाय के प्रधान मठ चार हैं, जो 'चरणधाम' के नाम से प्रसिद्ध हैं और जो ससना बहादुरपुर, भेलसरी, चन्दवार एवं गाजीपुर नगर में वर्तमान हैं। इसमें से प्रथम तीन बलिया जिले में पड़ते हैं। उनके सिवाय वहाँ रतसंड, डिहवा, आदि स्थानों में भी कई मठ बने हुए हैं। संत शिवनारायण के चार प्रधान शिष्य रामनाथ (मृ. सं. १८५४), सदाशिव (मृ. सं. १८४१), लखनराम और लेखराज थे, जो सभी बलिया जिले के ही निवासी थे। इनमें से पहले और तीसरे क्षत्रिय, दूसरे एक तांत्रिक यती और चौथे भाट थे। संत शिवनाराण के किसी बिहारीराम नामक एक खटिक शिष्य ने कानपुर में एक मंदिर बनवाया था जो वहाँ के अनुयायियों का केंद्रस्थान है। इसी प्रकार बम्बई नगर की 'कोहारवाड़ी' नामक स्थान के आसपास किसी अन्य अनुयायी ने भी एक दूसरे मंदिर का निर्माण किया था।[३] सम्प्रदाय के बहुत-से अनुयायी कलकत्ता, रंगून, कराची, लाहौर तथा पेशावर व काबुल जैसे सुदूर स्थानों तक में सुने जाते हैं। इसमें हिंदुओं तथा मुसलमानों के अतिरिक्त बलिया एवं शाहबाद जिले के अनेक ईसाई भी सम्मिलित हैं। इसके अनुयायियों के शवों को बहुधा गाने-बजाने के साथ ले जाया जाता है और उन्हें मृत व्यक्तियों के पूर्व कथनानुसार गाड़ा, जलाया, वा नदी में बहाया जाता है। इसके अनुयायियों में जाति, वर्ण, आश्रम वा पूर्व धर्म के अनुसार किसी प्रकार का भी वर्गीकरण नहीं किया जाता। सभी एक ही प्रकार से 'भगत' वा 'संत' कहे जाते हैं और सब के इष्टदेव एक मात्र संत शिवनारायण ही माने जाते हैं, जो बहुधा 'संतपति' भी कहलाते हैं। फिर भी इस सम्प्रदाय के अनुयायियों में पहले उच्च वर्गों के लोग पाये जाते थे, किन्तु अब अधिकतर वे ही लोग दीख पड़ते हैं जो जाति के चमार, दुसाध अथवा अन्य अछूत जाति के होते हैं। ब्राह्मण, क्षत्रिय अथवा अन्य उच्च समझी जाने

---

१. 'मिडीवल मिस्टिसिज्म आफ इंडिया पृ. १५५-६।

२. 'संतमाल' पृ. २६६।

३. 'दि जर्नल आफ दि एशियाटिक सोसायटी आफ ग्रेट ब्रिटेन ऐंड आयरलैंड' जनवरी-जून १९१८, पृ. ११६।

वाली जातियों के लोगों की संख्या इसमें पंचमांश से भी बहुत कम हो सकती है। इस पंथ के अंतर्गत स्त्रियों को लगभग वे ही अधिकार प्राप्त हैं जो पुरुषों के हैं और कभी-कभी कुछ योग्य स्त्रियाँ मठाधीश तक बन जाती हैं। इनके सबसे प्रसिद्ध पर्व का दिन माघ सुदी पंचमी का दिन समझा जाता है, जब इनके प्रधान स्थानों पर ये लोग एकत्र हुआ करते हैं।

शिवनारायणी सम्प्रदाय की वंशावली

- संतपति दुखहरण
  - संतपति शिवनारायण
    - लखन सिंह (शिष्य बरसड़ी)
      - कामजीत सिंह आदि (बरसड़ी गद्दी)
        - खेदारूराम, कोइरी
          - कबुतरा राम (ब्राह्मणी)
            - ननुथराम आदि (डिहवाँ गद्दी)
            - गुलजार राम आदि (रतसंड गद्दी)
      - हींछाराम नाई (डिहवाँ गद्दी)
      - गुरुदयाल आदि (चंदवार गद्दी)
    - सदाशिव (शिष्य)
    - विश्वनाथ सिंह (पुत्र, ससना गद्दी)
      - जीत सिंह
        - धनी सिंह
          - गिरिवर सिंह
            - घुरबिन सिंह
              - संतसेवक सिंह (सं. १९७४ में वर्तमान)
                - साधु शरण सिंह (वर्तमान महंत)
    - लेखराज (शिष्य)
    - रामनाथ सिंह (शिष्य, परसिया)
      - गेंदाराम आदि (मनियर गद्दी)
      - शंभूसिंह आदि (परसिया गद्दी)
    - जोवराज (शिष्य)

९. चरणदासी सम्प्रदाय

आत्म-परिचय–संत चरणदास की जीवनी से संबंध रखने वाले कतिपय विवरणों के उल्लेख स्वयं इनकी तथा इनकी शिष्या सहजो बाई की रचनाओं में ही आ गए है, अतएव उनके विषय में हमें किसी प्रकार का अनुमान करने की आवश्यकता नहीं पड़ती। अपने प्रसिद्ध ग्रंथ 'ज्ञानस्वरोदय' के अंत में एक छप्पय द्वारा इन्होंने स्पष्ट कहा है कि 'मेरा जन्म डेहरे में हुआ था और मेरा पूर्वनाम रणजीत रहा। मेरे पिता मुरली थे और मेरी जाति ढूसर की थी। मैं बाल्यावस्था में ही दिल्ली आ गया, जहाँ घूमते समय शुकदेवजी के दर्शन हो गए और उन्होंने मेरा नाम चरणदास रख दिया।'[१]। इस प्रकार अपने एक दूसरे ग्रंथ (भक्ति सागर' में

१. 'श्री भक्तिसागर' ग्रंथ-ज्ञानस्वरोदय' (नवल किशोर प्रेस, लखनऊ १९३१ ई.) पृ. १५६।

ये इतना और भी कहते हैं : "सं. १७८१ की चैत्र पूर्णिमा को सोमवार के दिन मैंने यह विचार किया कि कुछ ग्रंथों की रचना करनी चाहिए और यह निश्चय करके मैंने उसी दिन कुछ बानियाँ बना डालीं। फिर मैंने वैसी ही ५००० बानियाँ लिखीं और गुरु के नाम की गंगा में उन्हें प्रवाहित किया। इसके पीछे मैंने ५००० अन्य पद लिखे जिन्हें हरिनाम की अग्नि में जलाया और अंत में अपने गुरु की आज्ञा से जो तीसरी ५००० रचनाएं कीं, उन्हें अपने साधुओं को दिया"[१]। इनकी शिष्या सहजो बाई ने भी अपनी रचना 'सहज प्रकाश' में इनके जन्म-काल का वर्णन किया है जिससे विदित होता है कि "इनका जन्म मेवात के अंतर्गत डेहरा नामक स्थान में सं. १७६० की भाद्रपद शुक्ल तृतीय को मंगलवार के दिन सात घड़ी दिन चढ़ने पर हुआ था। इनके पिता मुरलीधर ढूसर जाति के थे और इनकी माता का नाम कुंजो था। इनके गुरु शुकदेव थे जिन्होंने इनका नाम चरणदास रखा था और इन्हें 'श्रीमद्‌भागवत' एवं ज्ञानयोग की शिक्षा दी थी"[२]। इस कारण चरणदास नाम के दो एक अन्य भक्तों के रहते हुए भी हमें इनके परिचय में कोई संदेह नहीं रह जाता, परन्तु मिश्र बंधुओं ने संत चरणदास को पहले पंडितपुर का निवासी ब्राह्मण समझा था और पीछे जाकर यह धारणा अशुद्ध मानी गई। उनके भ्रम का कारण कदाचित् यह था कि मेवात के ढूसर अपने को आज भी 'वधूसर' का ही रूपांतर है। फिर भी प्रसिद्ध है कि अकबर के सर्वप्रथम विरोधी हेमू को भी ढूसर कहा जाता था और कुछ इतिहासकारों ने उसे बक्काल भी लिखा है जो निश्चित रूप से बनिया जाति का बोधक है।

प्रारंभिक जीवन–संत चरणदास के अनुयायियों द्वारा लिखित कुछ अन्य रचनाओं जैसे रामरूपकृत 'जन्मलीला' तथा सरसमाधुरी रचित 'श्यामचरणदासाचार्य चरितामृत' आदि से इतना और भी पता चलता है कि "इनसे आठ पीढ़ी पहले इनके पूर्वजों में कोई शोभनदास हुए थे जो श्रीकृष्ण के परम भक्त थे। उनके अनंतर इनके पिता मुरलीधर का भी आध्यात्मिक जीवन कम सराहनीय न था और प्रसिद्ध है कि एक बार जब वे घर छोड़कर किसी जंगल में भजन करने गये थे, तब वहीं से वे कहीं गुप्त हो गए। घरवालों के बहुत खोजने पर भी उनके केवल कुछ कपड़े मात्र एक जगह रखे हुए मिल सके और कुछ पता न चला। श्रद्धालु व्यक्तियों में चर्चा होने लगी कि वे संदेह बैकुंठ चले गए"[३]। इस घटना के अनंतर इनके नाना प्रयागदास इन्हें दिल्ली लाये और अपने यहाँ इनका पालन-पोषण कर उन्होंने इन्हें सरकारी नौकरी के उपयुक्त बनाना चाहा। उस समय इनकी अवस्था केवल ५:७ वर्षों की थी और इनकी माता भी इनके संग में थी। पंथवालों में प्रसिद्ध है कि शुकदेवजी ने इन्हें अपने दर्शन डेहरा गाँव के पास बहनेवाली नदी के तट पर ही पहले पहल दे दिये थे और इन्हें अपनी गोद में भी उठा लिया था। तब से अर्थात् उस अल्प वय से ही इनका मन आध्यात्मिक बातों की ओर आकृष्ट होने लग गया था और इसी कारण इनके नाना की उक्त योजना सफल न हो सकी। किसी-किसी का यह भी कहना है कि इन्होंने अपने प्रारंभिक जीवन में ही किसी की प्रेरणा से योगाभ्यास की क्रियाएं भी आरंभ कर दी थीं और इसकी साधना वे समय-समय पर निरंतर

---

१. 'श्री भक्तिसागर' ग्रंथ-ज्ञानस्वरोदय', पृ. ५०४।

२. 'सहजो बाई की बानी, 'सहजप्रकाश' (वेलवेडियर प्रेस, प्रयाग, १९३० ई.) पृ. ५६:७ व १:२।

३. 'कदाचित् उन्हें किसी बाघ ने मार डाला' (मिडीवल मिस्टिसिज्म १९३०) पृ. १४५।

चौदह वर्षों तक करते रह गए, तथा अंत में स्वरोदय के ज्ञान में ये अद्वितीय तक समझे जाने लगे[१]।

संत चरणदास को उनकी आयु के उन्नीसवें वर्ष में दीक्षा मिली थी। क्रुक साहब ने लिखा है कि "उन्नींस वर्ष की अवस्था में मुजफ्फनगर के पास शुकरताल में बाबा सुखदेवदास द्वारा ये दीक्षित हुए थे। सुखदेवदास एक प्रसिद्ध साधु थे और उन्होंने इनका नाम भी रणजीत से बदलकर चरणदास रख दिया।"[२] परन्तु संत चरणदास की कुछ रचनाओं द्वारा प्रतीत होता है कि उक्त सुखदेवदास वास्तव में व्यासपुत्र श्री शुकदेव मुनि ही थे, जिन्होंने राजा परीक्षित को 'श्री मद्‌भागवत' की कथा सुनायी थी।[३] श्री शुकदेव मुनि का संत चरणदास के समय में आ उपस्थित होना केवल श्रद्धा व कल्पना के आधार पर ही माना जा सकता है, और यह भी कदाचित् वैसी ही घटना है जो अलौकिक समझी जा सकती है और जैसी मीरांबाई व रैदास जी के सम्बन्ध में तथा गरीबदास अथवा धर्मदास व कबीर साहब के सम्बन्ध में सुनी जाती हैं। उक्त सुखदेवदास का एक दूसरा नाम सुखानंद भी मिलता है और कुछ लोगों ने उन्हें शूकरताल गाँव का निवासी भी माना है। शूकरताल को भी इसी प्रकार एक लेखक ने 'शुकतार' कहा है और उसकी स्थिति फिरोजपुर के सन्निकट बतलायी है, किंतु इससे अधिक उसके विषय में कुछ नहीं दिया है। कहा जाता है कि अपने गुरु द्वारा दीक्षित हो जाने के अनंतर संत चरणदास ने प्रसिद्ध तीर्थ-स्थानों का पर्यटन आरम्भ कर दिया और बहुत दिनों तक ब्रजमण्डल में निवास भी किया। व्रजमण्डल में इन्हें 'श्रीमद्‌भागवत' ने अपनी ओर बहुत आकृष्ट किया और विशेषकर उसके एकादशवें स्कंध को उसी समय से इन्होंने अपना आदर्श ग्रन्थ मान लिया। श्रीकृष्ण के प्रति इनकी दृढ़ भक्ति तथा इनकी भागवती मनोवृत्ति के कारण ही इनके अनुयायी इन्हें 'श्यामाचरणदासाचार्य' भी कहा करते हैं।

अंतिम दिन–कहा जाता है कि देशभ्रमण से विरत हो संत चरणदास दिल्ली नगर में रहने लगे। उस समय इनका ३० वाँ वर्ष था और ये अपना आध्यात्मिक मार्ग भी निर्धारित कर चुके थे, अतएव इन्होंने प्रायः उसी समय से अपने मत का प्रचार भी आरम्भ कर दिया। जहाँ पर ये उन दिनों रहते थे, वहाँ श्रीजी का एक मंदिर वर्तमान है। दिल्ली नगर में इनका वह स्थान भी बतलाया जाता है जहाँ इन्होंने १४ वर्षों तक योगाभ्यास किया था और उसे समाधिस्थान कहा जाता है। इन्होंने अपने मत के प्रचार में अपने शेष जीवन के लगभग पचास वर्ष लगा दिये और अंत में अगहन सुदी ४ सं. १८३९ को दिल्ली में रहते हुए ही इनका देहांत हो गया। दिल्ली में इनके मृत्यु के स्थान पर एक समाधि बनी हुई है और इनके जन्म-स्थान डेहरे में भी इनकी छतरी है जहाँ इनकी माला, वस्त्र और टोपी सुरक्षित हैं। उसी के निकट बने हुए मंदिर में इनके चरण-चिन्ह भी बने हुए हैं, जहाँ प्रतिवर्ष वसंतपंचमी के दिन एक मेला लगा करता है।

शिष्य-परम्परा– संत चरणदास के मुख्य शिष्यों की संख्या ५२ बतलायी जाती है और इसी के अनुसार चरणदासी सम्प्रदाय की ५२ शाखाएं भी प्रसिद्ध हैं। उनकी मृत्यु के अनंतर

१. 'मुरक्कए अलवर' पृ. ८१ (हिन्दुस्तानी १९३९, पृ. ११३:४ पर उद्धृत)।
२. क्रुक्स : 'ट्राइब्स ऐंड कास्ट्स आफ दि नार्थ वेस्टर्न प्राविंसेज ऐंड अवध' (भाग २) पृ. २०१।
३. 'भक्तिसागर' (नवल किशोर प्रेस, लखनऊ) पृ. ७९, ३२३, ४९३, ५१८ इत्यादि।

उनकी दिल्लीवाली शाखा के प्रधान महंत मुक्तानंद बने और यही शाखा उस काल से सर्वप्रधान समझी जाने लगी। इनके अन्य शिष्यों में रामरूप ने अपने गुरु की जीवन लीला का वर्णन अपने ग्रन्थ 'गुरुभक्ति प्रकाश' में किया है। रामरूप के शिष्य रामसनेही भी एक योग्य व सफल साधक कहे जाते हैं। संत चरणदास की जीवनी लिखने वाले एक अन्य शिष्य जोगजीत भी थे। परन्तु उनके शिष्यों में सब से विख्यात उनकी दो शिष्याएं हुई जिनमें से एक नाम सहजो बाई था और दूसरी दया बाई के नाम से प्रसिद्ध हैं। इन दोनों ही गुरु-बहिनों का जन्म-स्थान मेवात प्रदेश के डेहरा गाँव बतलाया जाता है और कहा जाता है कि ये दोनों अपने गुरुकी सजातीया थीं तथा उनके साथ दिल्ली में जाकर रहती भी रहीं। इनमें से सहजो बाई का जीवनकाल सं. १७४०:१८२० बतलाया जाता है, किंतु इनके जन्म वा मरण की तिथियाँ ज्ञात नहीं हैं और न इनके जीवन की कोई घटनाएं ही विदित हैं। केवल इतना पता चलता है कि ये किसी हरिप्रसाद की पुत्री थीं, अपने जीवन भर क्वारी व ब्रह्मचारिणी रहीं और उन्होंने फाल्गुन सुदी ८ बुधवार सं. १८०० को 'सहजप्रकाश' की रचना समाप्त की थी। दया बाई के लिए भी कहा जाता है कि इन्होंने सं. १७५० से लेकर सं. १७७५ तक सत्संग किया था और उसके अनंतर एकांत सेवन करने लगी थीं। इनकी मृत्यु कदाचित सं. १८३० में हुई थी[१]। दया बाई ने चैत सुदी ७ सं. १८१८ को अपना 'दयाबोध' ग्रन्थ लिखा था। इन रचनाओं के अतिरिक्त सहजो बाई की दो अन्य रचनाएं क्रमशः 'शब्द' एवं 'सोलह तत्व निर्णय' के नाम से प्रसिद्ध हैं और दया बाई की एक 'विनयमालिका' भी बतलायी जाती है। संत चरणदास की शिष्य-परम्परा के शिवदयाल गौड़ 'सरसमाधुरी शरण' ने सं.१९७३ में 'श्यामचरणदासाचार्य चरितामृत' की रचना की है। चरणदासियों में प्रसिद्ध है कि संत चरणदास का समकालीन मुहम्मद शाह भी उनका परम भक्त हो गया था। इन्होंने उसे नादिरशाह की चढ़ाई की सूचना घटना से छः महीने पहले दे दी थी और इस बात से प्रसन्न होकर उसने इन्हें सहस्रों गाँव भेंट किये थे। कहा जाता है कि नादिरशाह के कर्मचारियों ने इन्हें पकड़कर बंदी भी बना लिया था, किंतु ये किसी चमत्कार द्वारा बंदीगृह से मुक्त हो गए थे।

रचनाएँ–स्वयं संत चरणदास की रचनाओं की संख्या कम से कम २१ बतलायी गई है और उनके संग्रह प्रकाशित भी हो चुके हैं। इनके १५ ग्रन्थों का एक संग्रह बम्बई के 'श्री वेंकटेश्वर प्रेस' ने अपने यहाँ से निकाला है और इसी प्रकार लखनऊ के 'नवलकिशोर प्रेस' ने भी इनके २१ ग्रंथों का एक संग्रह प्रकाशित किया है। इनमें से निम्नलिखित १२ ग्रन्थों के संत चरणदासकृत होने में संदेह नहीं जान पड़ता और इन्हें प्रायः सभी ने प्रामाणिक भी माना है:

(१) 'ब्रजचरित' वा ब्रजचरितवर्णन जिसमें 'बाराहसंहिता' के आधार पर श्रीकृष्ण व ब्रजमंडल-संबंधी दिव्य व अलौकिक बातों का सांकेतिक वर्णन किया गया है;

(२) 'अमरलोक अखंड धाम वर्णन' जिसमें दिव्य गोलोकधाम एवं दिव्य प्रेम संबंधी अलौकिक बातों का वर्णन है। इसके अंतर्गत किये गए वर्णन प्रायः उसी ढंग के हैं, जैसे संत शिवनारायण के 'संतदेश' आदि ग्रंथों में पाये जाते हैं;

(३) 'धर्मजहाज वर्णन' में जिसमें कर्मवाद की व्याख्या के साथ-साथ करनी का महत्त्व भी बतलाया गया है; (४) 'अष्टांग योगवर्णन' जिसमें गुरु-शिष्य-संवाद के रूप में योग के

१. 'संतमाल' पृ. २१९।

विविध अंगों का मुद्रादि के साथ वर्णन किया गया है;

(५) 'योगसंदेह सागर' एक छोटा-सा ग्रंथ है जिसमें पिंड, नाड़ी आदि जैसी बातों के विषय में प्रश्नावली प्रस्तुत की गई है;

(६) 'ज्ञानस्वरोदय' जिसमें योग-क्रिया के श्वास-विभाग विषयक तत्व व माहात्म्य का वर्णन है और कुछ आत्मपरिचय भी अंत में दिया गया है;

(७) 'पंचोपनिषत्' जिसमें 'हंसनाथोपनिषत्', 'सर्वोपनिषत्', 'तत्व योगोपनिषत्', 'योगशिखोपनिषत्', एवं 'तेजोविन्दोपनिषत्' के पद्यमय अनुवाद है;

(८) 'भक्तिपदार्थ वर्णन' जिसमें गुरु, मन, मायादि के प्रसंगों के साथ-साथ हरिभक्ति एवं सत्संग का माहात्म्य बतलाया है और पाखंड की निंदा की गई है;

(९) 'मनविकृतकरण गुटकासार' जिसमें 'श्रीमद्‌भागवत' (११वें स्कंध) के आधार पर दत्तात्रेय की वैराग्यपरक कथा दी गई है;

(१०) 'ब्रह्मज्ञानसागर' जिसमें त्रिगुणा की व्याख्या एवं जीव, मायादि का वर्णन ब्रह्मज्ञान के अनुसार किया गया है;

(११) 'शब्द' जो अपने संग्रह का सबसे बड़ा ग्रंथ है, ब्रह्मज्ञान, योग, भक्ति आदि विषयों से संबंध रखता है, और

(१२) 'भक्तिसागर' जिसका रचना-काल चैत्र सुदी १५ सोमवाद सं. १७८१ दिया है परन्तु यह काल वास्तव में संत चरणदास के ग्रंथ-प्रणयन का प्रथम दिवस जान पड़ता है, जिसका उल्लेख पहले किया जा चुका है।

संत चरणदासकृत समझी जाने वाली अन्य रचनाओं में 'जागरणमाहात्म्य', 'दानलीला', 'मटकी लीला', 'कालीनाथलीला', 'श्रीधर ब्राह्मणलीला' व 'माखनचोरी लीला' 'श्रीमद्‌भागवत' से संबंध रखती है। 'कुरुक्षेत्र लीला' में कृष्ण का नंदादि के साथ पुनर्मिलन दिखलाया है। 'नासकेत लीला' 'नासिकेतपुराण' के आधार पर निर्मित रचना है और 'कवित्त' में विविध विषयों का समावेश है।

उनके विषय–संत चरणदास की रचनाओं की ऊपर दी हुई सूची से स्पष्ट जान पड़ता है कि उनके विषय तीन मुख्य वर्गों में विभाजित किये जा सकते हैं जिनमें से एक का संबंध योग-साधना से, दूसरे का भक्ति से एवं तीसरे का ब्रह्मज्ञान से है। उन्होंने इन तीनों ही प्रधान विषयों को प्रायः समान भाव के साथ अपनाया है और उसी प्रकार उक्त ग्रथों में इनकी चर्चा भी की है। तो भी कुछ लेखकों ने चरणदासी सम्प्रदाय के संबंध में लिखते हुए योग का ही पंथ माना है। उदाहरण के लिए स्व. रामदास गौड़ ने अपने 'हिंदुत्व' नामक ग्रंथ में इसे योगमत के ही अंतर्गत रखा है और कहा है कि "नाथ-सम्प्रदाय जैसे शैव समझा जाता है, वैसे ही चरनदासी पंथ वैष्णव समझा जाता है। परन्तु इसका मुख्य साधन हठयोग संवलित राजयोग है। उपासना में ये राधाकृष्ण की भक्ति करते हैं, परन्तु योग की मुख्यता होने से हम इसे योगमत का ही एक पंथ मानते हैं।"[१] इसी प्रकार प्रोफेसर विल्सन-जैसे कुछ विद्वानों की धारणा ऐसी जान पड़ती है कि "वास्तव में यह एक वैष्णव पंथ है जो गोकुलस्थ गोस्वामियों के प्रभुत्व

१. रामदास गौड़ :'हिंदुत्व' (ज्ञानमंडल कार्यालय, काशी) पृ. ७०७।

को हटाने के लिए पहले पहल चलाया गया था और इस बात के अवशेष चिन्ह इसमें आज भी लक्षित होते हैं।"[१] परन्तु चरणदासी सम्प्रदाय को केवल योगमत का अनुयायी अथवा किसी शुद्ध वैष्णव मत का ही प्रचारक मात्र मान लेना तब तक उचित नहीं कहा जा सकता, जब तक इसके लिए कोई पुष्ट प्रमाण भी नहीं दिये जाते। संत चरणदास का मत वास्तव में उक्त तीनों बातों का समन्वय है और उसके सच्चे अनुयायी भी इसे कदाचित् इसी रूप में मानते हैं। संत चरणदास ने तो स्वयं भी एक स्थल पर स्पष्ट शब्दों में कह दिया है,

'योगयुक्ति, हरिभक्ति करि, ब्रह्मज्ञान दृढ़ करि गह्यो।
आतम तत्व विचारि कै, अजपा में सनि मन रह्यो॥'[२]

अर्थात् अपने गुरु शुकदेवजी से मिलने के अनंतर उनके उपदेश द्वारा मैंने योगयुक्ति की साधना, हरिभक्ति को अपनाया और तब ब्रह्मज्ञान का दृढ़तापूर्वक अनुभव करने लगा—मैंने आत्मतत्व पर विचार किया और अंत में मेरा मन अजपा जाप की अवाध गति से चलने वाली क्रिया में विलीन हो गया। इन्होंने अपने मन 'शुकदेवानुमोदित भागवत' मत भी कहा है।[३]

योग-साधना—योगयुक्ति की साधना बतलाते समय इन्होंने सर्वप्रथम उसके प्रति कौतूहल जागृत करने के लिए कतिपय प्रश्न उठाये हैं, जिससे सर्वसाधारण का ध्यान उक्त विषय की ओर आकृष्ट हो और उसमें रुचि की वृद्धि भी हो। तदनंतर इन्होंने पिंड के अंतर्गत निर्मित विविध नाड़ियों तथा अन्य रहस्यमयी बातों की चर्चा की है और क्रमशः उनके महत्त्व का प्रतिपालन कर उन्हें व्यवस्थित रखने का परामर्श दिया है। इन्होंने फिर हठयोग के प्रसिद्ध षट कर्म अर्थात् नेती, धोती, बस्ती, गजकर्म, न्योली एवं त्राटक का परिचय दिया है और साथ ही उस अष्टांग योग का भी वर्णन किया है, जो क्रमशः यम, नियम, आसन, प्राणायाम, प्रत्याहार, धारणा, ध्यान व समाधि के साथ संबंध रखता है। उसके अंतिम अंग अर्थात् समाधि के भी इन्होंने तीन रूप माने हैं और उन्हें भक्ति-समाधि, योग-समाधि एवं ज्ञान-समाधि के नाम दिये हैं। इनका कहना है कि जब ध्याता ध्यान में लीन हो जाता है, ध्यान ध्येय में लय हो जाता है और सुरति बुद्धि से परे रहती है, उस दशा में भक्ति-योग की दशा आती है। जब षट्चक्र का भेदन हो जाने पर शरीर चेतनाशून्य हो जाता है और सुरति नाद में लीन हो क्रिया-शून्य बन जाती है, तब योग-समाधि लगती है और जब ज्ञान, ज्ञाता एवं ज्ञेय की त्रिपुटी नष्ट हो जाती है और आत्मानुभूति की दशा एकरस बना रहती है तो उसे ज्ञानसमाधि का नाम देते हैं। इन तीनों की अंतिम स्थिति प्रायः एक सी है, इनमें जो भेद लक्षित होता है, वह उस ओर अग्रसर होते समय की प्रक्रियाओं की विभिन्नताएं हैं।

भक्तियोग—संत चरणदास ने भक्तियोग के संबंध में जिन मथुरा, वृंदावन एवं गोवर्धन के वर्णन किये हैं, वे सभी किसी 'अलौकिक धाम' की वस्तुएं हैं। ये कहते हैं कि वह मथुरामंडल हमारी चर्मचक्षुओं से दीख पड़ने योग्य नहीं, वह जो,

'मथुरामंडल परगट नाहीं। परगट है सो मथुरा नाहीं॥
मथुरामंडल यही कहावै। दिव्य दृष्टि बिन दृष्टि न आवै॥'

---

१. विल्सनः 'रेलिजनस सेक्ट्स आफ दि हिंदूज' पृ. २७५।
२. 'भक्तिसागर-ज्ञानस्वरोदय' (१९३१) पृ. १५६।
३. वही, पृ. ५०४।

अर्थात् बिना दिव्य दृष्टि के वह किसी को दिखलाई नहीं पड़ सकता और उसी प्रकार

'दिव्य वृन्दावन, दिव्य कालिन्द्री। देखै सो जीतै मन इन्द्री॥'

तथा **'वृन्दावन सोई देखिहै, जिन देखो हरिरूप।**
दुर्लभ देवन को भयो, महागूप सो गूप॥'

वास्तव में, **'अमरलोक तिहु लोक सो न्यारो। मथुरामंडल अंश विचारो॥**
अमरलोक बिच है निज धामा। जासु अंश वृन्दावन नामा॥'

और फिर, उस अमरलोक का परिचय देते समय भी ये कहते है कि,

'महा अगोचर गुप्त सो गुप्ता। जहाँ बिराजत है भगवंता।
अमरलोक निज लोक कहावै। चौथा पद निर्वान बतावै॥
अमरपुरी बेगमपुर ठाऊँ। कहाँ बुद्धि सो समगति गाऊँ॥'

जिससे प्रतीत होता है कि ये उसे कोई भौतिक रूप देना नहीं चाहते। वह संतों की एक अनिर्वचनीय स्थिति है जिसे उन्होंने बहुधा अन्य नामों से भी अभिहित किया है। उसके भौतिक रूप का जो कुछ वर्णन दरबारी दृश्यों की भाँति किया गया मिलता है, वह निरा काल्पनिक है और उसका महत्त्व सर्वसाधारण की स्थूल बुद्धि को आकृष्ट करने में ही हो सकता है।

सदाचरण–संत चरणदास ने अपनी रचनाओं द्वारा निष्काम प्रेमाभक्ति का प्रतिपादन किया है और सामाजिक व्यवहार में सदा सच्चरिता का समर्थन किया है। नैतिक शुद्धता के साथ जीवन यापन करने का उपदेश इन्होंने सर्वत्र दिया है और इसीलिए इनके पंथ को चरित्र-प्रधान भी कह सकते हैं। इन्होंने जिन बातों को त्याग देने के लिए विशेष आग्रह किया है, वे असत्य-भाषण, अपशब्द-कथन, कठोर वचन, वितंडावाद, चोरी, परस्त्रीगमन, हिंसा, परहानि-चिंतन, बैर एवं विषयों के प्रति अधिक आसक्ति हैं और जिन बातों को अपनाने का परामर्श दिया है वे अपने परिवार के प्रति कर्तव्य, समाज-सेवा, सत्संग, सद्गुरु-भक्ति तथा परमात्मा के प्रति दृढ़ अनुराग है। इनका कहना है कि सारा विश्व ब्रह्ममय है, अतएव किसी भी एक पदार्थ को पूज्य समझना और अन्य के प्रति उपेक्षा की दृष्टि डालना उचित नहीं। साधना के सर्वोच्च अंग चित्तशुद्धि व सद्व्यवहार हैं और प्रेम एवं श्रद्धा उसके आधार स्वरूप हैं। इन प्रेम व श्रद्धा को भी कथनी न मानकर इन्हें सच्ची करनी में परिणत कर देना सबसे अधिक आवश्यक है। किसी सद्भावना के परखने की कसौटी उसके अनुकूल व्यवहार ही हो सकता है, अन्य प्रकार से उसकी सत्यता का परिचय पाना अत्यंत कठिन है। इनके पंथ में सद्ग्रंथों से लेकर संगृहीत किये हुए नियमों की तालिकाएं भी प्रचलित हैं जिनके अनुसार चलना प्रत्येक अनुयायी का कर्तव्य समझा जाता है। संत चरणदास ने कर्मवाद को भी अधिक महत्त्व दिया है और कहा है कि कर्म के प्रभाव से हम अपने को कभी स्वतंत्र नहीं कर सकते।

अनुयायी–चरणदासी सम्प्रदाय के अनुयायी विरक्त एवं संसारी दोनों ही प्रकार के होते हैं। विरक्त बहुधा पीत वस्त्र पहनते हैं, गोपीचंदन का एक लंबा तिलक ललाट पर धारण करते हैं और तुलसी की माला और समुरिनी भी अपने पास रखा करते है। इनकी टोपी छोटी व नुकीली होती है जिस पर पीला साफा भी बाँध लिया करते हैं और धनी-अमीर चरणदासी गृहस्थों के यहाँ जाकर उनसे सेवा-सत्कार काराया करते हैं। इस पंथ के अनेक मठ यत्र तत्र

मिलते हैं जिनका व्यय-भार चलाने के लिए मुगल बादशाहों के समय से उन्हें कुछ न कुछ भूमि मिली है। पंथ के अनुयायी 'श्रीमद्‌भागवत्' को बड़ी श्रद्धा की दृष्टि से देखते हैं और उनका अनुराग श्रीकृष्ण तथा उनकी लीलाओं के प्रति उनकी कथाओं और कीर्तनों द्वारा प्रकट किया जाता है। संत चरणदास की रचनाओं में श्रीकृष्ण की विविध लीलाओं के वर्णन भी पाये जाते हैं जो अधिकतर सगुणोपासक भक्तों के ही ढंग के हैं। इस पंथवालों की अपने गुरु के प्रति दृढ़ भक्ति और उनका देवतुल्य सम्मान व पूजन भी एक विशेषता है। संत चरणदास ने जो असीम श्रद्धा अपने गुरु शुकदेव के प्रति दर्शायी है, उससे कहीं अधिक स्वयं उनके प्रति उनके भिन्न-भिन्न शिष्यों की भी देखने में आती हैं। सहजो बाई ने अपने गुरु को हरि से भी बड़ा माना है और

"राम तजूं पै गुरु न बिसारूं।
गुरु के सम हरि को न निहारूं"[1] ॥

जैसी अनेक पंक्तियों द्वारा अपने भाव प्रकट किये हैं। इन्होंने अपने ग्रंथ 'सहजप्रकाश' की रचना कारण का बतलाते हुए भी कहा है,

'गुरु अस्तुत के करनकूं, बाढ्यों अधिक हुलास।
होते होते हो गई, पोथी सहजप्रकाश ॥[2]

सहजो बाई के गुरुभाई रामरूपस्वामी ने तो अपना नाम ही 'गुरुभक्तानंद' रख लिया था और उनकी रचना 'मुक्तिमार्ग' का एक अन्य नाम 'गुरुभक्तिप्रकाश' भी है। रामरूपस्वामी जाति के गौड़ ब्राह्मण थे और उनकी माता का देहांत उनके जन्म से तीन महीने के भीतर ही हो गया था। उनके पिता महाराम ने उनके पालन-पोषण का भार नहीं उठाया और एक स्त्री की देखरेख में उनका बालपन बीता तथा अन्त में सन् १७५४ ई. में अर्थात् सं. १८११ में उन्होंने संत चरणदास से दीक्षा ग्रहण की।

प्रचार क्षेत्र–चरणदासी सम्प्रदाय का अधिक प्रचार दिल्ली प्रांत, उत्तर प्रदेश, पूर्वी पंजाब एवं राजस्थान में पाया जाता है। चरणदास के प्रसिद्ध ५२ शिष्यों के ५२ मठों का भौगोलिक परिचय प्राप्त नहीं है और अनेक स्थानों पर इस पंथ के अनुयायी वैष्णवों में हिलमिल से गये हैं। पंथ के मूल प्रवर्तक ही समन्वयात्मिका बुद्धि, उनका संतमतानुमोदित आदर्श व सदाचरण की योजना के प्रभाव अब उनके अनुयायियों में कम लक्षित होते हैं। वाणिज्य-व्यापार द्वारा उपार्जित ऐश्वर्य के कारण ये लोग कहीं-कहीं वाह्याडंबर के प्रेमी भी बन गये हैं। संत चरणदास ने अपनी रचनाओं में अपरिग्रह के महत्त्व पर बड़ा जोर दिया था और कहा था कि सच्चे भक्त के मार्ग में धनराशि के संचय जैसा अन्य रोड़ा नहीं हो सकता। परन्तु ये बातें इस समय केवल ग्रंथों में ही पायी जाती हैं, इनके अनुकूल आचरण के उदाहरण प्रायः नहीं के बराबर मिला करते हैं।

१०. गरीब-पंथ

पूर्वी पंजाब, विशेषकर उसका दक्षिण भाग और दिल्ली के प्रांत संत-परम्परा के अनेक

---

१. 'सहजप्रकाश' (वेलवेडियर प्रेस, प्रयाग, सन् १९३० ई.) पृ. ३।
२. वही, सन् १९३३ ई.) पृ. ४५।

पंथों व सम्प्रदायों के पुनीत क्षेत्र रहते आए हैं। लाल-पंथ, साध-सम्प्रदाय, सत्तनामी सम्प्रदाय, नांगी सम्प्रदाय, चरणदासी सम्प्रदाय, बावरी-पंथ व गरीब-पंथ इसी भूभाग के अंतर्गत वा आसपास स्थापित होकर प्रचलित हुए थे और दिल्ली, अलवर, नारनौल, बिजेसर व रोहतक इसके आज भी प्रधान केन्द्र माने जाते हैं। इनमें से उक्त अंतिम वा गरीब-पंथ के प्रवर्तक संत गरीबदास रोहतक जिले की तहसीली झज्जर के छुड़ानी नामक गाँव में सं. १७७४ की वैशाख सुदी १५ को उत्पन्न हुए थे। इनके पिता जाति के जाट थे और उनका जमींदारी का व्यवसाय था। इनकी जीवनी के विवरण बहुत कम उपलब्ध हैं। प्रसिद्ध है कि अपनी १२ वर्ष की आयु में, जब ये भैंसें चरा रहे थे, इन्हें कबीर साहब[१] के दर्शन हुए जिन्होंने इनसे किसी विशिष्ट भैंस का दूध माँगा और गरीब दास के यह कहने पर कि वह भैंस गाभिन तक भी नहीं हुई, इन्होंने उसे बरबस दुहवाकर दूध पी लिया जिसका बहुत प्रभाव इन पर पड़ा और ये उनके शिष्य हो गए। एक अन्य मत के अनुसार गरीबदास को कबीर साहब का साक्षात् स्वप्न में हुआ था और इन्होंने उन्हें अपना गुरु मान लिया था। कारण जो भी रहा, इसमें संदेह नहीं कि गरीबदास कबीर साहब को ही पथप्रदर्शक मानते थे और इनके प्रायः सभी सिद्धांत भी उन्हीं के मत से प्रभावित जान पड़ते हैं।

गार्हस्थ्य-जीवन–गरीबदास ने आमरण गार्हस्थ्य जीवन व्यतीत किया था। इन्होंने साधु का वेष कभी धारण नहीं किया। इनके चार लड़के तथा दो लड़कियों की भी चर्चा की जाती है। ये अपनी उम्र भर छुड़ानी में ही रहकर सत्संग करते रहे और अंत में भादों सुदी २ सं. १८३५ को इनका देहांत भी वहीं रहकर हो गया। इनका देहांत हो जाने पर इनके शिष्य सलोतजी जो इनके गुरु मुख चेले थे, गद्दी पर बैठे, परंतु आजकल इस पंथ की गद्दी वंश-परम्परा के अनुसार चलती है और सभी संत गृहस्थाश्रमवाले ही हुआ करते हैं। गरीबदास ने अपने समय में एक मेला लगाया था जो आज भी छुड़ानी गाँव में उसी प्रकार लगता है और पंथ के सभी अनुयायी उस अवसर पर एकत्र होकर इनके प्रति श्रद्धा प्रदर्शित करने के प्रयत्न करते हैं। गरीब दास के पहनने का जामा, उनकी बँधी हुई पगड़ी, धोती, जूता, लोटा, कटोरी और पलँग अभी तक छुड़ानी में उनकी समाधि के निकट सुरक्षित हैं जिनके लोग दर्शन किया करते हैं।

रचनाएँ–गरीबदास अपने मरते समय लगभग २४००० रचनाओं का एक संग्रह 'हिंखर बोध' नाम से छोड़ गए थे, जिनमें से केवल १७००० इनकी हैं और शेष के रचयिता कबीर साहब हैं। उक्त १७००० पदों व साखियों में से कुछ का एक संग्रह 'वेलवेडियर प्रेस, प्रयाग' द्वारा 'गरीबदासजी की बानी' नाम से प्रकाशित हो चुका है। इनकी एक अन्य रचना 'बीजक' का भी नाम सुना जाता है जो संभवत २४००० वाला उक्त संग्रह ही है।

चमत्कार व स्वभाव–गरीबदास के संबंध में कुछ चमत्कारपूर्ण बातें भी प्रसिद्ध हैं, जिनमें से एक में उनके दिल्ली तक जाने और वहाँ बंदी होने का उल्लेख है। कहा जाता है कि उनकी प्रसिद्धि का समाचार पाकर बादशाह ने उन्हें दिल्ली बुलाया और वे एक घोड़ी पर चढ़कर अपने पाँच सेवकों के साथ वहाँ पहुँचे। वहाँ पर उन्होंने बादशाह से कहा कि यदि

---

१. महर्षि शिवव्रतलाल ने उसे 'कबीर-पंथी साधु' मान लिया है और कहा है कि असली साधु कबीर के ही रूप होते हैं। 'संतमाल', पृ. २५५।

तुम गोवध बंद कर दो, अनाज पर कर न लगाओ और बहुत सी बेगमें न रखो, तो तुम्हारी सफलता सदा निश्चित है। इस पर दरबारियों ने बादशाह को भड़का दिया और वे बंदी बना लिये गए तथा वे वहाँ से किसी चमत्कार द्वारा निकल पाए। उनका स्वाभाव बड़ा ही सीदा-साधा था और उनकी क्षमा के संबंध में भी एक कथा प्रसिद्ध चली आती है। कहा जाता है कि रोहतक जिले के ही आसो गाँव के किसी साहूकार का इकलौता लड़का संतोषदास के नाम से इनका शिष्य बन गया। उसके पिता को इस बात से बड़ा क्रोध आया और उसने आकर गरीबदास से पूछा, "क्यों जी, मेरे बेटे को तो तूने साधू बना लिया, अब उसकी घरवाली तेरी बहन का क्या हाल होगा।" जिसके उत्तर में गरीबदास ने कहा कि "यदि उसे मेरी बहिन समझते हो तो वह मेरी बहन होकर ही रहेगी।" इसके अनंतर संतोषदास की पत्नी को इस बातचीत का समाचार सुनने पर ऐसा विराग जगा कि वह भी उनकी चेलिन बन गई और उनकी सेवा में रहने लगी। गरीबदास चरणदासी सम्प्रदाय के प्रवर्तक प्रसिद्ध चरणदास के समकालीन थे और कहा जाता है कि ये उपर्युक्त दिल्ली-यात्रा में पहले चरणदास के यहाँ ही ठहरे थे।

मत–'गरीबदास की बानी' सोलह अंगों में विभाजित साखियों तथा नवरागों में दिखलाये गए पदों का संग्रह है और इनके अतिरिक्त उसमें सवैया, रेख्ता, झूलना, अरिल्ल, वैत रमैनी एवं आरती के साथ-साथ 'ब्रह्मवेदी' नाम की एक ऐसी रचना भी सम्मिलित है। गरीबदास की कबीर साहब के प्रति अनन्य भक्ति सर्वत्र दीख पड़ती है। इन्होंने स्पष्ट शब्दों में कबीर साहब को अपना गुरु स्वीकार किया है और एक स्थान पर अपना परिचय देते हुए बतलाते हैं कि,

> **'दास गरीब कबीर का चेरा।**
> **सत्तलोक अमरापुर डेरा' ॥१०॥**[1]

तो भी अन्यत्र इन्हें यह भी कहते हुए पाते हैं कि,

> **'दास गरीब कहैं रे संतों, सब्द गुरु चित्त चेला रे' ॥५॥**[2]

जिससे प्रतीत होता है कि कबीर साहब के आदर्श द्वारा वे अनुप्राणित मात्र हुए थे। उन्होंने अपने सतगुरु के विषय में कहा भी है:

> **'ऐसा सतगुरु हम मिला, तेज पुंज के अंग॥**
> **झिलमिल नूर जहूर है, रूपरेख नहि रंग॥२३॥'**[3]

गरीबदास ने परमात्मा को सत्तपुरुष नाम दिया है और उसका परिचय उसे निराकार, निर्विशेष, निर्लेप, निर्गुन, अकल, अनूप तथा आदि, अंत और मध्य से रहित कहकर किया है। परन्तु वह इनके अनुसार तो भी वास्तव में,

> **'सब्द अतीत अगाध है, निरगुन सरगुन नाहिं॥६॥'**[4]

---

१. 'गरीबदास की बानी' (वेलवेडियर प्रेस, प्रयाग) पृ. १४८।

२. वही, पृ. १५२।

३. वही, पृ. १२।

४. वही, पृ. २०।

और इस संपूर्ण ब्रह्मंण्ड में जो कुछ भी है वह उससे भिन्न नहीं, भिन्नता का अनुभव केवल भ्रांति के कारण हुआ करता है। ये कहते हैं:

'मर्म की बुरज सब सीत के कोट है, अजब ख्याली रचा ख्याल है रे।
दासगरीब वह अमर निज ब्रह्म है, एक ही फूल, फल, डाल है रे ॥७॥'[१]

इस सीत कोट के ही भीतर हमारी काया का विचित्र बँगला[२] बना हुआ है जिसका वर्णन गरीबदास ने, 'जो पिंड में है, सो ब्रह्मांड में है' सिद्धांत के अनुसार किया है। तदुनसार उसी के भीतर वह 'पारब्रह्म महबूब' भी वर्तमान है जिसे पहचानकर स्वानुभूति का आनंद उपलब्ध करना हम सभी का कर्तव्य है।

साधना–उक्त स्वानुभूति के लिए 'सुरत व निरत का परचा' हो जाना अत्यंत आवश्यक है, जिसके विषय में चर्चा करते हुए गरीबदास कहते हैं कि वह भी तभी संभव है जब हम सुरत, निरत, मन एवं पवन इन चारों का एकीकरण वा समीकरण कर दें और उसके बल के आधार पर 'गगन मंडल' तक पहुँचकर उसके दर्शन प्राप्त करें।

चार पदारथ महल में सुरत निरत मन पौन।
सिवद्वारा खुलिहै जबै, दरसै चौदह भौन ॥६ ॥[३]

चार पदारथ एक कर , सुरत निरत मन पौन।
असल फकीरी जोग यह, गगन मंडल को गौन ॥२१ ॥[४]

इसकी साधना द्वारा सुरत अपने उचित स्थान में लगकर स्थिर हो जाती है और 'सुरत निरत मन पवन पर सोहे' आपसे आप होने लगता है।[५] सुरत के इस प्रकार लगा देने को ही गरीबदास ने नाम लेना[६] वा सुमरिन[७] भी कहा है और बतलाया है कि ऐसी स्थिति आ जाने पर इंद्रियों के गुन प्रभावित नहीं करते तथा सारा प्रपंच स्वयं नष्ट होकर 'एकै मन एकै दिसा, साई के दरबार'[८] की दशा आ जाती है। यही अवस्था 'लै' की भी कही जाती है। परंतु इन सबके लिए अपने हृदय में पूर्ण प्रतीति का होना भी अनिवार्य है, क्योंकि वास्तव में स्वयं 'साहब' वा परमात्मा भी 'परतीति' वे अतिरिक्त और कुछ भी नहीं है। वे कहते हैं,

साहब साहब क्या करै, साहब है परतीत।
भैंस सींग साहब भया, पाँडि गावें गीत ॥२६ ॥[९]

और इस अंतिम साखी में कदाचित् उक्त भक्त पाँडे की कथा का प्रसंग है जो अपनी

---

१. 'गरीगदास की बानी'(वेलवेडियर प्रेस, प्रयाग), पृ. १२३।
२. वही, पृ. १६०:८।
३. वही, पृ. ३४।
४. वही, पृ. ५५।
५. वही, पृ. २७।
६. वही, पृ. २६।
७. वही, पृ. २९।
८. वही, पृ. ५६।
९. वही, पृ. २२।

भैंस का ध्यान धरते-धरते एक बार उसके सींग में इस प्रकार फँस गये थे कि अपने गुरु के बुलाने पर भी नहीं आते थे और उनकी ऐसी लगन देखकर ही उनके गुरु ने फिर उनके ध्यान को परमात्मा की ओर प्रेरित किया था।

११. पानप-पंथ

प्रारंभिक जीवन–परमहंस पानपदास का जन्म प्रसिद्ध राजा बीरबल के वंश में सं. १७७६ के अंतर्गत हुआ था और इसी कारण ये जाति के ब्रह्मभट्ट थे। इनके जन्म-स्थान का ठीक-ठीक पता नहीं चलता, परंतु जान पड़ता है कि इनका मूल निवास-स्थान दिल्ली के निकट कहीं उत्तर प्रदेश में ही था। इनके पूर्वजों की आर्थिक दशा अच्छी नहीं थी और इनके माता-पिता को इनके जन्म के कुछ ही समय पीछे दुर्भिक्ष से प्रभावित होने के कारण इन्हें त्याग देना पड़ा। कहा जाता है कि एक दिन जब उन्हें भूख ने बहुत कष्ट दिया और उन्हें कंद-मूल संग्रह करने के प्रयत्न में इधर-उधर अधिक भ्रमण करना पड़ा, तब उन्होंने इन्हें किसी पेड़ के नीचे अनाथ के रूप में छोड़ दिया और स्वयं कहीं दूर तक निकल गए। इसी बीच में किसी तिरषान[१] जाति के कुछ व्यक्ति उधर से आ निकले। उनमें से एक ने उस सुन्दर बालक को वहाँ अरक्षित रूप में पाया और वात्सल्य-भाव से प्रेरित होकर उसे अपने घर उठा ले गया। उस व्यक्ति के पास कोई संतान उस समय नहीं था, इस कारण उसने इस बच्चे का बड़े स्नेह के साथ लालन-पालन किया और इसके आने के दिन से अपने परिवार में समुन्नति के शुभ लक्षण देखकर प्रसन्न हो उसने आगे चलकर इसके पढ़ाने-लिखाने का भी प्रबंध कर दिया। तदनुसार बालक पानपदास को अपनी शिक्षा का अच्छा अवसर मिल गया और इन्होंने संस्कृत व फारसी का भी कुछ अभ्यास कर लिया। परन्तु अध्ययन के साथ ही इनकी रुचि शिल्पकला की ओर विशेष रूप से प्रवृत्त हुई थी, इस कारण इन्होंने अपने बचपन काल में राजगीर का काम भी बड़े अच्छे ढंग से सीख लिया।

गुरु से भेंट व कार्यक्रम–शिक्षा का समय व्यतीत होने पर इन्होंने राजगीर का काम करना आरंभ कर दिया और इस कार्य में इनकी अच्छी ख्याति भी होने लगी। परन्तु इसी समय इनकी भेंट किसी कबीर-पंथी जुलाहे से हो गई, जिसने इनसे अन्य बातों के साथ-साथ एक महात्मा के विषय में भी कुछ चर्चा छेड़ दी और इनका ध्यान उनके दर्शनों की ओर प्रवृत्त कर दिया। ये महात्मा मंगनीराम के नाम से प्रसिद्ध थे और अलवर राज्य के अंतर्गत तिजारा नामक गाँव में रहा करते थे। वे सदा भगवच्चिंतन में लगे रहते और अपनी वेश-भूषा साधारण पागलों की भाँति बनाये रखते थे। सर्वसाधारण उनके महत्त्व को लख नहीं पाते थे। पानपदास ने जब उनके दर्शन किये, तब इन पर उनका प्रभाव बड़े आश्चर्यजनक ढंग से पड़ा। इन्होंने उनसे दीक्षा प्रदान करने की प्रार्थना की जिसे उन्होंने सहर्ष स्वीकार कर लिया। उनसे दीक्षित होकर ये फिर अपने मूल व्यवसाय में ही लग गए और इनका दैनिक कार्यक्रम बाहरी रूप में फिर उसी प्रकार चलने लगा। एक बार ये संयोगवश उस कार्य की खोज में ही बिजनौर जिले के धामपुर नामक स्थान में पहुँचे जहाँ पर किसी वैश्य का मकान बन रहा था और अवसर

---

१. महर्षि शिवव्रतलाल ने अपनी 'संतमाल' (पृ. १८९) में 'तिरषान' की जगह 'मीमार' (राज) जाति की चर्चा की है और लिखा है कि इन्हें पालने वाले व्यक्ति ने इसी कारण इन्हें १४:१५ वर्ष की अवस्था से ही राजगीरी का काम सिखला दिया था।

पाकर ये वहीं अन्य कारीगरों के साथ काम करने लगे। उस मकान की चुनाई अभी समाप्त नहीं हुई थी कि एक दिन इनसे वहीं किसी महात्मा से भेंट हो गई जिन्होंने इन्हें बतलाया कि इस प्रकार गुप्त रहने से अधिक अच्छा अपने मत का सर्वसाधारण में प्रचार करना हो सकता है। इस कारण अपने भावी कार्यक्रम को स्थिर करने में सहायता के लिए ये फिर अपने गुरु के पास चले गए।

दिल्ली यात्रा व धामपुर-निवास–अपने गुरुदेव के साथ फिर कुछ दिनों तक सत्संग कर चुकने पर इन्हें जान पड़ा कि बाहरी प्रचार द्वारा ये दूसरों को भी लाभान्वित कर सकते हैं। अतएव उनसे आज्ञा लेकर ये दिल्ली चले आये और वहीं रहकर ये सर्वप्रथम अपने आध्यात्मिक उपदेश प्रकट रूप से देने लगे। परन्तु वहाँ अपना कार्य-क्षेत्र तैयार कर चुकने पर ये फिर एक बार पूर्वपरिचित धामपुर को लौट आए। धामपुर में अभी तक उक्त चुनाई का काम पूर्ववत् चल रहा था। ये फिर उसी कार्य में आते ही प्रवृत्त हो गए और पहले से भी अधिक परिश्रम के साथ उसे पूरा करने में लग गए। परन्तु अन्य श्रमिकों को इनकी यह लगन अच्छी नहीं जान पड़ी और उन्होंने द्वेषभाव से प्रेरित हो इनके कामों में दोष दिखलाना आरंभ किया। उन्होंने बनाये जाने वाले मकान के मालिक को बतलाया कि पापनदास ने उसकी एक दीवार को कुछ टेढी कर दी है। मकान का मालिक जब उसे देखने आया, तब दीवार सचमुच टेढ़ी निकली और उसने बिगड़कर पानपदास को अपने काम से हटा देने की घमकी दी। परन्तु प्रसिद्ध है कि पानपदास ने उक्त दीवार को छूकर ही सीधी कर दी और इस प्रकार के चमत्कार से प्रभावित होकर मकान के मालिक ने न केवल इन्हें क्षमा कर दिंया, अपितु वह मकान भी इन्हें दे दिया। उस दिन से उस मकान का भी महत्त्व बढ़ गया और पानपदास वहीं ठहरकर जनता को आध्यात्मिक उपदेश देने लगे।

मृत्यु व शिष्य–धामपुर को प्रधान केंद्र मानकर ये कभी-कभी वहाँ से अन्य स्थानों के लिए भी चल देते थे, जहाँ कुछ काल तक उपदेश देकर फिर लौट आते थे। तदनुसार इन्होंने मेरठ, सरधना तथा फिर दिल्ली आदि कई नगरों की अनेक बार यात्रा की और लोगों में अपने मत का प्रचार किया। कहा जाता है कि नजीबुद्दौला रूहेला ने इनके सत्संग के लिए नजीराबाद बसाया था। संत पानपदास का देहांत सं. १८३० की फाल्गुन कृष्ण सप्तमी को हुआ था। इनकी समाधि का धामपुर में ही होना बतलाया जाता है। प्रसिद्ध है कि उस अवसर पर इनके शिष्यों में से चार मनसादास, काशीदास, चूहड़राम तथा बुद्धिदास विद्यमान थे।

रचनाएँ–संत पानपदास की रचनाओं का एक संग्रह 'वाणी ग्रंथ' नाम से इनके अनुयायियों के धामपुर वाले मठ में सुरिक्षित है और वह अभी तक अप्रकाशित रूप में है। इनकी एक अन्य रचना 'भक्तबोध' नाम की भी बतलायी जाती है, किंतु इसका कोई परिचय नहीं मिलता। इनके दिल्लीवाले सत्संग-भवन में भी किसी 'वाणी ग्रंथ' का सुरक्षित होना बतलाया जाता है और कहा जात है कि वहाँ पर इनका एक चित्र भी वर्तमान है। किंतु यह 'वाणी ग्रंथ' भी कदाचित् उसी की प्रतिलिपि है जो धामपुर में विद्यमान है। महर्षि शिवव्रतलाल ने[१] इनकी अन्य रचनाओं में १. साखियाँ (५०० दोहे), २. नामस्तोत्र, ३. नामलीला, ४. गगन डोरी, ५. ज्ञानसुखमनी, ६. कालाभूत, ७. तत्व उपदेश, ८. इष्ट, ९. समझना तो, १०. सोहिला, ११. प्रेमरतन,

---

१. 'संतमाल' (संतसमागम, जिल्द ३) लाहौर १९२३ ई, पृ. १९५।

और १२. इश्क अर्क के नाम दिये हैं जिनमें से, संभव है, कुछ उक्त 'वाणी ग्रंथ' में भी संगृहीत हों।

उपदेश–संत पानपदास अपने उपदेशों में अधिकतर दया, क्षमा, संतोष जैसे नैतिक गुणों के अनुसार व्यवहार करने की चर्चा करते और सबसे भेद-भाव-रहित होकर जीवन बिताने को कहा करते थे। इन्होंने भगवन्नाम-स्मरण पर भी बल दिया है। इनके अनुयायियों की संख्या अधिक नहीं है और न इनके मत की किसी विशेषता का ही प्रचार होता हुआ सुन पड़ता है। वास्तव में इस पंथ पर भी अन्य पंथों की भाँति साधारण हिंदू धर्म का पर्याप्त प्रभाव पड़ चुका है और यह भी उसमें उन्हीं की तरह घुल-मिल जाने की ओर उन्मुख है। संभव है, संत पानपदास की कुल रचनाओं के प्रकाश में आ जाने पर एक बार फिर कभी उनकी विशेषताओं की ओर सबका ध्यान आकृष्ट हो सके। उनकी फुटकर रचना के उदाहरण इस प्रकार दिये जा सकते हैं:

'गगन मंडल बिच महल करे।
साहिल लावे ग्यान दृष्टि की, अधर धरन पर धरन धरे।
तिरकोनी कुनिया दौड़ाके, महल साधकर ठीक करे।
नाम धनी की सूली लगावै, ग्यान ध्यान की ईट धरे।
पानपदास भेद सतगुर का, यह महला फिर नहीं टरे॥'

तथा, **रैन बसे थे आयके, उठ चलना परभात।**
पानपदास बटेउवा, प्रीति करे किस साथ॥
हम काहू के मीत ना, हमरा मीत न कोय।
कहे पानप सोई मीत हमारा, रामसनेही होय॥' इत्यादि

संत पानपदास के अनुयायियों को बहुधा कहते हुए सुना जाता है कि,

'पानप, नानक, रैदास, कबीरा।
एक तत्व के चार शरीरा॥'

१२. रामसनेही-सम्प्रदाय

संत रामचरन संक्षिप्त परिचय–संत रामचरण का एक अन्य नाम केवल संतराम भी प्रसिद्ध है। इनका जन्म जयपुर राज्य के अंतर्गत ढूंढाण प्रदेश के सूरसेन अथवा सोडो गाँव में सं. १७७६ की माघ सुदी १४ को शनिवार के दिन हुआ था। सोडा गाँव मालपुरा के निकट बसा था और इनके पिता वैश्य वर्ण के विजयवर्गीय (बीजवर्गी) थे। इनका पहला नाम रामकृष्ण था, किंतु इनके प्रारंभिक जीवन की घटनाओं का कोई पता नहीं चलता। इतना ही विदित है कि अपने ३१वें वर्ष में इन्होंने किसी दिन स्वप्न में देखा कि मैं नदी में बहता चला जा रहा हूँ और कोई बहुत बड़े महात्मा मुझे हाथ पकड़कर बचा रहे हैं। इन पर इस बात का इतना प्रभाव पड़ा कि वे उसी दिन अपने घर से शीध्र निकल पड़े और उक्त महात्मा की खोज में सर्वत्र भ्रमण करने लगे। अंत में इन्हें मेवाड़ प्रांत के किसी दाँतड़ा नामक गाँव में उसी महात्मा से साक्षात् हो गया और ये उनके शरणागत हो गए। महात्मा का नाम कृपाराम था और उन्होंने प्रसन्न होकर उसी दिन इनका नाम रामकृष्ण की जगह 'रामचरन' रख दिया और इन्हें अपने

मत के अनुसार दीक्षित भी कर दिया। महात्मा कृपाराम संतदास के शिष्य थे, जो स्वामी रामानंद के शिष्य अनंतानंद के शिष्य कृष्णदास पयहारी के भी शिष्य अग्रदास की पाँचवी पीढ़ी में थे। संतदास की मृत्यु सं. १८०६ के फाल्गुन मास ७ को शनिवार के दिन हुई थी और कृपाराम सं. १८३२ की भादो सुदी ६ शुक्रवार तक जीवित रहे। प्रसिद्ध है कि संत रामचरण सं. १८०८ के भाद्रपद महीने से लेकर सत्रह वर्षों तक किसी गुफा के भीतर गूदड़ भेष में बैठकर निरंतर तपस्या करते रहे और वहाँ से निकलकर इन्होंने अनेक अनुभवपूर्ण वाणियों की रचना की तथा अपने निर्धारित किये हुए सिद्धांतों का उपदेश देना भी आरंभ कर दिया। जो हो, इतना तो निश्चित है कि उक्त समय के अनंतर इन्होंने अपनी जन्मभूमि का परित्याग कर दिया और अन्यत्र जाकर ये रहने लगे। कहते हैं कि उस समय ये उदयपुर के झलवाड़ा गाँव में जाकर बस गये थे, जहाँ से अंत में इन्हें शाहपुर के राजा ने प्रतिष्ठापूर्वक अपने यहाँ बुलाकर स्थान दिया।

मत–संत रामचरन ने सं. १८२५ में रामसनेही-सम्प्रदाय की स्थापना की थी। इन्हें अपने बचपन से ही देवी-देवताओं की पूजा पसंद न थी, जिस कारण इन्हें कभी-कभी लोग तंग भी किया करते थे। पीछे दीक्षित हो जाने तथा सत्संग करने एवं चिंतन में कुछ दिनों तक अपना समय व्यतीत करने के उपरांत इनके उक्त प्रकार के संस्कार और भी दृढ़ होते गए और क्रमशः इन्होंने अपने नवीन मत की स्थापना के समय तक इन बातों के संबंध में कुछ नियम स्थिर कर लिए। कहते हैं इनके ऊपर 'रामावत' वा 'रामानंदी सम्प्रदाय' का पूर्ण प्रभाव पड़ चुका था। किंतु अपनी तपस्या के अनंतर इनके विचारों में बहुत कुछ परिवर्तन आ गए। इनके मतानुसार परमात्मा निराकार है। ये कहते हैं कि, 'निस्नेही निर्वैरता निराकार निरधार। सकल सृष्टि में रमि रह्यो ताको सुमरिन सार। ताको समुरिन सार रामसो ताहि भणीजै', इत्यादि। वह सर्वशक्तिमान् भी है और अकेला ही सृष्टि, स्थिति एवं प्रलय का विधायक है। जगत् उसके स्वभाव का प्रतीक है। उसका वास्तविक भेद किसी को भी ज्ञात नहीं। परंतु इतना अनुमान किया जा सकता है कि जीवात्मा भी उसी का अंशरूप है तथा बिना उसकी इच्छा के कुछ भी कर सकने में असमर्थ है। अतएव, वह राम जो भी करता है उसमें हम सभी को प्रसन्न रहना चाहिए। यदि कोई पंडित वा जानकार कोई कार्य नियमविरुद्ध कर दे तो उसके पाप से उसका छुटकारा नहीं होता, किंतु अज्ञानी अपने को प्रायश्चित द्वारा बचा सकता है। इनके पंथ वालों की मुख्य साधना निर्गुण राम का नामस्मरण है और इसी को वे लोग अपनी मुक्ति का सर्वश्रेष्ट अथवा एकमात्र साधन मानते हैं। वे प्रतिदिन प्रातःकाल मध्याह्न एवं सायंकाल में उस राम की आराधना नियमपूर्वक किया करते हैं और कभी-कभी उनके यहाँ नमाज की भाँति पाँच बार भी प्रार्थना की जाती है। सम्प्रदाय का सर्वप्रधान मठ शाहपुरा का 'रामद्वारा' है, जो नगर के बाहर कुण्ड दरवाजे के निकट वर्तमान है। अन्य प्रमुख 'रामद्वारे' दाँतड़ा, गलता आदि अनेक स्थानों में बने हुए हैं।

प्रेम-साधना–संत रामचरन ने अपने मत में गुरु को बहुत बड़ा महत्त्व प्रदान किया था। ये अपने गुरु को स्वयं भगवान का ही प्रतिनिधि मानते रहे। इनका कहना था कि "राममयी गुरु जानिये, गुरु मँह जानू राम। गुरु मूर्ति को ध्यान उर, रसना उचरै राम"॥ तदनुसार इनके अनुयायी सदा गुरु का ही ध्यान किया करते हैं और उसकी अनुपस्थिति में उसके नख, बाल अथवा वस्त्रादि को ही दंडवत् करते हैं। इस पंथ की स्त्रियाँ तो गुरु को अपने पति से भी

बढ़कर पूज्य व प्रतिष्ठित समझा करती हैं। संत रामचरन ने प्रेम-साधना को भी अपने यहाँ एक प्रधान साधन माना था और उनका कहना था कि प्रेम की ही सहायता से हमें ईश्वर की प्राप्ति एवं सामाजिक सुख दोनों संभव हो सकते हैं। वास्तव में प्रेम को यह महत्त्व प्रदान करने के ही कारण इनके पंथ का नाम 'रामसनेही-सम्प्रदाय' हो गया। अपने राम ब्रह्म की उपासना-पद्धति का स्वरूप इन्होंने अपने ग्रंथ 'शब्दप्रकाश' में इस प्रकार बतलाया है:– 'रामनाम तारक मंत्र है, जिसे सद्‌गुरु की कृपा से प्राप्त कर श्रद्धापूर्वक नित्यशः स्मरण करना चाहिए। इसे श्रवण करते ही इसके प्रति प्रेम बढ़ना चाहिए तथा रसना द्वारा इसका अभ्यास आरंभ हो जाना चाहिए। पद्मासन में बैठकर मन को स्थिर करके अपने श्वास-प्रश्वास में इसकी धारा को प्रवाहित कर देना चाहिए और इस प्रकार अपने भीतर उस नाम के नामी राम के प्रति विरह का भाव जागृत करना चाहिए। नाम-स्मरण के निरंतर चलते-चलते एक प्रकार की मिठास का अनुभव होने लगता है और विश्वास भी दृढ़तर होता जाता है। फिर तो उक्त शब्द अपने कंठ में अँटक वा उलझ-सा जाता है और अपनी दशा पूरे विरही की भाँति हो जाती है, जो न तो किसी अन्य बात में रुचि रखता है और न अपने शरीरादि को ही कुछ समझता है। अंत में वही शब्द क्रमशः उतरकर हृदय में आ लगता है और उसे परमात्मा की अलौकिक ज्योति द्वारा आलोकित करता हुआ नाभि-स्थान में विश्राम ले लेता है तथा नाभि-कमल में एक प्रकार की ध्वनि गूँज उठती है।"

फिर तो, **'नाभिकमल में सब्द गुंजारै। नौसे नारी मंगल उचारै॥**
रोम रोम झुणकार झुणक्कै। जैसे अंतर तांत ठुणक्कै॥
माया अच्छर इंहा बिलाया। ररंकार इक गगन सिधाया॥
पश्चिम दिशा मेरु की घाटी। बीसों गाँठ घोर से फाटी॥
त्रिकुटी संगम किया सनाना। जाय चढ्या चौथे अस्थाना॥
जहाँ निरंजन तुख्यत बिराजै। ज्योति प्रकाश अनंत रवि राजै॥
अनहद नाद गिणत नहिं आवै। भाँति भाँति को राग उठावै॥
स्त्रवै सुषुम्ना नीर फुंहारा। सून्य सिखर का यह बिवहारा॥

× × × ×

दरिया सुख को अंत न आवै। छीलर काल बाज झपटावै॥
सुखसागर मिल सुख पद पाया। सो सब्दो में कह समझाया॥

× × × ×

राम रट्याँ का यह परकासा। मिला ब्रह्मपद भव भया नासा।
रामचरण कोइ राम रटेगा। सो जन एही धाम लहेगा॥

आदि[१] अर्थात् नाभिकमल के शब्द गुंजार के उठते ही उससे संबद्ध सभी नाड़ियाँ झंकृत हो उठती हैं, तथा रोम-रोम तक से वही ध्वनि प्रकट होने लगती है। ररंकार ऊपर की

१. 'कल्याण' (गोरखपुर) के 'साधनांक' पृ. ७१५:६ में उद्धृत। दे. 'राम-स्नेही धर्म दर्पण' (मनोहरदासकृत) पृ. ९२-३।

ओर सुषुम्ना की ग्रंथियों का भेदन करता हुआ सहस्रार तक पहुँच जाता है और हम इस प्रकार त्रिकुटी संगम में स्नान कर चौथे पद को प्राप्त कर लेते हैं। वहाँ उस शून्य शिखर पर निरंजन की ज्योति के दर्शन होते हैं, अनाहत शब्द अपने विविध रागों में सुन पड़ने लगता है और सुषुम्ना के अमृत स्राव का आस्वादन भी होने लगता है। ऐसे सुखों के अनुभव का वर्णन शब्दों द्वारा किया जाना असंभव है। यह सभी केवल रामनाम के निरंतर स्मरण का ही प्रभाव है। जो कोई इस प्रकार की साधना करेगा, वही इस अवस्था को प्राप्त कर सकेगा।

मृत्यु व शिष्य–कहा जाता है कि शाहपुर में रहते समय संत रामचरण को किसी राजकर्मचारी ने किसी व्यक्ति को नियुक्त कर जान से मरवा डालना चाहा था। परंतु इन्होंने जब उस हत्यारे के सामने अपनी गर्दन झुकाकर प्रहार करने को कहा और साथ ही यह भी बतला दिया कि "देख, ईश्वर की इच्छा के विरुद्ध किसी के प्राण नहीं लिये जा सकते और यदि तू इस प्रकार कर सकता है तो देख भी ली", तब हत्यारे को यह बात लग गई और उसने पैरों पर गिरकर इनसे क्षमा याचना की। संत रामचरन का देहांत मिती वैशाख वदी ५ वृहस्पतिवार को सं. १८५५ में हुआ और इनकी गद्‌दी पर कोई रामजन नाम के मंहत बैठे, जो सं. १८६६ तक जीवित रहे। संत रामचरन के २२५ शिष्य कहे जाते हैं जिनमें १२ प्रधान थे। उक्त गददी के तीसरे महंत का नाम दूल्हाराम था जो अपने समय में बहुत प्रसिद्ध थे और सं. १८८५ तक वर्तमान रहे। उनके उत्तराधिकारी महंत चत्रदास वा चतुरदास केवल १२ वर्ष की अवस्था में दीक्षित हुए थे और सं. १८८८ तक ही महंत रहे थे। इनके पीछे हरिनारायण दास उक्त गददी पर आसीन हुए थे। संत रामचरन की रचनाओं की कुल संख्या ३६२५० बानियाँ बतलायी जाती हैं और इनकी रचनाओं का एक वृहत् संग्रह 'स्वामी जी श्री रामचरणजी महाराज की अणभै वाणी' के नाम से सं. १९८१ में प्रकाशित भी हो चुका है। इन रचनाओं में से कुछ के नाम गुरु महिमा, नाम प्रताप, शब्द प्रकाश, अणभै विलास, सुख विलास, अमृत उपदेश, जिज्ञास बोध, विश्वास बोध, विश्राम बोध, समता निवास, रसायन बोध, चिन्तामणि, मनखंडन, गुरु-शिष्य-गोष्टि, ठिग पारख्या, जिंद पारख्या, पंडित संवाद, लच्छ अलच्छ जोग, वे जुक्ति तिरस्कार, काफर बोध, शब्द व दृष्टांतसागर हैं। इनके एक ग्रंथ का नाम 'रामरसाम्बुधि' बतलाया जाता है संभवतः कोई संग्रह ग्रंथ ही है। इसी प्रकार इनके शिष्य रामजन की बानियाँ १८००० कही जाती हैं और दूल्हाराम की रचनाओं में १०००० शब्दों तथा ४००० साखियों की गणना की जाती है। चत्रदास की रचनाओं की भी संख्या १००० शब्दों की है। उपर्युक्त वृहत् संग्रह एक विशालकाय ग्रंथ है जिसमें संतदास, रामजन, जगन्नाथ आदि की भी कुछ रचनाएं संग्रहीत हैं। द्वारका दास की भी एक वाणी मिलती हैं जिसमें ५२ रेखते हैं।

अनुयायी–रामसनेही-सम्प्रदाय के अनुयायी अधिकतर गुजरात, अहमदाबाद, बड़ौदा, सूरत, बम्बई, बालसर, काशी तथा राजपूताने की जोधपुर जैसी रियासतों में पाये जाते हैं। ये अपने गले में माला और ललाट पर श्वेत रंग का तिलक धारण करते हैं। इनके साधु लोग भगवा पहनते हैं, काठ के कमंडल से जल पीतें है और मिट्टी के बर्तनों में भोजन करते हैं। इन्हें जीव-हत्या से इतना परहेज है कि दीपक जलाकर उसे प्रायः ढक दिया करते हैं ताकि कोई कीड़ा न मर जाय और चलते समय बड़ी सावधानी से पृथ्वी पर पैर रखते हैं। आधे आषाढ़ से आधे कातिक के समय तक ये अत्यंत आवश्यक कार्य पड़ने पर ही घर से बाहर निकलते हैं, क्योंकि उस समय कीड़ों के कुचले जाने की आशंका रहा करती है। ये रात को

न खाते हैं और पानी ही पीते हैं। साधु वा वैरागी बनते ही ये लोग अपने शिर के बाल शिखा के अतिरिक्त कटा लेते हैं और कुछ मौनी होते हैं, जो वाक्-संयम की साधना के कारण बहुत दिनों तक कुछ भी नहीं बोलते। गृहस्थ 'बंदीही' वा 'मौनी' नहीं बन सकते हैं। इस पंथ में किसी भी जाति के लोग दीक्षित हो सकते हैं, किंतु इसके लिए उन्हें पहले महंत के पास अपनी परीक्षा देनी पड़ती है कि वैरागी बनने के लिए कम से कम ४० दिनों तक उन्हें कई प्रकार की शिक्षा भी दी जाती है। पंथ के संगठन के लिए १२ व्यक्तियों का एक समुदाय आरंभ से ही चला आता है जिनमें से किसी के मरते ही किसी दूसरे योग्य व्यक्ति द्वारा उस स्थान की पूर्ति कर दी जाती है। मुख्य महंत के मरने पर तेरहवें दिन उसका उत्तराधिकारी शाहपुर में एकत्र की गई वैरागियों व गृहस्थों की सभा द्वारा योग्यता के विचार से चुना जाता है और इसके उपलक्ष्य में वहाँ के 'राममरी' नामक मंदिर में एक सहभोज भी होता है। महंत सदा शाहपुर में ही रहता है, केवल आवश्यकता पड़ने पर ही एकाध महीने बाहर जाता है। इनमें से एक कोतवाल होता है जो अन्नादि को सुरक्षित रखता है और महंत के कथनानुसार नित्य सिधात भी देता है। दूसरा कपड़ेदार होता है जिसके जिम्मे उसी प्रकार कपड़े का प्रबंध होता है। तीसरा साधुओं के चाल-चलन का निरीक्षण किया करता है और चौथे-पाँचवें उन्हें पढ़ाते-लिखाते हैं। छठें व सातवें अन्य प्रबंध करते हैं। वृद्ध व्यक्तियों को ही शिक्षा के काम सौंपे जाते हैं, शेष पाँच की पंचायत बनती है। ये होली-दीवाली आदि न मनाकर प्रति फाल्गुन के अंतिम सप्ताह में शाहपुर के अंतर्गत एक फूलडोल का उत्सव मनाया करते हैं जिसमें दूर-दूर के रामसनेही आकर सम्मिलित होते हैं। राजस्थान के अनेक प्रतिष्ठित रजवाड़ों की ओर से इसके लिए हजारों रुपये भेंट स्वरूप भेजे जाते हैं। इस अवसर पर विशेष अपराध किये हुए पंथ के अनुयायियों के विषय में साधुओं की पंचायत द्वारा निर्णय भी हुआ करता है और किसी के दंडनीय पाये जाने पर उसकी शिखा काटकर उसकी माला छीन ली जाती है और वह पंथ से बहिष्कृत कर दिया जाता है। इनके वैरागियों के लिए आदेश है कि खाने, पीने, सोने, बोलने आदि सभी कार्यों में समय का ध्यान रखें, शास्त्राध्ययन करें और निःस्वार्थ होकर परोपकार करें। दूसरों के प्रति सद्व्यवहार करना आवश्यक है। नाच-तमाशे न देखना व सवारी, जूते, आईने, आभूषण आदि शारीरिक भोग की वस्तुओं का परित्याग भी निर्धारित है। मद्यादि के निषेध के साथ-साथ दवा का बनाना तक इस पंथ में त्याज्य है।[1]

रामसनेही-सम्प्रदाय की वंशावली

संतदास (मृ. सं. १८०६)
|
कृपाराम (मृ. सं. १८३२)
|
रामचरण (सं. १७७६-१८५५)
|
रामजग (मृ सं. १८६६)
|
दूल्हेराम (मृ. सं. १८८५)

१. प्रो. बी. बी. रायः 'सम्प्रदाय' (मिशन प्रेस, लुधियाना, सन् १९०६) पृ. ९३:१०३।

|
चतुरदास (मृ. सं १८८८)
|
हरिनारायणदास
|
हरिदास
|
हिम्मतराम
|
दिलशुद्धराम
|
धर्मदास
|
दयाराम
|
जगरामदास (मृ. सं. १९६७)
|
[१]निर्भयराम (वै. कृ. १० बुधवार, सं १९६७ को आचार्य हुए)

१३. फुटकर संत

(१) दीन दरवेश

प्रारंभिक जीवन–संत दीन दरवेश उन लोंगों में थे जो परिस्थित के कारण अपने जीवन में कायापलट ला देते हैं। कहते हैं कि पाटन अथवा पालनपुर राज्य के किसी गाँव के रहने वाले ये एक साधारण लोहार थे और क्रमशः 'ईस्ट इंडिया कंपनी' की सेना में मिस्त्री का काम करने लग थे। एक समय इन्हें सेना में काम करते समय कोई गोला लग गया और इनकी एक बाँह कट गई और ये नौकरी से निकाल दिये गए। उक्त घटना से इनके जीवन में परिवर्तन आ गया और इनकी प्रवृत्ति साधुओं-फकीरों के साथ सत्संग करने की हो गई।[२] तदनुसार ये अपना घर-बार छोड़कर दूर-दूर तक भ्रमण करने लगे और समय-समय पर इन्होंने अनेक महात्माओं के दर्शन कर उनसे लाभ उठाया। ये बहुत पढ़े-लिखे नहीं थे, किंतु इन्हें फारसी व हिंदी का साधारण ज्ञान था और कविता भी कर लेते थे। प्रसिद्ध है कि इनकी जिज्ञासाओं की अंतिम निवृत्ति किसी अतीत संत बाबा बालनाथ के यहाँ जाने पर हुई और इन्होंने उन्हीं को अपना गुरु भी स्वीकार कर लिया। बाबा बालनाथ किसी बड़नगर नामक स्थान के निवासी थे और सभवतःएक नाथ-पंथी विरक्त साधु थे, जिन्होंने इन्हें कविता करने की ओर भी प्रवृत्त किया। ये तब तक अनेक मुस्लिम व हिंदू तीर्थों में जाकर इन दोनों प्रमुख धर्मों के अनुयायियों के संसर्ग में आ चुके थे और इन पर सूफ़ी-सम्प्रदाय के साथ वेदांत व अन्य मतों का भी रंग

---

१. स्वामी रामानंद से लेकर संतदास तक के नाम इस प्रकार हैं–
स्वामी रामानंद, अनंतानंद, कृष्णदास पयहारी, अग्रदास, प्रेमदास, भराराम, नारायण दास (छोटे) और संतदास।

२. ब्रजरत्नदास : 'खड़ी-बोली हिंदी साहित्य का इतिहास सं. १९९८, पृ. १६१:२।

पूरा चढ़ चुका था। फिर भी अपने गुरु के आदेश द्वारा सिद्धांत स्थिर किये तथा उसी के अनुसार अपने जीवन की पद्धति भी बदल डाली।

अंतिम जीवन व रचनाएँ–दीनदरवेश के जीवन की घटनाएं कहीं विस्तृत रूप से लिखीं नहीं मिलतीं। इनका समय विक्रम की अठारहवीं शताब्दी के मध्य से लेकर उन्नीसवीं के प्रथम चरण तक समझा जाता है, किंतु कुछ लोग इसे उन्नीसवीं शताब्दी के उत्तरार्द्ध तक ले लाना अधिक ठीक मानते हैं। इसमें संदेह नहीं कि ये अंत में वृद्ध होकर मरे थे और अपने अंतिम जीवन काल को काशी में रहकर इन्होंने व्यतीत किया था। इसके पहले इनका किसी प्रसिद्ध स्थान में रहकर प्रत्येक पूर्णिमा को सरस्वती नदी में भक्तिभावना के साथ स्नान करना बतलाया जाता है। इनके दैनिक जीवन का कार्य-क्रम अपने अनुभव के अनुसार कुछ न कुछ पद्य-रचना करना और सर्वसाधारण को अपने मत का उपेदश देना था। कहते हैं कि अपने हृदय के शुद्ध उद्गारों को इस प्रकार व्यक्त करते-करते इन्होंने सवा लाख कुंडलियों की रचना कर डाली। डा. बर्थ्वाल के अनुसार इनकी रचनाओं का एक संग्रह प्रसिद्ध इतिहासज्ञ स्व. गौरीशंकर हीराचंद ओझा के पास रहा, किंतु उसमें संगृहीत पद्यों की संख्या उसके शतांश भी न थी[१]। इनकी रचनाएँ अधिकतर अन्य संतों वा भक्तों की कृतियों के संग्रहों में पायी जाती हैं। उनका कोई पृथक् संग्रह अभी तक प्रकाशित नहीं हुआ और न हस्तलिखित रूप में ही कहीं देखने को मिला। इनके द्वारा चलाये गए किसी पंथविशेष का भी अभी तक पता नहीं चला है। हाँ, इतना अवश्य है कि कुछ लोग अपने को दीन-दरवेशी कहते हुए सुने जाते हैं। इनके कुल वा परिवार के लोगों का कोई अवशेष चिन्ह भी अभी तक नहीं मिल सका है।

उपदेश–दीनदरवेश की उपलब्ध रचनाओं को देखने से पता चलता है कि उनके विषय प्रायः वे ही थे जो अन्य संतों की कृतियों में पाये जाते हैं। सरल स्वतंत्र जीवन, विश्वप्रेम, परोपकार, ईश्वर-भक्ति, वाह्य विधानों व प्रदर्शनों के प्रति उपेक्षा के भाव इनकी कुंडलियों में बार-बार आते हैं। इन्होंने हिंदू तथा मुस्लिम धर्म के अनुयायियों के पारस्परिक विद्वेष व झगड़ों की व्यर्थता पर भी कहा है और उन्हें एक समान सिद्ध करने की चेष्टा की है। उदाहरण के लिए एक कुंडलिया में ये इस प्रकार कहते हैं,

'हिंदू कहैं सो हम बड़े, मुसलमान कहैं हम्म।
एक मूंग दो झाड़ हैं, कुण जादा कुण कम्म।
कुण जादा कुण कम्म, कभी करना नहिं कजिया।
एक भगत हो राम, दूजा रहिमान से रजिया।
कहै दीनदरवेश, दोय सरिता मिल सिन्धु।
सबका साहब एक, एक मुसलिम एक हिन्दू॥'[२]

इन्होंने इसी शैली में सर्वसाधारण को जीवन की क्षणभंगुरता के प्रति सचेत किया है, कर्मवाद का महत्त्व दिखलाया है और कहा है कि जो कुछ भी होता है, वह सब करतार के किये से ही होता है, बिना उसकी प्रेरणा के एक साधारण पत्ता तक नहीं हिलता।

---

१. 'नागरी-प्रचारिणी पत्रिका' (भा १५) सं. १९९१, पृ. २३।

२. 'संतमाल' पृ. २८९:९० पर उद्धृत।

'बंदा बाजी झूठ है, मत साँची कर मान।
कहाँ बीरबल गंग है, कहाँ अकब्बर खान।
कहाँ अकब्बर खान, भले की रहे भलाई।
फतहसिंह महाराज, देख उठ चल गए भाई।
कहे दीनदरवेश, सकल माया का धंधा।
मत साँची कर मान, झूठ है बाजी बंदा।'[१]

इसमें आये हुए नामों वाले अकबर, बीरबल एवं गंग तो प्रसिद्ध व्यक्ति हैं, किंतु फतह सिंह के विषय में अनुमान निश्चित नहीं हो पाता। यदि उनका भी पूरा पता चल जाय, तो 'देख उठ चल गए भाई' के आधार पर हम दीनदरवेश को कदाचित उनका समकालीन कह सकेंगे। दीनदरवेश की भाषा सीधी-सादी व मुहावरेदार है और इनकी कथन-शैली के पीछे सर्वत्र इनके गम्भीर अनुभव की शक्ति काम कर ही है।

(२) संत बुल्ले शाह

बुल्लेशाह व मियाँ मीर—संत बुल्लेशाह वा बुल्लाशाह के मूल निवास-स्थान के विषय में कुछ मतभेद जान पड़ता है। एक मत के अनुसार ये पहले बलख शहर के बादशाह थे। एक दिन इनके मन में विषय-भोगों की ओर से कुछ ग्लानि हो गई और इन्होंने अपने वजीरों से किसी पहुँचे हुए फकीर से मिलने के लिए उसका पता पूछा। वजीरों ने इस पर प्रसिद्ध मियाँ मीर नामक सूफी फकीर का नाम बतला दिया जिसके अनुसार इन्होनें अपने लड़के को अपनी गद्दी पर बिठा दिया और कुछ लोगों के साथ लाहौर की ओर प्रस्थान कर दिया। मियाँ मीर उस समय एक जंगल में कुटी बनाकर रहा करते थे, जहाँ किसी को बिना उनकी आज्ञा के प्रवेश करना वर्जित था, अतएव इन्होंने वहाँ पहले अपना संवाद पहुँचाया और कहला दिया कि बलख के बादशाह आपसे मिलने आये हैं। मियाँ मीर ने पूछा कि किस दशा में हैं, जिसके उत्तर में उनके आदमियों ने कहला दिया कि सौ-पचास दरबारी, घोड़े आदि के साथ अपनी बादशाही ठाट में हैं। मीर साहब ने इस पर कह दिया कि तब उन्हें मेरे दर्शन नहीं हो सकते। बादशाह ने यह सुनकर अपने सारे सामान वहीं लुटा दिये और दरबारियों को भी विदा कर के अकेले केवल एक चादर लिये उनके दर्शनों के लिए उपस्थित हुए। मीर साहब ने तब इन्हें वहाँ से १२ कोस पर किसी अन्य फकीर के पास बारह वर्षों तक रहकर तप करने का आदेश भिजवाया और वहाँ से लौटने पर इन्हें अपने दर्शन दिये। उस समय तक इनका शरीर प्रायः सूख चुका था और इनके बाल भी बहुत बढ़ चुके थे। इन्हें मीर साहब ने अपना शिष्य बनाकर अद्वैत सिद्धांतों के उपदेश दिये और इनका नाम बुल्लाशाह रख दिया।[२]

संक्षिप्त परिचय—एक अन्य मत के अनुसर इनका जन्म कुस्तुन्तुनिया में सन् १७०३ वा सं. १७६० में हुआ था और ये जाति के सैयद मुसलमान थे। अपनी किशोरावस्था में ही इन्हें आध्यात्मिक जिज्ञासाओं ने देश-भ्रमण के लिए प्रवृत्त किया और स्वदेश में किसी अच्छे फकीर

---

१. 'भजन-संग्रह' (भाग चौथा) गीता प्रेस, गोरखपुर, पृ० १४७।

२. 'कल्याण' (गोरखपुर) 'संत-अंक', पृ. ७९३:४। [परन्तु मियाँ मीर की मृत्यु सं. १६९२ में हुई थी—लेखक]

का पता न पाकर ये पैदल पंजाब की ओर चले आये। यहाँ पर इनकी भेंट इनायत शाह सूफी से हो गई और कई हिंदू-साधकों के भी संपर्क में आकर इन्होंने सत्संग किये तथा अंत में कुसूर में जाकर बस गये[1] परन्तु एक तीसरे मतवाले कुछ खोज के पश्चात् इस निश्चय पर पहुँचे हैं कि बुल्लेशाह वास्तव में कहीं बाहर से नहीं आये थे। इनका जन्म भारत में ही लाहौर जिले के अंतर्गत पंडोल नामक गाँव में मुहम्मद दरवेश के घर हुआ था और इनका जन्म-संवत् भी १७३७ मानना चाहिए। बड़े होने पर ये किसी साधु दर्शनीनाथ के सत्संग में आये और अंत में इन्होंने प्रसिद्ध सूफी फकीर इनायतशाह को अपना मीर स्वीकार कर लिया। ये आमरण एक सच्चे ब्रह्मचारी की दशा में रहते रहे और इन्होंने विशुद्ध जीवन व्यतीत किया था। अपनी बहन के साथ ये कादरी शत्तारी सम्प्रदाय के अनुयायी समझे जाते रहे और इनकी साधना का प्रधान स्थान कुसूर नाम का गाँव रहा। 'कुरान शरीफ' व परम्परागत विधानों की खरी आलोचना करने के कारण इन पर मौलवी लोगों की दृष्टि सदा क्रूर बनी रही और इन्हें कई बार कष्ट पहुँचाने के भी प्रयत्न किये गए। इनका देहांत सं. १८१० में कुसूर गाँव में ही हुआ था, जहाँ पर इनकी समाधि आज तक वर्तमान है और जो तीर्थ-स्थान की भाँति माना जाता है। इनकी रचनाओं का एक संग्रह कुसूर-निवासी प्रेम सिंह द्वारा प्रकाशित हो चुका है जिसमें इनके 'दोहरे', 'काफी', सींहर्फी', 'अठवारा', 'बारामासा' आदि एकत्र किये गए हैं[2] और इनकी रचना 'सींहर्फी' का एक संस्करण 'बेलवेडियर प्रेस, प्रयाग' से भी निकल चुका है। इन्होंने अपने सिद्धांतों को बड़ी शुद्ध व सरल पंजाबी हिंदी द्वारा स्पष्ट शब्दों में व्यक्त किया है।

मत–संत बुल्लेशाह का कादरी शत्तारी सम्प्रदाय के साथ संबंध था, अतएव साधारण सूफियों की भाँति ये वेदांत के सिद्धांतों द्वारा भी बहुत प्रभावित थे। इनके विचार बहुत परिमार्जित थे और उन पर कबीर साहब के सिद्धांतों की छाप स्पष्ट लक्षित होती है। इनका कहना है कि "यदि हृदय के भीतर सच्चे नमाज की भावना न हो, तो मसजिदों में जाकर वहाँ अपना समय नष्ट करना उचित नहीं कहा जा सकता। मन्दिर, ठाकुर-द्वारा वा मस्जिद सभी चोरों और डाकुओं के अड्डों के समान हैं, उनमें प्रेमरूपी परमात्मा का निवास-स्थान कभी नहीं हो सकता। मैं तो जो कुछ भी अपने सीधे-सादे प्रयत्नों द्वारा आध्यात्मिक अनुभव प्राप्त कर पाता हूँ, वह इन स्थानों के आचार्यों के संपर्क में आ जाने पर भ्रमात्मक बन जाता है। मक्के जाने से तब तक उद्धार नहीं हो सकता, जब तक हम अपने हृदय से अहंता का परित्याग भी न कर दें और न इसी प्रकार गंगा में सैकड़ों डुबकियाँ लगाने से ही कुछ संभव है। मैंने तो अल्ला का अपने भीतर ही अनुभव करके सदा के लिए विशुद्ध आनंद एवं शांति को उपलब्ध किया है। नित्य का सांसारिक मरण ही मेरा नित्य का आध्यात्मिक जीवन है जो मैं प्रत्येक क्षण अग्रसर होता हुआ चला जा रहा हूँ। हे बुल्ला, ईश्वर के प्रेम में सदा मस्त बने रहो। तुम्हें इसके लिए सैकड़ों-हजारों विरोधी का सामना करना पड़ेगा, किंतु इनकी परवाह न करो। जब कभी तुझसे कोई कहे कि तू काफिर है, तो तू यही कर कि हाँ, तू सत्य कहता है।"[3]

उपदेश–संत बुल्लेशाह की रचनाएं अधिकतर मस्ती से भरी हुई जान पड़ती हैं और समझ पड़ता है कि उनका प्रत्येक शब्द निजी अनुभव द्वारा ओतप्रोत है। ये कहते हैं:

---

१. क्षितिमोहन सेन: 'मिडीवल मिस्टिसिज्म आफ इंडिया, लंदन पृ. १५६,
२. डा. मोहन सिंह :'हिस्ट्री आफ दि पंजाबी लिटरेचर', लाहौर, पृ. २४।
३. क्षितिमोहन सेन: 'मिडीवल मिस्टिसिज्म आफ इंडिया' पृ. १५६:७।

ऐन-ऐन ही आप है बिना नुकते, सदा चैन महबूब दिलदार मेरा॥
इक्क बार मइबूबनू जिनी डिठा, ओह देखणेहार है सम्भकेरा॥
उसतों लख बहिस्त कुरवाण कीते, पहुँचे महल बेगम्म चुकाई झेंडा।
बुल्लाशाह उस हाल मस्तान फिरदे, हाथी मत्तड़े तोड़ जंजीर जेड़ा॥१९॥[१]

अर्थात् वह मेरा प्रियतम परमात्मा नितांत निरूपाधि एवं नित्य आनंदस्वरूप है और जिसने उसे एक बार भी देख लिया, वह चकित हो गया। उसके प्रति लाखों स्वर्ग न्योछावर कर दिये तथा प्रपंचों से अलग हो उस दशा को प्राप्त कर लिया, जो चिंताओं से रहित है। बुल्लाशाह उसी स्थिति में आ जंजीर तोड़कर स्वतंत्र बन हाथी की भाँति मस्त हो फिर रहा है। इसी प्रकार ये सर्वात्मवाद की भावना से प्रेरित हो अन्यत्र कहते हैं:

'टुक बूझ कवन छप आया है।
कई नुकते में जो फेर पड़ा, तब ऐन गैन का नाम धरा।
जब मुरसिद नुकता दूर किया, तब ऐनो ऐन कहाया है॥
तुसीं इलम किताबां पढ़दे हो, केहे उल्टे माने करदे हो।
बेमूजब ऐवें लड़दे हो, केहा उल्टा वेद पढ़ाया है॥
दुई दूर करो, कोई सोर नहीं, हिन्दु तुरक कोई होर नहीं।
सब साधु लखो कोई चोर नहीं, घट घट में आप समाया है॥
ना मैं मुल्ला, ना मैं काजी, ना मैं सुन्नी, ना मैं हाजी।
बुल्लेशाह नाल लाई बाजी, अनहद सबद बजाया है॥[२]

अर्थात् तनिक समझ तो लो कि कौन तुम्हारे सामने गुप्तरूप से वर्तमान है। केवल उपाधियों के ही कारण नाम व रूप के भेद दीख पड़ते हैं, सद्‌गुरु द्वारा भ्रम दूर कर दिये जाने पर केवल आत्मस्वरूप ही एक मात्र रह जाता है। तुम शास्त्रादि का अध्ययन करते हो तथा व्यर्थ उल्टा-सीध अर्थ लगाते हो और लड़ते हो। यदि द्वैत की भावना को दूर करके देखो तो हिंदू व मुसलमासन में कोई अंतर ही नहीं हैं, सभी एक समान साधु जान पड़ते हैं और सबके भीतर वही एक व्याप्त समझ पड़ता है। मैं न तो मुल्ला हूँ, न काजी हूँ और न अपने को कभी सुन्नी अथवा हाजी ही मानने को तैयार हूँ। अब तो उसके साथ आत्मीयता की बाजी मार ली है और अनाहत शब्द बजाता हुआ आनंद में विभोर हूँ।

(३) बाबा किनाराम अघोरी

प्रारंभिक जीवन–वर्तमान बनारस जिले की चंदौली तहसील में रामगढ़ नाम का एक गाँव है, जो बाणगंगा के किनारे बसा हुआ है। वहाँ पर किसी समय रघुवंशी क्षत्रियों की एक प्रधान बस्ती थी और उन्हीं के कुल में किसी अकबर नामक व्यक्ति के घर बाबा किनाराम का जन्म हुआ था। ये अपने बचपन से ही अत्यंत श्रद्धालु व एकांतप्रेमी थे और लोग बहुधा इन्हें रामनाम का स्मरण करते हुए भी देखा करते थे। ये अपने तीन भाइयों में सबसे बड़े थे

१. 'बुल्लाशाह की सीहंर्फी' (श्रीवेंकटेश्वर स्टीम प्रेस, बंबई) पृ. ६।
२. 'भजन-संग्रह' (चौथा भाग) गीता प्रेस, गोरखपुर, पृ. १३७:८।

और इनका विवाह भी लगभग १२ वर्ष की अवस्था में ही कर दिया गया था जिससे इनकी प्रवृत्ति वैराग्य की ओर न बढ़ सके। किंतु तीन वर्ष के अनंतर जब इनके गौने का दिन निश्चित हुआ और उसके लिए जाने की तैयारी होने लगी, इन्होंने अपनी माता से हठपूर्वक दूध-भात माँगकर खाया, तथा कारण पूछने पर भावी गार्हस्थ्य-जीवन के प्रति अपनी अनिच्छा प्रकट की। संयोगवश इनकी स्त्री का देहांत भी हो गया और गौना न हो सका। तत्पश्चात् एक दिन ये अपने घर से बिना कहे-सुने विरक्त होकर निकल पड़े और वर्तमान बलिया जिले के कारों नामक गाँव के संयोगी वैष्णव महात्मा बाबा शिवराम द्वारा दीक्षित होकर उनकी सेवा-सुश्रुषा में अपना जीवन व्यतीत करने लगे। प्रसिद्ध है कि वहाँ भी अपने गुरु के पुनर्विवाह के ही कारण खिन्न होकर ये अधिक दिनों तक ठहर न सके और उनकी आज्ञा लेकर अपने जन्मस्थान को लौट इन्होंने भजनभाव में रहना चाहा।

देश-भ्रमण–परन्तु घरवालों से इनका विरक्त जीवन देखा न जा सका और वे इनसे बार-बार फिर से दूसरा विवाह करने का आग्रह करने लगे। इसलिए इन्होंने कुछ दिनों तक देश-भ्रमण करने की ठान ली और चारों धाम के अतिरिक्त अन्य प्रधान तीर्थों की भी यात्रा कर फिर एक बार घर लौट आये। अब की बार इन्होंने अपनी कुटी अपने पूर्व निवासस्थान से हटकर बनायी और जनता के उपकारार्थ 'रामसागर' जैसे कुएं आदि का भी निर्माण किया। इनके भजनानुराग एवं समाज-सेवा के कारण लोग इनसे प्रभावित होने लगे और इनके यहाँ उनकी भीड़ लगने लगी। अतएव, ये फिर अपनी तीसरी यात्रा के लिए वहाँ से चल पड़े और किसी वृद्धा के इकलौते पुत्र को अपने साथ लेकर जूनागढ़ की ओर पहुँचे। वहाँ जूनागढ़ के नवाब के कर्मचारियों ने इनके शिष्य को किसी कारण बंदी बना लिया और उसे छुड़ाने की चेष्टा में कुछ दिनों के लिए इन्हें भी जेल जाना पड़ा। प्रसिद्ध है कि बंदीगृह में इन्होने अनेक चमत्कार दिखलाये जिस कारण नवाब ने दोनों को मुक्त कर दिया और ये फिर यात्रा करने लगे। इनके कारावद्ध होने की घटना का समय सं. १७२४ समझा जाता है और इनके उक्त शिष्य का नाम बिजाराम बतलाया जाता है।

गुरु–बाबा किनाराम का मुख्य कार्य इस लम्बी यात्रा में महत्त्वपूर्ण स्थानों पर कुछ दिनों तक ठहरकर वहाँ के साधुओं से सत्संग करना तथा अपनी उपलब्ध आध्यात्मिक अनुभूति के अनुसार एकांत में आत्मचिंतन करना रहा। फलतः कहते हैं कि इन्हें इसी बीच में गिरनार के ऊपर किसी ऐसे महात्मा के दर्शन हो गए, जिन्होंने इनके जीवन में काया पलटकर पूर्ण शांति ला दी। इन्होने अपने ग्रंथ 'विवेकसार' में बतलाया है[1] कि 'मुझे पुरी, द्वारिका तथा गोमती व गंगासार के क्षेत्रों में दत्तात्रेय मुनि से भेंट हुई, जिन्होनें दयापूर्वक मेरे सिर पर अपना हाथ रखा और मेरे हृदय के भीतर ज्ञान-विज्ञान एवं दृढ़ भक्ति के भाव जागृत कर दिया।" ये दत्तात्रेय मुनि कदाचित् वही पौराणिक व्यक्ति हैं जो अत्रि मुनि के पुत्र और अवधूत वेशधारी समझे जाते हैं। इस कारण उनसे इनकी भेंट की घटना भी 'अलौकिक' ही कही जा सकती है। फिर भी इन्होंने उन्हीं को उक्त रचना के अंतर्गत अपना परमगुरु व पथप्रदर्शक माना है,

१. 'पुरी द्वारिका गोमती, गंगासागर तीर।
दत्तात्रेय मो कहं मिले, हरन महा भव पीर॥
अति दयाल मम सीस पर, कर परस्यो मुनिराय।
ज्ञान विज्ञान भक्ति दृढ़, दीन्हों हृदय लखया॥ 'विवेकसार' पृ. २।

तथा अपने मत को भी तदनुसार 'अवधूत मत' ही ठहराया है। जो हो, आगे चलकर सं. १७५४ के लगभग इन्होंने काशी में केदारघाट के निकट वहाँ के प्रसिद्ध महात्मा कालूराम 'अघोरी' के भी दर्शन किये और कुछ काल तक उनके साथ रहकर एवं विविध सिद्धियों के चमत्कारों से प्रभावित होकर वहीं 'कृमिकुंड' पर उनसे दीक्षित हो गए। कहा जाता है कि इन कालूराम ने ही बाबा किनाराम को गिरनार पर्वत के ऊपर तथा अन्य कई तीर्थ-स्थानों में दत्तात्रेय के रूप में पहले भी दर्शन दिये थे और पीछे निज स्वरूप में इन्हें काशी में दीक्षित किया था। बाबा किनाराम ने कदाचित् उनसे दीक्षित होने की घटना की ही ओर संकेत करते हुए एक स्थान पर कहा है:–

'कीना कीना सब कहैं, कालू कहै न कोय।
कीना कालू एक भये, राम करै सो होय॥'[१]

बाबा किनाराम के प्रथम गुरु बाबा शिवाराम तो 'भक्ति जयमाल' के रचयिता एक प्रसिद्ध भक्त थे जिनके स्थान पर आज भी एक मंदिर वर्तमान है, किंतु इनके द्वितीय गुरु कालूराम के संबंध में कुछ अधिक पता नहीं चलता। ब्रिग्स साहब के कथनानुसार[२] हेनरी बालफोर ने अघोर-मत के विषय में कुछ सामग्री एकत्र कर उसे 'लाइफ हिस्ट्री आफ ऐन अघोरी फकीर' के नाम से प्रकाशित किया है और बतलाया है कि अघोर-पंथ वस्तुतः गुरु गोरखनाथ द्वारा प्रवर्तित गोरखपंथ की एक शाखा है जिसके सर्वप्रथम प्रचारक कोई मोतीनाथ थे। उन्होंने उस शाखा की तीन उपशाखाओं की भी चर्चा की है और उनके नाम क्रमशः 'औघड़', 'सर्वेगी' और 'धुरे' बतलाये हैं। 'कल्लूसिंह फकीर' (संभवतः उक्त कालूराम) को उन्होंने (औघड़' उपशाखा का अनुयायी माना है और कहा है कि ये अन्य अघोरियों की भाँति अपने को चमत्कार-प्रदर्शक सिद्ध करना नहीं चाहते थे। अघोर-पंथ के अनुयायियों का साधारणतः मुर्दे का मांस खाना तथा उसकी खोपड़ी में मदिरा आदि का पीना वा अन्य घिनौनी वस्तुओं का व्यवहार करना भी देखा जाता है और ब्रिग्स साहब ने इसी कारण उनके कापालिक वा कालामुख शैव सम्प्रदाय वालों से प्रायः अभिन्न होने का भी अनुमान किया है।[३] इसी प्रकार दत्तात्रेय को भी उन्होंने अघोरी ही लिखा है[४] परन्तु 'औघड़' नाम उन गोरखपंथियों को भी दिया जाता है जो कनफटा योगी हो जाने के अंतिम संस्कार तक पहुँचे हुए नहीं रहते और कभी-कभी इन दोनों प्रकार के नाथपंथियों को भिन्न-भिन्न मानते हुए पहले वर्गवालों को जालंधरीनाथ का और दूसरों को मत्स्येन्द्रनाथ का अनुयायी कहने की परिपाटी भी चली आती है। उधर दत्तात्रेय मुनि के साथ भी अघोर-पंथ का कोई संबंध सिद्ध नहीं होता। पुराणों से केवल इतना ही पता चलता है कि ये विष्णु के अंशावतार थे और एक बार दाहिने हाथ में मदिरा का घड़ा और वाम भाग में किसी सर्वांग सुंदरी अप्सरा को लेकर वे जल के बाहर निकले थे। इसके सिवाय, उनके नाम पर चलने वाले दत्तात्रेय-पंथ में भी अघोर-पंथ की बातों को उतनी प्रधानता नहीं

---

१. 'गीतावली' पृ. ५।

२. वही, पृ. ७२ (टिप्पणी)।

३. जी. डब्ल्यू. ब्रिग्स : 'गोरखनाथ ऐंड दि कनफटा योगीज' पृ. २२४।

४. वही, पृ. ७५।

दी जाती और न अवधूत शब्द की परिभाषा[१] में ही उनका समावेश समझा जा सकता है। अतएव दत्तात्रेय मुनि के साथ बाबा कालूराम के अघोर-पंथ का यह संबंध उसकी विशेषता का ही द्योतक समझा जा सकता है। बाबा किनाराम ने भी कदाचित् इसी कारण उसे 'अवधूत-मत' ही नाम दिया है।

प्रचार कार्य व रचनाएँ–बाबा कालूराम से दीक्षित हो जाने पर बाबा किनाराम सदा कृमिकुंड पर ही रहते थे और कभी-कभी रामगढ़ की ओर भी जाते रहे। अपने गुरु का देहांत हो जाने पर ये उनकी गद्दी पर उत्तराधिकारी के रूप में बैठे और अंत तक अपने 'अघोर-पंथ' का प्रचार किया। कहा जाता है कि इनकी मृत्यु सं. १८२६ में १४२ वर्ष की आयु में हुई। इन्होंने अपने मत को स्पष्ट करने के लिए उक्त 'विवेकसार' नामक एक छोटा-सा ग्रंथ लिखा है और कुछ फुटकर पद्यों की भी रचना की है जो 'गीतावली' व 'रामगीता' के रूपों में संगृहीत हैं। इनके वैष्णवमतपरक भावों को प्रदर्शित करने वाले पद्यों को इसी प्रकार 'रामरमाल', 'रामचपेटा' व 'राममंगल' के नाम से एकत्र किया गया है। अपने उक्त दोनों गुरुओं की मर्यादा निभाने के लिए इन्होंने चार वैष्णव मत के मठ मारुफपुर, नयीडीह, परानापुर और महुवर में तथा उसी प्रकार अघोरमत के चार मठ रामगढ़ (बनारस जिला), देवल (गाजीपुर जिला), हरिहरपुर (जौनपुर जिला) एवं कृमिकुंड (मुहल्ला भदैनी काशी) में स्थापित किये हैं, जो अब तक चल रहे हैं। कृमिकुंड की रामशाला ही वस्तुतः इनके पंथ का प्रधान मठ है, जहाँ कालूराम, किनाराम एवं अन्य महंतों की भी समाधियाँ वर्तमान हैं और जिसकी एक उपशाखा काशी नगरी के ही सैनपुरा मुहल्ले में आजकल बाबा गुलाबचंद्र 'आनंद' की अध्यक्षता में चल रही है। बाबा किनाराम के व्यक्तित्व एवं ख्याति से प्रभावित होकर काशी प्रांत के प्रसिद्ध राजा बलवंतसिंह ने रामगढ़ के पूजा-व्यय के निमित्त अपने ९६ गाँवों में से प्रत्येक से एक रुपये की वार्षिक आय निश्चित कर दी थी, जो वहाँ के महंतों को कदाचित् अभी तक मिलती है। इनके पंथ को बहुधा 'किनारामी अघोरपंथ' भी कहा जाता है जिसके अनुयायी प्रायः सभी जाति के लोग हैं और उनमें मुसलमान भी सम्मिलित हैं। इनके अघोर-पंथ के प्रचार का नेपाल, गुजरात एवं समरकंद तक होना कहा जाता है।

विवेकसार व मत का सारांश–इनकी प्रधान रचना 'विवेकसार' में उसका रचना-काल सं. १८१२ दिया गया है और उससे यह भी जान पड़ता है कि वह मालवा प्रांत के प्रसिद्ध नगर उज्जैन में कदाचित् शिप्रा नदी के किनारे लिखी गई थी। उसमें दिये गये सिद्धांतों को बाबा किनाराम ने अपने गुरु की कृपा से अपने निजी अनुभव के आधार पर लिखा है, जिसमें इनके अनुसार चारों वेदों, वेदांत, शास्त्र एवं पुराणों के भी मतों का सार आ जाता है। इसकी रचना का उद्देश्य इन्होंने यह बतलाया है कि 'संसार असार एवं पाँच भौतिक मात्र है और इसमें रहने वाले जीवों को त्रैताप वाधित किया करते हैं जिन्हें दूर कर आत्मप्रकाश प्रकट करना आवश्यक है।' इन्होंने पुस्तक को आत्माराम की वंदना से आरम्भ किया है और 'जस कछु मो कहँ लखि पर्यो' के आधार पर 'साधुप्रसाद को प्रकट फल' रूम में 'आत्मानुभव की कथा' का ही विवरण दिया है। इनके अनुसार सत्य ही सत्यपुरुष व निरंजन है, जो सर्वत्र 'व्यापक' व 'व्याप्य' रूपों में वर्तमान है। उनका अस्तित्व सहज स्वरूप है। 'विवेकसार' में अष्ट अंगों

१. 'सर्वान् प्रकृति विकारानवधुनोत्यवधूतः', 'गोरक्षसिद्धांत-संग्रह' पृ. १।

का भी वर्णन है, जिन्हें क्रमशः 'ज्ञान अंग', 'वैराग्य अंग', विज्ञान अंग', 'निरलंब अंग', 'शम अंग', 'अजपा अंग', 'शून्य अंग' तथा 'रक्षा अंग' नाम दिये गए हैं। इनमें से पहले तीन में इनके मतानुसार सृष्टि का रहस्य बतलाया गया है, काया-परिचय वा पिंड व ब्रह्मांड की समता दर्शायी गयी है, अनाहत व निरंजन आदि के स्थान निर्दिष्ट किये गए हैं और इसी प्रकार इसके अगले तीन अंगों में उनकी साधना का परिचय, निरालंब की स्थिति, आत्मविचार से शांति की उपलब्धि एवं अजपाजाप तथा सहज समाधि की चर्चा की गई है। इसके शेष दो अंगों में क्रमशः सारे विश्व के आत्ममय होने तथा आत्मस्थिति के रक्षार्थ दया, विवेक, विचार व सत्संग के द्वारा जीवन यापन करने की चार विधियाँ भी बतलायी गई हैं।

संतमत व किनाराम–बाबा किनाराम के सिद्धांत संत-मत से ही मिलते-जुलते प्रतीत होते हैं और इनकी प्रायः सभी रचनाओं में उसकी छाप स्पष्ट लक्षित होती है। इनके द्वारा प्रयुक्त 'जोगजुगति', 'सुरति', 'निरबान', 'अनहद बानी', 'सत्त सुकृत' जैसे शब्दों से भी इनके 'अवधूत मत' वा 'अघोर-पंथ' का संत-मत द्वारा भली भाँति प्रभावित होना समझा जा सकता है। उदाहरण के लिए:

'अनुभव सोई जानिये जो नित रहे विचार।
राम किना सतशब्द गहि, उतर जाय भौपार॥' 'गीतावली' पृ. १२
'शब्द का रूप साचो जगत पुरुष है, शब्द का भेद कोइ संत जाने।
शब्द अज, अमर अद्वितीय व्यापक पुरुष, संतगुर शब्द सुविचार आने॥
चंद में जोति है, जोति में चंद है, अरथ अनुभौकरि येक आने।
राम किना अगम राह बांकी निपट, निकट को छाड़ि को प्रीति ठाने॥'

वही, पृ. ९

दिये जा सकते हैं, फिर भी बाबा किनाराम के अनुयायी उससे अपना कोई प्रत्यक्ष संबंध स्वीकार करते नहीं जान पड़ते।

सप्तम अध्याय

आधुनिक युग

(सं. १८५० से अब तक)

१. सामान्य परिचय

नवीन विवेचन पद्धति–विक्रम की उन्नीसवीं शताब्दी के लगभग प्रथम चरण से ही भारत में अंग्रेजों की सत्ता जमने लगी थी। उनका शासन कई प्रांतों में आरंभ होने लगा था और उनके संपर्क में क्रमशः आते रहने के कारण भारतीय मनोवृत्ति पर उनकी संस्कृति का कुछ न कुछ रंग भी चढ़ने लगा था। योरपीय विद्वानों ने इसके अनंतर हमारे प्राचीन साहित्य का अध्ययन व अनुशीलन आरंभ कर दिया और प्रत्येक बात का मून्यांकन एक नवीन दृष्टिकोण से होने लगा। भारतीय धर्म, भारतीय संस्कृति, भारतीय दर्शन, भारतीय साहित्य, भारतीय कला व भारतीय जीवन के साधारण से साधारण पार्श्वों पर भी अब एक तटस्थ व्यक्ति बनकर विचार किया जाने लगा और इस प्रकार प्रत्येक के गुण-दोष की परीक्षा का भी अवसर मिला। जिस किसी बात पर पुनर्विचार आरंभ होता, उसके मूल स्वरूप, उसके क्रमिक विकास और उसकी वर्तमान स्थिति के विषय में सांगोपांग अध्ययन करने की चेष्टा की जाती, उसके प्रत्येक रूप से परिचय प्राप्त किया जाता तथा अंत में उसके भविष्य के संबंध में भी कुछ दूर तक अनुमान कर लिया जाता। इसी प्रकार उसके गुण-दोषों पर ध्यान देते समय बहुधा उसकी तुलना अन्य समकक्ष बातों के साथ की जाती और कभी-कभी उसे विदेशीय प्रसंगों के प्रकाश में भी लाकर परखने का प्रयत्न किया जाता। यह कार्य पहले पहल योरपीय विद्वानों ने ही आरंभ किया, किंतु उनकी विवेचन-पद्धति का अनुसरण कर फिर भारतीय विद्वान भी इस ओर प्रवृत्त हुए।

धार्मिक साहित्य आदि का अध्ययन–भारतीय धार्मिक साहित्य व साम्प्रदायिक विकास का अध्ययन पहले पहल ईसाई पादरियों ने आंरभ किया। पता चलता है कि लगभग उसी समय डेनमार्क देश के जीलैंड निवासी बिशप मुंटर साहब (Mousignor Munter) ने कबीर साहब के संबंध में 'मूलपंची' नाम का एक ग्रंथ इटालियन भाषा में लिखा था, जो 'Mines of The East' अर्थात् प्राच्य विद्यानिधि ग्रंथमाला के तृतीय भाग में प्रकाशित हुआ था। वह किसी कबीरपंथीय ग्रंथ का अनुवाद मात्र कहलाता था, किंतु उसमें उस मत के सृष्टि-संबंधी विचारों का परिचय उपहास की मनोवृत्ति के साथ दिया जान पड़ता था। वह वास्तव में एक अन्य वृहद् ग्रंथ का केवल अंश मात्र था, जो कबीर साहब के धार्मिक विचारों

तथा उनकी सुधार-संबंधी योजना का परिचय देने के उद्देश्य से लिखा गया था[१]।

फिर तो विल्सन साहब, गार्सी द तासी जैसे अन्य विदेशी विद्वानों का भी ध्यान इस ओर आकृष्ट हुआ और भिन्न-भिन्न संतों, उनके मत, प्रचार-पद्धति एवं कृतियों के संबंध में परिचय देने तथा उन पर आलोचनात्मक निबंध लिखने की एक परिपाटी ही चल पड़ी। उक्त पाश्चात्य विद्वानों ने यह कार्य सर्वप्रथम कदाचित् शुद्ध जानकारी के लिए ही आरंभ किया था और कभी-कभी वे ऐसे अवसरों का उपयोग अपनी निजी संस्कृति को अधिक उत्कृष्ट सिद्ध करने में भी कर लिया करते थे, किंतु उनके नवीन दृष्टिकोण व सुझावों की ओर सर्वसाधारण का भी ध्यान आकृष्ट हो चला और सभी बातों को एक बार फिर से देखते समय उन्हें नया व सुधरा रूप देने के प्रयत्न आरंभ हो गए।

पंथों की प्रवृत्ति–कबीर साहब तथा उनके अनुकरण में भिन्न-भिन्न पंथों व सम्प्रदायों के स्थापित करने वाले संतों का प्रधान उद्देश्य प्रचलित प्रपंचों व विडंबनाओं को दूर कर उनकी आड़ में न दीख पड़ने वाले वास्तविक धर्म के रहस्य का उद्घाटन करना था और इस प्रकार उनका दृष्टिकोण भी अपनी परिस्थिति की पूरी परख व विवेचना पर आश्रित रहता आया था, जिस कारण उन्हें सुधारक मात्र कहने की परिपाटी अभी तक चली आई हैं। परंतु समय पाकर उनके अनुयायियों की प्रवृत्ति, क्रमशः साम्प्रदायिक भावनाओं से प्रभावित होने लगी और उसमें संकीर्णता के दोष भी लक्षित होने लगे। संत दादू दयाल के शिष्य प्रसिद्ध सुंदरदास (मृ. सं. १७४६) ने अपने ग्रंथ 'सुंदर विलास' में कदाचित् इसी बात की ओर संकेत किया था, जब कि उन्होंने योगी, जैनी, सूफी, संन्यासी जैसे वर्गों की आलोचना करते समय उनके साथ-साथ कबीर व हरिदास को गुरु मानने वाले क्रमशः कबीर पंथियों व निरंजनियों की भी चर्चा कर दी थी[२]। फिर भी अपने-अपने वर्गों को प्राचीन आधारों पर अवलंबित कर उन्हें श्रेष्ठ सिद्ध करने की अभिलाषा ने आगे के पंथ-प्रचारकों को और भी पथभ्रष्ट कर दिया, उनकी साधनाओं के अंतर्गत पौराणिक एवं तांत्रिक पद्धतियों का प्रवेश होने लगा और उनकी प्रवृत्ति फिर एक बार उसी ओर उन्मुख हो चली, जिधर से उसे मोड़ने के लिए पहले संतों ने अपने उपदेशों द्वारा अथक परिश्रम किया था। विक्रम की उन्नीसवीं शताब्दी के पूर्वाद्र्ध तक इस प्रकार संतों की परम्परा के अंतर्गत नवीन तथा प्राचीन पंथों में भी मौलिक सिद्धांतों से कहीं अधिक वाह्य विधानों का ही प्राधान्य हो गया और यह बात स्वभावतः अवांछनीय थी।

बुद्धिवादी व्याख्या–आधुनिक युग के प्रथम प्रसिद्ध संत तुलसी साहब को ये बातें पसंद न आयीं और उन्होंने इसके विरुद्ध कटु आलोचना आरंभ कर दी। उन्होंने अपनी 'घट रामायन' में कबीर-पंथ में प्रचलित चौका-विधि, नारियल फोड़ना, परवाना देना जैसी बातों का वास्तविक रहस्य बतलाया और स्पष्ट शब्दों में कह डाला कि,

---

१. H.H Wilson की पुस्तक Religious Sects of the Hindus(p.p.77-8) की पाद-टिप्पणी में मूलग्रंथ का नाम इस प्रकार दिया गया है:–'Ill libro primario dei Cairste (Specino di reforma della gentilita si chiama Satuami Kabir questo libro a fra la carta di propoganda)'

२. 'सुंदरग्रंथावली' (पुरोहित हरिनारायण संपादित) भा. २, पृ. ३८५।

'झूठा पंथ जगत सब लूटा।
कहा कबीर सो मारग छूटा॥'[१]

इसी प्रकार उन्होंने नानक-पंथ के संबंध में भी कहते हुए 'वाहगुरु', 'कड़ा परसाद' व 'नानक-गोरखगोष्ठी' जैसी बातों के मूल में वर्तमान अभिप्रायों के प्रकट करने का प्रयत्न किया और 'निरंकार', 'पौड़ी' आदि शब्दों का वास्तविक अर्थ भी बतलाया। वे पंथों की संख्या में होती जाने वाली वृद्धि से भी प्रसन्न नहीं थे और न स्वयं कोई नवीन पंथ चलाने के लिए ही उत्सुक थे। वे कहते थे कि,

'तुलसी तासे पंथ न कीन्हा।
भेष जगत भया पंथ अधीना॥'[२]

पंथों के निर्माण की वे कोई आवश्यकता नहीं समझते थे और सच्चे संत को ही अपना गुरु तक स्वीकार करने को प्रस्तुत रहा करते थे। उनकी आलोचना केवल ध्वंसात्मक न थी और वे प्रचलित पंथों की प्रत्येक वाह्य विधि को बुद्धिवाद के सहारे एक नवीन ढंग से समझा भर देना चाहते थे। उनके अनंतर आने वाली 'राधास्वमी सत्संग' के अनुयायी इस बात में एक प्रकार से उनसे भी आगे बढ़ गए। उन्होंने अपनी प्रायः प्रत्येक धारणा के संबंध में कोई न कोई वैज्ञानिक व्याख्या भी देना आरंभ कर दिया और इस प्रकार उनके सम्प्रदाय के मूल सिद्धांत विज्ञान द्वारा भी प्रमाणित समझे जाने लगे।

साम्प्रदायिक भाष्य आदि–संतों में इस प्रकार की समीक्षात्मक प्रवृत्ति के जागते ही उनके यहाँ अपने प्रमुख मान्य ग्रंथों का गंभीर अध्ययन आरंभ हो गया और उसके आधार पर भिन्न-भिन्न प्रकार के मान्यों व टीकाओं की रचना का भी सूत्रपात हुआ। तदनुसार कबीर-पंथी रामरहस दास ने इस युग के ही आरंभ में 'बीजक' के वास्तविक रहस्य को स्पष्ट करने के लिए अपनी प्रसिद्ध पुस्तक 'पंचग्रंथी' का निर्माण किया और अपने पांडित्यपूर्ण सिद्धांत-विवेचन द्वारा आगे आने वाले टीकाकारों के लिए एक आदर्श प्रस्तुत कर दिया। पूरन साहब की 'त्रिज्या' नाम की बीजक-टीका तथा भिन्न-भिन्न विचारों के आधार पर निर्मित अन्य अनेक टीकाओं के लिए भी उक्त व्याख्या आगे चलकर पथ-प्रदर्शक सिद्ध हुई। नानक-पंथ, दादू-पंथ आदि अन्य कुछ सम्प्रदायों के कतिपय प्रधान ग्रंथों के सम्पादित संस्करण भी तब से प्रायः उसी आदर्श को सामने रखकर प्रकाशित होते आए हैं और इनकी संख्या कम नहीं है।

सुधार की प्रवृत्ति– इसी प्रकार एक अन्य प्रवृत्ति भी जो इस युग के आरंभ से ही लक्षित होने लगी, साधारण समाज में दीख पड़ने वाली बुराइयों के सुधारने की थी। पाश्चात्य देश के लोगों के संपर्क में आ जाने के कारण यहाँ के निवासियों का उनके द्वारा प्रभावित हो जाना स्वाभाविक था। तदनुसार भारतीयों ने अपने समाज की भी वर्तमान स्थिति को एक नवीन ढंग से देखना आरंभ किया और दूसरे समाजों की तुलना में उसके गुण-दोषों पर विचार करते हुए उसमें आवश्यक परिवर्तन लाने के उद्योग करने लगे। राजा राममोहन राय (सं.१८३५:१८९०)

१. 'घट रामायन' (वेलवेडियर प्रेस, प्रयाग) भा.१, पृ. १९३।
२. वही, भा. २, पृ. ३५७।

तथा स्वामी दयानंद (सं. १८८१:१९४०) जैसे सुधारकों ने इसी युग में प्राचीन परम्परा के अंधानुसरण के विरुद्ध अपने-अपने झंडे उठाये और धार्मिक हिंदू समाज को अपने-अपने मंतव्यानुसार फिर से सुदृढ़ व सुव्यवस्थित बना डालने के प्रयत्न् किये। इन बातों के कारण मानव जाति के महत्त्व को परखने की एक नवीन प्रणाली का सूत्रपात हुआ, जिसका प्रभाव संत-परम्परा के अनुयायियों पर भी बिना पड़े नहीं रह सका। नांगी-सम्प्रदाय के प्रवर्तक संत ड़ेढराज ने कदाचित् ऐसे ही वातावरण से प्रभावित होकर पुरुषों एवं स्त्रियों के समानाधिकार पर इतना ध्यान दिया। सामाजिक कुरीतियों को हटाने की चेष्टा करते समय उन्होंने स्त्रियों के पद को उच्च बनाने की पूरी व्यवस्था दी और आध्यात्मिक साधना में उन्हें बिना किसी भी अड़चन के साथ पूरा भाग लेने का सुअवसर प्रदान किया।

पूर्ण मानव-जीवन–इसके सिवाय इस युग की एक और विशेषता यह भी थी कि आधुनिक संत मानव-समाज को केवल ठेठ धार्मिक सीमा के ही भीतर संकुचित न रखते हुए उसे अधिक व्यापक रूप देना तथा उसे अपने विकास के लिए उत्साहित करते रहना भी चाहते थे। कबीर साहब ने मनुष्य की पूर्णता की ओर विशेष ध्यान दिया था, गुरु नानक ने उसकी आंतरिक शक्तियों के पूर्ण विकास के निमित्त साधनाओं का आयोजन भी किया था और दादूदयाल ने अपनी आदर्श साधना का नाम ही कदाचित् इसी कारण 'पूर्णांग साधना' रख छोड़ा था। किंतु पंथ-निर्माण की प्रबल प्रवृत्ति ने उनके पीछे आने वाले संतों की रुझान इस ओर नहीं होने दी और वे अनावश्यक प्रपंचों में ही अधिक लगते चले गए। उनकी संस्थाएं केवल धार्मिक सुधार की एकांगी योजनाओं को लेकर चल पड़ीं और उनका मुख्य ध्येय विस्मृत-सा होने लगा। नानक-पंथ वा सिख-धर्म के प्रधान प्रचारकों ने इस ओर कुछ अधिक तत्परता अवश्य दिखलायी, किंतु परिस्थिति ने उनके कार्य को एक प्रकार के साम्प्रदायिक रँग में रँग डाला और अंत में उसके अनुयायी एक जाति विशेष के रूप में परिणत हो गए। साध-सम्प्रदाय के अनुयायियों ने भी इसी प्रकार अपने को कोरा धार्मिक समाज मात्र न मानकर अपनी उन्नति के अन्य पार्श्वों पर भी ध्यान देना चाहा था, किंतु जिस प्रकार अत्याचार के विरुद्ध लोहा लेने वाले सिखों व सत्तनामियों की पृथक्-पृथक् जातियाँ बन गईं, उसी प्रकार साधों की गणना उनकी जीविका के कारण व्यवसायी समाज के अंतर्गत होने लगी। इन दोनों की असफलता का प्रधान कारण यह था कि इन्होंने अपने-अपने अनुयायियों के व्यक्तिगत विकास की उपेक्षा कर अपनी उन्नति की आशा अपने केवल सामुदायिक रूपों में ही केंद्रित कर रखी थी।

व्यक्तित्व का विकास–संतों की परम्परा के पूर्वकालीन प्रचारकों की धारणा इस प्रकार की नहीं थी और उनका दृष्टिकोण भी इसी कारण इससे नितांत भिन्न था। वे व्यक्ति के पूर्ण विकास को सामाजिक उन्नति व अभिवृद्धि अथवा विश्व-कल्याण के लिए भी अत्यंत आवश्यक समझते थे। उनका कहना था कि किसी भी आदर्श को समाज के समक्ष रखने के पहले उसके स्वरूप एवं वास्तविक मूल्य का व्यक्तिगत परिचय पा लेना, उसके आधार पर प्रचलित किये जाने वाले नियमों के प्रभाव को स्वयं अनुभव कर लेना और उसे भले प्रकार से परख लेना चाहिए। उसे इस प्रकार व्यवहारोपयोगी सिद्ध कर लेने पर ही उसके अनुसार सामाजिक व्यवस्था का निर्णय करना न्याय-संगत हुआ करता है। मानव-जाति स्वभावतः एक समान है और उसके क्रमिक विकास का इतिहास इस बात का साक्षी है कि उसके अंतर्गत पाये जाने

वाले सत्य, प्रेम, अहिंसा, परोपकार, पवित्राचरण व संयत जीवन की ओर उन्मुख रहने वाली प्रवृत्तियों ने ही उसे आज तक जीवित व सुरक्षित रखा है। उसके भीतर लक्षित होने वाली पाशविक वृत्तियाँ उसे सदा उसके नाश की ओर प्रेरित करती आई हैं और उन पर विजय पाकर ही वह अपने को संभाल सकी हैं। इस प्रकार संपूर्ण मानव-जाति को एक इकाई मानते हुए उसके आदर्श स्वरूप की उपलब्धि के लिए अधिक से अधिक व्यापक दृष्टिकोण के साथ अग्रसर होना और प्रयत्न करते समय सदा अपने को तदनुकूल बनाते जाना ही सब से अधिक स्वाभाविक कहा जा सकता है। आदर्श मानव-जाति के प्रति यदि व्यापक दृष्टिकोण बन गया और व्यक्ति अपने को तदनुसार ढालने की ओर प्रवृत्ति हो गया, तो वह अपने नैतिक आचरण को शुद्ध रखता हुआ कोई भी कार्य विश्व-कल्याण के लिए ही करता है। उसके कार्य क्षेत्र चाहे व्यावसायिक हो, चाहे राजनीतिक अथवा जिस किसी भी रूप का हो, उसकी चेष्टाओं द्वारा समाज का अकल्याण कभी संभव नहीं है और न उक्त मनोवृत्ति वाले व्यक्ति का कोई वर्गविशेष ही उसे लाभ की अपेक्षा कभी हानि पहुँचा सकता है।

व्यावसायिक योजना–आधुनिक युग के अंतर्गत संतों के वर्ग ने प्रायः उक्त नियम के ही अनुसार सामूहिक व्यवसाय की एक योजना प्रस्तुत की और अपने प्रधान केंद्र आगरा नगर के निकट भिन्न-भिन्न उपयोगी वस्तुओं को वैज्ञानिक ढंग से तैयार करना आरंभ कर दिया। 'राधास्वामी सत्संग' की दयालबाग-शाखा के तत्कालीन सत्गुरु सर आनंदस्वरूप ने उक्त योजना को सफल बनाने की ओर विशेष ध्यान दिया और उसे अपनी व्यक्तिगत देखरेख में चलाया। फलतः उक्त सत्संग का कोरा धार्मिक केंद्र क्रमशः उसके व्यावसायिक केंद्र में परिणत हो गया और इस प्रकार वह भारतीय उद्योग-धंधों का एक प्रमुख कार्यक्षेत्र बन गया। कहते हैं कि सत्संगियों द्वारा किये गए उक्त नवीन प्रयास के कारण उनकी धार्मिक वा आध्यात्मिक साधना को किसी प्रकार की क्षति नहीं पहुँची। उनके दोनों ही कार्य एक समान उन्नति करते जा रहे हैं और दोनों के समन्वय से उनके भीतर एक अपूर्व उत्साह एवं बल का संचार भी हो आया है। चमड़े के जूते जैसी वस्तुओं के बनाने का तथाकथित 'ओछा' कार्य भी सत्संग के सहयोग से अब एक ऊंचा स्थान ग्रहण करने लगा है और इस प्रसंग में प्रसिद्ध चमार संत रैदास जी का स्मरण दिलाकर उनके पूर्वकालीन समसामयिक एवं उत्तरकालीन क्रमश: नामदेव, छीपी, कबीर जुलाहे व दादू धुनियाँ जैसे संतों के शुद्ध व सात्विक जीवन की ओर भी हमारा ध्यान आकृष्ट करता जा रहा है। साध-सम्प्रदाय के अनुगामियों द्वारा अपनाये गए उद्योग-धंधों पर भी यदि हम चाहें तो उनके सादे शांतिमय जीवन की दृष्टि से इसी भावना के साथ विचार कर सकते हैं। संतों ने किसी प्रकार के उद्योग-धंधों को, यदि वह उचित ढंग से किया जाय, तो कभी अनुचित नहीं ठहराया है और न उसकी कभी निंदा ही की है। उद्योग-धंधों की पदवी वास्तव में उनमें लगने वाले व्यक्तियों की मनोवृत्ति व आचरण के अनुसार ऊंची वा नीची हुआ करती है। वे स्वयं निरपेक्ष कार्य ही होते हैं।

विचार स्वातंत्र्य–इस युग के अंतर्गत विचार-स्वातंत्र्य की भी प्रधानता विशेष रूप से लक्षित होती है, जिस कारण बुद्धिवाद के प्रभाव में आकर अनेक व्यक्ति प्राचीन चार्वाकमत जैसे सिद्धांतों के पोषक प्रतीत होते हैं और उनके कथनों में धर्म-जैसी वस्तु का कोई अंश नहीं दीख पड़ता। ऐसी बातों के समर्थक एक शून्यवादी सम्प्रदाय की चर्चा विल्सन साहब

के ग्रंथ 'रेलिजस सेक्ट्स आफ दि हिंदूज' में की गई मिलती है।[१] इस वर्ग के प्रचार में अधिक भाग लेने वाले एक व्यक्ति हाथरस के राजा ठाकुर दयाराम थे, जिनके दरबारी बख्तावर ने 'व्योमसार' एवं 'शूनिसार' नामक दो ग्रंथों की रचना की थी। इन दयाराम के दुर्ग का विध्वंस प्रसिद्ध मार्क्विस आफ हेस्टिंग्स ने किया था और इनकी मृत्यु का समय ग्राउस साहब ने अपनी पुस्तक 'मथुरा' में सन् १८४१ अर्थात् सं. १८९८ दिया है।[२] शून्यवादी सम्प्रदाय की विचार-धारा आधुनिक वातावरण में ही प्रवाहित हुई थी और उसके ऊपर बुद्धिवाद, संदेहवाद आदि का पूर्ण प्रभाव पड़ना स्वाभाविक था, किंतु अपने साम्प्रदायिक रूप में इसे यथेष्ट सहयोग नहीं मिल सका। यह सम्प्रदाय संभवतः सम्राट् अकबर के 'दीन इलाही' की भाँति केवल कुछ दरबारियों व निकटवर्ती व्यक्तियों तक ही सीमित रह गया।

मत का सारांश–इस मत के अनुसार सारी सृष्टि 'पोल' अर्थात् शून्य वा आकाश से हुई है और वह पोल अनादि, अनंत एवं एकरस है। ब्रह्मादि से लेकर कीड़े-मकोड़े तक उसी से बने हुए हैं और इस प्रकार हिंदू एवं मुसलमान भी एक वृक्ष के पत्ते हैं, उनमें कोई भेद नहीं। वे नासमझी के कारण आपस में लड़ते हैं। प्रत्येक व्यक्ति को अपना ही ध्यान करना चाहिए और उसका परिणाम किसी पर प्रकट करना आवश्यक नहीं, वही पूजा है, वही पूज्य है, कहीं भी कोई भेद-भाव नहीं। अपने में ही देखो, दूसरों को न देखो, दूसरा भी तुम्हारे ही भीतर मिलेगा। दूसरों को हम उसी प्रकार देखते हैं, जैसे शीशे में अपना प्रतिबिंब देख रहे हैं। माता-पिता, स्त्री-पुरुष सभी कुछ तुम्हीं हो और तुम्हीं मरने वा मारने वाले भी हो, बुदबुद फेन व तरंग सभी कुछ पानी ही पानी है। पाप-पुण्य भी कुछ नहीं है, इस कारण इस क्षणिक जीवन में जो भी मिले, उसका उपभोग करो। स्वयं आनंदित रहकर दूसरों को भी दान करते रहो। किसी को द्रव्य दो, किसी को मधुर शब्द दो, किसी के साथ ऐसी भलाई कर दो कि वह सदा तुम्हारी जय मानता रहे। कर्ण, दधीचि व हरिश्चंद्र ने भी ऐसा ही किया था। मृत मनुष्यों पर निर्भर न हो और न स्वर्ग में विश्वास करो। शरीर का भरण-पोषण हो जाने पर गधे व संत में कोई अंतर नहीं रह जाता, आदि। इन विचारों का पोषक अब कोई पृथक् सम्प्रदाय नहीं दीख पड़ता।

स्वतंत्र धार्मिक विचार–उक्त प्रकार के सिद्धांत अधिकतर नयी रोशनी के आलोक में पाश्चात्य शिक्षा पाने वाले कतिपय व्यक्तियों के मस्तिष्क में भी उठते आ रहे थे। इनमें आध्यात्मिक चेतना का जागृत होना तथा उनके अनुसार निजी सिद्धांत स्थिर करना एक प्रकार से अपवाद की बात ही रही। ऐसे लोगों में स्वामी रामतीर्थ व महात्मा गाँधी जैसे महापुरुष ही थे, जिन्होंने पूर्व व पश्चिम के घोर संघर्ष काल में अपने को संतुलित बनाये रखा। स्वामी रामतीर्थ एक स्वतंत्र प्रकृति के व्यक्ति थे और किसी सम्प्रदाय का स्थापित करना भी उन्हें मान्य न था। उन पर वेदांत-दर्शन के व्यापक सिद्धांतों का पूर्ण प्रभाव पड़ा था और वे उसे स्वामी विवेकानंद (सं. १९१९:१९५०) की भाँति व्यावहारिक रूप देने के पूरे समर्थक थे। इस युग में वेदांत का अनुशीलन व प्रचार बड़े मनोयोग के साथ हो रहा था और दादू-पंथ के निश्चलदास आदि कई संत-मतावलंबियों ने भी इसमें पूरा सहयोग प्रदान किया था तथा अपने मान्य ग्रन्थों की वेदांतपरक व्याख्या लिखने में लगे थे।

---

१. डा. एच. एच. विल्सन : 'रेलिजस सेक्ट्स आफ दि हिंदूज', पृ. ३६०:३।

२. एफ. एच. ग्राउस : 'मथुरा', पृ. २३०।

महात्मा गाँधी–इस युग के प्रसिद्ध "साबरमती-संत" वा सेगाँव-संत महात्मा गाँधी ने भी स्वामी रामतीर्थ की ही भाँति किसी पंथ वा सम्प्रदाय की स्थापना का प्रयत्न नहीं किया। परंतु वे अपने वक्तव्यों तथा उनसे भी अधिक अपने व्यवहारों द्वारा अपने जीवन भर सदा सत्य के प्रयोगों में लगे रहे। उनका भी मुख्य कर्तव्य प्रायः वही था जो कबीर साहब तथा गुरु नानकदेव जैसे संतों का था और वे भी मानव-जीवन के ऊपर पूर्ण व व्यापक रूप से विचार करते थे। उनका यही कहना था कि मानव-समाज की उन्नति उसके अंगीभूत व्यक्तियों के पूर्ण विकास व सदाचरण पर ही निर्भर है। उन्होंने अपने कार्यों द्वारा न केवल आदर्श व व्यवहार में सामंजस्य लाने की चेष्टा की, प्रत्युत वे मानव जीवन के प्रत्येक अंग को धार्मिक स्वरूप प्रदान करने में सदा निरत रहे। तदनुसार उन्होंने राजनीति-जैसे कूटपूर्ण क्षेत्र में भी अपने सत्य के प्रयोग किये और अपने जीवन की साधारण से साधारण घटनाओं में भी अपने आदर्श को कार्यान्वित करने की चेष्टा की। वे जिस प्रकार वक्र पथगामी राजनीतिज्ञों के साथ शुद्ध व सरल बर्ताव करना जानते थे, उसी प्रकार निम्नातिनिम्न स्तरवाले व्यक्ति के प्रति सौहार्द व प्रेम का भाव प्रदर्शित किया करते थे और दैनिक जीवन की उपयोगी वस्तुओं के लिए परमुखापेक्षी होना भी कभी उन्होंने स्वीकार नहीं किया।

नवीन प्रवृत्ति–महात्मा गाँधी के अनंतर उनके शिष्यों वा अनुयायियों में से कोई भी व्यक्ति उनकी कोटि तक पहुँच सकेगा या नहीं, इसमें संदेह है। परंतु इतना स्पष्ट है कि अपने व्यक्ति किये हुए विचारों तथा अपनी चेष्टाओं द्वारा उन्होंने संतमत के वास्तविक लक्ष्य की ओर संकेत कर दिया है। जो बातें पहले उपदेशों के आडंबर में छिप जाया करती थीं और कोरे धार्मिक वातावरण के कारण जिनके विकास की गति साम्प्रदायिक भावनाओं के बाहुल्य द्वारा अवरुद्ध हो जाया करती थीं, वे अब कुछ अधिक प्रकाश में आ चुकी हैं, और उनके ऊपर किये गए प्रयोगों के कारण उनके महत्त्व के प्रति लोगों का ध्यान एक बार फिर आकृष्ट होने लगा है। वे अब निरे आदर्श के अस्पष्ट रूप का परित्याग करती हुई व्यावहारिक क्षेत्र में भी क्रमशः प्रविष्ट होती जा रही हैं और उन्हें अब सचमुच अपनायी जाने योग्य कहने में बहुत लोगों को संकोच भी नहीं हो रहा है। अतएव संभव है कि अत्यंत ऊंची एवं दूरी की समझी जाने वाली ये बातें इस नयी प्रवृत्ति के कारण अपने निकट की बनकर किसी समय क्रमशः व्यावहारिक रूप भी ग्रहण करने लग जायँ।

साहिब-पंथ

प्रारंभिक परिचय–साहिब-पंथ के प्रवर्तक तुलसी साहब थे और उनका एक दूसरा नाम 'साहिबजी' भी था। इनके जीवन-काल की घटनाओं के विषय में अभी तक बहुत कुछ मतभेद है और इनके जन्म एंव मरण की तिथियों का भी अभी तक ठीक-ठाक पता नहीं लग सका है। इनके ग्रन्थ 'रत्नसागर' के 'वेलवेडियर प्रेस, प्रयाग ' वाले संस्करण के सम्पादक ने इन्हें बहुत अच्छे ब्राह्मण कुल का वंशज बतलाया है और लिखा है कि इनको अपने बचपन में ही ऐसा तीव्र वैराग्य हो गया था कि ये अपना घर-बार छोड़ अलीगढ़ जिले के नगर हाथरस में आ बस गए। इनके जन्म-स्थान का उन्होंने कोई पता नहीं दिया है और मरण के लिए भी इतना ही कहा है कि ये लगभग साठ बरस की अवस्था में सं. १९०५ में हाथरस में ही मरे थे। परंतु उक्त प्रेस में छपी इनकी 'शब्दावली' भाग १ के सम्पादक ने इनके विषय में इतना और भी लिखा है कि ये "जाति के दक्षिणी ब्राह्मण राज्य के पूना के युवराज यानी बड़े बेटे

थे, जिनका नाम इनके पिता ने श्यामराव रक्खा था। बारह बरस की उमर में इनकी मरजी के खिलाफ इनका विवाह कर दिया, पर जवान होने पर भी ब्रह्मचर्य में पक्के बने रहे और अपनी स्त्री से अलग रहे'।[१] उन्होंने इनकी पत्नी का नाम लक्ष्मी बाई बतलाया है और कहा है कि वे पूरी पतिव्रता थीं तथा अपने पति की सेवा-सुश्रुषा में सदा लगी रहती थीं। एक दिन उनकी भक्ति से प्रसन्न होकर इन्होंने वर माँगने को कहा, जिस पर अपनी सास के संकेतानुसार उन्होंने अपने लिए एक पुत्र की याचना कर दी और उन्हें दस महीने पीछे अपने अभीष्ट की प्राप्ति हो गई। साहिबजी का उक्त सम्पादक ने पितृभक्त होना भी बतलाया है, किंतु यह भी कहा है कि इन्होंने अपने पिता की हार्दिक इच्छा के विरुद्ध भी राजगद्दी पर बैठना स्वीकार नहीं किया। प्रसिद्ध है कि पहले इन्होंने उन्हें वैराग्य एवं भक्ति की चर्चा करके प्रभावित कर देना चाहा, किंतु जब वे इस पर भी इनके लिए तैयारी करते रह गए, तब राजगद्दी की निश्चित तिथि के एक दिन पूर्व हवा खाने के बहाने ये किसी तुर्की घोड़े पर सवार होकर निकल पड़े और घोर आँधी में सभी से अलग हो गए।

बाजीराव द्वितीय व तुलसी साहब–कहते हैं कि इनके पिता ने पहले इनकी बड़ी खोज करायी, किंतु इनके न मिल सकने पर अपने छोटे कुँवर बाजीराव को गद्दी पर बिठा दिया। ये बाजीराव अनुमानतः बाजीराव द्वितीय थे, जो सं. १८५३ में पेशवा हुए थे और सं. १८७५ तक उस गद्दी पर आसीन रहे थे। परंतु इतिहास-ग्रंथों में इनके बड़े भाई का नाम अमृतराव बतलाया जाता है, जो वास्तव में उनके पिता रघुनाथराव वा 'रघोवा' के दत्तक पुत्र थे। इतिहास में अमृतराव का श्यामराव नाम कहीं भी नहीं पाया जाता। उनके एक पुत्र का पता अवश्य मिलता है, जो विनायकराव के नाम से प्रसिद्ध था। बाजीराव द्वितीय जब सं. १८७६ में अपनी गद्दी से उतारकर बिठूर (जिला कानपुर) भेजे गए थे, उसके ४२ वर्ष पीछे उनसे इनकी भेंट होने की घटना का उल्लेख किया जाता है। प्रसिद्ध है, और कदाचित् किसी 'सुरत विलास' नामक ग्रंथ में भी लिखा है[२] कि एक दिन जब साहिबजी हाथरस में गंगातट पर विचरण कर रहे थे कि इन्होंने एक ब्राह्मण और एक शूद्र में झगड़ा होते देखा। ब्राह्मण गंगा में स्नान कर संध्या करने बैठा था कि शूद्र के शरीर का छींटा उसके ऊपर पड़ गया और वह क्रोधावेश में आकर उसे मारने-पीटने और गाली देने लगा। साहिबजी के पूछने पर जब ब्राह्मण ने कहा कि शूद्र ने मुझे अपवित्र कर दिया है और मेरे पास अब दूसरी धोती भी नही रही जिसे नहाने के अनंतर फिर पहनकर अपनी पूजा समाप्त करूँ, तब इन्होंने उसे समझाया कि हिंदू शास्त्रानुसार जब एक ही विष्णु के चरणों से गंगा व शूद्र दोनों ही निकले हैं, तब एक को पवित्र और दूसरे को अपवित्र क्यों मानते हो, ब्राह्मण यह सुनकर बहुत लज्जित हुआ और झगड़े का अंत हो गया। परंतु उक्त अवसर पर एकत्र भीड़ में उपस्थित बाजीराव द्वितीय के किसी पंडित ने साहिब जी को पहचान लिया और उसने जाकर अपने राजा को- इसकी सूचना दे दी। बाजीराव यह सुनकर उनसे मिलने पहुँच गए और इन्हें बड़े आदर-भाव के साथ अपने यहाँ ले गए। किंतु ये वहाँ से फिर चुपचाप चल दिये और अपना जीवन पूर्ववत् व्यतीत करने लगे।

१. 'शब्दावली' भाग १, पृ. १।
२. वही, पृ. १

गुरु–कहते है कि तुलसी साहब ने किसी को अपना गुरु धारण नहीं किया था। ये सदा सत्संग में ही रहकर संतमत के रहस्यों से पूर्णतः परिचित हो गए थे और इन्होंने अपनी साधना अपने आप कर ली थी। इन्होंने स्पष्ट शब्दों में कहा है कि,

कंज गुरु ने राह बताई। देह गुरु से कछु नहि पाई॥"[१]

जिससे प्रतीत होता है कि ये अपने भीतर अवस्थित स्वयं भगवान के संकेतों से ही अनुप्राणित हुए थे, इन्हें किसी मनुष्य के पथप्रदर्शन की आवश्यकता नहीं पड़ी थी। 'कंज गुरु' वा 'पद्मगुरु' शब्द शरीरस्थ कमल में विद्यमान सतगुरु का द्योतक है, जिसे इन्होंने 'मूलसंत' नाम भी दिया है और कहा है कि,

'सखि मूलसंत दयाल सतगुरु, पिउ निहाली मोहि करी'।[२]

और उसे 'सतलोक-निवासी' भी बतलाया है। इनका कहना है कि पहले मैं इधर-उधर गुरु की खोज में भटकता फिरता रहा और अंत में इसी चिंता में रहा कि किसी का साथ पकड़ लूँ। इन्होंने इस प्रकार अनेक संतों के सत्संग किये और उनके साथ रहकर अपने को लाभान्वित करने की चेष्टा में पूरा समय लगाया। फिर भी किसी व्यक्ति विशेष द्वारा इन्हें कोई दीक्षा नहीं मिली। कुछ लोगों का कहना है कि ये पहले 'आवा-पंथ' में दीक्षित हो चुके थे और पीछे किसी कारणवश उसका परित्याग कर ये संतमत में आये[३] परंतु 'आवा-पंथ' के साथ इनके किसी संबंध का संकेत इनकी रचनाओं में नहीं पाया जाता और न इनके विषय में लिखने वाले ने इस प्रसंग का कोई विवरण ही दिया है। 'गुरु' शब्द के साथ-साथ 'कंज' वा 'पद्म' का भी प्रायः सर्वत्र प्रयोग होने से कभी-कभी यह भी धारणा हो सकती है कि इनके गुरु कदाचित कोई 'पद्मानंद' जैसे नामधारी व्यक्ति रहे होंगे।

पूर्वजन्म वृत्तांत–साहिब जी के जीवन की सभी घटनाओं के उल्लेख नहीं मिलते। इनकी रचनाओं से इतना जान पड़ता है कि इन्हें अभ्यास व सत्संग से बड़ा प्रेम था। इनकी 'घट रामायन' में इनके पूर्वजन्म का भी प्रसंग मिलता है[४] जिससे पता चलता है कि उस समय ये प्रसिद्ध गो. तुलसीदास के रूप में आये थे। उसमें कहा गया है कि यमुना-तीरवर्ती राजापुर में इन्होंने जन्म लिया तथा उस गाँव की स्थिति भी बुंदेलखंड के अंतर्गत चित्रकूट से दस कोस की दूरी पर बतलायी गयी है। इनकी जन्म-तिथि सं. १५२९ की भादो सुदी एकादशी मंगलवार कही गई है और वहाँ पर इस बात की ओर संकेत है कि यद्यपि इनका मन अपनी पत्नी में लगता था, परन्तु उस सयम भी,

'एक विधी चित रहौं सग्हारे। मिलै कोई संत फिरौं तेहि लारे।'[५]

और सतसंग ही इन्हे अधिक पसंद था। तदनुसार सं. १६१४ की श्रावण शुक्ला नवमी को आधी रात के समय इन्हें अपने भीतर आश्चर्यजनक परिवर्तन का बोध हुआ और इन्होंने

१. 'घट रामायन' (भाग २) वेलवेडियर प्रेस, प्रयाग, पृ. ४१६।

२. वही, भाग १, पृ. ५।

३. क्षितिमोहन सेन : 'मिडीवल मिस्टिसिज्म आफ इंडिया' पृ. १६०।

४. 'घट रामायन' (भाग २) पृ. ४१४:४१८।

५. वही (भाग २). पृ. ४११ : ३।

अपने काया में ही सारे ब्राह्मंड का रहस्य जान लिया। ये तीनों लोकों से न्यारे स्थान 'सतलोक' में पहुँच गए और इन्हें 'अनाम' तक का अनुभव होने लगा। फिर तो ये उच्च कोटि के संत के रूप में प्रसिद्ध हो चले और इनके दर्शनों के लिए दूर-दूर तक के स्त्री-पुरुष एकत्र होने लगे, जिनमें एक व्यक्ति काशी का रहने वाला हिरदे अहीर भी था। हिरदे साहिब जी का इतना बड़ा प्रियपात्र हो गया कि उसके काशी चले जाने पर एक बार उसके स्नेह के कारण ये स्वयं भी वहाँ चले गए और सं. १६१५ में चैत मास में मंगल के दिन वहाँ पर जा ठहरे। काशी में रहते समय सं. १६१६ की कार्तिक वदी ५ को इनके यहाँ पलकराम नामक एक नानक-पंथी आया और उसने इनसे सत्संग किया। वहीं सं. १६१८ की भादो सुदी एकादशी को मंगल के दिन इन्होंने 'घट रामायन' में व्यक्त किये गए इनके विचारों के कारण काशी में खलबली मच गयी और लोग इसके विरुद्ध बिगड़ खड़े हो गए, जिस कारण इन्हें इस ग्रंथ को कुछ काल के लिए गुप्त रख देना पड़ा। तदनंतर सं. १६३१ में इन्होंने एक दूसरी 'रामायन' (वस्तुतः रामचरित मानस') की रचना की और अंत में सं. १६८० की श्रावण शुक्ल ७ को बरुन नदी के तीर पर मर गये।

समीक्षा–उक्त पूर्वजन्म-कथा के उल्लेखों से जान पड़ता है कि उन्हें करनेवाला अपने को प्रसिद्ध गो. तुलसीदास का एक अवतार मानता है और अपने विचारों के साथ सामंजस्य स्थापित करने की चेष्टा में कई बातों को संभालकर लिखता है, ताकि कोई संदेह न उत्पन्न हो सके। उसने 'रामचरित मानस' की कथा को 'घट रामायन' में घटाने का भी प्रयत्न किया है और कहा है कि,

'घट में रावनराम जो लेखा। भरत सत्रगुन दसरथ पेखा॥
सीता लखन कोसल्या माहीं। मंथरा केकई सकल रहाई॥
इन्द्रजीत मंदोदरि भाई। रावन कुंभकरन घट मांही॥
सारा जगत पिंड ब्रह्मांड। पाँच तत्त रचना कर अंडा॥

... .

घट रामायन अगम पसारा। पिंड ब्रह्मांड लखा विधि सारा॥
नाम अनेक अनेकन कहिया। सो सब घट भीतर दरसइया॥

... .

घट रामायन संत कोइ चीन्हा। समझे संत होइ लौलीना॥१॥'[1]

इसके सिवाय एक दूसरे[2] स्थल पर साहिब जी ने फूलदास के प्रति उपदेश देते हुए उसे बतलाया है कि किस प्रकार रावण ब्रह्म है, जिसकी लंका त्रिकुटी में अवस्थित है, इंद्रजीत इंद्रियों का जीतने वाला इंद्रियजीत साधक है, दस इंद्रियों में रत रहने वाला दशरथ है, उक्त रावण ब्रह्म तक 'दौरी' वा दौड़कर जा बसने वाले मन को 'मंदोदरी' कहते हैं तथा यम को स्थिर करके सुरति के निश्चल कर देने को 'मथ्रा' अर्थात् मंथरा का नाम दिया गया है और इस प्रकार केवल शब्दसाम्य के निर्बल आधार पर बिना कोई सुसंगति बैठाए राम-रावण की

---

१. 'घट रामायन' (भा. २) वे. प्रे. प्रयाग, पृ. ४११:३।
२. वही, पृ. २१५।

प्रसिद्ध कथा का वास्तविक तात्पर्य समझाया है। साहिबजी ने तो स्पष्ट शब्दों में भी कह दिया है कि,

'मैं अति हीन दीन दारुनमति, घट रामायन बनाई।
रावन राम की जुद्धि लड़ाई, सो नहिं कीन्ह बनाई ॥'[1]

जिससे कभी-कभी उक्त सारी बातें भ्रमात्मक जान पड़ने लगती हैं और ऊपर दिए हुए पूर्वजन्म -संबंधी वृत्त के प्रामाणिक होने में संदेह भी होने लगता है। इस वृत्त में दी गई सभी तिथियाँ गणना करने पर शुद्ध नहीं ठहरतीं[2] और न वह पूर्वजन्म का वृत्तांत सभी दृष्टियों से विचार करने पर एक पौराणिक वक्तव्य से अधिक महत्त्व रखता हुआ जान ही पड़ता है। इसीलिए किसी-किसी की यह भी धारण है कि 'घटरामायन' का यह अंश इनके किसी शिष्य की रचना है[3] और इस कारण उक्त उल्लेखों को हम क्षेपक भी कह सकते हैं।

जीवन-चर्चा–संत तुलसीदास साहब वा साहिबजी के जीवन की अधिकांश घटनाओं का हाल विदित न होने से इनके व्यक्तित्त्व का उचित मूल्यांकन नहीं किया जा सकता। इनके विषय में कहा गया है कि 'अक्सर हाथरस के बाहर एक कम्बल ओढ़े और हाथ में डंडा लिये दूर-दूर शहरों में चले जाया करते थे। जोगिया नाम के गाँव में, जो हाथरथ से एक मील पर है, अपना सत्संग जारी किया और बहुतों को सत्यमार्ग में लगाया था। इनकी हालत अक्सर गहरे खिंचाव की रहा करती थी और ऐसे आवेश की दशा में धारा की तरह ऊंचे घाट की बानी उनके मुख से निकलती, जो कोई निकटवर्ती सेवक उस समय पास रहा, उसने जो सुना-समझा लिख लिया, नहीं तो वह बानी हाथ से निकल गई। इस प्रकार के अनेक शब्द उनकी 'शब्दावली' में हैं"[4] ऐसी दशा में इनके विविध सम्वादों का सत्संग संबंधी उल्लेखों के विषय में भी संदेह करने की आवश्यकता नहीं प्रतीत होती। परंतु यह बात कुछ अवश्य खटकती है कि इतनी ऊंची पहुँच के किसी संत ने अपने को प्रसिद्ध सगुण भक्त तुलसीदास का अवतार होना सिद्ध किया होगा, अथवा केवल वाह्य शब्दसाम्य के सहारे 'रामचरित मानस' की कथा को 'घटरामायन' के सिद्धांतानुसार समझाने की चेष्टा की होगी।

स्वभाव–इनके स्वभाव के संबंध में एक कथा प्रचलित है कि एक बार इनके किसी श्रद्धालु भक्त ने इनका बड़ा आदर-सत्कार किया और बड़े प्रेम के साथ इनके सामने भोजन के सामान रख दिये। किंतु ज्यों ही ये भोजन आरंभ करने जा रहे थे कि उसने इनसे अपने पुत्रहीन होने का दुखड़ा कह सुनाया और इनसे अपने अभीष्ट की सिद्धि के लिए प्रार्थना भी कर दी। इस पर साहिबजी बोल उठे, "यदि तुम्हें पुत्र की अभिलाषा हो, तो अपने सगुण परमात्मा से उसकी भीख माँगों। मेरी यदि चले, तो मैं अपने भक्तों के उत्पन्न बच्चों को भी उठा लूँ और इन्हें इस प्रकार निर्वेश कर दूँ" और ये इसी प्रकार कहते सुनते-अपना सोंटा उठाकर चल भी दिये[5]। इन्हीं की क्षमाशीलता के संबंध में एक दूसरी कथा इस प्रकार प्रसिद्ध

---

१. 'घट रामायन' (भाग २) पृ. २१४।
२. डा. माता प्रसाद गुप्तः 'तुलसीदास' (प्रयाग विश्वविद्यालय, हिन्दी-परिषद, १९४२ ई.) पृ. ५८।
३. 'नागरी-प्रचारिणी पत्रिका', भा. १५, पृ. ९२।
४. 'घटरामायन', भाग १, वे. प्रे., प्रयाग (जीवनचरित्र), पृ. ३:४।
५. 'रत्नसागर' (वेलवेडियर प्रेस, प्रयाग) जीवन-चरित्र, पृ. २।

है: "एक समय जब ये हाथरस के एक मार्ग से बाजार होकर जा रहे थे कि इनके मूर्तिपूजा-खंडन इत्यादि से चिढ़े हुए लोगों के बालकों ने इनके पीछे तालियाँ बजाना और इन पर ककड़-पत्थर फेंकना आरंभ कर दिया और एकाध कंकड़ इनके अति निकट भी आ गिरे। इनके शिष्य गिरधारी लाल को अत्यंत क्रोध आ गया तथा उनकी आँखें लाल लाल हो आयीं। परन्तु इन्होंने इन्हे क्रोध करने से मना किया और कहा कि दुनियादारों के लिए यह स्वाभाविक है। तुम्हें ऐसा करना उचित नहीं। लोगों ने तो साधुओं की खाल तक खिंचवा ली है[१]।

मृत्यु-काल–'वेलवेडियर प्रेस, प्रयाग' द्वारा प्रकाशित 'शब्दावली' (भाग १) के सम्पादक ने उसके आरंभ दिये गये 'जीवन चरित्र' में बतलाया है कि संत तुलसी साहब का देहांत सं. १८९९ वा सं. १९०० की जेठ सुदी २ को अनुमानतः ८० वर्ष की अवस्था में हुआ था और इस प्रकार उन्होंने इनके जन्म का संवत् लगभग १८२० ठहराया है जो उसी प्रेस द्वारा प्रकाशित 'रत्नसागर' ग्रंथ के आरंभ में दिये इनके जीवन काल से मेल नहीं खाता। आचार्य क्षितिमोहन सेन ने इनका जन्म-समय सन् १७६० (अर्थात् सं. १८१७) तथा मृत्यु-समय सन् १८४२ ई. (अर्थात् सं. १८९९) माना है[२], जो उक्त पहले कथन के बहुत कुछ अनुकूल पड़ता है और यद्यपि उसके लिए कोई प्रमाण नहीं दिये गए हैं, फिर भी इसे तब तक मान लेना कदाचित अनुचित न होगा।

रचनाएँ–संत तुलसी साहब की रचनाओं के रूप में इस समय 'घटरामायन', 'शब्दावली' एवं 'रत्नसागर' नाम की तीन पुस्तकें उपलब्ध हैं, जो सभी 'वेलवेडियर प्रेस, प्रयाग' की ओर से प्रकाशित हो चुकी हैं, और 'शब्दावली' (भाग २) के अंत में एक 'पद्मसागर' नाम का छोटा-सा ग्रंथ भी छपा मिलता है। 'घटरामायन' एक बड़ा ग्रंथ है जिसमें पिंड एवं ब्रह्माण्ड के रहस्यों का विवरण देने के अनंतर वैराग्य, योग, भक्ति तथा ज्ञान का वर्णन किया गया है और तत्पश्चात् उन विविध संवादों के भी उल्लेख हैं जो तुलसी साहब के काशी में रहते समय उनके और भिन्न-भिन्न धर्मवालों के बीच हुए थे। इन सत्संग करने वालों में तकी मियाँ मुसलमान थे, कर्मचंद पल्लीवाल, धर्मा व करिया अथवा सेनी नाम की स्त्री जैनी थे, नैनू, स्यामा तथा रामा पंडित थे, मांना गिरि संन्यासी थे, हिरदे अहीर, उसका पुत्र गुनुवाँ व प्रियेलाल गुसाईं साधारण हिंदुओं के प्रतिनिधि थे, फूलदास, रेवतीदास एवं गुपाल गुसाईं कबीर पंथी थे, और पलकराम नानक-पंथी थे और इनमें से प्रायः सभी ने अपनी-अपनी मान्यताओं के अनुसार प्रश्न कर इनसे उत्तर पाये। इनके संवादों में प्रदर्शित तर्क-वितर्क की शैली गंभीर नहीं है और कहीं पर गूढ़ प्रश्नों तक को लेकर एक प्रकार का विनोद प्रदर्शन किया गया जान पड़ता है। पुस्तक के अंत में संत तुलसी साहब के पूर्वजन्म का वृत्तांत भी दिया गया है और संतमत के संक्षिप्त परिचय के साथ यह समाप्त की गयी है। 'रत्नसागर' ग्रंथ में सृष्टि रचना का रहस्य, कर्मवाद व सत्संग प्रधान विषय होकर आये हैं और एकाध उपाख्यानों द्वारा कुछ, बातों को स्पष्ट करने की चेष्टा भी की गई हैं। इसी प्रकार "शब्दावली' नाम की रचना साहिबजी की विविध बानियों का संग्रह-मात्र है जिसमें भिन्न-भिन्न विषयों के अनेक छंदों व रागों के उदाहरण पाये जाते हैं। 'शब्दावली' के अंत में जुड़ी हुई 'पद्मसागर' नामक छोटी-सी रचना में अगमपुर तथा उस तक पहुँचने के मार्ग का केवल अधूरा वर्णन दीख पड़ता है।

---

१. 'जीवनचरित्र स्वामीजी महाराज' पृ. ९७:९८।

२. क्षितिमोहन सेन : 'मिडीवल मिस्टिसिज्म आफ इंडिया', पृ. १६०-१।

पिंड-रहस्य–इस प्रकार संत तुलसी साहब की उपलब्ध रचनाओं के प्रधान विषय या तो उनके सिद्धांतों से सम्बन्ध रखते हैं या आलोचनात्मक हैं। अपने सिद्धातों का निरूपण करते समय इन्होंने सर्वप्रथम पिंड एवं ब्रह्मांड के भेद का वर्णन किया है और उसका आधार वा प्रमाण बतलाते हुए कहा है[१] कि,

'स्रुति बुंद सिंधु मिलाय, आप अधर चढ़ि चाखिया।

निरखा आदि अंत मधि माहीं। सोइ-सोइ तुलसी भाखि सुनाई॥

पिंड मांहि ब्रह्मांड समाना। तुलसी देखा अगम ठिकाना॥

पिंड मांहि ब्रह्मांड बखाना। ताकी तुलसी करी बखाना॥'

और दरिया साहब (मारवाड़) के समान स्वयं सभी बातों के द्रष्टा एवं अनुभवी होने के कारण पिंड की भीतरी स्थिति का ब्योरा बहुत विस्तार के साथ दिया है। तदनुसार इन्होंने इसके भीतर वाले ३६ प्रकार के नीर वा जलतत्व, २५ प्रकार के पवन वा वायुतत्व, १६ प्रकार के गगन वा आकाशतत्व, छः भँवर गुफा, छः त्रिकुटी, ३२ नाल, १६ द्वारा, ७२ कोठा, ८४ सिद्ध, २५ प्रकृति, ५ इंद्रिय, २२ सुन्न आदि के विवरण व कभी-कभी नाम भी देकर अनेक कमल, चक्र आदि तथा काग-भुशुंडी का भी पता बतलाया है।[२]। इन्होनें घट के ही भीतर चार गुरुओं के स्थान भी निर्दिष्ट किये हैं जो क्रमशः सहसदल कमल, द्वैदल कमल, चौदल कमल तथा सतलोक कहे गए हैं और इन सब के परे उस परमगुरु का पद ठहराया है जो सभी संतों का आधार-स्वरूप होने पर भी घट के बाहर नहीं है[३]। इन्होंने सुन्न के छः अन्य भेद भी बतलाकर उनमें से प्रथम को 'निःनामी' का अगमपुर कहा है द्वितीय को 'सत्तनाम' का सुखधाम बतलाया है, तृतीय को एक शब्द की खिरकी नाम दिया है और छहों के निवासियों को क्रमशः पिय, सत्त पुरुष, पुरुष, परमातम, हंस (आतम) व निराकार कहा है। इनमें से अंतिम तीन को दूसरे शब्दों में क्रमशः पारब्रह्म, पूरनब्रह्म व निरंजन भी कहा गया है। इन्होंने उक्त ढंग से भेद का वर्णन करके चार प्रकार की साधनाएं भी बतलायीं हैं, जिनमें चार वैराग्य, दो ज्ञान एवं नव भक्ति के विविध अंगों से संबंध रखती हैं और जिनकी सहायता से साधक अपने अभीष्ट की उपलब्धि कर सकता है।

संत-मत–संत तुलसी साहब ने अपने मत को 'संत-मत' नाम दिया है और कहा है कि उसके वास्तविक रहस्य को ब्रह्म, विराट आदि तक नहीं जानते[४]। इस मत का कोई अंत नहीं है, किंतु उसी के अनुसरण द्वारा प्राप्त घर में सभी संत निरंतर निवास किया करते हैं[५]। ये कहते हैं कि सतसंग व सतगुरु ने मुझे संतपथ की ओर उन्मुख कर दिया और मैने उससे परिचित हो जाने के कारण किसी भिन्न मत के प्रचार की आवश्यकता नहीं समझी और न नया पंथ चलाया। इन्होंने कबीर साहब, नानकदेव, दादूदयाल, दरियासाहब, रैदास तथा मीरा

---

१. 'घटरामायन' (भा. १) वे. प्रे., प्रयाग, पृ. १ व १०:११।

२. वही, पृ. १३:८०।

३. 'शब्दावली' (भा. १) वे. प्रे. प्रयाग, पृ. ११८।

४. 'घटरामायन' (भा. १) वे. प्रे., प्रयाग, पृ. १४३।

५. वही, पृ. १०९।

एवं नाभा का भी आदर्श संत के रूप में वर्णन किया है, किंतु इसके साथ ही इन्होंने अपने आलोचनात्मक उपदेशों के द्वारा उनके विविध अनुयायियों को पथभ्रष्ट भी सिद्ध करने की चेष्टा की है। उदाहरण के लिए इन्होंने कहा है कि,

'जो-कुछ पंथ कबीर चलाया। पंथ भेद कोई मरम न पाया॥
पंथ कबीर सोई है भाई। गए कबीर जेहि मारग जाई॥
झूठा पंथ जगत सब लूटा। कहा कबीर सो मारग छूटा॥'[१]

इन्होंने इसी कारण कबरी-पंथ की प्रसिद्ध 'चौका विधि' व 'बयालिसवंश' जैसी पद्धतियों वा परम्पराओं के अपने तर्क के अनुसार भिन्न-भिन्न अर्थ लगाये हैं और नानक-पंथ अथवा सिख धर्म के 'वाह गुरु' 'कड़ा', 'प्रसाद' व 'ग्रंथ' जैसे शब्दों से भिन्न-भिन्न तात्पर्य निकालने का प्रयत्न किया है। इनकी युक्तियाँ कभी-कभी काल्पनिक होती हुई भी अधिकतर बुद्धिसंगत व समीचीन हैं और कोरी श्रद्धा के आवेश में अंधानुसरण करने वालों के लिए चेतावनी का काम करती हैं

मन व अगमपुर–संत तुलसी साहब ने 'मन' शब्द का अर्थ श्लेष द्वारा तौलवाला मन बतलाया है ओर उसे संत शिवनारायण की भाँति ४० सेर का भी कहा है। किंतु बंसबयालिसवाले कबीर-पंथी कथन की सार्थकता सिद्ध करने के प्रयत्न में इन्होंने उसमें कुछ और भी जोड़ दिया है। इनका कहना है कि मन का बास निरंतर चालीस प्रकार के स्थलों पर होता रहता है, किंतु सुरत की स्थिति में पहुँचकर उसका इकतालीसवाँ रूप हो जाता है तथा उसी प्रकार जब सुरत व शब्द का संयोग बनकर दृढ़ हो जाता है, तब उसके बयालीसवें रूप का अनुमान कर लेना भी अनुचित नहीं। मन के विषय में इन्होंने अपने ग्रंथों में कई जगह लिखा है। इन्होंने एक स्थल पर इसे निरंजन नाम से भी अभिहित किया है[२] और उसके आगे जाकर बतलाया है कि मन का नाश होते ही निरंजन का भी नाश हो जाता है और वह ब्रह्म में प्रवेश कर जाता है। फिर ब्रह्म भी उसी भाँति शब्द में जाकर लीन होता है, शब्द शून्य में चला जाता है और शून्य अंत में महाशून्य के अंतर्गत घुल-मिल जाता है, जहाँ से उत्पत्ति व प्रलय हुआ करते हैं और जिसके आगे की बातें किसी को ज्ञात नहीं हो पातीं। महाशून्य को ही इन्होंने 'सत्तलोक' नाम भी दिया है और कहा है कि वह तीनों लोकों से परे है और उसमें केवल संत ही जा पाते हैं।

'मन का नाम निरंजन होई। आतमब्रह्म कहै सब कोई॥
मन को नास सुनौ पुनि भाई। मन नसि गया निरंजन भाई॥
नास निरंजन ब्रह्म समाना। ब्रह्म जो नसा शब्द में जाना॥
सब्द नास जो सुन्न समाना। सुन्न नास महासुन में जाना॥
यहं से उतपति परलय होई। आगे भेद न जानै कोई॥
सत्तलोक महासुन्न कहाई। तीनि लोक सब सुन्न में जाई॥
तीनि लोक करता नहिं जावै। वा पद को कोई संत समावै॥'[३]

---

१. घटरामायन' (भा. १), पृ. १९१ व १९३।
२. वही पृ. १७७।
३. वही, पृ. १८०।

इसी पद वा स्थिति को साहिबजी ने अगमपुर धाम का[१] नाम दिया है और यह वस्तुतः वही है जिसे दरियादास ने 'छपलोक' तथा शिवनारायण ने 'संतदेश' कहा था। इस इन्द्रियातीत एवं अनिर्वचनीय दशा का आध्यात्मिक अनुभव साहिबजी नित्यशः किया करते थे, जैसा कि इनकी निम्नलिखित पंक्तियों द्वारा विदित होता है–

'तुलसी निरखि नैन दिन राती, पल पल पहरो आठ।
यदि विधि सैल करे निसवासर, रोज तीन से साठ॥'[२]

महत्त्व व अनुयायी–तुलसी साहब ने भिन्न-भिन्न पंथों वा सम्प्रदायों के रूप में चल निकलने वाले तथा समय के साथ बाहरी सिद्धांतों द्वारा प्रभावित होते जाने वाले विविध नामधारी संतमत की मौलिक एकता पर बहुत ध्यान दिलाया और उसके प्रधान प्रवर्तकों के मूल उद्देश्यों को भी समझाया। परंतु दूसरी ओर पिंड के भीतर की बातों के अनेक अनावश्यक भेद-उपभेद रचकर उसमें जटिलता भी इन्होंने ला दी और अपने को गो. तुलसीदास का अवतार बतलाकर कोरी कल्पना को और भी प्रश्रय दिया, जिससे न तो इन्हें हम एक उच्चकोटि का निष्पक्ष समालोचक व सुधारक ही कह सकते हैं और न निरा पुराण-पंथी ही मान सकते हैं। फिर भी संत-परम्परा के इतिहास में इनके व्यक्तित्त्व का बहुत बड़ा महत्त्व है और सब कुछ होते हुए भी ये अपने निराले ढंग के कारण उसमें एक विशेष स्थान के अधिकारी समझ पड़ते हैं। इनके द्वारा प्रचलित किया गया पंथ साहिब पंथ के नाम से प्रसिद्ध हो चला है और उसके सहस्रों अनुयायी भारत के विभिन्न नगरों में पाये जाते हैं। 'घटरामायन' में[३] इनके १३ शिष्यों के नाम बतलाये गए हैं, जो पहले कई धर्मों वा सम्प्रदायों के अनुयायी रह चुके थे और जिन्हें उपदेश देकर इन्होंने अपना शिष्य बनाया था। ये वही हिरदे अहीर, पलकराम आदि हैं जिनकी चर्चा ऊपर की जा चुकी है। इनके सिवाय इनके शिष्यों में एक रामकिशुन गड़ेरिया का भी नाम आता है। परंतु इनके सबसे प्रसिद्ध शिष्य सूरस्वामी कहे जाते हैं, जिन्हें जनश्रुति के अनुसार इन्होंने आँख की ज्योति भी प्रदान की थी। इनका देहांत हो जाने पर इनके स्थान पर गिरधारी दास नामक एक शिष्य कुछ दिनों तक सत्संग कराते रहे। किंतु उनके पीछे कदाचित् यह परम्परा नियमानुसार नहीं चल सकी। संत तुलसी साहब की समाधि हाथरस में उस स्थान पर आज भी वर्तमान है, जहाँ बैठकर ये नित्य उपदेश दिया करते थे और वह साहिब-पंथियों का प्रधान तीर्थस्थान समझा जाता है।

३. नांगी-सम्प्रदाय

डेढ़राज का प्रारंभिक जीवन–नांगी-सम्प्रदाय के मूलप्रवर्तक संत डेढ़राज का जन्म नारनौल जिले के धारूस गाँव के अंतर्गत सं. १८२८ में हुआ था। इनके पिता ब्राह्मण जाति के थे और उनका नाम पूरन था। परिवार के अधिक दरिद्र होने के कारण इन्हें केवल १३:१४ वर्ष की अवस्था में ही घर छोड़कर आगरे आ जाना पड़ा। यहाँ पर उस समय माधवराव सिंधिया का शासन था और उनके दीवान धर्मदास थे जो आगरे में रहते थे। धर्मदास के ही यहाँ डेढ़राज ने नौकरी कर ली। अनुमान किया जाता है कि यहाँ पर उन्हें अनेक हिंदू तथा मुसलमान

१. 'पद्मसागर' वे. प्रे. प्रयाग, पृ. १।
२. 'शब्दावली' (भा. १) वे. प्रे. प्रयाग, पृ. १२५।
३. वही, पृ. ३२२।

साधु-संतों से भेंट हुई और उन्हीं के सत्संग द्वारा इनके हृदय में आध्यात्मिक भाव जागृत होने लगे। नांगी-सम्प्रदाय के संबंध में लिखने वाले रोज साहब का कहना है कि "धर्मदास की पत्नी नानकी के साथ ये देशभ्रमण के लिए भी निकले थे। ये दोनों पहले पहल बंगाल की ओर गये और उधर से लौटकर सं. १८५० में 'कनाड' के आसपास अपने मत का प्रचार करने लगे।" रोज साहब इन दोंनो के बीच स्त्री-पुरुष संबंध का भी अनुमान करते हैं और कहते हैं कि सम्प्रदाय का उक्त स्त्री के नाम के आधार पर सर्वप्रथम 'नानकी-पंथ' पड़ा था, जो आगे चलकर 'नांगी-पंथ' बन गया।[१] । डेढ़राज के विवाह का किसी वैश्यकुल की लड़की के साथ होना बतलाया जाता है[२], अतएव यदि उक्त धर्मदास दीवान जाति के वैश्य रहे हों, नानकी उनकी पुत्री का ही नाम रहा हो तथा दोनों का विवाह-सम्बन्ध हो गया हो, तो यह असंभव नहीं कहा जा सकता और न इस बात में संदेह करने की ही आवश्यकता है कि उक्त दोनों के संयुक्त प्रयत्नों के फलस्वरूप इस पंथ की स्थापना हुई थी।

प्रचार-कार्य व मृत्यु–पंथ के प्रारंभ का समय जो भी रहा हो, संत डेढ़राज ने उसका खुला प्रचार अपने जीवन-काल के तैतीसवें वर्ष में आरंभ किया और इस कार्य के लिए अपनी जन्मभूमि के प्रदेश को ही अधिक उपयुक्त समझकर ये उस ओर रहने भी लग गए। ये वर्ण-व्यवस्था के विरुद्ध बड़े उग्र विचार प्रकट करते थे और इन्होंने अपना विवाह भी ब्राह्मणेतर जाति की कन्या के साथ कर लिया था, इसलिए इनके विरोधियों की संख्या अपने समाज में बढ़ने लगी। तदनुसार कुछ लोगों की प्रार्थना पर नारनौल के शासक झाझर-निवासी नजावत अली खाँ ने इन्हें पकड़वाकर कारागार में डाल दिया। बंदी-जीवन में इन्हें बहुत कष्ट झेलने पड़े और अंत में जब झाझर की दुरवस्था के कारण वहाँ के सारे बंदी छोड़े जाने लगे, तभी उससे इन्हें मुक्ति मिली। कारागार से निकलने पर संत डेढ़राज खेतरी प्रदेश के छुरिणा नामक गाँव में जा बसे और वहाँ रहकर इन्होंने फिर से अपना कार्य आरंभ कर दिया। तब से अपने जीवन के अंतिम समय तक इनका कार्यक्षेत्र अधिकतर नारनौल जिले से लेकर गुड़गाँव जिले तक सीमित रहा। इनका देहांत उक्त छुरिणा गाँव में ही सं. १९०९ में ८१ वर्ष की अवस्था में हुआ और वह स्थान इनके अनुयायियों द्वारा पवित्र माना जाता है। इनके पुत्र का नाम चंद्र था और गंगाराम इनके प्रधान शिष्य थे, जिनके शिष्य आगे चलकर सन्तराम हुए। संत डेढ़राज के शिष्यों में उनके भाई भगीरथदास का नाम भी प्रसिद्ध है।

रचनाएँ व सिद्धांत–कहा जाता है कि अपने मत के संबंध में डेढ़राज ने तीन ग्रन्थों की रचना की थी। किंतु इनमें से किसी का पता नहीं चलता। इनके भजन एवं उपदेश-संबंधी पदों का देशी भाषा में होना बतलाया जाता है और कहा जाता है कि ये इनके अनुयायियों के यहाँ सुरक्षित हैं। उक्त रचनाओं को देखने वालों तथा इस पंथ के अनुयायियों के साथ सत्संग करने वालों का कहना है कि ये लोग 'राम' नामधारी परमात्मा को मानते हैं, जो निराकार, अद्वितीय, अतुलनीय, शाश्वत व सर्वव्यापक है। वही एकमात्र सत्य है और उसी का पसारा संसार में सर्वत्र लक्षित होता है। उसके सिवाय किसी भी अन्य देवी वा देवता का अस्तित्व

---

१. एच. ए. रोज : 'ए ग्लासरी आफ दि ट्राइब्स एंड कास्ट्स आफ दि पंजाब ऐंड नार्थ वेस्ट फ्रांटियर प्राविंस (भा. ३) पृ. १५६।

२. क्षितिमोहन सेन : 'मिडीवल मिस्टिसिज्म आफ इंडिया' पृ. १६२।

नहीं है। वे हिन्दू अथवा मुसलमान की साधनाओं का समान भाव से आदर करते हैं और हिंदुओं के 'रामायण' तथा ' महाभारत' जैसे धर्मग्रंथों से नैतिक आचरण संबंधी उपदेशों को ग्रहण करते हैं। परंतु वे इन्हें अंतिम प्रमाण की पुस्तकें नहीं मानते। अपने 'राम' की जगह ये 'हरि' आदि शब्दों का भी प्रयोग करते हैं और इनके भजनों में इस प्रकार के नामों का प्रचुरता के साथ व्यवहार किया गया मिलता है। इस पंथ के अंतर्गत पुरुषों के ही समान स्त्रियों को भी एक ही प्रकार साधना का अधिकार है और वास्तव में इन दोनों के बीच वे कोई मौलिक अंतर नहीं मानते। प्रार्थना के अवसरों पर सभी एक ही पंक्ति में एकत्र हुआ करते हैं, पद गा-गा कर झूमा करते हैं और कभी-कभी भावावेश में आकर नाचने भी लगते हैं।

प्रचार-केन्द्र–इनका प्रधान मठ गुड़गाँव जिले के भिवाना नामक स्थान में है और खेतर प्रांत के चुस्नागाँव में भी एक मंदिर है, जहाँ संत डेढ़राज का पूजन 'नेहकलंक' या कल्कि अवतार के रूप में होता है। इस पंथ के अनुयायियों की अधिक संख्या झाझर, गुडगाँव तथा नारनौल में पायी जाती है।

विशेषता–सत्य के प्रति विशेष आस्था और शुद्धाचरण इस पंथ के अनुयायियों की विशेषताएं हैं। इनका ध्यान सामाजिक सुधारों की ओर भी दीख पड़ता है और इस पंथ का नाम 'नांगी-सम्पदाय' पड़ने का मुख्य कारण कुछ लोग यही समझते हैं कि इसके अनुयायी स्त्रियों का पर्दा हटाने के बड़े समर्थक हैं। सभी मनुष्य, चाहे स्त्री हों, वा पुरुष एक ही ईश्वर के संतान हैं और आपस में भाई-बहन हैं, उनमें किसी प्रकार के वर्णगत वा जातिगत भेद की भी गुंजायश नहीं। मानव-समाज के अंतर्गत सारी कुरीतियों का मूलोच्छेदन तथा उसके प्रत्येक व्यक्ति को अपने विकास के लिए समान अवसर देना परम कर्तव्य है। इसी प्रकार ईश्वर की आराधना के संबंध में सब का समानाधिकार, मूर्तिपूजन की व्यर्थता तथा ग्रंथविशेष के प्रति आस्था न रखना इस सम्प्रदाय के अन्य नियम कहे जा सकते हैं। इसके अनुयायियों की कम संख्या तथा इनके ग्रन्थों के बहुत कम प्रचार के कारण इसके विषय में अभी तक वैसी जानकारी नहीं है।

४. राधास्वामी सत्संग

सत्संग की विशेषता–राधास्वामी सत्संग वा सम्प्रदाय की अधिकांश बातें गुप्त रखी जाती हैं और उनसे सिवाय सत्संगियों के भरसक अन्य लोग परिचित नहीं हो पाते। तदनुसार इनकी गूढ़ आध्यात्मिक साधनाओं का पता सर्वसाधारण को नहीं लग पाता और न वे इनके मुख्य ग्रंथों को ही देख वा अध्ययन कर पाते हैं। फिर भी इस सम्प्रदाय के प्रचार में उक्त बातों के कारण कोई विशेष बाधा नहीं उपस्थित होती। बहुत से लोग बहुधा इसके रहस्यमय सिद्धांतों की जिज्ञासा से ही इस ओर आकृष्ट हो जाते हैं और अन्य लोग इसके सुंदर संगठन व सत्कार्यों से प्रभावित होकर इसमें प्रवेश पाने के लिए उद्यत होते हैं। इस पंथ का आरंभ सर्वप्रथम एक शुद्ध धार्मिक संस्था के रूप में हुआ था और इसके प्रथम तीन प्रधान गुरुओं के समय तक इसकी प्रायः वही दशा रही। किंतु आधुनिक शिक्षा-संपन्न अनेक व्यक्तियों के इसके भीतर अधिकाधिक प्रवेश पाते रहने के कारण इसके मूल स्वरूप में क्रमशः परिवर्तन होने लगा, मतभेद की मात्रा में भी कुछ न कुछ वृद्धि होती गई और इसकी आगरावाली दयालबाग शाखा ने व्यवसाय के क्षेत्र में भी पदार्पण कर दिया। पूर्व परम्परानुसार इसके सदस्य आध्यात्मिक क्षेत्र में अपनी 'कमाई' वा अभ्यास करते हुए व्यक्तिगत रूप से ही अपनी

जीविका में प्रवृत्त हुआ करते थे। किंतु आगे चलकर उक्त शाखा ने उनके लिए सामूहिक उद्योग-धन्धे में भी सहयोग प्रदान करने का अवसर उपस्थित कर दिया और वह स्वयं भी एक व्यवसाय-केंद्र के रूप में परिवर्तित हो गई। तब से इसके दोनों कार्य पूर्ण सहयोग के साथ उन्नति की ओर अग्रसर हो रहे हैं और संभव है, उसे आगे और भी अधिक सफलता मिले।

(१) लाला शिवदयाल सिंह 'स्वामीजी महाराज'

प्रारंभिक जीवन–राधास्वामी सत्संग के मूल प्रवर्तक लाला शिवदयाल सिंह खत्री सेठ थे, जो शहर आगरा, मुहल्ला पन्नीगली में संवत् १८७५ की भादो वदी ८ को साढ़े बारह बजे रात के समय लाला दिलवाली सिंह के घर उत्पन्न हुए थे। इनके अनुयायी इन्हें 'परम पुरुष धनी कुल मालिक राधास्वामी दयाल' का स्वरूप अथवा अवतार मानते हैं और इनको 'स्वामीजी महाराज' के नाम से अभिहित करते हैं। उनमें यह भी प्रसिद्ध है कि इनके भविष्य में प्रकट होने की सूचना हाथरसवाले संत तुलसी साहब ने इनकी माता को पहले से ही दे रखी थी और इनके पिता को उनके सत्संग का भी अवसर प्राप्त था। इनके पिता 'दिलवाली सिंह पहले नानक-पंथ के अनुयायी थे और अपने पिता की भाँति 'जपुजी', 'सोदर', 'सुखयानी' आदि का पाठ नियमपूर्वक किया करते थे। परंतु संत तुलसी साहब के आगरे में बहुधा आते-जाते रहने के कारण उनकी धार्मिक प्रवृत्ति का झुकाव क्रमशः 'साहिब-पंथ' की ओर भी हो चला था तथा 'स्वामीजी महाराज' की माता, बुआ एवं नानी तक उक्त साहिब जी के सत्संगों से प्रभावित होने लगी थीं। तदनुसार बालक शिवदयाल के आध्यात्मिक विकास के लिए उपर्युक्त वातावरण सर्वप्रथम संतमत द्वारा अनुप्राणित होकर ही उपलब्ध हुआ और आगे उन्हें कहीं अन्यत्र भटकना न पड़ा[1]। इनकी शिक्षा का आरंभ नागरी लिपि व हिंदी भाषा से हुआ था और इन्हें गुरुमुखी भी पढ़ाई गई थी। परंतु कुछ बड़े होने पर इन्होंने फारसी में बहुत अच्छी योग्यता प्राप्त कर ली और अरबी एवं संस्कृत के भी जानकर हो गए।

गार्हस्थ्य-जीवन–कहते हैं कि इनका विवाह फरीदाबाद (जिला देहली) में लाला इज्जतराम के यहाँ हुआ था और इनकी पत्नी को इनके अनुयायी 'राधाजी' कहा करते थे। ये बड़े उदार हृदय की महिला थीं और इनकी भी प्रवृत्ति आध्यात्मिक बातों की ओर बराबर रहा करती थी। इनसे स्वामीजी महाराज को कोई संतान नहीं हुई और ये अपने पति के साथ गृहस्थी का जीवन व्यतीत कर सं. १९५१ की कार्तिक सुदी ४ को परलोक सिधार गईं। संत शिवदयाल सिंह के दो छोटे भाई भी थे जिनमें से एक का नाम ब्रिन्दावन दास था और सबसे छोट प्रतापसिंह सेठ कहे जाते थे। आपके घर में पहले महाजनी की जीविका चलती थी, किंतु आगे चलकर कुछ समय तक इनके परिवारवालों ने नौकरी भी कर ली। इन्होंने स्वयं कुछ समय तक फारसी पढ़ाने का काम किया और इनके भाई ब्रिन्दावन दास बहुत दिनों तक डाक-विभाग में नौकरी करते रहे। प्रसिद्ध हैं कि अपने भाई की नौकरी लग जाने पर एक दिन इन्होंने अपने सबसे छोटे भाई प्रतापसिंह से कहा, 'ऐ अजीज, चूँकि कादिर हकीकी ने अब रिजक की सूरत दूसरी निकाल दी है, तो अब लेन-देन करना और सूद के रूपये से खर्च अमालदारी का चलाना नामुनासिब मालूम होता है। लिहाजा तुम सब कर्जदारों के कागजात, इस्टाम्प वगैरह को निकाल

---

१. कहते हैं कि इन्होंने तुलसी साहेब के प्रमुख शिष्य बाबा गिरधारी दास से मर्यादानुसार दीक्षा भी ले ली थी।

लो और उन सब लोगों को बुलाकर यह बयान कर दो कि स्वामी जी महाराज नेक फरमाया है कि अगर तुमकों हमारा रुपया देना मंजूर है और अपना ईमान सलामत रखना चाहते हो, तो हमारा रुपया एक हफ्ते के अर्से में अदा कर दो, वरना तुम्हारे दस्तावेज सब चाक करके फेंक दिये जायँगे।"[१] तदनुसार प्रतापसिंह ने सभी कर्जदारों को इस बात की सूचना दे दी और प्रति दिन चार-पाँच व्यक्तियों के हिसाब से बातचीत कर अपने परिवार के संपूर्ण लेन-देन का अंत कर दिया। तब से परिवार के भरण-पोषण का प्रबंध केवल ब्रिन्दावनदास की तनखाह के आधार पर चलने लगा। संत शिवदयाल सिंह का देहांत सं. १९३५ की आषाढ़ कृष्ण प्रतिपदा शनिवार को लगभग पौने दो बजे अपरांह काल में हुआ और इनकी समाधि स्वामीबाग के निकट बनायी गई।

आध्यात्मिक प्रवृत्ति–लाला शिवदयाल सिंह अपनी छः-सात वर्षों की अवस्था से ही आध्यात्मिक चिंतन व सत्संग में प्रवृत्त होने लगे थे। लगभग पंद्रह वर्षों की अवस्था तक आप अपने मकान की किसी कोठरी में बैठकर अपने अभ्यास का काम चलाते रहे और इस बीच में बहुधा दो-दो, तीन-तीन दिनों तक बाहर नहीं निकलते थे। इन्हें इस काल में मलमूत्र त्याग करने तक की आवश्यकता का कभी अनुभव नहीं होता रहा। पीछे इन्होंने सं. १९१७ की वसंत पंचमी के दिन से कतिपय सत्संगियों की प्रार्थना के अनुसार प्रकट रूप से संतमत के उपदेश देने आरंभ किये और तब से यह कार्य निरंतर साढ़े सत्रह वर्षों तक इनके मकान पर चलता रहा। इस बीच में लगभग ८:१० सहस्र हिंदू, मुस्लिम, जैनी व ईसाई पुरुष व स्त्रियों ने इनके सिद्धांतों में विश्वास कर इनका अनुयायी बन जाना स्वीकार किया। इनमें से लगभग १००० साधु होगें, शेष सभी गृहस्थ थे। इनकी आध्यात्मिक पहुँच की ख्याति क्रमशः दूर-दूर तक फैल चली और अनेक लोगों ने इनके स्थान से सैकड़ों मील की दूरी से आकर इनके सत्संग से लाभ उठाया। संत तुलसी साहब का उक्त समय तक देहांत हो चुका था, अतएव इनकी शरण में बहुत-से ऐसे भी लोग आ गये जो पहले उनके 'साहिब-पंथ' से संबंध रखते थे और जिन्हें संतमत के गूढ़ विषयों की गुत्थियाँ समझने में इनके निकट अधिक सहायता मिल सकती थी। अपने मकान पर सत्संगियों तथा मंगतों की बहुत भीड़ देखकर एक बार इनके जी में आया कि आगरा नगर के कहीं बाहर क्यों न ठहरा जाय। तदनुसार सुखपाल पर चढ़कर इन्होंने भिन्न-भिन्न स्थलों का निरीक्षण किया और अंत में नगर से लगभग तीन मील की दूरी पर एक स्थान पंसद किया गया जहाँ पर पीछे एक बाग भी लगाया गया।

अनुयायी–संत शिवदयाल सिंह वा 'स्वामीजी महाराज' के अनेक शिष्यों में से एक उनके सबसे छोटे भाई प्रतापसिंह सेठ भी थे जिन्हें वे बहुधा 'प्रतापा' कहा करते थे और जो पीछे चलकर 'चाचाजी' के नाम से अधिक प्रसिद्ध हुए और जिन्होंने स्वामी जी महाराज का एक जीवन-चरित्र भी लिखा है।[२] ये १०:१२ वर्ष की अवस्था से बराबर इनकी सेवा-टहल में रहते आये थे और अपनी स्त्री तथा पुत्रों को भी इन्होंने उसी कार्य में लगा दिया था। इन्हें स्वामीजी महाराज द्वारा दिये गए किसी ऐसे प्रवचन से सर्वप्रथम विरक्ति जगी थी, जो इन्होंने

१. लाला प्रताप सिंह सेठ : 'जीवन चरित्र हुजूर स्वामीजी महाराज', वे. प्रे., प्रयाग १९०९, पृ. १७।

२. वही, पृ. ३७ : ३८।

प्रसिद्ध 'ग्रन्थसाहब' के कुछ शब्दों की व्याख्या के रूप में दिया था। इन्हीं प्रतापसिंह से सूचना पाकर सर्वप्रथम राय सालिगराम बहादुर उर्फ 'हुज़ूर साहब' भी स्वामीजी महाराज के निकट जिज्ञासु बनकर आये थे, उनके सेवा-टहल में वर्षों का समय लगाया था और उनके सर्वप्रथम गुरुमुख शिष्य के रूप में उन्होंने उनके उत्तराधिकारी का पद उपलब्ध किया था। ये बहुत दिनों तक डाक-विभाग की नौकरी में रहे थे और अंत में 'डायरेक्टर जनरल पोस्ट आफिस' भी हो गए थे, किंतु इन्होंने अपना सर्वस्व उन्हें ही न्योछावर कर रखा था और उनके सिवाय इन्होंने किसी अन्य को कभी कुछ नहीं समझा था। इसी प्रकार स्वामी जी महाराज की शिष्याओं में से एक बुक्की जी साहिबा थीं जो अपनी बड़ी बहन शिब्बोजी साहिबा के साथ उनकी सेवा में रहा करती थीं और जिन्हें उनके चरणों के अंगूठे तक से इतना प्रेम हो गया था कि जब कभी वे अभ्यास में लीन रहते वा प्रवचन देने बैठते, उस समय ये उसे अपने मुँह में डाल घंटों चरणामृत पान करती रह जाती थीं।

रचनाएँ–स्वामीजी महाराज ने 'सार वचन' (नज्म) तथा 'सार वचन' (नजर) नामक दो ग्रन्थों की रचना की। 'सार वचन' (नज्म) एक ९५३ पृष्ठों का वहद् ग्रंथ है जिसमें स्वामीजी महाराज के बयालीस वचन संगृहीत हैं और प्रत्येक वचन में भिन्न-भिन्न शब्द दिये गए हैं। पुस्तक के आरंभ में कुछ मंगलाचरण व स्तुति-संबंधी पद्य हैं और 'वचन पहला' के आदि में एक छोटा-सा गद्यमय संदेश है जिसमें 'सुरतशब्द-योग' को सर्वश्रेष्ठ ठहराया गया है और कहा गया है कि बिना उसे अपनाये मन की वास्तविक शुद्धि व निश्चलता संभव नहीं है। कुल ग्रन्थ में 'शब्दों' की संख्या ४६४ हैं, किंतु इनमें से कोई बहुत बड़े-बड़े हैं जिनकी पंक्तियों की संख्या २०० से भी अधिक हो गई है। 'शब्दों' के विषय प्रायः वे ही हैं जो अन्य संतों की रचनाओं में पाये जाते हैं, किंतु उनके वर्णन की शैली और क्रम आदि कुछ भिन्न प्रकार के हैं। इनके छंदों में भी कहीं कहीं नवीनता व विचित्रता मिलती है। स्वामीजी का दूसरा ग्रंन्थ 'सार वचन' (नसर) उक्त रचना से छोटा है और उसमें सारी बातें अधिकतर सुझाव वा उपदेश के रूप में कही गई हैं। ये दोंनो ग्रन्थ 'राधास्वामी सत्संग' के मूल मत को समझाने के लिए बहुत आवश्यक हैं और ये उसकी मुख्य व प्रामाणिक पुस्तक माने जाते हैं। ये पुस्तकें सत्संग की बहुत-सी अन्य पुस्तकों की भाँति 'राधास्वामी ट्रस्ट' की आज्ञा लेकर वेलवेडियर प्रेस, प्रयाग' में छापी गई थीं और इनके लिये सर्वाधिकार सुरक्षित था तथा इन्हें प्रकाशित रूप में भी सर्वसाधरण के हाथ बेचने तथा वितरण करने का नियम नहीं था।

समाधि–स्वामीजी महाराज की समाधि 'स्वामी बाग' में वर्तमान है, जहाँ प्रति वर्ष उनके निधन के दिन एक भंडारा मनाया जाता है। इस अवसर पर सत्संगी दूर-दूर से अच्छी से अच्छी संख्या में आने के प्रयत्न करते हैं और सारा उत्सव बड़े समारोह के साथ संपन्न किया जाता है। स्वामीजी महाराज की मुख्य समाधि का निर्माण सं. १९६१ में आरंभ हुआ था और वह अभी तक बनती ही जा रही है। उसमें लाखों का व्यय हो जाना सम्भव है। समाधि शुद्ध संगमरमर तथा अन्य बहुमूल्य पत्थरों की सामग्री द्वारा बनाकर पूर्ण की जायगी और अनुमान है कि उसका आकार-प्रकार भी अद्वितीय होगा तथा उसमें प्रत्येक देश व जाति की वास्तुकला की शैलियों के नमूना पाये जायँगे। स्वामीजी की पत्नी 'राधाजी' की समाधि भी आगरा नगर के बाहर बनी हुई है और वह स्थान भी सत्संगियों के लिए परम पवित्र समझा जाता है तथा उक्त अवसर पर एकत्र होने वाले यात्री उसके भी दर्शन बड़ी भक्ति एवं श्रद्धा के साथ किया करते हैं।

(२) राय सालिगराम साहब रायबहादुर 'हुजूर महाराज साहेब'

प्रारंभिक जीवन–राय सालिगराम उर्फ 'हुजूर महाराज साहेब' का जन्म आगरा शहर के पीपलमंडी मुहल्ले में सं. १८८५ की फागुन सुदी ८ को शुक्रवार के दिन साढ़े चार बजे प्रातः काल के समय एक प्रतिष्ठित माथुर कायस्थ कुल में हुआ था। प्रसिद्ध है कि अपनी माता के गर्भ में १८ मास रहकर ये उत्पन्न हुए थे। इनके पिता का नाम रायबहादुर सिंह था और वे वकालत करते थे तथा शिवभक्त थे। इन्होंने अपनी बाल्यावस्था में फारसी की शिक्षा पाई और ये अंग्रेजी में उस समय के सीनियर कक्षा तक पढ़े जो कदाचित आजकल की बी. ए. श्रेणी के बराबर समझी जाती थी। शिक्षा प्राप्त कर लेने के अनन्तर अपनी १८ वर्ष की अवस्था में इन्होंने १४ मार्च सन् १८४७ को डाक-विभाग में नौकरी आरम्भ की और पोस्ट मास्टर जनरल के दफ्तर में द्वितीय क्लर्क हो गए। तब से ये अपनी योग्यता के कारण बराबर उन्नति करते चले गये और अन्त में सन् १८८१ में उक्त विभाग के पोस्टमास्टर जनरल के पद तक पहुँच गये। डाक-विभाग में इनके कार्य करते समय भिन्न-भिन्न प्रकार के नवीन प्रबन्ध होते गए और इनकी कार्यपटुता के कारण इन्हें समय-समय पर पारितोषिक भी मिले। तदनुसार सन् १८७१ ई. में इन्हें अंग्रेजी सरकार की ओर 'रायबहादुर' की पदवी मिली और कई बार कुछ न कुछ द्रव्य भी मिलता गया। अपनी इस नौकरी के समय में ही इन्होंने ज्योतिष-शास्त्र का अध्ययन किया था और इस विद्या पर फारसी भाषा में एक ग्रंथ की भी रचना की थी। ज्योतिषशास्त्र की मुख्य-मुख्य बातों पर इन्होंने इतना अच्छा अधिकार कर लिया था कि जो कोई इनसे उसे सीखने आता था, उसे ये भली भाँति समझा सकते थे।

परिवार–राय सालिगराम के एक बड़े भाई थे जिनका नाम राय नन्दकिशोर था और इनकी एक बहन भी थी जो उनसे छोटी थी। राय नन्दकिशोर ने भी सरकारी नौकरी में अच्छी सफलता प्राप्त की थी और वे फैजाबाद में एक्स्ट्रा असिस्टेंट कमिश्नर के पद तक पहुँच गए थे। इनके दो विवाह थे। पहला विवाह फर्रूखाबाद में हुआ था और जिससे एक पुत्री उत्पन्न हुई थी। किंतु माता एवं पुत्री दोनों का देहांत हो गया। इनका दूसरा विवाह सं. १९०९ में आगरा शहर में ही हुआ था, जिससे दो पुत्रियाँ व तीन पुत्र जन्मे थे। इन्हीं तीनों पुत्रों में से मझले राय अयोध्या प्रसाद उर्फ लालाजी थे जिन्होंने 'हुजूर महाराज साहेब' का जीवन चरित्र लिखा है और शेष दो पुत्रों ने बहुत छोटी अवस्था में ही शरीर त्याग दिया था।

गुरु-सेवा–सं. १९१५ में, जिस समय 'हुजूर महाराज साहेब' हेड असिस्टेंट के पद पर थे और तत्कालीन पोस्टमास्टर जनरल की बुलाइट पर मेरठ गये हुए थे, इन्हें मेरठ कुल काल तक ठहर जाना पड़ा और इसी अवसर पर इनकी भेंट लाला प्रताप सिंह सेठ उर्फ 'चाचाजी' से हो गई। 'चाचाजी' किसी दिन 'पंथ-ग्रंथी' का पाठ कर रहे थे जिसे श्रवण कर 'हुजूर साहेब' आकृष्ट हो गए और उनसे उसके गूढ़ सिद्धांतों का अभिप्राय पूछ बैठे। 'चाचाजी' ने इस पर इनसे कह दिया कि इन बातों के रहस्य से मेरे बड़े भाई लाला शिवदयाल सिंह पूर्णतः परिचित हैं और उनसे आप भेंट कर सकते हैं। 'हुजूर साहेब' ने इस बात को मान लिया और भेंट के लिए समय निश्चित हो जाने पर उनसे इन्होंने जाकर सत्संग किया। वहाँ पर 'स्वामीजी महाराज' के प्रभावशाली व्यक्तित्व की इन पर ऐसी धाक जम गई कि ये उन पर पूर्णतः मुग्ध हो गए और उनके निकट प्रति सप्ताह, फिर सप्ताह में दो-तीन बार तथा अंत में प्रतिदिन जाने लगे, और फिर उनका सेवा-टहल तक करने लगे। इनका सेवाकार्य कुछ दिनों के अनन्तर यहाँ

तक पहुँच गया कि ये तृतीय सिखगुरु अमरदास की भाँति अपने गुरु के आराम के लिए प्रत्येक छोटा-से छोटा काम भी करने लगे और इस प्रकार इन्होंने अपने को उनके चरणों में अर्पित कर दिया। ये उनके चरण दबाते थे, पंखा करते थे, उनके लिए चक्की पीसते थे, हुक्का भरते थे, कुएं से पानी लाते थे और उन्हें स्नान कराते थे, भोजन बनाते थे, मकान का झाड़ू-बहारू व पुताई करते थे, मिट्टी खोदकर लाते थे, जंगलों से दतवन तोड़ लाते थे, पाखाना साफ करते थे, मोरी धोते थे, चौका-बर्तन करते थे, सामान खरीद लाते थे, उनकी पालकी उठाते थे, सवारी के साथ दौड़ा करते थे व पीकदान पेश किया करते थे[१]। इन्होंने अपने धन से उनकी ऐसी सेवा की कि जब कभी अपनी तनख्वाह मिली, उसे 'स्वामीजी महाराज' के चरणों में ही अर्पित कर दिया। उसमें से कुछ रुपये आवश्यकतानुसार निकालकर स्वामीजी महाराज इनके परिवार के लिए भेज देते थे और शेष रकम उनके यहाँ खर्च होती थी। इन्होंने उनके प्रति अपने को यहाँ तक समर्पित कर दिया था कि किसी कार्य को ये अपने मन व बुद्धि के विरुद्ध होने पर भी प्रसन्न होकर कर डालते थे और इस विषय की शिकायत कभी मन में नहीं लाया करते थे, बल्कि और भी उत्साह के साथ उस ओर प्रवृत्त होते थे। कहा जाता है कि एक बार 'स्वामीजी महाराज' एकांत निवास करते थे, तब इन्हें उनके विना देखे कल नहीं पड़ी और ये उनकी बिना आज्ञा पड़ोस के मकान से होकर पहुँच गये, जिस कारण उन्होंने इन्हें एक खड़ॉऊं मारी और कहा कि चले जाओ। इन्हें उनसे क्षमा-प्रार्थना करनी पड़ी और फिर इन्होंने ऐसा नहीं किया[२]।

एक घटना–'स्वामीजी महाराज' के लिए जल भरकर लाते समय इन्हें प्रति दिन दोपहर के समय नंगे पैर जाना पड़ता था और शहर के कुओं का पानी अधिकतर खारा होने पर इन्हें उसके लिए उसके बाहर बड़ी दूर तक जाने का परिश्रम उठाना पड़ता था। इस पर भी यदि कोई कभी इनसे मार्ग में पानी पीने को माँग लेता, तो उसे ये प्रसन्नतापूर्वक दे देते थे और उसके पिला देने पर बचे हुए जल को उच्छिष्ट समझकर फिर दुबारा जल लाने के लिये बीच मार्ग में से ही लौट पड़ते थे और इस प्रकार इनका परिश्रम कभी-कभी दुगना व तिगुना तक हो जाता था। एक दिन ऐसा हुआ कि जब ये घड़े को भरकर ला रहे थे कि वह बीच रास्ते में ही टूट गया और इन्हें दूसरे घड़े के लिए कुम्हार के यहाँ जाना पड़ा। उस समय इनके पास पैसे नहीं थे और कुम्हार के उधार न देने पर इन्हें अपनी ओढ़ी हुई चादर एक दिन के लिए गिरवी रख देनी पड़ी। दूसरे दिन फिर उसके यहाँ जाकर उसे इन्होंने घड़े का दाम दिया और अपनी चादर वापस ला सके। 'हुजूर महाराज साहेब' 'स्वामीजी महाराज' का चरणामृत, मुख अमृत (जूठन) तथा 'पीकदान का अमृत' भी नित्यशः ले लिया करते थे और स्वामी जी महाराज के जन्मतः खत्री होने तथा हुजूर महाराज साहेब के उसी प्रकार कायस्थ होने के कारण इस बात की निंदा हुआ करती थी। किंतु हुजूर महाराज साहेब ने इस बात की कभी कोई परवाह नहीं की[३]। सं. १९३३ में इन्होंने 'स्वामी जी महाराज' की आज्ञा से अपनी व्यक्तिगत आय द्वारा एक जमीन खरीदकर उसमें बाग लगवा दिये और मकान भी बनवाकर उसे उनके चरणों में भेंट कर दिया। तब से वह स्थान राधास्वामी बाग के नाम से प्रसिद्ध हो चला।

---

१. राय अजुध्याप्रसाद :'जीवनचरित्र हुजूर महाराज साहब' वे. प्रे., प्रयाग, पृ. २९:३०।
२. वही, पृ. ९४।
३. वही, पृ. ३२:३३।

सत्संग की पद्धति–स्वामीजी महाराज का देहान्त हो जाने पर लगभग तीन वर्षों तक 'हुजूर महाराज साहब' ने पन्नी गली में दैनिक व राधास्वामी बाग में साप्ताहिक सत्संग चलाया तथा राधास्वामी बाग व राधाबाग के कुल व्यय का भार पूर्ववत् स्वयं वहन किया और पेन्शन हो जाने पर भी उसमें कोई त्रुटि नहीं आने दी। सं. १९४४ में अपनी नौकरी से पेन्शन लेकर ये अपने घर पर ही सत्संग करने लगे और वहीं पर इनके निकट दूर-दूर तक के जिज्ञासु पहुँचने लगे। 'स्वामीजी महाराज' के समय उनकी आरती पहले पुराने ढंग से हुआ करती थी और खड़े होकर दोनों हाथों में थाली लेकर उसे घुमाया जाता था। परन्तु 'हुजूर महाराज साहेब' ने इस प्रणाली में परिवर्तन कर दिया और जोत जगाकर केवल दो-चार बार ही थाली घुमाने और फिर बैठकर अपने इष्ट के प्रति दृष्टि मात्र जमाये रखने का नवीन ढंग निकाला। इन्होंने अपने समय में सत्संगियों को आरती का वास्तविक रहस्य समझा दिया और केवल दृष्टि जोड़कर सन्मुख बैठने की ही पद्धति चला दी। इससे भी अधिक एक और बात का इन्होंने प्रचार किया और वह यह था कि ये स्वयं सत्संगियों के समूह पर अपनी दृष्टि डालकर उनसे गूँगी आरती कराने लगे। ये सभी सत्संगियों पर प्रेम व आत्मीयता का भाव रखा करते थे, जिस कारण वे इनके प्रति अधिक से अधिक आकृष्ट हो जाते रहे। ये रात व दिन मिलाकर केवल तीन घन्टे तक आराम करते और बाहर से सत्संगियों की बड़ी भीड़ आ जाने पर इसमें भी कमी कर देते थे। चार बार के निश्चित सत्संगों के अतिरिक्त ये बहुधा किसी न किसी को व्यक्तिगत रूप में भी समझाया करते, कोई विशेष उपदेश देते तथा पत्र-व्यवहारादि किया करते। पहले तो ये वहाँ सभी सत्संगियों का अपने व्यय से प्रबन्ध भी कर दिया करते थे, किन्तु उनकी संख्या में अधिक वृद्धि हो जाने पर उनके स्वागत वा सत्कार का सारा व्यय नजर व भेंट में प्राप्त रुपयों के द्वारा चलने लगा और उसी के आधार पर उनके ठहरने के लिए कुछ मकान भी बनवा दिये गए।

रचनाएँ–उक्त प्रकार से अधिक से अधिक अपना समय देकर भी ये कभी-कभी पुस्तक-रचना कर लेते थे और तदनुसार इन्होंने कई ग्रंथ लिख डाले। इनकी रचनाओं में गद्य-ग्रंथों की ही प्रधानता है और उनमें 'सार उपदेश', 'निज उपदेश', 'प्रेम उपदेश', 'गुरु उपदेश', 'प्रश्नोत्तर', 'युगलप्रकाश' एवं 'प्रेमपत्र' (६ भाग) मुख्य हैं तथा इनकी पद्य-रचना केवल 'प्रेमबानी' है जो चार भागों में प्रकाशित हुई है। इनकी 'प्रेमपत्रावली' रचना में से कुछ वचन अलग करके भी मुद्रित किये गए हैं और उनके संग्रहों के नाम राधास्वामी मत-संदेश, राधास्वामी मत-उपदेश' व 'सहज उपदेश' हैं। इसी प्रकार 'स्वामीजी महाराज' 'सारवचन' (नज्म) एवं 'हुजूर महाराज साहेब' की प्रेमबानियों में से भी कुछ चुनकर 'भेदबानी' (४ भाग), 'प्रेमप्रकाश', 'नाममाला' तथा 'बिनती व प्रार्थना' नाम के संग्रह निकाले गये हैं, जिससे साधारण सत्संगियों को भी सुभीता रहा करता है। इनके सिवाय पिछले संतों-महात्माओं के भी कतिपय शब्दों को संगृहीत कर 'संत-संग्रह' नाम की एक रचना दो भागों-में प्रकाशित की गई है। 'हुजूर महाराज साहब' ने एक गद्य-ग्रन्थ अंग्रेजी भाषा में भी लिखा है जिसका नाम 'राधास्वामी मतप्रकाश' है जो मात्र अंग्रेजी के जानकारों के लिये बहुत महत्त्वपूर्ण हैं और जो राधास्वामी सत्संग की मुख्य-मुख्य बातों के स्पष्टीकरण में बहुत बड़ी सहायता पहुँचा सकता है।

व्यक्तित्त्व तथा अन्त समय–'हुजूर महाराज साहब' ने लगभग २० वर्षों तक सत्संग का कार्य संभाला और इस काल में सत्संगियों की संख्या में भी बड़ी वृद्धि हो चली। इनके प्रेम-भाव तथा उदारहृदयता के कारण इनके व्यक्तित्व में एक अपूर्व आकर्षण आ गया था और लोग इनकी ओर स्वभावतः खिंच जाया करते थे। प्रसिद्ध है कि आगरा के बहुत लोगों ने इनके मकान की ओर से आना-जाना केवल इसलिए छोड़ रखा था कि कहीं उनके द्वारा प्रभावित न हो जायँ। अपने मकान पर ये कुछ दिनों तक एक रोगी की दशा में रहते रहे और अन्त में सं. १९५५ अर्थात् सन् १८९८ ई. के दिसम्बर को सायंकाल ६ बजकर ४५ मिनट पर इन्होंने अपने शरीर का परित्याग किया। उस समय इनकी अवस्था ७० वर्ष की हो चुकी थी। जिस 'प्रेमविलास' नामक मकान में इनका शरीरांत हुआ, उसी में इनकी समाधि भी बना दी गई और आगरे में उनके नाम पर 'हुजूरीबाग' नाम से एक बाग भी लगाया गया। हुजूर महाराज साहब के समाधि-स्थान पर प्रति वर्ष २७ वीं दिसम्बर को एक भंडारा किया जाता है, जिसमें दूर-दूर के भी सत्संगी आकर सम्मिलित होते हैं।

(३) ब्रह्मशंकर मिश्र 'महाराज साहेब' आदि संत

ब्रह्मशंकर मिश्र संक्षिप्त परिचय–संत ब्रह्मशंकर मिश्र अथवा 'महाराज साहेब' का जन्म काशी के मुहल्ला पियरी-निवासी एक प्रतिष्ठित ब्राह्मण कुल में चैत्र वदी २ सं. १९१७ अर्थात. सन् १८६१ ई. की २८ वीं मार्च को हुआ था। आपके पिता का नाम पं. रामयल्न वा रामयश मिश्र था जो संस्कृत के एक प्रसिद्ध विद्वान थे। ये अपने गुरु 'हुजूर महाराज साहेब' की ही भाँति सदा गृहस्थाश्रम में रहते रहे। इन्होंने कलकत्ता विश्वविद्यालय से एम. ए. कक्षा की डिग्री प्राप्त की थी और इनके अन्य तीन भाई भी एम. ए. थे। ये कुछ दिनों तक बरेली कालेज में प्रोफेसर रहे और कई वर्षों तक इलाहाबाद के एकाउन्टेन्ट जेनरल आफिस में नौकरी करते हुए भी अपनी आध्यात्मिक साधना व सत्संग में निरत रहे। ये सर्वप्रथम स्वामीजी महाराज के ग्रंथ के 'सार वचन' (नसर) से बहुत प्रभावित हुए थे। इन्होंने 'हुजूर महाराज साहेब' से सं. १९३२ में दीक्षा ग्रहण की और उनके चोला छोड़ने पर सं. १९५५ से लेकर सं. १९६४ तक उनके उत्तराधिकारी बनकर इलाहाबाद केन्द्र में सत्संग कराते रहे। कुछ काल के लिए कराची एवं हैदराबाद (सिंध) में रहकर अपने निधन-काल के प्रायः डेढ़ वर्ष पूर्व ये काशी में चले आये थे और यहीं पर आश्विन शुक्ल ५ सं १९६४ को परमधाम सिधारे थे। आपका समाधि-मंदिर काशी में कबीर चौरा मुहल्ले में वर्तमान है और 'स्वामी बाग' के नाम से प्रसिद्ध है जहाँ प्रति वर्ष आश्विन शुक्ल पंचमी एवं नवमी को इनका भंडारा हुआ करता है। इन्होंने अंग्रेजी भाषा में 'डिस्कोर्सेज ऑन राधास्वामी फेम' नामक एक पुस्तक की रचना आरम्भ की थी जो चार प्रकरणों तक आकर अधूरी रह गई। इसके अंतर्गत सच्चे धर्म, आध्यात्मिक उन्नति, सृष्टि विकास व कर्मवाद के विषय में बड़ी गम्भीर व विस्तृत विवेचना की गई मिलती है और इसके अन्त में परिशिष्ट के रूप में स्वामीजी सत्संग का संक्षिप्त परिचय तथा उसकी केन्द्रीय प्रबन्ध-समिति के वैधानिक नियमों का सार भी दिया गया है। इसी प्रकार सब से अन्त में इनकी कुछ हिंदी पद्य-रचना के भी उदाहरण प्रकाशित हैं, जो चौपाइयों, दोहों व सोरठों के रूप में पाये जाते हैं।

बुआ जी साहिबा व उनके शिष्य–'महाराज साहेब' का देहान्त हो जाने के अनन्तर उनकी बड़ी बहन श्रीमती माहेश्वरी देवी अथवा 'बुआजी साहिबा' उनकी गद्दी पर बैठीं। परन्तु महाराज साहेब के अन्य दो शिष्यों अर्थात् मु. कामताप्रसाद तथा ठा. अनुकूल चन्द्र चक्रवर्ती ने भी प्रायः उसी समय अपनी अलग-अलग गद्दियाँ क्रमशः आगरा एवं पबना (पूर्व बंगाल) में स्थापित कर दीं और प्रयाग की गद्दी से उनका कोई प्रत्यक्ष सम्बन्ध नहीं रह गया। बुआजी साहिबा का पीहर व ससुराल दोनों काशी में ही था और आप सदा गृहस्थाश्रम में रहती थीं। इन्हें हिंदी एवं संस्कृत की शिक्षा अधिकतर स्वाध्याय के आधार पर ही उपलब्ध हुई थी और अपनी योग्यता के कारण इन्होंने बड़े-बड़े विद्वानों को भी अपना अनुयायी बना लिया था। आपकी आध्यात्मिक साधना भी बड़ी उच्च कोटि तक पहुँच चुकी थी और 'सुरतशब्दयोग' का अभ्यास ये बड़ी सफलता के साथ कराती थीं। आपका देहांत सं. १९६९ की वैशाखी पूर्णिमा को रात के साढ़ बारह बजे लगभग ५६ वर्ष की अवस्था में हुआ और उसी दिन इनका भंडारा मनाया जाता है। इनके शरीर त्याग करने पर इनकी प्रयाग गद्दी पर माधव प्रसाद सिंह उर्फ 'बाबूजी साहब' बैठे, परन्तु इनके पुत्र योर्गेद्रशंकर तिवारी उर्फ 'भैयाजी साहब' ने अपनी एक गद्दी काशी में भी चलाई। इनका जन्म सं. १९३९ को कार्तिक कृष्ण २, शनिवार के दिन हुआ था और इनके पिता का नाम पं. परमेश्वर दत्त तिवारी था। आपने किसी से भी दीक्षा ग्रहण नहीं की, अपितु कुछ दिनों तक स्वयं साधना में प्रवृत्त रहकर सं. १८८५ की वसंत पंचमी से एक स्वतः संत के रूप में अपने सत्संग का कार्य आरंभ कर दिया। आपने १२:१३ स्थानों पर रहकर अध्यापक कार्य किया था, किन्तु धनोपार्जन की ओर कभी नहीं झुके। आपने दो पुस्तकें गद्य में तथा दो पद्य में लिखी हैं, जिनमें मुख्य क्रमशः 'सारभेद' व 'शब्दबानी' (२ भाग) हैं और इनकी गद्दी का नाम 'प्रेमाश्रम' करके प्रसिद्ध है।

मु. कामताप्रसाद व सर आनंदस्वरूप–'महाराज साहेब' के शिष्य मु. कामताप्रसाद गाजीपुर के निवासी थे और उन्हें ही बहुत लोग चतुर्थ संतगुरु के रूप में मानते हैं, बुआजी साहिबा को नहीं मानते। मु. कामताप्रसाद 'सरकार साहिब' कहे जाते थे और उन्होंने अपना सत्संग चलाया था। सं. १९७१ में उनका देहांत हो जाने पर उनके स्थान पर सर आनंदस्वरूप उर्फ 'साहेबजी' बैठे, जिनका जन्म सं. १९३८ में अम्बाले के एक खत्री-परिवार में हुआ था। आपकी प्रवृत्ति आध्यात्मिक बातों की ओर आपकी बचपन से ही दीख पड़ने लगी थी और 'महाराज साहेब' के आगरा जाने पर उनके दर्शन कर इन्होंने उनसे दीक्षा ग्रहण कर ली थी। ये पहले कुछ दिनों तक अम्बाले में ही रहते रहे और फिर आगरे में कोई स्कूल खोलना चाहा। परन्तु आध्यात्मिक विकास के साथ-साथ इनका ध्यान बराबर औद्योगिक उन्नति की ओर भी बना रहा और आगरे के निकटवर्ती 'दयालबाग' को जिसे इन्होंने स्वामीबाग के ठीक समान ही स्थापित किया था, इसी विचार से प्रेरित होकर उद्योग-धंधे के एक प्रधान क्षेत्र का रूप दे डाला तथा एक सच्चे कर्मयोगी की भाँति उसके विविध कार्यों का आमरण निरीक्षण भी किया। 'दयालबाग' में इस समय अनेक प्रकार के उद्योग-धंधे नितांत आधुनिक ढंग से चलते हैं और उनके द्वारा देश की एक बहुत बड़ी कमी के पूरी होने की सम्भावना पायी जाती है। 'साहेबजी' का देहांत सं. १९९४ में मद्रास में रहकर हुआ और उनके स्थान पर वर्तमान राय साहब गुरुचरनदास मेहता रिटायर्ड सुपरिटेंडेंट इंजीनियर (पंजाब) उर्फ 'मेहताजी' साहब बैठे। साहेबजी

की मुख्य रचना 'स्वराज्य' नामक एक नाटक है जो रूपक (Allegory) के रूप में लिखा गया है।

महर्षि शिवव्रत लाल–'हुजूर महाराज साहेब' के एक अन्य शिष्य महर्षि शिवव्रत लाल थे, जिन्होंने उनका देहांत हो जाने पर अपनी गद्दी सं १९७८ में गोपीगंज में चलाई थी। ये एक बड़े योग्य एवं अनुभवी व्यक्ति थे और आध्यात्मिक विषयों की व्याख्या कर उन्हें सर्वसाधारण के लिए सुलभ बनाने की सदा चेष्टा किया करते थे। ये बहुधा प्रवचन दिया करते थे और उससे भी अधिक भिन्न-भिन्न ग्रंथों की रचना करते जाते थे, जिस कारण इनकी कृतियों की संख्या बहुत बड़ी हो गई। 'राधास्वामी सत्संग' के कदाचित् किसी भी व्यक्ति ने आज तक इनके समान ग्रंथ-निर्माण न किया होगा और न प्रचार में ही लगा होगा। इन्होंने कबीर-पंथ के सर्वमान्य ग्रंथ 'बीजक' की टीका लिखी व भिन्न-भिन्न संतों की जीवनी के साथ-साथ उनकी अनेक रचनाओं को भी संगृहीत किया। इन्होंने गूढ़ आध्यात्मिक विषयों के स्पष्टीकरण के लिए उपन्यास, उपाख्यान, काल्पनिक संवाद, निबंध, चुटकुलों आदि की भी रचना की थी। अपने विचारों के प्रचार के लिए इन्होंने 'साधु', 'फकीर', 'संत', 'संतसमागम' जैसे पत्रों व विचार-मालाओं का प्रकाशन आरंभ किया था तथा 'अवधूत गीता', 'श्रीमद्भागवत्गीता' आदि ग्रंथों के आपने संतमत के आधार पर अनुवाद भी किये थे। इनका देहांत सं. १९९६ में पूर्ण वृद्ध होने पर हुआ था।

माधव प्रसाद सिंह व बाबूजी साहब–बुआजी साहिबा के समय तक 'महाराज साहब' की शाखा का केंद्र प्रयाग ही समझा जाता था और माधवप्रसाद सिंह उर्फ 'बाबूजी साहेब' ने भी इसी कारण अपना सत्संग पहले वहीं आरंभ किया था, किंतु सं. १९९४ में भी ये आगरे चले आए। 'बाबूजी साहेब' का जन्म मिती जेठ सुदी १२ सं. १९१८ वा १९ जून सन् १८६१ को बुधवार के दिन हुआ था। ये 'स्वामीजी महाराज' की बड़ी बहन के पौत्र थे और इनका जन्म-स्थान काशी था। ये 'महाराज साहब' से केवल तीन महीने छोटे। ये, क्वींस कालेज में उनके सहपाठी थे और उनके साथ ही प्रयाग में एकाउंटेंट जेनरल के आफिस में नियुक्त भी हुए थे। आगरा आने पर इन्होंने इसे ही स्वामी-केंद्र बना लिया और 'स्वामी बाग' में स्वामी जी महाराज की समाधि के निकट सत्संग कराने लगे। कहते हैं कि इन्हें सर्वप्रथम स्वयं स्वामी जी महाराज ने सं. १९३० में उपदेश दिया था और आगे चलकर इन्होंने अपने परम मित्र 'महाराज साहेब' को ही अपने गुरु के रूप में स्वीकार कर लिया था। इनके अनुयायियों ने 'स्वामी बाग' वाले केंद्र को ही सदा सर्वप्रधान केंद्र माना और उसकी सारी संपति का इन्हें ही अधिकारी समझा। अतएव उसके निकटस्थ 'दयालबाग' की शाखा वालों से इनकी प्रतिद्वन्द्विता बनी रही। दोनों शाखाओं का मतदभेद यहाँ तक बढ़ गया कि दोनों के बीच मुकदमें बाजी तक हुई जिसका फैसला प्रिवी कौंसिल तक जाकर सन् १९३५ ई. में हुआ। बाबूजी साहेब ८८ वर्षों से अधिक समय तक जीवित रहे और 'सत्संग' की बहुत कुछ उन्नति कर सं. २००६ में परमधाम सिधारे। 'बाबूजी साहेब' ने कोई पुस्तक नहीं लिखी, कितु उनके प्रवचनों के कुछ संग्रह प्रकाशित हो चुके हैं।

विकेंद्रीकरण राय वृन्दावन व जैमल सिंह–राधास्वामी सत्संग की प्रधान शाखाएं अधिकतर केवल छोटी समझी जाती हैं जिनमें एक 'स्वामी बाग' व दूसरी 'दयालबाग' की है। परंतु

इन दोनों के अतिरिक्त आजकल कुछ अन्य भी ऐसे वर्ग वर्तमान है जिनका कुछ कुछ संबंध 'सत्संग' से रहा है। ऐसे ही उपसम्प्रदायों में से गाजीपुर, गोपीगंज तथा काशी के सत्संगों की चर्चा पहले की जा चुकी है। मुख्य 'राधास्वामी सत्संग' (आगरा) से पृथक होने की प्रवृत्ति बहुत पहले से ही दीख पड़ने लगी थी और जहाँ तक पता है, 'स्वामीजी महाराज' के समय से ही उनके स्वयं भाई राय वृन्दावन ने एक 'वृन्दावनी सम्प्रदाय' कायम कर लिया था। जिसमें 'राधास्वामी' के नाम के स्थान पर 'सतगुरुराम' नाम स्वीकार किया गया था। राय वृन्दावन के अतिरिक्त एक दूसरे जिस व्यक्ति ने नवीन केंद्र स्थापित किया, वे बाबा जैमल सिंह थे जो स्वामीजी महाराज के ही शिष्य थे। बाबा जैमल सिंह फौज के सिपाही रह चुके थे और एक बार अपनी पलटन के आगरा आने पर उन्हें स्वामी जी महाराज द्वारा 'ग्रन्थ साहिब' की व्याख्या सुनने का अवसर मिला था जिससे प्रभावित होकर उन्होंने नौकरी से पृथक् होकर साधुभाव स्वीकार कर लिया था। बाबा जैमल सिंह सिख धर्म में दीक्षित रह चुके थे, इस कारण उन्होंने न तो 'सन्तानाम' की टेक छोड़ी और न 'ग्रन्थ साहब' से नाता ही तोड़ा। वे 'राधास्वामी' के स्थान पर 'जोत निरंजन ओंकार रारं सोहं सन्तनाम' का ही सुमिरन सदा कराते रह गए। उनकी मृत्यु (सं. १९६०) के अनंतर उनकी मुख्य गद्दी 'डेरा' व 'व्यास' वाली से पृथक् होकर एक दूसरी तरनतारन में बन गई। तब से व्यासवाली गद्दी सरदार सावन सिंह के अधिकार में आ गई और तरनतारन वाली गद्दी के गुरु सरदार बग्गा सिंह हो गये। सरदार बग्गा सिंह का देहांत हो जाने पर बाबा देवासिंह तरनतारन की गद्दी पर बैठे, परंतु संबंध प्रायः पूर्ववत् ही चला आया।

बाबू शाम लाल–'राधास्वामी' नाम को स्वीकार न करने वाले सत्संगियों में एक नाम बाबू शामलाल बी. ए. का भी लिया जाता है, जो ग्वालियर के रिटायर्ड हेड मास्टर थे, और जिन्होंने सं. १९८७ के लगभग 'धारासिंह प्रताप' का नाम स्वीकार कर लिया था। उन्होंने भी ग्वालियर में रहकर अपनी एक भिन्न शाखा चलाने की चेष्टा की थी, किंतु उनके उपदेशों का प्रचार बहुत अधिक न हो सका और आजकल उनके अनुयायियों के संबंध में बहुत पता नहीं चलता।

बाबा गरीब दास व अनुकूल बाबू–ऐसे लोगों में जिन्होंने 'राधास्वामी' नाम का महत्त्व स्वीकार करते हुए भी मूल केन्द्र से पृथक हो जाना उचित समझा था, बाबा गरीब दास व अनुकूल चन्द्र चक्रवती के नाम भी लिये जाते हैं। बाबा गरीबदास संभवतः ऑख के अंधे थे और देहली के सराय रूहेला में रहा करते थे। उनकी मृत्यु के अनंतर बाबा रामबिहारी दास उनकी गद्दी पर बैठे, किंतु उनके विषय में अधिक पता नहीं चलता। अनुकूल बाबू जिला पबना (बंगाल) के निवासी थे और उनकी माता भी सत्संग द्वारा प्रभावित थीं। परंतु उनकी शाखा के संबध में भी विशेष ज्ञात नहीं होता। उक्त दोनों शाखाओं की जानकारी रखने वालों का केवल यही कहना है कि सत्संग के मुख्य ध्येय से वे अब अलग जाती हुई जान पड़ती हैं। बाबा गरीबदास के अनुयायियों में अधिकतर झाड़-फूँक की व्यवस्था चल निकली है और अनुकूल बाबू के अनुयायी वैष्णवों की भाँति कीर्तन करते हैं और दोनों शाखाओं का प्रत्यक्ष संबंध आगरे से कदाचित् नहीं है।

(४) 'सत्संग' की वंशावली'

लाला शिवदयाल सिंह 'स्वामीजी महाराज'
(आगरा, सं. १८७५ : १९३५)

जयमलसंह (मृ. सं. १९६०) (डेरा व्यास)

राय सालिगराम बहादुर 'हुजूर महाराज साहेब' (आगरा, सं. १८८५:१९५५)

गरीबदास राय ब्रिन्दाबन (दिल्ली)

बाबा रामबिहारी दास

सरदार बग्गासिंह (तरनतारन)

सरदार सावनसिंह (डेरा व्यास)

बाबा देवा सिंह

महर्षि शिवव्रतलाल गोपीगंज (मृ. सं. १९९६)

ब्रह्मशंकर मिश्र 'महाराज साहब' (प्रयाग, सं. १९१८:१९६४)

माहेश्वरी देवी 'बुआ साहिबा' (मृ. सं. १९६९)

मु. कामताप्रसाद 'सरकार साहेब' (मृ. सं. १९७१)

सर आनंदस्वरूप (सं. १९३८:१९९४)

अनुकूल चंद्र चक्रवर्ती (पबना, पूर्व बंगाल)

'साहेब जी' (आगरा)

मेहता जी (आगरा)

माधवप्रसाद सिंह (सं. १९१८:२००६) (प्रयाग व स्वामी बाग, आगरा)

योगेन्द्रशंकर तिवारी 'भैयाजी साहेब' (सं. १९३९–बनारस)

(५) 'सत्संग' का 'संत-मत'

मत का मूल रहस्य–'राधास्वामी' शब्द स्वयं परमात्मा अथवा सबसे उच्चतम पद परात्पर के लिए प्रयुक्त होता है, उस 'शब्द' के लिए प्रयोग में आता है जो सृष्टि के आदि में सारे विश्व का मूल स्रोत बना था, उस 'संतगुरु' वा 'परमगुरु' के लिए व्यवहृत होता है जो इस भूतल पर उक्त परमात्मा के पूर्ण प्रतीक हैं तथा उस मत का नाम भी समझा जाता है जिसके मूल-प्रवर्तक स्वामी जी महाराज थे। इस मत का मूल रहस्य इसके सृष्टि-रचना-सम्बन्धी विचारों में निहित है। इसमें पिंड व मानवशरीर को ब्रह्मांड का ठीक अनुकरण समझा जाता

है और इसी कारण जितने खंडों वा उपखंडों की कल्पना पिंड में की जाती है, वे सभी 'ब्रह्मांड' में भी माने जाते हैं। तदनुसार पिंड के तीन भिन्न-भिन्न प्रदेश माने गए हैं और उन्हें नीचे से क्रमशः पिंड देश, ब्रह्मांड देश व 'दयाल देश' कहा गया है। इनमें से प्रथम देश का अधिकांश भौतिक है और चेतन का अंश इसमें गौण रूप में ही वर्तमान है। द्वितीय प्रदेश में चेतन की प्रधानता है और भौतिक अंश वहाँ पर गौण हो जाता है और इसी प्रकार तृतीय प्रदेश में शुद्ध चेतन का देश है जहाँ पर भौतिक अंश कुछ भी नहीं पाया जाता। इन तीनों प्रदेशों में क्रमशः छः, पाँच एवं सात उपखंडों की कल्पना की गई है और उन सब के पृथक्-पृथक् नाम दिये गए हैं। इन उपखंडों में सबसे उच्चतम वा परात्पर जो पद है, वह वास्तव में अज्ञेय हैं, किन्तु उसका ज्ञान राधास्वामी दयाल के उन प्रतीकों की सहायता से उपलब्ध हो सकता है, जो समय-समय पर नर-रूप में आया करते हैं, अन्यथा वह सब के लिए सर्वथा गुप्त हैं और जितने भी मत व सम्प्रदाय आज तक चले हैं, उनमें से किसी का भी अनुयायी वहाँ तक नहीं पहुँचा है।

'सोआमी' व 'राधा'–सारी विश्व-रचना का मूल स्रोत सोआमी, वा परम पिता है जो सबका आदि कारण भी है और वहाँ से चेतनधारा के रूप में प्रवाहित होने वाली शक्ति को 'राधा' कहा जाता है जो सबकी परम माता स्वरूप है। यह 'राधा' उस 'सोआमी' को उसी प्रकार व्यक्त करती है, जिस प्रकार सूर्य की किरणें अपने मूल स्रोत सूर्य का पता दिया करती हैं और इन दोंनों शब्दों अर्थात् 'सोआमी' व 'राधा' को मिलाकर ही 'राधा स्वामी' होता है। इस राधास्वामी का स्वरूप सबसे उच्चतम प्रदेश वा दयालदेश में उसका कोई पृथक् व्यक्तित्व नहीं रहता, क्योंकि वह एक अपार सागर की भाँति पूर्णतः व्यापक व गम्भीर बना रहता है। उसके नीचे वाले प्रदेश या ब्रह्मांड देश में वह उक्त सागर को एक हिलोर वा तरंग की भाँति व्यक्तित्व धारण करके विद्यमान रहता है और वही वेदांतियों का 'ब्रह्म', बौद्धों का 'निर्वाण' अथवा सूफियों का 'लाहूत' है। सबसे नीचे वाले पिंड प्रदेश में वह स्थूल भौतिक पदार्थों का अधिकार लेकर उक्त तरंग की एक लहर का रूप ग्रहण करता है और यही हिन्दुओं का 'ब्रह्म' है। मनुष्य इस प्रकार मूलतः उस परात्पर सागर के एक शुद्ध बिन्दु का स्वरूप है, जो भौतिक प्रपंचों के संसर्ग में आकर बन्धन में पड़ गया है। इसका उद्धार तभी संभव है, जब वह उपरोक्त भेद की सारी बातों से अवगत होकर किसी संत सतगुरु के उपदिष्ट मार्ग से प्रयत्न करना जान ले। तभी वह अपने वास्तविक मूल की ओर उन्मुख होकर उसके दर्शनों के लिए प्रवृत्त हो सकेगा और अंत में उसका उद्धार होगा।

साधना–इसके लिए हमें चाहिए कि संत सतगुरु की बतलायी 'जुगति' के सहारे सर्वप्रथम अपना सम्बन्ध उक्त धारा के साथ जोड़ने की चेष्टा करें और इस प्रकार 'सुरतशब्द योग' के अभ्यास द्वारा क्रमशः उस स्थिति तक पहुँच जायँ जिसके आलोक से ही हमें अपने अभीष्ट आनन्द की उपलब्धि हो सकेगी। इसी कारण मूल 'शब्द' से प्रकट होकर चतुर्दिक विकीर्ण होने वाली धारा में निहित उसके सूक्ष्म रूप को पहले श्रवण करना ही साधक का प्रधान ध्येय रहा करता है। उसे श्रवण करने का अभ्यासी होकर वह उस मूल शब्द के गुणों से क्रमशः परिचित होने लगता है तथा उसे एक नूतन शीतलता व निर्मलता का अनुभव होता है और अपने अभ्यास के दृढ़तर होते जाने पर कुछ काल के अनंतर उसकी चेतन ज्ञानेन्द्रियाँ आप से आप जागृत हो उठती हैं और उसका हृदय गदगद हो जाता है। सबसे

पहले भिन्न-भिन्न भौतिक वा सांसारिक प्रपंचों के साथ जुड़े हुए मन की वृत्तियों से हटाकर उन्हें किसी प्रतीक पर केन्द्रित करना पड़ता है। साधक अपनी आँखें बन्द कर उनके मध्यविंदु पर अपने विचारस्रोत को केन्द्रित करता है तथा 'राधा सोआमी', 'राधा सोआमी' का मंद उच्चारण करता हुआ अपने सतगुरु के रूप वा दीपक की लौ की कल्पना कर वहाँ प्रतिष्ठित करता है। इसके उपरांत वह अपने दोनों हाथों को अपने ललाट पर रख उनकी कनिष्ठिकाओं को दोनों आँखों के बीच लगाता है और उनके दोंनों अंगूठों द्वारा अपने दोनों कानों को बंद कर देता है। तदनुसार उसे क्रमशः घंटिका आदि की ध्वनि सुन पड़ने लगती है और अंत में उस 'अनाहत' शब्द का भी अनुभव हो जाता है जो गुप्त व अगम्य है। यह 'संतमत' इसी कारण तीन प्रकार के साधनों का प्रयोग करता है जिन्हें क्रमशः 'सुमरिन', 'ध्यान' तथा 'भजन' कहा जाता है। 'सुमरिन' द्वारा मौन जप की सहायता से चित्त की वृत्ति को भगवान के प्रति उन्मुख करना है, 'ध्यान' के अभ्यास द्वारा उसे उस केन्द्र पर स्थिर करना है तथा 'भजन' द्वारा उसे शब्द ब्रह्म में लीन कर देना है और ये तीनों शब्द प्रायः उन्हीं तीन क्रियाओं की ओर संकेत करते हैं जिन्हें साधारण योग की परिभाषा में क्रमशः धारणा, ध्यान व समाधि कहा करते हैं।

भक्ति की प्रधानता–फिर भी 'राधास्वामी सत्संग' की मुख्य साधना वास्तव में भक्तिप्रधान ही है और उसे साधारण प्रकार से उपासना वा तरीकात भी कहा करते हैं। इस मत के अनुसार उपासना या तो शब्दस्वरूप राधास्वामी की हो सकती है अथवा संतगुरु वा साधुगुरु की भी की जा सकती है। 'संत सतगुरु' उनको कहते हैं जो सत्तलोक में पहुँच चुके हैं और 'परम संत' उनको कहते हैं जो राधास्वामी के मुकाम पर पहुँचे हैं तथा 'साधुगुरु' उनको कहते हैं जो ब्रह्म और पारब्रह्म के मुकाम तक पहुँचे हैं, किंतु जो व्यक्ति वहाँ तक भी न पहुँच सका हो, उसे केवल 'साधु' वा 'सत्संगी' कहा जाता है। इनमें से 'संतगुरु', 'परमसंत' एवं 'साधुगुरु' का वास्तविक स्वरूप शब्दस्वरूप है और उनमें तथा 'सत्तपुरुष' वा 'पारब्रह्म' में कोई मौलिक भेद नहीं समझा जाता। इस कारण ऐसे गुरुओं की उपासना व सेवा शब्दस्वरूप सत्त पुरुष की ही उपासना है जिसका विधान भी इस मत में किया जाता है। 'हुजूर महाराज साहेब' ने अपने प्रवचनों द्वारा वैराग्य से कहीं अधिक अनुराग एवं भक्ति पर ही जोर दिया था और कहा था कि व्यर्थ एवं अनुचित वासनाओं का संयमित करना ही सच्चा वैराग्य है जो भक्ति एवं प्रेम का अभ्यास करते-करते स्वयं उत्पन्न हो जाता है। भक्ति का एक आवश्यक अंग दीनता है। "दीतना प्रेम का पैराहन है" तथा जिस प्रकार "गर्मी में रोशनी है, वैसे ही भक्ति में दीनता है। मगर जैसे बगैर रगड़ने के रोशनी प्रकट नहीं होती, वैसे ही बगैर दुःख व तकलीफ के दीनता नहीं आती और जैसे स्टीम के बगैर कल नहीं चलती है, इसी तरह प्रेम और दीनता के बिना अंतर में चाल नहीं चलती"[१]। इसी प्रकार भक्ति के लिए शरणापन्न होने की भावना भी नितांत आवश्यक है। इसके द्वारा ही 'जाती प्रीत' जागती है और तब असली उपासना शुरू होती है। संसारी मुहब्बत प्रेम नहीं, प्रत्युत केवल मोह मात्र है और वह मन से ही संबंध रखती है, किंतु परमार्थी मुहब्बत सुरत की हुआ करती है और वही प्रेम है जिसकी धार की सहायता से सुरत मालिक की ओर

१. 'वचन परमपुरुष पूरनधनी महाराजा साहेब' (वे. प्रे., प्रयाग भा. १) पृ. १३:१०।

पूरे उमंग व उल्लास के साथ अग्रसर हुआ करती है। अतएव, इस संतमत ने भक्ति के लिए दीनता, प्रपत्ति एवं प्रेम को एक समान आवश्यक बतलाया है और इन तीनों को अपनाने का नियम भी प्रचलित किया है।

मत के प्रधान अंग–राधास्वामी सत्संग वा पंथ के मुख्य अंग चार हैं जिन्हें 'पूरागुरु', 'नाम', 'सत्संग' तथा 'अनुराग' कहते हैं। 'पूरागुरु' व सतगुरु से अभिप्राय संत सतगुरु वा साध सतगुरु से है, किंतु यदि वह न मिले तो जो कोई उसका सच्चा सेवक विरह व अनुराग के साथ अभ्यास में लगने वाला मिल जाय, उससे उपदेश ग्रहण् कर लेना चाहिए और 'कुल मालिक' राधास्वामी दयाल का निश्चय चित्त में धारण कर अभ्यास शुरू कर देना चाहिए। चित्त में सदा संत सतगुरु के मिलने की अभिलाषा रखनी चाहिए, क्योंकि वे परमदयाल हैं और प्रेमी व अभिलाषी को अपनी दया से अवश्य दर्शन देते हैं। 'नाम' शब्द से भी अभिप्राय उस सच्चे नाम से है, जो ध्वन्यात्मक रूप में सभी घटो में व्याप्त हो रहा है और जिसकी धार रूह यानी जान की धार है और उसी से तमाम बदन व अंग-अंग चेतन हैं। इसी धार के संग सुरत यानी जीव उतरकर पिंड-देश में ठहरा है और अंत समय पर इसी धार के साथ खिंच जाता है यानी देह की मृत्यु हो जाती है। वही शब्द स्वरूप में कुल रचना का आदि है और असल में शब्द और उसकी धार यानी आवाज में कोई भेद नहीं है। यही नाम 'जाती' है अर्थात् इसी को 'निजनाम' कहते हैं और इसे नामी के भेदों के साथ समझना चाहिए, सिफाती वा कृत्रिम नामों से काम नहीं चल सकता। 'सत्संग' से मुख्य अभिप्राय संत सतगुरु का संग, उनकी सेवा तथा उनके वचनों को मनोयोगपूर्वक सुनना और उनका दर्शन करना है। किंतु यह भी वाह्य सत्संग है। अंतर का सत्संग सतगुरु के वचनों को अपने भीतर मनन करना तथा उनके उपदेशों के अनुसार सुरत लगाकर घट में होती हुई शब्द-ध्वनि को श्रवण करना और मन की जबान से सच्चे नाम का सुमिरन करते हुए उनके स्वरूप का ध्यान करना कहलाता है। वाह्य-सत्संग की आवश्यकता तभी तक है, जब तक चित्त से भ्रम व संशय दूर न हो जाय और प्रेम प्रगट न हो ले, किंतु अंतर का सत्संग तब तक चलना चाहिए जब तक जीव शरीर में है। 'अनुराग' का भी मुख्य अभिप्राय वह सच्चा प्रेम है जिसमें मालिक के दर्शनों के लिए लालायित होना तथा साथ ही सांसारिक दुखों से भय करना भी सम्मिलित है"[१]।

राधास्वामी का सर्वप्रथम प्रयोग–प्रसिद्ध है कि संत शिवदयाल सिंह अर्थात् स्वामीजी महाराज ने राधास्वामी नाम पहले प्रकट नहीं किया था। वे केवल 'सत्तनाम' अनामी तक का भेद प्रकट करते थे और उसी का उपदेश दिया करते थे, जैसा कि पिछले अन्य संतों के समय से भी चला आता रहा। जब संतराय-सालिगराम बहादुर अर्थात् 'हुजूर महाराज साहेब' ने अपने सुरत शब्द के अभ्यास में उसकी ध्वनि सर्वप्रथम सुनी तथा उसके दर्शनों का अनुभव किया, तब उन्होंने उस नाम से 'स्वामीजी महाराज' को ही पुकारना आरंभ कर दिया और उस समय के अनंतर उस 'राधास्वामी' नाम वा 'राधास्वामी' धाम का अभ्यास तथा उपदेश चलने लगे। 'हुजूर महाराज साहेब' ने कहा है,

---

१. 'साधारण उपदेश' पृ. १३:५।

'ढूँढ़त ढूँढ़त बन बन डोली।
तब राधास्वामी की सुन पाई बोली॥
प्रीतम प्यारे का दिया संदेशा।
शब्द पकड़ जाओ उस देशा॥
कर सतसंग खुले हिये नैना।
प्रीतम प्यारे के सुने वही बैना॥
जब पहिचान मेहर से पाई।
प्रीतम आप गुरु बन आई॥'

—'प्रेमबानी' (भा. ३) शब्दसावन।

इस बात को स्वामीजी महाराज ने भी स्वीकार किया है, जो उनके वचन १४ से इस प्रकार प्रकट होता है, "फिर लाला परताप सिंह की तरफ मुतवज्जह होकर फरमाया कि मेरा मत तो सत्तनाम और अनामी का था और राधास्वामी मत शालिगराम का चलाया हुआ है। इसको भी चलने देना और सतसंग जारी रहे और सतसंग आगे से बढ़कर होगा।" इसके पहले वचन १३ में कहा गया है कि "फिर सुदर्शन सिंह ने पूछा कि जो कुछ पूछना होवे तो किससे पूछैं" उस पर फरमाया कि "जिस किसी को पूछना होवे, वह शालिगराम से पूछै।"[1]

सत्संग का विकास—डा. जे. एन. फर्कुहर ने लिखा है कि संत शिवदयाल सिंह वा स्वामी जी महाराज का पूर्वनाम तुलसीराम था और इन्होंने वैष्णव-कुल में जनम लिया था। उनका यह भी कहना है कि इनका सम्बन्ध वृन्दावन के उन गुरुओं से भी था जो श्रीकृष्ण के अनुयायी होते हैं। तदनुसार ये तथा इनकी पत्नी कभी-कभी कृष्ण व राधा के रूप धारण कर अपने अनुयायियों के सामने उपस्थित होते थे और इन्हीं रूपों में इनकी पूजा भी हुआ करती थी। द्वितीय गुरु अर्थात् संत राय सालिगराम बहादुर वा 'हुजूर महाराज साहेब' भी कभी-कभी कृष्ण बना करते थे और इस प्रकार सत्संग द्वारा स्वीकृत गुरुभक्ति मूलतः वृन्दावन के गुरुओं की देन है[2]। डॉ. फर्कुहर का यह भी अनुमान है कि स्वामी जी महाराज के गुरु तुलसी साहब थे। किंतु उक्त बातों के प्रमाण में उन्होंने कुछ भी नहीं कहा है। इस बात में संदेह नहीं कि हुजूर साहेब की तीव्र बुद्धि तथा उनके विषय-प्रतिपादन की अपूर्व शक्ति ने सत्संग की उन्नति करके उसे सुदृढ़ व सुव्यवस्थित बनाया था। उन्होंने सत्संग द्वारा अनुमोदित मत को अधिक से अधिक स्पष्ट किया, उसकी संस्था को सुचारु रूप से संगठित भी किया। किंतु उक्त सभी बातों में ये अपने गुरु द्वारा अनुप्राणित हो चुके थे और इनके प्रायः सभी कार्य उनके पथप्रदर्शन-सम्बन्धी संकेतों के अनुसार ही सम्पन्न किये गए थे। हुजूर महाराज साहेब के अनन्तर महाराज साहेब ने सं. १९५९ में राधास्वामी सत्संग की केन्द्रीय सभा के संगठन व संचालन के लिए एक विधान का निर्माण किया और अनेक नियम तथा उपनियम बनाकर उनके अनुसार प्रबंध चलाने की एक परम्परा निश्चित कर दी।

---

१. लाला प्रतापसिंह सेठ : 'जीवन चरित्र हुजूर स्वामीजी महाराज' पृ. ११३ पर उद्धृत।

२. डा. जे. एन. फर्कुहर : 'मार्डन रेलिजस मूवमेंट्स' पृ. १६६।

सत्संग के नियमानुसार उसके अनुयायियों का निवृत्ति मार्ग स्वीकार करना आवश्यक नहीं है, किंतु इस विधान में उसके साधुओं के लिए भी कुछ विशेष व्यवस्था की गई है[1]।

नैतिक नियम–राधास्वामी सत्संग के नैतिक नियम केवल वे ही माने गए हैं जो जीव को भौतिक जीवन से मुक्त कर उसे आध्यात्मिक जीवन की ओर प्रवृत्त करें, तदनुसार मांस एवं मादक वस्तुओं का सेवन, भड़कीले वस्त्राभूषणों का धारण, अधिक निद्रा व व्यर्थालाप में काल-यापन जैसे कर्म निषिद्ध हैं। राजनीतिक आन्दोलनों व सभाओं में सम्मिलित होना अथवा मेले जैसे प्रदर्शनों को देखने जाना भी उसी प्रकार त्याज्य है। इसकी सदस्यता के लिए अपने पूर्व धर्म का परित्याग आवश्यक नहीं और न अपनी जीविका की ओर से ही किसी प्रकार उदासीन होना अनिवार्य है। सत्संग के सभी सिद्धांत शुद्ध वैज्ञानिक तथा अनुभवगम्य समझे जाते हैं और उन्हें स्वीकार करने वाला मनुष्य किसी भी स्थिति में रहता हुआ, अपने उद्धार के लिए प्रयत्नशील हो सकता है। इन तथा कुछ अन्य प्रकार की बातों में सत्संग थियोसोफिकल सोसायटी के समान जान पड़ता है और अपनी कतिपय साधनाओं की दृष्टि से भी ये दोनों प्रायः एक ही प्रकार के कार्य करते हुए दिखलाई पड़ते हैं। इनके आध्यात्मिक वातावरणों में भी कदाचित् अधिक विभिन्नता नहीं है। सत्संग की सभाएं अधिकतर शांत व आडंबरशून्य हुआ करती हैं और उनमें भजन, पाठ एवं प्रवचन के अतिरिक्त अन्य कोई कार्यक्रम नहीं रहता। इसके प्रत्येक अनुयायी के लिए संत सतगुरु अथवा उसके चित्रादि के समक्ष अपनी श्रद्धा का प्रदर्शन मुख्य कर्तव्य माना जाता है। संत सतगुरु द्वारा स्पर्श की गई वा व्यवहार में लाई गई प्रत्येक वस्तु पवित्र व उपादेय है और उसे बिना तर्क-वितर्क किये अपना लेना परम धर्म है।

प्रचार–'राधास्वामी सत्संग' का न्यूनाधिक प्रचार भारत के प्रायः प्रत्येक प्रांत में हो चुका है और उसके अनुयायियों की संख्या क्रमशः बढ़ती हुई ही दीख पड़ती है। इसकी रहस्यमयी अंतरंग कार्यप्रणाली, इसकी प्राणायाम विहीन योग्य साधना की वाह्य सरलता, इसका सादे व सद्भावपूर्ण व्यवहार की ओर अधिक झुकाव तथा आध्यात्मिक जीवन में भी समृद्धि लाभ संबंधी इसकी योजना इसके प्रति आकृष्ट करने के लिए पर्याप्त साधन हैं।

५. फुटकर संत

(१) स्वामी रामतीर्थ (सं. १९३० : सं. १९६३)

संक्षिप्त परिचय–स्वामी रामतीर्थ का जन्म पंजाब प्रांत के गुजरानवाला जिले के अंतर्गत मुरारीवाला गाँव में हुआ था। ये सं. १९३० में उत्पन्न हुए थे और इनके पूर्वज 'गोसाई' वंश के ब्राह्मण कहलाते थे जिनमें प्रसिद्ध गो. तुलसीदास का भी नाम लिया जाता है। ये एक प्रतिभाशाली व्यक्ति थे। इन्हें पहले उर्दू एवं फारसी की शिक्षा दी गई थी, किंतु आगे चलकर इन्होंने गणित के विषय में एम. ए. तक की डिग्री प्राप्त की। ये कुछ दिनों तक स्कूल एवं कालेज में अध्यापन का कार्य करते रहे। परंतु कृष्णभक्ति, गीतानुशीलन तथा वेदान्त-दर्शन की ओर इनका ध्यान क्रमशः अधिकाधिक आकृष्ट होता गया और इनके हृदय

१. 'डिस्कोर्सेज' पृ. ३२९।

में एक अपूर्व भाव जागृत हो उठा। तदनुसार इन्होंने केवल अपनी २४ वर्ष की अवस्था में ही अपने पिता के पास एक पत्र लिख कर उन्हें सूचित कर दिया कि "आपका पुत्र अब राम के आगे बिक गया, उसका शरीर अब अपना नहीं रह गया। आज दीपमाला को अपना शरीर हार दिया और महाराज को जीत लिया। महाराज ही हम गोसांइयों का धन है।" और इसमें संदेह नहीं कि उक्त 'महाराज' शब्द से इनका अभिप्राय उस 'परमब्रह्म' परमात्मा से ही था जो वेदांतानुसार परम तत्व का सूचक है। इस घटना के अनन्तर युवक राम ने क्रमशः हरिद्वार, ऋषिकेश, तपोवनादि की यात्रा की और सं. १९५५ में किसी समय एकांतवास के अवसरों पर इन्हें आत्मसाक्षात्कार की अनुभूति भी हो गई। फिर तो इनके जीवन का ढंग ही पूर्ण रूप से परिवर्तित हो गया और ये आत्मानन्द की मस्ती में सदा मग्न दीख पड़ने लगे। सं. १९५७ में इन्होंने अपना अध्यापन-कार्य छोड़ दिया और अगले वर्ष संन्यास ग्रहण कर देश-विदेशों में भ्रमण करने तथा अपने हृदयस्थित भावों को व्यक्त करने के लिए निकल पड़े। अमेरिका से वापस आने पर इनसे कुछ लोगों ने अपनी संस्था के प्रवर्तित करने का अनुरोध किया, किंतु इन्होंने ऐसा करना स्वीकार नहीं किया, बल्कि उत्तर में कहा, "भारतवर्ष में जितनी सोसाइटियाँ हैं, वे सभी राम की हैं, राम उन सब में काम करेगा। सभी भारतवासी मेरे अपने हैं।" फिर ये अपने देश में ही कुछ दिनों तक भ्रमण करते रहे और अंत में कार्तिक कृष्ण १५ सं. १९६३ के दिन टिहरी के निकट भृगुगंगा में स्नान करते समय इन्होंने जल-समाधि ले ली। इन्हें एक कन्या व दो पुत्र उत्पन्न हुए थे।

मत का सार–स्वामी रामतीर्थ की रचनाओं में इनके कुछ व्याख्यान, कुछ पत्र और कुछ कविताएं उपलब्ध हैं जिनसे इनकी 'ब्राह्मी स्थिति' की झलक मिल जाती है। ये आत्मानुभूति द्वारा प्रभावित अपने व्यापक दृष्टिकोण से सभी कुछ को आत्मस्वरूप ही देखते थे। इन्होंने उसके रंग में अपने जीवन की प्रत्येक चेष्टा को पूर्ण रूप से रंग डाला था। इनकी भावुकता इतनी तीव्र थी कि वह कभी-कभी भावावेश वा उन्माद की स्थिति तक पहुँच जाती थी और सर्वसाधारण् इनकी बातें सुनकर दंग रह जाते थे। किंतु इस बात के कारण इनके विचारों में किसी प्रकार की विश्रृंखलता नहीं लक्षित होती थी और न ये अपने वास्तविक ध्येय आत्मानुभूति द्वारा विश्वकल्याण से कभी विचलित ही होते थे। इन्होंने अपनी मानसिक स्थिति का परिचय किसी समय A state of Balanced Recklessnes अर्थात् 'संतुलित प्रमाद की अवस्था' के संकेतों द्वारा दिया था। ये अपने उपदिष्ट मत को बहुधा 'नकद धर्म' की संज्ञा दिया करते थे और कहा करते थे कि "यह वर्तमान जीवन से संबंध रखता है। 'उधार धर्म' अंधविश्वास पर निर्भर रहता है, किंतु 'नकद धर्म' अन्तःकरण दृढ़ विश्वास का होता है। 'उधार धर्म' कहने के लिए, 'नकद धर्म' करने के लिए है। धर्म के उस भाग, पर जो नकद है, सभी धर्मों या संप्रदायों की एकवाक्यता है। इस पर कहीं दो मत नहीं।"[१]। स्वामी रामतीर्थ ने इस 'नकद धर्म' की परिभाषा के भीतर सत्य बोलना, ज्ञान संपादन करना और उसे आचरण में लाना, स्वार्थ से रहित होना, संसार के लालच व धमकियों के जादू में आकर वास्तविक चिद्रूप को न भूल जाना तथा स्थिर स्वभाव रहना आदि की चर्चा की है।

---

१. 'स्वामी रामतीर्थ के लेख व उपदेश' (जिल्द दूसरी, श्रीरामतीर्थ पब्लिकेशन लीग, लखनऊ, १९२९) पृ.२०९:२१

धर्म का स्वरूप–स्वामी रामतीर्थ ने एक बार धर्म के संबंध में किसी के प्रश्न करने पर उत्तर में लिखा था कि "धर्म अपना आप उद्देश्य है और वही सारी विद्याओं का भी लक्ष्य तथा अंतिम निष्कर्ष वा परिणाम है।" इन्होंने उसे चित्त की उस 'बढ़ी-चढ़ी अवस्था' का आधार बतलाया था, जिसके द्वारा शांति सतोगुण, उदारता, प्रेम शक्ति एवं ज्ञान हमारे लिए स्वाभाविक निजी बन जायँ। धर्म के द्वारा मनुष्य के जीवन में एक अभूतपूर्व परिवर्तन आ जाना चाहिए और ऐसी स्थिति का अनुभव होने लगना चाहिये जिसमें "हमारी रहन-सहन (आचार-व्यवहार), वाणी और विचार एक परिच्छित्र शरीर और उसके दास की दृष्टि (देहाभ्यास) से न रहें, वरन् सर्वव्यापी विश्वात्मा और जगत् प्राण की दशा हमारी दशा हो जाय।" "धर्म का प्राण हृदय का पिघलना या घुलना है, खुदी (देहात्मभाव) के स्थान पर खुदाई (ब्रह्मभाव) का आ जाना है। यह एक मात्र है और वह किसी प्रकार बदलने के योग्य नहीं। धर्म के शरीर वा वाह्यरूप कई हो सकते हैं और देश, काल व अवस्था के अनुसार भिन्न-भिन्न भी हो सकते हैं। सर्वसाधारण धर्म के इस वाह्यरूप को ही अपना कर सामाजिक रीति-रिवाज, धार्मिक ग्रन्थ, परलोक-संबंधी विचार वा वाद विवाद के फेर में पड़े रह जाते हैं और उनका हृदय उक्त प्रकार से पिघलने नहीं पाता, जिस कारण उन्हें धर्म को बदले तक की आवश्कयता पड़ जाती है।"[१]। स्वामी रामतीर्थ ने इस प्रकार संतों के मुख्य अभिप्राय को ही अपने शब्दों द्वारा प्रकट किया था और इनके जीवन का प्रधान उद्देश्य भी संतमत के ही अनुसार व्यवहार करना था। इन्होंने अपने अल्पकालीन सात्विक जीवन में ही एक अत्यंत उच्च कोटि का आदर्श सबके सामने रख छोड़ा।

(२) महात्मा गाँधी (सं. १९२६ : सं. २००४)

क. जीवन-वृत्त

संत गाँधी–संत परंपरा के साथ महात्मा गाँधी के किसी प्रत्यक्ष संबंध का पता नहीं चलता, किंतु इसमें संदेह नहीं कि ये महान् व्यक्तियों में से ही एक थे। इनकी आस्तिकता, विश्वकल्याण की भावना, मानव-समाज की एकता में पूर्ण विश्वास, विचार-स्वातन्त्र्य, स्वानुभूति के प्रति आस्था, वाह्य विडंबनाओं से असंतोष, सार्वभौम विचार, विश्वप्रेम तथा सबसे बढ़कर अपने शुद्धाचरण द्वारा सिद्ध किया आदर्श व व्यवहार का सामंजस्य संतों के ही अनुसार थे। ये अपने को सदा एक धार्मिक व्यक्ति ही मानते रहे और अपने धार्मिक दृष्टिकोण के ही अनुसार इन्होंने मानव जीवन के प्रत्येक अंग पर विचार किया। इन्होंने ठेठ सामाजिक प्रश्नों से लेकर आर्थिक एवं राजनीतिक समस्याओं तक को उसी धार्मिक भावना के साथ हल करने का प्रयत्न किया। इन्होंने घोर भौतिकवाद के युग से भी आध्यात्मिक धारणाओं का महत्त्व प्रतिष्ठित करना चाहा और अपने चरित्रबल तथा एकांतनिष्ठा के सहारे सर्वसाधारण का ध्यान एक बार फिर उन बातों की ओर आकृष्ट कर दिया जो वर्तमान समय के लिए सदा निरर्थक समझी जाती रहीं। इन्होंने संतों की अनेक स्वीकृतियों को खुले हृदय से अपनाया और उनकी उपयोगिता का स्वयं अनुभव कर उन्हें दूसरों के लिए भी आवश्यक

---

१. 'स्वामी रामतीर्थ के लेख व उपदेश' (जिल्द दूसरी, श्रीरामतीर्थ पब्लिकेशन लीग, लखनऊ, पृ. १९४:५, २०३:४।

ठहराया। मनुष्य की नैसर्गिक महानता का इन्होंने उसे फिर एक बार स्मरण दिलाया और अपनी सुप्त शक्तियों को जागृत व विकसित करने के लिए उसे एक बार फिर सचेत किया तथा संसार के भीतर प्रति दिन दीख पड़ने वाले विविध दुःखों को दूर करने के लिये उसे कटिबद्ध होना भी सिखलाया। महात्मा गाँधी भी संतों की भाँति स्वर्ग एवं नरक का कहीं अन्यत्र होना नहीं मानते थे और न मोक्ष के लिए परिवार के त्याग को आवश्यक समझते थे। इन्होंने विविध विपदग्रस्त भूतल को ही स्वर्ग बनाने का प्रयत्न किया तथा व्यक्तिगत मोक्ष एवं विश्वकल्याण में सामंजस्य प्रदर्शित किया।

प्रारंभिक प्रवृत्तियाँ–मोहनदास कर्मचंद गाँधी का जन्म आश्विन वदी १२ संवत् १९२६ (२ अक्टूबर, सन् १८६९ ई.) को पोरबंदर वा सुदामापुरी में हुआ था। इनके पिता एक व्यवहारकुशल, किंतु निस्पृह व चरित्रवान व्यक्ति थे और इनकी माता का भी स्वभाव धार्मिक था। बालक मोहनदास पर अपने माता-पिता के आचरणों का बहुत बड़ा प्रभाव पड़ा था और ये उनके प्रति श्रद्धा के भाव अपने बचपन से ही प्रदर्शित करने लगे थे। इन्होंने अपनी 'आत्मकथा' में लिखा है कि अपनी छोटी अवस्था में ही इन्हें 'श्रवण पितृभक्ति' नाम की एक पुस्तक पढ़ने को मिल गई थी और इन्होंने किसी तस्वीर में देखा था कि श्रवण अपने माता-पिता को काँवर में बैठाकर तीर्थयात्रा के लिए ले जा रहा है, जिसका प्रभाव इनके कोमल हृदय पर बिना पड़े न रह सका। इसी प्रकार एक बार किसी नाटक-कम्पनी द्वारा प्रदर्शित 'हरिश्चन्द्र नाटक' के खेल ने भी इन्हें बहुत प्रभावित किया था और ये हरिश्चन्द्र का अनुकरण करना अपना कर्तव्य मानने लगे थे। स्कूल में पढ़ने समय इन्हें जितनी लज्जा का अनुभव अपने पाठ के याद न कर सकने में होता था, उससे कहीं अधिक सदाचरण में चूकने से हुआ करता था। एक बार अपने पिट जाने के संबंध मे लिखते हुए उन्होंने स्वयं कहा है कि "मुझे इस बात पर तो दुःख न हुआ कि पिटा, परंतु इस बात का बड़ा दुःख हुआ कि मैं दंड का पात्र समझा गया। मैं फूट-फूट कर रोया। यह घटना पहली या दूसरी कक्षा की है"[१] । इसी प्रकार अपने माता-पिता को धोखा न देने के शुभ विचार ने इनकी अपने एक मित्र के कारण पड़ी हुई मांस-भक्षण की आदत को भी छुड़ा दिया था और ये अपने को अधिक बहकने से संभाल सके थे।

विलायत के अनुभव–सं. १९४४ में मैट्रिक पास करने के अनंतर ये बैरिस्टरी पास करने के लिए विलायत भेजे गए। इनकी धर्मभीरु माता ने इनके चरित्र पर किसी न किसी प्रकार का धब्बा लग जाने की आशंका से इनसे घर छोड़ने के पहले ही तीन प्रतिज्ञाएँ करा ली थीं, जिनमें से एक मांस-भक्षण न करने की, दूसरी मदिरा-सेवन से विरत रहने की और तीसरी पर स्त्री प्रसंग न करने की थी और इन्होंने इन तीनों का पालन किया। जब कभी इनके सामने वहाँ इस प्रकार का कोई अवसर उपस्थित होता, इन्हें अपनी माता के शब्द स्मरण हो आते और ये सँभल जाते। इस प्रकार के संयत जीवन ने इन्हें क्रमशः प्रलोभनों की ओर से बचाकर इनकी मनोवृत्ति को सादे जीवन की ओर उन्मुख भी किया। वहाँ के विलासितापूर्ण समाज में रहते हुए भी इन्होंने अपने भोजन एवं रहन-सहन के विषय में मितव्ययिता स्वीकार की और ये नियम के साथ रहने लगे। उसी समय इन्हें अपने किन्हीं

१. 'संक्षिप्त आत्मकथा' 'सस्ता साहित्य मंडल, दिल्ली, १९३०) पृ. ९।

थियोसोफिस्ट मित्रों की प्रेरणा से 'गीता' का अंग्रेजी अनुवाद पढ़ने का अवसर मिला, जिसका इन पर गहरा प्रभाव पड़ा। तब से ये अपने हिंदू-धर्म के अन्य ग्रंथों को पढ़ने के लिए उत्सुक हुए और धार्मिक जीवन के वास्तविक रहस्य को समझने की ओर प्रवृत्त भी हुए। सं. १९४८ में इन्होंने बैरिस्टरी पास कर ली और उसी वर्ष वहाँ से भारत के लिए प्रस्थान भी कर दिया।

दक्षिण अफ्रीका के कार्य–भारत में आते ही इन्होंने राजकोट में वकालत आरंभ कर दी और फिर थोड़े दिनों के लिए बंबई में भी काम किया। परन्तु कुछ ही समय के अनंतर इन्हें सं. १९५० में दक्षिण अफ्रीका के लिए चल देना पड़ा, जहाँ अपनी जीविका चलाने के साथ-साथ इन्हें लोक-सेवा का भी अवसर मिलने लगा। दक्षिण अफ्रीका में रहते समय इनके जीवन में इतना परिवर्तन हो आया कि अपनी जीविका अथवा घर गृहस्थी के कार्य इनके लिए क्रमशः गौण से जान पड़ने लगे और इनकी प्रायः प्रत्येक दैनिक चेष्टा जनसेवा के भावों द्वारा ही प्रेरित होने लगी। उस देश में भी सादे जीवन, स्वास्थ्य एवं भोजन-विज्ञान के प्रश्नों में इनकी रुचि बनी रही और इन विषयों के अध्ययन व तदनुकूल प्रयोगों के आधार पर इन्होंने कुछ लेख भी लिखे। दक्षिण अफ्रीका में ये २० वर्षों से अधिक समय तक रहे और बीच-बीच में कभी-कभी भारत भी आ जाते रहे। उस देश में रहते समय इन्हें अपने प्रवासी भारतीय भाइयों की विविध समस्याओं के सुलझाने में अनेक बार सक्रिय भाग लेना पड़ा जिससे इन्हें बहुत कुछ अनुभव प्राप्त हुआ। फिर भी सं. १९६१ की एक साधारण-सी घटना ने इनके जीवन में महत्त्वपूर्ण रचनात्मक परिवर्तन कर डाला और यह बात एक पुस्तक के पढ़ लेने मात्र से थी। मिस्टर पोलक नाम के इनके एक मित्र ने अंग्रेज लेखक रस्किन की पुस्तक 'अनटु दिस लास्ट' इन्हें देखने को दी जिसे इन्होंने आद्योपांत पढ़ डाला। इनका कहना है कि "जो चीज मेरे अंतरतर में बसी हुई थी, उसका स्पष्ट प्रतिबिंब मैने रस्किन के इस ग्रंथ में देखा और इस कारण उसने मुझपर आचरण करवाया"[१]। इस पुस्तक का इन्होंने 'सर्वोदय' नाम से गुजराती-अनुवाद भी कर डाला है।

कायापलट व संयत जीवन–उक्त पुस्तक का अध्ययन कर लेने के अनन्तर इनके विचार इतने स्पष्ट व परिष्कृत हो गए कि इन्होंने उनके अनुसार अपने जीवन को ही बदल डाला। उसी वर्ष इन्होंने फिनिक्स में एक आश्रम की स्थापना की जहाँ से इनका 'इंडियन ओपीनियन' नामक पत्र भी प्रकाशित होने लगा। आश्रम के निवासियों को यथासंभव सभी प्रकार के कार्य आवश्यकतानुसार करने पड़ते और स्वावलंबन का अभ्यास डालना पड़ता। आश्रम की सफाई, उसमें काम आने वाली उपयोगी वस्तुओं को भरसक स्वंय तैयार करना, अनुशासन के प्रभाव में रहना और सभी प्रकार से एक सादा-सात्विक जीवन व्यतीत करना वहाँ के प्रत्येक निवासी का कर्तव्य समझा जाता था' जिसे वे सभी सहर्ष पालन करते थे। महात्मा गाँधी ने यहीं रहकर अपने जीवन का कार्यक्रम निश्चित किया और उसमें पूरी सफलता प्राप्त करने की इच्छा से सं. १९६३ में उसके लिये ब्रह्मचर्य व्रत पालन आरंभ कर दिया। इन्होंने क्रमशः दूध का परित्याग किया, उपवास के प्रयोग आरंभ किये और इस

---

१. 'संक्षिप्त आत्मकथा' (सस्ता साहित्य मंडल, दिल्ली) पृ. ८७।

प्रकार एक आदर्श संयत जीवन का सूत्रपात कर दिया। आश्रम के निवासी एक संयुक्त परिवार के रूप में रहते थे और उनमें प्रायः सभी भारतीय प्रान्तों तथा जातियों व सम्प्रदायों के लोग सम्मिलित थे और उन सबके अगुआ ये ही थे। उनकी भिन्न-भिन्न भाषाओं, उनकी भिन्न-भिन्न रहन सहन एवं भिन्न-भिन्न मतों का समन्वय महात्मा गाँधी के नेतृत्व में बड़े सुन्दर ढंग से हो जाता था और किसी भी वर्ग के व्यक्तियों को कभी इस बात का अनुभव नहीं हो पाता था कि हम किसी प्रकार के प्रतिकूल वातावरण में जीवन यापन कर रहे हैं।

भारत में कार्य–महात्मा गाँधी सं. १९७१ तक दक्षिण अफ्रीका में रहकर वहाँ के भारतीय प्रवासियों के उपकारार्थ अनेक काम करते रहे। फिर वहाँ से भारत में लौटकर इन्होंने गोखले के परामर्शानुसार यहाँ के लोगों की वास्तविक दशा का अध्ययन करना आरंभ किया और तदनुसार सारे देश में भ्रमण करने लगे। ऐसे ही अवसर पर इन्होंने (सं. १९७२ में) साबरमती में अपना 'सत्याग्रह आश्रम' खोला जिस केंद्र बनाकर ये इधर-उधर घूमते थे। आश्रम में इन्होंने सूत कातने एवं वस्त्र बुनने का कार्य भी आरम्भ कर दिया और ये शुद्ध स्वदेशी के प्रचारार्थ लोगों को उपदेश देने लगे। इन्होंने गिरमिट प्रथा के विरुद्ध आंदोलन चलाया"। चंपारन के निलहे गोरों के अत्याचारों को दूर करने का प्रयत्न किया और खेड़ा के किसानों को सविनय अवज्ञा के लिए आगे बढ़ाया। इस समय तक महात्मा गाँधी का संपर्क राष्ट्रीय कांग्रेस के साथ भी हो चुका था और अपने विचारों का प्रचार ये उसके अधिवेशनों में करने लगे थे। अब समय-समय पर इनकी बातों पर विशेष ध्यान दिया जाने लगा था। इन्होंने 'रौलेट ऐक्ट' के विरुद्ध स्वदेशवासियों को उत्तेजित कर सं. १९७७ में असहयोग आंदोलन चलाया, जिस कारण इन्हें छः वर्षों की सजा पाकर जेल जाना पड़ा। इसी प्रकार सं. १९८७ में इन्होंने सविनय अवज्ञा का आंरभ डांडी में नमक बनाकर किया और अंत में सं. १९९२ में काँग्रेस से पृथक होकर कार्य करने लगे। इनके कार्यक्रम के अंतर्गत इस समय हिंदू-मुस्लिम एकता, खद्दर-प्रचार, हरिजनोद्धार व स्वराज्य-प्राप्ति की बातें प्रधान रूप से रह गई थीं जिनके लिए ये सदा लेख लिखते व व्याख्यान देते रहे। इसके सिवाय इनका ध्यान इस समय विशेष रूप से धार्मिक बातों के प्रचार की ओर भी आकृष्ट हो गया था। ये नित्य-प्रति सांयकाल ईश-प्रार्थना किया करते जिसमें इनके साथ अनेक नर-नारी सम्मिलित हुआ करते और प्रार्थना के अनंतर इनका प्रवचन भी सुना करते। ऐसे ही अवसर पर एक दिन इनके प्रार्थना-मंडप में जाते समय एक नययुवक ने गोली चला दी और उस दिन माघ वदी ५ सं. २००४ को दिल्ली में इनका देहांत हो गया।

ख. महात्मा गाँधी का मत

सत्य का अनुभव–महात्मा गाँधी ७८ वर्षों से भी अधिक जीवित रहे। किंतु जब से इन्हें चेतना मिली, ये निरन्तर आत्म-विकास के कार्य में संलग्न रहे और अपने जीवन को अपने उच्चादर्शों के अनुसार ढालते हुए आत्मोन्नति के साथ-साथ विश्व कल्याण की ओर भी अग्रसर होते गए। इनका कहना था कि "मैंने सत्य को जिस रूप में देखा है और जिस राह से देखा है, उसे उसी राह से बताने की हमेशा कोशिश की है"। मैं सत्य को ही परमेश्वर मानता हूँ।" इस सत्य को पाने की इच्छा करने वाला मनुष्य जीवन के एक भी क्षेत्र से बाहर नहीं रह सकता। यही कारण है कि मेरी सत्य-पूजा मुझे राजनीतिक क्षेत्र में

घसीट ले गई। जो यह कहते हैं कि राजनीतिक से धर्म का कोई सम्बन्ध नहीं है, मैं निःसंकोच होकर कहता हूँ कि वे धर्म को नहीं जानते और मेरा विश्वास है कि यह बात कहकर मैं किसी विनय की सीमा को लाँघ नहीं रहा हूँ।

आत्मशुद्धि–महात्मा गाँधी का तत्वज्ञान आध्यात्मिक होने की अपेक्षा नैतिक अधिक है[१]। इनका कहना है कि "बिना आत्मशुद्धि के अभाव में अहिंसा धर्म का पालन करना भी हर तरह नामुमकिन है। चूँकि अशुद्धात्मा परमात्मा के दर्शन करने में असमर्थ रहता है, इसलिए जीवन-पथ के सारे क्षेत्रों में शुद्धि की जरूरत रहती है। इस तरह की शुद्धि साध्य है, क्योंकि व्यक्ति और समष्टि के बीच इतना निकट सम्बन्ध है कि एक की शुद्धि अनेक की शुद्धि का कारण बन जाती है और व्यक्तिगत कोशिश करने की ताकत तो सत्यनारायण ने सब किसी को जन्म ही से दी है। लेकिन मैं तो पल-पल पर इस बात का अनुभव करता हूँ कि शुद्धि का यह मार्ग विकट है। शुद्धि होने का मतलब तो मन से, वचन से और काया से निर्विकार होना, राग-द्वेषादि से रहित होना है। इस निर्विकार स्थिति तक पहुँचने के लिए प्रति पल प्रयत्न करने पर भी मैं उस तक नहीं पहुँच सका हूँ।............... लेकिन मैंने हिम्मत नहीं हारी है। सत्य के प्रयोग करते हुए मैंने सुख का अनुभव किया। आज भी उसका अनुभव कर रहा हूँ। लेकिन मैं जानता हूँ कि अभी मुझे बीहड़ रास्ता तय करना है। इसके लिए मुझे शून्यवत् बनना पड़ेगा। जब तक मनुष्य खुद अपने आपको सबसे छोटा नहीं मानता है, तब तक मुक्ति उससे दूर रहती है। अहिंसा नम्रता की पराकाष्ठा है, उसकी हद है, और यह अनुभवसिद्ध बात है कि इस तरह की नम्रता के बिना मुक्ति कभी नहीं मिल सकती।"[२] आत्मशुद्धि व समाज-सेवा इन दोनों को एक साथ चलना चाहिए और हमारे भीतर ऐसी एक प्रकार की सांस्कृतिक प्रवृत्ति जागृत हो जानी चाहिए।

सत्य के प्रयोग–उक्त उद्धरण महात्मा गाँधी की उस संक्षिप्त आत्मकथा का अंतिम अंश है, जो इनकी मृत्यु के कई वर्ष पहले लिखी गई थी। उसके वृहत् व मूल संस्करण का नाम इन्होंने 'मेरे सत्य के प्रयोग' दे रखा था और इसमें इन्होंने अपने जीवन द्वारा समाज की प्रयोग शाला में किए हुए सत्य के विविध प्रयोगों के विवरण दिये थे। इनका सारा जीवन एक सच्चे साधक का जीवन रहा जिसे आत्मशुद्धि की सहायता से इन्होंने उक्त प्रयोगों के लिये सदा उपयोगी सिद्ध करना चाहा। ये प्रति पल उसके निर्माण में लगे रहते और अत्यंत सावधानी के साथ उसमें समय-समय पर आवश्यक सुधार भी करते जाते। मानव-जीवन के महत्त्व पर इन्होंने बड़ी गंभीरता के साथ विचार किया था और इसी कारण उसके क्षुद्रातिक्षुद्र अंग को भी संभालने व सुव्यवस्थित करने में सदा दत्तचित्त रहा करते थे। इनकी सर्वागींण साधना संत दादू दयाल की पूर्णांग साधना से कहीं अधिक व्यापक जान पड़ती है और इनके आत्मविकास का ध्येय भी गुरु नानकदेव के आदर्शों से कहीं अधिक स्पष्ट व व्यवहारगम्य

---

१. "One thing is certain that since the day of Buddha no Indian with the possible exception of Kabir, has attached so much importance or grown so eloquent ower pure morality as Gandhiji'–Prof. Wadia (Indian Philosophical Congress).

२. 'संक्षिप्त आत्मकथा' (सस्ता साहित्य-मंडल, दिल्ली, सन् १९३९, पृ. २४६:४८।

लक्षित होता है। ये एक सच्चे कलाकर की भाँति जीवन को अधिक से अधिक सुंदर स्वरूप देने के प्रयत्न किया करते थे। इनके सत्य के प्रयोग इस कारण, न केवल समाज के अंतर्गत किये गए, प्रत्युत इनके जीवन का निर्माण भी उन्हीं प्रयोगों का परिणाम रहा। जिस प्रकार पृथ्वी का ग्रह अपनी धुरी पर अपने आप घूमता हुआ भी प्राकृतिक नियमों के अनुसार सूर्य के चतुर्दिक चक्कर काटता रहता है और इस प्रकार एक साथ दो-दो कार्य नियमपूर्वक होते चलते हैं, उसी भाँति महात्मा गाँधी अपनी आत्मशुद्धि की साधना के साथ-साथ समाज एवं विश्व के कल्याण की चेष्टा भी प्रायः समानांतर ढंग से करते गये और इस प्रकार अपनी अनेक भावनाओं को ये कार्य-रूप में परिणत कर सके।

मानव-जीवन की एकता–महात्मा गाँधी को मानव-जीवन की एकता व अभिन्नता में दृढ़ विश्वास था। उनका कहना था कि "मैं यह नहीं समझ पाता कि किस प्रकार किसी एक व्यक्ति का आध्यात्मिक विकास सम्भव हो सकता है, जब कि उसके पड़ोसी दुःखों से पीड़ित हो रहे हैं। मैं अद्वैत में आस्था रखता हूँ और मुझे मनुष्य की एकता तथा उसी के अनुसार सारे प्राणियों की भी एकता में विश्वास है। अतएव मेरी धारणा है कि यदि एक मनुष्य आध्यात्मिक उन्नति प्राप्त करता है, तो सारा विश्व उसके साथ लाभ उठाता है और यदि एक का पतन होता है, तो उसी प्रकार संसार भी गिर जाता है।"[१] इसके सिवाय "मनुष्य का अंतिम उद्देश्य परमात्मा की उपलब्धि है, जिसकी ओर ध्यान रखते हुए उसे अपनी प्रत्येक चेष्टा को, चाहे व सामाजिक हो, राजनीतिक हो वा धार्मिक हो, उन्मुख करना कर्तव्य हो जाता है। सारी मानव-जाति की सेवा उसके लिए इस कारण आवश्यक हो जाती है कि परमात्मा को उसकी सृष्टि के अंतर्गत ही पाना और उसके साथ एकता का अनुभव करना संभव है। जब मैं संपूर्ण का एक अंगमात्र हूँ, तब उससे अलग रहकर मेरा परमात्मा की खोज करना हो नहीं सकता और इसी कारण सबकी सेवा का महत्त्व है।"[२]

धर्म का रहस्य–इसी प्रकार ये धर्म के वास्तविक रहस्य को प्रकट करते हुए भी कहते हैं कि "धर्म वहीं है, जिसके द्वारा मनुष्य के ठेठ स्वभाव में परिवर्तन हो जाय, जो उसे सत्य के साथ सदा के लिए जोड़ दे और जो उसे बराबर शुद्ध व पवित्र करता रहे। यह मानव-स्वभाव का एक स्थायी अंग है जो अपने को पूर्णतः व्यक्त करने के लिये कुछ भी उठा नहीं रखता और जो आत्मा को परमात्मा के साथ मिल जाने व उसके साथ सच्चे सम्बन्ध का अनुभव करने के लिये आतुर व वेचैन कर देता है।"[३] धर्म का संबंध केवल आदर्शों से न होकर व्यावहारिक बातों के साथ ही अधिक रहा करता है। धर्म यदि व्यावहारिक बातों की परवाह नहीं करता और न उनकी समस्याओं के सुलझाने में सहायक होता है, तो वह धर्म नहीं है। कोई कार्य जितना ही आध्यात्मिक वा धार्मिक होगा, उतना ही उसे व्यावहारिक भी होना चाहिए। वास्तव में "परलोक जैसा कोई भी स्थान कहीं नही है। सारा विश्व एक व अखंड है। इसमें 'यहाँ' वा 'वहाँ' का कोई प्रश्न ही नहीं उठता। जैसा जीन्स ने बतलाया है कि संपूर्ण विश्व, जिसमें दूर-दूर तक के नक्षत्र व तारे शामिल हैं और जो बड़े से बड़े दूरवीक्षण-यंत्र

---

१. 'यंग इंडिया' (४. १२. २४) पृ. ३९८।
२. 'हरिजन' (२९. ८. ३५) पृ. २३६।
३. 'यंग इंडिया' (१२. ५. २०) पृ. १०७०।

से भी दीख नहीं पड़ता, एक परमाणु के भीतर संकुचित है। इसलिये मैं ऐसा समझ लेना अनुचित मानता हूँ कि अहिंसा का उपयोग कंदरा के निवासियों तक ही सीमित रहना चाहिए, अथवा परलोक में इसके द्वारा एक बहुत अच्छा स्थान मिला करता है। कोई भी नैतिक गुण तब तक अपना कोई अर्थ नहीं रखता, जब तक उसका उपयोग भी जीवन के प्रत्येक क्षण में न किया जाता हो। स्वर्ग को भूतल पर उतारने का वास्तविक रहस्य यही हो सकता है"।[१] इस विचार से सभी धर्म वा सम्प्रदाय एक ही उद्देश्य की सिद्धि अर्थात् हृदय-परिवर्तन वा काया-पलट के लिये निश्चित किये गए भिन्न-भिन्न मार्ग हैं, और वास्तव में धर्मों की संख्या उतनी ही कही जा सकती है, जितनी भिन्न-भिन्न व्यक्तियों की होगी। यदि कोई मनुष्य अपने धर्म के मूल तक पहुँच पाये, तो उसे प्रतीत होगा कि वह सभी धर्मों की तह तक पहुँच गया। धर्म एक व्यक्तिगत बात है और हम लोग अपने आदर्शानुसार जीवन यापन कर अन्य के साथ भी अपनी सर्वोत्तम वस्तु का आनंद उठा सकते हैं।

पूर्ण सत्य का स्वरूप–महात्मा गाँधी ने अपने जीवन का उद्देश्य बतलाते हुए भी कहा है कि "मैं पूर्णता की उपलब्धि में निरत एक साधारण साधक हूँ। मैं उसके मार्ग से भी परिचित हूँ, किंतु केवल मार्ग का ज्ञान मात्र प्राप्त कर लेना ही अपने उद्देश्य तक पहुँच जाना भी नहीं कहा जा सकता"[२]। 'पूर्णता तो ज्यामिति की रेखा अथवा बिंदु की भाँति कोरे आदर्श की बात है जिसके लिये हमें अपने जीवन के प्रत्येक पल में प्रयत्न करते रहना चाहिए।" सत्य के पूर्ण स्वरूप का हम अनुभव नहीं कर सकते, अपनी कल्पना द्वारा उसे दृष्टिगत मात्र कर सकते हैं और इसी कारण हमें हार मानकर केवल विश्वास पर निर्भर रहना पड़ता है। सत्य का एक निरपेक्ष रूप है जो देश-काल की सीमा से परे और अबाधित है और उस नित्य वस्तु को हम केवल 'अस्तित्व' की भी संज्ञा दे सकते है, किंतु उसी का एक अन्य रूप सापेक्ष भी हो सकता है, जिसे हम उस वस्तु की उपलब्धि के मार्ग में अपनी पहुँच के अनुसार ग्रहण कर पाते हैं, और जितना कि हमारे लिए संभव कहा जा सकता है। सत्य ही ईश्वर है, जो न केवल हमारे अंतस्थ है, किंतु हमारे परे भी है, जो न केवल सारे विश्व का जीवन है, प्रत्युत इसके बाहर भी रहने वाला तथा इसका स्रष्टा, पालनकर्ता एवं न्यायकर्ता भी है। इसी कारण इन्होंने उसके व्यक्तित्व की भी कल्पना की है और उसे शक्ति, विचार तथा प्रेम से सम्पन्न भी समझा है। वह सर्वत्र व्यापक है और उसी के नियमानुसार बड़े से बड़े अथवा छोटे से छोटे भी कार्य हुआ करते हैं।

अंतःकरण की प्रवृत्ति–ईश्वर को इन्होंने कभी-कभी अपने अंतःकरण की 'आवाज' कहकर भी सूचित किया है और इस संबंध में एक स्थल पर लिखा है कि "जब मैंने अछूतोद्धार के लिए २१ दिनों तक अनशन किया था, उस समय की बात है। मैं सोच रहा था। मुझे लगभग १२ बजे रात के समय किसी ने जगाया और किसी आवाज ने अचानक मेरे कानों में कहा, 'तू अवश्य अनशन कर। मैंने पूछा, ' कितने दिनों तक ? उसने कहा '२१ दिनों तक।' मैंने फिर पूछा, 'कब से आरंभ करूँ ?' उसने उत्तर दिया, 'कल से आरंभ

---

१. हरिजन, २६. ७. ४२, पृ. २४८।

२. यंग इंडिया, ३. ४. ९४।

कर दो।"[१] मेरा मन इसके लिये तैयार नहीं था और इससे भागत भी था, किंतु यह घटना इतनी स्पष्ट थी, जितनी अन्य कोई भी हो सकती है।"[२] और इसी प्रकार के एक और अनुभव का भी बहुत स्पष्ट वर्णन इन्होंने एक दूसरे स्थल पर किया है।[३] फिर भी महात्मा गाँधी की आस्तिकता साम्प्रदायिक नहीं और न उसमें किसी प्रकार की संकीर्णता ही पायी जाती है। इस विषय में इनके विचार अत्यंत उदार हैं। ईश्वर को ये सत्यस्वरूप तो मानते ही हैं, उसे प्रेम, नियम, अंतःकरण की प्रवृत्ति, नैतिक आधार, विशुद्ध तत्व आदि अन्य अनेक नामों से भी सूचित करते हैं और एक स्थल पर इन्होंने यहाँ तक कह डाला है कि "ईश्वर अपने प्रति अधिक से अधिक सीमा तक की गई 'आस्था' के सिवाय और कुछ नहीं है"[४]। "हम किसी एक सिद्धांत को मानते हैं, अपने जीवन का रंग उस पर चढ़ा देते हैं और कह देते हैं कि यही हमारा ईश्वर है। मैं तो इतना ही पर्याप्त समझता हूँ।"[५] महात्मा गाँधी के लिए इसी कारण मनुष्य एवं ईश्वर में भी कोई मौलिक भिन्नता नहीं है।

राम–ईश्वर के लिये भिन्न-भिनन धर्मों व सम्प्रदायों ने भिन्न-भिन्न नाम दिये हैं, "किंतु ऐसे नाम उसके व्यक्तित्व के बोधक नहीं, उसके गुणों के परिचायक मात्र हैं, जिन्हें अपने अनुभव के अनुसार निर्धारित कर मनुष्य ने उसे दे रखा है। वह स्वयं सारे गुणों से परे है, वह अनिर्वचनीय है और उसे हम अपनी किसी तौल की सीमा में नहीं ला सकते।"[६]। "मेरे राम, जो हमारी प्रार्थना के समय स्मरण किये जाते हैं, वह ऐतिहासिक राम नहीं जो अयोध्यानरेश दशरथ के पुत्र थे। मेरे राम तो नित्य अजन्मा और अद्वितीय हैं और मैं उन्हीं की उपासना करता हूँ। मैं उसी का अवलंब चाहता हूँ और आप लोगों को भी उसी का आश्रय ग्रहण करना चाहिए।"[७] "वह कालातीत, निराकार, निष्कलंक है और वही राम मेरा प्रभु और शासनकर्ता है।"[८] "मैं पहले सीता के पति राम की ही उपासना करता था, किंतु जैसे-जैसे मेरा अनुभव बढ़ता गया, मेरे राम अमर व सर्वव्यापी होते गये। इसका अर्थ यह नहीं कि राम सीता के पति नहीं रह गए, किंतु सीतापति राम का अभिप्राय क्रमशः अधिक से अधिक व्यापक होता गया और तदनुसार उनका स्वरूप भी मेरी दृष्टि में अधिक से अधिक व्यापक होता गया। जगत का विकास इसी प्रकार होता है"[९]। इस प्रकार सत्य ही वास्तव में राम, नारायण, ईश्वर, खुदा, अल्लाह वा गाड है और उसके सिवाय अन्य कुछ भी नहीं।[१०]

---

१. 'हरिजन' (१०. १२. ३८) पृ. ३७३।
२. वही, पृ. (१४. ५. ३८) पृ. ११०।
३. वही, ६. ५. ३३।
४. 'यंग इंडिया' (भा. २) पृ. ४२१।
५. 'हरिजन' (३०. ३. ३४) पृ. ५५।
६. वही, १२. ८. ३८।
७. वही, ८. ४. ४६।
८. वही, १४. ११. ४६।
९. वही, २२. ९. ४६।
१०. 'यंग इंडिया' १४. ८. २४।

रामनाम की साधना–महात्मा गाँधी ने नाम का प्रतीक रामनाम को बतलाया है और कहा है कि वह सत्य को सूचित करता है। "ईश्वर कोई व्यक्ति नहीं, वह सर्वत्र व्याप्त है, सर्वशक्तिमान है। जो कोई उसे अपने भीतर अनुभव करता है, वह एक विचित्र शक्ति द्वारा अनुप्राणित हो जाता है, जो बिजली से भी कहीं अधिक शक्तिसंपन्न व सूक्ष्म है और उससे कहीं अधिक स्थायी प्रभाव भी डालती है।"[१] रामनाम का स्मरण अपने भीतर उस अपूर्व शक्ति का अस्तित्व जमाये रखने का आवश्यक साधन है, जिसका अभ्यास यथासंभव निरंतर होना चाहिये। हृदय से रामनाम लेने का अभिप्राय एक अतुलनीय शक्ति से बल ग्रहण करना है। इसमें हृदय का ही महत्त्व अधिक है, बुद्धि तो उसके अनंतर काम देती है। "प्रार्थना के समय शब्दोंच्चारण से कहीं अधिक आवश्यकता हृदय की ही होती है। प्रार्थना उस अतंरात्मा की स्पष्ट प्रतिक्रिया (Response) में होनी चाहिये जो इसके लिए आर्त्त रहा करती है और जिस प्रकार एक भूखा मनुष्य सुभोजन पाकर उसका स्वाद आनंदपूर्वक लेने लग जाता है, उसी प्रकार भूखी आत्मा भी हृदय से उत्पन्न प्रार्थना से तृप्त हुआ करती है"[२]। ऐसी दशा में रामनाम के प्रत्येक बार का दुहराना एक नवीन अर्थ रखता है और हमें क्रमशः ईश्वर के निकट ले जाने में समर्थ होता है। "मैं तो एक ऐसे समय की प्रतीक्षा में हूँ जब कि रामनाम का स्मरण भी हमारे लिए बाधक सिद्ध होगा। जब मैं इस बात का पूर्ण अनुभव कर लूँगा कि राम हमारी वाणी से परे है, तब मुझे रामनाम के दुहराने की आवश्यकता ही न रह जायगी"[३]। रामनाम के स्मरण को सार्थक करने के लिये जीवन में वैसी सेवा का भी करना कर्तव्य है, जो वास्तव में राम के उपयुक्त हो। "रामनाम का हृदय से स्मरण किया जाना तभी कहा जा सकता है, जब कि सत्य, भावाशुद्धि एवं पवित्रता का अभ्यास भी भीतर व बाहार दोनों ओर से कर लिया गया हो"[४]

प्राकृतिक चिकित्सा–महात्मा गाँधी के अनुसार सारे ईश्वरीय नियम पवित्र जीवन में समाहित हैं। सबसे पहली बात अपनी त्रुटियों से परिचित हो जाना है जिसका तात्पर्य यह होता है कि प्रत्येक मनुष्य को अपना चिकित्सक स्वयं बन जाना चाहिए और अपनी कमियों का पता लगा लेना चाहिए। प्राकृतिक चिकित्सा में भी सबसे महत्त्वपूर्ण बात यही है कि जीवन के प्रति बने हुए अपने वर्तमान दृष्टिकोण में परिवर्तन व सुधार कर लिया जाय और अपने जीवन को स्वास्थ्य-सम्बन्धी नियमों के अनुसार ढाल दिया जाय। "प्राकृतिक चिकित्सा का वैद्य स्वास्थ्य के अध्ययन को अधिक महत्त्व देता है। उसका वास्तविक कार्य वहीं से आरम्भ् होता है, जहाँ से साधारण डाक्टर वा वैद्य का कार्य समाप्त होता है। रोगी के कष्ट को सर्वथा निर्मूल कर देना ही प्राकृतिक चिकित्सा का ध्येय है, जो दूसरे प्रकार से एक ऐसे जीवन का प्रारम्भ है जिसमें किसी रोग को कोई स्थान न हो। प्राकृतिक चिकित्सा, इस प्रकार जीवनयापन का एक मार्ग-विशेष है, किसी उपचार की क्रिया नहीं है"।[५] महात्मा गाँधी ने

---

१. 'रामनाम'–दि इनफैलिबुल रेमेडी' (कराची, १९४७) पृ. ८७।

२. 'यंग इंडिया' (२३. १. ३८)।

३. वही, (१४. २. २४)।

४. 'हरिजन, (२५ . ५. ४६)।

५. वही, (७. ४. ४६)।

इसी कारण इस चिकित्सा प्रणाली को दो भागों में विभक्त किया है, जिसका पहला अंश रोगों को दूर करने के लिए रामनाम के स्मरण को प्रधानता देता है और जिसके दूसरे अंश का सम्बन्ध सात्विक एवं स्वास्थ्यप्रद जीवन द्वारा रोगों के दूर करने से है। "प्राकृतिक चिकित्सा पद्धति को स्वीकार करना प्रकृति वा ईश्वर की ओर अग्रसर होना है, जिससे उसके प्रति क्रमशः आत्मसमर्पण करते हुए हम अपने विचारों तथा चेष्टाओं पर पूर्ण अधिकार प्राप्त करने योग्य हो जाते हैं।"[१]

पूर्णतः व्यापक कार्यक्रम–महात्मा गाँधी के जीवन का कार्यक्रम अत्यंत व्यापक व विस्तृत था और वे उसकी पूर्ति में आमरण निरत रहे। उन्होंने व्यक्तिगत एवं धार्मिक प्रश्नों को हल करने के लिए ब्रह्मचर्य, अहिंसा, निर्भीकता, साहस व संयत जीवन को अपनाया तथा आस्तिकता, प्रार्थना एवं रामनाम के प्रचार पर विशेष ध्यान दिया, समाज की उन्नति के लिए अछूतोद्धार, जनसेवा, चरित्रबल, विश्वप्रेम, पारिवारिक जीवन, नारी अधिकार, अनुशासन जैसी बातों के महत्त्व को स्पष्ट किया, आर्थिक सुधार के लिए खादी-प्रचार, गोपालन, अपरिग्रह, मितव्ययिता आदि के उपदेश दिये तथा राजनीतिक संघर्ष में प्रयोग करने के लिए असहयोग, सत्याग्रह, सविनय अवज्ञा जैसे साधनों की उपयोगिता सिद्ध कर दिखायी। ये स्वास्थ्य के लिए मुक्ताहार बिहार की आवश्यकता अनुभव करते थे, रोगनिवारण के लिए उपवास व प्राकृतिक चिकित्सा का आश्रय लेते थे, शिक्षा की उपयोगिता उसके स्वावलंबी व सच्चरित्र बनाने में ही माना करते थे, राष्ट्रभाषा की एकता में विश्वास रखते और उसका प्रचार करते थे तथा भौतिकवाद व उसके दुष्परिणामों से बचने के लिए शुद्ध ग्राम्यजीवन व पंचायत के आधार पर निर्मित 'रामराज्य' के आदर्शों की कल्पना करते थे। इनके 'सर्वोदय' का प्रधान उद्देश्य सत्य को यथासंभव आत्मसात् कर तथा उसके साथ तद्रूपता का अनुभव कर व्यक्तिगत जीवन में लायी गई पूर्णता द्वारा सामाजिक जीवन के स्तर को भी उच्चातिउच्च करना और इस प्रकार उसे विश्वकल्याण के योग्य बना देना था। 'सर्वोदय' ही उनके अनुसार जीवन तथा समाज के सामूहिक उदय व विकास का विज्ञान है, जिसे कार्यान्वित करना प्रत्येक मनुष्य का लक्ष्य होना चाहिए। उसे व्यवहार में लाने की इन्होंने भरपूर चेष्ट की और उसकी सिद्धि के लिए एक सच्चे कर्मयोगी की भाँति प्रयत्नशील रहते हुए ही इन्होंने अपना शरीर छोड़ा।

६. उपसंहार

सिंहावलोकन– भारतीय साधना के इतिहास से पता चलता है कि प्राचीन वैदिक काल से लेकर विक्रम की लगभग ८वीं : ९वीं शताब्दी तक भिन्न-भिन्न प्रकार की साधना-पद्धतियाँ प्रयोग में आती रही थीं और उनके कारण साधक-समुदाय के अंतर्गत बहुधा भेद-भाव भी प्रकट होते आये थे। वैदिक काल में प्रकृति की उपासना की गई, पितरों का पूजन हुआ, यज्ञों के विधान बनाये गए और कभी-कभी जादू-टोने तक से भी काम लिया गया। इन बातों में पूरी आस्था न रखने वालों ने फिर उसी समय के लगभग तपोविद्या, एकांत-सेवन व चिंतन तथा श्रद्धामयी भक्ति को अपनाया और बहुत से साधकों ने केवल इन्हीं की उपयोगिता में पूर्ण विश्वास न रखते हुए शुद्ध आचरण को अधिक महत्त्व दिया। इस प्रकार साधना-पद्धतियों

१. हरजिन, २६. ५. ४६।

की इस अनावश्यक वृद्धि को श्रेयस्कर न समझनेवाले व्यक्ति इनके पारस्परिक समन्वय की ओर प्रवृत्त हुए और 'श्रीमद्भागवत' द्वारा श्रीकृष्ण ने अपने ढंग से एक प्रकार की 'ज्ञानकर्मसमुच्चयात्मक भक्ति' का प्रतिपादन कर इस ओर पथ-प्रदर्शन का कार्य आरम्भ किया। परन्तु श्रीकृष्ण का उक्त सुझाव भी आगे चलकर विस्मृत सा होने लगा और पशुबलि एवं शास्त्रविधि के अत्यधिक अनुसरण की प्रतिक्रिया में उत्पन्न हुए बौद्ध एवं जैन धर्मों के कारण उपर्युक्त बातों के विवेचन की ओर एक बार ध्यान फिर से आकृष्ट हो गया। विक्रम की प्रथम आठ शताब्दियों तक इस प्रकार प्राचीन वैदिक धर्म तथा उक्त धर्मों की भावनाओं में संघर्ष चलता रहा और दोनों दलों द्वारा अनेक प्रकार का आदान-प्रदान होते आने पर भी संशय, मिथ्याचार, विडंबना व पाखंड का अस्तित्व नहीं मिट सका, प्रत्युत साधनाओं के क्षेत्र में एक प्रकार की अराजकता-सी लक्षित होने लगी।

वही–ऐसे ही अवसर पर स्वामी शंकराचार्य ने अपने अद्वैतवाद एवं स्मार्त्तधर्म का प्रचार आरंभ किया और बौद्ध धर्मावलम्बी सहजयानी सिद्धों ने भी अपनी चित्तशुद्धि एवं सहजसिद्धि के कार्यक्रम को अधिक अग्रसर किया। स्वामी शंकराचार्य की पद्धति में प्राचीन धर्म-ग्रंथों का आश्रय लेकर चलना तथा प्रत्येक बात को पूर्वपरिचित मर्यादाओं के ही भीतर लाकर स्वीकार करना आवश्यक माना गया था। किंतु सिद्धों की प्रणाली इससे नितांत भिन्न व विरुद्ध थी और इनके विचारों के लिए पहले की भाँति कोई दार्शनिक पृष्ठभूमि भी आवश्यक नहीं थी। फिर भी इनके ही प्रचारों द्वारा प्रभावित 'नाथयोगी-सम्प्रदाय' का आविर्भाव हुआ जिसने शांकरद्वैत के दार्शनिक सिद्धांतों को भी अपना लिया। इसी प्रकार प्राचीन भक्तिवाद का अनुसरण करने वाले भक्तों ने भी उसी उद्देश्य से विविध वैष्णव तथा शैव सम्प्रदायों का प्रचार किया। विक्रम की ८वीं शताब्दी से लेकर उसकी १३वीं तक का समय इस प्रकार भिन्न-भिन्न सम्प्रदायों की समन्वयात्मक चेष्टाओं में व्यतीत हुआ और इस काल के अंत में कतिपय फुटकर व्यक्तियों ने भी उक्त ध्येय की उपलब्धि में सहायता प्रदान की। इसके सिवाय मुस्लिम देशों की ओर से आये हुए सूफी सम्प्रदाय के प्रचार-कार्य ने भी उक्त प्रवृत्ति को आगे बढ़ाने में सहयोग दिया। किंतु इन सबके प्रयत्न वस्तुतः अधूरे ही जान पड़े और उन्हीं की पूर्ति के लिए फिर उन सब पर विचार भी करते हुए अंत में संत-परम्परा की नींव डाली गई, जिसका स्पष्ट नेतृत्व कबीर साहब ने ग्रहण किया।

वही–संत-परम्परा के क्रम का सूत्रपात आज से प्रायः नव सौ वर्ष पहले भक्त जयदेव के समय में ही हो चुका था, किंतु इसकी निश्चित रूप-रेखा उसके दो सौ वर्ष पीछे कबीर साहब के जीवन-काल में उनके क्रांतिकारी विचारों द्वारा प्रकट हुई। कबीर साहब तथा उनके पूर्ववर्ती एवं समसामयिक संतों की प्रवृत्ति अपने मत को किसी वर्ग विशेष के साम्प्रदायिक रूप में ढालने की नहीं थी और न उन्होंने कभी इसके लिए प्रयत्न किया। वे अपने विचारों को व्यक्तिगत अनुभव पर आश्रित समझते थे और सर्वसाधारण को भी उसी प्रकार स्वयं निर्णय कर लेने का उपदेश देते थे। परिस्थिति की निष्पक्ष आलोचना, उसके आधार पर निश्चित किए गए स्वतंत्र विचार और तदनुसार व्यवहार करना ही उनके जीवन का प्रधान लक्ष्य था और उसी के द्वारा वे विश्वकल्याण में भी सहायता पहुँचाने में विश्वास रखते थे। परंतु कबीर साहब के लगभग ५० वर्ष अनंतर गुरु नानकदेव के समय से संत मत को अधिक सुव्यवस्थित रूप देने वा उसे प्रचारित करने की भी आवश्यकता का अनुभव होने

लगा और इस ओर विशेष रूप से प्रवृत्त होने वाले संतों ने अपने-अपने पंथों वा सम्प्रदायों का संगठन आरंभ कर दिया। तब से इस प्रकार की योजना न्यूनाधिक मनोयोग के साथ प्रायः डेढ़ सौ वर्षों तक बनती हुई निरंतर चली आई और कदाचित् किसी भी प्रमुख संत को अपनी संस्था को किन्हीं संकुचित व संकीण विचारों का एक पृथक् वर्ग स्थापित करने का भी अवसर नहीं मिला।

वही–परंतु विक्रम की १८वीं शताब्दी अथवा संत बाबालाल के समय से संतमत के प्रचारकों ने उसके तुलनात्मक अध्ययन की ओर भी ध्यान देना आरंभ किया और तब से इसके महत्त्व की परीक्षा अन्य प्रचलित मतों व सम्प्रदायों के विचार से भी की जाने लगी। किंतु इस निरे मूल्यांकन की प्रवृत्ति ने इसके अनुयायियों को क्रमशः अन्य सामयिक धर्मों के घनिष्ठ सम्पर्क में भी ला दिया और उनकी विचार-धारा तथा विविध वाह्य पद्धतियों तक से इनका प्रभावित होना एक प्रकार से अनिवार्य-सा हो गया। फिर तो संतमत के अनुयायी प्रायः अन्य डेढ़ सौ वर्षों तक भी अधिकतर अपनी-अपनी संस्थाओं के साम्प्रदायिक संगठन में ही लगे रह गए और इनका ध्यान जितना पारस्परिक भेदों की सृष्टि एवं सूक्ष्म बातों के विस्तार की ओर आकृष्ट हुआ, उतना अपने मत के मूल व्यापक सिद्धांतों वा सर्वांगीण साधनाओं की ओर न जा सका। इस समय के कुछ संतों ने इस प्रवृत्ति को संभालने के लिए शुक्रदेव मुनि व कबीर साहब जैसे महापुरुषों द्वारा अपना अनुप्राणित होना बतलाया, कुछ ने अपने नवीन अवतार धारण करने तक का विश्वास दिलाया और दूसरों ने आदर्श स्थिति के बहाने किसी काल्पनिक परलोक का आकर्षक व अलौकिक चित्र खींचकर सर्वसाधारण को अपनी ओर लाने का प्रयास किया और किसी-किसी ने कर्मकांड की भी विस्तृत (Elaborate) व्यवस्था कर उसकी ओर लोगों को प्रवृत्त करना चाहा। किंतु ऐसी बातों के कारण संतमत की विशेषताएं क्रमशः और भी लुप्त होती गईं जिसके फलस्वरूप उसमें तथा अन्य धार्मिक सम्प्रदायों में कोई स्पष्ट अंतर नहीं रह गया। अतएव स्वयं कुछ संतों को भी यह कहने का अवसर मिलने लगा कि वास्तव में आज कबीर साहब द्वारा प्रदर्शित मार्ग छूट गया है और उनके अनुयायी कहे जाने वाले मानो प्रवंचित से हो रहे हैं।

वही–फिर भी संतमत के मूलतः सहज व सार्वभौम सिद्धांतों पर ही प्रतिष्ठित रहने के कारण उसके पुनरुत्थान का होना भी स्वाभाविक था। इस कारण विक्रम की गत उन्नीसवीं शताब्दी के प्रायः मध्यकाल से ही इसके लक्षण दीख पड़ने लगे। संतमत का क्षेत्र अब कोरा धार्मिक व साम्प्रदायिक ही न बना रहकर पूर्ण आध्यात्मिक व सांस्कृतिक भी समझा जाने लगा और इसका रूप क्रमशः पलटने लगा। संतमत किसी वर्ग-विशेष के निती सिद्धांतों का संग्रह मात्र नहीं है और न वह किसी आदर्श-विशेष वा अमुक-अमुक उपदेशों वा संकेतों की कभी अपेक्षा ही करता है। उसके अनुयायियों की उक्त परम्परा भी केवल कतिपय संतों की एक विशिष्ट प्रणाली के कुछ काल तक अबाधित रूप से निरन्तर चलती आने के ही कारण स्थापित हुई नहीं समझी जा सकती है। संतमत के मूल नियम वस्तुतः नित्य, सर्वव्यापक, सर्वोपयोगी एवं सर्वसुलभ हैं और उनके मानने के लिए केवल स्वतंत्र विचार, आत्मचिंतन, एकातंनिष्ठा तथा आदर्श एवं व्यवहार के सामंजस्य भर की आवश्यकता है जिसके लिए किसी सम्प्रदाय-विशेष में दीक्षित होना किसी प्रकार अनिवार्य नहीं कहा जा सकता। इसका लक्ष्य प्रत्येक व्यक्ति का शुद्ध-सात्विक जीवन है, जिसके द्वारा ही यह विश्वजनीन, कल्याण

व शान्ति की भी आशा रखता है। अतएव, आधुनिक संतों ने तो कबीर साहब के समय से आती हुई परम्परा का प्रत्यक्ष आश्रय ग्रहण करना आवश्यक माना और न किन्हीं महापुरुषों वा धर्मोंपदेशों की कभी दुहाई दी, प्रत्युत अपने निजी विचारों तथा अनुभवों के आधार पर ही इसे अवलंबित रखा।

नयी प्रवृत्ति–संत-परम्परा के इस नवीन युग के प्रमुख संत महात्मा गाँधी कहे जा सकते हैं, जिन्होंने अपनी योग्यता व तपस्या द्वारा संतमत के महत्त्व की ओर सारे संसार का ध्यान अत्यंत स्पष्ट रूप में आकृष्ट कर दिया है। इन्होंने अपने जीवन के क्रमिक व कलात्मक विकास, उसके सर्वांगीण सुधार तथा उसके द्वारा उपलब्ध व्यापक परिणाम का उदाहरण सबके समक्ष रख दिया है। इन्होंने अपने आदर्श जीवन द्वारा सिद्ध कर दिया है कि पूर्ण संत का पद प्राप्त करने के लिए शारीरिक व मानसिक साधनाओं का पृथक्-पृथक् अभ्यास करना आवश्यक नहीं और न आध्यात्मिक उन्नति को मानव-जीवन का एक पृथक् अंग मान बैठना ही कभी उचित कहा जा सकता है। हमारे जीवन की पूर्णता की ओर सर्वांगीण विकास का एक साथ होना दुःसाध्य नहीं है। अतएव शारीरिक, मानसिक एवं धार्मिक जैसी व्यक्तिगत बातों से लेकर आर्थिक, सामाजिक, नैतिक व राजनीतिक तथा विश्वजनीन आवश्यकताओं की भी पूर्ति के लिए एक साथ प्रयास किया जा सकता है। इस सिद्धांत का मुख्य शिलाधार सारे विश्व व विश्वात्मा की एकता तथा उस सत्य की नित्यता व एकरसता में निहित है जिसके अस्तित्व में पूर्ण विश्वास रखना इस मार्ग के प्रत्येक यात्री के लिए संबल स्वरूप है, क्योंकि उस दशा में ही किसी प्रकार के भ्रम वा धोखे का प्रवेश कभी संभव नहीं हो सकता है।

भूतल पर स्वर्ग–इन संतों के वास्तविक रूप को ठीक-ठीक न पहचान सकने के कारण कुछ लोग इनके विषय में बहुधा भ्रमात्मक बातें कह बैठते हैं। वे कह डालते हैं कि इन्होंने इहलोक की अपेक्षा किसी अमरलोक का आदर्श रखा था जिसके भुलावे में पड़कर लोग यहाँ की बातों से सदा उदासीन रहने लगे और इस प्रकार समस्याओं के पड़ने पर इन्होंने पलायन-वृत्ति भी प्रदर्शित कर दी। परन्तु उक्त प्रकार के काल्पनिक लोकों की सृष्टि किस संत ने कब और कहाँ पर की, यह बतलाया नहीं जाता। हम देख चुके हैं कि कबीर साहब ने अपने वातावरण की आलोचना करते समय उसे भ्रमजनित विचारों पर आश्रित ठहराया था। उन्होंने स्पष्ट शब्दों में कहा था कि जिन-जिन बातों को हम सत्य माने हुए बैठे हैं, उनकी वस्तुस्थिति कुछ और है, जिसके समझने के लिए भिन्न दृष्टिकोण होना चाहिये। उन्होंने उस दृष्टिकोण की एक रूप रेखा भी बतला दी थी और कह दिया था कि उसके अनुसार देखने पर हमारा आदर्श नितांत भिन्न हो जाता है। वह आदर्श उनके अनुसार किसी स्थान-विशेष की अपेक्षा नहीं करता और न वह किसी स्वप्न की वस्तु है। वही वास्तविक स्थिति है जिसे वर्तमान स्थिति को सुधारकर इसकी जगह ला देना अत्यंत आवश्यक है। उक्त आदर्श के लिए कहीं अन्यत्र जाना नहीं है और न वह मरने के उपरांत हमें उपलब्ध होगा। वह तो यहीं और इस वर्तमान समय में ही इसी भूतल को स्वर्ग बनाकर व्यवहार में परिणित किया जा सकता है। यह सच है कि उस आदर्श का वर्णन आगे चलकर भिन्न-भिन्न नामकरणों के कारण् कुछ भ्रमात्मक हो गया, किंतु वह स्वयं स्पष्ट व दोषरहित है। वह 'सतलोक', 'सचखंड', 'धाम', 'अभयलोक', 'संतदेश', 'अमरलोक' वा 'अनामी लोक' जैसे

नामों से अभिहित होता हुआ भी उसी प्रकार स्थान-विशेष की सीमा में नहीं आता, जिस प्रकार महात्मा गाँधी की 'रामराज्य' किसी त्रेतायुगी नदाशरथी रामचंद्र के शासनकाल की अपेक्षा नहीं करता।

विचार-स्वातंत्र्य–उक्त समालोचक संतों को इनके क्रांतिकारी विचारों के लिए भी कोसते हैं और कहते हैं कि इन्होंने 'शताब्दियों के परीक्षित सदाचार, धर्मतत्व और सामाजिक आदर्शों को एक ही उच्छवास में फूँक दिया।' इससे प्रकट होता है कि ऐसे लोग उन सारी बातों के प्रति अपनी ममता दिखलाते हैं जो रूढिगत व पुरानी है तथा जिन्हें अपनाते समय सर्वसाधारण अपनी बुद्धि से काम न लेकर अंधानुसरण-मात्र में प्रवृत्त हो जाते हैं। उनके विचार से धर्मतत्व के सम्बन्ध में जो कुछ भी धारणा हमारे पूर्वपुरुषों ने स्थिर कर रखी है, वह शाश्वत व सनातन है। जो सदाचार का मानदंड उन्होंने एक बार अपने समय में निर्धारित कर दिया, वह सदा के लिए उपयुक्त है और जिन-जिन सामाजिक आदर्शों को उन्होंने एक बार महत्त्व दे दिया, वे अनन्त काल के लिए हमारे पथ-प्रदर्शक बने रहेंगे। वे लोग कदाचित इस बात में भी विश्वास रखते हैं कि जो कुछ भी सृष्टि के भीतर दीख पड़ता है, वह आदि-काल से प्रायः ज्यों का त्यों विद्यमान है, उसमें कोई प्रगति नहीं, और न कोई परिवर्तन ही हुआ। फलतः हमारे आदर्श महापुरुषों का आविर्भाव कभी प्रारंभिक युग में हो गया था, जिन्होंने आगे की पीढ़ियों के लिए कुछ बातें निश्चित कर दी थीं, जिन्हें हमें बिना किसी हिचक वा संकोच के सहर्ष मान लेना चाहिए। दूसरे शब्दों में धार्मिक व सामाजिक नियमों के विवेचन का अवसर अब कभी न आने देना चाहिए, कोरी श्रद्धा व विश्वास से ही काम लेना चाहिए। परन्तु क्या इस प्रकार के विचार कभी उचित ठहराये जा सकते हैं अथवा इन्हें कोई भ्रांति-रहित कह सकता है ? ऐसे विचारों के भीतर तो हमें एक ऐसी अवहेलना की गन्ध आती है जो शताब्दियों से वस्तुस्थिति का अध्ययन कर स्थिर किये जाते हुए उपलब्ध सिद्धांतों के प्रति प्रदर्शित की गई है। इनमें आज तक किये गए वैज्ञानिक अनुसंधान व दार्शनिक चिंतन के साथ-साथ उस सामाजिक विकास के भी प्रति उपेक्षा दीखती है जो हमारे इतिहास-द्वारा सिद्ध होता है। ऐसे आलोचकों के अनुसार विचार-स्वातंत्र्य का कोई मूल्य नहीं और न हम कभी अपनी विविध सामाजिक समस्याओं को हल करने का प्रयत्न ही कर सकते हैं। स्पष्ट है कि इस प्रकार की प्रतिगामिता का उपदेश देने वालों के आक्षेपों की कोई गुरुता नहीं हो सकती। हम देख चुके हैं कि संतों ने जिस बात की ओर विशेष ध्यान दिलाया है, वह सर्वसाधारण के विभिन्न दुःखों व पारस्परिक झगड़ों को सदा के लिए हटा देना है और इसके लिए इन्होंने सबके व्यक्तिगत सुधार व सदाचरण के उपदेश दिये हैं। वे व्यक्ति के समुचित विकास के आधार पर ही समष्टिगत विकास एवं पूर्णता के आदर्श को कार्यान्वित करना चाहते हैं और महात्मा गाँधी ने भी अपने जीवन में इसे ही अनेक प्रयोगों द्वारा सिद्ध कर इनके स्वप्नों को साकार बनाने की चेष्टा की है। पुराने संतों का कार्य समयानुसार अधिकतर धार्मिक क्षेत्र तक ही सीमित रहा और उनका सामाजिक प्रश्नों के सुलझाने का ढंग भी वैसी ही भावना से प्रेरित था। महात्मा गाँधी ने अपने कार्यक्षेत्र को कहीं अधिक विस्तृत कर दिया और वे एक ही साथ समाज की सर्वांगीण उन्नति में लग गए। विश्व-कल्याण उन संतों का भी लक्ष्य रहा। यदि उन्हें इसकी उपलब्धि में पूरी सफलता नहीं मिल सकी, तो हम इसके लिए उन्हें दोषी नहीं ठहरा सकते और न उन्हें इसी कारण

लोक-विरोधी ही कह सकते हैं। यह बात और है कि जिस प्रकार किसी को सुरक्षित रखा, उसके अंगीभूत विविध पंथ व सम्प्रदाय भी उनसे एक बार फिर अनुप्राणित होंगे और इस सुअवसर से सदा के लिए वंचित रह जायँगे।

संत-परम्परा का भविष्य– संतमत एवं गाँधीवाद के मौलिक सिद्धान्तों में कोई भी अंतर नहीं और न इन दोनों के प्रमुख साधनों में ही किसी प्रकार का भेद बतलाया जा सकता है। यदि दोनों को भिन्न-भिन्न ठहराने का कोई कारण हो सकता है, तो केवल यही कि पहिले की कार्यपद्धति में जहाँ ठेठ आध्यात्मिक बातों को बहुत अधिक स्थान दिया जाता था और अन्य प्रश्न केवल गौण बने रह जाते थे, वहाँ दूसरे की कार्यप्रणाली जीवन के प्रत्येक पार्श्व की ओर समुचित ध्यान देती है और उसके कार्यक्रमानुसार प्रत्येक बात का एक साथ ही विकसित होती हुई पूर्णता तक पहुँच जाना असंभव नहीं समझ पड़ता। यह अंतर भी वस्तुतः मौलिक आदर्शों का अंतर नहीं, अपितु वह उनके विकसित रूपों में लक्षित होने वाली विशेषता के कारण सुधारी गई कार्यपद्धति के रूपांतर का परिणाम है। संतों की परम्परा अब एक ऐसे युग में प्रवेश कर रही है, जो विक्रम की चौदहवीं शताब्दी से कई बातों में नितांत भिन्न है और जिसकी विविध आवश्यकताओं का प्रभाव किसी विचारपद्धति वा आन्दोलन पर बिना पड़े नहीं रह सकता। यह प्राकृतिक नियमों की माँग है जिसके सभी अधीन हैं। अतएव संत परम्परा के अवशेष वर्गों ने भी यदि इसे पहचान पाया तथा अपने को फिर सँभाल लिया, तो उनका पृथक् अस्तित्व निश्चित है, नहीं तो मौलिक भावनाएं अपने आप काम करती आगे बढ़ती चली जायँगी और उन्हें बरबस पिछड़कर साधारण समाज में ही घुल-मिल जाना पड़ेगा।

वस्तुस्थिति–आज का समय कोरी आस्था, शुष्क आत्मचिंतन वा रूढ़िगत नैतिक जीवन का मात्र नहीं रह गया है और न अपनी साधनाओं को केवल भक्तिभाव, ज्ञान वा सदाचार तक सीमित रहने देना अब किसी प्रकार सुसंगत प्रतीत होता है। परिस्थिति प्रत्येक व्यक्ति वा वर्ग को एक दूसरे के निकटतर खींचती हुई सारे विश्व को एक व अखंड सिद्ध करने की ओर स्वयं प्रवृत्त है और एक का दूसरे के द्वारा किसी न किसी रूप में प्रभावित होता जाना अब अनिवार्य सा हो रहा है। अथच वर्तमान का हमें स्पष्ट संकेत है कि हम अपने जीवन के प्रत्येक क्षण व क्षुद्रतिक्षुद्र कर्म का भी वास्तविक महत्त्व समझने का प्रयत्न करें और आज तक पाठशाला के समान समझे जाने वाले इस विश्व को अपनी प्रयोगशाला के रूप में परिणत कर उसमें सत्य का साक्षात्कार करें। महात्मा गाँधी का जीवन इसी ध्येय की ओर लक्ष्य करता है और उक्त साधना को अधिक सक्रिय बनाने का भी हमें उपदेश देता है। अतएव यदि हम चाहें तो उससे उचित लाभ उठाकर न केवल अपना, प्रत्युत समस्त प्राणियों का भी एक साथ कल्याण कर सकते हैं जो संतों के जीवन का सदा परम उद्देश्य रहता आया है और जिसके शुद्ध स्वरूप को बहुत कुछ भूल जाने के ही कारण संत-परम्परा तक के महापुरुषों को इधर वैसी सफलता दृष्टिगोचर न हो सकी थी।

———

परिशिष्ट

(क) कबीर साहब का जीवन काल

उपक्रम–कबीर साहब का जीवन-काल निश्चित करने की चेष्टा प्रायः गत सौ वर्षों से निरंतर होती चली आ रही है और जो कुछ भी साधन इस विषय के अभी तक उपलब्ध हैं, उनकी छानबीन भी आज तक होती जा रही है। पहले के विद्वान प्रत्यक्ष प्रमाणों के अभाव में अधिकतर अनुश्रुतियों का ही सहारा लिया करते थे और कभी-कभी यत्र-तत्र बिखरे हुए विविध प्रसंगों का भी उपयोग करते थे। परन्तु कुछ दिनों से उक्त लेखकों द्वारा निकाले गए परिणामों तथा उन तक पहुँचने के लिए प्रस्तुत की गई उनकी युक्तियों पर भी विचार किया जाने लगा है और उस प्रकार के आलोचनात्मक अध्ययन से उक्त विषय के अधिकाधिक स्पष्ट होते जाने की आशा की जाती है। किंतु इस प्रश्न को लेकर इस समय एक से अधिक मत प्रचलित हैं और सभी एक दूसरे का खंडन करते हुए दीख पड़ते हैं। फिर भी यदि उक्त प्रकार की सभी उपलघ सामग्रियों पर हम एक बार फिर से विचार करें, तो कदाचित् किसी ऐसे निश्चय पर पहुँच सकते हैं जो वर्तमान परिस्थिति में अधिक से अधिक मान्य व युक्तिसंगत माना जा सके।

प्रमाण-संबंधी पंक्तियाँ–कबीर साहब का जीवन-काल निश्चित करते समय कभी-कभी कुछ ऐसी पंक्तियाँ भी उद्धृत की जाती हैं जो उसके लिए प्रमाणस्वरूप समझी जाती हैं। किंतु उन्हें आधार की भाँति स्वीकार करते समय उनके भी मूल का पता नहीं लगाया जाता, अपितु उन्हें केवल बहुत दिनों से प्रचलित रही आई ही मानकर उनमें से किसी न किसी को अपनी प्रवृत्ति के अनुसार चुन लिया जाता है और उसके द्वारा अपने मत की पुष्टि कर दी जाती है। ऐसी पंक्तियाँ भी अधिकतर कबीर साहब के अंतिम काल से ही संबंध रखती हैं और उनके द्वारा मृत्यु-काल का संकेत पाकर हम उनके पूरे जीवन-काल की अवधि भी निर्धारित कर डालते हैं। ऐसे अवसरों पर हमें कभी-कभी इस प्रकार की कुछ अन्य पंक्तियों का भी सहारा मिल जाया करता है जो कबीर-पंथी साहित्य में कबीर साहब के प्रकट होने के प्रसंग में उल्लिखित पायी जाती हैं। उक्त सभी प्रकार की पंक्तियाँ बहुधा भिन्न-भिन्न व परस्पर-विरोधी मत प्रकट करती हैं और उन सबको यदि एकत्र किया जाय तथा उनके मूल स्रोतो का भी पता लगाया जा सके, तो वह स्वयं ही एक मनोरंजक विषय होगा। अस्तु, उक्त पंक्तियों के कुछ उदाहरण इस प्रकार दिये जा सकते हैं:–

१. **सम्बत पन्द्रह सौ पछत्तरा, किया मगहर को गवन।**
माघ शुदी एकादशी, रलो पवन में पवन॥

२. **पन्द्रह सौ औ पाँच में, मगहर कीन्हों गौन।**

अगहन सुद एकादसी, मिल्यो पौन में पौन॥

३. पंद्रह सै उनचास में, मगहर कीन्हों गौन।

अगहन सुदी एकादसी, मिलो पौन में पौन॥

४. सुमत पंद्रासौ उनहत्तरा रहाई।

सतगुरु चले उठि हंसा ज्याई॥

५. संबत बारह सौ पाँच में, ज्ञानी किये विचार।

काशी में परगट भयो, शब्द कहो टकसार॥

६. चौदह सौ पचपन साल गए, चंद्रवार एक ठाट ठए।

जेठ सुदी बरसायत को, पूरनमासी प्रकट भए॥ इत्यादि।

चार भिन्न-भिन्न मत–कबीर साहब का मृत्यु-काल निर्धारित करने वाले आजकल अधिकतर उपर्युक्त पहले तीन पद्यों में से ही किसी न किसी एक की सहायता लिया करते हैं और शेष में से अंतिम अर्थात् छठे को कभी-कभी उनका जन्म-संवत् भी स्वीकार कर लेते हैं। तीसरे पद्य को मानने वालों में आपस में थोड़ा-बहुत मतभेद भी जान पड़ता है और चौथे अथवा पाँचवे के समर्थकों की संख्या इस समय अधिक नहीं पायी जाती। इस संबंध में एक बात यह भी उल्लेखनीय है कि ये पंक्तियाँ भिन्न-भिन्न दीख पड़ने पर भी संभवतः कबीर-पंथ के अनुयायियों की ही रचनाएं हैं और ये उनकी इस धारणा के साथ प्रस्तुत की गई है कि कबीर साहब वस्तुतः अमर व अजन्मा है, केवल हंसों के उद्धारार्थ कभी-कभी युगानुसार अवतार धारण कर लेते हैं। इसके सिवाय, इन पंक्तियों का आश्रय न ग्रहण कर स्वतंत्र रूप से विचार करने वाले भी कुछ विद्वान हैं, जो कबीर साहब के पूरे जीवन-काल को विशिष्ट संवतों वा सनों के भीतर न रख सकने के कारण उसे किसी न किसी एक शताब्दी में वा भिन्न-भिन्न शताब्दियों के भागों में रखना अधिक युक्ति-संगत समझते हैं और उनमें भी आपस में कुछ न कुछ मतभेद है। इस प्रकार स्थूल रूप से देखने पर इस समय कुल मिलाकर केवल चार प्रकार के ही मत अधिक प्रसिद्ध हैं, जो निम्नलिखित हैं:

(१) मृत्यु-काल को सं. १५७५ में ठहराते हुए भिन्न-भिन्न जन्म संवत् वा जन्म-काल मानने वालों का मत,

(२) मृत्यु-काल को सं. १५०५ में अथवा १५०७ के आसपास मानकर भिन्न-भिन्न जन्म-संवत् वा जन्मकाल ठहराने वालों का मत,

(३) मृत्यु-काल को सं. १५५१ वा १५५२ में निश्चित कर भिन्न-भिन्न संवत् देने वालों का मत, तथा,

(४) मृत्यु व जनम के संवत् अथवा पूरे जीवन-काल को ही भिन्न-भिन्न संवतों के बीच वा शताब्दियों के अनुसार बतलाने वालों का मत।

आलोचनाः पहला मत–उक्त (१) के अनुसार सं. १५७५ को कबीर साहब का मृत्यु-काल मानने वालों की संख्या कदाचित सबसे अधिक होगी। इस मत के समर्थन में जो दोहा, 'संवत्

पन्द्रह सै पछत्तरा किया मगहर को गवन। माघ शुदी एकादशी, रलो पवन में पवन॥[१] दिया जाता है, उसके मूल रचयिता का पता नहीं चलता। 'कबीर-कसौटी' ग्रंथ के लेखक बाबू लैहना सिंह कबीर-पंथी के अनुसार यह 'साखी' उन्हें किसी "लाला माधो राम साहिब पाएलवाले से" मिली थी, जब वे "साल-सम्वत् श्री कबीर जी साहेब के प्रकट होने" की तलाश करते फिर रहे थे और एक दूसरे स्थान पर उन्हें यह भी पता चला था कि "श्री कबीर जी काशी में एक सौ बीस बरस रहकर मगहर को गए।" काशी से "माघ सुदी एकादशी, दिन बुधवार, सं. १५७५"[२] को उन्होंने मगहर के लिये प्रस्थान किया था और उसी दिन वहाँ से चलकर काशी से मगहर तक की 'छः मंजिल' की दूरी तय की, वहाँ पहुँचकर किसी संत की एक छोटी कोठरी में, जो वर्तमान अमी नदी के किनारे पर थी, लेटकर चादर ओढ़ ली, बाहर से ताला बन्द करा दिया और एक अलौकिक ध्वनि के साथ सत्यलोक सिधार गए। वहाँ का नवाब बिजली खाँ पठान कबीर साहब का मुरीद था, जो उनकी लाश को पहले से ही दफनाना चाहता था और बीर सिंह बघेला जो पहले से ही अपनी लश्कर लेकर वहाँ पहुँच गया था, उनका शिष्य था और उनके शव का अग्नि-संस्कार करना चाहता था। दोनों ने कबीर साहब से अपनी-अपनी इच्छा प्रकट की थी और दोनों को उन्होंने मृत्यु के पहले ही समझा दिया था। अतएव ताला खोलने पर जब वहाँ "फकत् कमल के फूल और दो चद्दर ही" पाई गई, तब उन दोनों ने उन्हें आपस में बाँटकर अपनी-अपनी विधि का निर्वाह किया। परन्तु बिजली खाँ और वीर सिंह का एक साथ वहाँ पर एकत्र होने की संगति किसी ऐतिहासिक प्रमाण से बैठती हुई दीख नहीं पड़ती और उक्त तिथि को ही मृत्यु-दिवस निश्चित मानकर दोनों का पहले से युद्ध के लिए मौके पर उपस्थित रहना, कबीर साहब का उन दिनों के बीहड़ व लम्बे मार्ग को माघ महीने के एक ही दिन में तय कर उक्त ढंग से प्रबन्ध करते हुए शरीर-त्याग करना आदि बातें केवल श्रद्धा के ही बल पर सच्ची घटना मानी जा सकती हैं। इसके सिवाय उक्त माघ सुदी ११ को बुधवार का पड़ना भी अभी तक सिद्ध नहीं।

वही–'कबीर-कसौटी' की रचना संवत् १९४२ में हुई थी और उक्त बातें उसके पहले से प्रचलित रहीं होगी। किंतु इतने से ही दोहे की रचना का समय निश्चित नहीं किया जा सकता। यह दोहा संभवतः उस समय भी प्रसिद्ध था, जब कि गार्सी द तासी ने अपनी फ्रेंच पुस्तक 'इस्त्वार दि ला लितेरातयूर ऐदूई ऐदुस्तानी' अर्थात् हिंदी व हिंदुस्तानी साहित्य के इतिहास' की रचना सं. १८९६ में की थी। उनके पीछे इस दोहे को एक प्रामाणिक सूत्र के रूप में मानकर उनके अनुसार अनेक विद्वान सं. १५७५ को कबीर साहब का मृत्यु-काल निश्चित करते आये हैं और इस सम्बन्ध में रे. वेस्टकाट (सं. १९६४), मैकालिफ (सं. १९६६), बालेश्वर प्रसाद (सं. १९६९), अंडरहिल (सं. १९७२), डा. भांडारकर (सं. १९७५), रे. फर्कुहर (सं. १९७५), डा. श्यामसुन्दर दास (सं. १९८५), पं. रामचन्द्र शुक्ल (सं. १९८६), मनोहर लाल जुत्सी (सं. १९८७), रे. के (सं. १९८८) आदि के नाम लिए जा सकते हैं। इनमें से मैकालिफ, बालेश्वर प्रसाद, भाँडारकर, श्यामसुन्दर दास आदि ने कबीर साहब के एक सौ बीस वर्षों तक जीवित रहने का भी किसी न किसी रूप में समर्थन किया है। किंतु बेस्टकाट, अंडरहिल, फर्कुहर और रे. के को यह बात मान्य नहीं और वे उनका जन्म-काल सं. १४९७ में ही ठहराते

१. बाबू लैहना सिंहः 'कबीर-कसौटी'(भूमिका) पृ. ३:४ (बम्बई, सं. १९७१)
२. वही', पृ. ५३:५५।

हैं। सं. १५७५ को कबीर साहब का मृत्यु-काल मानने के पक्ष में जनश्रुति एवं दोहे के अतिरिक्त जो प्रमाण इन विद्वानों ने प्रस्तुत किये हैं, उनमें से मुख्य इस प्रकार हैं:

१. कबीर साहब को सिकन्दर शाह लोदी (शासन-काल सं. १५४६:१५७४) ने उनके धार्मिक सिद्धांतों के कारण दण्डित किया था और उसके बनारस आने के समय अर्थात् सं. १५५१ में ही संभवतः उन्हें काशी छोड़कर मगहर जाना पड़ा था,

२. गुरु नानकदेव (सं. १५२६:१५९६) के साथ कबीर साहब की भेंट सं. १५५३ (अर्थात् गुरु नानकदेव के २७वें वर्ष) में हुई थी,

३. कबीर साहब के प्रसिद्ध शिष्य धर्मदास ने सं. १५२१ (अर्थात् उनके जीवन-काल) में ही उनकी रचनाओं का संग्रह किया था,

४. कबीर साहब के जो प्रामाणिक चित्र उपलब्ध हैं, उनसे उनकी वृद्धावस्था सूचित होती है और यह बात उनके जन्म-काल के सं १४५५ वा १४५६ होने से भी मेल खाती है।

और स्पष्ट है कि इनमे से किसी के भी आधार पर मृत्यु-काल का सं. १५७५ में ही होना सिद्ध नहीं होता। चित्रों में लक्षित होने वाली वृद्धावस्था जन्मकाल के काफी पहले होने पर किसी भी पूर्वोक्त मत के अनुसार सम्भव है। सं. १५२१ में धर्मदास द्वारा कबीर साहब की रचनाओं का संगृहीत होना भी केवल जनश्रुति मात्र ही जान पड़ता है। वास्तव में अभी तक धर्मदास के ही जीवन-काल का निर्णय अन्तिम रूप में नही हो पाया है। गुरु नानकदेव की किसी प्रामाणिक जीवनी में इन दोनों महान् सन्तों की भेंट की चर्चा नहीं मिलती। केवल इतना ही पता चलता है कि सं. १५५२ वा १५५४ में एक बार स्नान करते समय किसी नदी के किनारे गुरु नानकदेव से किसी एक सन्त से भेंट हुई थी, जिनसे वे बहुत प्रभावित हुए थे।[1] किंतु केवल इतने से ही यह सिद्ध नहीं होता कि वे महात्मा कबीर साहब ही थे। कम से कम स्वयं नानक जी ने, उनके शिष्यों ने अथवा किसी भी जानकर समझे जाने वाले व्यक्ति ने कहीं पर इस विषय में कोई संकेत नहीं किया है। इसी प्रकार सिकन्दर शाह लोदी वाले प्रसंग के विषय में भी किसी समकालीन इतिहासकार ने कोई उल्लेख नहीं किया है। सिकन्दर शाह के समय में किसी धार्मिक विप्लव का होना प्रायः सभी स्वीकार करते हैं और किसी-किसी के अनुसार एक ब्राह्मण सन्त का सिकन्दर शाह के अधिकारियों द्वारा प्राणदंड दिया जाना भी बतलाया जाता है। किंतु कबीर साहब को उक्त शाह की आज्ञा-द्वारा कष्ट पाना अथवा काशी से निकाल कर बाहर कर दिया जाना केवल अनुमान के ही सहारे समझा जा सकता है।

आलोचना : दूसरा मत–उक्त (२) द्वारा निर्दिष्ट मत के समर्थकों में सर्वप्रथम नाम उन श्रद्धालु कबीर-पंथियों का आता है जो कबीर साहब का जीवन-काल ३०० वर्षों का होना बतलाते हैं और अपने मत की पुष्टि में दो दोहे[2] उद्धृत करते हैं जिनमें से दूसरा वा मृत्यु-काल संबंधी उपर्युक्त दूसरा दोहा औरों को भी मान्य है। उनका जन्म-काल-सम्बन्धी उक्त पाँचवाँ दोहा 'संबत बारह सौ पाँच में, ज्ञानी कियो विचार। काशी में परगट भयो, शब्द कहो टकसार॥' सूचित करता है कि कबीर साहब (ज्ञानी) नें सर्वसाधारण के उद्धार के निमित्त काशी में अवतार धारण किया और अनेक महत्त्वपूर्ण उपदेशों का प्रचार किया, और दूसरे दोहे 'पन्द्रह सौ औ

१. शालिग्राम : 'गुरुनानक' पृ. ३६ (प्रयाग, सं. १९७६)।
२. पं. शिवशंकर मिश्र : 'भारत का धार्मिक इतिहास', पृ. २७१ (कलकत्ता, सं. १९८०)।

पाँच में, मगहर कीन्हौ गौन। अगहन सुदी एकादसी मिल्यो पौन में पौन।' से प्रकट है कि सं. १५०५ में उन्होंने मगहर की यात्रा की और वहीं अगहन सुदी ११ को अपना शरीर छोड़ दिया। इनमें से प्रथम दोहे के अनुसार मत निश्चित करने वालों की संख्या नितांत अल्प है और दिन प्रति दिन और भी कम होती जा रही है, किंतु केवल दूसरे दोहे को आधार मानकर निर्णय करने वालों में अनेक विद्वान हैं, जो अपने मत की पुष्टि अन्य प्रमाणों के सहारे भी करने की चेष्टा करते हैं। उक्त दोनों दोहों में से किसी में भी रचयिता का पता नहीं चलता, किंतु ज़ान पड़ता है कि कम से कम दूसरा दोहा भी प्रायः उतना ही प्राचीन है जितना पहले मत का। सं. १५७५ वाला दोहा पुराना है। अनुमान किया जाता है[१] कि यह दोहा डा. एच. एच. विल्सन (सं. १८८५) को भी मिला था और कदाचित इसी के आधार पर उन्होंने कबीर साहब का मृत्यु-काल सं. १५०५ में मान लिया था। फिर भी सिकंदरवाले प्रसंग में भी वे कुछ आस्था रखते हुए दीख पड़ते हैं, और फिरिश्ता-द्वारा किए गए तत्कालीन धार्मिक विप्लव-संबंधी उल्लेखों के आधार पर कबीर साहब अथवा कम से कम किसी शिष्य के विषय में साम्प्रदायिक झगड़े का उस समय खड़ा होना संभव समझते हैं।[२] प्रो. बी. बी. राय (सं. १९६३) ने सं. १५०५ में मृत्यु-काल होने का समर्थन इस बात से भी किया कि गुरु नानकदेव (सं. १५२६:१५९६) कबीर साहब द्वारा प्रभावित थे। वे कहते है कि "गुरु नानक जो कबीर के बाद मौजूद था और जिसने कबीर की बहुत सी तालीमी बातें अपने 'आदिग्रंथ' में इत्तिवास कीं, सन् १४९० ई. (सं. १५४७) में अपनी तालीम देनी शुरु की, सो कबीर का उससे थोड़ी मुद्दत मौजूद होना ही मुमकिन है"[३] परन्तु 'आदिग्रंथ' केवल गुरु नानक देव की ही रचना न होकर एक संग्रह-ग्रंथ है जिसमें गुरु नानक, कबीर आदि के अतिरिक्त उन सिक्ख गुरुओं की भी रचनाएं संगृहीत हैं जो गुरु नानक के पीछे हुए थे और उसका संग्रह-काल वास्तव में पाँचवे गुरु अर्जुन देव (सं. १६२०:१६६३) के समय सं. १६६१ में बतलाया जाता है। इस विषय में केवल इतना ही कहा जा सकता है (जैसा कुछ अन्य लेखकों ने भी अनुमान किया है) कि गुरु नानकदेव १५:१६ साल की अवस्था में अपने पिता की आज्ञा से भाई बाला के साथ व्यापार करने निकले थे, उस समय लाहौर के मार्ग में जो भूखे साधुओं का अखाड़ा चोरकाना के पास मिला था, वह कबीर-पंथियों का ही रहा होगा[४] तथा ये लोग उन दिनों अपने मत के प्रचारार्थ दूर-दूर तक फैल गए होंगे, और इस प्रकार अपत्यक्ष रूप से कबीर साहब के सिद्धांतों द्वारा उनका प्रभावित हो जाना कोई असम्भव बात नहीं।

वही—सं. १५०५ को मृत्यु-काल मानने वालों में प्रमुख नाम आचार्य क्षितिमोहन सेन (सं. १९८६) तथा डा. बर्थ्वाल (सं. १९९३) के भी समझे जाने चाहिए। क्षिति बाबू ने अपनी पुस्तक 'मिडीवल मिस्टिसिज्म' अथवा 'मध्यकालीन रहस्यवाद' में उक्त संवत् के समर्थन में किसी 'भारत भ्रमण' ग्रंथ की चर्चा की है,[५] जिसके अनुसार कबीर साहब का जीवन-काल सं.

---

१. डा. पी. द. बर्थ्वाल : 'दि निर्गुण स्कूल आफ हिन्दी पोयट्री' पृ. ३०३। (बनारस, सन. १९३६ ई.)।

२. एच. एच. विल्सन : 'ए स्केच आफ दि रेलिजस सेक्ट्स आफ दि हिन्दूज', पृ. ७२:३।

३. प्रो. बी. बी. राय : 'सम्प्रदाय' पृ. ६० (लुधियाना, सन. १९०६ ई.)।

४. शालिग्राम : 'गुरुनानक' पृ. २७ (प्रयाग, सं. १९७६)।

५. क्षितिमोहन सेन : 'मिडीवल मिस्टिसिज्म' पृ. ८८ (लन्दन, सन. १९२९)।

१४५५ से सं. १५०५ तक बतलाया गया है। परन्तु 'भारतभ्रमण' में व्यक्त किए गए उक्त मत के किसी आधार का पता नहीं चलता और न इस ओर क्षिति बाबू ने ही कोई संकेत किया है। सं. १५०५ के पक्ष में वे फ्यूरहर की उस रिपोर्ट का भी उल्लेख करते हैं जिसमें अमी नदी के किनारे वर्तमान व बस्ती जिले के खिरनी स्थान पर निर्मित कबीर के रौजे का बिजली खाँ द्वारा सन् १४५० ई. (सं. १५०७) में बनाया जाना तथा नवाब फिदाई खाँ द्वारा सन् १५६७ ई. (सं. १६२४) में उसका जीणोद्धार होना लिखा है। उनका अपना अनुमान है कि कबीर साहब की मृत्यु होते ही बिजली खाँ ने वहाँ एक मकबरा बनवा दिया था और दो वर्षों के अनन्तर उसी स्थल पर एक रोजा भी निर्मित करा दिया। परंतु बिजली खाँ के कबीर का अनुयायी होने का कोई ऐतिहासिक प्रमाण अभी तक नहीं मिला और न डा. फ्यूरहर ने ही सन् १४५० ई. के लिए कोई आधार दिया है। यह बात किसी शिलालेख आदि से भी सिद्ध नहीं होती।

वही–डा. बर्थ्वाल इस विषय में तर्क करते समय स्वामी रामानंद को कबीर साहब का गुरु निश्चित रूप से मानकर चलते हैं[1] और सं. १५७५ को उनका मृत्यु-काल इसलिए स्वीकार नहीं करते कि वैसी स्थिति में उनका जन्मकाल सं. १४५५ मान लेना पड़ेगा और तब उनकी स्वामी जी (मृ. सं. १४६८) के शिष्य होने की बात कुछ असम्भव सी जँचने लगेगी। इसके सिवाय उन्हें कबीर साहब का झूँसीवाले तकी (मृ. सं. १४६६) का समसामयिक होना भी मान्य है और वैसा समझ लेने पर इस बात में भी संदेह को स्थान मिल सकता है। झूँसीवाले मीर तकी के साथ कबीर साहब का परिचय वे जनश्रुति एवं झूँसी में वर्तमान कबीर नाले के कारण भी सिद्ध करते हैं। डा. बर्थ्वाल ने रैदास व पीपा को स्वामी रामानंद का शिष्य माना है और पीपा को कबीर साहब से अधिक अवस्था का समझा है। इनके अनुसार कबीर साहब का जन्म-काल सं. १४२७ में मानना चाहिए, जिससे मृत्यु के समय उनकी आयु ७८ वर्ष की होगी। परन्तु ये सारी बातें उन्होंने कोरे अनुमान पर ही आश्रित रक्खी हैं और सिवाय इसके कि स्वामी रामानंद उनके गुरु थे तथा पीपा व रैदास ने उनके सम्बन्ध में कुछ चर्चा की है (जिनकी संदिग्धता इसी पुस्तक में अन्यत्र सिद्ध की जा चुकी है), कोई अन्य प्रमाण उन्होंने उनका जीवन-काल निश्चित करने के लिए नहीं दिया है। डा. बर्थ्वाल को सिकन्दर प्रसंग की सचाई में विश्वास नहीं है, और उन्होंने इस बात को कबीर साहब को 'प्रहलाद भक्ति की भाँति कष्ट पाकर भी बच जाने वाला' सिद्ध करने की चेष्टा में रची गई मनगढ़ंत घटना ठहराया है।[2] क्षितिज बाबू कबीर साहब का जन्म सं. १४५५ में होना मानते हैं जिससे मृत्यु के समय उनकी अवस्था केवल ५० वर्षों की ही रह जाती है।

आलोचनाः तीसरा मत–उक्त (३) वाले मत का आधार-स्वरूप दोहा 'पंद्रह से उनचास में मगहर कीन्हो गौन। अगहन सुदि एकादशी मिलो पौन में पौन॥" श्री रूपकलाजी (सं. १९६५) द्वारा की गई नाभादास की 'भक्तमाल' की टीका में उद्धृत हुआ है और इसके अनुसार वे उक्त संवत. में तीन वर्ष और जोड़ कर मृत्यु-काल का सं. १५५२ में होना निश्चित करते हैं[3] परन्तु

१. डा. पी. द. बर्थ्वाल : 'दि निर्गुण स्कूल आफ हिन्दी पोयट्री', पृ. २५२:३ (बनारस, सन् १९३६ ई.)।
२. वही, पृ. २५२,।
३. नाभादास, 'भक्तकाल' (श्री रूपकला-कृत 'भक्त सुधाविंदु स्वाद' टीका-सहित लखनऊ, सन् १९२६) पृ. ४९७।

ये तीन वर्ष उन्होंने क्यों बढ़ा दिये, इसका कोई भी उन्होंने समाधान नहीं किया है। उनके अनन्तर सं. १५५२ को मृत्युकाल मानने वाले हरिऔध (सं. १९६६), मिश्रबंधु (सं. १९६७), पं. चन्द्रबली पांडेय (सं. १९९०) तथा डा. राजकुमार वर्मा (सं. २०००) ने इसकी संगति अधिकतर सिकंदर प्रसंग के साथ बैठाई है और डा. वर्मा ने उक्त सं. १५५२ को भी सं. १५५१ इस कारण कर दिया है कि इतिहासकारों के अनुसार सिकंदर लोदी वस्तुतः उसी वर्ष काशी आया हुआ था। इस प्रकार उक्त मत का एकमात्र शिलाधार सिकंदर-प्रसंग को ही मानना चाहिए, क्योंकि उसी के प्रमाणित होने वा न होने पर इसके विषय में कोई निश्चित निर्णय किया जा सकता है। डा. वर्मा ने उक्त प्रसंग की पुष्टि में जो तर्क प्रस्तुत किये हैं, वे इस प्रकार है:[१]

१. प्रायः सभी इतिहासकार (जिनकी एक सूची उन्होंने अपनी पुस्तक में दी है) कबीर साहब और सिकंदर लोदी को समकालीन ठहराते हैं,

२. ब्रिग्स ने सिकंदर का सं. १५५१ में ही बनारस आना कहा है,

३. प्रियादास ने अपनी नाभादास की 'भक्तमाल' की टीका में सिकंदर और कबीर साहब का संघर्ष दिखलाया है,

४. अनंतदास की रचना 'श्री कबीर साहब की परचई' में इस बात की चर्चा की गई है,

५. 'आदिग्रंथ' में आये हुए कबीर साहब के रागु गौड़ ४ तथा रागु भैरउ १८ वाले पदों के आधार पर भी हम दोनों को समकालीन मान सकते हैं, और

६. बस्ती जिले में स्थिति बिजली खाँ का रौजा कबीर साहब का मरण-चिन्ह न होकर केवल स्मारक मात्र भी हो सकता है, जिसे उक्त पठान ने कबीर साहब द्वारा काशी में अक्षय कीर्ति प्राप्त करने के उपलक्ष में भक्ति के आवेश में बनवा दिया है।

वही–परन्तु डा. वर्मा ने जिन इतिहासकारों के नाम अपनी सूची में दिये हैं, वे सभी बहुत पीछे के हैं और उनमें से सबने अधिकतर अनुमान से ही काम लिया है तथा सिकंदर प्रसंग को उन्होंने एक प्रचलित किंबदन्ती से अधिक महत्त्व नहीं दिया है। ब्रिग्स का केवल इतना कहना भी कि सिकंदर सं. १५५१ में बनारस की ओर आया था, यह सूचित नहीं करता कि उससे और कबीर साहब से कभी भेंट भी हुई थी। प्रियादास की टीका भी इस विषय में विश्वसनीय नहीं कही जा सकती, क्योंकि बहुत अर्वाचीन होने के साथ ही सर्वत्र अलौकिक बातों की ही भरमार है और ऐतिहासिक तथ्य की रक्षा करने की जगह रचयिता का उद्देश्य उसमें सब कहीं चमत्कारपूर्ण बातों के उल्लेख द्वारा भक्तों का महत्त्व दर्शाना ही अधिक दीख

---

१. डा. रामकुमार वर्मा : संत कबीर (इलाहाबाद, सन् १९४३ ई.) पृ. ३७ : ४०।

पड़ता है। अनन्तदास की रचना 'श्री कबीर साहिब की परचई' अवश्य एक पुरानी पुस्तक है। किंतु जो हस्तलिखित प्रति (सं. १८४२ की) डा. वर्मा को मिली है उसकी प्रामाणिकता बिना अन्य प्रतियों से मीलान किये सिद्ध नहीं की जा सकती और उसमें प्रक्षिप्त अंशों के आ जाने की भी सम्भावना है। इसके अतिरिक्त स्वयं अनंतदास का आविर्भाव भी सं. १६४५ के लगभग माना जाता है जो सिकंदर के सं. १५५१ में बनारस आने से प्रायः सौ वर्ष पीछे की बात है और इतने दिनों के भीतर उस युग में ऐसा अनैतिहासिक वा काल्पनिक बातों का क्रमशः प्रवादमात्र से उन्नति करते-करते भक्त-चरित्रों तक में प्रवेश कर जाना वैसी आश्चर्य की बात नहीं। अनंतदास से प्रायः ४०:५० वर्ष पहले मीराबाई (सं. १५५५: १६०३) ने भी अपने पदों में

'दास कबीर घर बालद जो लाया, नामदेव की छान नवंद।

दास धना को खेत निपजायो, गज की टेर सुनंद।' आदि[१]

जैसी घटनाओं की चर्चा करना आरंभ कर दिया था। उक्त सिकंदर-प्रसंग का उल्लेख भी वास्तव में अनंतदास के ही समय से आरम्भ हुआ जान पड़ता है, क्योंकि उनके अतिरिक्त वषनाजी[२] (सं. १६५०), हरिदास जी[३] (सं. १६५६) एवं रज्जबजी[४] (सं. १६६०) ने भी अपने पदों में उसका उल्लेख किया है, और उसके अनंतर सं. १६६१ में संगृहीत 'आदिग्रंथ'[५] के अंतर्गत राग गौण ४ तथा रागु भैरव १८ वाले पदों के आ जाने से इसे और भी शक्ति मिल गई है। इन पदों में भी सिकंदर का नाम नहीं आया है और इनमें कही गई घटनाएं अन्य शासकों के विषय में भी समझी जा सकती हैं। इसके साथ ही इस संबंध में यह भी विचारणीय है कि कबीर और सिकंदर लोदी के संबंध का उल्लेख 'भक्तमाल', 'आईन', 'अखबारुल अखियार', 'दबिस्ता' में नहीं मिलता। इसके अलावे 'आकयात मुश्ताकी', 'तारीख दाऊदी, 'तारीख खानजहाँ लोदी', निजामुद्दीन बदायूनी, और 'तारीख फिरिश्ता' आदि के आधार पर सिकंदर का विश्वसनीय इतिहास लिखा जाता है, उनके संबंध का उल्लेख नहीं करते"[६]। बस्ती जिले में वर्तमान बिजली खाँ के रौजे का निर्माण वास्तव में यदि सन् १४५० वा सं. १५०७ ही हुआ था (जैसा कि डा. वर्मा भी मानते हुए स्पष्ट जान पड़ते हैं), तो यह बात कि वह मरण-चिन्ह है अथवा कबीर साहब की अक्षय कीर्ति का केवल स्मृति-चिन्ह मात्र है, बड़ी आसानी से समझा जा सकेगा। इसके लिये कोई भी प्रमाण नहीं कि कबीर साहब उस समय

१. 'मींरा बाई की पदावली' (हिंदी साहित्य सम्मेलन, प्रयाग) पृ. ६७:८। (सं. १९९८)।

२. 'कासी माहि सिकंदर तमक्यो, गल में डारि जंजीर का।
जिनको आय मिले परमेसुर, बन्धन काटि कबीर का॥ 'वषनाजी की बाणी', (जयपुर) पृ. १४८।

३. 'अगनि न जालै जलि नहिं डूबै, झड़ि-झड़ि पड़ै जंजीर।
जन हरिदास गोविन्द भजे, निरभै मतै कबीर ॥४॥
मारि-मारि काजी करै, कुंजर बन्धै पाव।
जन हरिदास कबीर कूं, लगे न ताती बाव ॥५॥ 'श्री हरि पुरुष जी की वाणी' (जोधपुर) पृ. ४०१।

४. 'जन कबीर जरि जंजीर बोरे जल माहीं।
अग्नि नीर गज त्रास राखें किधौं नाही ॥'सर्वांगी' से 'वीणा' (वर्ष ९, अंक ७) पृ. ५३८ पर उद्धृत।

५. 'गुरु ग्रंथ साहिबजी' (गुरु खालसा प्रेस, अमृतसर) पृ. ८६९:७० और ११६३।

६. डा. रामप्रसाद त्रिपाठी : 'कबीरजी का समय' (हिंदुस्तानी', भा. २, अ. २, पृ. २०७)।

तक ही वैसे यशस्वी हो चुके थे, जन्म-भूमि मगहर से काशी जा भी चुके थे और बिजली खाँ को इतना प्रभावित कर चुके थे कि उसने उनके जीवन-काल में ही स्मृति-चिन्ह के निर्माण का आयोजन किया। अभी तक तो बहुत लोगों की यही धारणा रहती आई है कि उनका जन्म काशी में हुआ था और मरने के केवल कुछ ही दिन पहले वे मगहर गए जहाँ पर अमी नदी वा नाले के निकट उक्त रौजा बना हुआ है।

वही–पं. चन्द्रबली पांडेय का मुख्य उद्देश्य यह सिद्ध करना जान पड़ता है कि यदि सं. १५७५ की पुष्टि में दिये गए 'ग्रंथावली' की प्रस्तावना वाले प्रमाण ठीक हों, तो उनके द्वारा उक्त संवत् की जगह सं. १५५२ को ही स्वीकार कर लेना अधिक युक्तिसंगत होगा। वे सं. १५५२ में हुई सिकंदर लोदी व कबीर साहब किसी बातचीत का भी अनुमान करते हैं और कहते हैं कि "संभव है और अधिक संभव है कि जायसी ने 'अखरावट' में आई हुई

'रावर आगे का कहै, जो सँवरे मन लाइ।
तेहि राजा निज सँवरै, पूछै धरम बुलाइ॥
तेहि मुख लाबा लूक, समुझाए समुझै नहीं।
परे खरी तेहि चूक, मुहमद जेइ जाना नहीं॥'

पंक्तियों द्वारा इसी ओर संकेत किया हो।[१] उनका यह भी मंतव्य है कि "नानकदेव कबीर को सतगुरु समझते थे। यदि कबीर सं. १५७५ तक जीवित रहते, तो नानक और न जाने कितनी बार उनसे मिलते।" उनके अनुसार गुरु नानक सं. १५५३ में कबीर साहब से नहीं मिले थे, बल्कि सं. १५५२ में ही मिले थे। और उसी वर्ष कबीर साहब का देहांत भी हो गया। वे 'सभा' में सुरक्षित सं. १५६१ वाली हस्तलिखित प्रति की प्रतिलिपि का, कबीर साहब की मृत्यु के अनंतर, किया जाना इस कारण मानते हैं कि प्रतिलिपि काशी में हुई और यदि उस समय तक कबीर साहब वहाँ वर्तमान रहते, तो उनसे अवश्य प्रमाणित करा ली गई होती।[२] अंत में वे स्वामी युगलानंद के दिए हुए कबीर साहब के चित्र एवं 'ग्रंथावली' के कतिपय अवतरणों के आधार पर यह भी सिद्ध करना चाहते हैं कि कबीर साहब की अवस्था मरने से पहले सौ से अधिक नहीं, बल्कि उसके लगभग ही रही होगी, जिसकी पुष्टि में जायसी के 'अखरावट' के 'ना नारद तब रोइ पुकारा। एक जुलाहे सो मैं हारा॥ प्रेम तन्तु नित ताना तनई।जप तप साधि सैकरा भरई॥' उद्धृत कर उसके 'सैकरा भरई' में भी इसी ओर के कुछ संकेत की कल्पना करते हैं। उनका कहना है कि 'उस समय कबीर यातना में पड़े थे और लगभग १०० वर्ष के थे।[३]

वही–सं. १५७५ को मृत्यु-काल मानने के सम्बन्ध में हम अपने विचार इसके पहले प्रकट कर चुके हैं। सं. १५७५ को सं. १५५२ वा सं. १५५१ में बदल देने पर भी उसकी पुष्टि में दिये गए प्रमाणों की सहायता नहीं मिलती और न वे कुछ अधिक युक्ति-संगत दीख पड़ने पर भी अकाट्य बन जाते हैं। नानकदेव कबीर को सतगुरु समझते थे, इस बात का कोई प्रमाण नहीं दिया गया। जहाँ तक पता है, गुरु नानकदेव ने अपनी रचनाओं में कबीर

---

१. पं. चन्द्रबली पांडेय 'कबीर का जीवनवृत्त' (नागरी प्राचारिणी पत्रिका' भा. १४, पृ. ५३९:४०।

२. वही, पृ. ५४१।

३. वही, पृ. ५४४।

साहब की कहीं चर्चा तक भी नहीं की है और "हका कबीर करीम तू वे ऐब परवरदगार"[१] जैसे स्थल पर जहाँ उन्होंने 'कबीर' शब्द का प्रयोग किया है, वहाँ भी स्पष्ट है कि उनका अभिप्राय 'कबीर' साहब से न होकर परमात्मा से ही हो सकता है। और फिर कबीर साहब के प्रति उनके भाव बहुत उच्च रहे भी हों, तो भी उक्त दोनों संतों का समसामयिक भी होना तथा विशेषकर उनकी भेंट का भी अवश्य होना सिद्ध नहीं हो जाता। इसी प्रकार 'काशी नागरी प्रचारिणी सभा' की हस्तलिखित प्रति में दिये गए सं. १५६१ के प्रामाणिक होने में जब तक संदेह करने के लिए पूरी गुंजाइश देखी जा रही है, तब तक उसे कबीर साहब के जीवनकाल में लिखी मानकर उसके आधार पर भी तर्क करना उचित नहीं जान पड़ता।

वही–हमारा तो अनुमान है कि इस प्रसंग में जायसी के 'अखरावट' वाले उद्धरणों से भी उचित से अधिक अर्थ निकाला गया है। स्व.पं.रामचंद्र शुक्ल ने स्व-संपादित 'जायसी-गंथावली' की भूमिका[२] में कहा था कि "कबीर को वे (जायसी) एक बड़ा साधक मानते थे" और इसके प्रमाण में उन्होंने उक्त "ना नारद तब रोइ पुकारा...सैकरा भरई" को भी उद्धृत किया था। श्री पांडेयजी उस स्थल से कुछ और भी पंक्तियाँ लेते हैं और उक्त कथन को अंतिम निर्णय-सा समझते हुए गर्व के साथ सूचित करते हैं कि 'अखरावट का रचना-काल' नामक लेख में हमने भी यही प्रतिपादित किया है।"[३] इस सम्बन्ध में मतभेद प्रकट कर 'जुलाहे' को केवल प्रतीक-मात्र मानने वाले स्व. लाला सीताराम के प्रति वे कुछ कटाक्ष-सा भी कर देते हैं और आवेश में यहाँ तक कह डालते हैं कि "हमारे विचार में किसी भी विवेकशील व्यक्ति के लिए इसमें संदेह करने की सामग्री कुछ भी नहीं है।" उनके अनुसार "जायसी ने यहाँ पर कबीर को पारमार्थिक व व्यावहारिक दोनों पक्ष का जुलाहा माना है और यह भी संकेत किया है कि किस प्रकार उन (कबीर) का आदर-सत्कार तथा ताड़न राज-दरबारों में होता था। उनको बुलाकर राजा धर्म की पूछताछ करता था और उनसे सहमत न होने पर आँख दिखाता था।" श्री पांडेय जी ने यहाँ पर किसी 'राजा' का नाम तो नहीं लिया है, किंतु अनुमान किया है कि "जुलाहे से जायसी का आशय कबीर से है" तथा इसी प्रकार 'राजा' से भी उसका मतलब यहाँ संभवतः सिकंदर लोदी से ही होगा। परन्तु उक्त उद्धरणों में कहीं भी इस ओर कोई स्पष्ट संकेत नहीं मिलता, बल्कि 'तेहि राजा नीति संवरै" से तो यह भी बोध होता है कि वह "राजा' उक्त "जुलाहे" को 'नित्यशः' अपने दरबार में बुलाकर धर्म-सम्बन्धी प्रश्न पूछा करता था जो बनारस तक बहुत कम पहुँच पाने वाले युद्ध-निरत सिकंदर के विषय में कहना ठीक नहीं जान पड़ता।

वही–श्री पांडेय जी एक दूसरे स्थल पर[४] भी लिखते हैं कि " यह कहने की आवश्यकता नहीं जान पड़ती कि उक्त जुलाहा महात्मा कबीर दास ही हैं," तथा "अब तो यह स्पष्ट ही है कि अखरावट की रचना कबीर के जीवन-काल में ही हो रही थी।" अखरावट का रचना-काल नामक उनका लेख देखने को नहीं मिला जिससे पता चलता कि किन-किन प्रमाणों के आधार पर कौन-सा निश्चित समय उन्होंने इसके लिए माना है। यहाँ पर 'पद्मावत' का रचना-काल वे सन्

---

१. 'गुरु ग्रंथ साहब' रागु तिलंगा १, पृ. ७२१।

२. पं. रामचंद्र शुक्ल : 'जायसी-ग्रंथावली' (भूमिका) पृ. ११।

३. पं. चंद्रबली पांडेय : 'जायसी का जीवन-वृत्त' (नागरी प्रचारिणी पत्रिका, भा. १४, पृ. ४१५)।

४. पं. चंद्रबली पांडेय : 'पद्मावत की लिपि तथा रचनाकाल' (ना. प्र. पत्रिका, भा १२) पृ. ११६।

१५२० (सं. १५७७) से पीछे सन् १५४० (सं. १५९७) तक ठहराते हैं और 'अखरावट' का रचना-काल उसके पहले बतलाते हैं तथा उसी स्थल पर यह भी कह देते हैं "कबीर दास की निधन-तिथि के सम्बंध में अंतिम तिथि सं. १५७५ मानी जाती है जो सन् १५१८ में पड़ती है।" इस प्रकार यदि श्री पांडेय जी के कुल तर्कों को एकत्र कर उन पर विचार किया जाय, तो जान पड़ेगा कि 'अखरावट' की पंक्तियों द्वारा कबीर साहब का समय तथा कबीर साहब के अनुमानिक समय के आधार पर 'अखरावट' का रचना-काल निर्धारित किया जा रहा है और यह तर्क-प्रणाली चक्रावर्तन-सी बन जाती है। इसके सिवाय इस संबंध में यह भी विचारणीय है कि जायसी ने नारद के रोकर पुकारने के समय का निर्देश 'तब' शब्द द्वारा किया है जो भूतकाल का द्योतक होगा और चूँकि जुलाहे का पूरा वर्णन उसी के मुख से कराया गया जान पड़ता है, अतएव उक्त उद्धरणों में आये हुए 'सैकरा भरई' से ही 'अखरावट' की रचना के समय कबीर साहब की आयु का लगभग सौ वर्षों का होना बतला देना अपनी कल्पना-शक्ति का असंयत प्रयोग करना ही कहा जायगा। 'सैकरा भरई' का सौ वर्ष पूरा करने के अर्थ में प्रयोग कहीं अन्यत्र नहीं देखा गया और यहाँ तो 'बुनाई' के किसी पारिभाषिक शब्द-समूह के रूप में ही हम इसे यदि मान लें, तो अधिक युक्ति-संगत होगा, क्योंकि उक्त जुलाहे का सैकरा भरना यहाँ जप-तप की साधना द्वारा व्यक्त किया गया है। अंत में श्री सैयद आले मुहम्मद मेहर जायसी के अनुसार[१] जायसी के कथन "भा अवतार मोर नौसदी। तीस वर्ष ऊपर कवि बदी।' के 'नौसदी' का अर्थ यदि वास्तव में ९०० हिजरी व सन् १४९४ (सं. १५५१) ही है, तो सं. १५५२ अर्थात् श्री पांडेय जी के अनुसार कबीर साहब के मृत्यु-काल वाले संवत् में जायसी केवल लगभग २ वर्ष के ही थे और उस समय भी 'अखरावट' की रचना को होना नितांत असंभव है, उसके पहले के लिए तो कुछ कहा ही नहीं जा सकता। कहना न होगा कि श्री पांडेय जी द्वारा स्वामी युगलानंद वाले चित्र एवं 'कबीर ग्रंथावली' से उद्धृत पंक्तियों के आधार पर निकाले गए परिणाम भी इसी प्रकार कल्पित व पूर्वग्रह-प्रभावित ही समझ पड़ते हैं।

आलोचना : चौथा मत–उक्त (४) वाले मत के समर्थक किसी दोहे आदि को आधार मानकर नहीं चलते। उन्हें शुद्ध ऐतिहासिक उल्लेखों की असंदिग्धता में ही विश्वास है। हंटर ने अपने इतिहास[२] में कबीर साहब के पूरे जीवन-काल की सन् १३०० व सन् १४२०, अर्थात् सं. १३५६ व सं. १४७७ के बीच बतलाया था। किंतु उसने कोई स्पष्ट प्रमाण नहीं दिये। डा. रामप्रसाद त्रिपाटी अपने एक निबंध[३] (सं. १९८९) में अनेक बातों की आलोचना करने के उपरांत इस परिणाम पर पहुँचे हैं कि यह समय विक्रम की पंद्रहवी शताब्दी के आगे जाता

---

१. सैयद आले मुहम्मद मेहर जायसी : 'मलिक मुहम्मद जायसी का जीवन-चरित' (नागरी प्रचारिणी पत्रिका, वर्ष ४५) पृ. ४३।

२. डा. हंटर : 'इंडियन एम्पायर', अध्याय ८।

३. डा. रामप्रसाद त्रिपाठी : 'कबीर जी का समय' (हिंदुसतानी' भा. २, अं. २), पृ. २०४:२१५।

हुआ नहीं जान पड़ता और सिकंदर-प्रसंग को वे कई कारणों से प्रामाणिक मानने को तैयार नहीं है। उनका कहना है कि "कबीर जी के समय और उनके जीवन की घटनाओं का आधार जिन ग्रंथों पर है, उनमें से कोई भी सोलहवीं शताब्दी के उत्तराद्‌र्ध से पहले का नहीं है" और इसके अनन्तर उन्होंने कई ऐसी रचनाओं के नाम भी उनके रचनाकाल के साथ दिये हैं। उक्त 'सोलहवीं शताब्दी का उत्तराद्‌र्ध' ईस्वी सन् से संबंध रखता है जो विक्रम की १७वीं शताब्दी के लगभग द्वितीय चरण में पड़ेगा। और प्रायः इसी समय से नाभादास की 'भक्तमाल' (सं. १६४३), अनंतदास की 'परचई' (सं. १६४५), 'आईन-ए-अकबरी' (सं. १६५५), तथा 'आदिग्रंथ' (सं. १६६१) जैसी रचनाओं का भी पहले संवत् का कहीं उल्लेख नहीं मिलता। डा. त्रिपाठी ने सन् १३६० से सन् १३९४ (अर्थात् सं. १४१७ से सं. १४५१) तक के समय के विषय में लिखा है कि "ये चालीस वर्ष पूर्व देश में क्राति के थे" और "इन दिनों राजनीतिक क्रांति और धार्मिक क्रांति साथ-साथ चलती रही" और कबीर साहब जैसे "प्रबल प्रचारक और उनके जैसे प्रबल प्रचार के लिए" वही समय "सबसे उपयुक्त था"। उक्त मत के एक दूसरे समर्थक डा. मोहन सिंह (सं. १९९१) ने भी सिकंदर-प्रसंग को निराधार माना है और कई बातों पर आलोचनात्मक विचार करने के अनंतर वे इस परिणाम पर पहुँचे हैं कि कबीर साहब की मृत्यु का समय सन् १४२० व १४४९ (अर्थात् सं. १४७७ व १५०६) के भीतर रहा होगा और वे सन् १३८० (बल्कि सन् १३६०) और सन् १३९८ अर्थात् सं. १४३७ (बल्कि सं. १४१७) और सं. १४५५ के बीच में ही उत्पन्न हुए होंगे।[१] सिकंदर के समय वे किसी बोधन का संभल में सन् १४९९ :१५०१ (सं. १५५६:५८) में मारा जाना कहते हैं।[२]

संतुलनात्मक समीक्षा–फिर भी उक्त चारों मतों का तुलनात्मक अध्ययन करने पर पता चलता है कि (१) व (३) अर्थात् क्रमशः सं. १५७५ व सं. १५५१ वा १५५२ वाले मतों के समर्थकों में से सिकंदर लोदी वाले प्रसंग में प्रायः सभी को विश्वास है और यदि अंतर है तो केवल इतना ही कि (३) वाले जहाँ कबीर साहब का सिकंदर लोदी द्वारा दमन के कारण उसी क्षण व शीघ्र ही मगहर जाकर मर जाना समझते हैं, वहाँ (१) के अनुसार वे उक्त घटना वा कम से कम दोंनो की भेंट के अनंतर भी बीसों वर्ष तक जीवित रहकर इधर-उधर घूमते फिरे और अंत में मगहर जाकर मर गए और इस संबंध में विशेषतः डा. फर्कुहर[३] तथा एवलिन अंडरहिल[४] के अनुमान देखे जा सकते हैं। उक्त दोनों मतवाले कबीर साहब को स्वामी रामानंद का शिष्य और एक वैष्णव भक्त होना ही बतलाते हैं, केवल (३) के समर्थक मौ.

१. डा. मोहन सिंह : 'कबीर, हिज बायोग्राफी' पृ. ४०:१ (लाहौर, सन. १९३४ ई.)।

२. वही, पृ. २७।

३. 'The Emperor (Sikandar Lodi) vanished him from Banaras and he thereafter lived a wandering life and died at Maghar near Gorakhpur.' An Outline of the Religious Literature, p. 332.

४. 'Thenceforth he appears to have moved about amongst various cities of northern India, the centre of a group of disciples continueing in exile....he died at Maghar near Gorakhpur." One Hundred Poems of Kabir, Introduction, p.XVIII.

गुलाम सरवर (सं. १९०७) ने 'शेख कबीर जोलाहा शेख तकी के उत्तराधिकारी और चेले थे"[१] कहकर उनकी गिनती सूफियों में की है और (१) के एक समर्थक रे. वेस्टकाट (सं. १९६६) ने भी उक्त विचार के सम्बन्ध में बहुत दूर तक अपनी आस्था प्रकट की है। उक्त (३) के अन्य समर्थक श्री चंद्रबली पांडेय ने भी कहा है कि "क्या भाषा, क्या भाव, क्या विचार, क्या परम्परा, सभी दृष्टियों से कबीर 'जिंद' ही ठहरते हैं"[२] और 'जिंद' शब्द को 'जिन्दीक' शब्द का रूपांतर बतलाकर इसका अर्थ उन्होंने 'वेशरा' वा 'आजाद सूफी' किया है। इसके सिवाय उक्त (१) के समर्थकों में से कुछ ने कबीर साहब के साथ गुरु नानकदेव की भेंट होने का भी उल्लेख किया है और कुछ ने उनके शव के अंतिम संस्कार के विषय में बिजली खाँ तथा वीर सिंह बघेला के किसी कलह की भी चर्चा की है। इसी प्रकार (२) तथा (४) के समर्थकों में भी कोई विशेष अंतर नहीं दीख पड़ता, क्योंकि दोनों ने ही सिकंदर-प्रसंग को असंभव अथवा बहुत संदिग्ध बतलाता है, स्वामी रामानन्द को कम से कम कबीर साहब का समकालीन समझा है, गुरु नानक का उनके द्वारा अधिक से अधिक प्रभावित मात्र होना अनुमान किया है, बिजली खाँ द्वारा निर्मित रौज़े के समय (सं. १५०७) के प्रति स्पष्ट शब्दों में अपना अविश्वास नहीं दिखलाया है और किसी न किसी तकी का कबीर साहब का समकालीन होना भी मान लिया है। दोनों के मध्य अंतर केवल कोई निश्चित संवत् देने वा न देने मात्र का है तथा एक यह भी कि (२) का पक्ष ग्रहण करने वाले किसी जनश्रुति वा दोहे पर भी आश्रित समझ पड़ते हैं। वास्तव में पूरी छानबीन करने पर असंदिग्ध रूप से मृत्यु-समय बतलाने वाले केवल सम्वत् १५७५ तथा सं. १५०५ के ही दो समर्थक रह जाते हैं और इनके बीच मतभेद के मुख्य कारण भी स्वामी रामानंद, शेख तकी, सिकंदर लोदी, गुरु नानक और बिजली खाँ तथा वीरसिंह बघेला में से किसी न किसी के साथ एक विशेष आनुमानिक सम्पर्क वा समसामयिकता में ही निहित हैं। मैकालिफ ने तो सं. १५७५ को मृत्यु-सम्वत् मानते हुए भी सं. १५०५ के समर्थन में किसी मराठी 'भरतखंड अर्वाचीन कोश' का हवाला अपने ग्रंथ[३] में दिया है और डा. बर्थ्वाल ने सं. १५०५ वाले दोहे के "औ पाँच मों" का सं. १५७५ वाले के 'पचहत्तरा' में कालानुसार परिवर्तन मात्र हो जाने का अनुमान किया है।[४]

निष्कर्ष–अतएव जान पड़ता है कि समकालीन एवं प्रामाणिक ऐतिहासिक सामग्री उपलब्ध न हो सकने के कारण उक्त लेखकों द्वारा अधिकतर अनुमान एवं जनश्रुति के ही आधार काम में लाये गए हैं। उन लोगों ने अपने काल्पनिक मतों की पुष्टि में कतिपय ऐतिहासिक व्यक्तियों को मनमाने ढंग से अपना साधन बना डाला है तथा कुछ भक्तों व श्रद्धालुओं की रचनाओं में अतिरंजित की गई निराधार घटनाओं को भी ऐतिहासिक तथ्य समझ लेने की चेष्टा की है। उदाहरण के लिए, स्वामी रामानंद एक ऐतिहासिक व्यक्ति थे, इसमें कोई संदेह नहीं। उनका एक शक्तिशाली व क्रांतिकारी सुधारक होना तथा उसके द्वारा

---

१. 'खजीनतुल असफिया' (लाहौर, सन् १८६८ ई.) पृ. २५.६।
२. श्री चन्द्रबली पाण्डेय विचार विमर्श, (हिन्दी साहित्य सम्मेलन, प्रयाग, सं० २००१) पृ. ४४।
३. 'दि सिख रेलिजन' (भा. ४) पृ. १२२।
४. 'दि निर्गुण स्कूल आफ हिन्दी पोयट्री' पृ. २५२।

अपने समय (सं. १३५६:१४६७) में कम से कम उत्तरी भारत के अंतर्गत एक प्रबल धार्मिक आंदोलन का चलाया जाना और सर्वसाधारण का उससे बहुत कुछ प्रभावित होना ऐतिहासिक ग्रंथों के आधार पर सिद्ध किया जा सकता है। परन्तु केवल इसी कारण कबीर साहब का उनका दीक्षित शिष्य भी होना नहीं कहा जा सकता, जब तक इसके लिए हमें सीधे व असंदिग्ध प्रमाण भी नहीं मिल जाते। कबीर साहब ने स्वयं इस विषय में कुछ भी नहीं कहा है और डा. बर्थ्वाल आदि कुछ विद्वानों का इसकी पुष्टि में 'बीजक' एवं 'कबीर-ग्रंथावली' व 'आदिग्रन्थ' के एकाध पदों[1] का खींचातानी-पूर्वक अर्थ लगाना पर्याप्त नहीं समझ पड़ता। कबीर साहब के तथाकथित गुरुभाई सेना नाई, पीपा, रैदास, धन्ना अथवा उस काल के किसी अन्य व्यक्ति ने भी इसे नहीं बतलाया। सेना नाई के एक पद[2] से केवल इतना जान पड़ता है कि 'राम की भक्ति के वास्तविक जानकार स्वामी रामानंद ही हैं, जो पूर्ण परमानंद की व्याख्या करते हैं' और इसके आधार पर इसके अतिरिक्त और कुछ भी नहीं कहा जा सकता कि सेना नाई उक्त स्वामीजी के समकालीन रहे होंगे और उन्होंने उनकी प्रशंसा में ये पंक्तियाँ कही हैं। इस पद में स्वामीजी को अपना गुरु भी नहीं स्वीकार करते। इसी सेना नाई और कबीर साहब के संबंध में उक्त रैदास ने इस प्रकार लिखा है, जैसे वे कभी के मर चुके हों। सेना नाई और कबीर साहब, इन दोनों को वे नामदेव, त्रिलोचन और सधना की भाँति ही तर गए हुए अथवा मुक्त हो गए हुए कहते हैं[3] और कबीर साहब को तो एक दूसरे पद में अपने समय तक तीनों लोकों में प्रसिद्ध तक बतलाते हैं।[4] इसी प्रकार सेना नाई, कबीर तथा रैदास को भी धन्ना भगत ने अपने से पहले ही प्रसिद्ध भक्तों की श्रेणी तक पहुँच गया हुआ कहा है और यह भी स्पष्ट कर दिया है कि इन्हीं लोगों की प्रसिद्ध से प्रेरित होकर मैंने भक्ति साधना अंगीकार की और भगवान के प्रत्यक्ष दर्शन किये।[5] पीपाजी के विषय में 'बीजक' में आये हुए एक प्रसंग[6] से पता चलता है कि जिस पद में उनका नाम आया है, उसकी रचना उनकी मृत्यु के अनंतर अवश्य हुई होगी। उस पद में उनका

---

१. 'बीजक' पद ७७ (वेलवेडियर प्रेस, पृ. ५९) और 'कबीर-ग्रंथावली', पद १८९, पृ. १५२ तथा 'गुरु ग्रंथ साहब' पद ६४, पृ. ४६२।

२. 'रामा भगति रामानंद जानै, पूरन परमानंद बखानै" ('श्री गुरु ग्रंथसाहिब' श्री सैणु धनासरी १, पृ. ५९४)।

३. 'नामदेव कबीर तिलोचन साधना सैणु तरे'। 'गुरु ग्रंथ साहिब', राग मारु १, पृ. ११०४।

४. 'तिहूँ रे लोक परसिंध कबीरा', वही, राग मलार २, पृ. १२९२।

५. 'बुनना तनना तिआगि कै प्रीति चरन कबीरा। नीच कुला जोलाहरा भइउ गुनी जगहीरा ॥ १ ॥
रविदासु ढुंवता ढोरनी तितिनी तिआगी माइआ। परगटु होआ साध संगि हरि दरसनु पाइआ ॥ २ ॥
सैनु नाई बुतकारिआ उहु घरि घरि सुनिआ। हिरदै बसिआ पार ब्रह्म भगता महि गनिआ ॥ ३ ॥
इह विधि सुनि कै जाटरौ उठि भगती लागा। मिलै प्रतीव गुसांइआ धना बड़भागा ॥ ४ ॥
वहीं, आसा २, पृ. ४८७:८

६. ब्रह्मा बरुन कुबेर पुरन्दर पीपा औ प्रहलादा।
हिरनाकुस नख उदर बिदारा, तिनहुँ को काल न राखा ॥
गोरख ऐसे दत्त दिगम्बर, नामदेव, जयदेव दासा।
तिनकी खबर कहत नहिं कोई, कहाँ कियो है बासा ॥ आदि, 'बीजक' पद ८६, पृ. ६२।

नाम जयदेव, नामदेव, गोरख जैसे दिवंगत महापुरुषों के साथ तो आया ही है, उसे प्रहलाद के नाम के साथ भी जोड़कर "तिनहूँ को काल न राखा" बतलाया है जिससे स्पष्ट है कि यदि वह रचना कबीर साहब की है, तो पीपा जी उनके पहले अवश्य मर चुके होंगे। किंतु डा. रामकुमार वर्मा ने अपने ग्रन्थ 'संत कबीर' में जो एक पद[१] किसी 'सरबगुटिका' नाम की हस्तलिखित पुस्तक से उद्धृत किया है, उससे विदित होता है कि वास्तव में पीपा ने कबीर से ही अपनी नामोपासना की चेतना प्राप्त की थी और इस प्रकार संभव है, इन दोनों में कबीर साहब ही अवस्था में पीपा जी से बड़े हों। कुछ भी हो, उक्त विवरणों के अनुसार कालक्रम से स्वामी रामानन्द, सेना नाई, कबीर साहब, पीपाजी (अथवा पीपाजी, कबीर साहब), रैदास जी व धन्ना भगत के नाम दिये जा सकते हैं और इन सभी महापुरुषों के साथ अधिक दिनों तक समकालीन कहलाने में पर्याप्त संदेह की गुंजाइश है। सीधा गुरु-शिष्य का संबंध भी स्वामी रामानन्द का उक्त पाँचों के साथ इसी कारण निश्चित रूप से नहीं बतलाया जा सकता। कबीर साहब और स्वामी रामानंद के शिष्य गुरु-संबंध को सबसे पहले प्रकट करने वाले हरिराम व्यास वा व्यासजी कहे जाते हैं जो सं. १६१२ में वर्तमान थे और जिन्होंने कबीर साहब को अपने भक्त कुल का भी माना है[२]। परंतु स्वामी रामानंद की मृत्यु के प्रायः सौ वर्षों के अनंतर की रचना में एक भक्त द्वारा ऐसी बातों का यों ही भी सम्मिलित कर लिया जाना कोई असंभव बात नहीं।

वही–जैसा पहले भी कहा जा चुका है, मीराबाई के समय अर्थात् संवत् १५५५:१६०३ से ही कबीर साहब के संबंध में अलौकिक बातें कही जाने लगी थीं और मीराबाई ने धन्ना भगत व पीपाजी को भी वैसा ही भक्त समझा था[३]! अब यदि धन्ना भगत सचमुच स्वामी रामानन्द के तथाकथित शिष्यों में सब से पीछे तक वर्तमान रहे हों और उनके संबंध में भी स्वयं भगवान द्वारा बिना बीज के भी गेहूँ उपजाने की बात कही जाने लगी हो, तो उसके लिये पर्याप्त समय व्यतीत हो चुकने का अनुमान करना अनुचित न होगा। उसके लिये यदि सौ नही, तो कम से कम ७०:८० वर्षों तक अपेक्षित होना तो आसानी से मान लिया जा सकता है। जान पड़ता है कि उक्त समय तक उन सभी संतों की गणना प्राचीन भक्तों में प्रथानुसार होने लगी थी, उनके जीवन की घटनाओं पर पौराणिकता की छाप लगने लगी थी और उन पर चमत्कारों का रंग भी चढ़ाया जाने लगा था। इतना ही नहीं, प्रायः निश्चित रूप से मीराबाई से कहीं पहले मुक्त हो जाने वाले रैदास जी के विषय में उन्हीं

---

१. जो कलि माँझ कबीर न होते।
तौले..वेद अरु कलिजुग मिलिकरि भगति रसातल देते।... ... .. नाम कबीर साच परकास्या तहाँ पीपै कछु पाया। 'श्री पीपा जी की वाणी' (संत कबीर, पृ. ४४, प्रस्तावना)।

२. 'साँचे साधु जु रामानंद।... ... ... जाको सेवक कबीर धीर अति सुमति सुरसुरानंद' आदि, तथा
'इतनो है सब कुटुम हमारो।
सैन, धना, औ नाभा, पीपा, कबीर, रैदास चमारो।' आदि
'सूरदास', पृ. २३ (राधाकृष्णदासकृत)।

३. 'दास धना को खेत निपजायो, गज की टेर, सुनंद।' मीराबाई की पदावली, पद १३७, पृ. ६७:८।
'पीपा को प्रभु परच्यो दीन्हो, दियारे खजीनापूर।' वही, पद १३२, पृ ६६।

की रचनाओं में कहा जाने लगा था के वे उनसे स्वयं मिले थे। मीराबाई का स्पष्ट शब्दों में कहना कि "मुझे रैदासजी गुरु मिले, जिन्होंने ज्ञान की गुटकी प्रदान की और 'सुरत सहदानी' से परिचित कराया।[१] यह मृत संतों द्वारा उपदेश देने और सतगुरु के रूप में प्रत्यक्ष दर्शन देकर दीक्षित करने की परम्परा आगे और भी प्रचलित होती गई और हम देखते हैं कि मीराबाई के संभवतः कुछ ही अनंतर इसी प्रकार धर्म को कबीर साहब ने 'विदेही' होते हुए भी 'झीने रूप' में दर्शन दिये, चरणदास (सं. १७७४ : १८३५) को कबीर साहब ने ही फिर आकर अपना चेला बनाया। धर्मदास ने अपने विषय में कबीर साहब के साथ की भेंट की स्वयं चर्चा की है[२] और इस बात की पुष्टि 'अनुरागसागर'[३] तथा 'अमर सुखनिधान'[४] की कुछ पंक्तियों से भी हो जाती है। मीरांबाई के समय (सं. १५५५:१६०३) तक कबीर साहब के विषय में चमत्कार-पूर्ण वर्णनों का आरंभ हो जाना, व्यासजी (सं. १६१२ में वर्तमान) के समय से उनके रामानन्द-शिष्य कहे जाने की प्रथा का चलना, अनंतदास (सं. १६४५) के लगभग सिकंदर लोदी के प्रसंग का दीख पड़ना[५], अबुल फजल (सं. १६५५ में वर्तमान) के समय से उनके शव के लिए हिंदू व मुसलमानों के बीच कलह उत्पन्न होने की चर्चा का फैलना[६] तथा और आगे चलकर उनके शेख तकी का शिष्य होने अथवा गुरु नानक से भेंट करने की कल्पनाओं का भिन्न-भिन्न रचनाओं में स्थान पाने लगना उपलब्ध सामग्रियों की जाँच-पड़ताल करने पर क्रमशः आये हुए प्रसंगों के रूप में दीख पड़ते हैं। इन सभी में काल पाकर कुछ न कुछ बातें बढ़ती ही गई हैं और अपनी-अपनी धारणा के अनुसार इनमें से किसी न किसी को लोग ऐतिहासिक महत्त्व भी देते गए हैं। कालांतर में पड़ती गई कल्पना-निर्मित 'गर्द ओ गुबार' को यदि मूल

---

१. 'गुरु मिलिया रैदास जी दीन्ही ग्यान की गुटकी।' मीराबाई की पदावली, पद २४, पृ. १२ : १३।
'रैदास संत मिले मोहि सतगुरु, दीन्हा सुरत सहदानी।' वही, पद १५९, पृ. ७७।

२. 'साहेब कबीर प्रभु मिलै विदेही, झीना दरस दिखाइया।' धरमदास की बानी, पृ. ५६ (वेल. प्रेस, प्रयाग)।

३. 'जुलहा की तब अवधि सिरानी। मथुरा देह धरी तिन आनी।

....

पुरुष अवाज उठी तिहि बारा। ज्ञानी वेग जाहु संसारा॥
ज्ञानी वेगि जाहु तुम अंसा। धर्मदास के मेटहु संसा॥'

....

'अनुरागसागर' पृ. ८४:५ (वेल. प्रेस, प्रयाग)।

४. 'जिंदरूप जब धरा सरीरा। धरमदास मिलि गए कबीरा॥
'अमर सुखनिधान' (उक्त धरमदास की बानी के पृ. २:६ में उद्धृत)।

५. 'स्याह सिकंदर कासी आया। काजी मुला कै मनि भाया।

....

'बांध्यों पग मेल्यो जंजीरू। ले बोर्‌यो गंगा के नीरू॥'
'श्री कबीर साहिब जी की परचई' (संत कबीर, पृ. ३०:१ पर उद्धृत)।

६. 'He was revered by both Hindus and Muhammadans for his catholicity of doctrine and the illumination of his mind, and when he died the Brahamans whished to burn his body and the Mahamamadans to bury it."'Ain-e-Akberi'(translated by Col. H.I. Jerret) Vol. II. Calcutta, 1891, p. 129.

ऐतिहासिक बातों के ऊपर से हम किसी प्रकार हटा सकें, तो भिन्न-भिन्न संकेतों का सारा झगड़ा आसानी से तय हो जाय और केवल थोड़ी-सी भी स्वच्छ व निखरी सामग्रियों के आलोक में हमें सत्य का आभास हो जाय।

कबीर साहब के समकालीन समझे जाने वाले सन्तों व भक्तों में कमाल तथा पद्मनाभ के भी नाम लिए जाते हैं। इनमें से कमाल का कबीर साहब का पुत्र तथा पद्मनाभ का उनका शिष्य होना प्रसिद्ध है। कमाल की कुछ रचनाएं भी उपलब्ध हैं जिनसे प्रकट होता है कि वे अपने को कबीर साहब का 'पूत' वा 'बालक' कहा भी करते थे।[1] इसके सिवाय यह भी कहा जाता है कि वे कबीर साहब की आज्ञा लेकर संतमत का प्रचार करने अहमदाबाद की ओर गए थे[2] तथा दादूदयाल (सं. १६०१:१६६०) की गुरु-परम्परा में (कमाल, जमाल, विमल, बुड्ढन वा बोधन और दादूदयाल के अनुसार) उनके ऊपर पाँचवी पीढ़ा में हुए थे।[3] एक दूसरे मत के अनुसार कमाल की गिनती शेख कामल के नाम से सूफी-सम्प्रदाय के लोगों में भी की जाती है और उनकी कब्र का कड़ा मानिकपुर में होना भी बतलाया जाता है।[4] 'जायसी-ग्रंथावली' की भूमिका में[5] पं. रामचन्द्र शुक्त ने जायसी की जो गुरु-परम्परा उद्धृत की है, उससे पता चलता है कि शेख कमाल के गुरुभाई शेख मुबारक थे और ये दोनों शेख हाजी के शिष्य थे जो स्वयं सैयद अशरफ जहाँगीर के चेले थे। इन अशरफ जहाँगीर का मृत्यु-काल सन् १४०१ ई. (सं. १४५८) बतलाया जाता है[6]। अतएव इस हिसाब से यदि प्रत्येक पीर की पीढ़ी २५ वर्षों की मान ली जाय, तो शेख कामल का सं. १५०८ तक रहना सिद्ध किया जा सकता है और उसी प्रकार दादूदयाल की गुरु-परम्परा पर भी विचार करने पर यदि दादूदयाल की जीवनी लिखने वाले जन गोपाल का कहना ठीक हो कि उनके गुरु अत्यंत वृद्ध के रूप में उनसे प्रथम ११ वर्ष की अवस्था में और फिर अंत में ७ वर्ष पीछे मिले थे और उक्त गुरु की मृत्यु दूसरी घटना के एक वर्ष पीछे सम्भव हो, तो कमाल का सं १५४५ तक रहना भी कहा जा सकता है और उक्त दोनों सवंतों में ३७ वर्षों का अंतर आता है। पता नहीं उक्त दोनों कमाल एक ही थे वा नहीं और यदि नहीं, तो इनमें से कोई भी एक वे समझे जा सकते हैं कि नहीं। यदि इनमें से किसी एक की भी संगति बैठ जाय, तो कमाल के 'उत्तर म्यांने भयो कबीरा" से हम कबीर साहब के

---

१. 'उत्तर म्यांने भयो कबीरा, राम चरण का बंदा है।
उनीका पूत कहै कमाल दोनों का बोलबाला है ॥'३ : 'गाथा पंचक' पद २, पृ. ७५।
'कहै कमाल कबीर का बालक, मन किताब सुनावेगा।' वही, पद ५२, पृ. ८७।
'गंगा जमुन के अंतरे निर्मल जल पाण।
कबीर को पूत कमाल कहै, जिन इह गति जांणी ॥'
'कमाल बानी' (डा. बर्थ्वाल द्वारा 'निर्गुण स्कूल आफ हिंदी पोयट्री' पृ. ३०४ पर उद्धृत)।
२. 'चले कमाल तब सीस नवाई। अहमदाबाद तब पहुँचे आई ॥" 'बोधसागर' पृ. १५१५।
३. डा. बर्थ्वाल : 'दि निर्गुण स्कूल आफ हिंदी पोयट्री' पृ. २५८:९।
४. डा. मोहन सिंह : 'कबीर, हिज बायोग्राफी' पृ. ९३।
५. पं. रामचंद्र शुक्ल : 'जायसी-ग्रंथावली' (भूमिका) पृ. ८७।
६. सैयद आले मुहम्मद मैहर जायसी : 'मलिक मुहम्मद जायसी का जीवनचरित्र' (नागरी-प्रचारिणी पत्रिका' वर्ष ४५, अंक १) पृ. ५१:५२।

मृत्यु-काल के विषय में कुछ अनुमान कर सकते हैं। पद्मनाभ के विषय में नाभादास ने अपनी 'भक्तमाल' में एक छप्पय दिया है और रूपकलाजी ने उनका सं. १५७४ के लगभग वर्तमान रहना बतलाया है[1]। एक नागर ब्राह्मण पद्मनाभ का और भी पता चलता है। उन्होंने सं १५१२ में 'कहानदड़े प्रबंध' नाम का एक ऐतिहासिक ग्रंथ गुजराती भाषा में लिखा है।[2] इनके विषय में और कुछ भी ज्ञात नहीं। फिर भी डा. मोहन सिंह को संदेह है कि कहीं ये ही न कबीर साहब के उक्त शिष्य रहे हों[3]। परंतु कबीरी पंथी परम्परा के अनुसार पद्मनाभ ने 'राम-कबीर-पंथ' भी चलाया था जो अयोध्या में फैला और उसके इतिहासकार पद्मनाभ का गुजरात प्रदेश की ओर का होना लक्षित होता है तथा उन्हीं का कबीर साहब द्वारा शिष्य बना लिया जाना किसी अन्य प्रमाणों से भी अभी तक सिद्ध नहीं, इसलिए इस विषय में कोई निश्चय नहीं किया जा सकता। इसके अतिरिक्त रूपकलाजी के दिये हुए सं. १५७४ के लिए भी कोई अन्य आधार अपेक्षित है और उसे भी हम तब तक उक्त पद्मनाभ का आविर्भाव-काल मानने को बाध्य नहीं, जब तक कोई अन्य प्रमाण भी इस सम्बन्ध में उपलब्ध न हो जाय।

सारांश–सारांश यह कि कबीर साहब का जीवन-काल पूर्ण रूप से निर्धारित करने के लिए अभी तक यथेष्ट सामग्री उपलब्ध नहीं है और इसी कारण इस विषय में हम अंतिम निर्णय असंदिग्ध रूप से देने में असमर्थ ही कहे जा सकते हैं। तो भी जो कुछ साहित्य इस प्रश्न को सुलझाने के लिए आज तक प्रस्तुत किया गया हमारे सामने दीख पड़ता है, उससे इतना स्पष्ट है कि सभी बातों पर पूर्वापर विचार करते हुए उनके मृत्यु-काल को लोग पीछे की जगह कुछ पहले की ओर ही ले जाने के लिए अधिक प्रयत्नशील हैं। हम तो समझते हैं कि उक्त समय का विक्रमीय संवत् की सोलहवीं शताब्दी के आरम्भ में रक्खा जाना अनुचित नहीं कहा जा सकता और इस दृष्टि से सं. १५०५ भी कदाचित् ठीक हो सकता है। ऐसा सिद्ध हो जाने पर कबीर साहब का स्वामी रामानंद का समकालीन तथा उनके द्वारा बहुत कुछ प्रभावित होना अपने निराले क्रांतिकारी विचारों की सहायता से संतमत की बुनियाद को सुदृढ़ बना उसे पूर्ण बल प्रदान करना, सेना, पीपा, रैदास, धन्ना व कमाल जैसे साधकों को अपने आदर्शों के प्रति पूर्ण रूप से आकृष्ट करना, कुछ पीछे आने वाले जायसी (सं. १५५१:१६४०), जैसे सूफी तथा सूरदास (सं. १५४०:१६२०) एवं मीरांबाई (सं. १५५५:१६०३) जैसे कृष्णानुरागी भक्तजनों तक को अपनी विचार-धारा के प्रवाह में डाल देना आदि सभी बातें संभव हो सकेंगी। हाँ, कबीर साहब का जन्मकाल उस दशा में परम्परागत सं १४५५ वा १४५६ से कुछ पहले ले जाना पड़ेगा और वैसी स्थिति आने पर, संभव है, उक्त संवत् उनके सर्वप्रथम प्रबुद्ध होने का ही समय समझा जाने लगे। उनके 'काशी आने', 'काशी में प्रकट होने' अथवा 'सत्पुरुष के तेज के गमन से लहरतारा में उतरने' आदि का तात्पर्य तब वही होगा जो उनके प्राथमिक जीवन का कायापलट होकर उनके एक नितांत नवीन जीवन प्राप्त करने का हो सकता है जिसकी ओर उनके 'गुरुदेव', 'परचा',

---

१. नाभादास : 'भक्तमाल' (रूपकला की टीका 'भक्ति सुधा-स्वाद' सहित) पृ. ५४०।

२. के. एम. झावेरी : 'माइल स्टोन्स इन गुजराती लिटरेचर' पृ. ४८।

३. डा. मोहन सिंह : 'कबीर, हिज बायोग्राफी' पृ. ८९।

'उपजणि' आदि अंगों के अंतर्गत आने वाली कतिपय साखियों द्वारा कुछ संकेत भी हमें मिलते हैं। यदि अनंतदास की 'परचई' प्रामाणिक मान ली जाय और उसके लेखक का एतत्संबंधी कथन भी सत्य निकल आवे, तो इस विषय में 'तीस बरस तै चेतन भयो" के सहारे हम उनके जन्म-काल के लिए भी सं. १४५५-३० = सं. १४२५ दे सकेंगे और वैसा होने पर कबीर साहब मैथिलीकवि विद्यापति (सं. १४१७ : १५०५) के समसामयिक हो जायँगे। ऐसी दशा में संभवतः इस जनश्रुति की भी पुष्टि होती हुई दीख पड़ेगी कि आसाम के प्रसिद्ध भक्ति शंकरदेव (सं. १५०६:१६२५) ने अपनी उत्तरी भारत की द्वादशवर्षीया तीर्थयात्रा (सं. १५४०:१५५२)[१] के अवसर पर कबीर साहब की समाधि के भी दर्शन किए थे।

(ख) महात्मा गाँधी की जीवन-निर्माण कला

विशेषता–महात्मा गाँधी को अपने जीवन-काल में अनेक प्रकार के शारीरिक कष्ट झेलने पड़े, उनके सामने कई बार पारिवारिक उलझनें आयीं जिन्हें सुलझाते समय उन्हें मानसिक पीड़ा हुई, और इनके सिवाय उन्हें प्रतिदिन उन सामाजिक, आर्थिक एवं राजनीतिक समस्याओं का भी सामना करना पड़ता रहा जो हमारे देश की विचित्र परिस्थिति के कारण बराबर उठ जाया करती थीं। परंतु वे इस प्रकार की किसी भी कठिनाई से कभी भागते नहीं दीख पड़े, उन्होंने सदा पूरे धैर्य के साथ वस्तुस्थिति का अध्ययन किया और प्रत्येक समस्या को हल करने की चेष्टा में वे निरंतर निरत रहे। उनके मानसिक क्षितिज पर विविध चिंताओं की घनघोर घटा घिर जाया करती थी और उनके हृदय पर कर्तव्यों का बोझ सदा लदा-सा रहता था, किंतु वे उनसे कदाचित् ही कभी विचलित होते हुए देखे गए होंगे अथवा उन्हें किसी प्रकार टाल देने के प्रयत्न में लगे होंगे। उन्होंने अपने सामने आई हुई बातों की वास्तविक स्थिति जान लेने की चेष्टा सदा यथाशीघ्र आरंभ की, और उसके संबंध में कुछ न कुछ करने की ओर भी प्रवृत्त हो गए। फलतः अपने जीवन-काल की अवधि में जितना काम वे अकेले कर गए, उतना कई महापुरुषों ने कदाचित् मिलकर भी नहीं किया होगा। उनकी यह विशेषता स्पष्ट थी, किंतु इसके कारण बहुत कुछ रहस्यमय थे।

जीवन का प्रयोग–महात्मा गाँधी की उक्त सफलता का रहस्य सर्वप्रथम इस बात में निहित था कि उन्होंने अपने जीवन को कभी भारस्वरूप नहीं समझा, प्रत्युत उसे किसी अंतिम उद्देश्य के लिए एक नितांत आवश्यक साधन माना। मानव-जीवन के महत्त्व से वे भली भाँति परिचित थे ओर उसे अच्छे से अच्छे ढंग से काम में लाने की कला का वे आमरण अभ्यास करते रहे। इसके लिए उन्होंने कुछ नियम निश्चित कर रखे थे जिन्हें आवश्यकतानुसार वे परखते भी चलते थे। उन्होंने उनमें से किसी के भी रूढ़िगत रूप में विश्वास नहीं किया, अपितु परिस्थिति के अनुसार उन पर नये ढंग से पुनर्विचार करने पर वे तैयार हो जाते रहे। उन्होंने सत्य-जैसी वस्तु के भी अपने जीवन में अनेक बार 'प्रयोग' किये और उसे उसी प्रकार जान लेने की चेष्टा की, जिस प्रकार एक वैज्ञानिक किसी पदार्थ की अपनी प्रयोगशाला में परीक्षा कर उसे समझता तथा उसके विषय में व्यापक नियम निर्धारित करता है। उन्होंने किसी भी आदर्श को तब तक स्वीकार नहीं किया जब तक उसे अपने व्यवहार की कसौटी

---

१. एच. एम. दास : 'शंकरदेव ए स्टडी गौहटी', (सन् १९४५ ई.) पृ. २४।

पर जाँच कर पहले उसकी सुसंगति बैठा लेने की भरसक चेष्टा नहीं कर ली और उसके मूल्य का यथाशक्ति अंकन भी नहीं कर लिया।

सत्य का स्वरूप–सत्य उनकी जीवन-यात्रा का एक-मात्र पथ-प्रदर्शक था और अपना निजी अनुभव ही उसके लिए उनका एकमात्र संबल था। किंतु उस सत्य को भी उन्होंने किसी ध्रुवतारा जैसी पृथक. एवं दूर से संकेत करने वाली वस्तु के रूप में कभी नहीं देखा। वे उसे सदा अपना अत्यंत निकटवर्ती तथा वास्तविक अंग मानते रहे और उसके साथ तादात्म्य व तदाकारता उपलब्ध करने के प्रयत्‌ में निरंतर इसलिए लगे रहे जिससे उनके जीवन का प्रत्येक कार्य उसी के अनुरूप होता चले और उसके साथ किसी प्रकार की विषमता भी न आने पावे। सत्य ही वास्तव में उनका ईश्वर था जिसे वे अपने हिंदू-संस्कारों के अनुसार बहुधा 'राम' भी कहा करते थे। फिर भी उनके अनुसार वह कोई व्यक्ति-विशेष न था और न ऐसा ही था जिसे किसी देश-काल की परिधि में बँधा हुआ कोई अलौकिक तत्व कह सकते हैं। महात्मा गाँधी के लिए वह वस्तु कदाचित्‌ 'हैं' का केवल एक प्रतीक मात्र था जिसकी नित्यता, सर्वव्यापकता और अद्वितीयता की शक्ति से मुग्ध होकर वे कभी-कभी न केवल उसे स्वभावतः कोई न कोई नाम दे देते, प्रत्युत उससे स्मरण व चिंतन द्वारा उसके साथ सांनिध्य का अनुभव भी करते रहते थे।

उसकी अनुभूति–उस सत्य के अपनाने की चेष्टा ने उनके जीवन में एक अत्यंत महत्त्वपूर्ण परिवर्तन ला दिया था। वे प्रत्येक वस्तु अथवा नियम के विषय में विचार करते समय उसे एक व्यापक व उदार दृष्टिकोण के साथ देखा करते थे। अपने उक्त प्रयोगों के निरंतर करते-करते उनकी स्थायी मनोवृत्ति ही कुछ ऐसी हो चली थी कि किसी संकुचित भावना का उनके सामने आकर किसी प्रकार की बाधा डालना असंभव-सा था। बड़े से बड़े प्रश्नों से लेकर साधारण-सी साधारण कठिनाइयों तक के संबंध में की गई उनकी धारणा हमारे सामने एक विलक्षण रूप धारण करके आती हुई प्रतीत होती थी। हम उनके उस ऊंचे स्तर की रूपरेखा से प्रायः अपरिचित रहने के कारण उनकी बातें पहले समझ नहीं पाते थे, किंतु जब उनके व्यक्त विचारों के आधार पर उन्हें अंशतः जान पाते थे, तब फिर दंग भी रह जाते थे। किसी भी समस्या के आने पर उससे तटस्थ रहकर तथा अत्यंत उदार भाव के साथ उसे सुलझाने का प्रयत्न करना उनकी एक विशेषता थी, जिस कारण उन्हें आगे चलकर परिस्थिति के बहुत कुछ बदल जाने पर भी अपने किए हुए कामों के लिए पछताने का बहुत कम अवसर उपस्थित हुआ।

परिणाम–सत्य को इस प्रकार अपनाने का एक सुंदर प्रभाव यह पड़ता है कि ऐसा करते समय हम स्वभावः अपने को विश्व का अंतरंग समझने लगते हैं। हमें कोई भी व्यक्ति वा पदार्थ पराया नहीं जान पड़ता और न वह हमसे किसी प्रकार भिन्न प्रतीत होता है। इस कारण उसके प्रत्येक कार्य को हम अपने लिए प्रस्तुत मानने लगते हैं और उसी प्रकार स्वयं अपने कार्य को भी सबके निमित्त किया गया समझते हैं। इस आत्मीयता के भाव का परिणाम यह होता है कि हमें किसी को किसी बात के लिए उलाहना देने की आवश्यकता नहीं रहती और न किसी से किसी प्रकार झगड़ने का ही अवसर आता है। मनुष्य को कौन कहे, यदि विचार किया जाय, तो जान पड़ेगा कि विश्व के सभी अंग जैसे, पर्वत, नदी, पवन,

सूर्य एवं चंद्र तक हममें से प्रत्येक के लिए निरंतर कार्य में लगे हुए हैं। वे अपने कर्तव्य का पालन करते समय कभी विराम लेना तक नहीं जानते और न कभी उनके नियमों में किसी प्रकार का परिवर्तन ही देखा जाता है। मनुष्य कभी उनके उपकारों की ओर ध्यान नहीं देता और न उनके प्रति कभी अपनी कृतज्ञता का प्रकाशन ही करता है। फिर भी वे अपने-अपने कार्य सदा अनवरत रूप में करते चले जा रहे हैं और उनके इस प्रकार एक ही ढंग से व्यस्त रहने पर ही विश्व नित्यशः अग्रसर होता हुआ दीखता है।

कार्य-पद्धति–महात्मा गाँधी ने अपने जीवन में प्रति दिन किए जाने वाले प्रत्येक कार्य को उक्त सिद्धांत के अनुसार ही नियमित कर रखा था। उनके नित्य प्रति के खाना-पीना, सोना, उठना-बैठना, मिलना-जुलना आदि सभी कार्य निश्चित ढंग से हुआ करते थे। जिस प्रकार किसी घड़ी की सुई प्रत्येक क्षण आगे बढ़ती हुई भी अपनी परिधि के बारह कभी नहीं जाती और अपना प्रति दिन का कार्य एक निश्चित नियम के अनुसार किया करती हैं, उसी प्रकार उन्होंने भी अपना प्रत्येक कार्य करने की चेष्टा की। इसके सिवाय जिस प्रकार उक्त घड़ी अपने केन्द्र से कभी विलग नहीं होती और इसी नियम पर उसकी सारी चाल भी निर्भर रहा करती है, ठीक उसी प्रकार महात्मा गाँधी ने भी अपने केन्द्रगत सत्य की ओर से अपने ध्यान को कभी नहीं हटाया, अपितु उसके साथ जुड़े हुए ही रहकर सभी कार्य करते रह गए। घड़ी एक निर्जीव यंत्र है और उसके मूलतः कृत्रिम होने के कारण भी हम इसके उक्त कार्य को उतना महत्त्व देना नहीं चाहते, किंतु यदि एक क्षण के लिए हम ऐसी कल्पना कर लें कि उपर्युक्त पर्वत, नदी जैसे प्राकृतिक वस्तु क्या, मनुष्य-मात्र तक वस्तुतः यंत्रवत् कार्य करने में ही निरत हैं, तो इस व्यापक सिद्धांत का रहस्य शीघ्र प्रकट हो जाय और हमें पता चल जाय कि यथार्थ में कोई भी पदार्थ गुप्त वा प्रकट रूप से उस केन्द्र की उपेक्षा नहीं कर सकता।

प्रेरणा–महात्मा गाँधी जब कहते थे कि बिना 'उसकी' आज्ञा के एक साधारण पत्ता भी नहीं हिलता, अथवा जब कभी उन्होंने अनशन आदि के अवसरों पर कभी-कभी कह डाला कि मेरा जीवन उस नियंता के अधीन है, तब सदा उन्होंने उक्त नियम को ही अपने ध्यान में रखा। उनकी अंतरात्मा व अंतःकरण की प्रसिद्ध पुकार भी वही थी, जो अवसर-विशेष पर उन्हें किसी कार्य से विरत कर देती थी अथवा उन्हें किसी ओर आवाहन करती थी। उन्होंने इस प्रकार अपने को उपर्युक्त प्राकृतिक वस्तुओं के साँचे में ही जैसे ढाल रखा था और उन्हीं के आदर्शों पर सदा चलने का निश्चय कर लिया था। उनका कोई भी कार्य निजी नहीं था और न उसे करते समय उन्हें किसी प्रकार का संकोच वा भय दिखलाने की आवश्यकता ही पड़ती थी। किसी कार्य को वाह्यतः विफल होता देख उन्हें इसी कारण कभी निराश होने का भी अवसर नहीं आता था और वे अपने को सदा आशावादी ही मानते रहे। वे उक्त नियमों का अक्षरशः पालन करते समय भी किसी बंधन का अनुभव नहीं करते थे। उनके यहाँ अनुशासन में भी आत्म-स्वातंत्र्य की मात्रा बहुत अधिक रहा करती थी, क्योंकि किसी कार्य को इन्होंने उसी भाव के साथ करने का प्रयत्न किया जिससे एक सच्चा स्वयंसेवक अनुप्राणित रहा करता है।

अनासक्ति–महात्मा गाँधी को अपने किसी कार्य में कभी थकावट नहीं जान पड़ी और न उसे उन्होंने कभी विरक्त होकर बीच में ही छोड़ दिया। उन्होंने प्रत्येक कार्य के छोटे से छोटे अंश को भी सावधानी के साथ और पूर्ण अभिरुचि से सम्पन्न करने की चेष्टा की। उन्हें किसी भी कार्य का कोई क्षुद्र अंश उसके पूर्ण रूप से कम महत्त्व का नहीं जान पड़ा और न कभी ऐसा अवसर आया, जब उसे उन्होंने अरुचिकर माना हो। कार्य करते समय आनंद का अनुभव करना और उसे सुन्दरता के साथ सम्पन्न करने में अंत तक लगा रहना उनकी एक अन्य विशेषता थी। परन्तु जिस प्रकार वे किसी कार्य के सम्पादन में अपना हृदय पूर्ण रूप से लगा देते थे, उसी प्रकार उसे कर डालने पर उससे अनासक्त भी रहा करते थे। उसके प्रति उनका ऐसा कोई महत्त्व नहीं रह जाता है। सर्वसाधारण यदि कुछ करते हैं, तो उसकी सफलता पर वे फूले नहीं समाते और उसके विफल होते ही हताश होकर गिर भी जाते हैं। परन्तु महात्मा गाँधी ऐसे व्यक्तियों में नहीं थे और उनके इस अपूर्व स्वभाव ने ही उन्हें अपनी जीवन-यात्रा में बढ़ने जाने के लिए निरन्तर उत्साह प्रदान किया था।

अहिंसा–जिस दृष्टिकोण वा 'दर्शन' को लेकर वे अपने जीवन में अग्रसर हुए थे, उसका एक अवश्यभावी परिणाम उनका विश्व-बन्धुत्व था जिसने उन्हें अपने शत्रु तक को मित्रवत् मानने के लिए सदा प्रेरित किया और सारे विश्व को उनके लिए संयुक्त परिवार का रूप दे डाला। उनकी यह भावना इतनी तीव्र थी कि उसके कारण उन्होंने दूसरों के हृदयगत विकारों को भी अपने रंग में ही रँगा हुआ पाया। उनकी त्रुटियों ओर ध्यान न देकर उन्होंने उन पर पूरी उदारता के साथ दृष्टिपात किया और यदि उनमें कहीं अधिक निर्बलता पायी, तो उसे क्षमा द्वारा बल प्रदान करने से भी वे नहीं चूके। सर्वसाधारण उनकी विविध बातों को अपनी नासमझी के कारण कभी सच्चे रूप में चाहे न भी देख पाते हों, और उनके एक से अधिक अर्थ लगाकर उनके कारण उन्हें चाहे अपना शत्रु तक मान बैठते हों, किंतु उन्होंने इस प्रकार की भूल कभी नहीं की। उनकी प्रसिद्ध अहिंसा के सिद्धांत का रहस्य इसी बात के भीतर निहित रहा कि चाहे जिस प्रकार भी हो, किसी के शरीर वा मन तक पर भी किसी प्रकार का आघात न पहुँच सके। वास्तव में महात्मा गाँधी के उपर्युक्त व्यापक दृष्टिकोण के रहते इस प्रकार की ही धारण का होना नितांत स्वाभाविक था।

संतुलित जीवन–सत्य को अपने निजी अनुभव द्वारा अपना लेने के ही कारण उन्होंने उसे अपना निजी स्वरूप मान लिया था। फलतः उसके आधार पर निर्धारित की गई बातों के प्रति उनके भीतर एक अनुपम आस्था हो जाती थी और उनके समर्थन एवं निर्वाह के लिए प्राणपन की चेष्टा में प्रवृत्त हो जाते थे। अपने इस प्रकार के प्रयत्नों को उन्होंने 'सत्याग्रह' का नाम दे रखा था और उसके अनुसार उन्होंने अपने जीवन में अनेक बार कार्य किए थे। उनकी चेष्टाओं में उनकी सच्ची अनुभूति के कारण इतना आत्मबल रहा करता था कि उसका सफलतापूर्वक सामना करना किसी के लिए भी असंभव हो जाता था। फिर भी यदि उनके विचारों में आगे चलकर कभी परिवर्तन आ जाता था तथा अपने पूर्वकृत निर्णय को वे कहीं अपनी भूल समझ बैठते थे, तो उन्हें यथाशीघ्र रोक देने में भी वे कभी नहीं चूकते थे। उस समय जान पड़ता था कि वे किसी प्रयोगशाला में ही काम कर रहे हैं। इस वैज्ञानिक युग में रहकर उन्होंने अपने व्यक्तिगत जीवन को ही प्रयोग की वस्तु बना डाला, एक सच्चे

वैज्ञानिक की भाँति उसके नियम स्थिर करते गए और सत्य की कसौटी पर सदा कसते हुए उसे ऐसा रूप दे डाला जो अन्य व्यक्तियों के लिए भी आदर्श हो सकता है। वे आमरण सदा इसी बात के लिए सचेष्ट रहे कि उनका ध्यान अपने केन्द्रबिंदु 'सत्य' से रंजक-मात्र भी डिगने न पावे और हमारे इस विचित्र समाज के भीतर उन्होंने अपने को प्रायः उसी प्रकार संतुलित व सावधान रखना चाहा, जिस प्रकार किसी डोरी पर चलने वाला कलाभ्यस्त नट अपने को सँभाला करता है।

सहायक साहित्य

क. साधारण प्रसंग-संबंधी

1. 'ऋग्वेद' और 'अथर्ववेद'
2. 'छान्दोग्योपनिषद्', 'तैत्तिरीयोपनिषद्', 'कठोपनिषद्', 'मुंडोकोपनिषद्', 'मैत्र्युपनिषद्' और 'प्रश्नोपनिषद्'
3. 'योगोपनिषत्' (संग्रह) Edited by A. Mahadeva Sastri, (Adyar Library, Madras).
4. 'पांतजलयोग-सूत्र', 'ब्रह्मसूत्र' (शांकरभाष्य) व 'सर्वदर्शन-संग्रह'
5. 'महाभारत', 'श्रीमद्‌भगवद्गीता', 'श्रीमद्‌भागवत्' व 'मनुस्मृति'
6. 'रघुवंश' (कालिदास, 'मालविकाग्निमित्र' (कालिदास) व 'शतकत्रयम्' (भर्त्तृहरि)
7. 'कुरआन शरीफ'
8. 'गोरक्ष-सिद्धान्तसंग्रह' (Saraswati Bhawan Texts, No 18).
9. 'रामचरितमानस' (तुलसीदास)
10. 'धम्मपदं' (महाबोधिग्रन्थमाला 1)
11. Bhikku Narada Thero : 'The Bodhisatta Ideal' (Adyar Pamphlets, No. 158)
12. Dr. S. Radhakrishnan : An Idealist view of Life.

ख. पूर्वकालीन संत व सम्प्रदाय-संबंधी

1. 'श्रीगुह्यसमाजतन्त्र' (Gaekwad Oriental Series, Nos. 53.)
2. 'साधनमाला' (Gaekwad Oriental Series, Nos. 26 and 41.)
3. 'सेकोदेश टीका' (नाडपाद) edited by Dr. M. E. Correlli (G. O. S. No. 90, 1941).
4. 'प्रज्ञोपायविनिश्चयं सिद्धि' (अनंगवज्र) (G. O. S. No. 44).
5. 'ज्ञानसिद्धि' (इन्द्रभूति), (G. O. S. No 44).
6. पं. बलदेव उपाध्याय : 'बौद्धदर्शन' (शारदा मन्दिर काशी, सं 2003)
7. 'गंगा' (पुरातत्त्वांक)
8. 'दोहाकोष' (सरहपा काण्हपा व तेलोपा) Calcutta Sanskrit Series, No. 25 C, 1938.
9. Materials etc. edited by Dr. P. C. Baghci, Calcutta University.
10. 'Old Bengali Texts' edited by Dr. Sukumar Sen (Indian

Linguistic Vol. X).

11. 'पाहुड़ दोहा' (मुनिराम सिंह) डा. हीरालाल जैन संपादित, (कारंजा, सं. 1990)
12. 'योग-सार दोहा' (योगीन्दु) श्री रामचन्द्र जैन शस्त्रमाला, 10 बंबई, सन् 1930
13. 'परमात्म प्रकाश दोहा' (योगीन्दु)
14. 'गोरखबानी' डा. बर्थ्वाल-संपादित (हिन्दी साहित्य सम्मेलन प्रयाग, सं. 1999)
15. Dr. S. Dasagupta : 'Obscure Religious Cults' (Calcutta University, 1940).
16. Dr. Mohan Singh : 'Gorakhnath and Medieval Mysticism' (Lahore, 1937).
17. George Weston Briggs : 'Gorakhnath and the Kanphata Yogis' (Calcutta, 1938).
18. 'कश्फुल महजूब' (Translated by Dr. R. A. Nicholson, (London, 1911).
19. सय्यद जहूरुल हाशिमी : 'कुरान और धार्मिक मतभेद' (दिल्ली, 1933)
20. श्री चन्द्रबली पांडेय : 'तसव्वुफ अथवा सूफीमत' (सरस्वती मन्दिर, बनारस, 1945 ई.)
21. Dr. A. J. Arberry : 'The History of Sufism' (Sir A. Suhrawardy, Lectures for 1942, London).
22. J. S. M. Hooper : 'Hymns of the Aivars' (Heritage of India Series, Calcutta, 1929).
23. Nammalwar' (G. A. Natesan, Madras).
24. J. C. Chatterji : 'Kashmir Shaivism' Part I (Kashmir Series of Texts and Studies, Srinagar, 1914).
25. Baladeva Upadhyaya : 'Varakaris, the foremost Vaishnava Sect of Maharastra'; (I. H. Q. XV, 1939).
26. Dr. R. D. Ranade : Mysticism in Maharastra (Poona, 1933).
27. ल. रा. पांगारकर : 'श्री-ज्ञानेश्वर-चरित्र' (गीता प्रेस, गोरखपुर, सं. 1990)
28. 'श्री ज्ञानेश्वरी' (ज्ञानेश्वर)
29. 'अमृतानुभव' (ज्ञानेश्वर)
30. नन्हेंलाल वर्मा : 'श्री नामदेव-वंशावली' (जबलपुर, सं. 1983)
31. बलदेव प्रसाद मैक : 'श्री नामदेव-चरितावली' (")
32. नामदेवाचा गाथा, विष्णु नरसिंह जोग-संपादित (पुणे, शक 1853)
33. 'Namadeav' (G. A. Natesan, Madras).
34. 'विश्व भारती पत्रिका' (वैशाख-आषाढ़, सं. 2004, शांतिनिकेतन)
35. 'संतगाथा' (इंदिरा प्रेस, पुणे)
36. Dr. D. C. Sen. 'History of Bengali Language, & Literature'

(Calcutta University, 1911.)

37. Dr. R. C. Majumdar : ' History of Bengal' Vol. I (Dacca University, 1943).
38. Dr. R. D. Banerji : ' History of Orissa (Calcutta, 1930) Vol. I.
39. रजनीकान्त गुप्त : 'जयदेव-चरित' (खड्गविलास प्रेस, बाँकीपुर, सन् 1810 ई.)
40. The Journal of the Kalinga Historical Research Society, Vol. 1, No. 4. (March 1947)
41. 'गीतगोविन्द' (जयदेव)
42. 'लल्लेश्वरी वाक्यानि' (संस्कृत रूपांतरसहित), श्रीनगर
43. 'Lalla Vakyani' (Asiatic Society Monorgraphs, London 1920).
44. 'The Indian Antiquery' (October, 1920)
45. 'नागरी प्रचारिणी पत्रिका' (भा. 11 अं. 4 सं. 1987)
46. 'Travells of a Hindu' Vol. II.
47. 'नागरी प्रचारिणी पत्रिका' (भा. 13, अंक 2, सं. 1989)
48. हजारी प्रसाद द्विवेदी : 'नाथ-सम्प्रदाय' (हिंदुस्तानी एकेडेमी, प्रयाग, सन् 1950 ई.)

ग. संत, पंथ वा सम्प्रदाय-संबंधी

1. 'भक्तमाल' (नाभादास) नवलकिशोर प्रेस, लखनऊ
2. 'भक्तमाल' (राघोदास) हस्तलिखित प्रति
3. 'भक्तमाल' (दुखहरन) हस्तलिखित प्रति
4. 'संतमाल (शिवव्रतलाल) मिशन प्रेस, इलाहाबाद
5. बी. बी. राय : 'सम्प्रदाय', मिशन प्रेस, लुधियाना, 1906 ई.
6. नारायण प्रसाद वर्मा : 'रहनुमाए हिंद'
7. पं. शिवशंकर मिश्र : 'भारत का धार्मिक इतिहास' (कलकत्ता, सं. 1980)
8. Dr. P. D. Badthwal : 'The Nirguan School of Hindi Poetry (The Indian Bookshop, Benaras, 1936).
9. Dr. H. H. Wilson : 'Religious Sects of the Hindus (Trubner, 1862).
10. K. M. Sen : 'Medieval Mysticism of India (Luzac, 1930).
11. Jogendra Bhattacharya : 'Hindu Castes and Sects' (Thacher, 1896).
12. Dr. J. N. Farquhar : 'An outline of the Religious Literature' (1920).

13. Dr. J. N. Farquhar : 'Modern Religious Movements in India' (New York, 1915).
14. Dr. J. N. Farquhar : 'The Historical Position of Ramanand' (J. R. A. S. 1922).
15. 'Ramananda to Ramatirtha' (G. A. Natesan, Madras).
16. 'नागरी प्रचारिणी पत्रिका' (भा. 15, अं. 1, सं. 1991)
17. 'कल्याण' (संत-अंक) सं. 1994
18. 'कल्याण' (साधनांक) सं. 1997
19. 'डा. पी. द. बर्थ्वाल : 'योगप्रवाह' (काशी विद्यापीठ, सं. 2003)
20. श्री चन्द्रबली पांडेय : 'विचार-विमर्श' (हि. सा. सम्मेलन, प्रयाग, सं. 2002)
21. पं. मनोहर लाल जुत्शी : 'कबीर साहब' (हिंदुस्तान एकेडेमी, प्रयाग, 1930)
22. डा. हजारी प्रसाद द्विवेदी : 'कबीर' (हिन्दी-ग्रन्थ-रत्नाकर कार्यालय, बम्बई, 1940 ई.)
23. डा. रामकुमार वर्मा : 'संत कबीर' (इलाहाबाद, 1942 ई.)
24. भाई लेहना सिंह : 'कबीर कसौटी' (वेंकटेश्वर प्रेस, बम्बई, सं. 1971)
25. महर्षि शिवव्रत लाल : 'कबीर-पंथ' मिशन प्रेस, इलाहाबाद
26. Rev. Westcott : 'Kabir and the Kabir Panth.'
27. Dr. F. E. Key : 'Kabir and his Followers' (Religious Life of India Series, Calcutta, 1931).
28. Dr. Mohan Singh : 'Kabir and the Bhakti Movement' (Lahore, 1934).
29. Evelyn Underhill : 'Introduction to one Hundred Poems of Kabir' (Macmillan, 1923).
30. M. A. Macauliffe : 'The Sikh Religion' 6 Vols. , 1909
31. Dr. E. Trumpp : 'The Adi Granth ' (London, 1877).
32. शालग्राम : 'गुरु नानक' (ओंकार आदर्श चरितमाला, प्रयाग)
33. C. H. Lochlin : 'The Sikhs and their Book[(Lucknow, 1946).
34. N. N. Vasu : 'Modern Buddhism in Orissa' (Calcutta, 1911).
35. 'विश्वभारती पत्रिका' (श्रावण-आश्विन, सं. 2003, शांतिनिकेतन)
36. W. L. Allison : 'The Sadhs' (Religious Life of India Series, Calcutta, 1935).
37. क्षितिमोहन सेन : 'दादू' (शान्तिनिकेतन बुक डिपो, कलकत्ता, 1342 बं.)
38. 'राजस्थान' (वर्ष 1, सं. 2 व 3, राजस्थान-रिसर्च सोसायटी, कलकत्ता)
39. 'संत' (वर्ष 2, अंक 10, चैत्र सं. 1999, जयपुर)
40. 'नागरी-प्रचारिणी पत्रिका' (वर्ष 45, अंक 1, सं. 1997)
41. 'मूल गोसाईं चरित' (गीता प्रेस, गोरखपुर)

42. Dr. Mohan Singh : 'History of Punjabi Literature' (Lahore).
43. 'सम्मेलन-निबंध माला' (हि. सा. सम्मेलन, प्रयाग, सं. 2005)
44. 'शिवसिंह सरोज : (शिवसिंह सेंगर, नवलकिशोर प्रेस, लखनऊ)
45. 'संत सिंगाजी' (सिंगाजी साहित्यशोधक मंडल, खंडवा, 1936)
46. राधाकृष्णदास : 'सूरदास'
47. 'सूर-रत्नाकर' (रत्नाकर) का. ना. प्र. सभा
48. पं. रामचन्द्र शुक्ल : 'जायसी-ग्रंथावली' (का. ना. प्र. सभा)
49. डा. माता प्रसाद गुप्त : 'तुलसीदास'
50. 'मीराबांई की पदावली' : (हि. सा. सम्मेलन, प्रयाग, सं. 2005)
51. 'स्वरोदय-दोहावली' (इलाहाबाद, 1947 ई.)
52. 'हिंदुस्तानी'(भाग 1, अंक 4, हिंदुस्तानी एकेडेमी, प्रयाग, 1931)
53 H. De W. Griswold : 'Insight into Modern Hinduism'.
54. लाला प्रतापसिंह सेठ : 'जीवन-चरित्र हुजूर स्वामीजी महाराज' (वे. प्रे. प्रयाग, सन् 1909)
55. राय अजुध्याप्रसाद : 'जीवन-चरित्र हुजुर महाराज साहब' (वे. प्रे. प्रयाग, 1910)
56. 'The Journal of the Royal Asiatic Society' (Jan-June, 1918).
57. 'The Jounral of the Behar & Orissa Research Society', Vol. SIV (1928).
58. " " " Vol.XXIV (1938).
59. " " " Vol. XXVII(1941)
60. R. V. Russel & R. B. Hiralal : Tribes & Castes of the C. P'., Vol. IV, 1946.
61. H. A. Rose : ' A Glossary of the Tribes and Castes of the Punjab and the Frontier Porvinces' Vol. III
62. W. Crookes : 'Tribes and Castes of the U. P.' Vol. II & IV.
63. Dr. R. C. Bhandarkar : 'Vaisnavism, Shaivism and minor Religious Systems' (Poona, 1928)
64. रामदास गौड़ : 'हिदुत्व' (ज्ञानमंडल कार्यालय, काशी)
65. Hastings : 'Encyclopaedia of Religion and Ethics', Vol.II.
66. J. C. Oman : 'Mystics, Ascetics and Saints of India' (Fisher).
67. डा. रामकुमार वर्मा : 'हिंदी साहित्य का आलोचनात्मक इतिहास' (इलाहाबाद, 1938)
68. फानी : 'दबिस्ताने मजाहिब' (बंबई, 1262 हि.)
69. Dr. Menical : 'Indian Theism.'
70. Dr. J. P. Carpenter : 'Theism in Medieval India'.

71. 'खजीनतुल असफिया' (मौ. गुलाम 'सरवर')
72. Rev. Ahmad Shah : ' The Bijak of Kabir' (Hamirpur, 1917)
73. श्री मनोहरदास : 'रामस्नेही धर्मदर्पण (शाहपुरा, सं. 2003)
74. भाई परमानंद, एम. ए. : 'वीर वैरागी' (अनारकली, लाहौर)
75. मूल ग्रंथ (शिवनारायणी सम्प्रदाय) हस्तलिखित प्रति

घ. विविध उल्लेख-संबंधी

1. ब्रजरत्न दास : 'खड़ी बोली हिंदी का इतिहास', (काशी, सं. 1998)
2. F. S. Growse : 'Mathura, A District Memoir', (1883)
3. Dr. Tarachand : 'Influence of Islam on Hindu Culture.'
4. K. M. Jhaveri : 'Milestones in Gujerati Literature' (Bombay, 1914)
5. 'खोलासातुत्तवारीख' (दिल्ली)
6. The Imperial Gazetteer of India', Vol. II, 1909.
7. W. W. Hunter : 'The Indian Empire'.
8. Kincaid : 'A History of the Maharastra'.
9. G. W. Briggs : 'The Chamars' (R. L. I. Series).
10. Col. H. S. Jerett : ' Ain-i-Akbari' (English Transtation) Calcutta, 1891.
11. 'आईन-ए-अकबरी' (न. कि. प्रे. लखनऊ, 1869)

ङ. संतों की रचनाएं व पंथ-साहित्य

1. 'गुरु ग्रंथ साहब' (भाई गुरदियाल सिंह, अमृतसर)
2. 'कबीर-ग्रंथावली' (का. ना. प्र. सभा, 1928)
3. 'अनुरागसागर' (वे. प्रे. प्रयाग, 1927)
4. 'बीजक' (विचारदास-संपादित) रामनारायन लाल, इलाहाबाद
5. 'धरमदास की बानी' (वे. प्रे. प्रयाग)
6. 'बोधसागर' (वेंकटेश्वर प्रेस, बंबई)
7. 'कबीर मन्शूर' (वेंकटेश्वर प्रेस, बंबई)
8. 'पंचग्रंथी' (" ")
9. 'बुल्लेशाह की सीहर्फी' (वेंकटेश्वर प्रेस, बम्बई)
10. 'तुलसीसाहब की शब्दावली' (वे. प्रे., प्रयाग)
11. 'पद्मसागर' (वे. प्रे., प्रयाग)
12. 'घट-रामायन' (दो भाग) वे. प्रे., प्रयाग
13. 'रत्नसागर' (वे. प्रे., प्रयाग)

14. 'दादूदयाल की बानी' (चंद्रिका प्रसाद त्रिपाठी, वैदिक यंत्रालय, अजमेर, 1907)
15. 'सुन्दर ग्रंथावली' (हरिनारायण शर्मा) 2 भा., राजस्थान रिसर्च सोसायटी, कलकत्ता, सं 1993
16. 'विचार-सागर' (वेंकटेवर प्रेस, बम्बई)
17. 'श्री हरिपुरुष की बानी' (सेवादास-संपादित,) सं. 1988
18. 'दरियासागर' (वे. प्रे., प्रयाग)
19. 'ज्ञानस्वरोदय' (ह. लि. प्रति)
20. 'महात्माओं की बानी' (भुरकुड़ा, जि. गाजीपुर)
21. 'अमी-घूँट' (वे. प्रे., प्रयाग)
22. 'वषनाजी की बानी' (मंगलदास-सम्पादित) जयपुर, सं. 1993
23. 'शब्दसागर बुल्लासाहब का' (वे. प्रे., प्रयाग)
24. 'गुरु अन्वास-ज्ञानदीपक' (साहू की गली, लाहौर, 1935)
25. 'भक्तिसागर' (नवलकिशोर प्रेस, लखनऊ)
26. 'संत सुंदर' (ह. लि. प्रति)
27. 'संतविलास' (ह. लि. प्रति)
28. 'सार वचन', नज्म व नस्र (वे. प्रे., प्रयाग)
29. 'प्रेमवाणी' (वे. प्रे., प्रयाग)
30. 'गुलाल साहब की बानी' (वे. प्रे. प्रयाग)
31. 'पलटू साहब की कुंडलिया व बानी' (वे. प्रे. प्रयाग)
32. 'गरीबदास की बानी' (वे. प्रे., प्रयाग)
33. 'रैदासजी की बानी'(वे. प्रे., प्रयाग)
34. 'भीखासाहब की बानी' (वे. प्रे., प्रयाग)
35. 'यारी साहब की रत्नावली'(वे. प्रे., प्रयाग)
36. 'मलूकदास की बानी'(वे. प्रे., प्रयाग)
37. 'जगजीवन साहब की बानी'(वे. प्रे., प्रयाग)
38. 'धरनीदास की बानी'(वे. प्रे., प्रयाग)
39. 'दरियासाहब (मारवाड़ वाले) की बानी'(वे. प्रे., प्रयाग)
40. 'सहजप्रकाश'(वे. प्रे., प्रयाग)
41. 'दूलनदास की बानी'(वे. प्रे., प्रयाग)
42. 'ब्रह्मबानी' (प्राणनाथ) ह. लि. प्रति
43. 'पोथी संतमतसार' (बनारस, 1905)
44. 'विवेकसार' (किनाराम) बनारस, 1931 ई.

45. 'गीतावली' (किनाराम) बनारस, 1932 ई.
46. 'संतगाथा' (इंदिरा प्रेस, पुणे)
47. 'संक्षिप्त आत्मकथा' (सस्ता साहित्य-मंडल, दिल्ली)
48. 'स्वामी राम के लेख व उपदेश' लखनऊ (रामतीर्थ पब्लिकेशन लीग)
49. 'Radha Soami Mataprakahs' (Calcutta, 1941)
50. 'Discourses on Radhasoami Faith' (Calcutta, 1942)
51. 'Young India.
52. 'Harijan'
53. 'Ramanama-infallible remedy' (Anand T. Hingorani, Karachi, 1947).
54. 'Psalms of Dadu'(Theosophical Society Benares, 1930).
55. Pilgrim's Path (Dayalbagh Press, Agra, 1948)
56. 'जीवन-चरित्र-बाबूजी महाराज (बंशल प्रेस, आगरा, 1948 ई.)
57. 'द्वारकादास की अनभे वाणी, (ह. लि. प्रति)
58. 'गरीबदास जी की वाणी' (स्वा. मंगलदास-सम्पादित, मंगल प्रेस, जयपुर)
59. 'पञ्चामृत (स्वा. मंगलदास-सम्पादित मंगल प्रेस, जयपुर)
60. 'रज्जब जी की वाणी' (बंबई, सं. 1975)
61. 'श्री रामचरणदास जी की अणभै वाणी' (श्री रामनिवास धाम, शाहपुरा, सं. 1
62. शब्दावली (संत शिवनारायण) हस्तलिखित प्रति
